Adam · Produktions-Management

Dietrich Adam

Produktions-Management

9., überarbeitete Auflage

Prof. Dr. Dietrich Adam ist Direktor des Instituts für Industrie- und Krankenhausbetriebslehre an der Westfälischen Wilhelms-Universität Münster.

Die Deutsche Bibliothek - CIP-Einheitsaufnahme

Adam, Dietrich:
Produktions-Management / Dietrich Adam. - 9., überarb. Aufl.
- Wiesbaden : Gabler, 1998
   ISBN 3-409-69117-0

1. Auflage 1976
2. Auflage 1977
3. Auflage 1980
4. Auflage 1986
5. Auflage 1988
6. Auflage 1990 (1. – 6. Auflage unter dem Titel „Produktionspolitik")
7. Auflage 1993
8. Auflage 1997
9. Auflage 1998
9. Auflage Nachdruck Januar 2001

Alle Rechte vorbehalten

© Betriebswirtschaftlicher Verlag Dr. Th. Gabler GmbH, Wiesbaden 1998
Lektorat: Ralf Wettlaufer

Der Gabler Verlag ist ein Unternehmen der Fachverlagsgruppe BertelsmannSpringer.

Das Werk einschließlich aller seiner Teile ist urheberrechtlich geschützt. Jede Verwertung außerhalb der engen Grenzen des Urheberrechtsgesetzes ist ohne Zustimmung des Verlages unzulässig und strafbar. Das gilt insbesondere für Vervielfältigungen, Übersetzungen, Mikroverfilmungen und die Einspeicherung und Verarbeitung in elektronischen Systemen.

www.gabler.de

Höchste inhaltliche und technische Qualität unserer Produkte ist unser Ziel. Bei der Produktion und Auslieferung unserer Bücher wollen wir die Umwelt schonen: Dieses Buch ist auf säurefreiem und chlorfrei gebleichtem Papier gedruckt.

Die Wiedergabe von Gebrauchsnamen, Handelsnamen, Warenbezeichnungen usw. in diesem Werk berechtigt auch ohne besondere Kennzeichnung nicht zu der Annahme, dass solche Namen im Sinne der Warenzeichen- und Markenschutz-Gesetzgebung als frei zu betrachten wären und daher von jedermann benutzt werden dürften.

Druck und Buchbinder: Lengericher Handelsdruckerei, Lengerich/Westf.
Printed in Germany

ISBN 3-409-69117-0

Vorwort zur 9. Auflage

Die Grundkonzeption der 8. Auflage – marktorientiertes Produktionsmanagement – wurde auch in der 9. Auflage beibehalten. Die Marktorientierung steigert die Komplexität in den Unternehmen, und das Management der Komplexität wird zu einem tragenden Erfolgsfaktor. Steigende Komplexität führt nicht zwingend zu einer Erfolgsverbesserung. Dem Phänomen der Komplexität wird deshalb in der 9. Auflage ein noch größeres Gewicht beigemessen. Folglich wurde das 1. Kapitel dieses Buches grundlegend überarbeitet. Es werden die ökonomischen Wirkungen des Marktwandels aufgezeigt und insbesondere die Erfolgswirkungen von Komplexität sowie die Eignung unterschiedlicher Controllinginstrumente zur Steuerung der Komplexität diskutiert.

Die übrigen Kapitel des Buches wurden nur unwesentlich verändert. Die Überarbeitung beschränkt sich im wesentlichen auf einige sprachliche Glättungen. Zudem wurden die bekannten Fehler beseitigt und einige ältere Abbildungen erneuert.

Meinen Mitarbeitern, Herrn Dipl.-Wirtsch.-Ing. Frank Best, Herrn Dipl.-Ing. Achim Dinge, Herrn Dr. Florian Funck, Frau Dipl.-Kffr. Petra Gorschlüter, Herrn Dipl.-Kfm. Ulrich Johannwille, Frau Dipl.-Kffr. Astrid Liefländer, Herrn Dr. Rainer Sibbel und Herrn Dipl.-Phys. Dietmar Stosik, danke ich für die Überarbeitung und Ergänzung der Texte und Literaturquellen sowie und für die computertechnischen Arbeiten. Dank schulde ich auch meinen studentischen Mitarbeitern, Herrn cand. rer. pol. Andreas Florissen, Herrn cand. rer. pol. Marius Lissautzki und Frau cand. rer. pol. Kirsten Schröder, für die Formatierungsarbeiten, die überarbeiteten Zeichnungen und das neue Stichwortverzeichnis.

Die 9. Auflage erscheint wiederum im Copydruckverfahren. Als Folge dieses Verfahrens bin allein ich für alle Druckfehler verantwortlich, da der Verlag von der gelieferten Papiervorlage gedruckt hat. Im Zuge des electronic publishing wurde für alle Leser die Möglichkeit eingerichtet, im Internet unter der Adresse

`http://www-wiwi.uni-muenster.de/~01/Fehler/fehler.htm`

nachträglich entdeckte Fehler einzusehen.

DIETRICH ADAM

Vorwort zur 8. Auflage

Mit der 8. Auflage dieses Buches wird der bereits in der 7. Auflage deutlich werdende Trend einer Erweiterung in Richtung auf ein umfassendes, marktorientiertes Produktionsmanagement fortgesetzt. Die 7. Auflage griff den marktgesteuerten Umbruch in den Produktionsverfahren und Produktionsabläufen auf und erweitert damit die bisherige Sichtweise, die im Kern auf die Produktions- und Kostentheorie gerichtet war. Für den Markterfolg sind heute insbesondere Qualitätsmanagement und die effiziente Entwicklung neuer Produkte oder Anwendungsfelder relevant. Beide Fragenkreise wurde daher neu in das Buch aufgenommen. Zusätzlich wurden die Kapitel über TQM und Lean-Management grundlegend umstrukturiert. Diese Veränderung war erforderlich, da beide Konzepte zwar z.T. unterschiedliche Wurzeln, dennoch aber gemeinsame Ziele haben. Für beide Konzepte ist es zentral, die bestehende Produktionskomplexität zu reduzieren und dann die verbleibende Restkomplexität zu beherrschen. Das Management der Komplexität ist heute im marktinduzierten Wandel der Produkte, Programme und Verfahren das zentrale Problem, wenn Unternehmen vermeiden wollen, daß die marktorientierte Anpassung in der Komplexitätsfalle endet, die Unternehmen zwar einen komparativen Marktvorteil erringen, die komplexitätsbedingten Kosten aber schneller steigen als die Erlöse.

Auch die bisherigen Inhalte des Buches wurden z.T. stark verändert. Das gilt besonders für den Teil zur Fertigungstiefe sowie zur langfristigen Kostenpolitik, der um Aspekte der Komplexitätskosten erweitert wurde. Neu verfaßt und ergänzt wurde auch der Teil zur Retrograden Terminierung, einem Verfahren zur Fertigungssteuerung. Das Kapitel zur Programmplanung ist um die Probleme bei Kuppelproduktion und das Kapitel zur Bedarfsrechnung um Recyclingaspekte erweitert worden. Teils neu gestaltet ist auch der Abschnitt CIM, da insbesondere in einer Integration von CIM und Lean in der Zukunft erhebliche Erfolgspotentiale zu sehen sind. Der gesamte Text wurde außerdem sprachlich überarbeitet, da sich im Laufe der Zeit ein mir zu schwerfällig erscheinender Schreibstil eingeschlichen hatte. Mit den Ergänzungen und Erweiterungen gibt dieser Band einen umfassenderen Überblick über die heute relevanten Probleme der Produktion.

Meinen Mitarbeitern, Herrn Dipl.-Ing. Achim Dinge, Herrn Dipl.-Kfm. Florian Funck, Frau Dipl.-Kffr. Petra Gorschlüter, Frau Dipl.-Kffr. Astrid Liefländer, Frau Dr. Christiane Poppenborg, Herrn Dr. Roland Rollberg M.Sc., Herrn Dipl.-Math. Rainer Sibbel, Herrn Dipl.-Phys. Dietmar Stosik und Herrn Dipl.-Kfm. Michael Welker, danke ich für die gründliche Überarbeitung meiner Textvorlagen, die Ergänzung der Literaturquellen und die vielen computertechnischen Arbeiten. Dank schulde ich auch meinen studentischen Mitarbeitern, Herrn cand. rer. pol. Dirk Römer und Herrn cand. rer. pol. Thorsten Wartenpfuhl, für die Formatierungsarbeiten und die neu angefertigten Zeichnungen, Tabellen und Formeln. Sie alle haben es während der Arbeiten zur 8. Auflage mit ihrem ungeduldigen, auf Tempo bedachten Chef nicht leicht gehabt. Danken möchte ich insbesondere auch meiner Frau, die das gesamte Buch im Hinblick auf Rechtschreibung, Grammatik und Zeichensetzung überprüft hat.

Der Wandel der Zeiten und der Arbeitsmethoden im Verlagswesen wird auch an diesem Buch sichtbar. Die 8. Auflage erscheint erstmalig im Copydruckverfahren, d.h., die Mitarbeiter haben auch das gesamte Layout entworfen, und es war erforderlich, alle Zeichnungen, Formeln und Tabellen der 7. Auflage in einer in Winword einzubindenden Fassung neu zu konzipieren – ein fast nicht zu verantwortender Arbeitsaufwand. Durch dieses Verfahren ist der Verlag von Aufgaben entbunden worden, die früher eigentlich zum Kerngeschäft gehörten. Als Folge dieses Verfahrens zeichnen wir nunmehr auch für alle Druckfehler verantwortlich, da der Verlag von unserer Papiervorlage gedruckt hat. Im Zuge des electronic publishing haben wir jedoch für die Leser die Möglichkeit eingerichtet, im Internet unter der Adresse http://www-wiwi.uni-muenster.de/~01/Fehler/fehler.htm nachträglich entdeckte Druckfehler einzusehen.

DIETRICH ADAM

Vorwort zur 1. Auflage

Das vorliegende Buch zur „Produktionspolitik" ist für Studierende des Grundstudiums als Einführung gedacht. Im Vordergrund stehen daher begriffliche Klärungen und Erläuterungen der Grundprobleme und -zusammenhänge der Produktions- und Kostentheorie sowie deren Anwendung in der Kostenpolitik.

Ausgehend von der Produktionstheorie bei substitutionalen und limitationalen Produktionsfunktionen werden die Erklärungsmodelle der Kostentheorie abgeleitet. Dabei wird auf die Produktions- und Kostentheorie auf der Basis substitutionaler Produktionsfunktionen nur vergleichsweise kurz eingegangen, da diesen Modellen eine praktische Relevanz im betriebswirtschaftlichen Bereich weitgehend fehlt. Diese Modelle werden nur behandelt, um einige wichtige Begriffsinhalte der Produktions- und Kostentheorie zu klären.

An die Grundmodelle zur Kostentheorie schließt sich eine Analyse der Kostenpolitik bei Beschäftigungsgradänderungen an. Behandelt werden in diesem Zusammenhang jedoch nur Anpassungsprozesse, die mit Hilfe der Marginalanalyse zu lösen sind. Auf weitergehende Anpassungsprozesse (quantitative und intensitätsmäßige Anpassung mit und ohne Splitting) wird lediglich verwiesen. Im Anschluß an die Überlegungen zur Kostenpolitik bei variablen Fertigungskapazitäten wird in vier kürzeren Kapiteln auf die Grundlagen der zeitlichen Produktionsverteilungsplanung, der Losgrößentheorie, der Ablaufplanung sowie der Produktionsprogrammplanung eingegangen. Das Buch überschreitet insoweit den üblichen Rahmen der Porduktions- und Kostentheorie.

Ziel des Buches ist es, den Studierenden mit den Instrumenten der Produktionspolitik vertraut zu machen. Zu diesem Zweck wurde die formale Darstellung der Zusammenhänge durch eine Vielzahl kleinerer Demonstrationsbeispiele ergänzt. Diesem Ziel dienen auch die am Ende der einzelnen Abschnitte eingefügten Fragen und Aufgaben, die es dem Studierenden ermöglichen sollen, seinen Wissensstand zu überprüfen.

Für die kritische Durchsicht des Manuskriptes und die vielen sehr konstruktiven Vorschläge zur didaktischen Verbesserung des Buches danke ich meinen Mitarbeitern, Herrn Dr. Th. Witte, Herrn Dr. A. Born, Herrn Dr. B. Rieper und Herrn Dipl.-Kfm. H. Winkler, Herrn Dipl.-Kfm. Berens, Herrn Dipl.-Kfm. Bremer, Herrn Dipl.-Kfm. Strauss sowie Herrn Dipl.-Kfm. Mis danke ich für die letzte Durchsicht des Buches und das Lesen der Korrekturen. Frau H. Schuffenhauer gebührt für die unermüdlichen Schreibarbeiten und das Einfügen der Korrekturen besondere Anerkennung.

DIETRICH ADAM

Inhaltsverzeichnis

1 Grundlagen industrieller Produktion 1
   1.1 Merkmale industrieller Produktion 1
   1.2 Arten von Produktionsprozessen 8
       1.2.1 Produkt- und marktbezogene Merkmale 8
       1.2.2 Produktionsprozeßbezogene Merkmale 11
       1.2.3 Materialflußbezogene Merkmale 14
       1.2.4 Organisationsformen der Produktion 16
       1.2.5 Fertigungstypbezogene Merkmale 21
   1.3 Klassische Gestaltungsprinzipien der Produktion und gegenwärtige Veränderungstendenzen 24
       1.3.1 Gestaltungsprinzipien einer tayloristischen Produktion 24
       1.3.2 Rückwirkungen des Marktwandels auf die Produktion 27
            1.3.2.1 Merkmale des Marktwandels 27
            1.3.2.2 Wirkungen des Marktwandels auf das unternehmerische Zielsystem 28
       1.3.3 Komplexität als Folge des Marktwandels 30
            1.3.3.1 Der Komplexitätsbegriff und Maßgrößen für Komplexität 30
            1.3.3.2 Dimensionen der Komplexität 33
                 1.3.3.2.1 Zielkomplexität 33
                 1.3.3.2.2 Kunden- und Variantenkomplexität 35
                 1.3.3.2.3 Teilekomplexität und Komplexität des Fertigungssystems 36
                 1.3.3.2.4 Koordinationskomplexität 37
                       1.3.3.2.4.1 Wandel der Koordinationsaufgabe 37
                       1.3.3.2.4.2 Koordinationsprobleme unterschiedlicher Betriebstypen 41
            1.3.3.3 Kosten- und Erlöswirkungen steigender Komplexität 47
       1.3.4 Komplexitätsabbau und Komplexitätsbeherrschung 52
            1.3.4.1 Systematisierung der Maßnahmen 52
            1.3.4.2 Implementierung eines adäquaten Controlling-Instrumentariums 53

1.3.4.3 Organisationskonzepte zur Komplexitätsreduktion und Komplexitätsbeherrschung 57

1.3.4.4 Reduktion und Beherrschung der verbleibenden Komplexität .. 59

    1.3.4.4.1 Maßnahmen zur Komplexitätsreduktion 59

    1.3.4.4.2 Maßnahmen zur Komplexitätsbeherrschung 63

        1.3.4.4.2.1 Integrierte Produktion als Voraussetzung der Komplexitätsbeherrschung 63

        1.3.4.4.2.2 Denkstile und Grundsätze zur Beherrschung von Komplexität 66

        1.3.4.4.2.3 Bewährte Handlungsmaxime marktorientierter Produktion 75

    1.3.4.4.3 Einzelne Instrumente zur Komplexitätsbeherrschung 78

        1.3.4.4.3.1 Total Quality Management 78

        1.3.4.4.3.2 Prozeßorientierte Organisation der Produktion 85

        1.3.4.4.3.3 Flexible Maschinenkonzepte 90

        1.3.4.4.3.4 Integration von technischen und ökonomischen Informationssystemen (CIM) 93

        1.3.4.4.3.5 Lean Management und CIM als komplementäre Konzepte 95

1.3.5 Integrationstendenzen in der überbetrieblichen Wertschöpfungskette 99

1.3.6 Ökologische Anforderungen an die Produktion 102

1.3.7 Wirkungen des Wandels auf Erfolgsfaktoren und Kostenstrukturen 111

Fragen und Aufgaben zu Kapitel 1 114

2 Die Produktionsplanung und ihre Stellung innerhalb der Unternehmensplanung 117

2.1 Teilpläne der Produktionsplanung 117

2.2 Beziehungen zwischen den Teilplänen der Produktionsplanung 121

2.3 Stellung der Produktionsplanung innerhalb der Unternehmensplanung 125

Fragen und Aufgaben zu Kapitel 2 128

3 Planung des Leistungsprogramms ... 129

3.1 Problembereiche der Planung des Leistungsprogramms ... 129

3.2 Qualitätspolitik im Wandel ... 131

    3.2.1 Wandel des Qualitätsbegriffs und der Qualitätsmaßstäbe ... 131

    3.2.2 Vier Phasen der Qualitätssicht ... 136

    3.2.3 Anforderungsgerechte Qualität als Erfolgsfaktor ... 140

    3.2.4 Die Dimensionen des Qualitätsmanagements – Struktur-, Prozeß- und Ergebnisqualität ... 141

    3.2.5 Instrumente des Qualitätscontrolling ... 142

3.3 Forschung und Entwicklung ... 158

    3.3.1 Innovationen als strategischer Erfolgsfaktor ... 158

    3.3.2 Entwicklungstendenzen und Absatzwirkungen von Innovationen ... 163

    3.3.3 Wirkungen von F&E auf Kosten und Qualität ... 171

    3.3.4 Qualitätsmanagement im Entwicklungsbereich ... 173

    3.3.5 Methoden zur Bewertung von Neuerungen ... 179

    3.3.6 Determinanten des Zeit- und Kostenmanagements ... 183

        3.3.6.1 Überblick über die Determinanten ... 183

        3.3.6.2 Das Organisationssystem ... 184

        3.3.6.3 Sach- und Formalziele für Projekte ... 188

        3.3.6.4 Personalmanagement und Informationssysteme ... 189

    3.3.7 Schnittstellenmanagement zwischen F&E und anderen Funktionen ... 195

3.4 Planung der Fertigungstiefe ... 197

    3.4.1 Begriff und Formen vertikaler Integration ... 197

    3.4.2 Ökonomische Wirkungen der vertikalen Integration ... 200

        3.4.2.1 Überblick über die generellen Wirkungen ... 200

        3.4.2.2 Kosten- und marktorientierte Sicht der Fertigungstiefe ... 204

            3.4.2.2.1 Kostenwirkungen ... 204

            3.4.2.2.2 Wirkungen auf die Marktposition und die Erlöse ... 208

    3.4.3 Phasen der Entscheidung über den Grad vertikaler Integration ... 209

    3.4.4 Modell der taktischen Planung für die Wahl des Integrationsgrades ... 211

3.5 Operative Programmplanung 215

   3.5.1 Rahmenbedingungen der operativen Programmplanung 215

   3.5.2 Relevante Informationen für Programmentscheidungen bei unterschiedlichen Zielsetzungen 216

   3.5.3 Entscheidungsfelder der operativen Produktionsprogrammplanung 221

      3.5.3.1 Keine Kapazitätsbeschränkung 221

      3.5.3.2 Ein bekannter Kapazitätsengpaß und ein Produktionsverfahren 224

      3.5.3.3 Ein Engpaß und alternative Produktionsprozesse 227

      3.5.3.4 Planung für Produkte mit Deckungsbeitragssprüngen 233

      3.5.3.5 Mehrere denkbare Engpässe 242

      3.5.3.6 Die Wirkung absatzwirtschaftlicher Verflechtungen auf die Produktionsprogrammplanung 246

      3.5.3.7 Programmplanung bei Kuppelproduktion 249

Fragen und Aufgaben zu Kapitel 3 255

4 Produktions- und Kostentheorie 261

4.1 Grundbegriffe der Kostentheorie 261

   4.1.1 Gegenstand der Kostentheorie 261

   4.1.2 Betriebswirtschaftlicher Kostenbegriff 263

      4.1.2.1 Allgemeine Definition des Kostenbegriffs 263

      4.1.2.2 Die Wertkomponente des Kostenbegriffs 264

         4.1.2.2.1 Das Bewertungsproblem 264

         4.1.2.2.2 Pagatorische Kostenbewertung 266

         4.1.2.2.3 Bewertung des Faktorverbrauchs zu individuellen Nutzenvorstellungen 267

      4.1.2.3 Mengengerüst der Kosten 272

   4.1.3 Das System betriebswirtschaftlicher Kostenkategorien 276

      4.1.3.1 Verursachungsgerechte Zuordnung der Kosten zu ihren Determinanten 276

      4.1.3.2 Unterscheidung der Kosten nach ihrer Dimension 278

   4.1.4 Typen von Produktionstheorien zur Erklärung des Mengengerüstes der Kosten 282

4.1.4.1 Produktionsfunktionen als Modelle mengenmäßiger Input-Output-Relationen 282
4.1.4.2 Produktivität und Produktionskoeffizient 286
4.1.4.3 Beziehungen zwischen den Input- und Outputvariablen 288
    4.1.4.3.1 Typen von Beziehungen 288
    4.1.4.3.2 Limitationalität und Substitutionalität 289
        4.1.4.3.2.1 Limitationalität 289
        4.1.4.3.2.2 Substitutionalität 291
    4.1.4.3.3 Niveau-Produktionsfunktion 293
4.1.4.4 Betriebswirtschaftliche Anforderungen an die Produktionstheorie 296

4.2 Produktions- und Kostentheorie auf der Basis substitutionaler Produktionsfunktionen 300

4.2.1 Begriff und Voraussetzungen ertragsgesetzlicher Produktionsfunktionen (Typ A) 300

4.2.2 Grundbegriffe der ertragsgesetzlichen Produktionstheorie 301

4.2.2.1 Darstellungsformen ertragsgesetzlicher Produktionsfunktionen 301

4.2.2.2 Analyse des Ertragsgesetzes im Zwei-Faktoren-Fall bei konstantem Ertragsniveau 302

4.2.2.3 Analyse des Ertragsgesetzes im Zwei-Faktoren-Fall bei konstantem Einsatzniveau eines Produktionsfaktors 304

4.2.2.4 Zusammenhang zwischen den beiden Darstellungsformen des Ertragsgesetzes 308

4.2.3 Kostenfunktionen auf der Basis substitutionaler Produktionsfunktionen 311

4.2.3.1 Anpassungsformen 311
    4.2.3.1.1 Partielle Anpassung 311
    4.2.3.1.2 Totale Anpassung 313

4.2.3.2 Wirkungen von Faktorpreisänderungen auf die Kostenfunktionen 316

4.2.4 Kostenpolitik bei Wechsel des Produktionsprozesses als Übergangsform zur Limitationalität 317

4.3 Produktions- und Kostentheorie auf der Basis einer limitationalen Produktionsfunktion 319

    4.3.1 Produktionstheorie auf der Basis einer limitationalen Produktionsfunktion 319

        4.3.1.1 Merkmale der Gutenberg-Produktionsfunktion (Typ B) 319

        4.3.1.2 Stufen der Gutenberg-Produktionsfunktion 321

            4.3.1.2.1 Formulierung der Gutenberg-Produktionsfunktion für variable Faktormengen 321

            4.3.1.2.2 System der technischen Verbrauchsfunktionen 322

            4.3.1.2.3 Ökonomische Verbrauchsfunktion 324

            4.3.1.2.4 Faktorverbrauch in der Planperiode und die Determinanten des Verbrauchs 326

            4.3.1.2.5 Aktionsparameter der Gutenberg-Produktionsfunktion 329

        4.3.1.3 Ansätze für eine Erweiterung der Gutenberg-Produktionsfunktion 332

    4.3.2 Kostenfunktionen auf der Basis limitationaler Produktionsfunktionen für ein einzelnes Aggregat 332

        4.3.2.1 Transformation dynamischer Anpassungsprobleme in äquivalente statische Problemstellungen 332

        4.3.2.2 Intensitätsmäßige und zeitliche Anpassung für ein einzelnes Aggregat 341

        4.3.2.3 Wirkung von Preisänderungen auf den Anpassungsprozeß, dargestellt an verschiedenen Varianten zur Arbeitszeitverkürzung 347

        4.3.2.4 Die Wirkung ökologischer Restriktionen auf die zeitliche und intensitätsmäßige Anpassung 354

            4.3.2.4.1 Emissionsfunktionen 354

            4.3.2.4.2 Kostenpolitik bei Abgaben 357

            4.3.2.4.3 Wirkungen von Auflagen auf die Anpassung 358

        4.3.2.5 Intensitätssplitting bei Einsatz eines Aggregates 364

Fragen und Aufgaben zu Kapitel 4 370

5 Produktionsaufteilungsplanung (Kombinierte Anpassung mehrerer Aggregate) ... 375

5.1 Typen von Anpassungsprozessen und deren Besonderheiten ... 375

5.2 Zeitliche und quantitative Anpassung (Typ 1) ... 378

5.3 Zeitliche, intensitätsmäßige und quantitative Anpassung (Typ 2) ... 379

    5.3.1 Anpassungsprozeß bei einstufiger Fertigung ... 379

    5.3.2 Zeitliche, intensitätsmäßige und quantitative Anpassung mit Kostensprüngen ... 387

    5.3.3 Zeitliche, intensitätsmäßige und quantitative Anpassung bei mehrstufiger Fertigung ... 389

5.4 Kombinierte intensitätsmäßige und quantitative Anpassung bei funktionsgleichen Aggregaten (Typ 3) ... 394

    5.4.1 Die Struktur des Anpassungsproblems ... 394

    5.4.2 Anpassung bei rechtsschiefer Grenzkostenfunktion (Typ 3aI) ... 395

    5.4.3 Anpassung bei symmetrischer Grenzkostenfunktion (Typ 3aII) ... 400

    5.4.4 Anpassung bei linksschiefer Grenzkostenfunktion (Typ 3aIII) ... 403

    5.4.5 Quantitative und intensitätsmäßige Anpassung bei einer Mindestintensität größer null (Typ 3c) ... 407

    5.4.6 Intensitätsmäßige und quantitative Anpassung bei Intensitätssplitting (Typ 3d) ... 409

5.5 Spezialprobleme bei Anpassungsprozessen auf Basis der Gutenberg-Produktionsfunktion ... 415

    5.5.1 Faktorverbrauch als Funktion der technischen Leistung und technischer Einflußgrößen ... 415

    5.5.2 Nicht in t linear-homogene Produktionsfunktionen ... 419

    5.5.3 Anpassungsprozesse bei Produktion von Ausschuß ... 423

        5.5.3.1 Alternative Modellkonzepte zur Behandlung des Ausschusses ... 423

        5.5.3.2 Anpassung bei einem von Intensität und Einsatzzeit unabhängigen Ausschußanteil ... 427

        5.5.3.3 Anpassung bei einem nur von der Intensität abhängigen Ausschußanteil ... 429

        5.5.3.4 Anpassung bei einem nur von der Einsatzzeit abhängigen Ausschußanteil ... 433

        5.5.3.5 Der Anpassungsprozeß bei beschäftigungszeit- und intensitätsabhängigem Ausschuß ... 437

5.5.4 Berücksichtigung von Stand- und Rüstzeiten im
Anpassungsprozeß 438

5.6 Kritik des derzeitigen Standes der Produktions- und Kostentheorie 443

Fragen und Aufgaben zu Kapitel 5 448

6 Langfristige Kostenpolitik 451

6.1 Problembereiche langfristiger Kostenpolitik 451

6.2 Langfristige Kostenpolitik bei Verfahrenswechsel und
Kapazitätsanpassungen 453

    6.2.1 Die Struktur des Planungsproblems 453

    6.2.2 Typen von Betriebsgrößenänderungen 460

    6.2.3 Kostenanalysen bei mutierender Betriebsgrößenveränderung............. 462

    6.2.4 Vorteile und Nachteile größerer Betriebseinheiten 465

        6.2.4.1 Betriebsgrößenänderungen und ihre Wirkung auf die
Kostenstruktur 465

        6.2.4.2 Wirkung einer Harmonisierung des Betriebsmittelbestandes
auf die Kosten 467

6.3 Lernkurveneffekt und langfristige Kostenkurve 469

Fragen und Aufgaben zu Kapitel 6 473

7 Die Auftragsgrößenplanung 475

7.1 Die beiden Ausprägungen des Problems der Auftragsgrößenplanung 475

7.2 Auftragsgrößenplanung am Beispiel der Losgrößenplanung........................... 476

    7.2.1 Optimierungsprobleme bei Sortenfertigung 476

    7.2.2 Die Wirkung der Losgröße auf die Kosten 477

        7.2.2.1 Auflagenfixe Kosten 477

        7.2.2.2 Lagerkosten 479

    7.2.3 Herleitung der klassischen Losgrößenformel 483

    7.2.4 Losgrößenpolitik bei knapper Fertigungskapazität 485

    7.2.5 Losgrößenpolitik bei knapper Lagerkapazität 488

7.3 Neue Erscheinungsformen des Losgrößenproblems 491

    7.3.1 Manipulierte Auflagendegression 491

    7.3.2 Losbildung für Teilefamilien 494

7.4	Auftragsgrößenplanung am Beispiel der Bestellmengenplanung	496
7.5	Bedarfsplanung	498
	7.5.1 Die Struktur des Materialdispositionsproblems	498
	7.5.2 Die programmgesteuerte Materialdisposition	499
	7.5.2.1 Ablauf und Einsatzvoraussetzungen der programmgesteuerten Materialdisposition	499
	7.5.2.2 Stücklisten als Hilfsmittel zur programmgesteuerten Materialdisposition	500
	7.5.2.3 Instrumente zur programmgesteuerten Bedarfsermittlung	505
	7.5.3 Die verbrauchsgesteuerte Materialdisposition	509
	7.5.3.1 Einsatzvoraussetzungen und Ablauf der verbrauchsgesteuerten Materialdisposition	509
	7.5.3.2 Instrumente zur verbrauchsgesteuerten Materialdisposition	514
	7.5.3.2.1 Prognoseverfahren bei konstantem Bedarfsverlauf	514
	7.5.3.2.2 Prognoseverfahren bei Trend- und Saisoneinflüssen	516
Fragen und Aufgaben zu Kapitel 7		518

8 Die zeitliche Verteilung der Produktion ... 521

8.1	Die Struktur des Planungsproblems	521
8.2	Die Wirkung der zeitlichen Verteilung der Produktion auf die Kosten	525
	8.2.1 Produktionskosten	525
	8.2.2 Lagerkosten	528
	8.2.3 Kapazitätsabhängige Kosten	529
8.3	Ein Ansatz zur Lösung des Problems der zeitlichen Produktionsverteilung	531
Fragen und Aufgaben zu Kapitel 8		534

9 Ablaufplanung und Fertigungssteuerung ... 535

9.1	Die Struktur des Ablaufproblems	535
	9.1.1 Gegenstand und Parameter der Ablaufplanung	535
	9.1.2 Rahmenbedingungen der Ablaufplanung	539
	9.1.3 Statische und dynamische Sicht des Ablaufproblems	544

9.2 Grundlagen der Ablaufplanung 546
    9.2.1 Grundbegriffe zum Materialfluß der Aufträge 546
    9.2.2 Ziele der Ablaufplanung 548
    9.2.3 Zykluszeit und Durchlaufzeit 549
        9.2.3.1 Abgrenzung von Zyklus- und Durchlaufzeit 549
        9.2.3.2 Arten von Durchlaufzeiten 550
    9.2.4 Visualisierungstechniken zur Ablaufplanung 556
    9.2.5 Verfahren der Ablaufplanung 562
        9.2.5.1 Verfahren für Werkstattfertigung 562
            9.2.5.1.1 Optimierende Verfahren 562
            9.2.5.1.2 Prioritätsregeln zur Lösung des Ablaufproblems 566
        9.2.5.2 Methoden der Ablaufplanung bei Fließfertigung 571
        9.2.5.3 Netzplantechnik für einzelne Projekte 574
            9.2.5.3.1 Einordnung der Netzplantechnik (NPT) in die Ablaufplanung 574
            9.2.5.3.2 Die Elemente eines Netzes in der Methode CPM 576
            9.2.5.3.3 Ausgewählte Methoden der NPT 577
                9.2.5.3.3.1 Ausgangsbeispiel 577
                9.2.5.3.3.2 Auswertung eines Netzplanes nach CPM 580
                9.2.5.3.3.3 Projektbeschleunigung mit CPM-Cost . 587
                9.2.5.3.3.4 Die PERT-Methode 591
                9.2.5.3.3.5 Stochastische Methoden der Netzplantechnik 596
9.3 Produktionsplanung und Steuerung auf der Basis der MRP/MRP II-Logik 597
    9.3.1 Aufbau klassischer PPS-Systeme 597
    9.3.2 Die Eignung der PPS-Systeme auf der Basis der MRP-Logik für unterschiedliche Fertigungssituationen 608
    9.3.3 Forderungen für ein neues Design von PPS-Systemen 611
9.4 Spezielle Verfahren zur Fertigungssteuerung 614
    9.4.1 Überblick über die Grundlagen einiger Konzepte 614
        9.4.1.1 Zentrale und dezentrale Konzepte 614
        9.4.1.2 Konzepte mit unterschiedlichen Steuerungsparametern 617

		9.4.1.3 PPS-Bausteine und umfassende PPS-Systeme 620
	9.4.2	Belastungsorientierte Auftragsfreigabe (BoA) 621
	9.4.3	Das KANBAN-Prinzip 628
	9.4.4	Steuerung durch Fortschrittskennzahlen 634
	9.4.5	Das System OPT (Optimized Production Technology) 637
	9.4.6	Retrograde Terminierung (RT) 641

        9.4.6.1 Das duale Steuerungskonzept der RT 641

        9.4.6.2 Rahmenbedingungen der RT 642

              9.4.6.2.1 Produktionsverhältnisse 642

              9.4.6.2.2 Organisatorische Grobgliederung 644

              9.4.6.2.3 Zeitraster 645

              9.4.6.2.4 Planungsmodus 646

        9.4.6.3 Die Grundidee der Retrograden Terminierung 648

        9.4.6.4 Retrograde Terminierung mit festen Kapazitäten 652

        9.4.6.5 Die Retrograde Terminierung einschließlich Personalzuordnung 656

        9.4.6.6 Die Steuerparameter der Retrograden Terminierung 662

        9.4.6.7 Informationskreislauf der RT und praktische Erfahrungen 665

        9.4.6.8 Ergebnisse der RT 668

        9.4.6.9 Retrograde Terminierung und Fuzzy Sets 672

9.5 Computer Integrated Manufacturing (CIM) 673

    9.5.1 Die Grundidee von CIM 673

    9.5.2 Die technischen CIM-Bausteine (CAD, CAP, CAE, CAM, CAQ) 676

    9.5.3 Betriebswirtschaftlicher CIM-Baustein 677

    9.5.4 Probleme bei der CIM-Implementation 678

Fragen und Aufgaben zu Kapitel 9 682

Literaturverzeichnis **687**

Stichwortverzeichnis **707**

1 Grundlagen industrieller Produktion

1.1 Merkmale industrieller Produktion

Produktion ist nach Gutenberg als Kombination der Elementarfaktoren Arbeit, Material und Maschinen durch die derivativen Faktoren Planung und Organisation zum Zwecke der Leistungserstellung zu verstehen.[1] In der industriellen Produktion werden mit der **Arbeitsteilung**, der **Standardisierung** und der **Mechanisierung** bzw. **Automatisierung** drei Instrumente eingesetzt, um die technische und ökonomische Effizienz zu erhöhen. Bei der technischen Effizienz wird auf das Verhältnis von Output zu Faktorinput, also auf die Produktivität abgestellt. Ökonomische Effizienz – Wirtschaftlichkeit – drückt sich in den durch die Produktion einer bestimmten Menge eines Erzeugnisses verursachten Kosten aus.

Arbeitsteilung bedeutet, daß die zur Produktion eines Erzeugnisses erforderlichen Arbeitsoperationen auf mehrere Mitarbeiter aufgeteilt werden, wobei jede Arbeitskraft bestimmte Funktionen wie Abkanten von Blechen, Verformen der Bleche, Bohren, Lackieren usw. ausübt. Das Prinzip der Arbeitsteilung wird nicht nur bei den ausführenden, sondern auch bei den planenden, steuernden und kontrollierenden Tätigkeiten angewendet. Der dispositive Bereich wird folglich in Aufgaben wie Beschaffung, Produktionsplanung, Produktionssteuerung, Logistik, Marketing usw. aufgespalten.

Üblicherweise werden die dispositiven und die ausführenden Tätigkeiten getrennt. Der dispositive Faktor ist dafür verantwortlich, was mit welchen Produktionsapparaten in welchen Organisationsformen produziert wird. Er legt auch die Art des Produktionsablaufs fest, koordiniert die Abläufe und ist für die Qualitätssicherung zuständig. Die ausführenden Mitarbeiter haben allein die Aufgabe, in dem durch den dispositiven Faktor festgelegten Rahmen die verlangten Mengen zum vorbestimmten Zeitpunkt zu fertigen. Die ausführenden Mitarbeiter haben damit keinerlei Entscheidungskompetenzen – der dispositive Faktor legt mit Hilfe von Anweisungen fest, was wann zu tun ist. Das Prinzip der Arbeitsteilung bei ausführenden und dispositiven Tätigkeiten sowie die Trennung von dispositiven und ausführenden Arbeiten haben Vor- und Nachteile.

Intensive Arbeitsteilung führt zu relativ engen Arbeitsinhalten je Arbeitskraft bzw. Arbeitsplatz. Der Vorteil ist darin zu sehen, daß der Zeitbedarf für die Arbeitsoperationen durch Spezialisierungs- und Übungseffekte gesenkt werden kann. Produktivität und Wirtschaftlichkeit verbessern sich folglich. Der Zusammenhang von Produktivität und Arbeitsteilung ist insbesondere von Taylor[2] zu Beginn dieses Jahrhunderts erkannt worden. Aufgrund seiner Überlegungen wurde die Arbeitsteilung konsequent in der Produktion realisiert. Auf Taylor ist insbesondere die Idee einer sehr weit gehenden Arbeitsteilung zurückzuführen. Dieses Prinzip führt in der Fertigung zu sehr engen Tätigkeitsfeldern – die Arbeitskräfte sind im Extremfall nur für wenige Handgriffe zuständig. Der Wertschöpfungsbeitrag eines einzelnen Arbeitsplatzes ist folglich sehr gering, und es sind sehr viele Arbeitsplätze bzw. Arbeitskräfte für die Produktion erforderlich. Für den dispositiven Faktor ergibt sich daraus

---

1 Vgl. Gutenberg (1983), S. 1 ff.
2 Vgl. Taylor (1911).

die Aufgabe, die Arbeitsabläufe zwischen den einzelnen Arbeitsplätzen mengenmäßig und zeitlich so zu koordinieren, daß es an den Schnittstellen zwischen den Arbeitsstationen möglichst nicht zu Reibungsverlusten (Lagermengen, Wartezeiten) kommt. Auf den dispositiven Faktor angewendet, führt das Prinzip intensiver Arbeitsteilung zu sehr kleinen Verantwortungsbereichen. Für die gesamten Planungs-, Steuerungs- und Kontrollaufgaben sind folglich sehr viele Mitarbeiter zuständig, die ebenfalls koordiniert werden müssen, um Reibungsverluste zu vermeiden. Infolgedessen kann es zu Bürokratie, Langsamkeit und schlechten Koordinationsergebnissen kommen.

Koordinationsdefizite lassen sich bei intensiver Arbeitsteilung nur vermeiden, wenn die Komplexität der Produktion gering ist, wenn für gleiche Produkte immer die gleichen Prozesse durchzuführen sind (Einproduktfertigung in Massenproduktion). Erst Einfachheit und Standardisierung der Produkte und Prozesse schaffen die Voraussetzung für eine effiziente Steuerung und Produktion. Probleme treten auf, wenn eine intensive Arbeitsteilung auf sehr komplexe Produktionsverhältnisse stößt. Produziert ein Unternehmen sehr viele Produkte oder Varianten mit sehr unterschiedlichen Prozessen, treten an den Schnittstellen im ausführenden und im dispositiven Bereich mit zunehmender Komplexität immer gravierendere Koordinationsdefizite auf.

Hohe Spezialisierung vermag die Produktivität zwar nachhaltig zu verbessern – die reinen Bearbeitungszeiten sinken. Nachteilig ist aber der mit verringerten Arbeitsinhalten bzw. steigender Anzahl beteiligter Arbeitsplätze zunehmende Koordinationsbedarf. Um diesen steigenden Bedarf beherrschen zu können, setzte Taylor auf das Instrument der Standardisierung. Für standardisierte Produkte – möglichst nur ein Produkt in Massenfertigung auf einer Produktionsanlage – in immer gleichartigen Produktions- und Steuerungsabläufen hat der dispositive Faktor ein Organisationskonzept zu entwickeln, das Koordinationsdefizite an den Schnittstellen nicht entstehen läßt. Für einfache Produkte in Massenfertigung (geringer Komplexitätsgrad der Fertigung) gelingt das in der Regel auch. An den Schnittstellen entstehen dann kaum Zeiten für den Übergang der Produkte oder Aufträge zur nächsten Bearbeitungsstufe. Intensive Arbeitsteilung steigert damit die Produktivität durch sinkende Ausführungszeiten, ohne gleichzeitig die Nachteile nennenswerter Übergangszeiten zwischen den Arbeitsplätzen hinnehmen zu müssen. Solange es möglich ist, den Komplexitätsgrad der Produkte und Prozesse gering zu halten, sind das Prinzip intensiver Arbeitsteilung und die Trennung ausführender von dispositiven Tätigkeiten damit sehr effizient.

Ganz erhebliche Probleme treten bei diesem Prinzip auf, wenn sich die Unternehmen am Markt differenzieren müssen und deshalb eine ständig steigende Anzahl von Produkten und Varianten produzieren, um den Kundenbedürfnissen zu entsprechen. Der steigende Komplexitätsgrad der Produktion und die kundenindividuelle Steuerung der Fertigung lassen dann den Nachteil des zunehmenden Koordinationsbedarfs an den Schnittstellen deutlich werden. Mit steigendem Komplexitätsgrad wachsen die Übergangszeiten an den Schnittstellen sowohl im indirekten, steuernden Bereich als auch in der Produktion. Die steigende Komplexität führt dazu, daß Unternehmen das Übergangsproblem nicht mehr beherrschen. Die Abwicklungszeiten von Aufträgen oder die Durchlaufzeiten von Produkten in der Fertigung setzen sich dann zu einem ganz erheblichen Anteil aus Zeiten zusammen, in denen die Aufträge bzw. Produkte nicht unmittelbar bearbeitet werden. Der Zeitanteil für die eigentliche

Wertschöpfung sinkt auf 10% bis 20%. Mit steigender Komplexität wächst damit die Bedeutung des Koordinationsproblems. Die Überlegungen zu verbesserter Produktion dürfen sich folglich nicht mehr allein auf die reinen Bearbeitungszeiten für Aufträge und Produkte beziehen, wie es das Konzept Taylors vorsieht. Ausschlaggebend sind Organisationsformen der Fertigung, die es erlauben, den Koordinationsbedarf zu reduzieren und das Koordinationsproblem zu beherrschen.

Infolge steigender Komplexität sind Industrieunternehmen heute in einer Phase der Umstrukturierung und Reorganisation der Produktion. Sie bauen mit Konzepten wie Lean Production den Grad der Arbeitsteilung bewußt ab und heben das Prinzip einer Trennung geistiger und ausführender Arbeiten teilweise auf, um die negativen Folgen eines nicht beherrschten Koordinationsproblems überwinden zu können. Der steigende Komplexitätsgrad führt dann zur Forderung nach Reintegration der Arbeit, Reengineering der Prozesse und Organisationsstrukturen sowie erhöhter Flexibilität in der Fertigung und Steuerung, um die Produktion eines breiteren Produktionsspektrums beherrschen zu können.

Die in der Industrie durchgeführten Restrukturierungsbemühungen haben leider in der Regel nur geringe positive Wirkung. Der Grund ist darin zu suchen, daß sich weder die Manager (dispositiver Faktor) noch die Werker (ausführender Faktor) geistig auf die neuen Bedingungen eingestellt haben. Sie sind im Geiste noch stark tayloristisch geprägt – ihre traditionellen Verhaltensweisen passen nicht mehr in die veränderte Produktionslandschaft. Organizational Learning muß deshalb alle Mitarbeiter geistig an die neue Situation heranführen. Sie müssen sich von der Philosophie, die auf Anweisung und zentrale Steuerung baut, lösen und zum eigenverantwortlichen, selbstgesteuerten Handeln kommen.

Arbeitsteilung ist in der industriellen Produktion in zwei Varianten anzutreffen:

- Arbeitsteilung bei fester Zuweisung von Teilaufgaben oder Funktionen zu Arbeitsplätzen und Arbeitskräften. Diese Form wird insbesondere im Taylorismus bei der Fließbandarbeit angewendet.
- Arbeitsteilung ohne feste Zuweisung von Arbeitsinhalten zu ganz bestimmten Arbeitskräften. Eine Gruppe von Arbeitskräften ist dann für einen ganz bestimmten Teil der Fertigung – z.B. Montage von Motoren oder Getrieben – zuständig und kann die Aufteilung der für diese Fertigung erforderlichen Arbeiten auf die Gruppenmitglieder autonom regeln. Den Gruppenmitgliedern können folglich im Zeitablauf unterschiedliche Aufgaben übertragen werden. Häufig fällt es auch in den Entscheidungsbereich der Gruppe, wie sie den Arbeitsablauf gestaltet. Diese Form der Arbeitsteilung wird als (teil-)autonome Gruppenarbeit[3] oder als Teamarbeit bezeichnet. Sie ist als eine Teilantwort auf das mit intensiver Arbeitsteilung wachsende Koordinationsproblem zu verstehen.

Beide Prinzipien der Arbeitsteilung haben Vor- und Nachteile. Als Vorteil einer festen Zuweisung von Arbeitsinhalten zu Arbeitskräften ist es zu werten, daß durch Lernprozesse eine hohe Produktivität zu erreichen ist. Durch große Übung laufen die Arbeitsprozesse bei den Arbeitskräften gleichsam automatisiert ab, da diese sich die Abfolge der erforderlichen Griffe nicht erst bewußt machen müssen. Durch starke Arbeitsteilung ist es zudem möglich, die

---

3 Vgl. Reichwald/Dietel (1991), S. 438 ff.

speziellen Fähigkeiten von Arbeitskräften zu nutzen. Ein Nachteil dieses Konzeptes liegt darin, daß die Arbeitsinhalte sehr eng und die Abläufe gleichförmig sind und von den Arbeitskräften als monoton und stumpfsinnig empfunden werden können. Der Zufriedenheitsgrad der Mitarbeiter und ihre Motivation sind dann gering, was sich z.B. in hohen Fehlzeiten niederschlägt. Als Folge der engen Arbeitsinhalte haben die einzelnen Arbeitskräfte auch keinen Überblick über die Gesamtaufgabe. Sie können daher eigene Fehlleistungen in ihrer Wirkung auf das gesamte Betriebsgeschehen nicht erkennen und beurteilen. Die Kenntnis der Gesamtzusammenhänge ist aber erforderlich, wenn von der Philosophie einer zentralen Steuerung zu dezentralen Steuerungskonzepten übergegangen werden soll. Eine ausgeprägte Arbeitsteilung steht damit einer dezentralen Selbststeuerung entgegen. Bei fehlendem Überblick über die Prozesse kann die Koordination nur durch zentrale Planungs- und Steuerungsabteilungen erfolgen. Die zentralen Abteilungen sind mit dieser Aufgabe bei steigender Komplexität aber zunehmend überfordert, da ihnen die zur Steuerung nötigen aktuellen Informationen fehlen.

Eine Arbeitsteilung in der Form von Teamarbeit wirkt der Monotonie entgegen, fördert den Gesamtüberblick über die Abläufe innerhalb der Gruppe und läßt Teamgeist entstehen. Die Gruppenmitglieder identifizieren sich mit den Arbeitsproblemen ihrer Kollegen. Die Gruppe übernimmt Koordinations- und Entscheidungsaufgaben. Insgesamt kann das die Zufriedenheit mit der Arbeit und die Motivation fördern. Insbesondere wenn die Gruppe auch ihren Arbeitsablauf selbst regeln kann, erhofft man sich von dieser Form der Arbeitsteilung eine verbesserte Kreativität der Mitarbeiter, die sich in verbesserten Arbeitsabläufen niederschlägt. Ein letzter Vorteil ist darin zu sehen, daß durch den verbesserten Gesamtüberblick des einzelnen und durch die Koordination der Arbeitsabläufe innerhalb der Gruppe auch sinkende Durchlaufzeiten zu erwarten sind. Die Durchlaufzeiten sinken trotz z.T. leicht steigender Bearbeitungszeiten, weil durch eine verbesserte Koordination des Ablaufs zwischen den einzelnen Arbeitsstationen Übergangszeiten abgebaut werden können.

Probleme bereitet diese Form der Arbeitsteilung mitunter, weil höhere Anforderungen an die Arbeitskräfte gestellt werden. Die Arbeitskräfte müssen die Arbeitsoperationen mehrerer Arbeitsplätze beherrschen. Sind sie für mehrere Arbeitsoperationen geeignet, steigt die Flexibilität des Betriebes, da die Arbeitskräfte bedarfsorientiert eingesetzt werden können. Arbeitskräfte, die bislang feste Arbeitsinhalte gewohnt waren, fühlen sich dadurch mitunter überfordert. Da jede Arbeitskraft mehr Tätigkeiten als bei fester Arbeitszuweisung beherrschen muß, ist der Übungseffekt häufig etwas geringer, was zu leicht höherem Arbeitszeitbedarf je Stück führen kann. Weil der Gruppe im Teamkonzept auch Entscheidungskompetenzen übertragen werden, müssen die Gruppenmitglieder eine gewisse ökonomische Schulung haben, um die wirtschaftlichen Konsequenzen ihrer Entscheidungen abschätzen zu können. Zudem ist ein gewisses Maß an sozialer Kompetenz und Kontaktfähigkeit Voraussetzung für die Gruppenarbeit.[4]

Zweites Instrument zur Steigerung der Effizienz ist die **Standardisierung**. Standardisierung ist Voraussetzung sowohl für eine effiziente Arbeitsteilung als auch für die Mechanisierung bzw. Automation von Prozessen. Durch Standardisierung streben Industriebetriebe große

---

4   Vgl. Kupsch/Marr (1991), S. 805.

Mengenvolumen an. Standardisierung ist damit Basis der Economies of Scale. Durch Standardisierung sollen gleichartige Dinge immer in gleichartiger Form effizient erledigt werden. Erst durch eine Konzentration der Arbeitskräfte auf gleichartige Arbeitsoperationen ergeben sich die beschriebenen Vorteile der Arbeitsteilung. Immer wiederkehrende, gleichartige Produktionsvorgänge schaffen zudem die Voraussetzung, um durch Mechanisierung und Automation Größendegressionseffekte erzielen zu können.

Standardisierung kann sich auf drei Tatbestände beziehen:
- auf Produkte oder Leistungen,
- auf Funktionen oder Operationen in der Produktion,
- auf die Art der Organisation der Arbeitsabläufe.

Fließfertigung setzt bspw. die Standardisierung der Produkte, Funktionen und Arbeitsabläufe voraus. Bei Fließfertigung werden gleiche Funktionen in gleichen Abläufen an weitgehend gleichen Produkten ausgeführt. Gleichartigkeit der Abläufe garantiert dabei geringe Übergangszeiten zwischen den Arbeitsstationen. Gleichartigkeit der Arbeitsinhalte – Standardisierung von Produkt und Funktion – erhöht die Effizienz der Arbeitsteilung und Mechanisierung. Das Konzept Taylors ging vom Extremfall der oben beschriebenen dreifachen Standardisierung aus. Infolge der hohen Standardisierungsmöglichkeiten konnte der Produktionsweg der Erzeugnisse festgeschrieben werden (Fließfertigung), und das auf den Märkten realisierbare hohe Absatzvolumen erlaubte Massenfertigung weitgehend identischer Produkte, so daß in der Produktion auf jegliche Flexibilität verzichtet werden konnte.

Mit zunehmender Komplexität der Leistungen sinkt i.d.R. automatisch das Ausmaß möglicher Standardisierung. Infolgedessen steigt in der Produktion und bei deren Steuerung der Flexibilitätsbedarf. Gelingt bspw. keine vollständige Standardisierung der Leistung mehr, weil Kunden unterschiedliche Bedürfnisse haben und das Unternehmen deshalb zur Produktion mehrerer Produkte oder Varianten übergeht, kann sich die Standardisierung nur noch auf Funktionen und vielleicht noch z.T. auf Abläufe beziehen. Für jedes Produkt sollte möglichst eine standardisierte Form des Leistungsprozesses erreicht werden, um geringe Arbeits- und Übergangszeiten bei hoher Produktqualität zu erreichen.

Bei Mehrprodukt- bzw. Variantenfertigung wird in der Produktion häufig auf das Prinzip zurückgegriffen, in einer Arbeitsstation gleichartige Funktionen für unterschiedliche Leistungsarten zu konzentrieren (Werkstattfertigung). Ein zweites Prinzip besteht darin, die Fertigung nach Leistungsarten zu segmentieren, wenn dafür ausreichende Produktionsvolumen zu erzielen sind. Bei einer Zusammenfassung gleichartiger Funktionen für unterschiedliche Leistungsarten ergeben sich deutlich größere Koordinationsprobleme als bei einer Fertigungssegmentierung. Bei Fertigungssegmentierung ist es möglich, in jedem Segment mit einem standardisierten Ablauf zu arbeiten, während bei einer Werkstattfertigung unterschiedliche Ablaufformen zwischen den Arbeitsstationen zu koordinieren sind. Das Ausmaß der Standardisierung ist folglich bei Werkstattfertigung geringer als bei Fertigungssegmentierung. Die meisten Betriebe stehen vor dem Problem, dennoch die Form geringerer Standardisierung wählen zu müssen, weil die auf den Märkten mit den einzelnen Leistungen zu realisierenden Volumen zu gering sind. Der Markt erlaubt dann nur Standardisierung nach Funktionen, während auf Standardisierung nach Abläufen verzichtet werden muß. Infolgedessen brauchen derartige Unternehmen eine flexiblere Produktionseinrichtung als segmentierte Betriebe, da sie in den Werkstätten in der Lage sein müssen, nacheinander unterschiedliche Produkte zu fertigen. Der erzwungene Verzicht auf Prozeßstandardisierung zieht aber instabile, zumeist auch anfällige Produktionsprozesse – Unterbrechungen für Umrüstungen, Anlauf neuer Produkte, Ausfall von Anlagen nach der Umrüstung – nach sich, was zu Kostennachteilen, steigenden Auftragsabwicklungszeiten und Qualitätsproblemen führen kann.

Produktionsunternehmen sollten stets bestrebt sein, die Komplexität der Produktion durch Standardisierung der Leistungen und Prozesse zu reduzieren. Standardisierung ist zum einen das Instrument, um den Koordinationsbedarf bei arbeitsteiliger Fertigung zu reduzieren. Zum anderen ist Standardisierung aber auch die Basis, um die Vorteile der Arbeitsteilung und die Kostensenkungspotentiale durch Automation bei steigendem Produktionsvolumen ausschöpfen zu können. Eines der zentralen Probleme in der Produktion besteht heute darin, daß viele Unternehmen infolge des Marktwandels und der damit verbundenen Variantenvielfalt das Ausmaß der Standardisierung so stark eingeschränkt und die Flexibilität der Produktion so weit erhöht haben, daß bei weiter steigender Variantenzahl die Kosten zunehmender Flexibilität und Komplexität durch den Erlöszuwachs nicht mehr ausgeglichen werden können (Komplexitätskostenfalle).[5] Ein unzureichendes Ausmaß an Standardisierung gefährdet dann das langfristige Überleben der Unternehmen.

Der dritte Weg zu erhöhter Produktivität und Wirtschaftlichkeit in der industriellen Produktion besteht darin, die technischen Hilfsmittel der Fertigung zu verbessern und Arbeitskraft durch Maschinen zu substituieren (**Mechanisierung**). Bei mechanisierten Prozessen werden die Arbeitsprozesse ausschließlich durch den Menschen gesteuert und kontrolliert. Von **Automation** wird dagegen gesprochen, wenn Maschinen auch Steuerungs- und Kontrollfunktionen übernehmen. Durch Mechanisierung und Automation von Bearbeitungsfunktionen kann die erforderliche Produktionszeit erheblich reduziert werden. Mechanisierung und Automation setzen jedoch voraus, daß gleichartige Arbeiten wie Spanen, Bohren oder Fräsen für gleiche oder ähnliche Erzeugnisse wiederholt auszuführen sind. Automation ist besonders wirtschaftlich, wenn ein gewisses Ausmaß bei der Standardisierung von Arbeitsabläufen erreicht wird. Die Automation trägt dann auch nachhaltig dazu bei, die Übergangszeiten abzubauen.

Die Automatisierung von Fertigungsprozessen kann danach differenziert werden, ob die eigentliche Bearbeitung von Werkstücken automatisiert wird oder ob sich die Automation auf Hilfsfunktionen wie Handhaben und Transportieren von Werkzeugen und Werkstücken (z.B. Lagerhaltung von Werkstücken vor und hinter einem Bearbeitungsautomaten, Bereitstellung eines Werkzeugmagazins zum wahlfreien Zugriff auf unterschiedliche Werkzeuge) bezieht. Einer Automation sind auch Meßvorgänge zugänglich, die erforderlich sind, um Werkstücke für eine automatische Bearbeitung richtig zu positionieren.

Bei der Automation werden mit der Einfunktions- bzw. Mehrfunktionsautomatik zwei verschiedene Prinzipien unterschieden:

---

5   Zur Komplexitätskostenfalle vgl. Fischer (1993), S. 30 und Becker (1992b), S. 172 f.

1.1 Merkmale industrieller Produktion

- Bei **Einfunktionsautomatik** kann eine Maschine nur eine Bearbeitungsfunktion – Bohren, Drehen oder Fräsen – ausüben, wobei die Maschine als Spezial- oder als Universalmaschine ausgelegt ist. Eine Universalmaschine kann eine Funktion an mehreren unterschiedlichen Erzeugnissen ausführen, während Spezialmaschinen auf die Erfordernisse ganz spezieller Produkte zugeschnitten sind. Beim Konzept der Einfunktionsautomatik ist die Anpassungsfähigkeit der Produktion an ein im Zeitablauf wechselndes Produktionsprogramm vergleichsweise gering. Spezialmaschinen lassen sich kaum auf veränderte Anforderungen umstellen. Universalmaschinen können zwar umgestellt werden, allerdings sind längere Rüstzeiten für die Umstellung der Produktion von dem einen auf das andere Erzeugnis erforderlich. Vorteile von Spezialmaschinen sind deren hohe Produktivität sowie die geringen Kosten pro Stück bei hohem Auslastungsgrad der Anlagen. Typisch für ein Maschinenkonzept mit Universalanlagen ist eine losweise Fertigung (Werkstattfertigung). Weil die Umrüstung Zeit und Geld kostet, kann nur dann wirtschaftlich produziert werden, wenn nach einem Erzeugniswechsel größere innerbetriebliche Aufträge (Lose) gefertigt werden. Das Maschinenkonzept begrenzt damit die Anpassungsfähigkeit der Produktion an verschiedenartige Kundenwünsche.

- Beim Konzept der **Mehrfunktionsautomatik** kann ein Bearbeitungsautomat auf unterschiedliche Werkzeuge zugreifen und damit unterschiedliche Bearbeitungsfunktionen ausüben. Eine Mehrfunktionsautomation ist gegeben, wenn eine numerisch gesteuerte Werkzeugmaschine zusätzlich über ein Werkzeugmagazin verfügt. Enthält das Magazin bspw. gleichzeitig Bohrer unterschiedlicher Art, Fräswerkzeuge sowie Werkzeuge zum Entgraten und Polieren, die sich schnell bzw. ohne Rüstzeiten auswechseln lassen, hat das positive Rückwirkungen auf die Anpassungsfähigkeit der Produktion an wechselnde Marktanforderungen. Bei rüstzeitfreier Umstellung der Produktion entfällt weitgehend der Zwang zur losweisen Fertigung: Verwandte Produkte können in schneller Abfolge mit der „Losgröße 1" über die Anlagen laufen.

  Mehrfunktionsautomation hat auch Rückwirkungen auf die Anzahl erforderlicher Fertigungsstufen je Erzeugnis. Eine Maschine kann mehrere Bearbeitungsfunktionen hintereinander an einem Werkstück ausüben, bevor das Werkstück zur nächsten Maschine vorrückt (Bearbeitungszentren). Durch den Abbau der erforderlichen Fertigungsstufen sinken die erzeugnisspezifischen Übergangszeiten. Der Koordinationsaufwand nimmt ab, was sich positiv auf die Durchlaufzeiten der Aufträge auswirkt. Das Konzept der Mehrfunktionsautomatik gewinnt in der Industrie immer größere Bedeutung, da die Produktion leichter an wechselnde Anforderungen des Absatzmarktes angepaßt werden kann. Ein Unternehmen mit diesem Fertigungskonzept wird zudem eher mit einem geringeren Standardisierungsgrad der Abläufe fertig.

Beide Formen der Automatisierung haben nachhaltige Konsequenzen für die Arbeitsprozesse. Durch Automation sinkt die körperliche Beanspruchung der Arbeitskräfte. Mechanisierte und automatisierte Prozesse müssen aber geplant, gesteuert, koordiniert und überwacht werden, d.h., die geistige Beanspruchung der Arbeitskräfte nimmt zu. Mit der Veränderung der Arbeitsprozesse geht zudem eine Veränderung der Kostenstrukturen einher: Die fixen, nicht vom Beschäftigungsniveau abhängigen Kosten gewinnen an Bedeutung, und der Anteil der variablen, den Erzeugnissen unmittelbar zurechenbaren Kosten nimmt ab. Gleichzeitig sind die Kosten zunehmend vordisponiert, d.h., mit der Anschaffung der Maschinen ist das Kostenvolumen weitgehend festgelegt. Auf die eigentliche Fertigung geht ein ständig sinkender Kostenanteil zurück.

1.2 Arten von Produktionsprozessen

Um die unüberschaubare Vielfalt realer Produktionssysteme zu kategorisieren, ist es erforderlich, die Fertigungsbetriebe nach gemeinsamen Strukturmerkmalen zu ordnen.[6] Sinn dieser Systematik ist es, typische Merkmale realer Produktionssysteme unter ganz bestimmten Sichtweisen wie Materialfluß, Organisation der Abläufe, Verbundeffekte beim Output usw. herauszustellen, um deren Besonderheiten für die Gestaltung der Prozesse deutlich werden zu lassen. Die Unterscheidung von Produktionsarten soll damit die Strukturmerkmale der Prozesse herausstellen, die die Art der Informations-, Planungs- und Organisationsprobleme kennzeichnen.

Im folgenden werden fünf Merkmalsgruppen bzw. Dimensionen unterschieden, nach denen sich reale Produktionsprozesse unterscheiden lassen:[7]

- produkt- und marktbezogene Merkmale
- produktionsprozeßbezogene Merkmale (Arbeitsteilung/Automation)
- materialflußbezogene Merkmale
- Organisationsformen der Produktion
- fertigungstypbezogene Merkmale

Diese Merkmalsgruppen bzw. Dimensionen stellen eine jeweils andere Sichtweise auf einen realen Produktionsprozeß dar; ein Produktionssystem wird mithin immer nur von einer anderen Warte bzw. Perspektive aus betrachtet.

1.2.1 Produkt- und marktbezogene Merkmale

Bei den produkt- und marktbezogenen Merkmalen kann nach zwei Unterkriterien weiter differenziert werden:

- Anzahl produzierter Produktarten
- Anstoß für die Produktion

Nach der Anzahl der angebotenen und produzierten Produkte läßt sich zunächst die **Einproduktfertigung** von der **Mehrproduktfertigung** unterscheiden. Einproduktfertigung stellt

---

6   Vgl. Corsten (1998), S. 31 ff.
7   In der Literatur finden sich vielfältige andere Hauptmerkmale, von denen einige beispielhaft im folgenden aufgeführt werden: So unterscheidet Zäpfel (1982), S. 15 ff., zwischen „output-, throughput- und inputbezogenen" Elementartypen. Ähnlich werden bei Hahn/Laßmann (1990), S. 35 ff., produkt-, prozeß- und faktorbezogene Merkmale unterschieden. Bei Bloech et al. (1998), S. 237, wird zwischen Produkteigenschaften, Programmeigenschaften und der Struktur der Produktion unterschieden. Kloock (1993), S. 272 f., nennt inputorientierte, prozeßeinflußgrößenorientierte und outputorientierte Merkmale. Schließlich differenziert Corsten (1998), S. 31 ff., in erzeugnisorientierte, einsatzorientierte und erzeugungsorientierte Typisierungen.

die höchste Form der Spezialisierung und Rationalisierung dar und ist aus reiner Fertigungssicht die wünschenswerteste, da kostengünstigste Art der Produktion, sofern es gelingt, die spezialisierten Anlagen voll auszulasten. Diese Form der Fertigung erlaubt es am ehesten, zu kontinuierlichen, beherrschten Produktionsprozessen mit gleichbleibendem Qualitätsniveau der Erzeugnisse zu gelangen, da keinerlei Umstellungen der Apparaturen erforderlich sind und im Extremfall mit einem konstanten Leistungsniveau im Zeitablauf gearbeitet werden kann. Diese Spezialisierung birgt jedoch große Risiken auf der Absatzseite in sich, da der Unternehmenserfolg von den Absatzchancen nur dieser Produktart bestimmt wird. Absatzeinbußen führen bei einer spezialisierten, fixkostenintensiven Fertigung zu harten Erfolgseinbußen. Mehrproduktunternehmen können hingegen eine Risikoausgleichspolitik betreiben. Absatzeinbußen bei einer Produktart werden u.U. durch einen verbesserten Absatz bei anderen Produkten ausgeglichen.

Mehrproduktfertigung kann zum einen technisch zwangsläufig sein (Kuppelproduktion) oder aber auf ökonomischen Überlegungen (z.B. Risikoausgleich) basieren. Bei Kuppelproduktion fallen in einem Fertigungsprozeß – z.B. Kokerei – gleichzeitig mehrere Produktarten – Gas, Koks, Teer usw. – an. Unter Umständen läßt sich nur ein Teil dieser Produktarten am Markt verwerten, während andere Produktarten entsorgt werden müssen. Aus ökologischer Sicht ist jede Fertigung „Kuppelproduktion", da gleichzeitig mit der Produktion gewollter, verkaufsfähiger Produkte immer ein ungewollter Output in Form von Emissionen (Abwasser, Wärme, Gase, Lärm, Strahlung) entsteht.

Für Kuppelproduktion sind zwei ökonomische Probleme typisch:

- Das Verhältnis, in dem die Mengen der Produktarten in der Fertigung anfallen, deckt sich häufig nicht mit der Relation der Nachfrage nach diesen Produkten. Fehlmengen bei einigen Produktarten und Überschußmengen bei anderen sind die Folge. Durch die nicht aufeinander abgestimmte Relation der Absatz- und Produktionsmengen entstehen dem Betrieb entweder Fehlmengenkosten oder Zusatzkosten für die Entsorgung von ungewolltem Output bzw. von Überschußmengen.
- Die variablen Kosten für den Input – z.B. Koks in einer Kokerei – lassen sich nicht verursachungsgerecht auf die Produktarten verteilen. Infolgedessen können keine Deckungsspannen für die einzelnen Produktarten bestimmt werden. In der Planung können nur die Erlöse aller Produktarten den variablen Kosten des Inputs gegenübergestellt werden.

Ökonomische Überlegungen, die zu einer Mehrproduktfertigung führen, resultieren meistens aus Absatzgegebenheiten. Absatzpolitische Gründe liegen einerseits in der größeren Risikostreuung, da ein Nachfragerückgang eines einzelnen Produktes durch steigende Nachfrage anderer Produkte abgefedert werden kann. Mehrproduktfertigung kann aber auch darin begründet liegen, daß die Absatzmengen einzelner Produktarten zu gering sind, um für sie eine getrennte Produktion mit separaten Produktionsanlagen kostengünstig aufzubauen. Bei dieser Art gewollter Mehrproduktfertigung auf einer Anlage – **gemeinsame Fertigung** – ergeben sich aus der Konkurrenz der Produktarten um die Fertigungskapazitäten typische betriebswirtschaftliche Probleme. Häufig müssen die Produktionsanlagen zum Wechsel auf eine andere Produktart umgerüstet werden. Hieraus resultiert das Losgrößenproblem, bei dem Kosten der Umrüstung und Kosten durch Produktion auf Lager zum Ausgleich zu bringen sind. Nach einer Umrüstung der Anlagen erreicht die Produktion in der Regel weder hinsichtlich der Produktionsmenge pro Zeiteinheit noch bezüglich der Qualität der Produkte das gewohnte Niveau. Die Umrüstung und der folgende Produktionsanlauf führen damit nur zu bedingt beherrschten Produktionsprozessen. Der Betrieb muß folglich bestrebt sein, die gewohnte Menge pro Zeiteinheit und die gewohnte Qualität möglichst schnell wieder zu erreichen, um Zusatzkosten für Nacharbeiten und Produktivitätsnachteile zu vermeiden.

Eines der schwierigsten Probleme bei Mehrproduktfertigung auf einer Produktionsanlage ist die Maschinenbelegungsplanung, bei der die Produktionstermine der Produktarten in den einzelnen Fertigungsstufen auf die Liefertermine der Erzeugnisse abgestimmt werden müssen. Da viele Produkte nacheinander über die gleichen Anlagen laufen, kommt es auch zeitlich zu instabilen Prozessen, d.h., es gelingt meistens nicht, vereinbarte Liefertermine zu halten, weil die Durchlaufzeiten der Aufträge sehr stark schwanken. Um den Nachteilen instabiler Produktionsprozesse entgegenzuwirken, empfiehlt es sich, die Fertigung möglichst zu segmentieren. Bei einer segmentierten Fertigung existieren mehrere parallele Produktionsanlagen, wobei eine Anlage jeweils nur für bestimmte Produkte eingesetzt wird. Es werden dann zwar auf einer Anlage immer noch mehrere, allerdings zumeist verwandte Erzeugnisse produziert; der Umstellungsbedarf je Anlage kann damit gegenüber einer nicht segmentierten Fertigung reduziert werden. Die Segmentierung führt folglich zu stabileren Prozessen. Voraussetzung einer Parallelisierung der Produktion ist allerdings ein ausreichendes Produktions- und Absatzvolumen, um mehrere Anlagen wirtschaftlich nutzen zu können.

Mehrproduktfertigung bedeutet von der Kostenseite gesehen, daß die Kosten der gemeinsam zu nutzenden Anlage Gemeinkosten der produzierten Erzeugnisarten sind. Diese Kosten lassen sich nicht verursachungsgerecht den einzelnen Produktarten zurechnen. Bei segmentierter Fertigung wird dieses Problem reduziert, weil sich die Kosten der Anlagen zumindest bestimmten Produktgruppen verursachungsgerecht zuordnen lassen.

Zweites Untermerkmal der Dimension „Produkt und Markt" ist der Auslöser der Produktion: Woher kommt der Produktionsanstoß? Nach diesem Merkmal ist die **Auftragsproduktion** (Synonyme: Kundenproduktion, unmittelbar kundenorientierte Produktion) und die **Marktproduktion** (Synonyme: Lagerproduktion, Vorratsproduktion, mittelbar kundenorientierte Produktion, anonyme Produktion) zu unterscheiden.

Bei der **Auftragsproduktion** – häufig tritt diese Form bei der Produktion von Investitionsgütern auf – kann die Produktion erst gestartet werden, wenn der Kundenauftrag vorliegt und die Konstruktionsabteilung einen Produktentwurf erarbeitet hat, der den Anforderungen des Kunden gerecht wird. Nach dem Grad der Differenzierung der Endprodukte nach den Kundenwünschen läßt sich die Auftragsproduktion weiter dahingehend unterscheiden, ob für jeden Auftrag eine völlig neue Konstruktion erforderlich ist (**Einzelfertigung**) oder ob der Betrieb bestimmte Grundtypen von Erzeugnissen (z.B. Maschinen) anbietet, die nach den Wünschen des Kunden zu erweitern oder umzukonstruieren sind (**Variantenfertigung**).

Bei der Auftragsfertigung ist zwischen dem Einsatz genormter, standardisierter Teile und dem Einsatz auftragsspezifischer Teile zu unterscheiden. Standardisierte Bauteile können unabhängig vom Kundenauftrag vorgefertigt werden, da sie vielseitig verwendbar sind. Die auftragsbezogenen Teile lassen sich erst nach erteiltem Auftrag konstruieren und fertigen.

1.2 Arten von Produktionsprozessen

Bei Auftragsfertigung muß ein Betrieb aus Kostengründen bestrebt sein, mit einem möglichst hohen Anteil an Normteilen zurechtzukommen. Vom Ausmaß der Standardisierung hängt die Wirtschaftlichkeit derartiger Unternehmen nachhaltig ab.

Bei Auftragsfertigung mit vielen gleichzeitig in der Produktion befindlichen Aufträgen sind die Produktionsabläufe in der Regel unübersichtlich. Für die Auftragsfertigung liegen deshalb die schwierigsten Probleme in der Fertigungssteuerung und der Bereitstellung der erforderlichen Materialien und Bauteile zu den Zeitpunkten, zu denen diese in der Produktion benötigt werden. Diese Art der Fertigung zeichnet sich durch besonders instabile Produktionsprozesse aus, da die Fertigung praktisch auf jeden Kundenauftrag neu ausgerichtet und eingestellt werden muß.

Bei der **Marktproduktion** – sie ist zumeist bei der Produktion von Konsumgütern zu finden – werden Art, Menge und zeitliche Verteilung der Produktion vom Betrieb autonom aufgrund von Erwartungen über den Absatz festgelegt. Die Produktion eilt dem Absatz voraus (Produktion gegen den anonymen Markt), der Verkauf erfolgt vom Fertigproduktlager. Die Produktion wird in diesem Falle nicht an den spezifischen Wünschen von Einzelkunden ausgerichtet, vielmehr sind die Produkte und die Mengen auf das Bedarfsprofil bestimmter Kundengruppen – Marktsegmente – ausgelegt. Die Produktgestaltung und die Produktionsprogrammplanung basieren in diesem Falle auf Bedarfs- und Absatzprognosen, die mit Hilfe von Marktuntersuchungen gewonnen werden. Die Produktion gegen den anonymen Markt setzt lagerfähige Erzeugnisse voraus, da nur unter dieser Voraussetzung Produktions- und Absatzprozeß zeitlich voneinander abgehoben werden können. Die Produktion muß dann saisonalen Absatzschwankungen nicht folgen, sondern kann auch von der Absatzentwicklung zeitlich abgekoppelt werden (es besteht die Wahl zwischen **Emanzipation** und **Synchronisation** von Produktion und Absatz). Durch zeitliche Abkopplung der Produktion von der Absatzentwicklung gelingt es, die Produktion zu verstetigen. Im Vergleich zu einer kundenorientierten Produktion zeichnen sich die Produktionsprozesse daher durch größere zeitliche, mengenmäßige und qualitative Stabilität aus.

1.2.2 Produktionsprozeßbezogene Merkmale

Bei den prozeßbezogenen Merkmalen wird unterschieden nach

- dem Grad der Entlastung des Menschen durch Maschinen (Mechanisierung bzw. Automation) und
- der Anzahl der zur Produktion eines Erzeugnisses zu durchlaufenden Fertigungsstufen.

Die Erscheinungsformen von Produktionsprozessen, differenziert nach dem Grad der Mechanisierung bzw. Automatisierung, reichen von der manuellen Produktion bis zur vollautomatischen Fertigung.

Bei **manueller, handwerklicher Fertigung** wird ohne größere technische Hilfsmittel mit einem geringen Ausmaß an Arbeitsteilung produziert. Diese historisch älteste Form der Produktion wird noch bei Einzelfertigung – z.B. im Modellbau – eingesetzt, wo Kreativität und hohe Flexibilität erforderlich sind. Typische Anwendungsgebiete sind weiter die kunstgewerbliche Produktion und die kundenindividuelle Einzelfertigung.

Ein höherer Grad an Arbeitsteilung, Mechanisierung und eventuell auch Automation liegt bei **mechanischer Produktion** vor, bei der eine zunehmende Anzahl von Arbeitsgängen auf Betriebsmittel übertragen wird. Der Mensch wird durch den Einsatz von Maschinen von Be- oder Verarbeitungstätigkeiten körperlich entlastet. Voraussetzung einer Mechanisierung sind sich häufig wiederholende, gleichartige Verrichtungen. Bei mechanisierter Fertigung steuert der Mensch noch den Produktionsablauf wie bei handwerklicher Fertigung. Mit der Mechanisierung nimmt die Flexibilität der Produktion im Vergleich zur handwerklichen Fertigung ab, d.h., die Arbeitskräfte beherrschen nur einen kleinen Teil der für die Produktion eines Erzeugnisses erforderlichen Arbeiten. Es entstehen zudem für die einzelnen Arbeitsgänge funktionsspezifische Kapazitäten in den Betrieben, d.h., die Maschinen können nur für einen Arbeitsgang, nicht aber flexibel für mehrere Bearbeitungsoperationen genutzt werden. Arbeitsteilung und Mechanisierung verbessern die Produktivität und senken den für die Produktion erforderlichen Zeitbedarf.

Übernehmen Betriebsmittel auch Steuerungsfunktionen, wird von **automatischer** oder **teilautomatisierter Fertigung** gesprochen. Der Mensch koordiniert dann die einzelnen automatisierten Bereiche, zudem hat er Überwachungs- und Kontrollfunktionen. **Vollautomatische Produktion** liegt vor, wenn alle Arbeitsverrichtungen automatisch ablaufen. In diesem Falle sind auch die Abläufe zwischen einzelnen Bearbeitungsoperationen automatisiert. Basis der automatischen Fertigung sind in der Regel programmgesteuerte NC-Maschinen (**N**umerical **C**ontrol). Über EDV-Programme erhalten die NC-Maschinen alle Weg- und Schaltinformationen, die zur Fertigung eines Teils erforderlich sind. Die Dateneingabe erfolgt in der einfachsten Variante von NC-Maschinen vor Ort über Lochstreifen, die die Informationen zur Bearbeitung eines bestimmten Teils (z.B. Drehen eines Bolzens) enthalten. Die Programmierung (z.B. der Lochstreifen) erfolgt dagegen in der Regel zentral in der Konstruktionsabteilung. Als Nachfolger einfacher NC-Maschinen können CNC-Maschinen (**C**omputerized **N**umerical **C**ontrol) mit integrierter Speicher- oder Kleinrechnersteuerung angesehen werden. Diese Maschinen können mehrere Programme speichern und wahlweise abrufen. Die Programmierung kann dabei wiederum zentral, aber auch direkt an der Maschine über ein interaktives Eingabefeld erfolgen. Bei einer Steuerung mehrerer NC-Maschinen durch einen zentralen Rechner wird von DNC-Maschinen (**D**irect **N**umerical **C**ontrol) gesprochen. Bei DNC-Maschinen sind häufig nicht allein Bearbeitungsfunktionen automatisiert – die Automation erstreckt sich auch auf den Materialfluß zwischen den Maschinen. Zudem werden die Bearbeitungsmaschinen mit Werkzeugen, Werkstücken und Halbteilen beschickt und entsorgt.

Mit zunehmender Automatisierung nimmt der Anteil direkter Fertigungslohnkosten immer mehr ab. Bei der Roboterfertigung strebt er gegen null. Die Personalkosten für die Einrichtung, Programmierung, Instandhaltung usw. haben steigende Tendenz. Auch die Betriebsmittelkosten steigen mit zunehmendem Automationsgrad. Die Kostenstruktur wird folglich fixkostenintensiver. Ein Unternehmen wird damit anfällig gegen Beschäftigungsschwankungen, d.h., schon ein geringfügig sinkendes Beschäftigungsvolumen kann in die Verlustzone führen. Eine **vollautomatische Produktion** kann zudem nur wirtschaftlich betrie-

1.2 Arten von Produktionsprozessen

ben werden, wenn über einen längeren Zeitraum ein möglichst hohes und gleichmäßiges Produktionsniveau erreicht wird. Gleichartige Verrichtungen möglichst auch an gleichartigen Produkten müssen daher in großer Zahl auszuführen sein, um eine hohe Wirtschaftlichkeit zu erzielen. Derartige Produktionsprozesse sind mithin dann sinnvoll, wenn es durch Standardisierung und Fertigungssegmentierung gelingt, zu stabilen, beherrschten Prozessen zu kommen. Unternehmen sollten sich davor hüten, zu viele unterschiedliche Produkte auf einer automatisierten Anlage fertigen zu wollen. Insbesondere ist es unzweckmäßig, auf einer Anlage Massenprodukte und Produkte mit geringen Mengen (Exoten) gleichzeitig produzieren zu wollen. Die Massenprodukte werden in diesem Falle mit unnötig hohen Flexibilitätskosten belastet und sind deshalb u.U. nur noch schlecht absetzbar.

Während durch Mechanisierung die Flexibilität der Produktion reduziert wird, steigt sie bei Automation wieder an. NC-Maschinen – und ihre Weiterentwicklungen – lassen sich relativ schnell auf die Erfordernisse anderer Produkte umstellen, so daß verschiedene Produkte zeitlich unmittelbar aufeinanderfolgend oder sogar gleichzeitig gefertigt werden können. Durch die Automation entstehen völlig neue Planungsprobleme, wie Teilefamilienbildung, Magazinbelegung oder Wahl des Teilefamilienloses.[8] Als Teilefamilie werden alle Erzeugnisse bezeichnet, die sich mit einem bestimmten Werkzeugmagazin der NC-Maschine bearbeiten lassen. Rüstzeiten entstehen in diesem Fall, wenn das Werkzeugmagazin gewechselt werden muß. Innerhalb eines Werkzeugsatzes kann praktisch rüstfrei von einem Produkt einer Familie auf ein anderes umgestellt werden.

Anhand der Anzahl der für ein Produkt erforderlichen Produktionsstufen kann zwischen **einstufiger** und **mehrstufiger Produktion** unterschieden werden. Durch Mechanisierung nimmt die Arbeitsteilung und damit die Zahl der Produktionsstufen in der Regel zu. Damit steigt die Zahl der zu koordinierenden Schnittstellen in der Produktion, und es können leicht Koordinationsdefizite in Form unnötiger Zwischenläger oder Wartezeiten von Aufträgen vor einzelnen Bearbeitungsstationen auftreten. Automation führt hingegen häufig zu einer Reintegration verschiedener Arbeiten an einem Bearbeitungszentrum, so daß die Anzahl nacheinander erforderlicher Maschinen gegenüber der Mechanisierung abnimmt. Mit verringerter Anzahl von Bearbeitungsstationen und Schnittstellen wird ein positiver Einfluß auf die Durchlaufzeiten von Aufträgen ausgeübt, da Teile der Übergangszeiten entfallen.

Bei mehrstufiger Fertigung besteht eines der zentralen Probleme der Produktionspolitik in der Steuerung und Koordination von Materialfluß und Maschinenbelegung für die verschiedenen Erzeugnisse. Ziel dieser Steuerung ist es, Übergangszeiten an den Schnittstellen weitgehend zu vermeiden und die Produktionsendtermine möglichst gut an die Liefertermine anzupassen. Gleichzeitig kommt es darauf an, eine möglichst gleichmäßige Beschäftigung in den Produktionsstufen ohne nennenswerte Maschinenstillstandszeiten zu erreichen. Die Produktionsplanungs- und -steuerungsprobleme nehmen dabei mit der Anzahl der Produktionsstufen und der Verschiedenartigkeit der Aufträge zu. Das Steuerungsproblem erreicht einen Komplexitätsgrad, bei dem eine Lösung mit optimierenden Planungsansätzen ausgeschlossen ist. Der Komplexitätsgrad des Problems zwingt dazu, heuristische Prinzipien heranzuziehen, die auf Plausibilitätsüberlegungen basieren.

---

8   Vgl. Köhler (1988).

1.2.3 Materialflußbezogene Merkmale

Der Materialfluß wird durch vier Teilaspekte bestimmt:

- Beziehung zwischen Materialinput und -output
- Kontinuität oder Diskontinuität des Materialflusses
- Struktur der Arbeitspläne
- Homogenitätsgrad des Materialdurchflusses verschiedener Produkte

Nach der Input-Output-Beziehung des Materialflusses lassen sich vier technologisch bedingte Arten der Produktion unterscheiden: **synthetische Produktion**, **analytische Produktion**, **durchgängige Produktion** und **analytisch-synthetische Produktion**.[9]

Synthetische Produktion (Synonyme: zusammenfassende P., konvergierende P., konvergente P.) liegt vor, wenn mehrere Input-Objekte durch den Produktionsprozeß zu einem Output-Objekt zusammengefaßt werden. Ein Beispiel für diese Art der Produktion ist die Montage, bei der in einer Produktionsstufe aus verschiedenen Bauteilen oder Komponenten ein vor- oder endmontiertes Produkt entsteht. Syntheseprozesse kommen insbesondere in der chemischen Industrie vor: Beispielsweise entsteht durch den Einsatz mehrerer Rohstoffe ein neues Produkt. Zu dieser Art von Produktionsprozessen sind auch Mischprozesse zu rechnen, bei denen aus einer Reihe unterschiedlicher Rohstoffe bspw. ein Tierfutter bestimmter Qualität erzeugt wird.

Analytische Produktion (Synonyme: divergierende P., divergente P., zerlegende P.) liegt vor, wenn ein Input-Objekt durch den Produktionsprozeß in mehrere Output-Objekte zerlegt wird. Beispiele für diese Art der Produktion sind Zuschneideprozesse oder die chemisch-physikalische Zerlegung (Kuppelproduktion) von Erdöl in einer Raffinerie.

Durchgängige Produktion (Synonyme: einteilige P., glatte P., stoffneutrale P.) ist gegeben, wenn ein Input-Objekt durch den Produktionsprozeß zu einem Output-Objekt umgeformt wird. Die eingesetzte Substanz bleibt in ihrer chemisch-physikalischen Zusammensetzung vollständig bzw. im wesentlichen unverändert, lediglich ihre äußere Erscheinungsform verändert sich.[10] Beispiele für durchgängige Produktionen sind: Walzen von Stahl, Baumwollspinnerei, Drahtzieherei.

Analytisch-synthetische Produktion (Synonyme: austauschende P., umgruppierende P.) ist gegeben, wenn aus mehreren Input-Objekten durch den Produktionsprozeß mehrere andersartige Output-Objekte entstehen. Beispiel hierfür ist die Roheisenproduktion im Hochofen, wo durch Einsatz von Erzen und Zusatzstoffen Output in der Form von Eisen und Schlacke entsteht.

Bei den vier Produktionsarten kann weiter danach differenziert werden, welches Mengenverhältnis zwischen Input und Output besteht. Von einer Gewichtsverlustproduktion wird gesprochen, wenn der gesamte Output weniger wiegt als das eingesetzte Material. Derartige Fälle treten bei Mischungsproblemen auf, wenn in der Produktion eine Trocknung erfolgt.

---

9   Vgl. zur Bezeichnung z.B. Hahn/Laßmann (1990), S. 49 ff. und die dort angegebene Literatur.
10   Vgl. Riebel (1963), S. 55 ff.

1.2 Arten von Produktionsprozessen

Der Grund für Gewichtsverluste kann auch in der Produktion ungewollten Outputs – z.B. Emissionen – liegen. Denkbar sind auch Produktionsprozesse, die zu einem Zugewinn an Gewicht führen. Werden bspw. hygroskopische Materialien vermengt, entnehmen sie der Luft Feuchtigkeit.

Nach der zeitlichen Abstimmung des Materialflusses läßt sich zwischen **kontinuierlicher Produktion** und **diskontinuierlicher Produktion** unterscheiden. Bei kontinuierlicher Produktion wird jedes erzeugte Teil sofort vor die nächste Bearbeitungsstufe transportiert. Beispiele für kontinuierliche Produktionsprozesse sind die Float-Glasfertigung, die Produktion von Spanplatten und die Fließfertigung von Autos. Bei diskontinuierlicher Produktion wird nach einer Fertigungsstufe erst eine bestimmte Menge an Teilen gesammelt und in einem geschlossenen Posten vor die nächste Bearbeitungsstufe transportiert. Es liegt mithin kein permanenter Materialfluß vor.

Die diskontinuierliche Fertigung kann mehrere Ursachen haben. Einmal kann sie in der Art der Produktion selbst begründet liegen und z.B. durch das Fassungsvermögen von Behältern und die Dauer der Produktionsprozesse bedingt sein (Partie- oder Chargenproduktion). Beispiele hierfür sind Hochöfen, bei denen nach Ansetzen einer Schmelze erst nach mehreren Stunden ein Abstich erfolgt, oder Färbeprozesse in Drehbehältern, bei denen erst nach einer bestimmten Färbezeit das Material entnommen werden kann. Eine zweite Form eines diskontinuierlichen Materialflusses ergibt sich durch die Organisation des innerbetrieblichen Transportwesens. Produkte verlassen die Produktionsanlagen dann zwar fast kontinuierlich; sie werden jedoch erst zwischengelagert und zu Transportlosen zusammengefaßt, bevor sie zur nächsten Fertigungsstufe befördert werden.

Typisches Problem diskontinuierlicher Prozesse – bspw. Chargenfertigung – ist es, für eine im Zeitablauf gleichbleibende Produktqualität zu sorgen. Ein zweites Problem betrifft die Abstimmung der Kapazitäten aufeinanderfolgender Produktionsstufen sowie die Abstimmung der Produktionszeiten benachbarter Stufen. Gelingt es nicht, näherungsweise gleiche Ausführungszeiten eines Auftrages in aufeinanderfolgenden Stufen zu erreichen, wird es zu Abrissen und Stauungen im Materialfluß zwischen den Stufen kommen. Das gilt insbesondere bei einer Mehrproduktfertigung mit unterschiedlichem Zeitbedarf pro Stufe und Produktart. Bei einer organisatorisch bedingten diskontinuierlichen Fertigung stellt sich die Frage nach der Transportorganisation und der Größe der Transportlose. Große Transportlose mit langen Zwischenlagerzeiten erhöhen die Durchlaufzeit der Erzeugnisse und damit die Kapitalbindungsdauer.

Nach der Struktur der Arbeitspläne kann zwischen **linearer** und **vernetzter Produktion** unterschieden werden. Bei einem linearen Fertigungsprozeß sind alle erforderlichen Arbeitsgänge zeitlich hintereinander angeordnet. Typischer Fall dafür ist die Fließfertigung. Von vernetzter Fertigung wird gesprochen, wenn bestimmte Baugruppen ausgesondert werden, um sie zeitlich parallel zu fertigen. In diesem Falle muß der Materialfluß an bestimmten Knotenpunkten (Montage) zeitlich und mengenmäßig koordiniert werden. Beispiel einer vernetzten Fertigung ist der Automobilbau mit separaten Baugruppen wie Motoren, Getriebe, Fahrgestelle und Fahrgastzellen. Lineare Prozesse sind durch einen übersichtlichen Materialfluß, aber i.d.R. auch durch lange Durchlaufzeiten der Aufträge gekennzeichnet. Vernetzte Prozesse zeichnen sich dagegen durch einen komplizierteren Materialfluß mit höherem Koordinationsbedarf, aber wegen der Parallelschaltung von Arbeiten auch durch kürzere Durchlaufzeiten aus.

Nach der Art des Materialflusses kann danach unterschieden werden, ob für unterschiedliche Produkte der gleiche oder ein anderer Materialfluß gilt. Dieser Fall ist insbesondere für Werkstattfertigung interessant. Gilt für alle Aufträge die gleiche Reihenfolge, in der die verschiedenen Bearbeitungsstufen zu durchlaufen sind, liegt **Identical Routing** vor. Unter Umständen überspringen einzelne Aufträge oder Produkte einige Bearbeitungsstufen (**Identical Routing passing**). In beiden Fällen folgen alle Aufträge aber der gleichen Materialflußrichtung. Infolgedessen gibt es in den Produktionshallen einen geordneten und übersichtlichen, leicht zu kontrollierenden Materialfluß, da alle Maschinen in Prozeßfolge angeordnet werden können.

Unterscheidet sich die Bearbeitungsfolge von Auftrag zu Auftrag, wird von **Different Routing** gesprochen.[11] Beim Different Routing gibt es keine einheitliche Materialflußrichtung mehr. Der gesamte Materialfluß aller Produkte ist folglich sehr unübersichtlich und deshalb sehr koordinationsintensiv. Diese Art des Routing stellt an die Fertigungssteuerung und die innerbetriebliche Standortplanung für die Maschinen (Arbeitsplätze) innerhalb der Werkshallen erhebliche Anforderungen. Bei einem im Zeitablauf wechselnden Produktionsprogramm kann die Anordnung der Arbeitsplätze – Layout – veralten, d.h., eine für ein bestimmtes Programm sinnvolle Anordnung kann durch Programmänderungen unzweckmäßig werden. Anpassungen des Layout sind dann unumgänglich. Betriebe sollten möglichst bestrebt sein, durch die Art der Arbeitsgangplanung dafür zu sorgen, daß es zu Identical Routing kommt. Der Koordinationsaufwand wird auf diese Weise erheblich verringert. Damit vereinfacht sich auch die Fertigungssteuerung, Durchlaufzeiten können abgebaut werden, und Stillstandszeiten der Bearbeitungsstationen verringern sich.

1.2.4 Organisationsformen der Produktion

Nach den für die Ablauforganisation der Produktion angewendeten Prinzipien zur Zusammenfassung der durch die Arbeitsteilung entstandenen Teilaufgaben, kann zwischen **Gruppenfertigung**, **Werkstattfertigung** und **Fließfertigung** unterschieden werden.

Von **Gruppenfertigung** wird gesprochen, wenn alle Arbeitsplätze und Maschinen, die zur Bearbeitung eines Teiles oder auch ganzer Produkte erforderlich sind, räumlich konzentriert werden. Bei dieser Organisationsform liegt damit eine Objektorientierung vor. Diese Form

---

11 In engem Zusammenhang mit Identical und Different Routing stehen auch die Begriffe Flow-Shop- und Job-Shop-Fertigung. Bei Schneeweiß (1997), S. 14 f., und Corsten (1998), S. 479, liegt Flow-Shop-Fertigung bei Identical Routing vor. Job-Shop-Fertigung ist dagegen nicht unbedingt mit Different Routing gleichzusetzen, die Reihenfolge der zu durchlaufenden Bearbeitungsstufen kann auch identisch sein; Job-Shop ist damit der allgemeinere Fall, der Different und auch Identical Routing einschließt (vgl. Bloech et al. (1998), S. 284). Neben dieser ablauforientierten Sichtweise werden in einer organisatorischen Sichtweise Flow-Shop- und Job-Shop-Fertigung häufig mit Fließ- bzw. Werkstattfertigung gleichgesetzt (vgl. Domschke/Scholl/Voß (1997), S. 285). Dieses bringt wiederum den engen Zusammenhang zwischen den einzelnen Systematisierungsmerkmalen für Produktionssysteme zum Ausdruck, da z.B. Fließfertigung und Identical Routing ebenfalls miteinander korrespondieren.

1.2 Arten von Produktionsprozessen

der Fertigung findet in der Automobilindustrie für ausgelagerte Baugruppen – Motorenbau, Bau der Fahrgastzelle etc. – Anwendung oder wird im Maschinenbau bei sperrigen, sehr schweren Aggregaten angewendet. Die interne Organisation der Produktion einer Baugruppe kann dabei dem Fließprinzip folgen, wie z.B. beim Getriebe- und Motorenbau. In diesem Falle wird jedes Teil von einem zum nächsten Arbeitsplatz bewegt. Gruppenfertigung bei schweren Teilen bedeutet hingegen, daß die für den Bau benötigten Teile, Arbeitskräfte und Geräte an den jeweiligen Montageort gebracht werden müssen, ohne das Erzeugnis zu bewegen.

Für die Ablauforganisation bei **Werkstattfertigung** wird das Verrichtungsprinzip angewendet.[12] Maschinen und Arbeitsplätze mit gleichen Verrichtungen werden räumlich in Werkstätten konzentriert (z.B. Bohrerei, Fräserei, Lackiererei, Schlosserei). Die Aufträge durchlaufen die notwendigen Werkstätten entsprechend ihrer individuellen Arbeitsfolge. Dabei kann es durchaus vorkommen, daß ein Auftrag eine Werkstatt mehrmals durchläuft. Dieses funktionsorientierte Ordnungsprinzip wird in der Praxis selten in strenger Form eingesetzt. In einer Bohrerei werden sich daher auch Schleifgeräte zum Schärfen von Bohrern befinden, weil eine örtlich getrennte, separate Schleiferei für Bohrer zu längeren Wegezeiten führen würde.

Bei der Werkstattfertigung besteht ein zentrales Planungsproblem in der Anordnung der Maschinen (Layoutplanung). Die erstrebenswerte Anordnung der Maschinen nach der Prozeßfolge wird in diesem Falle häufig durch Aufträge mit Different Routing stark behindert. Auch die Fertigungssteuerung erweist sich gerade bei Werkstattfertigung als sehr komplex. Bei Werkstattfertigung sind die Kapazitäten bestimmter Abteilungen häufig von der Art der Personalzuordnung abhängig. Können Arbeitskräfte für unterschiedliche Bearbeitungsvorgänge eingesetzt werden, lassen sich die Kapazitäten der Abteilungen bedarfsorientiert verändern. Eine derartige flexible Personaleinsatzplanung kann ganz wesentlich dazu beitragen, die Probleme der Fertigungssteuerung zu entschärfen: Durch eine bedarfsorientierte Zuordnung des Personals zu Arbeitsstationen kann die Durchlaufzeit gesenkt werden, und es ist leichter möglich, vereinbarte Liefertermine zu halten. Ein zentrales Problem bei Werkstattfertigung sind die von Auftrag zu Auftrag häufig sehr stark variierenden Durchlaufzeiten. Die Durchlaufzeit eines Auftrags läßt sich dann schlecht prognostizieren, so daß vereinbarte Liefertermine u.U. nicht eingehalten werden können. Die Termintreue ist daher bei dieser Fertigungsorganisation eher gering.

Bei **Fließfertigung** sind die Arbeitsplätze bzw. Maschinen nach der Prozeßfolge für ein Erzeugnis oder eine Gruppe sehr ähnlicher Erzeugnisse angeordnet. Bei der Fließfertigung ist zwischen der technischen Zwangslauffertigung und der künstlichen, organisierten Fließfertigung zu unterscheiden. Bei der naturgebundenen Fließfertigung determiniert der technische oder chemische Prozeß den Produktionsfluß.[13] Zwangslauffertigung ist in Raffinerien oder bei der Bierproduktion anzutreffen. Organisatorische Fließfertigung findet sich bspw. in der Automobilproduktion in der Endmontage oder beim Bau der einzelnen Baugruppen eines Autos. Die Fließfertigung kann weiter danach differenziert werden, wie der Transport

---

12 Im Gegensatz zum Objektprinzip bei Gruppen- oder Fließfertigung. Vgl. z.B. Reichwald/Dietel (1991), S. 432 ff.
13 Kalveram (1972), S. 27, spricht von Zwangslauffertigung.

zwischen den einzelnen Bearbeitungsstationen organisiert ist. Der Transport kann mit einem automatischen Beförderungssystem durchgeführt werden oder aber per Hand oder durch mechanische Transportmittel (Rutschen) erfolgen. Meistens werden kontinuierliche Formen des Transportes gewählt, d.h., ein zu montierender Motor wird bspw. durch einen Flurförderer ständig bewegt, und der Werker muß mitlaufen, bis der Motor den Bereich seiner Arbeitsstation wieder verlassen hat. Es kann aber auch sein, daß eine diskontinuierliche Form des Transports eingesetzt wird. In diesem Falle werden nur Stücke bewegt, die in den betreffenden Arbeitsstationen vollständig bearbeitet wurden. Ausschlaggebend für Fließfertigung ist allein der Umstand, daß die Maschinen oder Arbeitsplätze für ein Produkt streng in Prozeßfolge angeordnet sind.

Bei der organisatorischen Fließfertigung wird die Maschinen- oder Arbeitsplatzanordnung künstlich nach einer geplanten Prozeßfolge festgelegt. Für die organisatorische Fließfertigung sind standardisierte, in der Konstruktion voll ausgereifte Erzeugnisse mit relativ großen Produktionsmengen erforderlich. Ein typisches Planungsproblem für diese Art der Fließfertigung ist die Austaktung. Bei automatischer Förderung sind die Arbeitsinhalte aufeinanderfolgender Arbeitsstationen genau aufeinander abzustimmen. Bei einer Taktzeit von z.B. zehn Minuten sind den zu bildenden Arbeitsstationen Arbeitsinhalte von jeweils möglichst genau zehn Minuten zuzuordnen. Nur bei gleichen Arbeitsinhalten je Arbeitsstation werden Bandabstimmungsverluste vermieden. Ein weiteres typisches Planungsproblem betrifft die Entkopplung von Teilen einer Fließstraße. Eine Fließfertigung ist sehr empfindlich gegenüber Störungen. Fällt eine Maschine oder ein Arbeitsplatz bei kontinuierlicher Förderung der Bauteile aus, muß die gesamte Fließstraße abgeschaltet werden. Wird die Straße dagegen in Blöcke aufgespalten und werden zwischen benachbarten Blöcken kleine Zwischenläger eingerichtet, steht nicht gleich die gesamte Straße still, wenn in einem Block Störungen auftreten.

Ein weiteres Problem ist die Bereitstellungsplanung für Montageteile. Große Teileläger an den Fließbändern sind zu teuer, und häufig fehlt dazu auch der nötige Platz. Es kommt dann darauf an, die Materialzufuhr möglichst nach dem „Just-in-Time"-Prinzip zu organisieren und die Montageteile sequenzgenau in die Fertigung einzusteuern. Sind auf einem Band nacheinander zwei Autos mit unterschiedlicher Motorisierung oder unterschiedlichen Sitzen plaziert, muß für jedes Auto die richtige Motor- und Sitzvariante eingesteuert werden. Um dies bei einer Just-in-Time-Anlieferung ohne Komponentenläger sicherzustellen, müssen die anliefernden LKWs daher sequenzgenau beladen sein.

Fließ- und Werkstattfertigung weisen bestimmte Vor- und Nachteile auf. Fließfertigung hat im Vergleich zur Werkstattfertigung folgende Vorteile:

- hohe Produktionsgeschwindigkeit durch Arbeitsteilung und Spezialisierung
- hoher Anteil produktiver Zeiten, da Rüstzeiten entfallen
- geringer Zeitbedarf für den innerbetrieblichen Transport
- Senkung der Kapitalbindung im Umlaufvermögen durch geringere oder sogar fehlende Zwischenläger und niedrige Durchlaufzeiten
- geringer Raumbedarf durch reduzierte Verkehrsflächen

1.2 Arten von Produktionsprozessen

- vereinfachte Planung, Steuerung und Kontrolle sowie Kalkulation durch gleichmäßigen und übersichtlichen Ablauf der Produktion
- Infolge höherer Übersicht sind die Prozesse häufig auch stabiler als bei Werkstattfertigung, was sich in geringeren Maschinenstörungen oder geringeren Qualitätsproblemen ausdrücken kann. Das gilt aber nur, wenn es dem Unternehmen gelingt, die Prinzipien einer schlanken Produktion auf die Fließfertigung zu übertragen.[14]

Vorteile der Werkstattfertigung gegenüber der Fließfertigung sind:

- hohe technische Elastizität der Maschinen
  - Die Produktion läßt sich leichter als bei Fließfertigung auf neue Produkte umstellen.
  - Die Einrichtung neuer Arbeitsplätze oder die Stillegung von Arbeitsplätzen ist kurzfristig möglich.
  - flexible Kapazitäten durch flexiblen Personaleinsatz (Umsetzungen, Überstunden)
  - Bei Maschinenstörungen oder Wartungen ist nur der einzelne Arbeitsplatz betroffen, nur an diesem Arbeitsplatz kommt es zu Produktionsausfall.
- geringerer Kapitalbedarf für Produktionsanlagen, dafür aber erhöhte Kapitalbindung im Umlaufvermögen bei höheren Durchlaufzeiten und höheren Lägern

Welche Organisationsform des Fertigungsablaufs ökonomisch in einer bestimmten Situation vorteilhafter ist, hängt ganz entscheidend von den erreichbaren Produktions- bzw. Absatzmengen ab. Bei vergleichsweise geringen Mengen können Anlagen nur bei Mehrproduktfertigung und gemeinsamer Fertigung wirtschaftlich produzieren. Werkstattfertigung oder bei großen, sperrigen beziehungsweise schweren Werkstücken Gruppenfertigung ist dann das geeignetere Organisationsprinzip. Für standardisierte Produkte in Massenfertigung ist die Fließfertigung hingegen die sinnvollere Organisationsform.

Bei variantenreicher Fertigung ist es sinnvoll, die Komplexität, d.h., die Variantenzahl zu reduzieren (Standardisierung der Leistungen) und für jede auf ein Kundensegment zugeschnittene, standardisierte Leistungsart möglichst einen separaten Fließproduktionsprozeß einzurichten. Für die Automobilindustrie bedeutet dies, parallele Anlagen für unterschiedliche Autotypen aufzubauen. In diesem Falle muß der Flexibilitätsgrad der Anlagen viel geringer sein als bei gemeinsamer Fertigung aller Typen auf einer Anlage. Die geringeren Flexibilitätsanforderungen führen in der Regel zu geringeren Kosten. Von der Kostensituation her macht es bspw. keinen Sinn, ein Automobilwerk für die flexible Fertigung von zwei Autotypen auf ein und demselben Band einzurichten, wenn im Endeffekt doch nur ein Typ gebaut wird (das war bspw. in der zweiten Hälfte 1995 im neuen Opelwerk in Eisenach der Fall). Flexibilität kann sich nur lohnen, wenn sie genutzt wird. Noch günstiger ist es allerdings, Programm und Produktion so zu gestalten, daß nur ein geringer Flexibilitätsgrad erforderlich ist, um die Kundenbedürfnisse zu befriedigen.

---

14 Zur schlanken Fertigung vgl. die Ausführungen in Abschnitt 1.3.4.4.2.1 und 1.3.4.4.2.2.

Die Gegenüberstellung der Vor- und Nachteile von Fließ- und Werkstattfertigung basiert auf dem klassischen Maschinenkonzept (Einfunktionsautomatik bzw. Mechanisierung). Die Entwicklung neuerer Organisationsformen der Produktion auf der Basis flexibler Fertigungssysteme macht teilweise eine Verknüpfung der Vorteile von Fließ- und Werkstattfertigung möglich. Basis dieser neuen Organisationsformen sind isolierte oder verkettete NC-gesteuerte Werkzeugmaschinen.

Der Begriff des flexiblen Fertigungssystems (FFS) ist in der Literatur nicht eindeutig gefaßt.[15] Für ein flexibles Fertigungssystem gelten folgende begriffsbestimmenden Merkmale:[16]

- Hochautomatisierter Produktionsprozeß auf der Basis von NC-Maschinen, der durch automatisierte Werkstück- und Werkzeughandhabung eine vollautomatische Fertigung von Teilen oder ganzen Produkten ermöglicht (Komplettfertigung).

- Modularer Aufbau des Systems u.U. mit einer Verkettung mehrerer Bearbeitungsstationen über ein gemeinsames, fahrerloses Transportsystem oder über Handhabungsautomaten. Durch diese Verkettung entsteht ein automatisierter Materialfluß (Materialzufuhr und -entsorgung an den Bearbeitungsmaschinen).

- Koordination und Kontrolle des Ablaufs der einzelnen Subsysteme des FFS durch ein gemeinsames, übergeordnetes Steuerungssystem, das die Informationen über den Materialfluß, die verfügbaren Kapazitäten und deren Belegung, das bereitgestellte Material usw. zentral verwaltet und die Informationen an die intelligenten Subsysteme weiterleitet.

Flexible Fertigungssysteme können nach ihrem Integrationsgrad unterschieden werden. Für die Werkstattfertigung eignet sich ein niedriger Integrationsgrad mit einzelnen, meist noch isoliert arbeitenden Bearbeitungszentren. Es fehlen dann die beiden oben zuletzt genannten Merkmale flexibler Fertigungssysteme. Durch die Verkettung mehrerer NC-Maschinen steigt der Integrationsgrad. Der höchste Integrationsgrad wird bei flexiblen Fertigungslinien erreicht, die alle drei der obigen Merkmale aufweisen.

Hauptvorteil flexibler Fertigungssysteme gegenüber einem traditionellen Maschinenkonzept ist die verbesserte Anpassungsfähigkeit der Produktion an Marktveränderungen. FFS lassen sich schnell auf die Produktion anderer Erzeugnisse umstellen. Dazu ist im Extremfall lediglich ein neues Programm aufzurufen, das die technischen Informationen zur Produktion des neuen Produktes enthält. Meistens wird es noch erforderlich sein, die technische Konfiguration des Systems für den Werkstücktransport anzupassen. Bei Produkten, für die die Steuerungsprogramme und flexiblen Einrichtungen für den Werkstücktransport bereits existieren, kann die Produktion mit relativ geringen oder sogar ohne Rüstzeiten umgestellt werden. Häufig ist es auch möglich, innerhalb eines FFS gleichzeitig mehrere unterschiedliche Produkte zu fertigen und die Mengenrelation der Produkte im Zeitablauf zu verändern.

Zweckmäßig sind diese neuen Formen der Fertigung nur, wenn es dem Unternehmen gelingt, seine Produktpalette gegenüber der heute vielfach anzutreffenden Variantenvielfalt zu

---

15 Vgl. Adam (1990), S. 797 und Wildemann (1987), S. 8.
16 Vgl. Wildemann (1987), S. 10.

1.2 Arten von Produktionsprozessen

reduzieren. Einfachheit der Programme statt überbordende Komplexität ist eine wesentliche Voraussetzung für den erfolgreichen Einsatz dieser Konzepte.[17] Praktische Erfahrungen haben gezeigt, daß es mit diesen Systemen nicht gelingt, hohe Komplexität zu beherrschen und zu niedrigen Kosten bei guter Qualität zu gelangen.

FFS bringen neuartige betriebswirtschaftliche Probleme mit sich. Beispielsweise wird durch sie der Anteil variabler Kosten reduziert, während die Gemeinkosten für Steuerung, Überwachung und Planung wachsen. Die Kosten sind auch in zunehmendem Maße vordisponiert, d.h. durch die Investitionsentscheidung festgelegt. Da die verschiedenen Produkte die einzelnen Komponenten des FFS unterschiedlich stark beanspruchen, eignen sich bei diesem Maschinenkonzept Kalkulationsprinzipien wie die Zuschlagskalkulation nicht, weil sie die unterschiedlichen Beanspruchungsstrukturen bei den Gemeinkosten nicht erfassen. Kostenrechnungssysteme wie die Prozeßkostenrechnung[18] sind in diesem Falle für die Kalkulation sinnvoller, da sie von einer beanspruchungsgerechteren Verteilung des gestiegenen Gemeinkostenanteils ausgehen und damit eine Quersubventionierung von Produkten ansatzweise verhindern.

Weitere Planungsprobleme, die erst im Zusammenhang mit flexiblen Fertigungssystem auftreten, wurden bereits in Abschnitt 1.2.2 über die Automation geschildert (Teilefamilienbildung, Teilefamilienlose, Systemrüstung).

1.2.5 Fertigungstypbezogene Merkmale

Produktionsprozesse lassen sich anhand der relativen Produktionsmenge (Ausbringung im Verhältnis zur Kapazität der Verfahren) in **Massenfertigung**, intermittierende Fertigung in der Form von **Serien- oder Sortenfertigung** und in **Einzel- bzw. Variantenfertigung** differenzieren.

Bei der **Massenfertigung** werden homogene Produkte in großen Mengen zumeist für den anonymen Markt hergestellt (Wasserwerke, Kaliwerke, Elektrizitätswerke). In der Regel handelt es sich dann bei einem klassischen Maschinenkonzept – keine NC-Steuerung – um eine Einproduktfertigung, d.h., die Produktionsanlagen sind speziell auf die Erfordernisse eines Produktes ausgerichtet, und die gesamte Kapazität wird für dieses Produkt eingesetzt. Bei Massenfertigung ist der Komplexitätsgrad in der Planung und Steuerung der Produktion am geringsten. Die Koordinationsprobleme können in diesem Falle weitgehend durch generelle Regelungen, d.h. standardisierte Verfahrensweisen gelöst werden.

Das Schwergewicht der Planung liegt bei Massenproduktion in der Aufbau- und Investitionsphase der Produktionsanlagen und in der Arbeitsvorbereitung. Da Massenfertigung häufig mit Fließfertigung einhergeht, muß ein besonderes Schwergewicht auf die zeitliche und mengenmäßige Koordination der Materialströme innerhalb der Fertigung und auf die Bereitstellung von fremdbezogenen Bauteilen gelegt werden. Betriebswirtschaftlich problematisch ist die geringe Flexibilität der Massenfertigung. Die Produktionsanlagen sind meistens auf

---

17 Vgl. Rommel et al. (1993), S. 9 f. und 19 ff.
18 Zur Prozeßkostenrechnung vgl. bspw. Coenenberg/Fischer (1991).

bestimmte Produktkonstruktionen ausgelegt. Änderungen in der Konstruktion bei technischem Fortschritt oder als Folge von geschmacklichem Wandel bei den Konsumenten lassen sich in der Produktion nur mit erheblichen Neuinvestitionen umsetzen. Muß deshalb der Arbeitsablauf bei Massenfertigung in größeren Zeitabständen verändert werden, verursacht dies erhebliche Anpassungsprobleme. Meistens können nach einer erforderlichen Anpassung Teile des bisherigen Produktionsapparates nicht wieder eingesetzt werden. Eine Umstellung führt in der Übergangszeit zu Qualitäts- und Produktivitätsproblemen. Nach einer Umstellung des Produktionsapparates vergeht bis zu einem Jahr bis Produktivität und Qualität wieder das frühere Niveau erreicht haben.[19]

Einzelfertigung ist dadurch gekennzeichnet, daß von jeder Produktart nur eine Einheit produziert wird. Es wird auch von Individualfertigung (z.B. Spezialmaschinenbau) gesprochen. Die Einzelfertigung stellt den Grenzfall der Kleinserienfertigung mit der „Losgröße 1" dar. Es handelt sich meist um Auftragsfertigung, um Fertigung nach speziellem Kundenwunsch. Bei dieser Form der Fertigung fehlt meistens jede Art von Standardisierung. Einzelfertigung kann daher als komplexeste Variante der Fertigung bezeichnet werden. Das Ausmaß der Arbeitsteilung ist im Vergleich zur Massenfertigung gering, und es lassen sich kaum generelle Regeln zur Koordination einsetzen.

Bei der Einzelfertigung müssen für jedes Produkt individuelle Konstruktionspläne, Stücklisten und Terminpläne erstellt werden. Da Einzelfertigung meistens nach dem Prinzip der Werkstattfertigung organisiert ist, ergeben sich die für Werkstattfertigung aufgezeigten Planungsprobleme und Schwierigkeiten. Der hohe Komplexitätsgrad führt zu nicht oder nur teilweise beherrschten Produktionsprozessen, d.h., meistens treten sehr deutliche Koordinationsdefizite auf (Produktionsstaus, lange Übergangszeiten, geringe Liefertreue, Qualitätsprobleme). Der Schwerpunkt der Planung liegt in der Phase zwischen Konstruktion und Fertigungsbeginn, betrifft die Maschinenbelegungs- bzw. die Auftragsreihenfolgeplanung und die Planung der Bereitstellung von Materialien und Fertigungskapazitäten. Diese Planungen werden besonders durch die häufig unterschiedlichen Bearbeitungsreihenfolgen der Einzelaufträge erschwert.

Eine häufig sehr ähnliche Produktionsform ist bei **Variantenfertigung** anzutreffen. Varianten unterscheiden sich von Unikaten dadurch, daß bestimmte Teile oder Prozeßfolgen identisch, also standardisiert sind. Nur bestimmte Komponenten und Prozeßabschnitte sind folglich kundenindividuell. Eine Variantenfertigung kann nur dann erfolgreich betrieben werden, wenn es gelingt, den standardisierten Anteil der Produktion möglichst groß zu halten. Ziel muß es daher sein, bei verschiedenen Produkten oder Varianten möglichst viele Gleichteile einzusetzen, die in größeren Stückzahlen mit wenig komplexen Produktionssystemen gefertigt werden. Es sollte möglichst angestrebt werden, die Differenzierung nach Varianten erst in den letzten Fertigungsstufen durchzuführen. Auf diesem Wege werden für die ersten Stufen größere Volumina bei gleichmäßiger Produktion erreicht. Erhöhte Komplexität wird dadurch auf die letzten Stufen der Produktion beschränkt.

---

19 Vgl. Womack/Jones/Roos (1994), S. 124.

1.2 Arten von Produktionsprozessen

Von intermittierender Fertigung in der Form einer **Serienfertigung** oder **Sortenfertigung** ist zu sprechen, wenn gemeinsame Fertigung unterschiedlicher, aber verwandter Produkte vorliegt und von einem Erzeugnis eine begrenzte Menge als zeitlich geschlossener Posten (Serie oder Los) hergestellt wird. Nach der Fertigung einer Serie oder Sorte sind die Produktionsanlagen auf die Erfordernisse des neuen Produktes umzustellen.

Bei **Serienfertigung** erfolgt eine Umrüstung der Anlagen, weil ein Produkt technisch verändert wird. Mit dem Serienwechsel ist meistens auch nur noch ein Teil der bisherigen Produktionsanlagen weiterzuverwenden, während bei Sortenfertigung im Zeitablauf immer wieder die gleiche Maschine für unterschiedliche Lose einer Sorte eingesetzt wird. Bei Sortenfertigung liegt ein rein ökonomisch determiniertes Umrüstungsproblem vor. Bei großen Losen steigt die Belastung des Betriebes mit Lagerkosten, dafür sinkt die Auflagehäufigkeit der Sorten und damit die Belastung mit Umrüstungskosten. Aufgelegt werden sollten Lose, die zum Minimum der Summe beider Kosten führen. Im Gegensatz zur Serienfertigung werden damit bei Sortenfertigung im Zeitablauf die gleichen Produkte immer wieder aufgelegt, während es sich bei Serienfertigung zwar um verwandte, jedoch von Serie zu Serie technisch veränderte Produkte handelt.

Bei Serienfertigung kann zwischen Klein- und Großserienfertigung unterschieden werden. Schon die gemeinsame Fertigung von zwei oder drei gleichen Erzeugnissen ist als Kleinserie zu bezeichnen (z.B. Schiffsbau, Waggonbau). Bei der Großserie (bspw. im Automobilbau) sind die Grenzen zur Massenfertigung fließend.

Bei der **Sortenfertigung** mit gemeinsamer Nutzung einer Produktionsanlage ergeben sich durch die notwendigen Umrüstungen spezielle Planungsprobleme. Neben dem Losgrößenproblem besteht das Maschinenbelegungsproblem darin, festzulegen, wann welche Sorte gefertigt werden soll. Bei Umrüstungskosten, die von der Sortenreihenfolge abhängig sind, besteht auch noch das Problem der Reihenfolgeoptimierung für die zu produzierenden Sorten. Als Folge der bei Sortenfertigung erforderlichen Umstellungen sind die Produktionsprozesse weniger beherrscht als bei Massenfertigung. Nach der Produktionsumstellung treten häufig Qualitäts- und Produktivitätsprobleme auf, bis die Produktion wieder stabilisiert ist.

Bei sehr hohen Umrüstungskosten und langen Umrüstungszeiten mit großen Losen als Folge degeneriert die Sortenfertigung in der Praxis zur **Kampagnenfertigung** (Walzwerke). Eine Stahlsorte in einer bestimmten Profilform wird dann nur ein- oder zweimal im Jahr gefertigt, und Kunden müssen relativ lange auf ihre Bestellungen warten, wenn nicht noch Lagerbestände vorhanden sind. Lange Umrüstungszeiten und hohe Umrüstungskosten führen folglich zu langen Marktreaktionszeiten und verschlechtern häufig die Wettbewerbsposition. Ein Weg, um diese Probleme zu reduzieren, ist die manipulierte Auflagendegression. Die Losgrößen können reduziert werden, wenn es gelingt, die Rüstzeiten und -kosten zu verringern. Beispielsweise werden Rüstvorgänge zum Teil nicht mehr während der rüstbedingten Stillstandszeiten durchgeführt. Neue Werkzeugsätze – z.B. Walzkaliber – werden bereits vorbereitet, während die Walzanlage noch läuft, und dann sehr schnell in die Walzstraße eingebaut. Die stillstandszeitbedingten Produktionsausfälle können damit abgebaut werden. Häufig gelingt es auf diesem Wege auch, die Rüstkosten zu reduzieren. Unternehmen müssen dann aber in Einrichtungen zur Beschleunigung von Rüstvorgängen investieren. Es stellt sich damit das Problem, festzulegen, in welchem Umfang Investitionen zum Abbau von Rüstzeiten und Rüstkosten ökonomisch sinnvoll sind.

Wird nicht die relative Produktionsmenge, sondern der Grad der Verwandtschaft zwischen den Enderzeugnissen als Differenzierungskriterium herangezogen, kann zwischen **Sorten-, Chargen- und Partienfertigung** unterschieden werden.

Werden Erzeugnisse hergestellt, die zwar unterschiedlich, aber produktions- und materialverwandt sind, wird von **Sortenproduktion** gesprochen. Produktionsverwandtschaft meint: Die Ähnlichkeit der Erzeugnisse erlaubt einen Einsatz der gleichen Produktionsanlagen. Bestehen Erzeugnisse zu einem großen Teil aus den gleichen Einsatzmaterialien, sind sie materialverwandt. Häufig gehören Produktsorten auch noch einer bestimmten Bedarfsrichtung an. Sie sind dann zudem absatzverwandt, weil sie sich im Absatz ersetzen oder ergänzen.

Die Verschiedenartigkeit der Erzeugnisse kann bewußt herbeigeführt werden – Sortenfertigung – oder technisch bedingt sein. Dieser Fall liegt bei **Chargenproduktion** vor. Eine Charge ist eine Produktionsmenge, die durch das Fassungsvermögen der Produktionsanlagen determiniert ist (Glasproduktion, Farbenproduktion, Hochofen). Unterschiede in der Produktqualität entstehen bei dieser Produktionsart, wenn der Produktionsprozeß technisch nicht völlig deterministisch beherrscht wird oder wenn von Charge zu Charge die Qualität der Einsatzstoffe und die Einsatzmengen geringfügig variieren. Bestehen beschaffungsbedingte Qualitätsunterschiede der Einsatzmaterialien, liegt **Partiefertigung** vor. Die qualitativen Unterschiede bei den Einsatzmaterialien sind z.B. durch pflanzliche Einsatzstoffe (Weinernte, Tabakernte) oder durch mineralische und tierische Rohstoffe (Marmor, Leder, Pelz) bedingt.[20]

1.3 Klassische Gestaltungsprinzipien der Produktion und gegenwärtige Veränderungstendenzen

1.3.1 Gestaltungsprinzipien einer tayloristischen Produktion

Bis in die 60er Jahre hinein herrschten ungesättigte Märkte mit geringer Orientierung der Produktionsprogramme an kundenspezifischen Wünschen, Massenfertigung weitgehend gleichartiger Produkte in meist wenigen Varianten sowie Produktion für den anonymen Markt vor. Der Komplexitätsgrad der Produktion und der Steuerung der Unternehmen war gering.

In dieser Situation von Verkäufermärkten war die Wettbewerbsposition der Unternehmen weitgehend gesichert, da für die meisten Produkte eine konstant hohe Nachfrage bestand und der Konkurrenzdruck gering war. Die primäre Unternehmenszielsetzung bestand nicht darin, die Wettbewerbsfähigkeit zu erhöhen bzw. „die richtigen Dinge zu tun"; es ging vielmehr darum, die Produkte wirtschaftlich, d.h. mit möglichst geringem Ressourceneinsatz, zu fertigen. Die Unternehmen mußten also darauf ausgerichtet sein, „die Dinge richtig

---

20 Vgl. Bloech/Lücke (1982), S. 11.

zu tun" bzw. ihre Fertigung effizient zu organisieren. Effizienz drückt sich im bewerteten Ressourceneinsatz – in den Kosten – aus, so daß die unternehmerische Zielsetzung darin bestand, kostengünstig und schnell zu produzieren und über eine gute Kapazitätsauslastung hohe Gewinne zu generieren.

Dieses Ziel sollte durch die Anwendung von fünf – tayloristischen – Gestaltungsprinzipien erreicht werden.[21]

1. Konzentration der Arbeitsmethodik auf weitgehende Arbeitsteilung für ausführende und dispositive Tätigkeiten

Die Fertigung eines Produktes wird in eine Vielzahl von Bearbeitungsgängen mit meistens sehr kleinen Arbeitsinhalten zerlegt, und die Arbeitsinhalte einzelner Bearbeitungsstationen werden bestimmten Arbeitskräften fest zugeordnet. Im Extremfall müssen die ausführenden Mitarbeiter nur einen einzigen Handgriff permanent wiederholen. Diese extreme Arbeitsteilung zielt darauf, durch hohe Wiederholungsraten und Spezialisierung Lern- und Übungseffekte zu realisieren, um geringe Ausführungszeiten zu erreichen. Das Prinzip der Arbeitsteilung wird auch auf den dispositiven Faktor übertragen.

2. Personelle Trennung von dispositiven und ausführenden Arbeiten

Das Unternehmen wird in einen Produktions- und einen Verwaltungsbereich aufgeteilt. Der dispositive Bereich nimmt steuernde und überwachende Tätigkeiten wahr und legt u.a. fest, was und wie produziert wird. Der dispositive Faktor wird hierarchisch gegliedert; die ausführenden Arbeitskräfte stehen auf der untersten Hierarchieebene. Sie nehmen Anweisungen von oben entgegen und haben keinerlei Entscheidungskompetenz. Die Zweiteilung des Unternehmens drückt sich auch in den Entlohnungsprinzipien aus: Während für die Angestellten in Ermangelung eines anderen Leistungsmaßstabes der Zeitlohn (Gehalt) angewandt wird, werden die Arbeiter nach Akkord entlohnt. Folglich sind sie auch nur für die Leistungsmenge verantwortlich, nicht hingegen für die Qualität.

3. Räumliche Trennung von dispositiven und ausführenden Arbeiten

Der Verwaltungsbereich wird auch räumlich von der Produktion getrennt, so daß die steuernden Mitarbeiter keinen direkten Einblick in den Produktionsbereich haben. Diese Trennung der wechselseitigen Informationsstränge erscheint sinnvoll, wenn aufgrund stabiler Markt- und Produktionsverhältnisse kein laufender Koordinationsbedarf in der Produktion besteht. In diesem Fall ist der dispositive Faktor immer rechtzeitig und hinreichend gut informiert, um steuernd eingreifen zu können. Da sich aufgrund der Marktverhältnisse die Informationen im Zeitablauf nur wenig verändern, besteht nur geringer Anpassungsbedarf in der Produktion.

---

21 Vgl. ausführlich Taylor (1911) sowie Picot/Reichwald/Wiegand (1998), S. 8 ff.

4. Funktionalismus

In der Organisation des Unternehmens werden gleichartige Tätigkeiten (z.B. Beschaffung, Produktion, Absatz, F&E) zu Funktionsbereichen zusammengefaßt. Es ergibt sich folglich eine nach Funktionen gegliederte Linienorganisation. Für die Mitarbeiter in der Produktion kommt es u.U. zu Mehrfachunterstellungen, da für spezielle Funktionen (z.B. Qualitätsprüfung, Instandhaltung etc.) sogenannte Funktionsmeister eingesetzt werden, die für ihren Bereich Weisungsbefugnis haben.

5. Zentralismus

Im Taylorismus hat nur die Zentrale – dispositiver Faktor – Entscheidungskompetenz. Sie ist aufgrund der stabilen Marktverhältnisse immer rechtzeitig und vollkommen informiert, so daß sie die Möglichkeit hat, alle Entscheidungen über Kapazitäten, Produkte und Produktionsprozesse mit ausreichendem zeitlichen Vorlauf zu treffen. Für die Anweisungen an ausführende Mitarbeiter bildet sich der sogenannte Dienstweg durch alle Hierarchieebenen heraus. Zentralismus führt zu keinen Problemen, wenn die relevanten Informationen immer rechtzeitig verfügbar sind und weitergegeben werden und wenn es bei geringer Marktdynamik nicht erforderlich ist, schnell zu reagieren.

Mit tayloristischen Arbeitsprinzipien sind vielfältige Vorteile verbunden,[22] die aber nur realisiert werden können, wenn die Einsatzvoraussetzungen des Taylorismus erfüllt sind. Zwingend erforderlich sind stabile Märkte mit sehr geringer Dynamik. In diesem Fall können über eine lange Zeit gleichbleibende Produkte mit langen Lebenszyklen unverändert produziert und verkauft werden. Als Folge herrscht geringer Innovationsdruck. Zudem ist die Zahl der Konkurrenten überschaubar, und die Mitbewerber treten am Markt nicht aggressiv auf, da für alle genügend Absatzpotential besteht. Für den Kunden ist der Preis das dominierende Kaufkriterium; Qualitätsaspekte reduzieren sich darauf, die Gebrauchsfähigkeit der Produkte sicherzustellen. Die Marktstabilität hat weitgehend sichere Informationen zur Folge. Nur unter diesen engen Bedingungen ist es gerechtfertigt, die Führungsphilosophie allein auf Effizienz zu fokussieren.

Aus der Marktstabilität folgt eine stabile Produktion. Das Produktionsprogramm ist wenig komplex. Es werden nur wenige Produkte in großen Mengen gefertigt. Zudem besteht nicht die Notwendigkeit, die Produktionsmengen im Zeitablauf erheblich zu verändern. Die Fertigung kann weitgehend in Form einer Fließfertigung mit einem kontinuierlichen Materialfluß in einer Richtung organisiert werden. Der Materialfluß ist folglich sehr übersichtlich. Da über lange Zeit gleichbleibende Produkte gefertigt werden, existieren stabile, eingespielte Prozesse, die es erlauben, Erfahrungs- und Lernkurveneffekte zu realisieren.

Als Folge stabiler Markt- und Produktionsverhältnisse bestand die zentrale Steuerungsaufgabe darin, die Produktion – z.B. durch eine Fließbandabstimmung – zu koordinieren, denn betrieblicher Engpaß war allein der Produktionsbereich. Daher konzentrierte sich die betriebswirtschaftliche Forschung auch darauf, Modelle für die effizientere Ausgestaltung des Produktionsbereichs zu entwickeln. Koordinationsaufgaben bestanden im wesentlichen nur

---

22 Vgl. ausführlich Kapitel 1.1.

zwischen den Teilbereichen der Produktionsplanung (z.B. Planung der innerbetrieblichen Auftragsgröße, Planung der Produktionsaufteilung, Planung des zeitlichen Ablaufs der Produktion). Abstimmungsprobleme zu anderen Funktionsbereichen – Absatz, Beschaffung, Finanzierung usw. – waren eher nachrangig. Als Folge stabiler Markt- und Produktionsverhältnisse erfolgte die Koordination über generelle Regelungen. Koordinationsleistungen mußten einmalig bei der Einrichtung des Produktionsapparates erbracht werden; ein Anpassungsbedarf bestand wegen der geringen Marktdynamik kaum.

Durch den Marktwandel vom Verkäufer- zum Käufermarkt veränderten sich die Anforderungen an die Unternehmensplanung und die Koordination wesentlich. Es stellt sich daher die Frage, ob tayloristische Gestaltungsprinzipien in der heutigen Marktsituation überhaupt noch anwendbar sind.

1.3.2 Rückwirkungen des Marktwandels auf die Produktion
1.3.2.1 Merkmale des Marktwandels

In den 70er und 80er Jahren kam zu einem Wandel der Marktsituation, der sich durch folgende Aspekte skizzieren läßt:[23]

Das **Käuferverhalten** veränderte sich nachhaltig. Kunden achteten nicht mehr ausschließlich auf niedrige Preise, sondern entwickelten eine verstärkte Service- und Qualitätsorientierung. Damit war nicht mehr allein das Produkt, sondern die gesamte, den Verkauf begleitende Dienstleistung das für den Kunden relevante Kaufkriterium. Die Kunden verlangten individuelle, auf ihre spezifischen Belange zugeschnittene Problemlösungen. Als Reaktion auf diese Änderungen des Käuferverhaltens erhöhten die Unternehmen ihre Variantenzahl, so daß die Komplexität der Produktionsprogramme z.T. erheblich anstieg.

Die **Einstellung zur Umwelt** änderte sich, was für die Unternehmen Chancen, aber auch Risiken brachte. Einerseits ergaben sich durch verstärktes Umweltbewußtsein und schärfere Umweltgesetzgebung (Emissionsbeschränkungen, Rücknahme von Altprodukten) neue, kostentreibende Restriktionen für die Produktion. Umweltaspekte mußten folglich in die unternehmerische Planung integriert werden. Chancen bot diese Entwicklung, wenn sich ein Unternehmen durch umweltfreundliche Produkte und Produktionsverfahren einen Konkurrenzvorteil verschaffen und große Mengen zu verbesserten Preisen absetzen konnte.

Als Folge der Globalisierung (Europäische Integration, Öffnung der Ostmärkte, Aufhebung von Handelshemmnissen) verstärkte sich der Konkurrenzdruck. Die **Anzahl der Wettbewerber** wuchs, und die Märkte wurden unübersichtlicher. Bei engen Märkten bildeten sich zunehmend aggressive Formen eines Verdrängungswettbewerbs heraus. Hohe Absatz- und Produktionsmengen können häufig nur realisiert werden, wenn es gelingt, der Konkurrenz Marktanteile abzunehmen.

Je mehr Wettbewerber sich auf einem Markt für weitgehend homogene Produkte befinden, um so schwieriger können Wettbewerbsvorteile generiert werden. Da gleichzeitig die Le-

---

23 Zu den Auswirkungen des Marktwandels vgl. z.B. Backhaus (1997), S. 9 ff.

benszyklen der Produkte immer kürzer werden, nimmt der Druck auf die Unternehmen zu, immer schneller neue Produkte auf den Markt zu bringen. Häufig sind nur die Erstanbieter eines Produkts in der Lage, nachhaltige Gewinne zu erzielen. Aus diesem Grund kommt den **Innovationen** und damit der Forschung und Entwicklung eine überragende Bedeutung zu. Viele Unternehmen gehen in dieser Situation strategische Kooperationen mit anderen (z.T. konkurrierenden) Unternehmen ein, da sie die hohen F&E-Kosten und die damit verbundenen Risiken nicht mehr allein tragen können. Die Globalisierung der Märkte führt zu internationalen strategischen Partnerschaften, die weltweit durch Nutzung moderner Informations- und Kommunikationstechnologie auch rund um die Uhr Entwicklungen vorantreiben. Durch die Globalisierung werden neben dem F&E-Bereich auch der Absatz (Präsenz in amerikanischen und asiatischen Märkten), die Beschaffung (internationale Zulieferbeziehungen), die Organisation (Integration ausländischer Tochterunternehmen) sowie der Finanzbereich (z.B. Notierung an internationalen Börsen) betroffen.

Als Folge dieser Veränderungen ist die Dynamik auf den Märkten viel höher als zu Zeiten der Verkäufermärkte. Die Informationen über Märkte und deren Entwicklung sind in hohem Maße unsicher. Damit kommt risikopolitischen Überlegungen eine erhöhte Bedeutung zu. Die Märkte und in Folge auch die Produktion werden instabiler. Die Produktionsprogramme werden komplexer, und die Kunden- bzw. Lieferantenzahl wächst an. Produktion ist nicht mehr betrieblicher Engpaß. Der Engpaß verlagert sich auf die Absatz- und häufig bei schlechter Kapitalausstattung der Unternehmen auch auf die Finanzierungsseite. Da die Organisationen einem ständigen Veränderungsdruck ausgesetzt sind, versagen die Instrumente einer generellen Koordination. Der Marktwandel hat damit gravierende Auswirkungen auf die Art der Unternehmenspolitik; das Zielsystem muß sich den geänderten Anforderungen anpassen, und die Koordinationsinstrumente müssen auf einen ständigen Anpassungsbedarf ausgelegt werden.

1.3.2.2 Wirkungen des Marktwandels auf das unternehmerische Zielsystem

Der Marktwandel führt dazu, daß in der Unternehmenspolitik neben dem Effizienzstreben auch Effektivitätsaspekte berücksichtigt werden müssen. Es kommt zu einer neuen Bewertung der strategischen Erfolgsfaktoren Zeit, Kosten und Qualität. In Verkäufermärkten war das Ziel der Kostenreduzierung dominant. Der Qualitätsaspekt trat allenfalls als eine Art Restriktion auf, da die Funktionsfähigkeit von Produkten sichergestellt werden mußte. Zeit spielte nur eine Rolle, sofern sie mit Produktivität korreliert war. Bis in die 60er Jahre hinein lag das Hauptaugenmerk der Unternehmen daher auf steigender Effizienz. Strategische Erfolgsfaktoren waren in erster Linie die Kosten und eine hohe Produktivität. In der Produktion dominierte daher das Bestreben, die reinen Produktionszeiten abzubauen.

Der Marktwandel zwingt dazu, neben Effizienz- zusätzlich verstärkt auch Effektivitätsaspekte bei den Unternehmensstrategien zu beachten.[24] Unternehmen können nur dann er-

---

24 Zu den Begriffen Effektivität und Effizienz und den mit ihnen korrespondierenden strategischen Erfolgsfaktoren vgl. Bullinger (1992) und Rollberg (1996), S. 8 ff.

folgreich im Markt bestehen, wenn sie „die richtigen Dinge tun", Was richtig ist, entscheidet allein der Kunde; folglich müssen die Unternehmen durch Kundenorientierung bemüht sein, Konkurrenzvorteile zu erlangen. Die Befriedigung von Kundenwünschen darf allerdings nicht als Selbstzweck mißverstanden werden. Vielmehr ist der Kundenwunsch nur Mittel zum Zweck, um eigene Ziele zu realisieren. Die Erfüllung von Kundenwünschen ist folglich nur sinnvoll, wenn sie mit einer Verbesserung der eigenen Gewinnsituation einhergeht. Es ist daher stets zu fragen, ob ein Kunde auch bereit ist, für seine Wünsche mindestens das zu zahlen, was bei wirtschaftlicher Art der Leistungserstellung an Kosten anfällt.

Kundenorientierung ist zu erreichen, wenn nicht mehr ausschließlich standardisierte Produkte, sondern individuelle Lösungen für spezifische Kundenprobleme angeboten werden. Zudem ist es erforderlich, Qualität umfassender zu interpretieren. Eine alleinige Fokussierung auf die Gebrauchsfähigkeit des Endproduktes („fitness for use") reicht nicht mehr aus, um Kunden zufriedenzustellen. Qualität bemißt sich danach, ob in allen für den Kunden kaufrelevanten Dimensionen seine Erwartungen erfüllt werden. Die technische Produktqualität ist aber nur eine dieser Dimensionen. Verstärkte Serviceorientierung in der Pre-Sales- und After-Sales-Phase, individuelle Beratung beim Verkauf und bei der Verwendung der Produkte, die Qualität des Kundendienstes, Finanzierungsangebote usw. können weitere kaufrelevante Aspekte sein.[25]

Zudem muß nach dem Marktwandel der Faktor Zeit umfassender interpretiert werden. Eine alleinige Konzentration auf die Ausführungszeiten bzw. die Produktivität ist nicht mehr zeitgemäß. Bei kundenindividueller Auftragsfertigung, die an die Stelle der Massenproduktion der 60er Jahre tritt, gewinnen Zeitziele wie kurze Liefer- bzw. Durchlaufzeiten oder die Einhaltung der den Kunden zugesicherten Liefertermine an Gewicht. Zudem kommt der Flexibilität angesichts dynamischer Umweltänderungen eine wachsende Bedeutung zu: Unternehmen müssen in der Lage sein, sich schnell an veränderte Umweltbedingungen und Marktanforderungen anzupassen. Die Flexibilität kann durch Maßnahmen wie Verringerung der Fertigungstiefe oder durch den Einsatz Flexibler Fertigungssysteme (FFS) erhöht werden. Insbesondere die langfristige Unternehmenspolitik muß darauf ausgerichtet werden, ausreichend Flexibilitätspotentiale zu schaffen. Diese Potentiale sichern heute den langfristigen Unternehmenserfolg.

In der heutigen Zeit können Unternehmen somit nur dann am Markt bestehen, wenn sowohl Effizienz- als auch Effektivitätsaspekte explizit in das Zielsystem aufgenommen werden. Sie müssen zudem in der Lage sein, die widerstreitenden Forderungen beider Zielaspekte zum Ausgleich zu bringen Die Unternehmen müssen sich bemühen, die Effektivität zu verbessern, gleichzeitig möglichst die Kosten zu senken und den Zeitbedarf für die Abwicklung der Kundenaufträge zu reduzieren. Nur dann sind sie in der Lage, echte strategische Vorteile zu realisieren und die Gewinnlage nachhaltig und dauerhaft zu verbessern.

---

25 Zu den heute relevanten Qualitätsdimensionen vgl. Meffert (1994b), S. 129 ff.

1.3.3 Komplexität als Folge des Marktwandels
1.3.3.1 Der Komplexitätsbegriff und Maßgrößen für Komplexität

Der Marktwandel hat zu einer nachhaltig gesteigerten Komplexität in den Unternehmen geführt. Steigende Komplexität aber hat über den anwachsenden Koordinationsbedarf Rückwirkungen auf die Kosten und Erlöse und damit auf die Gewinnlage eines Unternehmens. Das Grundproblem einer ertragsorientierten Unternehmenspolitik besteht heute darin, die Komplexität sinnvoll zu reduzieren und die verbleibende Restkomplexität souveräner zu beherrschen. Nur Unternehmen, die das Komplexitätsmanagement beherrschen, sind in der Lage, ihre Erfolgssituation gezielt positiv zu beeinflussen.

Ehe die Kosten- und Erlöswirkungen der Komplexität eingehender diskutiert werden, soll zunächst geklärt werden, was sich hinter dem Begriff „Komplexität" verbirgt und worin die erhöhte Komplexität besteht. Der Terminus Komplexität steht für die Gesamtheit aller Merkmale eines Zustands oder Objekts im Sinne von Vielschichtigkeit. Komplexitätskosten gehen folglich auf Faktorverbräuche zurück, die in der Vielschichtigkeit der Produktionskonzeption – Produktkonzept, Programmzusammensetzung, Prozeßgestaltung, technisches Fertigungssystem und Koordinationssystem – begründet sind.

Innerhalb der Unternehmen kommt es durch den Marktwandel, der zunächst die unternehmensexterne Komplexität erhöht, zu erhöhter interner Komplexität. Diese Komplexität wird im wesentlichen durch die Anzahl der Elemente eines Systems bestimmt, zwischen denen Kopplungen bestehen, die es zu koordinieren gilt. Derartige Elemente sind z.B. die Zahl der Produkte oder die Zahl organisatorischer Einheiten. Der Grad der Komplexität hängt in erster Linie von der Anzahl der Beziehungen zwischen diesen Einheiten ab. Er wird aber auch durch die Variabilität der Aktionen dieser Einheiten bestimmt, d.h., ein System mit einer geringen Veränderung der Aktionen im Zeitablauf ist weniger komplex als ein System, das eine ständige Anpassung der Aktionen erzwingt. Die Unternehmenskomplexität ist damit um so höher,

- je mehr Produkte, Teile, Zulieferer, Kunden, Organisationseinheiten etc. koordiniert werden müssen,

- je mehr Beziehungen (Kopplungen) und Aktionen zwischen diesen Einheiten bestehen und

- je häufiger Veränderungen der Beziehungen und Aktionen auftreten, je häufiger also auf dynamische Umweltänderungen reagiert werden muß.

Komplexität ist damit letztlich Ausdruck des erforderlichen Koordinationsbedarfs innerhalb des Unternehmens. Soll der Komplexitätsgrad bestimmt werden, stellt sich die Frage nach einer sinnvollen Maßgröße für den Koordinationsbedarf.

Diese koordinationsbedarfsorientierte Sicht von Komplexität gilt allerdings nur für betriebswirtschaftliche Probleme. In der Physik beispielsweise wird Komplexität anders verstanden: In der Quantenmechanik verwendet man als Maßgröße für die Komplexität eines Systems die Länge der kürzesten Nachricht, mit der das System vollständig beschrieben

1.3 Klassische Gestaltungsprinzipien der Produktion und gegenwärtige Veränderungstendenzen 31

werden kann. Ein System ist damit um so komplexer, je länger der Binärcode ist, der benötigt wird, um sämtliche Eigenschaften des Systems darzustellen.[26]

Wird eine solche Maßgröße auf Unternehmen mit 8 Einheiten und folgenden Relationen zwischen den Einheiten angewandt, bedeutet dies:

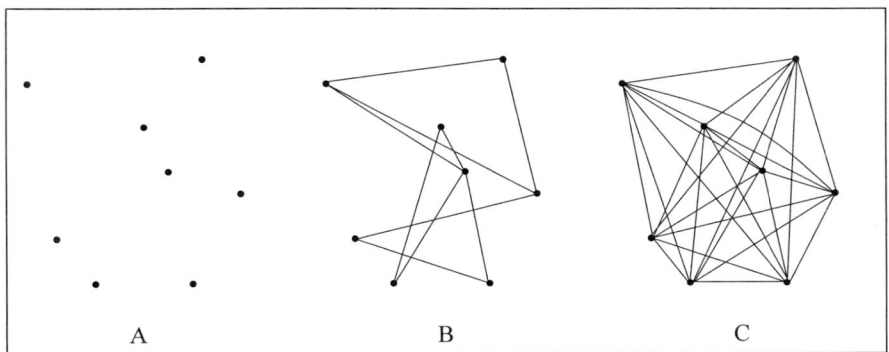

Abbildung 1-1

Das Unternehmen A besitzt einen geringen Komplexitätsgrad; es besteht aus 8 Einheiten, zwischen denen keine Beziehungen bestehen. Der nötige Binärcode zur Beschreibung des Unternehmens A ist folglich sehr kurz. Das Unternehmen B besitzt einen hohen Komplexitätsgrad. Um dieses Unternehmen vollständig zu beschreiben, sind detaillierte Informationen darüber notwendig, zwischen welchen Einheiten Beziehungen bestehen und zwischen welchen nicht. Das Unternehmen C kann aber wiederum sehr kurz beschrieben werden: „8 Einheiten, zwischen denen jeweils wechselseitige Beziehungen bestehen". In den Augen der Quantenmechanik wäre Unternehmen C bei weitem weniger komplex als Unternehmen B.

Diese Sichtweise widerspricht aber der betriebswirtschaftlichen Auffassung von Komplexität: Der Komplexitätsgrad ist um so höher, je mehr Einheiten existieren und je mehr Beziehungen zwischen den Einheiten koordiniert werden müssen. Die Länge des Binärcodes zur Beschreibung eines Systems erweist sich also als keine geeignete Maßgröße für den erforderlichen Koordinationsbedarf.

Komplexität ist in der Betriebswirtschaft grundsätzlich ein mehrdimensionales Problem. Sie wird determiniert durch eine Vielzahl von Bestimmungsfaktoren, z.B. durch die Kundenzahl, die Variantenzahl, die Teilezahl, die Zahl der Zulieferer, aber auch durch das Organisationskonzept und die zwischen den einzelnen Einheiten bestehenden Beziehungen (sachliche Kopplungen) oder die Zahl der Zielbeziehungen. Da sich diese Mehrdimensionalität grundsätzlich nicht überwinden läßt, existiert auch keine eindeutige Maßgröße für Komplexität.[27] Beispielsweise könnte einem Unternehmen mit den Merkmalen 50 Kunden, 145 Varianten, 950 Teile, 60 Zulieferer und 3 Zielgrößen zwar ein bestimmter Komplexi-

---

26 Vgl. im folgenden Gell-Mann (1994), S. 70 ff.
27 Vgl. Adam/Johannwille (1998), S. 10 ff.

tätsgrad zugeordnet werden. Baut dieses Unternehmen eine einzelne Komplexitätsdimension ab – sinkt die Teilezahl auf 900 –, wird die Komplexität unstrittig reduziert. Die Teilezahl könnte dann als Ersatzmaßstab für Komplexität benutzt werden. Das ist aber nur richtig, solange bei den übrigen Dimensionen die ceteris-paribus-Prämisse gilt. Messungsprobleme ergeben sich, wenn die Ausprägungen mehrerer Dimensionen gleichzeitig verändert werden. Beispielsweise werden 50 Teile sowie 10 Varianten abgebaut, und die Zahl der Kunden sinkt um 4. Sicherlich ist dann die gesamte Unternehmenskomplexität reduziert, aber es läßt sich im Vergleich zur Ausgangssituation kein Grad für den Abbau an Komplexität bestimmen. Noch undurchsichtiger wird die Situation, wenn bei einigen Dimensionen für Komplexität der Grad der Vielschichtigkeit sinkt, während er bei anderen steigt. Dann läßt sich nicht einmal die Frage beantworten, ob die Komplexität insgesamt sinkt oder zunimmt, da keine Austauschrelationen zwischen den Komplexitätsdimensionen existieren. Bestimmt werden kann dann allein, wie sich die Komplexität in den Einzeldimensionen verändert.

Für die Messung ergibt sich aber durch eine mögliche Abhängigkeit der Zahl der Elemente einer Komplexitätsdimension von der Zahl in anderen Dimensionen ein weiteres Problem. Steigt die Variantenzahl, ist in der Regel nicht allein diese Komplexitätsdimension betroffen. In der Regel wächst dann automatisch auch die Zahl der Kunden und die Zahl der erforderlichen Teile. Allerdings besteht zwischen diesen Veränderungen kein linearer und zudem auch kein eindeutiger Zusammenhang. Es ist daher in der Messungsproblematik auch kein Ausweg, vereinfachend von der ceteris-paribus-Prämisse auszugehen und vereinfachend die Komplexität auf der Basis einer Veränderung nur einer Komplexitätsdimension zu messen.

Als Maß für Komplexität könnte ersatzweise auf den Zeitbedarf, den Ressourceneinsatz oder die Kosten für die Koordination eines Systems abgestellt werden. Bei steigendem Zeitbedarf läge dann ein komplexeres System vor. Dieser Messungsvorschlag ist aber auch zum Scheitern verurteilt, da es nicht möglich erscheint, den erforderlichen Ressourceneinsatz einwandfrei zu bestimmen. Zwischen dem Koordinationsbedarf und dem Ressourceneinsatz besteht leider kein eindeutiger Wirkungszusammenhang, d.h., selbst bei Unternehmen, die in den einzelnen Dimensionen für Komplexität den gleichen Komplexitätsgrad aufweisen, stellt sich nicht der gleiche Ressourceneinsatz für die Koordination ein. Das hat mehrere Gründe: Einmal kann der Anspruch daran, was unter einer guten Koordination verstanden wird, recht unterschiedlich sein. Zum zweiten hängt der Ressourceneinsatz für die Koordination nachhaltig von den bereitgestellten Informations- und Koordinationssystemen ab.

Das Messungsproblem deutet eine weitere Schwierigkeit an. Läßt sich die Gesamtkomplexität nicht messen, können auch keine eindeutigen Kosten- und Erlösfunktionen in Abhängigkeit vom Komplexitätsgrad eines Unternehmens bestimmt werden. Das aber wäre Voraussetzung, um einen optimalen Komplexitätsgrad bestimmen zu können. Es läßt sich nicht einmal bezogen auf eine Komplexitätsdimension eine eindeutige Kosten- oder Erlösfunktion herleiten. Die aufgezeigten Quantifizierungsprobleme zeigen bereits eine zentrale Schwierigkeit im Komplexitätsmanagement auf: Es ist nicht möglich, mit eindeutigen funktionalen

Beziehungen bei der Planung eines sinnvollen Komplexitätsgrades zu arbeiten. Komplexitätsplanung ist grundsätzlich hochgradig schlechtstrukturiert.[28]

Um trotz der Messungsschwierigkeiten und der Wirkungsdefekte die Probleme der Komplexität im folgenden überhaupt diskutieren zu können, soll vereinfachend auf Basis jeweils nur einer Komplexitätsdimension argumentiert werden. Zudem wird davon ausgegangen, daß sich die ökonomischen Wirkungen auf Kosten und Erlöse zumindest der Tendenz nach bestimmen lassen. Ohne diesen didaktischen Trick lassen sich die Problemstrukturen des Komplexitätsmanagement nicht herausarbeiten.

1.3.3.2 Dimensionen der Komplexität
1.3.3.2.1 Zielkomplexität

Mit dem Wandel vom Verkäufer- zum Käufermarkt ging eine Schwerpunktverlagerung im Zielsystem der Unternehmen einher. Während in Verkäufermärkten eine hohe Kapazitätsauslastung eng mit hohem Gewinn korrelierte, ermöglichen heute eine konkurrenzüberlegene Qualität der angebotenen Leistungen, kurze Lieferzeiten und Termintreue neben geringen Kosten strategische Wettbewerbsvorteile. Da sich gleichzeitig die Eigenkapitalsituation vieler Betriebe verschlechterte und die Zinsbelastung wuchs, ging diese Verschiebung der Ziele mit dem Bestreben einher, die Kapitalbindung im Umlaufvermögen durch Abbau von Rohstoff-, Zwischen- und Endlägern zu reduzieren. Eine Bestandssteuerung mit geringen Materialreichweiten, kurzen Durchlaufzeiten und möglichst gut aufeinander abgestimmten Produktionsend- und Lieferterminen wurde so zu einer zentralen Forderung an die Produktion.

Ein nicht zu unterschätzendes Problem bei der Steuerung der Produktion besteht darin, daß bereits zwischen den Zeitzielen – zeitliche Auslastung der Anlagen, Durchlaufzeit und Termineinhaltung – teilweise Konflikte bestehen. Sinkende Durchlaufzeiten sind bei Werkstattfertigung i.a. nur bei steigenden ablaufbedingten Stillstandszeiten der Betriebsmittel zu erreichen (Dilemma der Ablaufplanung)[29]. Mit sinkenden Durchlaufzeiten verbessert sich nicht zwingend auch die Termintreue. Sinkende Durchlaufzeiten in der Produktion müssen nicht einmal zu sinkenden Abwicklungszeiten (Zeitspanne zwischen Auftragserteilung und Auslieferung) für die Aufträge führen. Aus der Sicht der Zeitziele gibt es damit keine optimale Gesamtlösung des Steuerungsproblems. Ist ein Ziel – bspw. die Minimierung der Abwicklungszeiten – erreicht, wird gegen eine andere Forderung des Zielbündels verstoßen. Das Zielbündel erschwert damit die Steuerung der Produktion ganz wesentlich. Der Disponent muß daher aus der Marktsituation heraus beurteilen können, welchen Zielen aus der Perspektive bestimmter Käufersegmente welche Bedeutung zukommt. Unter Umständen gibt es Käufersegmente, denen es vorrangig auf Termintreue ankommt, während andere Segmente in erster Linie daran interessiert sind, schnell bedient zu werden. Die Kunden haben damit keine einheitliche Vorstellung über die Priorität der Ziele.

---

28 Zu schlechtstrukturierten Entscheidungssituationen vgl. Adam (1996a), S. 10 ff.
29 Vgl. Adam (1990), S. 738 f., S. 742 f. und S. 786.

Die zeitorientierten Ziele können zudem im Widerspruch zur Forderung nach hoher Qualität oder niedrigen Kosten stehen. Beispielsweise erreicht ein Unternehmen Termintreue nur bei steigenden Kosten, oder eine Beschleunigung der Produktion geht zu Lasten der Qualität. Die Unternehmen müssen daher bei ihren produktionsbezogenen Entscheidungen ein ganzes Bündel konfliktärer Ziele beachten. Leider existiert zwischen den einzelnen Zielen des Bündels kein eindeutiger Zusammenhang, d.h., die Gewinnwirkungen, die von Verbesserungen der einzelnen Ziele ausgehen, lassen sich nicht eindeutig bestimmen. Damit kann zwischen den Einzelzielen des Bündels keine Austauschrelation hergeleitet werden. Es lassen sich argumentativ allenfalls plausible Zusammenhänge „begründen"; funktionale Abhängigkeiten zwischen den Teilzielen und dem übergeordneten Gewinnziel können nicht belegt werden. Die Zielkonfliktsituation führt in vielen Betrieben fast zur Entscheidungsunfähigkeit. Die Unternehmen können häufig keine Zielprioritäten bilden, und die einzelnen Unternehmensbereiche kommen zu nicht abgestimmten Verhaltensweisen, weil sie in ihrer Politik unterschiedlichen Zielvorstellungen bzw. Prioritäten folgen. Die Gesamtpolitik der Unternehmen läßt folglich kein klares Profil erkennen. Jeder Unternehmensbereich tut aus seiner Sicht der Probleme zwar das Beste, insgesamt kommt aber eine unzureichende Leistung des Gesamtsystems heraus.

Mit der Zahl der Ziele steigt zugleich auch der Komplexitätsgrad bzw. der Koordinationsaufwand. Bei nur einem Ziel – Gewinnmaximierung – und zwei Fertigungseinheiten muß für eine zielgerechte Koordination z.B. nur der Grenzgewinn einer knappen Ressource bestimmt werden. Steigt aber die Zahl der Ziele, muß sich die koordinierende Instanz darum bemühen, zumindest näherungsweise die Wirkung einer unterschiedlichen Aufteilung der knappen Ressource auf die verschiedenen Ziele zu erfassen. Damit steigt der Aufwand für die Informationsbeschaffung und für eine sinnvolle Verarbeitung dieser Informationen.

Die Ziele stehen bei hoher Komplexität des Produktionsprogramms insbesondere dann im Widerspruch zueinander, wenn ein Unternehmen die unterschiedlichen Produkte auf einer Produktionsanlage in gemeinsamer Fertigung herstellt. Im Falle einer intermittierenden Produktion kommt es zu besonders instabilen, nicht beherrschten Produktionsprozessen. Die vielen Produktionsunterbrechungen zur Umstellung der Anlagen auf neue Produkte führen zu nicht beherrschten Durchlaufzeiten, ziehen Qualitätsprobleme nach sich und belasten zudem durch Rüstkosten und Produktionsausfälle während der Umstellung die Wirtschaftlichkeit.

Bei einer bestimmten Steuerung werden dann u.U. die Ziele eines Käufersegments gut eingehalten, während die Zielvorstellungen anderer Segmente verletzt werden. Das liegt letztlich daran, daß die Steuerung der Aufträge bei gemeinsamer Fertigung interdependent ist: Termine für ein Käufersegment blockieren die Produktionszeiten für andere Segmente. Das Zieldilemma kann ein Unternehmen weitgehend überwinden, wenn es das Konzept gemeinsamer Produktion für alle Käufersegmente aufgibt und die Fertigung segmentiert.[30] Durch getrennte Produktionsanlagen für spezielle Produkte oder Käufersegmente verschwindet das Interdependenzproblem teilweise. Fertigungssegmentierung lohnt sich aber nur, wenn die Produktionsmengen für jedes Käufersegment groß genug sind, um über Größendegressions-

---

30 Zur Fertigungssegmentierung vgl. ausführlich Wildemann (1994a).

1.3 Klassische Gestaltungsprinzipien der Produktion und gegenwärtige Veränderungstendenzen 35

effekte zu niedrigen Stückkosten zu gelangen. Ein Unternehmen darf daher nicht die Politik einer übertrieben kundenindividuellen Produktdifferenzierung betreiben, die im Extremfall zum Absatz nur einer einzigen Mengeneinheit je Produktart führt. Eine derartige Politik verbaut die Möglichkeit, zu einer segmentierten Fertigung überzugehen.

Mit dem Marktwandel ist zunehmend eine veränderte Einstellung hinsichtlich der Beziehungen zwischen den Zielen „Kostenreduzierung", „Beschleunigung" und „Qualitätsverbesserung" zu beobachten. Die klassische Auffassung geht von einer grundsätzlich konfliktären Beziehung zwischen den drei strategischen Erfolgsfaktoren Qualität, Zeit und Kosten aus. Verbesserte Qualität oder Prozeßbeschleunigung ist danach nur mit steigenden Kosten zu erreichen. Heute wird aber zunehmend die Ansicht vertreten, nur eine weitgehende Entkopplung der drei Schlüsselfaktoren[31] werde den käufermarktspezifischen Anforderungen gerecht. Ziel der Unternehmenspolitik muß es daher sein, verbesserte Qualität und beschleunigte Prozesse bei gleichen oder sogar sinkenden Kosten zu erreichen. Doch nur Pionierunternehmen, die organisatorische und/oder technologische Innovationen aktiv vorantreiben, sind in der Lage, „Quantensprünge" hinsichtlich des Zielerreichungsniveaus aller drei Schlüsselfaktoren **gleichzeitig** zu vollziehen. Der auf Entkopplung der strategischen Erfolgsfaktoren abstellende Paradigmawechsel im unternehmerischen Zielsystem erzwingt daher erhebliche inner- und interbetriebliche Umwälzungsprozesse. Nur wer den Marktwandel mit innovativen Organisations- und Technologiekonzepten beantwortet, kann für eine gewisse Zeit wettbewerbsstrategisch relevante Qualitäts-, Zeit- und gleichzeitig Kostenvorteile realisieren und die Konfliktsituation partiell überwinden. Erodiert der Wettbewerbsvorteil aber durch **Nachahmer** im Zeitablauf, lebt der alte Zielkonflikt – allerdings auf einem höheren Zielerreichungsniveau – wieder auf.[32] Der Paradigmawechsel verlangt folglich nach einer Unternehmenskultur, die zu permanenten Produkt- und Prozeßinnovationen zwingt, um sowohl der erfolgreichen Imitation durch Nachahmer begegnen als auch dem damit immer wieder drohenden Zielkonflikt zwischen den Erfolgsfaktoren entfliehen zu können.

1.3.3.2.2 Kunden- und Variantenkomplexität

Wird das Zielsystem um Effektivitätsaspekte erweitert, sehen sich die Unternehmen meistens gezwungen, ihre Kundenorientierung zu verbessern. Statt wie in den 60er Jahren ausschließlich Standardprodukte für den anonymen Markt zu fertigen, passen sie die Produkte an die Erfordernisse spezieller Kunden oder Marktsegmente an. Oftmals sind die so gebildeten Kundengruppen sehr klein,[33] und es bilden sich Kundenstrukturen (A-, B- und C-Kunden) heraus. Da die Marktsegmente unterschiedlich bearbeitet werden müssen, wächst der Bedarf an Vermarktungs- und Koordinationskapazitäten. Zudem geht mit der Segmentierung der Kunden häufig eine Differenzierung der Vertriebswege einher, so daß auch im Vertriebsbereich zusätzliche (Koordinations-)Kapazitäten erforderlich sind.

---

31 Vgl. Bullinger (1992), S. 20.
32 Vgl. zu dieser Argumentation Rollberg (1996), S. 18.
33 Im Extremfall besteht ein Marktsegment aus genau einem Kunden („segment of one approach"). Vgl. Pine (1993).

Das Streben nach Kundenzufriedenheit führt dazu, daß versucht wird, möglichst für jedes Kundensegment eine speziell zugeschnittene Problemlösung anbieten zu können. Als Folge wird die Varianten- und Artikelzahl zum Teil drastisch erhöht. Die hohe Variantenzahl verursacht nicht nur Schwierigkeiten im Vertriebsbereich; sie stellt sämtliche Unternehmensbereiche – insbesondere die Produktion, die Logistik und die Beschaffung – vor große Koordinationsprobleme. Diese Probleme sind um so größer, je früher im Fertigungsprozeß die Differenzierung der Varianten erfolgt (Variantenbestimmungspunkt bzw. freeze point). Werden in den Produktionsstufen möglichst lange gleichartige Produkte gefertigt, deren Differenzierung erst in den letzten Fertigungsstufen vorgenommen wird, sind die Koordinationsprobleme geringer, da in den ersten Produktionsstufen eine weitgehende Massenfertigung vorliegt. Erfolgt die Differenzierung der Varianten dagegen frühzeitig, sind an nahezu allen Arbeitsstationen viele unterschiedliche Produkte zu koordinieren, was zu erheblichen Schwierigkeiten führen kann.[34]

Die hohe Variantenzahl ist oftmals Folge einer einseitigen Marktorientierung und einer falsch verstandenen Kundenausrichtung: Die für die Variantenzahl zuständige Marketingabteilung entscheidet über zusätzliche Varianten nach dem Prinzip der Umsatzmaximierung bzw. der Maximierung der Differenz aus Umsatz und Marketingkosten; oder sie stellt allein darauf ab, die Kundenzufriedenheit zu erhöhen. Bei diesen Entscheidungen werden außer den Wirkungen im Marketingbereich bestenfalls noch die variablen Kosten der Produktion in die Betrachtung einbezogen. Die auf den steigenden Koordinationsbedarf zurückgehenden zusätzlichen meist fixen Gemeinkosten werden aber nicht berücksichtigt. Oftmals wird erst hinterher erkannt, welche zusätzlichen Koordinationsprobleme die neuen Varianten nach sich ziehen. Die Unternehmen geraten dann in die Komplexitätsfalle, d.h., sie erhöhen die Komplexität und reduzieren dadurch gleichzeitig ihre Gewinne.[35]

1.3.3.2.3 Teilekomplexität und Komplexität des Fertigungssystems

Für die unterschiedlichen Varianten wird eine Vielzahl unterschiedlicher Teile benötigt. Insbesondere steigt der Umfang kundenspezifischer Teile, während der Anteil standardisierter Teile rückläufig ist. Es kommt dann als Folge der Variantenkomplexität zur **Teilekomplexität**. Die große Teilezahl muß in Beschaffung, Lagerung, Bereitstellung und Logistik koordiniert werden. Das Komplexitätsproblem verschärft sich, wenn die Unternehmen einen Großteil der benötigten Teile selbst fertigen, anstatt in Kooperation mit Zulieferern komplett vormontierte Komponenten und Gleichteile zu beziehen. Auf diese Weise treten zusätzlich Koordinationsprobleme in der Produktion auf, wenn Konkurrenz um knappe Kapazitäten besteht. Die Koordinationsaufgabe wächst durch die Teilekomplexität meistens überproportional, da eine zusätzliche Variante in der Regel viele zusätzliche Teile nach sich zieht.

Die hohe Varianten- und Teilekomplexität hat Rückwirkungen auf die Fertigungsprozesse: Mit der Segmentierung der Märkte nach Kundengruppen bzw. dem Zuschnitt von Erzeug-

---

34 Vgl. Wildemann (1998) S. 57.
35 Vgl. dazu ausführlich Kapitel 1.3.3.3.

nissen auf die Anforderungen einzelner Abnehmer steigt die Anzahl der Produkte bzw. Produktvarianten in der Fertigung, während die Absatz- und Produktionsmengen je Produktart bzw. Variante abnehmen. Infolgedessen wird eine häufigere Umstellung der Produktion auf andere Erzeugnisse erforderlich. Eine Fließfertigung, wie sie in Zeiten tayloristischer Massenproduktion die Regel war, ist häufig nicht mehr möglich, so daß in Werkstattfertigung produziert werden muß. Es entstehen vernetzte Produktionsstrukturen, die einen hohen Koordinationsbedarf an den Knotenpunkten des Materialflusses nach sich ziehen. Ferner kommt es zu Diskontinuitäten im Materialfluß, so daß Aufträge häufig längere Zeit in Zwischenlägern auf Bearbeitung warten müssen. Das Koordinationsproblem verstärkt sich, da die Aufträge oftmals ein different routing aufweisen.

Wachsende Komplexität ist schließlich auch die Folge eines veränderten Maschinenkonzeptes. Komplexe Fertigungssysteme bestehen aus hochintegrierten, flexiblen Maschinen, die mit den unterschiedlichsten fertigungstechnischen Gegebenheiten zurechtkommen. Derartige Systeme sind häufig störanfällig (niedrige Auslastungsgrade), und die Flexibilität verursacht zusätzliche Kosten. Häufig wird die Flexibilität zudem schlecht genutzt, da auf derartigen Anlagen in großem Umfang Standardprodukte gefertigt werden, die die Flexibilität nicht benötigen.

1.3.3.2.4 Koordinationskomplexität
1.3.3.2.4.1 Wandel der Koordinationsaufgabe

Durch den Marktwandel und die erhöhte Komplexität in allen Unternehmensbereichen verändert sich die Koordinationsaufgabe der Unternehmen nachhaltig:

In Zeiten des Taylorismus bestand Koordination darin, eine einmalige Abstimmung des Produktionsbereichs mit den anderen Funktionsbereichen zu gewährleisten. Gesucht wurde eine Optimallösung, die langfristig aufrecht erhalten werden sollte. Ein laufender Koordinationsbedarf bestand wegen der geringen Umweltdynamik nicht. Durch die mit dem Marktwandel einhergehende **Dynamik** wandelt sich die Koordinationsaufgabe vollkommen. Es existieren keine langfristig stabilen Verhältnisse mehr; die Zukunft ist kaum vorhersehbar. Aus diesem Grund kann eine einmal gefundene, koordinierte Lösung nicht langfristig durchgehalten werden, da es immer wieder zu unvorhergesehenen Datenänderungen (z.B. spontane Zusatzaufträge, plötzliche Maschinenausfälle, unerwartete Konkurrenzmaßnahmen) kommen kann, auf die das Unternehmen schnell reagieren muß. Die Koordinationsaufgabe muß damit gänzlich anders interpretiert werden: Es geht darum, die Entscheidungen der Unternehmensbereiche laufend an Umweltänderungen anzupassen. Eine solche Koordination erfordert hohe Flexibilität und kurze Reaktionszeiten.

Als Folge des Marktwandels ergeben sich statische und dynamische Koordinationsprobleme.[36] Bei Knappheit von Ressourcen müssen innerhalb der einzelnen Perioden und über die Zeit hinweg Abstimmungsprobleme gelöst werden. Koordinationsprobleme treten z.B. durch die **Knappheit von Ressourcen** in einer Periode auf. Knappe Ressourcen begründen

---

36 Vgl. im folgenden Adam et al. (1998), S. 10 ff.

Kopplungen zwischen Teilbereichen (Divisionen, Produkten), die gemeinsam auf diese Ressourcen zurückgreifen. In diesem Fall ergibt sich die Notwendigkeit, eine Verteilung der Ressourcen zu finden, die zulässig und gleichzeitig optimal ist. Müssen zwei Divisionen bei ihren Investitionsvorhaben ein gemeinsames Budget in bestimmter Höhe einhalten, bestehen sachliche Kopplungen, weil sich als Summe der Einzelbudgets ein bestimmter Betrag ergeben muß. Das Budget ist dann so auf die beiden Divisionen aufzuspalten, daß die jeweils letzte in den Bereichen investierte Geldeinheit die gleiche Verzinsung abwirft. Gesucht ist mithin die Aufteilung des Budgets mit gleicher Grenzverzinsung in allen Verwendungsrichtungen.[37] In den 60er Jahren spielte die Aufteilung knapper Ressourcen auf unterschiedliche Produkte nur eine untergeordnete Rolle. Da die Unternehmen in der Regel nur ein einziges Produkt anboten, bestand die Koordinationsaufgabe lediglich darin, bestehende Knappheiten möglichst effizient auszunutzen. Fertigt ein Unternehmen aber eine Vielzahl unterschiedlicher Produkte, kann der optimale Ressourceneinsatz für die einzelnen Produkte nicht mehr isoliert, sondern nur durch eine übergeordnete Koordination bestimmt werden.

Außer der Frage, wie die Kapazitäten einer Periode zu verteilen sind, stellt sich die Frage nach der Verteilung knapper Ressourcen über die Zeit hinweg. Über welchen Zeitraum sollen kumulativ knappe Güter – sie sind heute noch nicht knapp, erschöpfen sich aber durch eine intensive Nutzung sehr schnell (z.B. Öl) und haben dementsprechend nur eine vom Grad der Nutzung abhängige Reichweite – eingesetzt werden? Eine intensive Nutzung in den ersten Perioden hinterläßt für die Zukunft geringe Bestände und verschlechtert damit die künftigen Möglichkeiten. Jede heutige Nutzung bringt dann ökonomische Vorteile, gleichzeitig muß aber auf die bei späterer Nutzung möglichen Vorteile verzichtet werden. Sinnvoll ist dann eine zeitliche Verteilung bei der es zu einem Ausgleich der Grenzzielbeiträge im Zeitablauf kommt.

Zudem stellt sich die Frage, ob die Kapazitäten einer Periode eingesetzt werden sollen, um neue Wirtschaftspotentiale für die Zukunft zu schaffen, oder ob sie besser genutzt werden, wenn mit ihnen die in der Vergangenheit geschaffenen Potentiale in der Gegenwart optimal ausgeschöpft werden. Dieses Problem tritt beispielsweise bei knapper Personalkapazität im F&E-Bereich auf: Die Kapazitäten könnten dazu eingesetzt werden, Produkte zu verbessern, um die gegenwärtig mit ihnen zu erzielenden Gewinne zu erhöhen. Dann aber fehlen diese Kapazitäten für die Entwicklung völlig neuer Produkte, die vielleicht erst in fünf Jahren marktreif sind. In diesem Fall kommt es darauf an, einen Ausgleich der Grenzzielbeiträge für die Ausschöpfung und die Schaffung von Potentialen zu erreichen. Wenn Unternehmen kurzsichtig agieren und die Schaffung neuer Potentiale vernachlässigen, schaffen sie sich damit für die Zukunft arge Probleme durch die entstehenden Entwicklungs- und Investitionsdefizite. Unternehmen legen das Gewicht ihrer Aktivitäten dann zu stark auf die kurzfristige Erfolgserzielung und vernachlässigen Maßnahmen, die das langfristige Überleben sichern. Durch entsprechende Koordination des Ressourceneinsatzes muß daher ein ausgewogenes Verhältnis zwischen Potentialentwicklung und Potentialausschöpfung angestrebt werden.

---

37 Vgl. Adam (1996a), S. 168 ff.

1.3 Klassische Gestaltungsprinzipien der Produktion und gegenwärtige Veränderungstendenzen 39

Bei Koordinationsproblemen, die den zeitübergreifenden Zusammenhang des Wirtschaftens betreffen, sind betriebswirtschaftliche Modelle, die den Zeitablauf nicht abbilden, grundsätzlich überfordert. Eine statische Betrachtungsweisen führt dazu, daß der Blick auf die intertemporalen Zusammenhänge versperrt wird. Im Vordergrund steht allein die kurzfristige Optimierung, die intertemporal leider zu sehr fragwürdigen Ergebnissen führt. Strategische Überlegungen der Unternehmensführung geraten aus dem Blickfeld.

Aus der gestiegenen Marktdynamik resultiert unmittelbar das **Problem unvollkommener Informationen**: In Zeiten des Taylorismus lagen relativ sichere Informationen über zukünftige Umweltbedingungen vor, da keine gravierenden Änderungen des Status Quo zu erwarten waren. In einer solchen Situation konnte der Unsicherheitsaspekt in der Planung weitgehend vernachlässigt werden. Heute hängt der Erfolg unternehmerischer Entscheidungen häufig davon ab, welche Entwicklungen zukünftig eintreten werden. Da zukünftige Entwicklungen in dynamischen Märkten nur schwer vorherzusehen sind, erschwert der unvollkommene Informationsstand die Koordination nachhaltig.

Folge der Unsicherheit über Datenentwicklungen oder künftige Handlungsalternativen ist das unternehmerische Risiko. Die Koordination kann sich dann nicht mehr auf eine einzige für möglich gehaltene Datenentwicklung stützen; sie darf auch nicht davon ausgehen, daß sich künftig ganz bestimmte Entscheidungsalternativen bieten werden. Das Entscheidungsfeld enthält damit Elemente von Unbestimmtheiten. Gegen diese Unbestimmtheiten und Unwägbarkeiten wird sich ein Unternehmen abzusichern versuchen.[38] In die Koordination sind dann neben Gewinnüberlegungen auch Aspekte der Risikopolitik zu integrieren. Im einfachsten Fall – zufällige Absatz- oder Bedarfsschwankungen von Endprodukten und Rohstoffen – werden risikopolitische Erwägungen dazu führen, sich durch Sicherheitsläger gegen Fehlmengen oder Betriebsunterbrechungen zu schützen.

Die Unbestimmtheiten führen dazu, daß sich ex ante überhaupt keine Optimalpolitik mehr bestimmen läßt. Der Informationsstand läßt das nicht zu. Damit kann aber das Ziel der Koordination nicht mehr darin bestehen, Faktoraufteilungen zu finden, die einen Ausgleich der Grenzgewinne in einem Zeitpunkt oder über die Zeit hinweg garantieren. Die langfristige Gewinnmaximierung ist wegen der Informationsdefizite unerreichbar. Das Unternehmen muß sich dann vor der Wahl zwischen einzelnen Optionen über die Chancen und Risiken der Alternativen informieren; es muß versuchen, die Technikfolgen abzuschätzen.

Als Folge der Unbestimmtheit des künftigen Entscheidungsfeldes verschwimmt damit das Ziel der Koordination. Man wird an Ersatzgrößen beurteilen müssen, ob eine vernünftige Koordination der intertemporalen Wirkungszusammenhänge vorliegt. Gewinnüberlegungen werden dann durch Risikoüberlegungen ergänzt. Beispielsweise spielt die Flexibilität der Strategien für ihre Beurteilung eine entscheidende Rolle. Die Koordination muß folglich zwischen kurzfristigen Gewinn- und langfristigen Flexibilitätsaspekten abwägen.

Die Komplexität des aus den Unbestimmtheiten des Entscheidungsfelds resultierenden Koordinationsproblems hängt nachhaltig von der Intensität der Dynamik ab. Ändern sich die Daten und Handlungsalternativen im Zeitablauf nur geringfügig, sind die Informationen

---

38 Vgl. im folgenden Adam et al. (1998), S. 10 ff.

noch weitgehend sicher. Risikoaspekten kommt dann für die Koordination nur eine geringe Bedeutung zu. Mit einer zunehmenden Beschleunigung von Veränderungen, wie sie derzeit in vielen Märkten zu beobachten ist, wird der Unbestimmtheitsgrad aber wachsen, so daß Risikoaspekte für die Koordination an Gewicht gewinnen.

Nachhaltig verschärft wird die Koordination unterschiedlicher Produkte oder Divisionen durch Nicht-Additivität und Nicht-Linearität der Zusammenhänge zwischen den Unternehmensbereichen. Der Gesamterfolg eines Unternehmens läßt sich häufig nicht als Summe der Teilerfolge bestimmen, und die Erfolge sind keine linearen Funktionen der Variablen. In einem solchen Umfeld führt isoliertes Optimieren der Teilbereiche nicht zum Gesamtoptimum. Da die Erfolge der Teilbereiche nicht mehr additiv, sondern multiplikativ verknüpft sind, ist die Wirkung von Entscheidungen eines Teilbereichs auf das Gesamtergebnis abhängig von den Entscheidungen in anderen Teilbereichen. So ist es z.B. bei der Zielsetzung der Rentabilitätsmaximierung nicht so, daß eine maximale Rentabilität eines Teilbereichs zum Rentabilitätsmaximum des Gesamtunternehmens führt.[39] Damit aber können Entscheidungen der Teilbereiche nicht mehr isoliert getroffen werden; anders formuliert: Die Erfolgswirkungen lassen sich nicht mehr separieren. Dieser Effekt wird noch wesentlich verstärkt, wenn die Erfolgsfunktion nicht linear von den Variablen abhängt, wenn also Funktionen höherer Ordnung gelten. Werden die Entscheidungen über die Variablen in separaten Modellen gefällt, existiert ein Koordinationsbedarf zur Erfassung der synergetischen Wirkungen.

Spätestens anhand der Unbestimmtheiten des Entscheidungsfeldes wird deutlich, daß die rein quantitativen Instrumente zur Koordination (Ausgleich von Grenzzielbeiträgen) in realen Situationen überfordert sind. Die vorliegenden Informationen reichen nicht aus, um diese Verfahren sinnvoll einzusetzen. Koordination muß dann mit qualitativen Instrumenten angestrebt werden. Es muß versucht werden, plausible Strategien zu finden, die die dynamischen Zusammenhänge bei Unbestimmtheiten der Tendenz nach sinnvoll erfassen. Koordination ist dann keine rechenhafte Übung mehr, sondern eine inhaltliche Aufgabe plausibler Argumentation.

Bei Problemstellungen, die die diskutierten, koordinationserschwerenden Faktoren aufweisen, wird die Koordination der Unternehmenspolitik sinnvollerweise in mehreren hierarchischen Schritten ablaufen. Man wird versuchen, das Problem der intertemporalen Zusammenhänge bei Unbestimmtheiten im Rahmen strategischer Überlegungen zu lösen. Die entwickelten Strategien sind dann Vorgaben für die taktische und operative Steuerung der Unternehmen. Für Entscheidungen auf den nachgeordneten Hierarchiestufen entfällt dann die hohe Komplexität der Koordination, und es können eher quantitativ ausgerichtete, statische Instrumente für diesen Teil eingesetzt werden.

---

39 Vgl. hierzu und für andere Beispiele nicht-additiver, nicht-linearer Zusammenhänge Adam et al. (1998), S. 10 ff.

1.3.3.2.4.2 Koordinationsprobleme unterschiedlicher Betriebstypen

Von ihrer historischen Entwicklung her gibt es heute in der Wirtschaft zwei verschiedene Unternehmenstypen, die unter dem Komplexitätsproblem leiden. Beim ersten Typ resultiert das Problem aus der traditionell tayloristischen Organisation der Leistungsprozesse. Diese Unternehmen hatten früher ein sehr schmales Produktionsprogramm; ihre Komplexitätsprobleme sind die Folge verbreiterter Leistungsprogramme, die noch mit tayloristischen Prinzipien erstellt werden. Beim zweiten Typ – häufig relativ junge Unternehmen – ist von Anfang an ein breites Leistungsprogramm gegeben. Diese Unternehmen haben ihre Leistungserstellung entkoppelt: Sie haben für unterschiedliche Leistungen eigene Abteilungen, Werke oder Firmen. Das Komplexitätsproblem wird ihnen erst bewußt, wenn sie erkennen, daß ihre Leistungen am Markt letztlich die gleichen Kundengruppen ansprechen und damit zu Verbundeffekten führen, so daß ein getrenntes Auftreten im Vertrieb Probleme bereitet, die Kunden zufriedenzustellen.

Der Marktwandel und die damit einhergehenden veränderten Anforderungen an die Koordinationsaufgabe führen bei beiden Unternehmenstypen zu erheblichen Koordinationsproblemen:

Folge gesättigter Märkte ist ein gegenüber der Massenfertigung erheblich gestiegener Koordinationsbedarf. Eine Steuerung über generelle Regeln und Anweisungen, die für **den ersten Typ** bei Massenfertigung früher sehr erfolgreich war, führt zunehmend zu Problemen, die sich in Koordinationsdefiziten und langen Reaktionszeiten am Markt sowie unzufriedenen Kunden niederschlagen. Die Grundprobleme liegen einmal darin, daß sich die vom Markt ausgehenden Anforderungen an Produktionssysteme – Flexibilitätsbedarf – und die realisierten Flexibilitätspotentiale häufig nicht decken. Einmal führt die Starrheit klassischer Produktionssysteme zu Anpassungsschwierigkeiten. Ein zweites Problem ist darin zu sehen, daß die Flexibilitätsanforderungen zum Teil weit überzogen sind; die Komplexität – Varianten- und Teilezahl – überbordet und wird von den Unternehmen weder in der Konstruktion oder Produktion noch in der Steuerung beherrscht. Ein dritter Problemkreis bezieht sich auf die Methoden zur Koordination. Für die Abstimmung komplexerer Produktionssysteme werden z.T. völlig andere Instrumente und Organisationsformen benötigt als das bei einer Massenfertigung der Fall ist. Nicht zentrale Fremdsteuerung und Weisungen sind dann zur Koordination geeignet, sondern Selbststeuerung und Selbstkoordination in reintegrierten Arbeitsprozessen.

Für viele Unternehmen war die gestiegene Komplexität mit einer z.T. erheblich verschlechterten Erfolgssituation verbunden, da sie versucht haben, dem steigenden Koordinationsbedarf durch starken Ausbau des indirekten Bereichs – Steuerung und Koordination – zu begegnen. Die Gemeinkosten stiegen aber bei zunehmender Variantenzahl schneller als die Erlöse, und die skizzierten Koordinationsprobleme konnten dennoch nicht behoben werden.

Die veränderten Marktbedingungen mit der Folge steigender Variantenzahlen und sinkender innerbetrieblicher Auftragsgrößen bei gleichzeitig steigender Umstellungshäufigkeit der Produktion auf andere Erzeugnisse erfordern eine größere Flexibilität in der Fertigung und im Bereich der Steuerung von Betriebsprozessen. In traditionellen Produktionssystemen mit einem hohen Grad an Arbeitsteilung, zentraler Steuerung und einem wenig flexiblen Maschinenkonzept treten beim Wandel der Marktsituation Probleme auf, da die Flexibilitätsanforderungen des Marktes, individuelle Kundenaufträge schnell und termingenau abzuwickeln, nicht mit den Flexibilitätspotentialen der Produktion und Organisation im Einklang stehen. Das traditionelle, wenig flexible Maschinenkonzept und die zentralistische Organisation der Unternehmen lassen eine kostengünstige und schnelle Fertigung häufig nur zu, wenn möglichst wenige Produktarten in großen Losen hergestellt werden. Die veränderten Marktbedingungen führen bei traditionellem Maschinenkonzept und klassischen Organisationsstrukturen zu folgenden Nachteilen:

- Häufige Produktionsumstellungen lassen den Anteil der Rüst- und Anlaufzeiten anwachsen. Die Produktionssysteme arbeiten ineffizienter, da weniger Kapazität produktiv genutzt werden kann. Zudem bleibt in der Anlaufzeit die Produktivität hinter der bei eingespielter Produktion zurück. Gleichzeitig treten durch die häufigen Umstellungen zunehmend Qualitätsprobleme auf.

- Ein hohes Ausmaß an Spezialisierung und Arbeitsteilung führt im Verbund mit steigender Auftrags- bzw. Variantenzahl und vernetzten Arbeitsabläufen zunehmend zu zeitlichen Abstimmungsproblemen in der Produktion. Infolgedessen steigen die gesamten Abwicklungszeiten der Aufträge sowie die Durchlaufzeiten. Durch die wachsende Spezialisierung (Taylorismus) konnte zwar die Effizenz der Arbeit erhöht und damit die reine Bearbeitungszeit eines Auftrags in den einzelnen Produktionsstufen reduziert werden, aber die Zahl der Produktionsstufen und die Übergangszeiten zwischen benachbarten Stufen wuchsen, so daß die gesamten Übergangszeiten (Zwischenlagerzeiten) der Aufträge überproportional zunahmen. Während bei einer Massenproduktion in Form der Fließfertigung die Zwischenlager- bzw. Übergangszeiten zwischen den Produktionsstufen praktisch bedeutungslos sind, erreichen diese Zeiten bei einer variantenreichen Produktion in Form der Werkstattfertigung heute 80 bis 90 Prozent der Durchlaufzeit. Im Bereich indirekter Tätigkeiten (Auftragsabwicklung, Forschung und Entwicklung, Konstruktion, Steuerung) ist der Anteil der Übergangszeiten z.T. noch erheblich höher. Folglich wird der Vorteil sinkender Bearbeitungszeiten durch Spezialisierung durch den damit einhergehenden Nachteil steigender Übergangszeiten im direkten und indirekten Bereich mehr als kompensiert. Die Abwicklungs- bzw. Durchlaufzeiten steigen, so daß der Ruf nach Restrukturierung der Prozesse laut wird, um die Übergangszeiten abzubauen und die Reaktionszeiten auf Kundenwünsche verkürzen zu können.

- Mit der Verschiebung der Anteile reiner Bearbeitungs- und Übergangszeiten an der Abwicklungszeit der Aufträge erhöht sich auch die Streuung dieser Zeiten. Bei einem sehr breitgefächerten Produktionsprogramm mit Produkten sehr unterschiedlicher Komplexitätsgrade (Zahl der Teile und Produktionsstufen, Abfolge der Arbeitsgänge) gibt es immer Aufträge, die das gesamte Produktionssystem sehr schnell durchlaufen, während andere Aufträge wesentlich länger benötigen. Als Folge einer wachsenden Streuung der Durchlaufzeiten lassen sich die Abwicklungszeiten spezieller Aufträge sehr schlecht prognostizieren. Einer Produktionssteuerung auf Basis mittlerer Durchlaufzeiten bzw. einer Terminvereinbarung mit Hilfe mittlerer Abwicklungszeiten wird damit weitgehend die Grundlage entzogen. Eine Terminplanung auf der Basis von Mittelwerten führt nur im Durchschnitt aller Aufträge zur Termineinhaltung. Im Durchschnitt eingehaltene Liefer-

1.3 Klassische Gestaltungsprinzipien der Produktion und gegenwärtige Veränderungstendenzen 43

termine sind für den einzelnen Kunden unbefriedigend, wenn im Extremfall alle seine Aufträge zu früh bzw. zu spät fertig werden. Infolge der starken Streuung ist der Termineinhaltungsgrad eher gering, denn die Liefertermine auf Basis mittlerer Durchlaufzeiten sind unrealistisch und können in der Produktion letztlich nicht eingehalten werden. Nicht auf die Produktionsmöglichkeiten abgestimmte Liefertermine stürzen die Produktion in ein permanentes Chaos und führen zu instabilen, unbeherrschten Produktionsprozessen. In der Produktion regiert dann die Improvisation und nicht die gezielte Planung. Das Ergebnis sind meist unzufriedene Kunden.

- Beide Erscheinungen bei den Durchlaufzeiten führen zum Durchlaufzeitensyndrom.[40] Weil sich bei großer Streuung der Durchlaufzeiten keine realistischen Termine für spezielle Aufträge prognostizieren lassen, kommt es häufiger zu Terminüberschreitungen. Aus diesen Überschreitungen wird der Schluß gezogen, daß die Aufträge offenbar zu spät für die Produktion freigegeben wurden. Um die Liefertermine halten zu können, werden die Aufträge folglich früher in die Fertigung eingesteuert. Bei früherer Einlastung der Aufträge steigen aber die Werkstattbestände; die Schlange wartender Aufträge wächst, und die Übergangszeiten steigen erneut an. Häufig nimmt die Durchlaufzeit bei vorgezogener Freigabe der Aufträge um mehr als die Zeitspanne zu, um die die Aufträge zeitlich früher in die Fertigung eingelastet werden. Trotz früherer Freigabe verspäten sich dann noch mehr Aufträge als zuvor. Wird daraus wiederum voreilig geschlossen, die Aufträge noch früher in die Produktion einsteuern zu müssen, verschlechtert sich die Termintreue weiter.

Die beschriebenen Wirkungen lassen deutlich werden: Traditionelle, tayloristisch organisierte Unternehmen sind sowohl im indirekten als auch im direkten Bereich den Anforderungen von Käufermärkten nur unzureichend gewachsen. Es gelingt ihnen nicht, den Wünschen und Zielen der Kunden zu entsprechen und somit auch ihre eigenen Zielen zu erreichen. Wenn sie die Terminvorstellungen ihrer Kunden erfüllen oder kurze Abwicklungszeiten erreichen wollen, geht das häufig zu Lasten ihrer Kosten, d.h., die Kosten steigen im Vergleich zur Umsatzentwicklung überproportional an; die verbesserte Marktorientierung der Unternehmen ist dann unweigerlich mit sinkenden Erfolgen verbunden.

Der **zweite Unternehmenstyp** ist bei jungen, dynamischen, zunächst stark wachsenden Unternehmen mit einer breiten Angebotspalette anzutreffen. Unternehmen auf dem noch jungen Umweltmarkt sind bspw. in der Analysetechnik regional breit vertreten. Sie produzieren meß- und analysetechnische Geräte oder umweltfreundliche Verfahren und entsenden gleichzeitig beratende Umweltingenieure, wobei sie in vielen unabhängig agierenden Geschäftseinheiten organisiert sind. Aus der Sicht der einzelnen Geschäftseinheiten liegt eine geringe Komplexität vor. Die aus der Sicht des Gesamtunternehmens bestehende hohe Komplexität wird in Wachstumsmärkten zunächst nicht registriert. Das Bewußtsein hierfür wird erst geweckt, wenn sich die unabhängig, aber nicht flottillenhaft[41] agierenden Geschäftseinheiten bei enger werdenden Märkten zunehmend gegenseitig behindern und stören oder wenn auf den Märkten die Preise bei Überkapazitäten einbrechen, wie das im Zeitraum zwischen 1994 und 1995 auf Märkten für Umweltgüter zu beobachten war. Die gewohnten

---

40 Vgl. hierzu Missbauer (1986), S. 4 ff. und Zäpfel/Missbauer (1988a), S. 27 f.
41 Zur Idee der „Flottillenorganisation" vgl. Drucker (1991) und Warnecke (1992), S. 70 f.

Wachstumsprozesse kommen dann zum Stillstand, und die Unternehmen müssen Umsatzeinbußen bei gleichzeitig steigenden Kosten für eine intensivere Marktbearbeitung hinnehmen. Die dezentrale, unkoordinierte Organisationsstruktur führt zu Blindleistungen und Reibungsverlusten, da durch die isolierte Bearbeitung der Kunden und Märkte Potentiale bei den Kunden ungenutzt bleiben. Beispielsweise tauchen Vertreter der unabhängigen Divisionen nacheinander bei den gleichen Kunden auf, bieten kein einheitliches Erscheinungsbild und erfassen das Gesamtproblem des Kunden nicht. Die einzelnen Geschäftseinheiten versuchen ihre speziellen Produkte zu verkaufen und lösen nicht das eigentliche, ganzheitliche Kernproblem des Kunden.

Das soll an einem Beispiel verdeutlicht werden: Ein Kunde läßt bspw. von einem Umweltlabor eine Luftprobe analysieren und erhält die Information, daß bestimmte Emissionen zu hoch sind. Daraufhin schaltet der Kunde ein Beratungsbüro ein, um der Frage nachzugehen, was die Ursache der erhöhten Emissionen ist. Die Analyse ergibt zu hohe Emissionen als Folge zu niedriger Verbrennungstemperaturen. Nunmehr benötigt der Kunde eine technische Problemlösung von einem Umwelttechnik produzierenden Unternehmen. Das Gesamtproblem des Kunden bestand damit letztlich nicht darin, zunächst eine Analyse durchführen und durch ein Beratungsbüro die Ursache erhöhter Emissionen lokalisieren zu lassen, um danach von einem dritten Anbieter eine technische Lösung zu beziehen. Vielmehr bestand sein Problem im Kern darin, daß er einen stabilen, umweltfreundlichen Produktionsprozeß suchte. Umweltunternehmen mit unabhängig am Markt agierenden Geschäftseinheiten verkennen aber dieses Problem aufgrund ihrer Organisationsstruktur, denn jede Einheit sieht nur ihre eigene Leistungspalette, nicht aber die der Schwestereinheiten. Die zur Lösung des ganzheitlichen Kundenproblems zu erbringende Koordinationsleistung übernimmt in diesem Fall der Kunde selbst, und es wäre reiner Zufall, wenn er die drei einzelnen Aufträge geschlossen an die drei Sparten ein und desselben Umweltunternehmens vergäbe. Das Beispiel verdeutlicht, wie Kundenpotentiale verschenkt werden, wenn es dem Umweltunternehmen nicht gelingt, Kundenwünsche ganzheitlich zu erfassen und die dadurch bedingte höhere Problemlösungskomplexität zu beherrschen.

Erst enger werdende Märkte rücken dem zweiten Unternehmenstyp die Komplexität und den Koordinationsbedarf zwischen den Geschäftseinheiten ins Bewußtsein. Sinn der erforderlichen Koordination ist es, die Einheiten zwar manövrierfähig zu halten, aber dennoch abgestimmt auf die oberste Unternehmenszielsetzung und den Kundenwunsch auszurichten, damit sie miteinander und nicht gegeneinander am Markt auftreten. Auch in dieser Situation stehen den Kosten zur Beherrschung der erhöhten Komplexität häufig keine entsprechenden Erlöse gegenüber, wenn es den Unternehmen trotz Koordination nicht gelingt, zu einer ganzheitlichen Kundensicht zu kommen und die Leistungsangebote sinnvoll abzustimmen.

Vordergründig betrachtet, scheint bei diesen Unternehmen die Lösung der Probleme darin zu liegen, durch Methoden des Kostenmanagement eine Kostensenkung zu erreichen. In Wahrheit ist es aber erforderlich, die Dienstleistungsbündel so zu strukturieren, daß die Komplexität reduziert wird und damit die Voraussetzungen geschaffen werden, einfache, kostengünstige Koordinationsregeln einsetzen zu können. Ein derartiger Komplexitätsabbau ist aber zum Scheitern verurteilt, wenn jedes Kundenproblem weiterhin als eine einmalige Aufgabe betrachtet wird, für die das Koordinationsproblem fallweise zu lösen ist. Zu suchen

1.3 Klassische Gestaltungsprinzipien der Produktion und gegenwärtige Veränderungstendenzen   45

ist vielmehr eine Organisationsstruktur, die eine Fokussierung auf gleichartige Kunden mit gleichartigen Problemen bei weitgehend standardisierten Leistungen erlaubt.[42]

Beide Unternehmenstypen reagieren auf die Komplexitätsfalle häufig ungeschickt. Unternehmen des ersten Typs verharren häufig weitgehend in ihren gewohnten Denk- und Organisationsstrukturen und wollen zusätzlich an Flexibilität und Anpassungsfähigkeit gewinnen, indem sie z.B. auf moderne Technologiekonzepte setzen. Um der steigenden Komplexität Herr zu werden, setzen sie flexible Fertigungssysteme ein und gehen zur EDV-gestützten Daten- und Vorgangsintegration durch CIM[43] über. Leider müssen sie aber erkennen, daß diese Strategie letztlich nicht zur Beherrschung der Komplexität führt. Der Komplexitätsgrad der Probleme und die Vielzahl äußerst unterschiedlicher Anforderungen überfordern die eingesetzte Technologie. Sie erzwingen einen Flexibilitätsgrad der Systeme, der letztlich nicht zu finanzieren ist. Die reine Technikzentrierung verschärft im allgemeinen lediglich das Problem der Komplexitätsfalle.[44]

Unternehmen des zweiten Typs versuchen vielfach, ihr Koordinationsproblem zu lösen, indem sie Verhaltensmuster der Unternehmen vom Typ 1 adaptieren. Sie installieren zentrale Koordinationsmechanismen, die kostentreibend sind, aber das Koordinationsproblem nicht oder nur unzureichend bewältigen.

Deutsche Unternehmen gehen heute noch zu selten den zielführenden Weg der Komplexitätsreduktion. Sie operieren mit einer weit höheren Variantenzahl als vergleichbare japanische Unternehmen und leiden darunter, den Komplexitätsgrad weder in der Beschaffung und Produktion noch im Vertrieb überzeugend zu beherrschen. Die nicht beherrschte Komplexität drückt sich in folgenden Symptomen aus:

- Zu lange Abwicklungs- und Durchlaufzeiten der Aufträge bei gleichzeitig starker Streuung dieser Zeiten.

- Als Folge starker Streuungen der Durchlaufzeiten ist die Termintreue gering. Das Zeitmanagement der Unternehmen ist ineffizient, was zu Imageverlusten am Markt führt.

- Es herrscht ein Denken in Funktionen und Produkten, nicht aber in Prozessen vor. Als Folge starker Arbeitsteilung und eines unzureichenden Schnittstellenmanagements zwischen den Produktionsstufen und Abteilungen kommt es zu Koordinationsdefiziten. Der Fertigungsablauf weist einen erheblichen Anteil ablaufbedingter Stillstandszeiten auf, d.h., der Leistungsgrad der Produktionssysteme ist relativ gering.

- Im indirekten Bereich – Forschung und Entwicklung, Planung und Steuerung des Unternehmens – führt das Funktionsdenken zusammen mit der starken Arbeitsteilung zu sehr spezialisierten Aufgabenbereichen und sehr engen Kompetenzen. Diese Kompetenzzergliederung erschwert die erforderliche übergreifende Abstimmung und Koordination, da jeweils sehr viele Personen oder Abteilungen in die Entscheidungsprozesse einbezogen werden müssen. Die Koordination wird durch Bürokratie erschwert und ist häufig sehr

---

42 Zum Gedanken der „focused Factory" vgl. Skinner (1974).
43 Vgl. Abschnitt 1.3.4.3.
44 Vgl. hierzu nochmals die Ausführungen in Rommel et al. (1993), S. 14 ff. und S. 135 ff.

träge bzw. zeitintensiv. Die Unternehmen erreichen vielfach einen Zustand, der nur noch als „organisierte Entscheidungsunfähigkeit" bezeichnet werden kann.

- Die Abteilungen legen egoistische Verhaltensweisen an den Tag. Sie sehen nur sich selbst und ihre eigenen Probleme, nicht aber die ihrer organisatorischen Nachbarn. Ihnen fehlt häufig die Orientierung an der Gesamtaufgabe des Unternehmens. Abteilungsegoismen stehen im Widerspruch zum ganzheitlichen, an den obersten Unternehmenszielsetzungen ausgerichteten Denken.

- Die Fähigkeit vorausschauenden Denkens ist schwach ausgeprägt. Die Unternehmen sind gut im Krisenmanagement, nicht aber in der Krisenvermeidung. Sie vermeiden Probleme nicht durch Vorausschau, sondern sind ständig damit beschäftigt, selbstgeschaffene Probleme zu bewältigen, was kostentreibend und leistungsmindernd ist. Die Unternehmensleitung gleicht dann mehr einem ständigen Reparaturbetrieb als einer an strategischen Visionen ausgerichteten Führung. Die Unternehmen werden nicht mehr wie Schiffe nach den Sternen, sondern nach den Lichtern anderer vorbeifahrender Schiffe navigiert. Es entstehen damit wie Fliegende Holländer ziellos dahingleitende Unternehmen.

- Die Unternehmen leiden unter einem inhärenten Zentralismus. Sie sind krankhaft von der Idee befallen, alles zentral vorgeben und regeln zu können. Die Komplexität der Aufgaben läßt den Zentralismus aber ineffizient werden, da allein schon aus informationstechnologischer Sicht nicht die Voraussetzungen geschaffen werden können, damit die zentralen Stellen stets aktuell über den Zustand z.B. der Produktion informiert sind. Zentrale Eingriffe in Prozesse gehen dann weitgehend an den Erfordernissen der Realität vorbei. Die Basis erkennt diesen Realitätsverlust zentraler Steuerung sehr schnell und verliert das Vertrauen in die Führung. Andererseits fehlt der Unternehmensspitze das Vertrauen in die Fähigkeiten ihrer Mitarbeiter und in das Leistungspotential deregulierter Entscheidungskompetenzen.

- In den Unternehmen herrscht als Folge des Zentralismus keine Verbesserungskultur. Das innerbetriebliche Vorschlagswesen ist ineffizient organisiert. Die Zahl der aus der Organisation kommenden Verbesserungsvorschläge ist gering. Kenntnisse, Fähigkeiten und Kreativität der Mitarbeiter nachgeschalteter Hierarchiestufen werden nicht genutzt, sondern im Gegenteil eher erstickt.

- Da die Mitarbeiter der unteren Hierarchieebenen nicht gefordert sind, an der Lösung der Probleme des Unternehmens mitzuwirken, und da sie es zudem gewohnt sind, nach zentralen Vorgaben zu arbeiten, sind ihre Leistungsmotivation sowie ihre Identifikation mit den betrieblichen Belangen eher gering. Die Probleme des Unternehmens sind nicht die ihren. Um diese Probleme soll sich die Zentrale kümmern. Das ist nicht selten die Grundeinstellung vieler Arbeitskräfte, die hierzu durch den praktizierten Führungsstil erzogen wurden. Sie haben die Erfahrung gemacht, mit dieser passiven Einstellung persönlich am besten mit der Organisation fertig zu werden.

Unternehmen, bei denen diese Symptome beobachtet werden, haben in dynamischen Märkten bei steigender Komplexität keine Überlebenschancen, wenn es nicht rasch gelingt, die gewohnten Verhaltensmuster in allen Ebenen der Organisation zu überwinden. Die Mehrzahl der deutschen Industriebetriebe hat in der Rezession zwischen 1993 und 1995 erkannt, daß eine Neustrukturierung der Unternehmen und Prozesse unumgänglich ist, um die angestrebte Wettbewerbsposition halten oder wiedererlangen zu können. Der Weg der Umstrukturierung ist aber dornenreich und mit großen Widerständen gepflastert, da liebgewordene Verhaltensweisen, Machtpositionen und Besitzstände generell in Frage zu stellen und daraufhin zu überprüfen sind, ob die zum Einsatz gelangenden Ressourcen einen – im Vergleich zu den Kosten – vernünftigen Beitrag zur Wertschöpfung leisten.

1.3.3.3 Kosten- und Erlöswirkungen steigender Komplexität

Für die Diskussion der Kosten- und Erlöswirkungen besteht ein zentrales Problem darin, daß keine eindimensionale Maßgröße für Komplexität existiert. Im folgenden wird die Komplexität ersatzweise anhand der Variantenzahl gemessen. Für alle anderen Komplexitätsdimensionen wird von der ceteris-paribus-Prämisse ausgegangen.

Bei dieser Vorgehensweise ergibt sich ein zweites Problem: Es macht bspw. keinen Sinn, die Variantenzahl zu vergrößern und gleichzeitig davon auszugehen, daß durch die gestiegene Variantenzahl die Gesamtbeschäftigung des Unternehmens steigt. Eine Kostenfunktion, die von diesen Annahmen ausgeht, zeigt nicht die Wirkung der Variantenzahl auf die Kosten, sondern bildet einen kombinierten Beschäftigungs- und Komplexitätseffekt ab. Aussagen über die Wirkung von Komplexität machen folglich nur Sinn, wenn sich auch alle übrigen Determinanten, über die die Kosten beeinflußt werden können – Beschäftigung, Auflagengrößen usw. – nicht verändern. In der Realität läßt sich diese Bedingung meistens nicht einhalten, da mit der Veränderung einer Komplexitätsdimension gleichzeitig auch andere beeinflußt werden und auch Wirkungen auf Beschäftigung und Auflagengrößen auftreten. Im folgenden soll auch von dieser Problematik abstrahiert werden.

Die Kunden-, Teile-, Komponenten- und Variantenzahl sowie die Komplexität der Abläufe, Maschinenkonzepte und der Instrumente zur Koordination des Führungssystems determinieren in erheblichem Maße die Stück- bzw. die gesamten Kosten des Unternehmens. Dabei wachsen die Kosten der Komplexität mit zunehmender Vielfalt meistens überproportional.[45] Beispielsweise steigen mit der Variantenzahl nicht allein die mit jedem weiteren Artikel verbundenen variantenspezifischen Komplexitätskosten (z.B. für F&E); vielmehr fallen zusätzlich überproportional Kosten an, die auf eine Ausweitung von Engpässen im Wertschöpfungsprozeß und auf einen steigenden Koordinationsbedarf zurückzuführen sind (z.B. Kosten für aufwendigere Systeme zur Materialdisposition, zur Koordination und Steuerung der Prozesse oder zur Informationsverarbeitung). Die überproportionalen Kostenzuwächse werden zudem von sinkenden Auslastungsgraden der Produktionssysteme (ablaufbedingte Stillstandszeiten, Rüstzeiten) und sinkenden Stückzahlen bei den Aufträgen begleitet. Im Hinblick auf die mit der Variantenzahl steigenden Stückkosten wird deshalb auch von einem „umgekehrten Erfahrungskurveneffekt" gesprochen.[46] Danach ist bei einer Verdoppelung der Variantenzahl ein 20- bis 30-prozentiger Anstieg der Stückkosten zu erwarten.

---

45 Vgl. Roever (1994), S. 120 ff.
46 Vgl. Wildemann (1993), S. 392.

Bei den Komplexitätskosten handelt es sich vorwiegend um Gemeinkosten, die keiner einzelnen Produktart oder bestimmten Ausbringungsmengen der Produktarten direkt zugeordnet werden können. Die steigende Komplexität führt damit zunehmend zu einer Verschiebung der Kostenstrukturen hin zu immer größeren Gemein- und Fixkostenanteilen. Als Folge der veränderten Kostenstruktur werden die Unternehmen anfälliger gegen Beschäftigungsschwankungen. Schon geringfügige Beschäftigungseinbrüche können die Unternehmen u.U. in die Verlustzone treiben.

Bei den Kostenwirkungen kann zwischen unmittelbaren und zeitlich verzögerten Einflüssen unterschieden werden. Unmittelbare Kostenwirkungen treten direkt mit der Erhöhung der Komplexität auf, z.B. entstehen Vermarktungskosten für eine zusätzliche Variante. Zeitlich verzögerte Kostenwirkungen ergeben sich, wenn die Koordinationsdefizite steigender Komplexität offensichtlich sind und die Produktions-, Informations-, Steuerungs- und Organisationssysteme verändert werden, um die gestiegene Komplexität zu beherrschen. Die unmittelbaren Kostenwirkungen sind meistens reversibel, d.h., baut ein Unternehmen die Komplexität wieder ab – reduziert sie z.B. die Variantenzahl – dann verschwinden diese Kosten auch wieder. Die zeitlich verzögerten Kosten haben hingegen die unangenehme Eigenschaft, irreversibel zu sein. Wurde das System zur Fertigungssteuerung für eine erhöhte Komplexität verändert, bleiben diese Kosten auch dann bestehen, wenn die Variantenzahl wieder abgebaut wird. Dazu bedarf es erst im Gefolge reduzierter Variantenzahl wieder kleinerer Managementkapazitäten und anderer, weniger aufwendiger Informations- und Steuerungssysteme. Es sind also erst erhebliche quantitative Anpassungen im Organisations- und Managementbereich nötig, um die Komplexitätskosten wieder abbauen zu können. Diese quantitativen Anpassungen fallen Unternehmen außerordentlich schwer, da sie mit Personalabbau, z.T. aber auch mit der Wiederbelebung abgeschaffter Organisations- und Informationssysteme verbunden sind.

Bei den unmittelbaren Kostenwirkungen kann zwischen drei Arten unterschieden werden: Variantenspezifische Zusatzkosten, allgemeine Zusatzkosten und Opportunitätskosten.

Variantenspezifische Zusatzkosten fallen für eine spezielle Variantenart unabhängig davon an, wie viele Mengeneinheiten von dieser Variante produziert werden, sie sind fix je Variantenart. Bei ihnen handelt es sich bezogen auf eine Variantenart um Einzelkosten. Bezogen auf die verschiedenen Aufträge dieser Variantenart sind es aber Gemeinkosten aller Aufträge dieser Variantenart. Zu ihnen rechnen die Konstruktions- und Entwicklungskosten der Varianten sowie die Bestell- und Lagerkosten für variantenspezifische Teile oder Rohstoffe. Diese Kosten führen bei geringer Stückzahl je Variante zu steigenden Kosten pro Stück, da sich diese Kosten im Vergleich zu einer variantenarmen Fertigung auf ein geringe Stückzahl verteilen. Dieser Effekt ist mit der Auflagendegression vergleichbar.

Allgemeine Zusatzkosten und Opportunitätskosten sind die Folge einer sich mit der Komplexität verschlechternden Koordination. Allgemeine Zusatzkosten treten auf, wenn sich als Folge der zunehmenden Komplexität bspw. auch die Lagerbestände anderer Teile erhöhen, weil Koordinationsdefizite durch Bestände überdeckt werden. Um Lieferengpässe oder Teileengpässe zu vermeiden, werden dann sicherheitshalber die Lagerbestände erhöht. Die Kapitalbindung im Lager und die darauf zurückgehenden Zinskosten wachsen folglich an. Die-

1.3 Klassische Gestaltungsprinzipien der Produktion und gegenwärtige Veränderungstendenzen

se Kosten lassen sich zwar auf die für eine Variante erforderlichen Teile oder Rohstoffe noch direkt zurechnen und sind insoweit Einzelkosten für diese Teile- oder Rohstoffarten, sie sind aber das Ergebnis knapper Managementkapazitäten mit unzureichenden Koordinationsmöglichkeiten. Diese Zusatzkosten treten mithin als Folge eines Verbundeffektes bei allen Varianten oder Teilen auf. Daher verteuert sich auch die Produktion von Standardprodukten, die bereits vor der Differenzierung der Produktionsprogramme existierten. Die allgemeinen Zusatzkosten haben die Tendenz zu überproportionalen Kostenzuwächsen, d.h., je stärker die Koordinationsprobleme zutage treten, um so stärker ist der gesamt- und stückkostentreibende Effekt.

Opportunitätskosten – eigentlich Erlöseinbußen – sind die Wirkung einer mit der Komplexität sinkenden Leistung der Produktions-, Beschaffungs-, Logistiksysteme usw. Es treten zunehmend Blindzeiten bzw. unproduktive Zeiten (z.B. Rüst- oder ablaufbedingte Stillstandszeiten) in diesen Systemen und damit Leistungsverluste auf, die zu Lieferverzug führen und somit Erlöseinbußen nach sich ziehen, wenn die Kapazitäten knapp sind. Die Opportunitätskosten werden in Kostenrechnungssystemen meistens überhaupt nicht erfaßt und daher regelmäßig unterschätzt oder in Analysen über die zielgerechte Variantenzahl völlig vernachlässigt, weil sich die Reibungsverluste schlecht quantifizieren lassen. Bei den Opportunitätskosten handelt es sich stets um Gemeinkosten, die keiner Variante direkt angelastet werden können; sie haben mithin für alle Produkte einen kostentreibenden Effekt.

Problematischer als die unmittelbaren Kostenwirkungen sind für die Komplexitätsfrage die zeitlich verzögert auftretenden Kosten. Steigende Komplexität zieht regelmäßig Investitionen in Informations-, Steuerungs- und Organisationssysteme – also in Managementkapazitäten – nach sich. Diese Investitionen werden erst getätigt, wenn die Komplexität schleichend gesteigert wurde, die Koordinationsdefizite überhandnehmen und die alten Systeme mit der Situation nicht mehr fertig werden. Die Investitionen sollen dann die Koordinationsdefizite und die allgemeinen Zusatz- sowie die Opportunitätskosten überwinden helfen. Meistens zeigt sich aber, daß die Defizite kaum kleiner werden, dafür aber die Gemeinkosten drastisch anwachsen. Gerade die verzögerten Kosten haben die Tendenz, überproportional zu wachsen. Sie führen daher zu besonders gravierenden Steigerungsraten der Stückkosten. Als Folge der zeitlichen Verzögerung werden sie bei der Entscheidung für eine höhere Komplexität meistens völlig vergessen, zumindest aber in ihrer Wirkung weit unterschätzt. Bei diesen Kosten handelt es sich generell um Gemeinkosten aller Produkte, d.h., sie beziehen sich auf die Produkte und Kunden des alten Programms genauso wie auf die Zusatzvarianten und Zusatzkunden. Diese Kosten treiben damit die Kosten des alten, vor der kundenindividuellen Differenzierung bestehenden Leistungsprogramms in die Höhe und verschlechtern dessen Marktchancen. Die Komplexität wird damit zum Kostentreiber für Standardprodukte, wenn diese Kosten auch auf die Produkte verteilt werden, für die die verbesserten Managementsysteme eigentlich gar nicht erforderlich sind.

Die folgende Tabelle faßt die Kostenwirkungen noch einmal übersichtlich zusammen.

Kostenwirkung	betroffene Kosten	Kostencharakter	Umkehrbarkeit
unmittelbar	variantenspezifische Kosten	Einzelkosten je Variantenart	meistens reversibel
	Allgemeine Zusatzkosten	Gemeinkosten, aber auf Varianten zurechenbar	reversibel
	Opportunitätskosten	Gemeinkosten aller Varianten	reversibel
zeitlich verzögerte		Gemeinkosten aller Varianten	irreversibel

Tabelle 1-1

Das Grundproblem steigender Komplexität besteht darin, daß dem überproportionalen Anstieg der Kosten nur unterproportional mit der Komplexität wachsende Erlöse gegenüberstehen. Mit jeder zusätzlichen Variante sinkt bspw. die Zahl zusätzlich akquirierbarer Abnehmer, während gleichzeitig Kannibalisierungseffekte innerhalb der Produktpalette einsetzen, die im Extremfall dazu führen, daß die Absatzmengen der Spezialprodukte in gleichem Maße steigen wie die der Standardprodukte sinken. Gelingt es nicht, komplexitätsbedingten Zusatzkosten entsprechende zusätzliche Erlöse gegenüberzustellen, verschlechtert sich die Erfolgslage mit wachsender Vielfalt, und das Unternehmen rutscht in die tödliche „Komplexitätsfalle".[47] Ein in der Komplexitätsfalle gefangenes Unternehmen, d.h. ein Unternehmen, das die Variantenzahl zu stark erhöht hat, muß sich folglich darum bemühen, den Komplexitätsgrad so weit zu reduzieren, daß Zusatzkosten und Zusatzerlöse zum Ausgleich gelangen. Weil große Teile der Komplexitätskosten irreversibel sind, bringt aber ein nachträglicher Abbau der Komplexität relativ wenig. Es kommt folglich auf eine proaktive Komplexitätspolitik an, wenn die Komplexitätsfalle vermieden werden soll. Komplexitätspolitik besteht folglich hauptsächlich darin, vorzubeugen und ein ungesundes Ausmaß der Komplexität zu vermeiden.

Die Komplexitätsfalle ist meistens Folge funktionsbezogener Denkweisen und Ziele. Wird in einem Unternehmen die Produktions- von der Marketingverantwortung getrennt und wird der Erfolgsbeitrag der Marketingabteilung an der Differenz von Umsatz und Vermarktungskosten gemessen, rutscht ein Unternehmen fast zwangsläufig in die Komplexitätsfalle. Aus Sicht der Marketingziele erscheint es sinnvoll, die Variantenzahl zu erhöhen, solange der Umsatz abzüglich der Vermarktungskosten noch steigt. Diese funktions- bzw. marketingfokussierte Denkweise erfaßt nicht die indirekten Wirkungen steigender Komplexität auf andere Funktionsbereiche wie Produktion, innerbetriebliche Logistik und Beschaffung. Entscheidungen, die aus der Sicht des Marketing sinnvoll erscheinen, sind aus gesamtbetrieblicher Sicht u.U. unvorteilhaft. Der Komplexitätsfalle können sich Unternehmen somit nur entziehen, wenn sie sich von der funktionsorientierten Sicht der Probleme lösen und eine Organisation aufbauen, die zu übergreifendem, vernetztem Denken zwingt, oder wenn sie

---

47 Vgl. Becker (1992b), S. 172 f. und Fischer (1993), S. 30.

1.3 Klassische Gestaltungsprinzipien der Produktion und gegenwärtige Veränderungstendenzen

für eine funktionsorientierte Organisation Ziele und Aufgabenverteilungen entwickeln, die den aufgezeigten Widerspruch zwischen einer Beurteilung von Entscheidungen aus Marketing- und Gesamtunternehmensicht überwinden. Das könnte in Form eines hierarchischen Planungssystems[48] erfolgen, in dem die generelle Entscheidung über den Komplexitätsgrad Vorstandsentscheidung ist und die Funktionsbereiche nur darüber befinden, mit welchen konkreten Varianten der Rahmenplan ausgefüllt werden soll.

Neben der mit steigender Komplexität einhergehenden ungünstigen Gesamtkosten- und Erlösentwicklung verschärft sich mit steigender Komplexität das Problem einer sinnvollen Zuordnung der Komplexitätskosten auf bestimmte Leistungen, Abnehmer oder Märkte (Zurechnungsproblematik). Das gilt insbesondere für die mit zeitlicher Verzögerung auftrenden Kosten. Überproportional steigende Komplexitätskosten lassen sich für gewöhnlich auf aufwendige Fertigungsanlagen, komplizierte Steuerungssysteme und ausgedehnte dispositive und koordinierende Aktivitäten zurückführen. Die Komplexität bewirkt mithin überproportional steigende Gemeinkostenanteile in Form von Fixkosten. Damit gewinnt das klassische Problem der Gemeinkostenschlüsselung verstärkt an Bedeutung. Letztlich geht es um die Frage, wer die wachsenden Komplexitätskosten zu tragen hat.

Komplexitätskosten dürfen nicht sozialisiert, d.h. auf alle Produkte (Standardprodukte und Exoten) gleichmäßig, wertabhängig oder nach Beanspruchung verteilt werden. Massenprodukte werden dadurch zu stark und die sogenannten Exoten zu schwach mit Komplexitätskosten belastet. Kostentreiber sind die Exoten und nicht die Standardprodukte. Die Unternehmen laufen Gefahr, sich bei den Standardprodukten aus dem Markt zu kalkulieren, weil mit der Komplexität unsinnigerweise die Kosten für Standardprodukte steigen, während die Varianten entlastet werden. Durch den Entlastungseffekt erscheinen weitere Varianten als erfolgversprechend, obwohl sie es in Wirklichkeit nicht sind.[49] Durch sinnvolle, auf das Komplexitätsproblem abgestimmte Formen der Kostenrechnung muß die Quersubventionierung der Spezial- durch die Standardprodukte unterbunden werden. Die heute in der Praxis noch weit verbreitete Zuschlagskalkulation fördert die Quersubventionierung und führt zu Fehlentscheidungen bei der Variantenzahl. Aber auch die Prozeßkostenrechnung[50] (PKR) ist nur bedingt besser geeignet. Sie erlaubt zwar eine beanspruchungsgerechte Verteilung der variantenspezifischen Zusatzkosten, scheitert aber insbesondere am Gemeinkostenproblem der zeitlich verzögerten Kostenwirkungen, da sie Teile dieser Kosten auch auf Standarderzeugnisse verrechnet, wenn diese die für sie eigentlich überdimensionierten Systeme beanspruchen.

Ein sinnvolles Kostenrechnungssystem sollte für Standardprodukte jede Verteuerung vermeiden, die letztlich die Folge gestiegener Komplexität ist. Konsequent kann das nur erreicht werden, wenn das Prinzip der Fertigungssegmentierung angewendet wird und somit Varianten und Standardprodukte auf unterschiedlichen Anlagen mit unterschiedlichen Dispositions- und Logistiksystemen hergestellt werden. Sind die Produktionsmengen insgesamt für eine Differenzierung unzureichend, sollte die Differenzierung dennoch in der Kosten-

---

48 Zur hierarchischen Planung vgl. Rieper (1979), S. 120 ff. und Steven (1994).
49 Vgl. Roever (1994), S. 121 f.
50 Zur Prozeßkostenrechnung vgl. Coenenberg/Fischer (1991).

rechnung simuliert werden, d.h., den Standardprodukten sollten nur jene Kosten angelastet werden, die auch bei einem für sie adäquaten Ausbau der Managementkapazitäten anfallen würden.

1.3.4 Komplexitätsabbau und Komplexitätsbeherrschung
1.3.4.1 Systematisierung der Maßnahmen

Steigende Unternehmenskomplexität ist nur sinnvoll, wenn die damit verbundenen zusätzlichen Erlöse die zusätzlichen Komplexitätskosten übersteigen. Der optimale Komplexitätsgrad ist erreicht, wenn eine Veränderung des Komplexitätsgrades zu gleichhohen Veränderungen sowohl der Erlöse als auch der Kosten führt, wenn sich also Grenzkosten und Grenzerlöse der Komplexität ausgleichen. Der optimale Komplexitätsgrad ist leider von den meisten Unternehmen schon längst überschritten; sie stecken in der Komplexitätsfalle. In dieser Situation werden Instrumente benötigt, die dazu beitragen, die Komplexität zu reduzieren und die danach verbleibende Restkomplexität zu beherrschen. Maßnahmen zum Komplexitätsabbau rangieren dabei vor jenen zur Komplexitätsbeherrschung. Über beide Arten von Maßnahmen sollte zudem erst nachgedacht werden, wenn geeignete Rahmenbedingungen in der Organisation und im Controlling geschaffen wurden.

Um die Auswirkungen komplexitätstreibender Entscheidungen überhaupt erkennen zu können, ist zunächst ein Controlling-Instrumentarium zu implementieren, das in der Lage ist, die Kosten- und Erlöswirkungen transparent zu machen. Erst wenn die Kostenwirkungen bestimmter Varianten, Teile oder Fertigungssysteme zumindest ansatzweise erfaßt werden können, kann sinnvoll über die konkrete Ausgestaltung des Produktionsprogramms und der Fertigungsprozesse entschieden werden.

Eine zweite grundsätzliche Maßnahme zur Bewältigung der Komplexität liegt in einer zweckmäßigen Unternehmensorganisation. Tayloristische Organisationskonzepte, die auf der konsequenten Trennung von ausführenden und dispositiven Arbeiten beruhen und auf das Konzept der Fremdkoordination durch Weisung setzen, werden den Marktanforderungen in Zeiten hoher Dynamik nicht gerecht.

Erst nachdem durch organisatorische Maßnahmen und geeignete Controllinginstrumente die Grundlagen für eine zielsetzungsgerechte Beurteilung des Komplexitätsgrades geschaffen wurden, kann über konkrete Maßnahmen nachgedacht werden, wie die Komplexität in einzelnen Dimensionen reduziert werden kann. Dabei ist zunächst die interne Komplexität durch Abbau der Teilezahl, Schaffung übersichtlicher Prozesse, Segmentierung der Fertigung usw. abzubauen, ehe über Maßnahmen zum Abbau äußerer Komplexität – Kunden- und Variantenzahl – nachgedacht werden sollte. Erst dann sind auch Entscheidungen über die Zulieferbeziehungen und den Grad der vertikalen Integration sinnvoll zu treffen. Wenn die innerbetrieblichen Prozesse optimal gestaltet sind, lassen sich die Kostenwirkungen einzelner Kunden oder Varianten eher quantifizieren. Damit wird es überhaupt erst möglich, den Beitrag eines Kunden oder einer Variante zum Erfolg des Unternehmens abzuschätzen. Komplexitätsreduktion sollte daher immer von innen nach außen erfolgen. Erst sind die in-

1.3 Klassische Gestaltungsprinzipien der Produktion und gegenwärtige Veränderungstendenzen

nerbetrieblichen Gegebenheiten zu vereinfachen, und erst darauf aufbauend kann über die Gestaltung der Marktkomplexität nachgedacht werden.[51]

Erst nachdem über Ansätze zur Vereinfachung nachgedacht wurde, bietet es sich an, über Instrumente nachzudenken, mit der die verbleibende Koordinationsaufgabe einfacher durchgeführt werden kann, da diese Instrumente z.B. Unterstützung bei der Informationsbeschaffung und -verarbeitung geben oder das Problem bestehender Kopplungen durch größere Flexibilität verringern.

Maßnahmen zur Komplexitätsreduktion und Komplexitätsbeherrschung lassen sich nicht ganz scharf gegeneinander abgrenzen. Das liegt daran, daß jede Maßnahme, die zum Abbau zumindest einer Komplexitätsdimension führt, zugleich auch die Möglichkeiten verbessert, die verbleibende Komplexität mit den vorhandenen Koordinationsressourcen besser zu beherrschen. Wird beispielsweise ein Prozeß vereinfacht, sinkt gleichzeitig die Komplexität, und die Restkomplexität ist automatisch mit den vorhandenen Instrumenten besser zu beherrschen. Von Maßnahmen zur Komplexitätsreduktion wird im folgenden gesprochen, wenn es allein darum geht, die Zahl zu koordinierender Elemente und Beziehungen innerhalb eines Produktionssystems abzubauen. Instrumente zur Komplexitätsbeherrschung gestatten es in erster Linie, den nach einer Vereinfachung verbleibenden Koordinationsbedarf leichter oder kostengünstiger zu befriedigen. Leider ist es aber bei einigen Maßnahmen allein eine Frage der Betrachtungsweise, welcher Kategorie sie zuzuordnen sind. Organisatorische Maßnahmen wie die Prozeßorganisation verringern einerseits die Zahl zu koordinierender Elemente und vereinfachen insoweit. Gleichzeitig erleichtern sie durch die damit einhergehende geringere Anzahl von Schnittstellen die Koordination. Diese Maßnahmen können folglich beiden Gruppen zugeordnet werden. Dem wird im folgenden dadurch Rechnung getragen, daß die organisatorischen Maßnahmen vorweg gesondert behandelt werden.

1.3.4.2 Implementierung eines adäquaten Controlling-Instrumentariums

Ein leistungsfähiges Controlling-Instrumentarium ist eine zentrale Voraussetzung, um die Komplexitätswirkungen unternehmerischer Entscheidungen beurteilen zu können. Es ist ein Controlling-Instrument zu implementieren, das in der Lage ist, die Kosten- und Erlöswirkungen einer wachsenden Variantenzahl verursachungsgerecht abzubilden.

Angesichts der in Abschnitt 1.3.3.3 diskutierten Erlös- und Kostenwirkungen komplexitätstreibender Entscheidungen sind an dieses Controlling-Instrument folgende Anforderungen zu stellen:

1. Es müssen alle mit einer Variantenentscheidung verbundenen, entscheidungsrelevanten Kosten abgebildet werden. Insbesondere sind auch die indirekten, teilweise zeitlich verzögert auftretenden Kosten steigender Komplexität in das Kalkül einzubeziehen. Ein Kalkül allein auf Basis direkter Kosten (erst recht eine ausschließliche Betrachtung produktionsmengenabhängiger Kosten) kann zu schwerwiegenden Fehlentscheidungen führen.

---

51 Vgl. Bliss (1998), S. 151 ff.

2. Die Kosten müssen den Bezugsobjekten verursachungsgerecht zugerechnet werden. Eine Variante bzw. eine Gruppe von Varianten muß dann die Kosten tragen, die von ihr (kausal) verursacht werden. Sind Kosten verursachungsgerecht nur einer Variantengruppe zuzurechnen (Gemeinkosten), ist auf eine willkürliche Schlüsselung dieser Kosten auf die einzelnen Varianten der Gruppe zu verzichten. Die Rechnung muß dann auf eine höhere Ebene der Bezugsgrößenhierarchie überwechseln.

3. Es muß berücksichtigt werden, daß Komplexitätskosten vor allem in indirekten und steuernden Bereichen (z.B. Verwaltung, Fertigungssteuerung) anfallen. Eine ausschließlich produktionsorientierte Rechnung wird der Problemstellung nicht gerecht. Es dürfen also nicht nur die Kostendeterminanten des Produktionsbereichs offengelegt werden; vielmehr ist es auch erforderlich, die entsprechenden Determinanten des indirekten Bereichs transparent zu machen. Dieser Forderung wird nicht entsprochen, wenn Komplexitätskosten als Prozentsatz der Einzelkosten in der Fertigung verrechnet werden.

4. Der Zeitablauf muß in der Rechnung berücksichtigt werden, da zum einen Komplexitätskosten oft zeitlich verzögert anfallen und zum anderen neue Varianten, die die zusätzlich aufgebauten Kapazitäten nutzen können, u.U. erst später in das Programm eingeführt werden. Mit Hilfe einer dynamischen Rechnung können auch Mengenänderungen im Lebenszyklus der Produkte abgebildet werden. Die Controllingsysteme müssen auch erfassen, daß die mit einer Variante verbundenen Erlöse und Kosten vom Zustand des Produktionssystems abhängig sind, der sich als Folge von Entscheidungen in der Vergangenheit eingestellt hat. Der mit einer bestimmten Variante zu erzielende zusätzliche Deckungsbeitrag hängt beispielsweise mit davon ab, ob diese spezielle Variante als 50. oder als 100. Programmerweiterung durchgeführt wird, denn der Umfang von Kannibalisierungswirkungen hängt entscheidend von den schon vorhandenen Varianten ab. Zudem wird der Umfang komplexitätsbedingter Kosten vom Zustand definiert. Die erste Variante nach einer Erweiterung der Koordinationskapazität ist mit geringeren Kostenänderungen verbunden als jene, die gerade zu einer Ausweitung dieser Kapazitäten Anlaß gibt.

Leider werden diese Anforderungen von der klassischen Kostenrechnung nicht erfüllt:[52]

In der **traditionellen Zuschlagskalkulation** werden zwar sämtliche zusätzliche Gemeinkosten erfaßt; sie werden aber nicht verursachungsgerecht zugerechnet, sondern proportional zur Höhe überwiegend wertabhängiger Bezugsgrößen (Fertigungseinzellöhne, Materialeinzelkosten) auf alle Produkte geschlüsselt. Die Einzelkosten sind aber nicht die Determinante für die Gemeinkosten, d.h., die Höhe der Gemeinkosten hängt in keiner Weise von der Höhe der Einzelkosten ab. Die relative Bedeutung der Einzelkosten sinkt zudem, und der Anteil zu schlüsselnder Gemeinkosten nimmt dementsprechend zu, d.h., der undifferenziert über die Schlüssel zu verteilende Kostenanteil wird immer größer. Zentraler Nachteil der Zuschlagskalkulation ist es, für alle Produkte – Standardprodukte und Exoten – die gleiche Relation zwischen Einzel- und Gemeinkosten zu unterstellen. Als Folge dieser Prämisse kommt es verschärft zur Quersubventionierung, d.h., die Kosten für zusätzliche Managementkapazitäten und Informationssysteme werden auch auf die Standardprodukte verrech-

---

52   Vgl. ausführlich Adam (1997b) S. 215 ff. sowie Adam et al. (1998), S. 202 ff.

1.3 Klassische Gestaltungsprinzipien der Produktion und gegenwärtige Veränderungstendenzen 55

net, obwohl die neuen Systeme für diese Produkte überhaupt nicht erforderlich sind. Weder die Produktkomplexität noch die Variantenvielfalt oder die Flexibilität der Anlagen wird damit als relevanter Faktor für die Kostenverteilung erkannt. Die Kostenverteilung orientiert sich auch nicht daran, ob und in welchem Ausmaß die Produkte den Gemeinkostenbereich beanspruchen und ob vielleicht für Standardprodukte überqualifizierte Produktionssysteme und Koordinationsinstrumente eingesetzt werden, die eigentlich nur für Exoten notwendig sind. Zudem ist die Rechnung rein produktionsorientiert, so daß die eigentlichen Komplexitätskosten, die vorwiegend im Verwaltungsbereich anfallen, überhaupt nicht explizit berücksichtigt werden. Variantenspezifisch werden nur die Fertigungs- und Materialeinzelkosten erfaßt; die Komplexitätskosten verstecken sich undifferenziert in den Zuschlagsätzen. Ein weiteres Problem resultiert aus der Statik der Rechnung, die es nicht ermöglicht, zeitübergreifende Zusammenhänge wie Mengenänderungen im Zeitablauf oder das zeitlich verzögerte Auftreten von Komplexitätskosten abzubilden.

Probleme treten auch bei einer **Deckungsbeitragsrechnung** auf: Eine solche Rechnung berücksichtigt nicht sämtliche bei Komplexitätsentscheidungen relevanten Kosten; sie erfaßt lediglich die zusätzlichen variablen Kosten einer neuen Variante. Positive Deckungsbeiträge deuten aber keinesfalls automatisch auf positiv zu beurteilende neue Produktvarianten hin. Es muß vielmehr ergänzend analysiert werden, welche zusätzlichen Komplexitätskosten mit der Variante verbunden sind. Einer einzelnen Variante lassen sich allerdings nur die Teile der Komplexitätskosten eindeutig zurechnen, die Einzelkosten in bezug auf die jeweilige Variante (z.B. Teile der F&E-Kosten) sind. Bei einem großen Teil gerade der überproportional steigenden Komplexitätskosten handelt es sich hingegen um Gemeinkosten aller Varianten. Eine streng verursachungsgerechte Zuordnung dieser Kosten ist unmöglich. Auch die Deckungsbeitragsrechnung ist rein statisch und produktionszentriert; sie erfaßt damit weder den Zeitablauf noch die Zustandsabhängigkeit der Deckungsbeiträge von Varianten.

Allenfalls ein System einer **stufenweisen Fixkostendeckungsrechnung**[53] ist zur Beurteilung steigender Komplexität geeignet. Es muß dann z.B. analysiert werden, welche zusätzlichen Deckungsbeiträge „I" – Deckungsspannen multipliziert mit den Mengen – durch ein um zehn Varianten erweitertes Programm zu realisieren sind und mit welchen zusätzlichen Gemeinkosten für diese Programmerweiterung zu rechnen ist. Erst ein positiver Deckungsbeitrag „II" – DB I abzüglich der zusätzlichen Gemeinkosten der 10 Varianten – beantwortet dann die Frage, ob das erweiterte Programm wirklich zielführend ist. Diese Art der Rechnung liefert einen ersten sinnvollen Denkansatz zur Beurteilung steigender Komplexität. Aber auch bei einer stufenweisen Fixkostendeckungsrechnung unterbleibt eine detaillierte Analyse der Prozesse des Gemeinkostenbereichs. Zudem ist die Rechnung nicht in der Lage, dynamische Effekte abzubilden.

Die **Prozeßkostenrechnung** macht die zeitliche oder mengenmäßige Beanspruchung betrieblicher Ressourcen im Gemeinkostenbereich durch die jeweiligen Produkte zur Grundlage der Gemeinkostenschlüsselung. Die PKR legt somit das Mengengerüst der Kosten offen. Sie verbessert dadurch die Kostentransparenz gegenüber der Zuschlagsrechnung und verhindert durch die beanspruchungsgerechte Kostenverteilung zumindest teilweise die Quer-

---

[53] Vgl. Agthe (1959), S. 404 ff. und Mellerowicz (1977), S. 169 ff.

subventionierung der Exoten durch Standardprodukte. Probleme treten bei der PKR aber bei den überproportionalen Komplexitätskosten auf. Die Rechnung geht von konstanten Prozeßkostensätzen aus und erfaßt damit die mit der Komplexität steigenden Kostensätze nicht. Werden auf einem flexiblen Fertigungssystem gleichzeitig Standardprodukte und Exoten produziert, werden auch Standardprodukte mit anteiligen Komplexitätskosten belastet, obwohl diese Systeme für die Standardprodukte überhaupt nicht erforderlich sind. Die durch die Exoten ausgelösten zusätzlichen Kosten des Maschinenkonzeptes und u.U. der Fertigungssteuerung werden damit z.T. auf die Massenprodukte überwälzt. Diese tragen folglich Teile der Kosten überqualifizierter Maschinen- und Steuerungskonzepte, was auch eine Form von Quersubventionierung darstellt. Dieser Mangel wird nur bei segmentierter Fertigung vermieden. Mängel weist die PKR als Vollkostenrechnung letztlich auch auf, wenn sie die sich sprungfix ändernden fixen Gemeinkosten proportionalisiert. Das System läßt dann nicht erkennen, wie sich die Erfolgslage des Unternehmens mit der Produktionsmenge einer Variante verändert.

Die dynamischen Effekte komplexitätstreibender Entscheidungen können nur mit einer **Investitionsrechnung** abgebildet werden. Eine solche Rechnung müßte – dem Konzept der stufenweisen Fixkostendeckungsrechnung folgend – die zusätzlichen Komplexitätsausgaben einer veränderten Variantenzahl den Zusatzeinnahmen gegenüberstellen. Das Konzept verzichtet damit auf jegliche Verteilung von zusätzlichen Ausgaben bei steigender Komplexität und beurteilt eine Komplexitätsänderung auf der Basis der mehrperiodigen Ausgaben- und Einnahmenwirkungen. Durch diesen Verzicht auf jede Verteilung von Gemeinschaftsausgaben wird eine Quersubventionierung verhindert. Beurteilen lassen sich aber immer nur sprungweise Veränderungen der Komplexität, nicht aber einzelne zusätzliche Varianten. Zu analysieren sind mithin die Ausgaben- und Einnahmenwirkungen eines Bündels zusätzlicher Varianten, für die eine Erweiterung der Koordinations- und Informationskapazitäten erforderlich ist. Diese Art der Rechnung erfaßt auch die dynamischen Effekte, d.h., es können auch die Einnahmen von Varianten erfaßt werden, die im Rahmen der zusätzlichen Koordinationskapazitäten erst in späteren Jahren in das Programm aufgenommen werden. Zudem lassen sich die Zustandswirkungen bei der Quantifizierung der Einnahmen und Ausgaben einer Komplexitätsveränderung erfassen.

Instrumente der Investitionsrechnung sind bei Komplexitätsentscheidungen einzusetzen, wenn es um die Festlegung des Komplexitätsrahmens geht. Durch ihn werden die erforderlichen Kapazitäten für Informationsbeschaffung bzw. -verarbeitung und Koordination definiert. Sind diese Entscheidungen auf einer ersten Hierarchiestufe gefallen und geht es in einer folgenden Planungsstufe darum, den Komplexitätsrahmen konkret z.B. mit Varianten auszufüllen, werden durch die Entscheidungen der zweiten Planungsebene die Komplexitätskosten nicht mehr verändert, sie sind für die zweite Ebene fixe, nicht mehr relevante Kosten. Für die Entscheidungen der zweiten Hierarchieebene kann dann auf Kosten- und Leistungsrechnungen zurückgegriffen werden, die dem Verursachungsprinzip – kausal – entsprechen und den Verbrauch der knappen Koordinationskapazitäten erfassen (z.B. Deckungsspannen je Zeiteinheit der Koordinationskapazität).

1.3.4.3 Organisationskonzepte zur Komplexitätsreduktion und Komplexitätsbeherrschung

Zweckmäßige Controllinginstrumente sind eine Voraussetzung, um Maßnahmen über den Komplexitätsgrad sinnvoll beurteilen zu können. Komplexitätsentscheidungen sind aber zusätzlich in einen sinnvollen Zuschnitt der Entscheidungskompetenzen einzubetten. Durch organisatorische Gestaltung kann der erforderliche Koordinationsbedarf erheblich reduziert werden.[54]

Die Erfolgswirkung komplexitätstreibender Entscheidungen muß möglichst frühzeitig erkannt werden. In allen Unternehmensbereichen muß daher ein **proaktives, vorausschauendes Denken** herrschen. Die Devise muß lauten: Krisenvermeidung, nicht Krisenmanagement. Die Folgen von Komplexitätsentscheidungen sind zu antizipieren, das Unternehmen darf nicht zu einer Reparaturwerkstatt verkommen. Ein gutes Komplexitätsmanagement antizipiert bzw. vermeidet Komplexitätskosten und versucht nicht nachträglich, die nicht erwarteten Kosten wieder in den Griff zu bekommen.

Komplexitätskosten lassen sich nur beherrschen, wenn Entscheidungen aus unternehmerischer Gesamtsicht getroffen werden. Dazu ist in der Organisation das **Subsidiaritätsprinzip** zu beachten. Danach dürfen Entscheidungen nicht soweit dezentralisiert werden, bis den Entscheidungsträgern der Überblick über die Gesamtfolgen ihrer Entscheidung fehlt. Es muß eine Organisation aufgebaut werden, die zu funktionsübergreifendem, vernetztem Denken zwingt. Entscheidungen über den Variantenrahmen dürfen beispielsweise nicht durch die Marketingabteilung getroffen werden, sondern müssen Chefsache sein. Zu einer größeren Variantenzahl kommt es dann nur, wenn die Zusatzerlöse die gesamten im Unternehmen anfallenden Zusatzkosten übersteigen.

Denkbar wäre deshalb ein hierarchisches Planungssystem, in dem die generelle Entscheidung über den Komplexitätsgrad Vorstandsentscheidung ist und die Funktionsbereiche nur darüber befinden, mit welchen konkreten Varianten der Variantenrahmen ausgefüllt wird. Um eine Informationsüberlastung der Unternehmensspitze zu vermeiden und um die besseren Kenntnisse und Fähigkeiten der Mitarbeiter vor Ort zu nutzen, müssen die nachgeordneten Hierarchieebenen dann operative Entscheidungsverantwortung übernehmen. Da die komplexitätsdefinierenden Rahmenbedingungen von der Unternehmensspitze vorgegeben werden, sind für die dezentralen Entscheidungsträger operationale Zielsetzungen zu formulieren. Das Ziel: "Maximiere die Differenz zwischen Umsatz und Vermarktungskosten" ist z.B. zum Unternehmensziel „Gewinnmaximierung" dann konsistent, wenn der Komplexitätsgrad vordefiniert ist und es bei den Variantenentscheidungen im Marketing nur noch um die Ausfüllung des gesetzten Komplexitätsrahmens geht. Für die rein operativen Entscheidungen sind kostengestützte Controllinginstrumente dann auch durchaus anwendbar, da es nur noch um die sinnvolle Ausschöpfung der durch zentrale Entscheidungen festgelegten Informations- und Managementkapazitäten geht.

---

54 Vgl. im folgenden Adam/Johannwille (1998), S. 23 f.

Es ist zudem darauf zu achten, daß die Dezentralisation nicht zu weit getrieben wird, damit nicht zu viele Schnittstellen und damit Koordinationsprobleme auftreten. Aus diesem Grund sind größere dezentrale Komplexe entlang der Wertschöpfungskette zu bilden. Die Wertschöpfungskette sollte für bestimmte Produkt- oder Kundengruppen in möglichst wenige Teilprozesse zerlegt werden, um innerhalb der Teilprozesse ein möglichst übergreifendes Denken zu erreichen. Um die Anzahl der zu koordinierenden Teilprozesse zu reduzieren, muß somit von einer tayloristischen Arbeitsorganisation Abstand genommen werden und statt dessen eine Reintegration von Arbeitsinhalten erfolgen. Zusammengefaßte Arbeitsschritte sollen zu einfachen, stabilen und beherrschten Prozessen führen. Die zusammengehörigen Teilprozesse sind zudem durch offenen Informationsaustausch miteinander zu verketten. Nur so kann ein effektives Schnittstellenmanagement und eine zielsetzungsgerechte Koordination der Teilprozesse gewährleistet werden.

Durch eine prozeßorientierte Organisation kann das Koordinationsproblem verringert werden; es verbleibt aber ein Restkoordinationsbedarf zwischen Prozessen oder Teilprozessen. Koordination zwischen Prozessen ist erforderlich, wenn die Prozesse auf dieselben Ressourcen zurückgreifen oder wenn ein Teilprozeß Voraussetzung eines zweiten ist. Zwischen den Prozessen bestehen dann Kopplungen. Ist ein Teilprozeß Voraussetzung eines anderen, müssen End- und Anfangstermine abgestimmt werden; bei knappen Ressourcen muß entschieden werden, welchem Prozeß die Ressourcen wann zur Verfügung gestellt werden. Eine völlige Entkopplung der Prozesse ist nur möglich, wenn jeder Prozeß über eigene Ressourcen in Management, Produktion, Beschaffung etc. verfügt. Das ist in der Produktion z.B. bei segmentierter Fertigung der Fall. Die Entkopplung der Prozesse scheitert aber häufig am zu geringen Volumen der meisten Prozesse, das keine separaten Ressourcen rechtfertigt. Wenn aber Verflechtungen zwischen Prozessen bestehen, sollte möglichst auf selbstkoordinierende Kräfte gesetzt werden. Die Prozesse sollten in Rahmenbedingungen ablaufen, wie sie in der Fertigung bei Anwendung des Kanban-Prinzips[55] gelten müssen. In diesem Fall sind nur einfache, dezentrale Regeln zur Koordination erforderlich.

Durch Wahl einer sinnvollen Organisation der Entscheidungsfelder wird die Koordinationskomplexität abgebaut. Der Umfang der verbleibenden Restkomplexität hängt ganz entscheidend von der Zahl der bei dezentralen Entscheidungen zu beachtenden Ziele ab. Auf oberster Unternehmensebene bestehende Zielkonflikte sollten möglichst nicht in die unteren Führungsebenen übertragen werden, da ein solches Vorgehen zu einer Überforderung der Mitarbeiter und nicht zu konsequentem Handeln führt. Dezentrale Entscheidungsbereiche sollten sich möglichst nur an einer Zielgröße orientieren müssen. Das zwingt die Unternehmensleitung dazu, für die dezentralen Bereiche die jeweiligen Kernziele zu identifizieren.

---

55   Vgl. zum Kanban-Prinzip Kapitel 9.4.3.

1.3.4.4 Reduktion und Beherrschung der verbleibenden Komplexität
1.3.4.4.1 Maßnahmen zur Komplexitätsreduktion

Ein Ansatz zur Reduktion der **Zielkomplexität** besteht darin, die Zielsysteme für die dezentralen Entscheidungsbereiche möglichst einfach zu halten.[56] Entscheidungsträger, die eine Vielzahl widersprüchlicher Ziele gleichzeitig beachten sollen, sind meistens überfordert, weil sie die Trade-off-Raten zwischen den Zielen nicht kennen. Dezentrale Einheiten sollten ihr Verhalten daher möglichst nur an einem verständlichen, für den Unternehmenserfolg ausschlaggebenden Ziel ausrichten müssen. Die auf der obersten Unternehmensebene bestehenden Konflikte zwischen Zeit-, Kosten- und Qualitätszielen sollten möglichst nicht in die unteren Führungsebenen übertragen werden. Die Ziele müssen für die unteren Organisationsebenen möglichst entkoppelt werden. Eine derartige Entkopplung läßt sich durch die Art der Delegation erreichen.

Zu einer Überforderung führt es bspw., wenn die Arbeitsvorbereitung für Ablaufentscheidungen und die Losplanung zuständig ist und gleichzeitig über die Wirkungen ihrer Entscheidungen auf Abwicklungszeiten, Termintreue, Lager- und Rüstkosten sowie über die Wirkung von Investitionen in rüstzeit- und rüstkostenreduzierende Maßnahmen nachdenken soll. Das Problem, wie Rüstzeiten durch Investitionen abgebaut werden könnten und welcher Zusammenhang zwischen den Investitionen und dem Losproblem besteht, sollte vielmehr organisatorisch verselbständigt werden. Die Arbeitsvorbereitung sollte nur dem Ziel verpflichtet sein, bei gegebenen innerbetrieblichen Aufträgen kurze Durchlaufzeiten und Termintreue zu erreichen. Es besteht dann allerdings ein Koordinationsproblem bei der Planung des sinnvollen Umfangs rüstkostensparender Investitionen und der innerbetrieblichen Auftragsgrößenplanung. Dieses Problem ist in einer zweiten, der Arbeitsvorbereitung übergeordneten Stelle zu lösen. Im Endeffekt wird damit eine teilweise Entkopplung der Entscheidungsfelder durch eine Form hierarchischer Planung angestrebt. Eine Stelle legt mit Controllingunterstützung die Losentscheidung und die Entscheidung über das Investitionsvolumen fest. Von dieser Entscheidung und den resultierenden Losen geht die Arbeitsvorbereitung aus, um die Zeitziele zu verfolgen.

Die **Teilekomplexität** läßt sich reduzieren, indem schon in der Konstruktionsphase auf Einfachheit des Produktkonzeptes geachtet wird. Die Konstruktion sollte mit möglichst wenigen Teilen auskommen und weitestgehend Gleich- bzw. Standardteile einsetzen.[57] Eine Standardisierung durch Gleichteileinsatz und Plattformkonzepte kann den Koordinationsbedarf in Beschaffung, Lagerung, Bereitstellung und Logistik erheblich reduzieren. Unterstützt werden kann diese Maßnahme durch eine Reduzierung der Fertigungs- und Entwicklungstiefe. Auf diese Weise wird die Zahl der in der Produktionsplanung zu koordinierenden Teile geringer; der Zulieferer muß diese Koordinationsleistungen erbringen, z.B. die Anlieferung in den richtigen Mengen und Qualitäten zum richtigen Zeitpunkt. Werden dabei komplett vormontierte Komponenten von einer geringen Zahl an Zulieferern bezogen, kann auch die Koordinationsaufgabe in der Beschaffungslogistik vereinfacht werden. Mit Sy-

---

56 Vgl. Rommel et al. (1993), S. 165 ff.
57 Vgl. Dean/Susman (1989), S. 28.

stemlieferanten kann eine Just-In-Time-Anlieferung vereinbart werden, die zu einer geringeren Kapitalbindung im Umlaufvermögen führt. Wird der JIT-Gedanke auch innerbetrieblich weitergeführt, können dezentrale Steuerungsmechanismen wie das Kanban-Konzept eingesetzt werden, die die Managementkapazitäten weitgehend von der Koordination des Materialbedarfs entlasten.

Auch die **Organisation der Fertigung** bietet Potentiale zur Komplexitätsreduktion. In der Fertigung ist eine Variantenbildung möglichst erst in den letzten Stufen des Wertschöpfungsprozesses vorzunehmen,[58] um in den ersten Stufen größere Produktionsmengen standardisierter Teile und Komponenten zu erreichen. In die gleiche Richtung geht das Konzept einer Überdimensionierung von Teilen. Beispielsweise wird in der Montage auf ein standardisiertes, für den konkreten Einsatzzweck u.U. überdimensioniertes Teil zurückgegriffen, um eine weitere Variante und Komplexitätskosten zu vermeiden. Oder Autos werden generell mit den Vorrichtungen für die Montage elektrischer Fensterheber ausgerüstet, unabhängig davon, welche Art der Fensterheber später tatsächlich eingebaut wird. Dieses Konzept erlaubt dann in der Montage einen späten Freeze-Point, d.h., man erspart es sich, frühzeitig im Produktionsprozeß zwischen Varianten differenzieren zu müssen.

Zur Vereinfachung kann auf das Konzept der segmentierten Fabrik zurückgegriffen werden. Standardprodukte und Exoten werden dann beispielsweise auf getrennten Produktionsanlagen erstellt. Dieses Konzept erlaubt es, zumindest die Standardprodukte in volumenstarken Serien und stabilen, einfachen Prozessen zu fertigen, ohne auf die Produktion selten nachgefragter Spezialprodukte auf separaten Anlagen verzichten zu müssen.[59]

Die genannten Ansatzpunkte für eine Vereinfachung sind nicht einzeln, sondern im Zusammenhang zu sehen und müssen außerdem mit der Marktseite in Einklang gebracht werden. Ein Abbau der Variantenzahl reduziert gleichzeitig die Teilekomplexität. Das Gleichteile- und Plattformenkonzept schafft erst die Voraussetzung, um in der Fertigung einen späten Freeze-Point zu realisieren. Der Abbau der Variantenzahl und damit die Vergrößerung der Produktionsvolumina ist die Voraussetzung für eine Fertigungssegmentierung.

Die Philosophie der Einfachheit verzichtet nicht auf fortschrittliche Technologien wie CIM oder flexible Produktionssysteme. Die Technologien werden aber nicht mit dem Grundverständnis eingesetzt, durch ihren massiven Einsatz überhöhte Komplexität beherrschen zu wollen. Nicht die Beherrschung hoher Komplexität durch flexible Technologien wird angestrebt, sondern die Schaffung vereinfachter Strukturen als Voraussetzung eines effizienten Technologieeinsatzes. Bei dieser Denkweise stehen statt ausgefeilter Technikkonzepte zunächst überschaubare Abläufe im Mittelpunkt des Interesses. Die Erfahrung zeigt: Automation und CIM führen nur zu geringfügigen Verbesserungen der strategischen Erfolgsfaktoren Qualität, Zeit und Kosten, wenn diese Technologien nicht mit einfachen Strukturen einhergehen.[60] Deshalb wird zunehmend von bereichs-, unternehmens- oder gar branchenübergreifenden Infrastrukturkonzepten mit übergroßer Komplexität Abstand genommen, die in der

---

58 Vgl. Wildemann (1993), S. 408.
59 Vgl. Rommel et al. (1993), S. 38 ff. und S. 143.
60 Vgl. Rommel et al. (1993), S. 136 f.

Vergangenheit regelmäßig zu sogenannten „CIM-Havarien" geführt haben.[61] Ein weniger umfassendes CIM-Konzept, das die Fertigung einfacher Produkte in einfachen Prozessen fördert, ist aber selbst einfach und damit geeignet, Komplexitätskosten zu vermeiden.

Komplexitätsreduktion wird in der Praxis vielfach allein durch strukturorganisatorischen Wandel angestrebt. Es ist aber falsch zu glauben, bloßes Reengineering der Organisation sei schon erfolgversprechend. Die rein managementorientierte Literatur empfiehlt bspw., von der funktions- zur prozeßorientierten Organisation überzugehen, um gleichzeitig struktur- und ablauforganisatorische Fragen im Hinblick auf möglichst glatte, störungsfreie Abläufe sinnvoll beantworten zu können. Richtig ist: Durch Reintegration der Arbeit – alle zu einem Prozeß oder Teilprozeß gehörenden Entscheidungskompetenzen und ausführenden Arbeiten werden einem Prozeßeigner (process owner) zugeordnet – sinkt der Koordinationsbedarf, da Schnittstellen entfallen, die es sonst zu koordinieren gilt. Es ist aber irrig anzunehmen, daß mit einer Prozeßorganisation alle Koordinationsprobleme einer funktionalen Organisation überwunden sind.

Durch eine organisatorische Neugliederung wird in der Regel nicht erreicht, daß die gebildeten Prozesse entkoppelt sind. Richtet ein Unternehmen für die Produktion und den Vertrieb von Norm- und Spezialfenstern zwei getrennte Prozesse ein, unterscheiden sich zwar die Arbeitsabläufe in beiden Prozessen grundlegend. Auch wird es leichter, durch die Zuordnung zu zwei verschiedenen Prozessen, die Produktions- und Vertriebsprobleme zu überblicken und zu koordinieren. Koordinationsprobleme ergeben sich aber nach wie vor, wenn beide Prozesse auf gemeinsame Ressourcen zurückgreifen. In einer Prozeßorganisation ergeben sich dann im Grunde die gleichen Koordinationsprobleme wie in einer Spartenorganisation mit gemeinsam genutzten Kapazitäten. Es besteht ein Aufteilungsproblem dieser Ressourcen auf die Prozesse.

Eine Trennung der Prozesse beantwortet noch nicht die Frage, wer bei Konkurrenz der Prozesse um die Ressourcen als erster auf die Kapazitäten zugreifen darf. Der Prozeß für Normfenster erreicht dann u.U. die angestrebte Termintreue nur deshalb nicht, weil er die Kapazitäten nicht zum geplanten Zeitpunkt zugeteilt erhält. Reorganisation nach Prozessen oder auch Sparten bringt daher nur dann einen Quantensprung beim Abbau des Koordinationsbedarfs, wenn die Prozesse oder Sparten weitestgehend entkoppelt sind, wenn die Fertigung segmentiert ist und auch in anderen Funktionsbereichen – Beschaffung, Logistik, Absatz – keine Konkurrenz um knappe Faktoren besteht.

Entkopplung der Prozesse bei Beschaffung, Produktion Absatz und Logistik ist wirtschaftlich nur zu vertreten, wenn sich für die einzelnen Prozesse große Volumen erreichen lassen. Nur dann gelingt es, die nach Prozessen segmentierten Ressourcen kostengünstig auszulasten. Gerade hierin ist eines der zentralen Probleme der Prozeßorientierung zu sehen. Das Volumenproblem zwingt häufig, sehr unterschiedliche Produkte in einem Prozeß zusammenzufassen. Dann aber sind keine völlig homogenen Prozeßabläufe für die in einem „Prozeß" zusammengefaßten Produkte zu erreichen. Die Standardisierung der Prozeßabläufe

---

61 Vgl. hierzu Bullinger/Niemeier (1992), S. 166 f.

nimmt Schaden, und es kommt innerhalb der „Prozesse" zu den gleichen Koordinationsproblemen, wie sie bei funktionsorientierter Organisation dem Grundsatz nach auch auftreten.

Prozeßorientierung und Entkopplung sind in der Regel wirtschaftlich vertretbar, wenn es gelingt, auch die **Kunden- und Variantenkomplexität** deutlich zu reduzieren. Nur eine reduzierte Variantenzahl garantiert größere Volumina für die verbleibenden Varianten und schafft zudem die Voraussetzung für eine Angleichung bzw. weitgehende Standardisierung der Abläufe. Eine Möglichkeit zur Komplexitätsreduktion besteht dann darin, nur wenige, dafür in der Grundausstattung aber höherwertige Varianten anzubieten.[62] Ein derartiges Programmkonzept verzichtet bewußt darauf, Produkte auf die Wünsche einzelner Kunden zuzuschneiden. Es wird vielmehr eine begrenzte Zahl standardisierter Varianten angeboten, die den Bedürfnissen größerer Käufersegmente entsprechen. Dieses Programmkonzept erlaubt dann die Produktion einer relativ großen Menge gleichartiger Produkte in weitgehend standardisierten und stabilisierten Fertigungsprozessen.

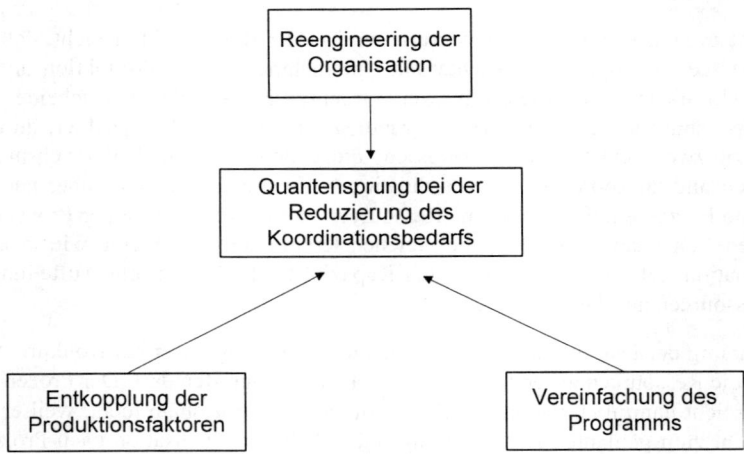

Abbildung 1-2

Es zeigt sich, daß die Annahme, allein ein Reengineering der Abläufe reiche aus, um das Komplexitätsproblem zu lösen, nicht richtig ist. Ein geeignetes Controlling-Instrumentarium, ein dezentrales Organisationskonzept, eine Entkopplung der Produktionsfaktoren, d.h. ein Abbau der Komplexität in allen Dimensionen, ist notwendig, um einen Quantensprung bei der Reduzierung des Koordinationsbedarfs zu erzielen. Eine völlige Entkopplung von Prozessen ist real aber genauso wenig zu erreichen wie eine entsprechende Entkopplung von Sparten. Ein Restverbund wird sich selten vermeiden lassen, da das Problem gemeinsam zu nutzender Ressourcen nie ganz zu überwinden ist.

Mit zunehmender Entkopplung verringert sich zudem das Problem der verursachungsgerechten Zuordnung von Kosten. Durch Entkopplung wird ein immer größerer Anteil der

---

[62] Vgl. Warnecke (1992), S. 104 f.

Gemeinkosten zu Einzelkosten der Bezugsgröße „Prozeß" oder „Sparte". Die Entkopplung wirkt damit der beschriebenen Tendenz zur Quersubventionierung von Produkten oder Prozessen entgegen und erleichtert damit die ökonomische Beurteilung zusätzlicher Varianten.

1.3.4.4.2 Maßnahmen zur Komplexitätsbeherrschung
1.3.4.4.2.1 Integrierte Produktion als Voraussetzung der Komplexitätsbeherrschung

Eine vollständige Entkopplung aller Prozesse wird in der Praxis nie gelingen – höchstens bei paralleler Massenfertigung. Eine Segmentierung der Programme nach Kundenclustern mit ähnlichen Bedürfnissen wird die erforderlichen hohen Produktionsvolumen nie durchgehend gestatten. Damit aber verbleibt stets das Problem, daß Kopplungseffekte zwischen Prozessen, Funktionen oder Sparten bestehen bleiben. Es existiert mithin stets ein mehr oder weniger großes Restkoordinationsproblem. Dieses Restproblem können Unternehmen nur beherrschen lernen, wenn sie sich in ihren Denk- und Verhaltensmustern vom Taylorismus lösen. Der Taylorismus impliziert eine zentrale Steuerung des Unternehmens über Weisungen, eine Trennung von dispositiver und ausführender Arbeit sowie eine darauf zurückgehende Demotivation der Werker. Er behindert folglich die Koordination bei komplexeren Verhältnissen, führt obendrein zu Qualitätsproblemen und steht letztlich einer Verbesserungskultur im Wege. Diese drei Problembereiche können nur erfolgreich angegangen werden, wenn die Informationen, Kenntnisse und Fähigkeiten aller Mitarbeiter in allen Hierarchiestufen für den Problemlösungsprozeß genutzt werden, wenn es also gelingt, alle Unternehmensangehörigen in den Problemlösungsprozeß zu integrieren. Alle Mitarbeiter müssen involviert und motiviert sein, die Leistung des Unternehmens im Sinne eines höheren Kundennutzens und daraus resultierender höherer Erfolge zu verbessern. Das ist die Voraussetzung, um langfristig am Markt bestehen zu können und Arbeitsplätze bei hohen Arbeitseinkommen zu sichern.

Zentraler Nachteil des Taylorismus ist es, daß er bei Komplexität zu stellenegoistischen Verhaltensweisen führt. Jede Abteilung tut aus ihrer Teilsicht auf die Probleme das Beste; es kommt insgesamt aber im Hinblick auf die obersten Gesamtunternehmensziele zu einer stark suboptimalen Lösung. Diese Probleme können nur durch ganzheitliches Denken überwunden werden. Es ist bspw. nicht zielführend, die Probleme allein aus Produktionssicht zu sehen. Vielmehr muß immer die ganze Wertschöpfungskette betrachtet werden. Zu erfassen sind Auswirkungen von Maßnahmen der Produktion auf die Produktion, aber auch auf die anderen Stufen der Wertschöpfung. Entsprechendes gilt auch für Entwicklung, Beschaffung, Absatz usw. Es kommt darauf an, die einzelnen Funktionen in die gesamte Wertschöpfungskette zu integrieren, was nur geschehen kann, wenn jeweils die direkten und indirekten Wirkungen von Handlungen auf den eigenen Bereich und auf andere Bereiche gesehen und berücksichtigt werden. Die Koordination kann nur gelingen, wenn die Produktion als integraler Bestandteil der gesamten Wertschöpfungskette aufgefaßt wird und das gleiche auch für alle übrigen Funktionen bzw. Wertschöpfungsstufen gilt.

Der Taylorismus basiert auf der Vorstellung geringer Komplexität und geringen äußeren Wandels bzw. geringer Dynamik.

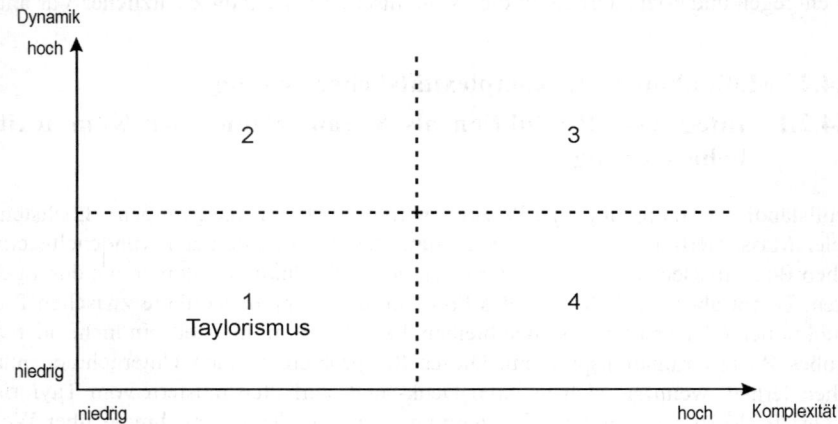

Abbildung 1-3

Bei nur schwachen Veränderungen und fehlender Komplexität ist das Instrument genereller Regeln zur Steuerung von Unternehmen in Kombination mit einer Konzentration auf Produktivitätsvorteile äußerst vielversprechend, da es unter diesen Bedingungen durchaus möglich ist, die Integration der Produktion in die Wertschöpfungskette durch eine zentrale Steuerung zu erreichen. Bei starkem Wandel – und darauf zurückgehender hoher Komplexität – hängt die Überlebensfähigkeit von Unternehmen aber zentral von ihrer Anpassungsfähigkeit an sich ändernde Bedürfnisse und Situationen ab. Unternehmen müssen sich darauf einrichten, ständig wechselnde Kundenwünsche so zu befriedigen, daß gleichzeitig auch ihr eigener Erfolg verbessert wird. Es reicht nicht aus, Kundenentzücken auf Kosten des eigenen Erfolgs zu erzielen.

Für die Lösung der beschriebenen Probleme ist ganzheitliches Denken erforderlich, wie es in den Philosophien des Total Quality Management (TQM) und des Lean Management sowie in dem Kaizengedanken zum Ausdruck kommt.[63]

- Die Unternehmen müssen sich auf allen Stufen der Wertschöpfungskette zu einer kundenorientierten Qualitätsphilosophie bekennen. Dabei ist von einem umfassenden Qualitätsbegriff auszugehen, der nicht allein auf die Produktionsebene abstellt, sondern von der Produktidee bis zur Entsorgung der Erzeugnisse reicht. Alle Mitarbeiter müssen eine hohe Motivation entwickeln, hohe Qualität zu „produzieren". Durch vorausschauendes Denken sind Qualitätsprobleme weitgehend zu vermeiden. Es geht dabei nicht um die Maximierung, sondern um die Optimierung der Qualität, d.h., die Qualität ist genau auf die Bedürfnisse des Kunden abzustimmen (kein Overengineering, kein unverlangt hohes Qualitätsniveau, das vom Kunden nicht honoriert wird).

---

63 Vgl. Töpfer (1994), S. 234 ff.

1.3 Klassische Gestaltungsprinzipien der Produktion und gegenwärtige Veränderungstendenzen   65

- Innerbetriebliche Prozesse und Strukturen müssen kundenorientiert gestaltet werden, wobei jede nachfolgende Prozeßstufe als Kunde der vorhergehenden aufzufassen ist. Prozesse sind daraufhin zu durchleuchten, ob sie vereinfacht und beschleunigt oder sogar um verzichtbare Prozeßschritte verkürzt werden können, die keinen Beitrag zur Wertschöpfung bzw. zum Kundennutzen leisten. Ziel ist es, zu einfachen Strukturen und beherrschten Prozessen zu gelangen, die Prozesse zu beschleunigen und gleichzeitig die Kosten zu senken. Insbesondere ist darüber nachzudenken, ob sich durch Reintegration der Arbeit und Parallelisierung von Arbeitsschritten Verbesserungspotentiale ergeben.

- Prozesse und Strukturen sind kontinuierlich zu verbessern. Prozeß- und Strukturverbesserung ist mithin nicht als einmalige, sondern als ständige Aufgabe zu begreifen (Kaizen). Dabei sind die Potentiale aller Mitarbeiter des Unternehmens zu mobilisieren, um deren Kreativität, Fachkenntnis und Informationsstand für Verbesserungen konsequent zu nutzen. Mitarbeiter sind zu ständigen Verbesserungen zu motivieren, was in der Regel nur gelingt, wenn Verantwortung auf ausführende Organe übertragen und von der Philosophie einer Steuerung von Prozessen durch zentrale Stellen abgerückt wird. Die Verantwortung für den Prozeßablauf und die Prozeßgestaltung ist weitgehend auf die ausführenden Organe zu delegieren, was automatisch weniger Hierarchieebenen und flachere Strukturen zur Folge hat. Zudem bedarf es für die Motivation der Unternehmensangehörigen geeigneter Anreizsysteme (bspw. adäquater Lohnformen). Mitarbeiter werden die Ziele des Unternehmens nämlich nur verfolgen, wenn sie damit auch ihre eigenen Ziele erreichen.

Sinn einer kontinuierlichen Verbesserung in der Produktion ist es, die in einer Fertigungstechnologie steckenden Potentiale weitestgehend auszuschöpfen. Der Kaizengedanke steht damit nicht im Widerspruch zur Philosophie technologischer Quantensprünge. Es hat allerdings keinen Sinn, Quantensprünge zu realisieren und dann die in diesen Sprüngen steckenden Verbesserungspotentiale nur unzureichend auszunutzen. Ein derartiges Verhalten ist ökonomisch ineffizient. Europäische Unternehmen haben in der Vergangenheit zu einseitig auf organisatorische und technologische Quantensprünge gesetzt, ohne genügend wirtschaftliche Vorteile daraus zu ziehen. Eine zentrale Erklärung für den Erfolg japanischer Unternehmen ist dagegen darin zu sehen, daß sie die Quantensprünge, die zum größten Teil zuerst von Unternehmen anderer Nationen vollzogen wurden, vollständig ausreizten. Sie sind die Meister der Perfektionierung einer Technik. Langfristig macht der Kaizengedanke Quantensprünge allerdings nicht verzichtbar. Eine ausgewogene Kombination beider Philosophien ist vielmehr gefragt.

Durch diese drei Philosophien soll die betriebliche Reaktionsfähigkeit und Flexibilität verbessert werden. Die Unternehmen sollen in die Lage versetzt werden, Leistungen besser, schneller und billiger zu erbringen. Dabei geht es in erster Linie darum, den Koordinationsbedarf bei höherer Managementkomplexität besser zu beherrschen sowie Fremdsteuerung und -koordination zunehmend durch Eigensteuerung und -koordination zu ersetzen. Elemente zentraler Steuerung und Regelung sollen abgebaut und durch dezentrale Prinzipien ersetzt werden. Dieses Vorhaben kann nur gelingen, wenn nach Kundensegmenten standardisierte Leistungen und Prozeßtypen entwickelt werden, die möglichst nicht durch fallweise Eingriffe, sondern durch generelle Regeln koordiniert werden.

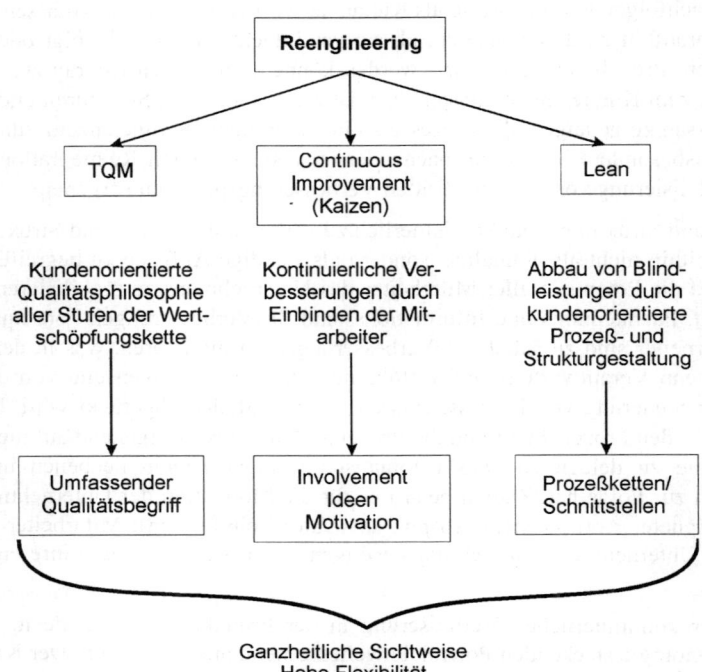

Abbildung 1-4

1.3.4.4.2.2 Denkstile und Grundsätze zur Beherrschung von Komplexität

Lean Management, TQM und Kaizen dürfen nicht als drei eigenständige, alternative Management-Konzepte mißverstanden werden. Vielmehr handelt es sich um mehr oder weniger identische Ansätze, die sich lediglich durch ihre Perspektive unterscheiden, aus der sie die Probleme betrachten.[64] TQM und Lean Management stellen die Kundenorientierung in den Mittelpunkt. Sie nähern sich dem gemeinsamen Ziel aber aus zwei unterschiedlichen Richtungen. Während TQM die Kundenorientierung durch überlegene, ganzheitliche Qualität erreichen will, verlangt Lean Management eine Organisation, in der der Kundenwunsch bestmöglich zum Tragen kommt. Erst in einer schlanken, kundenorientierten Organisation ist aber totale und ganzheitliche Qualität zu erreichen. Folglich führen beide Konzepte im Endeffekt zum selben Ergebnis. Kaizen ist dagegen eine Methode bzw. ein Instrument des TQM und baut auf das „Verbesserungswissen" der Mitarbeiter. Insofern ist es nicht verwunderlich, daß alle drei Lösungsansätze auch auf ein- und demselben Fundament beruhen. Ihre gemeinsame Basis sind die ihnen zugrundeliegenden Denkweisen und Grundsätze, die sich letztlich in der inner- und interbetrieblichen Arbeitsorganisation sowie ihren Methoden

---

64 Vgl. im folgenden auch Rollberg (1996), S. 72.

1.3 Klassische Gestaltungsprinzipien der Produktion und gegenwärtige Veränderungstendenzen 67

und Instrumenten widerspiegeln.[65] Die Abbildung 1-5 visualisiert den gedanklichen Unterbau der drei Ansätze.

Fünf **Denkweisen** bilden das Fundament der drei Management-Konzepte:[66]

Proaktives Denken geht davon aus, daß es erfolgversprechender ist, zu agieren anstatt zu reagieren. Deshalb ist Krisenvermeidung wichtiger als Krisenmanagement. Mögliche Probleme, Störungen und Konflikte sind zu antizipieren, und zukünftige Handlungen sind in ihren Wirkungen vorausschauend zu durchdenken, zu gestalten und vorzubereiten, so daß Fehler möglichst vermieden werden. Auf diese Weise gelingt es am ehesten, sich vor unliebsamen Überraschungen zu schützen und die innerbetrieblichen Prozesse zu beherrschen. Prozeßbeherrschung ist das eigentliche Ziel richtig verstandener Proaktivität. Der unternehmerische Erfolg ergibt sich gleichsam als natürliche Konsequenz vorausschauender Gestaltung.

Künftige Entwicklungen und Ereignisse lassen sich in einer turbulenten Umwelt nur sehr unvollkommen allein anhand harter Fakten erfassen. Proaktivität setzt somit immer auch ein gewisses Fingerspitzengefühl voraus. Dieser Erkenntnis entspringt das **sensitive Denken**, das neben harten Fakten auch Gefühle und Stimmungen als Entscheidungsgrundlage zuläßt. Anregungen und Informationen aus der internen und der externen Unternehmensumwelt sind mit allen Sinnen aufzunehmen. Die Informationsoffenheit ist durch Veränderungsbereitschaft zu ergänzen, damit Störungen nicht nur frühzeitig wahrgenommen, sondern mit Anpassungsmaßnahmen beantwortet werden können. In einer sensitiv denkenden Belegschaft können Mitarbeiter ohne Furcht vor Sanktionen Kritik üben. Vorgesetzte fühlen sich durch Kritik nicht bedroht, sondern verstehen sie als Anregung zur Verbesserung. Sie sind daher daran interessiert, Mißstände und Verbesserungspotentiale aufzudecken.

---

65 Vgl. Rollberg (1996), S. 69 und S. 73 f.
66 Die im folgenden vorgestellten fünf Denkweisen werden ausführlich in Bösenberg/Metzen (1995), S. 40 ff. und verkürzt in Rollberg (1996), S. 76 f. erläutert.

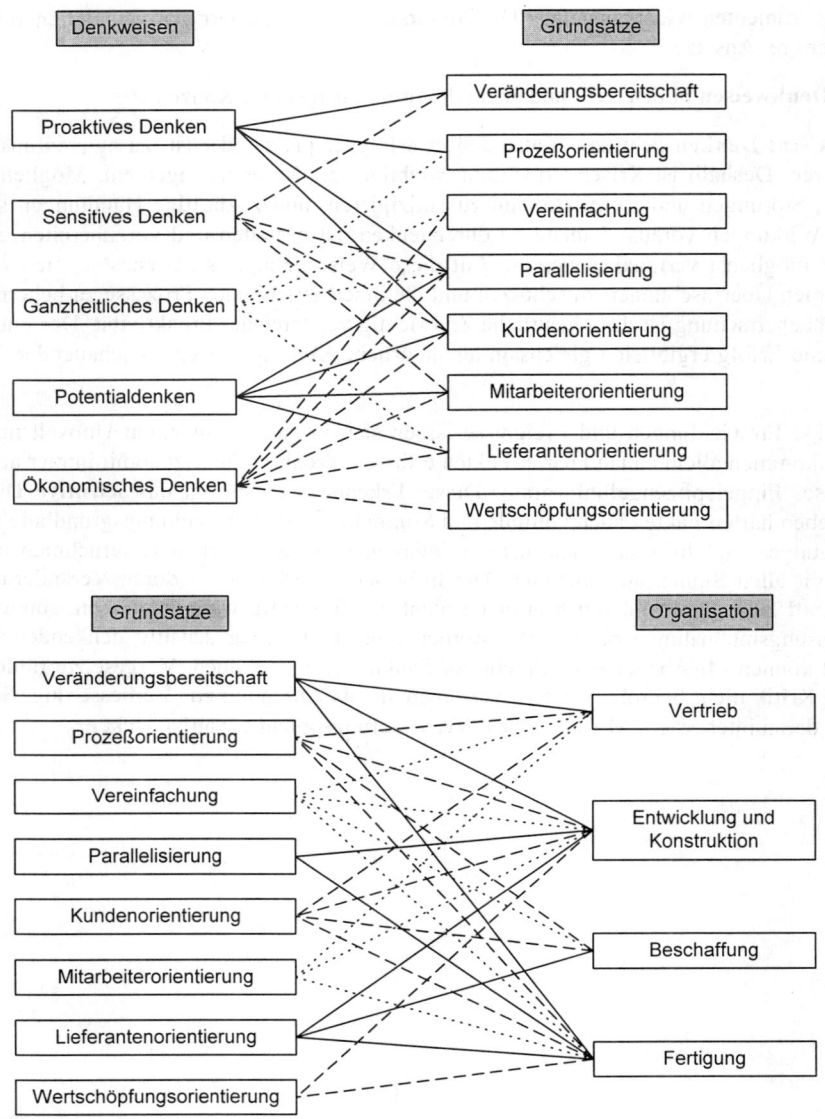

Abbildung 1-5[67]

Ganzheitliches Denken orientiert sich an der Komplexität der betrieblichen Wirklichkeit. Alle betrieblichen Aktivitäten sind unter Ausnutzung von Synergien auf die oberste Unternehmenszielsetzung auszurichten. Das gelingt nur mit einer ganzheitlichen Analyse sämtli-

---

67 Abbildung aus Rollberg (1996), S. 75.

1.3 Klassische Gestaltungsprinzipien der Produktion und gegenwärtige Veränderungstendenzen 69

cher Glieder der Wertschöpfungskette. Die Systemoptimierung steht folglich im Vordergrund und beugt etwaigen Bereichsegoismen vor, weil die einzelnen Handlungen daran gemessen werden, welchen Nutzen sie dem Gesamtsystem stiften. Der Nutzen für eine einzelne Abteilung tritt in den Hintergrund.

Potentialdenken verlangt, sämtliche verfügbaren Ressourcen einschließlich der ungenutzten Fähigkeiten der Mitarbeiter, Lieferanten, Kunden und Wettbewerber zu erschließen und zu einer verbesserten Prozeßgestaltung zu nutzen. Das Potentialdenken hat sowohl eine strategische als auch eine operative Dimension.[68] Zunächst müssen die Potentiale erkannt und nach ihrem Nutzen für die oberste Unternehmenszielsetzung hinterfragt werden. Erst dann sind die erfolgversprechenden Ressourcen zu erschließen und zu pflegen. Auf operativer Ebene gilt es, die erschlossenen Potentiale und Ressourcen zielgerichtet zu nutzen.

Ökonomisches Denken verlangt, jede Art von Verschwendung zu vermeiden. Als Verschwendung werden alle nichtwertschöpfenden Tätigkeiten wie Puffern, Lagern, Kontrollieren und Nachbessern bezeichnet. Auch Konflikte führen zu Verschwendung, wenn sie Kosten verursachen, ohne einen Zusatznutzen zu stiften. Infolgedessen sollten die eigenen Interessen mit denen aller Geschäftspartner (Kunden, Mitarbeiter, Lieferanten, Kapitalgeber, Staat) möglichst harmonisiert sein. Aus dem gleichen Grunde sind vorhandene Technologien zunächst so weit wie möglich auszureizen, bevor grundlegende Neukonzeptionen gerechtfertigt erscheinen. Ökonomisches Denken stellt folglich auf die Kosten-Nutzenrelation ab. Verschwendung liegt vor, wenn der Nutzen hinter den Kosten zurückbleibt. Ökonomisches Denken schlägt sich insbesondere im Kanban- bzw. Just-in-Time-Prinzip nieder. Die Beschaffungslogistik, die Steuerung des Fertigungsprozesses und die Vertriebslogistik sind so zu organisieren und zu steuern, daß alle Arten von Lägern und Puffern möglichst vermieden werden. Aus dem Streben nach geringen Lägern und Puffern leitet sich auch der Begriff „Lean Management" ab: Beschaffung, Produktion und Absatz sollen schlank und damit fit gemacht werden.

Auf den fünf Denkprinzipien basieren acht Grundsätze, die den drei Management-Konzepten gemein sind:[69]

Das Marketing hat die **Kundenorientierung** schon vor Jahrzehnten als grundlegendes Prinzip für Markterfolg erkannt, denn Unternehmen haben nur eine Lebensberechtigung, wenn sie die Wünsche der Kunden zumindest ebenso gut und preiswert befriedigen wie die Konkurrenz. Ausschlaggebend für den Unternehmenserfolg sind nur die von den Kunden wahrgenommenen und honorierten Leistungsmerkmale. Mithin drückt sich eine konsequente Kundenorientierung darin aus, exakt die Leistung zu erbringen, die der Kunde verlangt. Übererfüllte Wünsche (Overengineering) werden vom Markt nicht entgolten. Sie führen lediglich zu zusätzlichen Kosten und sind damit Verschwendung. Kundenorientierung muß sich darüber hinaus innerhalb der Fabrik in internen Kunden-Lieferanten-Beziehungen widerspiegeln.[70] Die interne Kundenorientierung ist letztlich darauf ausgerichtet, die vom

---

68 Vgl. auch Adam (1997a), S. 17 ff.
69 Die im folgenden vorgestellten acht Grundsätze werden ausführlich in Rollberg (1996), S. 77 ff. diskutiert.
70 Vgl. im folgenden auch Meffert/Siefke (1994), S. 6, S. 25, Meffert (1994a), S. 63, S. 66 und Meffert (1994b), S. 373 sowie Witte (1993), S. 91 ff. und die dort zitierte Literatur.

Markt geforderte Leistung zu erbringen, denn das letzte Glied der sich durch das gesamte Unternehmen ziehenden Kette von Kunden-Lieferanten-Beziehungen beliefert den externen Kunden.

In der Organisationstheorie wird die **Mitarbeiterorientierung** seit vielen Jahrzehnten diskutiert. Sinn der Mitarbeiterorientierung ist es, nicht genutzte Potentiale sowie das Erfahrungswissen der Mitarbeiter zu verbesserter Arbeitsgestaltung zu nutzen. Durch Reintegration von Arbeitsabläufen und -inhalten, durch erweiterte Handlungsspielräume und Entscheidungskompetenzen soll die überkommene tayloristische Arbeitsteilung bei zentralisierten Entscheidungen teilweise aufgehoben und die Motivation gefördert werden. Mitarbeiterorientierung ist damit kein Selbstzweck, sondern steht im Dienste der unternehmerischen Zielsetzung.[71]

Ebenso wie die Potentiale der Kunden und Mitarbeiter sind auch die der Zulieferer im Sinne der Unternehmenszielsetzung auszuschöpfen. Deshalb verlangt der Grundsatz der **Lieferantenorientierung** grundlegend veränderte Kunden-Lieferanten-Beziehungen. Der Zulieferer wird nicht länger als austauschbarer Geschäftspartner gesehen, der durch geschicktes Taktieren zu übervorteilen ist, sondern er wird zum vertrauten Wertschöpfungspartner, der sich kaum von internen Lieferanten unterscheidet. Durch vertikale strategische Allianzen wird der externe Zulieferer dauerhaft an seinen Abnehmer gebunden und beliefert das erste Glied der Kette interner Kunden-Lieferanten-Beziehungen.

Die **Prozeßorientierung** als Alternative zur Verrichtungs- und Objektorientierung bestimmt die organisatorische Ausrichtung eines Unternehmens. Ein Geschäftsprozeß beginnt mit einem meßbaren Input, umfaßt eine Abfolge von Aktivitäten mit einer meßbaren Wertschöpfung und endet mit einem meßbaren Output.[72] Dabei tangiert er neben direkten immer auch indirekte, steuernde Funktionsbereiche. Infolgedessen sind die Stellen- bzw. Prozeßinhaber mit ausführenden und steuernden Aufgaben gleichermaßen befaßt. Dadurch nimmt die Zahl der organisatorischen Schnittstellen, die von einzelnen Aufträgen zu überwinden sind, ab. Auf diese Weise wird den Übergangszeiten entgegengewirkt, die in funktionalen Organisationen die Auftragsabwicklung unnötig verzögern. Prozeßorientierung soll in erster Linie das alte organisatorische Paradigma einer Trennung von Struktur- und Ablauforganisation überwinden. Sinn prozeßorientierter Gestaltung ist es, bei der Strukturierung sofort auf die Ablauffolgen zu achten. Die alte Vorgehensweise, nach der zunächst die Strukturorganisation und erst danach die Ablauforganisation gestaltet wurde, hat allzu oft dazu beigetragen, ablauffeindliche Strukturen entstehen zu lassen.

Der Grundsatz der **Wertschöpfungsorientierung**[73] hilft, verschwenderische Teilprozesse auszusondern. Alle Prozesse sind ständig daraufhin zu überprüfen, ob sie einen positiven Beitrag zur Wertschöpfung leisten. Ist der Werteverzehr höher als der bewirkte Kundennutzen, sind die Prozesse zu eliminieren oder effizienter zu gestalten. Alle Teilprozesse, die von

---

71 Deshalb unterscheidet Scholz (1994), S. 181 zwischen eher altruistischer Mitarbeiterorientierung und streng unternehmenszielgerichteter Humankapitalorientierung.
72 Vgl. Witte (1993), S. 98 f., Striening (1994), S. 158 f. und Kaltenbach (1991), S. 153.
73 Vgl. im folgenden Bösenberg/Metzen (1995), S. 98 ff.

1.3 Klassische Gestaltungsprinzipien der Produktion und gegenwärtige Veränderungstendenzen

außenstehenden Betrieben besser beherrscht werden und nicht zum eigenen Kerngeschäft gehören,[74] sind auszulagern.[75]

Allen fünf Denkprinzipien zugleich entspringt der Grundsatz der **Parallelisierung**. Dieser Grundsatz vermeidet weitgehend eine sequentielle Anordnung von Arbeitsvorgängen. Anstatt den Wertschöpfungsprozeß in nacheinander abzuarbeitende Module aufzuspalten, sind Teilprozesse zu bilden, die weitgehend gleichzeitig ablaufen können. Während bei sequentieller Anordnung alle Teilprozesse der Vorgangskette den Zeitbedarf des Gesamtprozesses bestimmen, sind bei vernetzten Arbeitsabläufen nur noch die Teilprozesse auf dem längsten Weg durch das Vorgangsnetz für die Abwicklungsdauer des Prozesses relevant. Die durch vernetzte Arbeitsgänge zu erreichende Zeitersparnis wird aber durch einen gestiegenen Koordinationsaufwand erkauft, da die parallel ablaufenden Teilprozesse sowohl zeitlich als auch sachlich aufeinander abzustimmen sind.

Ganzheitliches und ökonomisches Denken sind für den Grundsatz der **Vereinfachung** maßgeblich. Die ganzheitliche Betrachtung aller Teilprozesse, Teile, Komponenten, Baugruppen und Fertigprodukte soll der Verschwendung durch zu komplizierte Produkte und Prozesse entgegenwirken. Durch Einfachheit sollen die Komplexitätskosten bekämpft werden. Prozesse sind zunächst soweit wie möglich zu vereinfachen, bevor darüber nachgedacht wird, welche sich zur Automatisierung eignen.[76] Es ist Verschwendung, Vereinfachungspotentiale zu verkennen und infolgedessen unnötig komplexe Vorgänge umständlich mit kostenintensiven, hochkomplexen Technologien bewältigen zu wollen. Zudem ist die gesamte Erzeugnispalette daraufhin zu durchforsten, ob identische Einzelteile oder Komponenten für verschiedene Baugruppen und Fertigprodukte eingesetzt werden können. Die ganzheitliche Betrachtung führt zu Gleichteilen in unterschiedlichen Produkten. Auch auf Einfachheit der Konstruktion von Produkten ist zu achten. Die Entwurfsplanung sollte mit möglichst wenigen Teilen auskommen und statt auf Einzelteile weitgehend auf vormontierte Komponenten zurückgreifen. Die Grundidee der Einfachheit setzt sich bis auf die Fertigproduktebene fort, wenn das Programm auf wenige Varianten reduziert wird, mit denen größere Käufersegmente bedient werden können. Variantenabbau kann erfolgen, indem ein Paket vormals aufpreispflichtiger Sonderausstattungen als Grundausstattung angeboten wird.[77]

Die im sensitiven Denken wurzelnde Informationsoffenheit wäre reiner Selbstzweck, wenn sie nicht durch den Grundsatz der **Veränderungsbereitschaft** ergänzt würde. Die mit allen Sinnen aufgenommenen Anregungen und Informationen lösen nur dann Veränderungsprozesse aus, wenn eine grundsätzliche Bereitschaft zur Anpassung besteht. Insbesondere Kaizen[78] basiert auf diesem Grundsatz. Die Veränderungsbereitschaft ist die „Königin" der dis-

---

[74] So ist es bspw. für ein Unternehmen der Automobilindustrie in jedem Falle wettbewerbsstrategisch unratsam, die Fertigung der Motoren auszulagern. Vgl. auch Womack/Jones/Roos (1994), S. 155 und ferner Meffert/Siefke (1994), S. 7 sowie Meffert (1994a), S. 44.

[75] Outsourcing bietet sich an, wenn andere Unternehmen bei gleichartigen Prozessen eine höhere Wertschöpfung erbringen, d.h. eine größere Wertsteigerung bei niedrigerem Wertverzehr, eine größere Wertsteigerung bei gleichem Wertverzehr oder gleiche Wertsteigerung bei geringerem Wertverzehr.

[76] Vgl. hierzu ausführlich Rommel et al. (1993), S. 135 ff.

[77] Vgl. Warnecke (1992), S. 105.

[78] Vgl. hierzu das Standardwerk von Imai (1994).

kutierten Maximen, weil sie sich in nahezu allen anderen Prinzipien widerspiegelt.[79] Ohne den Willen zur Veränderung fehlt den Unternehmen in dynamischen Märkten die Grundvoraussetzung zum Überleben. Vorstellungen, die auf ein Bewahren althergebrachter Zustände, auf ein Festklammern an erworbenen Machtpositionen, auf den Erhalt von Privilegien usw. hinauslaufen, behindern die Überlebensfähigkeit von Unternehmen.

Die beschriebenen Denkweisen und Grundsätze führen zu einer Organisation, die sich durch **vertikale *zwischenbetriebliche* Arbeitsteilung** bei **horizontaler und vertikaler Reintegration *innerbetrieblicher* Arbeitsinhalte** auszeichnet.[80] Zum einen wird die Leistungstiefe reduziert, indem zahlreiche Funktionen auf externe Lieferanten übertragen werden, und zum anderen werden die im Unternehmen verbleibenden Arbeitsinhalte zu ganzheitlichen Teilprozessen gebündelt. Die beschriebenen Denkprinzipien und Handlungsgrundsätze müssen alle Funktionen bzw. alle Stufen der Wertschöpfungskette durchdringen.[81]

Hauptcharakteristikum des auf den Denkweisen aufbauenden **Vertriebs** ist der aggressive Verkauf.[82] Händler nehmen ungefragt, aber regelmäßig persönlich Kontakt zu den Kunden auf, um deren Bedürfnisse zu analysieren. Die Kunden werden vor, aber auch nach der eigentlichen Anschaffung betreut. Der nahezu familiäre Kontakt mit den Kunden versetzt die Händler in die Lage, Haushaltsprofile[83] anzufertigen, die über die persönlichen Verhältnisse und die gegenwärtigen Präferenzen der Abnehmer Auskunft geben. Die Kunden werden damit systematisch als Informationsbasis für die Produktentwicklung und -konstruktion genutzt. Sie werden auch in die interdisziplinären Entwicklungsteams integriert.

Im **Entwicklungs- und Konstruktionsprozeß** werden die strategischen Erfolgsfaktoren Qualität, Zeit und Kosten gleichzeitig berücksichtigt. Das **Simultaneous Engineering**[84] folgt dem Grundsatz der Parallelisierung. Komponenten und Baugruppen des Produkts sowie die dazugehörigen Produktionsmittel und -prozesse werden nicht mehr sequentiell, sondern teilweise gleichzeitig entwickelt, um Zeit und auch Kosten zu sparen.

Durch **Target Costing**[85] findet eine markt- und damit kundenorientierte Planung, Steuerung und Kontrolle der Kosten statt. In der Reinform („Genka Kikaku") wird zunächst ermittelt, was eine konkurrenzfähige, vom Kunden gewünschte Problemlösung kosten darf. Wird von diesem Preis (Target Price) die geplante Gewinnmarge (Target Margin) subtrahiert, ergeben sich die zulässigen Kosten (Allowable Costs). Diese liegen in der Regel unter den geschätzten Standardkosten (Drifting Costs), die mit den aktuell eingesetzten Technologien und Produktionsmethoden zu erreichen sind. Die Zielkosten (Target Costs) werden dann in Abhängigkeit von der verfolgten Unternehmensstrategie festgelegt. Bei Kostenführerschaft müssen die Zielkosten möglichst exakt den zulässigen Kosten entsprechen, während diese bei einer

---

79 Vgl. Rollberg (1996), S. 87.
80 Vgl. Rollberg (1996), S. 87.
81 Zu den folgenden, auf die einzelnen Wertschöpfungsstufen bezogenen Ausführungen vgl. auch Rollberg (1996), S. 88 ff.
82 Vgl. Womack/Jones/Roos (1994), S. 191 ff. sowie S. 72 f.
83 Vgl. Womack/Jones/Roos (1994), S. 191 f., S. 196 ff. sowie S. 73.
84 Vgl. Womack/Jones/Roos (1994), S. 121 ff.
85 Vgl. hierzu Seidenschwarz (1991), (1993) und (1994) sowie Horváth/Niemand/Wolbold (1993).

1.3 Klassische Gestaltungsprinzipien der Produktion und gegenwärtige Veränderungstendenzen

Differenzierungsstrategie auch geringfügig überschritten werden können.[86] Beim Target Costing steht nicht mehr die Frage im Vordergrund, „Was wird ein Produkt kosten?", sondern „Was darf ein Produkt kosten?". Target Costing richtet damit das Augenmerk auf eine frühzeitige Kostengestaltung und steht folglich im Gegensatz zur traditionellen europäischen, vermeintlich exakten Kostenverwaltung (Verrechnung von Kosten auf bestimmte Leistungsträger).[87]

Durch **Value Engineering**[88] (Wertgestaltung) ist die Differenz zwischen Ziel- und Standardkosten abzubauen. Bei dieser Methode analysieren interdisziplinäre Entwicklungsteams das Verhältnis von Kundennutzen und Kosten. Der Kostenanteil der zu konstruierenden Komponenten sollte möglichst mit dem Nutzenanteil identisch sein. Teile, die mehr kosten, als sie nutzen, müssen folglich kostengünstiger gestaltet werden. Das Value Engineering führt zu fertigungs- und montagegerechten Konstruktionen. Es wirkt automatisch dem Overengineering entgegen. Die Bemühungen zielen darauf ab, statt der technisch maximal möglichen, die vom Kunden geforderte und honorierte Qualität zu erbringen.

Auch die **Beschaffung** ist auf diese Denkweisen und Grundsätze abzustimmen.[89] Ein herkömmlicher Massenproduzent bezieht von einer unüberschaubaren Zahl von Zulieferern zahlreiche Teile und fertigt daraus Komponenten und Endprodukte. Ein modernes Montageunternehmen beschränkt sich hingegen auf eine begrenzte Zahl ausgewählter Systemlieferanten, die komplette Komponenten bzw. Module entwickeln, produzieren und bereitstellen. Es entstehen hierarchische Zulieferstrukturen mit einer jeweils geringen Anzahl zu koordinierender Zulieferer auf jeder Stufe. Durch Hierarchisierung wird damit Komplexität reduziert und Einfachheit erreicht. Auf jeder Stufe der Hierarchie verbleibt ein beherrschbarer Koordinationsbedarf. Die Wertschöpfungspartnerschaft zwischen Systemlieferant und Abnehmer wird durch einen Grundvertrag besiegelt, der den Willen zu einer auf längere Zeit angelegten Kooperation kundtut und verbindliche Regelungen über Preise, angestrebte Rationalisierungsvorhaben, Maßnahmen zur Qualitätssicherung und zur Gewinnteilung enthält.[90]

In der **Fertigung** sind Arbeitsgruppen umfassendere Aufgaben, weiterreichende Kompetenzen und eine größere Verantwortung zu übertragen als im Taylorismus.[91] Die Aufgabenkomplexe müssen neben direkt wertschöpfenden Tätigkeiten auch indirekte, steuernde Tätigkeiten umfassen. Jeder Mitarbeiter muß alle Tätigkeiten seines Teams beherrschen, um flexibel einsetzbar zu sein. Die Teams tragen insbesondere Verantwortung für die Art ihrer Arbeitsprozesse und die Qualität ihrer Leistungen. Die Arbeit in den **Qualitätszirkeln**[92] zur kontinuierlichen Verbesserung der Produkt- und Prozeßqualität (Kaizen) basiert auf nahezu allen diskutierten Grundsätzen. Jeder Mitarbeiter ist dazu verpflichtet, in Kleingruppenarbeit

---

86 Vgl. auch Seidenschwarz (1993), S. 105.
87 Vgl. Niemand (1992), S. 118.
88 Vgl. hierzu Burger (1995), S. 68 f., Becker/Rosemann (1993), S. 232 f. und Womack/Jones/Roos (1994), S. 156.
89 Vgl. Womack/Jones/Roos (1994), S. 65 f. und S. 154.
90 Vgl. Womack/Jones/Roos (1994), S. 155 ff. und S. 163.
91 Vgl. Womack/Jones/Roos (1994), S. 103 sowie S. 57 f., S. 61 und S. 104.
92 Vgl. Womack/Jones/Roos (1994), S. 61.

darüber zu diskutieren, wie Prozesse verbessert, vereinfacht oder sogar beseitigt werden können. Grundgedanke der Arbeit in den Qualitätszirkeln ist es, die vom Kunden geforderte Qualität bereits im Produktionsprozeß zu erstellen und nicht erst nachträglich in die Leistungen „hineinzuprüfen". Das kontinuierliche Verbesserungsstreben wird durch spezielle Systeme zur Fehlerentdeckung und -beseitigung unterstützt.[93] Durch eine systematische Analyse der Fehlerursachen sollen die Ursprünge der Fehler aufgespürt und dauerhaft beseitigt werden. Das Ergebnis kontinuierlicher Verbesserungen sind beherrschte Prozesse, die nachträgliche Qualitätskontrollen und Nachbesserungen weitgehend überflüssig machen.

Prozeßverbesserung erstreckt sich insbesondere auch auf die bei der Fertigung eingesetzten Produktionsanlagen. Die Mitarbeiter werden für die Effektivität dieser Anlagen mitverantwortlich gemacht. Effektivität bezieht sich dabei auf die zeitliche Verfügbarkeit der Anlagen (Istzeit zu Sollzeit), den Leistungsgrad (Istausbringung zu Planausbringung) und die Qualitätsrate (einwandfreie Stücke zu Gesamtmenge). Diese drei Determinanten werden im Konzept des **Total Productive Maintenance**[94] multiplikativ zu einer Kennziffer verbunden. Eine hohe Ausprägung dieser Kennziffer zeigt einen hohen Grad der Gesamteffektivität der Anlagen an. Vorteil einer multiplikativen Verknüpfung der drei Determinanten ist es, daß dadurch ein Zwang ausgelöst wird, die Verbesserungsbemühungen auf alle drei Dimensionen auszudehnen, was ganzheitliches Denken fördert.[95]

Um die Gesamteffektivität zu fördern, müssen die Verlustquellen identifiziert werden. Die Verluste können grundsätzlich aus 6 Quellen resultieren:[96]

- Anlagenausfälle bei technischen oder organisatorischen Problemen
- Rüsten und Einrichten der Anlagen
- Leerlauf und Arbeitsunterbrechungen durch Störungen im Materialfluß
- Gegenüber der Solltaktzeit verringerte Geschwindigkeit
- Ausschuß und Nacharbeiten
- Anlaufschwierigkeiten

An diesen Quellen ist durch Teams nach Verbesserungsmöglichkeiten zu forschen. Das Konzept der Gesamteffektivität bezieht sich einmal auf Pilotanlagen aber auch auf Anlagen im laufenden Produktionsbetrieb.

Die Denkweisen und Grundsätze der drei Management-Konzepte sind größtenteils seit vielen Jahren bekannt. Sie stammen aus einer Zeit, lange bevor das Schlagwort Lean Management aufkam. Die Grundgedanken des TQM wurden bspw. bereits in den 30er Jahren von Deming formuliert.[97] Wenn das Schlagwort vom schlanken Management heute in der Praxis eine so große Bedeutung erlangt hat, dann liegt das ausschließlich daran, daß die Denkprinzipien und Grundsätze in der amerikanischen und europäischen Wirtschaft lange Zeit völlig verkannt wurden. Japanische Unternehmen, insbesondere unter der Führung von Toyota,

---

93 Vgl. Womack/Jones/Roos (1994), S. 61 ff., S. 83 f. und S. 103.
94 Vgl. Al-Radhi/Heuer (1995), S. 6 ff. und Schmidt (1995).
95 Vgl. Al-Radhi/Heuer (1995), S. 30 und Nakajima (1995), S. 41 ff.
96 Vgl. Al-Radhi/Heuer (1995), S. 17 ff., Nakajima (1995), S. 35 und Hartmann (1995), S. 84 ff.
97 Vgl. Deming (1986).

haben diese Prinzipien und Denkweisen konsequent aufgegriffen, wirkungsvoll miteinander verbunden und effizient im Managementprozeß umgesetzt. In dieser Umsetzungsstärke und in der wirkungsvollen Kombination lang bekannter Einzelprinzipien ist das einzig Neue der drei Managementkonzepte zu sehen.[98] Die drei Konzepte spiegeln daher keinen Quantensprung im Management wider, sondern sind das Ergebnis eines typisch japanischen kontinuierlichen Verbesserungsprozesses.

1.3.4.4.2.3 Bewährte Handlungsmaxime marktorientierter Produktion

Die obigen Denkweisen und Grundsätze zur Reorganisation von Strukturen und Prozessen haben in der Praxis zu sechs bewährten Handlungsmaximen für die Produktion geführt.[99] Diese Maxime wurden insbesondere in der Automobil- und Maschinenbaubranche erfolgreich eingesetzt. Sie lassen sich aber auch auf andere Industriezweige und den Dienstleistungsbereich übertragen. Auf diese aus den bisherigen Ausführungen zumeist bekannten Prinzipien soll daher nur kurz und überblicksartig eingegangen werden.

1. Maxime: Transparenz von Kostenstrukturen und Erfolgsbeiträgen herstellen! Kostengestaltung geht vor Kostenverwaltung!

Um Programme und Kundenstrukturen vereinfachen zu können, muß zunächst analysiert werden, welche Wirkung Komplexität auf Kosten und Erlöse ausübt. Dazu ist die Ressourcenbeanspruchung den sie verursachenden Produkten, Aufträgen oder Kunden zuzuordnen. Das ist mit einer mehr oder minder differenzierten Zuschlagskalkulation nicht zu erreichen. Dieses Kalkulationsprinzip führt zur Quersubventionierung von Produkten und Kunden, da C-Produkte und C-Kunden nicht mit den Kosten belastet werden, die dem anteiligen Faktorverbrauch, insbesondere im indirekten Bereich, entsprechen. Die Kalkulation ist am Prinzip der Faktorbeanspruchung zu orientieren, d.h., Gemeinkosten sollten proportional zum Zeitaufwand für Produkte und Kunden statt umsatzproportional bzw. auf der Basis von Material- oder Fertigungseinzelkosten verrechnet werden, weil weder die Einzelkosten noch der Umsatz in einem ursächlichen Zusammenhang zu den Gemeinkosten stehen.

Insbesondere müssen veränderte Kalkulationsprinzipien davor schützen, Kosten für komplexe und flexible Fertigungs- und Steuerungssysteme, die nur für die Exotenproduktion erforderlich sind, auch auf Standardprodukte zu verteilen. Selbst wenn diese Produkte auf flexiblen Anlagen produziert werden, die für sie überqualifiziert sind, sollten ihnen nur diejenigen Kosten zugerechnet werden, die bei Einsatz der ihnen angemessenen Technologie und Steuerung anfallen würden. Die Kosten der Überqualifikation der Anlagen sind allein auf die kundenindividuellen Varianten zu verteilen. Andernfalls werden Massenprodukte ungebührlich verteuert, was ihre Absatzchancen beeinträchtigt und die ruinöse Ausweitung von Varianten begünstigt.

Das Kostenmanagement sollte sich von der Vorstellung lösen, daß Kosten zunächst entstehen und anschließend auf Leistungen zu verrechnen sind. Die Sichtweise muß weg von der

---
98 Vgl. Rollberg (1996), S. 70 und S. 104.
99 Zum Teil in Anlehnung an Rommel et al. (1993).

Kostenverwaltung und hin auf Kosteneinsparungspotentiale gerichtet werden. Kostenmanagement ist damit nicht Aufgabe zentraler Stellen im Unternehmen. Die Idee der Kosteneinsparung muß vielmehr von allen Mitarbeitern verinnerlicht werden. Ingenieuren, Meistern, Facharbeitern und selbst Hilfskräften muß bewußt sein, zu welchen Kosten ihr Tun oder Unterlassen führt. Unternehmen müssen sich marktorientierte Zielpreise und -kosten setzen (Target Costing) und nach Einsparungspotentialen suchen, wenn ihre derzeitigen Kosten über den Zielkosten liegen. Das Denken in Einsparungspotentialen muß bereits bei der Konstruktion der Produkte einsetzen und über die Beschaffung, die Produktion, den Vertrieb und eine spätere Entsorgung reichen. Wichtig ist ein funktionsübergreifendes Kostendenken. Es hat keinen Sinn, in der Beschaffung zehn Geldeinheiten einzusparen, wenn dadurch die Fertigungskosten um 15 Geldeinheiten steigen. Auch hat es keinen Sinn, die Fertigungskosten durch Arbeitsprinzipien zu senken, die später eine Demontage der Produkte beim Recycling stark verteuern.

2. Maxime: Komplexität der Sortiments- und Kundenstruktur reduzieren!

Unternehmen sollten eine ABC-Analyse nach dem Erfolgsbeitrag ihrer Produkte und Kunden durchführen. Insbesondere C-Produkte für C-Kunden tragen aufgrund geringer Stückzahlen nur wenig zum Umsatz bei. Gerade sie verursachen aber häufig hohe Komplexitätskosten in der Materialwirtschaft, in der Fertigung sowie in der Vertriebslogistik. Kundenwünsche sollten nur dann befriedigt werden, wenn sich das für ein Unternehmen letztlich auch auszahlt. Differenzierungsstrategien sind folglich nicht in Abhängigkeit vom Umsatz, sondern vom Gewinnbeitrag der Varianten zu beurteilen. Besonders erfolgreiche Unternehmen zeichnen sich durch eine viel straffere Kunden- und Programmstruktur aus als weniger erfolgreiche.

3. Maxime: Fertigungs- und Entwicklungstiefe optimieren!

Zum Abbau von Komplexität trägt auch die Auslagerung von Wertschöpfungsstufen bei. Die Teile des Wertschöpfungsprozesses, die von Vorlieferanten effizienter erledigt werden können, sind aus der eigenen Produktion auszugliedern. Die Tendenz zur Fremdvergabe von Teilen und Komponenten ist dann relativ hoch, wenn Unternehmen die eigenen Prozesse schlecht beherrschen und teuer, langsam und nicht termingenau produzieren. Bei beherrschten Prozessen besteht eine gewisse Tendenz, die Fertigungstiefe zu erhöhen.

Unternehmen müssen zudem ihr Verhältnis zu den Zulieferern überdenken. An Stelle der „Philosophie von Beherrschung und Knebelung der Zulieferer" muß eine faire Kooperation und Partnerschaft treten. Zulieferer sind in die Produktentwicklung mit einzubeziehen. Um Rationalisierungsreserven freizusetzen, sollten sie nicht gezwungen sein, nach vorgegebenen Produktspezifikationen zu arbeiten, sondern vielmehr an der Produkt- und Prozeßverbesserung interessiert und beteiligt werden. Deshalb ist die Produkt- und Teileentwicklung gemeinsam vom Montagewerk und den Zulieferern in einem abgestimmten Prozeß durchzuführen. Dadurch läßt sich die Entwicklung neuer Produkte beschleunigen, und es lassen sich die Kosten senken.

Zum Abbau der Teilezahl in der Montage sollte verstärkt dazu übergegangen werden, anstatt vieler Einzelteile größere Funktionsmodule oder Montagegruppen zu beziehen (Modular

1.3 Klassische Gestaltungsprinzipien der Produktion und gegenwärtige Veränderungstendenzen

Sourcing). Zur Optimierung der Fertigungsstruktur gehört auch eine Straffung der Lieferantenzahl (Single oder Double Sourcing), um auf diese Weise die Kosten der Beschaffungslogistik zu reduzieren.

4. Maxime: Restkomplexität besser beherrschen!

Eine geringere Komplexität reduziert zwar den Koordinationsbedarf, sie macht Koordination aber nicht völlig verzichtbar. Deshalb kommt es zusätzlich darauf an, die Restkomplexität besser zu beherrschen. Hierfür bieten sich fünf Ansatzpunkte:

- Abbau der Teilezahl durch Gleichteileeinsatz bei unterschiedlichen Produkten; einfachere Konstruktion der Produkte mit weniger Teilen; Verwendung vormontierter Komponenten statt Einzelteile.
- Abbau der innerbetrieblichen Logistikkosten durch getrennte Fertigung von Teilefamilien auf parallelen Anlagen; Trennung der Produktion von Massen- bzw. Standardprodukten einerseits und Exoten andererseits; Anwendung getrennter Steuerungsprinzipien für Standardprodukte und Exoten; Anwendung unterschiedlicher Dispositionsprinzipien für A- und C-Teile: Für A-Teile mit hohem Umschlag empfiehlt sich eine geringe Lagerreichweite mit geringer Kapitalbindung, während für C-Teile hohe Reichweiten bei niedrigen Handlingkosten und geringen Fehlmengen sinnvoll sind.
- Produktdifferenzierungen sollten, wenn möglich, in den letzten Produktionsstufen erfolgen, um in den Vorstufen größere Mengen standardisierter Vorprodukte kostengünstig produzieren zu können.
- Optimierung der Prozesse durch Abbau von Blindleistungen sowie durch Reintegration der Arbeit; verbesserte Koordination aufeinanderfolgender Prozeßschritte.
- Optimierung der Prozeßstabilität. Dazu ist die Störanfälligkeit von Anlagen abzubauen. Qualitätsfehler sind frühzeitig im Produktionsprozeß zu identifizieren und abzustellen. Die Produktion ist möglichst zu verstetigen, d.h., es sind gleiche Produktionsmengen im Zeitablauf anzustreben, und eine häufige Umstellung der Anlagen mit einem damit verbundenen erneuten Anlauf, begleitet von Qualitätsproblemen, sollte vermieden werden.

5. Maxime: Organisations- vor Technikkonzept!

CAx-Komponenten bzw. CIM-Konzepte[100] tragen selbst bei geballtem Einsatz nur wenig zur Gewinnverbesserung bei, wenn sie auf komplexe Produktkonzepte, hohe Variantenvielfalt sowie komplexe Fertigungs- und Steuerungsstrukturen treffen. Erst durch bessere und einfachere Produktgestaltung, effiziente, dezentral gesteuerte Abläufe und stabile, beherrschte Prozesse werden die Voraussetzungen für einen effizienten Einsatz dieser Techniken geschaffen. Es ist ein recht teurer Irrtum, hochkomplexe Systeme mit CIM beherrschen zu können. Erfolgreiche Unternehmen haben einen geringeren Anteil von EDV-Kosten am Umsatz, erreichen aber durch Standardisierung einen höheren Verbreitungsgrad der EDV. EDV ist erst bei einfachen Strukturen und Prozessen effizient zu nutzen. Es hat andererseits

---

[100] CAx ist ein Sammelbegriff für Komponenten, die mit Rechnerunterstützung arbeiten, z.B. CAD, CAP, CAE und CAM. Vgl. hierzu und zu den CIM-Konzepten die Abschnitte 1.3.4.4.3.4 und 1.3.4.4.3.5.

aber auch keinen Sinn, teure, flexible Fertigungssysteme einzusetzen, um dann überwiegend Standardprodukte mit geringen Flexibilitätsanforderungen darauf zu produzieren.

6. Maxime: Mit Transparenz, Selbstorganisation und Eigenständigkeit Mitarbeiter motivieren!

Überschaubarkeit der Prozesse und Strukturen sowie Unternehmertum innerhalb der Betriebe sind der Nährboden für überlegene Kompetenz und Umsetzungsstärke (Abbau von Bürokratie und Langsamkeit). Weiche Faktoren wie Stil und Selbstverständnis sind wichtiger als Strukturgläubigkeit. Selbstbestimmung geht in der Organisation vor Anweisung. Nicht Gehorsam und Pflichterfüllung sind wichtig, sondern Kreativität, Anpassungsfähigkeit und Einbeziehung der Mitarbeiter. Wesentlich ist nicht die klare Abgrenzung von Kompetenzbereichen (Stellenbeschreibung) innerhalb einer Organisation; wichtig ist allein, bis zu welchem Zeitpunkt welche Ziele erreicht bzw. welche Aufgaben erledigt werden. Die Delegation von Verantwortung muß auf der Basis einfacher, akzeptierter, operationaler Ziele erfolgen. Selbststeuerung dezentraler Einheiten und Selbstkoordination haben Vorrang vor Zentralismus.

Im folgenden sollen einige der bereits angesprochenen Instrumente des schlanken Managementkonzeptes genauer beschrieben werden. Eingegangen werden soll auf TQM, Reintegration der Arbeit, Teamarbeit und Verbesserungskultur, flexible Maschinenkonzepte sowie die Integration von Lean Management und CIM.[101]

1.3.4.4.3 Einzelne Instrumente zur Komplexitätsbeherrschung
1.3.4.4.3.1 Total Quality Management

Total Quality Management (TQM) ist ein integratives Managementkonzept, um sich in engen Käufermärkten behaupten zu können und Wettbewerbsvorteile zu erringen. TQM ist ein Mittel, mit dem der eigene Unternehmenserfolg verbessert werden soll. Vor dem eigenen Erfolg steht aber zunächst das zu befriedigende Kundenbedürfnis. Ziel des TQM ist mithin die optimale Befriedigung der Kundenbedürfnisse in der Absicht, die eigene Erfolgssituation zu verbessern.

Durch TQM soll die Qualität der Produkte und Dienstleistungen auf die Anforderungen der Kunden zugeschnitten werden. Die Qualität ist zudem kontinuierlich zu verbessern, um den zunehmenden Wünschen der Kunden im Qualitätswettbewerb entsprechen zu können. TQM verlangt keine Maximierung der Qualität, sondern eine vollkommene Abstimmung der Qualität auf die Kundenbedürfnisse. Vom Kunden nicht gewünschte und deshalb nicht honorierte Überqualität ist Verschwendung und daher zu vermeiden.

Um das gesteckte Erfolgs- und Qualitätsziel zu erreichen, ist von einem in vierfachem Sinne umfassenden Qualitätsbegriff auszugehen.

---

101 Vgl. zu einzelnen Konzepten und Instrumenten insbesondere auch Bogaschewsky/Rollberg (1998), Kapitel 3.

1.3 Klassische Gestaltungsprinzipien der Produktion und gegenwärtige Veränderungstendenzen

- Qualität darf sich nicht allein auf das produzierte Produkt erstrecken, sondern muß sich auch auf alle vom Kunden wahrgenommenen, mit dem Produkt verbundenen Dienstleistungen (Angebotserstellung, Service, Rücknahme alter Produkte, Logistik usw.) beziehen.

- Qualität entsteht nicht nur in der Produktion, sondern auch in allen übrigen Funktionen des Betriebes bzw. in allen Stufen der Wertschöpfungskette: Qualität wird bereits beim Entwurf der Produkte geschaffen, der auf die Kundenbedürfnisse zugeschnitten sein muß, und führt über die Entwicklung, Beschaffung, Produktion und den Absatz bis zur Entsorgung der Altprodukte. Ein Qualitätsmanagement muß sich daher übergreifend auf alle Funktionen und Stufen der Wertschöpfung erstrecken. Es muß erkennen, ob bspw. in frühen Stufen der Wertschöpfung Lösungen verwirklicht werden, die in späteren Wertschöpfungsstufen Qualitätsprobleme nach sich ziehen. Beispielsweise können Montagefehler in einer nicht montagegerechten Konstruktion begründet liegen.

- Qualität soll folglich nicht durch Prüfungen und Nacharbeiten erreicht werden, sondern die Produkte und Prozesse sind vorausschauend so zu gestalten, daß sie automatisch zu Qualität führen. Die Rahmenbedingungen der Leistungserstellung sollen mithin qualitätsfördernd sein. Das ist nur zu erreichen, wenn alle am Wertschöpfungsprozeß Beteiligten auch am TQM-Prozeß beteiligt sind. Qualität ist damit nicht allein ein Problem der Abteilung „Qualitätssicherung". TQM ist ein Konzept, das alle Mitarbeiter und Funktionen eines Unternehmens involvieren muß.

- Der erweiterte Qualitätsbegriff führt auch zu einer Ausdehnung des Begriffs „Qualitätskosten". Kosten der Qualitätssicherung sind nicht allein jene, die für Nacharbeit, Qualitätskontrolle und Gewährleistungen entstehen, die also von leistenden Unternehmen getragen werden und in deren Kostenrechnung auftauchen. Die weite Qualitätsdefinition erzwingt, daß auch die ökonomischen Nachteile, die ein Kunde bei Qualitätsdefiziten hinnehmen muß (bspw. Gewinneinbußen durch Unterbrechung der Fertigung), zu den Qualitätskosten zu rechnen sind. Qualitätskosten sind grundsätzlich alle Faktorverbräuche in der gesamten Wertschöpfungskette einschließlich die der Endabnehmer, die als Folge von Qualitätsdefiziten anfallen und für die Sicherung der Qualität eingesetzt werden. Erst diese erweiterte Definition der Qualitätskosten zwingt zu einem ganzheitlichen „Qualitätsdenken" vom Zulieferer über den Produzenten bis zum Endabnehmer.

Das Konzept der kontinuierlichen Qualitätsverbesserung und des TQM wurde bereits 1930 von den beiden Amerikanern Deming[102] und Juran[103] entwickelt. Das Konzept wurde zunächst in der westlichen Welt verkannt, weil es seiner Zeit – der Taylorismus stand in voller Blüte – weit voraus war. In Japan wurden die Ideen bereits frühzeitig – schon vor dem zweiten Weltkrieg – aufgegriffen und weiterentwickelt. Das Konzept „Company Wide Quality Control" von Ishikawa ist eine derartige Fortentwicklung.[104] Deming und Juran distanzierten sich von der traditionellen Qualitätskontrolle, die die Qualitätssicherung zu einer rein technischen Funktion degradierte. Die traditionelle Qualitätskontrolle versuchte, allein durch

---

102 Vgl. Deming (1986).
103 Vgl. Juran/Gryna (1988).
104 Vgl. Ishikawa (1985).

Inspektionen und durch drohende Sanktionen gegen Mitarbeiter ein bestimmtes Qualitätsniveau sicherzustellen. Beide Autoren beobachteten in der Praxis aber tendenziell umgekehrte Effekte. Entgegen der eigentlichen Intention provozierte eine derartige Kontrolle bei den Mitarbeitern eher Angst und Unzufriedenheit. Zeitverschwendung durch Rechtfertigungen und Ausflüchte anstatt Verständnis für die geforderte Qualität waren die Folge.[105]

Das ganzheitliche Konzept des TQM hat zum Ziel, die Qualität von Produkten und Dienstleistungen einer Unternehmung sowohl in Entwicklung, Konstruktion, Einkauf und Fertigung als auch im Kundendienst unter Mitwirkung aller Mitarbeiter termingerecht und zu geringen Kosten zu gewährleisten und zu verbessern. Dabei steht die optimale Bedürfnisbefriedigung der Konsumenten im Mittelpunkt.[106] Aufgabe des Qualitätsmanagement ist es deshalb einmal, die Ergebnisqualität zu verbessern, also die Qualität der Produkte, die den Konsumenten erreichen. Viel wesentlicher aber ist es, die Prozeßqualität zu sichern. Dazu sind die Prozesse entlang der Wertschöpfungskette so zu gestalten, daß möglichst ohne Prüfung der Ergebnisqualität automatisch kundengerechte Leistungen entstehen. Jeder Mitarbeiter in jeder Wertschöpfungsstufe ist dazu angehalten, kundengerechte Ergebnisqualität zu erzielen und über Prozeßverbesserungen zu besseren Ergebnissen zu gelangen. TQM lenkt damit den Schwerpunkt des Qualitätsproblems auf folgende Fragen: Warum entsteht im Leistungsprozeß keine Qualität? Wie ist der Prozeß zu verändern, um adäquate Qualität zu garantieren?

Das TQM-Konzept basiert auf den drei Grundpfeilern Kundenorientierung, Prozeßorientierung und Managementverhalten.

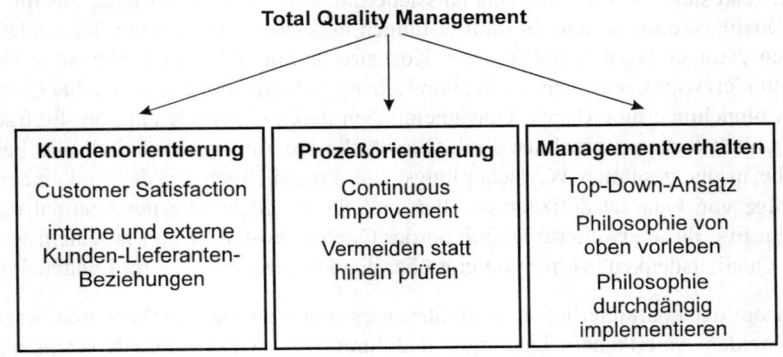

Abbildung 1-6

Kundenorientierung bedeutet, die gesamte Wertschöpfungskette auf externe und interne Kundenanforderungen auszurichten.[107] Um das zu erreichen, wird die gesamte Wertschöpfungskette in Teilleistungsprozesse mit vorgelagerten Lieferanten und nachgelagerten Kunden aufgespalten. Mit Ausnahme der ersten (externer Zulieferer) und der letzten Stufe

---

105 Vgl. Langnickel (1993), S. 784 f.
106 Vgl. Feigenbaum (1991), S. 6.
107 Vgl. Zink/Schildknecht (1994), S. 93 f.

(externer Kunde) ist damit jede Stufe gleichzeitig Lieferant und interner Kunde. Oberstes Prinzip ist es, die Wünsche, Erwartungen und Bedürfnisse der externen und internen Kunden zu erfüllen bzw. zu befriedigen. Mit Hilfe interner Kunden-Lieferantenbeziehungen wird versucht, die Idee des **Customer Satisfaction**[108] auf alle Stufen der innerbetrieblichen Wertschöpfungskette zu übertragen. Gewissermaßen sollen Teile des Marktmechanismus in das Unternehmen hineingetragen werden.

Bei der **Prozeßorientierung** handelt es sich um ein organisatorisches Gestaltungsprinzip, das auf Null-Fehler-Qualität, ständige Verbesserung (Continuous Improvement) sowie präventives Verhalten ausgerichtet ist. Prozeßorientierung führt zur Strategie, Fehler proaktiv zu vermeiden. Nach einer Studie des BMFT aus dem Jahre 1990 waren im Maschinenbau, in der Automobil- und in der Bekleidungsindustrie der Bundesrepublik 10% des Umsatzes für Qualitätssicherungsmaßnahmen erforderlich. Die Hälfte davon entfiel auf Fehler- und Fehlerfolgekosten. Ziel des TQM ist es, durch Prozeßorientierung derartige Kosten zu vermeiden.

Das **Managementverhalten** muß die Funktionsfähigkeit des TQM-Konzeptes garantieren. Das Management muß die Rahmenbedingungen schaffen, in denen sich eine Verbesserungskultur entwickeln kann. Es muß ein Klima entwickelt werden, in dem Mitarbeiter bereit sind, sich in den Qualitätsverbesserungsprozeß voll einzubringen. Das Management muß deutlich machen, daß es sich von der Funktion des Befehlsgebers zum „Coach" weiterentwickelt hat, daß Offenheit in der Kommunikation erwünscht ist und daß bei Fehlverhalten an die Stelle von Sanktionen Hilfestellung zur Verhaltensänderung tritt. Das für TQM erforderliche Managementverhalten erzwingt daher einen Top-Down-Ansatz. Das Management muß die Philosophie des TQM vorleben, wenn es bei den Mitarbeitern Verständnis erzielen und Erfolg mit diesem Konzept haben will. TQM verlangt somit eine Umorientierung im Managementverhalten und impliziert einen mitarbeiterorientierten Führungsstil. Von den Führungskräften ist eine ganzheitliche Qualitätsphilosophie zu entwickeln, die von ihnen selbst vorzuleben und allen Mitarbeitern in allen Hierarchiestufen zu vermitteln ist. Die Motivation der Mitarbeiter ist durch gezielte Beteiligung (z.B. an Qualitätszirkeln) und gezielte Weiterbildung zu steigern. Schulung und Fortbildung der Mitarbeiter sind daher eine wesentliche Voraussetzung für den Erfolg des Konzeptes.

Das Management muß zudem die für den TQM-Prozeß erforderlichen organisatorischen, personellen und technischen Rahmenbedingungen schaffen.

---

108 Vgl. Witte (1993), S. 91 ff.

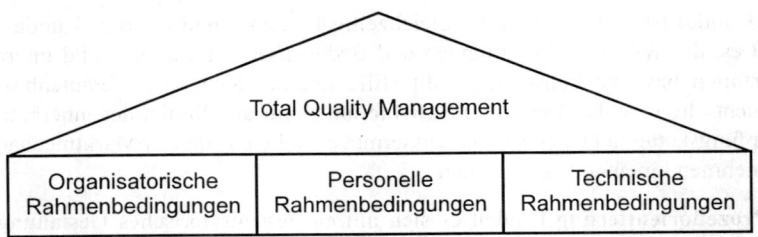

Abbildung 1-7

Zu den organisatorischen Bedingungen gehört es, den Qualitätsprozeß durch Reintegration der Arbeit, Verlagerung von Entscheidungskompetenzen auf die unmittelbar wertschöpfenden Mitarbeiter und Implementierung von Gruppenarbeit zu unterstützen. Zu den personellen Voraussetzungen zählen die Qualifikation der Mitarbeiter und die Entwicklung von Motivationsinstrumenten (bspw. qualitäts- und verbesserungsorientierte Lohnsysteme). Zu den erforderlichen technischen Rahmenbedingungen sind verbesserte Technologien zur Stabilisierung der Prozesse sowie die Auswahl geeigneter Instrumente zu rechnen, mit denen in den einzelnen Stufen des Wertschöpfungsprozesses zur Qualitätsverbesserung beigetragen werden kann.

Eine planvolle Implementierung des ganzheitlichen TQM-Konzeptes orientiert sich an den drei Grundpfeilern (Kundenorientierung, Prozeßorientierung, Managementverhalten) und den drei Rahmenbedingungen (organisatorisch, personell, technisch). Die Implementierung ist letztlich nur dann erfolgversprechend, wenn die folgenden Führungsgrundsätze beachtet werden.

1. Zunächst muß die Philosophie des **Customer Satisfaction** sowohl von den Führungskräften als auch von den Mitarbeitern verstanden und gelebt werden. Das Konzept des Customer Delight ist auf allen Stufen des Leistungsprozesses zu verinnerlichen.

   Kundenorientierung darf keine Verbalbekundung bleiben. Statt dessen gilt es, die Wünsche der externe und internen Kunden systematisch zu erforschen. Eine derartige Kundenorientierung setzt detaillierte Kenntnisse über die Kundenanforderungen und deren Bestimmungsfaktoren voraus. Jeder Kunde besitzt seine persönlichen Präferenzen bei der Formulierung seiner Anforderungen, die sich im Zeitablauf durch externe Einflüsse verändern können. Kundenanforderungen beziehen sich nicht allein auf das Produkt oder die Leistung (als Ergebnis), sondern umfassen alle für den Kunden relevanten Aspekte; also auch den mit dem Kauf eines Produktes verbundenen Service oder die Wartungsleistungen. Einer erfolgreichen Kundenorientierung geht deshalb eine sorgfältige und vollständige Erfassung der Kundenanforderungen voraus.

   Dazu gehört auch ein effektives Management der Kundenreklamationen. Reklamationen dürfen nicht verständnislos „abgewimmelt" werden; sie sind eine hervorragende Quelle zur Analyse der Ursachen von Qualitätsdefiziten. Soll Qualität zum strategischen Erfolgsfaktor werden, ist auch die Schnelligkeit wichtig, mit der Informationen über Kundenanforderungen erhoben, bereitgestellt und umgesetzt werden. Das Ziel des TQM muß darin

1.3 Klassische Gestaltungsprinzipien der Produktion und gegenwärtige Veränderungstendenzen

bestehen, Kunden auf Dauer zufriedenzustellen und langfristig an das Unternehmen zu binden.

2. Das Unternehmen muß sich für seine Qualität **außergewöhnliche, aber nicht unerwartete Standards** setzen. Mittelmaß und halbherzige Leistungen sind grundsätzlich nicht dazu geeignet, Wettbewerbsvorteile zu erzielen. Die vom Unternehmen gesetzten Standards sind ständig auf Verbesserungspotentiale zu hinterfragen und mit den sich wandelnden Kundenanforderungen abzustimmen. Für die Standards sind operationale Meßvorschriften zu entwickeln (z.B. Fehlerraten bei Neuprodukten). Zudem sind Ist- und Sollzustand durch ein Qualitätscontrolling permanent zu vergleichen. Einmal erkannte Ursachen von Qualitätsdefiziten sind sofort zu beseitigen, denn gleichartige Fehler sollten sich nicht wiederholen.

Da sich der erforderliche Qualitätsstandard einer Leistung immer aus den Erwartungen der Kunden ableitet, darf ein Unternehmen bei differenzierten Märkten nicht mit einem Einheitsstandard hinsichtlich der Qualität arbeiten. Die Standards sind vielmehr auf die Anforderungen der verschiedenen Kundensegmente zuzuschneiden. Bei differenzierten Kundenwünschen wäre es Verschwendung, mit einem einheitlichen Qualitätsstandard zu arbeiten, der sich an den Spitzenanforderungen orientiert. In vielen Segmenten würde dann „Überqualität" angeboten, die nicht honoriert wird. Einem Unternehmen wird es bei einem derartigen Fehlverständnis von TQM kaum gelingen können, die eigene Erfolgssituation zu verbessern.

3. Alle **Mitarbeiter** der Organisation müssen in den Prozeß involviert werden und hoch motiviert sein. Unabdingbare Voraussetzung für eine erfolgreiche Implementierung der Qualitätskonzeption ist es, bei allen Mitarbeitern, gleichgültig welcher Hierarchiestufe und welcher Funktion, das nötige Qualitätsbewußtsein zu schaffen und damit die erwünschte Verbesserungskultur zu ermöglichen. Das gelingt nur mit einem mitarbeiterorientierten Führungsstil, der den Mitarbeitern Mitwirkungsmöglichkeiten bietet und durch „Involvement" die Arbeitszufriedenheit erhöht. Die Interessen der Unternehmung und die der Organisationsmitglieder sind durch geeignete Motivationsinstrumente – z.B. erfolgsabhängige Entlohnungsformen bzw. Aufstiegsmöglichkeiten – zu harmonisieren. Nur wenn die Mitarbeiter im TQM auch ihre eigenen Vorteile sehen, werden sie ihren Einsatz für das Unternehmen steigern.

4. Die **Aktivitäten aller Funktionsbereiche** – Forschung und Entwicklung, Konstruktion, Produktion, Vertrieb, Marketing und Service – müssen auf das gemeinsame Ziel des Unternehmens, Kundenzufriedenheit zu schaffen, ausgerichtet sein, und es muß ein abgestimmtes Handeln aller im Sinne der Kundenorientierung sichergestellt werden. Alle Bereiche sind in den umfassenden Qualitätskreislauf zu integrieren. Dazu sind ein offener Datenaustausch zwischen allen Stationen der Wertschöpfungskette und vernetztes Denken erforderlich. Stellenegoismus und „Kästchendenken" sind zu überwinden. Verständnis auch für die Probleme anderer Bereiche ist ein Charakteristikum des TQM.

5. **Die Implementierung muß planvoll erfolgen.** Viele Unternehmen machen den Fehler, TQM im „Hauruckverfahren" einführen zu wollen. Sie fangen mit der Implementierung

bestimmter Techniken des Qualitätsmanagement an, ohne die Philosophie des TQM verstanden und vermittelt zu haben. Sie beginnen den Einführungsprozeß zudem „von unten" und nicht an der Unternehmensspitze. Blinder Aktionismus und ineffiziente Nutzung der Zeitpotentiale der Mitarbeiter sind die Folge. Derartige Unternehmen starten auf dem Weg zum TQM folglich mit Verschwendung von Ressourcen und gelangen nicht zu einem umfassenden Qualitätsmanagement, sondern lediglich zu frustrierten Mitarbeitern. Der Fehler liegt letztlich darin, daß mit operativen Teilen des TQM begonnen wird, ohne zunächst die strategisch wichtigen Rahmenbedingungen zu schaffen.

Eine erfolgversprechende, planvolle Implementierung beginnt mit der Vermittlung eines tieferen Verständnisses von der Qualitätsphilosophie bei allen Mitarbeitern. Umfassende, langfristig ausgelegte Trainingsmaßnahmen sowie ständige systematische Aus- und Weiterbildungsmaßnahmen in Seminaren und Workshops schaffen zunächst die fachlichen Voraussetzungen für alle Organisationsmitglieder, um sich auf allen Hierarchieebenen aktiv am Prozeß kontinuierlicher Qualitätsverbesserungen beteiligen zu können. Erst danach ist es zweckmäßig, auf spezielle Tools wie bestimmte Maßstäbe zur Qualitätsmessung oder Informationssysteme des Qualitätsmanagement einzugehen. Dabei ist darauf zu achten, daß diese Tools entsprechend der Forderung nach Einbeziehung aller Mitarbeiter gemeinsam im Sinne eines Organizational Learning an konkreten Beispielen erarbeitet werden. Die Einführung ist damit ein längerer Prozeß, in dem es darauf ankommt, Verständnis für die Philosophie zu vermitteln und Verhaltensänderungen aller Mitarbeiter zur Überwindung unzeitgemäßer tayloristischer Prinzipien zu bewirken.

6. Das Management darf **keine einseitige Sichtweise auf den Begriff „Verschwendung"** vertreten. Prozeßorientierung wird vom Management mitunter falsch interpretiert, und es wird verlangt, alle Formen von Puffern und unproduktiven Zeiten zu vermeiden. Grundsätzlich ist jede Aktivität – auch Lagern oder Umrüsten – daraufhin zu überprüfen, inwieweit sie – richtig dimensioniert – ökonomisch sinnvoll ist oder Verschwendung von Zeit und Ressourcen darstellt. Gilt es, grundsätzlich alle Puffer und Rüstzeiten zu vermeiden, wird das bei aufgeklärten, ökonomisch denkenden Mitarbeitern zu „Kopfschütteln" und Unverständnis führen; das Vertrauen in die Führung geht verloren. Auch Läger können produktiv sein, wenn sie Unternehmen in angemessenem Umfang vor sonst unvermeidbaren Betriebsunterbrechungen schützen. Das gleiche gilt für Rüstvorgänge. Werden bspw. Rüstzeiten durch übermäßige Investitionen in rüstzeitsparende Maßnahmen vermieden, belastet das die Kostensituation stärker als ein gewisses Ausmaß an Rüstzeiten. Es kommt damit auf eine ausgewogene Analyse der ökonomischen Wirkungen von Puffern und „Totzeiten" und nicht auf deren generelle Verdammung an.

7. Total Quality Management muß als **ein Baustein** einer umfassenderen Unternehmensphilosophie verstanden werden. Ein Baustein allein ergibt kein Haus! Die Grundprinzipien des TQM können nur dann erfolgreich zur Sicherung der Wettbewerbssituation beitragen, wenn das Qualitätskonzept in eine umfassende Unternehmensphilosophie und -strategie eingebettet wird. Einseitige Kundenorientierung kann dazu führen, das Verhältnis zu anderen Anspruchsgruppen des Unternehmens zu trüben. TQM berücksichtigt bspw. die Dimensionen ökologischer Effizienz und Effektivität überhaupt nicht. Trotz

TQM kann es mithin zu Konflikten mit Anwohnern und Öko-Aktivisten kommen. Diese Konflikte führen wiederum zu Verschwendung, die es zu vermeiden gilt. TQM ist daher in einen größeren Zusammenhang einzuordnen. TQM bzw. der Qualitätsbegriff ist dahingehend zu erweitern, daß möglichst die Wünsche aller Anspruchsgruppen und nicht nur die der Kunden erfüllt werden. Einseitige Kundenorientierung kann dazu führen, daß Qualität zwar in der Kundendimension, nicht aber in der Ökodimension erzielt wird. Dem Unternehmen muß folglich klar werden, daß der Kunde zwar eine sehr wichtige, aber nicht die einzige Determinante des Erfolges ist. Andere Bezugsgruppen des Unternehmensumfeldes dürfen nicht in die zweite Reihe gedrängt werden. Aus diesem Grunde sind gute, ausgewogene Beziehungen zu allen Anspruchsgruppen für eine nachhaltige Unternehmensentwicklung unverzichtbar.

1.3.4.4.3.2 Prozeßorientierte Organisation der Produktion

Eine prozeßorientierte Organisation zielt darauf ab, die Abwicklung von Prozessen zu beschleunigen, indem „Totzeiten" (Zwischen- und Endlagerzeiten) reduziert werden. Für ein Reengineering von Prozessen sind drei Stoßrichtungen relevant:

- Abbau von Schnittstellen durch Reintegration der Arbeit
- Parallelschaltung von Arbeitsgängen durch vernetzte Arbeitspläne
- Abbau von Werkstattbeständen, Rohstoff- und Endlägern durch das Just-in-Time- (JIT-) Prinzip

Zielrichtung aller drei Maßnahmen ist es, die Abwicklungszeiten in der Produktion, der Entwicklung und der Administration zu reduzieren, um am Markt schneller agieren zu können.

Die **Reintegration der Arbeit** stellt den heute erreichten Grad an Arbeitsteilung in Frage. Die starke Spezialisierung hat zwar eine steigende Arbeitseffizienz (sinkende Bearbeitungszeiten der Aufträge) zur Folge, sie führt jedoch zu überproportional steigenden Übergangszeiten (Warte- bzw. Lagerzeiten der Aufträge bzw. Produkte) zwischen den Arbeitsstationen, so daß die Abwicklungszeiten insgesamt zunehmen. Zu dieser Verzögerung trägt sowohl die starke Arbeitsteilung bei ausführenden Tätigkeiten als auch die Trennung von geistiger und ausführender Arbeit bei. Ein Weg, dieser Tendenz entgegenzuwirken, besteht darin, das Ausmaß an Arbeitsteilung bei ausführenden Tätigkeiten zu reduzieren und teilweise eine Reintegration von steuernden und ausführenden Tätigkeiten vorzunehmen. Auf einen Arbeitsplatz entfällt dann eine größere Wertschöpfungstiefe, und ein Teil des Koordinationsaufwandes zwischen steuernden und ausführenden Tätigkeiten wird vermieden.

Die heute in der Automobilindustrie übliche Arbeitsteilung führt bspw. bei einer Autobestellung zu einer Abwicklungsdauer von 28 Tagen. Davon entfallen auf die Auftragsbearbeitung vor der Produktion etwa zwölf Tage und auf die Logistik nach der Produktion weitere 14 Tage. Für die eigentliche Produktion sind lediglich zwei Tage erforderlich. Dieses Beispiel zeigt: Beschleunigungspotentiale bestehen insbesondere in der Auftragsbearbeitung und der Logistik, kaum jedoch in der Produktion. Als Folge der Organisation der Arbeiten vor und nach der Produktion ergeben sich für die Aufträge erhebliche „Totzeiten". In der Logistik treten bspw. Wartezeiten auf, weil erst ganze Wagen- oder Zugladungen zusammengestellt werden müssen. Bei der Auftragsabwicklung ergibt sich ein hoher Anteil von Wartezeiten, da viele Arbeitsstationen nacheinander zu durchlaufen sind.

Ein Beispiel möge dazu dienen, den Zusammenhang zwischen dem Ausmaß an Arbeitsteilung und dem Problem steigender Übergangszeiten zu verdeutlichen. Das Beispiel bezieht sich zunächst nur auf ausführende Tätigkeiten. In der Verwaltung seien alle Arbeitsoperationen für die Abwicklung eines Bauantrages in 15 nacheinander angeordnete Bearbeitungsstufen zerlegt worden. Die reine Bearbeitungszeit der 15 Bearbeitungsstufen beträgt drei Tage. Angenommen, die Übergangszeit zwischen zwei Bearbeitungsstufen beläuft sich auf je einen Tag, da fertige Arbeiten nur einmal pro Tag durch den Postdienst befördert werden, dann sind zu der reinen Bearbeitungszeit 14 Übergangszeiten zu addieren, und es ergibt sich eine Abwicklungszeit von 17 Tagen. Die Arbeitsorganisation und der Grad der Arbeitsteilung werden nun dahingehend verändert, daß nur noch fünf, dafür aber umfangreichere Arbeitsstationen erforderlich sind, die jeweils mit drei Arbeitskräften parallel besetzt werden. Zwar steigt dann die reine Bearbeitungszeit für die Abwicklung eines Bauantrages (z.B. auf 3,25 Tage), da Spezialisierungseffekte z.T. verlorengehen; es sind jedoch nur noch vier Tage Übergangszeit erforderlich. Die Abwicklungszeit reduziert sich dann auf 7,25 (statt 17) Tage. Allerdings wird dieser Vorteil bei den Durchlaufzeiten durch einen etwas höheren Kapazitätsbedarf erkauft.

In die gleiche Richtung wirkt auch eine teilweise Reintegration steuernder und ausführender Tätigkeiten. Angenommen in der Produktion fällt eine Maschine aus: Der Defekt wird dann bei starker Arbeitsteilung dem Meister gemeldet, und dieser informiert wiederum den für die Fertigungstechnik zuständigen Ingenieur. Der besichtigt die Anlage und löst nach erkannter Fehlerursache bei der Reparaturabteilung einen gezielten Reparaturauftrag aus. Nach eingegangenem Auftrag bestellt die Reparaturabteilung das benötigte Material bei der Bestellabteilung. Bis die Reparatur durchgeführt ist, vergeht auf diesem Wege eine ganze Weile, in der nicht produziert werden kann. Bei einer Reintegration ausführender und steuernder Tätigkeiten fällt die Reparatur und die Bevorratung mit Normersatzteilen in den Kompetenzbereich der Werker. Bei einfacheren Reparaturtätigkeiten kann auf diese Weise der erforderliche Zeitbedarf für die Instandsetzungsarbeiten erheblich verkürzt werden.

Ein zweiter Ansatz, Abwicklungszeiten abzubauen, besteht darin, **Arbeitsoperationen** möglichst nicht nacheinander anzuordnen, sondern die Arbeiten soweit wie möglich **parallel ablaufen** zu lassen. Sind für ein Erzeugnis zehn Arbeitsoperationen mit einer Ausführungsdauer von je einem Tag durchzuführen, beläuft sich die reine Bearbeitungszeit bei sequentiell angeordneten Arbeiten auf zehn Tage. Hinzu kommen neun Übergangszeiten von bspw. je einem Tag, so daß sich eine Abwicklungszeit von 19 Tagen ergibt. Es sei technisch möglich, die ersten neun Arbeitsoperationen zu drei Arbeitsblöcken zusammenzufassen (die Operationen 1, 2, 3 bilden den Block 1 , die Operationen 4, 5, 6 den Block 2 usw.), die zeitlich parallel ablaufen. Die Arbeiten innerhalb der Blöcke seien weiterhin sequentiell angeordnet. Die Durchlaufzeit durch jeden der parallel liegenden Blöcke beträgt dann fünf Tage (drei Tage Arbeitszeit zuzüglich zwei Tage Übergangszeit), sofern die neue Ablauforganisation die Übergangszeiten nicht verändert. Für die Endmontage (zehnte Arbeitsoperation)

1.3 Klassische Gestaltungsprinzipien der Produktion und gegenwärtige Veränderungstendenzen

sind dann noch ein Tag Übergangszeit und ein Tag Arbeitszeit erforderlich, so daß die gesamte Durchlaufzeit auf sieben Tage sinkt. Vernetzte Arbeitsabläufe reduzieren die Abwicklungszeiten, da diese nur noch durch den längsten Weg durch das Netz determiniert werden. Diesem Vorteil steht jedoch ein gestiegener Koordinationsaufwand gegenüber, da die parallelen Teilzweige zeitlich aufeinander abgestimmt werden müssen. Die Durchlaufzeit von sieben Tagen ist nur zu erreichen, wenn es gelingt, die Produktionsfaktoren so bereitzustellen, daß die drei Teilzweige tatsächlich parallel ablaufen können. Gelingt das nicht, startet der erste Block etwa zwei Tage früher als die beiden übrigen, kommt es für das Zwischenerzeugnis des Blocks 1 zu zwei Tagen zusätzlicher Lagerzeit vor der Montage. Der längste Weg durch das Produktionssystem beträgt dann neun Tage.

Ein zweiter Weg zur Parallelisierung von Arbeitsoperationen besteht darin, Arbeitsgänge für bestimmte Komponenten aus dem Betrieb auszulagern und von einem Zulieferer ausführen zu lassen. In diesem Falle wird die Fertigungstiefe des Endproduzenten verringert. Dadurch kann die Abwicklungszeit der Aufträge reduziert werden, wenn es gelingt, die Termine der zugelieferten Teile mit den eigenen Produktions- und Montageterminen abzustimmen.

Ein dritter Ansatz für verkürzte Abwicklungszeiten ist die **JIT-Idee**.[109] Kern dieser Idee ist es, innerbetriebliche Läger für Rohstoffe, Zwischenerzeugnisse und Endprodukte weitestgehend abzubauen. Das Ideal einer JIT-Produktion ist erreicht, wenn die Aufträge in allen Produktionsstufen gerade dann fertig werden, wenn sie in nachfolgenden Produktionsstufen oder am Markt benötigt werden. Zudem sollen die Rohstoffe oder Teile ebenfalls erst dann bereitgestellt werden, wenn sie in den Werkstätten benötigt werden. Das JIT-Konzept geht damit davon aus, daß in klassischen Betrieben innerbetriebliche Läger im wesentlichen nur die Funktion haben, Terminplanungsfehler zu kompensieren. Existieren Rohstoff- oder Zwischenerzeugnisläger, fallen Mängel in der Terminkoordination weniger ins Gewicht, da trotz Stockungen im Materialfluß aus Lagerbeständen weiter produziert werden kann. Eine JIT-Produktion erfordert eine genaue Terminabstimmung, wenn ein kontinuierlicher, unterbrechungsfreier Materialfluß gewährleistet werden soll. Durch auf die Bedarfszeitpunkte abgestimmte Liefertermine von Teilen oder Zwischenerzeugnissen sollen Lagerbestände und damit Kapitalbindung im Umlaufvermögen vermieden und Durchlaufzeiten abgebaut werden.

Voraussetzung für eine JIT-Produktion ist es, den Materialfluß vollständig zu verstetigen. Die Rahmenbedingungen für die Produktion sind so zu gestalten, daß in allen Produktionsstufen die gleiche, im Zeitablauf konstante Produktionsgeschwindigkeit gilt. In diesem Falle ist die Bedarfsrate im Zeitablauf konstant, und die Materialversorgung kann lagerlos erfolgen, wenn ein stetiger Materialstrom vom Zulieferer sichergestellt ist. Läßt sich dieser Idealzustand nicht realisieren, muß der Materialbedarf einer Materialsenke mit hinreichendem zeitlichen Vorlauf an der Materialquelle bekannt sein, um die Anlieferung an die Bedarfssituation anpassen zu können. Wechselt z.B. in der Automontage die Besetzung eines Bandes mit Autovarianten, muß dem Zulieferer die Sequenz der Varianten bekannt sein, um das richtige Material sequenzgenau für den jeweiligen Autotyp bereitstellen zu können.

---

[109] Vgl. Fandel/François (1989).

Ein Problem des JIT-Konzeptes liegt darin begründet, daß es bei einer völlig lagerlosen Fertigung sofort zu Stockungen im Materialfluß kommt, wenn die Koordination von Bedarfs- und Produktionsterminen nicht vollständig gelingt. Da zufällige Störungen im Produktionsprozeß – unerwartete Kapazitätsausfälle durch Maschinenstörungen, verzögerte Anlieferung von Teilen wegen eines Staus auf den Straßen usw. – z.T. unvermeidbar sind, bleiben trotz JIT-Produktion gewisse Sicherheitsbestände häufig unumgänglich. Die JIT-Idee kann dabei auf zwei Wegen verwirklicht werden:

- Ein Weg besteht darin, durch eine dezentrale Organisation des Produktionsablaufs in autonomen, vermaschten Regelkreisen Bedarfs- und Produktionstermine zu koordinieren. Nach dem Kanban-Prinzip[110] darf eine Produktionsstufe nur dann mit der Produktion von Teilen beginnen, wenn diese Teile von der nachfolgenden Abteilung angefordert werden. Die Produktion ist so zu organisieren, daß die Abteilungen in der Lage sind, die Arbeit zu diesem Zeitpunkt auch unmittelbar aufzunehmen.

- Der zweite Weg besteht darin, durch eine geeignete Fertigungssteuerung zu versuchen, die Termine der Aufträge in den einzelnen Fertigungsstufen aufeinander abzustimmen.

Beim ersten Weg besteht das Hauptproblem darin, in den Fertigungsabteilungen die Einsatzvoraussetzungen für das Kanban-Prinzip zu schaffen. Zum Beispiel müssen die Abteilungen über flexible Kapazitäten mit geringen Umrüstzeiten verfügen, und es muß dafür gesorgt werden, daß stets einwandfreie Qualität geliefert wird. Die Probleme des zweiten Weges bestehen darin, geeignete Verfahren zur Produktionssteuerung auszusuchen. Beide Wege lassen sich in der Regel nicht wahlweise beschreiten. Voraussetzung für den ersten Weg ist eine Produktion gleichartiger Teile bei weitgehend gleichbleibender Verbrauchsintensität. Der zweite Weg ist insbesondere dann erfolgversprechend, wenn ein sehr heterogenes Produktionsprogramm mit vielen kundenspezifischen Varianten gegeben ist.

Produktionskonzepte, die sich der drei beschriebenen Instrumente zur Reduktion von Abwicklungszeiten bedienen, werden als schlank bzw. „abgespeckt" **(Lean Production)** bezeichnet. Lean Production baut im Kern auf den Prinzipien „Reintegration der Arbeit", „Parallelisierung von Arbeiten" und „Kanban" auf und erweitert diese um einige schon bekannte Prinzipien:

- Konsequentes Arbeiten im Team (Gruppenarbeit) mit vorbildlich geschulten, meist mehrfach qualifizierten, flexiblen und in den Entscheidungsprozeß involvierten Mitarbeitern. Ziel dieses Prinzips ist es, die Flexibilität des Betriebes sowie die Motivation, die Identifikation und den Ausbildungsstand der Mitarbeiter zu verbessern. Um diese Ziele zu erreichen, werden in der Regel die Prinzipien „Job Rotation", „Job Enrichment" und „Job Enlargement" durchgeführt.[111]

- Konsequente zwischenbetriebliche Arbeitsteilung durch Auslagerung von Entwicklung und Produktion einer großen Zahl von Komponenten auf Zulieferer. Der Lean-Produzent fertigt lediglich die zu seinem Kerngeschäft gehörenden Komponenten selbst und konzentriert sich ansonsten auf die Koordination der Zulieferer sowie auf die Endmontage.

---

110 Vgl. zum Kanban-Prinzip Kapitel 9.4.3.
111 Vgl. Reichwald/Dietel (1991), S. 440 f.

1.3 Klassische Gestaltungsprinzipien der Produktion und gegenwärtige Veränderungstendenzen 89

Zudem straffen schlanke Unternehmen ihre Zulieferstrukturen, indem sie verstärkt auf wenige System- bzw. Komponentenzulieferer bauen.

- Konsequente Qualitätspolitik nach dem TQM-Prinzip mit dem Ziel, fehlerhafte Produkte und Nacharbeiten fast völlig zu vermeiden. Der Leitsatz der Qualitätspolitik lautet: „Qualität muß in der Produktion entstehen und nicht nachträglich in die Produkte hinein geprüft werden".[112]
- Es wird auf das Prinzip einer segmentierten Produktion gesetzt, um den Komplexitätsgrad abzubauen. Zudem wird möglichst mit Maschinen gearbeitet, die sich schnell und kostengünstig auf andere Produkte umstellen lassen. Durch beide Maßnahmen wird die Flexibilität der Produktionseinrichtungen im Vergleich zur Massenfertigung bei Fließproduktion erhöht. Das Maschinenkonzept erlaubt es, sich besser an die Bedarfssituation anzupassen.

Das Lean-Konzept zahlt sich offenbar aus:[113]

- Die Kreativität – ausgedrückt in der Zahl der Verbesserungsvorschläge pro Mitarbeiter – ist in schlanken Werken wesentlich höher.[114]
- Arbeitszufriedenheit und Motivation verbessern sich. Die Fehlzeiten der Arbeitskräfte sinken.
- Die Produkte sind in der Hälfte der Zeit fertig und haben weniger Fehler.
- Für die Konstruktion eines neuen Automodells benötigen Lean-Konstrukteure nur 1,7 Millionen Stunden, bei klassischer Organisation sind es drei Millionen Stunden.
- Nach einem Modellwechsel werden nur ca. 14 Tage benötigt, bis die normale Produktqualität wieder erreicht ist. Klassische Massenfertiger brauchen dazu etwa ein Jahr. Die normale Produktivität wird nach einem Modellwechsel bei „schlanker Produktion" nach etwa vier Monaten wieder erreicht. Massenfertiger in Europa brauchen dafür ebenfalls ein Jahr.

Die Vorteile der „Lean-Philosophie" sind unverkennbar, eine „Schlanke Produktion" läßt sich aber nicht blind auf europäische Verhältnisse übertragen, da andere kulturelle Rahmenbedingungen bestehen. Dennoch dürfte die Philosophie der „schlanken Produktion" auch in Europa zu nachhaltigen Veränderungen in der Fertigung führen, wenn es gelingt, dem Konzept angepaßte Rahmenbedingungen zu schaffen. Erfahrungen mit solchen „Transplants" in Europa und in den USA zeigen, daß sich die Methoden durchaus erfolgreich übertragen lassen.

---

112 Es ist anzumerken, daß der Begriff „Produktion" in diesem Fall der weiteren Sichtweise entspricht, also alle für die Leistungserstellung notwendigen Funktionen umfaßt, wie bspw. Entwicklung, Beschaffung, Absatz, Entsorgung usw.
113 Vgl. Womack/Jones/Roos (1994), S. 84 ff., S. 124 und S. 165.
114 Es ist allerdings zu berücksichtigen, daß in Japan bereits triviale und minimale Hinweise als „Verbesserungsvorschlag" gewertet werden.

1.3.4.4.3.3 Flexible Maschinenkonzepte

Ein traditionelles Produktionskonzept mit Spezial- und Universalmaschinen zeichnet sich durch eine geringe fertigungstechnische Elastizität aus. Bei Fließfertigung kann auf einer Anlage im Extremfall nur eine Produktart gefertigt werden, während bei Werkstattfertigung zwar ein Produktwechsel möglich ist, die Maschinen aber nur eine Fertigungsfunktion (Bohren, Fräsen oder Drehen) ausführen können.[115] Die Umstellung der Produktionsanlagen auf ein neues Produkt erfordert meist größere Umrüstungskosten bzw. -zeiten, so daß nur wirtschaftlich gearbeitet werden kann, wenn nach einer Produktionsumstellung große innerbetriebliche Aufträge gefertigt werden. Als Folge mangelnder Elastizität ergeben sich häufig erhebliche zeitliche Differenzen zwischen tatsächlichen Produktionsterminen und den Terminanforderungen des Marktes. Sollen derartige zeitliche Differenzen bei klassischem Maschinenkonzept vermieden werden, sind kleinere Lose aufzulegen, was dann allerdings zu erheblichen Kostenbelastungen und einer zudem sinkenden Leistung des Produktionssystems führt. Die veränderte Marktsituation erfordert deshalb ein flexibleres Maschinenkonzept, um Produktion und Absatz mengenmäßig und zeitlich gut aufeinander abstimmen zu können, ohne die skizzierten Kosten- und Erlösnachteile hinnehmen zu müssen.

Zur Beurteilung der Flexibilität eines Maschinenkonzeptes sind zwei Fragestellungen bedeutsam:

- Sind auf einer Anlage mehrere Bearbeitungsfunktionen möglich?
- Ist die Produktion unterschiedlicher Produkte auf einer Anlage möglich?

Eine Maschine wird hinsichtlich der Bearbeitungsfunktionen flexibel genannt, wenn sie einen weitgehend rüstzeitfreien Wechsel der Bearbeitungsfunktionen (Drehen, Fräsen, Bohren usw.) erlaubt. Von Produktflexibilität ist zu sprechen, wenn ein Produktwechsel keine nennenswerten Rüstzeiten erfordert. Flexibilität ist damit als Fähigkeit zu definieren, sich an veränderte Zustände, Anforderungen bzw. Daten schnell anpassen zu können. Flexibilität läßt sich auf drei relevante Dimensionen reduzieren:

- auf den Grad der Anpassung an Funktions- und Produktwechselerfordernisse und
- auf die Schnelligkeit, mit der diese Anpassungen erfolgen können.
- Aus ökonomischer Sicht sind zudem die Kosten für erforderliche Umstellungen relevant.

Ein Maschinenkonzept ist dann flexibel, wenn es sich in kurzer Zeit an eine größere Anzahl von Zuständen (Bearbeitungsfunktionen, Produkte) kostengünstig anpassen läßt. Um solche flexiblen Maschinenkonzepte umzusetzen, die zu den Flexiblen Fertigungssystemen führten, waren folgende Entwicklungen notwendig:

- Numerisch gesteuerte Werkzeugmaschinen
- Integration der NC-Maschinen mit automatisierten Systemen zur Handhabung, Lagerung und zum Transport von Werkstücken und Werkzeugen
- EDV-gestützte Informationsverarbeitung in der Produktion

---

115 Vgl. Fandel/Dyckhoff/Reese (1994), S. 181 ff.

1.3 Klassische Gestaltungsprinzipien der Produktion und gegenwärtige Veränderungstendenzen

Die Weiterentwicklung von NC-gesteuerten Maschinen vollzog sich in drei Stufen:

- Ausgangspunkt sind einfache Numerical-Control- bzw. NC-Maschinen. Diese Maschinen unterscheiden sich von „normalen" Werkzeugmaschinen dadurch, daß eine NC-Steuerung die durchführbaren Fertigungsfunktionen automatisiert. Alle notwendigen geometrischen (Abmessungen des Werkstücks) und technologischen (Schnittiefe, Drehzahl, Vorschub) Daten werden zu einem NC-Programm verschlüsselt. Diese für jeweils eine Produktart gültigen Programme werden über Lochstreifen oder Kassetten direkt an der NC-Maschine eingelesen. Durch Wechsel der Programme können diese Anlagen relativ schnell auf andere Produkte umgestellt werden. Der Produktwechsel ist jedoch nicht automatisiert. NC-Maschinen können zudem nur eine Bearbeitungsfunktion ausüben.

- Eine Computerized-Numerical-Control- bzw. CNC-Maschine verfügt zusätzlich über einen direkt an der Maschine befindlichen, programmierbaren Mikroprozessor, so daß die Steuerungsinformationen leichter geändert werden können. Durch Austausch vorgefertigter Steuerungsprogramme lassen sich diese Maschinen schnell an geänderte Anforderungen anpassen. Bei diesem Maschinentyp kann der Produktwechsel automatisiert werden, wenn die Werkstücke Kennungen tragen, die es erlauben, die jeweils relevanten Steuerungsprogramme zu identifizieren. CNC-Maschinen werden im Gegensatz zu einfachen NC-Maschinen häufig mit einer Vorrichtung für einen automatischen Werkzeugwechsel (Werkzeugmagazin) kombiniert. Die in einem Werkzeugmagazin befindlichen Werkzeuge können im wahlfreien Zugriff angesteuert werden und erlauben es, auf einer Maschine nacheinander oder u.U. auch gleichzeitig unterschiedliche Bearbeitungsgänge an einem Erzeugnis auszuführen. CNC-Maschinen, bei denen der Werkzeugwechsel automatisiert ist, werden auch als Bearbeitungszentren bezeichnet.

- Auf dem bislang höchsten Entwicklungsstand stehen Direct-Numerical-Control- bzw. DNC-Maschinen. Diese Anlagen können flexibel von einem zentralen Leitstand umprogrammiert und gesteuert werden. Die zentrale Steuerung bietet die Möglichkeit, ganze Systeme von DNC-Maschinen aufeinander abzustimmen. Insbesondere erlaubt es diese Steuerung, den Maschinen in Abhängigkeit von der jeweiligen Belastungssituation neue Aufgaben zuzuordnen. Durch die DNC-Technik wird es möglich, einzelne Werkzeugmaschinen oder Bearbeitungszentren zu flexiblen Fertigungssystemen zu verketten.

Unter einem flexiblen Fertigungssystem[116] ist eine Anzahl computergesteuerter Werkzeugmaschinen zu verstehen, die durch ein automatisches Transportsystem miteinander verbunden sind und deren Ablauf durch einen zentralen Computer gesteuert wird.

Nach dem Integrationsgrad lassen sich unterschiedliche Komplexitätsgrade derartiger Systeme unterscheiden.[117] Bei Fertigungszellen mit einem noch geringen Integrationsgrad werden eine oder einige wenige CNC-Maschinen gemeinsam von einem Handhabungsautomaten mit Werkstücken beschickt und entsorgt. Fertigungszellen haben in der Regel eine geringe Fertigungstiefe, d.h., sie erhöhen den Reifegrad der Produkte nur wenig. In flexiblen Fertigungsnetzen und -linien findet hingegen eine weitgehende Komplettfertigung von Tei-

---

116 Zum Begriff des FFS vgl. Wildemann (1987) und Warnecke/Dangelmaier (1988), S. 74 f.
117 Vgl. Kamiske/Brauer (1995), S. 89.

len oder Produkten statt. Derartig hochintegrierte Systeme arbeiten mit einem zentral gesteuerten Werkstücktransportsystem, das die einzelnen NC-, CNC-Maschinen oder auch Fertigungszellen netzartig bzw. nach dem Linienprinzip miteinander verbindet.

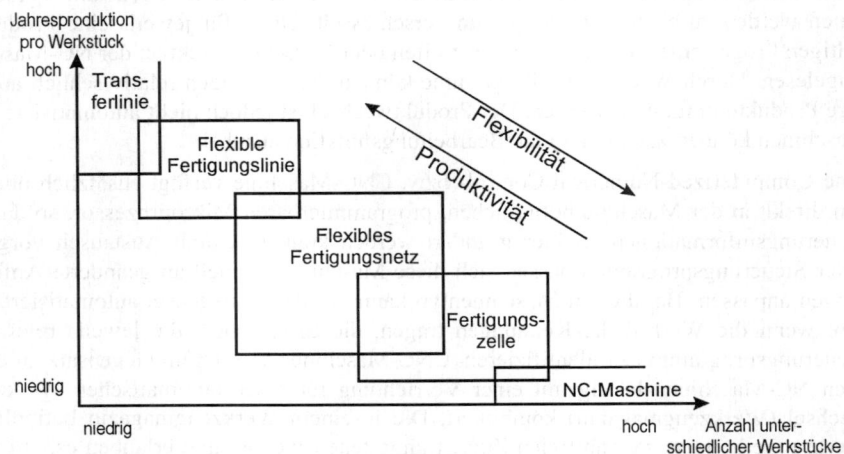

Abbildung 1-8

Flexible Produktionssysteme haben gegenüber dem traditionellen Maschinenkonzept **drei Vorteile**:

- Sie erlauben eine größere Bandbreite an Bearbeitungsfunktionen und Produkten.
- Es ist z.T. möglich, gleichzeitig unterschiedliche Produkte in den einzelnen Stufen des Produktionssystems zu bearbeiten.
- Es ist ein schneller Wechsel zwischen verschiedenen Funktionen oder auch Produkten möglich.

Die Bestückung des Werkzeugmagazins der einzelnen Maschinen definiert die Bandbreite der aktuell möglichen Funktionen (Bohren, Fräsen usw.) und der zu bearbeitenden Produkte. Ein Wechsel zwischen den in einem Magazin vorgehaltenen Werkzeugen erfolgt automatisch ohne nennenswerte Rüstzeiten, da ein neues Werkzeug bereits während der laufenden Produktion bereitgestellt werden kann. Solange also Produkte gefertigt werden, die auf die Werkzeuge des gleichen Magazins zurückgreifen, entfallen Umrüstzeiten fast vollständig. Damit steigt die zeitliche Flexibilität der Produktion. Die Fertigung wird in den Stand versetzt, kleine Lose – im Grenzfall Losgröße 1 – wirtschaftlich zu produzieren, so daß Produktions- und Absatztermine leichter aufeinander abgestimmt werden können.

Durch die neue Form der Automation entstehen z.T. neuartige betriebswirtschaftliche Planungsprobleme. Umrüstungszeiten entfallen nur für Produkte, die mit dem aktuellen Magazin bearbeitet werden können. Ist ein Magazinwechsel erforderlich, treten zum Teil erhebliche Umrüstungszeiten auf. Alle mit einem Magazin zu fertigenden Produkte werden als **Teilefamilie** bezeichnet. Daraus resultieren zwei eng miteinander verknüpfte Planungsprobleme.[118] Das gesamte Produktionsprogramm eines Betriebes muß in Teilefamilien untergliedert werden. Um eine möglichst hohe zeitliche Flexibilität zu wahren, sind möglichst wenige Teilefamilien zu bilden, weil dann Umrüstvorgänge seltener werden. Die Anzahl erforderlicher Teilefamilien hängt aber von der Gesamtmenge unterschiedlicher Bearbeitungsfunktionen für alle Produkte und von der Anzahl der an den Werkzeugmaschinen verfügbaren Werkzeugschlitze (slots) ab. Die **Teilefamilienplanung** beeinflußt in starkem Maße die **Magazinierungsplanung**, da für jede Teilefamilie ein eigenes Werkzeugmagazin bereitzustellen ist. Bei gegebener Teilefamilienzahl ist dann für jede Familie ein **Familienlos** zu planen; es ist festzulegen, wie viele Mengeneinheiten der unterschiedlichen Produkte einer Familie produziert werden sollen, bevor das Magazin umgestellt wird. Dieses Planungsproblem ähnelt dem klassischen Auftragsgrößenproblem, bei dem mit steigenden Losgrößen zwar die Lagerkosten wachsen, die Umrüstungskosten aber sinken. Im Unterschied zum klassischen Losgrößenproblem sind die Umrüstungskosten beim Magazinwechsel aber Gemeinkosten aller Produkte der Familie, während die Lagerkosten weiterhin Einzelkosten der einzelnen Produktarten sind.

1.3.4.4.3.4 Integration von technischen und ökonomischen Informationssystemen (CIM)

Die EDV wurde in zwei getrennten Datensträngen eingeführt:

- dem Strang der ökonomischen Informationssysteme mit der Finanzbuchhaltung, der Kostenrechnung und Kalkulation, der Lohnabrechnung, aber auch mit Systemen zur mengenmäßigen und zeitlichen Koordination der Fertigung (Fertigungssteuerung);
- dem Strang der technischen Datenverarbeitung, der sich mit der Steuerung der NC-Maschinen (CAM = Computer Aided Manufacturing), dem Entwurf und der Konstruktion von Produkten (CAD = Computer Aided Design) und automatischen Systemen zur Qualitätssteuerung (CAQ = Computer Aided Quality Control) beschäftigt.

Im allgemeinen sind in beiden Datensträngen nur Insellösungen implementiert, d.h., es werden EDV-Programme für ganz bestimmte Teilfragen – z.B. Finanzbuchhaltung oder Kostenrechnung – eingesetzt. Insellösungen haben den Vorteil, für Teilfragen relativ schnell EDV-Unterstützung bieten zu können. Dieser „Vorteil der ersten Stunde" stellt die Betriebe bei fortschreitendem EDV-Einsatz vor schwierige, kostentreibende Probleme, da die Datenstrukturen der Inseln nicht kompatibel sind. Die Systeme können folglich keine Daten austauschen. Fehlt es an kompatiblen Schnittstellen zwischen den Programmen, muß der „Output" einer Insel u.U. manuell verändert werden, um erneut für eine zweite Insel weitergenutzt werden zu können. Daten – z.B. Stücklisten – sind ggf. zweimal getrennt einzugeben: einmal im Rahmen der Teilebedarfsrechnung für die Fertigungssteuerung und ein zweites Mal für das CAD-System. Datenverarbeitung mit derartigen Behinderungen beim Datentransfer führt zu verlängerten Arbeitsprozessen und hat inkonsistente Informationen

---
118 Vgl. Köhler (1988), S. 8 ff.

zur Folge, da durch mehrfache Eingabe gleicher Daten in unterschiedliche Teilsysteme Übertragungsfehler nicht auszuschließen sind. Insellösungen sind mithin teuer und langsam.

Die Bestrebungen gehen daher dahin, die Datenstrukturen für alle Teilsysteme der beiden Datenstränge zu vereinheitlichen und umfassende Datenbanken zu schaffen, auf die die Teilsysteme gemeinsam zurückgreifen können. Auf diese Weise sollen Redundanzen in der Datenerfassung und den Datenbeständen sowie inkonsistente Daten vermieden und der Prozeß der Datenbearbeitung beschleunigt werden. Die Integration technischer und ökonomischer Datenbestände wird als CIM-Konzept (**C**omputer **I**ntegrated **M**anufacturing) bezeichnet.[119] Da es in der Regel nicht möglich sein wird, sämtliche lauffähigen Programme nach einer einheitlichen Struktur der Eingabe- bzw. Ausgabedaten neu zu konzipieren bzw. zu überarbeiten, wird häufig durch die Konstruktion von Schnittstellen eine Zwischenlösung angestrebt. Schnittstellen definieren die Struktur der Eingabe- bzw. Ausgabedaten eines EDV-Systems und sind damit die Basis für Datenübersetzungsprogramme, mit deren Hilfe Daten von einem in ein anderes Programm übertragen werden können. Häufig werden heute Problemlösungen als CIM-fähig bezeichnet, wenn lediglich diese Datenaustauschfunktion, nicht aber eine wirklich einheitliche Datenbasis gewährleistet ist.

Durch CIM-Konzepte wird die Produktion in der Zukunft nachhaltig verändert werden. CIM ist die Basis für eine planungs- und steuerungsgerechte Fabrik der Zukunft. Dieses Konzept schafft die Voraussetzung für eine Automation der Bearbeitung und des Transports von Werkstücken und Werkzeugen sowie für die Steuerung von NC-Maschinen. Erst durch Datenintegration wird letztlich eine geschlossene Bearbeitung eines Auftrags von der Auftragsannahme über die Konstruktion und Kalkulation, die Fertigungsplanung und -steuerung, die Qualitätssicherung und den Versand an den Kunden bis zur Überwachung der Zahlungen und des ökonomischen Erfolgs eines Auftrags möglich. Zugleich schafft CIM die Voraussetzung für eine weitgehende Modularisierung und Selbststeuerung der Fertigung. Das Problem der Produktionsplanung und -steuerung reduziert sich dann auf die Koordination selbständig arbeitender, NC-gesteuerter Fertigungsinseln, so daß der Komplexitätsgrad der operativen Planung abnimmt. CIM wird zudem zu einem grundlegenden Paradigma-Wechsel in der Produktionssteuerung führen. Während die klassische Produktionssteuerung von den Gegebenheiten der Aufbauorganisation ausging und nach einer möglichst guten Lösung des Ablaufproblems suchte, führt CIM dazu, daß sich die Aufbauorganisation am Planungs- und Steuerungssystem orientieren muß, um die erforderlichen strukturorganisatorischen Voraussetzungen für eine optimale Arbeitsweise zu schaffen.

CIM-Konzepte sind in der Praxis nur dann effizient, wenn es gelingt, die Komplexität von Programmen, Abläufen und Kundenstrukturen deutlich zu reduzieren.[120] Es ist im höchsten Maße ineffizient und teuer, hohe Komplexität mit CIM beherrschen zu wollen. CIM bei hoher Komplexität hat lediglich zu steigenden Komplexitätskosten und dennoch unbeherrschter Produktion geführt. Voraussetzung für CIM ist deshalb die Einfachheit der organisatorischen Rahmenbedingungen. Bei vereinfachten Rahmenbedingungen kann auch das einzusetzende CIM-Konzept selbst einfach und damit kostengünstig gehalten werden.

---

119 Vgl. Scheer (1990b), Adam (1990), S. 835 ff. und Backhaus/Weiss (1988), S. 57 f.
120 Vgl. Rommel et al. (1993), S. 135 ff.

1.3.4.4.3.5 Lean Management und CIM als komplementäre Konzepte[121]

Lean Management und CIM werden in der Regel als getrennte Instrumente diskutiert, obgleich ihre enge Verwandtschaft unverkennbar ist. Beide Konzepte basieren auf dem Grundsatz der Kundenorientierung. Allerdings wählen Lean Management und CIM mit einem Organisations- bzw. einem Technologiekonzept unterschiedliche Ansatzpunkte.

CIM sieht in der informationstechnologischen Integration den Schlüssel zum Erfolg und verliert dabei leicht aus den Augen, daß nur die von einer abgestimmten Organisationsentwicklung begleitete Automation der Informationsversorgung Rationalisierungserfolge eröffnet. In der Vergangenheit wurden daher nicht selten komplexe CIM-Systeme für teilweise nicht beherrschte Prozesse geschaffen, die kaum zu Qualitäts-, Zeit- und Kostenverbesserungen führten, sondern erhebliche Zusatzkosten nach sich zogen.[122]

Lean Management betrachtet Einfachheit und organisatorische Restrukturierung als grundlegend für überlegene Leistung. Einfachheit der Strukturen bedeutet aber nicht, daß eine informationstechnische Durchdringung straffer Unternehmen irrelevant ist; allein die auf intensive Kommunikation bauenden Grundsätze schlanker Unternehmensführung machen eine adäquate informationstechnologische Unterstützung unumgänglich. Im Lean Management besteht aber ein anderes Grundverständnis über die Zwecksetzung fortschrittlicher Technologien. Sie dienen nicht dazu, hohe Komplexität zu beherrschen. Vielmehr sind sie ein Element, um einfache, überschaubare Abläufe zu erreichen.[123]

Lean Management und CIM sind über den Grundsatz der Einfachheit miteinander verknüpft. Einfachheit schafft aus Sicht des Technologiekonzepts die Voraussetzung zur bestmöglichen Ausnutzung seiner Rationalisierungspotentiale und folgt somit – aus der Perspektive des Organisationskonzepts – dem ökonomischen Denken. Erst nachdem Produktkonzepte und Fertigungsprozesse vereinfacht worden sind, sollte eine Automation von Fertigung und Informationsversorgung eingeleitet werden, die dann mit einfacheren und damit kostengünstigeren Technologien auskommt und konventionell nicht erschließbare Rationalisierungspotentiale eröffnet.

Die komplementäre Beziehung zwischen Organisations- und Technologiekonzept drückt sich darin aus, daß die Lean-Management-Grundsätze einer adäquaten informationstechnologischen Infrastruktur bedürfen[124] und daß das in CIM schlummernde Rationalisierungspotential nur durch Befolgung der schlanken Organisationsgrundsätze erschlossen werden kann. Im folgenden sollen vor dem Hintergrund der Kundenorientierung und Vereinfachung die Parallelen zwischen Lean Management und CIM aufgezeigt werden. Dazu kann auf praktisch alle behandelten Grundsätze schlanker Organisation zurückgegriffen werden.

Der Grundsatz der Prozeßorientierung findet unmittelbar in der dem CIM-Gedanken zugrundeliegenden Vorgangsintegration seinen Niederschlag, die eine sowohl horizontale als

---

121 Vgl. zu diesem Themenkomplex Rollberg (1996), Unterkapitel 5.1.; Bogaschewsky/Rollberg (1998), S. 181 f.
122 Vgl. Rommel et al. (1993), S. 136 f.
123 Vgl. im folgenden Rommel et al. (1993), S. 135 ff., insb. S. 140–152, S. 156 und S. 161.
124 Vgl. auch Rosemann/Wild (1993a), S. 86.

auch vertikale Reintegration von Arbeitsinhalten zu ganzheitlichen Geschäftsprozessen bewirken kann. Durch die Reintegration wird in prozeßorientierten CIM-Konzepten der enge Zusammenhang zwischen Vereinfachung und Prozeßorientierung deutlich: Denn für ausgewählte, umfassende Geschäftsprozesse reduziert sich die Komplexität der CIM-Systeme nachhaltig, da Schnittstellen entfallen, die einen Informationsaustausch erforderlich machen würden. Prozeßvereinfachung, die einer erfolgversprechenden Automation der Informationswirtschaft vorausgeht, führt zu beherrschten Prozessen, da mögliche Störungen und Abweichungen von vornherein im geschaffenen CIM-System weitestgehend ausgeschlossen sind.

Die Komplexität parallel ablaufender Teilprozesse, wie sie bspw. im Simultaneous Engineering anzutreffen ist, kann nur mit Hilfe einer adäquaten informationstechnologischen Infrastruktur bewältigt werden, die eine sowohl zeitliche als auch sachliche Koordination der vernetzten Prozesse zu unterstützen vermag. Insofern spiegelt sich der schlanke Grundsatz der Parallelisierung unmittelbar in einem gezielten Einsatz fortschrittlicher Informations- und Kommunikationstechnologien wider. Insbesondere informationstechnologische Dezentralisierungstrends[125] fördern die für ein abgestimmtes paralleles Arbeiten in eigenverantwortlichen Teams erforderlichen dezentralen CIM-Konzepte.

Eine organisatorische Integration überbetrieblicher Geschäftsprozesse ergibt wiederum nur Sinn, wenn sie von einer informationstechnologischen Integration begleitet wird, die den generellen Unterschied zwischen internen und externen Kunden-Lieferanten-Beziehungen verwischt. Somit ist der Grundsatz der Lieferantenorientierung die entscheidende Triebfeder zunehmender zwischenbetrieblicher Integrationsbestrebungen, die den CIM-Gedanken auf Unternehmensnetzwerke auszudehnen versuchen.

Dezentrale CIM-Konzeptionen, die die Daten- um die Vorgangsintegration ergänzen, folgen in gleicher Weise dem Grundsatz der Mitarbeiterorientierung wie das Organisationskonzept Lean Management. Selbst die schon mehrfach angesprochene Prozeßvereinfachung dient ebenfalls – wenn auch nur indirekt – der verstärkten Nutzung von Mitarbeiterpotentialen; denn durch überschaubare Strukturen, verbunden mit weitreichenden Entscheidungskompetenzen, kann das Erfahrungswissen der Mitarbeiter vor Ort problemloser erschlossen werden.[126]

Auch der Grundsatz der Wertschöpfungsorientierung verbindet Lean Management und CIM. Sowohl bei der Gestaltung der Organisation als auch beim Entwurf des CIM-Systems kommt es darauf an, alle Aktivitäten zu vermeiden, die für die Kundenorientierung nicht zielführend sind. Unnötige oder unzureichend aufbereitete Informationen, die der Koordination des Wertschöpfungsprozesses auf den Kundennutzen hin nicht dienen und lediglich zu einer Belastung der eigenen Erfolgssituation führen, sind daher konsequent zu vermeiden.

Die Veränderungsbereitschaft – Kernmaxime schlanker Unternehmensführung – findet sich in nahezu allen anderen diskutierten Prinzipien wieder. Folglich muß sie sich ebenfalls indirekt in dem Technologiekonzept CIM widerspiegeln. Veränderungsbereitschaft muß insbe-

---

125 Vgl. Becker/Rosemann (1993), S. 42 f.
126 Vgl. Rommel et al. (1993), S. 143 ff.

1.3 Klassische Gestaltungsprinzipien der Produktion und gegenwärtige Veränderungstendenzen

sondere in der Konstruktion der CIM-Systeme angelegt sein. Sie müssen flexibel gehalten sein, um in der Informationsbeschaffung und -aufbereitung auf veränderte Kundenanforderungen schnell und kostengünstig reagieren zu können.

Die Diskussion zeigt: Das Technologiekonzept CIM ist mit den Grundsätzen des Organisationskonzepts Lean Management kompatibel. Im folgenden werden daher die Ansatzpunkte einer technologischen Unterstützung der schlanken Arbeitsorganisation umrissen. Dazu sollen dem Vertrieb sowie der Entwicklung, Beschaffung und Produktion die korrespondierenden CIM-Komponenten gegenübergestellt werden, wobei auch die Qualitätssicherung als Querschnittsfunktion berücksichtigt wird.

Der proaktive Verkauf als Kernelement des schlanken Vertriebs verlangt ein um die kundenorientierten Komponenten Database Marketing (DBM) und Computer Aided Selling (CAS) erweitertes CIM-Konzept.[127] Durch CAS ist es den Außendienstmitarbeitern möglich, den Kunden ihr Produktwissen mit Hilfe mobiler Computer und multimedialer Produktpräsentationen zu demonstrieren. Für die Unterstützung beim Kaufabschluß sind rechnergestützte, interaktive Instrumente der Produktselektion und -konfiguration sowie der Preisfindung und Lieferterminierung unverzichtbar. Das DBM kann dazu eingesetzt werden, auf der Grundlage kundenspezifischer Merkmalsprofile die zu besuchenden Kunden auszuwählen und ggf. das jeweils zu präsentierende Leistungsangebot kundenindividuell zu spezifizieren. Insbesondere bei rückläufigem Absatz sind diese Funktionen des DBM unentbehrlich, um zusätzliche Nachfrage zu mobilisieren und damit das Produktionsvolumen über die Zeit zu glätten.

Da die Außendienstmitarbeiter daran interessiert sind, informative Kundenprofile zu erstellen und zu aktualisieren, eröffnet sich hierzu durch kombinierten Einsatz von DBM und CAS eine ideale Möglichkeit. Während des rechnergestützten Verkaufsgesprächs können Informationen über die persönlichen Verhältnisse und gegenwärtigen Präferenzen der Kunden routinemäßig erfaßt und danach direkt an das DBM weitergeleitet werden. Die neugewonnenen bzw. modifizierten, in einer Datenbank hinterlegten Kundenprofile dienen zu einem späteren Zeitpunkt wiederum der kundengerechten Planung des Marketingmix und der Vertriebsaufgaben.

Neben Endverbrauchern können unabhängige Händler oder Unternehmen höherer Wertschöpfungsstufen Abnehmer betrieblicher Leistungen sein. In diesem Fall ist die informationstechnologische Unterstützung des Vertriebs durch DBM und CAS zusätzlich um Elemente des elektronischen Datenaustauschs (EDI – Electronic Data Interchange) – wie Wide Area Networks und systemneutrale Standardschnittstellen (bspw. EDIFACT für Electronic Data Interchange for Administration, Commerce, and Transport) – zu ergänzen.[128]

Die schlanke Entwicklung und Konstruktion in interdisziplinären Entwicklungsteams, die neben innerbetrieblichen Mitarbeitern auch Vertreter des Vertriebskanals und der Systemlieferanten umfassen, macht den abgestimmten Einsatz von DBM, CAD und CAP (Computer

---

127 Zu den CIM-Bausteinen DBM und CAS vgl. Link/Hildebrand (1993).
128 Zu EDI und EDIFACT vgl. Georg (1993), Sedran (1991), Picot/Neuburger/Niggl (1991) sowie Müller-Berg (1991) und (1992).

Aided Planning) in Verbindung mit Groupware-Anwendungen[129] unumgänglich. Insbesondere im Simultaneous Engineering ist die integrierte Anwendung von CAD und CAP erforderlich,[130] weil eine nahezu gleichzeitige Produkt- und Werkzeugentwicklung sowie Betriebsmittelauswahl und Prozeßplanung nur durch intensiven und zeitnahen Datenaustausch erreicht werden kann. Die notwendige interdisziplinäre Gruppenarbeit für zeitlich befristete kreativ-planerische Tätigkeiten läßt die Bedeutung von Groupware-Anwendungen für die schlanke Entwicklung und Konstruktion erahnen. Im Rahmen des Simultaneous Engineering müssen nicht nur die einzelnen Gruppenmitglieder, sondern auch die parallel arbeitenden Teams ständig miteinander kommunizieren und kooperieren, um die zeitgleiche Entwicklung der verschiedenen Komponenten und Baugruppen des jeweiligen Produkts sowie der dazugehörigen Produktionsmittel und -prozesse aufeinander abzustimmen.

Da Kundenorientierung insbesondere im Konstruktionsprozeß nötig ist, sind die in die Entwicklungsteams eingebundenen Händler dazu aufgefordert, mit Hilfe ihrer Kundenprofile Hinweise auf die aktuellen Kundenbedürfnisse zu geben. Nicht nur die Eingrenzung des Kundenproblems und die Spezifikation des Anforderungsprofils einer kundengerechten Problemlösung lassen sich durch DBM unterstützen; in der Phase der Produktgestaltung und -detaillierung kann auch für die marktgerechte Wert- und Kostengestaltung (Value Engineering und Target Costing) auf diese Informationsbasis zurückgegriffen werden.

Letztlich ist EDI für den schlanken Konstruktionsprozeß von Bedeutung, weil auch Händler und Systemlieferanten mit in die interdisziplinären Gruppen einbezogen werden. Wenn es gelingt, ein geeignetes Standardformat der Datenfernübertragung für den zwischenbetrieblichen Konstruktionsdatenaustausch[131] zu definieren, können Entwicklungsbereiche betriebsübergreifend integriert werden.

Für EDI im Sinne eines zwischenbetrieblichen, branchenübergreifenden und sogar internationalen Geschäftsdatenaustauschs ist mit EDIFACT eine systemneutrale Standardschnittstelle geschaffen worden, die in den Dienst der schlanken Beschaffungslogistik gestellt werden kann. Durch EDIFACT können Systemlieferanten und Endhersteller informationstechnologisch verkettet werden. Zudem erleichtert das Standardformat die Kommunikation innerhalb der Zulieferpyramide. Sie erlaubt einen papierlosen, zeiteffizienten Austausch von Beschaffungsaufträgen. Gelingt es darüber hinaus, die PPS-Systeme verschiedener Unternehmen miteinander zu verknüpfen, steht einer fertigungssynchronen Just-in-Time-Anlieferung informationstechnisch nichts mehr im Wege. Der Abnehmer kann dann bei Materialbedarf Bestellungen online über das Materialwirtschaftsmodul seines PPS-Systems an das Vertriebsmodul des PPS-Systems seines Lieferanten übermitteln.[132]

Die Qualitätssicherung muß sich wegen des umfassenderen Qualitätsbegriffs des TQM zu einer Querschnittsfunktion entwickeln. Folglich sollten sich die Aufgaben des CAQ weniger

---

129 Zur Groupware vgl. Rollberg (1996), S. 116 ff. Petrovic (1993) beschreibt ausführlich die unterschiedlichsten Groupware-Anwendungen.
130 Vgl. auch Westkämper (1992), S. 19.
131 Vgl. zur speziellen Problematik des zwischenbetrieblichen Konstruktionsdatenaustauschs mit Hilfe von CAD-Systemen Bullinger/Ankele (1994) und ferner auch Becker/Rosemann (1993), S. 62 ff.
132 Vgl. Görgel (1991), S. 190.

1.3 Klassische Gestaltungsprinzipien der Produktion und gegenwärtige Veränderungstendenzen

auf Kontrolle und Nachbesserung als vielmehr auf eine betriebsübergreifende Unterstützung der Qualitätsbemühungen beziehen. Die traditionelle Aufgabe, Prüfpläne und -programme zur rechnergestützten Überwachung von Produkteigenschaften zu entwickeln, muß gegenüber modernen Funktionen zur Fehlerverhütung und zum Qualitätsmanagement kooperierender Unternehmen zurücktreten.[133] Das erweiterte Aufgabengebiet der Qualitätssicherung macht eine Ergänzung von CAQ um verschiedene Groupware-Anwendungen erforderlich. Beispielsweise könnte die Qualitätszirkelarbeit EDV-technisch unterstützt werden.

Die komplementäre Beziehung zwischen Lean Management und CIM, die sich darin ausdrückt, daß beide Konzepte einander bedürfen, um das in ihnen schlummernde Rationalisierungspotential ausschöpfen zu können, führt zur Forderung nach einer **Integration von Organisation und Technologie**[134]. Genauso wie zunächst einzelne EDV-Inseln in CIM und später unterschiedliche Arbeitsgestaltungsmaßnahmen im Lean Management integriert worden sind, ist das organisatorische mit dem informationstechnologischen Integrationskonzept zu vereinen. Das Resultat einer derartigen Integration könnte als „computerintegriertes Lean Management"[135] bezeichnet werden.

1.3.5 Integrationstendenzen in der überbetrieblichen Wertschöpfungskette

Die in der Industrie verbreitete Tendenz, den Integrationsgrad der Fertigung durch Auslagerung von Produktionsstufen zu reduzieren – Abbau der Fertigungstiefe –, führt zu einer verstärkten zwischenbetrieblichen Arbeitsteilung. Die eigene Komplexität wird durch diese Maßnahme reduziert, gleichzeitig erhöht sich aber der Komplexitätsgrad der gesamten überbetrieblichen Wertschöpfungskette. Zwar sinkt die Zahl der Wertschöpfungsstufen innerhalb eines Betriebes, gleichzeitig erhöht sich aber die Zahl der insgesamt an der Wertschöpfung beteiligten Unternehmen.

Mit steigender Komplexität der überbetrieblichen Wertschöpfungskette stellt sich ein neues, noch komplexeres Koordinationsproblem. Es besteht darin, die gesamte Kette effizient zu steuern. Bislang ging man davon aus, daß Marktmechanismen ausreichen, um dieses Koordinationsproblem wirkungsvoll zu bewältigen. In neuerer Zeit kommen aber Zweifel auf, ob Markmechanismen allein bei sehr dynamischen Marktverhältnissen dazu in der Lage sind. Diese Zweifel resultieren aus den z.T. langen Reaktionszeiten der einzelnen Stufen im Wertschöpfungsprozeß, den durch die Reaktionszeiten verzögerten Informationen der Industrie über die Veränderung des Kaufverhaltens und aus dem immer unberechenbarer werdenden Kaufverhalten der Konsumenten.

Die Versorgung innerhalb der überbetrieblichen Wertschöpfungskette ist klassischerweise nach dem Bring-Prinzip organisiert. Produzierende Unternehmen mit geringer Fertigungsflexibilität fertigen Konsumartikel wie beispielsweise Bekleidung auf Vorrat. Der Groß- und Einzelhandel deckt sich mit relativ langen Reichweiten bei der Industrie mit Ware ein. Der

---

[133] Vgl. Rosemann/Wild (1993a), S. 84 f. und Rosemann/Wild (1993b), S. 38.
[134] Vgl. hierzu die Ausführungen in Corsten/Reiss (1992) und Corsten/Will (1993), S. 78 ff.
[135] Rollberg (1996), S. 134.

Einzelhandel bestellt z.B. für die Sommer- und Wintersaison, also nur zweimal im Jahr, und arbeitet damit mit Lagerreichweiten von einem halben Jahr. Für die Produktion hat das die Konsequenz, daß für die Produktionsplanung nur relativ schlechte Informationen über den Bedarf existieren. Die Bedarfsprognose wird zudem in Zeiten, in denen sich Kunden immer irrationaler verhalten, zunehmend erschwert. Zu diesen Irrationalitäten zählt, daß Kunden in einigen Segmenten im Hochpreisbereich agieren – mit sehr teuren Autos fahren – aber gleichzeitig die Artikel des täglichen Bedarfs – Lebensmittel – im Niedrigpreisbereich kaufen.

Die Prognoseprobleme führen im Verbund mit langen Reaktionszeiten zu Steuerungsdefiziten in der überbetrieblichen Versorgungskette; es gelingt nur sehr unzureichend, die Produktionsmengen und Nachfragemengen aufeinander abzustimmen, oder diese Abstimmung ist sehr kostenintensiv. Diese Steuerungsdefizite führen häufig zu übervollen Lägern in Industrie und Handel. Eine Abstimmung von Bedarf und Angebot gelingt dann nur durch Sonderverkaufsmaßnahmen zu herabgesetzten Preisen. Eine zweite Strategie besteht darin, die Läger klein zu halten und bei Fehlmengen nachzubestellen. Bestehen in den Vorstufen keine Läger mehr, bleibt häufig keine andere Möglichkeit als in kleinen Losen nachzufertigen, was bei geringer Fertigungsflexibilität sehr teuer sein kann. Beide Strategien sind mit zusätzlichen Kosten bzw. Erlöseinbußen verbunden. Derartige Probleme treten in der überbetrieblichen Wertschöpfungskette bei langen Reaktionszeiten nur dann nicht auf, wenn die Nachfragemengen pro Zeiteinheit im Zeitablauf nur geringe Verwerfungen aufweisen. Je größer diese Nachfrageschwankungen im Zeitablauf werden und je größer die Reaktionszeiten in den einzelnen Stufen der überbetrieblichen Wertschöpfungskette ausfallen, um so sichtbarer werden die skizzierten Steuerungsdefizite.

Die Steuerungsphilosophie für die Kette muß dann einmal darauf gerichtet sein, die Reaktionszeiten der einzelnen Stufen zu verkürzen. Das gelingt in der Industrie z.B. durch die Philosophie der Einfachheit, durch Komplexitätsabbau, sowie durch Komplexitätsbeherrschung. Zweitens müssen aktuelle Informationen über das Kaufverhalten und den Lagerzustand der Versorgungskette verfügbar sein. Nur dann ist es bei geringen Lagerbeständen in der Kette durch eine flexible Produktions- und Logistikpolitik möglich, jederzeit ausreichende Bestände an den richtigen Stellen vorzuhalten.

Voraussetzungen für eine effiziente Steuerung der Versorgungskette sind vor allem bessere und zeitnahe Informationen. In der klassischen Organisation der Versorgungskette fehlen diese Informationen; die Industrie ist nicht über die Bestände in den nachfolgenden Versorgungsstufen informiert, und sie kennt auch die Entwicklung der Verkäufe an die Endverbraucher nicht. Es bestehen daher keine Möglichkeiten, flexibel auf die Lagersituation zu reagieren.

Ein modernes Konzept zur überbetrieblichen Integration ist das **Efficient Consumer Response** (ECR)[136]. Als eine der vier Basisstrategien des ECR soll die Versorgungskette künftig durch Systeme, die auf dem **Efficient Replenishment** (ERP) beruhen, gesteuert wer-

---

136 Vgl. von der Heydt (1998).

1.3 Klassische Gestaltungsprinzipien der Produktion und gegenwärtige Veränderungstendenzen 101

den.[137] Diese Systeme erfassen die Verkaufsdaten aus Scanner-Kassen und berechnen auf der Basis der erfolgten Verkäufe den aktuellen Bestand in den einzelnen Versorgungsstufen. Sie sollen damit die Informationsbasis für eine verbesserte, flexible Mengensteuerung legen. Diese Daten werden per EDI an den Hersteller weitergeleitet. Der Hersteller legt in Absprache mit dem Händler die zu produzierende und zu liefernde Menge fest. Die Auslösung von Lieferungsaufträgen kann somit teilweise oder auch ganz vom Händler auf den Hersteller übergehen.[138] Von diesen Systemen verspricht man sich erhebliche Kosteneinsparungen in der logistischen Kette. Insbesondere sollen Lager- und Kapitalbindungskosten abgebaut werden. Diesen Einsparungen stehen Kosten für die Einführung und den Betrieb der DV-Systeme gegenüber. Erste Versuche mit derartigen Systemen belegen erhebliche Kosteneinsparpotentiale in der Größenordnung von ca. 20% der bisherigen Logistikkosten.

ECR-basierte Systeme sind sicherlich eine Grundlage für eine verbesserte Steuerung der Versorgungskette, wenn zentrale Voraussetzungen erfüllt sind. Die Erfolgsmeldungen mit derartigen Systemen stammen überwiegend von Unternehmen mit geringer Komplexität des Vertriebsprogramms und einer vergleichsweise geringen Anzahl von Verkaufsniederlassungen. Das deutet auf ein generelles Problem hin, was bereits beim Einsatz von CIM-Systemen deutlich wurde. Effizient sind diese Systeme nur in relativ einfachen Strukturen. Ausschlaggebend für den Erfolg von ECR-Systemen wird es daher sein, ob es gelingt, relativ einfache Strukturen mit einer geringen Zahl von Produkten und Verkaufsstellen zu schaffen. Der Erfolg wird zweitens von der Flexibilität und den Reaktionszeiten der einzelnen Elemente der Versorgungskette abhängig sein. Nur wenn es gelingt, die Zeiten zu kürzen, bieten sich nachhaltige Chancen zur Bestandssenkung und damit zur besseren Abstimmung innerhalb der Kette.

ECR-Systeme übertragen, wenn diese beiden Voraussetzungen erfüllt sind, im Kern die Kanban-Idee (Pull-Prinzip) auf die gesamte Wertschöpfungskette.[139] Die Endabnehmer lösen einen Produktionsimpuls in der letzten Stufe aus. Bei kurzen Wiederauffüllzeiten deckt sich die letzte Stufe in einer Art Kanban bei der Vorstufe ein usw. Dieser Vergleich mit dem Kanban-System offenbart aber eine weitere Problematik dieser Systeme: Kanban funktioniert in der Fertigung nur dann gut, wenn es gelingt, die Materialströme weitgehend zu stabilisieren. Es darf nur geringe Veränderungen der Nachfrage im Zeitablauf geben, weil sonst der Materialstrom abreißt. Nur wenn die Reaktionszeiten – Wiederauffüllzeiten der Kanbans – in den einzelnen Stufen gegen null strebt, lassen sich Nachfrageschwankungen voll beherrschen. Reaktionszeiten von null sind aber völlig unrealistisch. Das deutet darauf hin, daß der Leistungsfähigkeit der ECR-Systeme bei starken Nachfrageschwankungen Grenzen gesetzt sind. Für den Erfolg dieser Systeme wird es daher wichtig sein, die Nachfrageverwerfungen nicht zu extrem werden zu lassen.

ECR-Systeme versprechen nicht nur Chancen, sie sind auch mit Gefahren verbunden, die in der Anfälligkeit derartiger hochkomplexer DV-Systeme begründet sind. Fallen die DV-

---

137 Zu dieser und den anderen Strategien (Efficient Assortment, Efficient Promotion und Efficient Product Introduction) vgl. von der Heydt (1998).
138 Das sog. Co-Managed Inventory bzw. Vendor Managed Inventory; vgl. dazu auch Waldmann (1998), S. 139 ff.
139 Vgl. Dantzer (1996), S. 26 f.

Systeme aus, sind die Unternehmen schlagartig von den zur Steuerung erforderlichen Informationen abgeschnitten. Es kann dann leicht der Logistik-Infarkt eintreten, der zu erheblichen Verkaufsausfällen führt. Eine zweite Gefahr liegt in den beträchtlichen Investitionsausgaben zum Aufbau derartiger Systeme. Die Investitionen werden sich erst rechnen, wenn Unternehmen mit ihren Artikeln über viele Jahre hinweg mit derartigen Systemen arbeiten können. Das setzt aber Produktions- und Vertriebsprogramme mit Artikeln voraus, die keine allzu kurzen Lebenszyklen besitzen. Je kürzer die Diffusionszeiten für Produkte werden, je kürzer diese Artikel am Markt vertreten sind, um so teurer wird die ständige Anpassung der Daten eines ECR-Systems sein. Die heute auf den Märkten häufig zu beobachtende starke Beschleunigung setzt damit den ECR-Systemen, die auf eine gewisse Kontinuität setzen müssen, auch Grenzen.

1.3.6 Ökologische Anforderungen an die Produktion[140]

Jede Art der Produktion tangiert die Umwelt in zweifacher Weise:[141]

- Durch die Produktion werden der Umwelt Rohstoffe (Erze, nachwachsende Rohstoffe, Gase usw.) entzogen. Soweit der Rohstoffverbrauch unter der Regenerationsrate bleibt (bspw. bei Holz oder Sauerstoff), wird der Rohstoffbestand nicht reduziert (**Ratenknappheit**). Durch Produktion werden dann die natürlichen Potentiale folglich nicht geschädigt. Schädigungen treten hingegen auf, wenn es sich um nicht regenerierbare oder erst in langen Zeiträumen nachwachsende Rohstoffe (Erze oder Rohöl) handelt (**Kumulativknappheit**). Bei diesen Stoffen führt eine heutige Nutzung dazu, daß künftige Nutzungen unmöglich werden. Diese Konkurrenz heutiger mit künftigen Nutzungsmöglichkeiten ist bereits bei gegenwärtigem Wirtschaften zu berücksichtigen. Künftige Nutzungen dürfen nicht generell dadurch unmöglich werden, weil die heutige Generation die Bestände nach dem Motto „Nach uns die Sintflut" egoistisch ausbeutet.

- Jede Art der Produktion ist Kuppelproduktion von „gewollter" und „ungewollter" Ausbringung.[142] Gleichzeitig mit der Produktion verkaufsfähiger Erzeugnisse fallen Emissionen i.w.S. an (Abfall, Gase, Wärme, Abwasser, Lärm, Strahlung usw.), die als Immissionen zu einer Schädigung der Natur führen können. Zudem führt der Gebrauch von gewollter Ausbringung – Autos – selbst zu Emissionen, und auch die Entsorgung abgenutzter Wirtschaftsgüter belastet die Umwelt. Können Abfallstoffe durch die Natur schnell abgebaut werden, liegt Ratenknappheit vor. Um den Zustand der Umwelt nicht zu verschlechtern, ist dafür zu sorgen, daß die Eintragsrate der Stoffe die Abbaurate nicht überschreitet. Bauen sich Immissionen nur langfristig ab, darf die Belastung der Umwelt einen bestimmten Gesamteintrag (Grenzwert) nicht überschreiten, wenn das ökologische Gleichgewicht gewahrt bleiben soll (Kumulativknappheit). Heutige Eintragsmöglichkeiten konkurrieren dabei wiederum mit künftigen Einträgen.

---

140 Zu diesem Abschnitt vgl. grundlegend Schreiner (1996) und Strebel (1980).
141 Vgl. Schreiner (1996), S. 17 ff.
142 Vgl. Gutenberg (1983), S. 123 ff., Riebel (1955), S. 11, S. 126 ff. und Jahnke (1986), S. 2.

1.3 Klassische Gestaltungsprinzipien der Produktion und gegenwärtige Veränderungstendenzen

Das Grundproblem ökologieorientierten Wirtschaftens besteht darin, die in der Natur verfügbaren Potentiale nicht wegen vermeintlicher kurzfristiger ökonomischer Vorteile auszubeuten und damit die Basis für die Befriedigung von Bedürfnissen in künftigen Zeiten zu zerstören. Durch intensive, gegenwärtige Nutzungen dürfen mithin keine unvorteilhaften zukünftigen Umweltzustände induziert werden, die künftiges Wirtschaften behindern oder ganz unterbinden. Um diese zeitübergreifende Betrachtung zu erreichen, ist es erforderlich, Ökonomie und Ökologie in einen Interessenausgleich zu bringen.

Das Ende der 80er Jahre entwickelte Konzept des Sustainable Development[143] ist ein erster, für die Betriebswirtschaftslehre allerdings noch wenig operationaler Ansatz, dem Ziel eines nachhaltigen Wirtschaftens bzw. einer nachhaltigen Entwicklung näherzukommen. Die Entwicklung des Ressourcenverbrauchs sowie der Investitionen in neue Produkte und Verfahren, die Ausrichtung der Forschung auf umweltschonende Technikkonzepte sowie der Wandel der Institutionen und Organisationen sollen nach diesem Konzept von der Idee der Harmonisierung von Ökonomie und Ökologie getragen sein. Der Verbrauch von Ressourcen und der Ausstoß von Emissionen sollen auf ein umweltverträgliches Maß beschränkt werden, möglichst ohne das Ausmaß der heutigen und künftigen Bedürfnisbefriedigung zu reduzieren. Das Konzept schließt ein, Bedürfnisse auf ihre Sinnhaftigkeit zu überprüfen. Nur der Umfang sinnvoller und notwendiger Bedürfnisse soll nicht reduziert werden.

Um das Ziel „Abbau des Umweltverbrauchs bei konstantem Niveau der notwendigen Bedürfnisbefriedigung" zu erreichen und die Potentiale für die künftige Bedürfnisbefriedigung zu schonen, greift das Sustainable Development auf drei Prinzipien zurück: Kreislaufwirtschaft, Verantwortungs- und Kooperationsprinzip.

Hinter dem Prinzip „**Kreislaufwirtschaft**" steht die Idee, natürliche Ressourcen durch geschlossene Stoffkreisläufe mehrfach für die Produktion und die Bedürfnisbefriedigung zu nutzen. Altstoffe, verbrauchte Produkte und sonstige Abfälle sollen aufgearbeitet werden, um daraus Sekundärrohstoffe zu gewinnen, die den originären Ressourcenverbrauch zu reduzieren helfen. Dadurch wird die ökologische Effizienz des Rohstoffeinsatzes verbessert. Zum Kreislaufprinzip gehört es auch, über die Nutzungsdauer von Gebrauchsgütern positive Wirkungen auf den Rohstoffverbrauch auszuüben. Anzustreben sind längere Nutzungsdauern, weil dann der Rohstoffverbrauch pro Zeiteinheit der Nutzung gesenkt werden kann. Das Kreislaufprinzip darf jedoch nicht allein vor dem Hintergrund des Rohstoffeinsatzes diskutiert werden. Recycling von Produkten und Stoffen sowie verlängerte Nutzungsdauern von Gebrauchsgütern tangieren die Natur auch über Emissionen. Es ist daher aus Sicht des Umweltschutzes wenig sinnvoll, die Effizienz des Rohstoffeinsatzes zu erhöhen, wenn dadurch gleichzeitig die Umweltbelastungen durch Emissionen unverhältnismäßig stark steigen. Ressourcen- und Emissionswirkungen müssen gleichzeitig betrachtet werden.

Das mit dem Kreislaufprinzip nicht ganz überschneidungsfreie **Verantwortungsprinzip** betont, daß die heutige Generation durch ihr Tun und Unterlassen maßgeblich die in der Zukunft noch verfügbaren Umweltpotentiale bestimmt. Dieses Prinzip verlangt, die ökologische Effizienz und Effektivität der Nutzung von Potentialen zu steigern. Das läßt sich nur

---

143 Zum Begriff des Sustainable Development vgl. Hopfenbeck (1997), S. 752 f., umfassender auch in Bergmann (1996), S. 328 ff.

durch intensive Technologieorientierung erreichen. Neue Technologien sollen die Rohstoffeffizienz verbessern, d.h., die erforderlichen Einsatzmengen je Outputeinheit und die Emissionen je Outputeinheit reduzieren. Durch neue Technologien sind Ersatzstoffe zu schaffen, die an die Stelle verbrauchter, kumulativ knapper Ressourcen (Öl, Kohle) treten. Zum Verantwortungsprinzip gehört es auch, daß diese Technologien selbst umweltfreundlich sein müssen.

Zielrichtung des Verantwortungsprinzips ist es zudem, Asymmetrien in der Bedürfnisbefriedigung abzubauen. Reiche Nationen sollen ihre Bedürfnisse nicht auf Kosten armer Länder befriedigen. Umweltprobleme, die in der Verhaltensweise reicher Länder begründet liegen, sollen nicht in arme Länder „exportiert" werden. Nach dem Verantwortungsprinzip müssen diejenigen die Umweltlasten tragen, die auch den Nutzen aus der ökologisch problematischen Produktion von Gütern ziehen.

Dem **Kooperationsprinzip** liegt die Erkenntnis zugrunde, daß Umweltschonung kein lokal, sondern ein global zu lösendes Problem ist. Das Prinzip verlangt daher übergreifendes, vernetztes Denken und soll dazu beitragen, egoistische Verhaltensweisen einzudämmen, die nicht dem globalen Ziel der Umweltschonung dienen. Kooperation bedeutet, daß – bezogen auf Produkte – nicht die einzelnen Stadien eines Erzeugnisses von der Entwicklung über die Produktion bis zur Nutzung und Entsorgung isoliert gesehen werden dürfen; denn die Art der Entwicklung und Produktion determiniert z.B. den Umweltverbrauch in der Nutzungsphase von Produkten und bei der Entsorgung nachhaltig. Eine nachhaltige Senkung des Umweltverbrauchs über den gesamten Lebenszyklus läßt sich nur bei einer integrierten Sichtweise aller Phasen erzielen. Es geht mithin nicht allein darum, den Umweltverbrauch in der Produktion zu reduzieren, sondern zu erkennen, daß bestimmte Konstruktions- und Produktionsprinzipien einen Umweltverbrauch in nachfolgenden Phasen bedingen, der durch andere Prinzipien reduziert werden könnte.

Das Kooperationsprinzip muß auch regional interpretiert werden. Da Emissionen in der Umwelt je nach Witterung diffundieren, Immisionen wiederum an ganz anderen Stellen als die Emissionen auftreten und sich zudem verschiedene, einzeln gar unschädliche Emissionen zu schädlichen Immisionen verbinden können, läßt sich die Umweltschädigung nur durch eine überbetriebliche und überregionale Zusammenarbeit in den Griff bekommen.

Das Kooperationsprinzip betont die Gesamtverantwortung aller Beteiligten am Umweltproblem. Nur durch eine Zusammenarbeit jenseits egoistischer Interessen ist eine nachhaltige Verbesserung zu erreichen. Das Kooperationsprinzip darf jedoch nicht in der Art mißverstanden werden, daß damit der einzelne aus der Umweltverantwortung entlassen ist; denn Kooperation bedeutet ja gerade, daß sich jeder einzelne bemühen muß, aber eben in Zusammenarbeit mit anderen.

Die Prinzipien des Sustainable Development sind zunächst global und unternehmensübergreifend. Für die Betriebswirtschaftslehre ergibt sich daher das Problem, wie diese generellen Prinzipien für die Unternehmenspolitik zu operationalisieren sind, welche Instrumente eingesetzt werden können, damit jeder einzelne Betrieb zum gemeinsamen Ziel der Umweltschonung möglichst intensiv beiträgt.

1.3 Klassische Gestaltungsprinzipien der Produktion und gegenwärtige Veränderungstendenzen 105

Die traditionelle Betriebswirtschaftslehre bezieht die Natur nur dann in ihre Überlegungen mit ein, wenn Ressourcenverbräuche oder Emissionen mit Kosten verbunden sind.[144] Demzufolge wird ein Verbrauch an Rohstoffen lediglich über die gegenwärtigen Beschaffungspreise in der Planung erfaßt. Die heutigen Beschaffungspreise spiegeln aber nur das gegenwärtige Verhältnis von Angebot und Nachfrage wider. Künftige Knappheiten als Folge eines Abbaus der Bestände werden nicht beachtet. Diese Art der Bewertung stimuliert den derzeitigen Verbrauch und hinterläßt für die Zukunft unvorteilhafte Umweltzustände.[145] Emissionen wurden in traditionellen Planungsüberlegungen zumeist gar nicht beachtet, da mit ihnen bis auf wenige Ausnahmen – z.B. Deponiekosten – keine unmittelbaren Kosten verbunden waren. Die in den betriebswirtschaftlichen Kalkülen erfaßten, einzelwirtschaftlich relevanten Kosten für Ressourcen und Emissionen entsprechen grundsätzlich nicht den Schäden, die das Produktionsverhalten in der Umwelt anrichtet (externe Effekte). Um die ökologischen Folgen der Produktion für die Planungskalküle entscheidungsrelevant werden zu lassen, existieren zwei konkurrierende Instrumente zur Internalisierung externer Effekte:[146]

- Internalisierung über **direkte Kostenwirkungen**. Emissionen sind dann nicht mehr kostenfrei, sondern werden mit Gebühren (bspw. für Abwasser, Luftverschmutzung, Verbrauch von Deponieraum) belastet. Dieser Weg führt nur zu deutlichen Verhaltensänderungen in Produktion und Verbrauch, wenn die Gebühren nachhaltig spürbar sind. Sätze unterhalb der Schwelle der Fühlbarkeit – wie derzeit im Abwasserbereich – sind weitgehend wirkungslos. Die Kostensätze dürfen sich zudem nicht an den gegenwärtigen Marktpreisen orientieren, sondern müssen die künftige Knappheit der Ressourcen antizipieren.[147]

- **Auflagen**, die den Eintrag schädigender Stoffe in die Natur nach dem gegenwärtigen Stand der Technik begrenzen. Derartige Auflagen zwingen zu einem veränderten Verhalten, wenn die Emissionsgrenzen erreicht sind und führen damit indirekt zu Kostenwirkungen. Auflagen sind nur wirksam, sofern sie für ausnahmslos alle Produktionseinrichtungen und nicht nur für neu zugelassene Anlagen gelten. Gewöhnlich gibt es aber für Altanlagen Ausnahmeregelungen oder Übergangsfristen, wodurch eine konsequente Anpassung verzögert bzw. ein Wechsel auf modernere Verfahren u.U. sogar behindert wird.

Der Weg über Gebühren hat den Vorteil, daß für einen Betrieb jede vermiedene Emission zu Kostenentlastungen führt, solange die Gebühren deutlich über den Grenzkosten der Vermeidung liegen. Auflagen haben aus ökologischer Sicht den Nachteil, daß Emissionen bis zum Grenzwert zulässig sind. Erst bei Erreichen des Grenzwertes entsteht für den Betrieb über erforderliche Anpassungsmaßnahmen – Substitution von Produktionsprozessen oder Wechsel auf umweltfreundlichere Produkte – ein Kostendruck.

Neben einer über direkte oder indirekte Kostenwirkungen erzwungenen Veränderung der Produktion kann zusätzlich über veränderte Werte- oder Zielsysteme der Unternehmen ver-

---

144 Vgl. Strebel (1980), S. 39 ff.
145 Vgl. hierzu auch Adam (1996a), S. 16 ff. und S. 25 ff.
146 Vgl. Wicke (1993), S. 193 ff. und S. 7 f., sowie Strebel (1980), S. 60 ff.
147 Vgl. hierzu auch Adam (1996a), S. 25 ff.

sucht werden, Einfluß auf das ökologisch relevante Verhalten auszuüben.[148] Das ökonomische Zielsystem ist dann um ökologische Ziele zu ergänzen, und für Zielkonflikte ist eine Ausgleichsregel zwischen den Zielen festzulegen. Eine Verhaltensänderung über eine veränderte Werteordnung herbeiführen zu wollen ist jedoch ungleich schwieriger als über direkte oder indirekte Kostenwirkungen. Bei Kostenwirkungen tritt eine Verhaltensänderung in der Produktion unabhängig davon ein, ob der Entscheidungsträger das Umweltproblem erfaßt hat und die Notwendigkeit zum Schutz der Umwelt einsieht. Allein die ökonomischen Kalküle bewirken schon ein umweltverträglicheres Verhalten. Ein Wertewandel muß hingegen zu der Einsicht führen, daß bei Zielkonflikten zwischen ökonomischen und ökologischen Zielen freiwillig zugunsten der Umweltqualität auf Teile des Gewinns zu verzichten ist. Viele Entscheidungsträger fühlen sich bei dieser Güterabwägung überfordert, zumal sie in einem Gefangenendilemma stecken. Sie sehen zwar durchaus ein, daß das gegenwärtige Verhalten umweltschädlich ist. Es dominieren aber egoistische Verhaltensweisen, da der einzelne davon ausgeht, daß sein Verzicht nur dazu führt, die Stellung der Mitbewerber am Markt zu stärken. Sie haben mithin kein Vertrauen, daß sich die Mitbewerber gleichgerichtet verhalten. Der Weg einer über modifizierte Werte induzierten Umweltschonung wird daher nur dann operationalisierbar sein, wenn sich alle am Wirtschaftsprozeß Beteiligten an allgemeine ökologieorientierte Spielregeln im Sinne eines ökologischen Ehrenkodexes binden. Ansätze, derartige Grundsätze des Umweltmanagements zu formulieren und zu empfehlen, sind von der internationalen Handelskammer ICC und der Vereinigung B.A.U.M. unterbreitet worden.[149] Nachteil beider Prinzipienkataloge ist es, daß sie nur freiwilligen Charakter haben und der einzelne nicht darauf vertrauen kann, daß sich alle daran halten.

Erfolgreiche ökologische Produktionsstrategien sind nur möglich, wenn Umweltschutz zum Selbstverständnis der Unternehmen gehört und ein verantwortungsbewußtes, vorwärtsgerichtetes Denken in allen Funktionsbereichen (Entwicklung, Beschaffung, Produktion und Absatz) und Hierarchieebenen der Organisation Platz greift. Umweltschutz darf nicht „lästiges Anhängsel" sein bzw. als Belastung und Unbequemlichkeit empfunden werden, sondern muß für die Unternehmen Ansporn sein, nach verbesserten Produkten und Produktionsverfahren zu suchen. Umweltschutzbemühungen können aber nur dann dauerhaft von Unternehmen verfolgt werden, wenn ökologisch verbesserte Produkte und Produktionsverfahren auch erfolgreich vermarktet werden können. Den mit Umweltschutzbemühungen meist steigenden Kosten müssen folglich entsprechende Zusatzerlöse gegenüberstehen. Der Konsument muß daher von der heute vielfach verbreiteten Ansicht abrücken, daß Umweltschutz für ihn zum Nulltarif zu haben sei. Der Konsument darf nicht nur Umweltschutz einfordern, sondern muß auch selbst sein Konsumverhalten verändern. Mehr Umweltschutz ist letztlich nur erreichbar, wenn zumindest längerfristig ein Konflikt zwischen ökonomischen und ökologischen Zielen vermieden wird. Bei einer Harmonisierung der Ziele ist es das ureigene ökonomische Interesse der Unternehmen, sich auch für verbesserten Umweltschutz einzusetzen.[150]

---

148 Vgl. Wicke (1993), S. 279 ff. und Strebel (1980), S. 63 ff.
149 Zu diesen Kodizes und weiteren Vorschlägen zur umweltorientierten Unternehmensführung vgl. Winter (1993), insbesondere S. 375 ff., S. 440 ff. und S. 453 ff.
150 Vgl. Schreiner (1996), S. 28 ff., Strebel (1984), S. 338 ff. sowie Meffert et al. (1986), S. 140 ff.

Ökologische Strategien haben zur Voraussetzung, daß die Unternehmen über ökologische Daten der Produktion, des Recyclings bzw. der Entsorgung verfügen und über ökologische Wirkungszusammenhänge ausreichend informiert sind.[151] Für die eingesetzten Rohstoffe und Teile, aber auch für die in der Produktion entstehenden Erzeugnisse müssen die ökologisch relevanten Merkmale (chemische Zusammensetzung, Toxizität) bekannt sein, was eine entsprechende (heute meist fehlende) Deklaration der Stoffe voraussetzt. Bekannt sein muß auch, welche Stoffe in welchen Mengen und welchen Medien (Luft, Wasser) während der Produktion in Form von Emissionen freigesetzt werden. Derartige Erkenntnisse kann ein Unternehmen aus erweiterten Stoffbilanzen gewinnen.[152] Stoffbilanzen sind aber nur dann als Informationsbasis für ökologisch bewußtes Handeln einsetzbar, wenn in ihnen auch Informationen darüber enthalten sind, durch welche Parameter (Rohstoffzusammensetzung, Erzeugnismenge, Zusammensetzung des Produktionsprogramms, Produktionsintensität, technische Einflußgrößen wie Druck, Verbrennungstemperaturen usw.) auf das Ausmaß der Emissionen eingewirkt werden kann. Stoffbilanzen, die lediglich den Faktoreinsatz der gewollten bzw. ungewollten Ausbringung pro Periode gegenüberstellen, enthalten nicht die für eine ökologische Steuerung der Produktion notwendigen Informationen. Bislang ist das Instrumentarium der Stoffbilanzen in den Unternehmen noch nicht bis zu diesem erforderlichen Reifegrad weiterentwickelt worden, weil häufig noch Unkenntnis über die ökologischen Wirkungsweisen der Produktion herrscht oder weil die Daten auf einem zu hohen Aggregationsniveau erhoben werden (unternehmens- und nicht prozeß- oder produktbezogen).

Erfolgreiche ökologische Strategien setzen in den Unternehmen ein verändertes Denken voraus. An die Stelle eines linearen Denkens muß vernetztes, ganzheitliches Denken treten.[153]

- Aus ökologischer Sicht ist jede Produktion eine Kuppelproduktion, bei der gewollte Ausbringung (verkaufsfähige Erzeugnisse) und ungewollte Ausbringung (Emissionen) technisch zwangsläufig anfallen.[154] Unternehmen müssen gleichzeitig beide Dimensionen in ihre Planungsüberlegungen und -modelle einbeziehen. Üblich ist zur Zeit meist ein zweistufiges, lineares Vorgehen. Ein erstes Modell reduziert das Problem auf Überlegungen zur Verbesserung der gewollten Ausbringung (Beispiel: Strommenge), indem von ökologischen Aspekten abstrahiert wird. Dieses lineare Denken in nur einer Dimension des Problems (gewollte Ausbringung) führt u.U. zu einer ökologisch unzulässigen Problemlösung (zu viel Schwefel oder Stickoxyde in der Luft). Das gelöste Problem des ersten Modells zieht damit ein zweites, noch zu lösendes Umweltproblem nach sich. Diese Zweistufigkeit der Überlegungen hat zur Folge, daß das ökologische Problem in der Regel nur noch durch nachgeschaltete Technologien (Filter) gelöst werden kann. Lineares Denken in zwei aufeinanderfolgenden Planungsmodellen läßt integrierten Technologien (gleichzeitige Lösung des ökonomischen und ökologischen Problems durch Steuerung des Verbrennungsprozesses) kaum eine Chance. An die Stelle eines linearen Denkens, bei dem zu einem Zeitpunkt jeweils nur eine Einflußgröße analysiert wird, muß daher ein

---

151 Vgl. Strebel (1980), S. 128 ff.
152 Vgl. auch im folgenden Adam (1996b), S. 9 ff.
153 Vgl. Vester (1993).
154 Vgl. Gutenberg (1983), S. 123 ff. und Riebel (1955), S. 11.

vernetztes, ganzheitliches Denken treten, das gleichzeitig beide Problemkreise des Beispiels in das Planungskalkül einbezieht.

- Vernetztes Denken heißt Denken in Systemen und Zustandsänderungen von Systemen unter Berücksichtigung vieler gleichzeitig veränderbarer Parameter. Vernetztes Denken ist insbesondere in rückgekoppelten Systemen mit direkten und indirekten Wirkungen von Parameteränderungen erforderlich, weil das Verhalten dieser Systeme bei Veränderung nur eines Parameters nicht richtig prognostiziert werden kann. Dieser Zusammenhang soll an einem Beispiel verdeutlicht werden. Die vier Zustandsgrößen eines Systems (Ausbringung, Abwassermenge, Schwefel- und Stickoxydbelastung der Luft) mögen durch drei Parameter (Arbeitsintensität, Arbeitszeit, Art der eingesetzten Maschinen) beeinflußt werden. Wird in einer isolierenden Analyse die Arbeitszeit verändert, während die übrigen Parameter konstant gesetzt werden, beschreibt das Modell die Wirkungen auf die vier Zustandsgrößen nur dann zutreffend, wenn Veränderungen der Arbeitszeit real nicht auch gleichzeitige Anpassungen der Arbeitsintensität zur Folge haben. Sinkt die Arbeitsintensität bei verlängerter Arbeitszeit, erfaßt das Modell diese indirekte Wirkung der Arbeitszeitveränderung nicht. Denken in Gesamtsystemen ist immer dann erforderlich, wenn wechselseitige Abhängigkeiten zwischen den Parametern bestehen, wenn sie multiplikativ miteinander gekoppelt sind. Vernetztes Denken ist auch dann erforderlich, wenn bei Emissionen Synergieeffekte auftreten und mehrere – jeweils isoliert betrachtet – ungefährliche Emissionen miteinander reagieren und eine gefährliche Substanz bilden.

Ökologische Erfordernisse werden die Produktionsprozesse künftig stark verändern, da es zu einer Verschiebung von grundlegenden Produktionsprinzipien kommen wird. In der Vergangenheit wurde vielfach ohne Rücksicht auf die durch Emissionen verursachte Umweltschädigung produziert. Emissionen wurden in die Luft entlassen, feste Stoffe auf Deponien gebracht. Emissionsgrenzwerte sowie knapper oder teurer Deponieraum zwingen die Unternehmen zu veränderten Produktionsprinzipien. Statt auf Entsorgung muß das Schwergewicht auf eine Vermeidung von Umweltbelastungen und auf eine Wiederverwertung („Recycling") von Stoffen, Abfällen und ganzen Komponenten gelegt werden. Insbesondere der Vermeidung von Emissionen und Rohstoffverbräuchen kommt steigende Bedeutung zu. Aus ökologischer Sicht ist eine Vermeidungs- einer Verwertungsstrategie vorzuziehen, und Verwertung ist besser als Entsorgung.[155]

Eine Vermeidungsstrategie muß versuchen, die Produktion auf das Kriterium ökologischer Rationalität umzustellen. Nach diesem Prinzip soll ein Grundstoff bei jeweils möglichst geringer Entropiezunahme[156] je Nutzungsschritt mehrfach eingesetzt werden.[157] Ökologische Rationalität bedeutet bspw., daß Rohöl nicht zu Heizzwecken eingesetzt wird, da bei diesem Prozeß die Entropiezunahme maximal ist (nach der Verbrennung ist von der ursprünglichen Energiemenge praktisch keine weiterhin nutzbare Energie übrig). Vom Standpunkt der Res-

---

155 Vgl. Strebel (1980), S. 96 ff. und Georgescu-Roegen (1974), S. 17 ff.

156 Entropie ist ein Begriff der Thermodynamik und stellt (vereinfacht) ein Maß für den Anteil nicht mehr nutzbarer Energie dar (vgl. Cansier (1996), S. 6 ff.). In diesem Zusammenhang bedeutet eine möglichst geringe Entropiezunahme einen möglichst geringen Qualitätsverlust des Grundstoffs je Nutzungsschritt (vgl. dazu im folgenden die Beispiele zum Altpapier- und Scheckkartenrecycling).

157 Vgl. Schreiner (1996), S. 64 f.

sourcenschonung ist es ökologisch sinnvoller, aus Öl Kunststoffe zu gewinnen, die Kunststoffe mehrfach bei jeweils abnehmender Qualität der Sekundärrohstoffe wiederzuverwerten, um dann schließlich Kunststoffe, die sich nicht mehr weiter verwenden lassen, zu verbrennen. Eine derartig gesteigerte Effizienz des Rohstoffeinsatzes muß jedoch nicht auch zwingend vorteilhaft aus Sicht der Emissionen sein. Ressourcen- und Emissionsaspekte können vielmehr im Widerstreit miteinander stehen. Mehrfache Wiederverwertung und schlußendliche Verbrennung der Kunststoffe können zu einer intensiveren Emissionsfreisetzung führen als die originäre Ölverbrennung. Dem Prinzip ökologischer Rationalität stehen heute noch viele hemmende Faktoren entgegen. Beispielsweise wird durch Rechtsverordnungen der Einsatz von recyclierten Kunststoffen behindert, wenn verlangt wird, Entsorgungsbehälter aus Primärrohstoffen herzustellen.

Bei Vermeidungsstrategien geht es darum, Emissionen erst gar nicht auftreten zu lassen (bspw. Steuerung von Verbrennungsprozessen bei Motoren). Die heute noch vielfach übliche nachgeschaltete Technologie läßt die Emissionen zunächst entstehen, sorgt dann aber in einem zweiten Schritt dafür, sie in einem Filter zurückzuhalten oder umzuwandeln. Bei nachgeschalteten Technologien – sog. End-of-Pipe-Technolgien – verbleibt immer das Problem, die zurückgehaltenen oder umgewandelten Stoffe entsorgen oder für sie sinnvolle Einsatzmöglichkeiten ausfindig machen zu müssen.

Verwertungspolitiken beim Recycling können ökonomisch nur dann erfolgreich sein, wenn sich Materialien mit unterschiedlichen Eigenschaften und Merkmalen leicht separieren und eindeutig identifizieren lassen. Es müssen sortenreine Sammelpolitiken möglich werden. Insbesondere bei Produkten, die sich aus vielen unterschiedlichen Materialarten zusammensetzen (Autos, Computer, Haushaltsgeräte), bereitet ein Recycling erhebliche Probleme bei der sortenreinen Zerlegung und der Wiedererkennung der spezifischen Merkmale (Kunststoffart, Art der Legierung) zurückgewonnener Rohstoffe. Da der Gesetzgeber die Unternehmen künftig zur Rücknahme ihrer Erzeugnisse nach Gebrauch verpflichten wird, ist mit erheblichen Kostenbelastungen für das Recycling zu rechnen. Um konkurrenzfähig zu bleiben, sind die Unternehmen dann gezwungen, diese Kosten zu reduzieren. Als Konsequenz ergibt sich die Forderung nach einer wiederverwertungsfreundlichen Konstruktion neuer Produkte. Eine „recyclinggerechte" Konstruktion muß bestimmten Regeln genügen:[158] Die Konstruktion eines Autos darf künftig nicht allein auf leichte Montagemöglichkeit und Servicefreundlichkeit abzielen. Vielmehr ist auch auf einfache Demontierbarkeit der Einzelteile zu achten, so daß sich die Stoffe beim Recycling leicht trennen lassen (Trennungsregel).[159] Überdies müssen die zurückgewonnenen Stoffe (Bleche, Kunststoffe, Glas usw.) Kennungen tragen, die eindeutig auf die technischen Eigenschaften der Stoffe schließen lassen (Kennzeichnungsregel). Im Interesse einer leichten Identifizierbarkeit der Stoffe sind möglichst standardisierte Bauteile und Materialien zu verwenden (Standardisierungsregel). Um eine sortenreine Rückgewinnung zu erleichtern, ist eine mit einer einzigen oder nur wenigen Materialarten auskommende Konstruktion anzustreben, da dann weniger Trennvorgänge beim Recycling erforderlich sind. Die verwendeten Stoffe sollten untereinander „verträglich" (im Hinblick auf eine spätere Wiederverwertung) sein;

---

158 Vgl. die Übersicht in Türck (1990), S. 218 ff.
159 Man spricht auch von „demontagefreundlicher Konstruktion" (z.B. Schrauben statt Kleben).

der Gebrauch „unverträglicher" Werkstoffe ist zu vermeiden (Einstoff-, Werkstoff-, Störstoffregel). Die Konstruktion hat ferner zu berücksichtigen, daß das Fertigprodukt Umwelteinflüssen unterliegen kann, welche die Recyclierungsfähigkeit der Einzelbestandteile vermindern (Korrosionsregel).

Häufig ist eine Verwertung statt Deponierung von Stoffen, die im Produktionsprozeß als ungewollte Ausbringung anfallen, nur möglich, wenn neue Verwendungsmöglichkeiten für diese Stoffe erschlossen werden. Unternehmen müssen dann ihre Absatzbemühungen auch auf die Verwertung des ungewollten „Outputs" verlegen. Dazu sind u.U. ungewöhnliche Ideen notwendig. Mit der Produktion von Papiertüchern aus Altpapier fallen z.B. Klärschlämme in erheblichem Umfang an. Diese Schlämme werden dem Ton beigemischt, aus dem Ziegel produziert werden. Beim Brennen der Ziegel verbrennen die Schlammanteile und hinterlassen in den Ziegeln feine Poren, die ihre Wärmedämmfähigkeit verbessern. Für Gips, der in Entschwefelungsanlagen von Kohlekraftwerken in großen Mengen anfällt, sind Verwertungsmöglichkeiten in der Baustoffindustrie zu analysieren (Zusatznutzenregel).

Die Verwertung der Reststoffe zwingt die Unternehmen auch zu einer andersartigen Kalkulation; es dürfen nicht mehr die einzelnen Komponenten der gewollten und ungewollten Ausbringung isoliert kalkuliert werden. Vielmehr ist eine Kalkulation für das gesamte Systembündel der Ausbringung erforderlich. Eine Verwertung der im Kuppelproduktionsprozeß zwangsläufig anfallenden Rest- und Abfallstoffe ist bspw. auch bereits bei negativen Erlösen ökonomisch sinnvoll. Wird die Deponierung dieser Stoffe vermieden, entfallen Entsorgungskosten (z.B. DM 500,- pro Tonne). Fallen für den Abtransport zum Verwerter DM 60,- pro Tonne an, ist die Alternative „Verwertung" für den Betrieb schon vorteilhaft, wenn er für die Übernahme der Stoffe durch einen Verwerter weniger als DM 440,- pro Tonne zahlen muß.

Die heute übliche Art des Recycling ist in den meisten Fällen mit Problemen verbunden, da die gewonnenen Sekundärstoffe von geringerer Qualität sind als die Primärstoffe und sich daher häufig nur eingeschränkt wiederverwenden lassen. Das Recycling von Papier führt zu ständig kürzer werdenden Zellstoffasern, so daß es bei häufigem Recycling des Altpapiers zunehmend schwieriger wird, noch eine haltbare Papierqualität aus diesen Stoffen zu produzieren. Wiederverwertete Kunststoffe verlieren an Elastizität und sind unreiner als die Ausgangsstoffe: Aus Scheckkarten zurückgewonnener Kunststoff kann nicht wieder für den gleichen Zweck eingesetzt werden; vielmehr sind daraus nur Parkbänke herzustellen. Der aus Parkbänken zurückgewonnene Kunststoff läßt sich u.U. nur noch für Blumentöpfe verwenden. Intensives Recycling führt somit zu einem erheblichen Anfall von Rohstoffen verminderter Qualität mit eingeschränkter Weiterverwendungsmöglichkeit („Downcycling"). Für derartige Rohstoffe fehlen heute vielfach sinnvolle Einsatzmöglichkeiten. Betriebe sind damit aufgerufen, für die Sekundärrohstoffe neue, sinnvolle Produktideen zu kreieren, um ihre Deponierung zu vermeiden. Recycling nach dem „Kaskadenprinzip" ist um ein anderes Recyclingprinzip zu ergänzen, bei dem die diskutierten Qualitätseinbußen der Stoffe vermieden werden. In der chemischen Industrie gibt es heute erste Ansätze, ein Recycling von Kunststoffen zu betreiben, bei dem die molekularen Strukturen von Polymeren in die Strukturen der „reinen" Ursprungsstoffe zurückverwandelt werden, welche dann erneut für die Kunststoffproduktion verwendet werden können. Derartige Formen des Recyclings erfordern aber häufig noch einen unvertretbaren Energieeinsatz.

1.3.7 Wirkungen des Wandels auf Erfolgsfaktoren und Kostenstrukturen

Gleichzeitig mit einer Anpassung der Produktion an die veränderten Marktanforderungen, dem Wechsel auf neue, flexible Maschinenkonzepte, einer veränderten Informationsbasis (CIM) und der Integration ökologischer Anforderungen in die Unternehmenspolitik verlagern sich die strategischen Erfolgsfaktoren der Unternehmen und verschieben sich die Kostenstrukturen.

Für den Erfolg eines Unternehmens werden die Steuerungs- bzw. Koordinationsmechanismen immer wesentlicher, während der direkt produktive Bereich relativ an Bedeutung verliert. Nicht das eigentliche Produzieren ist der Kern des Erfolges, sondern die Koordination von Beschaffung, Produktion, Absatz, Forschung und Entwicklung mit den Bedürfnissen der Kunden und den ökologischen Anforderungen. Planung, Steuerung, Lenkung und Organisation werden damit als Querschnittsfunktionen zu Kernfaktoren des Erfolges. Der Markterfolg hängt ausschlaggebend davon ab, ob die Leistungsprozesse in den „indirekten" Bereichen so gestaltet werden, daß sie nicht nur Kosten verursachen, sondern Teilleistungen erbringen, die den Kundennutzen vergrößern und letztlich zu Erlösen führen. Nur wenn es über die Gestaltung des indirekten Bereiches gelingt, am Markt eine unverwechselbare, konkurrenzüberlegene, vom Kunden geschätzte Leistung zu erbringen, werden Unternehmen auf gesättigten Märkten künftig erfolgreich sein können. Unternehmen sind damit zunehmend dazu gezwungen, die Teilleistungsprozesse des indirekten Bereiches auf den Ressourcenverbrauch und ihren Beitrag zur Kundenzufriedenheit hin zu analysieren. Zu diesem Zwecke ist es erforderlich zu wissen, von welchen Faktoren die Kundenzufriedenheit in einem konkreten Markt abhängt, ob sich Zufriedenheit im Gebrauchsnutzen der Produkte, im ökologischen Zusatznutzen, einer termingerechten und mengengerechten Belieferung, kurzen Lieferzeiten, Beratungsleistungen beim Einsatz der Produkte o.ä. ausdrückt. Der Beitrag der einzelnen Abteilungen des indirekten Bereiches zu diesen Dimensionen der Kundenzufriedenheit muß erkannt und gemessen werden. Das „Controlling" dieses Beitrags und des mit ihm verbundenen Ressourcenverbrauchs wird damit zu einer zentralen, erfolgsrelevanten Aufgabe im Unternehmen.

Mit wachsender Bedeutung des indirekten Bereiches für den Unternehmenserfolg verändern sich die Kostenstrukturen. Der Anteil der direkten bzw. variablen, den einzelnen Produkten unmittelbar zurechenbaren Kosten sinkt, während die Gemeinkosten in Form von Komplexitätskosten und insbesondere der Anteil fixer, nicht vom Beschäftigungsniveau abhängiger Kosten steigen. Hohe Fixkostenanteile machen Unternehmen aber empfindlich gegenüber Beschäftigungsschwankungen. Mit Volumenschwankungen sind zwar starke Veränderungen der Erlöse verbunden, die Kosten reagieren dagegen nur schwach. Bei rückläufigem Volumen geraten die Unternehmen sehr schnell in die Verlustzone.[160] Hohe Fixkostenanteile erhöhen mithin das unternehmerische Risiko. Folglich gewinnt Risikopolitik einen höheren

---

160 Vgl. Mellerowicz (1973), S. 366 ff.

Stellenwert. Unternehmen müssen verstärkt dafür Sorge tragen, durch geeignete Maßnahmen das Risiko zu begrenzen. Grundsätzlich gibt es dafür vier Ansatzpunkte:

- Es kann versucht werden, die starken Reaktionen des Umsatzes auf Beschäftigungsveränderungen durch fixe Erlöse abzuschwächen. Das ist möglich, wenn es gelingt, Kunden Anteile an der eigenen Produktionskapazität zu verkaufen, wobei sich der Erlös allein nach dem gekauften Kapazitätsanteil, nicht aber nach der Ausschöpfung der Quote durch Produktabrufe richtet. Eine derartige Verkaufspolitik kann bspw. für Hersteller von Prozessoren in Frage kommen, die Computerherstellern eine bestimmte Menge eines Prozessortyps zusichern.

- Die Überlegungen können sich zweitens darauf konzentrieren, durch Diversifizierungsstrategien (Gestaltung des Absatzprogramms, Zusammensetzung der Kundschaft und der belieferten Märkte) starke Schwankungen des Beschäftigungsniveaus möglichst zu vermeiden. In einem Programm mit vielen Produkten gibt es zwar bei einzelnen Produkten stärkere Schwankungen, die sich aber bei geschickter Zusammensetzung des Programms gegenseitig kompensieren. Eine derartige Diversifikationsstrategie darf jedoch nicht komplexitätskostentreibend sein.

- Ein dritter Weg besteht darin, die ungünstige Kostenstruktur zumindest zum Teil zu überwinden. Die Philosophie der Einfachheit mit reduzierten Komplexitätskosten oder ein Abbau der Fertigungstiefe mit einer Substitution von Fixkosten durch variable Kosten sind Ansatzpunkte in diese Richtung.

- Eine vierte Strategie kann darin bestehen, durch strategische Allianzen zu einer Teilung des Risikos zu kommen. Unternehmen entwickeln dann bestimmte Komponenten für ihre eigenen Produkte gemeinsam, um größere und gesicherte Absatzpotentiale zu erreichen.

Ein vergrößerter Fix- und Gemeinkostenanteil ist zugleich mit veränderten Kosteneinflußgrößen verbunden. Bei einem hohen Anteil direkter bzw. variabler Kosten entstehen die Kosten erst unmittelbar mit der Produktion der Erzeugnisse. Fixe Kosten sind hingegen in aller Regel vordisponiert. Mit der Entscheidung, in eine Produktentwicklung oder in bestimmte Produktionsanlagen zu investieren, sind die Kosten bereits durch die Errichtung und Bereitstellung der Produktionspotentiale veranlaßt – und zwar unabhängig davon, ob diese Anlagen tatsächlich genutzt und Erzeugnisse produziert werden. Aus der Sicht der Produktionsentscheidung sind diese Kosten daher „sunk costs". Während bei hohem Anteil variabler Kosten Entscheidungen problemlos revidierbar sind, fehlt bei fixen Kosten diese Flexibilität. Hohe Anteile fixer Kosten schränken die Flexibilität der Unternehmen ein; die Unternehmen sind an die geschaffenen Potentiale für lange Zeit gebunden, und sie müssen bemüht sein, das investierte Kapital möglichst schnell zurückzugewinnen. Der Planung der Rückgewinnungsraten des investierten Kapitals kommt damit eine zentrale Bedeutung für die Sicherung des Unternehmenserfolges zu.

Während Planung bei hohem Anteil variabler Kosten mehr kurzfristig und produktionsprozeßbegleitend erfolgen kann, wird bei hohem Anteil an Gemein- und Fixkosten die langfristige, strategische Planung bedeutsamer. Mit zunehmendem Planungshorizont steigt aber die Unsicherheit in der Planung, da Daten für lange Zeiträume schwieriger und ungenauer prognostiziert werden können. Dem bei Unsicherheit bestehenden Nachteil einer langfristigen

1.3 Klassische Gestaltungsprinzipien der Produktion und gegenwärtige Veränderungstendenzen 113

Bindung an geschaffene Potentiale kann nur durch Flexibilität der Potentiale selbst begegnet werden. Die Unsicherheit kann nur durch Flexibilität absorbiert werden. Die Potentiale müssen folglich eine hohe Bestands- und Entwicklungsflexibilität aufweisen, um sie trotz starker Absatzunsicherheiten hinsichtlich einzelner Produkte langfristig ausnutzen zu können. Nur durch universal einsetzbare Potentiale (Maschinen, Arbeitskräfte) und nicht durch ihre Spezialisierung kann der Unsicherheit entgegengewirkt werden. Zunehmende Unsicherheiten im Absatz und veränderte Kostenstrukturen zwingen daher zu Politiken, die einen Risikoausgleich zulassen.

Bei insgesamt steigendem Risiko muß die Unternehmenspolitik darauf gerichtet sein, die Umsatzrentabilität der Produkte zu verbessern und die Kapitalumschlagshäufigkeit zu steigern. Beides ist Voraussetzung dafür, um über eine positive Beeinflussung des ROI langfristig die Eigenkapitalquote der Unternehmen zu verbessern. Bei erfolgreichen Produkten wird deshalb ein höherer Erfolgsbeitrag als derzeit notwendig sein, um die Risiken nicht erfolgreicher Produktentwicklungen kompensieren zu können. Nur bei steigenden Margen erfolgreicher Produkte und verbesserter Eigenkapitalquote wird sich die Risikobereitschaft der Unternehmen langfristig ebenfalls wieder erhöhen. Bei hohen Eigenkapitalquoten sind Fehlinvestitionen zwar immer noch bitter, aber nicht tödlich. Wer Kreativität und Wandel will, muß daher langfristig über die Unternehmenspolitik für gesunde Kapitalstrukturen sorgen. Erst eine verbesserte Kapitalstruktur schafft die notwendigen Voraussetzungen, um die Risiken von Neuerungen eingehen zu können.

Fragen und Aufgaben zu Kapitel 1

1. Welche Bedeutung haben Arbeitsteilung, Standardisierung und Mechanisierung bzw. Automation für die industrielle Produktion?
2. Arbeiten Sie die beiden unterschiedlichen Formen der Arbeitsteilung und deren Wirkungen auf den Produktionsprozeß heraus!
3. Diskutieren Sie die drei Ansatzpunkte der Standardisierung!
4. Beschreiben Sie die Auswirkungen der Automation auf den Arbeitsprozeß!
5. Wann wird von Automation und wann von Mechanisierung gesprochen?
6. Was ist unter Ein- bzw. Mehrfunktionsautomatisierung zu verstehen? Welche Bedeutung haben die beiden Formen der Automation für die Fertigung?
7. Welche ökonomischen Argumente sprechen für oder gegen Mehr- oder Einzelproduktfertigung?
8. Worin ist der Unterschied zwischen Markt- und Auftragsproduktion zu sehen, und welche unterschiedlichen betriebswirtschaftlichen Probleme sind mit den beiden Produktionsformen verbunden?
9. Was ist unter einer synthetischen, was unter einer analytischen Fertigung zu verstehen?
10. Arbeiten Sie Vor- und Nachteile einer vernetzten gegenüber einer linearen Fertigung heraus!
11. Angenommen, Sie haben die Organisationsform der Produktion für eine neu zu bauende Fabrik „auf der grünen Wiese" zu bestimmen. Wovon hängt es ab, ob Sie sich für Fließ- oder Werkstattfertigung entscheiden? Gibt es Zwischenstufen?
12. Worin bestehen die speziellen Planungsprobleme bei intermittierender Fertigung?
13. Beschreiben Sie die Auswirkungen zunehmender Marktsättigung auf die Produktion!
14. Welche nachteiligen Konsequenzen sind zu erwarten, wenn mit traditionellen Maschinenkonzepten und klassischen Organisationsstrukturen auf die Anforderungen gesättigter Märkte reagiert wird?
15. Wie äußert sich das „Durchlaufzeitensyndrom"?
16. Erläutern Sie vor dem Hintergrund des Wandels vom Verkäufer- zum Käufermarkt die Schwerpunktverlagerung im unternehmerischen Zielsystem!
17. Welche Maßnahmen kann ein Betrieb zur Erreichung der veränderten Ziele ergreifen?

Fragen und Aufgaben zu Kapitel 1

18. Definieren Sie den Begriff Komplexität! Welche Komplexitätsdimensionen können unterschieden werden?

19. Worauf sind Komplexitätskosten zurückzuführen?

20. Skizzieren Sie Kosten- und Erlöswirkungen steigender innerbetrieblicher Komplexität!

21. Erläutern Sie den Terminus Komplexitätsfalle!

22. Diskutieren Sie, inwieweit welche Kostenrechnungssysteme zur Abbildung von Komplexitätskosten geeignet sind!

23. Erläutern Sie den Unterschied zwischen Komplexitätsreduktion und Komplexitätsbeherrschung!

24. Welche drei Maßnahmen müssen zusammenwirken, um einen nachhaltigen Quantensprung bei der Reduzierung des Koordinationsbedarfs erzielen zu können? Begründen Sie Ihre Aussage!

25. Welche Gemeinsamkeiten bestehen zwischen den drei Konzepten Lean Management, Total Quality Management und Kaizen?

26. Diskutieren Sie die fünf Denkprinzipien und acht Grundsätze zur Komplexitätsbeherrschung!

27. Welche sechs praxiserprobten Handlungsmaximen lassen sich aus den zuvor diskutierten Denkweisen und Grundsätzen ableiten?

28. Diskutieren Sie die Grundpfeiler, Rahmenbedingungen und Führungsgrundsätze des TQM!

29. Was ist unter einer prozeßorientierten Organisation der Produktion zu verstehen?

30. Erläutern Sie die Begriffe „Taylorismus" und „Reintegration der Arbeit"!

31. Wo liegen die Vorteile einer Parallelschaltung von Arbeitsgängen?

32. Kennzeichnen Sie die „JIT"-Philosophie!

33. Auf welchen Wegen läßt sich das „JIT"-Konzept in die Praxis umsetzen?

34. Was ist unter Lean Production zu verstehen, und welche Vorteile ergeben sich aus diesem Konzept?

35. Wodurch ist ein flexibles Maschinenkonzept gekennzeichnet?

36. Erläutern Sie den Unterschied zwischen NC-, CNC- und DNC-Maschinen!

37. Was ist ein flexibles Fertigungssystem (FFS)?

38. Welche Integrationsgrade lassen sich bei FFS unterscheiden?
39. Zeigen Sie die zwischen der Teilefamilienbildung und der Magazinierungsplanung bestehenden Beziehungen auf!
40. Erläutern Sie das Konzept des „Computer Integrated Manufacturing"!
41. Welche Erwartungen sind mit der Einführung von CIM verbunden?
42. Nennen Sie aufbau- und ablauforganisatorische Konsequenzen von CIM!
43. Verdeutlichen Sie die Komplementarität zwischen dem Organisationskonzept Lean Management und dem Technologiekonzept CIM, indem Sie zuerst die Frage beantworten, inwiefern die schlanken Grundsätze mit dem Technologiekonzept kompatibel sind, und anschließend Ansatzpunkte einer technologischen Unterstützung der schlanken Arbeitsorganisation aufzeigen!
44. Welche Anforderungen an die Produktion stellen sich aus ökologischer Sicht?
45. Inwiefern tangiert jede Art der Produktion die Umwelt in zweifacher Weise?
46. Inwiefern ist jede Art der Produktion eine Kuppelproduktion?
47. Erläutern Sie den Unterschied zwischen Raten- und Kumulativknappheit!
48. Was verbirgt sich hinter dem Konzept des Sustainable Development?
49. Erläutern Sie die drei Prinzipien des Sustainable Development!
50. Wie kann erreicht werden, daß externen Effekten betriebswirtschaftliche Entscheidungsrelevanz zukommt?
51. Problematisieren Sie das Instrumentarium der Stoffbilanzen!
52. Geben Sie Beispiele für „vernetztes Denken"!
53. Wie sind die Alternativen Abfallvermeidung, -wiederverwertung und -entsorgung zu beurteilen?
54. Was bedeutet „ökologische Rationalität"?
55. Welchen Regeln muß eine „recyclinggerechte" Konstruktion genügen?
56. Wie wirkt sich der Marktwandel auf die betrieblichen Erfolgsfaktoren und Kostenstrukturen aus?
57. Womit kann dem durch einen hohen Fixkostenanteil entstehenden Risiko entgegengewirkt werden?

2 Die Produktionsplanung und ihre Stellung innerhalb der Unternehmensplanung

2.1 Teilpläne der Produktionsplanung

Die Produktionsplanung kann bis zu vier Planungsblöcke umfassen:

- Die Festlegung des Leistungsprogramms (Programmplanung nach Menge und Qualität sowie Wahl der Fertigungstiefe);
- die Planung des Fertigungsvollzuges (Produktionsdurchführungsplanung);
- die Bereitstellung der zur Fertigung erforderlichen Produktionsfaktoren, insbesondere des Materials;
- die Demontageplanung für Altprodukte, die ein Produzent nach den Vorgaben des Kreislaufwirtschafts- und Abfallgesetzes (KrW-/AbfG) zurücknehmen muß.

Die ersten drei Planungsbereiche beziehen sich auf die Fertigung neuer Erzeugnisse, während der vierte Fragenkomplex nur beim Recycling von Altprodukten auftritt. Zwischen den ersten drei Bereichen und dem vierten können jedoch vielfältige Verflechtungen bestehen, wenn ein Unternehmen die Demontage selbst vornimmt und aufgearbeitete Altprodukte oder rückgewonnene Rohstoffe wieder einsetzt.

Gegenstand der Programmplanung ist die Auswahl der in einem bestimmten Zeitraum zu produzierenden Erzeugnisse nach Art und Menge in der Planungsperiode.[1] Die Programmplanung geht in ihrer einfachsten Form von gegebenen Absatzmöglichkeiten und Absatzpreisen der Erzeugnisse aus. Die Planung des Leistungsangebots baut auf den Erkenntnissen der Produktions- und Kostentheorie[2] auf. Für die Programmplanung ist damit bekannt, welche Produktionsfaktoren in welchen Mengen benötigt werden und wie hoch die Kosten je Erzeugniseinheit sind. Wenn die Planungsüberlegungen auf vorgegebenen Kapazitäten aufbauen, besteht das Planungsproblem darin, das Programm zu bestimmen, welches die Differenz zwischen Erlösen und Kosten maximiert (Gewinnmaximierung). An die Stelle des erwerbswirtschaftlichen Prinzips in der Form der Gewinnmaximierung kann auch die Rentabilitätsmaximierung treten. Dann besteht die Aufgabe in der Auswahl jenes Programms, das den Quotienten aus erzielbarem Gewinn und notwendigem Kapitaleinsatz maximiert. Derartige Extremalziele sind durch ein angemessenes Zielausmaß in der Form eines Anspruchsniveaus zu ersetzen, wenn die Planungssituation nur begrenztes Rationalverhalten zuläßt.[3]

Nicht zu diesem Planungskomplex gehört die Frage, wann innerhalb des Planungszeitraums diese Leistungen erstellt bzw. verkauft werden. Dieser zeitliche Aspekt ist Teil der Produktionsdurchführungsplanung. Mit zur Planung des Leistungsprogramms ist dagegen die Wahl der Fertigungstiefe zu rechnen.[4] Von einer geringen Fertigungstiefe ist zu sprechen, wenn

---

1 Vgl. Kern (1988), S. 169 f.
2 Vgl. Kapitel 4.
3 Vgl. Simon (1976), S. 81 ff.; Kirsch (1970), S. 64 ff.
4 Vgl. Kapitel 3.4.

ein Unternehmen viele Komponenten oder Bauteile fremd bezieht. Die Fertigungstiefe wächst hingegen, wenn diese Komponenten im Betrieb selbst erstellt werden. Durch die Wahl der Fertigungstiefe nimmt ein Unternehmen auf das Ausmaß der eigenen Wertschöpfung Einfluß. Unter Wertschöpfung wird die Differenz zwischen den Umsatzerlösen und dem Einkaufswert der Rohstoffe und Zukaufteile verstanden. Produziert ein Unternehmen viele Bauteile selbst, sinkt der Einkaufswert, wenn der Preis der Rohstoffe unter dem der bezogenen Bauteile liegt, und die Wertschöpfung nimmt zu.

Bestandteil der Programmplanung ist es auch, die Qualität der zu erzeugenden Produkte zu planen. Gerade auf engen Märkten ist ein konkurrenzüberlegener Qualitätsstandard ausschlaggebend für den Markterfolg. Der Qualitätsstandard sollte sich grundsätzlich an den Kundenbedürfnissen, nicht aber am technisch Machbaren orientieren.

Der Produktionsplan muß neben Angaben über das zu produzierende Leistungsprogramm aber auch Anweisungen für die Durchführung der Produktion enthalten, d.h., es ist zu bestimmen, wann unter Einsatz welcher Produktionsfaktoren welche Leistungen zu erstellen sind. Die Produktionsplanung hat damit die Frage zu beantworten, was wann unter Einsatz welcher Faktoren (wie) produziert werden soll. Dieser zweite Block der Produktionsplanung, der als Produktionsdurchführungsplanung bezeichnet wird, umfaßt vier Teilpläne:[5]

1. Die optimale Aufteilung der Produktionsmengen auf die verfügbaren Arbeitskräfte und Betriebsmittel (Produktionsaufteilungsplanung) und die Auswahl der wirtschaftlichsten Faktorkombination (Kostenpolitik) zur Produktion gegebener Leistungen.

2. Die Wahl der zeitlichen Verteilung der im Produktionsprogramm festgelegten Erzeugnismengen auf einzelne Zeitabschnitte des Planungszeitraums.

3. Die Planung der innerbetrieblichen Auftragsgrößen.

4. Die zeitliche Ablaufplanung (Auftragsreihenfolge- und zeitliche Maschinenbelegungsplanung).

Gegenstand der vier Teilpläne der Produktionsdurchführungsplanung sind im einzelnen folgende Entscheidungen:

1. Aufgabe der **Produktionsaufteilungsplanung** und **Kostenpolitik** ist es festzulegen, welche Produktionsfaktoren einzusetzen sind, um eine bestimmte Leistung mit minimalen Kosten erbringen zu können. Die Kostenpolitik muß für ein vorgegebenes Leistungsvolumen die Einsatzmenge bzw. die Einsatzzeit der Produktionsfaktoren und ggf. auch deren Arbeitsintensität planen. Die **Kostentheorie** baut auf den Erkenntnissen der **Produktionstheorie** auf.[6] Sie erweitert die Sichtweise der allein mit Faktoreinsatzmengen und Ausbringungsmengen arbeitenden Produktionstheorie, indem die eingesetzten Produktionsfaktoren mit Faktorpreisen bewertet werden (Kosten).

---

5   Zu den Teilplänen und deren Entscheidungen vgl. auch Adam (1990), S. 677 ff.
6   Kostentheorien ohne produktionstheoretisches Grundgerüst finden sich bei Schmalenbach (1963) sowie Mellerowicz (1973).

Die **Produktionstheorie**[7] erklärt die mengenmäßigen Beziehungen zwischen den einzusetzenden Produktionsfaktoren und den im Kombinationsprozeß erstellten Produktionsmengen; zudem arbeitet sie heraus, von welchen Einflußgrößen der Faktorverbrauch abhängt bzw. durch welche Entscheidungen er verändert werden kann. Inhalt der Produktionstheorie ist somit die modellhafte Darstellung von Produktivitätsbeziehungen in Form von Produktionsfunktionen. Eine **Produktionsfunktion** gibt die Beziehungen zwischen den Faktoreinsatzmengen und der Ausbringungsmenge zahlenmäßig wieder.

Die Frage der Produktionsaufteilung kann sich für einen Betrieb in mehreren Spielarten stellen. Die klassische Variante geht davon aus, daß für die Produktion in einer Abteilung eine bestimmte Fertigungskapazität gegeben ist. Es muß dann unter Kostenaspekten die Frage beantwortet werden, mit welcher Intensität die Maschinen innerhalb welcher Fertigungszeit eingesetzt werden sollen (Anpassungsprozesse). Diese Sichtweise geht von Spezialanlagen aus, auf denen nur bestimmte Arbeitsschritte eines u.U. mehrstufigen Produktionsprozesses durchgeführt werden können. Für eine Bearbeitungsfunktion (bspw. Drehen) steht dann eine bestimmte Funktionskapazität zur Verfügung.

Werden flexible Produktionsanlagen eingesetzt, verändert sich die Struktur des Aufteilungsproblems. Die Kapazität einer Anlage läßt sich durch Umrüstung von Werkzeugen auf die Erfordernisse mehrerer Bearbeitungsvorgänge umstellen. Auf einem Aggregat können dann u.U. nacheinander Dreh- und Fräsarbeiten durchgeführt werden. Das Aufteilungsproblem erweitert sich dann um die Frage, welcher Anteil der Kapazität einer Anlage für welche Bearbeitungsfunktion bereitgestellt werden soll. Unter Umständen können dann durch ein Aggregat auch mehrere zeitlich unmittelbar aufeinander folgende Bearbeitungsfunktionen an einem Erzeugnis durchgeführt werden. Dann ändert sich die Zahl der erforderlichen Produktionsstufen für ein Erzeugnis. Während bei funktionsspezifischen Kapazitäten z.B. zehn Bearbeitungsgänge bzw. Maschinen erforderlich sind, für die jeweils das Produktionsaufteilungsproblem zu lösen ist, verringert sich die Anzahl der Stufen bspw. auf vier, so daß die Anzahl der zu lösenden Aufteilungsprobleme bei mehrstufiger Fertigung reduziert wird.

2. Ein **innerbetriebliches Auftragsgrößenproblem**[8] besteht, wenn auf einer Produktionsanlage hintereinander unterschiedliche Produktarten gefertigt werden. Mit jedem Produktwechsel muß der Fertigungsprozeß unterbrochen und die Produktionsanlage auf die Erfordernisse der neuen Produktart umgestellt werden. Diese Umrüstung verursacht Rüstkosten und erfordert Zeit. Der Betrieb wird daher bestrebt sein, eine größere Menge gleicher Erzeugnisse als geschlossenen Posten (**Los**) hintereinander auf einer Anlage zu produzieren, um die Rüstzeiten bzw. -kosten niedrig zu halten. Bei großen Fertigungsaufträgen werden die produzierten Mengen häufig nicht sofort abgesetzt. Sie sind vielmehr ganz oder zum Teil einzulagern. Die Höhe der Lagermengen und Lagerkosten steigt dabei mit der Größe des Fertigungsauftrages. Die Aufgabe der innerbetrieblichen Auftragsplanung besteht folglich darin, diejenige Auftragsgröße zu ermitteln, bei der das Fertigungsprogramm mit dem Minimum an Rüst- und Lagerkosten hergestellt werden kann.

---

7 Vgl. z.B. Gutenberg (1983); Kilger (1972); Lücke (1973); Schneider (1972); Heinen (1983); Preßmar (1971); Busse von Colbe/Laßmann (1991); Adam (1972b).

8 Vgl. Adam (1990), S. 842 ff.

3. Bei der **zeitlichen Verteilung**[9] der Produktionsmengen wird analysiert, ob es mit Rücksicht auf die Produktions- und Lagerkosten sinnvoll ist, die zeitliche Entwicklung der Produktionsmengen mit der Absatzentwicklung zu harmonisieren. Diese Frage stellt sich insbesondere dann, wenn saisonale Absatzschwankungen vorliegen. Eilt die Produktion dem Absatz voraus („Emanzipation"), entstehen Läger, die zu zusätzlichen Kosten führen. Die Läger können bei Synchronisation von Produktion und Absatz vermieden werden. Eine „emanzipierte", im Zeitablauf gleichmäßige Produktion kann jedoch u.U. mit geringeren Produktionskosten verbunden sein. Ziel der zeitlichen Produktionsverteilung ist es, die Verteilung der Produktionsmengen auf die einzelnen Zeitabschnitte des Planungszeitraums zu finden, die zu den geringsten Kosten für die Produktion und Lagerung führt.

4. Gegenstand der **zeitlichen Ablaufplanung**[10] ist die Frage, wann im Rahmen eines mehrstufigen Produktionsprozesses welche Aufträge auf welchen Betriebsmitteln unter Einsatz welcher Arbeitskräfte zu produzieren sind. Die zeitliche Ablaufplanung muß somit einmal die Reihenfolge festlegen, in der die zum Leistungsprogramm gehörenden Aufträge bearbeitet werden sollen (Auftragsreihenfolgeplanung). Zum zweiten ist zu bestimmen, wann die einzelnen Aufträge auf einer Maschine bearbeitet werden sollen (Maschinenbelegungsplanung). Über die Auftragsreihenfolge- und Maschinenbelegungsplanung ist es möglich, sowohl die Wartezeiten von Betriebsmitteln und Arbeitskräften (Leerzeiten) als auch die Wartezeiten der Erzeugnisse vor den Maschinen der einzelnen Fertigungsstufen (Zwischenlagerzeiten) zu beeinflussen. Ziel der zeitlichen Ablaufplanung ist es, für ein nach Art und Umfang gegebenes Produktionsprogramm diejenige Auftragsreihenfolge bzw. denjenigen zeitlich durchsetzbaren Maschinenbelegungsplan zu bestimmen, der möglichst geringe Lagerkosten bzw. Durchlaufzeiten der Aufträge und geringe ablaufbedingte Maschinenstillstandszeiten zur Folge hat. Außerdem sind die vorgegebenen Lieferzeitpunkte einzuhalten. Zwischen diesen Zielforderungen besteht in aller Regel eine Konfliktsituation, die als **Dilemma der Ablaufplanung**[11] bezeichnet wird. Eine Lösung des Ablaufproblems mit minimaler Durchlaufzeit minimiert (bzw. maximiert) mithin nicht zugleich die Stillstandszeiten (bzw. den Grad der Termineinhaltung).

Der dritte zur Produktionsplanung gehörende Block beschäftigt sich mit der Bereitstellung der zur Fertigung erforderlichen Produktionsfaktoren, insbesondere der Rohstoffe und Bauteile. Aufgabe der **Bereitstellungsplanung** ist es, die Materialien in den richtigen Mengen zum richtigen Zeitpunkt am richtigen Ort vorzuhalten und dafür eine Beschaffungspolitik zu wählen, die möglichst niedrige Kosten verursacht. Für die Bereitstellungsplanung kann grundsätzlich zwischen zwei unterschiedlichen Strategien gewählt werden:

Die Beschaffung der Materialien wird mit dem Bedarfszeitpunkt in der Produktion voll synchronisiert, so daß keine oder fast keine Rohstofflagerbestände vorgehalten werden. Beispielsweise werden speziell für einen Auftrag erforderliche Bauteile einzeln so rechtzeitig geordert, daß sie zum geplanten Montagetermin in der Fertigung verfügbar sind. Für Norm-

---

9   Vgl. Adam (1990), S. 684 ff.
10 Vgl. Adam (1990), S. 725 ff.
11 Vgl. Adam (1990), S. 737 ff., 742 f., 786 und Gutenberg (1983), S. 216 f.

teile, d.h. Teile, die für eine Vielzahl von Aufträgen gleichermaßen verwendbar sind, kann mit dem Prinzip einer „Just-In-Time"-Anlieferung (JIT) gearbeitet werden. Das Unternehmen schließt dann mit einem Zulieferer einen Rahmenvertrag ab und ruft z.B. täglich je nach Bedarf der Produktion kleinere Partien zur Anlieferung ab.

Beschaffungszeitpunkt und Bedarfstermin der Materialien werden voneinander abgehoben. Das Unternehmen kauft dann in größeren Bestellmengen ein und legt die Kaufteile auf Lager. Diese Art der Einkaufspolitik ist nur für universell verwendbare Normteile möglich. Die Größe der Beschaffungsmenge wird - ähnlich wie beim Losgrößenproblem - durch zwei gegensätzliche Kostenentwicklungen bestimmt. Jede Bestellung verursacht unabhängig von der bestellten Menge bestellfixe Kosten (z.B. Transportkosten, Kosten für die Bestellabwicklung usw.). Je größer die Bestellmenge gewählt wird bzw. je seltener in einer Planungsperiode bestellt wird, um so geringer sind diese Kosten. Mit steigenden Bestellmengen wachsen jedoch die Lagerbestände und damit die Lagerkosten an. Ziel der Politik muß es sein, diejenige Bestellmenge zu bestimmen, bei der die Summe der Lager- und bestellfixen Kosten in der Planungsperiode am geringsten ist.

Der vierte Block beschäftigt sich mit der Rückführung und Weiterverarbeitung von Altprodukten und Produktionsabfällen. §22 des Kreislaufwirtschafts- und Abfallgesetzes verpflichtet Produzenten grundsätzlich dazu, ihre früher produzierten Erzeugnisse nach Gebrauch zurückzunehmen und einer geregelten Entsorgung zuzuführen. Ziel des Gesetzes ist es, aus den Altprodukten Rohstoffe oder noch verwendungsfähige Komponenten zurückzugewinnen, um sie für die Produktion neuer Erzeugnisse einzusetzen (§§ 1 und 4 KrW-/AbfG). Für die zur Rücknahme verpflichteten Unternehmen ergibt sich daraus das Problem, die Produkte wieder zu zerlegen oder durch spezielle Entsorgungsunternehmen zerlegen zu lassen. Es stellt sich dann die Frage, bis zu welchem Grad Altprodukte demontiert werden sollen. Die Zerlegung kann sehr weit – bis auf einzelne Bauteile der ursprünglichen Stückliste – getrieben werden, was zu sehr vielen Recyclaten bei weitgehender Sortenreinheit führt. Die Zerlegung kann aber auch auf höherem Niveau gestoppt werden – bspw. findet nur eine Zerlegung bis auf Baugruppenebene statt. Anzahl und Reinheitsgrad der Recyclate hängen damit ganz wesentlich vom Grad der Demontage ab. Der Grad der Demontage bestimmt aber auch die erforderlichen Demontagekosten sowie die Kosten für die Entsorgung nicht brauchbarer Reststoffe. Vom Reinheitsgrad der verwertbaren Stoffe oder Teile wird zudem der erzielbare Preis für die Sekundärstoffe abhängen. Außerdem spart ein Betrieb Material- und Fertigungskosten ein, wenn er auf Sekundärrohstoffe oder aufgearbeitete Komponenten aus alten Produkten zurückgreift. Für die Unternehmen stellt sich also die Frage nach dem unter ökonomischen Aspekten sinnvollen Grad der Zerlegung der Altprodukte (**Demontageplanung**).

2.2 Beziehungen zwischen den Teilplänen der Produktionsplanung

Zwischen den vier Teilplänen der Produktionsdurchführungsplanung und der Programmplanung sowie der Bereitstellungsplanung besteht eine große Anzahl wechselseitiger Beziehungen. Die vier Teilpläne der Produktionsdurchführung beeinflussen sich einerseits untereinander, haben aber darüber hinaus auch Rückwirkungen auf die Programmplanung und die

Bereitstellungsplanung. Umgekehrt wirken sowohl das Programm als auch die Bereitstellung auf die Durchführungsentscheidungen ein.

Das Netz der Beziehungen zwischen der Programmplanung und den Durchführungsentscheidungen wird durch die Abbildung 2-1 verdeutlicht.

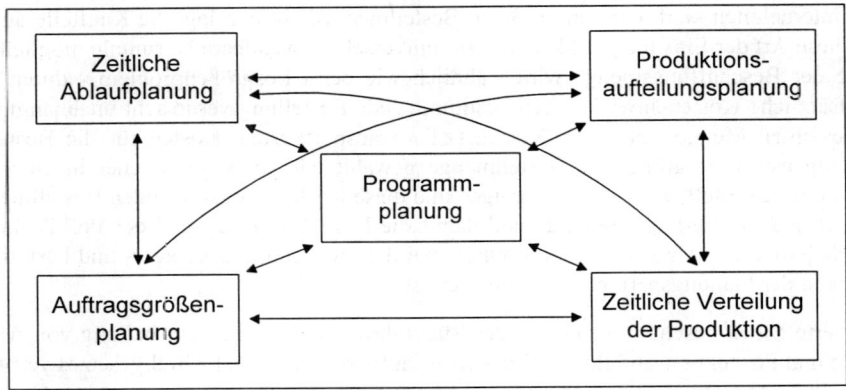

Abbildung 2-1[12]

Einige der wechselseitigen Beziehungen sollen im folgenden kurz skizziert werden.[13]

1. Verflechtung von Programm- und Produktionsaufteilungsplanung:

Die Produktionsaufteilungsplanung hat die kostenminimale Kombination der zur Produktion einer bestimmten Erzeugnismenge einzusetzenden Aggregate, der Arbeitsintensitäten und Beschäftigungszeiten festzulegen. Durch diese Planung wird die Höhe der variablen Kosten je Mengeneinheit und damit deren Deckungsspanne bestimmt. Die variablen Kosten bzw. die Deckungsspanne müssen jedoch für die Planung des gewinnmaximalen Fertigungsprogramms bekannt sein. Hängt die Höhe der Kosten von der Lösung des Aufteilungsproblems ab, kann das optimale Programm nur simultan mit der Produktionsaufteilung bestimmt werden.

2. Verflechtung von Auftragsgrößen- und Ablaufplanung

Die Planung der innerbetrieblichen Auftragsgrößen strebt danach, die Kosten für die Umrüstung der Maschinen und die Lagerung der Fertigfabrikate zu minimieren. Diese Überlegungen lassen den Einfluß der Auftragsgröße bzw. der Zahl der Aufträge auf den Maschinenbelegungsplan und die Kosten für ablaufbedingte Zwischenläger außer acht. Die geplanten Aufträge sind dann unter Umständen auf den Maschinen zeitlich nicht durchzusetzen (Doppelbelegung der Maschinen durch mehrere Aufträge zu bestimmten Zeitpunkten), bzw.

---

12   In Anlehnung an Adam (1990), S. 682.
13   Weitere wechselseitige Beziehungen bei Adam (1990), S. 679 ff.

2.2 Beziehungen zwischen den Teilplänen der Produktionsplanung

die Losgrößen sind nicht optimal, da die ablaufbedingten Zwischenlagerkosten nicht mit in die Überlegungen eingehen. Sollen auch die ablaufbedingten Lagerkosten sowie die Belegung der Maschinen mit in das Kalkül einfließen, müssen beide Teilpläne simultan gelöst werden.[14]

3. Verflechtung von Auftragsgrößen- und zeitlicher Produktionsverteilungsplanung

Sowohl bei der Planung innerbetrieblicher Auftragsgrößen als auch bei der Planung der zeitlichen Verteilung der Produktion sind Lagerkosten für Fertigerzeugnisse zu berücksichtigen. Bei der Auftragsgrößenplanung wird davon ausgegangen, daß das Problem der zeitlichen Produktionsverteilung nicht existiert. Umgekehrt sieht die Planung der zeitlichen Produktionsverteilung von einer Zusammenfassung der Produktionsmengen zu innerbetrieblichen Aufträgen ab. Treten beide Probleme gleichzeitig auf, läßt sich ihr Einfluß auf die Zwischen- und Endlagerkosten nicht mehr isoliert betrachten.

4. Verflechtung von Produktionsaufteilungs- und Ablaufplanung

Zwischen diesen beiden Problemkreisen bestehen zwei Arten von Verflechtungen:

- Über die Arbeitsintensitäten wirkt der Betrieb auf die Zeitspanne zwischen Fertigungsbeginn und -ende eines Erzeugnisses (Durchlaufzeit) ein. Die optimale Gestaltung der Durchlaufzeiten ist aber auch Gegenstand der zeitlichen Ablaufplanung. Die Planung der Arbeitsintensität gehört damit gleichzeitig zur Produktionsaufteilungsplanung und zur Ablaufplanung.

- Die Produktionsaufteilungsplanung weist einzelnen Maschinen nach dem Kriterium der variablen Produktionskosten pro Erzeugniseinheit Produktionsaufgaben zu. Aufgabe der Ablaufplanung ist es dann, für die den Maschinen zugeordneten Aufträge eine Bearbeitungsreihenfolge bzw. einen Maschinenbelegungsplan aufzustellen. Die Lösung des Ablaufproblems hängt damit vom Ergebnis der Produktionsaufteilungsplanung ab. Die Zuordnung von Aufträgen auf Maschinen muß daher neben den Produktionskosten auch die Wirkungen einer Aufteilung auf den Ablaufplan (Stillstandszeiten und Zwischenlagerkosten) beachten, wenn optimale Pläne entstehen sollen.

5. Verflechtung von Programm- und Auftragsgrößenplanung

Zwischen der Programmplanung und der Planung von Auftragsgrößen bestehen Interdependenzen, wenn die für Produktion und Umrüstung der Maschinen insgesamt verfügbare zeitliche Kapazität knapp ist. Die knappe Kapazität ist dann optimal im Sinne der verfolgten Zielsetzung auf Umrüstung und Produktion aufzuteilen. Bei großen Aufträgen und seltenen Umrüstungen kann mit der verfügbaren Kapazität mehr produziert werden als bei Aufträgen geringeren Umfangs, da dann der Anteil der Umrüstungszeiten an der Kapazität kleiner bzw. der Anteil der Produktionszeit größer ist. Außerdem hängen die für die Programmplanung bedeutsamen variablen Kosten pro Erzeugniseinheit von der Lösung des Auftragsgrößen-

---

14 Vgl. Adam (1990), S. 884 ff.

problems ab, während die Planung der Auftragsgrößen die Kenntnis der im Planungszeitraum insgesamt von einem Erzeugnis zu produzierenden Mengen zur Voraussetzung hat.

Auch für die Verflechtungen zwischen Bereitstellungsplanung und Programm- bzw. Ablaufplanung sollen einige Beispiele gegeben werden.

- Durch die Programmplanung und die Produktionsaufteilungsplanung wird der Bedarf an Rohstoffen in der Planungsperiode definiert. Dieser Bedarf ist eine wesentliche Bestimmungsgröße für eine optimale Einkaufspolitik. Von der Bestellmenge hängen wiederum die Kosten ab, die für die Programmplanung bekannt sein müssen.

- Durch die Ablaufplanung werden die Bedarfszeitpunkte und Bedarfsmengen für Rohstoffe und Bauteile festgelegt, die in die Beschaffungspolitik als Daten eingehen. Umgekehrt kann bei langen Lieferzeiten auch die Beschaffungspolitik die Ablaufplanung beeinflussen. Das ist dann der Fall, wenn es nicht möglich ist, die Bauteile zu den Zeitpunkten bereitzustellen, zu denen sie in der Produktion benötigt werden.

Verflechtungen können auch zwischen der Demontageplanung und den übrigen Teilbereichen der Produktionsplanung bestehen. Die Demontageplanung kann zu Sekundärrohstoffen oder Komponenten führen, die nach Aufarbeitung für die Produktion neuer Produkte genutzt werden können. Die Sekundärrohstoffe oder -komponenten verdrängen dann die primären Rohstoffe, oder es sind nicht mehr alle erforderlichen Komponenten neu zu produzieren. Im ersten Fall ist die Bereitstellungsplanung betroffen, da der Umfang zuzukaufender Rohstoffmengen sinkt. Im zweiten Fall ist die Programm- und Produktionsdurchführungsplanung angesprochen. Der Teile- und Komponentenbedarf für die Neuproduktion sinkt dann, d.h., es werden Kapazitäten frei, da die Produktionstiefe für neue Produkte abgebaut wird. Der sinnvolle Grad der Demontage der Altprodukte wird damit nicht allein über die Demontagekosten, die Kosten für die Entsorgung von Restabfällen und die Verkaufspreise für nicht selbst genutzte Rohstoffe oder Komponenten determiniert, sondern die ersparten Rohstoffkosten für Primärrohstoffe sowie die eingesparten Material- und Fertigungskosten für die nicht mehr erforderlichen Neuteile sind für den Grad der optimalen Demontage zusätzlich relevant.

Die Wechselbeziehungen zwischen den Teilplänen erfordern theoretisch eine Simultanplanung aller Teilbereiche der Produktionsplanung, wenn zielsetzungsgerechte Pläne (Kostenminimierung, Gewinnmaximierung) aufgestellt werden sollen. Ein für die Simultanplanung zu entwickelndes Planungsmodell ist allerdings zu komplex, um es mit den heute zur Verfügung stehenden Methoden lösen zu können. Zudem lassen sich häufig die erforderlichen Daten für die Planung nicht mit hinreichender Sicherheit gewinnen, so daß eine verbesserte Planung durch zielsetzungsgerechte Koordination der Teilpläne auch in der Datenunsicherheit ihre Grenzen findet. Es ist aber möglich, einige der bedeutsamsten Verflechtungen bei den Planungsüberlegungen zu berücksichtigen. Beispielsweise lassen sich Programmplanung und Losgrößenplanung integrieren. Das gleiche gilt für die Produktionsaufteilung und die Programmpolitik.[15] Bereits bei der Integration von Programmplanung und zeitlicher

---

15 Vgl. z.B. Jacob (1962), S. 204 ff., der die Programm- und Produktionsaufteilungsplanung integriert, oder Adam (1969), S. 37 ff. und 129 ff. mit einer Integration von Programmplanung und innerbetrieblicher Auftragsplanung.

Verteilung der Produktion ergeben sich durch Abbildungsunschärfen bei den Lagerkosten Grenzen. Eine zielsetzungsgerechte Koordination von Programm- und Ablaufplanung scheitert hingegen, da alle Arten von Reihenfolgeproblemen eine mathematisch so schwache Struktur aufweisen, daß sie optimierenden Verfahren kaum zugänglich sind.

Da eine vollständige Simultanplanung nicht zu realisieren ist, kann in der Praxis nur eine isolierte Planung für einzelne Teilbereiche mit Partialmodellen und einem System von Koordinationsregeln zur sachlichen Abstimmung der Teilpläne (z.B. hierarchische Planung)[16] durchgeführt werden. Ein derartiges Planungssystem ordnet verschiedenen Entscheidungsträgern isolierte Teilbereiche (Entscheidungsfelder) des Gesamtplanungsproblems zu. Jeder Entscheidungsträger ist verpflichtet, bei vorgegebenen Daten aus den anderen Teilbereichen einen optimalen Plan für den eigenen Bereich zu entwickeln. Die Interdependenzen zwischen den Teilbereichen werden zumindest näherungsweise erfaßt, wenn die den Teilbereichen zugeordneten Daten der jeweils anderen Bereiche durch spezielle Instrumente – Alternativplanung, Budgetsteuerung, Lenkpreise – koordiniert werden.[17]

In diesem Buch, in dem lediglich die Grundlagen der Produktionsplanung beschrieben werden sollen, wird weitgehend darauf verzichtet, die Interdependenzen zwischen den Teilplänen zielsetzungsgerecht zu erfassen. Diskutiert wird in erster Linie eine **isolierte Planung der Teilbereiche**. Lediglich im Abschnitt über Ablaufplanung und Fertigungssteuerung wird auf Teile des Beziehungsgeflechtes zwischen den Planungsaufgaben eingegangen. Allerdings erlaubt es der Komplexitätsgrad des Steuerungsproblems nicht, optimale Lösungen zu finden. Über heuristische Planungsprinzipien wird versucht, in der Praxis brauchbare, möglichst gut abgestimmte Lösungen zu generieren.

2.3 Stellung der Produktionsplanung innerhalb der Unternehmensplanung

Die theoretischen Überlegungen, die zur Planung eines Unternehmens notwendig sind, lassen sich in fünf Bereiche aufteilen:[18]

- Theorie der Zielbildung;
- Theorie des Entscheidungs- und Führungsprozesses;
- Theorie der Güterbeschaffung, -produktion und -verwertung (Güterumwandlungsprozeß);
- Theorie der Finanzwirtschaft;
- Betriebswirtschaftliche Informationstheorie (Rechnungswesen, Prognosen).

---

16 Zur dezentralen Planung mit Koordinationsmechanismen (hierarchische Planung) vgl. Adam (1996a), S. 374 ff.; Koch (1977), S. 42 ff.; Koch (1982), S. 32 ff.; Rieper (1979), S. 93 ff., Steven (1994) und die jeweils dort angegebene Literatur.
17 Vgl. Adam (1996a), S. 358 ff.; Koch (1982), S. 32 ff.; Rieper (1979), S. 93 ff.
18 Vgl. Busse von Colbe/Laßmann (1991), S. 11.

Die Zielbildungstheorie und die Theorie des Entscheidungs- und Führungsprozesses setzen sich mit den generellen Steuerungsmechanismen eines Unternehmens auseinander. Die übrigen drei Theorien analysieren die realen betrieblichen Prozesse aus der güterwirtschaftlichen und der finanzwirtschaftlichen Sicht sowie unter dem Aspekt der Informationsbeschaffung und -verarbeitung.

Die Theorie der Produktionsplanung befaßt sich allein mit dem dritten Teilbereich und beschränkt sich auf die zweite Phase des Güterumwandlungsprozesses, nämlich die Kombination der Produktionsfaktoren zum Zwecke der Leistungserstellung.

Die Produktionsplanung determiniert die Menge der bereitzustellenden Faktoren wie Rohstoffe, Arbeitskräfte usw. und übt insoweit auch Einfluß auf die erste Phase des Güterumwandlungsprozesses, die Bereitstellung bzw. Beschaffung, aus. Die Theorie der Produktionsplanung ist zudem in die Investitionstheorie (Beschaffung langlebiger Wirtschaftsgüter) einzubetten. Die Investitionsentscheidungen legen die Art und den Umfang verfügbarer Betriebsmittel bzw. Produktionskapazität fest, während durch den Güterumwandlungsprozeß die Höhe der laufenden Ausgaben und Einnahmen der Investitionsobjekte bestimmt wird. Nicht allein zwischen der Beschaffungsseite der Produktionsfaktoren und der Leistungserstellung bestehen Beziehungen, ebenso wird die Absatzseite beeinflußt. Die Absatzplanung hat die Aufgabe, jene Aktivitäten festzulegen, die zur Vermarktung der erstellten Leistungen erforderlich sind. Andererseits muß die Planung des Leistungsprogramms von den Absatzmöglichkeiten, d.h. den Wünschen und Bedürfnissen der Abnehmer, ausgehen, wenn nicht Leistungen erstellt werden sollen, die vom Markte nicht akzeptiert werden. Die Produktionstheorie darf daher nicht isoliert, sondern nur als integraler Bestandteil des gesamten Güterumwandlungsprozesses gesehen werden.

Das Niveau der güterwirtschaftlichen Aktivitäten eines Unternehmens und die zeitlichen Diskrepanzen zwischen den Ausgaben zur Beschaffung von Produktionsfaktoren und den Einnahmen für die vermarkteten Leistungen determinieren den Kapitalbedarf eines Unternehmens. Die güterwirtschaftlichen Prozesse haben damit einen Ausstrahlungseffekt auf die finanzwirtschaftliche Seite des Unternehmens. Andererseits beeinflussen bestehende Finanzierungsengpässe sowie Finanzierungskosten das Niveau der güterwirtschaftlichen Prozesse. Fragen der Finanzierung sowie des Kapitalbedarfs lassen sich nur in einer dynamischen Unternehmenstheorie behandeln, da eine statische Theorie die Ursachen des Kapitalbedarfs (zeitliche Diskrepanz von Ausgaben und Einnahmen) nicht oder nur durch pauschale Hypothesen zu erfassen vermag.

Für alle güter- und finanzwirtschaftlichen Teilpläne der Unternehmensplanung sind einerseits Informationen erforderlich, andererseits liefern sie für andere Bereiche bedeutsame Informationen. Die Funktionsbereiche Beschaffung, Produktion, Absatz, Investition und Finanzierung sind folglich durch ein Netz von Informationsbeziehungen überdeckt und miteinander verbunden. Die Überlegungen im Rahmen der Informationstheorie sind Voraussetzung, aber auch Resultat der Planungen in allen betrieblichen Funktionsbereichen. Die Produktionsplanung mit ihrem Informationsbedarf über Kapazitäten, Produktionszeiten der Artikel, Preise der Produktionsfaktoren und Erzeugnisse, Absatzmöglichkeiten usw. baut daher auf den Ergebnissen der Informationstheorie auf; andererseits liefert sie der Informations-

2.3 Stellung der Produktionsplanung innerhalb der Unternehmensplanung

theorie mit den Kosten, den Verbrauchsmengen der Faktoren sowie den Produktionsmengen wiederum bedeutsame Informationen für andere Unternehmensbereiche.

Gesteuert werden die Pläne der betrieblichen Teilbereiche durch die Unternehmensziele. Gegenstand der Organisations- und Führungstheorie ist dagegen die Ableitung von Zuständigkeiten für Entscheidungen, Koordinationsregeln für die Teilbereichsplanungen, Schlichtungsregeln für Konfliktfälle sowie die Entwicklung einer allgemeinen, alle Bereiche überdeckenden Unternehmensphilosophie.

Die Produktionsplanung ist somit nur ein Baustein der Theorie der Unternehmung. Erst die Integration aller skizzierten Bausteine ergibt die Theorie der Unternehmung.

Im vorliegenden Buch wird die Produktionsplanung in einer isolierenden Betrachtung aus dem Gesamtkomplex der Unternehmungstheorie herausgehoben. In dieser isolierten Analyse werden für die anderen Teilbereiche folgende Prämissen gesetzt:

- Es wird Rationalverhalten auf der Basis einer gewinnorientierten Zielsetzung unterstellt, und es kommt zu keinen Störungen des Rationalverhaltens durch das Sozialsystem, weil etwa die Individualziele der Organisationsmitglieder von den Zielen der Organisation abweichen.
- Es ist ein geeignetes Planungsinstrumentarium vorhanden, um die zielsetzungsgerechte Handlungsalternative mit vertretbarem Planungsaufwand zu bestimmen.
- Alle für die Planung erforderlichen Informationen sind sicher, d.h., es wird vom Unsicherheitsproblem abstrahiert. Zum Planungszeitpunkt muß deshalb bekannt sein, welche Datensituation künftig eintritt.
- Der Betriebsmittelbestand des Unternehmens, d.h. seine Produktionskapazitäten, sind gegeben. Investitionsüberlegungen werden damit aus der Analyse ausgeklammert.
- Es gibt keinen finanziellen Engpaß; von der Finanzierung gehen keine Beschränkungen auf die Wahl der Produktionspolitik aus.
- Die Preise der benötigten Produktionsfaktoren sind bekannt und durch die Art der Produktionspolitik nicht beeinflußbar.
- Die Preise der Erzeugnisse sowie die maximal zu diesen Preisen abzusetzenden Mengen sind ebenfalls gegeben. Absatzpolitische Überlegungen bleiben damit aus der Analyse ausgeklammert.

Diese Annahmen sind recht rigide und spiegeln die in der Realität anzutreffenden Verhältnisse nur unzureichend wider. Sinn dieser Prämissen ist es, den Komplexitätsgrad der Analysen zu reduzieren. Als Folge der Prämissen bleibt notwendigerweise das Zusammenspiel der Teilbereiche der Unternehmenstheorie ungeklärt.

Fragen und Aufgaben zu Kapitel 2

1. Skizzieren Sie die Teilpläne der Produktionsplanung!
2. Welche Verflechtungen bestehen zwischen diesen Teilplänen?
3. Wie können die zwischen den Teilplänen bestehenden Interdependenzen in der Planung berücksichtigt werden?
4. Nennen Sie die Teilbereiche der Unternehmensplanung!
5. Zeigen Sie die Beziehungen zwischen der Produktionsplanung und den anderen Teilbereichen der Unternehmensplanung auf!

3 Planung des Leistungsprogramms
3.1 Problembereiche der Planung des Leistungsprogramms

Bei der Planung des Leistungsprogramms sind vier Teilfragen zu beantworten:

- Welche Erzeugnisse sind in welchen Mengen zu produzieren bzw. welche Produkte sind neu zu entwickeln (Programmplanung sowie Forschung und Entwicklung)?
- Welches Qualitätsniveau der Produkte und Dienstleistungen ist erforderlich, um am Markt bestehen zu können (Qualitätsmanagement)[1]?
- Welche der zur Produktion erforderlichen Baugruppen oder -teile sind selbst zu fertigen bzw. fremd zu beziehen (Wahl der Fertigungstiefe)?
- Welche der zur Auswahl stehenden Produktionsprozesse sind für die Produktion einzusetzen (Auswahl der Produktionsverfahren)?

Der vierte Bereich – Auswahl der Produktionsverfahren – ist eigentlich Bestandteil der Produktionsdurchführungsplanung oder der Investitionsplanung. Soweit neue Verfahren zu installieren oder alte zu eliminieren sind, handelt es sich um eine Fragestellung der Investitionstheorie bzw. der langfristigen Kostenpolitik. Geht es um die Frage, welches von mehreren installierten Verfahren für die Produktion heranzuziehen ist, liegt ein spezielles Problem der Produktionsdurchführungsplanung vor. Die Planung des Leistungsprogramms und die Aufteilung der Produktionsmengen auf gegebene Verfahren sind aber interdependent. Die optimale Produktionsmenge hängt folglich davon ab, welche Verfahren eingesetzt werden bzw. mit welchen Kosten je Mengeneinheit gearbeitet wird. Dieser vierte Teilbereich ist daher in die Planung des Leistungsprogramms zu integrieren, wenn es zu optimalen Entscheidungen kommen soll. Da sich die Interdependenzen zwischen Programm- und Aufteilungsplanung noch relativ leicht erfassen lassen, soll diese Erweiterung in der operativen Programmplanung nicht unerwähnt bleiben.

Überlegungen zur Programmplanung gehen bei kurzfristiger Betrachtungsweise von **vorgegebenen Potentialen** (Fertigungskapazitäten, Absatzmöglichkeiten, Erzeugnisrahmenprogramm, Qualitätsniveau und gegebener Fertigungstiefe) aus. Bei langfristiger Sichtweise geht es darum, diese **Potentiale erst zu schaffen**. Kernfragen der langfristigen Planung des Leistungsprogramms sind die Entwicklung neuer Produkte, die Steuerung der Qualität durch sinnvolle Prozeß- und Produktgestaltung und die Wahl der eigenen Fertigungstiefe. Untrennbar damit verbunden sind der Aufbau der Kapazitäten und die Auswahl der Märkte und Kunden; denn beide Fragen haben nachhaltigen Einfluß darauf, ob mit neuen Produkten und verbesserter Qualität Erfolge zu erzielen sind.

Die **kurzfristige Planung** reduziert den Planungsumfang auf die Frage der in einer Periode herzustellenden Mengen. Diese Frage ist im Hinblick auf die Zielsetzung des Unternehmens – Gewinnmaximierung, Rentabilitätsmaximierung usw. – zu beantworten. Vereinfachend wird im folgenden stets Gewinnmaximierung unterstellt. Die **langfristige Planung** des Leistungsprogramms soll zwar auch positiv auf den Gewinn wirken; es ist aber in der Regel

---

[1] Zur Bedeutung der Qualität als strategischer Erfolgsfaktor vgl. Buzzell/Gale (1989), S. 91 ff.

unmöglich, die Gewinnwirkungen neuer Produkte oder verbesserter Qualität in Geldeinheiten zu quantifizieren. Die langfristigen Überlegungen zum Leistungsprogramm gehen daher meistens von leichter zu quantifizierenden Ersatzzielen – wie Käuferpräferenzen oder Kundenzufriedenheit – aus.

Nach der **Fristigkeit der Planung** sowie der Bedeutung der Entscheidungen für den Unternehmenserfolg wird zwischen der strategischen, taktischen und operativen Produktionsprogrammplanung unterschieden.

Die **strategische Produktionsprogrammplanung** legt die Produktfelder fest, auf denen sich ein Unternehmen betätigen will. Ein Produktfeld ist die Gesamtheit aller Erzeugnisse, die sich auf ein Grunderzeugnis zurückführen lassen, z.B. Autos, Radiogeräte, Fotoapparate, Schirme oder Büromöbel.[2] Welche Erzeugnisse einem Produktfeld zuzurechnen sind, hängt von der Definition des Grundproduktes ab. Heißt das Grundprodukt „Schuhe", sind Damen- und Herrenschuhe Teile eines Produktfeldes. Die Definition des Produktfeldes kann aus Zweckmäßigkeitsgesichtspunkten auch enger gefaßt sein; dann sind Damen- oder Herrenschuhe unterschiedlichen Produktfeldern zuzurechnen. Ob ein Produktfeld eng oder weit definiert wird, hängt unter anderem davon ab, ob Damen- und Herrenschuhe auf den gleichen Produktionsanlagen produziert werden können oder ob jeweils spezielle Produktionsanlagen einzusetzen sind.

Gegenstand der **taktischen Produktionsprogrammplanung** ist es,[3]

- innerhalb eines gegebenen Produktfeldes neue Produkte oder kundenspezifische Varianten zu entwickeln oder neue Anwendungsgebiete (Kunden bzw. Märkte) für vorhandene Produkte zu finden. Die taktische Programmplanung legt das Rahmenprogramm für die operative Programmplanung fest und bestimmt damit ausschlaggebend den Komplexitätsgrad und die darauf zurückgehenden Komplexitätskosten.[4]

- zwischen Gestaltungsalternativen für das Produktkonzept zu wählen. Zu entscheiden ist über den Umfang einzusetzender Teile oder Komponenten. Mit der Zahl durch Zulieferer vormontierter Komponenten sinkt der Komplexitätsgrad der Fertigung nachhaltig. Zu entscheiden ist auch, ob für ein neues Produkt auf das Gleichteilekonzept gesetzt wird, oder ob varianten- bzw. produktspezifische Teile entwickelt werden sollen. Verbunden damit ist dann auch die Frage nach der optimalen Fertigungstiefe.

- Produkt- oder Anwendungsideen zu bewerten. In der Phase der Ideenfindung mit noch schwacher Informationsbasis muß dazu meist auf qualitative, heuristische Verfahren (Scoring-Modelle) zurückgegriffen werden. In der Konstruktionsphase von Produkten sollte möglichst eine Bewertung auf der Basis von Kosten und Erlösen oder Ausgaben und Einnahmen erfolgen. Diese Bewertung sollte sich auf den gesamten Lebenszyklus eines Produktes beziehen, und sie sollte für alle Konstruktionsprinzipien eines Produktes eine Bewertung von der Konstruktion über die Produktion, den Verbrauch bis zur späteren Entsorgung vornehmen. Durch ein Life-Cycle-Costing ist eine integrierte Analyse al-

---

2   Vgl. auch zum folgenden Jacob (1990), S. 409 ff.
3   Vgl. Adam (1981a).
4   Vgl. Kapitel 1.3.3.3.

ler Phasen des Produktlebenszyklus anzustreben, um zu Produkten zu kommen, die nicht nur in der Konstruktion und der Produktion mit geringem Faktoreinsatz verbunden sind; vielmehr ist der Ressourceneinsatz beim Gebrauch und der Entsorgung mit zu erfassen, um zu ökonomisch und ökologisch effizienten Produktkonzepten zu gelangen.

- darüber nachzudenken, wann alte Produkte aus dem Produktionsprogramm eliminiert werden sollen, da ihr Erfolgsbeitrag zu gering ist oder weil sie jungen Produkten die nötigen Ressourcen entziehen. Alte Produkte werden vielfach zu spät aus den Programmen eliminiert, da ein kleiner, aber sicherer Deckungsbeitrag mit Altprodukten einer mit starker Unsicherheit verbundenen Erfolgschance mit Neuprodukten vorgezogen wird. Alte Produkte binden in der Fertigung und im Management zu lange Kapazitäten, die für die Nachfolgeprodukte erforderlich sind.

Die **operative Produktionsprogrammplanung** baut auf dem durch die taktische Produktionsprogrammplanung vorgegebenen qualitativen Rahmenprogramm auf und legt diejenige Menge der Erzeugnisse fest, die bei gegebenen Absatzmöglichkeiten und Produktionskapazitäten der Zielsetzung genügen.

Die Abgrenzung zwischen strategischer, taktischer und operativer Programmplanung ist nicht scharf, d.h., im konkreten Fall können durchaus Zweifel bestehen, ob ein bestimmtes Teilproblem der taktischen oder strategischen Planung zuzuordnen ist. Anhand eines Beispiels soll eine mögliche Zuordnung der Teilprobleme zu den drei Stadien der Planung des Leistungsprogramms gegeben werden:

Ein Unternehmen der Textilindustrie beschäftigt sich bislang ausschließlich mit der Produktion und dem Vertrieb von Kleiderstoffen; es möchte sein Programm auf Dekorationsstoffe ausweiten. Diese Entscheidung ist der strategischen Produktionsprogrammplanung zuzurechnen, da es um die Erweiterung der Zahl der Produktfelder geht, auf denen sich das Unternehmen betätigt. Innerhalb des neuen Produktfeldes (Dekorationsstoffe) sind dann nach Produktqualität, Design und Farbgebung unterschiedliche Stoffarten zu entwickeln und zu testen (taktische Programmplanung). Aufgabe der operativen Programmplanung ist es, die von den einzelnen Stoffarten in einer Planungsperiode (z.B. Vierteljahr) zu produzierenden Mengen festzulegen. Ob nun beispielsweise die regionale Erweiterung des eigenen Marktgebietes bei gleichem Rahmenprogramm der operativen oder taktischen Planung zuzurechnen ist, läßt sich hingegen nicht schlüssig beantworten.

Im folgenden wird zunächst auf die langfristig für die Wahl des Leistungsprogramms relevanten Fragestellungen der Qualitätspolitik, der Forschung und Entwicklung sowie der Wahl der Fertigungstiefe eingegangen. Es schließen sich dann Untersuchungen zur operativen Programmplanung an.

3.2 Qualitätspolitik im Wandel

3.2.1 Wandel des Qualitätsbegriffs und der Qualitätsmaßstäbe

Der Wandel in der Sichtweise des Qualitätsmanagements geht einher mit einer starken Veränderung des Qualitätsbegriffs. Die **klassische Sicht** von Qualität schlägt sich noch in der

DIN-Norm 55 350 Teil 11 nieder. Danach ist „Qualität die Gesamtheit von Eigenschaften und Merkmalen eines Produktes oder einer Tätigkeit, die sich auf deren Eignung zur Erfüllung gegebener Erfordernisse bezieht". Zentral für diese Sicht ist die Produkt- oder Ergebnisorientierung. Am Ende des Leistungsprozesses soll ein Produkt stehen, dessen Merkmalsausprägungen den gesetzten technischen Anforderungen für den Gebrauch der Produkte entsprechen. Das Produkt soll mithin „fit for use" sein.[5] Hinter dieser Definition verbirgt sich eine rein technik- oder gebrauchszentrierte Sichtweise von Qualität. Im Qualitätsmanagement kommt es dann darauf an, einen sinnvollen Katalog von Eigenschaften oder Merkmalsausprägungen für Produkte zu definieren und in der Produktentwicklung (Entwurfsqualität) und Produktion durch Kontrollen darauf zu achten, daß diese Anforderungen eingehalten werden.

Die produkt- und technikorientierte Sichtweise von Qualität schlägt sich auch in den Maßstäben zur Qualitätsmessung nieder. Der verlangte Qualitätsstandard von Produkten ist erreicht, wenn im Produktionsprozeß die gesetzten Toleranzgrenzen definierter Qualitätsmerkmale (z. B. Abmessungen, Härten usw.) eingehalten werden. Der Qualitätsstandard ist um so besser, je geringer die Fehlerrate ist, je mehr Produkte einer Grundgesamtheit innerhalb der Toleranzgrenzen liegen. Diese Fehlerrate wird in **ppm** (parts per million) angegeben. Ein zweiter mit der Fehlerrate im inneren Zusammenhang stehender Qualitätsmaßstab ist der **Cp-Wert** (C steht für capability und p für process).[6] Die Prozeßfähigkeit von Produkten ist um so besser, je geringer die zufallsbedingte Streuung der Qualitätsmerkmale um den erwarteten oder angestreben Zielwert für 100 %ige Qualität ist. Der Cp-Wert setzt die Toleranz für ein Qualitätsmerkmal zur beobachteten Streuung in Beziehung.[7] Je geringer die Fehlerrate ist, um so geringer wird die Streuung ausfallen und um so höher ist der Cp-Wert.[8] Niedrige ppm und hohe Cp-Werte sind dann Ausdruck überlegener Qualität.

Dieser **toleranzorientierte Denkstil** für Qualität ist nicht unproblematisch. Er geht davon aus, daß Produkte die innerhalb der technisch definierten Toleranzgrenzen liegen, für den Abnehmer voll geeignet sind. Eine modernere, auf **Taguchi** zurückgehende Denkweise interpretiert jede Abweichung vom Zielwert für Qualität als Fehler.[9] Es kommt dann in der Qualitätspolitik nicht darauf an, das Toleranzband einzuhalten, sondern den Zielwert möglichst exakt zu treffen. Diese strengere Sicht von Qualität ist beispielsweise sehr sinnvoll, wenn ein Abnehmer aus Einzelteilen Komponenten zusammensetzt. Aus einer Unter- und einer Oberschale und vielen Kugeln wird beispielsweise ein Kugellager gefügt. Treffen im Montageprozeß unglücklicherweise Kugeln nahe der oberen Toleranzgrenze für den

---

5   Vgl. Juran (1988), S. 2-2.
6   Vgl. zum Cp-Wert, Rommel et al. (1995), S. 274 ff.
7   Cp-Wert = Toleranz/6σ
8   Die Cp-Werte lassen sich noch danach unterscheiden, ob es sich um einen zentrierten Fertigungsprozeß handelt, bei dem der Erwartungswert der Qualitätsmerkmale mit dem Wert für 100%ige Qualität übereinstimmt oder ob die Prozesse nicht zentriert sind – der Erwartungswert der Qualitätsmerkmales liegt über oder unter dem Zielwert für Qualität. Für derartige nicht symmetrische Fälle wird ein kritischer Cp-Wert bestimmt. Die Toleranz wird dazu in ein oberes und ein unteres Toleranzintervall aufgespalten. Dazu wird von der oberen (unteren) Toleranzgrenze der beobachtete Mittelwert abgezogen. Die beiden Toleranzbereiche werden dann jeweils durch 3σ dividiert. Von den beiden berechneten Werten wird der kleinere als Cpk-Wert (kritischer Fähigkeitskennwert) verwendet.
9   Vgl. Taguchi (1988), Taguchi/Clausing (1990).

Durchmesser mit Schalen mit geringem Abstand zwischen Ober- und Unterschale zusammen, klemmt es, und die Laufeigenschaft des Kugellagers ist schlecht. Obwohl alle Einzelteile bei toleranzorientiertem Denkstil für Qualität einwandfrei sind, kommt es aufgrund der Kombinationseffekte zu unzureichender Qualität der Endprodukte (klemmende Kugellager und solche, die auseinanderfallen). Derartige aus der Kombination von Einzelteilen resultierende Probleme lassen sich nur bei der strengeren Sicht von Qualität vermeiden. Bei toleranzorientierter Denkweise wird die Montage komplex, da durch Selektion der Einzelteile nach Abmessungsklassen verhindert werden muß, daß ungünstige Einzelteile zusammengefügt werden. In diesem Fall ist der Prüf- und Kombinationsaufwand für die Teile sehr groß, da Qualität nicht in der Produktion erreicht wird, sondern erst in die Einzelteile hineingeprüft werden muß. Die strengere Sicht von Qualität bemüht sich, die Ursachen für Streuungen möglichst auszuschließen, so daß die aus der Streuung resultierenden Montageprobleme vermieden werden.

Beim **Taguchi-Konzept** wird jede Abweichung von der Zielgröße für Qualität als Fehler interpretiert, der zu höheren Kosten führt. Zentrales Problem des Ansatzes ist es, die reale Verlustfunktion zu quantifizieren. Aber auch wenn eine konkrete Funktion nicht zu bestimmen ist, kann der Taguchi-Ansatz als strategische Qualitätsleitlinie dienen. Die Abbildung 3-1 verdeutlicht den Unterschied zum klassischen Denkansatz der Qualitätskontrolle.

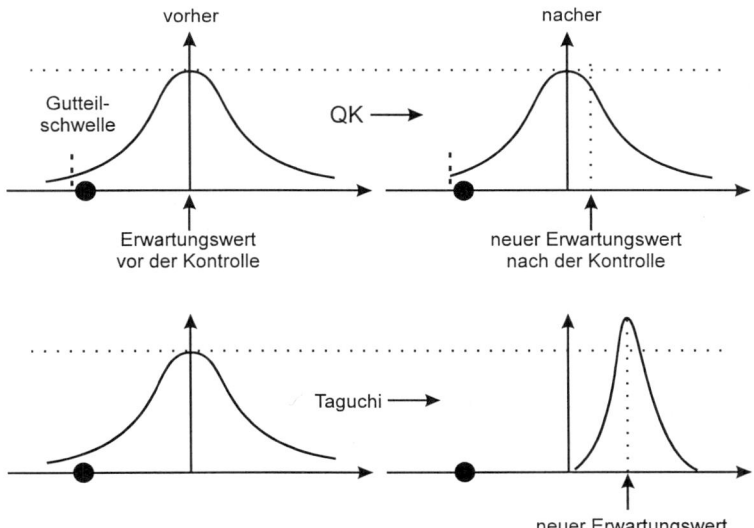

Abbildung 3-1

Die oberen beiden Verteilungen demonstrieren die klassische Vorgehensweise, Qualität in Produkte hereinzukontrollieren. Die linke obere Skizze zeigt die in einem Unternehmen realisierte Häufigkeitsverteilung eines Qualitätsmerkmals; die Merkmalsausprägungen schwanken normalverteilt um einen Mittelwert, wobei eine Abweichung nach links eine verminderte, eine nach rechts eine erhöhte Qualität bedeutet. Die klassische Qualitätskontrolle setzt beispielsweise einen Mindestwert, der vom Produkt nicht unterschritten werden darf. Bei Unterschreiten liegt Ausschuß vor. Dadurch werden die extrem schlechten Ergebnisse abgeschnitten und der Erwartungswert für Qualität verbessert sich (rechte obere Skizze). Der Punkt in beiden Skizzen repräsentiert ein konkretes Produkt relativ schlechter Qualität, einen „faulen Apfel". Obwohl es prinzipiell das Ziel der Qualitätskontrolle ist, „faule Äpfel" auszusortieren, kann sich dieser „faule Apfel" gerade noch hinter der vorgegebenen Toleranzgrenze „verstecken". Ein Anreiz, solche schlechten Ergebnisse zu vermeiden, besteht für die Mitarbeiter nicht.

Anders geht der Taguchi-Ansatz vor. Alle Abweichungen – also auch positive Abweichungen – von der Zielqualität werden als nachteilig bewertet.[10] Es wird daher versucht, die Streuung der Qualitätsausprägungen weitestgehend zu reduzieren. Darüber hinaus wird angestrebt, daß der Erwartungswert der Qualitätsausprägungen sich möglichst genau mit dem Zielqualitätsniveau deckt. Dadurch wird eine positive Bewertung von Qualitätsübererfüllung („Over-Engineering") vermieden. Qualität liegt nach diesem Denkansatz vor, wenn der Erwartungswert den Zielwert für Qualität trifft und die beobachtete Streuung gering ist.

Der klassische, produktorientierte Qualitätsbegriff und die Messungsformen der Qualität sind heute für ein Qualitätsmanagement völlig unzureichend. Die klassische Sichtweise faßt Qualität als ein rein technisches, produktbezogenes Problem auf. In gesättigten Märkten ist hohe Qualität bei der Produktdimension zwar zwingend notwendig, aber keinesfalls ausreichend für den Markterfolg. Qualität muß vielmehr umfassender gesehen werden. Einen komparativen Konkurrenzvorteil kann ein Unternehmen auf gesättigten Märkten nur erringen, wenn es Kunden neben den technischen Produktvorteilen noch andere Anreize bietet. Das Produkt selbst ist beim Kauf nur **eine** für den Kunden relevante Dimension. Zunehmend bedeutsamer wird eine komplette Betreuung des Kunden beim Kauf (Beratung und Finanzierungsangebote) sowie nach dem Kauf (Service- und Garantieleistungen). An Bedeutung gewinnt zudem die ökologische Qualitätsdimension bei der Nutzung der Produkte und der späteren Entsorgung nach Gebrauch. Ein Qualitätsmanagement muß all diese Zusatzdimensionen erfassen. Zur Qualität gehört es dann, ein angenehmes Umfeld für den Kunden zu schaffen, gegenüber dem Kunden verläßlich und kompetent zu sein und sich in seine Probleme einfühlen zu können.[11] Kundenorientierung erfaßt mithin nicht allein die technische, produktorientierte Sicht (**Tech-Dimension**), sondern zusätzlich die **Touch-Dimension**.[12] Es kommt darauf an, auch die anderen Dimensionen im Qualitätsmanagement zu erfassen und ein Leistungsangebot zu sichern, das bei allen relevanten Qualitätsdimensionen eine den Kundenanforderungen entsprechende Leistung zu einem angemessenen Preis garantiert.[13]

Für diese umfassende Qualitätssicht bedarf es einer integrierten Betrachtungsweise, wie sie für die Produktdimension – Tech-Dimension – durch den Qualitätskreislauf gezeigt werden kann. Das Qualitätsmanagement muß sich danach auf alle Phasen des Produktlebenszyklus erstrecken. Qualität beginnt bei der Produktidee, führt über F&E und Beschaffung, über die

---

10 Die Kunden sind kaum bereit, für eine Übererfüllung ihrer Anforderungen zusätzliche Kosten in Kauf zu nehmen.
11 Vgl. zu den Qualitätsdimensionen Zeithaml/Parasuraman/Berry (1992).
12 Vgl. zur Tech- und Touch-Dimension der Qualität Grönroos (1984), S. 36 ff.
13 Vgl. zum wertbezogenen Qualitäts-Ansatz Garvin (1984), S. 25 ff. und Garvin (1988), S. 40 ff.

3.2 Qualitätspolitik im Wandel

Produktion, Produktnutzung bis zur Entsorgung. Qualitätsmanagement setzt dann beispielsweise bereits im Bereich F&E an, um in Produktion, Nutzung und Entsorgung hohe Qualität erreichen zu können. Qualität darf dann nicht mehr produktionszentriert aufgefaßt werden; es ist vielmehr ein umfassendes Qualitätsdenken für alle Phasen des Lebenszyklus eines Produktes erforderlich. Qualität gilt es in frühen Stadien des Lebenszyklus zu gestalten (Entwicklung), um sie dann im Stadium der Produktion fast automatisch zu erreichen.

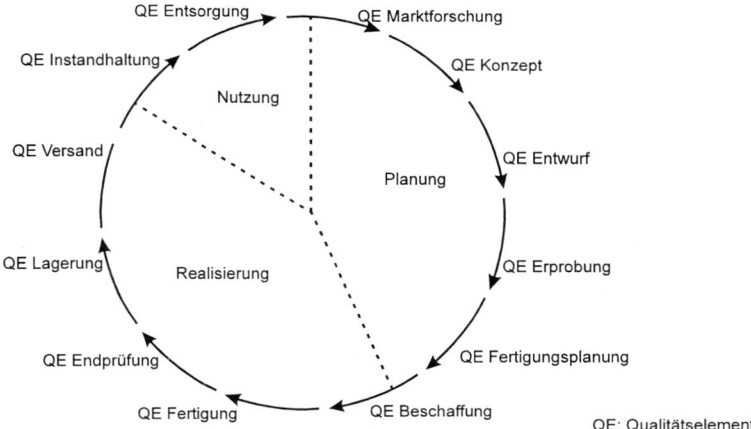

Abbildung 3-2

Dementsprechend sind unter **Qualitätskosten**[14] auch nicht allein die Faktorverbräuche zu subsumieren, die in der Produktion auftreten, um Fehler zu erkennen, zu vermeiden oder beim Kunden oder im eigenen Unternehmen entdeckte Fehler zu beseitigen. Zu den Qualitätskosten gehört auch der Faktoreinsatz, der in der Konstruktion anfällt und Fehler verhindert oder dem Kunden Vorteile bei der Nutzung oder Entsorgung von Produkten bringt. Qualitätskosten beziehen sich folglich auf den gesamten Lebenszyklus von Produkten. Es ist mithin ein Life-Cycle-Costing-Denken im Qualitätsmanagement erforderlich, um ein sinnvolles Verhältnis von Kosten und Leistung zu erreichen. Nur den Teil der Qualitätskosten zu betrachten, der in die Herstellkosten eingeht, ist unzureichend für eine umfassende kundenorientierte Sicht. Es kann dann sein, daß sich Qualitätsbemühungen scheinbar nicht auszahlen, da sie erst beim späteren Gebrauch der Produkte sichtbar werden.

Der Integrationsgedanke darf sich zudem nicht allein darauf beziehen, alle Phasen des Lebenszyklus aus der Produktdimension zu sehen. Vielmehr ist es zusätzlich erforderlich, die Dimensionen des Grundnutzens (Tech-Dimension) und des Zusatznutzens (Touch-Dimension) von Qualität zu integrieren. Es hat wenig Sinn, technisch überlegene Qualität zu bieten, wenn das Unternehmen bei der Betreuung der Kunden beim Kauf, Service und Entsorgung versagt. Die Qualitätsanforderung aller für den Kunden relevanten Dimensionen

---

14 Vgl. zu den traditionellen Qualitätskosten Horváth/Urban (1990), S. 118 ff.

müssen aufeinander abgestimmt sein. Es kommt darauf an, ein in allen für den Kunden relevanten Dimensionen qualitätsüberlegenes Leistungsangebot zu angemessenen Kosten zu garantieren.

Diese umfassende, in doppelter Weise integrierte Sichtweise von Qualität macht deutlich, daß die beschriebenen Ansätze zur Messung von Qualität unzureichend sind. Diese Ansätze eignen sich im wesentlichen nur für die Beurteilung der Produktdimension. Die Dimensionen des Zusatznutzens – Touch-Dimension – entziehen sich häufig einer exakten Quantifizierung. Dennoch werden für ein Qualitätscontrolling auch in diesem Bereich möglichst harte Maßstäbe benötigt. Für die Qualitätsbeurteilung ist in der erweiterten Qualitätsdefinition allein die Sichtweise des Kunden relevant. Er legt fest, welche Dimensionen der Qualität für ihn bei seinen Entscheidungen relevant sind; er erwartet bestimmte Leistungsstandards, die es zu erfüllen gilt. Qualität kann dann nur als vom Kunden wahrgenommene Differenz zwischen seinen Erwartungen und der erlebten Realität interpretiert werden. Qualität liegt vor, wenn die Erwartungen möglichst gut getroffen werden. Qualitätsmessung wird damit schwierig, da jeder Kunde andere Erwartungen hat, die es möglichst zu erkennen und zu messen gilt. Häufig gelingt es nicht, die Erwartungen zu quantifizieren. Durch Befragung werden dann ersatzweise subjektiv wahrgenommene Differenzen zwischen den nicht spezifizierten Erwartungen und der empfundenen Realität „gemessen". Das Problem dieser Art von „Messung" besteht darin, daß die bei verschiedenen Kunden festgestellten Abweichungen eigentlich unvergleichbar sind. Zudem läßt diese Art der Messung nicht erkennen, warum Abweichungen aufgetreten sind und was in welcher Qualitätsdimension zu verändern ist, um besser beurteilt zu werden.

Da Kunden unterschiedliche Qualitätserwartungen haben, ist es für ein Unternehmen auch wenig sinnvoll, am Markt mit einer Einheitsqualität aufzutreten, die sich am Segment der Spitzenerwartungen orientiert. Viele Kunden werden diese Erwartungen nicht teilen, und sie werden auch nicht bereit sein, dafür zu zahlen. Für diese Kunden ist dann das Gebot verletzt, Qualität mit einem vernünftigen Verhältnis von Kosten und Leistung zu erreichen. Zur Qualitätspolitik gehört es dann, das Angebot nach Gruppen möglichst gleichartiger Kundenwünsche zu differenzieren.

Weil Qualität in der erweiterten Sicht das subjektive Erlebnis der Kunden ist, gibt es auch keine objektive Qualität mehr, wie bei den technischen Maßstäben. Durch Kundenbefragung über ihr Qualitätserlebnis oder durch ausführliche Analysen unzufriedener Kunden (Reklamationsmanagement) lassen sich allenfalls Erkenntnisse gewinnen, ob die Erwartungen getroffen wurden oder aus welchen Gründen das nicht gelungen ist. Reklamationsmanagement gewinnt damit eine zentrale Bedeutung für gezielte Qualitätsverbesserungsmaßnahmen. Dazu ist es erforderlich, die Gründe für Reklamationen intensiv zu hinterfragen, um die Ursachen zu erkennen und für die Zukunft abzustellen.

3.2.2 Vier Phasen der Qualitätssicht

Die historische Entwicklung des Qualitätswesens hat sich in vier Phasen vollzogen. Sie ging von der „engen" produkt- und produktionsbezogenen Sicht von Qualität durch Kontrolle aus

3.2 Qualitätspolitik im Wandel

und hat sich ständig bis zur „weiten" Sichtweise des Total Quality Management (TQM) erweitert. Am Anfang standen technokratische Ansätze (Normen, Standards und statistische Verfahren); es traten dann organisatorische Ansätze (Qualitätszirkel, Mitarbeiterorientierung) hinzu. Die Entwicklung mündete schließlich in einen unternehmenskulturbezogen Qualitätsdenkstil.[15]

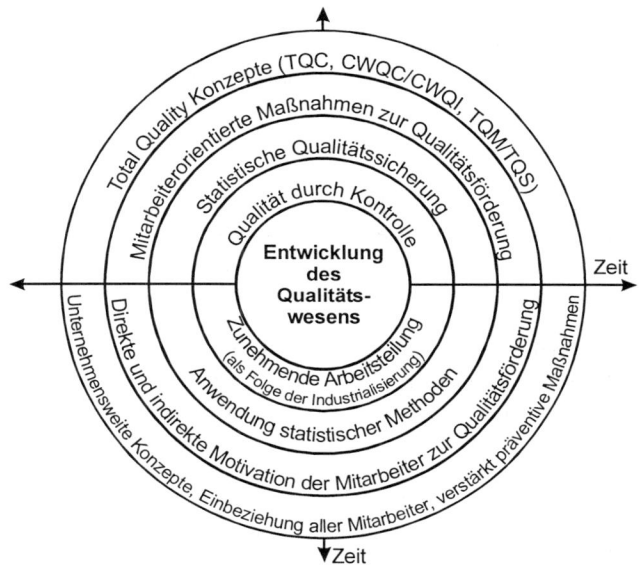

Abbildung 3-3[16]

(1) Qualität durch Kontrolle

Die ersten Qualitätsansätze basieren auf dem Taylorismus. Kennzeichen dieser Fertigungskonzeption ist die Trennung von dispositiven und ausführenden Aufgaben und eine sehr weitgehende Arbeitsteilung mit fest vorgegebenen, engen Arbeitsinhalten und -zeiten je Arbeitskraft. Die Arbeitskräfte sind meistens nur „angelernt", weil eine ganzheitliche, selbstüberwachende Denkweise in der Produktion nach diesem zentralistischen Konzept nicht erforderlich ist. Eine Konsequenz dieser Fertigungskonzeption ist, daß sich die ausführenden Arbeitnehmer nur wenig für die Qualität ihrer Leistungen verantwortlich fühlen, zumal die quantitative Leistung im Vordergrund steht. Verantwortlich für die Qualität sind vorgesetzte „Funktionsmeister", die die Qualität der Arbeiten überwachen.[17] Damit wird Qualitätswesen als organisatorische Stelle verstanden. Die für die Qualität zuständigen Funktionsmeister stellen Qualität durch Inspektion in der Produktion sicher. Qualität wird damit als ausschließliches Problem der Produktion aufgefaßt. Wenn überhaupt gibt es nur für die

---

15 Vgl. zur historischen Entwicklung, Zink/Schildknecht (1994), S. 73 ff. und Witte (1993), S. 19 ff.
16 Vgl. Zink/Schildknecht (1994), S. 80.
17 Vgl. Lerner (1988), S. 27.

Produktion Qualitätsziele (Ausschuß- und Nacharbeitsquoten). Die Philosophie „Qualität durch Kontrolle" setzt darauf, erkannte Qualitätsmängel durch Nacharbeit zu beseitigen. Zudem kann versucht werden, durch Sanktionsmechanismen das Qualitätsinteresse der ausführenden Arbeitskräfte zu „verbessern".

In dieser Phase sind die Kosten für Erkennen und Beseitigen von Fehlern relativ hoch. Im Qualitätswesen sind vergleichsweise viele Mitarbeiter beschäftigt. Die Produktionsprozesse sind sehr instabil, d.h., die Streuung der Qualitätsabweichungen ist hoch. Fehlervermeidung hat einen geringen Stellenwert. Qualität ist nicht das Problem des Topmanagements sondern nachgeordneter Stellen in der Produktion.

(2) Statistische Qualitätssicherung

In den zwanziger Jahren wurde – ausgehend von den USA – erkannt, daß die kontrollierende Qualitätssicherung durch statistische Methoden wesentlich effizienter gestaltet werden kann. Die Qualitätsprüfung bezieht sich nicht mehr allein auf das Endprodukt, sondern erstreckt sich auch auf Vorstufen der Produktion. Durch rechtzeitig erkannte Fehler lassen sich Kosten in nachfolgenden Produktionsstufen vermeiden. Es wurden Verfahren, z.B. Stichprobentheorie, Qualitätsregelkarten, entwickelt und angewendet, die es erlauben, den erforderlichen Prüfumfang zu reduzieren. Die statistischen Erkenntnisse wurden zudem genutzt, die Prozeßfähigkeit durch nachregulierende Eingriffe in die Produktion zu verbessern.[18] Zu finden sind auch erste Ansätze, Prozesse systematisch auf Fehlerpotentiale hin zu analysieren.[19] Damit ist erstmals auch ein Denken zu erkennen, das auf Fehlervermeidung abzielt. Qualität ist aber nach wie vor ein Problem nachgeschalteter Stellen, und die Sichtweise ist weiterhin rein produktionszentriert. Mit der Prozeß-FMEA sind aber erste Hinweise zu erkennen, die Qualitätsproblematik auf den Bereich der Verfahrensentwicklung auszudehnen.

Nach dem zweiten Weltkrieg stagnierte der Einsatz statistischer Methoden in den USA. In Japan hingegen wurden diese Methoden bereitwillig aufgenommen, unterstützt durch die amerikanischen Qualitätspioniere Deming und Juran.[20]

(3) Von der Kontrolle zur Prävention und Mitarbeiterorientierung

In der dritten Phase ändert sich der Denkstil der Unternehmen. Nicht mehr das Kontrollieren und Nachbessern sondern das **Fehlervermeiden** ist der zentrale Gesichtspunkt der Qualitätspolitik. In dieser Phase wird die Produkt- und Verfahrensentwicklung in die Qualitätspolitik integriert, um ein hohes Ausmaß an Prozeßfähigkeit zu erreichen. Durch die Art der Produkt- und Prozeßentwicklung sollen eine geringe Fehlerrate und eine geringe Streuung der Qualitätsmerkmale erreicht werden. Die Kompetenz für Qualitätsprobleme wird dezentralisiert, um kurze Regelkreise zu erreichen. Die Produktionsmannschaft muß in der Vorserienfertigung in die Produkte und Prozesse eingreifen können, damit erkannte Fehlerpotentiale noch beseitigt werden können. Produktion, Vorserienfertigung und Entwicklung laufen

---

18 Vgl. zur statistischen Prozeßreglung Kapitel 3.2.5.
19 Vgl. zur Prozeß-FMEA Kapitel 3.2.5.
20 Vgl. Zink/Schildknecht (1994), S. 76.

nicht mehr wie früher hintereinander ab, sondern werden zum Teil parallelisiert, um Zeit zu sparen und Fehler besser vermeiden zu können.[21]

In dieser Phase wird auch der Mensch als entscheidende Determinante für Qualität wiederentdeckt. Hochmotivierte, erfahrene Mitarbeiter produzieren auch qualitativ hochwertige Produkte. Die Potentiale der ausführenden Mitarbeiter sollen deshalb für die Fehlerprävention genutzt werden, z.B. in Qualitätszirkeln. Die Erfahrungen der Mitarbeiter sollen sich möglichst auf Produktion und Entwicklung bzw. auf mehrere Stufen der Produktion erstrecken: dies gelingt z.B. mit Job-Rotation. Durch Job-Rotation wird das Verständnis für die Qualitätsprobleme der anderen geweckt und ein übergreifendes Qualitätsdenken gefördert.

Im internationalen Vergleich zeigen sich allerdings unterschiedliche Erfahrungen und Entwicklungslinien bei der Mitarbeiterorientierung. In den USA liefen erste Null-Fehler-Programme an. Qualität wurde als Abwesenheit von Fehlern definiert. Dieses Konzept war aber nur wenig erfolgreich, weil die Zielsetzung zu extrem formuliert war und die notwendige Einstellung zur Arbeit nicht vermittelt werden konnte. In Skandinavien kamen mit beschränktem Erfolg Problemlösungsgruppen zum Einsatz. Auch in Deutschland hatten sogenannte „Lernstattkonzepte" zunächst nur geringen Erfolg. Wesentlich erfolgreicher bei der mitarbeiterorientierten Qualitätsförderung waren die Japaner. Sie stellten konsequent den Menschen in den Mittelpunkt ihres Unternehmens- und Qualitätsmanagement. Japanische Unternehmen wiesen den Mitarbeitern ein hohes Maß an Eigenverantwortung für ihre Arbeit zu. Es entstand das Konzept der Qualitätszirkel, in denen sich Mitarbeiter regelmäßig treffen, um Probleme ihres Arbeitsbereiches zu analysieren und zu lösen. Qualitätszirkel haben ihre Wirksamkeit in der Praxis häufig bewiesen. Sie werden bis heute – aber erst seit Anfang der achtziger Jahre auch in westlichen Unternehmen – erfolgreich eingesetzt.

(4) Total-Quality-Konzepte

Die ersten drei Phasen der Qualitätssicht sind primär produktionsorientiert. Sie konzentrieren sich auf die Qualität des Fertigungsprozesses und des Endproduktes. Konzepte des TQM dehnen die Qualitätssicht über den Fertigungsbereich hinaus auf alle Bereiche des Unternehmens und alle Stufen der Wertschöpfung aus. Damit sind auch die indirekten, steuernden Arbeitsprozesse in das Qualitätskonzept einbezogen. Eine Konzentration auf das Produkt wird vermieden; vielmehr steht die gesamte Dienstleistung am Kunden im Mittelpunkt. TQM-Konzepte sind demnach strategische und integrierte Ansätze mit dem Ziel, die Qualität von Produkten und die sie begleitenden Dienstleistungen über die gesamte Wertschöpfungskette eines Unternehmens so zu gestalten, daß sie den Anforderungen der Kunden entsprechen. TQM ist durch eine Kultur ständiger Verbesserungen, durch Prozeß- und Teamorientierung, sowie eine Integration aller Hierarchiestufen und Bereiche des Unternehmens und der Vorlieferanten gekennzeichnet. Im Mittelpunkt stehen die Anforderungen des Kunden, die es erfolgreich für das Unternehmen umzusetzen gilt. Das Konzept strebt damit eine perfekte Qualität in allen für den Kunden relevanten Qualitätsdimensionen an.

Konzepte des TQM wurden zuerst in Japan praktisch umgesetzt. Ironischerweise waren es aber amerikanische Wissenschaftler (Feigenbaum, Deming und Juran), die bereits in den

---

21 Vgl. zum Simultaneous Engineering Kapitel 3.3.1.

dreißiger Jahren die theoretischen Grundlagen des TQM legten.[22] Ihre Ideen gingen in japanisches Management ein und wurden zum Konzept des „Company Wide Quality Control (CWQC)" von Ishikawa weiterentwickelt.[23] In den USA und Europa blieben diese Konzepte dagegen zunächst weitgehend unbeachtet. Das änderte sich Ende der achtziger Jahre als erkannt wurde, daß die Wettbewerbsvorteile vieler japanischer Unternehmen zum erheblichen Teil auf deren qualitätsorientierter Unternehmensphilosophie basierten.

3.2.3 Anforderungsgerechte Qualität als Erfolgsfaktor

Die Qualität eines Produktes und der begleitenden Dienstleistungen ist ein strategischer Erfolgsfaktor. Der positive Zusammenhang zwischen Qualität und Unternehmenserfolg wird z.B. durch die PIMS-Studie empirisch gestützt.[24] Die Philosophie des TQM geht noch einen Schritt weiter. Sie sieht Qualität als **den zentralen Erfolgsfaktor** im Wettbewerb. Demnach lassen sich eigene ökonomische Ziele nur dann realisieren, wenn die Qualität der Unternehmensleistungen den Kundenanforderungen entspricht. Zentrales Ziel des TQM ist daher die Abstimmung der eigenen Leistungen auf den Kundenwunsch (**Kundenorientierung**). Dazu sind sämtliche Bereiche eines Unternehmens auf ihren Beitrag zur Befriedigung des Kundenwunsches zu analysieren. Ein Unternehmen, dem diese Abstimmung besser als den konkurrierenden Unternehmen gelingt, schafft einen komparativen Konkurrenzvorteil (KKV) seiner Leistungen am Markt.

TQM läßt sich durch einen zweistufigen, ständig revolvierenden Denkprozeß auf allen Unternehmensebenen kennzeichnen:

- Die erste Aufgabe besteht darin, den **Kundenwunsch zu erkennen**. Dabei werden zwei Arten von Kunden unterschieden. Der **externe Kunde** ist der Endabnehmer. Seine Anforderungen an die Qualität des Produktes und der begleitenden Dienstleistungen müssen über detaillierte Marktbeobachtung und -forschung erkannt werden. Instrumente können Befragungen und Marktanalysen sein. Das TQM dehnt den Kundenbegriff zusätzlich auf den unternehmensinternen Bereich aus. Jede Produktions- bzw. Dienstleistungsstufe im Unternehmen ist sowohl Lieferant für die nachfolgende Stufe als auch **interner Kunde** (Abnehmer) der vorgelagerten Stufe. Das Konzept des TQM verlangt daher, daß in einem ständigen Analyseprozeß auch im internen Bereich die „Kundenwünsche" erhoben werden. Jede Stufe soll ihre Leistungen auf die Anforderungen der internen Kunden abstimmen, um im Endeffekt gute Leistungen für den Endkunden zu erreichen. Da Kundenwünsche im Zeitablauf nicht konstant sind, gilt es, die veränderten Anforderungen zu erkennen, um sich im Qualitätsstandard anpassen zu können.

- Auf der zweiten Stufe sind die eigenen Leistungen dem **Kundenwunsch anzupassen**. Dabei ist zu beachten, daß Kundenorientierung kein Selbstzweck ist. Der Kundenwunsch darf also nicht „um jeden Preis" erfüllt werden. Oberstes Unternehmensziel bleibt der langfristige finanzielle Unternehmenserfolg. Prinzipiell muß aber die Anpassung an den

---

22 Vgl. Feigenbaum (1991), Deming (1986) und Juran (1988).
23 Vgl. Ishikawa (1985).
24 Vgl. zur PIMS-Studie Buzzell/Gale (1989).

Kundenwunsch möglichst gut erfolgen. Ein **Over-** bzw. **Underengineering** ist zu vermeiden. Übererfüllte Anforderungen zahlen sich nicht aus, da die Kunden nicht bereit sind, die Zusatzkosten für nicht verlangte Produkt- oder Dienstleistungseigenschaften zu honorieren. Untererfüllte Leistungsanforderungen führen zu unzufriedenen Kunden, so daß keine langfristige Kundenbindung erreicht werden kann. Der gesamte Leistungsprozeß ist daher daraufhin zu analysieren, welche Teilprozesse qualitäts- und damit wertschöpfungsrelevant sind. Nur die relevanten Prozesse sind zu optimieren, die restlichen Prozesse sind zu eliminieren (Waste-Management).

3.2.4 Die Dimensionen des Qualitätsmanagements – Struktur-, Prozeß- und Ergebnisqualität

Klassische produktbezogene Qualitätsdimensionen (Zuverlässigkeit, Ausstattung und Haltbarkeit von Produkten) sind zwar nach wie vor für das Qualitätsmanagement von Bedeutung, reichen aber im Rahmen von TQM allein nicht mehr aus. Auch für produzierende Unternehmen gewinnt der Aspekt der Dienstleistung am Kunden zunehmend an Bedeutung:

- Zum einen nimmt der Kunde nicht nur die objektiven Produktmerkmale wahr, sondern beurteilt den Nutzen eines Produktes auch an den begleitenden Dienstleistungen wie Verkaufsgespräch, Lieferzeit, Service und Umgang mit Reklamationen.

- Zum anderen verlangt die weite Sicht des TQM eine Ausdehnung der Kundenorientierung auf den gesamten Wertschöpfungsprozeß, der eine Vielzahl von Teildienstleistungen im direkten und indirekten Bereich umfaßt.

TQM richtet sich daher an den Dimensionen „**Ergebnis**", „**Prozeß**" und „**Struktur**" aus. Diese drei Qualitätsdimensionen sind ursprünglich für den Dienstleistungssektor entwickelt worden.[25] Die Grundidee ist, daß eine gute Prozeßqualität die Ergebnisqualität fördert. Eine gute Strukturqualität (Ressourcenqualität) beeinflußt wiederum die Prozeßqualität positiv. Qualitätsmanagement muß sich daher auf die Gestaltung von Struktur, Prozeß und Ergebnis ausrichten. Wenn eine Qualitätsbeurteilung auf der Ergebnisebene Probleme verursacht, wird auf die Gestaltung und Messung der Prozeßqualität umgeschaltet. Mißlingt auch die Prozeßbeurteilung, wird ersatzweise auf die Strukturebene ausgewichen.

Die **Strukturqualität** bezieht sich auf die Qualität der im Unternehmen eingesetzten Potentialfaktoren. Die Potentialfaktoren setzen die Rahmenbedingungen für die Qualität des Leistungsprozesses und des Endproduktes. Relevante Faktoren sind beispielsweise Anzahl und Ausbildungsstand der Mitarbeiter, Qualität und Zuverlässigkeit der Fertigungstechnik und die finanzielle Ausstattung des Unternehmens. Gravierende Meßprobleme ergeben sich für die Strukturqualität i.d.R. nicht, da sie sich in objektiven Meßgrößen (Mengen-, Zeit- und Geldeinheiten) angeben lassen. Dies bedeutet allerdings nicht, daß es einfach ist, konkrete Zielvorstellungen für die Strukturqualitäten zu formulieren. Die Ziele müssen aus den Qualitätsanforderungen des Produktionsprozesses und letztlich aus den Kundenanforderungen abgeleitet werden. Demnach sind die Zusammenhänge zur Prozeß- und Ergebnisqualität zu

---

25 Vgl. Donabedian (1980), S. 86 ff. aber auch Meyer/Mattmüller (1987), S. 193.

beachten. Da der Zusammenhang von Struktur, Prozeß und Ergebnis im allgemeinen nicht eindeutig ist, können selbst bei klar formulierbaren Kundenanforderungen nicht zwingend eindeutige Ziele für die Strukturqualität formuliert werden.

Die **Prozeßqualität** bezieht sich auf die Qualität der direkten und indirekten Leistungsprozesse. **Direkte Prozesse** betreffen die Fertigung unmittelbar. Zum Beispiel ist die Montage eines Motors in die Karosserie ein Teilprozeß der Automobilfertigung. Die **indirekten Prozesse** tragen nicht unmittelbar zur Wertschöpfung bei; sie sind vor allem im administrativen Bereich und im produktbegleitendem Service zu finden (z.B. Abruf eines Montageteils vom Zulieferer). Im Dienstleistungssektor ist die Bedeutung der Prozeßqualität für die Qualität der gesamten Unternehmensleistung offensichtlich, da sich eine Dienstleistung als Prozeß unter Integration des externen Kunden definiert. Die Philosophie des TQM macht aber durch das Prinzip der internen Kundenbeziehungen deutlich, daß auch im industriellen Sektor die Prozeßqualität von hoher Bedeutung für die Qualität der Unternehmensleistung ist. Daher ist auch die **Prozeßorientierung** das zweitwichtigste Prinzip des TQM nach der Kundenorientierung. Prozeßqualität liegt vor, wenn Abläufe effizient und effektiv gestaltet sind. Die Prozesse sollen mit hoher Sicherheit und schnell zur gewünschten Leistung führen; zudem sind für den Prozeß möglichst wenig Ressourcen einzusetzen. Meßprobleme ergeben sich, wie bei der Strukturqualität, nicht, weil Prozesse grundsätzlich über Zeit- und Mengeneinheiten erfaßbar sind. Die zentralen Probleme liegen in der kundenwunschgerechten Zielvorgabe und in den prozeßbedingten Unsicherheiten. Prozeßorientiertes Qualitätsmanagement muß Standards für Abläufe planen, kontrollieren und im Zeitablauf verbessern.

Die **Ergebnisqualität** setzt direkt am verkaufsfähigen Endprodukt und den damit verbundenen Dienstleistungen an. Ausgehend vom zentralen Prinzip des TQM bestimmt der Kunde, was die Qualität des Produktes ausmacht. Dadurch wird die subjektive „Erlebniswelt" des Kunden zur entscheidenden Meßlatte für die Ergebnisqualität. Das Unternehmen hat die Aufgabe, die Qualitätsanforderungen des Kunden zu ermitteln und in operationale (objektive) Meßgrößen umzusetzen. Ansonsten ist eine Steuerung der Ergebnisqualität und der vorgelagerten Prozeß- und Strukturqualität nicht möglich. Relativ gut gelingt die Operationalisierung für klassische Qualitätsmerkmale wie Zuverlässigkeit, Ausstattung oder Haltbarkeit. Schwieriger ist es, die Kundenanforderungen im Dienstleistungsbereich zu ermitteln und in konkrete Standards umzusetzen. Beispielsweise ist zu analysieren, welche Art von Kundendienstleistungen wie schnell und wie entgegenkommend erwartet werden. Die dienstleistungsbezogene Ergebnisqualität läßt sich daher weniger gut messen als die Prozeß- und Strukturqualität. Insbesondere für den Dienstleistungsbereich wird daher auf das prozeß- und strukturorientierte Qualitätsmanagement ausgewichen.

3.2.5 Instrumente des Qualitätscontrolling

Kernaufgabe des Qualitätscontrolling ist es, in arbeitsteiligen Prozessen die Handlungen der betrieblichen Teilbereiche auf die gemeinsamen Qualitätsziele auszurichten und damit die

Unternehmensführung zu verbessern. Aus dieser Aufgabe leiten sich drei spezielle **Funktionen des Qualitätscontrolling** ab:[26]

- **Koordinationsfunktion**:
  Bei dezentralen Entscheidungen können die übergeordneten Qualitätsziele nur erreicht werden, wenn die Handlungen sämtlicher am Leistungsprozeß beteiligter Mitarbeiter in direkten und indirekten Bereichen im Hinblick auf diese Ziele koordiniert werden. Dazu ist es erforderlich, aus den übergeordneten Qualitätszielen des Unternehmens konsistente Ziele für die einzelnen Bereiche abzuleiten und die qualitätsorientierten Maßnahmen aufeinander abzustimmen, um ein einheitliches Erscheinungsbild für die Kunden zu bieten.

- **Anpassungs- und Innovationsfunktion**:
  Erfolgreiche Unternehmen müssen ihre Qualitätsstrategie ständig den sich wandelnden Marktbedingungen anpassen bzw. den Markt mit innovativen Qualitätslösungen „überraschen". Aufgabe des Qualitätscontrolling ist es, die Entscheidungsträger des Unternehmens für den erforderlichen Wandel zu sensibilisieren. Als Voraussetzung für ständige Qualitätsverbesserungen muß es zudem für eine selbstkritische und kreative Atmosphäre unter den Mitarbeitern sorgen (Verbesserungskultur).

- **Servicefunktion**:
  Das Qualitätscontrolling hat im Führungsprozeß beratende und unterstützende Funktion und entlastet damit das Management. Es stellt geeignete Analysemethoden zur Qualitätssicherung bereit, deckt den Informationsbedarf auf und stellt die Informationen zweckmäßig aufbereitet zur Verfügung. Beispielsweise ist die Kosten- und Investitionsrechnung auf die qualitätsrelevanten Kosten bzw. Zahlungen hin zu durchleuchten.

Die Aufgaben des Qualitätscontrolling können in eine strategische und eine operative Ebene untergliedert werden. Strategisches Controlling hat zur Aufgabe, die langfristigen Erfolgsfaktoren zu erkennen und abzusichern. Verfolgt ein Unternehmen in Käufermärkten eine Differenzierungsstrategie, ist die Qualität der Leistungen ausschlaggebend für den angestrebten KKV. Durch das **strategische Qualitätscontrolling** ist eine geeignete Qualitätsstrategie festgelegt, die die Qualitätsfähigkeit des Unternehmens absichert bzw. ausbaut. Für die produkt- und verfahrensbezogenen Komponenten dieser Strategie kommt insbesondere dem F&E-Bereich zentrale Bedeutung zu. Im **operativen Qualitätscontrolling** gilt es, geschaffene Erfolgspotentiale wirtschaftlich umzusetzen und möglichst noch zu verbessern. In diesem laufenden Verbesserungsprozeß nimmt insbesondere die Produktion eine zentrale Rolle ein. Eine strikte Trennung von strategischem und operativem Controlling ist allerdings nicht sinnvoll, weil starke Abhängigkeiten bestehen. Einerseits liefert das strategische Controlling die Rahmenbedingungen für den operativen Bereich, indem es über die einzusetzende Fertigungstechnologie, die Prozeßstrukturierung und die Konstruktion der Produkte Einfluß auf die Fertigungsqualität nimmt. Andererseits liefert das operative Controlling qualitätsrelevante Informationen (Abweichungen bei Qualitätszielen, Qualitätskosten oder Prozeßabweichungen) an das strategische Controlling.

---

26 Vgl. zu den Funktionen des Controlling siehe Adam (1997a), S. 11 ff.

Im folgenden werden die bedeutsamsten Methoden des Qualitätscontrolling erläutert. Eingegangen wird nur auf Methoden, die speziell für das Qualitätscontrolling entwickelt wurden. Allgemeine Analysetechniken wie Chancen-Risiken- und Stärken-Schwächen-Profile, Qualitätsportfolios, Nutzen-Kosten-Analysen und Target-Costing werden nicht behandelt. Diese Instrumente werden zwar im Qualitätscontrolling auch eingesetzt; es handelt sich aber um allgemeine Techniken des Controlling.[27]

Die Methoden des Qualitätscontrolling lassen sich zu zwei Gruppen zusammenfassen. Eine Gruppe von Methoden eignet sich mehr für Fragen des strategischen Controlling im Bereich F&E, während die zweite Gruppe in der Produktion für das operative Controlling eingesetzt wird.

Methoden des operativen Qualitätscontrolling in der Produktion	Methoden des strategischen Qualitätscontrolling im F&E-Bereich
1. Qualitätskostenrechnung 2. Statistische Prozeßsteuerung (SPC) 3. Qualitätszirkel 4. Produkt- und System-Audits 5. Zertifizierung nach ISO 9000 6. Poka-Yoke	1. Quality Function Deployment (QFD) 2. Failure Mode and Effects Analysis (FMEA) 3. Fehlerbaumanalyse (FTA) 4. Statistische Versuchsplanung (Taguchi) 5. Design Review

Tabelle 3-1

Das klassische Instrument des operativen Qualitätscontrolling ist die **Qualitätskostenrechnung**.[28] Weil im operativen Bereich die wirtschaftliche Umsetzung von Strategien im Vordergrund steht, müssen Kosten- und Leistungswirkungen unterschiedlicher Qualitätsstrategien offengelegt werden. Traditionell werden drei Arten von Qualitätskosten unterschieden:[29]

- **Fehlerverhütungskosten**:
  Fehlerverhütungskosten sind Kosten, die durch vorbeugende Maßnahmen verursacht werden. Beispiele sind Kosten für Lieferantenbeurteilung, Personalschulung und Qualitätsförderprogramme.

- **Prüfkosten**:
  Prüfkosten werden durch Prüfmaßnahmen während oder am Ende der Produktion verursacht. Prüfmaßnahmen haben das Ziel festzustellen, ob ein Produkt die verlangten Qualitätsmerkmale aufweist. Ein Großteil dieser Kosten fällt für Prüfpersonal und technische Meßeinrichtungen an.

- **Fehlerkosten**:
  Diese Kosten gehen auf Maßnahmen zurück, die das Ziel haben, Fehler (= Abweichungen

---

27 Vgl. zu diesen Methoden Adam (1996a) und die dort angegebene Literatur.
28 Vgl. Horváth/Urban (1990), S. 115 ff.
29 Vgl. Deutsche Gesellschaft für Qualität e.V. (1985), S. 15.

von Anforderungen) zu beseitigen. Es werden unternehmensinterne und -externe Fehlerkosten unterschieden. Interne Fehlerkosten entstehen bei der Beseitigung von Fehlern, die innerhalb des Unternehmens bemerkt werden. Im wesentlichen sind das Kosten für Ausschuß und Nacharbeit. Externe Fehlerkosten können entstehen, wenn Kunden fehlerhafte Produkte und Leistungen erhalten. Diese Kosten entstehen vor allem durch Garantie- und Kulanzleistungen.

- Für die Qualitätsbeurteilung ist noch eine vierte Kostenart von Bedeutung. Durch rechtzeitige Prüfung können Fehler in einem frühen Produktionsstadium entdeckt werden. Durch Prüfkosten können dann Produktionskosten an defekten Teilen vermieden werden. Hierbei handelt es sich um eine spezielle Art von Fehlerverhütungskosten.

In der Literatur zur klassischen Qualitätskostenrechnung wird folgender funktionaler Zusammenhang für die Qualitätskosten in Abhängigkeit vom Grad der Vollkommenheit der Qualität unterstellt:[30]

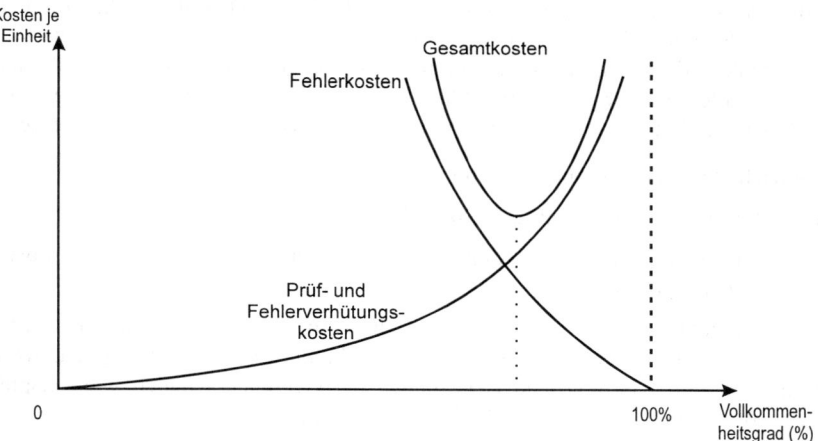

Abbildung 3-4

Die Summe aus Prüf- und Fehlerverhütungskosten pro Einheit steigt mit zunehmendem Vollkommenheitsgrad überproportional an. Gegenläufig verhalten sich die Fehlerkosten pro Stück, die mit zunehmendem Vollkommenheitsgrad bis auf null fallen. Bei diesen Funktionstypen ergibt sich für die Gesamtstückkosten ein u-förmiger Verlauf. Es resultiert ein kostenoptimaler Vollkommenheitsgrad, der unterhalb der vom Kunden gewünschten Anforderungen (Vollkommenheitsgrad von 100 %) liegt.

Diese Hypothese eines kostenoptimalen Vollkommenheitsgrades steht im krassen Widerspruch zur Kundenorientierung als zentralem Prinzip des TQM. Dieses Prinzip verlangt eine möglichst weitgehende Annäherung an den Kundenwunsch. Es ist daher fraglich, ob die klassische Qualitätskostenauffassung für ein modernes Qualitätsmanagement ausreichend

---

30 Vgl. Wildemann (1992b), S. 764.

ist. Die Schwierigkeiten der klassischen Qualitätskostenrechnung liegen in der Unbestimmtheit der benutzten Kostendefinitionen. Zudem gehen eine ganze Reihe ökonomischer Wirkungen überhaupt nicht in die Betrachtung ein, die für die Qualitätssicherung im weitesten Sinne relevant sind.

Mit steigendem Vollkommenheitsgrad sinken nicht nur die Fehlerkosten. Vielmehr gehen vom Vollkommenheitsgrad auch Auswirkungen auf die Erlöse aus. Mit steigendem Vollkommenheitsgrad springen zunehmend weniger unzufriedene Kunden ab; es wird eine langfristige Kundenbindung erreicht. Zudem können bei hohem Qualitätsimage zusätzliche Kunden gewonnen werden. Diese mit dem Vollkommenheitsgrad steigenden Erlöse sind in den Fehlerkosten nicht erfaßt. Der gewinnmaximale Vollkommenheitsgrad liegt daher deutlich rechts vom kostenoptimalen Vollkommenheitsgrad.

Es ergeben sich auch erhebliche Abgrenzungsprobleme zwischen Qualitätskosten und anderen Kosten. Ein Unternehmen führt zur Rationalisierung der Produktion ein neues, zudem wesentlich besser beherrschbares Produktionsverfahren ein. Als Folge sinken die Fehlerrate und auch die Streuung der Fehler. Es ist nun recht zweifelhaft, wie diese Investition in Fertigungstechnik in die Qualitätskosten zu integrieren ist. Handelt es sich dabei überhaupt um Kosten für Fehlerverhütung? Fehlerverhütung ist nur ein Nebeneffekt der neuen Technologie. Welcher Anteil der Investition soll dann der Fehlerverhütung zugeordnet werden?

Die klassische Qualitätskostenauffassung vernachlässigt wesentliche Aspekte:

- Die Rückwirkungen von Qualitätsdefiziten auf Erlöse werden nicht erfaßt.
- Es wird von einer eindeutigen Abgrenzung von Qualitäts- und Produktionskosten bzw. Entwicklungskosten ausgegangen.
- Negative Effekte unzureichender Qualität, die beim Nutzer auftreten und nicht zu Kulanz- oder Garantiekosten führen (z.B. eingeschränkte Gebrauchsfähigkeit, Kosten der Gesellschaft durch ökologische Belastungen bei Gebrauchsschäden wie beispielsweise bei Katalysatoren) gehen nicht in die Betrachtung ein.

Diese externen Effekte müssen im Qualitätscontrolling über die klassische Qualitätskostenrechnung hinaus internalisiert werden. Das klassische Qualitätskostenmanagement ist daher nur sehr bedingt zur Qualitätssteuerung geeignet, da es auf einer zu engen Definition der qualitätsrelevanten Kosten basiert.

Ein Ansatz mit erweitertem Qualitätskostenbegriff geht auf **Taguchi** zurück. Nach diesem Konzept führt jede Abweichung von einem Qualitätsziel zu Verlust, wobei der Verlust mit zunehmender Abweichung vom Qualitätsstandard progressiv zunimmt.[31] Im Gegensatz zur klassischen Qualitätskostenrechnung nimmt die Kurve der Qualitätsverluste damit nicht vor dem 100%igem Vollkommenheitsgrad ein Minimum an. Bereits minimale Abweichungen von den Kundenanforderungen (geforderter Leistungsstandard) führen zu Einbußen. Auch positive Abweichungen haben schädliche Folgen („Over-Engineering"), da der Kunde nicht bereit ist, die Kosten für übererfüllte Anforderungen zu tragen. Generelle Zielrichtung des Taguchi-Konzeptes ist es, die Qualitätsverlustfunktion zu minimieren, was grundsätzlich

---

31 Zur Verlustfunktion vgl. Taguchi (1988) und Taguchi/Clausing (1990), S. 35 ff.

3.2 Qualitätspolitik im Wandel

erreicht ist, wenn der Qualitätszielwert immer genau eingehalten wird. Diese Denkweise entspricht der zentralen Forderung des TQM nach Kundenorientierung.

Die klassische Qualitätskontrolle und -steuerung greift auf EDV-gestützte Instrumente der **Statistischen Prozeßsteuerung** (**SPC** = $\underline{S}$tatistic $\underline{P}$rocess $\underline{C}$ontrol) zurück.[32] SPC ist als operatives Controllinginstrument darauf ausgerichtet, systematische und zufallsbedingte Prozeßabweichungen zu trennen, die systematischen abzustellen und die zufallsbedingten Abweichungen laufend zu überwachen und gegenzusteuern. Dazu wird auf die Stichprobentheorie zurückgegriffen. SPC mißt laufend in festgelegten Intervallen die qualitätsrelevanten Produkt- oder Prozeßparameter (z.B. Durchmesser von Kugeln) einer Stichprobe und vergleicht die Meßwerte mit dem Qualitätszielwert. Verschlechtern sich die Qualitätsmerkmale im Zeitablauf systematisch, ist auf den Prozeß steuernd einzuwirken, um den Istzustand wieder an den Sollzustand anzunähern.

Instrument des SPC sind Qualitätsregelkarten. Auf diesen Karten werden die Ergebnisse der Messungen im Zeitablauf eingetragen.

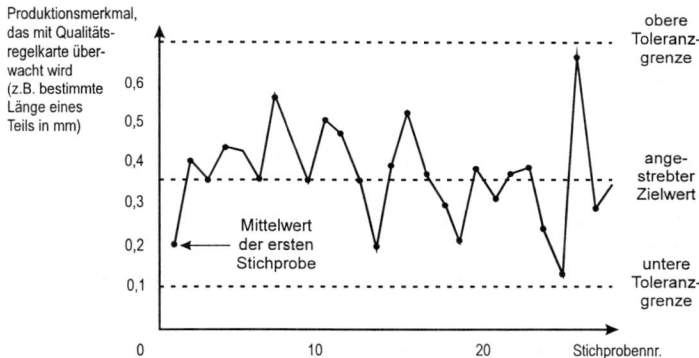

Abbildung 3-5[33]

Jeder Beobachtungswert entspricht dem Mittelwert einer Stichprobe. Für die Abweichungen vom Zielwert 100%iger Qualität wird eine obere und untere Toleranzgrenze angegeben. Zu untersuchen ist dann, ob Abweichungen innerhalb des Toleranzbandes rein zufällig sind – unregelmäßige Schwankungen der Meßergebnisse – oder ob sich die Meßergebnisse systematisch in Richtung auf die obere oder unterere Toleranzgrenze entwickeln.

SPC läuft in drei Schritten ab:[34]

- Im ersten Schritt sind Stichprobenumfang und Frequenz der Messungen festzulegen, um die Prozeßmerkmale im Zeitablauf sinnvoll studieren zu können. Wirken auf den Prozeß nur zufällige Einflußgrößen ein, sind Mittelwert und Streuung der Stichproben weitgehend stabil.

---

32 Vgl. Kamiske/Brauer (1995), S. 221 f. sowie Rommel et al. (1995), S. 272 ff.
33 In Anlehnung an Rommel et al. (1995), S. 273.
34 Vgl. Rommel et al. (1995), S. 273 ff.

- Aus den beobachteten Werten werden Kennziffern für die Prozeßfähigkeit der Produktionsprozesse abgeleitet. Dazu wird das Toleranzband zum 6-fachen der beobachteten Streuung σ der Stichproben in Beziehung gesetzt. Je höher diese als Cp-Wert bezeichnete Kennzahl ausfällt, um so besser ist die Prozeßfähigkeit. Diese Cp-Kennzahl gilt nur für zentrierte Produktionsprozesse, bei denen der Erwartungswert der Stichproben mit dem Zielwert für 100%ige Qualität übereinstimmt. Für nicht zentrierte Prozesse wird die Differenz des Erwartungswertes zur oberen bzw. unteren Toleranzgrenze bestimmt. Diese Differenzen werden durch 3σ dividiert, wobei der kleinere Wert als kritischer Cp-Wert benutzt wird (Cpk).

- Um die Prozeßfähigkeit zu verbessern, ist auf Basis der im Zeitablauf beobachteten Cp-Werte nach den Ursachen für erkannte Defizite zu forschen. Im Gegensatz zur statistischen Versuchsplanung (Taguchi) findet aber keine Planung der strategischen Parameter statt, die für die Ursache der beobachteten Abweichungen verantwortlich sind. Dieses Instrument kann aber ergänzend eingesetzt werden.

SPC ist für das laufende Qualitätsmanagement einsetzbar, wenn gleichartige Produkte in großen Mengen produziert werden und wenn laufend zufällige oder systematische Veränderungen der Qualitätsmerkmale beobachtet werden (z.B. Durchmesser von Bolzen). Auch in der Testphase neuer Produkte läßt sich dieses Instrument anwenden, um deren Prozeßfähigkeit noch vor der Großserie zu verbessern.

Das TQM-Konzept muß sämtliche Mitarbeiter in das Qualitätsmanagement integrieren. Für diese Integration muß ein organisatorischer Rahmen gefunden werden. Eine Möglichkeit dazu bieten **Qualitätszirkel**.[35] Grundlegende Idee ist, daß motivierte Mitarbeiter qualitativ hochwertige Arbeit leisten und ihren Arbeitsprozeß selbstkritisch analysieren und verbessern. Qualitätszirkel aktivieren damit das latent vorhandene Problemlösungspotential der Mitarbeiter.

In Qualitätszirkeln trifft sich eine kleine Gruppe von Mitarbeitern freiwillig und regelmäßig, um Qualitäts- oder auch Produktivitätsprobleme offenzulegen, zu analysieren und Verbesserungsvorschläge für Produkte oder Prozesse zu erarbeiten und umzusetzen. Meist bezieht sich die Arbeit der Zirkel auf Probleme, die unmittelbar im Arbeitsbereich der Teams aufgetreten sind. Wesentlich für den Erfolg der Zirkel ist ein strukturiertes Vorgehen. Qualitätsprobleme sind daher zunächst zu beschreiben, und es sind realistische Ziele für die Verbesserung zu erarbeiten. In der nächsten Stufe sind die Ursachen für die Probleme zu analysieren, und es ist festzustellen, welche dieser Ursachen sich beeinflussen lassen. In einer weiteren Stufe sind Ideen zu entwickeln, zu bewerten und erfolgversprechende Lösungsansätze auszuwählen. Die erfolgversprechenden Maßnahmen sind dann konsequent umzusetzen, und es ist zu überprüfen, ob durch sie die gesteckten Ziele erreicht werden konnten. Ist das nicht der Fall, ist wiederum nach den Ursachen zu fragen, und die Maßnahmen sind in der weiteren Runde des strukturierten Problemlösungsprozesses anzupassen.

Betriebspsychologische Studien zeigen, daß Mitarbeiter stark motiviert werden, wenn die Unternehmensführung sie an Planungs- und Gestaltungsaufgaben beteiligt und ihnen Ent-

---

35   Vgl. Deppe (1992), S. 42, Domsch (1987), S. 126 und Strombach (1984), S. 8 f.

3.2 Qualitätspolitik im Wandel

scheidungsspielräume gewährt. Durch Qualitätszirkel wird dieses Motivationspotential genutzt. Praktische Erfahrungen belegen, daß dieses Konzept einen guten organisatorischen Rahmen bildet, um Mitarbeiter aktiv in das Qualitätscontrolling einzubinden. Der Erfolg dieses Konzeptes hängt aber nachhaltig davon ab, ob es gelingt, kurze Regelkreise zu installieren. Kurze Regelkreise liegen vor, wenn das Team Qualitätsprobleme selbst erkennt, eigenständig analysiert und auch weitgehend die Kompetenz hat, über die Maßnahmen selbst zu entscheiden und sie zu implementieren. Müssen in den Entscheidungs- und Implementierungsprozeß erst andere, vorgesetzte Instanzen eingeschaltet werden, geht viel von der Motivationswirkung verloren, was sich dann auch negativ auf die Kreativität der Teams auswirkt. Fruchtbar sind Qualitätszirkel damit, wenn den Teams ein hoher Grad an Autonomie zugestanden wird und wenn ein positives Führungsklima vorliegt. Vorgesetzte müssen dazu ihren Mitarbeitern vermitteln, daß Verbesserungen von ihnen erwünscht sind und keinen Angriff auf die Position der Vorgesetzten darstellen. Ein positives Klima setzt damit einen offenen Führungsstil mit geringer Betonung von Anweisungen und Kontrolle im Sinne einer Suche von Schuldigen voraus. Der Vorgesetzte soll für seine Mitarbeiter nicht mehr Befehlsgeber sondern Coach sein.

Ein weiteres Instrument des Qualitätscontrolling sind Audits aller Elemente des bestehenden Qualitätssicherungssystems. Unter einem **Quality Audit** wird eine systematische Untersuchung von Aktivitäten und Ergebnissen verstanden, durch die Qualitätsstärken und -schwächen aufgedeckt und dokumentiert werden sollen.[36] Die Audits erfassen, dokumentieren und bewerten den Istzustand. Um ein möglichst objektives Bild zu erhalten, ist diese Prüfung von unabhängigen Personen oder Institutionen vorzunehmen. Je nach Untersuchungsgegenstand werden Produkt-, Verfahrens- und Systemaudits unterschieden. Durch Quality Audits kann sich das Qualitätscontrolling letztlich die Effizienz und die Effektivität der eigenen Arbeit überprüfen lassen. Dadurch ergeben sich Anregungsinformationen, wo angesetzt werden kann, um den erreichten Qualitätsstandard bei Produkten, Prozessen oder Systemen weiter zu verbessern. Ziel der Audits ist es letztlich, über die Analyse des Istzustandes zu Aktionsprogrammen zu kommen, mit denen die Standards verbessert werden können. Audits werden in der Praxis insbesondere für die Beurteilung von Zulieferern eingesetzt. Gute Noten in Audits sind dann ein Instrument zur Selektion von Zulieferern.

Die Praxis unternimmt derzeit intensive Zertifizierungsbemühungen nach den Anforderungen der **DIN EN ISO 9000-9004**. Nach der Normenreihe DIN EN ISO 9000 ff. sind die Verfahrensweisen und Prozeßschritte offenzulegen, nach denen Dienstleistungen und Erzeugnisse produziert bzw. entwickelt werden. DIN EN ISO 9000 ist der Leitfaden zur Auswahl und Anwendung der Normen zu Qualitätsmanagement und Qualitätssicherungsnachweisstufen. DIN EN ISO 9000 ist keine separate Norm, sondern wird immer nur in Verbindung mit einer anderen Norm benutzt. Die DIN EN ISO 9001 ist die umfassendste Qualitätssicherungsnachweisstufe für Entwicklung (Design) und Konstruktion, Produktion, Montage und Kundendienst. Eine Zertifizierung nach DIN EN ISO 9001 umfaßt immer auch eine Zertifizierung nach DIN EN ISO 9002 und 9003. Die DIN EN ISO 9002 ist die Qualitätssicherungsnachweisstufe für Produktion und Montage; während DIN EN ISO 9003 nur das Modell zur Darlegung der Qualitätssicherung bei Endprüfungen enthält. DIN EN

---

36 Vgl. Kamiske/Brauer (1995), S. 5 ff.

ISO 9004 ist der Leitfaden für ein Qualitätsmanagement und Elemente eines Qualitätssicherungssystems und ist damit vor allem bei Dienstleistungsbetrieben anzuwenden.

Die Dokumentation der Prozeßschritte ist als vertrauensbildende Maßnahme gegenüber den Abnehmern zu interpretieren. Gute, leistungsfähige Prozesse sollen für gute Ergebnisse der Prozesse sorgen. Diese offengelegten Abläufe kann sich ein Unternehmen von unabhängigen Institutionen zertifizieren lassen. Die Normenreihe der DIN EN ISO 9000 stellt damit auf Qualität durch Struktur- und Prozeßqualität ab. Das Instrument ist nur dann zur Qualitätssicherung geeignet, wenn sich Unternehmen nicht den Istzustand der Abläufe zertifizieren lassen, sondern wenn sie zunächst die Abläufe in Frage stellen und auf das Qualitätsziel hin neugestalten. Ein einmal festgeschriebener und zertifizierter Prozeß steht dann aber dem Gedanken nach laufender Prozeßverbesserung entgegen. Durch die Zertifizierung gerät DIN EN ISO 9000 in Gefahr, zu einem statischen Instrument zu degenerieren.

In der Produktion ergeben sich viele Fehler durch Unaufmerksamkeiten des Personals. Beispielsweise werden von der Bedienungsmannschaft von Stanzen und Pressen die zu verformenden Metallbänder leicht verkantet zugeführt, was dann zu Ungeometrien der Stanzteile führen kann. Beim Instrument **Poka-Yoke**[37] geht es darum, die Ursachen für derartige unbeabsichtigte Fehler auszuschalten. Arbeitsprozesse, Arbeitsplätze oder Hilfsvorrichtungen sind so zu gestalten, daß sie selbstkorrigierend sind. Die Stanzen im obigen Beispiel sind mit einer Vorrichtung auszustatten, so daß die Verkantung automatisch vermieden wird. Beispielsweise werden die Metallbänder den Stanzen über einen Flachtrichter zugeführt, der die Bänder justiert. Poka-Yoke-Vorrichtungen werden insbesondere bei Montageprozessen verwendet. Derartige Vorrichtungen erlauben eine Montage nur in einer einzigen Lage der Werkstücke. Durch Poka-Yoke-Vorrichtungen lassen sich Fehler auch vermeiden, wenn sie für Arbeitsgänge einfache Meßeinrichtungen erzwingen. Beispielsweise lassen sich die Löcher auf einer Platte erst bohren, wenn das Werkstück zuvor in eine Schablone eingelegt wurde, die die richtige Position der Löcher anzeigt. Die Selbstkorrektur wird auch erreicht, wenn Produkte so konstruiert werden, daß die Arbeitsschritte nur in einer einzigen Abfolge durchgeführt werden können. Schrittfehler in der Montage sind dann ausgeschlossen.

Poka-Yoke ist ein Instrument zur Verhinderung von Fehlern, wenn identische Arbeitsvorgänge mit hoher Frequenz durchgeführt werden müssen. Das Instrument ist folglich besonders geeignet, wenn in der Massenfertigung die Konzentration der Bedienungsmannschaft leidet und in der Folge Qualitätsfehler auftreten. Am Anfang eines routinisierten Prozeßschrittes kann Poka-Yoke eingesetzt werden, um einen Fehlstart zu vermeiden. Am Ende eines Prozeßschrittes kann Poka-Yoke dafür sorgen, daß nur einwandfreie Qualität an den nächsten Prozeßschritt übergeben wird.

Die bislang diskutierten Instrumente des Qualitätscontrolling eignen sich insbesondere für Probleme in der laufenden „Produktion" von Erzeugnissen und Dienstleistungen. Die folgenden Instrumente sind für eine verbesserte Entwurfsqualität von Produkten und Dienstleistungen geeignet.

---

[37] Der Begriff Poka-Yoke läßt sich mit „Verfahren zur Fehlervermeidung" übersetzen. Vgl. zu Poka-Yoke Kamiske/Brauer (1995), S. 77 f.

3.2 Qualitätspolitik im Wandel

Ziel des **Quality Function Deployment (QFD)**[38] ist es, alle qualitätsrelevanten Dimensionen der „Kundenzufriedenheit" für Produkte und begleitende Dienstleistungen zu erkennen und in möglichst operationale Anforderungsmerkmale für die Leistungen und die Prozesse umzusetzen. Die Anforderungen müssen dazu genau spezifiziert werden, um beim Entwurf und der Produktion Fehler zu vermeiden, die zu Abweichungen vom Kundenwunsch führen. QFD beginnt deshalb mit der Erfassung der Kundenanforderungen und führt über Produktentwürfe, den Entwurf von Produktionsverfahren bis zur detaillierten Planung aller Verfahrensschritte in der Produktion. Das QFD muß sich dabei auf das Produkt und die begleitenden Dienstleistungen erstrecken. QFD begleitet damit den gesamten Entstehungsprozeß von Produkten und Dienstleistungen, von den Anforderungen bis zur Spezifikation der Verfahrensschritte, in denen die Leistungen erbracht werden. In jeder Phase der Gestaltung von Produkten, Dienstleistungen und Prozessen wird hinterfragt, welche Merkmale eine Leistung aufweisen muß, um den Anforderungen bestimmter Marktsegmente zu entsprechen. QFD fördert damit die Koordination von Marketing, F&E und Fertigung, indem interdisziplinäre Teams bereits bei der Produktentwicklung gebildet werden, um in allen qualitätsrelevanten Stadien vom Produktkonzept bis zur konkreten Leistungserstellung eine Abstimmung auf den Kundenwunsch zu garantieren.

QFD gliedert sich in vier Phasen, in denen die qualitätsrelevanten Eigenschaften schrittweise spezifiziert werden:[39]

- In der **Qualitätsplanung** werden die Kundenanforderungen erfaßt und in technische Konstruktionsmerkmale des Endproduktes übersetzt. Dazu werden die verschiedenen Kundenanforderungen und die Entwurfseigenschaften, durch die die Anforderungen erfüllt werden können, in einer Matrix zusammengestellt. Zum Beispiel wird der Kundenwunsch „Autotür soll leise schließen" in die technischen Merkmale „Türabdichtung" und „Energieaufwand beim Schließen" übertragen.

  Die einzelnen Kundenanforderungen können häufig durch eine Kombination mehrerer Produktmerkmale erfüllt werden, und die Anforderungen können zudem in Konkurrenz zueinander stehen. Bei konkurrierenden Anforderungen, beispielsweise soll ein Auto geringen Benzinverbrauch erreichen, und gleichzeitig soll eine bestimmte Größe für Fahrgast- und Kofferraum nicht unterschritten werden, ist es erforderlich, die relative Bedeutung der Anforderungen durch eine Gewichtung zu erfassen. Lassen sich Anforderungen durch mehrere Produktmerkmale in Kombination erreichen (siehe das Beispiel der Autotür), ist eine Priorität festzulegen, auf welches Merkmal oder welche Merkmalskombination bei der Konstruktion abzustellen ist. Durch die Gewichte und Prioritäten wird letztlich festgelegt, auf welche Weise die Anforderungen in der anschließenden Konstruktionsplanung erfüllt werden sollen.

- Die **Teile- oder Konstruktionsplanung** basiert auf den Ergebnissen der ersten Stufe und entwickelt aus den spezifizierten technischen Merkmalen die qualitätssichernden Merkmale der Bauteile oder Komponenten. Zum Beispiel werden Dichtungseigenschaften und

---

38 Vgl. zum QFD Hauser/Clausing (1988), S. 57 ff., Frehr (1988), S. 797 ff, Specht/Schmelzer (1991), S. 16 ff. und Witte (1993), S. 135 f.
39 Vgl. Kamiske/Brauer (1995), S. 190 ff.

Paßgenauigkeiten für die Türdichtungen exakt geplant. In dieser und der folgenden Phase kann ergänzend auf die FMEA-Methode zurückgegriffen werden.

- In der **Prozeßplanung** werden die kritischen Parameter des Fertigungsprozesses identifiziert und festgelegt. Zum Beispiel wird geplant, wie die Dichtung in den Türrahmen zu montieren ist. In dieser Planungsstufe kann zusätzlich die statistische Versuchsplanung als Werkzeug zur Identifikation der qualitätsrelevanten Prozeßparameter genutzt werden.
- Die **Fertigungsplanung** schließt die Planungsphasen ab. Um die kritischen Prozeßparameter einhalten zu können, werden genaue Arbeitsanweisungen und Arbeitsverfahren festgelegt.

Die vier Phasen sind nicht als linearer Prozeß zu interpretieren; vielmehr sind die einzelnen Phasen rückzukoppeln, und das Ergebnis des Entwurfsprozesses ist mit den Kundenanforderungen zu konfrontieren. Diese Rückkopplung auf den Kundenwunsch ist erforderlich, um sicherzustellen, daß die Qualitätsmerkmale der einzelnen Phasen wirklich am Kundenwunsch und nicht am technisch Machbaren ausgerichtet sind. Es geht bei diesem Strukturierungsprozeß von Kundenanforderungen nicht darum, technische Maximalqualität zu „produzieren". Am Ende muß eine anforderungsgerechte Qualität zu akzeptablen Kosten stehen. Dieser Gedanke geht allerdings in der Praxis häufig unter, wenn in den Teams Ingenieure dominieren.

Empirische Studien belegen, daß rund 80 % aller Fehler, die während der Produktion oder im Produkteinsatz auftreten, ihre Ursache in unzureichender Planung, Entwicklung und Konstruktion haben. Die **Failure Mode Effects Analysis (FMEA)**[40] konzentriert sich darauf, bereits in der Konstruktion mögliche Fehlerpotentiale von Produkten, Systemen oder Prozessen zu identifizieren und die Auswirkungen der Fehler zu bewerten. Durch andere Konstruktionsprinzipien sollen die Fehler möglichst völlig vermieden, zumindest aber deren negative Wirkungen reduziert werden. Die Methode entspricht der Fehlervermeidungsstrategie und der Null-Fehler-Philosophie des TQM- Konzeptes.

Die Besonderheit dieses Verfahrens besteht in der systematischen Vorgehensweise, die das Entwicklungsteam zwingt, alle denkbaren Fehler aufzulisten, die Wahrscheinlichkeit ihres Auftretens abzuschätzen und die Folgen der Fehler zu bewerten.[41] Der Ablauf einer FMEA läßt sich in die vier Blöcke Fehleranalyse, Risikobeurteilung, Lösungsmöglichkeiten und Maßnahmenvorschläge und letztlich Ergebnisbeurteilung gliedern."[42] Die Ergebnisse werden auf einem Formblatt nach DIN 25448 dokumentiert.

Im Rahmen der Fehleranalyse sind alle Elemente einer Konstruktion zu erfassen, zu analysieren und auf denkbare Funktionsstörungen, Fehlerpotentiale bzw. das Ausfallverhalten zu hinterfragen. Die Fehlerpotentiale werden sodann auf ihre Ursachen hin analysiert. Auf dieser Stufe kann zusätzlich das Ursachen-Wirkungs-Diagramm von Ishikawa[43] eingesetzt werden, das eine systematische und möglichst vollständige Analyse der Ursachen für Funk-

---

40 Vgl. Oess (1991), S. 209 f., Kamiske/Brauer (1995), S. 49 ff., Rommel et al. (1995), S. 248.
41 Vgl. Specht/Schmelzer (1992), S. 535.
42 Vgl. Kamiske/Brauer (1995), S. 49 ff.
43 Vgl. Witte (1993), S. 184 ff.

3.2 Qualitätspolitik im Wandel

tionsstörungen erlaubt. In die Bewertung der Fehlerpotentiale (Risikobeurteilung) gehen Informationen über die Schwere des Fehlers (S), die Wahrscheinlichkeit des Auftretens (A) und die Wahrscheinlichkeit ein, daß der Kunde den Fehler entdeckt (K). Diese drei Informationen werden multiplikativ zu einer Kennzahl für das Risikopotential verdichtet.[44]

Nach dieser Risikokennzahl wird die Rangfolge der Fehlerpotentiale bzw. der Fehlerbeseitigung festgelegt, um eine effektive Verbesserung von Produkt und Prozeß zu erzielen. Zur Fehlerbeseitigung müssen konstruktive Verbesserungsmaßnahmen erarbeitet werden. Anschließend wird untersucht, ob durch konstruktive Verbesserungen die Fehlerpotentiale vermeidbar sind oder ob sich die Risikokennzahl verbessern läßt. Nach einer Verbesserungsmaßnahme wird in einem rückgekoppelten Prozeß nochmals eine FMEA durchgeführt. Ein Vergleich der Risikokennzahl vor und nach der Verbesserung gibt Aufschluß darüber, ob die Maßnahmen den Fehler beseitigt haben oder ob zumindest eine verbesserte Situation eingetreten ist.

Die FMEA kann als ein Element in das umfassendere QFD-Konzept eingebunden werden. FMEA kann sich im QFD-Konzept auf Produkte oder auf Prozesse erstrecken. Die Ergebnisse der produktbezogenen FMEA finden in der zweiten QFD-Phase (Teile- oder Konstruktionsplanung) beim Produktentwurf Anwendung. Die Aufgabe der Produkt-FMEA ist es, die Funktionssicherheit der Produkte präventiv zu analysieren und zu bewerten. Die prozeßbezogene Analyse kann in die dritte QFD-Phase der Prozeßplanung integriert werden. Bei dieser Analyse geht es darum, das Fehlerpotential von Produktionsprozessen zu hinterfragen und für höhere Prozeßsicherheit zu sorgen.

Die FMEA geht grundsätzlich von einzelnen Fehlerpotentialen aus, die analysiert und möglichst vermieden werden. Die **Fehlerbaumanalyse (Fault Tree Analysis, FTA)**[45] basiert auf der Erkenntnis, daß unerwünschte Ereignisse, wie beispielsweise der „Ausfall einer Maschine", meistens auf ein Bündel von Fehlerursachen zurückzuführen sind. FTA geht daher von einem aufgetretenen unerwünschten Ereignis aus und stellt die Ursachen für das Ereignis in einer Baumstruktur zusammen. Durch die Baumstruktur werden die Ursachen und deren Beziehungen zueinander erfaßt. Beispielsweise können die Ursachen für einen geplatzten Wasserkessel, aufgetretener Überdruck oder ein Fehler beim Schweißen des Kessels sein. Der Überdruck im Kessel kann darauf zurückzuführen sein, daß ein Sicherheitsventil versagt hat oder daß eine Pumpe, die Wasser in den Kessel drückt, nicht rechtzeitig abgeschaltet wurde. Jede dieser Unterursachen kann wiederum auf andere Fehlerquellen zurückgeführt werden.

Die FTA liefert einen kompletten Überblick über die möglichen Fehlerursachen und das wechselseitige Zusammenwirken. Sie eignet sich damit insbesondere für die Beurteilung von Sicherheitsrisiken von Systemen mit interdependenten Fehlerursachen.

FMEA und FTA sind verbundene Instrumente. Mit FMEA wird die Wahrscheinlichkeit für das Auftreten einer Fehlerart bestimmt. FTA verknüpft diese Einzelwahrscheinlichkeiten für Fehlerarten zu einer Wahrscheinlichkeit für das analysierte unerwünschte Ereignis. Die

---

44 Risikoprioritätskennzahl: $RPZ = S \cdot A \cdot K$
45 Vgl. Oess (1991) S. 211, Rommel et al. (1995) S. 256 ff.

Ergebnisse von FTA sind wiederum Eingangsinformationen für FMEA. Aus FTA wird deutlich, welche Fehlerquellen nachhaltig für das Systemversagen verantwortlich sind. Diese Fehlerarten können in einer FMEA bevorzugt auf Verbesserungspotentiale hin untersucht werden.

Eine Variante der **statistischen Versuchsplanung** ist die **Taguchi-Methode**.[46] Diese Methode geht davon aus, daß jede positive und negative Abweichung von einem definierten Qualitätsziel zu Verlusten führt, die möglichst verhindert werden sollen.

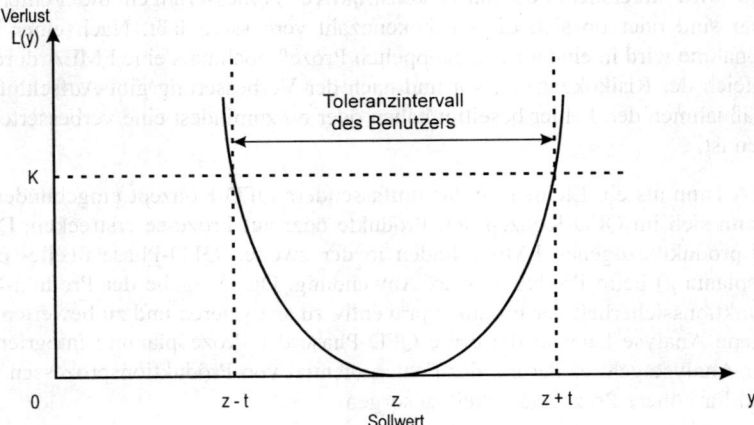

Abbildung 3-6

Um die Verluste minimieren zu können, sind zunächst die Haupteinflußgrößen zu identifizieren, die auf die Qualität einwirken. Die Merkmalsausprägungen der kontrollierbaren Einflußgrößen sind schließlich so einzustellen, daß das gesteckte Qualitätsziel z im Produktionsprozeß möglichst präzise realisiert wird.

Das Ziel besteht also darin, das erreichte Qualitätsziel y möglichst mit dem vorgegebenen Zielwert z zur Deckung zu bringen. Der Erwartungswert der Verluste

$$E[L(y)] = E\left[k \cdot (y-z)^2\right]$$

kann zu

$$E[L(y)] = k \cdot \left(VAR[y] + (z - E[y])^2\right)$$

umgeformt werden. Aus dieser Formel ist zu erkennen: Die Verluste hängen von der Varianz VAR[y] und der mittleren quadratischen Abweichung des Erwartungswertes E[y][47] vom Zielwert z ab. Ziel muß es daher sein, die Kombination der Ausprägung der Einflußgrößen

---

46 Zur Taguchi-Methode vgl. Taguchi (1988), Taguchi/Clausing (1990).
47 In der Regel entspricht der Erwartungswert dem Mittelwert der beobachteten Qualitätsmerkmale y.

3.2 Qualitätspolitik im Wandel

zu bestimmen, bei der die Streuung gering ist und der Erwartungswert der Qualität möglichst genau auf den Zielwert abgestimmt ist. Das Verfahren muß dazu offenlegen, welche Wirkung von den Ausprägungen der Einflußgrößen auf den Mittelwert und die Streuung ausgeht.

Ein Beispiel soll das Vorgehen verdeutlichen. Der Prozeß zur Wärmebehandlung von Blattfedern für Lastkraftwagen soll so eingestellt werden, daß eine freie Höhe von genau acht Inches eingehalten wird. Als Haupteinflußgrößen für den Prozeß werden die Temperatur des Ofens, die Wärmezeit, die Transportzeit zwischen Ofen und Umformmaschine sowie die Temperatur des Ölbades, in das die Blattfedern abschließend zur Härtung getaucht werden, identifiziert. Für die Einflußgrößen, die in der Produktion kontrolliert und verändert werden, sind dann durch eine statistische Versuchsplanung Ausprägungen zu bestimmen, die es möglichst gut erlauben, das Qualitätsziel genau zu erreichen.

Das Verfahren von Taguchi läuft in folgenden Schritten ab: Zunächst muß das angestrebte Qualitätsniveau in konkret meßbaren Standards z festgelegt werden. Anschließend sind die **Haupteinflußgrößen** für die Qualität zu identifizieren. Die Faktoren, die einen Einfluß auf den Qualitätszielwert ausüben, werden nach Plan- und Rauschfaktoren unterschieden.

Planfaktoren kann das Unternehmen kontrollieren und beeinflussen. Rauschfaktoren entziehen sich der Einflußnahme; sie treten im Produktionsprozeß mit zufälligen Ausprägungen auf. In der **Parameterplanung** werden die Planfaktoren in bezug auf das Qualitätsziel optimiert und simultan gegen stochastische Schwankungen der Rauschfaktoren möglichst unempfindlich gemacht.

Da gleichzeitig eine Vielzahl von Faktoren mit einer größeren Anzahl von Ausprägungen auftreten kann und zudem zwischen den Faktoren Wechselwirkungen bestehen können, gibt es eine nicht beherrschbare Anzahl von Kombinationen der Faktorausprägungen, die letztlich die Qualität determinieren. Die statistische Versuchsplanung nimmt drastische Vereinfachungen vor, um die Zahl der zu testenden Parameterkombinationen klein zu halten. Beispielsweise wird Additivität der Wirkungen der Faktoren unterstellt, d.h., daß die Wirkung eines Faktors unabhängig von den Wirkungen anderer Faktoren ist. Für jede Einflußgröße wird im Extremfall nur mit zwei Ausprägungen gearbeitet, und es werden lineare Wirkungen bei der Variation eines Parameters unterstellt. Es wird darüber hinaus eine unvollständige Versuchsplanung durchgeführt, aus der Erkenntnisse über die Wirkung der Parameter auf den Mittelwert und die Streuung abgeleitet werden. Für 15 Faktoren mit jeweils zwei Ausprägungen werden nicht $2^{15} = 32768$, sondern lediglich $15 + 1 = 16$ Versuche realisiert.

Für drei Einflußgrößen A, B und C mit jeweils zwei Ausprägungen 1 und 2 werden beispielsweise nur vier Versuchsanordnungen getestet.

Nr.	Faktorausprägungen			Erwartungswert des Qualitätsniveaus
	A	B	C	
1	1	1	1	y_1
2	1	2	2	y_2
3	2	1	2	y_3
4	2	2	1	y_4

Tabelle 3-2

Der Versuchsplan Nr. 3 kombiniert die Ausprägung 2 der Faktoren A und C mit der Ausprägung 1 des Faktors B. Bei additivem Wirkungszusammenhang der Faktoren reicht es aus, von einer derartigen orthogonalen Versuchsanordnung auszugehen.

Das bei einem Versuchsplan erreichte Qualitätsniveau hängt von den gesetzten Ausprägungen der Planfaktoren und der zufälligen Konstellation der nicht beeinflußbaren Faktoren ab. Je nach geltender Situation der Plan- und Rauschfaktoren ergeben sich unterschiedliche Qualitätswirkungen y. Aus diesen unterschiedlichen Wirkungen wird der Ergebnismittelwert y_i je Versuchsanordnung i bestimmt. Darüber hinaus wird der Wirkungsbeitrag der Ausprägungen der drei Faktoren auf den Mittelwert separiert. Um die Wirkung des Faktors A – bei einer Veränderung von Ausprägung 1 auf Ausprägung 2 – zu erkennen, wird je ein Niveaumittelwert aus y_1 und y_2 (Ausprägung 1) sowie y_3 und y_4 (Ausprägung 2) berechnet. Die Differenz beider Mittelwerte ist der Wirkungsbeitrag der veränderten Ausprägung des Faktors A.[48] Entsprechend ist mit den Faktoren B und C zu verfahren.

Sind die Beiträge aller Faktoren bekannt, kann eine Kombination des Niveaus der Planfaktoren bestimmt werden, bei der der Erwartungswert E[y] möglichst gut auf das Qualitätsziel z abgestimmt ist.

Im Rahmen der Parameterplanung sollen die optimalen Ausprägungen der Planfaktoren ausgewählt werden, um damit den Zielwert gegenüber den Einflüssen der Rauschfaktoren robuster zu machen. Bei den Planfaktoren werden zwei Klassen unterschieden. Faktoren, die hauptsächlich auf den Erwartungswert E[y] einwirken, werden als Signalfaktoren bezeichnet, und solche, die in erster Linie für die Varianz VAR[y] verantwortlich sind, gelten als Kontrollfaktoren. Mittelwert und Streuung können dann u.U. durch separate Faktoren beeinflußt werden. Um die Kontrollfaktoren einstellen zu können, wird die Kenngröße „Signal/Geräusch-Verhältnis" (S/G) eingeführt. Diese Kenngröße setzt den quadrierten Ergebnismittelwert zur Varianz in Beziehung.

---

[48] Auf Grund der Konstruktion der Versuchsanordnung kommen die Niveaus aller anderen Planfaktoren in beiden Mittelwerten, bei denen sich der zu analysierende Faktor auf einem bestimmten Niveau befindet, gleich oft vor. Deshalb ist in allen Niveaumittelwerten des betreffenden Faktors bei Additivität eine gleiche Konstante enthalten, die die Wirkung der übrigen Faktoren widerspiegelt.

3.2 Qualitätspolitik im Wandel

$$S/G = f\left(\frac{\text{quadrierter Mittelwert}}{\text{Varianz}}\right)$$

Die speziellen S/G-Berechnungsvorschriften[49] sind so konstruiert, daß S/G bei einem bestimmten Mittelwert grundsätzlich wächst, wenn die Varianz sinkt. Kontrollfaktoren sind daher auf einem Niveau zu fixieren, bei dem das mittlere S/G-Verhältnis am größten ist, da dann bei gegebenem Mittelwert die Varianz am kleinsten ist. Die Berechnungsvorschrift für S/G ist wiederum so aufgebaut, daß sich die Wirkungen der Plan- und Rauschfaktoren separieren lassen. Genau wie bei der Separation der Mittelwertwirkung werden wiederum Mittelwerte für das S/G-Verhältnis mit unterschiedlicher Ausprägung des Kontrollfaktors bestimmt und Differenzen gebildet, die den Beitrag eines Kontrollfaktors zur Varianz erklären.

Beim **Design Review** handelt es sich um ein klassisches Controlling-Instrument, bei dem während des Entwicklungsprozesses die formulierten Qualitätsziele laufend mit den erreichten Zuständen verglichen werden, um bei Abweichungen rechtzeitig in den Prozeß steuernd eingreifen zu können. Design Reviews bilden das organisatorische Rahmenkonzept für den Entwicklungsprozeß, das die Ergebnisse aller anderen Qualitätsinstrumente laufend zu festgelegten Zeitpunkten (Meilensteine) überprüft. Aus diesem Grunde sollten Design Reviews fester Bestandteil eines Qualitätskonzeptes sein. Es trägt dazu bei, Qualitätsdefizite rechtzeitig aufzudecken und Maßnahmen zur Überwindung erkannter Defizite einzuleiten.

Design Reviews beginnen mit der Festlegung operationaler Zielgrößen, die sowohl quantitativ (Zeit- und Kostengrößen) als auch qualitativ sein können. Die Zielgrößen müssen sich nicht zwingend auf Qualitätsziele beziehen, möglich sind auch Produktivitäts- oder Wirtschaftlichkeitsziele. Zudem sind die Meilensteine festzulegen, um an entscheidenden Stufen des Entwicklungsprozesses noch gezielt eingreifen zu können. Erkannte Abweichungen sind auf ihre Ursachen hin zu analysieren, um gezielte Gegenmaßnahmen einleiten zu können. Die Effektivität dieser Maßnahmen wird beim nächsten Design Review überprüft.

Die Ergebnisse eines Review werden in Tabellen zusammengefaßt, die Hinweise geben, in welche Richtung der Entwicklungsprozeß künftig zu lenken ist:

Parameter	SOLL	IST	Bemerkungen
Fertigungszeit	20 Minuten	25 Minuten	Fertigungszeit reduzieren
Gewicht	15 kg	14 kg	akzeptiert
Materialkosten	15 DM/ME	16 DM/ME	Kosten senken
Geräuschpegel	niedrig	noch zu hoch	Schallschutz verbessern

Tabelle 3-3

---

49 Für das S/G-Verhältnis gibt es je nach Situation unterschiedliche Formeln; vgl. Brunner (1989), S. 341.

3.3 Forschung und Entwicklung
3.3.1 Innovationen als strategischer Erfolgsfaktor

Auf Käufermärkten mit sich schnell wandelnden Bedürfnissen und Anforderungen der Kunden sind Innovationen Voraussetzungen des langfristigen Unternehmenserfolges. Unter einer Innovation ist die erfolgreiche Umsetzung von Ideen am Markt zu verstehen.[50] Grundlage einer Innovation sind Ideen, die in der Forschung und Entwicklung (**F&E**) zu neuen Produkten oder Produktionsverfahren führen. Eine Idee allein ist aber noch keine Innovation; sie muß vielmehr realisiert werden und sich am Markt durchsetzen, was nur der Fall ist, wenn eine Neuerung in den Augen der Kunden ausreichenden Nutzen stiftet. Eine Neuerung ist somit nicht automatisch eine Innovation. F&E führt damit nicht zwingend zu Innovationen, selbst wenn Neuerungen aus dem F&E-Prozeß hervorgehen.[51]

Die Phasen des Innovationsprozesses können durch folgende Abbildung verdeutlicht werden. F&E führt – wenn sie erfolgreich ist – zunächst zu Neuerungen oder Erfindungen, die am Markt eingeführt werden. Diese Markteinführung wird in der Literatur gelegentlich schon als Innovation bezeichnet.[52] Jedoch erst mit der Marktdurchsetzung – der Diffusion der Neuerung – wird diese zur echten Innovation. Die erfolgreiche Marktumsetzung von Neuerungen lockt schließlich u.U. Imitatoren an.

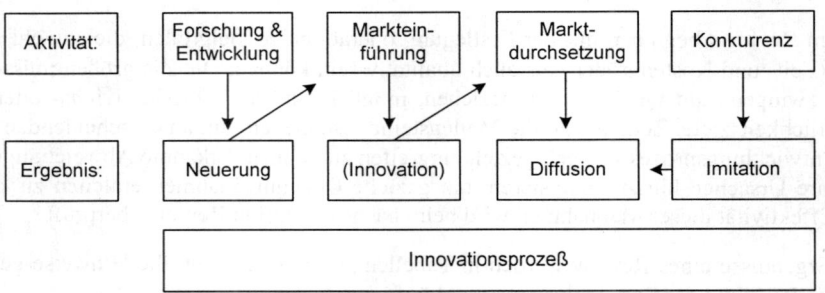

Abbildung 3-7[53]

Die Aktivitäten von F&E lassen sich je nach Grad der Anwendungsbezogenheit und Marktnähe in drei Bereiche einteilen:[54]

- **Grundlagenforschung**, die ausschließlich auf die Gewinnung neuer wissenschaftlicher Erkenntnisse gerichtet ist, ohne primär am Ziel praktischer Anwendbarkeit orientiert zu sein.

---

50 Vgl. Linneweh (1981), S. 137, ähnlich Brockhoff (1994), S. 27 ff.
51 Vgl. Brockhoff (1994), S. 35
52 Vgl. Brockhoff (1994), S. 27 f. Brockhoff bezeichnet die Markteinführung als Innovation im engeren Sinne. Diese unterschiedliche Auffassung soll in der Abbildung durch die Klammern ausgedrückt werden.
53 In Anlehnung an Brockhoff (1994), S. 30
54 In Anlehnung an die OECD, vgl. z.B. Brockhoff (1994), S. 37 f.

3.3 Forschung und Entwicklung

- **Angewandte Forschung**, die ausschließlich auf die Gewinnung neuer, aber umsetzbarer wissenschaftlicher oder technischer Erkenntnisse gerichtet ist. Sie basiert meist auf Erkenntnissen der Grundlagenforschung.
- **Entwicklung** setzt die wissenschaftlichen Erkenntnisse um und führt zu neuen oder wesentlich verbesserten Materialien, Geräten, Produkten, Verfahren, Systemen oder Dienstleistungen.

Anhand der Verwendungsrichtung einer Neuerung lassen sich zwei Formen von Innovationen unterscheiden:[55]

- **Produktinnovationen** führen zu neuen Erzeugnissen, neuen Varianten oder Teilen. Derartige Neuerungen verbessern für den Endverbraucher die Leistungsfähigkeit und Funktionalität der Produkte und stiften dadurch Nutzen. Wenn sich die Produktinnovation auf Teile oder Komponenten bezieht, die von anderen Unternehmen für Montagezwecke zugekauft werden, ist Kundennutzen vorhanden, wenn dadurch die Kosten je Teil sinken, die Teile sich einfacher einbauen lassen oder die Komplexität von Produktionsprozessen sinkt. Letzteres ist der Fall, wenn Zulieferer nicht mehr Einzelteile sondern ganze vormontierte Baugruppen liefern. Produktinnovationen steigern daher entweder die Effektivität oder die Effizienz und bieten dadurch einen Kundennutzen.
- **Prozeßinnovationen** verändern und verbessern die Produktionsprozesse. Durch neue Technologien oder eine andere Organisation der Leistungsprozesse steigt die Produktivität, und die Kosten können gesenkt werden. Prozeßinnovationen bieten folglich über einen reduzierten Zeitbedarf für die Produktion und über sinkende Kosten Kundennutzen. Für die Beurteilung des Kundennutzens von Prozeßneuerungen ist es erforderlich, das Zusammenspiel zwischen den Anschaffungsausgaben für die Prozesse und den Folgekosten zu beachten. Es ist wenig sinnvoll, die Entwicklung neuer Verfahren so auszurichten, daß ein möglichst niedriger Anschaffungspreis resultiert. Einen höheren Anschaffungspreis werden die Kunden tolerieren, wenn er durch sinkende Folgekosten mehr als ausgeglichen wird (Life Cycle Costing). Trotz eines höheren Anschaffungspreises steigt dann der Kundennutzen.

Eine Idee wird nur zur Innovation – technische Realisierbarkeit vorausgesetzt –, wenn sie in den Augen der Kunden ausreichenden Zusatznutzen erreicht. Für die Steigerung der Innovationsrate ist es daher nicht nur wichtig, die Kreativität zu verbessern. Erhöhte Kreativität allein reicht nicht aus; vielmehr kommt es darauf an, die Ideen rechtzeitig vor oder während der Realisation daraufhin zu durchleuchten, ob mit ausreichendem Nutzen zu rechnen ist. Nur dann werden sich die Investitionen in F&E und die Markteinführung lohnen. Die treffsichere Bewertung von Ideen und die effiziente Organisation des F&E- und Produktionsprozesses sowie die Wahl des richtigen Markteintrittszeitpunktes sind die ausschlaggebenden Faktoren, um den Markterfolg einer Neuerung zu sichern.

---

55 Vgl. Puke (1996), S. 1 f. und die dort angegebene Literatur.

Die Wirksamkeit von F&E im Innovationsprozeß kann an folgenden Faktoren beurteilt werden:

- Der **Innovationsrate**, der Anzahl erfolgreicher Neuerungen pro Zeiteinheit bzw. der Mißerfolgsrate (Floprate). Es wird geschätzt, daß mehr als 50 % der neu eingeführten Produkte am Markt nicht erfolgreich sind.[56] Diese Produkte gehen offenbar an den Kundenwünschen vorbei, was für eine unzureichende Kundenorientierung bzw. eine unzureichende Bewertung von Ideen vor und während des Entwicklungsprozesses spricht.

- Der **Dauer** von der Idee **bis zur Markteinführung** sowie der Koordination des Markteintrittszeitpunktes. Lange und zudem noch steigende Entwicklungszeiten sowie Überschreitungen des geplanten Markteintrittszeitpunktes sind Indikatoren für Steuerungsdefizite.

- Der **Kopplung des F&E- und des Produktionsprozesses**. Ist nach dem Produktionsstart eines neuen Produkts ein langer Zeitraum mit Produktionsschwierigkeiten, Qualitätsmängeln, niedriger Produktivität zu beobachten, spricht das für eine schlechte Kopplung, weil bei der Entwicklung zu geringes Augenmerk auf die Prozeßfähigkeit der neuen Produkte gelegt wurde.

- Der **Effizienz des Ressourceneinsatzes**, die sich im benötigten Umfang von Ressourcen bzw. den Kosten niederschlägt, aber auch darin zum Ausdruck kommt, ob das geplante Budget eingehalten wird.

Im internationalen Vergleich sind erhebliche Unterschiede in der Effektivität und der Effizienz von Innovationsprozessen zu beobachten. Dazu soll auf die Ergebnisse zweier Studien zurückgegriffen werden.

Aus der ersten Studie[57] geht hervor: In deutschen Unternehmen sind die Innovationszeiten länger, die Innovationskosten höher, und zudem gelten höhere Kosten für eine Projektbeschleunigung als bei japanischen und amerikanischen Konkurrenten. Externe Innovationen dauern bei ihnen länger und kosten mehr als interne Innovationen. Die Zeit von der Entwicklung eines neuen Produkts bis zur Markteinführung ist im Durchschnitt aller Branchen bei deutschen Unternehmen 14 % länger als bei japanischen Konkurrenten, während sie sich vom amerikanischen Wert kaum unterscheidet. Folge der kürzeren Innovationszeit sind geringere Innovationskosten (F&E-Kosten, Produktionskosten, Marktforschungs- und Markteinführungskosten). Die Innovationskosten japanischer Unternehmen liegen im Durchschnitt aller Branchen um 12 % unter denen der deutschen Konkurrenz.

In deutschen Unternehmen führt eine Zeitverkürzung um 10 % zu 20,6 % höheren Kosten, während die Kosten in Japan nur um 16,7 % steigen. Die Kostenerhöhung ist auch in den USA bei Projektbeschleunigung in den meisten Branchen geringer als in Deutschland. Ein Grund für die höheren Kostenelastizitäten in Deutschland wird in der Schwerfälligkeit –

---

56 Diese Mißerfolgswahrscheinlichkeit ist branchen- und produktabhängig und wird in vielen Fällen noch höher liegen. Folgende Studien geben Werte zwischen 70% und 99% an: Becker (1993), S. 512, Davidson (1979), S. 46 ff., Haedrich/Tomczak (1996), S. 156.

57 Vgl. im folgenden: Albach/de Pay/Rojas (1991), S. 309 ff. In der Studie wurden 300 Unternehmen unterschiedlicher Branchen mit einem Umsatz von mehr als 50 Mill. DM im Jahre 1986/87 befragt.

3.3 Forschung und Entwicklung

insbesondere großer Unternehmen – bei Innovationsprozessen gesehen. So verhindern hierarchische Barrieren eine Verkürzung der Informationswege. Eine zweite Ursache liegt in der tariflichen Jahresarbeitszeit. Ein Abbau der Innovationszeit gelingt in Deutschland in der Regel nur durch teure Überstunden.

Dem Zwang, laufend neue Produkte entwickeln zu müssen, können Unternehmen grundsätzlich durch interne oder externe Innovationen Rechnung tragen. Interne Innovationen basieren auf eigenen Erfindungen und Entwicklungen. Externe Innovationen bauen auf fremden Ideen oder Vorentwicklungen auf. Im Gegensatz zu den Japanern liegt es den Deutschen nicht, an fremde Entwicklungen anzuknüpfen. Obwohl bei der Übernahme externer Innovationen schon ein Teil der Arbeit geleistet wurde, sind die Innovationszeiten dennoch 2 % länger und die Innovationskosten 2 % höher als bei internen Innovationen. In japanischen Unternehmen dauern externe Innovationen nur 72 % der Zeit interner Innovationen, und die Kosten halbieren sich. Externe Innovationen benötigen in Deutschland eine lange Implementierungszeit, ehe sie fachgerecht weiterentwickelt werden können. Besonders bei technologisch komplexen Produkten müssen externe Forschungsresultate erst aufbereitet und verändert werden, um die eigenen Entwicklungsarbeiten daran anpassen zu können. Der Not-Invented-Here-Effekt bewirkt, daß sich die Entwicklungsabteilungen deutscher Unternehmen zudem gegen die Übernahme fremder Resultate sträuben und erst überzeugt werden müssen, was Zeit und Geld kostet. Die Ursache hierfür liegt in der individualistisch geprägten Kultur Deutschlands, in der hauptsächlich die eigene Leistung zählt, ist aber auch darin zu sehen, daß den externen Innovationen in deutschen Unternehmen der Promoter fehlt.

Für den anderen Stellenwert externer Innovationen in Japan gibt es folgende Gründe:

- Japanische Unternehmen kooperieren in der Entwicklungsphase oft mit anderen Unternehmen; sie sind also an die Adaption externer Resultate gewöhnt. Da sie zudem durch die Kooperation häufig in die externe Entwicklung eingebunden sind, bedarf es auch keines Promotors.
- Japanische Mitarbeiter sind weniger bestrebt, sich an eigenen Projekten zu profilieren, da ihre Karriere in den Entwicklungsabteilungen weniger von der persönlichen kreativen Leistung als vom Senioritätsprinzip bestimmt wird.
- Die Übernahme externer Innovationen wird als pragmatische Vorgehensweise und nicht als Eingeständnis eigenen Unvermögens gesehen.

Eine zweite Studie aus der Automobilindustrie hat offengelegt, daß japanische Unternehmen im Vergleich zu europäischen bzw. amerikanischen Unternehmen mit etwa dem halben Konstruktionsaufwand (Arbeitsstunden) auskommen und eine um ein Drittel geringere Entwicklungszeit aufweisen. Die Entwicklungsteams sind zudem kleiner, und im Gegensatz zu den europäischen Werken nimmt die Gruppenstärke im Verlaufe des Entwicklungsprozesses nicht zu, sondern deutlich ab. Nach einem Produktwechsel erreichen japanische Werke außerdem viel schneller einen voll eingespielten Produktionsprozeß (ca. 4 Monate im Vergleich zu 12 Monaten), und Qualitätsprobleme in der Einführungsphase sind bereits nach ca. 1,4 Monaten im Vergleich zu 12 Monaten bei der Konkurrenz überwunden. Schließlich erreichen japanische Unternehmen den geplanten Markteintrittszeitpunkt mit viel größerer Treffsicherheit. [58]

Diese Zahlen sind Ausdruck unterschiedlicher Philosophien bei der Planung und Organisation von Innovationsprozessen. Sie belegen, daß durch eine sinnvolle Gestaltung der Phasen des Entwicklungsprozesses entscheidende Verbesserungen erreicht werden können. In allen Phasen – der **Produktkonzeption**, der **Konstruktion** und **Produktentwicklung**, dem **Test** und der **Optimierung** von Prototypen, der **Vorserie** und der **Serienproduktion** – ist dazu eine strikte Ausrichtung auf den Kundenwunsch und eine straffe Organisation der Abläufe und des Informationsflusses nach den Prinzipien des Lean-Management[59] erforderlich.

Im Kern sind die Unterschiede auf vier Faktoren schlanker Produktentwicklung (Art der Führung, Struktur der Entwicklungsteams, Art der Kommunikation und zeitliche Kopplung der Stufen des Entwicklungsprozesses) zurückzuführen.[60] Der zentrale Unterschied ist in der Phase des Produktentwurfes festzustellen. Japanische Unternehmen geben sich weit mehr Mühe, die Kundenwünsche gleich am Anfang des Entwicklungsprozesses richtig zu erfassen und in Merkmale des Produktentwurfes umzusetzen. Bereits nach der ersten Phase des Entwicklungsprozesses steht bei ihnen genau fest, welche Produkte mit welchen Spezifikationen zu entwickeln sind. Zudem sind die Prioritäten geregelt, d.h., zum einen ist festgelegt, wann welche Ressourcen für ein Projekt bereitstehen, und zum anderen sind die zeitlichen Meilensteine für die Entwicklungsstufen bis zur Markteinführung genau fixiert. Damit stehen die Sach- und Formalziele der Entwicklung fest, jeder Beteiligte weiß, was von ihm erwartet wird, und die Entwicklungsteams verpflichten sich auf diese Ziele.

Diese gründliche Entwurfsplanung reduziert im Vergleich zum Vorgehen europäischer Unternehmen den Koordinationsbedarf in späteren Phasen der Entwicklung erheblich. Die europäische Entwicklungsphilosophie legt weniger Gewicht auf die Phase der Vorentwicklung. Die Entwicklungsziele bleiben unklarer. Erst in späteren Phasen erfolgt eine Nachentwicklung der Produkte. Als Folge ist der Änderungsaufwand bzw. die Zahl der Entwürfe viel größer als bei schlanker Entwicklung. Zudem wird der Ressourceneinsatz nicht bereits beim Start der Projekte klar geregelt. Als Folge wächst der Koordinationsbedarf mit zunehmender Reife der Entwicklungsprojekte, und die Teamstärke nimmt zu. Bei fetter Produktentwicklung besteht eine Scheu, Konflikte bereits am Anfang des Entwicklungsprozesses auszutragen. Erst spät in der Entwicklung erfolgt ein Interessenausgleich zwischen den betrieblichen Funktionen, was den Koordinationsbedarf vergrößert.

Ein zweiter wesentlicher Unterschied bezieht sich auf die Machtposition der Entwicklungsteams. Japanische Entwicklungsteams haben Weisungsbefugnis. Die Stellung des Teamleiters ist stark. Er beurteilt die Leistung der Teammitglieder, und die nächsten Aufgaben der Teammitglieder richten sich nach ihren Ergebnissen im Team. Bei der fetten Produktentwicklung hat der Teamleiter eine schwache Position. Die Entscheidungsbefugnisse liegen bei den Linienvorgesetzten. Der Teamleiter hat nur koordinierende Aufgaben. Die

---

58 Vgl. Womack/Jones/Roos (1994), S. 124. Ähnliche Ergebnisse hat auch eine Studie aus dem Bereich des Maschinenbaus ergeben; vgl. Rommel et al. (1993).
59 Vgl. dazu Kapitel 1.3.4.4.3.5.
60 Vgl. Womack/Jones/Roos (1994), S. 117 ff.

Linienvorgesetzten beurteilen die Leistung der Teammitglieder. Die Teammitglieder sind damit nur als Interessenvertreter der jeweiligen betrieblichen Funktionen in den Teams vertreten. Da sie wissen, daß ihre Beurteilung wesentlich davon abhängt, ob sie die Interessen ihres Funktionsbereiches durchsetzen, kommt es zu keinem gemeinsamen Verständnis der Entwicklungsaufgabe und zu keinem übergreifenden Denken. Der Entwicklungsprozeß wird von widerstrebenden, stellenegoistischen Denkweisen beherrscht. In den Teams gibt es daher weit mehr Reibungsflächen und Koordinationsbedarf als bei den Teams schlanker Entwicklung.

Die schlanke Produktentwicklung bemüht sich zudem um eine bessere zeitliche Verzahnung der Stufen des Entwicklungsprozesses. Die Phasen laufen nicht mehr sequentiell, sondern parallel ab (Simultaneous Engineering). Die Parallelisierung ist der wesentliche Grund für die kürzeren Entwicklungszeiten. Während beispielsweise bei europäischen Unternehmen Produktentwicklung und Werkzeugbau i.d.R. sequentiell angeordnet sind, startet der Werkzeugbau in japanischen Unternehmen bereits, bevor die Produktentwicklung alle Produktspezifiationen festgelegt hat. Die Parallelisierung nutzt die Erkenntnis, daß die ersten Stufen der Werkzeugentwicklung auch ohne detaillierte Produktspezifikationen möglich sind. Produktentwicklung und Werkzeugbau müssen dann allerdings intensiv miteinander verzahnt werden, damit die für die späteren Stufen der Werkzeugentwicklung erforderlichen Informationen über die Spezifikation des Produktentwurfes auch rechtzeitig zur Verfügung stehen.

Die Parallelisierung der Phasen der Produktentwicklung funktioniert nur, wenn das Unternehmen über ein offenes Informations- und Kommunikationssystem verfügt und alle Organisationsmitglieder auf das Prinzip der Selbstkoordination verpflichtet sind. Die parallelisierten Stufen müssen eng miteinander kooperieren und die erforderlichen Informationen hierarchiefrei austauschen. Dazu ist es erforderlich, daß die benachbarten Stufen der Entwicklung im Sinne einer internen Lieferanten-Kundenbeziehung wechselseitig ihre Probleme verstehen und sich vorausschauend darauf einstellen.

3.3.2 Entwicklungstendenzen und Absatzwirkungen von Innovationen

Die Planung und Steuerung von F&E-Projekten wird durch einige am Markt zu beobachtende Tendenzen erschwert.

- Bei vielen Produkten ist eine Tendenz zu sinkenden Marktanwesenheitszeiten zu beobachten. Das äußert sich in immer steileren Diffusionskurven bzw. kürzeren Lebenszyklen für neue Produktgenerationen. Folgende Abbildung zeigt beispielhaft die Diffusionskurven unterschiedlicher Telefonvermittlungssysteme[61]

---

61 Vgl. Backhaus (1997), S. 13.

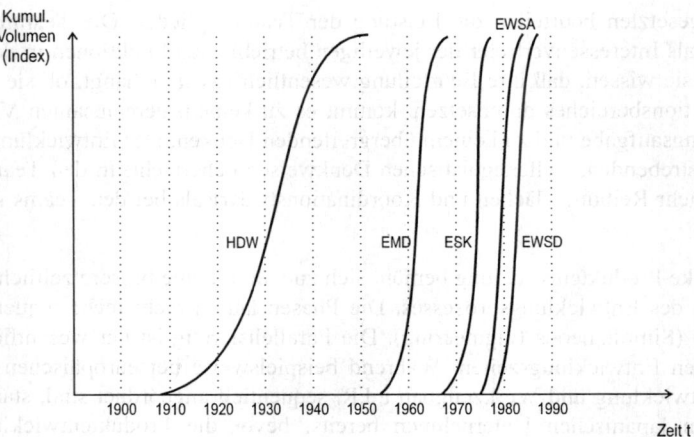

Abbildung 3-8

- Als Folge schnellerer Diffusion verbleibt den Unternehmen eine immer kürzere Zeitspanne für die Amortisation der Entwicklungs- und Markteinführungskosten. Bei sehr steilen Diffusionskurven kommt dem Markteintrittszeitpunkt eine überragende Bedeutung für den Produkterfolg zu. Nur dem frühen Anbieter einer Nachfolgegeneration von Produkten gelingt es, ein ausreichendes Marktvolumen auf sich zu konzentrieren, um an der Entwicklung verdienen zu können. Eine Studie der Boston Consulting Group kommt zu dem Ergebnis, daß bei einem High-Tech-Produkt die zeitlichen Verzögerungen den kumulierten Gewinn am stärksten beeinträchtigen:[62] Eine Verspätung um 6 Monate läßt den Gesamtgewinn einer Entwicklung um 30 % sinken. Im Vergleich sinkt der kumulierte Gewinn nur um 2 %, wenn die geplanten Entwicklungskosten um 30 % überschritten werden. Liegen die Produktionskosten 10 % über dem Soll, sinkt der gesamte Gewinn des Entwicklungsprojektes um 4 %. Der Erfolg der Entwicklungsprojekte hängt damit ganz zentral von sicheren Entwicklungszeiten und einem richtigen Markttiming ab.

- Bei vielen europäischen Unternehmen hat sich gleichzeitig die Entwicklungsdauer vergrößert. Ursache dafür sind der gestiegene interne Koordinationsbedarf der Projekte und der gestiegene Zeitbedarf, um Produktentwicklungen gegen rechtliche Rahmenbedingungen (Umweltauflagen, Schutzrechte usw.) abzusichern. Der steigende Zeitbedarf für die Entwicklung erschwert die Planung der Projekte erheblich. Erhöht sich die Entwicklungszeit beispielsweise von 6 auf 8 Jahre, müssen für eine kundengerechte Produktgestaltung die künftigen Kundenanforderungen mit einer Vorlaufzeit von 8 Jahren bekannt sein. Mit steigenden Entwicklungszeiten wird die Prognose künftiger Bedürfnisse aber immer schwieriger und unsicherer. Die Gefahr von Fehlentwicklungen steigt, da häufig erst in späten Phasen der Entwicklung erkannt wird, daß die Bedürfnisse ursprünglich falsch eingeschätzt wurden. Um in der Entwurfsphase überhaupt einen kundengerechten Entwurf zu erreichen, muß deshalb angestrebt werden, die Entwicklungs-

---

62 Vgl. Seifert/Steiner (1995), S. 22., Reinertsen (1983), S. 62 ff.

3.3 Forschung und Entwicklung

zeiten zu verkürzen. Nur so gelingt es, Teile der Unsicherheit bei der Planung von F&E zu absorbieren und das mit der Entwicklung verbundene Risiko zu beschränken.

- Schnellere Diffusion der Produkte und steigende Entwicklungszeiten haben zur Folge, daß ein Unternehmen die Innovationsrate steigern muß. Je Zeiteinheit müssen mehr Neuerungen auf den Markt kommen, was nur möglich ist, wenn die Entwicklungsdichte zunimmt, d.h., die Zahl der gleichzeitig in der Entwicklung befindlichen Projekte steigt. Das ist nur zu erreichen, wenn die Personalstärke im Entwicklungsbereich wächst. Gleichzeitig wird der Anteil der Entwicklungskosten an den Gesamtkosten zunehmen. Entwicklungsausgaben sind jedoch die risikoreichsten Investitionen. Eine steigende Innovationsrate erhöht daher das unternehmerische Risiko. Risikopolitischen Abwägungen kommt daher für die Planung von F&E eine ständig steigende Bedeutung zu. Das gilt insbesondere bei einer nur schwachen Eigenkapitalausstattung der Unternehmen.

Von sich verändernden Lebenszyklen der Produkte und variierenden Innovationsraten gehen einschneidende Konsequenzen auf die Absatzentwicklung aus. Bei konstanter Dauer des Lebenszyklus führt eine steigende Innovationsrate dazu, daß gleichzeitig mehr Produkte im Programm sind. Bei konstanter Innovationsrate und sinkender Diffusionszeit sinkt hingegen die Anzahl gleichzeitig im Programm befindlicher Produkte. Die gesamte jährliche Absatzentwicklung hängt vom Zusammenwirken beider Effekte ab. Die Unternehmen können durch beide Effekte in eine Beschleunigungsfalle geraten.[63]

Um die Beschleunigungsfalle einfach darstellen zu können, wird von symmetrischen, glockenförmigen Lebenszykluskurven ausgegangen, und es wird zunächst unterstellt, daß die Lebenszykluskurven aufeinanderfolgender Produktgenerationen unabhängig voneinander sind. Es wird mithin angenommen, daß die 2. Produktgeneration die Lebenzykluskurve der ersten Generation nicht verändert, und zwar unabhängig davon, wann die 2. Generation auf den Markt kommt. Diese Annahme ist sicherlich unrealistisch, erlaubt aber einen einfacheren Einblick in die Zusammenhänge. In der Ausgangslage der Abbildung 3-9 wird eine Diffusionszeit von zehn Jahren unterstellt.

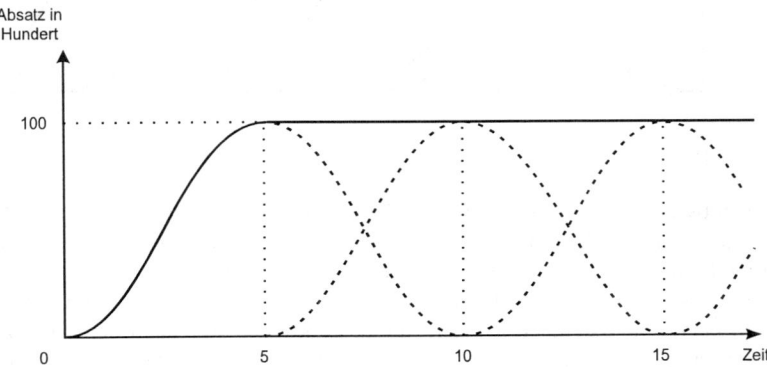

Abbildung 3-9

---

[63] Vgl. im folgenden von Braun (1994), S. 119 ff., Backhaus/Gruner (1997), S. 30 ff.

Die Absatzintensität der ersten Produktgeneration nimmt in der Aufschwungphase bis zum 5. Jahr zu, um danach in der Abschwungphase wieder zu sinken. Soll die Absatzintensität des 5. Jahres beibehalten werden, muß im gleichen Jahr die 2. Produktgeneration auf den Markt kommen. In der Abbildung ist zunächst unterstellt, daß die 2. Generation genau die gleiche Diffusionskurve wie die 1. besitzt. Beide Produktgenerationen haben jeweils die gleiche Gesamtabsatzmenge, welche der Fläche unter den Kurven entspricht. In der Zeichnung wird dann der Absatzverlust der 1. Generation ab dem 5. Jahr durch den Zusatzabsatz der 2. Generation immer gerade ausgeglichen. Die Absatzintensität stabilisiert sich damit auf dem Niveau von 100 in der Abbildung 3-9, wenn alle 5 Jahre eine neue Produktgeneration auf den Markt kommt.

Das Beispiel ist so gewählt, daß der Gesamtabsatz des Unternehmens ab dem Zeitpunkt 5 sich immer auf zwei Produktgenerationen verteilt und der Absatzverlust bei der älteren Generation gerade durch die jüngere Generation ausgeglichen wird. Wird dagegen jedes Jahr eine Nachfolgegeneration auf den Markt gebracht, setzt sich der Gesamtabsatz bei zehn periodiger Diffusion im Gleichgewicht aus zehn Generationen zusammen. Die Absatzentwicklungen der zehn Generationen überlagern sich und führen bei gleicher Innovationsrate – eine Neuerung pro Jahr – und konstanter Dauer des Lebenszyklus auch zu einem im Zeitablauf konstanten Absatzniveau.[64] Die folgende Abbildung zeigt ein Beispiel mit einem Lebenszyklus von zehn Jahren bei einer Innovationsrate von einem pro Jahr.

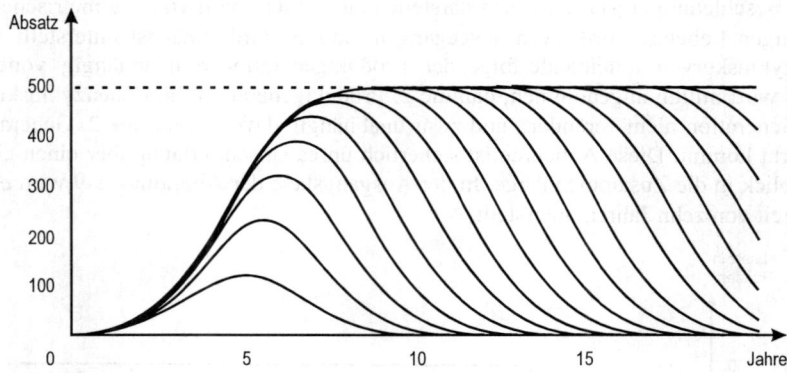

Abbildung 3-10

Die Absatzentwicklung kann nun durch Veränderungen des Lebenszyklus und Veränderungen der Innovationsrate beeinflußt werden, wobei unterschiedliche Konstellationen analysiert werden können. Beispielsweise kann die Innovationsrate konstant bleiben, und der Lebenszyklus verkürzt sich, oder der Lebenszyklus bleibt unverändert, aber die Produkte kommen in kürzeren Abständen auf den Markt. Es können sich auch beide Effekte überlagern; beispielsweise zwingt eine verkürzte Diffusionszeit zu sinkenden Zeitintervallen zwischen den Neuerungen.

---

[64] Vgl. dazu und im folgenden Brockhoff (1966), S. 55 ff.

3.3 Forschung und Entwicklung

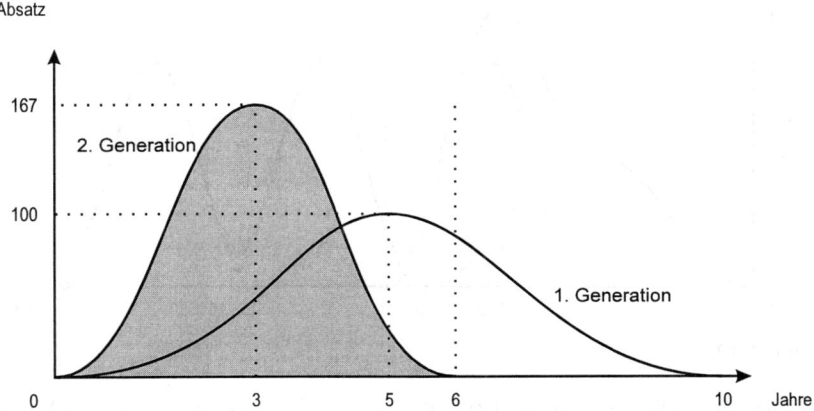

Abbildung 3-11

Obige Abbildung geht von der gleichen Grundkonstruktion wie die Abbildung 3-9 aus. In der Abbildung 3-11 beschleunigt sich die Diffusion der 2. Produktgeneration auf 6 Jahre. Die Flächen unter der Lebenszykluskurve – Gesamtabsatzmengen – der beiden Produktgenerationen mögen identisch sein, d.h., durch die Innovation werden keine Zusatzkäufer mobilisiert, die Käufe werden nur vorgezogen. In diesem Fall ist die Absatzintensität der 2. Generation bis zum Schnittpunkt der beiden Kurven höher als die der 1. Generation und danach geringer. Die 2. Produktgeneration zieht damit zunächst Absatz gegenüber der 1. in frühe Jahre vor und induziert damit später Absatzausfälle. Kommt die 2. Produktgeneration wieder 5 Jahre nach der 1. auf den Markt – Abbildung 3-12 – führt das ab dem 5. Jahr zunächst dazu, daß durch die 2. Generation die Absatzintensität stärker steigt als durch die erste Generation verloren geht. Bis zum Zeitpunkt 7,5 steigt dann die gesamte Absatzintensität beider Produktgenerationen auf das Niveau 207 an. Bleibt die Innovationsrate bei einem Produkt in fünf Jahren, sinkt der Absatz nach dem 8. Jahr erheblich ab, um später wieder zu steigen. Bei verkürztem Lebenszyklus und konstanter Innovationsrate kommt es dann zu keinen stabilen Absatzmengen im Zeitablauf; vielmehr ergeben sich periodische Schwankungen.

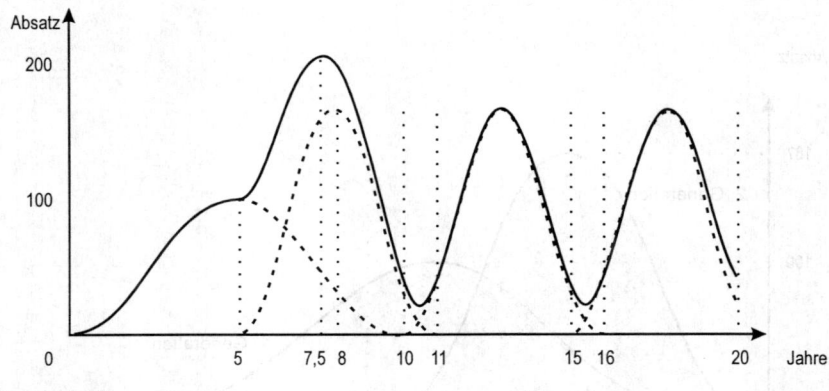
Abbildung 3-12

Das wird in Abbildung 3-13 verhindert, wenn gleichzeitig mit dem Lebenszyklus auch die Innovationsrate verändert wird. Sinkt die Marktanwesenheitszeit auf 6 Jahre, und steigt die Innovationsrate auf ein Produkt in drei Jahren, stabilisiert sich die Absatzintensität ab dem elften Jahr.

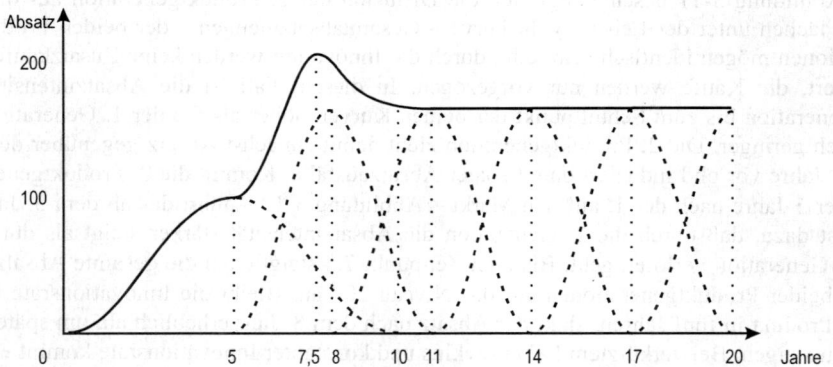
Abbildung 3-13

Die beschleunigte Diffusion führt dann im Verbund mit gleichzeitig veränderter Innovationsrate zu einem langfristigen Anstieg der Absatzintensität aus der Abbildung 3-9 auf ein neues, höheres Niveau. Dieser Effekt beruht darauf, daß die Potentialwirkung von Innovationen verkürzt wird. Die Absatzpotentiale der Neuentwicklungen verschleißen sich in 6 statt 10 Jahren, und gleichzeitig bleibt durch die im Gleichtakt steigende Innovationsrate die Anzahl der gleichzeitig vorhandenen Produkte konstant, so daß die gesamte Absatzintensität zunimmt.

Bei einer konstanten Innovationsrate von einem Produkt pro Jahr soll nunmehr nur die Dauer des Lebenszyklus kontinuierlich von 10 auf 6 Jahre verkürzt werden.

3.3 Forschung und Entwicklung

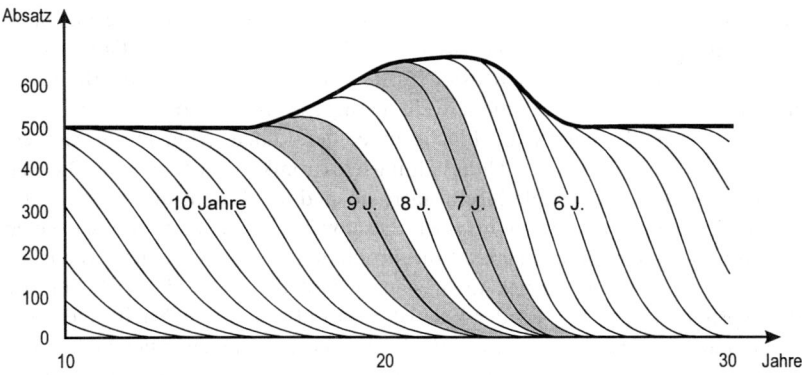

Abbildung 3-14

Wenn zunächst jedes Jahr ein Produkt mit einem Lebenszyklus von 10 Jahren auf den Markt kommt, ergibt sich nach einer Anlaufphase ein konstanter Gesamtabsatz pro Jahr wie im linken Teil der Abbildung 3-14 dargestellt. Werden nun die Zyklen schrittweise auf 6 Jahre verkürzt, wobei der Gesamtabsatz jedes Produktes im Lebenszyklus konstant bleibt, dann wächst der Absatz während des Beschleunigungsprozesses an. Ist die Beschleunigung aber beendet, fällt der Umsatz auf das alte Niveau zurück. Es hat durch die Beschleunigung überhaupt kein echtes Wachstum stattgefunden; es ist nur ein vorübergehender Strohfeuereffekt aufgetreten. Der Unterschied liegt nur darin, daß ursprünglich gleichzeitig 10 Produkte den gesamten Absatz pro Jahr ergaben, während es nunmehr nur noch 6 Produkte sind; die Durchschnittsmenge pro Erzeugnis steigt also nur.

Der bei einer Diffusionszeit von 6 Jahren geltende Gesamtabsatz kann langfristig nur erhöht werden, wenn gleichzeitig mit beschleunigter Diffusion auch wieder die Innovationsrate steigt, wenn neue Produkte also in kürzeren Intervallen auf den Markt kommen.

Bei konstanter Innovationsrate und beschleunigter Diffusion ergibt sich grundsätzlich nur kurzfristig während der Beschleunigungsphase ein positiver Effekt auf die Absatzmenge pro Zeiteinheit. Langfristiges Absatzwachstum ist nicht zu erreichen. Sollen langfristige Effekte erreicht werden, ist mithin eine Doppelbeschleunigung von Diffusion und Innovationsrate erforderlich. Wird aber die Diffusionszeit kontinuierlich über 10, 6 auf 3 oder 1 Jahr verkürzt, heizt das zwar die mittlere Absatzintensität der Produkte weiter an, die Entwicklungsprojekte haben aber kaum mehr langfristige Potentialwirkung, weil sich die Potentiale immer schneller verschleißen. Wird gleichzeitig die Innovationsrate immer weiter erhöht, um einen langfristigen Absatzeffekt zu erreichen, kollabiert der Entwicklungsprozeß, da neue Produkte mit steigender Geschwindigkeit auf den Markt kommen müssen. Die gleichzeitig in einem Unternehmen durchzuführenden Entwicklungsprojekte müssen daher immer zahlreicher werden, was die schon beschriebenen Kosten- und Risikowirkungen von F&E noch verschärft.

Die Analyse ging bislang von gleichen Absatzmengen aller Produktgenerationen aus. Grundsätzlich ist es denkbar, daß mit den nachfolgenden, verbesserten Produktgenerationen auch weitere Käuferschichten erschlossen werden. In diesem Fall wird die Fläche unter der Lebenszykluskurve von einer zur nächsten Produktgeneration größer. Gefährlich wird es dagegen, wenn die beschleunigte Diffusion zu Reaktionen im Nachfrageverhalten der Kunden führt und neue Produktgenerationen ein geringeres Absatzvolumen erzielen als ihre Vorgänger. In diesem Fall wird die Fläche unter der Lebenszykluskurve kleiner. Dieses Verhalten ist beispielsweise in der Unterhaltungselektronik zu beobachten. Die neuen Produktgenerationen überfordern viele Nachfrager; sie sind nicht mehr in der Lage, alle technischen Details des neuen Modells zu erfassen, geschweige denn sinnvoll einzusetzen. Nachfrager weigern sich auch häufig, sich an die Produkteigenschaften einer neuen Generation anzupassen. Sie wollen und können nicht ständig umlernen, wie das z.B. bei komplexen Anwendungsprogrammen für PCs der Fall ist. Die Folge ist: Die Nachfrager zögern ihre Kaufentscheidung hinaus. Sie warten einfach ab, bis der Nutzen einer neuen Generation größer ist als der Lernaufwand für die adäquate Beherrschung. Sie überspringen dann Produktgenerationen. Dieses Verhalten wird als **Leapfrogging behavior** bezeichnet.[65]

Die Wirkung ist paradox. Bei konstanter Innovationsrate wird durch beschleunigte Diffusion zunächst eine kurzfristig steigende Absatzintensität erreicht. Kommt es dann zum Leapfrogging, gleicht eine neue Produktgeneration den Absatzausfall der Vorgängergeneration nicht mehr voll aus. Die Absatzintensität sinkt dann nach einem vorübergehenden Strohfeuereffekt unter das Ausgangsniveau. Die vorweggenommenen Absatzmengen senken langfristig die Absatzintensität. Diesem negativen Effekt ist auch nicht mehr durch beschleunigte Innovationen zu begegnen. Das würde nur zu einer dichteren Folge von Produktgenerationen führen und die Nachfrager veranlassen, noch mehr Generationen zu überspringen.

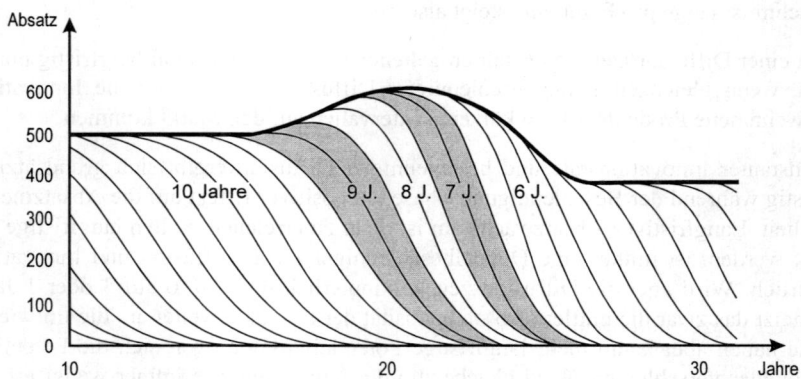

Abbildung 3-15

Die Beschleunigungsfalle wird damit zur Erfolgsfalle. Der Leapfroggingeffekt würde nur dann für einzelne Anbieter zu keinen künftigen Absatzeinbußen führen, wenn durch die Beschleunigung Konkurrenten aus dem Markt gedrängt werden, deren Marktanteil auf die verbleibenden Anbieter entfällt. Unternehmen in der Beschleunigungsfalle befinden sich beim

---

65   Vgl. Weiber/Pohl (1996), S. 1203 ff.; Backhaus/Gruner (1997), S. 40 ff.

Leapfroggingeffekt in einer fast aussichtslosen Situation. Beschleunigung wird zum Selbstzweck ohne ökonomischen Nutzen. Einzelne Unternehmen können diesen Kreislauf nicht durchbrechen. Sie gehen unter, wenn sie die Verkürzung der Lebenszyklen nicht mitmachen, da die Kunden zur Konkurrenz abwandern. Sie gehen aber auch unter, wenn sie zum Opfer des Leapfrogging werden. Gewinnen können nur Unternehmen, die Marktanteile untergehender Unternehmen dazugewinnen. Das aber können nur diejenigen Unternehmen, die das Management des Innovationsprozesses perfekt beherrschen und zudem über eine gesunde Kapitalbasis verfügen.

3.3.3 Wirkungen von F&E auf Kosten und Qualität

Im vorangegangen Abschnitt standen zeitliche Aspekte von Innovationen im Mittelpunkt. Der Entwicklungsprozeß hat aber auch zentrale Wirkungen auf die Kosten sowie die Qualität und beeinflußt darüber die Höhe des Kundennutzens. Die Art der Produktentwicklung entscheidet damit letztlich auch darüber, ob aus Neuerungen Innovationen werden. Ziel der Planung von Innovationsprozessen muß es sein, möglichst großen Kundennutzen zu sichern. Das ist die beste Form der Risikopolitik im F&E-Bereich. Es muß daher erreicht werden, die Merkmale neuer Produkte möglichst gut auf die Kundenanforderungen abzustimmen (Qualitätspolitik), und es muß versucht werden, die Gesamtbelastung der Kunden mit Kosten (Kostenpolitik) gering zu halten.

Entscheidungen im F&E-Bereich wirken nicht nur direkt auf die Höhe der Entwicklungskosten ein; vielmehr werden durch die im Entwicklungsprozeß festgelegten Produkt- und Verfahrensmerkmale ungefähr 80 % der späteren Produktionskosten bestimmt.[66] Es darf daher in der Entwicklung keine einseitige Fokussierung auf die Entwicklungskosten erfolgen; die indirekten Kostenwirkungen auf die Qualität, die Produktion, den Gebrauch und die Entsorgung müssen berücksichtigt werden. Das gelingt nur, wenn die Konstruktion weiß, welche indirekten Kostenwirkungen bestimmte Konstruktionsprinzipien haben und wenn es in der Konstruktion zu einem funktionsübergreifenden Denken kommt. In der Entwicklung kommt es zudem darauf an, Fehlerfolgekosten zu vermeiden: Konstruktionsfehler werden günstigstenfalls bereits in einer frühen Phase der Entwicklung erkannt. Dann entstehen nur Kosten für eine veränderte Konstruktion. Unter Umständen werden derartige Fehler aber erst im Produktionsprozeß oder sogar nach der Produktauslieferung beim Kunden offenkundig. In diesem Fall entstehen weit höhere Kosten durch Rückrufaktionen oder Anpassungen im Produktionsprozeß und der Konstruktion.[67]

In bezug auf die Kosten ist das Entwurfsoptimum dann erreicht, wenn die Gesamtkosten für Entwurf, Produktion, Gebrauch und Entsorgung möglichst gering sind. Die Entwicklungsabteilungen müssen daher statt einem reinen Entwicklungskostendenken eine Sicht der Gesamtkostenwirkungen erlangen. werden. Höhere Entwicklungskosten steigern u.U. den Kundennutzen, wenn derartige Kostensteigerungen durch die indirekten Kostenwirkungen

---

66 Vgl. z.B. Brockhoff (1994), S. 332 f. Brockhoff bezieht sich allerdings nicht auf die Produktionskosten, sondern auf die Lebenslaufkosten eines Projektes, die mit der Entwicklung zu 95 % determiniert sind.

67 Vgl. Specht/Schmelzer (1992), S. 532.

mehr als aufgefangen werden. An die Stelle einer reinen Budgetsteuerung der Entwicklungskosten muß dann ein Life-Cycle-Costing-Denken treten. Das aber kann nur gelingen, wenn die Entwicklungsabteilungen durch Instrumente der Kostenprognose unterstützt werden.

Eines der grundsätzlichen Probleme besteht in diesem Zusammenhang darin, daß in den frühen Phasen der Produktentwicklung nur eine sehr unvollkommene Kenntnis der späteren Kostenwirkungen existiert.[68] Erst wenn die genauen Spezifikationen des Produktentwurfes vorliegen und die Entwicklung bis zur Produktionsreife gediehen ist, können detaillierte Aussagen über die Art des Produktionsprozesses, die Prozeßfähigkeit eines Entwurfs und den erforderlichen Faktoreinsatz in der Produktion gemacht werden. Dann ist aber der Gestaltungsrahmen für die Entwicklung praktisch ausgeschöpft. Beim Start der Entwicklung, dem Zeitpunkt maximaler Gestaltungsfreiheit, ist der Informationsstand häufig so schwach, daß eine fundierte Abschätzung der Kostenwirkungen mit großen Problemen verbunden ist.

Durch die Entwurfsplanung und den durch die Entwicklung erreichten Grad an Prozeßfähigkeit nimmt die Entwicklung nicht nur auf die Kosten, sondern auch nachhaltig auf die Qualität der Innovationen Einfluß. Die Prozeßfähigkeit determiniert insbesondere die harten Qualitätsmerkmale, wie Fehlerrate und Streuung. Die Entwurfsplanung nimmt zusätzlich Einfluß darauf, in welchem Ausmaß die weichen Qualitätsmerkmale – Touch Dimesion – erfüllt werden.[69] Wie bei den Kostenwirkungen besteht bei den Qualitätswirkungen das Problem, daß in frühen Phasen der Entwicklung nur schwache Informationen darüber vorliegen, was in der Zukunft in den Augen der Kunden qualitätsbegründende Merkmale sind. Insbesondere bei langen Entwicklungszeiten ist die Prognose der künftigen Kundenanforderungen mit fast unüberwindbaren Schwierigkeiten verbunden. Zudem lassen sich die Wirkungen von Entwicklungsentscheidungen auf die Qualität nur sehr unzureichend beurteilen.

Die Planung und Steuerung von F&E-Prozessen ist damit ein typisches Anwendungsgebiet offener Entscheidungsprobleme. Offene Entscheidungsprobleme zeichnen sich dadurch aus, daß zum Zeitpunkt von Entscheidungen nur ein unvollkommener Informationsstand vorliegt. Im Laufe des Entwicklungsprozesses treten ständig neue Informationen über Kundenwünsche sowie Kosten- und Qualitätswirkungen auf, die dazu zwingen, die bisherigen Entscheidungen im Lichte des neuen Informationsstandes zu überdenken. Verbesserte Informationen können dann Anpassungsentscheidungen im Entwicklungsprozeß nach sich ziehen. Die Planung von Entwicklungsprozessen ist daher kein linearer Prozeß aller Entwicklungsstufen (Produktkonzept bis Serienfertigung); vielmehr muß die Planung rückgekoppelt werden.[70] Die Rückkopplungsschleifen sollten möglichst kurz sein, d.h., nach einer Informationsverbesserung sollte umgehend überprüft werden, ob ein Anpassungsbedarf besteht. Nur durch ständige, kurze Rückkopplungsschleifen besteht die Chance, die Entwicklung auf die Kundenbedürfnisse auszurichten und einen möglichst hohen Kundennutzen zu sichern.

---

68 Vgl. Beitz (1995), S. 3 ff.
69 Vgl. Kapitel 3.2.1.
70 Vgl. Beitz (1995), S. 3 ff.

3.3.4 Qualitätsmanagement im Entwicklungsbereich

Ob Unternehmen mit Neuerungen auf Märkten erfolgreich sind, hängt von drei Faktoren ab:

- Die Qualität der Neuentwicklungen muß sich mit den Anforderungen der Kunden decken. Qualitätspolitik muß daher die Marktfähigkeit der Neuerungen garantieren.
- Der Erfolg ist davon abhängig, ob es den Unternehmen gelingt, die verlangte Qualität zu geringen Kosten herzustellen. Unternehmen müssen daher ständig während des Entwicklungsprozesses analysieren, ob die Umsetzung von Neuerungen Gewinne erwarten läßt. Die in den ersten Phasen des Innovationsprozesses noch schwachen Informationen über Erlös- und Kostenwirkungen erlauben i.d.R. keine Wirtschaftlichkeitsrechnung. Es muß daher versucht werden, die Neuerungen mit Hilfe qualitativer Methoden (z.B. mit Scoringmodellen) zu bewerten, um nicht erfolgversprechende Ideen für Neuerungen möglichst früh im Entwicklungsprozeß ausschließen zu können.
- Der Markterfolg von Neuerungen hängt zentral vom Markteintrittszeitpunkt ab. Um geplante Markteintrittstermine halten zu können, bedarf es während des Entwicklungsprozesses eines effizienten Zeitmanagements. Die Güte des Zeitmanagements hängt ausschlaggebend von der Organisation des Entwicklungsprozesses, der Ressourcen- und Personalpolitik sowie den zur Steuerung eingesetzten Planungsinstrumenten ab.

Zunächst wird auf die Instrumente des Qualitätsmanagements eingegangen. Es folgen dann Methoden zur Bewertung von Produktideen. Zum Abschluß werden die Determinanten des Zeitmanagements analysiert.

Dem Qualitätsmanagement im Entwicklungsbereich kommt eine zentrale Bedeutung zu, da durch die Entwicklung die Basis für die Qualität aller folgenden Stufen der Wertschöpfung – Produktion bis zur Entsorgung – gelegt wird. Ob beispielsweise in der Produktion automatisch Qualität erzeugt werden kann, hängt davon ab, ob die Art der Konstruktion der Produkte und der Produktionsverfahren dazu beiträgt, Fehler in der Fertigung zu verhindern. Die Anzahl erforderlicher Montageteile, die Abfolge der Montageschritte, die Art der Fertigungstechnologie usw. können Qualität fördern aber auch behindern. Es kommt daher während der Entwicklung darauf an, vorausschauend Fehlerpotentiale in späteren Stufen der Wertschöpfung zu vermeiden.

Für das Qualitätsmanagement im Bereich F&E ist sowohl die funktionsorientierte Qualitätsinterpretation der Tech-Dimension, als auch die weiche Qualitätssicht – Touch-Dimension – wichtig.[71] Die Tech-Qualität eines Produktes oder einer Dienstleistung ist als notwendige Bedingung für den Markterfolg anzusehen; hinreichend für einen komparativen Konkurrenzvorteil auf gesättigten Märkten ist diese klassische Sichtweise von Qualität nicht. Die Qualitätspolitik im Entwicklungsbereich muß sich auf alle aus Kundensicht relevanten Qualitätsdimensionen beziehen, d.h., die Qualitätspolitik darf sich nicht darauf beschränken, für die Neuerungen nur technische Funktionsfähigkeit zu garantieren. Eine reine Technikzentrierung der Qualitätspolitik im Entwicklungsbereich muß überwunden werden.

---

71 Vgl. Kapitel 3.2.1.

Entwickelt werden müssen Leistungen, die Qualität in allen für die Kunden relevanten Dimensionen erreichen. Der Begriff „Entwicklung" muß daher umfassender interpretiert werden. Er darf sich nicht allein auf die technische Produktentwicklung erstrecken; vielmehr müssen auch die Dimensionen der produktbegleitenden Dienstleistungen adäquat kundenorientiert entwickelt werden. Zusätzliche Leistungen wie Service und Beratung, Rücknahme und Entsorgung müssen bereits in der Entwicklung berücksichtigt und angelegt werden. Beispielsweise muß darauf geachtet werden, daß das Produkt umweltverträglich entsorgt oder recycelt werden kann. Ziele des Entwicklungsprozesses sind folglich Produkte und Dienstleistungen mit einer überragenden Qualität in der Tech- und der Touch-Dimension. Dieses Ziel ist nur durch umfassendes Qualitätsmanagement in allen Stufen des Entwicklungsprozesses und gezielten Einsatz geeigneter Qualitätsinstrumente zu erreichen.

Der Entwicklungsprozeß beginnt damit, die Anforderungen der Kunden zu erfassen. Ob die Qualitätspolitik erfolgreich ist, hängt letztlich davon ab, ob die Neuerungen, die nach einer z.T. mehrjährigen Entwicklungszeit auf den Markt kommen, den Anforderungen entsprechen. Die Erhebung der Anforderungen ist i.d.R. mit großen Schwierigkeiten verbunden. Die Anforderungen werden häufig durch die Kunden nicht konkret genug geäußert, sie sind zudem inhomogen und im Zeitablauf nicht stabil.[72]

Bei mehrjährigen Entwicklungszeiten müssen die späteren Kundenanforderungen antizipiert werden. Es gibt aber keine Prognosemethode, die mit Sicherheit die künftigen Anforderungen der Tech- und Touch-Dimension voraussagen könnte. Jede Entwicklung kann sich daher mit der Tatsache konfrontiert sehen, daß beim Start der Entwicklungsarbeit von Fehlprognosen über die späteren Anforderungen ausgegangen wurde. Ist dann eine Neuorientierung der laufenden Entwicklung auf veränderte Anforderungen nicht mehr möglich und ist wegen der Fehlprognose der Anforderungen nicht mit einer erfolgreichen Vermarktung zu rechnen, sollte die Entwicklungsarbeit möglichst abgebrochen werden, bevor noch weiter Kapital und Ressourcen darin investiert werden. Auch durch eine Qualitätspolitik ist dieses Unsicherheitsproblem nicht zu überwinden. Die Informationsdefizite machen deutlich, warum parallel zur Qualitätspolitik noch eine laufende Beurteilung der Erfolgschancen von Entwicklungsprojekten erforderlich ist.

Qualitätspolitik darf nun nicht derart mißverstanden werden, daß alle denkbaren Kundenwünsche zu erfüllen sind. Das würde zu einer Explosion der Variantenanzahl und zu einer nicht beherrschbaren Komplexität in der Fertigung führen und einen starken Kostendruck nach sich ziehen.[73] Qualitätspolitik darf nicht von dem Mißverständnis ausgehen, daß Qualität für den Kunden „free lunch" wäre. Dem Kunden muß vielmehr deutlich sein, daß Qualität ihren Preis hat. Zu Anforderungen für die Entwicklung werden Kundenwünsche daher nur, wenn die Kunden bereit sind, diesen Preis zu zahlen. Genau hier aber liegt eines der zentralen Probleme bei der Erfassung der Anforderungen. Ob Kundenwünsche zu Anforderungen werden, hängt davon ab, zu welchen Kosten diese Wünsche zu erfüllen wären. Damit befindet sich die Entwicklung in einem Dilemma. Um die Anforderungen spezifizieren zu können, müßte sie vorweg in der Lage sein, den Kunden ein Preisszenario aufzubauen.

---

72 Vgl. Wildemann (1992a), S. 22.
73 Vgl. Adam/Rollberg (1995).

Ob diese Preise letztlich zu erreichen sind, ist aber zu Beginn einer Entwicklungsarbeit schwer abzuschätzen. Anforderungen sind damit nichts Absolutes; sie sind vielmehr preisabhängig. Damit setzt auch die Komplexität der Produktion – über die Kosten bzw. den Preis – Grenzen für die Erfüllung von Kundenwünschen.

Es kann im allgemeinen nicht Sinn von Kundenorientierung sein, Individualprodukte für Kunden herzustellen. Kundenorientierung kann sich i.d.R. nicht auf Einzelkunden beziehen; vielmehr geht es darum, die Anforderungsmerkmale einer möglichst homogenen Kundengruppe festzustellen und die Entwicklungsarbeit darauf auszurichten. Ziel der Entwicklung muß es daher sein, Produkte zu entwerfen, die dem Durchschnitt der Kundenwünsche eines ausreichend großen Marktsegmentes entsprechen. Nur dann lassen sich Produktionsmengen und damit Kosten realisieren, die in den Augen der Kunden dieses Segmentes angemessen sind. Je größer und inhomogener die Kunden eines Segmentes sind, um so geringer deckt sich dann allerdings der Produktentwurf mit den Wünschen der einzelnen Kunden. Ein auf den Durchschnitt der Wünsche einer sehr inhomogenen Kundengruppe ausgerichtete Entwicklung wird dazu führen, daß sich das Kundensegment letztlich mit dem Produktentwurf nicht identifiziert, da die Übereinstimmung von den Wünschen und den Qualitätsmerkmalen der Leistung zu schwach ist. Derartigen Produktentwürfen ist dann auch kein Markterfolg beschieden.

Die Diskussion zeigt, daß die Festlegung der Kundenanforderungen, von denen die Entwicklung ausgehen soll, keine triviale Aufgabe ist. Vor allem kann nicht davon ausgegangen werden, daß Kundenanforderungen unumstößlich und objektiv feststehen. Die Planung der Qualitätsmerkmale von Leistungen hängt ganz wesentlich von der subjektiven Einschätzung über die Reaktion der Kunden auf Qualitätsmerkmale bei bestimmten Preisen für diese Merkmale ab. Zudem wird sie von den erwarteten Kosten für die Realisation von Produktentwürfen abhängen.

Im weiteren wird vereinfachend davon ausgegangen, daß die Anforderungen spezifiziert sind. Es kommt dann im zweiten Schritt darauf an, die Anforderungen konsequent in den Produktentwurf und die Produktion zu übersetzen. Für diese „Übersetzungsarbeit" gibt es ein ganze Reihe qualitätsfördernder Instrumente. Im folgenden soll diskutiert werden, wie sie im Entwicklungsprozeß eingesetzt werden können, welchen Nutzen sie bringen und welche Probleme auftreten können. Die einzelnen Qualitätsinstrumente sind nicht isoliert zu sehen, sondern sie lassen sich integrativ im Verbund einsetzen. Die Instrumente wurden bereits ausführlich beschrieben.[74] In diesem Kapitel soll daher vor allem auf den Einsatz der Qualitätsinstrumente in der Entwicklung eingegangen werden.

Mit Hilfe von **Quality Function Deployment (QFD)**[75] werden Kundenanforderungen systematisch in technische Spezifikationen (Produkt- und Prozeßparameter) umgesetzt. QFD schafft die Verbindung zwischen der Touch-Ebene und der Tech-Ebene und koordiniert den gesamten Entwicklungsprozeß kundenorientiert im Hinblick auf die Zeit-, Kosten- und Qualitätsziele. Die Methodik des QFD ist sehr umfassend und erstreckt sich auf alle Phasen

---

74 Vgl. Kapitel 3.2.5.
75 Vgl. Hauser/Clausing (1988), S. 57 ff., Frehr (1988), S. 797 ff., Specht/Schmelzer (1991), S. 16 ff.

des Entwicklungsprozesses von der Erhebung der Kundenanforderungen über die Entwurfsplanung, die Konstruktion der Produkte, die Prozeßplanung bis hin zur Planung aller Verfahrensschritte in Produktion, Logistik, Verkauf und Service usw. Die Verknüpfung der Entwicklungsphasen erlaubt proaktives Denken, d.h., durch intensive Analysen in einer Phase gelingt es, in den folgenden Phasen Fehler zu vermeiden. Da in die Methodik zudem alle betrieblichen Funktionsbereiche, wenn auch mit unterschiedlichen Schwerpunkten in den einzelnen Phasen involviert sind, wird übergreifendes Denken in interdisziplinären Gruppen gefördert. QFD kann seine volle Wirkung nur entfalten, wenn der Entwicklungsprozeß weitgehend freigehalten wird von starren, hierarchischen Verhaltensweisen und funktionsegoistischen Denkmustern. Die QFD-Teams sollten daher organisatorisch von der Linie verselbständigt und mit Entscheidungskompetenz ausgestattet werden.

Ein komplettes QFD mit allen Verfahrensschritten ist sehr aufwendig, bindet sehr viel Zeit und Kapital und setzt in der Methodik und Teamarbeit erfahrene Mitarbeiter voraus. Deshalb sollte QFD auf strategisch wichtige und komplexe Innovationen mit hohem Innovationsgrad konzentriert werden.[76] Für weniger wichtige Projekte macht es durchaus Sinn, nur einzelne Stufen – wie die Entwurfsplanung – anzuwenden.

Der Hauptvorteil des Instrumentes liegt in der geschlossenen, mehrstufigen Analyse der Phasen des Entwicklungsprozesses und dem Neuaufwurf der Planung durch ständige Reviews. Diese Rückkopplung erlaubt es, der Unsicherheit bei der Prognose der Anforderungen durch ein System überlappender Planung entgegenzusteuern.

Der Nutzen von QFD besteht darin, daß als Folge der systematischen Qualitätsplanung in den einzelnen Phasen Fehlentwicklungen weitgehend vermieden bzw. reduziert werden können. Da durch QFD eine hohe Entwurfsqualität erreicht wird, sinken die Kosten für spätere Konstruktionsänderungen. Zudem werden die Anlaufkosten in der Produktion reduziert, da Qualitätsprobleme vermieden werden können. Durch die konsequente Ausrichtung der Qualität an den Kundenanforderungen wird außerdem ein Wettbewerbsvorteil erzielt.[77]

Voraussetzung ist allerdings, daß zunächst die Kundenanforderungen konsequent erhoben und ausgewertet wurden. Dennoch sollte beim QFD keine ausschließliche Konzentration auf vermeintlich erkannte Kundenwünsche erfolgen; denn technische Neuerungen, die heute noch nicht in den Kundenwünschen angelegt sind, schaffen sich häufig später ihre eigene Nachfrage. Ausschlaggebend ist nicht, ob nach heutiger Sicht dem Kundenwunsch entsprochen wird; vielmehr muß ein Produkt dann, wenn es auf den Markt kommt, den dann geltenden Kundenanforderungen genügen, und diese Anforderungen werden u.U. erst durch neue kreative Lösungen geweckt.

Dem zeitintensiven Einsatz des QFD in den frühen Phasen des Entwicklungsprozesses steht eine Zeiteinsparung in den späten Phasen gegenüber.[78] Insgesamt werden kürzere Entwicklungsdauern erreicht, da durch die Einbindung aller Beteiligten in die Teams die Abstimmung erleichtert wird. QFD muß insgesamt als offenes organisatorisches und planerisches

---

76 Vgl. Rommel et al. (1995), S. 244.
77 Vgl. Kamiske/Brauer (1995), S. 196.
78 Vgl. Kamiske/Brauer (1995), S. 197.

3.3 Forschung und Entwicklung

Rahmenkonzept begriffen werden. Offenheit besagt, daß in einzelnen Phasen des Konzeptes auch andere Instrumente zur Qualitätssteuerung integriert werden können und sollen.

Das Qualitätsmanagement in der Entwicklung ist deshalb so wichtig, weil in späten Phasen entdeckte Fehler nur mit Zusatzkosten und erheblichem Zeitaufwand behoben werden können. Je früher Fehler entdeckt werden, desto geringer sind die Kosten der Fehlerbeseitigung.[79] Aus diesem Grund sollten frühzeitig im Entwicklungsprozeß geeignete Techniken und Instrumente, wie FMEA und die Fehlerbaumanalyse eingesetzt werden, um Fehlerquellen möglichst auszuschließen.

Ziel der **FMEA (Fehlermöglichkeiten- und Einflußanalyse)** ist es, denkbare Fehler zu erkennen, zu bewerten und durch konstruktive Gegenmaßnahmen zu reduzieren oder zu verhindern. FMEA richtet den Blick auf einzelne Fehler und analysiert deren Konsequenzen jeweils isoliert. Sind Fehler die Ursache einer Kombination von Fehlerquellen, ist die Fehlerbaumanalyse ein geeignetes Instrument. FMEA analysiert mögliche Fehler, die bei einem Produkt oder in einem Prozeß auftreten können, bereits vor ihrer Entstehung und bewertet die Auswirkungen der potentiellen Fehler. In den USA ist die FMEA in den 60er Jahren für Raumfahrtprojekte, insbesondere für das Apollo-Programm entwickelt worden.[80] Dadurch wird deutlich, daß die FMEA besonders in sicherheitsrelevanten Bereichen bei komplexen Systemen angewendet wird. Mittlerweile wird die FMEA besonders im Automobilbau erfolgreich eingesetzt. Insbesondere ist der Einsatz bei völligen Neuentwicklungen oder neuen Verfahren, Techniken und Bauteilen sinnvoll. FMEA ist den präventiven Qualitätssicherungsmethoden zuzuordnen und am wirksamsten in den frühen Phase des Entwicklungsprozesses. In jedem Fall sollte die FMEA beendet sein, bevor die Serienfertigung beginnt.

Der Nutzen der FMEA besteht in der Fehlerprävention und -beseitigung vor Produktionsbeginn, womit die Fehlerkosten reduziert werden können. Der frühzeitige Einsatz der FMEA verkürzt die Entwicklungsdauer und verringert den Änderungsaufwand während der Produktion. Langfristig trägt die FMEA zu einer Null-Fehler-Kultur innerhalb des Unternehmens bei und verbessert auf diese Weise auch das Qualitätsbewußtsein der Mitarbeiter. Darüber hinaus entwickelt sich ein positives Qualitätsimage, wenn kontinuierlich fehlerfreie Produkte und Dienstleistungen angeboten werden.

Die **Fehlerbaum-Analyse (Fault Tree Analysis, FTA)**[81] untersucht den Verbundeffekt von Fehlerquellen. Ausgehend von einem „unerwünschten" Ereigniss werden die möglichen Fehlerquellen und deren logische Verknüpfungen ermittelt. Ergebnis der FTA sind die Ursachenkombinationen, die zum unerwünschten Ereignis führen. Für diese Kombinationen sind die Auftrittswahrscheinlichkeiten zu bestimmen, und daraus ist die Wahrscheinlichkeit für das Auftreten des unerwünschten Ereignisses abzuleiten. FTA soll kritische Fehlerursachen in komplexen Systemen aufdecken. Damit bestehen zwischen FTA und dem Ishikawa-Diagramm Parallelen.[82] Die Fischgrät-Diagramme nach Ishikawa gewähren lediglich einen

---

79 Vgl. Specht/Schmelzer (1992), S. 532.
80 Vgl. Kamiske/Brauer (1995), S. 47.
81 Vgl. Oess (1991), S. 211, Rommel et al. (1995), S. 256 ff.
82 Vgl. Geiger (1994), S. 411.

Überblick über die Fehlerdeterminanten und ihre Zusammenhänge; aber Wahrscheinlichkeitsaussagen erlauben sie nicht.

Die FMEA und FTA sind interdependente Methoden, da sie jeweils von den Ergebnissen der anderen Methode ausgehen. Die Ergebnisse der FTA sollten in die FMEA übernommen und für die kritischen Fehlerursachen sollte nach geeigneten Gegenmaßnahmen gesucht werden. Insbesondere bei der Entwicklung sicherheitsrelevanter Systeme, wo hohe Fehlerrisiken bestehen und interdependente Fehlerursachen existieren, sollte die FMEA um den Einsatz der FTA ergänzt werden.

Die bisher diskutierten Qualitätsinstrumente (QFD, FMEA und FTA) sollen hauptsächlich in frühen, konzeptionellen Phasen des Entwicklungsprozesses eingesetzt werden. In der Phase des Prototyp- und Serientestes sowie der Prozeßplanung, sollten die Ergebnisse aus dem QFD und der FMEA in statistischen Versuchsplänen überprüft werden. Die **statistische Versuchsplanung** (Design of Experiments)[83] hat zum Ziel, die optimalen Einstellungen für Produkt- und Prozeßparameter zu finden. Diese Methode eignet sich in erster Linie, um die Parameter einzustellen, die für die Tech-Dimension der Qualität ausschlaggebend sind. Auf der Grundlage einer Serie von Versuchen wird die Wirkung einzelner Einflußfaktoren auf den Zielwert der Qualität und die Standardabweichung separiert, und es wird diejenige Kombination der Parameter gesucht, die es erlaubt, den Zielwert für Qualität möglichst genau zu treffen oder die Varianz zu minimieren. Statistische Versuchsplanung dient damit hauptsächlich dazu, Produktionsprozesse zu stabilisieren und Prozeßfähigkeit zu erreichen. Die bekannteste Methode ist die statistische Versuchsplanung nach **Taguchi**.[84] Die Denkweise von Taguchi steht im Gegensatz zum klassischen Toleranzdenken. Nach Taguchi ist jede Abweichung von einer Qualitätszielgröße als Verlust zu werten. Aufgabe der Qualitätssteuerung ist es daher, den angestrebten Qualitätszielwert immer möglichst genau zu treffen.

Die Versuchsplanung baut auf vorgegebenen Qualitätszielen auf, die z.B. aus dem QFD stammen. Durch die Versuchsplanung sollen dann die Haupteinflußgrößen identifiziert werden, die für das Erreichen oder Verfehlen der Zielgröße ausschlaggebend sind. Diese Einflußfaktoren lassen sich danach differenzieren, ob sie von der Unternehmung beeinflußt werden können (Planfaktoren) oder nicht beeinflußbar sind (Rauschfaktoren). In der Parameterplanung werden die Planfaktoren bezogen auf den Qualitätszielwert optimiert und gegen die stochastischen Schwankungen der Rauschfaktoren robust eingestellt.

Die Taguchi-Methode basiert auf einigen sehr einschneidenden Vereinfachungen (z.B. einer orthogonalen Versuchsanordnung), um den Testaufwand beherrschen zu können. Sie ist dennoch sehr aufwendig und erfordert sehr gute Methodenkenntnisse. Aus diesem Grund kann das Instrument nur von einer geschulten Expertengruppe effizient eingesetzt werden.

Die Steuerung und Kontrolle des gesamten Entwicklungsprozesses wird durch **Design Reviews** (Entwurfsprüfungen) gewährleistet.[85] In regelmäßigen Zeitabständen werden die Entwicklungsergebnisse systematisch auf die definierten Anforderungen hin überprüft. Durch-

---

83 Vgl. Kamiske/Brauer (1995), S. 252 ff., Rommel et al. (1995), S. 260 ff.
84 Vgl. Taguchi (1988), Taguchi/Clausing (1990).
85 Vgl. Rommel et al. (1995), S. 267 ff.

geführt wird ein Soll-/Ist-Vergleich für die qualitätsrelevanten Produkt- und Prozeßparameter, um den Fortschritt des Entwicklungsprozesses zu steuern und u.U. eine Revision der Entwicklung einzuleiten. Beim Design Review handelt es sich um ein Controllinginstrument für den Entwicklungsprozeß. Durch permanente Überprüfung des erreichten Entwicklungsstandes am Qualitätsziel sollen rechtzeitig Korrekturmaßnahmen eingeleitet werden, wenn Defizite auftreten. Das Instrument wird bei der Entwicklung komplexer Systeme eingesetzt, da dort eine Vielzahl von Zielgrößen gleichzeitig gesteuert werden muß. Design Reviews bilden den organisatorischen Rahmen für den Entwicklungsprozeß, weil dort die Ergebnisse aller anderen Qualitätsinstrumente überprüft werden. Aus diesem Grunde sollten Design Reviews fester Bestandteil des QFD sein.

Auch Qualitätsinstrumente, die klassischerweise im Produktionsprozeß eingesetzt werden, lassen sich in späten Phasen des Entwicklungsprozesses einsetzen, um die Stabilität der Produktionsprozesse zu verbessern. Zu diesen Methoden gehören die statistische Prozeßregelung und das Poka-Yoke.

Poka-Yoke[86] hat das Ziel, unbeabsichtigte Fehler in der Produktion zu vermeiden. Mit Hilfe von Poka-Yoke wird durch einfache aber wirkungsvolle Vorkehrungen dafür gesorgt, daß Fehlhandlungen nicht zu Fehlern am Produkt führen oder aber zumindest entdeckt werden. Die Ursachen für Fehlhandlungen in der Produktion liegen häufig in der Art der Prozeßplanung. Durch Poka-Yoke soll eine Prozeßform erreicht werden, die Fehler beispielsweise durch Verwechseln von Arbeitsschritten ausschließt. Der Nutzen von Poka Yoke besteht darin, daß mit trivialen, häufig wenig aufwendigen Maßnahmen, die Prozeßfähigkeit verbessert werden kann und die Fehlerquote sinkt.

Die **statistische Prozeßsteuerung (Statistic Process Control, SPC)**[87] dient i.d.R. zur operativen Überwachung und Steuerung der Fertigungsprozesse. Treten in der Produktion systematische Veränderungen der Tech-Qualitätsparameter auf, ist in die Produktion steuernd einzugreifen. Die statistischen Methoden erfassen nur die qualitätsrelevanten Produkt- und Prozeßparameter und analysieren sie. Die Ergebnisse zeigen an, ob und wann in die Prozesse einzugreifen ist, weil sie nicht mehr stabil sind. Diese Ergebnisse können auch für die Prozeßoptimierung genutzt werden, indem gefragt wird, welches die Ursachen für die mangelnde Prozeßstabilität sind. Effektiv ist der Einsatz von SPC daher bereits in der Entwicklung, insbesondere bei Test- und Vorserien, da dann der Fertigungsprozeß noch strukturell geändert werden kann. Mit den Erkenntnissen der SPC läßt sich dann die Prozeßfähigkeit steigern. Damit leistet SPC auch einen Beitrag zur Umsetzung der Null-Fehler-Strategie.

3.3.5 Methoden zur Bewertung von Neuerungen

Die Methoden des Qualitätsmanagements sind notwendige, aber nicht hinreichende Instrumente, um den Entwicklungsprozeß in Richtung auf Unternehmenserfolg zu steuern. Diese Instrumente befassen sich lediglich mit den relevanten Qualitätsdimensionen als einer De-

---

86 Vgl. Kamiske/Brauer (1995), S. 77 ff.
87 Vgl. Kamiske/Brauer, (1995), S. 221 ff., Rommel et al. (1995), S.272 ff.

terminante für Markterfolg. Diese Instrumente sichern aber noch nicht zwingend, daß mit den Neuerungen auch Geld verdient werden kann. Der Entwicklungsprozeß ist daher zusätzlich in ein ökonomisches System zur Abschätzung der Erfolgsaussichten von Neuerungen einzubetten. Diese über die Qualitätsdimensionen hinausgehende Beurteilung ist insbesondere deshalb erforderlich, weil über die Kundenanforderungen nie ein vollständiger Informationsstand erzielt werden kann. Während des Entwicklungsprozesses kann sich eine nicht vorausgesehene Marktverschiebung einstellen, die einer eingeleiteten Produktentwicklung jede Erfolgsaussicht raubt. Eine laufende, ökonomisch ausgerichtete Beurteilung der Entwicklungsprojekte soll daher dafür sorgen, daß nur erfolgversprechende Entwicklungen eingeleitet und fortgeführt werden. Der Investitionsprozeß für Entwicklungen ist zu stoppen, wenn bessere Einsichten erkennen lassen, daß beim Start von Projekten von einer Beurteilung ausgegangen wurde, die sich nachträglich als Fehleinschätzung herausstellt.

Der Entwicklungsprozeß von der Idee bis zur Marktreife ist durch einen progressiven Ausgabenverlauf gekennzeichnet.

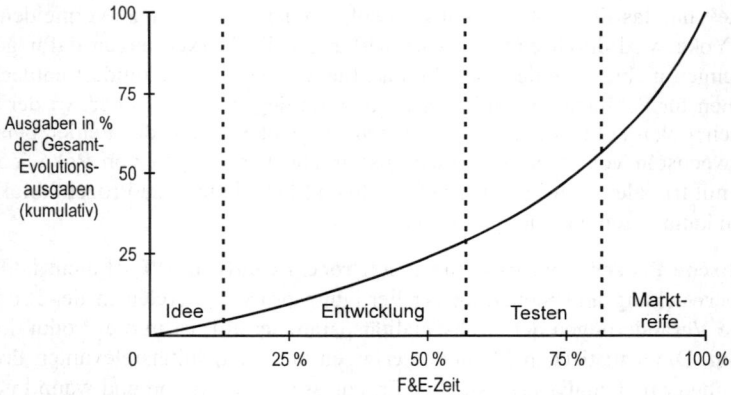

Abbildung 3-16

Es kommt daher darauf an, durch ein System der ökonomischen Beurteilung von Ideen zu erreichen, daß möglichst viele nicht erfolgversprechende Ideen ausscheiden, bevor viel Geld in sie investiert wird. Durch das Beurteilungssystem muß insbesondere in frühen Phasen der Entwicklung eine scharfe Selektion erreicht werden. Diese Selektion muß ohne viel Planungsaufwand erfolgen. Es wird davon ausgegangen, daß sich von 100 Produktideen am Anfang, im Endeffekt nur ein bis zwei am Markt durchsetzen. Bei dieser Relation von erfolgreichen Ideen zur Gesamtmenge an Ideen ist eine schnelle Selektion wichtig. Nicht erfolgversprechende Ideen frühzeitig zu identifizieren, ist die Aufgabe der ökonomischen Beurteilung.

Die ökonomische Beurteilung von Neuerungen ist insbesondere in frühen Entwicklungsphasen mit nur sehr schwachen Informationen über die Kosten- und Erlöswirkungen sehr schwierig, da sich Gewinnbeiträge für neue Produktideen nicht bestimmen lassen. Das gelingt allenfalls, wenn die Produkte bereits entworfen und konstruiert sind und Details für die

3.3 Forschung und Entwicklung

Realisierung der Ideen bekannt sind. Wirtschaftlichkeitsanalysen lassen sich daher erst in späten Stufen der Entwicklung sinnvoll einsetzen. Zudem sind sie viel zu aufwendig. In den frühen Phasen der Entwicklung muß sich die Beurteilung auf Ersatzkriterien stützen. Dennoch muß sie es gestatten, potentiell vorteilhafte Ideen zu erkennen und schlechte Ideen von der Entwicklung auszuschließen, um knappe Ressourcen effektiv einzusetzen. Die entscheidende Vereinfachung qualitativer Beurteilungsmodelle ist darin zu sehen, daß an die Stelle exakter quantitativer Daten (z.B. Entwicklungskosten, Produktionskosten und Erlöse) Expertenschätzungen über die Ausprägung von Ersatzkriterien für den Erfolg treten, die sich leichter bestimmen lassen.

Diese Beurteilung kann wegen der Informationsdefizite nur in einem zweistufigen ständig revolvierenden Prozeß organisiert sein. In der ersten Stufe sind in frühen Phasen der Entwicklung qualitative Modelle einzusetzen. Die Bewertung ist im Zuge eines fortschreitenden Entwicklungstandes und verbesserter Informationen mehrfach zu wiederholen. In späteren Phasen der Entwicklung können die qualitativen um quantitative Planungstechniken, wie die Investitionsrechnung, ergänzt werden. Wesentlich ist jedoch, daß es sich um ein System revolvierender, überlappender Planung handelt, bei dem Informationsfortschritte über Kundenanforderungen, Konkurrenzsituation, erreichbare Kosten usw. ständig in die Beurteilung einfließen.

In der ersten Auswahlstufe, der Screening-Phase, können Punktbewertungsverfahren (Scoringmodelle) oder Ideenprofile eingesetzt werden.[88] Scoringmodelle bewerten die Ideen anhand der Ausprägung aller technisch und wirtschaftlich für den Erfolg wesentlichen Kriterien. Auf der Basis der berechneten Punktwerte kann eine Rangordnung von Ideen gebildet werden, oder es wird eine Mindestpunktzahl fixiert, die Ideen erreichen müssen, um weiterentwickelt zu werden. Soll auf eine Verdichtung der Ausprägungen der Kriterien zu einem Punktwert verzichtet werden, kann mit Ideenprofilen gearbeitet werden. Sie zeigen beispielsweise für konkurrierende Ideen an, bei welchen Kriterien Schwächen und Stärken vorhanden sind. Durch diese Profile ist es u.U. durch Kombination von Ideen möglich, die Schwächen von Ideen zu überwinden und die Stärken weiter auszubauen.

Wesentlich für beide Vorgehensweisen ist ein Katalog der Kriterien, die letztlich für den Erfolg der Neuerungen ausschlaggebend sind. Ein derartiger Satz von Kriterien kann grundsätzlich nur problemspezifisch entwickelt werden. Es gibt aber in der Literatur eine Vielzahl von Vorschlägen für Kriterien, die für die individuelle Entwicklung eines Kataloges wertvolle Hilfestellung leisten. Beispielsweise kann der folgende Katalog von O´Meara mit vier Kriteriengruppen und insgesamt 17 Kriterien nach der Phase der Entwurfsplanung als Anregung benutzt werden:[89]

- Marktfähigkeit:
  - Beziehung zum installierten Distributionssystem
  - Beziehung zu eingeführten Produktgruppen

---

88 Vgl. zu den qualitativen Methoden, Adam (1996a), S. 407 ff.
89 Vgl. O´Meara (1968), S. 499 ff.

- Preis- und Qualitätsrelation
- Anzahl der Produktvarianten
- Konkurrenzfähigkeit
- Einfluß auf den Umsatz eingeführter Produkte
- Stabilität:
  - Lebenszyklusdauer
  - Marktpotential
  - Konjunkturabhängigkeit
  - Saisonabhängigkeit
  - Möglicher Patentschutz
- Produktionsmöglichkeiten:
  - Inanspruchnahme von Arbeits- und Betriebsmitteln
  - Erforderliches technisches Wissen und Personal
  - Rohstoffbezugsmöglichkeiten
- Wachstumspotential:
  - Neuheitsgrad des Produktes
  - Wertschöpfung als Markteintrittsbarriere für Konkurrenten
  - Bedarfsentwicklung

In den einzelnen Phasen der Entwicklung kann mit unterschiedlich detaillierten Kriterienkatalogen gearbeitet werden. In frühen Phasen mit geringem Informationsstand wird ein Katalog aus wenigen Kriterien ausreichend sein, während in späten Entwicklungsphasen mit weitgehender Detaillierung der Produkte und Verfahren mit dem Informationsstand auch der Umfang des Kriterienkatalogs wächst.

Der Vorteil einer Beurteilung von Neuerungen mit Kriterienkatalogen liegt in der geschlossenen Analyse aller für den Erfolg ausschlaggebenden Faktoren. Um diese Geschlossenheit zu erreichen, muß der Kriterienkatalog möglichst vollständig sein, um auch alle relevanten Dimensionen in der Beurteilung abdecken zu können. Zudem sollten die Kriterien weitgehend überschneidungsfrei sein, da sonst einzelnen Aspekten, die durch die Kriterien mehrfach abgedeckt werden, in der Beurteilung ungewollt eine zu hohe Bedeutung beigemessen wird. Scoringmodelle eignen sich insbesondere, wenn ähnliche Problemstellungen vorliegen, da dann auf bereits bewährte Kriterienkataloge zurückgegriffen werden kann.

Der Vorteil der Scoringmodelle ist nicht in der Berechnung eines Punktwertes für Ideen zu sehen. Wertvoll ist die mehrkriterielle Beurteilung, die Schwächen und Stärken der Ideen oder Produktentwürfe offenlegt. Diese Stärken- und Schwächenanalyse hilft u.U. mit, Verbesserungspotentiale für die Produktentwürfe aufzudecken. Eine Verdichtung der Bewertung zu einem Punktwert ist häufig wenig hilfreich, da sie zu einem Informationsverlust führt. Der Punktwert läßt nicht mehr erkennen, wo Defizite oder Stärken sind und wo dementsprechend Ansatzpunkte für eine Verbesserung liegen können.

Bei großer Unsicherheit und schlechter Informationslage, werden Experten eine Idee bei den einzelnen Kriterien mit großer Wahrscheinlichkeit recht unterschiedlich bewerten. Diese Bewertungsunterschiede sollten offengelegt werden, und die Experten, die in ihren Ansichten am weitesten auseinanderliegen, sollten darüber diskutieren, welche Gründe sie für die unterschiedliche Einschätzung anführen können (Delphi-Methode).[90] Durch derartige Diskussionen werden Informationen über die Struktur des Entscheidungsproblems offengelegt, und die Entscheidungsträger gewinnen bessere Einsichten in die Zusammenhänge. In der Regel werden sich nach einer derartigen Diskussion die Bewertungsunterschiede verringern.

3.3.6 Determinanten des Zeit- und Kostenmanagements
3.3.6.1 Überblick über die Determinanten

Die allgemeinen Unternehmensziele „kurze Abwicklungszeiten, hohe Qualität und geringe Kosten" sind zugleich auch die Ziele für die Forschung und Entwicklung. Die praktischen Ergebnisse der Entwicklungstätigkeit insbesondere deutscher Unternehmen machen aber deutlich, daß trotz hoher Forschungsaufwendungen bisher nur wenige Unternehmen einen effizienten Weg zu diesen Zielen gefunden haben.[91] Indizien für Defizite in der Entwicklung sind:[92]

- Terminüberschreitungen als Folge schlechten Zeitmanagements,
- deutliche Überschreitungen der Budgets,
- eingefahrene Organisationsstrukturen, die die Zielerreichung behindern,
- übertriebenes, kostentreibendes Perfektionsstreben der Techniker,
- mangelnde Motivation und fehlendes Involvement seitens der Mitarbeiter.

Die Bandbreite dieser Indizien macht deutlich: Partielle Ansätze, die auf einzelne dieser Faktoren abstellen, führen zu keiner adäquaten Lösung des Gesamtproblems. Ein effizientes Zeit- und Kostenmanagement erzwingt ein ganzheitliches Vorgehen, das sich auf alle Komponenten des Managementsystems erstreckt. Da die Defizite sowohl in der Organisation, als auch in der Ressourcenpolitik (insbesondere der Personalpolitik), im Informationswesen, in den Planungsinstrumenten und in der Zielvereinbarung liegen, wird nur der sachlich und zeitlich kombinierte Einsatz verschiedener Instrumente zu einer verbesserten Situation führen und eine Optimierung der Erfolgsfaktoren Zeit, Qualität und Kosten im F&E-Bereich erlauben. Diese Forderung resultiert aus der Erkenntnis, daß die Instrumente wechselseitig aufeinander einwirken. Für eine sinnvolle Planung müssen beispielsweise die notwendigen Informationen bereitgestellt werden. Folglich können Informationssystem und Planungsinstrumente nicht isoliert gesehen werden. Organisation, Führung und Personalpolitik entfal-

---

90 Vgl. Adam (1996a), S. 196.
91 Vgl. Gerpott (1991), S. 1.
92 Vgl. u.a. Picot/Reichwald/Nippa (1988), S.114 und Stock (1990), S.5.

ten ihre Wirkungen ebenfalls im Verbund, und die Leistungsfähigkeit von Planungsinstrumenten hängt auch davon ab, in welchen organisatorischen Rahmen sie eingebettet sind. Wenn im folgenden dennoch die einzelnen Managementsysteme getrennt betrachtet werden, geschieht das aus rein didaktischen Gründen.

3.3.6.2 Das Organisationssystem

Das Organisationssystem legt den aufbau- und ablauforganisatorischen Rahmen fest, in dem die F&E-Aufgaben zu erfüllen sind. Hohe Dynamik in Form sich stetig verkürzender Produktlebenszyklen, schnellen Technologiewechsels und sich zudem ständig verändernder Kundenwünsche fordern von der Organisation eine überdurchschnittliche Offenheit gegenüber der Unternehmensumwelt und hohe Anpassungsfähigkeit an die sich wandelnden Bedingungen. Gleichzeitig verlangt die immer geringer werdende Halbwertzeit des Wissens nach einer effizienteren Nutzung des geistigen Potentials der Mitarbeiter und einer Weiterentwicklung dieser Potentiale durch lernfähige Organisationen. Das zwingt zu einer Öffnung der Abteilungen nach innen,[93] um die Voraussetzungen für einen regen Informations- und Wissensaustausch aller Mitglieder der Innovations- und Wertschöpfungskette zu schaffen. Organisationen müssen in die Lage versetzt werden, sich flexibel anzupassen und situationsspezifisch die Ziele und Verhaltensweisen zu verändern (Organizational Learning).[94]

Eine weitere Anforderung an die Forschungs- und Entwicklungsorganisation ergibt sich aus der besonderen Bedeutung des Produktionsfaktors „Kreativität". Die Qualifikation der Mitarbeiter und ihr Erfindungsreichtum ist letztlich die Quelle der Wertschöpfung in Forschung und Entwicklung.[95] Kreativität läßt sich jedoch nicht verordnen; sie kann allerdings durch innovationsfreundliche Organisationsstrukturen und eine entsprechende Unternehmenskultur mit weitgehend hierarchiefreiem, offenem Gedankenaustausch positiv beeinflußt werden.

Der überwiegende Teil der F&E-Abteilungen deutscher Unternehmen ist nach dem Funktionsprinzip als eigenständige Instanz in der Aufbauorganisation verankert.[96] Als Gründe für dieses Organisationsprinzip werden Spezialisierungs- und Synergievorteile sowie eine hohe Auslastung der F&E-Abteilung und eine gute Nutzung des vorhandenen Entwicklungs-Know-hows angegeben. Bei großer äußerer Dynamik hat die funktionale Gliederung allerdings wesentliche Nachteile. Tendenziell ist der Informationsaustausch mit anderen Funktionsbereichen gering; zusätzlich ist die direkte informatorische Anbindung an die Beschaffungs- und Absatzmärkte schwach. Die funktionale Gliederung steht daher der Forderung nach einem offenen Organisationssystem entgegen. Die Informationsbeziehungen zu anderen Funktionsbereichen und zu den Märkten können nur durch einen hohen zusätzlichen Koordinationsaufwand erreicht werden. Zudem führt der in Funktionalorganisationen großer Unternehmen anzutreffende hohe Grad an Formalisierung zu langen Entscheidungswegen und damit zu langen Regelkreisen. Verluste an Schnelligkeit und Entscheidungsfreude sind

---

93   Vgl. Castiglioni (1994), S. 3.
94   Vgl. Wildemann (1994b), S. 28.
95   Vgl. Bleicher (1990), S.15.
96   Vgl. Wildemann (1994b), S. 28.

das Resultat. Daraus folgen eine unzureichende Flexibilität, schwache Motivation und geringe Eigenverantwortung der Mitarbeiter.[97]

Die funktionale Einbindung der F&E-Abteilung fördert zwar die Koordination innerhalb der Forschung und Entwicklung, die Verbindungen zu anderen Funktionen und zu den Absatz- bzw. Beschaffungsmärkten werden aber zerschnitten. Die Forderung nach einer informationsoffenen Organisationsform wird nicht erfüllt. Auch die Idee des Organizational Learning kann in der Funktionalgliederung nur schwer verwirklicht werden, da ein Dialog zwischen Mitarbeitern unterschiedlicher Funktionen und Wertschöpfungsstufen kaum stattfindet. Das im Unternehmen vorhandene Kreativitätspotential bleibt daher bei der reinen Funktionalgliederung zu einem großen Teil ungenutzt und wird zudem durch starre Organisationsprinzipien zum Teil verschüttet.

Die zweithäufigste Organisationsform ist die Objektgliederung nach Produktgruppen, bei der zumindest die produktnahe Entwicklung in die Produktsparten integriert wird.[98] Dieses Organisationsprinzip verteilt folglich die Entwicklung auf verschiedene Organisationseinheiten. Ziel der Gliederungsform ist es, die Kommunikation zwischen den betrieblichen Funktionen einer Division zu fördern und die Reaktionsgeschwindigkeit am Markt zu erhöhen. Die geforderte Offenheit nach innen und außen kann somit eher realisiert werden. Durch die Integration der Entwicklung in die Produktsparten entsteht aber ein erhöhter Koordinationsaufwand zwischen den Entwicklungsabteilungen der Sparten, wenn Doppelarbeiten vermieden werden sollen. Darüber hinaus sinkt die Auslastung der Kapazitäten im Vergleich zur funktionalen Gliederung, und Synergien gehen verloren. Das Kreativitätspotential der Mitarbeiter wird folglich auch bei reiner Objektorientierung nicht voll genutzt.

Untersuchungen[99] haben zudem gezeigt, daß die Leistung von Gruppen, die länger als 3 bis 5 Jahre in unveränderter Zusammensetzung arbeiten, mit der Zeit ständig schlechter wird. Diese Gruppen entwickeln zunehmend starre Verhaltensmuster bzw. die Anpassungsfähigkeit nimmt ab. Dauerhafte Arbeitsgruppen stehen damit der Forderung nach Organizational Learning entgegen. Daraus ergibt sich die Forderung nach einer zeitlich variablen Organisation, in der der Wandel Normalfall sein soll.[100]

Die dargestellten Probleme lassen sich im Kern darauf zurückführen, daß die mit der Forschung und Entwicklung zusammenhängenden Tätigkeiten und Informationen auf unterschiedliche Organisationseinheiten verteilt werden. Durch die Aufgabenspezialisierung entstehen Schnittstellen zwischen den Funktionen oder den Sparten, die nur aufwendig zu koordinieren sind. Die organisatorischen Bemühungen sollten daher darauf gerichtet sein, Koordinationsprobleme an Schnittstellen durch Abbau derselben möglichst zu vermeiden. Eine organisatorische Gliederung die diesem Aspekt Rechnung trägt, ist die Prozeßorganisation.

Der zu bildende F&E-Prozeß sollte als ein Kernprozeß einer Unternehmung alle Tätigkeiten umfassen, die bei der Entwicklung von Problemlösungen für einen Kunden oder ein Markt-

---

97 Vgl. zu diesen Ausführungen Wildemann (1994b), S.28.
98 Vgl. Wildemann (1994b), S. 29.
99 Vgl. z.B. Castiglioni (1994), S. 8 mit Verweis auf Katz/Allen (1982), S. 7-19.
100 Vgl. Wildemann (1994b), S. 32.

segment betroffen sind. Der Kundenbegriff ist dazu umfassend im Sinne des TQM auszulegen.[101] Kunde ist nicht nur der Abnehmer des Endproduktes, sondern jeder, der Leistungen vom F&E-Prozeß empfängt. Der F&E-Prozeß liefert Produkt- und Prozeßkonzeptionen an die Produktion, die somit ebenfalls als Kunde interpretiert werden kann. Die F&E-Abteilung muß sich daher auf die Anforderungen in der Produktion einstellen.

Ziel einer Prozeßgliederung ist es, die Zahl der Schnittstellen gegenüber einer funktionalen oder objektbezogenen Gliederung abzubauen, um den Koordinationsbedarf zu reduzieren. Dieses wird letztlich durch die Reintegration der Arbeit erreicht. In den Entwicklungsteams sind daher interdisziplinär die Mitarbeiter aller betrieblichen Funktionsbereiche für ein Entwicklungsvorhaben zusammenzufassen. Die Teams steuern und koordinieren die Arbeit und treffen die Entscheidungen. Sie sollten mithin möglichst selbstverantwortlich arbeiten und sich je nach Prozeßphase bis auf ein Kernteam in der Zusammensetzung verändern. Dabei können für spezielle Aufgaben auch externe Experten hinzugezogen werden. So sind in die Teams z.B. auch die Vorlieferanten und die Kunden einzubeziehen, um deren Potentiale und Anforderungen in die Arbeit einzubinden. Der Koordinationsaufwand reduziert sich durch das Prozeßprinzip nachhaltig, wenn einzelnen Teams für eine Aufgabe feste Ressourcen zugeteilt werden, die nicht mehr mit anderen Teams zu teilen und zu koordinieren sind. Der Ressourcenpolitik kommt daher für einen Abbau des Koordinationsbedarfs eine zentrale Rolle zu. Es sollte daher gleich zu Beginn eines Entwicklungsprojektes abgeklärt werden, wann wie viele Ressourcen benötigt werden bzw. zur Verfügung stehen.

Die Prozeßorganisation ist auch Voraussetzung für den effizienten Einsatz der im letzten Kapitel diskutierten Methoden zur Qualitätssicherung. Um der auf Flexibilität angelegten Prozeßorganisation die notwendige Stabilität und Kontinuität zu verleihen, ist für die gesamte Entwicklungsaufgabe ein Process-Owner mit umfassender Kompetenz zu bestimmen, der die Verantwortung für die erfolgreiche Durchführung des Prozesses trägt und ihn als Fach- und Machtpromotor vorantreibt.

Die prozeßorientierte organisatorische Grundausrichtung muß durch ablauforganisatorische Regeln zur zeitlichen Verknüpfung der einzelnen Schritte der Entwicklung ergänzt werden. Diese Regeln sollen die Teilaufgaben der Entwicklung festlegen und deren Ablaufstruktur bestimmen. Zu unterscheiden sind bis zu sieben Schritte:[102]

1. Gewinnung einer Entwicklungsidee.
2. Problembeschreibung und Fixierung der generellen Anforderungen in einem Lastenheft.
3. Erarbeitung konkreter Projektziele, mit denen die im Lastenheft aufgeführten Anforderungen spezifiziert werden.
4. Systematische Gliederung des Gesamtprojektes in Teilaufgaben.
5. Aufstellung eines Ablauf- und Ressourcenplanes für das Projekt, in dem die Abfolge der Teilaufgaben und die Kapazitätszuteilung spezifiziert werden.

---

101 Vgl. Kapitel 1.3.4.4.3.1.
102 Vgl. Brockhoff (1994), S. 282 f.

3.3 Forschung und Entwicklung

6. Zusammenfassung aller Teilaufgaben in einem Netzplan, mit dessen Hilfe die zeitlichen Entwicklungsziele unter Berücksichtigung der verfügbaren Kapazitäten bestimmt werden.
7. Nachdem in den Punkten 1 bis 3 die Konzeptphase und in den Punkten 4 bis 6 die Realisierung strukturiert wurde, kann mit der eigentlichen Forschung und Entwicklung begonnen werden.

Nach konventionellem Ansatz werden in der Konzept- und Realisierungsphase alle Arbeiten sukzessiv, strikt arbeits- und bereichsteilig sowie getrennt nach Produkt- und Prozeßentwicklung abgearbeitet.[103] Die Folge dieser Strukturierung ist: Die Gesamtabwicklungszeit eines Projektes wird durch die Summe des Zeitbedarfs aller Teilaufgaben determiniert. Damit besteht die Gefahr von Projektverzögerungen, da jede Zeitüberschreitung bei einer Teilaufgabe sofort zu einem Überschreiten des projektierten Endtermins führt, wenn es nicht gelingt, die Zeitverzögerung in nachfolgenden Phasen wieder aufzuholen. Ziel einer veränderten Ablaufstrukturierung muß es sein, durch Parallelisierung einzelner Tätigkeiten insbesondere durch eine weitgehend simultan durchgeführte Entwicklung von Produkt und Produktionsmitteln (Simultaneous Engineering), eine Beschleunigung des Gesamtprozesses zu erreichen. Die Gesamtabwicklungsdauer wird dann nur noch durch den längsten Weg festgelegt, und es wird ersichtlich, welche Teilaufgaben auf diesem Wege liegen und zeitkritisch sind. Wenn es gelingt durch die Analyse alternativer Strukturierungen des Ablaufs den kritischen Weg zu verkürzen, kann damit auch die Gesamtabwicklungszeit verkürzt werden.

Für diese Aufgabe kann auf Methoden der Netzplantechnik zurückgegriffen werden.[104] Diese Methoden ermitteln für festgelegte Vorrangbeziehungen der Teilaufgaben die kritischen Aktivitäten, die die zeitlichen Engpässe des Entwicklungsprozesses darstellen. Können sie durch Veränderung des Ressourceneinsatzes beschleunigt werden, läßt sich die gesamte Entwicklung verkürzen. Die Zusammenhänge zwischen Ressourceneinsatz, Struktur der Teilarbeiten und Entwicklungsdauer können auch mit Hilfe der Retrograden Terminierung studiert werden.[105] Im Unterschied zur Netzplantechnik läßt sich mit diesem Instrument auch ein Ressourcenverbund zwischen mehreren Entwicklungsprojekten analysieren.

Der hohe Anteil kreativer Tätigkeiten und das hohe Maß an Unsicherheit sorgen allerdings dafür, daß F&E-Prozesse schlecht planbar sind. Weder der Zeitbedarf für definierte Tätigkeiten noch die Gesamtmenge der auszuführenden Teilaufgaben läßt sich im vorhinein eindeutig bestimmen. Die Instrumente der Netzplantechnik und der Retrograden Terminierung gehen im allgemeinen aber von einer deterministischen Struktur der Teilaufgaben aus. Es liegt also fest, welche Teilaufgaben zu erledigen sind und in welcher zeitlichen Abfolge sie durchgeführt werden müssen. Das wird den im F&E-Bereich auftretenden Problemen nur zum Teil gerecht. Beispielsweise kann häufig kein eindeutiger Zeitbedarf für die einzelnen Tätigkeiten bestimmt werden; allenfalls ist mit einer Wahrscheinlichkeitsverteilung für die Ausführungsdauer der Einzelarbeiten zu rechnen. Zudem läßt sich bei Entwicklungsprojekten die Anzahl der erforderlichen Arbeiten im vorhinein häufig nicht angeben. So kann sich nach Abschluß einer Entwicklungsphase herausstellen, daß die gewählte technische Lösung

---
103 Vgl. Horváth/Lamla/Höfig (1994), S. 43 f.
104 Vgl. zur Netzplantechnik Kapitel 9.2.5.3.
105 Vgl. Dikow (1993).

den gestellten Anforderungen nicht genügt. Es muß sich dann ein zweiter oder gar dritter Lösungsversuch anschließen. Ob aber diese Versuche notwendig sind, hängt vom Testergebnis des ersten Versuchs ab. Der Netzplan von Entwicklungsprojekten trägt damit stark stochastische Züge, die bei der Strukturierung und Planung zu erfassen sind.[106]

3.3.6.3 Sach- und Formalziele für Projekte

Nach der ablauforganisatorischen Strukturierung der Entwicklungsprojekte müssen Formal- und Sachziele festgelegt werden. Die Sachziele werden durch die zu erfüllenden Kundenanforderungen determiniert; die Formalziele beziehen sich auf die Budgets und den Zeitbedarf sowie den Markteintrittszeitpunkt. Sachziele sind die für das Qualitätsmanagement festgelegten harten und weichen kundengerechten Qualitätsmerkmale, die indirekt über ihre Nutzenwirkung dem Formalziel „Gewinnerzielung" dienen. Formalziele beziehen sich direkt auf den Gewinn, der insbesondere über die zu erreichenden Zeit- und Kostenziele positiv beeinflußt werden soll.

Die Ableitung von Formal- und Sachzielen ist wegen der Unsicherheiten bei Entwicklungsprojekten mit großen Schwierigkeiten verbunden. Der im Planungszeitpunkt nur unvollkommene Informationsstand über die Zukunft läßt keine einwertige Zielformulierung zu. Das gilt insbesondere, weil die Entwicklung sich häufig über einen sehr langen Zeitraum erstreckt, über den nur unzulängliche Informationen existieren. Die Formulierung der Ziele muß daher als offener, mehrfach rückzukoppelnder Prozeß aufgefaßt werden. Informationsverbesserungen im Verlauf des Entwicklungsprozesses müssen folglich zu einer Anpassung der Ziele führen. Soweit bestimmte Ziele, wie das Erreichen des Markteintrittszeitpunktes, nicht verschoben werden können, ist über Anpassungsmaßnahmen nachzudenken. Wurde z.B. der Zeitbedarf für einige Entwicklungsaktivitäten unterschätzt, ist das Markteintrittsziel dennoch über einen modifizierten Ressourceneinsatz oder eine Veränderung der Ablaufstruktur anzustreben. Ein derartiges adaptives Verhalten funktioniert nur, wenn aus der Projektplanung rechtzeitig zu erkennen ist, daß Ziele in Gefahr sind. Dazu müssen für einzelne Entwicklungsschritte Meilensteine gesetzt werden, die, wenn sie nicht eingehalten werden, einen Anpassungsbedarf signalisieren.

Bei der Festlegung der Ziele muß folgendes beachtet werden:

1. Da sich die Forschung und Entwicklung meistens auf mehrjährige Projekte bezieht, muß es sich bei den Zielinhalten um „realistische Visionen" handeln. Der Planende muß beispielsweise eine Vorstellung darüber entwickeln, wie zukünftige Kundenbedürfnisse aussehen und auf welchem Stand sich die Technologie befinden wird, wenn die geplanten Entwicklungsstufen realisiert werden.

2. Die Ziele für den F&E-Prozeß sollten sich an den erreichten Ergebnissen des besten Wettbewerbers ausrichten (Benchmarking). Es sollte jedoch vermieden werden, das Ver-

---

[106] Vgl. zu PERT-Netzplänen Miller (1970) und zu GERT-Netzplänen sowie deren Einsatz im Bereich F& E Völzen (1971).

halten des besten Mitbewerbers einfach zu imitieren, da das mit dem Prinzip des Organizational Learning nicht vereinbar ist.

3. Es sollten hohe, aber trotzdem erreichbare Zielniveaus formuliert werden. Nur so kann eine hohe Motivation der Mitarbeiter erzielt werden.

Die gesetzten Globalziele sind dann auf die einzelnen Entwicklungsstufen herunterzubrechen. Insbesondere für die Aufgaben der nahen Zukunft sind konkrete, zeitlich überschaubare und für alle Mitarbeiter verständliche Aufgabeninhalte festzulegen (Operationalisierung)[107] und Termine sowie Kosten abzuleiten.[108]

Zentral für die Weiterentwicklung der Ziele während des Entwicklungsprozesses ist die Aktualisierung und Pflege der Projekt-Netzpläne. Zu Beginn der Planung wird ein nur grob terminierter und ressourcenbezogener Plan erstellt, der dann prozeßbegleitend konkretisiert und evtl. revidiert wird (Moving Targets). Dadurch kann die bestehende Unsicherheit teils absorbiert werden und für die notwendige Flexibilität zur Erreichung der Globalziele gesorgt werden.[109] Ob der erreichte Prozeßstand und die realisierte Prozeßqualität mit den vereinbarten Zielen übereinstimmen, wird mit Hilfe der Meilensteintechnik überprüft. Meilensteine sind Vereinbarungen (Commitments) über wesentliche Schlüsselaktivitäten.[110] Ist ein Meilenstein im Prozeßablauf erreicht, zeigt eine Ergebniskontrolle den Grad der Übereinstimmung mit den Kosten-, Zeit- und Qualitätszielen an und erlaubt rechtzeitige steuernde Eingriffe.[111]

Die Planungs- und Kontrollsysteme dürfen allerdings nicht zu restriktiv angewendet werden, um die Kreativität nicht „zum Nachteil des Unternehmens einzuschnüren".[112] Dennoch müssen wirksame Kontrollmechanismen implementiert werden, die dem Wirtschaftlichkeitsgedanken Rechnung tragen.[113] Planung und Kontrolle sind damit bei Entwicklungsprojekten eine Gratwanderung zwischen Effizienz und Kreativität. Bei der Bewältigung dieses Dilemmas vermögen ein adäquates Personalmanagement und die Informationspolitik zu helfen.

3.3.6.4 Personalmanagement und Informationssysteme

Durch Personalentwicklung, Schaffung von Anreizstrukturen und Motivation kann eine weitgehende Kongruenz zwischen den Zielen der Mitarbeiter und den Unternehmungszielen für den Bereich F&E angestrebt werden. Bei kongruenten Zielen ist es möglich, Fremdsteuerung und -kontrolle bis zu einem gewissen Grad durch Selbststeuerung und Selbstkontrolle zu ersetzen und so die Kreativität der Mitarbeiter nicht unnötig zu bremsen. Identifi-

---

107 Vgl. Rommel et al. (1993), S. 165 ff.
108 Vgl. Wildemann (1994b), S. 28.
109 Vgl. zur schrittweisen Entwicklung von Netzplänen Schwarze (1996), Sp. 1275-1290.
110 Vgl. Stock (1990), S. 177.
111 Zum Instrument Design Review vgl. Kapitel 3.3.4.
112 Vgl. Brockhoff (1984), S. 613.
113 Vgl. Graumann (1995), S. 912.

zieren sich die Mitarbeiter mit den F&E-Zielen, werden sie alles unternehmen, diese zu erreichen. Insbesondere werden sie proaktiv darauf bedacht sein, Fehler für nachfolgende Entwicklungsschritte zu vermeiden, die sonst zu Zeitverzögerungen und Zusatzkosten führen.

Ein Problem ergibt sich im F&E-Bereich aus der spezifischen Anreizstruktur von Technikern und Ingenieuren.[114] Ihre Arbeitsmotivation begründet sich häufig aus dem Streben nach allgemeiner Anerkennung in Fachkreisen. Diese ist aber in erster Linie über eigene Patente und Veröffentlichungen in Fachzeitschriften und weniger über die Arbeit an konkreten Entwicklungsprojekten für die Unternehmung erreichbar. Um hohe Fluktuationsraten und geringe Motivation bei den Wissenschaftlern zu vermeiden, sollte daher ein Wechsel zwischen Grundlagenforschung und Entwicklung fest in die Karriereplanung einbezogen werden. Zudem könnten den Mitarbeitern, sofern sie dieses wünschen, in begrenztem Rahmen Zeit und Mittel für eigene Forschungsarbeiten zur Verfügung gestellt werden. Eine breitere Forschungsbasis hat neben der Motivationsförderung den Vorteil, daß sie einer Fortschreibung alter Konzepte und Verfahren entgegenwirkt und das Kreativitätspotential der Mitarbeiter erhöht.

Um die Kreativität der Mitarbeiter möglichst gut auszuschöpfen, muß das Top-Management eine offene und freimütige Unternehmenskultur etablieren. Eine Kultur, in der Mitarbeiter bereit sind, für aufgetretene Probleme auch ungewöhnliche, neue Lösungsvorschläge zu unterbreiten, ohne auf sofortige Ablehnung zu stoßen, weil sie nicht den gewohnten Denkrichtungen entsprechen. Es sollte den Mitarbeitern das Gefühl vermittelt werden, daß ihr Einsatz für das Unternehmen erwünscht und wichtig ist.

Ein weiterer Ansatzpunkt zur Schaffung von Anreizen besteht darin, die Entlohnung und die Karriereplanung der Mitarbeiter an Teamleistungen oder das Erreichen definierter Entwicklungsziele zu koppeln. Dazu müssen den Teams aber die nötigen Kompetenzen und Freiheiten zu eigenverantwortlichem Handeln eingeräumt werden. Sie müssen in eine offene Organisation mit hoher Anpassungsfähigkeit und Lernbereitschaft eingebunden sein.

Offene Organisationen können nur funktionieren, Lernbereitschaft und Anpassungsfähigkeit können sich nur entwickeln, wenn die Mitarbeiter freien Zugang zu allen für die übergreifende Steuerung und Koordination von Entwicklungsvorhaben notwendigen Informationen haben. Diese Informationen müssen hierarchiefrei ausgetauscht werden, um die unmittelbare Zusammenarbeit zwischen den Entwicklungsteams unterschiedlicher Entwicklungsphasen zu fördern und den Informationsfluß zu beschleunigen. Das Informationssystem muß die Mitarbeiter folglich bei ihrem Bestreben unterstützen, die Ziele zu erreichen. Beispielsweise müssen sie darüber informiert werden, mit welchen Kosten bei bestimmten Konstruktionsprinzipien in der späteren Fertigung und der Entsorgung zu rechnen ist. Nur dann können sie übergreifend die Kostenwirkungen ihres Handelns beurteilen. Für die Ausgestaltung des Informationssystems muß daher einerseits gefragt werden, welche Informationen erforderlich sind (Effektivitätsaspekt) und wie sie andererseits aufbereitet sein müssen, damit Schnelligkeit und Wirtschaftlichkeit gefördert werden (Effizienzaspekt).

---

114 Vgl. Gerpott (1991), S. 72 und 140 ff.

3.3 Forschung und Entwicklung

Effektiv sind Informationen, wenn sie über das Verhalten von Wettbewerbern, Kunden und Lieferanten informieren. Derartige Daten müssen in den rollierenden Planungsprozeß laufend einbezogen werden, wenn Marktfähigkeit der zu entwickelnden Neuerung erreicht werden soll. Neben derartigen externen Informationen sind auch interne Daten über erreichte Qualitäts- und Kostenstandards sowie bewährte Planungs-, Konstruktions- und Fertigungsverfahren erforderlich. Derartige Daten schärfen zusätzlich das Kostenbewußtsein der Mitarbeiter. Jedes Entwicklungsteam muß zudem ständig über den bei anderen Teams erreichten Entwicklungsstand unterrichtet sein. Nur so gelingt es, die Entwicklung der Teams bei Simultaneous Engineering aufeinander abzustimmen. Besonderes Gewicht kommt dabei Informationen über technologische Veränderungen und darauf zurückgehende ökonomische Wirkungen zu.

Da sich während eines Entwicklungsprozesses ständig Veränderungen des ökonomischen und technischen Umfeldes ergeben, sind insbesondere folgende Informationen von Bedeutung, um die Entwicklung an derartige Veränderungen anzupassen. Diese Informationen sind insbesondere bei langen Entwicklungsprozessen mit sehr unvollkommenem Informationsstand zu Beginn der Entwicklung und starker Dynamik erforderlich.

1. Informationen, die für die Marktfähigkeit der zu entwickelnden Produkte relevant sind, müssen ständig abgefragt werden, um Veränderungen im Käufer- oder Konkurrenzverhalten frühzeitig zu erkennen und gegebenenfalls zu adaptieren.

2. Informationen, die für die Gestaltung der künftigen Produktionsprozesse wichtig sind, müssen verfolgt werden. Fertigungstechnische Innovationen sind parallel zur eigenen Produktentwicklung auf Eignung zu testen. Die Ergebnisse dieser Tests müssen den Entwicklungsteams zur Verfügung gestellt werden. Nur so kann einer Veralterung von Produktionsprozessen vorgebeugt und zugleich der Forderung entsprochen werden, ausschließlich ausgereifte und erprobte Technologien mit hoher Prozeßstabilität einzusetzen.[115]

3. Informationen, die den Forschungs- und Entwicklungsprozeß selbst betreffen, müssen untersucht werden, um auf dem neusten Stand der Technik zu bleiben. Es muß beispielsweise hinterfragt werden, ob Techniken zur Beschleunigung wie z.B. Rapid Prototyping[116] oder Neuerungen bei den Computer-Aided-Techniken[117] vorteilhaft angewendet werden können. Auch hier gilt: Neue Technologien müssen vor einem umfassenden Einsatz in kleineren Projekten ausgetestet werden, um einen stabilen Einsatz in größeren Anwendungen sicherzustellen.

Einer der wichtigsten Aspekte für die Informationsversorgung sind die Kommunikationsform und der Kommunikationsweg. Alle technischen und ökonomischen Daten sollten der CIM-Philosophie folgend in zentralen Datenbanken mit möglichst einheitlicher Datenstruktur gespeichert werden, so daß sie für jeden Entwickler in der für ihn zweckmäßigsten Form abrufbar sind. Nur so lassen sich bereits bei der Entwicklung (CAD-Computer Aided De-

---

115 Vgl. Rommel et al. (1993), S. 150 f.
116 Zum Verfahren des Rapid Prototyping siehe Horváth/Lamla/Höfig (1994), S. 42 ff.
117 Vgl. Scheer (1989a), Scheer (1997) und Wild (1995).

sign) die kostenmäßigen und zeitbezogenen Konsequenzen verschiedener Konstruktionsalternativen durchspielen.

Die Erkenntnis, daß bis zu 80 % der Produktions- und Entsorgungskosten der Produkte in der Konstruktionsphase festgelegt werden,[118] hat dazu geführt, daß in den Informationssystemen insbesondere auf kostenrechnerische Informationen verstärkt Wert gelegt wird. Diese Kosteninformationen sollen zu einem übergreifenden Denken der Entwickler beitragen. Relevant sind insbesondere folgende Kostenrechnungssysteme:

- Target Costing,
- Konstruktionsbegleitende Kalkulation,
- Life-Cycle-Costing und
- Qualitätskostenrechnung.

Nach klassischem Verständnis des Kostenmanagements setzen Überlegungen zur kostenorientierten Preisfindung erst verhältnismäßig spät im Entwicklungsprozeß ein, wenn die wesentlichen Merkmale des Produktes und des Produktionsprozesses bereits genau festgelegt sind; erst zu diesem Zeitpunkt liegen detaillierte Kosteninformationen über die Produkte vor. Gleichzeitig ist aber eine Situation im Entwicklungsprozeß erreicht, in der fast keine Kostengestaltungspotentiale mehr existieren. Produkte erweisen sich nach dieser Philosophie häufig als nicht oder nur bedingt marktfähig. Ein erheblicher Teil potentieller Käufer wird nicht bereit sein, die sich aus den Kosten ergebenden Preise für die gebotene Leistung zu zahlen, da Preis und Kundennutzen nicht im Einklang stehen. Die Unternehmen realisieren folglich häufig geringere Absatzmengen, als sie in der Kalkulation zugrundegelegt haben; Verluste sind die Folge. An die Stelle dieses reaktiven Preisdenkens – Preis als Folge entstandener Kosten – muß ein proaktives Preisdenken treten.

Beim **Target Costing** setzt die Preisfindung daher in einem sehr frühen Stadium der Produktentwicklung ein. Das Target Costing ist bestrebt, den in den Augen der Kunden akzeptierten Preis für einen als Funktionsbündel interpretierten Produktentwurf mit bestimmten Leistungs- und Qualitätsmerkmalen abzuleiten. Wird dieser Preis um die angestrebte Gewinnspanne vermindert, ergeben sich die vom Markt erlaubten Kosten (Allowable Costs).[119] Diese Kosten des Gesamtprodukts müssen auf die einzelnen Funktionen und Komponenten heruntergebrochen werden. Das Target Costing orientiert dabei die erlaubten Kosten am Nutzen, den die Kunden aus den einzelnen Funktionen oder Komponenten ziehen. Es wird daher versucht, den Nutzen bestimmter Leistungsmerkmale oder Komponenten zu separieren. Die erlaubten Kosten für die Funktionen und Komponenten sind für die Konstrukteure dann als Zielkosten zu interpretieren.[120] Insgesamt ist das Target Costing als ein umfassendes Kostenmanagementkonzept mit konsequenter Kundenorientierung zu sehen, das die Kosteneinflußmöglichkeiten in der Gestaltungsphase der Produkte systematisch nutzt.[121]

---

118 Vgl. Kapitel 3.3.3.
119 Vgl. Horváth/Niemand/Wolbold (1993), S. 11 ff.
120 Vgl. Horváth/Niemand/Wolbold (1993), S. 13 ff; zu Schwierigkeiten der Zielkostenspaltung siehe Rösler (1995), S. 215 f.
121 Vgl. Coenenberg/Fischer/Schmitz (1994), S.3.

3.3 Forschung und Entwicklung

In der Regel wird sich herausstellen, daß die Kostenziele mit den bisher praktizierten Konstruktions- und Produktionsmethoden nicht zu erreichen sind. Nur durch konstruktive Neuerungen und Nutzung aller Verbesserungspotentiale wird es möglich sein, diesen Zielen möglichst nahe zu kommen. Um die Differenz zwischen den erlaubten und den mit den bisherigen Konstruktions- und Produktionsmethoden erreichbaren Kosten (Drifting Costs) aufzudecken, benötigt die Konstruktion Informationen, zu welchen Kosten die bisherigen Konstruktions- und Produktionsprinzipien bei einer Neuentwicklung führen würden. Zudem benötigt sie Erkenntnisse über das Kostenveränderungspotential durch abweichende Gestaltungsformen. Diese Kosteninformationen lassen sich grundsätzlich nicht mit dem in klassischen Kostenrechnungssystemen gewohnten Detailliertheitsgrad bestimmen. Vielmehr ist es erforderlich, die Hauptkosteneinflußgrößen global zu erfassen, um die Kostenwirkungen in der Entwicklung abschätzen zu können.

Drifting costs lassen sich beispielsweise mit den **Methoden der konstruktionsbegleitenden Kalkulation** abschätzen. Diese Verfahren basieren auf einem empirischen Satz von Projekten und den diesen Projekten zugeordneten Kosten. Aus diesem Datensatz versuchen sie, die Hauptkosteneinflußgrößen abzuleiten. Je nach Detailierungsgrad der Analyse, lassen sich vier verschiedene Kalkulationsarten unterscheiden:[122]

1. Bei der Kalkulation mit Kenngrößen werden aus der Nachkalkulation ähnlicher Produkte globale Indikatoren wie Gewicht oder Volumen zu den Kosten in Beziehung gesetzt und z.B. ein Kostensatz je Gewichtseinheit bestimmt. Über eine Gewichtsschätzung für das neuzuentwickelnde Produkt wird dann auf die wahrscheinlichen Kosten geschlossen.

2. Bei der Kalkulation anhand von Ähnlichkeiten werden die Kosten eines zu konstruierenden Bauteils aus den realisierten Kosten ähnlicher Komponenten abgeleitet. Wurden beispielsweise in der Vergangenheit schon ähnliche Komponenten mit stark unterschiedlichen Ausmaßen entwickelt, wird durch Interpolation versucht, auf die Kosten des neu zu entwickelnden Produktes zu schließen.

3. Die Kalkulation anhand von Geometriedaten basiert auf multivariaten Verfahren der Statistik. Aus den Kosten- und Geometriedaten historischer Projekte wird eine Schätzfunktion abgeleitet, die die Kosten der Projekte als Ausprägung der Geometriedaten erklärt. Dieses Vorgehen ist der Abschätzung des absoluten Gliedes und der Steigung einer linearen Regressionsfunktion vergleichbar. Die Kosten der Neuentwicklung ergeben sich, wenn in die Schätzfunktion deren Geometriedaten eingesetzt werden.

4. Die Kalkulation anhand von Fertigungsgrunddaten geht davon aus, daß für eine Entwicklung bereits die Grunddaten wie Arbeitspläne, Stücklisten und Betriebsmitteldaten bekannt sind. Es kann dann mit den herkömmlichen fertigungsorientierten Kalkulationsschemata gearbeitet werden. Da diese Daten i.d.R. erst nach Abschluß der Konstruktionsphase zur Verfügung stehen, kann das Verfahren erst in relativ späten Stadien der Entwicklung eingesetzt werden.

Mit Ausnahme des letzten Verfahrens werden bei der konstruktionsbegleitenden Kalkulation sehr pauschale Berechnungsvorschriften (Regressionsanalysen oder gar Faustformeln) zu-

---

[122] Vgl. Becker (1992a), S. 554 ff.

grundegelegt. Diese Vorgehensweise ist zwar ungenau, entspricht aber dem Informationsniveau in frühen Entwicklungsstufen. Die Methoden der konstruktionsbegleitenden Kalkulation haben jedoch alle einen zentralen Nachteil. Sie sind vergangenheitsorientiert und lassen sich nur bei geringem Innovationsgrad anwenden; denn es müssen Erfahrungswerte vergleichbarer Entwicklungen vorliegen. Die Kosten werden in der Zukunft zudem nur gelten, wenn die Konstruktionsmethoden und Prinzipien sich nicht verändern oder bereits verändert haben. Ziel des Target Costing sind aber gerade derartige Veränderungen, um die vom Markt akzeptierten Preise zu erreichen. Die Methoden der konstruktionsbegleitenden Kalkulation sind daher allenfalls geeignet, für ganze Produkte oder Komponenten den Rationalisierungsbedarf als Differenz zwischen erlaubten Kosten und drifting costs transparent zu machen. Unmittelbare Hilfe bei der Frage, wie die erforderliche Rationalisierung zu erreichen ist, leisten sie nicht.

Die Grundvariante des Target Costing zielt auf die marktorientierte „Kalkulation" des Verkaufspreises von Neuentwicklungen ab. Insbesondere bei Investitionsgütern ist die Anschaffungsausgabe aber nur eine Determinante der Kaufentscheidung. Neben den Anschaffungsausgaben sind die laufenden Betriebsausgaben, erwartete Liquidationserlöse und gegebenenfalls die notwendigen Entsorgungsausgaben bei der Desinvestition bedeutsam. Da F&E nicht nur den Verkaufspreis beeinflußt, sondern durch die Gestaltung der Produkte auch auf die Betriebs- und Entsorgungsausgaben starken Einfluß hat, ist ein **Life-Cycle-Costing**-Denken in der Entwicklung wichtig.[123] Nach diesem Konzept kommt es darauf an, die Summe der Ausgaben aller Phasen des Lebenszyklus eines Produktes – u.U. abgezinst – zu minimieren. Diese Art der „Kostenrechnung" ist aus der klassischen Investitionsrechnung[124] bekannt, sie entspricht dem Kapitalwert der Ausgaben einer Investition.

Durch den kombinierten Einsatz des Target Costing und des Life-Cycle-Costing können folgende positive Effekte erzielt werden:

- Neben den Anschaffungsausgaben (Preis der Produkte) werden auch die Folgekosten für den Kunden sowie für das eigene Unternehmen transparent gemacht. Neigt ein Unternehmen dazu, Produkte nicht voll zu entwickeln, sondern die Erstverkäufe als „Produkttests" zu verstehen, zwingt das Konzept es, sich über die Kosten von Nachentwicklungen beim Kunden Gedanken zu machen.

- Durch die ganzheitliche, lebenszyklusbezogene Betrachtung wird das Augenmerk von der Optimierung der Kosten für einzelne Phasen des Produktlebens auf ein Optimum für den Gesamtzyklus gelenkt.[125] Einer Faustregel zufolge erlaubt eine Kostenerhöhung um eine Geldeinheit während der Entwicklungsphase eine Kostensenkung um acht bis zehn Geldeinheiten in Produktion und Vertrieb, sofern sie richtig eingesetzt wird.[126]

Einen Ausgleich zwischen Präventiv- und Folgekosten strebt auch die **Qualitätskostenrechnung** an. Sie unterscheidet zwischen Kosten für die Qualitätserfüllung (vorbeugende

---

123 Vgl. zum Life Cycle Costing Coenenberg/Fischer/Schmitz (1994), S.29 ff.
124 Vgl. Adam (1997a), S. 72 ff.
125 Vgl. Seidenschwarz (1991), S. 199 f.
126 Vgl. Shields/Young (1991), S. 39.

Maßnahmen) und Kosten fehlender Qualität (Nacharbeit, Umarbeitung, Ausschuß) und strebt an, die Summe beider Komponenten zu minimieren.[127] Damit verbunden ist eine umfassende Ursachenanalyse, die auch vom F&E-Prozeß unterstützt werden muß. Der Vorteil dieses Verfahrens liegt wiederum in der ganzheitlichen Sichtweise des Qualitätsproblems. Bei einer konsequenten Umsetzung des Konzepts stößt man allerdings auf Bewertungs- und Prognoseprobleme. Beispielsweise muß bestimmbar sein, wie die Fehlerkosten auf steigende Prävention reagieren. Dazu müßte aber näherungsweise bekannt sein, ob durch Prävention Fehler vermieden werden, die das Unternehmen sonst in der Produktion entdecken würde oder ob es sich um Mängel handelt, die erst beim Kunden auftreten oder entdeckt werden. Ganz ähnliche Probleme treten auch beim Life-Cycle-Costing auf. Auch bei dieser Methode muß abgeschätzt werden können, wie Änderungen der Konstruktion auf den Preis bzw. die Folgekosten usw. wirken. Die Substitutionsbeziehungen zwischen den Kostenelementen müssen zumindest näherungsweise zu erkennen sein.

3.3.7 Schnittstellenmanagement zwischen F&E und anderen Funktionen

Prozeßorientierte Strukturierung von F&E, Reintegration der Arbeit und Teamwork reduzieren den Koordinationsbedarf innerhalb von F&E, da Schnittstellen innerhalb des Prozesses vermieden oder besser beherrscht werden. Zu anderen Funktionsbereichen bzw. den Prozessen dieser Bereiche verbleiben aber Schnittstellen, die es zu überbrücken gilt. Aus F&E-Sicht ist den Schnittstellen zum Marketing und zur Produktion besonderes Gewicht beizumessen.[128]

Vor allem am Anfang von Entwicklungsprozessen – bei der Festlegung der Kundenanforderungen und deren Umsetzung im Produktentwurf – ist das Marketing gefordert. Es muß bei der Erhebung der Kundenwünsche mitwirken und hat Produktentwürfe auf den Grad der Deckung von Leistungsmerkmalen und Kundenwünschen zu überprüfen. Das Marketing muß einerseits Bedürfnisänderungen potentieller Käufer frühzeitig erkennen und im Unternehmen entsprechende F&E-Aktivitäten anregen („Market-Pull"), andererseits besteht die Aufgabe, für technologieinduzierte Innovationen der eigenen Entwicklung neue Märkte zu schaffen und zu etablieren („Technology-Push").[129] Hauptaufgabe des Marketing ist es damit, für die Marktfähigkeit der Neuerungen Sorge zu tragen. In diesem Zusammenhang kommt dem Wechselspiel zwischen Preisszenario und Kundenanforderungen ausschlaggebende Bedeutung zu. Das Marketing hat zu klären, was den Kunden die Erfüllung bestimmter Wünsche wert ist und welchen Preis sie dafür zu zahlen bereit sind; erst dann lassen sich die Anforderungen für einen Produktentwurf spezifizieren.

Kopplungen bestehen auch zwischen dem F&E- und dem Fertigungsprozeß. Insbesondere in den letzten Stufen der Entwicklung wirken sich Entscheidungen bei der Prozeß- und Verfahrensplanung auf die Prozeßfähigkeit in der Produktion nachhaltig aus. Von der Prozeßfähigkeit sind sowohl die Produktivitäts- als auch die Qualitätsebene betroffen. Ein hohes Aus-

---

127 Vgl. Wildemann (1992a), S. 21 und Kapitel 3.2.5.
128 Vgl. Albach (1989), S. 1342 f.
129 Vgl. Wolfrum (1994), S. 1016.

maß an Prozeßfähigkeit verbessert die Marktchancen von Neuerungen über die Kosten- und Qualitätsdimension nachhaltig. Es kommt daher in der Entwicklung darauf an, die Bedingungen der späteren Produktion proaktiv mit in die Entscheidungen einzubeziehen. Zudem können nur durch eine enge Verzahnung von Entwicklung und Produktion Produktivitäts- und Qualitätsprobleme in der Anlaufphase von Produktserien reduziert werden. Aber auch während der späteren Fertigung bestehen zwischen Produktion und Entwicklung Verflechtungen. Treten in der Produktion unerwartet Störungen auf, die in der Prozeßtechnik begründet liegen, müssen die Informationen aus der statistischen Prozeßsteuerung[130] möglichst unmittelbar an die Prozeßtechnik und die Entwicklung gegeben werden, um schnell Maßnahmen zur Stabilisierung einleiten zu können.

Die skizzierten Kopplungen zwischen den Funktionsbereichen bzw. deren Prozessen machen deutlich, daß der Erfolg von Neuerungen entscheidend von der Koordination dieser Schnittstellen abhängt. In der Unternehmenspraxis wird dieser Forderung aber oftmals nur unzureichend entsprochen. Befragungen von F&E-Mitarbeitern haben sowohl zur Produktion als auch zum Marketing hin erhebliche Abstimmungsdefizite deutlich werden lassen.[131] Die Probleme sind vornehmlich auf mangelndes gegenseitiges Verständnis zurückzuführen. Ziele, Arbeits- und Denkweisen von Kaufleuten, Ingenieuren bzw. Naturwissenschaftlern liegen häufig weit auseinander;[132] zudem erschwert eine abweichende Terminologie das gegenseitige Verständnis.

Als Folge dessen entwickeln sich in den einzelnen Funktionsbereichen leicht Subkulturen, die Barrieren für funktionsübergreifende Kommunikation und vernetztes Denken bilden;[133] sie sind nur schwer zu überwinden.

Das Schnittstellenmanagement muß diese Barrieren systematisch abbauen, indem es das gegenseitige Verständnis und die Bereitschaft zu konstruktiver Konfliktbewältigung fördert. Um einen Grundkonsens zu erreichen, ist ein unternehmenseinheitliches Selbstverständnis – eine gemeinsame Kultur und Denkweise – nötig. Diese auf der normativen Ebene ansetzenden Überlegungen lassen sich jedoch nicht umsetzen, wenn die Bereitschaft der Mitarbeiter fehlt, die Probleme und Denkweisen des jeweils anderen zu verstehen. Erst wenn alle erkennen, daß sie letztlich das gleiche Ziel haben, ist die Voraussetzung für eine erfolgreiche Koordination der Schnittstellen gegeben.

Ein gemeinsames Problemverständnis läßt sich insbesondere durch Erfahrungen in anderen Bereichen erlangen. Eine Gelegenheit, derartige Erfahrungen zu sammeln, bietet ein geplanter Wechsel der Arbeitsfelder (Job Rotation). Bevor die Mitarbeiter in ihrem spezifischen Aufgabenbereich eingesetzt werden, müssen sie zunächst für ein bis zwei Jahre in anderen Funktionsbereichen arbeiten, um deren Probleme und Arbeitsweisen kennenzulernen. Ein Konstrukteur sollte beispielsweise Erfahrungen im Kundendienst und im Vertrieb sammeln, um für die Probleme und Anforderungen der Endkunden sensibel zu sein. Er

---

130 Vgl. dazu Kapitel 3.2.5.
131 Vgl. Gerpott (1991) und Domsch/Gerpott/Gerpott (1991).
132 Vgl. Souder (1987), S. 167.
133 Vgl. Gerpott (1991), S. 107 und 153.

sollte zudem erst in der Fertigung gearbeitet haben, um zu erkennen, welche Probleme dort mit konstruierten Teilen auftreten. Die Erfahrungen und die Kenntnis der Denkweisen anderer Bereiche sind letztlich die Voraussetzung für proaktives Handeln. Die beste Erfahrung aber ist es, in Teams an gemeinsamen Zielen und Aufgaben zu arbeiten.

Neben der Problemsensibilisierung entstehen durch Job Rotation persönliche Kontakte zu funktionsfremden Kollegen. Diese werden i.d.R. über die Zeit hinweg Bestand haben und können die spontane, informelle Kommunikation zwischen den Bereichen fördern. Zudem können durch Maßnahmen, die die räumliche Distanz abbauen, die Voraussetzungen für Kommunikation und Koordination verbessert werden. Dafür sind „Begegnungsstätten" sowie gemeinsame Kantinen und Pausenräume nützlich.[134] Auch durch gemeinsame Seminare oder Work-Shops kann das funktionsübergreifende Denken verbessert werden.

Neben den positiven Aspekten einer umfassenden Kommunikation zwischen den Funktionsbereichen wird in der Literatur auf das „Too-Good-Friend"-Syndrom hingewiesen.[135] Darunter versteht man die fehlende Bereitschaft zur kritischen Auseinandersetzung, die aus der Angst resultiert, gewonnene Freunde persönlich zu verletzen. Auch die unkritische Anerkennung der Fachkompetenz des anderen kann zu dieser Zurückhaltung führen. Empirischen Untersuchungen zufolge kommt diesem Problem jedoch in der Realität eine nur geringe Bedeutung zu;[136] denn nicht Freundschaft sondern gegenseitige fachliche Akzeptanz ist die Basis von Kooperation und Koordination.

Sind obige Rahmenbedingungen für eine erfolgreiche Koordination der Schnittstellen geschaffen, kann die Kooperation im „operativen Geschäft" durch gemeinsame Arbeit in Entwicklungsteams erreicht werden. Ohne diese Basis degenerieren Teams leicht zu unproduktiven Veranstaltungen, in denen sich die Mitglieder wechselseitig in der Arbeit behindern. Für eine erfolgreiche Teamarbeit ist es neben fachlicher Akzeptanz der Gruppenmitglieder notwendig, die verschiedenen Bereiche frühzeitig in die Projektarbeit einzubinden, damit sie ihre Informationen und Denkweisen in die Problemstrukturierung und -lösung einbringen können. Nur so werden sich letztlich alle Teammitglieder mit der Aufgabe identifizieren, da sie das Ergebnis eines gemeinsamen Strukturierungsprozesses ist. Die Teams sind zudem mit den nötigen Ressourcen und Entscheidungskompetenzen auszustatten, damit sie effizient, ohne Reibungen zu anderen Projekten und mit kurzen Regelkreisen arbeiten können.

3.4 Planung der Fertigungstiefe

3.4.1 Begriff und Formen vertikaler Integration

Bei hohem Komplexitätsgrad der Produktion ist derzeit in der Wirtschaft eine starke Tendenz zu reduzierter Fertigungstiefe zu beobachten. Montageunternehmen konzentrieren sich beispielsweise auf den reinen Montageprozeß und gliedern die Produktion erforderlicher Teile weitgehend auf Zulieferer aus. Diese Tendenz geht zudem mit einem Abbau der Ent-

---

[134] Vgl. Wolfrum (1994), S. 1018.
[135] Vgl. z.B. Gerpott (1991), S. 108 und Wolfrum (1994), S. 1017.
[136] Vgl. Souder (1988), S. 12.

wicklungstiefe einher, d.h., die Unternehmen gliedern nicht allein die reine Fertigung aus, sondern übertragen auch die Entwicklung der Teile und Komponenten zu einem hohen Anteil auf Zulieferer. Zumindest teilen sich Montagewerk und Zulieferer die Entwicklung. Mit der Ausgliederung der Teileproduktion geht i.d.R. auch eine völlige Umstrukturierung der Art der Montage einher. Die Unternehmen beziehen immer weniger Teile und verwenden zunehmend komplett vormontierte Komponenten, Bau- oder Funktionsgruppen. Sie vereinfachen damit die Montage, da die Zahl der Montageschritte stark reduziert und die Bereitstellung der Montagegruppen einfacher und übersichtlicher wird. Dadurch wird auch in der eigentlichen Montage der Umfang der Wertschöpfung verringert.

Die verringerte Fertigungstiefe wird in erster Linie als Instrument zur Komplexitätsreduktion begriffen, das dazu beiträgt, Komplexitätskosten abzubauen und die Produktion zu beschleunigen. Fertigungstiefenplanung ist derzeit eine der wesentlichen Fragen, um den langfristigen Unternehmensbestand und den langfristigen Erfolg zu sichern.[137] Die Tendenz zur Ausgliederung ist daher insbesondere dann hoch, wenn das ausgliedernde Unternehmen die eigene Komplexität schlecht beherrscht und der Zulieferer Kosten- und Zeitvorteile, u.U. auch noch Qualitätsvorteile bringt.

Im internationalen Vergleich gibt es erhebliche Unterschiede in der Fertigungstiefe. Deutsche Unternehmen haben im Vergleich zu japanischen Unternehmen häufig eine höhere Fertigungstiefe. In der deutschen Automobilindustrie betrug die Wertschöpfung 1989 noch 38 % vom Umsatz, während in Japan entsprechende Betriebe nur 24 % Wertschöpfung aufwiesen.[138] Die Differenzen erklären sich in erster Linie aus dem unterschiedlichen Verbreitungsgrad der Philosophie des Lean Management. Mit wachsendem Verbreitungsgrad dieser Philosophie besteht die Tendenz, Unternehmen durch reduzierte Fertigungstiefe „schlanker" zu machen.

Für die Messung der Fertigungstiefe ergeben sich einige Probleme. Die Maßzahl soll den Fertigungsfortschritt ausdrücken, der auf ein Unternehmen zurückgeht. Wird jeder Teilleistungsprozeß (Blechwalzen, Verformen, Bau von Motoren oder Getrieben usw.) für die Herstellung eines Autos als Produktionsstufe oder Stufe der Wertschöpfung aufgefaßt, stellt die Fertigungstiefenplanung die Frage nach der Ein- bzw. Ausgliederung von Fertigungsstufen aus einem Unternehmen. Fertigungstiefenplanung betrifft somit die Frage nach dem Ausmaß zwischenbetrieblicher Arbeitsteilung und den Rationalisierungsmöglichkeiten, die durch die Spezialisierung von Betrieben erreicht werden können. Es gibt aber keine Maßzahl, die den Grad der Arbeitsteilung unmittelbar mißt. Als Maßzahl wird ersatzweise das Verhältnis von Wertschöpfung eines Unternehmens zum Umsatz verwendet.[139] Wertschöpfung ist die Differenz zwischen Umsatz und fremdbezogenen Leistungen. Im wesentlichen besteht die Wertschöpfung aus den Komponenten Gewinn, Bruttolohn und -gehalt und den Lohnnebenkosten (Arbeitgeberanteilen zur Sozialversicherung, Dotierungen von Pensionskassen usw.). Mit einem wachsenden Anteil zugekaufter Bauteile und Komponenten strebt

---

137 Vgl. Buzzell/Gale (1989), S. 137 ff.
138 Vgl. VDA (1989), S. 89. Die Zahlen sind jedoch nicht mehr für die heutige Situation repräsentativ, da in der Zwischenzeit in deutschen Unternehmen verstärkt eine Ausgliederung von Teilen stattgefunden hat.
139 Vgl. Buzzell/Gale (1989), S. 138, Picot (1991), S. 337 und Zäpfel (1989a), S. 132.

diese Maßgröße gegen null, da die Wertschöpfung sinkt. Werden hingegen nur wenige Teilleistungsprozesse ausgegliedert und fremdbezogen, reduziert sich das wertmäßige Einkaufsvolumen, und die Maßgröße strebt zunehmend gegen eins.

Für diese Messung der Fertigungstiefe ergeben sich zum einen räumliche Abgrenzungsprobleme. Je nachdem, ob sich die Kennzahl auf einen Betrieb, ein Unternehmen oder einen Konzern bezieht, resultieren unterschiedliche Ergebnisse, wenn sich diese Einheiten untereinander beliefern. Ein zweites Problem betrifft die Konstruktion der Kennzahl selbst. Das Problem dieser Maßzahl besteht darin, daß auch andere Maßnahmen außer einer veränderten Fertigungstiefe auf sie einwirken. Steigen die Beschaffungspreise von einem auf das nächste Jahr, sinkt die Wertschöpfung bei gleichem Umsatz. Erhöhte Absatzpreise lassen Umsatz und Wertschöpfung steigen. Beide Veränderungen der Kennzahl haben aber nichts mit einer sich ändernden Fertigungstiefe zu tun. Die Kennzahl drückt mithin den Grad der Arbeitsteilung nur indirekt und unvollkommen aus. Beide Arten von Meßprobleme haben zur Folge, daß Angaben über die Wertschöpfung nicht unmittelbar miteinander vergleichbar sind.

Eine große Fertigungstiefe wird auch als hoher Grad vertikaler Integration bezeichnet. Bei Ausdehnung der Fertigungstiefe wird zwischen Vorwärts- und Rückwärtsintegration unterschieden, je nachdem ob nach- oder vorgelagerte Fertigungsstufen in ein Unternehmen einbezogen werden. In der Praxis von Industrieunternehmen wird insbesondere die Rückwärtsausgliederung stark betrieben. Desintegration in Richtung auf nachgelagerte Stufen findet häufig für Service- und Dienstleistungen Anwendung (Outsourcing). Als Maßgröße für den Integrationsgrad wird wiederum das Verhältnis von Wertschöpfung zu Umsatz benutzt.[140]

In der Praxis werden vier Formen vertikaler Integration unterschieden, die sich allerdings nicht scharf gegeneinander abgrenzen lassen:[141]

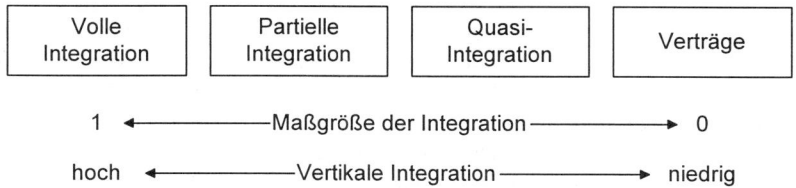

Abbildung 3-17

- Ein Produktionsprozeß wird als voll integriert bezeichnet, wenn die Maßgröße für die vertikale Integration Werte von mehr als 0,85 annimmt. Derartig hohe Integrationsgrade sind in Marktwirtschaften sehr selten. Sie fanden sich im ehemaligen Ostblock, insbesondere der ehemaligen DDR, weil die Arbeitsteilung zwischen den Betrieben in zentral verwalteten Volkswirtschaften nicht funktionierte.

---

140 Vgl. Buzzell/Gale (1989), S. 138.
141 Vgl. Hinterhuber/Vogel (1986), S. 55 f.

- Unter partieller Integration wird der teilweise Zukauf von Rohstoffen, Komponenten, Bauteilen verstanden. Bei partieller Integration weist die Maßgröße mittlere Ausprägungen aus.

- Bei einer Quasi-Integration werden zwar in erheblichem Maße Bauteile von Dritten zugekauft, so daß die eigene Wertschöpfung gering ist. Der Abnehmer verfügt aber über eine so dominierende Marktmacht, daß er den Lieferanten beherrscht und damit über diesen „quasi" genauso bestimmen kann, wie über eine eigene Produktionsstufe. Formal ist die Wertschöpfung dann zwar gering, vom Aspekt der Macht und der Beherrschung jedoch höher.

- Mit der Form „Verträge" ist gemeint, daß die Maßgröße für die vertikale Integration ähnlich niedrige Ausprägungen aufweist wie bei Quasi-Integration, also viele Komponenten von außen bezogen werden. Im Gegensatz zur Quasi-Integration fehlt aber die starke Marktposition des Abnehmers. Die Ausgliederung wird daher nicht über Macht, sondern über Verträge geregelt. Die Abgrenzung zwischen Verträgen und Quasi-Integration ist weich, da auch bei einer Quasi-Integration Verträge zwischen Zulieferern und Abnehmern bestehen.

Das Problem obiger Einteilung ist darin zu sehen, daß kein einheitliches Gliederungskriterium benutzt wird. Die beiden ersten Formen knüpfen an die Ausprägung der Maßzahl für Integration an, während durch die beiden letzten Formen mehr rechtliche und organisatorische Gestaltungsformen erfaßt werden.

3.4.2 Ökonomische Wirkungen der vertikalen Integration
3.4.2.1 Überblick über die generellen Wirkungen[142]

Die Integration vor- und nachgelagerter Produktionsstufen wird in der Literatur vornehmlich unter Kostenaspekten diskutiert. Bei geringer Fertigungstiefe (großer zwischenbetrieblicher Arbeitsteilung) wird die Komplexität über den Markt koordiniert, während diese Koordinationsaufgabe bei hoher Fertigungstiefe auf den jeweiligen Betrieb entfällt. Der Transaktionskostenansatz von Williamson geht beispielsweise davon aus, daß Unternehmen so viele Aktivitäten der gesamten volkswirtschaftlichen Wertschöpfungskette übernehmen, bis die gesamtwirtschaftlichen Kosten unternehmensinterner Koordination bei Eingliederung eines weiteren Teilleistungsprozesses den Kosten ihrer Koordination über den Markt entsprechen.[143] Bei einem hohen Integrationsgrad können Absatzkosten (Transportkosten, Kosten der Verkaufsförderung und der Marktforschung) eingespart werden, da Marktstufen entfallen. Auf der anderen Seite gehen die Kostenvorteile einer zwischenbetrieblichen Arbeitsteilung und Spezialisierung verloren.

Dieser rein kosten- oder auch gewinnorientierten Argumentation kann nur bedingt gefolgt werden, da sie zu einer unvollständigen Sichtweise des Problems führt. Integrationsent-

---

142 Vgl. zu den ökonomischen Wirkungen vertikaler Integration bzw. Desintegration: Buzzell/Gale (1989), S. 137 ff., Dichtl (1991), S. 54 ff., Kruschwitz (1971), S. 46 ff., Männel (1995), S. 35 ff. und Zäpfel (1989a), S. 135 ff.
143 Vgl. Williamson (1990).

3.4 Planung der Fertigungstiefe

scheidungen haben auch Einfluß auf die langfristige Anpassungsfähigkeit von Unternehmen an Marktveränderungen, auf Machtpositionen und auf die künftigen technischen Entwicklungsmöglichkeiten der Unternehmen. Diese Einflüsse lassen sich über Kosten- oder Gewinnwirkungen nur unzureichend erfassen. Eine rein kostenorientierte Interpretation des gewählten Integrationsgrads greift daher zu kurz, da Kosten nur **eine** relevante Zieldimension des Entscheidungsproblems sind.

Entscheidungen über die Fertigungstiefe können grundsätzlich Wirkungen auf die Erfolgslage, den Kapitalbedarf, den Zeitbedarf für die Leistungserstellung, auf die Innovationsfähigkeit, die Flexibilität und die Qualität der Leistungen haben.

- Durch Wahl der Fertigungstiefe kann ein Unternehmen die eigene Kostensituation, aber auch die Erlöse beeinflussen. Die Konzentration von Produktionsmengen bei einem Zulieferer kann dazu führen, daß dieser größere Kostendegressions- und Erfahrungskurveneffekte realisiert als einzelne Abnehmer bei kleinen Produktionsmengen. Durch Spezialisierung sinken dann die Kosten. Langfristig können auch die Erlöse beeinflußt werden, wenn es bei geringerer Fertigungstiefe gelingt, die eigene Kompetenz am Markt zu stärken und größere Marktvolumen zu gewinnen.

- Werden Fertigungsstufen eingespart, reduziert sich der Kapitalbedarf für Produktionsanlagen. Bei gleicher Eigenkapitalausstattung verbessert sich die Kapitalstruktur, da der Umfang an Fremdfinanzierung abgebaut werden kann. Als Folge können der Gewinn (sinkende Zinslast), die Eigenkapitalrentabilität und auch der ROI nachhaltig durch die Wahl der Fertigungstiefe verbessert werden. Besonders bei Kapitalknappheit bietet sich eine reduzierte Fertigungstiefe an. Die sinkende Kapitalbindung in Anlagen führt auch zu einem verbesserten Kapitalumschlag.

Eine Senkung der Zinsbelastung und damit eine verbesserte Gewinnposition sowie eine verbesserte Eigenkapitalquote können die Folge sinkender Fertigungstiefe sein. Als Folge einer verbesserten Eigenkapitalquote vergrößert sich das Risikopolster der Unternehmen. Überraschend auftretende Ertragseinbrüche können dann leichter aufgefangen werden, ohne zum Konkurs wegen Überschuldung zu führen. In der Regel haben Unternehmen mit verbesserter Eigenkapitalquote auch die Möglichkeit, das erforderliche Fremdkapital zu günstigeren Zinskonditionen von den Banken zu bekommen, da Kredite an diese Unternehmen ein geringeres Risiko aufweisen.

- Eine reduzierte Fertigungstiefe kann Zeitvorteile für ein Unternehmen bringen. Durch die Ausgliederung von Fertigungsstufen sinken die Durchlaufzeiten der Aufträge. Zudem kann durch gleichzeitig reduzierte Komplexität der Fertigung die Wartezeit von Aufträgen vor den verbleibenden Fertigungsstufen abgebaut werden. Zeitvorteile können sich insbesondere ergeben, wenn es durch gemeinschaftliche Entwicklung mit den Zulieferern zu sinkenden Innovationszeiten kommt.[144] Diese Zeitvorteile sind für ein Unternehmen interessant, wenn es gelingt, sie in Marktvorteile (z.B. verkürzte Reaktionszeit auf Kundenwünsche) umzusetzen.

---

144 Vgl. Womack/Jones/Roos (1994), S. 145 ff.

- Rückwirkungen ergeben sich langfristig auch für das Know-how der Unternehmen im technischen Bereich und damit für die Innovationsfähigkeit. Werden Fertigungsstufen ausgegliedert, verliert das ausgliedernde Unternehmen die Kompetenz und das Knowhow in diesem Feld. Dennoch kann die Innovationsfähigkeit steigen, wenn der Zulieferer, u.U. mit eingehender Unterstützung durch das ausgliedernde Werk, diese Aufgabe schneller und besser erledigen kann.
- Das Ausmaß der vertikalen Integration hat nachhaltigen Einfluß auf die betriebliche Flexibilität bzw. Anpassungsfähigkeit an sich wandelnde Marktverhältnisse. Flexibilitätswirkungen ergeben sich über veränderte Kostenstrukturen. Mit dem Abbau der Fertigungstiefe können Fixkosten für Anlagen und Personal abgebaut werden, gleichzeitig steigt der Anteil variabler Kosten (steigender Einkaufswert). Unternehmen werden dadurch gegen Beschäftigungsschwankungen unempfindlicher. Zudem reduziert sich das Risiko, da keine Investitionen in ausgegliederte Fertigungsstufen erforderlich sind. Auch können stark risikobehaftete fixe Entwicklungskosten auf Vorlieferanten abgewälzt werden. Fixe Entwicklungskosten werden damit zu variablen Kosten, die erst mit der Beschaffung der Teile bezahlt werden.

  Ob allerdings der Flexibilitätsaspekt ausschlaggebend für den Grad der anzustrebenden Integration ist, hängt ganz entscheidend von der Industriestabilität ab.[145] Bei stabilen Marktverhältnissen kann ein höheres Maß an Integration (ein höherer Autarkiegrad) angestrebt werden, da Flexibilität in dieser Situation vom Markt nicht gefragt ist. Die verringerte Flexibilität wirkt sich dann auch nicht nachteilig aus. In Zeiten schwächerer Industriestabilität, infolge gesättigter Märkte oder starker Innovationsschübe, kommt der Anpassungsfähigkeit des Unternehmens an Marktveränderungen langfristig nachhaltige Bedeutung für den Unternehmenserfolg zu. Es besteht dann eine Tendenz zu sinkender Fertigungstiefe.
- Die Entscheidung, bestimmte Produktionsstufen auszulagern, kann auch für die Qualitätspolitik eines Unternehmens bedeutsam sein. Beispielsweise kann ein Zulieferer von Teilen, auf den sich eine große Nachfrage der verschiedensten Abnehmer konzentriert, bessere Methoden zur Qualitätssicherung und -überwachung in der Entwicklung und der Produktion einführen als das bei Eigenproduktion in kleinen Stückzahlen der Fall ist. Andererseits fehlt einem Unternehmen, das eine Produktionsstufe ausgliedert, häufig die Möglichkeit, auf das Qualitätsbewußtsein seines Zulieferer nachhaltig einzuwirken, so daß in derartigen Fällen auch Qualitätseinbußen bei einer Ausgliederung von Bauteilen auftreten können. Dem kann ein Unternehmen aber durch Qualitätssicherungs- und -beurteilungssysteme für Lieferanten entgegenwirken.[146]

Die skizzierten Wirkungen dürfen grundsätzlich nicht isoliert gesehen werden. Beispielsweise beeinflußt die Innovationsfähigkeit langfristig auch die Kosten- und Erlössituation der Unternehmen. Kapitalwirkungen haben über Zinseffekte gleichzeitig auch Gewinnwirkungen. Auch Kosten- und Zeitwirkungen lassen sich nicht voneinander trennen. Das Zusam-

---

145 Vgl. Hinterhuber/Vogel (1986), S. 58 ff.
146 Vorgaben für ein derartiges System bietet z.B. die ISO-Norm 9004, vgl. Deutsches Institut für Normung (Hrsg.), DIN ISO 9004 (1987).

3.4 Planung der Fertigungstiefe

menwirken einiger Effekte kann anhand des ROI-Schemas erklärt werden.[147] Eine veränderte Fertigungstiefe führt zu Veränderungen der Kosten, des gesamten Kapitaleinsatzes, der Zinsbelastung und der Kapitalstruktur. Das Schema macht die Rückwirkungen auf den Gewinn, den ROI und die Eigenkapitalrendite im Zusammenhang deutlich.

Das Schema zeigt einmal den Zusammenhang zwischen der Eigenkapitalrentabilität und dem ROI. Zudem wird die Wirkung der Umsatzrentabilität und des Kapitalumschlages auf den ROI deutlich. In einer zweiten Schreibweise des ROI wird dessen Abhängigkeit von den Verzinsungssätzen r und i sowie der Fremdkapitalquote demonstriert. Diese zweite Schreibweise des ROI kann benutzt werden, um die Eigenkapitalrentabilität als Funktion der Verzinsungssätze r und i sowie der Kapitalstruktur aufzuzeigen. Aus dieser Formel wird die Wirkung des Leverage-Effekts deutlich. Bei positiver Zinsmarge (r − i) > 0 (Leverage Chance) existiert eine Hebelwirkung auf die Eigenkapitalrentabilität. Dieser Hebel ist bei einer niedrigen Eigenkapitalquote besonders wirkungsvoll. Kontrolliert ein Betrieb die Zinsmarge nicht, kommt es bei schlechter Rentabilität des investierten Kapitals zu einer negativen Marge. Bei geringer relativer Eigenkapitalausstattung führt das zu einem starken negativen Hebeleffekt (Leverage Risiko).[148]

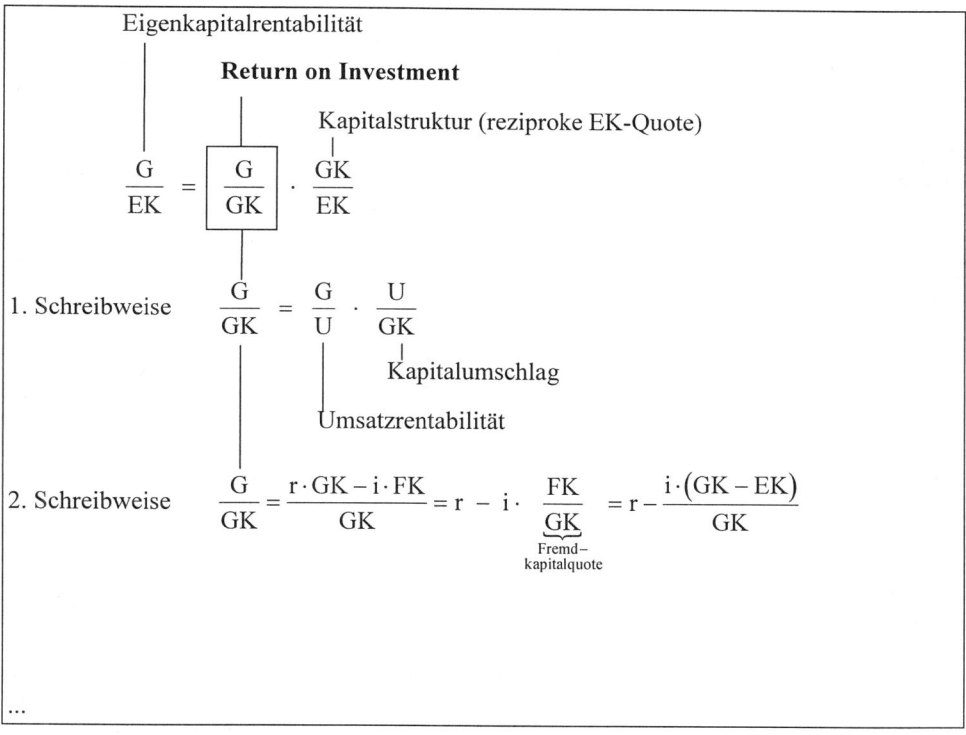

---

147 Vgl. zum ROI-Schema Adam (1996a), S. 121.
148 Vgl. Adam (1996a), S. 122.

Die zweite Schreibweise des ROI kann benutzt werden, um die Eigenkapitalrentabilität als Funktion der Verzinsungssätze r und i sowie der Kapitalstruktur darzustellen:

$$\frac{G}{EK} = \underbrace{\left(r - \frac{i \cdot (GK - EK)}{GK}\right)}_{ROI = \frac{G}{GK}} \cdot \underbrace{\frac{GK}{EK}}_{\text{Kapital-struktur}} = (r - i) \cdot \frac{GK}{EK} + i$$

Legende:
G: Gewinn bzw. Jahresüberschuß
U: Umsatz
EK: Eigenkapital
GK: Gesamtkapital
FK: Fremdkapital
r: Verzinsung des investierten Kapitals vor Abzug der Finanzierungskosten
i: Zinssatz für Fremdkapital

Abbildung 3-18

Das ROI-Schema zeigt die drei strategischen Ansatzpunkte auf, wie über die Fertigungstiefe auf die Ziele „Gewinn", „ROI" und „Eigenkapitalrentabilität" eingewirkt werden kann. Ansatzpunkte sind die Umsatzrentabilität, die Umschlaghäufigkeit des Kapitals aber auch die Kapitalstruktur. Gleichzeitig wird deutlich, daß Entscheidungen über die Fertigungstiefe von der Wahl der Zielsetzung abhängig sind. Für die Ziele Gewinnmaximierung, Maximierung des ROI bzw. der Eigenkapitalrentabilität können unterschiedliche Integrationsgrade optimal sein, da die Ziele jeweils nur Teile der genannten Wirkungen erfassen. Beispielsweise ist für das Ziel der Gewinnmaximierung die Kapitalstrukturwirkung irrelevant; bedeutsam ist hier nur der damit einhergehende Zinseffekt.

3.4.2.2 Kosten- und marktorientierte Sicht der Fertigungstiefe
3.4.2.2.1 Kostenwirkungen

Die Fertigungstiefe wirkt auf die Höhe der Kosten und die Kostenstruktur ein. Hinsichtlich der Kostenstruktur ergeben sich Wirkungen auf die Relation der Kostenarten und das Verhältnis fixer zu variablen Kosten.

Mit sinkender vertikaler Integration steigt der Anteil der Material-, Teile- bzw. Komponentenkosten, während der Anteil der Lohn- und Fertigungskosten sowie der Abschreibungen für Fertigungseinrichtungen abnimmt. Da mit sinkender Integration die Zahl der Marktstufen erhöht wird, nehmen auch die Vermarktungskosten (Kosten für Informationsbeschaffung und -auswertung, Transportkosten) tendenziell zu. Durch Eingliederung vor- und nachgelagerter Stufen werden die zugehörigen Distributions- und Transportwege überflüssig, d.h., durch eine zunehmende vertikale Integration sinken Transportaufkommen und Transportkosten. Zudem werden Transportverpackungen überflüssig. Auch kann durch zunehmende Integration die Zulieferung von Teilen sicherer werden, da Störungen auf den Tranportwegen bei allgemein sinkendem Verkehrsaufkommen eher vermieden werden. Dieser Aspekt wird künftig insbesondere bei einer JIT-Anlieferung und starkem Verkehrsaufkommen mit Staus auf den Straßen von erheblicher Bedeutung sein. Bei geringer Integration der gesamten Wirtschaft kann es dann zu Mängeln in der Teileanlieferung kommen, was im Extremfall zu Betriebsunterbrechungen führt.

Weil Abschreibungen und Lohnkosten i.d.R. zu den fixen, beschäftigungsunabhängigen Kosten zählen, Materialkosten aber variable Kosten darstellen, bewirkt eine geringere Fertigungstiefe zugleich auch ein verändertes Verhältnis variabler zu fixen Kosten. Mit sinkender Fertigungstiefe steigt der Anteil der variablen Kosten. Die veränderte Kostenstruktur bringt für die Unternehmen Anpassungsvorteile bei Beschäftigungsschwankungen oder bei Umbau des qualitativen Programms (Zusammensetzung des Programms nach Erzeugnisarten) mit sich und reduziert das Risiko. Die Flexibilität des Unternehmens wird verbessert, da sich variable Kosten leichter als fixe Kosten abbauen lassen, wenn der Markt Anpassungen bei den Produkten oder Fertigungsverfahren erzwingt. Diesem Aspekt wird künftig allerdings geringere Bedeutung zukommen, da es sich ein Montagewerk bei zunehmend partnerschaftlichen Lieferantenbeziehungen kaum leisten kann, das Risiko auf die Zulieferer abzuwälzen. Montagewerk und Zulieferer müssen bei schlanken Lieferstrukturen vielmehr erkennen, daß sie letztlich in einem Boot sitzen. Folglich müssen sie mit- und nicht gegeneinander arbeiten.

Vertikale Integration hat daneben erhebliche Wirkungen auf die Höhe der Stückkosten. Dieser Zusammenhang kann durch den Lernkurven- bzw. Erfahrungskurveneffekt[149] beschrieben werden. Der Erfahrungskurveneffekt besagt, daß die Kosten pro Stück bei jeder Verdopplung der kumulierten Ausbringungsmenge um 20 bis 30 % sinken können.

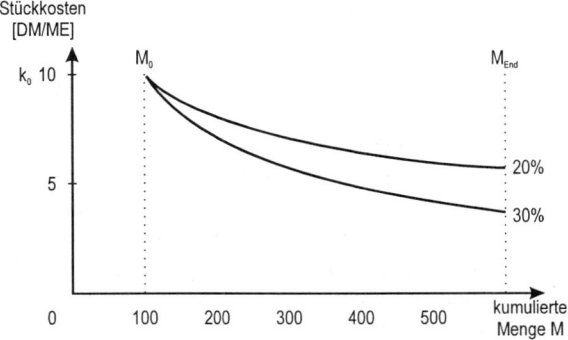

Abbildung 3-19

Die Kostensenkungspotentiale haben unterschiedliche Ursachen. Bei Produktion größerer Stückzahlen sind über verstärkte innerbetriebliche Arbeitsteilung, verbesserte Produktionsverfahren und Übungseffekte bei den Arbeitskräften Produktivitätsfortschritte erreichbar. Zum Teil beruht dieser Effekt aber auch auf einer Verteilung fixer Kosten auf eine steigende

---

149 Vgl. zum Lernkurveneffekt Roventa (1981), S. 132 ff. und Zäpfel (1989b), S. 60 ff.

Produktionsmenge pro Jahr. Der Einfluß der Beschäftigungsdegression auf die Stückkosten müßte eigentlich aus der Betrachtung ausgeblendet werden, da sonst zwei Effekte mit unterschiedlichen Ursachen unzulässig vermischt werden. Das läßt sich aber grundsätzlich nicht mit einer kosten-, sondern nur mit einer ausgabenorientierten Interpretation des Erfahrungskurveneffektes erreichen.[150]

Die Wirkungen des Erfahrungskurveneffektes sollen an einem Beispiel demonstriert werden. Ein Zulieferbetrieb nimmt im Jahre 1998 die Produktion eines neuen Teiles auf und erreicht im ersten Jahr eine Produktionsmenge von 1.000 Stück bei Gesamtkosten von 10.000 GE. Bis Ende 1999 wird eine kumulierte Produktionsmenge von 2.000 Stück erwartet. Für die Produktionsmenge von 1.000 des zweiten Jahres wird aufgrund des Lernkurveneffektes nur mit weiteren Kosten von 8.000 GE gerechnet. Durch die Verdopplung der Produktionsmenge sinken die Stückkosten der zusätzlichen Mengeneinheiten damit um 20 % auf 8 GE/ME. Die weitere Entwicklung der Stückkosten und der Kosten der zusätzlichen Produktionsmengen bei einem 20%igen Lerneffekt sind dem linken Teil der folgenden Tabelle zu entnehmen.

Jahr	Zulieferer			Eigenfertigung		
	kum. Menge	Stückkosten	Gesamtkosten	kum. Menge	Stückkosten	Gesamtkosten
1998	1.000	10	10.000	-	-	-
1999	2.000	8	8.000	100	9	900
2000	4.000	6,4	12.800	200	7,2	720
2001	5.000	5,96	5.960	400	5,76	1.152
2002	6.000	5,6165	5.616	800	4,608	1.843

Tabelle 3-4

Ein Montageunternehmen steht 1999 erstmals vor der Wahl, das betrachtete Teil vom Zulieferer zu beziehen oder selbst zu produzieren. Bei dieser Entscheidung muß es die Kostenentwicklung aufgrund des Lerneffektes für beide Varianten vergleichen. Angenommen das Unternehmen wählt 1999 Eigenfertigung und weiter angenommen, in der Zwischenzeit gibt es auf dem Markt eine verbesserte Fertigungstechnologie, die es erlaubt, die eigene Bedarfsmenge von zunächst nur 100 ME in 1997 zu Stückkosten von 9 GE/ME zu produzieren, dann ergeben sich bei der geschätzten Entwicklung der kumulierten eigenen Bedarfsmengen und wiederum 20%igem Lerneffekt Stückkosten, wie sie dem rechten Teil der vorstehenden Tabelle zu entnehmen sind.

Um die Alternativen vergleichen zu können, werden nicht die Kosten sondern die Einstandspreise bei Fremdbezug benötigt. Vereinfachend wird für die Rechnung angenommen, daß der Zulieferer Preise in Höhe seiner Stückkosten verlangt, die er aufgrund des Lerneffektes in den einzelnen Jahren erreicht. Für beide Alternativen fallen dann folgende kumulierte Kosten beim Montageunternehmen an.

---

150 Eine zahlungsorientierte Interpretation liegt den Rechnungen im Kapitel 3.4.3 zugrunde.

3.4 Planung der Fertigungstiefe

Jahr	Bedarfs-menge	Kosten bei Eigenfertigung		Kosten bei Fremdbezug	
		im Jahr	kumuliert	im Jahr (Menge×Preis)	kumuliert
1999	100	900	900	100×8=800	800
2000	100	720	1.620	100×6,4=640	1.440
2001	200	1.152	2.772	200×5,96=1.192	2.632
2002	400	1.843	4.615	400×5,6165=2.247	4.879

Tabelle 3-5

Bis einschließlich 2001 ist der Fremdbezug vorteilhaft, wenn die kumulierten Kosten als Entscheidungskriterium herangezogen werden. Im Jahr 2002 ist die Eigenfertigung insgesamt vorteilhaft. Benötigt das Unternehmen das betrachtete Teil über das Jahr 2001 hinaus, bietet sich demnach die sofortige Eigenfertigung an. Das Unternehmen muß dann zwar bis 2001 Nachteile hinnehmen, die aber ab 2002 wieder kompensiert werden. Wird nicht bereits 1999 eigengefertigt, sondern wegen der kurzfristigen Kostenvorteile „kurzsichtig" zunächst fremdbezogen, erhöht sich insgesamt der kumulierte Kostennachteil einer späteren Eigenfertigung, da der eigene Lerneffekt erst später einsetzt.[151]

Eine derartige Vergleichsrechnung wird nur selten ein so positives Ergebnis für die Eigenfertigung ergeben wie im Beispiel. Das positive Resultat ist in erster Linie auf den unterstellten erheblichen technischen Fortschritt zurückzuführen. Dieser führt bereits ein Jahr nachdem der Zulieferer eine Technologie mit 10 GE/ME bei 1000 produzierten Stücken eingeführt hat, zu einer Technologie mit 9 GE/ME bei nur 100 Stücken. Im allgemeinen führt der technische Fortschritt zu Anlagen mit größeren Kapazitäten und steigenden Fixkosten.[152] Bei dieser Art des Fortschritts ist es dann kaum mehr möglich, bei geringen Anfangsmengen bereits so niedrige Stückkosten zu erzielen wie im Beispiel.

Die Vergleichsrechnung muß grundsätzlich die Technologieunterschiede berücksichtigen, wenn die Produktionsanlagen der Vergleichsalternativen nicht zum gleichen Zeitpunkt errichtet werden. Bei unterschiedlichen Investitionszeitpunkten in die Technologie muß aber auch erfaßt werden, daß sich Zulieferer und das eigenfertigende Unternehmen in unterschiedlichen Phasen des Lernkurveneffektes befinden. Im Beispiel startet der Zulieferer ein Jahr vor dem Montageunternehmen und hat demzufolge bereits Teile seines Lerneffektes hinter sich. Das beim Zulieferer im nächsten Jahr erreichbare Kostensenkungspotential ist damit geringer als bei dem Unternehmen, welches erst mit der Produktion beginnt. Beide Effekte lassen sich nur in dynamischen Rechnungsformen abbilden. Zudem ist – im Gegensatz zum Beispiel – auch zu erfassen, daß bei Eigenfertigung diese Mengen dem Zulieferer entzogen werden und sein Lerneffekt demzufolge auch geringer ausfallen wird.

---

[151] Der Mangel dieser kostenorientierten Vergleichsrechnung besteht darin, daß die Rechnung bei Fremdbezug zwar alle Ausgaben – wenn auch nicht abgezinst – enthält. Bei Eigenfertigung sind jedoch nur die Ausgaben für die Beschaffung der Produktionsanlagen in den Vergleich eingegangen, die bis zum jeweiligen Betrachtungsjahr bereits als Abschreibungen verrechnet wurden. Bei Kostengleichheit beider Verfahrensweisen liegt daher nicht auch Gleichheit der Ausgaben vor. Eine Kostenvergleichsrechnung ist daher unvollständig.

[152] Vgl. Kapitel 6.3.

Gegen eine Eigenfertigung spricht häufig, daß zur Produktion Großtechnologien erforderlich sind, z.B. zur Fertigung elektronischer Speicher und Prozessoren. Diese lassen sich nur wirtschaftlich sinnvoll einsetzen, wenn hohe und gleichmäßige Stückzahlen im Zeitablauf produziert werden. Benötigt ein Unternehmen von derartigen Teilen nur vergleichsweise geringe Mengen, ist eine Eigenfertigung völlig unwirtschaftlich. Für die Wahl der Fertigungstiefe muß ein Unternehmen daher grundsätzlich abwägen, ob durch Konzentration der Nachfragemengen bei einem Zulieferer Kostenvorteile zu erzielen sind.

3.4.2.2.2 Wirkungen auf die Marktposition und die Erlöse

Nach der kostenorientierten Sichtweise der Fertigungstiefe soll auf den marktorientierten Aspekt gesondert eingegangen werden. Eine verringerte Fertigungstiefe kommt aus marktorientierter Sicht grundsätzlich nur in Frage, wenn in den auszugliedernden Produktionsstufen keine die Kernkompetenz des Unternehmens betreffenden Teile oder Komponenten gefertigt werden. Schlüsselproduktionen, die der Fertigung strategisch wichtiger Komponenten dienen, dürfen nicht aufgegeben werden, weil das die Marktstellung langfristig schwächen würde. Werden Kernbereiche aufgegeben, geht die Identität des Unternehmens verloren, und es treten Imageverluste ein, die langfristig Erlöseinbußen zur Folge haben. Ein Automobilwerk sollte daher die Motorenproduktion, den Getriebe- und den Karosseriebau nicht ausgliedern, da das in den Augen der Kunden die Kernbereiche eines Autos sind. Eine Ausgliederungsstrategie empfiehlt sich auch dann nicht, wenn für selbstentwickelte Produktionsprozesse oder Teile Geheimhaltungsvorschriften oder Patentrechte bestehen.

Ausschlaggebend für die marktorientierte Sichtweise der vertikalen Integration für die nicht zum Kerngeschäft gehörenden Bereiche ist die strategische Grundposition des Unternehmens, also die Frage, ob eine Kostenführerschaft angestrebt wird oder ob Erfolgspotentiale in der Leistungsführerschaft gesehen werden. **Kosten- und Preisführerschaft** ist nur bei konsequenter Ausnutzung aller Kostensenkungspotentiale möglich. Die für eine Kostensenkung notwendigen Stückzahlen sind aber meist nur durch reduzierte Fertigungstiefen zu realisieren. Gerade bei Unternehmen mit dieser strategischen Grundposition ist derzeit eine deutliche Tendenz zu geringerer Fertigungstiefe zu beobachten. Für die Kostenführerschaft kann auch ein zweiter Aspekt sinkender Fertigungstiefe interessant sein. Japanische Beispiele belegen: Durch Ausgliederung von Konstruktion, Fertigung und Qualitätssicherung können Entwicklungs- und Produktionszeiten reduziert werden.[153] Reduzierte Fertigungstiefe kann dann die Reaktionszeiten auf Kundenwünsche abbauen helfen und damit zu steigender Flexibilität und Attraktivität der Unternehmen beitragen.[154] Bei Preisführerschaft deckt sich damit die kosten- und die marktorientierte Sicht der Fertigungstiefe weitgehend.

Die zweite strategische Grundposition – **Leistungsführerschaft** – erzwingt z.T. eine modifizierte Einstellung zum Grad der Integration. Deutliche Vorteile bei den Leistungen sind am ehesten über eine hohe Innovationsfähigkeit, Kreativität und große Flexibilität bei der Befriedigung neuer Kundenwünsche zu erzielen. Diese Anforderungen sprechen im allge-

---

153 Vgl. Womack/Jones/Roos (1994), S. 85 ff.
154 Vgl. Womack/Jones/Roos (1994), S. 69 ff.

meinen für einen hohen Grad vertikaler Integration.[155] Bei hohem Integrationsgrad schafft sich ein Unternehmen eine Wissensbasis, die für Neuanbieter schwer zu erlangen ist. Derartige Barrieren erschweren Konkurrenten den Markteintritt. Bei der Leistungsführerschaft kommt insbesondere dem technologischen Wissen große Bedeutung zu. Ob die Integration die Kreativität und Flexibilität fördert, ist aber auch eine Frage der Betriebsgröße und der organisatorischen Erstarrung. Die Vorteile hoher Integration kommen nur in dynamischen, flexibel reagierenden Organisationseinheiten zum Tragen, die gut koordiniert auftreten. Ein höherer Grad an Integration ist daher nur erfolgversprechend, wenn sich ein Unternehmen gleichzeitig bemüht, kreativitäts- und flexibilitätshemmende organisatorische Barrieren abzubauen.

Vom technologischen Wissen können grundsätzlich zwei gegensätzliche Tendenzen auf die vertikale Integration ausgehen. Hohe Integration kann das Verständnis der technischen Gesamtzusammenhänge fördern und damit eine wichtige Basis für Innovationen darstellen. Die PIMS-Studie scheint derartig positive Einflüsse der Integration auf die Innovationstätigkeit zu belegen, da bei einem Integrationsgrad von über 50 % ein höherer Umsatzanteil neuer Produkte aber auch eine größere Anzahl technologischer Veränderungen in den jeweils drei letzten Betrachtungsjahren ausgewiesen wird.[156] Trotz dieser positiven Korrelation zwischen Integration und Innovation existieren auch Gegenbeispiele. So hat sich die Automobilindustrie von der Produktion der elektrischen und elektronischen Bauteile, Auspuffanlagen usw. getrennt, weil Zulieferer offenbar innovativer und damit langfristig kostengünstiger und schneller produzieren können oder weil sich durch eine Auslagerung die Entwicklung von Produkten beschleunigen läßt.[157]

Die Beispiele belegen: Der Einfluß der vertikalen Integration auf Absatz und Erlöse ist weitaus weniger eindeutig als das bei den Kosten der Fall war.

3.4.3 Phasen der Entscheidung über den Grad vertikaler Integration

Bei der Planung der Fertigungstiefe kann wie bei der Programmplanung nach der

- strategischen,
- taktischen und
- operativen

Dimension des Problems unterschieden werden.

Bei der strategischen, langfristigen Planung der Fertigungstiefe sollen generelle Aussagen über das sinnvolle Ausmaß anzustrebender vertikaler Integration gewonnen werden. Es stellt sich die Frage, welcher Teil der Wertschöpfung für die Erzeugnisse des Leistungsprogramms durch das Unternehmen auf jeden Fall abgedeckt werden muß, um am Markt beste-

---

155 Ein Beispiel für eine hohe Quasi-Integration ist die Lean Production in japanischen Automobilwerken. Vgl. dazu Kapitel 1.3.4.4.3.5. Die Fertigungstiefe ist in diesen Fällen gering; der Produzent beherrscht allerdings seine Zulieferer, so daß er auf eine tatsächliche Integration verzichten kann.
156 Vgl. Buzzell/Gale (1989), S. 147.
157 Vgl. Womack/Jones/Roos (1994), S. 115 ff.

hen zu können, und welche Bereiche der Wertschöpfung sich grundsätzlich auslagern lassen. Dabei werden nicht Entscheidungen über einzelne Fertigungsstufen getroffen, sondern es soll global die Richtung des strategischen Handelns festgelegt werden. Ziel der strategischen Planung ist es damit, für die Frage der vertikalen Integration die generelle Stoßrichtung festzulegen. Im Rahmen der strategischen Planung der Fertigungstiefe ist für die jeweilige Situation des Unternehmens (Marktstellung, Finanzkraft, Know-how usw.) zu analysieren, ob von einer Ausdehnung oder Einschränkung der Fertigungstiefe positive Wirkungen auf strategische Erfolgsfaktoren wie Marktposition und Kosten zu erwarten sind. Die strategischen Überlegungen müssen insbesondere die langfristigen Wirkungen der Fertigungstiefe auf das Käuferverhalten und die Marktchancen aufdecken.

Einzelne Produktions- oder Wertschöpfungsstufen, die in der strategischen Planung grundsätzlich als ausgliederbar angesehen werden, sind Gegenstand der taktischen Fertigungstiefenplanung. Bei der taktischen Planung stellt sich – der durch die strategische Planung festgelegten Stoßrichtung folgend – die Frage, welche Produktionsstufen bzw. Teile des Leistungsprozesses die Unternehmung ausgliedern soll. Diese Analysen richten sich insbesondere auf einen Vergleich langfristiger Kosten- bzw. Ausgabenwirkungen bei Eigenfertigung oder Fremdbezug. Verbunden mit dieser Fragestellung sind Analysen über die bei Eigenfertigung erforderliche Betriebsmittelausstattung und die Anzahl und Qualifikation der erforderlichen Mitarbeiter.

Eine rein operative Problemstellung der Fertigungstiefenplanung betrifft die Frage, ob Kapazitätsengpässe in der Produktion durch Fremdvergabe von Teilen überwunden werden können. Bei derartigen Teilen ist in der taktischen Planung grundsätzlich die Entscheidung für Eigenfertigung gefallen. Es stellt sich dann nur situationsabhängig die Frage, ob zusätzlich auch noch Fremdteile zugekauft werden.

Der gesamte Entscheidungsprozeß zur Planung der Fertigungstiefe kann in die Phasen Zielbildung, Alternativensuche und -bewertung, Entscheidung sowie Realisation und Kontrolle des Erfolges unterteilt werden. Dieser Prozeß ist als rückgekoppelter Prozeß zu interpretieren. Zeigt sich in der Kontrollphase, daß die gesteckten Ziele über die ausgewählten Strategien nur unvollkommen erreicht wurden, sind neuerliche Planungsüberlegungen u.U. mit angepaßten Zielen und veränderten Strategien erforderlich. Nachstehende Abbildung gibt einen Überblick über diesen Ablauf.

- In der Analysephase werden die strategischen Aspekte des Problems betrachtet. Daraus werden Ziele für das Ausmaß der anzustrebenden vertikalen Integration abgeleitet, die für das Unternehmen am ehesten langfristigen Erfolg versprechen. In der Problemanalyse sollen insbesondere strategische Lücken zwischen der Zielvorstellung und dem Istzustand in der Unternehmung lokalisiert werden.

- In der nächsten Planungsphase werden verschiedene Handlungsalternativen – Eigenerstellung oder Fremdbezug – untersucht und bewertet, die geeignet erscheinen, die strategische Lücke zu schließen. Hierbei kann es sich um Investitions- oder Kostenkalküle handeln.

3.4 Planung der Fertigungstiefe

- Ist schließlich eine Alternative realisiert, muß eine Kontrolle zeigen, ob die Strategie zum erwünschten Ergebnis geführt hat oder ob gegebenenfalls eine erneute Problemanalyse notwendig ist.

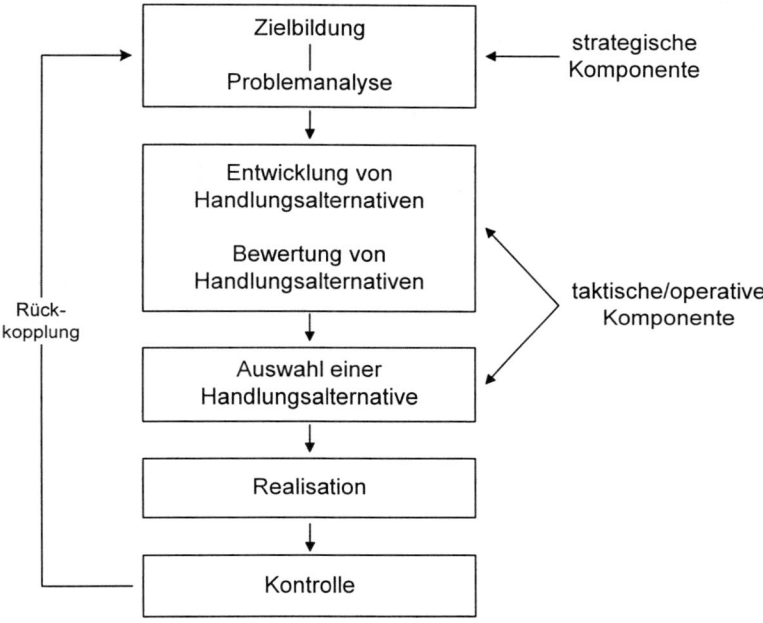

Abbildung 3-20

3.4.4 Modell der taktischen Planung für die Wahl des Integrationsgrades[158]

Rechnerische Analysen zur Wahl des günstigsten Integrationsgrades sind mit erheblichen Problemen verbunden, da sich die Wirkungen vertikaler Integration auf Kosten und Erlöse nur sehr unvollkommen quantifizieren lassen. Das gilt insbesondere für die Erlöse. Die folgenden Rechnungen abstrahieren von Erlöswirkungen. Es wird davon ausgegangen, daß durch die Ausgliederung einer Stufe keine Rückwirkungen auf die Absatzmenge und den Absatzpreis zu erwarten sind. Die Rechnungen beschränken sich daher auf die Kosten- bzw. Ausgabenwirkungen der Entscheidungsalternativen. Im folgenden sollen für einfache Entscheidungssituationen einige Modellüberlegungen angestellt werden, die eine Vorstellung von der Art und den Problemen der Kalküle vermitteln sollen.

---

158 Weitere Modelle zur mathematischen Lösung des Problems finden sich bei Männel (1995), S. 72 ff. und Zäpfel (1989b), S. 141 ff.

Um einen rechnerischen Beweis für die Vorteilhaftigkeit einer (Des-)Integration zu führen, sind verschiedene Prämissen zu setzen. Zunächst einmal ist davon auszugehen, daß sich ein Wahlproblem zwischen Eigenfertigung und Fremdbezug überhaupt stellt, wenn die analysierten Baugruppen oder Teile von Dritten am Markt in der vom Unternehmen nachgefragten Qualität angeboten werden. Soll ein Kalkül für eine auszugliedernde oder in die Produktion einzubeziehende Baugruppe durchgeführt werden, müssen die Bedarfsmengen dieses Produktes im Zeitablauf geschätzt werden, was nur möglich ist, wenn das langfristige Produktionsprogramm festgelegt wurde, für das dieses Teil benötigt wird. Zur Vereinfachung wird zudem unterstellt, daß ein Nebeneinander von Fremdbezug und Eigenfertigung ausgeschlossen ist. Weiterhin wird davon ausgegangen, daß lediglich die Alternativen „Eigenfertigung" oder „Fremdbezug" für eine Baugruppe zur Wahl stehen; weitergehende Opportunitäten bestehen nicht. In den Rechnungen wird daher unterstellt, daß die erforderlichen eigenen Arbeitskräfte bei Eigenfertigung nicht auch anderweitig nutzbringend eingesetzt werden können. Entsprechend wird für das bei Eigenfertigung erforderliche Kapital angenommen, daß außer einer Finanzanlage zum Marktzinsfuß i keine alternativen Einsatzmöglichkeiten bestehen. Durch diese Annahmen wird der Komplexitätsgrad der Kalküle stark vereinfacht, so daß Partialmodelle eingesetzt werden können, die keine weitergehenden Opportunitäten für die Produktionsfaktoren erfassen müssen.

Entscheidungen zwischen den Alternativen Eigenfertigung und Fremdbezug erfordern stets eine dynamische Rechnung. Es fragt sich nun allerdings, ob eine derartige Rechnung sinnvollerweise auf Kosten- oder Ausgabenbasis durchgeführt werden sollte. Nachteil einer kostenorientierten Rechnung ist es, die Investitionsausgaben für die Eigenproduktion zeitlich verteilen zu müssen. Diese Ausgaben gehen über Abschreibungen in die Vergleichsrechnung ein. Die kostenorientierte Betrachtung des Lernkurveneffektes erfaßt deshalb auch immer Fixkostenelemente, d.h., die Zusatzkosten bei steigender kumulierter Menge setzen sich aus fixen und variablen Bestandteilen zusammen. Steigt daher von einem zum nächsten Jahr die Jahresproduktionsmenge, führt allein dieser Effekt über die Beschäftigungsdegression zu sinkenden Stückkosten, selbst wenn gar kein Lerneffekt vorliegt. Beschäftigungsdegression und Lerneffekte werden dann zwangsläufig miteinander vermischt. Diese Vermengung kann bei ausgabenorientierter Rechnung vermieden werden. Eine ausgabenbezogene Rechnung würde die Investionsausgaben im Zeitpunkt der Investitionsentscheidung erfassen, und der Lerneffekt bezieht sich allein auf die jährlichen Betriebsausgaben.

Ein zweiter Nachteil einer kostenorientierten Betrachtung ist darin zu sehen, daß die unterschiedliche zeitliche Struktur der Ausgaben bei Eigen- und Fremdproduktion – Zinseszinseffekt – nicht in der Rechnung erfaßt wird. Bei Eigenfertigung fällt ein erheblicher Anteil der Ausgaben im Zeitpunkt der Investition für eigene Anlagen an, während bei Fremdbezug die laufenden jährlichen Ausgaben höher sind als bei Eigenfertigung. Diese strukturellen Unterschiede lassen sich nur mit einer zahlungsorientierten Rechnung abbilden.

Um die beiden Mängel einer kostenorientierten Vergleichsrechnung zu vermeiden, wird in den folgenden Beispielen stets auf zahlungsorientierte Investitionsrechnungen zurückgegriffen. Der Lernkurveneffekt bezieht sich in diesen Rechnungen allein auf variable, stückbezogene Ausgaben. Durch Erfahrungseffekte können grundsätzlich aber auch die fixen Ausgaben je Periode tangiert werden. Beispielsweise kann es möglich sein, die Zahl der benötigten

3.4 Planung der Fertigungstiefe

Arbeitskräfte zu reduzieren. Erfahrungen können aber auch zeigen, daß ein Wechsel der Fertigungstechnologie mit Rückwirkungen auf die fixen Ausgaben je Periode sinnvoll ist. In diesem Falle sind aber in das Kalkül zum Make or Buy zusätzlich Entscheidungen über Ersatz- oder Rationalisierungsinvestitionen einzubetten. Von derartigen zusätzlichen Komplikationen soll im folgenden abgesehen werden.

Auf der Basis des skizzierten Satzes von Prämissen sollen im folgenden zwei – recht einfache – Modelle dargestellt werden, die geeignet sein können, eine Entscheidung über die Ein- bzw. Ausgliederung einer Produktionsstufe rechnerisch abzustützen. Beide Modelle legen das Kapitalwertkriterium[159] zugrunde.

Im ersten Beispiel liegt ein reines Wahlproblem zwischen Eigenfertigung und Fremdbezug vor. Das Unternehmen hat die Möglichkeit, ein bestimmtes Teil zu den Preisen q_t in den Teilperioden t am Markt zu kaufen, oder es installiert selbst die erforderlichen Produktionseinrichtungen zum Anschaffungspreis A_0. In diesem Falle entstehen in den einzelnen Teilperioden mengenabhängige Auszahlungen pro Stück in Höhe von k_t, deren Höhe vom Lernkurveneffekt abhängig ist. Zudem sind in jeder Teilperiode fixe, nicht von der Produktionsmenge abhängige Zahlungen F_t für Lohn und Gehalt, Wartung der Anlagen usw. zu zahlen. Von einem Lerneffekt bei diesen Kosten wird vereinfachend abstrahiert. Für das Kalkül sind dann die Zahlungsdifferenzen der beiden Entscheidungsalternativen in jeder Teilperiode zu bestimmen und mit dem Zinssatz i auf den Kalkulationszeitpunkt abzuzinsen. Als Planungszeitraum wird sinnvollerweise die geschätzte Lebensdauer der projektierten eigenen Produktionsanlage gewählt.

Das Kalkül geht davon aus, daß das Unternehmen für den Planungszeitraum die Bedarfsmengen M_t des Bauteils in der Periode t festgelegt hat und sich die variablen Ausgaben k_t entsprechend folgender Formel für den Lernkurveneffekt verändern. k_0 bezeichnet die Ausgaben pro Stück, die bei Start der Teileproduktion im ersten Jahr anfallen.

$$k_t = k_0 \left(\frac{M_0}{\sum_t M_t} \right)^b + k_e$$

In der Formel werden die variablen Ausgaben pro Mengeneinheit in zwei Teile zerlegt. Der erste Term unterliegt dem Lerneffekt, wobei mit der Wahl des Exponenten b das Ausmaß des Lerneffektes festgelegt werden kann.[160] Der zweite Term k_e bezeichnet die Teile der Ausgaben, die durch Lerneffekte nicht verändert werden können (z.B. Einstandspreise für Material und Zukaufteile). Der rechte Teil dieser Formel ist in der nachstehenden Funktion des Kapitalwertes für k_t einzusetzen.

---

159 Aus Vereinfachungsgründen wird in den Beispielen ein vollkommener Kapitalmarkt und damit ein einheitlicher Soll- und Habenzinsfuß unterstellt.

160 Für b = 0,321928 sinkt der dem Lerneffekt unterliegende Teil der Ausgaben z.B. um 20 % bei einer Verdoppelung der kumulierten Ausbringungsmenge. Bei b = 0,514573 sinken diese Kostenbestandteile hingegen um 30 %.

Der Kapitalwert der Ausgabendifferenzen beider Entscheidungsalternativen läßt sich durch folgende Formel abbilden:[161]

$$C_0 = \underbrace{-A_0}_{\text{Anschaffungs-} \atop \text{ausgabe}} + \sum_t \left(\left(\underbrace{M_t \cdot (q_t - k_t)}_{\text{eingesparte mengen-} \atop \text{abhängige Ausgaben}} - F_t \right) \cdot (1+i)^{-t} \right)$$

Die Integration des betrachten Bauteils in die eigene Produktion ist dann vorteilhaft, wenn der Kapitalwert C_0 größer als null ist. Aus der Formel wird deutlich, daß ein positiver Kapitalwert nur dann zu erreichen ist, wenn der zweite Term, die abgezinsten mengenabhängigen Ausgaben bei Eigenfertigung, kleiner ist als die bei Fremdbezug zu leistenden Ausgaben. Die Einsparungen bei den abgezinsten variablen Ausgaben müssen mindestens der Summe aus den Anschaffungsausgaben A_0 und den abgezinsten fixen Ausgaben F_t pro Periode entsprechen.

Die Rechnung geht von der vereinfachenden Annahme bekannter Preise im Zeitablauf für Fremdbezug, eines bekannten Umfangs des eigenen Lerneffektes sowie bekannter Bedarfsmengen M_t aus. Zudem wird unterstellt, daß die zeitliche Entwicklung der festen Ausgaben F_t vorliegt und nicht durch Lerneffekte berührt wird. In der Realität wird hinsichtlich der Daten eine erhebliche Unsicherheit existieren. Es bietet sich daher an, das Ergebnis auf Stabilität gegen Datenänderungen zu überprüfen. Beispielsweise kann mit alternativen Lernexponenten b gearbeitet werden, um bei sonst gleicher Datensituation zu errechnen, wie groß der Lerneffekt bei gegebener Zeitreihe der Preise für Fremdbezug mindestens sein muß, um zu einem positiven Kapitalwert zu kommen. Der Lerneffekt kann auf die periodenfixen Auszahlungen ausgedehnt werden. Bei gegebenem Lerneffekt und bekannten Fremdbezugspreisen kann der kritische Wert für die Summe aus Anschaffungsausgaben und abgezinsten periodenfixen Ausgaben bestimmt werden. Derartige Analysen kritischer Werte lassen ein Gefühl dafür entstehen, ob es realistisch ist, Eigenproduktion oder Fremdbezug zu bevorzugen.

Im zweiten Modell verfügt das Unternehmen bereits über eine eigene Produktionseinrichtung für die betrachtete Baugruppe und überlegt, ob und wann es sinnvoll ist, auf Fremdbezug überzugehen. Die in der Vergangenheit getätigten Anschaffungsausgaben für diese Anlage sind für das anstehende Entscheidungsproblem irrelevant. Von Bedeutung sind wiederum die mengenabhängigen Ausgaben für beide Alternativen und die periodenfixen Ausgaben bei Eigenproduktion. Eine weitere relevante Determinante ist der bei Elimination des Bauteils zu erzielende Restverkaufserlös für die eigenen Produktionsanlagen. Hierbei ist zu berücksichtigen, daß bei sofortiger Elimination der Restverkaufserlös R_0 anfällt. Wird mit dem Ausstieg aus der Eigenproduktion bis zum Zeitpunkt T gewartet, sinkt der Restverkaufserlös und fällt zu einem späteren Zeitpunkt an. Im Kalkül muß deshalb zusätzlich der Barwert des Restverkaufserlöses erfaßt werden.

---

161 Vereinfachend wird unterstellt, daß am Ende der Restnutzungsdauer der eigenen Anlage kein Restverkaufserlös anfällt. Zur kapitalwertbasierten Entscheidung zwischen Eigenfertigung und Fremdbezug vgl. Kilger (1969), S. 107 ff.

3.5 Operative Programmplanung

Der günstigste Zeitpunkt für die Elimination der Baugruppe kann durch Alternativrechnungen für unterschiedliche Ausstiegszeitpunkte T bestimmt werden. Jedes dieser Alternativkalküle erstreckt sich auf die Restnutzungsdauer N der eigenen Anlage; bis zum Ausstiegszeitpunkt T wird eigengefertigt und danach auf Fremdbezug umgestellt. Die nachstehende Formel enthält im ersten Term die Ausgaben bei Eigenproduktion bis T sowie den Barwert des Restverkaufserlöses und im zweiten Term die danach anfallenden Ausgaben für den Fremdbezug. Die Kapitalwerte für die verschiedenen Ausstiegszeitpunkte sind miteinander zu vergleichen, um den optimalen Zeitpunkt identifizieren zu können.

$$C_0^T = \underbrace{\sum_{t=0}^{T}(M_t \cdot k_t + F_t) \cdot (1+i)^{-t}}_{\text{Produktionsausgaben bis zur Aufgabe der Eigenfertigung}} - \underbrace{R_T \cdot (1+i)^{-T}}_{\text{Barwert des Liquidationserlöses}} + \underbrace{\sum_{t=T+1}^{N} M_t \cdot q_t \cdot (1+i)^{-t}}_{\text{Fremdbezugsausgaben bis Ende des Planungszeitraums}} \to \min!$$

Der optimale Zeitpunkt T für die Ausgliederung der Baugruppe ist erreicht, wenn die obige Funktion den kleinsten Kapitalwert der Ausgaben erreicht. Auch für den Eliminationszeitpunkt sind bei unsicheren Daten wiederum Stabilitätstests durchzuführen.

3.5 Operative Programmplanung

3.5.1 Rahmenbedingungen der operativen Programmplanung

Die operative Programmplanung muß die Frage beantworten, welche Produkte in einer bestimmten Periode produziert werden sollen. Für dieses Planungsproblem wird von einem gegebenen Rahmenprogramm ausgegangen; die taktische Programmplanung hat mithin festgelegt, welche Produkte grundsätzlich im Leistungsprogramm vertreten sein können. Bei der operativen Programmplanung geht man in der einfachsten Version von gegebenen Preisen und Absatzhöchstmengen aus. Zudem sind die Kapazitäten festgelegt, und es existiert nur ein einziges Produktionsverfahren für die Produkte. Jedes Produkt hat dann eine gegebene Deckungsspanne und einen bekannten Kapazitätsbedarf je Einheit des Produktes. Das Planungsproblem besteht darin, die gegebenen Kapazitäten zielgerecht auszulasten.

Das Entscheidungsfeld kann auch auf den Fall mehrerer Produktionsverfahren ausgeweitet werden. In diesem Fall ist zusätzlich zur Programmzusammensetzung die Frage zu beantworten, welche Produkte mit welchen Verfahren hergestellt werden sollen. Programmplanung und Produktionsaufteilungsplanung sind dann interdependente Planungsprobleme.

Bei der operativen Programmplanung handelt es sich um eine statische Analyse, d.h. um eine Analyse, die den Zeitablauf nicht in die Modellbildung einbezieht. Ein derartiges Modell kann daher nicht die Frage beantworten, wann innerhalb des Planungszeitraums die festzulegenden Erzeugnismengen produziert werden sollen.

Der Komplexitätsgrad des Planungsproblems ist ausschlaggebend dafür, welche Planungsmethode geeignet ist. Der **Komplexitätsgrad** hängt davon ab,

- ob zwischen den Erzeugnissen des Rahmenprogramms absatzwirtschaftliche Verflechtungen bestehen,

- ob in der Fertigung Engpässe auftreten und ob diese Engpässe bereits vor der Planung eindeutig lokalisiert werden können,

- ob für die Produktion eines Erzeugnisses mehrere Produktionsprozesse zur Auswahl stehen und

- ob das Unternehmen noch zwischen alternativen Preisen und zugehörigen maximalen Absatzmengen wählen kann.

Im folgenden wird der Weg abnehmender Abstraktion beschritten, d.h., zunächst wird von sehr einfachen Prämissen – kein Absatzverbund, kein Engpaß, Existenz nur eines Produktionsverfahrens und bekannte Preise bzw. Absatzmengen – ausgegangen. In diesem Fall kann das Problem noch auf der Basis von Rangkriterien bewältigt werden. Anschließend werden die Prämissen nacheinander aufgehoben. Mit steigendem Komplexitätsgrad müssen dann Methoden wie die Lineare Programmierung zur Planung eingesetzt werden.

Die für die Programmentscheidung einzusetzende Methode hängt neben der Art des Entscheidungsfelds nachhaltig von der gewählten Zielfunktion ab. Die Zielfunktion legt fest, nach welchen Selektionskriterien die Erzeugnisse beurteilt werden sollen. Bei Gewinnmaximierung und knapper Kapazität ist beispielsweise der relative Deckungsbeitrag das relevante Kriterium. Bei Rentabilitätsmaximierung erfolgt die Auswahl hingegen nach dem Aspekt, welcher Deckungsbeitrag je Einheit des investierten Kapitals erzielt werden kann. Von der Zielsetzung hängt es auch ab, welche Einflußgrößen für die Programmentscheidung relevant sind.

3.5.2 Relevante Informationen für Programmentscheidungen bei unterschiedlichen Zielsetzungen

Für die Programmentscheidungen sind je nach verfolgter Zielsetzung Umsätze, Kosten und u.U. auch das erforderliche Kapital zu berücksichtigen. Welche dieser Daten – beeinflußbare (variable) oder durch die Entscheidung nicht beeinflußbare (fixe) – für die Entscheidung bedeutsam sind, hängt von der verfolgten Zielsetzung ab. Daten sind dann relevant, wenn von ihnen die Lage der für eine bestimmte Zielsetzung optimalen Politik abhängt, d.h., wenn die Zusammensetzung des optimalen Programms durch sie beeinflußt wird.

- Relevant sind grundsätzlich alle Größen (Kosten, Umsätze, Kapitaleinsatz), deren Höhe durch die anstehende Entscheidung verändert wird (z.B. variable Kosten bei Gewinnmaximierung oder der variable Kapitaleinsatz bei Rentabilitätsmaximierung).

- Je nach Zielsetzung können aber auch nicht beeinflußbare (fixe) Kosten bzw. ein von der Entscheidung unabhängiger Kapitaleinsatz relevant werden. Das ist bei Rentabilitätsmaximierung oder auch für Politiken mit unsicheren Absatzerwartungen bei nicht linearen Nutzenfunktionen der Fall. Die fixen Kosten, bzw. der nicht beeinflußbare Teil des Kapitaleinsatzes, sind in diesem Fall im Optimalitätskriterium enthalten.

Im Hinblick auf das erste Merkmal ist zu hinterfragen, ob sich in einer konkreten Entscheidungssituation das Niveau bestimmter Größen durch die zu treffende Entscheidung ändert

3.5 Operative Programmplanung

(variable Kostenbestandteile). Nur dann sind sie unabhängig von der Zielsetzung immer im Entscheidungsmodell zu erfassen. Bei den Kosten sind demzufolge zwei **Kategorien** zu unterscheiden:[162]

1. Kosten, deren Höhe von der zu treffenden Entscheidung abhängig ist; diese Kosten werden als **dispositionsabhängige Kosten** oder auch als **variable Kosten** in bezug auf die Entscheidung bezeichnet.
2. Kosten, deren Höhe von den Variablen des Entscheidungsproblems nicht beeinflußt wird; sie werden **dispositionsunabhängige** oder **fixe Kosten** genannt.

Ob es sich bei bestimmten Kosten um variable oder fixe Kosten handelt, hängt allein von der Art der Entscheidungssituation ab. Die gleichen Kosten können in einer Entscheidungssituation disponibel sein, während sie in einer anderen nicht zu beeinflussen sind. Zwei Beispiele sollen das verdeutlichen:

1. Materialkosten, deren Höhe allein von der Ausbringungsmenge in der Planungsperiode abhängt, sind dispositionsunabhängig oder fix, falls das Niveau der Ausbringung vorgegeben ist und lediglich entschieden werden soll, mit welcher Intensität und welchen Arbeitszeiten diese Menge auf welchem Aggregat zu erstellen ist. Dispositionsabhängig bzw. variabel sind sie dagegen, wenn gleichzeitig auch die Höhe der Ausbringung festzulegen ist oder wenn bei gegebener Gesamtausbringung die Materialkosten davon abhängen, welches Aggregat zur Produktion eingesetzt wird.
2. Die Höhe der beschäftigungszeitabhängigen Kosten pro Planperiode ist vom Umfang der Beschäftigungszeit an einem Aggregat abhängig. Um dispositionsabhängige (variable) Kosten handelt es sich, wenn die Einsatzzeit der Aggregate noch zu planen ist. Liegt diese Zeit aber bereits vor der Planung fest, ist auch die Höhe dieser Kosten im Planungszeitraum gegeben. Es handelt sich dann folglich um dispositionsunabhängige bzw. fixe Kosten.

Die Beispiele lassen erkennen, daß es nicht schlechthin variable oder fixe Kosten gibt. Vielmehr muß in jeder einzelnen Entscheidungssituation analysiert werden, ob sich bestimmte Kosten über die Variablen dieses Entscheidungsproblems in ihrer Höhe beeinflussen lassen. Es sollte deshalb auch nicht pauschal von fixen oder variablen Kosten gesprochen werden; vielmehr sollte stets durch einen Zusatz kenntlich gemacht werden, in bezug worauf die Kosten fix bzw. variabel sind. Korrekt wäre daher die Bezeichnung „beschäftigungsfixe Kosten", wenn diese Kosten sich nicht mit dem Beschäftigungsgrad bzw. der Ausbringung verändern.

Die beeinflußbaren Kosten können in unterschiedlicher Art von der jeweiligen Entscheidung abhängen. Einmal verändert sich deren Höhe kontinuierlich mit dem Niveau der sie determinierenden Variablen. Beispielsweise verändert sich die Gesamthöhe dieser Kosten linear mit dem Niveau der Variablen (proportionale Kosten). Bei einer zweiten Form mit der Entscheidung variierender Kosten treten die Änderungen nicht kontinuierlich, sondern sprunghaft auf. Ein Beispiel dafür sind Änderungen im Betriebsmittelbestand. Wird im Rahmen

---

[162] Vgl. Gutenberg (1983), S. 426 ff.; vgl. auch Heinen (1983), S. 497 ff.; Kilger (1972), S. 45 ff.; Schmalenbach (1963), S. 41 ff. mit weitgehender Untergliederung.

einer langfristigen Kostenanalyse der Betriebsmittelbestand um ein weiteres Aggregat erhöht, wachsen die Abschreibungen mit dieser Entscheidung sprunghaft auf ein neues Niveau an. Derartige Kosten werden in der Betriebswirtschaftslehre irreführend auch als „sprungfix" bezeichnet. Fix ist bei diesen Kosten lediglich die Höhe des auftretenden Kostensprungs, die Kosten selbst sind variabel, da deren Gesamthöhe davon abhängig ist, wie viele Maschinen zusätzlich beschafft werden. Sind die Maschinen einmal angeschafft und wird von der Möglichkeit einer Desinvestition abstrahiert, sind diese Kosten für die kurzfristige Kostenpolitik fix, d.h., sie sind bei Entscheidungen über das Beschäftigungsniveau nicht mehr disponibel.

Im Hinblick auf das zweite Merkmal für Entscheidungsrelevanz ist zu überprüfen, ob bei bestimmten Zielen auch die nicht beeinflußbaren Kosten bzw. ein entscheidungsunabhängiger Kapitaleinsatz auf die optimale Politik Einfluß haben. Dieses zweite Merkmal ist **rein zielorientiert**, d.h., ob fixe Kosten relevant sind, hängt allein von der Zielsetzung ab.[163] Das soll anhand einiger Beispiele erläutert werden:

Beispiel 1:

Für ein Entscheidungsproblem mit der Variablen y gilt folgende Kostenfunktion:

$$K(y) = \underbrace{\frac{A}{y} + B \cdot y}_{\text{relevante Kosten}} + \underbrace{F}_{\substack{\text{nicht} \\ \text{relevante Kosten}}} \to \min$$

Entscheidungsprobleme mit dieser Struktur treten in der Bestellpolitik auf. Die optimale Politik kann aus der ersten Ableitung nach y bestimmt werden. Das Optimalitätskriterium zeigt an, daß nur die Kostengrößen A und B die Lage der optimalen Politik beeinflussen.

$$\frac{dK(y)}{dy} = -\frac{A}{y^2} + B = 0 \quad \Rightarrow \quad y_{opt} = \sqrt{\frac{A}{B}}$$

Der Kostenbetrag F ist für diese Entscheidung irrelevant, da er in der 1. Ableitung und damit in der Bestimmungsgleichung für y_{opt} nicht mehr auftritt.

Beispiel 2:

Auch für eine gewinnmaximale Programmplanung bestimmen nur die variablen Kosten die Lage der optimalen Politik. Die von der Entscheidung nicht beeinflußbaren, fixen Kosten sind irrelevant. Wird jedoch die Zielsetzung verändert und die Lösung mit maximaler Rentabilität angestrebt, verändert sich die Situation. Relevant für die Entscheidung sind dann auch die fixen Kosten. Das soll am Beispiel der rentabilitätsmaximalen Preispolitik im Monopol gezeigt werden. Für diesen Fall gilt die folgende Rentabilitätsfunktion mit der Menge M als Variable:

---

163 Eine andere Definition findet sich bei Kilger (1987), S. 17.

3.5 Operative Programmplanung

$$R(M) = \frac{(a-b\cdot M)\cdot M - k\cdot M - K_f}{C_f + C_v \cdot M} \to \max$$

Der Term (a–b·M)·M beschreibt die Umsätze bei Preisen p = a–b·M; die variablen Kosten entsprechen dem Ausdruck k·M mit k als Kostensatz pro Mengeneinheit. K_f bezeichnet die beschäftigungsfixen Kosten. Der Kapitaleinsatz setzt sich aus einem fixen Betrag C_f und einem variablen, proportional von der Menge M abhängigen Betrag C_v·M zusammen. Die rentabilitätsmaximale Lösung des Problems hängt, wie die 1. Ableitung der Funktion nach M anzeigt, auch von den fixen Kosten K_f und dem fixen Kapitaleinsatz C_f ab, weil diese in der Bestimmungsgleichung für die optimale Ausbringung auftreten.

$$M_{opt} = -\frac{C_f}{C_v} + \sqrt{\left(\frac{C_f}{C_v}\right)^2 + \frac{C_f \cdot a - C_f \cdot k + K_f \cdot C_v}{b \cdot C_v}}$$

Bei Gewinnmaximierung gilt dieser Zusammenhang nicht. Wird ausschließlich die Gewinnfunktion (Zählerfunktion der Rentabilität) betrachtet,

$$G(M) = (a-b\cdot M)\cdot M - k\cdot M - K_f \to \max$$

ergibt sich aus der 1. Ableitung folgende Bestimmungsgleichung für die Menge:

$$M_{opt} = \frac{a-k}{2b}$$

Bei Gewinnmaximierung stimmen somit die Begriffe variable und relevante bzw. fixe und nicht relevante Kosten inhaltlich überein, d.h., fixe Kosten tangieren das Entscheidungsproblem nicht.

Beispiel 3:

Fixe Kosten können auch für **Entscheidungen unter Unsicherheit** relevant sein.[164] Angenommen, die absetzbaren Mengen sind unsicher, und es werden viele alternative Absatzsituationen mit gegebenen Eintrittswahrscheinlichkeiten für möglich gehalten. Für diesen Fall läßt sich jedes Produktionsprogramm durch den Gewinnerwartungswert μ und das Risikomaß σ (Standardabweichung des Gewinns) beschreiben.

In Abbildung 3-21 sind von der Vielzahl möglicher nur die effizienten Strategien für das Produktionsprogramm eingetragen; sie liegen auf der Kurve AB. Effizient ist eine Strategie, wenn ein beliebig gesetzter Gewinnerwartungswert mit minimalem Risiko erreicht wird.

Aus den beiden Zielkomponenten „Gewinn" und „Risiko" hat das Unternehmen eine Nutzenfunktion – Zielfunktion – entwickelt. Für alternative Nutzenniveaus gelten jeweils die Nutzenindifferenzkurven N_1, N_2 und N_3. Eine Nutzenindifferenzkurve beschreibt Kombinationen von μ und σ, die den gleichen Nutzen stiften. Das Nutzenniveau nimmt von N_1 nach

---

[164] Vgl. Schneider (1984), S. 2521 ff.

N₃ (von links nach rechts) zu, d.h., bei konstantem Risikoniveau σ erhöht sich der Nutzen mit steigendem Gewinnerwartungswert μ. Anders formuliert verringert sich der Nutzen bei konstantem Niveau des erwarteten Gewinns μ mit steigendem Risiko σ. Der unterstellte Verlauf der Nutzenindifferenzkurven drückt ein risikoscheues Verhalten des Unternehmers aus.[165]

Die optimale Lösung ist durch den Punkt E gekennzeichnet, bei dem die Kurve effizienter Strategien die Funktion mit dem höchstmöglichen Nutzen tangiert.

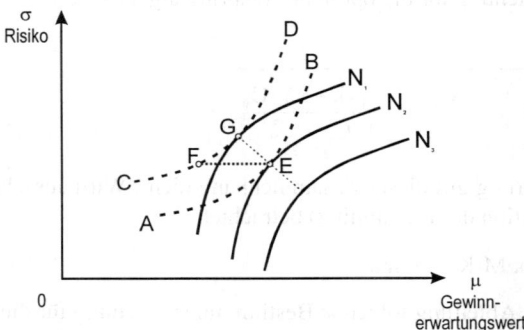

Abbildung 3-21

Die Kurve effizienter Strategien AB gilt für eine Situation, in der keine fixen Kosten existieren. Wird davon ausgegangen, daß bei sonst gleicher Programmzusammensetzung wie auf der Kurve AB zusätzlich fixe Kosten auftreten, verschiebt sich die Kurve AB parallel um den Fixkostenbetrag nach links. Für diese neue Situation resultiert dann die Kurve effizienter Programme CD. Das Programm, das auf der Kurve AB zum Punkt E gehört, liegt dann auf der Kurve CD bei F. Die zusätzlichen Fixkosten führen auf der Kurve CD zu einer neuen optimalen Lösung G mit einer gegenüber E veränderten Programmzusammensetzung. Obwohl durch die Programmentscheidung das Fixkostenniveau nicht beeinflußt wird, übt jedoch das Niveau der Fixkosten Einfluß auf die optimale Programmzusammensetzung aus.

Fixe Kosten sind bei Unsicherheit nur dann relevant, wenn die Nutzenfunktion nicht linear ist, wie z.B. die Nutzenfunktion bei risikoscheuem Verhalten. Abneigung gegen Risiko ist dann gegeben, wenn eine bestimmte Gewinnabweichung bei niedrigem Niveau des Gewinnes stärker gewichtet wird als bei hohem Gewinn-Niveau. Gewinnabweichungen bei niedrigen Gewinnen schmerzen dann mehr als bei hohen Gewinnen. Eine Nutzenfunktion mit dieser Eigenschaft ist die Wurzel aus dem Gewinnbeitrag einer Entscheidungsalternative.

Ein Zahlenbeispiel soll den Zusammenhang noch deutlicher werden lassen. Ein Entscheidungsträger hat zwei Entscheidungsalternativen.[166] Bei Alternative A realisiert er mit Si-

---

165 Vgl. Bitz (1981), S. 99 ff.
166 Vgl. auch Schneider (1984), S. 2522.

cherheit einen Deckungsbeitrag von 4900 GE. Bei Alternative B tritt mit gleichen Wahrscheinlichkeiten entweder ein Deckungsbeitrag von 1600 GE oder von 10.000 GE ein. Angenommen die Deckungsbeiträge sind mit dem Gewinn identisch, d.h., es fallen keine fixen Kosten an, und der Nutzen einer Alternative entspricht der Wurzel ihres Gewinns, so errechnen sich folgende Erwartungswerte des Nutzens:

$NG_A = \sqrt{4900} = 70$

$NG_B = 0{,}5\sqrt{1600} + 0{,}5\sqrt{10000} = 70$

Beide Alternativen sind mithin gleichwertig.

Fallen bei sonst gleicher Entscheidungssituation 1000 GE fixe Kosten an, errechnen sich folgende Nutzenwerte für die beiden Strategien:

$NG_A = \sqrt{4900 - 1000} = 62{,}45$

$NG_B = 0{,}5\sqrt{1600 - 1000} + 0{,}5\sqrt{10000 - 1000} = 59{,}68$

Als Folge der fixen Kosten ist nunmehr die Strategie A der Strategie B überlegen, d.h., die fixen Kosten sind entscheidungsrelevant. Entspricht der Nutzen jedoch dem Gewinn einer Alternative, ist also der Nutzen eine lineare Funktion des Gewinns, so ist, unabhängig von der Höhe der fixen Kosten, immer Alternative B vorzuziehen. Die fixen Kosten sind dann für die Entscheidung unmaßgeblich.

$G_A = 4900 \quad \text{bzw.} \quad 4900 - 1000 = 3900$

$G_B = 0{,}5 \cdot 1600 + 0{,}5 \cdot 10000 = 5800 \quad \text{bzw.} \quad 5800 - 1000 = 4800$

Die Beispiele belegen, daß es für die Auswahl der im Planungsmodell abzubildenden relevanten Informationen (Kosten, Kapitaleinsatz) ausschlaggebend auf die verfolgte Zielsetzung ankommt. Allein durch sie wird determiniert, ob neben den variablen auch fixe Größen entscheidungsrelevant sind. Lediglich für die Zielsetzung „Gewinnmaximierung" oder „Kostenminimierung" kommt fixen Kosten für die Entscheidung keine Bedeutung zu.

3.5.3 Entscheidungsfelder der operativen Produktionsprogrammplanung
3.5.3.1 Keine Kapazitätsbeschränkung

Zunächst soll der einfachste Fall der Programmplanung bei Gewinnmaximierung diskutiert werden.[167] Es besteht kein Fertigungsengpaß; weiterhin ist für jedes Erzeugnis nur ein Fertigungsprozeß definiert, d.h., die variablen Produktionskosten je Erzeugniseinheit sind – unabhängig von der Produktionsmenge – für jede Erzeugnisart konstant.

In dieser Planungssituation werden alle Produkte mit positiver **Deckungsspanne** – Differenz zwischen dem vorgegebenen Preis eines Erzeugnisses und den variablen Produktionskosten

---

167 Vgl. Jacob (1990), S. 503 ff.

je Erzeugniseinheit – mit den maximal absetzbaren Mengen in das Programm aufgenommen, weil sie zur Deckung der nicht beeinflußbaren, fixen Kosten beitragen. Erzeugnisse mit einer negativen Deckungsspanne sind nicht vorteilhaft, da deren Preise nicht einmal die entstehenden variablen Kosten decken; sie leisten demzufolge keinen Beitrag zur Deckung der Fixkosten. Diese Aussage ist allerdings nur dann richtig, wenn zwischen den Erzeugnissen des Programms kein Absatzverbund existiert.

Die Analyse zur Programmplanung geht von folgendem **Beispiel** aus:

Ein Unternehmen mit zweistufiger Fertigung, das Gewinnmaximierung betreibt, prüft, welche von acht Produkten des Rahmenprogramms in das Fertigungsprogramm aufzunehmen sind. Eine Fertigungsminute in der Produktionsstufe 1 verursacht variable Kosten in Höhe von 5 Geldeinheiten. Die entsprechenden Kosten der Stufe 2 belaufen sich auf 8 Geldeinheiten. In jeder Produktionsstufe steht eine Kapazität von 5500 Minuten zur Verfügung. Von jedem Erzeugnis können zum gegebenen Preis maximal 100 Mengeneinheiten abgesetzt werden. Die Preise, die Materialkosten, der Zeitbedarf pro Mengeneinheit in den beiden Fertigungsstufen sowie die variablen Kosten und Deckungsspannen sind der Tabelle 3-6 zu entnehmen.

Erzeug- nis	Produktionszeit (Minuten/ME)		Fertigungs- kosten	Material- kosten	variable Kosten	Preis	Deckungs- spanne
	Stufe 1	Stufe 2	(GE/ME)	(GE/ME)	(GE/ME)	(GE/ME)	(GE/ME)
(1)	(2)	(3)	(4)	(5)	(6)=(5)+(4)	(7)	(8)=(7)-(6)
1	4	5	60,-	50,-	110,-	120,-	10,-
2	10	4	82,-	30,-	112,-	105,-	- 7,-
3	15	3	99,-	25,-	124,-	140,-	16,-
4	5	10	105,-	45,-	150,-	190,-	40,-
5	25	15	245,-	90,-	335,-	390,-	55,-
6	6	8	94,-	46,-	140,-	120,-	- 20,-
7	3	9	87,-	58,-	145,-	155,-	10,-
8	15	20	235,-	70,-	305,-	270,-	- 35,-

Tabelle 3-6

Durch die Produktion des Erzeugnisses 1 entstehen in Stufe 1 bei einer Kapazitätsbelastung von 4 Minuten variable Kosten in Höhe von 20 Geldeinheiten und in Stufe 2 bei einer Kapazitätsbelastung von 5 Minuten variable Kosten in Höhe von 40 Geldeinheiten; insgesamt werden also 60 Geldeinheiten Fertigungskosten verursacht. Bei Materialkosten in Höhe von 50 Geldeinheiten und einem Preis in Höhe von 120 Geldeinheiten wird mit Erzeugnis 1 eine Deckungsspanne von 10 Geldeinheiten erzielt.

Die Erzeugnisse 2, 6 und 8 mit negativen Deckungsspannen werden nicht produziert, während von den Erzeugnissen 1, 3, 4, 5 und 7 die maximal absetzbaren Mengen hergestellt werden, wenn dazu die Fertigungskapazität in beiden Stufen ausreicht. Es ist daher zu überprüfen, ob diese Voraussetzung erfüllt ist. Für jeweils 100 Mengeneinheiten der Erzeugnisse 1, 3, 4, 5 und 7 werden in Stufe 1 insgesamt 5200 Minuten benötigt. In Stufe 2 sind 4200

3.5 Operative Programmplanung

Minuten erforderlich (vgl. Tabelle 3-7), d.h., die Fertigungskapazität ist in beiden Stufen nicht knapp.

Erzeugnis	maximale Absatzmenge	Produktionszeit (Minuten/ME)		Produktionszeit insgesamt (Minuten)	
	(ME)	Stufe 1	Stufe 2	Stufe 1	Stufe 2
(1)	(2)	(3)	(4)	(5)=(2)·(3)	(6)=(2)·(4)
1	100	4	5	400	500
3	100	15	3	1500	300
4	100	5	10	500	1000
5	100	25	15	2500	1500
7	100	3	9	300	900
Σ	-	-	-	5200	4200

Tabelle 3-7

Für den Fall ohne Kapazitätsengpaß soll noch auf eine zweite Planungssituation eingegangen werden. Ein Unternehmen hat drei potentielle Kunden, die ein Produkt zu unterschiedlichen Preisen kaufen würden. Da die Kunden aber untereinander Informationen austauschen, ist eine Preisdifferenzierung nicht möglich. Es gelten folgende Absatzdaten:

Kunde	Nachfragemenge des Kunden	max. möglicher Verkaufspreis an den Kunden
A	1000	90
B	800	75
C	350	60

Tabelle 3-8

Die variablen Kosten pro ME hängen von der Gesamtproduktionsmenge ab, da der Betrieb bei den einzusetzenden Rohstoffen Preisnachlässe erreichen kann, wenn die Abnahmemenge wächst. Die Kostensituation kann folgender Tabelle entnommen werden.

Variable Kosten pro ME	bei einer max. Produktionsmenge bis
10	1000 ME
8	2000 ME
6	3000 ME

Tabelle 3-9

Ob es vorteilhaft ist, neben dem Kunden A auch noch B, dann allerdings zum geringeren Preis von 75 GE für beide Kunden, zu beliefern, wird nach dem Prinzip positiver Deckungsbeitragsdifferenzen entschieden. Es ist vorteilhaft, auch noch den nächsten Kunden zu versorgen, wenn dadurch eine positive Deckungsbeitragsdifferenz erzielt werden kann.

Wird nur Kunde A – Produktionsmenge 1000 – beliefert, gelten variable Kosten in Höhe von 10 GE pro ME. Die Gesamtproduktionsmenge kann auf 1800 ME gesteigert werden, wenn auch B beliefert wird. Gleichzeitig sinken damit die variablen Kosten auf 8 GE pro ME. Der Wechsel der Strategie hat folgende Deckungsbeitragsdifferenz zur Folge: Mit dem Verfahrenswechsel verliert das Unternehmen beim Kunden A $15 \cdot 1000 = 15000$ GE Umsatz. Die 1000 ME des A können jedoch um 2000 GE billiger produziert werden. Der resultierenden Einbuße von 13000 GE beim Kunden A steht der zusätzliche Deckungsbeitrag beim Kunden B in Höhe von $67 \cdot 800 = 53600$ GE gegenüber, so daß sich der gesamte Deckungsbeitrag um 40600 GE erhöht. Steigt die Produktionsmenge von 1000 ME auf 1800 ME, wird also auch Kunde B beliefert, wächst der gesamte Deckungsbeitrag um 40600 GE.

$$\text{DB–Differenz} = - \underbrace{(90-75)\cdot 1000}_{\text{Erlöseinbuße bei Kunde A}} + \underbrace{2\cdot 1000}_{\substack{\text{Kostensenkung}\\ \text{Kunde A}}} + \underbrace{(75-8)\cdot 800}_{\text{Deckungsbeitrag Kunde B}} = 40600$$

Wird auch Kunde C beliefert, sinken die variablen Kosten auf 6 GE pro ME. Die nunmehr geltende Deckungsbeitragsdifferenz beträgt:

$$\text{DB–Differenz} = - \underbrace{(15\cdot 1800)}_{\substack{\text{Erlöseinbußen bei den}\\ \text{Kunden A und B}}} + \underbrace{(2\cdot 1800)}_{\substack{\text{Kostensenkungen für Mengen}\\ \text{der Kunden A und B}}} + \underbrace{(60-6)\cdot 350}_{\text{Deckungsbeitrag Kunde C}} = -4500$$

Es lohnt sich damit nicht, auch C zu beliefern und die Produktion auf 2150 ME auszudehnen, da die Erlöseinbußen bei den Kunden A und B durch die Kostensenkungen und den Zusatzdeckungsbeitrag von C nicht kompensiert werden können.

3.5.3.2 Ein bekannter Kapazitätsengpaß und ein Produktionsverfahren

Die Planungssituation wird nunmehr um einen Produktionsengpaß erweitert. Der Engpaß möge bereits vor Beginn der Programmplanung bekannt sein. Dieser Fall kann bei einstufiger, aber auch bei speziellen Varianten mehrstufiger Produktion auftreten.

- Im Fall einstufiger Produktion reicht die Kapazität dann nicht aus, um von allen Erzeugnissen mit positiver Deckungsspanne die maximal absetzbare Menge zu produzieren.
- Bei mehrstufiger Produktion läßt sich ein Produktionsengpaß nur dann vorher lokalisieren, wenn die relative Kapazitätsbeanspruchung bei allen Produkten in der gleichen Fertigungsstufe den maximalen Wert annimmt.[168]

Der zweite Fall soll an einem Beispiel verdeutlicht werden. Ein Unternehmen kann drei Erzeugnisse herstellen; alle Erzeugnisse werden in zwei Produktionsstufen bearbeitet. Die Produktionszeiten pro Mengeneinheit der drei Erzeugnisse für jede der beiden Stufen sind der Tabelle 3-10 zu entnehmen. Die Kapazität beträgt 100 Zeiteinheiten in Stufe 1 und 200 Zeiteinheiten in Stufe 2.

---

168 Vgl. Jacob (1990), S. 509 ff.

3.5 Operative Programmplanung

Erzeugnis	Produktionszeit (ZE/ME)	
	Stufe 1	Stufe 2
1	5	4
2	6	8
3	10	18
Kapazität	100	200

Tabelle 3-10

Die Kapazitätsbeanspruchung pro Erzeugniseinheit und Stufe (Tabelle 3-10) wird in eine relative Beanspruchung der Kapazität pro Erzeugniseinheit und Stufe umgerechnet (Tabelle 3-11). Die relative Kapazitätsbeanspruchung ist definiert als:

$$\frac{\text{Kapazitätsbedarf pro ME in einer Stufe}}{\text{Gesamtkapazität pro Stufe}} \cdot 100$$

Erzeugnis	relative Kapazitätsbeanspruchung in	
	Stufe 1	Stufe 2
1	5 %	2 %
2	6 %	4 %
3	10 %	9 %

Tabelle 3-11

Für jedes der drei Erzeugnisse ist die relative Kapazitätsbeanspruchung in Stufe 1 größer als in Stufe 2. Daher kann es kein Produktionsprogramm geben, das zu einem Engpaß in der 2. Stufe führt.

Die Aufgabe der operativen Programmplanung bei einem gegebenen Engpaß besteht darin, die Kapazität der Engpaßabteilung so auf die Produkte zu verteilen, daß der Gewinn maximiert wird. Die Entscheidung, ob ein Erzeugnis in das Fertigungsprogramm aufzunehmen ist, kann in dieser Situation nicht mehr anhand der absoluten Deckungsspanne pro Erzeugniseinheit getroffen werden. Die Planungsüberlegungen müssen vielmehr von den Deckungsspannen ausgehen, die pro Einheit des Engpasses mit den einzelnen Erzeugnissen erzielt werden können (**relative Deckungsspanne**). Die relative Deckungsspanne eines Erzeugnisses ist als Quotient der Deckungsspanne je Erzeugniseinheit und des Faktorbedarfs je Erzeugniseinheit im Engpaß definiert.

Das Entscheidungskriterium lautet dann: Von dem Erzeugnis mit der höchsten relativen Deckungsspanne ist – sofern dazu die Kapazität ausreicht – die maximal absetzbare Menge zu produzieren. Wird durch dieses Erzeugnis nicht die gesamte Kapazität beansprucht, ist für das Produkt mit der zweithöchsten relativen Deckungsspanne analog zu verfahren. Entsprechend der Rangfolge der relativen Deckungsspannen werden so lange neue Erzeugnisse in das Programm aufgenommen und in möglichst großen Mengen produziert, bis die gesamte Kapazität der Engpaßabteilung verplant ist.

Das Entscheidungskriterium soll anhand eines Beispiels erläutert werden.

Ein Unternehmen kann fünf Produkte herstellen; alle Produkte durchlaufen mehrere Stufen. Die Kapazität einer Stufe reicht nicht aus, um von sämtlichen Produkten mit einer positiven Deckungsspanne die maximal absetzbare Menge zu produzieren. Die Deckungsspannen je Erzeugniseinheit und die Produktionszeiten pro Erzeugniseinheit im Engpaß sowie die maximal absetzbaren Mengen und die relativen Deckungsspannen sind bekannt (Tabelle 3-12). In der Engpaßstufe steht eine Kapazität von 2800 Zeiteinheiten zur Verfügung.

Erzeugnis	max. Absatz-menge (ME)	Deckungsspanne (GE/ME)	Produktionszeit im Engpaß (ZE/ME)	rel. Deckungs-spanne (GE/ZE)
(1)	(2)	(3)	(4)	(5)=(3):(4)
1	400	30,-	3	10,-
2	240	45,-	5	9,-
3	100	35,-	5	7,-
4	150	48,-	8	6,-
5	200	50,-	10	5,-

Tabelle 3-12

Als erstes ist das Erzeugnis 1 mit der höchsten relativen Deckungsspanne in das Programm aufzunehmen. Für die Produktion der maximal von diesem Erzeugnis abzusetzenden 400 Mengeneinheiten werden 1200 Zeiteinheiten der Kapazität benötigt. In den verbleibenden 1600 Zeiteinheiten (2800 ZE − 1200 ZE) können noch weitere Produkte hergestellt werden. Zusätzlich wird daher das Erzeugnis 2 mit der zweithöchsten relativen Deckungsspanne in das Programm aufgenommen. Für die Produktion der 240 absetzbaren Mengeneinheiten des Erzeugnisses 2 werden wiederum 1200 Zeiteinheiten benötigt. Die dann noch verbleibenden 400 Zeiteinheiten Kapazität werden für die Produktion des Erzeugnisses 3 eingesetzt. Bei einem Zeitbedarf von 5 ZE/ME für Erzeugnis 3 können hiervon noch 80 Mengeneinheiten gefertigt werden. Erzeugnis 3 ist damit das **Grenzprodukt**.

Das optimale Produktionsprogramm und die mit diesem Programm zu erzielenden Deckungsbeiträge aller Erzeugnisse sind der Tabelle 3-13 zu entnehmen. Der Deckungsbeitrag eines Erzeugnisses ergibt sich als Produkt der Deckungsspanne und der von diesem Erzeugnis absetzbaren Menge.

Erzeugnis	optimale Menge (ME)	Zeitbedarf (ZE)	Deckungsspanne (GE/ME)	Deckungsbeitrag (GE)
(1)	(2)	(3)	(4)	(5)=(2)·(4)
1	400	1200	30,-	12000
2	240	1200	45,-	10800
3	80	400	35,-	2800
Σ	-	2800	-	25600

Tabelle 3-13

3.5 Operative Programmplanung

Das Beispiel zeigt, daß die Entscheidung über die Zusammensetzung des Programms bei einem Engpaß nicht anhand der absoluten Deckungsspanne pro Erzeugniseinheit gefällt werden kann. Im Beispiel werden die beiden Produkte mit den höchsten absoluten Deckungsspannen je Erzeugniseinheit – Produkte 4 und 5 – nicht in das Programm aufgenommen, da die in der Engpaßabteilung benötigte Produktionszeit pro Mengeneinheit größer ist als die der Produkte 1, 2 und 3.

3.5.3.3 Ein Engpaß und alternative Produktionsprozesse

Ein Unternehmen kann für die Produktion im Engpaß mehrere funktionsgleiche, aber kostenverschiedene Produktionsprozesse einsetzen. Als Folge der Kostenunterschiede kann einem Erzeugnis keine eindeutige Deckungsspanne zugeordnet werden; vielmehr hängt die Höhe der zu erzielenden Deckungsspanne vom eingesetzten Produktionsprozeß ab. Für jedes Erzeugnis und jeden Prozeß existiert somit eine spezielle Deckungsspanne. Die Auswahl des zur Produktion eines Erzeugnisses einzusetzenden Produktionsprozesses gehört dann neben der Festlegung der Produktionsmengen der Erzeugnisse mit zur Programmplanung.

Ein derartiges Problem ist im allgemeinen mit Verfahren wie der Linearen Programmierung zu lösen. Für einige spezielle Situationen kann aber auch in modifizierter Form auf das zuvor erläuterte Konzept relativer Deckungsspannen zurückgegriffen werden. Zwei Varianten sollen für diese Klasse von Planungsproblemen vorgestellt werden. Planung auf Basis

- relativer Brutto-Deckungsspannen und
- relativer Deckungsspannendifferenzen.

Eine Planung anhand **relativer Brutto-Deckungsspannen** bietet sich in der folgenden Situation an: Die variablen Kosten K_{iz} pro Zeiteinheit eines Aggregates i sind – unabhängig davon, welches Erzeugnis z hergestellt wird – gleich hoch. Für jedes Aggregat i gelten pro Zeiteinheit unterschiedlich hohe Kostensätze K_i. Der Zeitbedarf zur Produktion einer Mengeneinheit eines Erzeugnisses ist auf allen Aggregaten gleich groß.

Die Art der Planungsüberlegungen hängt davon ab, ob die Deckungsspannen für alle Erzeugnisse und alle Aggregate positiv sind oder ob es Kombinationen von Erzeugnissen und Aggregaten mit negativen Deckungsspannen gibt.

Sofern jedes Erzeugnis, gleichgültig mit welchem Prozeß es hergestellt wird, immer zu positiven Deckungsspannen führt, und die zur Produktion aller Erzeugnisse benötigte Zeit größer ist als die gesamte Kapazität aller Aggregate in der Engpaßstufe, wird die Kapazität aller Prozesse voll ausgenutzt, d.h., jedes Aggregat wird mit der maximal verfügbaren Zeit t_{imax} eingesetzt. Für jeden Prozeß fallen damit im Planungszeitraum T – unabhängig von der Zusammensetzung des Fertigungsprogramms – Kosten K_{Ti} in Höhe von

$$K_{Ti} = K_i \cdot t_{imax} = const.$$

an, wobei K_i die Kosten pro Zeiteinheit des Aggregates i und $t_{i\,max}$ die maximale Einsatzzeit angeben.

Die Kosten K_{Ti} sind in dieser Situation für die Entscheidung irrelevant, da ihre Höhe von der Zusammensetzung des Produktionsprogramms unabhängig ist. Die Entscheidung ist dann auf Basis der relativen Brutto-Deckungsspannen der Erzeugnisse zu treffen. Die Brutto-Deckungsspanne pro Erzeugniseinheit ist als Differenz des Preises und der variablen Produktionskosten aller Produktionsstufen **mit Ausnahme der Engpaßstufe** definiert. Die relative Brutto-Deckungsspanne ist der Quotient aus der Brutto-Deckungsspanne und dem Zeitbedarf je Erzeugniseinheit im Engpaß. Sowohl die Brutto-Deckungsspanne als auch die relative Brutto-Deckungsspanne sind unabhängig vom eingesetzten Aggregat. Die Höhe der relativen Brutto-Deckungsspannen legt die Rangfolge fest, in der die Erzeugnisse in das Programm aufzunehmen sind. Das Entscheidungskriterium ist im Prinzip das gleiche wie im vorherigen Abschnitt. Zur Demonstration der Entscheidungsregel dient das folgende Beispiel.

Ein Betrieb verfügt im Engpaßbereich über drei funktionsgleiche Aggregate mit den in Tabelle 3-14 angegebenen Kapazitäten und variablen Kosten pro Zeiteinheit, die unabhängig von den produzierten Erzeugnissen sind.

Aggregat	variable Kosten K (GE/ZE)	Kapazität (ZE)
1	8,-	600
2	10,-	600
3	12,-	600

Tabelle 3-14

Der Betrieb kann fünf Erzeugnisse produzieren. Die Preise, die maximalen Absatzmengen, den für alle Prozesse gleich hohen Zeitbedarf pro Mengeneinheit eines Erzeugnisses, die variablen Kosten pro Mengeneinheit ohne Berücksichtigung der Engpaßabteilung sowie die mengenabhängigen Kosten im Engpaß sind Tabelle 3-15 zu entnehmen.

Erzeugnis	max. Absatzmenge (ME)	Preis pro ME (GE/ME)	variable Kosten ohne Engpaß (GE/ME)	Zeitbedarf im Engpaß (ZE/ME)	variable Kosten im Engpaß (GE/ME)		
					Aggregat 1	Aggregat 2	Aggregat 3
(1)	(2)	(3)	(4)	(5)	(6)	(7)	(8)
1	150	710,-	150,-	8	64,-	80,-	96,-
2	100	260,-	80,-	3	24,-	30,-	36,-
3	100	280,-	120,-	2	16,-	20,-	24,-
4	50	180,-	100,-	4	32,-	40,-	48,-
5	150	230,-	105,-	5	40,-	50,-	60,-

Tabelle 3-15

3.5 Operative Programmplanung

Für jedes Erzeugnis und jedes Aggregat können die Deckungsspannen berechnet werden (vgl. Tabelle 3-16, Spalten (2), (3) und (4)).[169] Da alle Deckungsspannen positiv sind, wird der Betrieb in diesem Fall die Kapazität aller drei Aggregate im Engpaß voll nutzen. Die Entscheidung über die in das Programm aufzunehmenden Erzeugnisse ist auf Basis der relativen Brutto-Deckungsspannen (Tabelle 3-16, Spalte (6)) zu treffen.

Erzeugnis	Deckungsspanne für Aggregat (GE/ME)			Bruttodeckungsspanne (GE/ME)	rel. Brutto-Deckungsspanne (GE/ZE)	Rangfolge	Kapazitätsbedarf bei max. Absatzmenge (ZE)
	1	2	3				
(1)	(2)	(3)	(4)	(5)	(6)	(7)	(8)
1	496,-	480,-	464,-	560,-	70,-	2.	1200
2	156,-	150,-	144,-	180,-	60,-	3.	300
3	144,-	140,-	136,-	160,-	80,-	1.	200
4	48,-	40,-	32,-	80,-	20,-	5.	200
5	85,-	75,-	65,-	125,-	25,-	4.	750
Σ	-	-	-	-	-	-	2650

Tabelle 3-16

Es werden die maximal absetzbaren Mengen der Erzeugnisse 3, 1 und 2 produziert. Dafür ist eine Produktionszeit von 1700 Zeiteinheiten erforderlich. In den dann noch zur Verfügung stehenden 100 Zeiteinheiten werden 20 Mengeneinheiten des Erzeugnisses 5 hergestellt. Die Art der Zuweisung dieser Produktionsmengen auf die Produktionsprozesse des Engpasses ist belanglos; denn jede beliebige Zuweisung von Produktionsmengen der herzustellenden Erzeugnisse auf die Aggregate führt zu Kosten in gleicher Höhe.

Sofern einige Kombinationen von Aggregaten und Erzeugnissen zu negativen Deckungsspannen führen, ist nicht sichergestellt, daß der Betrieb die Kapazität aller Aggregate voll beansprucht. Ein Engpaß liegt aber insofern vor, als die Kapazität des kostengünstigsten Aggregates nicht zur Produktion aller gewünschten Mengen ausreicht. Bei voller Auslastung aller Prozesse würden auf einzelnen Aggregaten dann u.U. Erzeugnisse produziert, für die bei Einsatz dieser Aggregate negative Deckungsspannen gelten. Ein Verzicht auf eine volle Beschäftigung aller Aggregate läßt dann die variablen Kosten der Planungsperiode stärker sinken als die Erlöse, so daß die Gewinne insgesamt steigen. Wenn es sinnvoll ist, die Kapazität der Aggregate nicht voll auszunutzen, können die Fertigungskosten der „Engpaßabteilung" auch nicht mehr wie fixe Kosten behandelt werden. Die Höhe dieser Kosten im Planungszeitraum hängt von der Lösung des Planungsproblems ab; folglich sind nunmehr auch die Fertigungskosten der Engpaßstufe bei der Entscheidung zu berücksichtigen.

Um diesen Fall zu erfassen, wird das vorherige Beispiel leicht modifiziert. Es gelten wiederum die Angaben der Spalten (1) bis (7) der Tabelle 3-15. Das Aggregat 3 möge jedoch nun-

---

169 Deckungsspanne = Preis – variable Kosten ohne Engpaß – Kosten für den jeweiligen Prozeß im Engpaß.

mehr variable Produktionskosten in Höhe von 28 Geldeinheiten pro Zeiteinheit verursachen. Die variablen Produktionskosten je Mengeneinheit in der Engpaßabteilung für jedes der fünf Produkte bei Einsatz des Aggregates 3 sind der Spalte (2) in Tabelle 3-17 zu entnehmen. Es gelten die Deckungsspannen sowie die Brutto-Deckungsspannen der Tabelle 3-17.

Erzeugnis	variable Kosten im Engpaß für Prozeß 3 (GE/ME)	Deckungsspanne für Aggregat (GE/ME)			Brutto-Deckungsspanne (GE/ME)	rel. Brutto-Deckungsspanne (GE/ZE)	Kapazitätsbedarf bei max. Absatzmenge (ZE)
		1	2	3			
(1)	(2)	(3)	(4)	(5)	(6)	(7)	(8)
1	224,-	496,-	480,-	336,-	560,-	70,-	1200
2	84,-	156,-	150,-	96,-	180,-	60,-	300
3	56,-	144,-	140,-	104,-	160,-	80,-	200
4	112,-	48,-	40,-	-32,-	80,-	20,-	200
5	140,-	85,-	75,-	-15,-	125,-	25,-	750
Σ	-	-	-	-	-	-	2650

Tabelle 3-17

Ausgehend von der Rangfolge, die anhand der relativen Brutto-Deckungsspannen abgeleitet wird und in der die Erzeugnisse in das Programm aufgenommen werden, wird eine Funktion D entwickelt, die den Zusammenhang zwischen der relativen Brutto-Deckungsspanne und dem Gesamtkapazitätsbedarf angibt.[170] Entsprechend der Rangfolge der Produkte wird zunächst Erzeugnis 3 mit einer relativen Brutto-Deckungsspanne von 80 GE/ZE produziert; dafür werden 200 Zeiteinheiten der Kapazität benötigt. Im Beschäftigungszeitintervall von 200 bis 1400 Zeiteinheiten beläuft sich die relative Brutto-Deckungsspanne auf 70 GE/ZE (Erzeugnis 1) usw. Die gesamte Funktion D der relativen Brutto-Deckungsspanne in Abhängigkeit vom kumulierten Zeitbedarf ist in Abbildung 3-22 durch die von links oben nach rechts unten abfallende Treppenkurve gegeben.

Der Kapazitätsnachfragefunktion D wird eine Kapazitätsangebotsfunktion K gegenübergestellt. Dazu sind die Aggregate entsprechend ihren variablen Kosten K_i pro Zeiteinheit zu ordnen. Der Betrieb wird zunächst das Aggregat mit den geringsten Kosten pro Zeiteinheit einsetzen und zeitlich voll ausschöpfen, erst danach das Aggregat mit den nächsthöheren Kosten pro Zeiteinheit zur Produktion heranziehen usw. Für Beschäftigungszeiten von 0 bis 600 Zeiteinheiten betragen die Kosten pro Zeiteinheit im Engpaß 8 Geldeinheiten, im Intervall von 600 bis 1200 Beschäftigungszeiteinheiten steigen sie auf 10 GE/ZE und danach auf 28 GE/ZE an. Die insgesamt verfügbare Kapazität beträgt 1800 Zeiteinheiten. Die Treppenkurve der Kapazitätsbereitstellung K verläuft in Abbildung 3-22 von links unten nach rechts oben.

---

170 Zum Lösungsverfahren vgl. Jacob (1990), S. 522 ff.

3.5 Operative Programmplanung

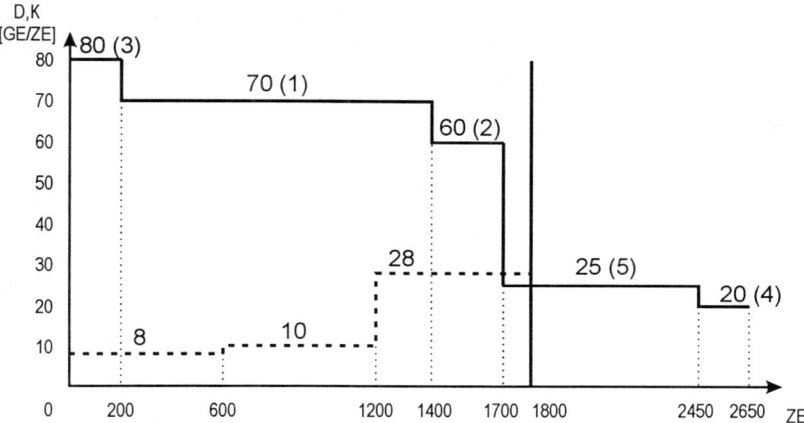

Abbildung 3-22

In das Produktionsprogramm sind so lange entsprechend der Rangfolge der relativen Brutto-Deckungsspannen weitere Erzeugnisse aufzunehmen, wie die relative Brutto-Deckungsspanne noch größer ist als die Kosten pro Zeiteinheit im Engpaß. In das Programm gehen also nur die Erzeugnisse 3, 1 und 2 ein. Die für diese drei Erzeugnisse insgesamt benötigte Kapazität beträgt 1700 Zeiteinheiten. Von der verfügbaren Kapazität in Höhe von 1800 Zeiteinheiten bleiben mithin 100 ZE des 3. Aggregates ungenutzt. Werden auch diese verbleibenden Zeiteinheiten entsprechend der Rangfolge durch das Erzeugnis 5 genutzt, entstehen Kosten in Höhe von 28 Geldeinheiten pro Zeiteinheit, während die relative Brutto-Deckungsspanne nur 25 Geldeinheiten pro Zeiteinheit beträgt. Wird daher die Beschäftigung von 1700 Zeiteinheiten auf 1800 Zeiteinheiten erhöht, sinkt der Gewinn im Vergleich zum Gewinn bei einer Beschäftigungszeit von 1700 Zeiteinheiten um insgesamt 300 Geldeinheiten. Für die Produktion ist es wiederum bedeutungslos, mit welchem der drei Verfahren die Erzeugnisse 1, 2 und 3 produziert werden, d.h., die Produktionsaufteilung beeinflußt die Höhe der Kosten nicht.

Eine Planung mit **relativen Deckungsspannendifferenzen** bietet sich an, wenn alternative Produktionsprozesse beliebig miteinander kombinierbar sind und bei zumindest einem dieser Prozesse keine knappe Kapazität existiert. Dies soll an einem Beispiel mit Fremdbezug von Teilen als nicht knappem Prozeß erläutert werden.[171]

In der Ausrüsterei eines Textilunternehmens werden Stoffballen – Stücke – aufgefahren, gewaschen, gefärbt, appretiert usw. Einziger Engpaß der Ausrüsterei ist die Stückfärberei. Daher wird bei Bedarf das Färben bestimmter Produkte als Lohnauftrag an ein anderes Unternehmen vergeben, und zwar für 400 DM pro Stück incl. Transportkosten. Dies kommt wegen des geringen Schwierigkeitsgrads der Färbung ausschließlich bei schwarz zu färbenden Geweben in Frage.

---

171 Vgl. Adam (1996a), S. 548 f.; Adam/Berens (1982b), S. 215 ff.

In der kommenden Planperiode sind bislang 200 Zeiteinheiten (ZE) der Stückfärberei nicht ausgelastet. In dieser Zeit können aber nicht alle der in der Tabelle 3-18 angegebenen Produkte gefärbt werden. Daher gilt es festzulegen, welche Produkte in welchen Mengen hergestellt werden sollen und ob Stücke der schwarzen Produkte fremd zu färben sind. Tabelle 3-18 gibt die auf das Stück bezogenen entscheidungsrelevanten Daten an.

Produkt-art	Absatz-grenze	tatsächlicher Verkaufs-preis	kalk. Selbst kosten auf Vollkosten-basis	variable Stückkosten		Kapazitäts-bedarf in der Stück-färberei
				ohne Stück-färberei	eigene Stück-färberei	
	Stück	DM/Stück	DM/Stück	DM/Stück	DM/Stück	ZE/Stück
1	16	2159,-	2057,-	1582,-	123,-	2,5
2	15	3166,-	2980,-	2120,-	96,-	2,3
3	17	10876,-	11520,-	8423,-	277,-	4,5
4	12	3832,-	3626,-	2854,-	211,-	4,0
5 (schw.)	17	2273,-	2153,-	1424,-	190,-	3,5
6 (schw.)	20	2113,-	1976,-	1401,-	141,-	1,3

Tabelle 3-18

Bei der gegebenen Problemstellung lassen sich für die schwarz zu färbenden Produkte zwei unterschiedliche Deckungsspannen ermitteln, eine für die Eigenfärbung und eine zweite bei Fremdfärbung. Wenn schon die Deckungsspanne bei Fremdfärbung positiv ist, wird dieses Produkt in jedem Fall in das Programm aufgenommen, und zwar unabhängig von Engpaßüberlegungen. Soll ein solches Produkt selbst gefärbt werden, fällt hierdurch zusätzlich nur die Deckungsspannendifferenz zwischen Fremd- und Eigenfärbung an. Nur mit dieser Deckungsspannendifferenz konkurriert ein solches Produkt mit den übrigen Artikeln um die knappe Kapazität des Engpasses.

Die Entscheidung über die eigenen Produktionsmengen muß daher auf Basis der relativen Deckungsspannen bzw. der relativen Deckungsspannendifferenzen erfolgen. Diese für die Entscheidung relevanten Größen sind durch Division der Deckungsspannen bzw. Deckungsspannendifferenzen der Produkte (DM/Stück) durch den jeweiligen Kapazitätsbedarf in der Stückfärberei – Produktionskoeffizient (ZE/Stück) – zu bestimmen. Die Rangfolge der relativen Deckungsspannen bzw. Deckungsspannendifferenzen ist dann wiederum für die Programmentscheidung maßgebend.

Nach diesem Kriterium wurde in Tabelle 3-19 die Rangfolge der Produkte bestimmt.

3.5 Operative Programmplanung

Produkt-art	Deckungs-spanne bei		ggf. Deckungs-spannen-differenz	Pro-duktions-koeffizient	rel. Deckungs-spanne bzw. -differenz	Rang-folge
	Eigenfär-bung	Fremdfär-bung				
	DM/Stück	DM/Stück	DM/Stück	ZE/Stück	DM/ZE	
	(1)	(2)	(3)=(1)-(2)	(4)	(5)=(1):(4) bzw.(3):(4)	(6)
1	454,-	-	-	2,5	181,60	5
2	950,-	-	-	2,3	413,04	2
3	2176,-	-	-	4,5	483,56	1
4	767,-	-	-	4,0	191,75	4
5	659,-	449,-	210,-	3,5	60,00	6
6	571,-	312,-	259,-	1,3	199,23	3

Tabelle 3-19

In Tabelle 3-20 wird die Engpaßzeit gemäß der ermittelten Rangfolge auf die Produkte verteilt: Vom Produkt mit der ersten Rangziffer wird die maximale Absatzmenge eingeplant, bevor das Produkt mit der nächstbesten Rangziffer berücksichtigt wird usw.

Produktart	Produktions-koeffizient	max. Absatz-menge	tatsächliche Absatzmenge	benötigte Kapazität	ver-bleibende Kapazität
	ZE/Stück	Stück	Stück	ZE	ZE
3	4,5	17	17	76,5	123,5
2	2,3	15	15	34,5	89,0
6	1,3	20	20	26,0	63,0
4	4,0	12	12	48,0	15,0
1	2,5	16	6	15,0	0

Tabelle 3-20

Damit ergibt sich das folgende gewinnmaximale Produktions- und Färbeprogramm: Von den schwarz zu färbenden Produkten 5 und 6 wird Produkt 5 als Lohnauftrag vergeben; der Artikel 6 wird selbst gefärbt. Von Produkt 1 werden nur 6 Stücke hergestellt; alle übrigen selbst zu färbenden Artikel werden mit der maximalen Absatzmenge produziert.

3.5.3.4 Planung für Produkte mit Deckungsbeitragssprüngen[172]

Bei der Programmplanung treten Probleme auf, wenn sich der Deckungsbeitrag von Erzeugnissen sprunghaft ändert, sobald eine bestimmte Produktionsmenge eines Erzeugnisses überschritten wird. Deckungsbeitragssprünge können auftreten, wenn bei einer größeren Pro-

---
[172] Vgl. Adam (1979).

duktionsmenge mit einem anderen Produktionsprozeß, z.B. mit einer höheren und teureren Intensitätsstufe, gearbeitet werden muß. Deckungsbeitragssprünge treten aber auch auf, wenn der Betrieb den Preis eines Produkts senkt, um die absetzbare Menge zu vergrößern, oder wenn für größere Einsatzmengen von Rohstoffen Rabatte ausgenutzt werden können.

Deckungsbeitragssprünge sollen an einem Beispiel demonstriert werden. Ein Unternehmen kann von einem Erzeugnis A zum Preis von 70 DM maximal 500 ME absetzen. Soll die absetzbare Menge auf 1000 ME steigen, ist der Preis auf 58 DM zu senken. Zusätzlich ist für 2.000 DM Werbung zu betreiben. Bei variablen Kosten von 30 DM pro ME sinkt die Deckungsspanne dann bei 500 ME von 40 DM auf 28 DM. Der gesamte Deckungsbeitrag des Produkts steigt von null bei einer Produktionsmenge von null zunächst um 40 DM pro Stück bis auf ein Niveau von 20000 DM bei 500 ME. Wird diese Ausbringung überschritten, sinkt der Deckungsbeitrag zunächst um 8000 DM, da die ersten 500 ME nunmehr eine um 12 DM niedrigere Deckungsspanne aufweisen und zusätzliche Kosten für die Werbung auftreten. Von 12000 DM bei 500 ME steigt der Deckungsbeitrag dann wieder um 28 DM pro ME und erreicht bei ca. 786 ME (22000 : 28 = 785,7143) wieder ein Niveau von 20000 DM. Im Bereich zwischen 786 und 1000 ME erzielt das Unternehmen mit diesem Erzeugnis einen höheren Deckungsbeitrag als am Ende des ersten Produktionsintervalls. Abbildung 3-23 verdeutlicht die Zusammenhänge.

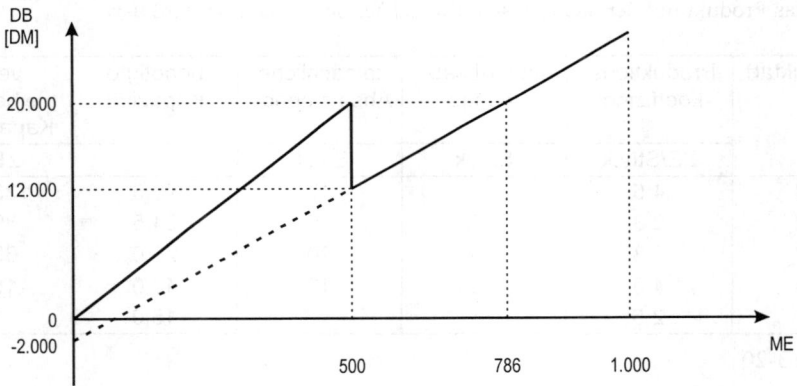

Abbildung 3-23

Bei den Deckungsbeitragssprüngen existieren mit negativen bzw. positiven Sprüngen zwei Formen. Ein positiver Sprung tritt im Falle von Rabatten für Rohstoffe auf. Im folgenden soll nur von **negativen Deckungsbeitragssprüngen** ausgegangen werden. Lediglich die abschließend behandelte Methode der Dynamischen Programmierung ist auch zur Lösung eines Problems mit positivem Sprung geeignet. Behandelt wird zudem nur ein Fall mit **einer** Alternativstrategie für ein Erzeugnis. Für kompliziertere Entscheidungssituationen ist das behandelte Planungsverfahren zu aufwendig.

Die Analyse geht von einem Rahmenprogramm mit drei Erzeugnissen aus. Bei Erzeugnis A kann das Unternehmen zwischen zwei alternativen Verkaufsstrategien wählen. Strategie A_2

sieht gegenüber A_1 eine Preissenkung um 12 DM und zusätzliche Kosten für Werbung von 2000 DM vor, um die maximale Absatzmenge auf 1000 ME erhöhen zu können. Für die Erzeugnisse gelten die Daten der Tabelle 3-21 und eine Engpaßkapazität von 5500 ZE.

Erzeugnis	Index Z	Deckungs-spanne (DM/ME)	Produktions-koeffizient im Engpaß (ZE/ME)	max. Absatz-menge (ME)	Werbe-kosten (DM)
A_1	1	40	4	500	-
A_2	2	28	4	1000	2000
B	3	18	2	500	-
C	4	12	2	500	-

Tabelle 3-21

Das gewinnmaximale Programm könnte in diesem Fall durch einen Gewinnvergleich für die zwei alternativen Verhaltensweisen bei Erzeugnis A bestimmt werden. In diesem Fall müßten die Gewinne für zwei „optimale" Programme – A_1, B und C sowie A_2, B und C – miteinander verglichen werden. Dieser Weg soll im folgenden nicht beschritten werden; vielmehr sollen beide Alternativen für Erzeugnis A gleichzeitig in der Planung erfaßt werden, um die grundsätzliche Problematik dieser Entscheidungssituation besser herausarbeiten zu können. Zu diesem Zweck ist es erforderlich, die alternativen Strategien A_1 und A_2 in einander ergänzende Strategien A_{e1} und A_{e2} umzudefinieren. Die Strategie A_{e1} entspricht materiell der Strategie A_1, während die Strategie A_{e2} nur diejenigen Mengeneinheiten erfaßt, die über 500 ME – maximale Absatzmenge der Strategie A_{e1} – hinausgehen, d.h., die alternative Strategie A_2 wird durch die beiden einander ergänzenden Strategien A_{e1} und A_{e2} abgebildet. Eine Produktionsmenge von 800 ME des Erzeugnisses A wird dann über 500 ME der Strategie A_{e1} und zusätzliche 300 ME der Strategie A_{e2} dargestellt.[173]

Die vier Produktionsmöglichkeiten der Tabelle 3-21 werden mit den Deckungsbeiträgen bewertet. Für die Strategie A_{e2} setzt sich der Deckungsbeitrag aus zwei Komponenten zusammen. Beim Übergang von Strategie A_1 zu Strategie A_2 entsteht ein negativer Sprung des Deckungsbeitrags. Dieser Sprung (G) wird Strategie A_{e2} zugeordnet. Zusätzlich wird für jede Mengeneinheit der Strategie A_{e2} eine Deckungsspanne (DSP) erwirtschaftet. Für Strategie A_{e2} gilt damit folgende Funktion des Deckungsbeitrages (DB):

$$DB = -G + DSP \cdot M$$

Aus der Funktion wird ersichtlich, daß sich Strategie A_{e2} wegen des Deckungsbeitragssprungs erst dann lohnt, wenn der 2. Term der Funktion mindestens den Sprung G ausgleicht. Daraus leitet sich für Strategie A_{e2} die kritische Menge M_{krit} ab:

$$M_{krit} = \frac{G}{DSP}$$

---

[173] Zu einer ähnlichen Vorgehensweise in der Investitionstheorie vgl. z.B. Hax (1993), S. 65 f.; Adam/Brauckschulze (1984).

Im Zahlenbeispiel gilt bei einer Deckungsspanne von 28 DM/ME für A_{e2} eine kritische Menge M_{krit} von 285,7 ME, da beim Wechsel von A_1 auf A_2 für 500 ME 12 DM Deckungsspanne verloren gehen und zusätzlich 2.000 DM Werbekosten entstehen. Sieht ein Programmvorschlag für die Strategie A_{e2} geringere Mengen als M_{krit} vor, kann der Gewinn erhöht werden, wenn die Strategie A_{e2} aus dem Programmvorschlag gestrichen wird.

Üblicherweise wird zur Planung des optimalen Produktionsprogramms die Rangfolge der relativen Deckungsspannen herangezogen. Aus der Funktion des Deckungsbeitrages DB_z ist folgende relative Deckungsspanne abzuleiten:

$$\text{rel. } DSP_z = \frac{-G_z + DSP_z \cdot M_z}{M_z \cdot PK_z} = \frac{-G_z}{M_z \cdot PK_z} + \frac{DSP_z}{PK_z}$$

Für die Strategien 1, 3 und 4 entspricht die relative Deckungsspanne dem 2. Term dieser Funktion. Die relative Deckungsspanne der Strategie A_{e2} ist wegen des Sprungs G von der Menge M abhängig. Für $0 < M < M_{krit}$ ist sie negativ, erreicht bei M_{krit} das Niveau null, und nimmt für $M_2 > M_{krit}$ positive Werte an. Bei Strategie A_{e2} bringt die relative Deckungsspanne im Gegensatz zu allen übrigen Strategien nicht zum Ausdruck, wie sich der Deckungsbeitrag ändert, wenn eine ZE Kapazität zusätzlich für diese Strategie zur Verfügung gestellt wird. Das liegt daran, daß die relative Deckungsspanne der Strategie A_{e2} im 1. Term den Sprung G auf den Zeitbedarf proportionalisiert. Die Änderung des Deckungsbeitrags bei einer zusätzlichen Zeiteinheit entspricht dem 2. Term der Funktion der relativen Deckungsspanne.

Da die relative Deckungsspanne der Strategie A_{e2} von der Menge abhängt, lassen sich die vier Produktionsmöglichkeiten nur dann nach den relativen Deckungsspannen ordnen, wenn bereits vor der Planung bekannt ist, welche Menge von der Strategie A_{e2} realisiert wird. Im folgenden wird für die Strategie A_{e2} zunächst unterstellt, daß sie voll ausgeschöpft wird. Dann gilt die in Tabelle 3-22 angegebene Rangfolge der Produktionsmöglichkeiten:

Produktions-möglichkeit	DSP (DM/ME)	Produktions-koeffizient	G_z	rel. DSP (DM/ZE)	Rang	zusätzlicher DB (DM/ZE)
A_{e1}	40	4	-	10	(1)	10
A_{e2}	28	4	8000	3	(4)	7
B	18	2	-	9	(2)	9
C	12	2	-	6	(3)	6

Tabelle 3-22

Für das auf Basis der Rangfolge relativer Deckungsspannen geplante vorläufige Programm können generell drei verschiedene Situationen auftreten:

1. Situation

Die Strategie A_{e2} wird vollständig realisiert, d.h., sie ist nicht das Grenzprodukt des Programmvorschlags. Bei einer Engpaßkapazität von 5500 ZE wäre das z.B. dann der Fall, wenn die relative Deckungsspanne des Erzeugnisses C geringer als 3 DM/ZE wäre. In diesem Fall wird das Erzeugnis C zum Grenzprodukt, und für Strategie A_{e2} stimmt die Voraussetzung der vollen Ausnutzung der Absatzmenge, unter der die relative Deckungsspanne ermittelt wurde, mit dem Ergebnis des Programmvorschlags auf Basis relativer Deckungsspannen überein. Der Programmvorschlag entspricht dann der optimalen Lösung des Problems.[174]

2. Situation

Die Strategie A_{e2} ist die Grenzstrategie, und alle Strategien des Rahmenprogramms sind im vorläufigen Programm enthalten. In diesem Fall ist die errechnete relative Deckungsspanne der Strategie A_{e2} für die Planung völlig irrelevant, da die Voraussetzung voller Auslastung der Strategie, unter der sie berechnet wurde, nicht zutrifft. Diese Situation ist im Zahlenbeispiel gegeben. Bei 5500 ZE Kapazität werden jeweils 500 ME der Strategie A_{e1}, B und C vorgeschlagen. In den verbleibenden 1500 ZE können von der Strategie A_{e2} gerade noch 375 ME produziert werden. Um in der 2. Situation das optimale Programm bestimmen zu können, ist der vorläufige Programmvorschlag auf zwei Merkmale hin zu untersuchen:

- 1. Merkmal: Ist die Produktionsmenge der Strategie A_{e2} größer als die kritische Menge M_{krit}? Nur wenn $M > M_{krit}$ ist, erwirtschaftet die Strategie A_{e2} einen positiven Deckungsbeitrag. Für $M < M_{krit}$ kann der Gewinn durch Streichen der Strategie A_{e2} vergrößert werden.

- 2. Merkmal: Gibt es Produkte im vorläufigen Programm, deren Grenzdeckungsbeitrag pro ZE geringer ist als der der Grenzstrategie A_{e2}? Sofern derartige Strategien existieren, kann der Gewinn erhöht werden, wenn dort Kapazitäten abgezogen und zur Ausweitung der Grenzstrategie A_{e2} eingesetzt werden.

Im Beispiel gilt für die Grenzstrategie A_{e2} ein zusätzlicher Deckungsbeitrag von 7 DM/ZE, während die im vorläufigen Programmvorschlag vollständig ausgeschöpfte Strategie C nur 6 DM/ZE an zusätzlichem Deckungsbeitrag erwirtschaftet. Mit jeder ZE, die von Strategie C abgezogen und zusätzlich für Strategie A_{e2} eingesetzt wird, erzielt der Betrieb einen Substitutionsgewinn von 1 DM/ZE. Es ist demzufolge vorteilhaft, die Produktionsmenge der Strategie A_{e2} von 375 ME auf 500 ME zu steigern und die dafür erforderlichen 500 ZE an Kapazität bei C zu kürzen. Der gewinnmaximale Programmvorschlag umfaßt dann jeweils 500 ME bei den Strategien A_{e1}, A_{e2} und B, während von C in der verbleibenden Zeit von 500 ZE nur 250 ME produziert werden. Durch die Ausweitung der Strategie A_{e2} erzielt der Betrieb einen Substitutionsgewinn in Höhe von 500 DM.

Das optimale Programm entspricht dann nicht mehr dem Kriterium relativer Deckungsspannen. A_{e2}, mit einer relativen Deckungsspanne von 3 DM/ZE, wird vielmehr vollständig realisiert, während Produkt C mit einer höheren relativen Deckungsspanne von 6 DM/ZE zum Grenzprodukt wird. Das Kriterium relativer Deckungsspannen versagt grundsätzlich zur Programmplanung in der 2. Situation. Aufbauend auf dem Programmvorschlag auf Basis relativer Deckungsspannen sind vielmehr die diskutierten Substitutionsmöglichkeiten zu analysieren.

---

[174] Unter dieser Voraussetzung hat z.B. Hilke ein vergleichbares Beispiel gelöst. Vgl. Hilke (1988), S. 111 ff.; vgl. auch Jacob (1990), S. 517 ff.

Existiert nur eine Alternativstrategie bei einem Erzeugnis, sind in der Situation 2 dann die vier Entscheidungssituationen der Tabelle 3-23 zu unterscheiden, die sich durch Kombination der jeweils zwei Ausprägungen der Merkmale 1 und 2 ergeben.

		Existieren sinnvolle Substitutionsmöglichkeiten?	
		Ja	nein
Ist im Programmvorschlag die Menge M_Z	ja	Fall 1	Fall 2
der Grenzstrategie größer als die krit. Menge $M^o{}_Z$?	nein	Fall 3	Fall 4

Tabelle 3-23

Die Entscheidung in diesen vier Fällen wird im folgenden untersucht. Zu diesem Zweck werden der Zeitbedarf und die relativen Deckungsspannen der vier Produktionsmöglichkeiten in der Rangfolge des vorläufigen Programmvorschlags in Abbildung 3-24 dargestellt.

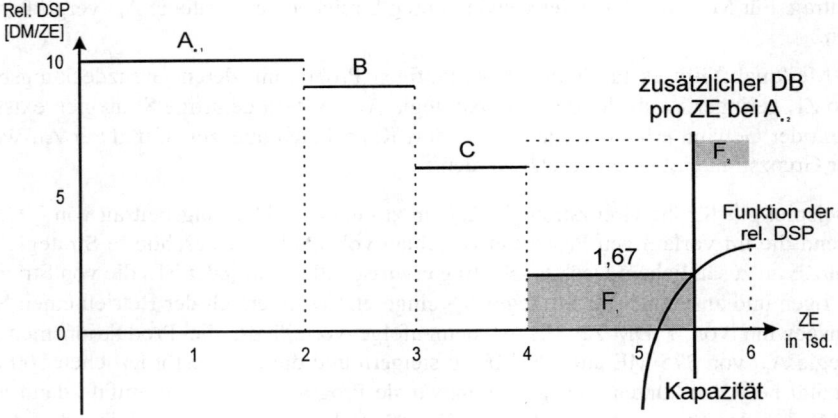

Abbildung 3-24

Fall 1

Bei einer Kapazität von 5500 ZE sind für die Strategien A_{e1}, B und C insgesamt 4000 ZE Kapazität erforderlich. Für A_{e2} verbleiben 1500 ZE. Die Produktionsmenge von A_{e2} ist mit 375 ME größer als die kritische Menge M_{krit} = 285,7 ME. Der relative Deckungsbeitrag ist bei der Strategie A_{e2} für 375 ME gleich 1,67 DM/ZE. Es ist damit vorteilhaft, die Strategie A_{e2} in das vorläufige Programm aufzunehmen, da 1,67 DM/ZE · 1500 ZE = 2500 DM mehr an Deckungsbeitrag erzielt werden als ohne diese Strategie. Dieser Vorteil wird in Abbildung 3-24 durch das Feld F_1 dargestellt. Führt der Betrieb zusätzlich die skizzierte Substitution der Strategie A_{e2} gegen die Strategie C durch, gehen ihm damit zunächst 500 ZE · 6 DM/ZE = 3000 DM an Deckungsbeitrag bei C verloren. Er gewinnt aber durch

3.5 Operative Programmplanung

die Ausweitung der Strategie A_{e2} 500 ZE · 7 DM/ZE = 3500 DM an Deckungsbeitrag hinzu. Der Substitutionsgewinn von 500 DM ist durch die Fläche F_2 dargestellt. Die Aufnahme von Strategie A_{e2} in das vorläufige Programm und deren vollständiger Ausbau auf 2000 ZE bietet damit im Fall 1 nur Vorteile, deren Gesamthöhe gleich der Summe der Flächen F_1 und F_2 ist. Es ist mithin optimal, die Strategie A_{e2} vollständig in das gewinnmaximale Programm aufzunehmen und von C nur 250 ME zu produzieren.

Fall 2

Im Fall 2 existieren keine vorteilhaften Substitutionsmöglichkeiten, d.h., in Abbildung 3-24 entfällt das Vorteilsfeld F_2. Dieser Fall wäre im Beispiel gegeben, wenn der zusätzliche Deckungsbeitrag pro ZE bei Strategie C 8 DM/ZE betragen würde. Da keine vorteilhaften Substitutionsmöglichkeiten existieren, werden von A_{e2} nur 375 ME produziert. Im Fall 2 ist damit der vorläufige Programmvorschlag gewinnmaximal.

Fall 3

Fall 3 wäre im Beispiel bei einer Engpaßkapazität von 4800 ZE gegeben. Der vorläufige Programmvorschlag umfaßt die Strategie A_{e2} mit 200 ME. Für diese Menge gilt eine relative Deckungsspanne von –3 DM/ZE. Strategie A_{e2} ist dann mit einem Nachteil von 3 DM/ZE · 800 ZE = 2.400 DM verbunden (Nachteilsfeld F_1 in Abbildung 3-25). Durch Substitution der Strategien A_{e2} gegen C können maximal 1000 ZE freigesetzt werden, so daß für A_{e2} insgesamt 1800 ZE zur Verfügung stehen, was für 450 ME reichen würde. Durch völliges Streichen der Strategie C können 1000 DM Substitutionsgewinne erzielt werden (Vorteilsfeld F_2 in Abbildung 3-25).

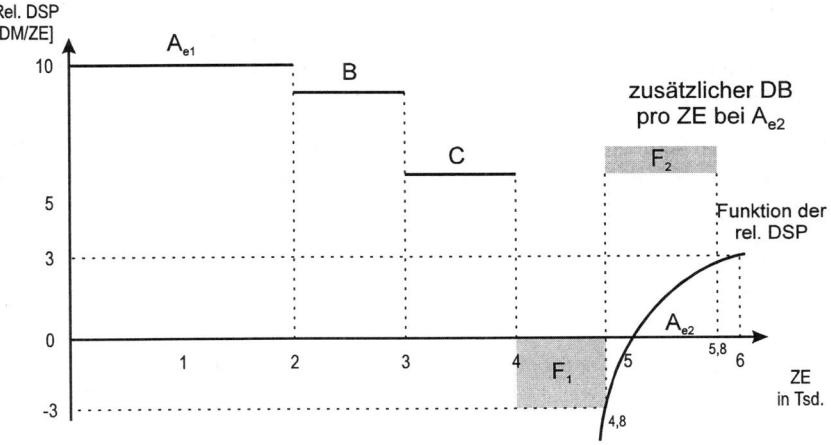

Abbildung 3-25

Diese Vorteile reichen im Beispiel aber nicht zur Kompensation der Nachteile von 2400 DM aus. Es ist dann sinnvoll, die Strategie A_{e2} völlig aus dem Programm zu nehmen und 800 ZE

Kapazität nicht zu nutzen. Werden die Strategien A_{e1}, B und C vollständig ausgenutzt, steht sich der Betrieb im Vergleich zum Ausbau von A_{e2} um 1400 DM besser. Ob Strategie A_{e2} aus dem Programm zu eliminieren ist, hängt von den Flächen F_1 und F_2 ab. Für $F_1 > F_2$ überwiegen die Nachteile, und Strategie A_{e2} ist zu streichen. Bei $F_1 < F_2$ überwiegen die Vorteile, d.h., Strategie C ist zu streichen.

Der Fall 3 läßt deutlich werden, daß auch eine Substitution mehrerer Strategien vorteilhaft sein kann. Hätte das Erzeugnis B z.B. eine relative Deckungsspanne von 6,50 DM/ZE, käme für die zur vollständigen Ausschöpfung der Strategie A_{e2} noch fehlenden 200 ZE Kapazität auch eine zusätzliche Substitution von A_{e2} gegen B in Frage. Durch diese zusätzliche Substitution würde das Vorteilsfeld F_2 dann um 200 ZE · 0,5 DM/ZE = 100 DM vergrößert. Bei Existenz mehrerer sinnvoller Substitutionsmöglichkeiten ist stets so zu substituieren, daß das Vorteilsfeld F_2 maximiert wird.

Fall 4

Im Fall 4 existiert lediglich das Nachteilsfeld F_1, während sinnvolle Substitutionsmöglichkeiten nicht gegeben sind. Es ist dann vorteilhaft, Strategie A_{e2} völlig aus dem Programm zu streichen, da sie nur mit Nachteilen verbunden ist.

3. Situation

Strategie A_{e2} ist im vorläufigen Programm die Grenzstrategie. Die verfügbare Kapazität des Engpasses reicht jedoch nicht aus, um alle Strategien des Rahmenprogramms in den vorläufigen Programmvorschlag aufzunehmen. Dieser Fall wäre z.B. bei einer Kapazität von 5500 ZE gegeben, wenn das Rahmenprogramm noch ein weiteres Erzeugnis D mit einer relativen Deckungsspanne von 2,50 DM/ZE enthielte. In diesem Fall muß nicht nur wie bei Situation 2 überlegt werden, ob Strategie A_{e2} zu Lasten einer bereits im vorläufigen Programm befindlichen Strategie ausgebaut werden soll. Zusätzlich zu den bereits diskutierten Substitutionsmöglichkeiten ist zu beachten, daß es zweckmäßig sein kann, Strategie A_{e2} zugunsten einer nicht im vorläufigen Programm enthaltenen Strategie zu streichen.

Ein Verzicht auf Strategie A_{e2} kann dann sinnvoll sein, wenn die relative Deckungsspanne der Strategie A_{e2} bei der im vorläufigen Programm vorgesehenen Produktionsmenge geringer ist als die relative Deckungsspanne der Strategie D.

Dieser Zusammenhang soll am Fall 1 für fünf Erzeugnisse des Rahmenprogramms demonstriert werden. Für das zusätzliche Erzeugnis D sind maximal 2000 ZE Kapazität erforderlich.

Bei Strategie A_{e2} gilt für die Produktionsmenge von 375 ME im vorläufigen Programm eine relative Deckungsspanne von 1,67 DM/ZE, während bei Erzeugnis D eine relative Deckungsspanne von 2,50 DM/ZE erzielt werden kann. Wird auf Strategie A_{e2} verzichtet, können 1500 ZE Kapazität freigesetzt und auf D umgelenkt werden. Bei dieser Substitution verliert der Betrieb 1,67 DM/ZE · 1500 ZE = 2500 DM an Deckungsbeitrag (Feld F_1 in Abbildung 3-24), gewinnt dafür aber bei D 2,50 DM/ZE · 1500 ZE = 3750 DM hinzu. Der Substitutionsgewinn bei Verzicht auf Strategie A_{e2} beläuft sich dann auf 1250 DM, während bei einem Ausbau der Strategie A_{e2} auf 2000 ZE (Fall 1 der Situation 2) nur ein Substitu-

3.5 Operative Programmplanung

tionsgewinn von 500 DM zu erzielen ist. Es ist damit günstiger, Strategie D in 1.500 ZE zu realisieren, statt Strategie A_{e2} zu Lasten von C auszubauen.

Bereits der einfachste Fall nur einer alternativen Strategie läßt deutlich werden, daß die Planung wegen der Vielzahl von Substitutionsmöglichkeiten recht kompliziert ist.

Das beschriebene zweistufige Planungsverfahren,

- Entwicklung eines vorläufigen Programmvorschlags auf Basis relativer Deckungsspannen und
- Analyse des Zuwachses an Deckungsbeitrag bei allen sinnvollen Substitutionsmöglichkeiten,

zeigt zwar die generelle Struktur des Problems auf, für die praktische Planung ist dieses Verfahren aber nur in Fällen mit einer geringen Anzahl sinnvoller Substitutionsmöglichkeiten geeignet. Völlig unbrauchbar ist das Verfahren zudem für den Fall positiver Deckungsbeitragssprünge, da dann die Zusatzstrategie eine höhere relative Deckungsspanne aufweist als die vorhergehende Strategie.

Eine praktische Möglichkeit zur Planung bei allen denkbaren Fällen von Deckungsbeitragssprüngen ist die **dynamische Programmierung**[175].

Um dieses Verfahren anwenden zu können, ist für jedes Erzeugnis z des Rahmenprogramms eine Funktion $DB_z(t_z)$ des Deckungsbeitrags DB_z in Abhängigkeit von der für die Produktion dieses Erzeugnisses bereitgestellten Zeit t_z zu entwickeln.

Die dynamische Programmierung zerlegt die gesamte Planungsaufgabe in aufeinanderfolgende Planungsstufen. In der 1. Stufe ist eine Beschäftigungszeit T_1 alternativer Höhe (Zustandsgröße) auf zwei Produkte optimal zu verteilen. Die Beschäftigungszeit t_1 der ersten Produktionsalternative entspricht der Gesamtzeit T_1 für beide Produkte, abzüglich der Beschäftigungszeit t_2 für das zweite Erzeugnis. Es entsteht dann die Entscheidungsfunktion $F_1(T_1)$.

$$F_1(T_1) = \max_{0 \leq t_2 \leq T_1} \left[DB_1(T_1 - t_2) + DB_2(t_2) \right]$$

Die Entscheidungsfunktion $F_1(T_1)$ ordnet alternativen Zustandsgrößen T_1 den maximal mit den Produkten 1 und 2 zu erzielenden Deckungsbeitrag zu. In der zweiten Stufe mit der Zustandsgröße T_2 wird der maximale Deckungsbeitrag $F_2(T_2)$ für 3 Produkte in Abhängigkeit von der Beschäftigungszeit T_2 bestimmt; hierfür wird auf das für zwei Produkte durch $F_1(T_1)$ definierte Optimalverhalten zurückgegriffen.

$$F_2(T_2) = \max_{0 \leq t_3 \leq T_2} \left[F_1(T_2 - t_3) + DB_3(t_3) \right]$$

Auf diesem rekursiven Weg sind alle Produkte des Rahmenprogramms in die Entwicklung von Entscheidungsfunktionen einzubeziehen.

---

175 Zur dynamischen Programmierung vgl. z.B. Domschke/Drexl (1998), S. 148 ff.; Schneeweiß (1974).

Zusätzlich muß berücksichtigt werden, daß es aufgrund der Deckungsbeitragssprünge optimal sein kann, nicht die gesamte vorgegebene Kapazität zu nutzen. Das ist dann der Fall, wenn Vollbeschäftigung dazu führt, daß von einer Zusatzstrategie Mengen produziert werden, die geringer sind als die kritische Menge M_{krit}.

Für fünf Erzeugnisse des Rahmenprogramms gibt die 5. Entscheidungsfunktion

$$F_5(T_5) = \max_{0 \leq t_6 \leq T_5} \left[F_4(T_5 - t_6) + 0 \cdot t_6 \right]$$

die optimale Aufteilung der gegebenen Zeit $T_5 = T_{max}$ in genutzte $(T_5 - t_6)$ und nicht genutzte Zeit (t_6) an. Die nicht genutzte Zeit geht mit einer Deckungsspanne von 0 DM/ZE in die Entscheidungsfunktion ein.

Aus dem Zustand $T_5 = T_{max}$ und der optimalen Zeit t_{6opt} wird auf den optimalen Zustand T_{4opt} geschlossen:

$$T_{4opt} = T_{max} - t_{6opt}$$

Die Entscheidungsfunktion

$$F_4(T_4) = \max_{0 \leq t_5 \leq T_4} \left[F_3(T_4 - t_5) + DB_5(t_5) \right]$$

mit $T_4 = T_{4opt}$ definiert die optimale Aufteilung der genutzten Zeit auf das fünfte Erzeugnis (t_{5opt}) und die ersten vier Erzeugnisse zusammen. Aus dem Zustand $T_4 = T_{4opt}$ und der optimalen Zeit t_{5opt} kann auf den optimalen Zustand T_{3opt} geschlossen werden:

$$T_{3opt} = T_{4opt} - t_{5opt}$$

Aus der Entscheidungsfunktion $F_3(T_3)$ mit $T_3 = T_{3opt}$ ist die optimale Zeit des vierten Produkts und damit der optimale Zustand $T_{2opt} = T_{3opt} - t_{4opt}$ abzuleiten. Auf diesem rückschreitenden Weg ist fortzufahren, bis die Entscheidungsfunktion $F_1(T_1)$ erreicht ist, aus der die optimale Aufteilung der Zeit T_{1opt} auf die beiden ersten Produkte zu berechnen ist.

3.5.3.5 Mehrere denkbare Engpässe

In diesem Abschnitt werden zwei Klassen von Entscheidungsproblemen behandelt:

- Bei mehrstufiger Produktion ist der Engpaß von der Programmzusammensetzung abhängig. In jeder Stufe existiert jedoch nur ein Produktionsverfahren.
- In jeder Produktionsstufe des mehrstufigen Prozesses kann zwischen mehreren Produktionsverfahren gewählt werden.

Die Programmplanung bei einem Engpaß ging bislang von einem von vornherein bekannten, nicht von der Zusammensetzung des Produktionsprogramms abhängigen Fertigungsengpaß aus. Diese Annahme ist nur dann zulässig, wenn die relative Kapazitätsbeanspruchung pro Mengeneinheit der zur Auswahl stehenden Erzeugnisse in einer bestimmten Stufe, der Engpaßstufe, für jedes Erzeugnis höher ist als in jeder der anderen Stufen. Nimmt die relative

3.5 Operative Programmplanung

Kapazitätsbeanspruchung einer Produktionsstufe pro Mengeneinheit des Erzeugnisses jedoch nicht für alle Erzeugnisse in der gleichen Produktionsstufe den maximalen Wert an, kann der Fertigungsengpaß in Abhängigkeit von der Programmzusammensetzung in jeder Produktionsstufe oder sogar in mehreren Stufen gleichzeitig auftreten. Vor der Planung ist daher unbekannt, welche Produktionsstufe zum Engpaß wird und ob gegebenenfalls mehrere Engpässe existieren. Das folgende Beispiel demonstriert diesen Zusammenhang.

Ein Unternehmen kann drei Erzeugnisse herstellen; alle Erzeugnisse sind in zwei Produktionsstufen zu bearbeiten. Die Produktionszeiten pro Mengeneinheit sind der Tabelle 3-24 zu entnehmen. In Stufe 1 (2) steht eine Kapazität in Höhe von 100 Zeiteinheiten (200 Zeiteinheiten) zur Verfügung.

Erzeugnis	Produktionszeit pro ME (ZE/ME)		rel. Kapazitätsbeanspruchung pro ME in % der Kapazität	
	Stufe 1	Stufe 2	Stufe 1	Stufe 2
(1)	(2)	(3)	(4)	(5)
1	5	4	5 %	2 %
2	4	12	4 %	6 %
3	5	20	5 %	10 %
Kapazität	100	200		

Tabelle 3-24

Der Produktionsengpaß liegt in Stufe 1, wenn 20 Mengeneinheiten des Erzeugnisses 1 produziert werden; Stufe 2 wird zum Engpaß, wenn 10 Mengeneinheiten des Erzeugnisses 3 hergestellt werden.

Aufgabe der Programmplanung ist es in dieser Situation, simultan mit der Produktionsmenge und den einzusetzenden Produktionsprozessen auch die Engpaßstufe zu bestimmen. Zur Lösung dieser Aufgabe kann das bislang eingesetzte Kriterium „relative Deckungsspanne" nicht mehr herangezogen werden, da der Engpaß nicht bekannt ist. Demzufolge können auch keine relativen Deckungsspannen des Engpasses vor Beginn der Programmplanung bestimmt werden.

Eine Lösung des Problems ist mit Hilfe eines **linearen Planungsmodells** möglich. Zunächst wird unterstellt, daß in jeder Produktionsstufe **nur ein Prozeß** zur Produktion der Erzeugnisse z zur Verfügung steht.[176]

Zielfunktion:

$$DB = \sum_{z}(p_z - k_z) \cdot M_z \to \max$$

In der Zielfunktion werden mit M_z die vom Erzeugnis z zu produzierenden Mengen bezeichnet; diese sind die Variablen des Modells. Die Differenz zwischen dem Preis p_z und

---
[176] Vgl. dazu Jacob (1990), S. 527 ff.

den variablen Kosten k_z aller Produktionsstufen entspricht der Deckungsspanne des Produkts z. Da zunächst davon ausgegangen wird, daß in jeder Produktionsstufe nur ein Aggregat zur Verfügung steht, das mit **einer** Intensität zur Produktion eingesetzt werden kann, ist jedem Erzeugnis z eine bestimmte Deckungsspanne zuzuordnen. Das Produkt aus der Deckungsspanne DSP_z und der Produktionsmenge M_z des Erzeugnisses z entspricht dem Deckungsbeitrag dieses Erzeugnisses; eine Summierung über alle Erzeugnisse z führt zum gesamten Deckungsbeitrag im Planungszeitraum. Die Zielfunktion ist unter folgenden Bedingungen zu maximieren.

Kapazitätsrestriktion:

$$\sum_z a_{zs} \cdot M_z \leq T_s \qquad \text{für} \quad s=1,2,\ldots,s_n$$

Absatzrestriktion:

$$M_z \leq A_z \qquad \text{für} \quad z=1,2,\ldots,z_n$$

Nicht-Negativitätsbedingung:

$$M_z \geq 0 \qquad \text{für} \quad z=1,2,\ldots,z_n$$

Die Kapazitätsrestriktion stellt sicher, daß die Beschäftigungszeit einer Produktionsstufe s die verfügbare Kapazität T_s nicht überschreitet. Die Beschäftigungszeit ist das Produkt aus dem Zeitbedarf a_{zs} pro Mengeneinheit des Produktes z in der Stufe s und der Produktionsmenge M_z. Die Absatzbedingung gewährleistet, daß die Produktionsmenge M_z eines Erzeugnisses z die maximale Absatzmenge A_z nicht überschreitet. Durch die Nicht-Negativitätsbedingung wird erreicht, daß M_z keine negativen Werte annehmen kann.

Das entwickelte LP-Modell ist zu erweitern, wenn in jeder Produktionsstufe **mehrere Produktionsprozesse** eingesetzt werden können. Mehrere Prozesse stehen zur Verfügung, wenn

- kostenverschiedene Maschinen i einsetzbar sind oder
- eine Maschine mit verschiedenen Intensitätsstufen j (Ausbringungsmengen pro Zeiteinheit) arbeiten kann.

Wenn der Betrieb in jeder Produktionsstufe s zwischen mehreren Produktionsprozessen wählen kann, läßt sich einem Erzeugnis keine eindeutige Deckungsspanne zuordnen; vielmehr gilt für jede Kombination von Prozessen in den einzelnen Fertigungsstufen eine andere Deckungsspanne.

Dem kann Rechnung getragen werden,

- wenn für jede mögliche Kombination der Prozesse in den Stufen s eine neue Produktvariable definiert wird[177] oder

---

177 Vgl. Adam (1973b), S. 512 ff.

3.5 Operative Programmplanung

- wenn für jede Produktionsstufe und jede Intensität eine Variable definiert wird, mit deren Hilfe die Produktionsmenge eines Erzeugnisses z in einer Produktionsstufe s abgebildet wird. Als Variable dient dabei die Einsatzzeit t eines Aggregates i mit der Intensität j für ein Erzeugnis z in der Produktionsstufe s. Die Input-Output-Beziehungen zwischen den Produktionsstufen müssen in diesem Fall durch Mengenkontinuitätsbedingungen berücksichtigt werden, die sicherstellen, daß der Output einer Stufe dem Input der folgenden Stufe entspricht.

Im folgenden wird ein LP-Modell auf der Grundlage der zweiten Vorgehensweise beschrieben.[178]

Zielfunktion:

$$DB = \underbrace{\sum_{zij} p_z \cdot x_{zsnij} \cdot t_{zsnij}}_{\text{Erlöse}} - \underbrace{\sum_{zsij} k_{zsij} \cdot x_{zsij} \cdot t_{zsij}}_{\text{Kosten}} \rightarrow \max$$

In der Zielfunktion gibt das Produkt aus den alternativ zur Wahl stehenden, vorgegebenen Intensitäten x_{zsnij} und der variablen Einsatzzeit t_{zsnij} der letzten Produktionsstufe s_n die Produktions- und Verkaufsmenge des Produktes z auf dem Aggregat i mit der Intensität j an. Die Produktionsmenge des Produktes z, mit dem zugehörigen Preis p_z multipliziert und über alle Intensitäten j, alle Aggregate i und alle Produkte z summiert, ergibt den Gesamterlös der Planperiode.

Von diesem Erlös sind die Kosten aller Fertigungsstufen s, aller Aggregate i, aller Intensitäten j für alle Produkte z abzuziehen; diese werden als Produkt der variablen Stückkosten k_{zsij}, der Leistung x_{zsij} pro Zeiteinheit und der Einsatzzeit t_{zsij} der Maschinen i mit der Intensität j in der Produktionsstufe s für das Erzeugnis z bestimmt.

Die Zielfunktion ist unter folgenden Kapazitäts-, Absatz- und Mengenkontinuitätsbedingungen zu maximieren.

Kapazitätsbedingungen:

$$\sum_{zsj} t_{zsij} \leq T_i \quad \text{für alle i}$$

Die Kapazitätsrestriktionen stellen sicher, daß die Einsatzzeiten eines Aggregates i in den Stufen s mit den Intensitäten j für alle Erzeugnisse z nicht größer sind als die verfügbare Arbeitszeit T_i des Aggregates i.

Absatzbedingungen:

$$\sum_{ij} x_{zsnij} \cdot t_{zsnij} \leq A_z \quad \text{für alle z}$$

---

178 Vgl. Jacob (1962), S. 247 ff.

Durch die Absatzbedingungen wird gewährleistet, daß die Ausbringung in der letzten Produktionsstufe sn die maximal vom Erzeugnis z absetzbare Menge A_z nicht überschreitet. In der Absatzrestriktion gibt das Produkt der Leistung x_{zsnij} und der Arbeitszeit t_{zsnij} die Produktionsmenge des Erzeugnisses z an der Maschine i an, wenn diese mit der Intensität j in der letzten Produktionsstufe sn eingesetzt wird. Eine Summierung über alle definierten Intensitäten j führt zur Produktionsmenge des Erzeugnisses z an einer Maschine. Eine weitere Summierung über alle Maschinen i, die in der letzten Stufe einzusetzen sind, zeitigt dann die Gesamtausbringung des Produktes z im Planungszeitraum.

Mengenkontinuitätsbedingungen:

$$\underbrace{\sum_{ij} x_{zsij} \cdot t_{zsij}}_{\text{Output der Stufe s}} = \underbrace{\sum_{ij} x_{zs+1ij} \cdot t_{zs+1ij}}_{\text{Input der Stufe s+1}} \quad \text{für alle z und } s = 1,2,\ldots,s_n - 1$$

Der Materialfluß zwischen den einzelnen Produktionsstufen ist durch Mengenkontinuitätsbedingungen zu erfassen. Diese Bedingungen stellen für jedes Produkt sicher, daß der Output einer Produktionsstufe dem Input der unmittelbar folgenden Stufe entspricht.

In der Mengenkontinuitätsbedingung wird der Input der Stufe s+1 durch den Output der Stufe s dargestellt. Es wird vereinfachend davon ausgegangen, daß eine Mengeneinheit des Vorproduktes der Stufe s eingesetzt werden muß, um in Stufe s eine ME zu produzieren.

Zu einer anderen Input-Output-Relation kann es bei

- Ausschußproduktion oder
- Montagefertigung (mehrere Einheiten eines Vorproduktes sind für ein Produkt der Stufe s+1 erforderlich)

kommen.[179]

Nicht-Negativitätsbedingungen:

$t_{zsij} \geq 0 \quad$ für alle z, s, i, j

3.5.3.6 Die Wirkung absatzwirtschaftlicher Verflechtungen auf die Produktionsprogrammplanung[180]

Die bisher entwickelten Planungsansätze sind zu modifizieren, wenn zwischen den Erzeugnissen eines Fertigungsprogramms absatzwirtschaftliche Verflechtungen bestehen; in diesem Fall hängt die von einem Produkt zu einem gegebenen Preis maximal absetzbare Menge auch davon ab, welche anderen Erzeugnisse mit in das Produktionsprogramm aufgenommen werden.

Es sind zwei Formen absatzwirtschaftlicher Beziehungen zu unterscheiden:

---

179 Vgl. Jacob (1962), S. 257 ff.
180 Vgl. Jacob (1990), S. 539 ff.; Gutenberg (1984), S. 545 ff.

3.5 Operative Programmplanung

- **komplementäre Beziehungen**: Wird ein weiteres Produkt in das Produktionsprogramm aufgenommen, verbessern sich die Absatzchancen anderer Erzeugnisse des Programms. Beispielsweise können nur 200 Mengeneinheiten des Erzeugnisses 2 abgesetzt werden, wenn das Erzeugnis 1 nicht in das Programm aufgenommen wird. Der Absatz des Erzeugnisses 2 steigt auf 250 Mengeneinheiten, wenn auch das Erzeugnis 1 angeboten wird.

- **substitutionale Beziehungen**: Wird das Programm um ein weiteres Erzeugnis ergänzt, verschlechtern sich die Absatzchancen anderer Erzeugnisse des Programms. Von Erzeugnis 2 lassen sich 200 Mengeneinheiten absetzen, wenn das Erzeugnis 1 nicht in das Programm aufgenommen wird. Der Absatz des Erzeugnisses 2 sinkt aber auf 150 Mengeneinheiten, wenn auch das Erzeugnis 1 angeboten wird.

Absatzwirtschaftliche Verflechtungen zwischen den Erzeugnissen haben für die Programmplanung zur Folge, daß die maximale Absatzmenge eines Erzeugnisses von der Zusammensetzung des Produktionsprogramms abhängt. In diesem Falle können die Produkte nicht mehr isoliert auf Basis ihrer eigenen Deckungsspannen beurteilt werden. Die Planung wird zu einem kombinatorischen Problem.

Im Fall **komplementärer Beziehungen** kann es sinnvoll sein, Produkte mit negativer Deckungsspanne in das Programm aufzunehmen. Fördert das Produkt mit negativer Deckungsspanne den Absatz eines anderen Produktes mit positiver Spanne, kommt es auf den Nettoeffekt an. Ist der zusätzliche Deckungsbeitrag des geförderten Produktes höher als der negative Deckungsbeitrag, ergibt sich ein positiver Nettoeffekt, und das Produkt mit negativer Deckungsspanne ist vorteilhaft. Bei einem Kapazitätsengpaß wird dann ein Produkt in das Fertigungsprogramm aufgenommen, dessen relative Deckungsspanne (40 DM) unter der des Grenzproduktes ohne Absatzverflechtungen (50 DM) liegt. Das ist immer dann sinnvoll, wenn der durch die geringere relative Deckungsspanne bedingte Gewinnrückgang durch Gewinnverbesserungen ausgeglichen wird, die auf die Förderung der Absatzmöglichkeiten von Produkten mit höheren relativen Deckungsspannen zurückzuführen sind. Beispielsweise verwendet der Betrieb von der knappen Kapazität 100 ZE zur Produktion des Erzeugnisses mit einer relativen Deckungsspanne von 40 DM und reduziert die Produktion des Grenzproduktes um 200 ZE. Er verliert dann durch das Zusatzprodukt $(50 - 40) \cdot 100 = 1000$ DM. Fördert das neu hinzugetretene Erzeugnis die Absatzmöglichkeiten eines bereits im Programm enthaltenen Erzeugnisses mit einer relativen Deckungsspanne von 70 DM und kann die zusätzlich freigesetzte Kapazität voll für dieses Produkt eingesetzt werden, stehen den Einbußen $(70 - 50) \cdot 100 = 2000$ DM Gewinn gegenüber.

Auch bei Erzeugnissen mit **substitutionalen Absatzbeziehungen** kann eine Erweiterung des qualitativen Programms zu einer verbesserten Gewinnsituation führen. Ein Unternehmen stellte z.B. bisher nur das Erzeugnis 1 mit einer Deckungsspanne von 2 GE/ME her, von dem 400 Mengeneinheiten abgesetzt werden können. Es ist zu prüfen, ob ein Erzeugnis 2 in das Produktionsprogramm aufgenommen werden soll, von dem 110 Mengeneinheiten mit einer Deckungsspanne von je 1,5 GE/ME abgesetzt werden können. Nimmt der Betrieb Erzeugnis 2 in das Programm auf, sinkt die von Erzeugnis 1 maximal abzusetzende Menge auf 350 Mengeneinheiten. Die Kapazität beträgt 1000 Zeiteinheiten; für die Produktion einer Mengeneinheit des Erzeugnisses 1 (2) ist eine Produktion von 2 (1) ZE/ME erforderlich.

Bisher erzielte das Unternehmen bei einer Produktion von 400 Mengeneinheiten des Erzeugnisses 1 und einer Produktionszeit von 800 Zeiteinheiten einen Deckungsbeitrag von 800 Geldeinheiten. Wenn Erzeugnis 2 in das Programm aufgenommen wird, steigt der Deckungsbeitrag auf 865 Geldeinheiten, während die Beschäftigungssituation sich von 800 Zeiteinheiten auf 810 Zeiteinheiten verbessert (vgl. Tabelle 3-25).

Erzeugnis	Menge (ME)	Produktions- koeffizient (ZE/ME)	Produktions- zeit (ZE)	Deckungs- spanne (GE/ME)	Deckungs- beitrag (GE)
(1)	(2)	(3)	(4)=(2)·(3)	(5)	(6)=(2)·(5)
1	350	2	700	2,-	700
2	110	1	110	1,5	165
Σ	-	-	810	-	865

Tabelle 3-25

Grundsätzlich steigt der gesamte Deckungsbeitrag bei substitutionalen Beziehungen, wenn der Deckungsbeitrag des neu in das Programm aufzunehmenden Erzeugnisses höher ist als der gleichzeitig „verdrängte" Deckungsbeitrag.

Die gesamten Deckungsbeiträge können bei substitutionalen Beziehungen auch dann steigen, wenn die bislang im Programm enthaltenen Erzeugnisse die verfügbare Kapazität voll auslasten: Neue Erzeugnisse werden in das Produktionsprogramm aufgenommen, wenn sie eine höhere relative Deckungsspanne aufweisen als jene Erzeugnisse, die teilweise aus dem Programm „verdrängt" werden. Ein Betrieb produziert z.B. das Erzeugnis 1 mit einer relativen Deckungsspanne von 4 Geldeinheiten je Zeiteinheit. Es wurden bisher 200 Mengeneinheiten ausgebracht; dazu wird die gesamte zur Verfügung stehende Kapazität von 400 Zeiteinheiten benötigt. Es ist zu prüfen, ob das Erzeugnis 2 mit einer relativen Deckungsspanne von 5 Geldeinheiten je Zeiteinheit in das Produktionsprogramm aufgenommen werden soll; es können 50 Mengeneinheiten des Erzeugnisses 2 abgesetzt werden; jedoch sinkt die von Erzeugnis 1 abzusetzende Menge in diesem Fall um 50 Mengeneinheiten. Die dadurch zur Verfügung stehende Produktionszeit in Höhe von 100 Zeiteinheiten reicht aus, um 50 Mengeneinheiten des Erzeugnisses 2 herzustellen. Der Gewinn steigt also, wenn das Erzeugnis 2 in das Produktionsprogramm aufgenommen wird, um eine Geldeinheit je Zeiteinheit (Differenz der relativen Deckungsspannen) bzw. um insgesamt 100 Geldeinheiten.

Bei absatzwirtschaftlichen Verflechtungen der Produkte ist die Programmplanung durch die kombinatorischen Effekte sehr komplex, da je nach Programmzusammensetzung für alle Produkte unterschiedliche Absatzhöchstmengen gelten können. Der volle Komplexitätsgrad läßt sich auch nicht in einem LP-Ansatz erfassen. Das Problem kann allenfalls unvollkommen durch einen Satz von Mindest- und Höchstmengen aller Produkte im LP-Ansatz abgebildet werden. Für 5 verbundene Produkte gelten dann je 5 Mindest- bzw. Höchstmengen. Für einen derartigen Satz könnte dann das optimale Programm bestimmt werden. Es wäre dann ein zweiter Ansatz zu formulieren, bei dem eines der Erzeugnisse eliminiert wird. Ein Gewinnvergleich des Programms mit 4 bzw. 5 Erzeugnissen könnte schließlich die Frage beantworten, ob das 5. Produkt in das Programm aufgenommen werden soll. Auf diesem

Weg kann aber nur getestet werden, ob eine Erweiterung oder Kürzung des Programms um ein weiteres Erzeugnis sinnvoll ist.

3.5.3.7 Programmplanung bei Kuppelproduktion

Für eine Programmplanung bei Kuppelproduktion ergeben sich aus zwei Gründen spezielle Planungsprobleme:

- Bei Kuppelproduktion fallen die Mengen der Erzeugnisse in einer technisch definierten Relation an. Dieses Kopplungsverhältnis steht u.U. nicht in Einklang mit den Markterfordernissen. Von Produkt A (B) fallen in der Fertigung beispielsweise 150 (300) ME gleichzeitig an, nachgefragt werden aber 150 und 350 ME; bei Produkt B fehlen damit 50 ME. Dehnt das Unternehmen seine Produktion soweit aus, daß von B 350 ME zur Verfügung stehen, steigt gleichzeitig die Produktionsmenge von A auf 175 ME an. Es werden dann 25 ME mehr produziert als abgesetzt werden können. Stimmt die Produktionsrelation der Erzeugnisse nicht mit deren Absatzrelation überein, können mithin Fehlmengen oder Überschußmengen bei bestimmten Produkten auftreten. Die Planungsüberlegungen müssen dann auch die ökonomischen Wirkungen dieser Mengen abbilden. Beispielsweise müssen dann für Überschußmengen Entsorgungskosten oder Lagerkosten angesetzt werden.

- Bei Kuppelproduktion sind Teile der variablen Kosten Gemeinkosten, die sich nicht den einzelnen Produkten bzw. Ausbringungsmengen verursachungsgerecht zuordnen lassen. Für die Programmplanung können dann keine Deckungsspannen für die Produkte bestimmt werden. Zwar sind die Preise und Teile der Kosten den Produkten zuzuordnen, Material- und große Teile der Fertigungskosten beziehen sich jedoch auf den Produktionsinput, d.h., es läßt sich nicht die Frage beantworten, welcher Teil der Materialkosten auf eine Mengeneinheit eines der Produkte des Produktbündels der Kuppelproduktion entfällt. Die bislang beschriebene deckungsspannenorientierte Art der Programmplanung scheitert damit. Die Programmplanung muß in der vorliegenden Situation Teile der Kosten als Funktion des Inputs erfassen, während andere Teile als Funktion des Outputs beschrieben werden.

Gilt für die Kuppelproduktion eine starre, technisch nicht veränderbare Outputrelation der Erzeugnisse, kann die Gemeinkostenproblematik bewältigt werden, wenn für die Planung mit Produktbündeln gearbeitet wird. Ein Produktbündel setzt sich aus der Menge der Kuppelprodukte zusammen, die aus einer bestimmten Einsatzmenge des Rohstoffs gleichzeitig hervorgehen. Beispielsweise können aus einer Tonne eines Rohstoffs 0,5 t von A, 0,3 t von B und 0,15 t von C gleichzeitig hergestellt werden. Mit Hilfe dieses Kopplungsverhältnisses läßt sich die Ausbringung eines Produktbündels beschreiben. Bestimmte Teile der Kosten sind dann bezogen auf den Input Einzelkosten (Rohstoff- und Fertigungskosten), während andere Teile (Veredlung des Outputs) Einzelkosten bezogen auf den Output darstellen. Die Programmplanung muß dann die Frage beantworten, wie viele Produktbündel produziert werden sollen. Sofern bei einzelnen Produkten Überschußmengen auftreten, muß zudem die Frage beantwortet werden, wie viele Mengeneinheiten welcher Produkte zu entsorgen sind.

Für die Lösung dieses Problems wird zunächst ein LP-Ansatz mit folgender Gewinnfunktion formuliert:

$$G = \sum_z d_z \cdot c_z \cdot b - k \cdot b - ke_z \cdot x_z \to \max$$

Mit d_z wird die Bruttodeckungsspanne des Erzeugnisses z bezeichnet; c_z gibt an, wie viele Mengeneinheiten des Erzeugnisses z sich in einem Produktbündel befinden. Mit b wird die variable Anzahl zu produzierender Produktbündel bezeichnet; k steht für die Material- und Fertigungskosten eines Produktbündels. Die Entsorgungskosten je Mengeneinheit des Erzeugnisses z belaufen sich auf ke_z; mit x_z wird schließlich die zu entsorgende Menge von z bezeichnet. Die Zielfunktion ist unter einem Satz von Restriktionen zu maximieren.

Der Materialdurchsatz b (Anzahl Produktbündel) ist durch die Maximalkapazität Kap_{max} nach oben limitiert.

$$b \leq Kap_{max}$$

Die Produktionsmenge eines Erzeugnisses ergibt sich als Produkt aus c_z, der Menge, mit der ein Erzeugnis in einem Bündel enthalten ist, und der Anzahl der Produktbündel b. Für jedes Produkt muß der Zusammenhang zwischen der Produktionsmenge $c_z b$, der maximalen Absatzmenge $A_{z\,max}$ und der Überschußmenge x_z beschrieben werden.

$$c_z \cdot b - x_z \leq A_{z\,max} \quad \text{für alle z}$$

Die Differenz aus Produktions- und Entsorgungsmenge muß für jedes Erzeugnis kleiner oder gleich der maximalen Absatzmenge sein. Da sowohl die Produktion der Bündel als auch die Entsorgung mit Kosten verbunden sind, muß durch die Zielfunktion sichergestellt werden, daß von allen möglichen Differenzen zwischen Produktions- und Entsorgungsmenge die kleinste Differenz gewählt wird, da dann auch die Kosten am geringsten sind. Der Ansatz wird für ein Erzeugnis folglich nur dann Vernichtungsmengen vorsehen, wenn die Produktionsmenge den maximalen Absatz überschreitet. Zusätzlich ist für die Variablen b und x_z die Nicht-Negativitätsbedingung zu beachten.

$$b, x_z \geq 0 \quad \text{für alle z}$$

Bei einem starren Kopplungsverhältnis zwischen den Produkten läßt sich das Planungsproblem auch ohne die Lineare Programmierung durch einfache Vergleichsüberlegungen lösen. Dazu ist zunächst zu bestimmen, wie viele Produktbündel gefertigt werden müssen, um die maximale Absatzmenge der einzelnen Produkte zu erreichen.

Für die drei Produkte A, B und C eines Produktbündels mögen folgende maximale Absatzmengen gelten: 100, 150 und 180 Mengeneinheiten. Werden bis zu 100 Bündel gefertigt, treten bei allen drei Erzeugnissen Fehlmengen auf. Ob die Zahl der Bündel um 1 erhöht werden soll, läßt sich bestimmen, wenn von den Erlösen je Bündel die variablen Kosten abgezogen werden. Ist diese Deckungsspanne je Bündel positiv, ist es auf jeden Fall sinnvoll, mindestens 100 Bündel zu fertigen. Werden zwischen 100 und 150 Bündel produziert, treten bei Produkt A Überschußmengen auf, während bei den beiden übrigen Produkten noch

3.5 Operative Programmplanung

Fehlmengen vorliegen. Zwischen 100 und 150 Bündel erzielt das Unternehmen folglich bei B und C noch steigende Erlöse. Diesem Vorteil stehen die Vernichtungskosten bei A und die zusätzlichen Material- und Fertigungskosten je Bündel gegenüber. Übersteigen die Vorteile je Bündel die Kostennachteile, wird die Produktion in jedem Fall bis 150 Bündel ausgedehnt, da die berechnete positive Differenz für jedes Bündel in diesem Intervall gilt.

Ab 150 Bündel erzielt das Unternehmen dann nur noch Vorteile beim Erzeugnis C, da bei diesem Erzeugnis noch Fehlmengen abgebaut werden können. Diesem Vorteil stehen wieder die Zusatzkosten für ein weiteres Bündel und die Vernichtungskosten bei den Erzeugnissen A und B gegenüber.

Da an den kritischen Bündelzahlen 100 und 150 jeweils ein Erzeugnis von der Vorteils- auf die Nachteilsseite des Vergleichs wandert, sinkt der zusätzliche Deckungsbeitrag von Intervall zu Intervall. Im ersten Intervall (0 bis 100 ME) ist er am größten. Im Intervall zwischen 100 und 150 Bündeln sinkt er auf ein geringeres Niveau, und ab 150 Bündel reduziert er sich erneut. Die Ausweitung der Produktion ist grundsätzlich solange vorteilhaft, wie der Deckungsbeitrag je Bündel noch positiv ist und die Kapazitätsgrenze noch nicht erreicht wurde. Reicht die Kapazität für 170 Bündel aus, und ist der Deckungsbeitrag je Bündel im dritten Intervall noch positiv, bestimmt die Kapazitätsgrenze die Anzahl aufzulegender Bündel. Ist der Deckungsbeitrag je Bündel zwar im zweiten Intervall positiv, aber im dritten negativ, werden bei gleicher Kapazitätssituation nur 150 Bündel hergestellt.

Eine spezielle Art von Kuppelproduktion liegt vor, wenn Produzenten entsprechend dem Kreislaufwirtschafts- und Abfallgesetz ihre Altprodukte zurücknehmen und demontieren. Durch einen Demontageprozeß entstehen mehrere Fraktionen. Diese Fraktionen entsprechen jenen Teilen, die bei der Produktion im Montageprozeß zusammengefügt wurden. Die ursprüngliche Stückliste determiniert damit das Kopplungsverhältnis c der Fraktionen im Demontageprozeß. Wurden 2 Teile A und 1 Teil B in der Montage zu einem Erzeugnis C verbunden, ergeben sich bei der Demontage von C wieder 2 Teile von A und 1 Teil von B. Die mit der Demontage verbundenen variablen Kosten sind Gemeinkosten für alle anfallenden Fraktionen, sie lassen sich keiner Fraktion verursachungsgerecht zurechnen, mithin lassen sich im Beispiel keine Demontagekosten für die Teile A und B bestimmen. Die Demontagekosten können nur dem Input für den Demontageprozeß zugeordnet werden. Für die Zerlegung einer Einheit von C fällt bspw. ein bestimmter Kostensatz kd an.

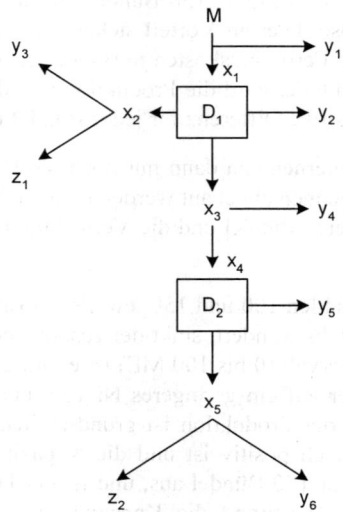

Abbildung 3-26

Die Abbildung zeigt einen zweistufigen Demontageprozeß. In der Planungsperiode muß das Unternehmen M Einheiten eines Altproduktes zurücknehmen. Davon werden im Demontageprozeß D_1 x_1 Einheiten zerlegt, oder die Teilmenge y_1 des Altprodukts wird direkt entsorgt. Im Demontageprozeß D_1 fallen drei Fraktionen x_2, x_3 und y_2 an. Von x_2 werden z_1 ME aufbereitet, und der etwaige Rest y_3 muß entsorgt werden. Die aufbereitete Menge z_1 wird für die Produktion neuer Erzeugnisse verwendet. Teile der Fraktion x_3 werden entsorgt – y_4 – oder im Demontageprozeß D_2 in die Fraktionen y_5 und x_5 zerlegt. y_5 kann nur entsorgt werden. Von x_5 kann ein Teil – z_2 – aufbereitet und zur Produktion wiederverwendet werden. Ist der Bedarf nach diesen Recyclaten kleiner als die Produktionsmengen muß der Rest y_6 entsorgt werden.

Die Demontage führt zu 4 ökonomischen Wirkungen:[181]

1. Jede demontierte Einheit x verursacht variable Kosten in Höhe von kd.

2. Mit den zu entsorgenden Mengen y erzielt das Unternehmen entweder einen Erlös ke, oder es müssen Deponierungskosten entrichtet werden (ke ist dann negativ).

3. Für die aufzubereitenden Recyclate z entstehen je ME Aufbereitungskosten in Höhe von ka.

4. Setzt das Unternehmen die aufbereiteten Recyclate zur Produktion ein, wird der Bedarf an originären Rohstoffen oder Teilen für die Neuproduktion geringer. Es müssen daher weniger Neuteile gefertigt werden, und das Unternehmen spart durch die Recyclate Material- und Fertigungskosten in Höhe von km je ME von z ein.

---

181 Vgl. zu einer ähnlichen Sichtweise Spengler/Rentz (1996), S. 86 f.

3.5 Operative Programmplanung

Im Hinblick auf diese vier Gewinnwirkungen stellt sich die Frage nach dem optimalen Grad der Demontage der Altprodukte. Im Beispiel ist zu analysieren, ob die Zerlegung mit dem Demontageprozeß 1 beendet werden soll und dann die ganze Menge x_3 zu entsorgen ist oder ob es im Hinblick auf den Gewinn günstiger ist, durch den Demontageprozeß 2 noch die Recyclate z_2, y_5 und y_6 zu gewinnen. Ein zu entwickelndes Planungsmodell muß daher die Freiheit haben, je nach Datensituation die Demontage nach dem 1. Demontageprozeß abzubrechen oder fortzusetzen.

Für das Problem des optimalen Demontagegrades wird im folgenden ein LP-Modell vorgestellt.[182] Variable des Problems sind die Input- bzw. Outputmengen x, die Entsorgungsmengen y sowie die Mengen wiederverwendungsfähiger Recyclate z. Die Zielfunktion besteht darin, den Gewinn durch Wahl des optimalen Demontagegrades zu maximieren.

Die **Zielfunktion** besteht aus drei Teilen. Der erste Teil erfaßt die Nettoersparnisse, wenn das Unternehmen nicht originäre Rohstoffe oder Teile produziert, sondern aufbereitete Teile aus dem Demontageprozeß einsetzt. Die Nettoersparnis ergibt sich aus den eingesparten Material- und Fertigungskosten der Neuprodukte (km) abzüglich der Wiederaufbereitungskosten (ka). Der zweite Zielfunktionsteil erfaßt die Demontagekosten, die bei der Zerlegung der Teile x_1 und x_4 anfallen. Der dritte Teil bildet die mit den nicht selbst zu verwertenden Recyclaten zu erzielenden Erlöse ab (ke ist positiv). Müssen diese Fraktionen y entsorgt werden, ist ke negativ, und die entsprechenden Terme des 3. Teils der Zielfunktion sind als Entsorgungskosten zu interpretieren.

$$G = \underbrace{(km_1 - ka_1) \cdot z_1 + (km_2 - ka_2) \cdot z_2}_{\text{Nettoersparnis durch Einsatz aufbereiteter Teile}}$$

$$- \underbrace{(kd_1 \cdot x_1 + kd_4 \cdot x_4)}_{\text{Demontagekosten}}$$

$$+ \underbrace{(ke_1 \cdot y_1 + ke_2 \cdot y_2 + ke_3 \cdot y_3 + ke_4 \cdot y_4 + ke_5 \cdot y_5 + ke_6 \cdot y_6)}_{\text{Erlöse bzw. Entsorgungskosten}} \to \max$$

Die Mengenflüsse sind durch ein System von **Mengenkontinuitäten** abzubilden.

Die von dem Altprodukt anfallende Menge M entspricht der Summe der direkt zu entsorgenden Menge y_1 und der in den Demontageprozeß 1 eingespeisten Menge x_1

$$x_1 + y_1 = M$$

Für die drei Fraktionen des Demontageprozesses 1 sind drei **Mengenbedingungen** zu formulieren.

$$c_1 \cdot x_1 = x_2$$
$$c_2 \cdot x_1 = x_3$$
$$c_3 \cdot x_1 = y_2$$

---

[182] Weitere Modellansätze z.B. bei Spengler (1998), S. 61 und Spengler/Rentz (1996).

Die erste dieser Bedingungen besagt, daß sich die Menge x_2 der ersten Fraktion ergibt, wenn die Inputmenge x_1 mit dem aus der Stückliste zu entnehmenden Kopplungsverhältnis c_1 multipliziert wird.

Die beiden folgenden Bedingungen für die Mengen x_2 und x_3 sorgen für den erforderlichen Freiheitsgrad, den sinnvollen Umfang der Demontage bzw. der Wiederverwendung von x_2 bzw. x_3 zu bestimmen. Ist es sinnvoll, auch die Demontage 2 vorzunehmen, wird x_4 in der zweiten Bedingung einen positiven Wert annehmen. Ist die Menge der Fraktion x_2 größer als der Bedarf an Recyclaten z_1, müssen Teile der Fraktion entsorgt werden.

$$z_1 + y_3 = x_2$$
$$x_4 + y_4 = x_3$$

Die drei folgenden Bedingungen bilden den **Mengenfluß** für die Demontagestufe 2 ab.

$$c_4 \cdot x_4 = y_5$$
$$c_5 \cdot x_4 = x_5$$
$$z_2 + y_6 = x_5$$

Außer den Mengenkontinuitäten müssen u.U. noch weitere Restriktionen beachtet werden. Beispielsweise kann die Inputmenge der beiden Demontageprozesse durch die Kapazität (X) nach oben begrenzt sein. Zudem ergeben sich aus dem Produktionsprogramm für die zu erzeugenden Neuprodukte Obergrenzen (Z) für die Einsatzmenge an Recyclaten.

$$x_1 \leq X_1$$
$$x_4 \leq X_4$$
$$z_1 \leq Z_1$$
$$z_2 \leq Z_2$$

Zusätzlich gilt für alle Variablen die **Nicht-Negativitätsbedingung**.

$$x_1, x_4, y_1, y_2, y_3, y_4, y_5, y_6, z_1, z_2 \geq 0$$

Fragen und Aufgaben zu Kapitel 3

1. Beschreiben Sie die Teilaufgaben der Planung des Leistungsprogramms!
2. Wie kommt es zum Wandel des Qualitätsbegriffs von der klassischen Sichtweise zur umfassenden Sicht von Qualität?
3. Wie wirkt sich die Auffassung von Qualität auf die Qualitätsmessung aus?
4. Welche vier Phasen kennzeichnen die historische Entwicklung des Qualitätswesens?
5. Warum ist anforderungsgerechte Qualität ein Erfolgsfaktor für Unternehmen?
6. Welche Dimensionen lassen sich für ein Qualitätsmanagement unterscheiden?
7. Welche drei Funktionen muß das Qualitätscontrolling erfüllen?
8. Wie lassen sich die Methoden des Qualitätscontrolling differenzieren?
9. Worin liegen die Probleme der klassischen Qualitätskostenrechnung?
10. In welchen Schritten läuft die SPC (Statistische Prozeßsteuerung) ab?
11. Wie lassen sich Mitarbeiter im Rahmen von Qualitätszirkeln aktiv in das Qualitätscontrolling einbinden?
12. Welchen Nutzen haben Quality Audits (z.B. ISO 9000-9004) für das Qualitätscontrolling?
13. Wie versucht Poka Yoke unbeabsichtigte Fehler in der Produktion zu vermeiden?
14. Grenzen Sie die Begriffe Innovation sowie Forschung und Entwicklung voneinander ab!
15. In welcher Weise stiften Produkt- bzw. Prozeßinnovationen Kundennutzen?
16. Worin unterscheiden sich europäische, amerikanische und japanische Produktentwicklung? Welche Ursachen gibt es für diese Unterschiede?
17. Was ist unter der Beschleunigungsfalle zu verstehen?
18. Erläutern Sie den Begriff „leapfrogging behavior"!
19. Von welchen drei Faktoren hängt es ab, ob Unternehmen mit Neuerungen auf Märkten erfolgreich sind?
20. Warum kommt dem Qualitätsmanagement im Entwicklungsbereich eine zentrale Bedeutung zu, und welche Anforderungen ergeben sich für das Qualitätsmanagement aus der Tech- und der Touch-Dimension von Qualität?
21. Welche Probleme treten bei der Erfassung und bei der Berücksichtigung der Kundenanforderungen im Entwicklungsprozeß auf?
22. Beschreiben Sie die erforderlichen Einsatzvoraussetzungen und den Nutzen von QFD im Entwicklungsbereich!
23. Warum sollten die Qualitätsinstrumente der FMEA und FTA im Entwicklungsprozeß integrativ eingesetzt werden?

24. Wann und zu welchem Zweck ist die statistische Versuchsplanung bei der Produktentwicklung einzusetzen?
25. Wie lassen sich Qualitätsinstrumente, die klassischerweise in der Produktion eingesetzt werden (Poka Yoke, statistische Prozeßregelung), auch für den Entwicklungsbereich nutzen?
26. Aus welchen Gründen ist ein System der ökonomischen Beurteilung von Entwicklungsprojekten erforderlich?
27. Wie können Scoringmodelle für die Beurteilung von Entwicklungsprojekten eingesetzt werden, und welche Probleme treten dabei auf?
28. Nennen Sie Indizien für Defizite im Forschungs- und Entwicklungsbereich von Unternehmen!
29. Welche Anforderungen ergeben sich durch den Wandel der Unternehmensumwelt für die F&E-Organisation eines Unternehmens?
30. Welche Bedeutung kommt der Kreativitätsförderung im Rahmen der F&E-Organisation zu?
31. Nennen Sie Vor- und Nachteile einer funktionalen Organisation des F&E-Bereichs!
32. Nennen Sie Vor- und Nachteile einer Gliederung der Forschung und Entwicklung nach dem Objektprinzip!
33. Welches sind die Kerngedanken einer Organisation nach Prozessen?
34. Nennen Sie die Teilschritte eines F&E-Prozesses!
35. Welche spezifischen Probleme ergeben sich bei der Planung des Ablaufes von F&E-Projekten?
36. Stellen Sie den Unterschied zwischen Formal- und Sachzielen dar!
37. Welche Aspekte müssen bei der Festlegung von F&E-Zielen beachtet werden?
38. Welche Anreize können eingesetzt werden, um das im F&E-Bereich tätige Personal zu einem unternehmenszielkonformen Verhalten zu motivieren?
39. Welche Informationen müssen zur Unterstützung des F&E-Prozesses erhoben werden?
40. Beschreiben Sie das Vorgehen beim Target Costing!
41. Welche Methoden lassen sich bei der konstruktionsbegleitenden Kalkulation unterscheiden?
42. Was sind die Ziele eines kombinierten Einsatzes des Target Costing und des Life Cycle Costing?
43. Nennen Sie Beispiele für Interdependenzen zwischen dem F&E-Bereich und der Produktion bzw. dem Marketing!
44. Welche Mittel lassen sich einsetzen, um Barrieren zwischen Funktionsbereichen abzubauen bzw. nicht entstehen zu lassen und eine funktionsübergreifende Kommunikation zu ermöglichen?

Fragen und Aufgaben zu Kapitel 3

45. Wie ist die Fertigungstiefe bzw. der Grad vertikaler Integration definiert?
46. Welche Formen der vertikalen Integration sind zu unterscheiden?
47. Welche Auswirkungen hat eine Verringerung der Fertigungstiefe hinsichtlich:
    - der Kosten
    - des technischen Know Hows
    - der Marktposition
    - der Kapitalstruktur

    auf das Unternehmen?
48. Grenzen Sie die Planung der Fertigungstiefe gegen das Make-or-buy-Problem der operativen Programmplanung ab!
49. Die Vorproduktionsstufe einer Unternehmung hat eine Restnutzungsdauer von vier Perioden. In diesen Perioden sind folgende Restverkaufserlöse für die betreffenden Anlagen zu erzielen:

t_1	t_2	t_3	t_4
22000	17500	13000	7500

Die Stufe wird verwendet, um eine Bedarfsmenge von 1200 ME einer Baugruppe zu fertigen, die in der Eigenproduktion variable Ausgaben von 2,5 GE/ME verursacht. Dabei entstehen kurzfristig abbaubare fixe Ausgaben von 2975 GE. Ist es sinnvoll, die Eigenproduktion aufzugeben, wenn die Baugruppen zu einem Preis von 10 GE/ME zugekauft werden können? Wenn ja, zu welchem Zeitpunkt? Treffen Sie Ihre Entscheidung auf der Basis des Kapitalwertkriteriums! Gehen Sie vereinfachend davon aus, daß alle Zahlungen zum Periodenende eingehen, und legen Sie der Rechnung einen Zinssatz von 10 % zugrunde!

50. Begründen Sie, warum bei der Produktionsprogrammplanung nicht vom Ziel der Kostenminimierung ausgegangen werden kann!
51. Grenzen Sie die strategische, taktische und operative Produktionsprogrammplanung gegeneinander ab! Erläutern Sie die Abgrenzung an einem Beispiel!
52. Wovon hängt es ab, ob Umsätze, Kosten oder erforderliches Kapital für eine Entscheidung relevant bzw. nicht relevant sind?
53. Verdeutlichen Sie den Unterschied zwischen fixen und variablen Kosten! Untersuchen Sie, ob fixe Kosten immer irrelevante Kosten sind!
54. Warum ist die Bezeichnung von sich sprunghaft ändernden Kosten als „sprungfixe Kosten" irreführend?
55. Was wird unter dem Begriff „Produktfeld" verstanden?
56. Von welchen Voraussetzungen wird bei der operativen Programmplanung im allgemeinen ausgegangen?

57. Erläutern Sie die Begriffe „Deckungsspanne", „Deckungsbeitrag", „relative Deckungsspanne", „relative Bruttodeckungsspanne" und „Gewinn"!

58. In welchen Situationen bietet sich eine Programmplanung mit relativen Deckungsspannendifferenzen an?

59. Eine Unternehmung ist in der Lage, in der kommenden Planperiode vier verschiedene Erzeugnisse zu fertigen. Folgende Informationen liegen vor:

Produkt	Absatzpreis (GE/ME)	var. Produktionskosten (GE/ME)	maximale Absatzmenge (ME)	Produktionskoeffizient (ZE/ME)	
				Anlage I	Anlage II
1	50,-	25,-	800	0,25	0,125
2	60,-	30,-	1500	0,20	0,166
3	45,-	35,-	1000	0,05	0,20
4	35,-	40,-	2000	0,125	0,20

Die insgesamt verfügbare Zeit betrage 600 ZE je Anlage. Die fixen Kosten belaufen sich auf 20000,- GE je Periode. Bestimmen Sie das gewinnmaximale Produktions- und Absatzprogramm der kommenden Periode!

60. Wie sähe das gewinnmaximale Produktions- und Absatzprogramm in Aufgabe 59 aus, wenn die maximale Fertigungszeit der Anlage 1 nur 500 ZE betragen würde?

61. Erläutern Sie den Begriff „relative Kapazitätsbeanspruchung"! Zu welchem Zweck wird die relative Kapazitätsbeanspruchung benötigt?

62. Einem Unternehmen liegen folgende Informationen vor:

Produkt	Absatzpreis (GE/ME)	maximale Absatzmenge (ME)	Materialkosten pro ME (GE/ME)	Fertigungszeit pro ME (ZE/ME)
1	35,-	5000	8,-	6
2	48,-	4000	12,-	9
3	27,-	8000	21,-	4
4	40,-	3000	13,-	3
5	38,-	6000	31,-	7
6	45,-	2000	10,-	5
7	30,-	7000	20,-	8

Die variablen Fertigungskosten pro ZE sind schichtweise gestaffelt:

Fragen und Aufgaben zu Kapitel 3

Schicht	variable Fertigungskosten pro ZE (GE/ZE)
1	1,50
2	2,-
3	2,50

In der Planungsperiode können in jeder Schicht maximal 30000 ZE gefahren werden.

Bestimmen Sie das gewinnmaximale Produktions- und Absatzprogramm und erläutern Sie Ihr Vorgehen!

63. Welche Schwierigkeiten ergeben sich, wenn mehrere Engpässe denkbar sind, der Engpaß aber noch nicht bekannt ist? Wie stellt sich die Planungssituation dar, wenn mehrere Engpässe vorliegen?

64. Das Rahmenprogramm eines Betriebs umfaßt 6 Erzeugnisse mit folgenden Produktionszeiten, Deckungsspannen und Absatzmöglichkeiten:

Erzeugnis	A	B	C	D	E	F
Deckungsspanne (DM/ME)	44	54	40	49	48	40
Produktionszeit (ZE/ME)	4	6	5	7	8	10
maximaler Absatz (ME)	400	200	100	150	200	350

Die Erzeugnisse werden in einem einstufigen Produktionsprozeß erstellt, der in der Planperiode 4000 ZE genutzt werden kann.

a) Welche Erzeugnisse soll der Betrieb in welchen Mengen in der Planungsperiode herstellen, wenn er das Ziel Gewinnmaximierung verfolgt?

b) Wie ändert sich das gewinnmaximale Produktionsprogramm, wenn durch die Einhaltung der im folgenden angegebenen Mindestabsatzmengen sich die maximal möglichen Absatzmengen der einzelnen Erzeugnisse wie angegeben erhöhen?

Erzeugnis	A	B	C	D	E	F
Mindestabsatz (ME)	150	100	58	50	30	0
maximaler Absatz (ME)	450	300	200	300	250	350

65. Wie wirken absatzmäßige Verflechtungen der Produkte auf die Programmplanung? Arbeiten Sie die Unterschiede zur Planungssituation ohne Absatzverflechtungen heraus!

66. Erläutern Sie, wie Deckungsbeitragssprünge entstehen können!

67. Von einem bestimmten Erzeugnis E können pro Planperiode maximal 300 ME zum Preis von 37 DM/ME abgesetzt werden. Der Produktionskoeffizient im einzigen Engpaß beträgt 4 ZE/ME. Das Erzeugnis muß u.a. auf einem Spezialaggregat bearbeitet werden. Bis zu 200 ME können mit der kostenoptimalen Intensität gefertigt werden, und es fallen insgesamt 21 DM/ME variable Kosten an. Sollen mehr als 200 ME bear-

beitet werden, muß von Anfang an mit einer höheren Intensitätsstufe gefertigt werden, wodurch sich die gesamten variablen Kosten um 4 DM/ME erhöhen.

Diskutieren Sie, wie das Erzeugnis E in die Planung des Produktionsprogramms des Beispiels der Tabelle 3-21 eingeht!

68. Welche unterschiedlichen Situationen können sich bei der Programmplanung mit Deckungsbeitragssprüngen für einen vorläufigen Programmvorschlag ergeben, und wie ist in diesen Situationen zu verfahren?

69. Wie kann bei Deckungsbeitragssprüngen aufbauend auf dem vorläufigen Programmvorschlag ermittelt werden, ob die folgenden Maßnahmen grundsätzlich in Betracht kommen?

   a) Ersatzloses Streichen der Grenzstrategie,
   b) Ausbau der Grenzstrategie zu Lasten einer sich im Programm befindlichen Strategie,
   c) Streichen der Grenzstrategie zugunsten einer Strategie, die noch nicht im Programmvorschlag enthalten ist.

   Erläutern Sie weiterhin, warum es bei negativen Deckungsbeitragssprüngen trotz knapper Kapazität optimal sein kann, nicht die gesamte Kapazität auszunutzen!

70. Was sind die zentralen Probleme der Programmplanung bei Kuppelproduktion?

71. Was versteht man im Rahmen der Kuppelproduktion unter einem Produktbündel?

72. Stellen Sie zur Lösung des Programmplanungsproblems bei Kuppelproduktion einen LP-Ansatz auf!

73. Wie läßt sich das obige Planungsproblem vereinfachen, wenn zwischen den Produkten ein festes Kopplungsverhältnis besteht?

4 Produktions- und Kostentheorie

4.1 Grundbegriffe der Kostentheorie

4.1.1 Gegenstand der Kostentheorie

Die Kostentheorie hat neben der Erklärungs- eine Gestaltungsaufgabe.[1] Die **Erklärungsaufgabe** besteht darin, die Determinanten der Kosten zu erkennen, zu systematisieren und deren Wirkungen auf die Höhe der Kosten aufzuzeigen. Die Erklärungsaufgabe gipfelt darin, Kostenfunktionen zu entwickeln, die die Höhe der Kosten in Abhängigkeit von möglichen Ausprägungen der verschiedenen Determinanten aufzeigen.

Zu den Determinanten der Kosten gehören:[2]

- Die vom Unternehmen in der jeweiligen Situation nicht beeinflußbaren Faktoren (Daten) wie z.B. die Preise der Produktionsfaktoren oder die technischen Eigenschaften der durch frühere Investitionsentscheidungen gegebenen Betriebsmittel, die sich im Faktorverbrauch je produzierter Mengeneinheit niederschlagen (Sekundärdaten).

- Die Entscheidungen (Variablen), die in einer bestimmten Situation vom Unternehmen gefällt werden. Zu dieser Klasse von Determinanten sind bspw. die Produktionsmenge, die Aufteilung der Produktionsmenge auf verschiedene funktionsgleiche Aggregate, die Wahl der Arbeitsintensität sowie der Beschäftigungszeit eines Aggregates oder die innerbetriebliche Auftragsgröße, Entscheidungen über die Fertigungstiefe, das Qualitätsniveau der Produkte, die Kapazitäten usw. zu rechnen.

Einen Überblick über die Determinanten der Kosten gibt die Abbildung 4-1.

Nicht sämtliche der in Abbildung 4-1 aufgeführten, die Kosten beeinflussenden Entscheidungen werden allerdings im Rahmen der kurzfristigen Kostenpolitik analysiert. Die kurzfristige Kostenpolitik geht von gegebenen Kapazitäten sowie einem nach Art und Menge bekannten Produktionsprogramm bei definierter Fertigungstiefe und Qualität der Produkte aus. Analysiert werden lediglich die Determinanten, die zu Unterschieden bei der Produktionsdurchführung – Wahl der Intensitäten und Arbeitszeiten der verfügbaren Maschinen, Aufteilung der Produktionsmenge auf die Maschinen, Wahl der innerbetrieblichen Auftragsgrößen usw. – führen. Die übrigen Determinanten kommen erst bei der langfristigen Kostenpolitik – Kapazitäts- und Betriebsgrößenwahl – sowie bei der Programmpolitik zum Tragen.

Gegenstand der **Gestaltungsaufgabe** der Kostentheorie ist es, das Niveau der durch das Unternehmen beeinflußbaren Determinanten der Kostenfunktion so zu wählen, daß eine kostenoptimale Lösung des Problems erreicht wird. Gesucht wird dann z.B. die kostengünstigste innerbetriebliche Auftragsgröße, oder es geht darum, wie eine vorgegebene Produktionsmenge eines oder mehrerer Erzeugnisse mit minimalen Kosten erstellt werden kann. Mit zur Gestaltungsaufgabe gehört es zu analysieren, wie sich Veränderungen auf das Optimal-

---

1 Vgl. Heinen (1983), S. 120 ff.
2 Zu den Determinanten der Kosten vgl. Busse von Colbe/Laßmann (1991), S. 209 ff.; Gutenberg (1983), S. 344 ff.; Heinen (1983), S. 364 ff.; Kilger (1959), S. 458 ff.; Schäfer (1980), S. 170 ff.

verhalten auswirken. Aufzuzeigen ist dann etwa, wie sich eine Veränderung der Produktionsmenge auf die Kostensituation auswirkt.

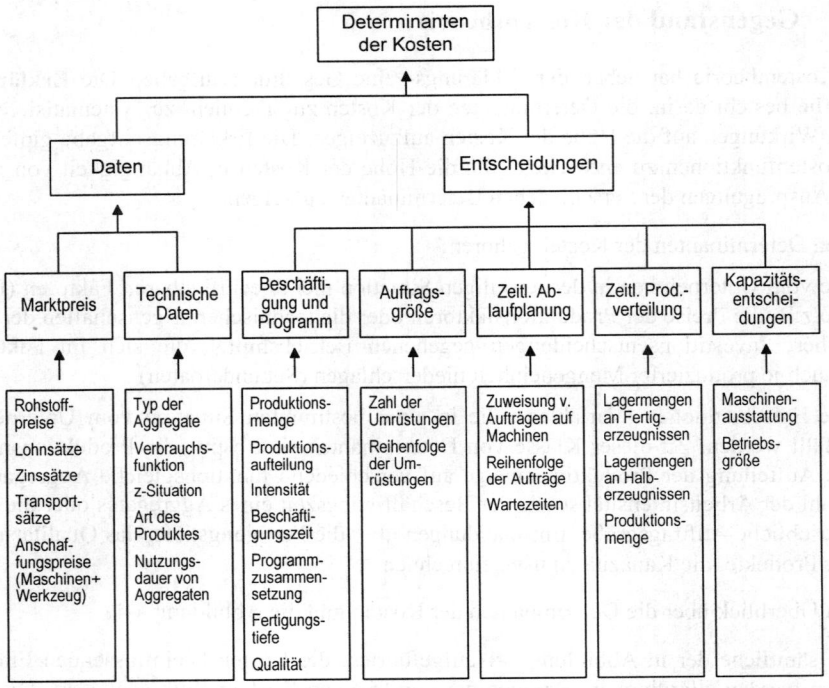

Abbildung 4-1

Kostenmodelle lassen sich nach drei Merkmalen unterscheiden:

- Zum einen nach dem Umfang der im Modell erfaßten, die Kosten beeinflussenden Determinanten – Partial- versus Simultanmodelle – und

- zum anderen danach, ob die Kostenfunktionen auf produktionstheoretischen Erklärungsmodellen basieren (Modelle mit bzw. ohne produktionstheoretische Fundierung).

- Drittes Merkmal ist der Funktionsbereich (Produktion, Beschaffung usw.), für den die Kosten erklärt werden.

Nach dem ersten Kriterium sind simultane und partielle Kostenmodelle zu unterscheiden. Ein Simultanmodell zur Kostentheorie erfaßt sämtliche Determinanten der Kosten, d.h., Entscheidungen über die Produktionsaufteilung, die Auftragsgröße, die zeitliche Ablaufplanung, den Grad an Emanzipation usw., um eine allgemeingültige Erklärung für die Kostenhöhe zu geben. Im folgenden werden lediglich partielle Kostenmodelle diskutiert, z.B. ein Modell für die Art der Produktionsaufteilung in einem Einproduktunternehmen. Bei diesem Kostenmodell handelt es sich um ein Partialmodell, da die Einflüsse anderer Entscheidungen

4.1 Grundbegriffe der Kostentheorie

– wie die Wahl der Auftragsgröße oder die zeitliche Ablaufplanung – auf die Höhe der Kosten nicht beschrieben werden. Auch die übrigen zu behandelnden kostenpolitischen Modelle, z.B. zur Auftragsgrößenplanung, werden wiederum lediglich Partialmodelle sein, die jeweils nur die Kosteneinflüsse eines Entscheidungsbereichs erfassen. Ein sich auf alle kostenpolitisch bedeutsamen Entscheidungen und Daten erstreckendes Kostenmodell wird in diesem Buch nicht entwickelt, da ein derartiges Modell zu komplex und rechnerisch nicht beherrschbar wäre. Durch die partielle Sichtweise dieser Modelle wird damit bewußt auf die Analyse der Interdependenzen zwischen den einzelnen Entscheidungen verzichtet. Es wird zudem grundsätzlich nur die Kostenwirkung der Determinanten analysiert, mögliche Erlöswirkungen, die insbesondere bei den langfristigen Determinanten – Fertigungstiefe bzw. Produktqualität – auftreten können, bleiben unberücksichtigt. Derartige Wirkungen müßten zusätzlich bei der Planung des Leistungsprogramms eines Unternehmens erfaßt werden.

Nach dem zweiten Kriterium zur Differenzierung von Kostenmodellen sind in der betriebswirtschaftlichen Literatur zwei andere Gruppen kostentheoretischer Modelle zu unterscheiden: Die erste Gruppe (Schmalenbach, Mellerowicz) stellt Kostenfunktionen ohne produktionstheoretische Fundierung auf.[3] Hierbei handelt es sich um Kostenfunktionen des gesamten Betriebs bei unterschiedlichen Beschäftigungsgraden. Die Begründung des Kostenverlaufs erfolgt im Einzelfall unter Berufung auf technische und ökonomische Sachverhalte. Kostenanalysen dieser ersten Gruppe vermögen keine geschlossene Erklärung für den Kostenverlauf zu geben. Das ist erst bei der zweiten Gruppe (Gutenberg, Heinen, Kloock, Küpper) möglich, die in der Kostentheorie auf Produktionsfunktionen zurückgreift.[4] Die im folgenden behandelten Kostenfunktionen bauen grundsätzlich auf Produktionsfunktionen auf.

Kostenmodelle können weiter danach differenziert werden, für welche betrieblichen Funktionsbereiche die Kosten erklärt werden. Die klassische, auf Produktionsfunktionen gestützte Kostentheorie beschäftigt sich bspw. nur mit Kosten, die durch den Produktionsprozeß verursacht werden. Gerade diese Kosten treten bei der marktbedingten Umstrukturierung der Fertigung aber zunehmend in den Hintergrund, zumindest verlieren sie im Vergleich zu Distributionskosten und Vermarktungskosten, sowie Kosten für Forschung und Entwicklung relativ an Bedeutung.

4.1.2 Betriebswirtschaftlicher Kostenbegriff
4.1.2.1 Allgemeine Definition des Kostenbegriffs[5]

Der Kostenbegriff gehört mit zu den zentralen Begriffen der Betriebswirtschaftslehre. Trotz intensiver Bemühungen gibt es bis heute aber keine allgemein anerkannte Kostendefinition. Die in der Literatur zu findenden Kostenbegriffe stimmen nur hinsichtlich der formalen

---

3 Vgl. Schmalenbach (1963), S. 41 ff.; Mellerowicz (1973).
4 Vgl. Gutenberg (1983), S. 303 ff., 326 ff., 338 ff.; Heinen (1983), S. 111 ff., 165 ff., 363 ff.; Kloock (1969); Schweitzer/Küpper (1997), S. 219 ff.
5 Vgl. zum folgenden Adam (1970), S. 18 ff.

Strukturelemente überein. Über die inhaltliche Interpretation der Strukturelemente gehen die Ansichten je nach dem Zweck der Untersuchung weit auseinander.[6]

Werden die allen Kostenbegriffen gemeinsamen Charakteristika zusammengefaßt, kann wie folgt definiert werden:[7] **Kosten sind die bewerteten Verbrauchsmengen der zur Leistungserstellung eingesetzten Produktionsfaktoren.**

Aus dieser Definition leiten sich zwei generelle Begriffselemente der Kosten ab:[8]

- die **Faktorwerte** und
- das **Mengengerüst** der Kosten.

Über die inhaltliche Auslegung der Faktorwerte und des Mengengerüsts gibt es in der Betriebswirtschaftslehre eine Vielzahl von Ansichten, von denen hier einige der wesentlichen behandelt werden. Zunächst wird auf die Faktorwerte und dann auf das Mengengerüst der Kosten näher eingegangen.

4.1.2.2 Die Wertkomponente des Kostenbegriffs
4.1.2.2.1 Das Bewertungsproblem[9]

Ein Unternehmen setzt für die Produktion von Leistungen eine Vielzahl heterogener, materiell nicht vergleichbarer Produktionsfaktoren ein. Aufgabe der Bewertung ist es, diese Faktoren gleichnamig zu machen (**Verrechnungsfunktion**) und jene Wertansätze zu finden, die die knappen Faktoren in die Richtung des höchsten Nutzens steuern (**Lenkungsfunktion**). Was unter Nutzen zu verstehen ist, läßt sich nicht allgemeingültig sagen. Nutzen ist vielmehr ein psychologischer, von Individuum zu Individuum verschieden zu interpretierender Tatbestand. Nutzen ist daher nicht in allgemeingültigen Maßstäben meßbar.

Aus dieser völligen Offenheit des Nutzenbegriffs – aus seiner materiellen Unbestimmtheit – ergibt sich das betriebswirtschaftliche Bewertungsproblem.[10]

Der Wert oder Nutzen eines Gutes ist keine dem Gut inhärente Eigenschaft, d.h., der Wert ist nicht objektiv; er leitet sich vielmehr aus einer Subjekt-Objekt-Beziehung heraus ab. Einen Wert hat ein Gut daher nur, wenn ein Subjekt seine Nutzenvorstellungen in dieses Gut hineinprojiziert. Wertvoll ist ein Gut, wie Böhm-Bawerk es formuliert, „... wenn irgendein

---

6   Zur Diskussion über den Kostenbegriff vgl. z.B.: Engelmann (1958), S. 558 ff.; Koch (1958), S. 355 ff.; Koch (1959), S. 8 ff.; Kosiol (1979), S. 11 ff.; Menrad (1978), S. 54; Seischab (1952), S. 19 ff.; Zoll (1960), S. 15 ff. und S. 96 ff.
7   Zu dieser Definition vgl. Adam (1970), S. 18; Gutenberg (1983), S. 338; Kilger (1988), S. 858 ff.; Schneider (1972), S. 96; Schmalenbach (1963), S. 6.
8   Vgl. Adam (1970), S. 19; Heinen (1983), S. 55 ff.; Huch (1986), S. 21 ff.; Kosiol (1979), S. 15 ff.
9   Zum folgenden vgl. Adam (1970), S. 25 ff.; Heinen (1983), S. 73 ff.; Kosiol (1979), S. 24 ff.
10 Zum Bewertungsproblem vgl. Akermann (1931), S. 579 ff.; Albert (1956), S. 410 ff; Anderson (1956); Hicks (1946); Jacob (1961); Pausenberger (1962); Schmalenbach (1963); Schmalenbach (1988). Weitere Literatur bei Adam (1970), S. 25, Fußnote 34.

4.1 Grundbegriffe der Kostentheorie

Lebensinteresse von ihm abhängig ist".[11] Ein derartiger, auf rein subjektiven Merkmalen basierender Wert ist einer wissenschaftlichen Analyse nicht zugänglich, da die Wertfindung nicht objektiv überprüft werden kann; in ihm sind alle individuellen, den Wert beeinflussenden Faktoren zu einem einheitlichen Wertungskomplex zusammengefaßt.

Aufbauend auf der subjektiven Wertlehre sind in der wissenschaftlichen Diskussion des Bewertungsproblems zwei Wege eingeschlagen worden, um den Wert zu objektivieren. Unter Objektivieren soll dabei das Bemühen verstanden werden, die Bewertung interpersonell nachprüfbar zu gestalten.

Der erste Weg zur Objektivierung des Wertes eines Gutes besteht darin, den Wert auf der Basis von Verkehrswerten zu definieren. Dann bestimmt nicht mehr eine individuelle Nutzenvorstellung den Wert, sondern er leitet sich aus einer Vielzahl individueller Nutzeneinschätzungen ab. Die Wertfindung erfolgt in diesem Fall durch das Zusammenspiel von Angebot und Nachfrage am Markt und drückt sich im Marktpreis eines Gutes aus. Auf dieser Bewertungskonzeption basiert der pagatorische Kostenbegriff.[12]

Dieser erste Weg zur Objektivierung der Bewertung hat den Vorteil, daß er zu einem Kostenwert führt, der für eine Vielzahl von Wirtschaftssubjekten gleichermaßen Gültigkeit hat und praktisch leicht zu handhaben ist, da eine individuelle Wertfindung nicht erforderlich ist. Dieser Vorteil kann aber auch als Nachteil gewertet werden, da der Wertansatz die betriebsindividuellen Gegebenheiten der einzelnen Unternehmen nicht berücksichtigt.

Der zweite Weg, die Bewertung zu objektivieren, sieht vor, betriebsindividuelle Gegebenheiten bei der Bewertung zu berücksichtigen. Der Wert leitet sich dann aus dem Nutzen ab, den ein Gut in einer bestimmten Unternehmung unter ganz bestimmten Voraussetzungen zu erwirtschaften in der Lage ist. Um eine derartige Wertfindung interpersonell nachprüfbar zu gestalten, ist es erforderlich, den einheitlichen Wertungskomplex der subjektiven Wertlehre in zwei Teilbereiche zu zerlegen:[13]

- In einen primären Wertungsvorgang, in dem die individuelle Nutzenfunktion bestimmt wird und an dessen Ende die unternehmerische Zielsetzung für das wirtschaftliche Verhalten steht, und

- in einen sekundären Wertungsvorgang, bei dem die Wirtschaftsgüter entsprechend der gegebenen subjektiven Zielsetzung in einer bestimmten Betriebs- und Marktkonstellation bewertet werden. Der sekundäre Wertungsvorgang ist dann durch den vorhergehenden primären Wertungsvorgang (Zielbildung) nachprüfbar und einer wissenschaftlichen Betrachtung zugänglich.

Auf dieser zweiten Konzeption zur Objektivierung basiert der wertmäßige Kostenbegriff.[14] Die wertmäßigen Kosten sind als allgemeine Kostenkategorien noch völlig offen, d.h., sie sind materiell noch unbestimmt, solange keine Nutzen- bzw. Zielfunktion festgelegt ist. Erst

---

11 von Böhm-Bawerk (1928), S. 990.
12 Vgl. insb. Koch (1959), S. 8 ff.
13 Vgl. Adam (1970), S. 27.
14 Ein Unterfall ist der „betriebsindividuelle" Wert, vgl. dazu Jacob (1961), S. 270 ff.

nach dem primären Wertungsvorgang ist ein derartiger Kostenwert in einer gegebenen Datensituation materiell definiert.

4.1.2.2.2 Pagatorische Kostenbewertung

Für die Anhänger des pagatorischen Kostenbegriffs gibt es kein Bewertungsproblem im eigentlichen Sinne,[15] d.h., es existiert für das einzelne Wirtschaftssubjekt nicht das Problem, Kostenwerte zu quantifizieren. Die Bewertung erfolgt vielmehr durch das Zusammenspiel von Angebot und Nachfrage. Die Bewertung des Marktes schlägt sich im Preis der Güter bzw. – vom kaufenden Unternehmen her gesehen – in den Auszahlungen nieder.

Durch die enge Bindung des pagatorischen Kostenbegriffs an Zahlungsvorgänge ist die Bewertungskomponente des Kostenbegriffs rein beschaffungsmarktorientiert, und zwar sind die einzelnen Kostengüter stets mit ihren historischen Anschaffungswerten anzusetzen.

Nicht jede betriebliche Auszahlung führt jedoch zu Kosten. Entscheidend ist, daß die Auszahlung erfolgswirksam ist, es muß sich mithin um Auszahlungen für Produktionsfaktoren handeln, die im Produktionsprozeß eingesetzt werden. Auszahlungen, denen kompensatorische Einzahlungen gegenüberstehen, zählen nicht zu den Kosten.[16] Ein Beispiel für kompensatorische Auszahlungen sind Kreditrückzahlungen, denen Einzahlungen für den gewährten Kredit gegenüberstehen.

Die Vertreter des pagatorischen Kostenbegriffs interessiert es bei ihren Kostenanalysen nicht, daß zwischen der Wertung des Beschaffungsmarktes für ein bestimmtes Gut und der individuellen Werteinschätzung eines kaufenden Wirtschaftssubjektes eine Wertdiskrepanz besteht. Nur wenn eine derartige Diskrepanz der Wertung existiert, ist der Kauf eines Gutes für ein Wirtschaftssubjekt vorteilhaft. Der pagatorische Kostenwert leitet sich damit nicht aus der individuellen Wertvorstellung eines einzelnen ab; er ist vielmehr als ein Zusammenspiel einer Vielzahl individueller Wertvorstellungen, die sich in Angebot und Nachfrage und dem resultierenden Preis niederschlagen, aufzufassen. Dieser Kostenwert eines Gutes gilt für alle Wirtschaftssubjekte, die am Markt zum jeweiligen Preis kaufen.[17]

Dennoch ist der pagatorische Kostenbegriff nicht frei von Nutzenvorstellungen, da auch er auf der subjektiven Wertlehre aufbaut. Die subjektiven Werteinschätzungen der potentiellen Nachfrager kommen in der Nachfragefunktion zum Ausdruck, während die Angebotskurve auf Basis der mit der Produktion dieser Güter verbundenen Grenzausgaben der Anbieter abgeleitet wird.[18] Da sich der Marktpreis nach der klassischen volkswirtschaftlichen Auffassung bei atomistischer, vollständiger Konkurrenz im Schnittpunkt der Angebots- und Nachfragekurve einstellt, bestimmt damit der Nutzen des letzten gerade noch belieferten Nachfragers den Preis bzw. den Kostenwert. Das bedeutet letztlich, beim pagatorischen Kosten-

---

15 Vgl. Koch (1958), S. 372; Kosiol (1979), S. 27 ff.
16 Vgl. Koch (1958), S. 361.
17 Vgl. Koch (1958), S. 360; Rieger (1984), S. 189.
18 Zur Angebots- und Nachfragefunktion vgl. Schneider (1972), S. 278 ff. und 46 ff.

4.1 Grundbegriffe der Kostentheorie

wert handelt es sich um einen Grenznutzenwert. Dieser Grenznutzen leitet sich aber aus der gesamten Marktkonstellation ab.

Koch als Vertreter des pagatorischen Kostenbegriffs hält bei der praktischen Anwendung dieses Kostenbegriffs nicht streng am Anschaffungswertprinzip fest. Durch zweck- und prämissenbedingte Hypothesen verändert er die Bewertung;[19] er hebt die Bewertung von den tatsächlichen Zahlungsvorgängen ab und geht von hypothetischen Zahlungsvorgängen aus. Er bewertet den Faktorverbrauch z.B. zu Tagespreisen am Umsatztag statt zum historischen Anschaffungswert. Er unterstellt somit, daß das Unternehmen die Produktionsfaktoren erst am Umsatztag beschafft. Koch hält zwar theoretisch an der pagatorischen Konzeption fest, weicht diese Bewertung in der praktischen Arbeit aber so weit auf, daß die Grenzen zum wertmäßigen Kostenbegriff verschwimmen.[20] Heinen formuliert in diesem Zusammenhang: „Der Ansatz anderer als der tatsächlich verausgabten Geldbeträge auf dem Wege über die Bildung von Hypothesen führt zu einer Erweiterung der 'Wertextension' des pagatorischen Kostenbegriffs. Demnach führt die Hypothesenbildung in ihrem Ergebnis – nicht in ihrer Methode – weitgehend zu dem Bewertungsergebnis der wertmäßigen Kostenauffassung."[21]

4.1.2.2.3 Bewertung des Faktorverbrauchs zu individuellen Nutzenvorstellungen

Im Gegensatz zur pagatorischen Kostentheorie geht der wertmäßige Kostenbegriff von individuellen, subjektiven Nutzenvorstellungen bei der Bewertung aus. Die Bewertung des Faktorverbrauchs baut nicht allein auf den Gegebenheiten des Beschaffungsmarktes auf, sondern sie bezieht die gesamte Unternehmenssituation und die Zielsetzung des Wirtschaftens ein. Für den wertmäßigen Kostenbegriff besteht somit ein echtes Bewertungsproblem im Sinne einer Quantifizierung des Nutzens.[22]

Die Vertreter der wertmäßigen Kostentheorie zerlegen den einheitlichen Wertungsvorgang der subjektiven Wertlehre in seine beiden Bestandteile, d.h., sie analysieren das sekundäre Bewertungsproblem unter einer gegebenen, nicht zu diskutierenden, subjektiven Zielsetzung in Abhängigkeit von unterschiedlichen betrieblichen und marktlichen Datenkonstellationen.[23] Durch dieses Vorgehen wird die Bewertung objektiviert; die subjektiven Elemente des Wertes gehen in die Formulierung der Zielfunktion ein und werden somit aus dem sekundären Bewertungsvorgang herausgehalten. Damit ist die Bewertung für jeden Dritten objektiv unter den gegebenen Zielen und Daten nachzuvollziehen. Zielsetzung und Datenkonstellation determinieren somit den Wert eines Gutes. Für eine bestimmte gegebene Zielsetzung – Gewinnmaximierung – sowie eine Datenkonstellation – beschränkte Verfügbarkeit eines Produktionsfaktors – ist ein ganz bestimmter, materiell genau definierter Wert abzuleiten.

---
19 Vgl. Koch (1958), S. 368.
20 Vgl. Koch (1958), S. 368.
21 Heinen (1983), S. 90.
22 Vgl. Koch (1958), S. 360 und 363; Riebel (1994), S. 411 ff.
23 Vgl. z.B. Albert (1956), S. 410 ff.; Engels (1962); Heinen (1956); Heinen (1983), S. 73 ff.; Schmalenbach (1963).

Der wertmäßige Kostenbegriff schreibt den Wertansatz nicht generell vor; vielmehr zeichnet er sich durch Offenheit aus. Erst durch die spezielle Zielfunktion sind die Kosten inhaltlich definiert.[24] Die Konzeption der wertmäßigen Kosten kennt für jede Zielsetzung und jede Datenkonstellation folglich einen anderen Wert für einen Faktor.[25]

In der wertmäßigen Kostentheorie ist unter dem Kostenwert der entgangene Nutzen der besten nicht bzw. der letzten gerade noch realisierten Verwendungsrichtung eines Produktionsfaktors zu verstehen.[26] Die wertmäßige Kostentheorie unterstellt in ihren Analysen beliebig teilbare Produktionsfaktoren und leitet die Werte mit Hilfe der Marginalanalyse ab. Das Bewertungsproblem besteht dann darin, den Grenznutzen, d.h. den Nutzenbeitrag der letzten von einem Faktor eingesetzten Mengeneinheit, festzustellen.[27] Bei der Zielsetzung „Gewinnmaximierung" sind damit die Ausgaben für die letzte eingesetzte Faktoreinheit und die Erlöse des letzten mit diesem Faktor hergestellen Erzeugnisses ausschlaggebend für den Wert. Die Bewertung ist damit beschaffungs- und absatzmarktorientiert. Die wertmäßigen Kosten sind damit auch Grenznutzenwerte. Im Gegensatz zum pagatorischen Kostenbegriff bestimmt sich dieser Grenznutzen aber nicht allein aus der Beschaffungsmarktkonstellation, sondern er leitet sich aus der individuellen Betriebskonstellation ab. Die wertmäßigen Kosten stellen daher einen betrieblichen Grenznutzenwert dar.

Die Höhe der wertmäßigen Kosten wird generell von zwei Determinanten bestimmt: **Zielsetzung** und **Datensituation**. Verändert sich die Zielsetzung, wird an die Stelle von Gewinnmaximierung das Ziel „Umsatzmaximierung" gestellt, ist ein Produktionsfaktor anders zu bewerten. Das Gleiche gilt, wenn sich die Datensituation verändert. Ein Produktionsfaktor hat demnach bei Knappheit einen anderen Wert als bei beliebig verfügbaren Mengen.

Die wertmäßigen Kosten setzen sich bei der Zielsetzung „Gewinnmaximierung" aus zwei Bestandteilen zusammen:

- den Grenzausgaben des Faktors und
- dem Grenzgewinn bzw. den Opportunitätskosten je Faktoreinheit der besten nicht bzw. der letzten gerade noch realisierten Verwendungsrichtung.

Wie sich der Wert eines Faktors bei Gewinnmaximierung und Knappheit der Faktorbestände ergibt, soll an einem Beispiel demonstriert werden.

Ein Unternehmen verfügt vom Rohstoff Kupfer in der Planperiode über 700 t. Es ist nicht möglich, mehr von diesem Faktor zu beschaffen; alle anderen Produktionsfaktoren sind in beliebigen Mengen verfügbar. Das Unternehmen hat die Möglichkeit, mit dem Kupfer fünf verschiedene Erzeugnisse zu produzieren. Für diese fünf Erzeugnisse gelten die Preise und

---

24 Vgl. Kosiol (1979), S. 27.
25 Vgl. Schmalenbach (1963), S. 5 f.
26 Vgl. Charnes/Cooper (1961), S. 23; Churchman (1961), S. 57.
27 Unter der Voraussetzung stetig differenzierbarer Funktionen, entspricht der Grenzerlös der letzten eingesetzten, infinitesimal kleinen Einheit des Faktors dem Grenzerlös der ersten nicht mehr eingesetzten, infinitesimal kleinen Einheit des Faktors. Weisen die Grenzerlöse Sprünge auf, sind die wertmäßigen Kosten an diesen Sprungstellen nicht mehr eindeutig definiert; vielmehr erfüllen alle Werte innerhalb und am Rande dieses Sprungs die Merkmale wertmäßiger Kosten.

4.1 Grundbegriffe der Kostentheorie

Produktionskoeffizienten der Tabelle 4-1. Die in dieser Tabelle angegebenen pagatorischen Kosten pro Erzeugniseinheit enthalten die pagatorischen Wertansätze für alle Produktionsfaktoren außer Kupfer. Das Unternehmen ist in der Lage, von jedem der fünf Erzeugnisse maximal 100 Mengeneinheiten abzusetzen.

Erzeug-nis	Absatz-preis	pagatorische Kosten ohne Kupfer	Brutto-Deckungs-spanne	Produktions-koeffizient	rel. Brutto-Deckungs-spanne	Rang
	GE/ME	GE/ME	GE/ME	t/ME	GE/t	
1	2	3	4 = 2 - 3	5	6 = 4 / 5	7
A	10,-	4,-	6,-	2	3,-	(4)
B	15,-	7,-	8,-	4	2,-	(5)
C	18,-	10,-	8,-	2	4,-	(3)
D	35,-	20,-	15,-	3	5,-	(2)
E	10,-	3,-	7,-	1	7,-	(1)

Tabelle 4-1

Der Kostenwert des Kupfers wird durch die im Sinne der unternehmerischen Zielsetzung – Gewinnmaximierung – schlechteste noch zu realisierende Verwendung der vorhandenen Rohstoffmengen determiniert. Um diese Grenzverwendung des Rohstoffs bestimmen zu können, sind zunächst die Brutto-Deckungsspannen der Erzeugnisse – Preis abzüglich pagatorische Kosten außer für Kupfer – zu berechnen.[28] Diese Brutto-Deckungsspannen werden durch den Bedarf an Kupfer pro Erzeugniseinheit – Produktionskoeffizient – dividiert, um zur relativen Brutto-Deckungsspanne zu gelangen, die pro Mengeneinheit des Kupfers in den einzelnen Verwendungsrichtungen erwirtschaftet werden kann – Spalte 6 der Tabelle 4-1. Diese relativen Brutto-Deckungsspannen pro Mengeneinheit des Kupfers legen dann die Rangfolge der Erzeugnisse fest, in der sie bei Gewinnmaximierung in das optimale Produktionsprogramm einbezogen werden. Zunächst wird das Erzeugnis in das Programm aufgenommen, welches für Kupfer die höchste relative Brutto-Deckungsspanne erzielt (Produkt E). Die Rangfolge der Erzeugnisse – Reihenfolge abnehmender relativer Brutto-Deckungsspannen pro Mengeneinheit Kupfer – ist in Spalte 7 der Tabelle 4-1 angegeben.

Entsprechend der Rangfolge der Produkte wird das Unternehmen bei Gewinnmaximierung zunächst die Erzeugnisse E, D und C in den maximal absetzbaren Mengen von jeweils 100 ME produzieren und dafür insgesamt 600 t Kupfer verbrauchen.

Für die Produktionsrichtung A auf Rang 4 stehen dann noch 100 t Kupfer zur Verfügung, aus denen bei einem Kupferbedarf je Mengeneinheit des Erzeugnisses A von zwei gerade 50 Mengeneinheiten hergestellt werden können. Produkt A ist damit die Grenzverwendungsrichtung für Kupfer. Die wertmäßigen Kosten für Kupfer entsprechen der relativen Brutto-

---

28 Die Analyse kann auch von den Netto-Deckungsspannen ausgehen. In diesem Fall werden in Spalte 3 auch die pagatorischen Kosten des Kupfers angesetzt. Bei den pagatorischen Kosten von 2 GE/t würden die gesamten pagatorischen Kosten für A dann z.B. 4+2·2=8 GE/ME betragen. Geht die Rechnung von Netto-Deckungsspannen aus, reduzieren sich die Werte der 6. Spalte für jede Verwendungsrichtung gerade um die pagatorischen Kosten pro t Kupfer. In der Spalte 6 stehen dann die Grenzgewinne bzw. Opportunitätskosten des Kupfers.

Deckungsspanne [GE/t] für diese Grenzverwendung, d.h., der wertmäßige Kostensatz des Kupfers beläuft sich pro t auf 3 Geldeinheiten. Die wertmäßigen Kosten setzen sich aus den Grenzausgaben für Kupfer und einem Grenzgewinnbestandteil – Opportunitätskosten – zusammen. Bei Grenzausgaben für Kupfer von 2 GE/t betragen die Opportunitätskosten dann 1 GE/t.

Erzeugnis	Produktionsmenge	Kupferbedarf
E	100 ME	100 t
D	100 ME	300 t
C	100 ME	200 t
A	50 ME	100 t

Tabelle 4-2

Sind Produktionsfaktoren nicht knapp, d.h., steht von ihnen mehr zur Verfügung als im optimalen Programm eingesetzt werden kann, erwirtschaften sie keinen Grenzgewinn. Würden im Beispiel etwa 1300 t des Kupfers zur Verfügung stehen, könnten alle fünf Erzeugnisse in den maximal absetzbaren Mengen produziert werden, und es blieben noch 100 t Kupfer übrig. Diese 100 t könnten nicht nutzbringend eingesetzt werden, d.h., ihr Grenzgewinn wäre null und die wertmäßigen Kosten des Kupfers entsprächen dann den Grenzausgaben von 2 GE/t.

Ein gewisses Problem ergibt sich für die Bestimmung der wertmäßigen Kosten immer dann, wenn bei vollständigem Einsatz des Faktors gerade von einer auf eine andere Verwendungsrichtung übergegangen wird. Verfügt das Unternehmen über 800 t Kupfer, reicht diese Menge gerade aus, auch die Verwendungsrichtung A voll auszuschöpfen. Die letzte t Kupfer erwirtschaftet dann einen Grenzerlös von 3 GE/t. Die als nächstes in der Rangfolge stehende Verwendungsrichtung B erzielt aber nur noch Grenzerlöse in Höhe von 2 GE/t. Als wertmäßige Kosten können dann für Kupfer 2 GE/t oder 3 GE/t oder alle dazwischenliegenden Werte angesetzt werden.

Sind die wertmäßigen Kosten des Kupfers bekannt – z.B. 3 GE/t bei 700 t Kupfer – und wird mit diesen Werten als Lenkpreisen für Kupfer kalkuliert, geht die Tabelle 4-1 in die Tabelle 4-3 über.

4.1 Grundbegriffe der Kostentheorie

Erzeugnis	Absatz-preis	wert-mäßige Kosten	wert-mäßige Deckungs-spanne	Produktions-koeffizient	rel. wert-mäßige Deckungs-spanne	Rang
	GE/ME	GE/ME	GE/ME	t/ME	GE/t	
1	2	3	4	5	6	7
A	10,-	10,-	0,-	2	0,-	(4)
B	15,-	19,-	-4,-	4	-1,-	(5)
C	18,-	16,-	2,-	2	1,-	(3)
D	35,-	29,-	6,-	3	2,-	(2)
E	10,-	6,-	4,-	1	4,-	(1)

Tabelle 4-3

Die wertmäßigen Kosten für Produkt A sind gleich der Summe der pagatorischen Kosten ohne Kupfer (4 GE/ME) und den wertmäßigen Kosten für 2 t Kupfer (6 GE/ME), die für A einzusetzen sind. Die Spalte 6 gibt dann den Zusatzgewinn pro t Kupfer an, wenn nicht Produkt A (Grenzverwendung), sondern ein anderes Erzeugnis produziert wird. Zum Beispiel werden bei E pro t 4 GE mehr erzielt als bei A. Alle Erzeugnisse, die bei Gewinnmaximierung mit der vollen Absatzmenge in das optimale Programm aufzunehmen sind, haben dann eine positive relative wertmäßige Deckungsspanne. Bei unvorteilhaften Produkten steht eine negative Zahl in Spalte 6, während das Grenzprodukt gerade eine relative Deckungsspanne von null aufweist. Würde der Betrieb die wertmäßigen Kosten – Lenkpreise – also kennen, ohne das Planungsproblem der Tabelle 4-1 lösen zu müssen, könnte bei Kalkulation mit den wertmäßigen Kosten (Spalte 3 der Tabelle 4-3) für jedes Produkt isoliert entschieden werden, ob es in das gewinnmaximale Programm aufgenommen werden soll und wieviel davon zu produzieren ist. Bei einer positiven Zahl in Spalte 6 wird jeweils die maximale Absatzmenge produziert. Die dann noch verbleibende Kupfermenge wird für das Grenzprodukt (A) eingesetzt. Der Lenkpreis für Kupfer erlaubt es dann, jedes Produkt isoliert daraufhin zu beurteilen, ob es in das gewinnmaximale Programm aufgenommen werden soll.

Die isolierte Beurteilung einzelner Entscheidungsalternativen ist möglich, weil die im Entscheidungsproblem über den knappen Faktorbestand existierenden Interdependenzen im Kostenwert erfaßt sind. Während ein Planungsproblem bei Verwendung des pagatorischen Kostenbegriffs immer nur durch ein Simultanmodell – wie die optimale Programmplanung im Beispiel – optimal gelöst werden kann, erlaubt der wertmäßige Kostenbegriff den Einsatz von Partialmodellen. Über die wertmäßigen Kosten als Lenkpreise kommt es dann zu einer zielsetzungsgerechten Koordination der partiellen Entscheidungen. Das Konzept wertmäßiger Kosten ist damit die Basis für eine zielsetzungsgerechte Planung bei dezentralen Entscheidungsfeldern.

An dem Beispiel zur Ableitung des Kostenwertes zeigt sich aber zugleich auch das Dilemma des wertmäßigen Kostenbegriffs. Die Wertansätze sind grundsätzlich erst nach vollzogener Simultanplanung über alle Verwendungsrichtungen bekannt. Sie sind das Ergebnis des optimalen Plans und somit erst gegeben, wenn sie zur Planung eigentlich nicht mehr benötigt werden.[29] Es scheint daher auf den ersten Blick, als komme dem wertmäßigen Kostenbegriff nur eine theoretische Bedeutung zu. Dennoch ist das Opportunitätsdenken der wertmäßigen Kostenkonzeption für betriebswirtschaftliche Analysen sehr nützlich, wie am folgenden Beispiel gezeigt werden soll:

Besitzt das Unternehmen die Möglichkeit, über die verfügbaren 700 t hinaus weitere Mengen Kupfer zu kaufen, zeigt der bisherige wertmäßige Kostensatz für Kupfer, daß sich dies bei Gewinnmaximierung nur lohnt, wenn die Tonne Kupfer weniger als drei Geldeinheiten kostet. Zu einem Preis von weniger als 3 GE/t würde das Unternehmen zudem nur weitere 100 t kaufen wollen, dann ist auch die maximale Absatzmenge des Erzeugnisses A erreicht. Die Produktion von Erzeugnis B würde sich hingegen nur lohnen, wenn der Preis für Kupfer auf unter 2 GE/t sinkt.

Simultane Entscheidungen auf der Basis pagatorischer Kosten sind zwar theoretisch richtig. Einer Simultanplanung sind aufgrund der Komplexität der Modelle allerdings sehr enge Grenzen gesetzt. Für den Einsatz in der Praxis eignet sich ein vollständiges Simultankonzept mit einer Zentralisierung aller Entscheidungen überhaupt nicht. In der Praxis sind nur dezentrale Entscheidungsfelder zu handhaben, die über Lenkpreise koordiniert werden. Häufig wird in der Praxis dann mit plausiblen Annahmen über die Lenkpreise gearbeitet, die Lenkpreise für nicht knappe Faktoren werden etwa an die erwarteten Wiederbeschaffungspreise angelehnt, oder es werden für knappe Faktoren (Kapital, Maschinen) Mindestanforderungen für den zu erzielenden Gewinn (Mindestzinssätze bzw. Mindestdeckungsspannen pro Zeiteinheit der Kapazität) vorgegeben. Es kommt dann zwar nicht zu einer optimalen, sondern nur zu einer befriedigenden Koordination der dezentralen Entscheidungsfelder im Hinblick auf das Unternehmensziel. Auf jeden Fall erlaubt es dieses Konzept mit plausiblen Annahmen über Lenkpreise, Entscheidungsalternativen zu identifizieren, die den gesetzten Mindestanforderungen nicht entsprechen.

4.1.2.3 Mengengerüst der Kosten

Um zu klären, was zum Mengengerüst der Kosten zu rechnen ist, sind zwei Kriterien des allgemeinen Kostenbegriffs näher zu interpretieren:

- der Faktoreinsatz bzw. der Faktorverzehr und

- die Leistungsbezogenheit des Faktorverzehrs.

- Die Definition der Mengenkomponente knüpft entweder an realwirtschaftliche oder an geldwirtschaftliche Vorgänge an.

Die meisten Autoren gehen bei der Analyse der Mengenkomponente der Kosten vom Realgüterbereich aus, d.h., die Kosten setzen einen Verbrauch an realen Wirtschaftsgütern voraus.[30] Der für bestimmte Produkte erforderliche Faktoreinsatz wird dabei über Produktionsfunktionen abgebildet. Die Mengenkomponente dieser Interpretation ist allerdings nicht als

---

29 Vgl. z.B. Adam (1970), S. 53; Heinen (1983), S. 74 f.; Riebel (1994), S. 411 ff.
30 Vgl. z.B. Heinen (1983), S. 58 ff.; Kosiol (1979), S. 15 ff.; Mellerowicz (1973), S. 3 f.

4.1 Grundbegriffe der Kostentheorie

rein physischer Mengenbegriff aufzufassen; sie umfaßt vielmehr neben den realen Gütern wie Werkstoffen, Maschinen usw. auch Dienstleistungen aller Art. Bei der realwirtschaftlichen Betrachtungsweise fällt es schwer, einen erfolgswirksamen Verbrauch des Nominalgutes „Geld" – z.B. Zinsen, Steuern, Abgaben – mit in die Kostendefinition einzubeziehen, da diesem Nominalgütereinsatz kein Realgüterverbrauch gegenübersteht. Um den Nominalgüterverzehr dennoch in die Kostendefinition mit aufnehmen zu können, sind zwei Wege in der Literatur beschritten worden:

- Kosiol gibt z.B. die realwirtschaftliche Betrachtungsweise auf und definiert Kosten schlechthin als Güterverzehr, d.h., er bezieht auch den erfolgswirksamen Verzehr des Nominalgutes „Geld" mit in die Mengenkomponente der Kosten ein.[31]

- E. Schneider hält hingegen an der realwirtschaftlichen Betrachtungsweise fest und führt für Zinsen, Steuern usw. den Begriff der „Als-ob-Kosten" ein.[32] Damit wird kenntlich gemacht, daß es sich bei einem erfolgswirksamen Verbrauch von Geld um einen Fremdkörper in der auf die realwirtschaftlichen Vorgänge gerichteten Betrachtung handelt.

Beim pagatorischen Kostenbegriff gibt es im eigentlichen Sinne des Wortes keine Mengenkomponente der Kosten, da dieser Kostenbegriff allein an Zahlungsvorgänge anknüpft. Rein formal kann aber auch hier von einer Mengenkomponente der Kosten gesprochen werden, da die Ausgaben das Produkt der gekauften Menge und des zugehörigen Preises sind.[33]

Die Vertreter des pagatorischen Kostenbegriffs koppeln die Mengenkomponente der Kosten unmittelbar an die Wertkomponente, d.h., nur der Produktionsfaktorverbrauch wird in die Kostendefinition einbezogen, der zu Ausgaben geführt hat.[34] Ein Faktoreinsatz, der nicht zu Ausgaben führt, z.B. die Arbeitszeit des Unternehmers, Zinsen für das eingesetzte Eigenkapital sowie Mieten für eigene Gebäude, zählt folglich in der pagatorischen Kostentheorie nicht zu den Kosten.

Bei den Anhängern des wertmäßigen Kostenbegriffs rechnet jeder Faktorverbrauch – unabhängig davon, ob die Beschaffung dieser Faktoren mit Ausgaben verbunden ist – zur Mengenkomponente der Kosten. Die wertmäßige Kostentheorie definiert die Mengenkomponente der Kosten demzufolge umfassender als die pagatorische Kostentheorie, d.h., die eingesetzte Arbeitszeit des Unternehmers, Zinsen auf das eingesetzte Eigenkapital usw. gehören im Gegensatz zur pagatorischen Lehre zur Mengenkomponente der Kosten. Kostenarten wie kalkulatorischer Unternehmerlohn, kalkulatorische Zinsen für Eigenkapital bzw. kalkulatorische Miete für eigene Gebäude, die in der Kostenrechnung heute als sogenannte echte Zusatzkosten üblich sind, lassen sich demzufolge nur nach der wertmäßigen Kostentheorie rechtfertigen, da der entsprechende Faktorverbrauch nicht zu Ausgaben führt.

Der Güterverbrauch bildet nach Heinen[35] ein notwendiges, aber kein hinreichendes Kriterium für die Mengenkomponente der Kosten. Für die Mengenkomponente existiert in der all-

---

31 Vgl. Kosiol (1958b), S. 34 ff.
32 Vgl. Schneider (1969), S. 35.
33 Vgl. Koch (1958), S. 363.
34 Vgl. Fettel (1954), S. 90 ff.; Heinen (1983), S. 85 ff.; Koch (1958), S. 383 ff
35 Vgl. Heinen (1983), S. 58 ff., insb. S. 66 ff.

gemeinen Definition der Kosten daher noch ein zweites Abgrenzungsmerkmal: Ein Verbrauch von Faktoren führt nur dann zu Kosten, wenn dieser Verbrauch dazu bestimmt ist, betriebliche Leistungen hervorzubringen. Die Leistungsbezogenheit des Faktorverbrauchs ist als Einengung der Mengenkomponente des Kostenbegriffs aufzufassen.

Bei der Interpretation dessen, was im einzelnen als Leistung anzusehen ist und welcher Faktorverbrauch demzufolge zu Kosten führt, besteht in der Literatur wiederum keine Einigkeit.

Der Kostenbegriff wird aus zwei Gründen an den Leistungsbegriff angeknüpft:

- Der Kostenbegriff wird dadurch aus der Mittel-Zweck-Beziehung jeder wirtschaftlichen Tätigkeit abgeleitet; es wird damit zum Ausdruck gebracht, daß Produktionsfaktoren nur eingesetzt werden, um letztlich Leistungen hervorzubringen (Finalprinzip).
- Der Untersuchungsgegenstand der Kostentheorie wird darüber hinaus auf nur einen Teil des unternehmerischen Entscheidungsbereichs – und zwar auf das Betriebsmodell (Beschaffung, Produktion und Absatz für die zum Betriebszweck zu rechnenden Erzeugnisse) – eingeengt. Das Kriterium der Leistungsbezogenheit soll somit das Betriebsmodell von dem alle wirtschaftlichen Aktionsparameter umfassenden Unternehmensmodell abgrenzen.

Zunächst sei auf den ersten Grund näher eingegangen, weshalb für den Kostenbegriff Leistungsbezogenheit verlangt wird.

Der Faktoreinsatz hat stets zum Ziel, Leistungen hervorzubringen. Die Leistung ist damit das gewollte Ergebnis des Faktoreinsatzes, und die Kosten sind das Mittel zum Zweck der Leistungserstellung (Finalprinzip). Analog zur Definition der Kosten als Wertverzehr ist dann nur diejenige Interpretation des Leistungsbegriffs sinnvoll, die die Wertentstehung zum Begriffsinhalt hat.[36] Der Leistungsbegriff spiegelt damit die positive Seite des Güterverzehrs wider.

Leistungsbezogenheit bedeutet nun allerdings nicht, daß ein Faktorverzehr unbedingt zu einer Leistung als positivem Ergebnis eines Kombinationsprozesses führen muß, um als Kostenbestandteil anerkannt zu werden. Ausschlaggebend ist allein die Absicht, durch den Faktoreinsatz eine Leistung hervorzubringen. Das Kriterium der Leistungsbezogenheit zielt damit auf das geplante, nicht auf das tatsächlich erreichte Resultat des Wirtschaftens ab.[37] Der Faktoreinsatz wird folglich nicht erst dann zu Kosten, wenn aus ihm eine Leistung hervorgeht; vielmehr genügt die Absicht, eine Leistung hervorzubringen, um einem Faktoreinsatz Kosteneigenschaft zuzuerkennen.

Einige Autoren fassen den Leistungsbegriff und folglich auch den Kostenbegriff wesentlich enger und sprechen erst dann von einer wirtschaftlichen Leistung, wenn ein erstelltes Erzeugnis auch vom Markt akzeptiert wird, d.h. verkauft werden kann.[38] Leistungen entstehen

---

36 Vgl. Kosiol (1958b), S. 23. Zur kritischen Auseinandersetzung mit dem Finalprinzip vgl. Riebel (1994), S. 67 ff.; Kilger (1987), S. 75 f.
37 Vgl. Kosiol (1958b), S. 23; ähnlich: Fettel (1959), S. 567.
38 Vgl. Mellerowicz (1958), Spalte 3366; Schnutenhaus (1949), S. 57 f.

4.1 Grundbegriffe der Kostentheorie

bei dieser Interpretation somit erst durch den Umsatz. Der Faktorverbrauch zur Erstellung innerbetrieblicher Leistungen oder der Faktorverbrauch für Lagerprodukte, Ausschuß und nicht marktfähige Erzeugnisse führt folglich bei diesen Autoren nicht zu Kosten. Diese Fassung des Leistungsbegriffs und damit des Kostenbegriffs erscheint für die weitere Analyse unzweckmäßig.

Andere Autoren engen die Mengenkomponenten der Kosten noch in einer weiteren Hinsicht ein, indem sie nur dem normalen, für eine Leistung erforderlichen Faktorverzehr Kosteneigenschaften zugestehen. Kosten haben bei diesen Autoren **Normalcharakter**[39]; ein einmaliger oder zufälliger Faktorverbrauch läßt keine Kosten entstehen. Diese Definition des Kostenbegriffs geht zusätzlich von einem bestimmten Wirtschaftlichkeitsgrad des Faktorverbrauchs aus.[40] Auch diese Einengung des Kostenbegriffs soll im folgenden verworfen werden, da es im Rahmen der Kostenpolitik ja gerade darauf ankommt, die Wirtschaftlichkeit der Leistungserstellung und damit des Faktorverbrauchs zu planen.[41] Es kann dann für die Kostendefinition kein bestimmter Wirtschaftlichkeitsgrad vorausgesetzt werden.

Die zweite Aufgabe des Kriteriums der Leistungsbezogenheit des Kostenbegriffs besteht darin, die Kostentheorie auf eine Teilmenge der unternehmerischen Aktivitäten, und zwar den rein betrieblichen Bereich, zu beschränken. Ein Faktorverbrauch für Finanztransaktionen, Nebengeschäfte usw., die in keinem Zusammenhang mit dem eigentlichen Betriebszweck – z.B. Autoproduktion – stehen, führt folglich nicht zu Kosten. In diesem Zusammenhang wird daher auch von der Bereichskomponente der Kosten gesprochen.[42]

Einige Autoren sehen den Begriff der Leistung sehr eng und beschränken ihn auf die hauptsächlichen Tätigkeiten.[43] Demzufolge rechnet ein Faktorverbrauch für Tätigkeiten, die nicht in unmittelbarer Beziehung zum Betriebszweck – z.B. Produktion von Autos oder Nähmaschinen usw. – stehen, nicht zu den Kosten. Zu dieser Autorengruppe gehören z.B. Koch, Mellerowicz und mit Einschränkungen Schmalenbach. Andere Autoren, z.B. Kosiol, definieren den Leistungsbegriff wesentlich weiter und dehnen ihn auf Nebentätigkeiten, die einen gewissen Bezug zur betrieblichen Leistungserstellung haben, aus (bspw. Erstellung von Wohngebäuden oder Kindergärten für die Belegschaft eines Industriebetriebs). Dementsprechend fällt für diese Autoren auch der Faktorverzehr für diese Nebentätigkeit unter den Kostenbegriff. Die weiteste Definition des Leistungsbegriffs findet sich bei Fettel und Rieger, die den bewerteten Faktorverbrauch für jedes Kalkulationsobjekt als Kosten auffassen.[44] Der Kostenbegriff wird dann nicht auf den betrieblichen Bereich eingeengt, sondern umfaßt die gesamte Unternehmung.

Der Anwendungsbereich des Kostenbegriffs reicht damit von einem sehr eng definierten betrieblichen Entscheidungsmodell bis hin zum gesamten Unternehmensmodell. Die mei-

---

39 Vgl. Mellerowicz (1973), S. 6.
40 Ähnlich die Standardkostenrechnung, vgl. Käfer (1964), S. 1 ff.
41 Vgl. Kosiol (1958b), S. 9 ff.
42 Vgl. Menrad (1965), S. 24.
43 Vgl. Koch (1958), S. 356.
44 Vgl. Fettel (1959), S. 568; Rieger (1984), S. 59 ff.

sten Autoren begrenzen den Kostenbegriff allerdings auf das Betriebsmodell. Einen zusammenfassenden Überblick über die unterschiedlichen inhaltlichen Auslegungen des Kostenbegriffs vermittelt noch einmal die folgende Abbildung.

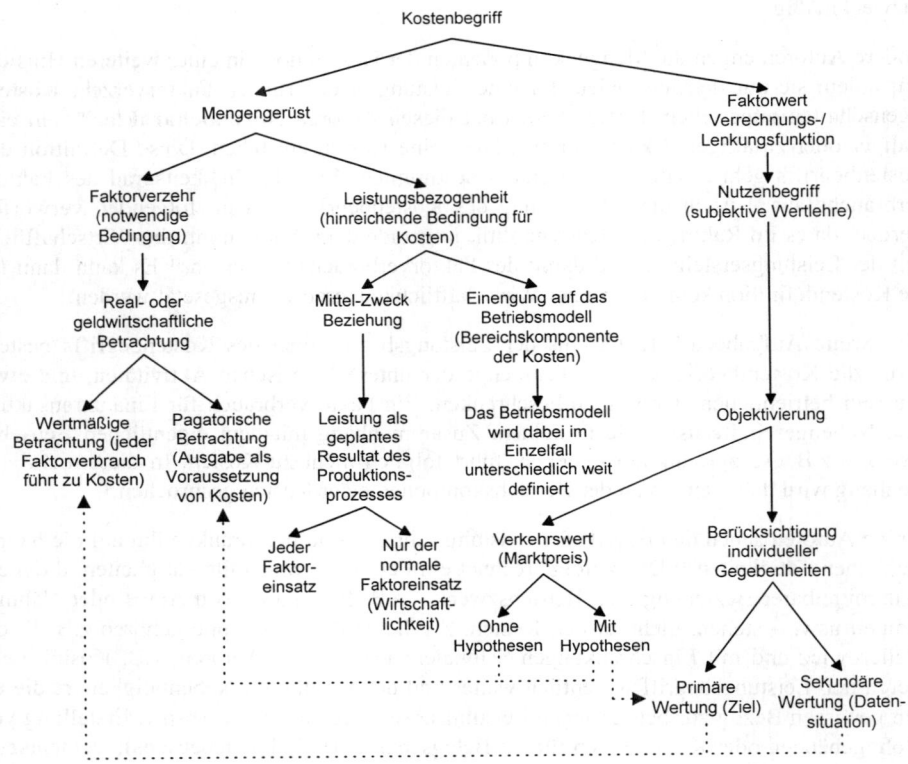

Abbildung 4-2

4.1.3 Das System betriebswirtschaftlicher Kostenkategorien
4.1.3.1 Verursachungsgerechte Zuordnung der Kosten zu ihren Determinanten

Kosten können nur dann als Grundlage zielsetzungsgerechter Dispositionen dienen, wenn sie **verursachungsgerecht** erfaßt werden. Verursachungsgerecht bedeutet, daß sie den Determinanten – Variablen – zuzuordnen sind, die ihre Höhe bestimmen. In ein Modell zur Kostenpolitik sind daher grundsätzlich nur die disponiblen, durch die Entscheidungen beeinflußbaren Kosten einzubeziehen.[45] Das setzt voraus, daß für jedes einzelne Entscheidungs-

---

45 Vgl. hierzu das Kapitel 3.5.2 im Hinblick auf die relevanten Informationen für Programmentscheidungen.

problem untersucht wird, ob bestimmte Kosten in der jeweiligen Entscheidungssituation vom Niveau der Variablen des Planungsproblems abhängig sind. Die disponiblen Kosten sind in einem Modell dann grundsätzlich auf die Determinanten zu beziehen, durch die sie verursacht werden. Jede nicht verursachungsgerechte Erfassung birgt die Gefahr von Fehlentscheidungen in sich, da die Kostenabhängigkeiten falsch abgebildet werden. Derartige Gefahren bestehen insbesondere, wenn Kosten umdimensioniert, d.h. auf eine andere als die sie verursachende Determinante bezogen werden. Durch das Planungsmodell muß dann sichergestellt werden, daß diese Umdimensionierung letztlich wieder neutralisiert wird. Dieser Zusammenhang soll an zwei Beispielen erläutert werden:

- Ein Unternehmen dimensioniert einen beschäftigungszeitabhängigen Faktorverbrauch auf die Produktionsmenge pro Zeiteinheit (Intensität) um, indem der pro Zeiteinheit konstante Kostensatz K durch die Intensität x dividiert wird. Die beschäftigungszeitabhängigen Kosten werden dann als Funktion der Intensität im Modell dargestellt. Dieser „Fehler" in der Darstellung der Kostenabhängigkeit wird immer dann automatisch neutralisiert, wenn im Planungsansatz der Kostensatz K/x wiederum mit der Leistung x multipliziert wird. Für jede beliebige Leistung x ist dann sichergestellt, daß pro Beschäftigungszeiteinheit die Kosten K vollständig verrechnet werden. Die „Umdimensionierung" erweist sich lediglich als Erweiterung um eine „Determinante", die sich aus dem Ansatz letztlich eliminieren läßt.

- Fehlerhaft wird eine derartige Umdimensionierung, wenn dispositionsunabhängige Kosten K_{fix} pro Kalenderperiode durch ein bestimmtes geplantes Ausbringungsniveau M_{pl} dividiert werden und im Modell dann vorgesehen ist, den Stückkostensatz K_{fix}/M_{pl} mit der noch unbekannten Ausbringungsmenge M zu multiplizieren.

$$K = \frac{K_{fix}}{M_{pl}} \cdot M$$

Eine derartige Proportionalisierung dispositionsunabhängiger Kosten, wie sie in der Praxis in Vollkostenrechnungssystemen erfolgt, führt dazu, daß im Fall $M < M_{pl}$ in der Planperiode weniger als der anfallende Betrag K_{fix} verrechnet wird, während für $M > M_{pl}$ das Entgegengesetzte gilt. Wenn garantiert ist, daß immer $M = M_{pl}$ gilt, ist die Umdimensionierung unschädlich, da stets der gesamte Fixkostensatz K_{fix} verrechnet wird. In diesem Fall ist es dann für die Planung unschädlich, fixe Kosten in die Analyse einzubeziehen, da der Proportionalisierungsfehler wieder neutralisiert wird. Für M ungleich M_{pl} werden die fixen Kosten im Modell aber fälschlicherweise wie variable Kosten behandelt, d.h., die insgesamt verrechneten Kosten hängen von M ab.

Von der Forderung, in Kostenmodellen nur die relevanten, dispositionsabhängigen Kosten zu berücksichtigen, kann auch dann abgerückt werden, wenn das Modell in geeigneter Weise konstruiert wird. Sollen die Kosten für zwei Entscheidungsalternativen zur Lösung eines Problems verglichen werden, können auch fixe, von der Wahl zwischen diesen beiden Alternativen unabhängige Kosten in die Analyse einbezogen werden, wenn beide Entscheidungsalternativen gleichermaßen mit ihnen belastet werden. Will ein Betrieb entscheiden, ob er die Ausbringung M auf einer im Betrieb verfügbaren Anlage 1 oder einer neu zu beschaffenden Anlage 2 produzieren soll, kann folgende Vergleichsrechnung aufgemacht werden:

$$k_1 \cdot M + F_1 \gtreqless k_2 \cdot M + F_2 + F_1$$

Der Term $k_1 \cdot M$ steht für die variablen Kosten der alten und $k_2 \cdot M$ für die entsprechenden Kosten der neuen Anlage. F_1 bezeichnet die fixen Kosten der alten Anlage und F_2 die mit der Beschaffung von Anlage 2 zusätzlich entstehenden sprungfixen Kosten der neuen Anlage. Ist davon auszugehen, daß die Kosten F_1 auch dann weiterhin entstehen, wenn auf die neue Anlage übergegangen wird, handelt es sich in dieser Entscheidungssituation um fixe (nicht relevante) Kosten. Dadurch, daß F_1 beiden Alternativen angelastet wird, fallen diese Kosten aber letztlich aus dem Kalkül wieder heraus.

Kostenmodelle, die auch die fixen Kosten in obiger Form erfassen, werden als Brutto-Rechnungen bezeichnet. Von Netto-Rechnungen wird gesprochen, wenn in ein Modell lediglich die relevanten Kosten eingehen.[46]

4.1.3.2 Unterscheidung der Kosten nach ihrer Dimension

Die betriebswirtschaftliche Kostentheorie kennt vier verschiedene Kostenkategorien:

1. Gesamtkosten K_T in der Planungsperiode – Dimension [GE].[47]

2. Kosten K pro Beschäftigungszeiteinheit – Dimension [GE/ZE].

3. Stückkosten k – Dimension [GE/ME]. Bei den Stückkosten wird zwischen variablen Stückkosten und den totalen Stückkosten differenziert. Totale Stückkosten enthalten auch anteilige, auf das Stück verteilte fixe Kosten.

4. Grenzkosten K' – Dimension [GE/ME].

Die Kosten K_T in der Planperiode T ergeben sich entweder als

- Produkt der Kosten k pro Mengeneinheit und der Ausbringungsmenge M in der Planungsperiode oder

- als Produkt der Kosten K pro Fertigungszeiteinheit und der Beschäftigungszeit t.[48]

$$K_T = k \cdot M = K \cdot t$$

Die Kosten K pro Beschäftigungszeiteinheit entstehen ihrerseits durch Multiplikation der Kosten k pro Mengeneinheit mit der Leistung x pro Zeiteinheit:[49] $K = k \cdot x$.

---

46 Vgl. Pack (1966), S. 130 ff.

47 Die Gesamtkosten K_T pro Planungsperiode haben eigentlich die Dimension [GE/Periode]. Die Planungsperiode wird jedoch für die Aufstellung der Dimensionsgleichungen auf 1 normiert, so daß für K_T die Dimension [GE] geschrieben werden kann.

48 Vgl. Preßmar (1971), S. 152.

49 Die folgende Analyse gilt in dieser Form nur für auf der Gutenberg-Produktionsfunktion basierende Kostenfunktionen.

4.1 Grundbegriffe der Kostentheorie

Die Gesamtkosten K_T in der Planungsperiode können dann auch durch $K_T = k \cdot x \cdot t$ mit $x \cdot t = M$ beschrieben werden.

Die Grenzkosten K' entsprechen der ersten Ableitung der Gesamtkostenfunktion $K_T(M)$ nach der Ausbringung M, wobei die Leistung x (Grenzkosten bei intensitätsmäßiger Anpassung) oder die Einsatzzeit t (Grenzkosten bei zeitlicher Anpassung) zur Veränderung der Ausbringung variiert werden kann. Diese Grenzkosten geben die Steigung der ihnen zugrundeliegenden Gesamtkostenfunktion $K_T(M)$ für eine gegebene Ausbringung M bei zeitlicher oder intensitätsmäßiger Anpassung wieder.

Die vier Kostenkategorien und die zwischen ihnen bestehenden Beziehungen sollen anhand eines speziellen Typs von Kostenfunktionen näher erläutert werden.

Die Kosten K pro Zeiteinheit sind von der Leistung x abhängig.

$$K(x) = \frac{1}{30} x^3 - \frac{6}{5} x^2 + 17{,}4\, x \quad [\text{GE} / \text{ZE}]$$

Die Kosten k pro Mengeneinheit werden durch die Funktion k(x) beschrieben.

$$k(x) = \frac{K(x)}{x} = \frac{1}{30} x^2 - \frac{6}{5} x + 17{,}4 \quad [\text{GE} / \text{ME}]$$

Für die Kosten $K_T(x,t)$ pro Planperiode, die von den beiden Parametern x (Leistung) und t (Beschäftigungszeit) abhängig sind, gilt dann:

$$K_T(x,t) = K(x) \cdot t = k(x) \cdot x \cdot t$$
$$= \left[\frac{1}{30} x^3 - \frac{6}{5} x^2 + 17{,}4\, x \right] \cdot t \quad [\text{GE}]$$

Um die Funktion der Grenzkosten pro Mengeneinheit ableiten zu können, ist es zunächst erforderlich, die Gesamtkosten $K_T(x,t)$ als Funktion der Ausbringung M darzustellen. Hierbei ist zwischen zeitlicher und intensitätsmäßiger Anpassung zu unterscheiden.

Grenzkosten bei zeitlicher Anpassung

Bei zeitlicher Anpassung ist die Intensität als Konstante vorgegeben, was durch x_c gekennzeichnet wird. Variable des Problems ist in diesem Fall die Einsatzzeit t. Die Einsatzzeit t kann durch $t = M/x_c$ substituiert werden. Die Gesamtkostenfunktion geht dann über in:

$$K_T^Z(M) = k(x_c) \cdot x_c \cdot \frac{M}{x_c} = k(x_c) \cdot M \quad [\text{GE}]$$

Der Index Z an den Kosten $K_T(M)$ soll andeuten, daß diese Gesamtkostenfunktion nur bei zeitlicher Anpassung gilt. Für diesen Fall bestimmen sich die Grenzkosten mit:

$$\frac{dK_T^Z(M)}{dM} = k(x_c) \quad [\text{GE} / \text{ME}]$$

Die Grenzkosten bei zeitlicher Anpassung sind identisch mit den variablen Stückkosten für die vorgegebene Intensität x_c. Für die angegebene Kostenfunktion lautet die Funktion der Grenzkosten bei zeitlicher Anpassung demzufolge:

$$\frac{dK_T^Z(M)}{dM} = \frac{1}{30} x_c^2 - \frac{6}{5} x_c + 17{,}4$$

Die Höhe dieser Grenzkosten ist davon abhängig, mit welcher konstanten Intensität x_c die zeitliche Anpassung betrieben wird. Die Grenzkosten bei zeitlicher Anpassung sind unabhängig vom Niveau der Ausbringung M, da wegen M = x · t mit x = x_c eine Veränderung der Ausbringung M nur über die Beschäftigungszeit t möglich ist, die Höhe der Grenzkosten aber nur vom Niveau der konstant gesetzten Intensität abhängt.

Grenzkosten bei intensitätsmäßiger Anpassung

Für die intensitätsmäßige Anpassung ist die Einsatzzeit der Aggregate fest vorgegeben, was wiederum durch t_c gekennzeichnet wird. Entsprechend ist die Intensität x dann durch x = M / t_c zu substituieren. Die Gesamtkostenfunktion geht über in:

$$K_T^I(M) = k(M/t_c) \cdot M/t_c \cdot t_c = K(M/t_c) \cdot t_c \quad [GE]$$

Der Index I an den Kosten $K_T(M)$ weist darauf hin, daß diese Kostenfunktion nur für die intensitätsmäßige Anpassung gilt. Wird diese Gesamtkostenfunktion nach M differenziert, ist zu beachten, daß für die innere Ableitung (Kettenregel) der Faktor $1/t_c$ gilt:

$$\frac{dK_T(M)}{dM} = K'(M/t_c) \cdot \frac{1}{t_c} \cdot t_c = K'(M/t_c) \quad [GE/ME]$$

Wird M/t_c wieder durch x ersetzt, gehen die Grenzkosten bei intensitätsmäßiger Anpassung in die folgende Form über:

$$\frac{dK_T^I(M)}{dM} = K'(x) \quad [GE/ME]$$

Die Grenzkosten bei intensitätsmäßiger Anpassung ergeben sich somit als erste Ableitung der Kosten K(x) pro Zeiteinheit nach der Intensität. Für die angegebene Kostenfunktion lautet die Funktion der Grenzkosten bei intensitätsmäßiger Anpassung:

$$K_T^{'I}(M) = \frac{1}{10} x^2 - \frac{12}{5} x + 17{,}4$$

Im Gegensatz zu den Grenzkosten $K_T^{'Z}$ bei zeitlicher Anpassung hängt das Niveau der Grenzkosten bei intensitätsmäßiger Anpassung von der Ausbringung M ab, da wegen M = x · t mit t = t_c eine Veränderung der Ausbringung nur über eine Änderung der Intensität x möglich ist.

Für alle folgenden Betrachtungen sei ausgeschlossen, daß $K_T^{'I}$ negativ werden kann. Diese Bedingung ist gleichbedeutend mit der Forderung, daß die Kosten K_T in der Planperiode bei

4.1 Grundbegriffe der Kostentheorie

intensitätsmäßiger Anpassung mit wachsender Ausbringung M bzw. steigender Intensität x nicht sinken.

Beziehungen zwischen den Kostenkategorien

Zwischen den Kosten K(x) pro Zeiteinheit, den Kosten k(x) pro Mengeneinheit – die gleichzeitig den Grenzkosten bei zeitlicher Anpassung mit einem bestimmten Intensitätsniveau $x = x_c$ entsprechen – und den Grenzkosten bei intensitätsmäßiger Anpassung $K'_T{}^I$ bestehen für eine Kostenfunktion K(x) des Typs

$$K(x) = cx^3 - bx^2 + ax \quad [GE/ZE]$$

folgende Beziehungen:

Das Minimum der variablen Kosten k(x) pro Stück ist dort erreicht, wo die erste Ableitung der Funktion k(x) = K(x)/x nach x den Wert null annimmt.

$$\frac{dk(x)}{dx} = 2cx - b = 0 \quad \Leftrightarrow \quad x_{opt} = \frac{b}{2c} \quad [ME/ZE]$$

- Das optimale Leistungsniveau x_{opt} liegt dort, wo ein Fahrstrahl aus dem Koordinatenursprung die Kostenfunktion K(x) tangiert.
- Die Grenzkostenfunktion $K'_T{}^I$ bei intensitätsmäßiger Anpassung erreicht ihr Minimum an der Stelle x_w, an der die zweite Ableitung der Kostenfunktion K(x) null ist (Wendepunkt der Funktion K(x)).

$$K'_T{}^I = K'(x) = 3cx^2 - 2bx + a$$

$$\frac{dK'}{dx} = 6cx - 2b = 0 \quad \Leftrightarrow \quad x_w = \frac{b}{3c}$$

Bei der Intensität x_{opt} im Minimum der Kostenfunktion k(x) ist das Niveau der Grenzkosten $K'_T{}^I$ gleich dem Niveau der Stückkosten k(x).[50]

$$K'_T{}^I(x_{opt}) = k(x_{opt})$$

Gleichheit zwischen den Grenzkosten $K'_T{}^I$ und den Stückkosten k(x) herrscht ferner an der Stelle x = 0.

---

50 Hier zeigt sich der gleiche Zusammenhang zwischen Grenz- und Durchschnittsgrößen, wie er später bei den substitutionalen Produktionsfunktionen (Ertragsgesetz) festgestellt werden kann.

Der Verlauf der drei Kostenfunktionen ist in der folgenden Abbildung eingetragen.

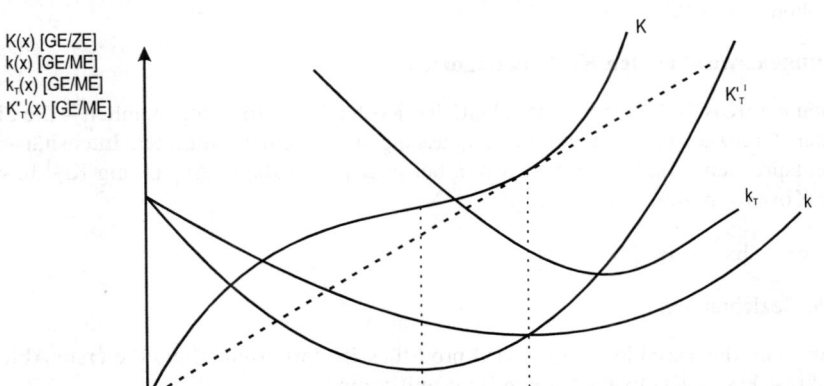

Abbildung 4-3

Zusätzlich wurden in Abbildung 4-3 die totalen Stückkosten eingetragen. Diese ergeben sich, wenn zu den variablen Stückkosten k(x) anteilige Fixkosten K_{fix}/M addiert werden. Da für die Abszisse die Dimension [ME/ZE] gilt, müssen die anteiligen Fixkosten auch auf die Intensität bezogen werden, was nur geht, wenn von einer konstanten Einsatzzeit t_c ausgegangen wird. Für die intensitätsmäßige Anpassung ergeben sich totale Stückkosten von:

$$k_T(x) = k(x) + \frac{K_{fix}}{(x \cdot t_c)}$$

Die Funktion der totalen Stückkosten bei intensitätsmäßiger Anpassung kommt dann für $x = 0$ aus dem Unendlichen. Da der Term $K_{fix}/(x \cdot t_c)$ mit steigendem x immer kleiner wird (Beschäftigungsdegression) wird der vertikale Abstand zwischen k(x) und $k_T(x)$ mit wachsendem x geringer. Das Minimum der totalen Stückkosten liegt rechts von dem der variablen Stückkosten, und die Grenzkostenkurve bei intensitätsmäßiger Anpassung schneidet die totalen Stückkosten wiederum in deren Minimum.

4.1.4 Typen von Produktionstheorien zur Erklärung des Mengengerüstes der Kosten

4.1.4.1 Produktionsfunktionen als Modelle mengenmäßiger Input-Output-Relationen

Eine Produktionsfunktion gibt den quantitativen Zusammenhang zwischen den zur Leistungserstellung einzusetzenden Produktionsfaktormengen und der Ausbringung (Ertrag) an.[51] Bei Produktionsfunktionen muß es sich nicht um Funktionen im mathematischen Sinne

---

51 Vgl. Gutenberg (1983), S. 298 ff.; Heinen (1983), S. 165; Preßmar (1971), S. 85 f.; Shepard (1981), S. 3.

4.1 Grundbegriffe der Kostentheorie

handeln. Produktionsfunktionen sind häufig Relationen, d.h., es ist nicht zwingend, daß einem bestimmten Faktoreinsatz nur **eine** bestimmte Ausbringung zugeordnet ist. Zum Beispiel sind in der Gutenbergfunktion Fälle denkbar, in denen der gleiche Faktoreinsatz je nach Kombination der Anpassungsparameter (Intensität und Einsatzzeit eines Aggregates) zu unterschiedlichen Ausbringungsmengen führt.

Für ein Einproduktunternehmen, das zur Produktion seines Erzeugnisses die Produktionsfaktoren h = 1, 2, ..., hn einsetzt, hat die Produktionsfunktion die allgemeine Form:

$$M = f(r_1; r_2; ...; r_{hn})$$

In der Produktionsfunktion wird mit M die Ausbringungsmenge in der Planungsperiode und mit r_h die einzusetzende Menge der Produktionsfaktoren h (h = 1, 2, ..., hn) bezeichnet. Eine Produktionsfunktion ist stets für eine gegebene Anzahl hn von Produktionsfaktoren h genau festgelegter Qualität definiert.[52] In der Produktionstheorie wird häufig zwingend verlangt, daß die Einsatzmengen der Faktoren positiv sind. Wird in einer Produktionsfunktion mit 5 Faktoren die Einsatzmenge eines Faktors null, läge ein Wechsel der Produktionsfunktion vor. Die Forderung stets positiver Einsatzmengen aller Faktoren wird im folgenden nicht erhoben, da diese Forderung für die auf der Produktionstheorie aufbauende Kostentheorie bedeutungslos ist. f steht in der Produktionsfunktion für die Abbildungsvorschrift, die den quantitativ beschriebenen Einsatzmengenkombinationen (r_1, r_2, ..., r_{hn}) die der Realität entsprechende Ausbringungsmenge M in numerischer Form zuordnet.

Innerhalb einer Produktionsfunktion sind u.U. nicht alle theoretisch möglichen Zahlenkombinationen (r_1, r_2, ..., r_{hn}) der Einsatzfaktoren zulässig. Die zulässigen Kombinationen sind entsprechend den jeweiligen konkreten Produktionsbedingungen gesondert durch Nebenbedingungen zu beschreiben.

Die allgemeine Schreibweise von Produktionsfunktionen soll zum besseren Verständnis anhand von zwei Beispielen konkretisiert werden.

Beispiel 1:

Ein Unternehmen will aus vier Rohstoffarten ein Tierfutter mit einem Fettgehalt von genau 4 % des Futtergewichtes herstellen. Die Ausbringung M des Futters bzw. die Einsatzmengen r_h der vier Rohstoffe werden in Gewichtseinheiten gemessen. Der Fettgehalt der Rohstoffe in % des Rohstoffgewichtes ist folgender Übersicht zu entnehmen:

	Rohstoffe			
	Grünmehl	Brennereirückstände	Fischmehl	Sojaschrot
Rohstoffart h	1	2	3	4
Fettgehalt in % des Gewichtes	2 %	5 %	7 %	0,5 %

Tabelle 4-4

---

[52] Vgl. Bloech/Lücke (1982), S. 103.

Für den Mischprozeß gilt die folgende Produktionsfunktion mit vier Rohstoffen. Diese Produktionsfunktion geht vom Additivitätsgesetz aus, d.h., das Futtergewicht errechnet sich als Summe der Gewichte der eingesetzten Rohstoffe.

$$M = f(r_1; r_2; r_3; r_4) = r_1 + r_2 + r_3 + r_4$$

Als Folge der Qualitätsanforderung an das Futter (4 % Fettgehalt) sind nicht alle aufgrund dieser Produktionsfunktion denkbaren Rohstoffmengenkombinationen zulässig. Die zulässigen Kombinationen werden durch folgende Gleichung über den Fettgehalt beschrieben.

$$0,04\,M = 0,02\,r_1 + 0,05\,r_2 + 0,07\,r_3 + 0,005\,r_4$$

Nur Lösungen, die diese Gleichung erfüllen, sind zulässig. **Eine** zulässige Kombination der Rohstoffmengen ist $r_1 = 0,25$ und $r_2 = r_3 = r_4 = 1$. Das bei dieser Mischung entstehende Futter von $M = 3,25$ Gewichtseinheiten hat dann einen Fettgehalt von 4 %.

Beispiel 2:

Eine Tischlerei produziert vierbeinige Tische genau definierter Qualität. Um einen Tisch produzieren zu können, sind eine Tischplatte, vier Beine und zwei Arbeitsstunden einzusetzen. Aus der Produktionsfunktion der Tischlerei ist abzuleiten, wie viele Tischplatten r_1, Tischbeine r_2 und Arbeitsstunden r_3 für die Produktion von M Tischen erforderlich sind. Aufgrund der technisch determinierten Einsatzrelationen der drei Faktoren sind nur diejenigen Einsatzmengenkombinationen zulässig, die jeweils einen ganzzahligen Wert für die Ausbringung M ergeben; es muß daher gelten:

$$M = f(r_1; r_2; r_3) = r_1 = \frac{r_2}{4} = \frac{r_3}{2}$$

mit r_1, $\frac{r_2}{4}$ und $\frac{r_3}{2}$ ganzzahlig.

Im Fall eines Mehrproduktunternehmens – bspw. bei Kuppelproduktion – tritt in der Produktionsfunktion an die Stelle des Skalars M ein Vektor, der die Ausbringungsmengen aller Erzeugnisse darstellt. Die Produktionsfunktion mit z (z = 1, 2, ..., zn) als Index für die Erzeugnisarten hat dann die allgemeine Form:

$$(M_1, M_2, ..., M_{zn}) = f(r_1, ..., r_{hn})$$

Eine Produktionsfunktion ist immer für eine vorgegebene Anzahl von Produktionsfaktoren gegebener Qualität, gleichbleibende Qualität der Ausbringung (Homogenitätsbedingungen) sowie eine gleichbleibende Beziehung zwischen Input und Output definiert. Ändert sich eine dieser Bedingungen, muß eine neue Produktionsfunktion definiert werden.

Im Fall des Tierfutters muß bspw. eine neue Produktionsfunktion definiert werden, wenn:

- eine neue Rohstoffart für den Mischprozeß zur Verfügung steht,
- sich die Qualität (Fettgehalt) der eingesetzten Rohstoffe ändert,

4.1 Grundbegriffe der Kostentheorie

- die Qualität der Futtermischung geändert wird (z.B. geringerer Fettgehalt) oder
- sich die Gewichte der Rohstoffmengen nicht zum Futtergewicht addieren, da Gewichtsverluste auftreten und zu einer Änderung der Beziehung zwischen In- und Output führen.

In der Praxis treten bei den Qualitäten der Produktionsfaktoren häufig zufällige Schwankungen auf. Derartige Qualitätsschwankungen würden strenggenommen zu laufenden Änderungen der Produktionsfunktion führen. In der Regel werden diese Schwankungen der Faktorqualität sowie auch der Erzeugnisse nicht als Wechsel der Produktionsfunktion angesehen.

Wie strenge Anforderungen an die Homogenität der Produktionsfaktoren bzw. Erzeugnisse gestellt werden, hängt von der für eine Untersuchung erforderlichen Abbildungsgenauigkeit ab. In der Betriebswirtschaftslehre werden i.d.R. strengere Anforderungen an die Homogenität der Faktoren gestellt als in der Volkswirtschaftslehre. Während es in volkswirtschaftlichen Analysen häufig ausreicht, einen einzigen Faktor „Arbeit" zu definieren, muß eine betriebswirtschaftliche Analyse nach den verschiedenen Qualitäten des Faktors „Arbeit" (Vorarbeiter, Werkmeister, Dreher usw.) differenzieren, da für die verschiedenen Qualitäten jeweils unterschiedliche Kosten pro Arbeitsstunde anfallen. Die unterschiedlichen Kostenwirkungen einer Arbeitsstunde lassen sich nur analysieren, wenn bereits in der Produktionsfunktion nach Arbeitsarten differenziert wird. Es läßt sich aber keine allgemeingültige Regel dafür aufstellen, wie strenge Anforderungen an die Homogenität der Faktoren oder des Outputs in einem betriebswirtschaftlichen Modell zu stellen sind. Es ist vielmehr auf den Detaillierungsgrad der Faktoren abzustellen, der nötig ist, um aus den Kostenanalysen die gewünschten Aussagen ableiten zu können.

Die Produktionsfaktoren einer Produktionsfunktion werden in zwei Klassen unterteilt, in Potential- und Repetierfaktoren:[53]

- Potentialfaktoren verkörpern Nutzenpotentiale, die nicht durch einmaligen, sondern erst durch wiederholten Einsatz in eine produktive Kombination aufgezehrt werden.[54] Beispiele für Potentialfaktoren sind Betriebsmittel, aber auch die menschliche Arbeitskraft. Typisches Merkmal von Potentialfaktoren ist, daß sie nicht beliebig teilbar sind. Es kann mithin keine halbe Maschine oder ein 3/4 Arbeiter, sondern nur eine ganzzahlige Anzahl dieser Faktoren zur Produktion eingesetzt werden. Der Einsatz von Potentialfaktoren wird in einer Produktionsfunktion durch die Faktormenge (z.B. Zahl der Maschinen), die Leistungsabgabe (z.B. Umdrehungen pro Minute) und die Einsatzzeit gemessen. Der Maßstab für den Einsatz von Potentialfaktoren reduziert sich auf die Menge an Faktoren und die Leistungsabgabe, wenn die Produktionsfunktion eine Variation der Einsatzzeit der Faktoren nicht vorsieht oder eine Variation der Einsatzzeit technisch unmöglich ist.[55]

- Repetierfaktoren gehen mit dem Einsatz in den Produktionsprozeß „unter",[56] d.h., sie werden entweder verbraucht (Energie, Betriebsstoffe), oder sie erfahren durch die Kombination eine chemische oder physikalische Umwandlung. Eingesetzte Repetierfaktoren

---

53 Vgl. Busse von Colbe/Laßmann (1991), S. 140 ff.; Steffen (1973), S. 21 ff.
54 Heinen (1983), S. 191 f. und S. 223 ff.
55 Vgl. auch Kilger (1972), S. 60 f. und 77 ff.; Heinen (1983), S. 250 ff.
56 Heinen (1983), S. 223.

werden in einer Produktionsfunktion allein durch die Menge gemessen. Beispiele für Repetierfaktoren sind (siehe Beispiel 2) die Tischplatten sowie die Tischbeine.

4.1.4.2 Produktivität und Produktionskoeffizient

Die Relation der in den Produktionsfunktionen abgebildeten Faktoreinsatzmengen und der Ausbringung wird als Produktivitätsbeziehung bezeichnet. Für die Messung dieser Beziehung sind mit der Produktivität bzw. dem Produktionskoeffizienten zwei Maßgrößen in der Betriebswirtschaftslehre üblich.

Unter Produktivität wird das Verhältnis des gesamten Outputs zum gesamten Input verstanden (Gesamtproduktivität).[57] Die Produktivität p müßte durch den Ausdruck

$$\frac{M}{r_1 + r_2 + \ldots + r_{hn}}$$

gemessen werden. Für diese Produktivitätsmessung ergeben sich aber unüberwindliche Schwierigkeiten, da in einem Produktionsprozeß stets gleichzeitig Produktionsfaktoren unterschiedlicher Qualität und Dimension eingesetzt werden. Der Faktoreinsatz läßt sich daher nicht addieren, d.h. zu einer den gesamten Input darstellenden Größe zusammenfassen. Eine Gesamtproduktivität p des Produktionsprozesses ist demzufolge nicht zu bestimmen.

Um die bei der Gesamtproduktivitätsmessung auftretenden unüberwindlichen Probleme zu umgehen, werden sogenannte Teilproduktivitäten oder Faktorproduktivitäten eingeführt. Bei Teilproduktivitäten wird die im Kombinationsprozeß durch alle Faktoren gemeinsam erzielte Ausbringungsmenge M zur Einsatzmenge r_h nur eines Produktionsfaktors ins Verhältnis gesetzt. Die Teilproduktivitäten p_h sind damit durch den Ausdruck:[58]

$$p_h = \frac{M}{r_h} \text{ für alle } h$$

definiert.

Die Teilproduktivitäten beschreiben keinen funktionalen Zusammenhang zwischen dem Output und dem Einsatz dieses stellvertretend für die ganze Faktorkombination stehenden Faktors, d.h., der vermehrte Einsatz nur dieses Faktors läßt die Ausbringung nicht entsprechend anwachsen.

Aus den Teilproduktivitäten können so lange problemlos Aussagen über die Gesamtproduktivität abgeleitet werden, wie zwischen den Einsatzfaktoren eine konstante, nicht zu verändernde Einsatzrelation besteht. Im Beispiel 2 für eine Produktionsfunktion (Tischlerei) kann die Gesamtproduktivität z.B. über den Produktionsfaktor „Tischplatten" gemessen werden, da die Einsatzmengen aller Faktoren in einer konstanten Relation stehen.

---

57 Vgl. Heinen (1983), S. 56, Fußnote 3; Gutenberg (1983), S. 310 nennt dieses Verhältnis „Durchschnittsertrag".
58 Vgl. Gutenberg (1983), S. 310.

4.1 Grundbegriffe der Kostentheorie

Kann das Einsatzverhältnis der Faktoren geändert werden, läßt eine verbesserte Teilproduktivität keinen Schluß auf die Gesamtproduktivität zu. Durch eine Teilproduktivität signalisierte Produktivitätsverbesserungen eines Faktors sind dann nicht als echte Produktivitätsverbesserungen der Gesamtkombination zu werten, da sie ihre Ursache u.U. in einem verstärkten Einsatz anderer Faktoren haben. Das läßt sich am Beispiel der Produktionsfunktion des ersten Beispiels (Mischfutter) erkennen, da in diesem Fall für eine bestimmte Ausbringungsmenge M aufgrund der Fettnebenbedingung mehrere Kombinationen von Einsatzmengen der vier Produktionsfaktoren zulässig sind.

Der Produktionskoeffizient, die zweite Art der Messung von Produktivitätsbeziehungen, ist der reziproke Wert der Faktorproduktivitäten. Er gibt an, wie viele Mengeneinheiten des Faktors h im Rahmen der gesamten produktiven Kombination zur Produktion einer Einheit der Ausbringung erforderlich sind:

$$\text{Produktionskoeffizient} = \frac{r_h}{M}$$

Die folgende Abbildung stellt das System der Produktivitätsbeziehungen im Überblick dar:

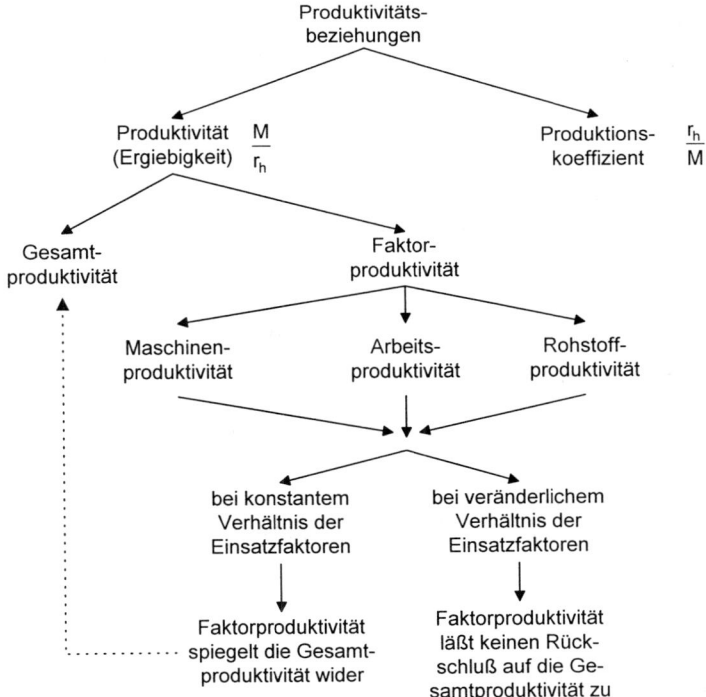

Abbildung 4-4

Die Beziehung zwischen Ausbringung und Faktoreinsatz läßt sich grundsätzlich auf zwei Wegen beeinflussen:[59]

- Durch Veränderung der Faktormengen bzw. des Einsatzverhältnisses von Produktionsfaktoren im Rahmen einer gegebenen Produktionsfunktion. In diesem Fall bleiben am Kombinationsprozeß die gleichen Faktoren beteiligt. Über ein verändertes Einsatzverhältnis der Faktoren bei gleichbleibender Ausbringungsmenge sinkt die Produktivität jener Faktoren, die verstärkt eingesetzt werden, während sich die Produktivität der in geringeren Mengen eingesetzten Faktoren verbessert.

- Durch Änderung der Produktionsfunktion. Das ist der Fall, wenn ein Produktionsfaktor durch einen Faktor anderer Qualität ersetzt wird. Dieser Ersatz einer Produktionsfunktion durch eine andere kann die Produktivität jener Faktoren beeinflussen, die durch den Austausch der Faktoren nicht direkt betroffen sind. Beispielsweise kann bei Ersatz einer Maschine durch eine technisch verbesserte Anlage die Produktivität des Faktors Arbeit erhöht werden, wenn die technisch verbesserte Anlage zur Produktion der gleichen Menge eines bestimmten Erzeugnisses weniger Stunden des Faktors „Arbeit" erfordert.

Eine veränderte Produktivitätsbeziehung als Folge eines Austauschs von Produktionsfunktionen gehört i.d.R. zu den langfristigen Maßnahmen. Voraussetzung für den Wechsel einer Produktionsfunktion ist z.B. der Ersatz einer Maschine durch eine Maschine anderer Art oder der Einsatz anderer Rohstoffe, wenn dieser den Einsatz neuer Maschinen zur Voraussetzung hat. Produktivitätsänderungen, die ihre Ursache in langfristigen Maßnahmen haben, werden in der Betriebswirtschaftslehre im Rahmen der Investitionstheorie[60] behandelt.

Die Produktionstheorie und die auf ihr aufbauende kurzfristige Kostentheorie beschäftigen sich mit den Konsequenzen von Produktivitätsänderungen innerhalb einer Produktionsfunktion.[61] Hierbei handelt es sich um Veränderungen der Faktoreinsatzverhältnisse als Folge kurzfristiger Anpassungsprozesse.

4.1.4.3 Beziehungen zwischen den Input- und Outputvariablen
4.1.4.3.1 Typen von Beziehungen

Produktionsfunktionen lassen sich nach der Art der in ihnen abgebildeten realen Beziehungen zwischen Input und Output folgendermaßen klassifizieren:

- Je nachdem, ob bei den zur Fertigung einer bestimmten Ausbringungsmenge einzusetzenden Produktionsfaktoren eine technische Kopplung der Einsatzmengen besteht oder

---

[59] Vgl. Gutenberg (1983), S. 299 ff.
[60] Zur Investitionstheorie vgl. z.B. Schneider (1992); Kruschwitz (1995); Perridon/Steiner (1995).
[61] Von dieser Regel gibt es jedoch auch Ausnahmen. Eine derartige Ausnahme wäre z.B. die Planung einer kostenminimalen Rezeptur für Tierfutterarten, da das Problem hier unter anderem auch darin besteht festzulegen, welche Rohstoffe in die Rezeptur eingehen sollen.

4.1 Grundbegriffe der Kostentheorie

nicht, lassen sich mit der Limitationalität[62] und der Substitutionalität[63] zwei Beziehungstypen unterscheiden.

- Die Beziehung zwischen dem Input und dem Output bei gleichbleibendem Verhältnis der Einsatzmengen der Produktionsfaktoren – gegebener Produktionsprozeß – wird als Niveau-Produktionsfunktion[64] (Skalen-Produktionsfunktion) bezeichnet. Sie gibt an, wie sich die Ausbringung verändert, wenn der Einsatz aller Faktoren prozentual in gleichem Umfang erhöht bzw. gesenkt wird. Bei der Niveau-Produktionsfunktion wird somit die Beziehung zwischen der Niveauänderung eines durch ein konstantes Einsatzverhältnis der Produktionsfaktoren gekennzeichneten Prozesses und der dadurch bewirkten Änderung der Ausbringung analysiert. Je nach Art dieser Beziehung lassen sich nicht-homogene und homogene Produktionsfunktionen unterscheiden, wobei die homogenen Funktionen noch nach dem Grad der Homogenität differenziert werden.

4.1.4.3.2 Limitationalität und Substitutionalität
4.1.4.3.2.1 Limitationalität

Eine Produktionsfunktion ist limitational, wenn die Einsatzmengen der Produktionsfaktoren einer Produktionsfunktion in einem von der Produktionstechnik her determinierten Verhältnis zueinander stehen.[65] Je nach der Art dieses Kopplungsverhältnisses lassen sich zwei Typen limitationaler Produktionsfunktionen unterscheiden.

Beim 1. Typ liegt eine technische Kopplung der Einsatzmengen der Faktoren vor, die unabhängig von der Produktionsmenge ist. Dieser Fall ist bspw. gegeben, wenn für die Ausbringung einer Mengeneinheit eines Erzeugnisses technisch zwingend stets vier Mengeneinheiten eines Rohstoffes, zwanzig Energieeinheiten sowie drei Zeiteinheiten einer bestimmten Arbeitskraft einzusetzen sind. Bei dieser Form von Limitationalität existieren konstante, von der Produktionsmenge unabhängige Produktionskoeffizienten. Typisch für diese Art von Limitationalität ist damit, daß eine Verdopplung der Einsatzmengen aller Faktoren zu einer Verdopplung der Ausbringung führt. Zu dieser Art von Limitationalität gehört die Leontief-Funktion.[66]

Beim 2. Typ von Limitationalität sind die Produktionskoeffizienten nicht konstant; vielmehr lassen sie sich durch Entscheidungen über die Produktionsmenge pro Zeiteinheit (Intensität), mit der eine Maschine arbeitet, beeinflussen. Diese Situation trifft für die Gutenberg-Produktionsfunktion[67] zu, bei der die Produktionskoeffizienten und das Kopplungsverhältnis

---

62 Zur Limitationalität vgl. Danø (1966), S. 16 ff.; Gutenberg (1983), S. 326 ff., insb. 335 ff.; Heinen (1983), S. 212 ff.; Kilger (1972), S. 12; Lücke (1973), S. 29 f.; Preßmar (1971), S. 76 ff.; Schneider (1972), S. 172 ff.
63 Zur Substitutionalität vgl. Danø (1966), S. 46 ff.; Gutenberg (1983), S. 303 ff.; Heinen (1983), S. 208 ff., insb. S. 214 ff.; Lücke (1973), S. 26 ff.; Preßmar (1971), S. 72 ff.
64 Vgl. hierzu Lücke (1973), S. 39 ff.
65 Vgl. Busse von Colbe/Laßmann (1991), S. 101.
66 Vgl. Heinen (1983), S. 212 ff.; Preßmar (1971), S. 102.
67 Vgl. Gutenberg (1983), S. 326 ff.; Heinen (1983), S. 219 f.

der Faktoren von der Intensität abhängen, wie das beispielhaft aus folgender Tabelle zu erkennen ist.

Intensität	Rohstoff	Schmiermittel	Energie
4 ME/ZE	3 FE/ME	7 FE/ME	3 FE/ME
8 ME/ZE	4 FE/ME	9 FE/ME	2 FE/ME

Tabelle 4-5

Wählt der Betrieb die Intensität von 4 ME/ZE, gilt zwischen Rohstoff, Schmiermittel und Energie das Einsatzverhältnis von 3:7:3, während bei der Intensität von 8 ME/ZE das Einsatzverhältnis 4:9:2 Gültigkeit hat. Erst durch die Wahl der Intensität wird somit das Einsatzverhältnis festgelegt. Da der Betrieb bei der Gutenberg-Produktionsfunktion eine bestimmte Ausbringungsmenge durch unterschiedliche Kombinationen der Intensität sowie der Einsatzzeit der Aggregate erreichen kann, läßt sich in diesem Fall einer bestimmten Ausbringung nicht eine bestimmte Einsatzmenge der Faktoren zuordnen. Für eine bestimmte Ausbringung können dann unterschiedliche Produktionskoeffizienten gelten. Die Gutenberg-Produktionsfunktion ist daher auch keine Funktion im mathematischen Sinne; vielmehr handelt es sich um eine Relation.

Anhand eines Beispiels soll dieser Sachverhalt ausführlicher erklärt werden. Ein Betrieb möge zwischen einer Intensität von 4 ME/ZE bzw. 8 ME/ZE wählen können. Für die Einsatzzeit eines Aggregates stehen pro Tag maximal 16 Stunden (ZE) zur Verfügung. Bei einer verlangten Ausbringung von 36 ME muß der Betrieb dann bei Wahl der ersten Intensität 9 Stunden arbeiten, während bei der zweiten Intensität eine Einsatzzeit von 4,5 Stunden ausreicht. Für die beiden Intensitäten mögen die Produktionskoeffizienten der Tabelle 4-5 gelten.

Für die beiden unterschiedlichen Produktionsweisen von 36 ME errechnen sich dann die folgenden Faktoreinsatzmengen:

Intensität	Verbrauch für 36 ME Output		
	Rohstoff	Schmiermittel	Energie
4 ME/ZE	3 · 36 = 108 FE	7 · 36 = 252 FE	3 · 36 = 108 FE
8 ME/ZE	4 · 36 = 144 FE	9 · 36 = 324 FE	2 · 36 = 72 FE

Tabelle 4-6

Bei der Gutenberg-Produktionsfunktion gilt damit im allgemeinen auch nicht, daß mit einer Verdopplung der Einsatzmengen aller Faktoren eine Verdopplung der Ausbringung einhergehen muß. Eine verdoppelte Einsatzmenge der Faktoren und der Ausbringung ergibt sich nur, wenn der Betrieb mit der gleichen Intensität – z.B. 4 ME/ZE – arbeitet und die Einsatzzeit des Aggregates erhöht. Wird eine Verdopplung der Ausbringungsmenge bei gleicher Einsatzzeit durch einen Wechsel der Intensität von 4 ME/ZE auf 8 ME/ZE angestrebt, ergibt sich keine Verdopplung der Faktoreinsatzmengen, wie anhand des obigen Beispiels leicht nachvollzogen werden kann.

4.1 Grundbegriffe der Kostentheorie

Bei Limitationalität kann grundsätzlich durch verstärkten Einsatz eines einzelnen Faktors einer Produktionsfunktion und Konstanz der übrigen Faktoren kein zusätzlicher mengenmäßiger Ertrag erwirtschaftet werden; vielmehr ist eine Ertragsmehrung nur zu erreichen, wenn entsprechend den technischen Beziehungen ein veränderter Einsatz aller an der Produktionsfunktion beteiligten Faktoren erfolgt.[68]

4.1.4.3.2.2 Substitutionalität

Eine substitutionale Produktionsfunktion liegt vor, wenn die beiden folgenden Voraussetzungen gleichzeitig erfüllt sind:

1. Es muß möglich sein, die Einsatzmenge nur eines Faktors bei Konstanz aller übrigen Faktormengen zu verändern, wobei diese Veränderung eine geänderte Ausbringungsmenge zur Folge hat. Durch verstärkten Einsatz nur eines Faktors bei Konstanz der übrigen nimmt dann die Ausbringung zu.

2. Eine gegebene Produktionsmenge muß mit einer Vielzahl von Faktoreinsatzmengen der an der Produktionsfunktion beteiligten Faktoren zu realisieren sein. Wird bspw. die Einsatzmenge eines Faktors gegenüber einer bestimmten Ausgangssituation verringert und sinkt demzufolge bei konstantem Einsatz der übrigen Faktoren die Ausbringungsmenge, muß es möglich sein, durch verstärkten Einsatz nur eines anderen Faktors die Ausbringung wieder auf den alten Stand anzuheben. Als Folge dieser zweiten Bedingung gibt es bei substitutionalen Produktionsfunktionen grundsätzlich nicht nur einen, sondern mehrere Produktionskoeffizienten für einen Faktor. Bei gegebener Ausbringung hängen die Produktionskoeffizienten von der Wahl des Einsatzverhältnisses der Faktoren ab. Während es bei limitationalen Produktionsfunktionen nur im Fall der Gutenberg-Funktion möglich ist, die Produktionskoeffizienten über die Intensität zu verändern, was bei konstanten Einsatzzeiten der Aggregate stets zu einer veränderten Ausbringungsmenge führt, gelten bei substitutionalen Funktionen auch für eine konstante Ausbringung unterschiedliche Produktionskoeffizienten.[69]

Von Substitutionalität kann nicht gesprochen werden, wenn gleichzeitig die Einsatzmengen mehrerer Faktoren geändert werden müssen, um den Ertrag beeinflussen zu können. Kann ein Unternehmen für die Produktion einer bestimmten Menge eines Erzeugnisses technisch bedingt die Einsatzmenge an Energie bei gleichzeitig steigendem Schmiermittel- und Rohstoffverbrauch nur senken, wenn die Arbeitsintensität einer Maschine erhöht bzw. deren Einsatzzeit dementsprechend verringert wird, liegt keine Substitution vor. Es erfolgt vielmehr ein Wechsel von einem technischen Kopplungsverhältnis einer limitationalen Produktionsfunktion des Gutenberg-Typs auf ein anderes; folglich wird nur eine Art der technischen Kopplung der Faktoren durch eine andere ersetzt. Die gegenläufige Änderung der Faktoreinsatzmengen Schmiermittel und Energie ist in diesem Beispiel keine Substitution.

---

68 Vgl. Heinen (1983), S. 226; Busse von Colbe/Laßmann (1991), S. 122 f.
69 Vgl. Heinen (1983), S. 201 f.; Preßmar (1971), S. 96 f.; Busse von Colbe/Laßmann (1991), S. 105 f.

Verständnisprobleme bereitet häufig das zweite Merkmal der Substitution, da dieses Merkmal auch bei einer limitationalen Produktionsfunktion des Gutenberg-Typs vorzuliegen scheint. Im Zahlenbeispiel zur Gutenberg-Funktion existieren bei einer Intensität von 4 ME/ZE bzw. 8 ME/ZE und einer geforderten Ausbringung von 36 ME auch zwei verschiedene Einsatzkombinationen der drei beteiligten Faktoren. Dennoch liegen die Verhältnisse in diesem Beispiel anders als im Fall einer substitutionalen Produktionsfunktion. Ein Wechsel von der ersten zur zweiten Einsatzkombination der Faktoren ist nur bei **gleichzeitiger** Veränderung der Intensität und der Einsatzzeit der Maschine zu realisieren. Es ist mithin nicht möglich, zunächst den Energieeinsatz zu reduzieren, um den etwaigen Produktionsausfall dann durch verstärkten Einsatz nur eines einzigen anderen Faktors – Rohstoff – wieder auszugleichen, was bei einer substitutionalen Produktionsfunktion möglich wäre. Die Einsatzmengen der drei Faktoren hängen vielmehr von der gewählten Kombination aus Intensität und Einsatzzeit ab, d.h., mit einem Wechsel dieser Kombination ändern sich die Faktoreinsatzmengen simultan. Folglich sind nicht die Einsatzmengen der Faktoren die unabhängigen, die Ausbringung bestimmenden Variablen, wie das bei einer substitutionalen Funktion der Fall ist; vielmehr werden die Einsatzmengen der Faktoren ihrerseits von den unabhängigen Variablen „Intensität" und „Einsatzzeit" determiniert. Geht der Betrieb im Gutenberg-Fall von der Intensität von 4 ME/ZE auf 8 ME/ZE über, ändern sich im Beispiel mithin die Einsatzmengen aller Faktoren. Bei einer substitutionalen Produktionsfunktion ist es hingegen grundsätzlich möglich, die sinkende Ausbringung wegen geringeren Einsatzes eines Faktors durch verstärkten Einsatz nur eines anderen Faktors auszugleichen.

Die auf den ersten Blick vorhandene Ähnlichkeit der Gutenberg-Funktion mit dem zweiten Merkmal der Substitution bringt allerdings für eine Produktionsfunktion mit nur zwei Produktionsfaktoren erhebliche Abgrenzungsprobleme mit sich. Im Zwei-Faktoren-Fall kann praktisch kaum mehr zwischen limitationalen und substitutionalen Produktionsfunktionen unterschieden werden. Bei einer Produktionsfunktion mit nur zwei Faktoren – Rohstoff und Energie im Beispiel der Tabelle 4-6 – wird letztlich die sinkende Einsatzmenge von Energie beim Übergang von 4 ME/ZE auf 8 ME/ZE bei gleichbleibender Ausbringung durch vermehrten Einsatz nur eines Faktors (Rohstoff) ausgeglichen, so daß beide Merkmale der Substitution erfüllt scheinen. Dennoch besteht aber auch im Zwei-Faktoren-Fall ein inhaltlicher Unterschied zwischen limitationalen und substitutionalen Produktionsfunktionen. Bei einer substitutionalen Funktion sind die Faktoreinsatzmengen jeweils unabhängige, die Ausbringung determinierende Variable, was bei einer limitationalen Zwei-Faktor-Produktionsfunktion nicht gilt. Im limitationalen Fall hängen die Einsatzmengen der beiden Faktoren wiederum von der jeweils realisierten Kombination aus Intensität und Einsatzzeit ab, d.h., die Einsatzmengen sind abhängige Variable. Folglich können die Einsatzmengen nicht wie bei substitutionalen Funktionen frei gewählt werden, sondern über die Auswahl einer zu einer bestimmten Ausbringung führenden Kombination von Intensität und Einsatzzeit liegen die Einsatzmengen fest. Wird allerdings von dieser Restriktion über die Intensitäten und Einsatzzeiten abgesehen, läßt sich eine limitationale Produktionsfunktion mit zwei Faktoren rein formal in die mathematische Form einer substitutionalen Funktion überführen.

4.1 Grundbegriffe der Kostentheorie

In der Produktionstheorie werden im allgemeinen zwei Arten von Substitutionalität unterschieden:[70]

- Von peripherer oder Randsubstitution wird gesprochen, wenn der Austausch der Produktionsfaktoren nur innerhalb bestimmter Grenzen möglich ist. Ein Produktionsfaktor kann dann bei endlichen Einsatzmengen der anderen Faktoren nicht völlig durch einen anderen ersetzt werden, d.h., die Einsatzmengen aller beteiligten Faktoren sind grundsätzlich positiv.

- Bei alternativer Substitution ist ein Produktionsfaktor durch eine endliche Vermehrung eines anderen Produktionsfaktors völlig zu verdrängen. Mithin kann die Einsatzmenge einiger Faktoren der Funktion auch null werden.

Substitutionale Produktionsfunktionen lassen sich grundsätzlich noch nach einem zweiten Merkmal differenzieren. Üblicherweise wird in der volkswirtschaftlichen Literatur bei substitutionalen Produktionsfunktionen (Ertragsgesetz) davon ausgegangen, daß die Produktionsdauer bzw. die Einsatzzeit der Faktoren konstant ist. Diese einschränkende Betrachtungsweise resultiert noch aus den Untersuchungen von Thünens[71] über die landwirtschaftliche Produktion, bei denen jeweils ein Erntezyklus (Frühjahr/Herbst) untersucht wurde. Einer Einschränkung auf konstante Einsatzzeiten bedarf es grundsätzlich nicht; vielmehr sind auch substitutionale Produktionsfunktionen mit variabler Produktionsdauer denkbar. Für diesen Fall sind in der Theorie bislang keine Produktionsfunktionen entwickelt worden.

4.1.4.3.3 Niveau-Produktionsfunktion

Die Beziehung zwischen dem Input und dem Output bei gleichbleibender Faktoreinsatzrelation wird durch die Niveau-Produktionsfunktion[72] beschrieben. In einer Niveau-Produktionsfunktion gilt für die Einsatzmengen aller an der Produktion beteiligten Faktoren ein konstantes, aber willkürlich gesetztes Einsatzverhältnis.

Für jede mögliche Einsatzrelation der Faktoren wird ein Produktionsprozeß definiert. Ein Produktionsprozeß ist mithin dadurch gekennzeichnet, daß die Produktionsfaktoren in unveränderlicher Einsatzrelation vermehrt eingesetzt werden, was entsprechend der zugrundeliegenden Produktionsfunktion eine steigende Ausbringungsmenge nach sich zieht. Mit $\tilde{M}$ wird die Ausbringungsmenge beim Prozeßniveau $\lambda = 1$ bezeichnet. Üblicherweise wird dieses Einheitsniveau $\tilde{M}$ für alle Prozesse auf die gleiche Ausbringung festgelegt, z.B. $\tilde{M} = 1$. Diesem Einheitsniveau der Ausbringung ist für jeden Prozeß durch die Produktionsfunktion ein spezielles Einheitsniveau $\tilde{r}_h$ der Einsatzfaktoren zugeordnet. Das Prozeßniveau läßt sich dann durch das λ-fache des jeweiligen Einheitsniveaus $\tilde{r}_h$ beschreiben.[73] Die Niveau-Produktionsfunktion gibt nun an, wie hoch die Ausbringung – gemessen als Vielfaches der Ausbringung des Prozeßniveaus $\lambda = 1$ – ist, wenn die Einsatzmengen der Faktoren ein Viel-

---

70 Vgl. Gutenberg (1983), S. 301 f. und S. 312; Preßmar (1971), S. 74; Heinen (1983), S. 199 f.
71 Vgl. von Thünen (1966), S. 83 ff.; vgl. auch Turgot (1844), S. 421 f.
72 Vgl. Lücke (1973), S. 39 ff.; Schneider (1972), S. 182 ff.; vgl. auch Gutenberg (1983), S. 423 ff.
73 Vgl. Schneider (1972), S. 183 f.

faches des jeweiligen Einheitsniveaus $\tilde{r}_h$ betragen. Anhand eines Zahlenbeispiels soll dieser Zusammenhang verdeutlicht werden.

Gegeben ist die Produktionsfunktion

$$M = c \cdot r_1 \cdot r_2^2$$

Betrachtet werden zwei Prozesse, die durch die Faktor-Einsatzverhältnisse $r_1 : r_2 = 1:1$ bzw. $r_1 : r_2 = 1:8$ gekennzeichnet sind. Als Einheitsniveau der Ausbringung wird für beide Prozesse $\tilde{M} = 1$ gewählt. Für das Einheitsniveau $\tilde{r}_h$ der beiden beispielhaft betrachteten Produktionsprozesse ergibt sich aus der Produktionsfunktion mit $c = 1$ die Gleichung

$$\tilde{M} = 1 = \tilde{r}_1 \cdot \tilde{r}_2^2.$$

Für das Einsatzverhältnis 1 : 1 gilt dann $\tilde{r}_1 = 1$ und $\tilde{r}_2 = 1$, denn $1 \cdot 1^2 = 1$.

Für das Einsatzverhältnis 1 : 8 errechnet sich dagegen $\tilde{r}_1 = 1/4$ und $\tilde{r}_2 = 2$, denn $1/4 \cdot 2^2 = 1$.

Die folgende Wertetabelle gibt für beide Prozesse die Ausbringung in Abhängigkeit vom Prozeßniveau λ und die zugehörigen Einsatzmengen der Faktoren an.

λ	Einsatzverhältnis 1 : 1			Einsatzverhältnis 1 : 8		
	r_1	r_2	M	r_1	r_2	M
1	1	1	1	0,25	2	1
2	2	2	8	0,50	4	8
3	3	3	27	0,75	6	27
4	4	4	64	1,00	8	64
5	5	5	125	1,25	10	125

Tabelle 4-7

Aus der Tabelle ist zu erkennen, daß die Entwicklung der Ausbringungsmenge M nur vom Prozeßniveau λ, nicht aber vom gewählten Einsatzverhältnis abhängt. Die Niveau-Produktionsfunktion $M(\lambda)$, die diesen Zusammenhang wiedergibt, läßt sich aus der angegebenen Produktionsfunktion herleiten:

$$M(\lambda) = c \cdot \left(\lambda \, \tilde{r}_1\right) \cdot \left(\lambda \, \tilde{r}_2\right)^2 = \lambda^3 \left(c \cdot \tilde{r}_1 \cdot \tilde{r}_2^2\right)$$
$$= \lambda^3 \, \tilde{M}, \text{ also}$$
$$M(\lambda) = \lambda^3 \, \tilde{M}$$

Die Niveau-Produktionsfunktion ist unabhängig vom gewählten Einsatzverhältnis der Faktoren, d.h., es ist gleichgültig, mit welcher Kombination $c \cdot \tilde{r}_1 \cdot \tilde{r}_2^2$ das Einheitsniveau der Ausbringung $\tilde{M} = 1$ erreicht wird.

4.1 Grundbegriffe der Kostentheorie

Die graphische Darstellung einer Niveau-Produktionsfunktion kann z.B. zu den in Abbildung 4-5 dargestellten Verläufen der Ausbringung M in Abhängigkeit vom Prozeßniveau führen.[74]

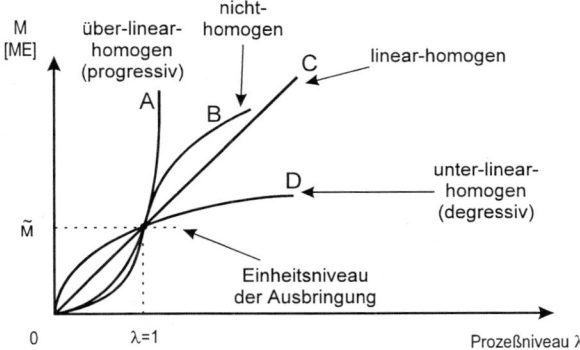

Abbildung 4-5

Die erste Ableitung der Niveau-Produktionsfunktion nach λ führt zur Funktion der Grenzproduktivität einer Produktionsfunktion bei Niveauänderungen. Sie definiert die Ertragsänderungen bei Änderungen des Prozeßniveaus λ. Diese Grenzproduktivität bei Niveauänderung (Skalengrenzproduktivität) lautet:

$$\frac{dM(\lambda)}{d\lambda} = 3\lambda^2 \tilde{M}$$

Die Grenzproduktivität bei Niveauänderung der Produktionsfunktion steigt folglich im Beispiel kontinuierlich mit zunehmendem Prozeßniveau an.

Die Produktionsfunktionen werden in die Klassen der homogenen und nicht-homogenen Funktionen unterteilt.

Eine Produktionsfunktion wird als homogen vom Grade t bezeichnet, wenn bei einer Änderung des Prozeßniveaus für λ > 0 die Ausbringung das λ^t-fache der Einheitsausbringung $\tilde{M}$ beträgt.[75] Ob eine homogene Produktionsfunktion vorliegt, kann mit Hilfe der Niveau-Produktionsfunktion überprüft werden. Bei einer homogenen Produktionsfunktion läßt sich die Niveau-Produktionsfunktion stets in die Form bringen:

$$\lambda^t \tilde{M} = f(\lambda \tilde{r}_1, \lambda \tilde{r}_2, \ldots, \lambda \tilde{r}_n)$$

Die unterstellte Produktionsfunktion ist demzufolge homogen vom Grade t = 3.

---

74 Vgl. Lücke (1973), S. 40; Schneider (1972), S. 183 f.; Busse von Colbe/Laßmann (1991), S. 113 ff.
75 Vgl. z.B. Lücke (1973), S. 43; Schneider (1972), S. 184.

Die Funktion

$$M = c\sqrt{r_1 \cdot r_2} \quad \rightarrow \quad M(\lambda) = c\left(\lambda \tilde{r}_1\right)^{1/2} \cdot \left(\lambda \tilde{r}_2\right)^{1/2} = \lambda \left[c \cdot \tilde{r}_1^{1/2} \cdot \tilde{r}_2^{1/2}\right]$$

ist homogen vom Grade 1.

Eine Produktionsfunktion, die nicht die Eigenschaft besitzt, daß die Ausbringung beim Prozeßniveau λ dem t-fachen der Einheitsausbringung $\tilde{M}$ entspricht, wird als nicht-homogen bezeichnet. Dies ist zum Beispiel bei der zum Kurvenzug 0B in Abbildung 4-5 gehörenden Produktionsfunktion der Fall.

Die Klasse homogener Produktionsfunktionen wird in drei Unterklassen gegliedert. Für t = 1 ist die Produktionsfunktion homogen vom Grade 1 oder linear-homogen. Bei Produktionsfunktionen mit dieser Eigenschaft führt eine Verdoppelung bzw. Verdreifachung des Faktoreinsatzes zu einer Verdoppelung bzw. Verdreifachung des Ertrages, d.h., die Skalengrenzerträge – Wachstum der Ausbringungsmenge M als Funktion von λ – sind konstant. Produktionsfunktionen mit t < 1 sind unterlinear-homogen; bei einer Verdoppelung der Einsatzfaktoren steigt der Ertrag um weniger als das Doppelte. In diesem Fall sinken die Skalengrenzerträge mit wachsendem λ (Funktion der Kurve 0D in Abbildung 4-5). Die umgekehrten Verhältnisse gelten für überlinear-homogene Produktionsfunktionen (t > 1).[76]

Die Produktionstheorie wird üblicherweise auf der Basis linear-homogener Produktionsfunktionen entwickelt, da diese Funktionen die realen Beziehungen zwischen Input und Output i.d.R. am besten abbilden. Im Einzelfall gibt es aber auch von dieser Prämisse abweichende Untersuchungen.[77]

Die in diesem Abschnitt erläuterten Beziehungen zwischen Input- und Outputvariablen einer Produktionsfunktion sind in Abbildung 4-6 noch einmal zusammenfassend dargestellt.

4.1.4.4 Betriebswirtschaftliche Anforderungen an die Produktionstheorie

Die Produktionstheorie soll realistische Erklärungsmodelle liefern, d.h., sie muß als Basis der Kostenpolitik geeignet sein. Aus dieser generellen Aufgabenstellung leiten sich spezielle Anforderungen an die Produktionstheorie ab.[78]

a) Eine Produktionsfunktion muß sämtliche Determinanten des Verbrauchs von Produktionsfaktoren erfassen. Solche Determinanten können entweder Entscheidungen oder vom Unternehmen nicht beeinflußbare Daten sein. Zu den relevanten Daten gehören das technische Kopplungsverhältnis der Produktionsfaktoren und die funktionale Verknüpfung von Input- und Outputmengen.

Da Produktionsfunktionen Basis der Kostenpolitik sein sollen, ist es insbesondere von Bedeutung aufzuzeigen, von welchen beeinflußbaren Determinanten der Faktorverbrauch

---

[76] Vgl. z.B. Schneider (1972), S. 183 ff.; Busse von Colbe/Laßmann (1991), S. 115.
[77] Vgl. dazu Heinen (1983), S. 196 ff.; Lücke (1973), S. 43 f.
[78] Vgl. Adam (1972b), S. 203 f.; vgl. auch Busse von Colbe/Laßmann (1991), S. 89 ff.

4.1 Grundbegriffe der Kostentheorie

abhängt. Produktionsfunktionen müssen demzufolge ein Abbild aller Variablen eines Betriebes sein, durch die das Mengengerüst der Kosten gezielt verändert werden kann. Zu diesen Variablen gehören die Produktionsmenge, das Einsatzverhältnis der Produktionsfaktoren (Prozeß), die innerbetrieblichen Auftragsgrößen usw. Produktionsfunktionen leisten diese umfassende Erklärungsfunktion jedoch i.d.R. nicht, da sie nur eine Auswahl der Variablen erfassen. Häufig stellen sie nur die Abhängigkeit des Faktorverbrauchs von der Beschäftigungslage (Produktionsmenge) und der Prozeßwahl dar. Andere, den Faktorverbrauch determinierende Variablen wie die Auftragsgröße oder die Reihenfolge von Aufträgen werden hingegen ausgeklammert. Insoweit sind Produktionsfunktionen nur unvollständige Erklärungsmodelle für den Faktorverbrauch.[79] Je vollständiger der Katalog der erfaßten Entscheidungstatbestände in einer Produktionsfunktion ist, desto realistischer erscheint eine derartige Funktion.[80] Werden aber sämtliche Variablen mit zum Teil geringer Bedeutung für den Faktorverbrauch berücksichtigt, führt das zu sehr komplexen, nicht mehr zu handhabenden Produktionsfunktionen.

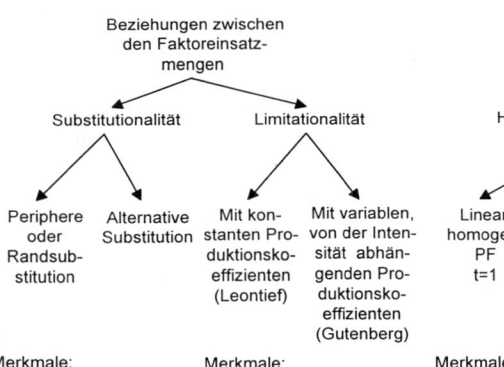

Abbildung 4-6

---

79 Vgl. Müller-Merbach (1981), S. 19 ff.
80 Vgl. Heinen (1983), S. 244 f., 284 f.

b) Zu fordern ist insbesondere: die Produktionsfunktion darf nicht allein den Faktorverbrauch in der Fertigung erfassen. Auch ein Verbrauch für die Beschaffung der Faktoren, die Verwertung der Leistungen sowie die Auslieferung an die Kunden sind in den Ansatz mit aufzunehmen. In der Regel konzentrieren sich Produktionsfunktionen allerdings allein auf die Zusammenhänge in der Fertigung. Sie sind insoweit unvollständig und bedürfen dringend einer Ergänzung, zumal Vermarktungskosten und Kosten für die Anlieferung von Erzeugnisteilen ein zunehmendes Gewicht in der Wertschöpfungskette gewinnen. Ein Faktorverbrauch für die Beschaffung geht allenfalls indirekt in der Kostentheorie über die Faktorwerte in die Analyse ein. Diese Betrachtungsweise läßt dann allerdings nicht deutlich werden, über welche Faktoren dieser Verbrauch beeinflußt werden kann. Eine für den Gesamtbetrieb geeignete Produktionstheorie muß folglich alle betrieblichen Funktionsbereiche und deren Wirkungen auf die Mengenkomponente der Kosten abbilden. Diese funktionsübergreifende Sichtweise ist in der Produktionstheorie leider nicht angelegt.

c) Zu einem Produktionsfaktor dürfen in einer Produktionsfunktion nur qualitativ identische Verbrauchsmengen gerechnet werden (Homogenität der Produktionsfaktoren),[81] d.h., verschiedenartige Faktorqualitäten dürfen nicht unter einem Faktor subsumiert werden.

Der Produktionsfaktor „Arbeit" ist demzufolge für eine betriebswirtschaftliche Produktionstheorie ungeeignet, da sich hinter diesem „Faktor" Einsatzmengen mit unterschiedlichen Qualitäten verbergen. Eine betriebswirtschaftliche Produktionstheorie muß strengere Maßstäbe an die Homogenität der Produktionsfaktoren stellen, wenn sie als Basis für die Kostentheorie geeignet sein soll. Werden unterschiedliche Qualitäten des Faktors Arbeit, für die auch unterschiedlich hohe Lohnsätze zu zahlen sind, in der Produktionsfunktion zu einem Faktor zusammengefaßt, ist eine Kostenanalyse bzw. eine gezielte, dem ökonomischen Prinzip gerecht werdende Steuerung des Faktoreinsatzes unmöglich. Allerdings dürfen die Anforderungen an den Homogenitätsgrad der Faktoren auch nicht übertrieben werden. Eine derartige Übertreibung wäre gegeben, wenn bei zufälligen oder oszillativen Schwankungen der Faktorqualität jeweils ein neuer Faktor für jede Qualitätsabweichung definiert würde.[82]

Gleiche Anforderungen gelten auch für die Homogenität der Erzeugnisse. Es dürfen nicht etwa Varianten einer Produktart gedanklich als ein Produkt aufgefaßt werden, wenn diese Varianten mit unterschiedlichen Faktoreinsatzmengen produziert werden.

d) Zur Transformation von Produktionsfaktoren in Produkte sind zum Teil sehr komplexe Produktionstechniken einzusetzen. Eine betriebswirtschaftliche Produktionsfunktion kann nur dann realistisch sein, wenn sie diese Gesetzmäßigkeiten – seien sie zum Teil auch stochastischer Art wie beim Hochofenprozeß oder bei der Chip-Produktion für Leiterplatten – explizit berücksichtigt. Jede Produktionsfunktion bedarf daher einer technischen Fundierung.[83] Eine betriebswirtschaftliche Produktionstheorie muß die relevanten technischen Einflußgrößen in die Abbildungsvorschrift der Produktionsfunktion einbeziehen.

---

[81] Vgl. Gutenberg (1983), S. 299 f.; Laßmann (1958), S. 17 ff.; Zäpfel (1982), S. 7 ff.
[82] Vgl. Gutenberg (1983), S. 300 f.
[83] Vgl. Kosiol (1961), S. 318 ff.

4.1 Grundbegriffe der Kostentheorie

e) Die Produktionstheorie darf sich nicht darin erschöpfen, Erklärungsmodelle für den Faktorverbrauch im Einproduktunternehmen zu liefern. Die Produktionstheorie muß sich vielmehr auf alle Formen des Mehrproduktbetriebes (wie gemeinsame Fertigung mit und ohne Faktorengpässen, Kuppelproduktion mit starrer und variabler Kopplung der Ausbringungsmengen usw.) erstrecken.[84]

Gerade die Produktionstheorie des Mehrproduktunternehmens ist erst in Ansätzen entwickelt worden.[85] Die meisten heute bekannten Produktionsfunktionen beziehen sich auf Einproduktunternehmen. Diese Funktionen lassen sich auf bestimmte Formen des Mehrproduktunternehmens – gemeinsame Fertigung – problemlos übertragen.

f) Die Produktionstheorie darf des weiteren nicht auf einen bestimmten Typ von Beziehungen zwischen den Variablen der Funktion (Homogenitätsgrad, Substitutionalität, Limitationalität) zugeschnitten sein; sie muß vielmehr offen sein, um die Vielfalt empirischer Produktionsprozesse erfassen zu können.[86] Gegen diese Anforderung wird i.d.R. verstoßen, wenn den Produktionsfunktionen ein ganz bestimmter Typ von Beziehungen zugrunde gelegt wird (Limitationalität oder Substitutionalität). Die Produktionstheorie muß auch eine Mischung dieser Beziehungen derart zulassen, daß zwischen den Faktoren einer Klasse Substitutionsbeziehungen existieren, während die Verbindung mehrerer Klassen von Faktoren dem Prinzip der Limitationalität gehorcht.

g) In den meisten Betrieben müssen die Rohstoffe und Halbfabrikate mehrere Produktionsstufen durchlaufen, bis sie als Endprodukte veräußert werden können. Daraus leitet sich für eine betriebswirtschaftliche Produktionstheorie die Forderung ab, bei der Formulierung von Produktionsfunktionen der Mehrstufigkeit Rechnung zu tragen.

Produktionsfunktionen einstufiger Einproduktunternehmen lassen sich jedoch meist problemlos auf den Fall mehrstufiger Fertigung übertragen, indem für jede Fertigungsstufe eine eigene Produktionsfunktion definiert wird. Die Funktionen der einzelnen Stufen sind dabei miteinander zu verbinden, da der Output einer Stufe Input der folgenden Stufe darstellt.[87]

h) Die Beachtung ökologischer Anforderungen in der Produktion und der Vermarktung der Produkte bzw. der Beschaffung von Faktoren führt über Emissionen und Abfälle, sowie einen Austausch von Rohstoffen und Produktionsverfahren zu Wirkungen auf die Mengenkomponente der Kosten, die in der Produktionstheorie erfaßt werden müssen. Die Produktionstheorie ist bislang zudem am Faktoreinsatz für die Erstellung von Leistungen orientiert. Kostenwirkungen für eine Vermeidung von Emissionen, Rückführung und Entsorgung von Altprodukten spielen in der Produktionstheorie leider bislang keine Rolle. Gerade diese Art der Kostenbelastungen wird in der Zukunft aber verstärkt wachsen.

i) Die Produktionstheorie ist eine statische Theorie, d.h., der Zeitablauf spielt für die Erklärung von Kosten keine Rolle. Ein derartiger Ansatz kann leider nicht alle in der Realität auftretenden Faktorverbräuche und Kostenwirkungen abbilden. Hängt die Höhe der Ko-

---

84 Vgl. dazu Preßmar (1971), S. 36 ff.
85 Vgl. Lücke (1973), S. 146 f.
86 Vgl. Müller-Merbach (1981), S. 22 ff.
87 Siehe einen Ansatz dazu bei Heinen (1983), S. 244 ff. (Produktionsfunktion vom Typ C).

stenbelastung auch von im Zeitablauf erreichten Zuständen eines Systems ab, wie das bei Lagerkosten über die Höhe des Lagerbestandes bzw. der Kapitalbindung der Fall ist, versagt ein statisches Modellkonzept. Ein statisches Konzept ist auch untauglich, wenn die Kosten je Mengeneinheit vom erreichten Grad an Produktionserfahrung abhängig sind (Erfahrungskurveneffekt). An die Produktionstheorie ist daher die Forderung zu stellen, die statische Sichtweise des Faktorverbrauchs zu überwinden.

Im folgenden wird die Produktionstheorie nicht für alle denkbaren Formen der Produktion behandelt; vielmehr wird die Analyse auf einstufige Einproduktunternehmen beschränkt. Für diesen Fall werden die Grundzüge substitutionaler sowie limitationaler Produktionsfunktionen dargestellt.

Hinsichtlich der den Faktorverbrauch determinierenden Entscheidungen werden zudem nur Variable betrachtet, die die Ausbringungsmenge oder die Wahl von Produktionsprozessen betreffen. Es findet also eine Konzentration auf die Kostenwirkungen des Produktionsbereiches für die Erstellung von Leistungen statt. Zudem wird an einem statischen Erklärungsmodell festgehalten. Die Erklärungsansätze basieren damit auf einer sehr engen Sichtweise. Sie sind nur dann für die Kostengestaltung in der Realität hilfreich, wenn kurzfristige Produktionsdurchführungsentscheidungen (Produktionsmenge, Intensitäten, Einsatzzeiten bekannter Produktionsverfahren) zentral für die Höhe der Kosten sind.

4.2 Produktions- und Kostentheorie auf der Basis substitutionaler Produktionsfunktionen

4.2.1 Begriff und Voraussetzungen ertragsgesetzlicher Produktionsfunktionen (Typ A)

Die als Ertragsgesetz bezeichnete Klasse von substitutionalen Produktionsfunktionen für peripher substitutionale Beziehungen zwischen den Inputvariablen wurde in der Literatur[88] als erstes analysiert. Ertragsgesetzliche Produktionsfunktionen gehen von folgenden Voraussetzungen aus:[89]

- Die Produktionsdauer bzw. die Einsatzdauer der Produktionsfaktoren ist fest vorgegeben, eine zeitliche Anpassung ist nicht möglich. Potentialfaktoren können daher im Rahmen des Ertragsgesetzes in bezug auf den Maßstab Einsatzzeit keine variablen Faktoren sein.

- Die Produktionsfaktoren können in beliebig kleinen Mengen vermehrt eingesetzt werden. Da die Voraussetzung beliebiger Teilbarkeit zumindest bei Potentialfaktoren praktisch nicht erfüllt ist, wird deutlich, daß ertragsgesetzliche Produktionsfunktionen die Unterscheidung von Potential- und Repetierfaktoren nicht kennen.

- Die Produktionsfaktoren sind peripher substituierbar, d.h., für eine gegebene Produktionsmenge ist es nicht möglich, einen Produktionsfaktor völlig aus der Faktorkombination zu verdrängen.

---

88 Siehe von Thünen (1966); Turgot (1844), S. 418 ff.
89 Vgl. Gutenberg (1983), S. 303 ff.; Heinen (1983), S. 174 ff.; Preßmar (1971), S. 95 ff.

- Es wird nur eine einzige qualitativ gleichbleibende Produktart erstellt.
- Das Ertragsgesetz analysiert die Beziehung zwischen Faktoreinsatz und Ausbringung global für den gesamten Betrieb. Dieser hohe Aggregationszustand macht es unmöglich, die Auswirkungen von Anpassungsprozessen in Teilbereichen des Betriebes (z.B. für einzelne Maschinen) zu analysieren.
- Die aus der Literatur bekannten, meist volkswirtschaftlich orientierten Anwendungsfälle des Ertragsgesetzes stellen geringe Anforderungen an die Homogenität der Produktionsfaktoren. Es wird mit den Faktoren Arbeit, Kapital und Boden operiert, ohne zwischen den unterschiedlichen Qualitäten des Faktors Arbeit oder Boden zu differenzieren. Probleme, die die Steuerung des Einsatzes unterschiedlicher Qualitäten eines Faktors betreffen, lassen sich deshalb nicht auf der Basis des Ertragsgesetzes analysieren.
- Einige Autoren sprechen nur dann von einer ertragsgesetzlichen Produktionsfunktion, wenn die Funktion des Ertrages in Abhängigkeit von variablen Einsatzmengen eines Faktors und konstanten Einsatzmengen der übrigen Faktoren ganz bestimmte Merkmale aufweist; und zwar sollen die Ertragszuwächse mit steigenden Einsatzmengen des variablen Faktors zunächst steigen, um dann von einem bestimmten Punkt an zu sinken (s-förmiger Ertragsverlauf).[90] Der Begriff des Ertragsgesetzes soll in diesem Buch nicht auf einen bestimmten Funktionstyp des Ertragsverlaufs eingeengt werden. Der Typ des Ertragsverlaufs ist damit kein Merkmal des Ertragsgesetzes. Als Konsequenz dessen sind alle Produktionsfunktionen mit der Eigenschaft peripherer Substitutionalität ertragsgesetzliche Produktionsfunktionen.[91]

Bedingt durch die realitätsfernen Voraussetzungen, ist das Ertragsgesetz für eine betriebswirtschaftliche Produktions- und Kostentheorie kaum geeignet, da es hinsichtlich der Produktionsfaktoren und des Gültigkeitsbereichs zu global formuliert ist und keine technischen Einflußgrößen berücksichtigt.[92] Das Ertragsgesetz genügt keiner der an die Produktionstheorie gestellten betriebswirtschaftlichen Anforderungen; zumindest aus betriebswirtschaftlicher Sicht ist es nur dazu geeignet, einige Grundbegriffe der Produktionstheorie zu klären.

4.2.2 Grundbegriffe der ertragsgesetzlichen Produktionstheorie
4.2.2.1 Darstellungsformen ertragsgesetzlicher Produktionsfunktionen

Ertragsgesetzliche Produktionsfunktionen haben hn unabhängige Variable für den Input und eine abhängige Variable für den Output. Es bedarf also einer (hn+1)-dimensionalen Analyse, um ertragsgesetzliche Produktionsfunktionen darzustellen. Bei einer Produktionsfunktion mit zwei Faktoren, wäre mithin eine dreidimensionale Analyse erforderlich, um die zwischen Input und Output existierenden Zusammenhänge abbilden zu können. Wegen der Komplexität von Analysen mit mehr als zwei Dimensionen wird das Ertragsgebirge in un-

---

90 Vgl. Busse von Colbe/Laßmann (1991), S. 134 ff.; Gutenberg (1983), S. 308 f.; Heinen (1983), S. 169 f.; Stigler (1966), S. 116.
91 Vgl. Jacob (1957), S. 598 ff., insb. 616 ff.
92 Vgl. aber die Fortentwicklung des Ertragsgesetzes bei Jacob (1957), S. 598 ff.; Weller (1957), S. 436 ff.

terschiedlichen Schnittebenen dargestellt und mathematisch analysiert.[93] Bei einem dreidimensionalen Problem lassen sich Schnitte nach zwei Prinzipien durch das „Ertragsgebirge" legen, wobei eine der drei Variablen konstant gesetzt wird:

1. Durch das „Ertragsgebirge" kann ein horizontaler Schnitt parallel zur r_1- und r_2-Ebene der Einsatzfaktoren vorgenommen werden. In diesem Fall wird die Ausbringung M konstant gesetzt und die Beziehung zwischen den variablen Einsatzfaktoren analysiert. Dieses Schnittprinzip führt zur Isoquantendarstellung des Ertragsgesetzes. Eine Isoquante erfaßt alle Faktoreinsatzkombinationen r_1 und r_2, die zum gleichen Ertrag führen.

   Ausgehend von einer bestimmten Faktorkombination (r_1, r_2) zur Erzeugung von M kann eine verringerte Einsatzmenge eines Faktors dann durch einen vermehrten Einsatz des anderen Faktors ausgeglichen werden.[94] Der Tatsache, daß die Ausbringung M alternative Werte annehmen kann, wird im zweidimensionalen (r_1, r_2)-Diagramm Rechnung getragen, indem Isoquanten für verschiedene konstante Erträge dargestellt werden.

2. Durch das Ertragsgebirge kann ein vertikaler Schnitt parallel zur M und r_1- oder M und r_2-Ebene gelegt werden. In dieser Darstellungsform (2. Schnittprinzip) wird die Einsatzmenge des jeweils anderen Produktionsfaktors konstant gesetzt und die Analyse auf die Ertrags- und auf eine Inputdimension beschränkt. Bei dieser Vorgehensweise wird der Ertrag M als Funktion der Einsatzmenge des zu variierenden Produktionsfaktors (Ertragsverlauf) dargestellt, und es werden die Beziehungen zwischen dem Ertrag und der Einsatzmenge des variablen Faktors analysiert.

   In dieser Darstellungsform kann der Tatsache, daß der konstante Produktionsfaktor in unterschiedlich großen Mengen zur Produktion herangezogen werden kann, Rechnung getragen werden, indem die Ertragsfunktionen bei unterschiedlichem Einsatzniveau des konstanten Faktors betrachtet werden.

4.2.2.2 Analyse des Ertragsgesetzes im Zwei-Faktoren-Fall bei konstantem Ertragsniveau

Alle Kombinationen der Faktoren 1 und 2, die zum gleichen Ertrag (M = const.) führen, liegen auf einem Kurvenzug, der als Isoquante bezeichnet wird. Die Isoquante für ein bestimmtes Ertragsniveau (M = const.) ergibt sich, wenn die Produktionsfunktion nach r_1 oder r_2 aufgelöst wird.[95]

Für die Produktionsfunktion[96]

$$M = \frac{c r_1^{\alpha_1} r_2^{\alpha_2}}{(r_1 + r_2)^\beta}$$

---

93 Vgl. dazu auch Berens (1984).
94 Vgl. Busse von Colbe/Laßmann (1991), S. 126 ff.; Gutenberg (1983), S. 314 f.; Heinen (1983), S. 174 ff.; Schneider (1972), S. 169 ff.
95 Vgl. Gutenberg (1983), S. 313 ff.
96 Diese Funktion ist für $\alpha_1 + \alpha_2 - \beta = 1$ linear-homogen! Vgl. Preßmar (1971), S. 101; Danø (1966), S. 59 ff.

4.2 Produktions- und Kostentheorie auf der Basis substitutionaler Produktionsfunktionen

mit c als Konstante lautet die Isoquante für $\alpha_1 = \alpha_2 = \beta = 1$ und r_1 als abhängige Variable:

$$r_1 = \frac{Mr_2}{cr_2 - M} = \frac{M}{c - \frac{M}{r_2}} \quad \text{mit} \quad M = \text{const.} \qquad \text{[Isoquante]}$$

Die Isoquante ist unter den angegebenen Bedingungen für die Exponenten eine gleichseitige Hyperbel, da der Ausdruck M/r_2 gegen null strebt, wenn r_2 gegen unendlich geht. Damit ist die Mindesteinsatzmenge von r_1 mit M/c gegeben. Aus Gründen der Symmetrie gilt Entsprechendes für den Faktor r_2. Die Mindesteinsatzmengen M/c sind die Asymptoten der Isoertragslinien. Die Produktionsfaktoren r_1 und r_2 lassen sich mithin nicht völlig verdrängen, es liegt periphere Substitution vor.

Die obige Produktionsfunktion führt mit $\alpha_1 = \alpha_2 = \beta = 1$ in der folgenden Abbildung zu Isoquanten des Typs AB. Eine Isoquante mit dem Verlauf CD ergibt sich für die angegebene Produktionsfunktion, wenn $\alpha_1 + \alpha_2 - \beta = 1$ und $\alpha_1 > 1$ sowie $\alpha_2 > 1$ verlangt wird.

Für die Substitution ist ökonomisch nur der Bereich der Isoquante interessant, bei dem der Output M durch verminderten Einsatz eines Faktors bei gleichzeitig steigendem Einsatz des zweiten produziert werden kann. Außerhalb des ökonomisch sinnvollen Substitutionsbereichs einer Isoquante ist ein verstärkter Einsatz beider Faktoren erforderlich, um die vorgegebene Ausbringung zu erreichen. Die Faktoreinsatzkombinationen im ökonomisch nicht relevanten Substitutionsbereich werden grundsätzlich durch jene im relevanten Bereich dominiert, sie sind nicht effizient. Welche der effizienten Kombinationen am zweckmäßigsten ist, hängt von den Preisen der Faktoren ab. Diese Frage kann erst im Rahmen der Kostentheorie beantwortet werden.

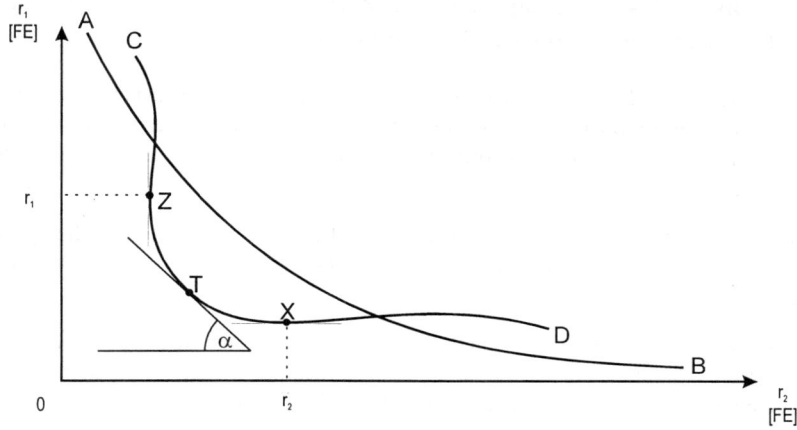

Abbildung 4-7

Für die Isoquante AB ist der gesamte Bereich für $r_1 \in [M/c; \infty]$ und $r_2 \in [M/c; \infty]$ zum ökonomisch sinnvollen Substitutionsbereich zu rechnen. Bei Isoquanten des Typs CD wird der sinnvolle Substitutionsbereich durch $r_1 = \bar{r}_1$ und $r_2 = \bar{r}_2$ begrenzt.[97]

Die Faktormengen, die notwendig sind, um bei konstanter Ausbringung M eine infinitesimal kleine Einheit eines Produktionsfaktors durch einen anderen Faktor zu ersetzen, wird als Substitutionsrate oder als Grenzrate der Substitution bezeichnet.[98] Die Grenzrate der Substitution eines Faktors ist analytisch als erste Ableitung einer Isoquante nach einem Produktionsfaktor zu bestimmen:

$$\frac{dr_1}{dr_2} \quad \text{oder} \quad \frac{dr_2}{dr_1}$$

Für die oben angeführte Isoquante ergibt sich dann:

$$\frac{dr_1}{dr_2} = \frac{(cr_2 - M) \cdot M - Mr_2 c}{(cr_2 - M)^2} = \frac{-M^2}{(cr_2 - M)^2} \qquad \text{[Grenzrate der Substitution]}$$

Der Grenzrate der Substitution entspricht in der Abbildung die Steigung einer Isoquante in einem bestimmten Punkt (z.B. Punkt T der Funktion CD). Ist der absolute Wert der Grenzrate der Substitution dr_1/dr_2 groß, sind viele Einheiten des Faktors 1 notwendig, um eine von Faktor 2 wegfallende Einheit an der Stelle T zu kompensieren (großer Winkel α). An den Grenzen des ökonomisch sinnvollen Substitutionsbereichs der Isoquante vom Typ CD (Punkte Z und X) gilt eine Grenzrate der Substitution von minus unendlich bzw. von null.

4.2.2.3 Analyse des Ertragsgesetzes im Zwei-Faktoren-Fall bei konstantem Einsatzniveau eines Produktionsfaktors

Die Erträge M, die sich bei einer Kombination einer konstanten Einsatzmenge eines Produktionsfaktors mit zu variierenden Mengen eines zweiten Faktors ergeben, werden durch die Ertragsfunktion abgebildet. Sie ordnet den Einsatzmengen des variablen Faktors bestimmte Erträge zu.

Für diese Darstellungsform des Ertragsgesetzes wird im folgenden die Beziehung zwischen der Ertragsfunktion und der aus ihr abgeleiteten Grenz- und Durchschnittsproduktivität analysiert.

Die Grenzproduktivität gibt die marginale Veränderung der Ausbringung an einer bestimmten Stelle der Ertragsfunktion aufgrund einer infinitesimal kleinen Veränderung der Einsatzmenge eines Faktors bei Konstanz des zweiten Faktors an.[99]

---

97 Vgl. z.B. Busse von Colbe/Laßmann (1991), S. 130 f.; Heinen (1983), S. 179; Lücke (1973), S. 30 ff.; Schneider (1972), S. 178; Wittmann (1985), S. 47 f.

98 Vgl. z.B. Busse von Colbe/Laßmann (1991), S. 131 ff.; Gutenberg (1983), S. 314; Heinen (1983), S. 179; Schneider (1972), S. 16 f.; Wittmann (1985), S. 91 f.

99 Vgl. z.B. Busse von Colbe/Laßmann (1991), S. 111 ff.; Heinen (1983), S. 166; Schneider (1972), S. 175.

4.2 Produktions- und Kostentheorie auf der Basis substitutionaler Produktionsfunktionen

Die Grenzproduktivität ist gleich der ersten Ableitung der Produktionsfunktion

$$M = \frac{c r_1^{\alpha_1} r_2^{\alpha_2}}{(r_1 + r_2)^\beta}$$

nach dem zu variierenden Faktor. Für diese Produktionsfunktion mit $\alpha_1 = \alpha_2 = \beta = 1$ ergeben sich die Grenzproduktivitäten der Faktoren 1 und 2 wie folgt:

$$\frac{\partial M}{\partial r_1} = \frac{c r_2 (r_1 + r_2) - c r_1 r_2}{(r_1 + r_2)^2} = \frac{c r_2^2}{(r_1 + r_2)^2} \quad \text{[Grenzproduktivität]}$$

$$\frac{\partial M}{\partial r_2} = \frac{c r_1^2}{(r_1 + r_2)^2}$$

Die Grenzproduktivitäten des Faktors 1 oder 2 nehmen folglich mit steigenden Einsatzmengen des variablen Faktors grundsätzlich ab. Ferner ist zu erkennen, daß die Höhe der Grenzproduktivitäten jeweils von den Einsatzmengen des konstanten und des variablen Faktors abhängen. Das Niveau des konstant gesetzten Faktors ist daher mitbestimmend für die Grenzproduktivität des variablen Faktors.

Beispiel:

Für c = 5 beträgt die Grenzproduktivität des ersten Faktors

$$\frac{\partial M}{\partial r_1} = \frac{c r_2^2}{(r_1 + r_2)^2} \rightarrow \frac{5 \cdot 2^2}{(3 + 2)^2} = \frac{4}{5}$$

bei Einsatzmengen von $r_1 = 3$ und $r_2 = 2$. Für $r_1 = 3$ und $r_2 = 4$ beträgt sie:

$$\frac{\partial M}{\partial r_1} = \frac{c r_2^2}{(r_1 + r_2)^2} \rightarrow \frac{5 \cdot 4^2}{(3 + 4)^2} = \frac{80}{49}$$

Die Grenzproduktivität des ersten Faktors an der Stelle $r_1 = 3$ wächst, wenn die Einsatzmenge des konstanten Faktors nicht zwei, sondern vier Mengeneinheiten beträgt.

Derartige Abhängigkeiten der Grenzproduktivitäten von allen beteiligten Faktoren (variablen wie konstanten) erlauben es nicht, Ertragszuwächse bei verstärktem Einsatz des variablen Faktors und Konstanz des anderen nur dem variablen Faktor zuzurechnen. Nicht der variable Faktor allein verursacht diesen Ertragszuwachs; vielmehr sind für das Ausmaß des Ertragszuwachses alle an der Kombination beteiligten Faktoren mitbestimmend.[100]

---

[100] Abhängigkeiten der Grenzproduktivitäten des variablen Faktors vom Einsatzniveau des konstanten Faktors treten immer bei nicht separablen Produktionsfunktionen (periphere Substitution) auf. Für separable Produktionsfunktionen mit additiver Verknüpfung des Faktoreinsatzes, wie sie in der Produktionsfunktion $M = c \cdot [r_1^2 + r_2]$ gegeben ist, hängt die Grenzproduktivität ausschließlich vom Einsatz des variierenden Faktors ab. Die Produktionsfunktion gehört allerdings zur Klasse mit alternativer Substitution und ist daher keine ertragsgesetzliche Produktionsfunktion.

Die Durchschnittsproduktivität ist der Quotient aus der Ausbringung M und der Einsatzmenge r_h irgendeines Faktors h der Faktorkombination.[101] Die Durchschnittsproduktivität des ersten Faktors für die oben angeführte Produktionsfunktion mit $\alpha_1 + \alpha_2 = ß = 1$ ist folglich durch folgende Gleichung definiert:

$$\frac{M}{r_1} = \frac{c\,r_1\,r_2}{r_1 + r_2} \cdot \frac{1}{r_1} = \frac{cr_2}{r_1 + r_2} \qquad \text{[Durchschnittsproduktivität]}$$

Durchschnitts- und Grenzproduktivitäten eines Faktors stehen in einem bestimmten Zusammenhang zueinander. Die Art dieses Zusammenhangs ist vom Typ der Ertragsfunktion abhängig.

Bei Variation des Faktors r_1 und gegebenem Niveau des konstanten Faktors möge zwischen der Ausbringung M und dem Einsatz des variablen Faktors die folgende Beziehung mit den positiven Konstanten a, b und c gelten:[102]

$$M = a r_1 + b r_1^2 - c r_1^3$$

Für diese Ertragsfunktion gelten die folgenden Funktionen für die Durchschnittsproduktivität und die Grenzproduktivität des ersten Faktors:

$$\frac{M}{r_1} = a + b r_1 - c r_1^2 \qquad \text{[Durchschnittsproduktivität]}$$

$$\frac{dM}{dr_1} = a + 2 b r_1 - 3 c r_1^2 \qquad \text{[Grenzproduktivität]}$$

Die Durchschnittsproduktivität erreicht ihr Maximum bei der Einsatzmenge r_1, für die gilt:

$$\frac{d\left(\frac{M}{r_1}\right)}{dr_1} = b - 2 c r_1 \overset{!}{=} 0$$

$$r_1 = \frac{b}{2c} \qquad \text{[Maximum der Durchschnittsproduktivität]}$$

---

101 Vgl. z.B. Allen (1972), S. 167; Busse von Colbe/Laßmann (1991), S. 97; Heinen (1983), S. 167; Schneider (1972), S. 191; Wittmann (1985), S. 62 f.

102 Diese Ertragsfunktion wird nur aus didaktischen Gründen zur Vereinfachung der Analyse unterstellt. Sie ist nicht aus der oben angeführten Produktionsfunktion mit $\alpha_1 + \alpha_2 - ß = 1$ bei $\alpha_1 > 1$ sowie $\alpha_2 > 1$ abzuleiten. Die aus didaktischen Gründen gewählte Ertragsfunktion ist nicht linear-homogen. Bei der linear-homogenen Produktionsfunktion kann es bei positiven Einsatzmengen der beiden Faktoren niemals zu negativen Ausbringungsmengen kommen. In der gewählten Ertragsfunktion wird die Ausbringung bei hinreichend großem r_1 negativ. Die gewählte Ertragsfunktion kann jedoch bis kurz hinter dem Ertragsmaximum als gute Annäherung an den Typ des Ertragsverlaufs angesehen werden.

4.2 Produktions- und Kostentheorie auf der Basis substitutionaler Produktionsfunktionen

Das Maximum der Grenzproduktivität liegt dort, wo die erste Ableitung der Grenzproduktivitätsfunktion den Wert null annimmt. Dieser Punkt entspricht dem Wendepunkt der Ertragsfunktion.

$$\frac{d\left(\frac{dM}{dr_1}\right)}{dr_1} = 2b - 6cr_1 \stackrel{!}{=} 0$$

$$r_1 = \frac{b}{3c} \qquad \text{[Maximum der Grenzproduktivität]}$$

Ein Vergleich der Maxima der Grenz- und Durchschnittsproduktivität zeigt, daß das Maximum der Grenzproduktivität vor dem der Durchschnittsproduktivität liegt.[103] Bei $r_1 = b/3c$ (Maximum der Grenzproduktivität) ist das Niveau der Durchschnittsproduktivität kleiner als das der Grenzproduktivität. Für $r_1 = b/2c$ (Maximum der Durchschnittsproduktivität) ist das Niveau von Grenz- und Durchschnittsproduktivität gleich hoch.

Die Grenzproduktivität nimmt das Niveau null an, wenn die Ertragsfunktion ihr Maximum erreicht. Dieses Maximum ist aus der null gesetzten ersten Ableitung der Ertragsfunktion zu ermitteln:

$$\frac{dM}{dr_1} = a + 2br_1 - 3cr_1^2 \stackrel{!}{=} 0$$

Für die Einsatzmenge r_1 ist im Maximum der Ertragsfunktion mit Hilfe der quadratischen Ergänzung das Niveau

$$r_1 = r_1^* = \frac{b}{3c} \pm \sqrt{\frac{b^2}{9c^2} + \frac{a}{3c}} \qquad \text{[Maximum der Ertragsfunktion]}$$

zu bestimmen. Von den beiden möglichen Werten für r_1 kommt ökonomisch nur jener mit dem positiven Vorzeichen vor der Wurzel in Frage. Die Durchschnittsproduktivität hat im Maximum der Ertragsfunktion noch ein positives Niveau, da die Produktionsmenge M positiv und dementsprechend auch der Ausdruck M/r_1 positiv ist.

---

103 Vgl. zum Gesamtkomplex z.B. Allen (1972), S. 323 ff.; Busse von Colbe/Laßmann (1991), S. 135 f.; Heinen (1983), S. 171 ff.; Lücke (1973), S. 51 ff.

Die beschriebenen Zusammenhänge zwischen der Ertragsfunktion, der Grenzproduktivität sowie der Durchschnittsproduktivität sind in der folgenden Abbildung zusammengefaßt.[104]

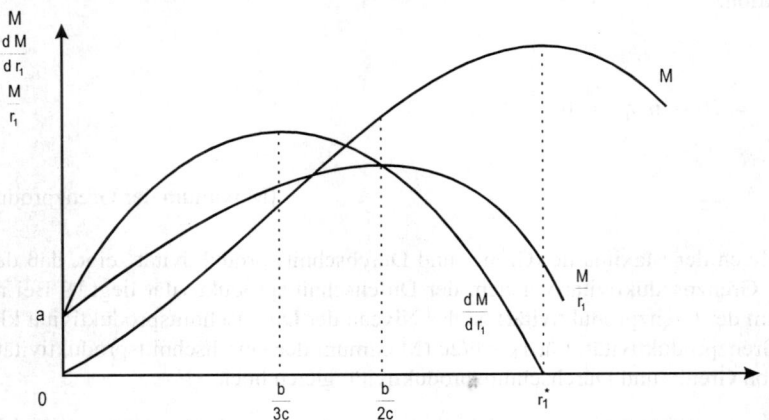

Abbildung 4-8

4.2.2.4 Zusammenhang zwischen den beiden Darstellungsformen des Ertragsgesetzes

Der Zusammenhang zwischen den beiden Darstellungsformen des Ertragsgesetzes kann mit Hilfe des Grenzproduktes hergeleitet werden.

Mit dem partiellen Grenzprodukt (dM_h) des Produktionsfaktors h wird das Produkt der Grenzproduktivität dieses Faktors mit der Änderung dr_h der Einsatzmenge dieses Faktors bezeichnet. Das partielle Grenzprodukt gibt die Erhöhung der Ausbringungsmenge an, die an der Stelle mit der Grenzproduktivität $\partial M/\partial r_h$ durch Erhöhung des Einsatzes des Faktors h um die Menge dr_h erzielt werden kann.[105]

$$dM_h = \frac{\partial M}{\partial r_h} \cdot dr_h \qquad \text{[partielles Grenzprodukt]}$$

Das totale Grenzprodukt aller Faktoren einer Produktionsfunktion ist die Summe der partiellen Grenzprodukte aller Faktoren.[106]

$$dM = \sum_{h=1}^{hn} \frac{\partial M}{\partial r_h} \cdot dr_h \qquad \text{[totales Grenzprodukt]}$$

---

104 Vgl. auch Busse von Colbe/Laßmann (1991), S. 135; Lücke (1973), S. 53.
105 Vgl. z.B. Busse von Colbe/Laßmann (1991), S. 112; Schneider (1972), S. 175.
106 Vgl. z.B. Busse von Colbe/Laßmann (1991), S. 112 f.; Heinen (1983), S. 167.

4.2 Produktions- und Kostentheorie auf der Basis substitutionaler Produktionsfunktionen

Das totale Grenzprodukt ist null, wenn die Einsatzmengen substitutionaler Faktoren unter der Bedingung gleichbleibender Ausbringungsmengen variieren. Diese Situation liegt vor, wenn Kombinationen analysiert werden, die auf einer Isoquante liegen. Bei einem totalen Grenzprodukt dM = 0 gilt damit grundsätzlich die Bedingung:[107]

$$\underbrace{\frac{dr_1}{dr_2}}_{\substack{\text{Grenzrate der}\\\text{Substitution}}} = -\underbrace{\frac{\partial M}{\partial r_2}}_{\substack{\text{Grenzproduktivität}\\\text{Faktor 2}}} : \underbrace{\frac{\partial M}{\partial r_1}}_{\substack{\text{Grenzproduktivität}\\\text{Faktor 1}}}$$

Es wird ersichtlich, daß die Grenzrate der Substitution umgekehrt proportional dem negativen Verhältnis der Grenzproduktivitäten ist. Die Faktorgrenzproduktivitäten sind ein Kriterium dafür, welche Kombinationen der Faktoren auf einer Isoquante liegen.

Ist der absolute Wert der Grenzrate der Substitution groß, d.h., sind viele Einheiten des Faktors 1 notwendig, um den Wegfall einer Einheit des Faktors 2 zu kompensieren, dann ist die Grenzproduktivität des ersetzenden Faktors 1 an dieser Stelle der Isoquante verhältnismäßig gering.

Für homogene Produktionsfunktionen gelten bestimmte Aussagen über die Grenzproduktivitäten der Faktoren sowie die Grenzraten der Substitution, wenn die Produktionsfaktoren in einem konstanten Verhältnis vermehrt eingesetzt werden (Prozeß).[108] Ein Prozeßstrahl ist im Isoquantenschema eine Ursprungsgerade, auf der das Prozeßniveau als Vielfaches des festgelegten Einheitsniveaus $\tilde{r}_h$ für den Faktoreinsatz eines Prozesses gemessen wird.

Eine homogene Produktionsfunktion läßt sich stets in die folgende Form überführen:

$$M(\lambda) = \lambda^t \, f(\tilde{r}_1; \tilde{r}_2)$$

Für die Grenzproduktivitäten der Faktoren h = 1 und h = 2 gilt dann:[109]

$$\frac{\partial M}{\partial r_h} = \frac{\lambda^t}{\lambda} \cdot \frac{\partial \tilde{M}}{\partial \tilde{r}_h} = \lambda^{t-1} \cdot \frac{\partial \tilde{M}}{\partial \tilde{r}_h} \qquad \text{mit } \tilde{M} = f(\tilde{r}_1; \tilde{r}_2)$$

Bei einer homogenen Produktionsfunktion ist damit die Grenzproduktivität eines Faktors für t ≠ 1 vom Prozeßniveau abhängig. Lediglich bei einer linear-homogenen Produktionsfunktion mit t = 1 und $\lambda^{t-1} = 1$ ergibt sich eine vom Prozeßniveau unabhängige Grenzproduktivität eines Faktors auf einem Prozeßstrahl. Wird die Grenzrate der Substitution auf einem Prozeßstrahl aus den Grenzproduktivitäten der Faktoren hergeleitet, gilt die Bedingung:

$$\frac{dr_1}{dr_2} = -\lambda^{t-1} \cdot \frac{\partial \tilde{M}}{\partial \tilde{r}_2} : \left(\lambda^{t-1} \cdot \frac{\partial \tilde{M}}{\partial \tilde{r}_1} \right) = -\frac{\partial \tilde{M}}{\partial \tilde{r}_2} : \frac{\partial \tilde{M}}{\partial \tilde{r}_1}$$

---

[107] Vgl. z.B. Gutenberg (1983), S. 315; Heinen (1983), S. 183; Lücke (1973), S. 25.
[108] Vgl. z.B. Schneider (1972), S. 182 f.; Busse von Colbe/Laßmann (1991), S. 128 f.; Lücke (1973), S. 40.
[109] Hierbei wird nach dem Faktorwert $\tilde{r}_h$ und nicht dem Prozeßniveau λ differenziert, was Studierende häufig übersehen. Bei der Ableitung $\partial M / \partial \lambda$ erhält man die Skalengrenzproduktivität.

Diese Gleichung läßt erkennen, daß die Grenzrate der Substitution auf einer Prozeßgeraden für jede homogene Produktionsfunktion – nicht nur für linear-homogene – stets unabhängig vom Prozeßniveau λ ist.

Daraus folgt, daß das ökonomisch sinnvolle Substitutionsgebiet einer homogenen Produktionsfunktion nicht von der Art des schraffierten Feldes in der folgenden Abbildung sein kann; vielmehr muß es sich hier um eine nicht-homogene Produktionsfunktion handeln.[110]

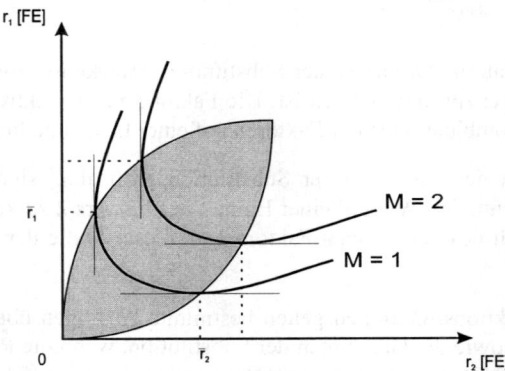

Abbildung 4-9

An den Grenzen des ökonomisch sinnvollen Substitutionsbereichs einer Isoquante ($\bar{r}_2$ bzw. $\bar{r}_1$ für die Isoquante M = 1 in der obigen Abbildung) nimmt die Substitutionsrate den Wert null bzw. minus unendlich an. Entsprechendes gilt für jede Isoquante, d.h., auf jeder Isoquante wird der sinnvolle Substitutionsbereich durch die Mengenkombinationen r_1 und r_2 mit der Substitutionsrate von null bzw. minus unendlich begrenzt. Da aber an den Grenzen des Substitutionsbereichs auf jeder Isoquante die gleiche Grenzrate der Substitution gilt, folgt aus der obigen Beweisführung für homogene Produktionsfunktionen, daß eine Linie, die die untere bzw. obere Grenze des ökonomisch sinnvollen Substitutionsbereichs mehrerer Isoquanten verbindet, einer Ursprungsgeraden (Prozeß) entsprechen muß.

Das Substitutionsgebiet kann folglich nicht die in der Abbildung 4-9 eingetragene Gestalt haben, wenn die Produktionsfunktion homogen ist; vielmehr ergibt sich ein von zwei Ursprungsgeraden begrenztes, mit wachsendem Prozeßniveau v-förmig geöffnetes Substitutionsgebiet, wie es die Abbildung 4-10 zeigt.

---

110 Vgl. auch Schneider (1972), S. 180; Danø (1966), S. 48 f.

4.2 Produktions- und Kostentheorie auf der Basis substitutionaler Produktionsfunktionen

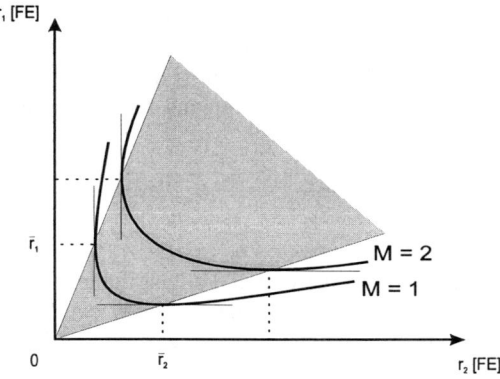

Abbildung 4-10

4.2.3 Kostenfunktionen auf der Basis substitutionaler Produktionsfunktionen
4.2.3.1 Anpassungsformen
4.2.3.1.1 Partielle Anpassung

Ein Unternehmen will mit zwei Faktoren die Produktionsmenge M in der Planperiode erzeugen. Der Produktionsprozeß kann durch eine linear-homogene Produktionsfunktion (Cobb-Douglas-Funktion)[111] beschrieben werden:

$$M = cr_1^\alpha \cdot r_2^{1-\alpha} \quad \text{mit} \quad 0 < \alpha < 1$$

Die zu minimierende Kostenfunktion, bezogen auf den Input r_1 und r_2, ist durch die folgende Funktion gegeben:

$$K_T(r_1; r_2) = p_1 r_1 + p_2 r_2$$

Diese Kostenfunktion mit p_h als Einstandspreis des Produktionsfaktors h ist für die obige Produktionsfunktion, die die verlangte Produktionsmenge festlegt, zu minimieren. Die Kostenfunktion geht in die folgende Funktion über, wenn die Produktionsfunktion mit Hilfe eines Lagrange-Multiplikators zur Kostenfunktion hinzugefügt wird.[112]

$$K_T(r_1; r_2; \lambda) = p_1 r_1 + p_2 r_2 + \lambda \left[M - cr_1^\alpha \cdot r_2^{1-\alpha} \right]$$

Aus der Kostenfunktion $K_T(r_1; r_2; \lambda)$, die die Kosten in Abhängigkeit vom Faktorinput darstellt, lassen sich für die partielle und die totale Anpassung Kostenfunktionen bezogen auf die Ausbringungsmenge M ableiten.

---

[111] Vgl. Cobb/Douglas (1928), S. 139 ff.; Preßmar (1971), S. 101 f.
[112] Vgl. auch Heinen (1983), S. 192 ff.; Lücke (1973), S. 107 und 332 ff. (Anhang); Schumann (1992), S. 155 ff.

Partielle Anpassung ist gegeben, wenn die Einsatzmenge eines Faktors (z.B. des ersten) konstant ($\tilde{r}_1$) gesetzt wird, während die des anderen Faktors variiert. Aus der nach dem variablen Faktor r_2 aufgelösten Produktionsfunktion ist die Einsatzmenge des zweiten Faktors abzuleiten, die notwendig ist, wenn die Ausbringung M mit der konstanten Menge $\tilde{r}_1$ des ersten Faktors erzeugt werden soll.

$$r_2 = \sqrt[1-\alpha]{\frac{M}{c\tilde{r}_1^\alpha}}$$

Die Kostenfunktion $K_T(r_1;r_2)$ geht für diesen Fall partieller Anpassung in die folgende Funktion über, wenn für die variable Einsatzmenge r_2 des zweiten Faktors die rechte Seite der nach r_2 aufgelösten Produktionsfunktion eingesetzt wird.

$$K_T(M) = \underbrace{p_1 \cdot \tilde{r}_1}_{\text{1.Term}} + \underbrace{p_2 \cdot \sqrt[1-\alpha]{\frac{M}{c\,\tilde{r}_1^\alpha}}}_{\text{2.Term}}$$

Der erste Term der Funktion enthält die von der Ausbringung unabhängigen fixen Kosten, während der zweite Term die variablen Kosten abbildet.

Kostenfunktionen bei partieller Anpassung weisen grundsätzlich folgende Struktur auf:

$$K_T(M) = K_f + k_v(M) \cdot M$$

K_f bezeichnet die von der Beschäftigung unabhängigen, fixen Kosten, während $k_v(M) \cdot M$ die in ihrer Höhe vom Ausbringungsniveau abhängigen, variablen Kosten angibt. Die spezielle Funktion der variablen Kosten $k_v(M) \cdot M$ wird durch die Produktionsfunktion und den Faktorpreis determiniert. In Abhängigkeit von der der Betrachtung zugrundeliegenden Produktionsfunktion sind für den zweiten Term der Funktion sehr unterschiedliche Funktionstypen möglich.

Aus der Kostenfunktion lassen sich die Grenzkosten in bezug auf die Ausbringung M, die variablen Stückkosten $k_v(M)$ und die totalen Stückkosten $k_T(M)$ ableiten. Die totalen Stückkosten als Quotient der Kosten $K_T(M)$ und M enthalten auch anteilige fixe Kosten:

$$k_T(M) = \underbrace{\frac{K_T(M)}{M} = \frac{K_f}{M} + \underbrace{k_v(M)}_{\substack{\text{variable}\\\text{Stückkosten}}}}_{\text{totale Stückkosten}}$$

Die Beziehungen zwischen den drei Kostentypen sollen graphisch für die folgende spezielle Kostenfunktion $K_T(M)$ mit p als Faktorpreis für den variablen Produktionsfaktor dargestellt werden:

$$K_T(M) = p\left[aM - bM^2 + cM^3\right] + K_f$$

4.2 Produktions- und Kostentheorie auf der Basis substitutionaler Produktionsfunktionen 313

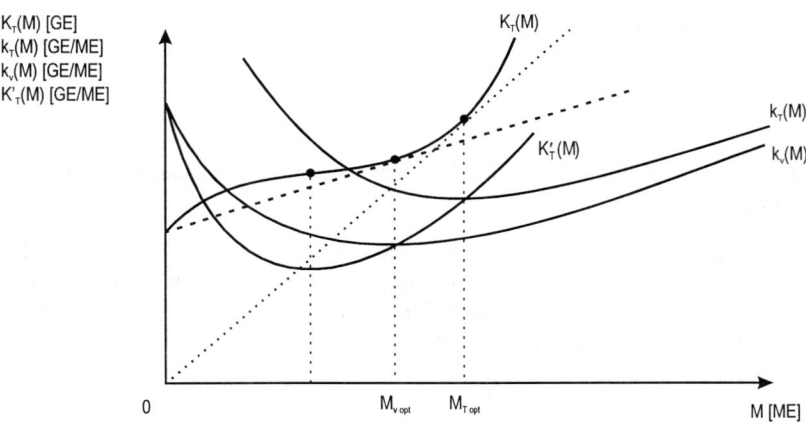

Abbildung 4-11

In dieser Abbildung ist mit M_{vopt} das Minimum der variablen Stückkosten und mit M_{Topt} das der totalen Stückkosten gekennzeichnet. Die Grenzkostenkurve $K'_T(M)$ schneidet die Kurven der variablen und totalen Stückkosten jeweils in deren Minimum. Mit steigender Ausbringung verringert sich der vertikale Abstand zwischen der Kurve der totalen Stückkosten $k_T(M)$ und der der variablen Stückkosten $k_v(M)$, weil die anteiligen fixen Kosten pro Stück bei steigender Ausbringung sinken (Beschäftigungsdegression).

4.2.3.1.2 Totale Anpassung

Totale Anpassung ist gegeben, wenn die Einsatzmengen aller Faktoren einer Produktionsfunktion zu beeinflussen sind. Für die totale Anpassung ist aus der Funktion

$$K_T(r_1; r_2; \lambda) = p_1 r_1 + p_2 r_2 + \lambda \left[M - c r_1^{\alpha} \cdot r_2^{1-\alpha} \right],$$

die für beliebige Einsatzmengen der Faktoren 1 und 2 gültig ist, eine Kostenfunktion K(M) bei kostenoptimalem Einsatz der Produktionsfaktoren abzuleiten. Um das optimale Einsatzverhältnis der Faktoren bestimmen zu können, ist die allgemeine Kostenfunktion für ein gegebenes Ausbringungsniveau M partiell nach r_1 und r_2 zu differenzieren und jede der Ableitungen gleich null zu setzen und nach λ aufzulösen.[113]

$$K_T(r_1; r_2; \lambda) = p_1 r_1 + p_2 r_2 + \lambda(M - f(r_1; r_2))$$

$$\frac{\partial K_T}{\partial r_1} = p_1 - \lambda \underbrace{\frac{\partial f(r_1; r_2)}{\partial r_1}}_{\frac{\partial M}{\partial r_1}} \overset{!}{=} 0 \quad \Rightarrow \quad \lambda = \frac{p_1}{\frac{\partial M}{\partial r_1}}$$

---

113 Vgl. auch Lücke (1973), S. 106 ff. und 332 ff.

$$\frac{\partial K_T}{\partial r_2} = p_2 - \lambda \underbrace{\frac{\partial f(r_1;r_2)}{\partial r_2}}_{\frac{\partial M}{\partial r_2}} \overset{!}{=} 0 \Rightarrow \lambda = \frac{p_2}{\frac{\partial M}{\partial r_2}}$$

λ definiert die Grenzkosten des ersten bzw. zweiten Produktionsfaktors in bezug auf die Ausbringung.

Die optimale Lösung zeichnet sich dadurch aus, daß bei gegebener Ausbringung durch eine Substitution der Faktoren die Kosten nicht gesenkt werden können. Das aber heißt nichts anderes, als daß die Grenzkosten λ beider Faktoren gleich hoch sein müssen. Das optimale Einsatzverhältnis wird demzufolge durch die folgende Gleichung definiert.[114]

$$\frac{p_1}{\frac{\partial M}{\partial r_1}} = \frac{p_2}{\frac{\partial M}{\partial r_2}} \Rightarrow \frac{p_1}{p_2} = \underbrace{\frac{\partial M}{\partial r_1}}_{\text{Grenzproduktivität Faktor 1}} : \underbrace{\frac{\partial M}{\partial r_2}}_{\text{Faktor 2}}$$

Die Minimalkostenkombination ist mithin dann erreicht, wenn das Verhältnis der Faktorpreise dem Verhältnis der Grenzproduktivitäten der Faktoren entspricht.

Die Bedingung für die Minimalkostenkombination soll graphisch verdeutlicht werden.

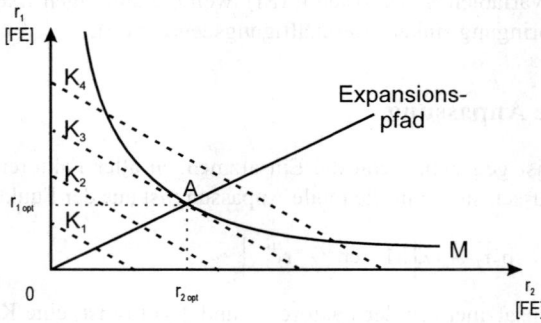

Abbildung 4-12

In dieser Abbildung ist die Isoquante für ein bestimmtes Ertragsniveau M dargestellt.[115] Die Kostengleichung

$$K_T(r_1;r_2) = p_1 r_1 + p_2 r_2$$

läßt sich für verschiedene Kostenniveaus durch eine Schar von Geraden abbilden. Diese Geraden lassen sich konstruieren, indem für jedes beliebige Kostenniveau $\hat{K}_T$ zwei Punkte zugehöriger Einsatzmengenkombinationen $(r_1;r_2)$ bestimmt werden. Am einfachsten ist es,

---

114 Vgl. Heinen (1988), S. 229 f.
115 Vgl. Heinen (1983), S. 203; Schumann (1992), S. 140 ff.

4.2 Produktions- und Kostentheorie auf der Basis substitutionaler Produktionsfunktionen

die Einsatzmenge jeweils eines Faktors gleich null zu setzen und die vom anderen Faktor maximal beschaffbare Menge zu bestimmen:

$$\hat{r}_1 = \frac{\hat{K}_T}{p_1} \quad \text{bzw.} \quad \hat{r}_2 = \frac{\hat{K}_T}{p_2}$$

Der Absolutbetrag der Steigung m der Kostengeraden wird durch das Einsatzverhältnis $\hat{r}_1 : \hat{r}_2$ definiert, denn es gilt:

$$m = \frac{\hat{r}_1}{\hat{r}_2} = \frac{\frac{\hat{K}}{p_1}}{\frac{\hat{K}}{p_2}} = \frac{p_2}{p_1} \qquad \text{[Steigung der Kostenfunktion]}$$

Allein die Relation der Preise definiert die Steigung der Kostengeraden. Die Kostengeraden unterschiedlichen Kostenniveaus verlaufen damit parallel, wobei mit steigenden Kosten der Abstand vom Koordinatenursprung wächst.

In der Abbildung ist das optimale Faktoreinsatzverhältnis (optimaler Prozeß) für eine Ausbringung M durch den Punkt A auf der Isoquante bzw. durch die Einsatzmengen r_{1opt} und r_{2opt} definiert.

Werden in der Isoquantendarstellung die optimalen Einsatzmengen beider Faktoren für unterschiedliche Ausbringungsmengen M miteinander verbunden – Linie der Minimalkostenkombinationen –, ergibt sich für homogene Produktionsfunktionen eine Ursprungsgerade, die als Expansionspfad bezeichnet wird.[116] Es muß sich dabei um eine Gerade handeln, da für homogene Produktionsfunktionen die Grenzrate der Substitution (negatives umgekehrtes Verhältnis der Grenzproduktivitäten) für einen gegebenen Prozeß (konstante Relation der Einsatzfaktoren) grundsätzlich unabhängig von der Ausbringungsmenge ist. Das bedeutet, das optimale Faktoreinsatzverhältnis ist nicht von der Ausbringungsmenge abhängig.

Für die Steigung des Expansionspfades der Produktionsfunktion $M = c r_1^\alpha \cdot r_2^{1-\alpha}$ gilt:

$$\frac{r_{1opt}}{r_{2opt}} = \frac{p_2 \alpha}{p_1 (1 - \alpha)}$$

Mit Hilfe des durch diese Beziehung gegebenen optimalen Einsatzverhältnisses der Faktoren läßt sich jede beliebige Ausbringungsmenge M in Abhängigkeit von der Einsatzmenge nur eines Faktors darstellen.

---

116 Zum Expansionspfad vgl. Allen (1972), S. 384 ff.; Henderson/Quandt (1983), S. 78 f.; Schumann (1992), S. 161.

Wird in der Produktionsfunktion r_2 gemäß der im Optimum geltenden Beziehung zwischen r_{1opt} und r_{2opt} durch die rechte Seite der Gleichung für r_{2opt}

$$r_{2opt} = \frac{p_1(1-\alpha)}{p_2\alpha} \cdot r_{1opt}$$

ersetzt, geht die Produktionsfunktion in die folgende Schreibweise über:

$$M = cr_{1opt}{}^\alpha \cdot \left[\frac{p_1(1-\alpha)}{p_2\alpha}\right]^{1-\alpha} \cdot r_{1opt}{}^{1-\alpha}$$

Beziehungsweise aufgelöst nach r_{1opt}:

$$r_{1opt} = \frac{M}{c}\left[\frac{p_2\alpha}{p_1(1-\alpha)}\right]^{1-\alpha}$$

Die optimale Einsatzmenge r_{2opt} ergibt sich analog:

$$r_{2opt} = \frac{M}{c}\left[\frac{p_1(1-\alpha)}{p_2\alpha}\right]^{\alpha}$$

Werden nun in der Kostenfunktion $K_T(r_1;r_2) = p_1 r_1 + p_2 r_2$ die beiden Faktoren r_1 bzw. r_2 durch die rechte Seite von r_{1opt} bzw. von r_{2opt} ersetzt, resultiert daraus die Kostenfunktion $K_{Topt}(M)$ bei Optimalverhalten:

$$K_{Topt}(M) = \left[\frac{p_1}{c}\left[\frac{p_2\alpha}{p_1(1-\alpha)}\right]^{1-\alpha} + \frac{p_2}{c}\left[\frac{p_1(1-\alpha)}{p_2\alpha}\right]^{\alpha}\right] \cdot M$$

Die Kostenfunktion $K_{Topt}(M)$ ist eine lineare, im Ursprung des Koordinatensystems beginnende Funktion, deren Steigung durch die beiden Terme in der äußeren Klammer der Funktion definiert ist.

4.2.3.2 Wirkungen von Faktorpreisänderungen auf die Kostenfunktionen

Faktorpreisänderungen haben grundsätzlich eine direkte und eine indirekte Wirkung auf die Kosten.

- Die direkte Wirkung einer Preisänderung ist unmittelbar aus der Kostendefinition abzuleiten, da jede Preiserhöhung für einen Produktionsfaktor sich mit dem Produkt aus Verbrauchsmenge und Preisdifferenz auf die Kosten auswirkt. Die direkte Wirkung einer Preisänderung des variablen Faktors verändert daher z.B. die Kostenfunktion bei partieller Anpassung.[117]

---

117 Vgl. Adam (1972a), S. 562.

4.2 Produktions- und Kostentheorie auf der Basis substitutionaler Produktionsfunktionen

$$K_T = (p + \Delta p) \cdot [aM - bM^2 + cM^3] + K_f$$

Eine Preiserhöhung des variablen Faktors um Δp führt bei gleicher Mengenstruktur der Kosten für jede Ausbringungsmenge zu steigenden Kosten. Entsprechend wird das Niveau der Grenz- und Durchschnittskostenkurve verändert. Die für die Minima der Grenz- und Durchschnittskosten geltenden Ausbringungsmengen werden allerdings nicht beeinflußt, da die Lage dieser Minima vom Preisniveau unabhängig ist.[118] Bei gleicher Lage der kritischen Punkte ändert sich mithin aufgrund der direkten Preiswirkung des variablen Faktors lediglich das Niveau der drei Kostenfunktionen.

- Die indirekte Wirkung einer Preisänderung besteht darin, daß bei optimaler totaler Anpassung eine Änderung des Einsatzverhältnisses der Produktionsfaktoren erforderlich ist.

Die Art dieser Änderung wird aus der Beziehung r_1/r_2 deutlich, die das optimale Einsatzverhältnis der Faktoren definiert.

$$\frac{r_1}{r_2} = \frac{p_2 \alpha}{p_1 (1 - \alpha)}$$

Preiserhöhungen des ersten Faktors führen bei konstantem p_2 zu steigenden Einsatzmengen des zweiten Faktors und zu sinkenden Einsatzmengen des ersten Faktors, d.h., es ist vorteilhaft, den ersten durch den zweiten Faktor zu substituieren.[119] Die Einsatzrelation der Faktoren bleibt hingegen unverändert, wenn Preisänderungen das Preisverhältnis nicht beeinflussen. In diesem Fall bleibt die zu der Kostenfunktion $K_T(r_1;r_2)$ gehörende Steigung der Iso-Kostengeraden durch die Preisänderungen unberührt.

4.2.4 Kostenpolitik bei Wechsel des Produktionsprozesses als Übergangsform zur Limitationalität

Substitutionale Produktionsfunktionen gehen i.d.R. von der Möglichkeit eines kontinuierlichen Austauschs der am Kombinationsprozeß beteiligten Faktoren aus, d.h., endlich kleine Mengen eines Faktors können gegen entsprechende Mengen eines anderen Faktors ausgetauscht werden. Mitunter sind für die Produktion nur einzelne Prozesse mit konstantem Einsatzverhältnis der Faktoren definiert. Eine Veränderung des Einsatzverhältnisses der Faktoren ist dann nur durch einen Prozeßwechsel möglich, d.h., an die Stelle des durch den Prozeß I definierten Einsatzverhältnisses der Faktoren tritt das Einsatzverhältnis des Prozesses II, wenn auf diesen Prozeß übergegangen wird.[120]

---

[118] Das Minimum der Grenzkosten ergibt sich mit
$K'_T = p[a - 2bM + 3cM^2]$ und
$K''_T = p[-2b + 6cM] = 0$ zu $M = b/3c$
Für das Minimum der Durchschnittskosten gilt:
$k = p[a - bM + cM^2]$
$k' = p[-b + 2cM] = 0$ zu $M = b/2c$
Die Lage der Minima der Grenz- und Durchschnittskosten ist unabhängig vom Preis p des variablen Faktors.

[119] Vgl. Henderson/Quandt (1983), S. 82 f.; Schumann (1992), S. 155 ff.

[120] Vgl. Lücke (1973), S. 116 f.; Albach (1962), S. 152 f.; Danø (1966), S. 23 ff., insb. S. 27 ff.

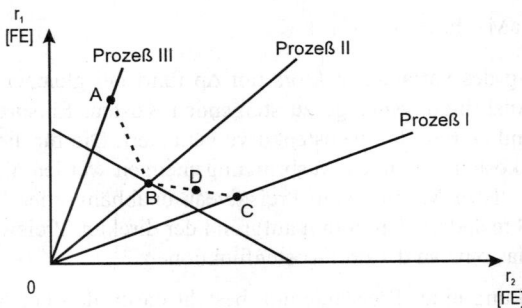

Abbildung 4-13

Die Isoquanten werden in diesem Fall auf Punkte auf den Prozeßstrahlen reduziert. Die Isoquante mit dem Prozeßniveau $\lambda = 1$ und dem zugehörigen Einheitsniveau $\tilde{M}$ der Ausbringung besteht in der Abbildung dann nur aus den Punkten A, B und C, wenn jeweils nur einer der drei Prozesse zum Einsatz gelangt.

Für den Fall einer Linearkombination benachbarter Prozesse sind auch die Verbindungslinien zwischen diesen Punkten zu erreichen. Wird die Ausbringungsmenge $\tilde{M}$ produziert, indem er je die Hälfte dieser Menge mit den Prozessen I und II erzeugt, erreicht er den Punkt D, der der Summe der Einsatzmengen der Faktoren für das Prozeßniveau $\lambda = 1/2$ der beteiligten Prozesse entspricht. Bei beliebigen Linearkombinationen benachbarter Prozesse ergibt sich die Isoquante als Verbindungslinie der Punkte A, B und C. Eine derartige Linearkombination läßt sich durch die Variation der Einsatzzeit der beteiligten Prozesse erreichen.

Für die Isoquanten kann die kostenoptimale Politik in gleicher Weise bestimmt werden wie für die substitutionale Produktionsfunktion in der vorherigen Abbildung. Dazu ist diejenige Isokostenlinie einzutragen, die die Isoquante gerade tangiert. Der Punkt B bzw. der Prozeß II ist im Beispiel dann identisch mit der optimalen Politik bzw. dem Expansionspfad.

Ein Prozeßwechsel bzw. eine Linearkombination benachbarter Prozesse kann nicht als Faktorsubstitution bezeichnet werden; denn jeder Prozeß ist z.B. eine limitationale Produktionsfunktion des Leontief-Typs, die durch eine fest vorgegebene Ausbringung pro Zeiteinheit (Intensität) x charakterisiert ist. Linearkombinationen von Prozessen sind in diesem Fall nur über Variation der Einsatzzeit der beteiligten Prozesse möglich, d.h., die Einsatzzeit eines Prozesses wird verringert, woraufhin die Einsatzmengen aller an der Produktionsfunktion beteiligten Faktoren sinken. Um aber die Gesamtausbringungsmenge nicht sinken zu lassen, ist daraufhin die Einsatzzeit des zweiten Prozesses zu erhöhen, was gleichzeitig für alle Faktoren steigende Einsatzmengen zur Folge hat. Erst über geeignete Kombinationen der Einsatzzeiten der Prozesse mit deren Intensitäten x ist die vorgegebene Ausbringungsmenge zu erreichen. Es muß mithin für die Linearkombination der Prozesse I und II die Bedingung

$$M = x_I \cdot t_I + x_{II} \cdot t_{II}$$

gelten. Wegen dieser für jede Isoquante gültigen Restriktion ist es daher bei mehr als zwei Einsatzfaktoren unmöglich, durch veränderten Einsatz **nur eines** Faktors die Ausbringungsmenge zu beeinflussen,[121] d.h., es existiert kein Grenzprodukt der Faktoren wie im Fall der Substitution. Der Prozeßwechsel bzw. die Linearkombination von Prozessen erfüllt bei mehr als zwei Einsatzfaktoren somit nur eines von zwei Merkmalen der Substitution, da zwar Isoquanten entwickelt werden können, aber kein Grenzprodukt abzuleiten ist.

4.3 Produktions- und Kostentheorie auf der Basis einer limitationalen Produktionsfunktion

4.3.1 Produktionstheorie auf der Basis einer limitationalen Produktionsfunktion

4.3.1.1 Merkmale der Gutenberg-Produktionsfunktion (Typ B)

Aus der Klasse limitationaler Produktionsfunktionen soll nur die Gutenberg-Produktionsfunktion[122] als Prototyp behandelt werden.

Die Gutenberg-Funktion ist durch folgende Merkmale gekennzeichnet:

- Im Gegensatz zu ertragsgesetzlichen Produktionsfunktionen, die sich auf den ganzen Betrieb beziehen, stellt die Gutenberg-Produktionsfunktion den Faktorverbrauch an einem einzelnen Aggregat dar. Die Gutenberg-Produktionsfunktion erlaubt detaillierte Aussagen über Anpassungsprozesse an den Aggregaten.

- Die Gutenberg-Produktionsfunktion berücksichtigt explizit technische Einflußgrößen als Determinanten des Faktorverbrauchs. Der Faktorverbrauch wird als Funktion technischer Merkmale des Aggregates (z-Situation) sowie der technischen Leistung d [TLE/ZE] bzw. der ökonomischen Leistung x [ME/ZE] und der Einsatzzeit t [ZE] eines Aggregates dargestellt. Die z-Situation ist in der Regel kurzfristig nicht zu verändern (z.B. bauliche Gegebenheiten eines Hochofens), während Leistung und Einsatzzeit Aktionsparameter des zu analysierenden Anpassungsprozesses sein können.

- Bei der Gutenberg-Funktion handelt es sich um eine limitationale Produktionsfunktion. Das Einsatzverhältnis der Produktionsfaktoren ist technisch (durch die Aggregatleistung) determiniert. Typisch für eine derartige Funktion ist, daß die Grenzproduktivität eines Faktors null ist; durch alleinige Variation der Einsatzmenge eines Faktors kann also kein Mehrertrag erzielt werden. Die Produktionskoeffizienten sind bei der Gutenberg-Funktion nicht konstant; eine Änderung der Arbeitsintensität des Aggregates führt in der Regel zu einer Änderung des Einsatzverhältnisses der Produktionsfaktoren und damit der Produktionskoeffizienten.[123]

- Die Gutenberg-Funktion ermittelt den Faktorverbrauch r_h [FE] in der Planperiode in drei aufeinander aufbauenden Stufen. In der ersten Stufe wird der Faktorverbrauch pro techni-

---

[121] In der Regel kann die Ausbringungsmenge nur verändert werden, wenn der Einsatz aller Faktoren bis auf einen verändert wird.

[122] Vgl. Gutenberg (1983), S. 326 ff.; Busse von Colbe/Laßmann (1991), S. 147 ff.; Fandel (1994), S. 101 ff.; Preßmar (1971), S. 106 ff.; Schweitzer (1994), S. 602 ff.

[123] Vgl. Gutenberg (1983), S. 328 f.

scher Leistungseinheit $\tilde{r}_h$ [FE/TLE] als Funktion der technischen Leistung[124] d [TLE/ZE] eines Aggregates (z.B. Schnittmillimeter pro Minute) abgebildet.

In der zweiten Stufe wird die Beziehung zwischen technischer Leistung d [TLE/ZE] und der ökonomischen Leistung x [ME/ZE] (Transformationsbeziehung) benutzt, um in einem zweistufigen Transformationsprozeß aus der technischen Verbrauchsfunktion den Faktorverbrauch pro ME $\bar{r}_h$ [FE/ME] in Abhängigkeit von der ökonomischen Leistung x [ME/ZE] (ökonomische Verbrauchsfunktion) herzuleiten.

Wird der Faktorverbrauch pro ME $\bar{r}_h$ mit der Ausbringungsmenge M (M = x · t als Produkt von ökonomischer Leistung x [ME/ZE] und Einsatzzeit t [ZE] eines Aggregates) multipliziert, errechnet sich in der dritten Stufe der Faktorverbrauch r_h in der Planperiode als Funktion der Ausbringung. [125]

- Die Gutenberg-Funktion unterscheidet im Gegensatz zum Ertragsgesetz ausdrücklich zwischen Potential- und Repetierfaktoren. [126] Die Produktionsfunktion ist jeweils für einen die industrielle Produktion im Regelfall dominierenden Potentialfaktor (Maschinen) formuliert. Der Einsatz des Potentialfaktors wird in der für ein Aggregat formulierten Produktionsfunktion durch die Einsatz- oder Arbeitszeit t sowie die Arbeitsintensität d bzw. x gemessen. Die Einsatzzeit der Potentialfaktoren kann in der Gutenberg-Funktion im Gegensatz zum Ertragsgesetz variabel sein.

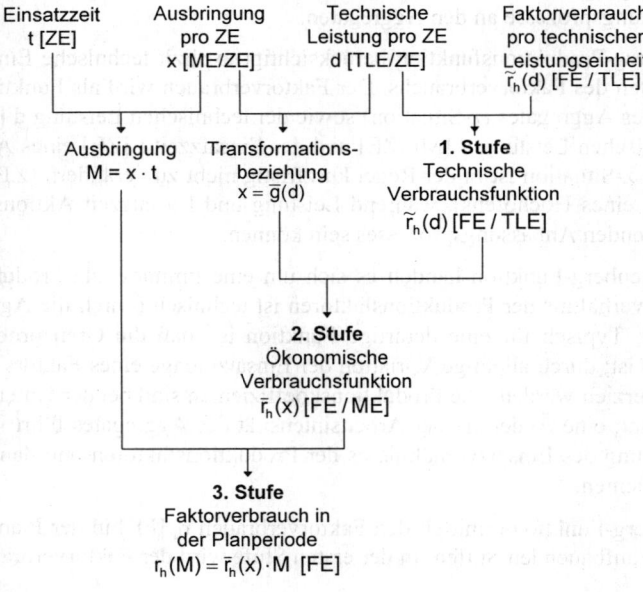

Abbildung 4-14

---

124 Vgl. Gutenberg (1983), S. 330 f. Die technische Leistungseinheit mißt das Arbeitsergebnis in technischen Maßgrößen, z.B. Schnittmillimeter bei spanabhebenden Prozessen oder Kilometer bei Transportvorgängen.
125 Vgl. Gutenberg (1983), S. 335.
126 Vgl. Gutenberg (1983), S. 326.

4.3 Produktions- und Kostentheorie auf der Basis einer limitationalen Produktionsfunktion 321

- Die Gutenberg-Funktion ist ursprünglich als eine in t linear-homogene Produktionsfunktion formuliert worden,[127] d.h., bei konstanter Intensität und damit konstantem Verhältnis der Produktionsfaktoren an einem Aggregat führt eine Verdopplung der Einsatzzeit zu einer Verdopplung sowohl des Faktoreinsatzes als auch der Ausbringung.

  Von dieser Bedingung kann jedoch auch abstrahiert werden. Zum Beispiel ist die Gutenberg-Funktion dann nicht mehr in t linear-homogen, wenn sich die variablen, nutzungszeitabhängigen Abschreibungen bei verdoppelter Einsatzzeit t mehr als verdoppeln, während die Ausbringung nur auf das Doppelte anwächst.[128] Die gleiche Situation tritt auch dann auf, wenn der Prozentsatz an Ausschußproduktion von der Einsatzzeit t abhängt.

4.3.1.2 Stufen der Gutenberg-Produktionsfunktion

4.3.1.2.1 Formulierung der Gutenberg-Produktionsfunktion für variable Faktormengen

Die Gutenberg-Produktionsfunktion hat bezogen auf ein Aggregat die allgemeine Form:[129]

$$M = f(r_1, r_2, \ldots, r_{hn}) = f(r_1(x(d),t), \ldots, r_{hn}(x(d),t)) = x(d) \cdot t$$

In dieser Produktionsfunktion wird mit r_h die Einsatzmenge des Faktors h in der Planperiode bezeichnet.[130] Diese Einsatzmenge ist davon abhängig, mit welcher technischen Intensität d bzw. welcher daraus folgenden ökonomischen Leistung x das Aggregat innerhalb der Beschäftigungszeit t in der Planperiode eingesetzt wird. M gibt die Ausbringung in der Planperiode wieder. Mit f wird die Abbildungsvorschrift bezeichnet, die bestimmten Einsatzmengen r_h der Faktoren h die Ausbringung M zuordnet.

Die Limitationalität der Gutenberg-Produktionsfunktion kommt dadurch zum Ausdruck, daß bei jeder Intensität (Prozeß) ein bestimmtes Einsatzverhältnis der Faktoren gilt. Einsatzverhältnis und Produktionskoeffizienten der Faktoren lassen sich über einen Wechsel der Intensität verändern.

Die Gutenberg-Produktionsfunktion ordnet somit jeder Ausprägung der Intensität d sowie der Einsatzzeit t eines Aggregates bzw. den dadurch bedingten Faktoreinsatzmengen r_h eine bestimmte Ausbringung M zu.

Unter Berücksichtigung der in Abbildung 4-14 dargestellten dreistufigen Vorgehensweise bei der Ableitung der Gutenberg-Produktionsfunktion kann die allgemeine Produktionsfunktion durch die Schreibweise

$$M = f(\bar{r}_1(x) \cdot x \cdot t, \ldots, \bar{r}_{hn}(x) \cdot x \cdot t) = x \cdot t$$

---

[127] Vgl. Gutenberg (1983), S. 329 ff.
[128] Vgl. Adam (1981b), S. 405 ff.; Altrogge (1981), S. 413 ff.; Koch (1980), S. 957 ff.; Koch (1981), S. 418 ff.
[129] Vgl. Gutenberg (1983), S. 330.
[130] Für die Abbildungsvorschriften wird im folgenden das Symbol f, mitunter auch f_h verwendet. Trotz gleicher formaler Bezeichnung handelt es sich jeweils materiell um eine andere Abbildungsvorschrift.

ersetzt werden.

Mit $\bar{r}_{hn}$ [FE/ME] wird in dieser Funktion die Einsatzmenge des Faktors h für eine Ausbringungseinheit bezeichnet. Die Einsatzmenge $\bar{r}_{hn}$ ist von der Intensität x abhängig, mit der das Aggregat eingesetzt wird. Durch Multiplikation des Faktorverbrauchs $\bar{r}_{hn}$ [FE/ME] mit der Ausbringung M, die dem Produkt aus der Intensität x und der Einsatzzeit t entspricht, leitet sich der von der Leistung bzw. der Einsatzzeit abhängige Gesamtverbrauch r_h [FE] des Faktors h in der Planperiode ab (vgl. 3. Stufe Abbildung 4-14).

Außer diesem von der Beschäftigungssituation determinierten Faktorverbrauch kann für den Faktor h noch ein konstanter, allein von der Länge der Planperiode abhängiger Verbrauch auftreten. Dieser fixe Verbrauch wird zunächst nicht in der Produktionsfunktion berücksichtigt.

In den folgenden Abschnitten soll der Übergang von der allgemeinen Schreibweise der Gutenberg-Produktionsfunktion zur Schreibweise

$$M = f\bigl(\bar{r}_1(x) \cdot x \cdot t, \ldots, \bar{r}_{hn}(x) \cdot x \cdot t\bigr) = x \cdot t$$

diskutiert werden.

Diese Diskussion erfolgt in den drei bereits angeführten Stufen:

1. Zunächst wird der Faktorverbrauch $\tilde{r}_h$ jedes Faktors h pro technischer Leistungseinheit als Funktion der technischen Leistung d und der z-Situation eines Aggregates analysiert (System der technischen Verbrauchsfunktionen).
2. Daran anschließend wird der Zusammenhang zwischen der technischen Leistung d und der ökonomischen Leistung x untersucht (Transformationsbeziehung). Die Untersuchung führt zum System ökonomischer Verbrauchsfunktionen.
3. In der letzten Stufe werden die ökonomischen Verbrauchsfunktionen mit der ökonomischen Leistung x und der Einsatzzeit t eines Aggregates zur Produktionsfunktion zusammengefaßt und die Aktionsparameter der Gutenberg-Produktionsfunktion diskutiert.

4.3.1.2.2 System der technischen Verbrauchsfunktionen

Der folgenden Betrachtung werden hn Produktionsfaktoren (h = 1, 2, ..., hn) und ein Aggregat zugrunde gelegt.

Eine technische Verbrauchsfunktion erfaßt die Verbrauchsmengen $\tilde{r}_h$ eines Faktors pro Einheit der technischen Leistung als Funktion der technischen Aggregatleistung d und der z-Situation eines Aggregates. Eine technische Verbrauchsfunktion existiert folglich für jeden Produktionsfaktor h:

$$\tilde{r}_h = f_h(z_1, z_2, \ldots, z_v; d) \,[\text{FE}/\text{TLE}] \quad \text{für} \quad h = 1, 2, \ldots, hn$$

Unter der z-Situation sind die spezifischen technischen, für den Faktorverbrauch bedeutsamen Daten eines Aggregates zu verstehen.

4.3 Produktions- und Kostentheorie auf der Basis einer limitationalen Produktionsfunktion

Dazu zwei Beispiele: Für einen Hochofen wird die z-Situation durch das Fassungsvermögen, die Art der Auskleidung sowie die Art der Energiezufuhr determiniert.[131] Bei einem Jacquard-Webstuhl ist die z-Situation durch den Harnisch, der die Anzahl der Webfäden für den Kettbaum festlegt, die technische Art der Einbringung des Schußfadens – Schützenwebstuhl oder schützenloser Webstuhl – usw. determiniert.

Die z-Situation kann, bedingt durch die Konstruktion der Maschine, unveränderbar sein; sie kann aber auch durch Umrüstvorgänge beeinflußbar sein. Zu den unbeeinflußbaren, konstruktionsbedingten Elementen der z-Situation eines Jacquard-Webstuhls gehört die Art der Einbringung des Schußfadens, während sich der Harnisch, wenn auch mit erheblichem Zeitaufwand, auswechseln läßt, so daß bei gegebener Breite des zu webenden Stoffes die Gewebedichte über die Anzahl der Kettfäden – z.B. 5700, 3750 oder 2800 auf jeweils 120 cm breite Stoffe – variiert werden kann.

Eine gezielte Veränderung der z-Situation kann zur Konsequenz haben, daß damit auch ein Wechsel der Produktart erfolgt; insoweit führt die Änderung der z-Situation dann zu einer Änderung der Produktionsfunktion, da eine Produktionsfunktion immer für eine bestimmte Produktqualität definiert ist. Diese Situation eines Produkt- und Produktionsfunktionswechsels ist im Fall des Webstuhls gegeben, wenn der Harnisch ausgewechselt wird. Der Wechsel der Produktionsfunktion bei Änderung der z-Situation kann aber auch dadurch bedingt sein, daß die Art der einzusetzenden Rohstoffe von der z-Situation abhängt. So können bestimmte erwünschte Spurenelemente in Eisen ausschließlich aus der Ausmauerung des Ofens – z-Situation – oder durch Zugabestoffe gewonnen werden. Ein Wechsel der Ausmauerung kann dann einen Einsatz zusätzlicher Rohstoffarten nach sich ziehen.

In der Regel läßt sich die z-Situation kurzfristig nicht beeinflussen; das gilt, soweit sie konstruktionsbedingt ist. Im folgenden wird davon ausgegangen, daß die z-Situation nicht zu beeinflussen ist. Die technische Verbrauchsfunktion $\tilde{r}_h$ reduziert sich damit auf die Form[132]

$$\tilde{r}_h = f_h(d) \quad \text{für alle } h.$$

Diese technische Verbrauchsfunktion macht den Einfluß der z-Situation auf den Faktorverbrauch nicht mehr explizit deutlich.

Für jeden Faktor h existiert eine derartige Beziehung zwischen der technischen Leistung d und den Verbrauchsmengen $\tilde{r}_h$. Die Leistung d wird dabei in technischen Maßeinheiten, wie z.B. Umdrehungszahl pro Minute, Schnittmillimeter pro Minute, Schußfäden pro Minute bei Webstühlen, gemessen.[133]

Zwischen den Verbrauchsmengen $\tilde{r}_h$ der einzelnen Faktoren h besteht über die Leistung d des Aggregates eine eindeutige technische Kopplung (Limitationalität). Durch die Leistung d ist damit der Verbrauch $\tilde{r}_h$ aller Faktoren h des Aggregates festgelegt.[134] Soll die Einsatzmenge $\tilde{r}_h$ pro technischer Leistungseinheit für den Faktor h verändert werden, ist das nur

---
[131] Vgl. Gutenberg (1983), S. 329.
[132] Vgl. Gutenberg (1983), S. 331 ff.
[133] Vgl. Gutenberg (1983), S. 330.
[134] Vgl. die Beispiele bei Gutenberg (1983), S. 327.

über ein geändertes Leistungsniveau d des Aggregates möglich. Durch diese Änderung des Leistungsniveaus d wird gleichzeitig bei den übrigen Faktoren die erforderliche Einsatzmenge $\tilde{r}_h$ geändert.

Die Abhängigkeit des Faktorverbrauchs $\tilde{r}_h$ pro technischer Leistungseinheit von der technischen Leistung d wird aus der Abbildung 4-15 deutlich, die drei technische Verbrauchsfunktionen darstellt.

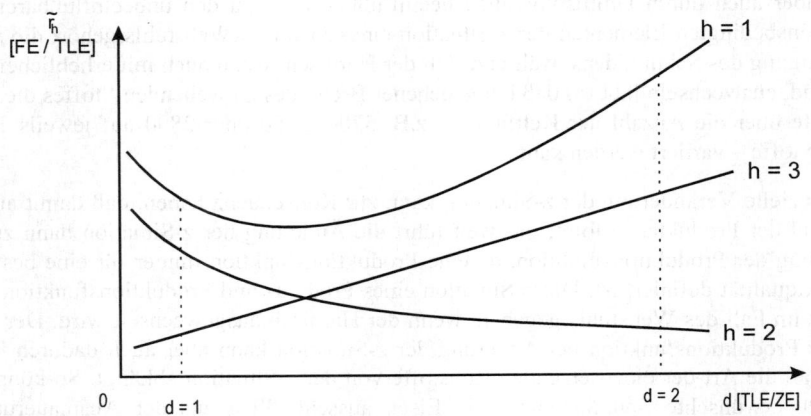

Abbildung 4-15

Gleichzeitig verdeutlicht diese Zeichnung, daß im Rahmen der Gutenberg-Produktionsfunktion das Einsatzverhältnis der Faktoren und damit die Produktionskoeffizienten von der technischen Leistung d abhängen und mit ihr variieren. Bei der Leistung d = 1 ist der Produktionskoeffizient des Faktors h = 1 z.B. kleiner als bei der Leistung d = 2.

4.3.1.2.3 Ökonomische Verbrauchsfunktion

In der zweiten Stufe der Gutenberg-Funktion wird die technische Leistung d eines Aggregates mit der ökonomischen Leistung x verknüpft und die technische in eine ökonomische Verbrauchsfunktion transformiert. Die ökonomische Verbrauchsfunktion des Faktors h gibt den Faktorverbrauch $\bar{r}_h$ pro Ausbringungseinheit [FE/ME] in Abhängigkeit von der ökonomischen Intensität x [ME/ZE] an.

Zwischen der technischen Leistung d und der ökonomischen Leistung x eines Aggregates besteht die Transformationsbeziehung[135]

$x = \bar{g}(d)$

Die Beziehung besagt z.B., daß 60 Schüssen eines Webstuhls pro Minute 2 cm Stofflänge pro Minute entsprechen oder, daß auf einer Drehbank für eine Leistung von einem Bolzen

---

[135] Vgl. Gutenberg (1983), S. 331.

4.3 Produktions- und Kostentheorie auf der Basis einer limitationalen Produktionsfunktion

bestimmter Länge und Stärke pro Zeiteinheit eine Schnittmillimeterleistung von 15 mm pro Zeiteinheit erforderlich ist.

Um von der technischen Verbrauchsfunktion $\tilde{r}_h$ [FE/TLE] in Abhängigkeit von der technischen Leistung d zur ökonomischen Verbrauchsfunktion $\bar{r}_h$ [FE/ME] in Abhängigkeit von der ökonomischen Leistung x zu gelangen, sind zwei Transformationen erforderlich.[136]

1. In der technischen Verbrauchsfunktion ist die unabhängige Variable die technische Leistung d [TLE/ZE]. Diese Variable ist im 1. Transformationsschritt durch die ökonomische Leistung x [ME/ZE] zu substituieren. Hierzu muß die Transformationsbeziehung

$$x = \bar{g}(d)$$

nach d aufgelöst werden. Es ergibt sich:

$$d = \bar{g}^{-1}(x) = g(x) \; [TLE/ZE]$$

Beim 1. Transformationsschritt treten immer dann Probleme auf, wenn die Beziehung $x = \bar{g}(d)$ nicht umkehrbar ist. In diesem Fall kann einer ökonomischen Leistung x nicht mehr eindeutig eine technische Leistung d zugeordnet werden. Zum Beispiel führen zwei oder auch mehr technische Leistungen zur gleichen Ausbringung pro ZE. Dieser Fall kann eintreten, wenn bei der Produktion Ausschuß entsteht und die ökonomische Leistung als Ausbringung guter Qualität pro ZE gemessen wird. Steigt der Ausschuß mit der Produktionsgeschwindigkeit prozentual immer stärker, kann sich der in Abbildung 4-16 dargestellte Zusammenhang einstellen, d.h., der ökonomischen Leistung x_1 sind zwei technische Leistungen d_1 und d_2 zugeordnet.

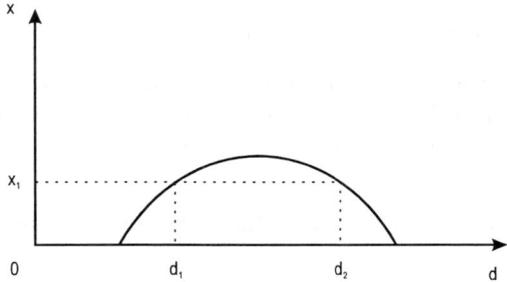

Abbildung 4-16

Im folgenden wird zunächst eine umkehrbare Transformationsfunktion unterstellt. Vereinfachend wird zudem von einer linearen Beziehung zwischen der technischen und der ökonomischen Leistung ausgegangen.

Wird die Transformationsfunktion in die technische Verbrauchsfunktion eingesetzt, ergibt sich die technische Verbrauchsfunktion in Abhängigkeit von der ökonomischen Leistung x:

$$\tilde{r}_h(x) = f_h(d) = f_h(g(x)) \; [FE/TLE] \; \text{für alle h}$$

---

[136] Die Reihenfolge der Transformationen ist gleichgültig.

Die resultierende Größe $\tilde{r}_h$ besitzt immer noch die Dimension FE/TLE.

2. Im zweiten Schritt ist die technische Verbrauchsfunktion in Abhängigkeit von der ökonomischen Leistung x in die Dimension FE/ME zu transformieren. Hierzu ist $\tilde{r}_h(x)$ mit einer Größe c zu multiplizieren, die die Dimension TLE/ME besitzt; denn es gilt:

$$\tilde{r}_h(x) \quad \cdot \quad c \quad = \quad \bar{r}_h(x)$$
$$[FE/TLE] \cdot [TLE/ME] = [FE/ME]$$

Der Faktor c gibt an, wie viele technische Leistungseinheiten erforderlich sind, um eine ökonomische Leistungseinheit hervorzubringen. Zum Beispiel sind für einen laufenden Meter Stoff 3000 Schuß nötig.

Für diese Transformation wird wieder auf die Transformationsfunktion d = g(x) zurückgegriffen. Wird diese Funktion durch die ökonomische Leistung x dividiert, entsteht der Ausdruck mit der gewünschten Dimension TLE/ME.

$$d : x = g(x) : x = c$$
$$[TLE/ZE] : [ME/ZE] = [TLE/ME]$$

Wird der Faktorverbrauch $\tilde{r}_h(x)$ pro technischer Leistungseinheit (z.B. Fadenlänge per Schuß) mit c multipliziert, ergibt sich die ökonomische Verbrauchsfunktion $\bar{r}_h(x)$, z.B. Fadenverbrauch pro laufendem Meter Stoff:

$$\bar{r}_h = f_h(g(x)) \cdot g(x) : x$$
$$= f_h(g(x)) \cdot c = \bar{f}_h(g(x))$$
$$= [FE/TLE] \cdot [TLE/ME] = [FE/ME]$$

Zwischen den ökonomischen Verbrauchsfunktionen des Aggregates für die Faktoren h, die den Faktorverbrauch pro Mengeneinheit als Funktion der Leistung x angeben, besteht nunmehr über die ökonomische Leistung x ein Kopplungsverhältnis (Limitationalität).

4.3.1.2.4 Faktorverbrauch in der Planperiode und die Determinanten des Verbrauchs

Eine Zeit-Verbrauchsfunktion gibt den gesamten Faktorverbrauch R_h [FE/ZE] des Faktors h wieder, wenn das Aggregat eine Zeiteinheit – z.B. Stunde – mit der Leistung x arbeitet.

Diese Zeit-Verbrauchsfunktion ergibt sich durch Multiplikation der Verbrauchsmenge $\bar{r}_h$ pro Mengeneinheit mit der Leistung x. Zeit-Verbrauchsfunktionen haben die Form[137]

$$R_h = \bar{r}_h(x) \cdot x \quad [FE/ZE] \quad \text{für alle h.}$$

Aus der speziellen ökonomischen Verbrauchsfunktion

---

137 Vgl. Heinen (1983), S. 207 f.; Kilger (1972), S. 63 ff.

4.3 Produktions- und Kostentheorie auf der Basis einer limitationalen Produktionsfunktion

$$\bar{r}_h(x) = a + bx \ [FE/ME]$$

ist dann die Zeit-Verbrauchsfunktion

$$R_h = \bar{r}_h \ [FE/ME] \cdot x \ [ME/ZE] = ax + bx^2 \ [FE/ZE]$$

abzuleiten. Durch Multiplikation der Zeit-Verbrauchsfunktion mit der Einsatzzeit t eines Aggregates ergibt sich der Gesamtverbrauch r_h [FE] des Produktionsfaktors h in einer Periode zu

$$r_h = R_h \ [FE/ZE] \cdot t \ [ZE] = \bar{r}_h(x) \cdot x \cdot t \ [FE]$$

Die Zeit t erfaßt nur reine Fertigungszeiten, also Zeiten, in denen unmittelbar Ausbringung entsteht. Von etwaigen Rüstzeiten an Maschinen soll zunächst abstrahiert werden.

Grundsätzlich können die Faktorverbrauchsmengen $\bar{r}_h$ pro Mengeneinheit, R_h pro Zeiteinheit oder r_h pro Periode von drei Determinanten beeinflußt werden:

1. Der Verbrauch r_h hängt allein von der Produktionsmenge ab, d.h., die Verbrauchsmenge $\bar{r}_h$ [FE/ME] ist konstant und unabhängig von der Leistung. Die Verbrauchsmenge R_h [FE/ZE] wächst linear mit der Leistung x an.[138] Typisch für diesen Fall ist der Materialverbrauch.

2. Der Faktorverbrauch r_h hängt ausschließlich von der Beschäftigungszeit t ab (Beschäftigungszeit des Faktors Arbeit). In diesem Fall ist die Verbrauchsmenge R_h [FE/ZE] konstant, also nicht von der Leistung abhängig, und die Verbrauchsmenge $\bar{r}_h$ [FE/ME] sinkt mit zunehmender Leistung x, wie die folgende Beziehung verdeutlicht:[139]

$$\bar{r}_h(x) = R_h \cdot \frac{1}{x} \ , \ \text{mit} \ R_h = \text{const.}$$

Die ökonomische Verbrauchsfunktion hat in diesem Fall die Form einer Hyperbel. Die Funktion $\bar{r}_h(x) = R_h \cdot 1/x$ nimmt scheinbar einen Austausch der den Faktorverbrauch bestimmenden Determinante „Beschäftigungszeit" durch die Determinante „Leistung" vor. An die Stelle der den Faktorverbrauch verursachenden Größe „Beschäftigungszeit" tritt folglich die Ersatzgröße „Leistung", ohne daß durch diesen Austausch ein Fehler entsteht. Der Funktionstyp der ökonomischen Verbrauchsfunktion für zeitabhängige Kosten (Hyperbel) garantiert, daß der Gesamtverbrauch in der Planperiode $r_h = R_h \cdot t$ des Aggregates nur mit der Einsatzzeit t und nicht mit der Intensität x variiert:

$$r_h = \bar{r}_h \cdot x \cdot t = \frac{R_h}{x} \cdot x \cdot t = R_h \cdot t$$

Die scheinbare Abhängigkeit des Faktorverbrauchs $\bar{r}_h$ von der Leistung x erweist sich damit im Endeffekt lediglich als Erweiterung der Funktion des Faktorverbrauchs $r_h = R_h \cdot t$ um die Leistung x.

---

[138] Vgl. Gutenberg (1983), S. 333; Heinen (1983), S. 195 ff.
[139] Heinen (1983), S. 204 f.

3. Der Faktorverbrauch $\bar{r}_h$ hängt ausschließlich von der Leistung x des Aggregates ab. Die Verbrauchsmengen $\bar{r}_h$ pro Leistungseinheit können dann mit steigender Leistung x zunächst sinken, um dann von einer bestimmten Leistung ab wieder zu steigen.[140] Denkbar ist auch, daß die Verbrauchsmengen $\bar{r}_h$ kontinuierlich steigen oder sinken.

Die auf die drei Determinanten des Faktorverbrauchs zurückgehenden Typen von ökonomischen Verbrauchsfunktionen bzw. Zeit-Verbrauchsfunktionen sind in der Abbildung 4-17 dargestellt.[141]

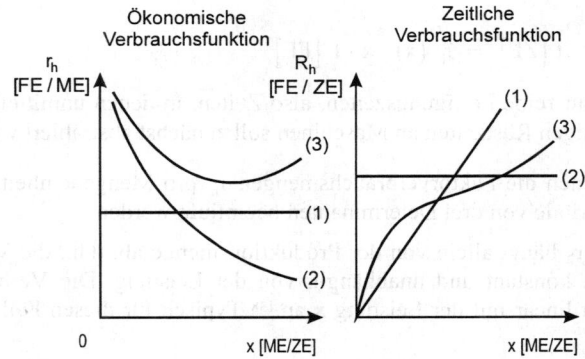

Abbildung 4-17

Für die Gutenberg-Produktionsfunktion sind unterschiedliche Ausgestaltungsformen denkbar, je nachdem, von welchen Bedingungen für

- den Homogenitätsgrad der Produktionsfunktion,
- die Art der Transformationsbeziehung zwischen technischer und ökonomischer Leistung,
- die Arten berücksichtigter Beschäftigungszeiten (produktive Zeiten und Rüstzeiten) oder
- die Ausschußsituation

ausgegangen wird. Von der Art dieser Gestaltungsform ist der Zusammenhang zwischen den Aktionsparametern „Einsatzzeit" und „Intensität" einerseits und dem Faktorverbrauch sowie der Ausbringung andererseits abhängig. Abbildung 4-18 gibt einen Überblick über mögliche Ausgestaltungsvarianten. In diesem Buch werden zunächst jene Bedingungen gewählt, die in Abbildung 4-18 eingerahmt sind. Im Anschluß an die einführenden Überlegungen zur Kostenpolitik und zu den Anpassungsprozessen sollen einige Probleme diskutiert werden, die entstehen, wenn von diesen Voraussetzungen abgerückt wird.

---

140 Vgl. Gutenberg (1983), S. 332 f.; Heinen (1983), S. 195 ff.
141 Vgl. auch Heinen (1983), S. 204 f.

Abbildung 4-18

4.3.1.2.5 Aktionsparameter der Gutenberg-Produktionsfunktion

Die Gutenberg-Produktionsfunktion stellt die Beziehung zwischen der Ausbringung M eines Aggregates und dem Faktorverbrauch r_h an diesem Aggregat in einer bestimmten Planperiode her. Um sämtliche Aktionsparameter der Produktionsfunktion erfassen zu können, wird ein weiterer Index (i) für unterschiedliche Aggregate eingeführt. Die Verbrauchsmengen r_{hi} können sich grundsätzlich aus zwei Bestandteilen zusammensetzen:

1. dem variablen, von der Ausbringungsmenge, der Beschäftigungszeit sowie der Leistung abhängigen Verbrauch des Faktors h,

2. den von der Beschäftigung unbeeinflußbaren, allein von der Länge der Planperiode (Kalenderzeit) abhängigen fixen Verbrauchsmengen. Der nicht beeinflußbare Verbrauch des Faktors h soll mit G_h bezeichnet werden.

Der gesamte von der Beschäftigung abhängige Verbrauch r_{hi} des Produktionsfaktors h in einer Planperiode T am Aggregat i errechnet sich, wenn der von der Leistung x_i abhängige Verbrauch $\bar{r}_{hi}$ pro Mengeneinheit mit dem Produkt aus der Leistung x_i und der Beschäftigungszeit t_i multipliziert wird:

$$r_{hi} = \bar{r}_{hi}(x_i) \cdot x_i \cdot t_i \quad \text{für alle Faktoren h an jedem Aggregat i}$$

Diese Funktion für die Verbrauchsmenge r_{hi} gilt für jeden einzelnen am Kombinationsprozeß an der Maschine i beteiligten Produktionsfaktor h.

Die Funktion der Verbrauchsmengen r_{hi} muß in folgender Form abgefaßt werden, wenn darin die drei Determinanten „Leistung", „Beschäftigungszeit" und „Produktionsmenge" für den Verbrauch explizit erscheinen sollen.[142]

$$r_{hi} = \underbrace{l_{hi}(x_i) \cdot x_i \cdot t_i}_{\text{leistungsabhängiger Verbrauch}} + \underbrace{b_{hi} \cdot t_i}_{\substack{\text{beschäftigungszeit-} \\ \text{abhängiger Verbrauch}}} + \underbrace{m_{hi} \cdot M_i}_{\text{mengenabhängiger Verbrauch}} \quad \text{für alle h an jedem Aggregat i}$$

In dieser Funktion wird mit l_{hi} der leistungsabhängige Verbrauch pro Leistungseinheit, mit b_{hi} der zeitabhängige Verbrauch pro Zeiteinheit und mit m_{hi} der mengenabhängige Verbrauch pro Mengeneinheit bezeichnet.[143] Meistens wird an einer Maschine i der Verbrauch $\bar{r}_h$ eines Faktors allerdings nur von einer der drei Determinanten abhängen.

Der sich aus dem variablen und fixen Faktorverbrauch zusammensetzende Verbrauch $r^g{}_{hi}$ des Faktors h in der Planperiode kann durch folgende Funktion beschrieben werden:

$$r^g{}_{hi}(x_i) = \bar{r}_{hi}(x_i) \cdot x_i \cdot t_i + G_{hi} \quad \text{für alle Faktoren h an jedem Aggregat i}$$

Die den variablen und den konstanten Faktorverbrauch umfassende Gutenberg-Produktionsfunktion für ein Aggregat hat somit die Form:

$$M_i = f_i\left((\bar{r}_{li}(x_i) \cdot x_i \cdot t_i + G_{li}), \ldots, (\bar{r}_{hni}(x_i) \cdot x_i \cdot t_i + G_{hni}) \right) = x_i \cdot t_i$$

Aus dieser Beziehung sind die Aktionsparameter abzuleiten, über die auf die Verbrauchsmengen der Faktoren Einfluß genommen werden kann.[144] Es sind dies bei Betrachtung eines einzelnen Aggregates:

- Die Intensität

Im Rahmen der intensitätsmäßigen Anpassung[145] variiert der Betrieb die Ausbringung pro Zeiteinheit x der einzelnen Aggregate i. Soweit eine intensitätsmäßige Anpassung auf den Aggregaten überhaupt möglich ist, existiert eine minimale und eine maximale Intensität, für den Variationsbereich der intensitätsmäßigen Anpassung:

$$x_{i\,min} \leq x_i \leq x_{i\,max} \quad \text{mit} \quad x_{i\,min} \geq 0$$

- Die Einsatzzeit

Im Rahmen der zeitlichen Anpassung[146] variiert der Betrieb die Beschäftigungszeit t der einzelnen Aggregate i. Auch für die zeitliche Anpassung bestehen normalerweise Ober- und Untergrenzen.

$$t_{i\,min} \leq t_i \leq t_{i\,max} \quad \text{mit} \quad t_{i\,min} \geq 0$$

---

142 Vgl. hierzu Heinen (1983), S. 211 ff.; Kilger (1972), S. 67.

143 Der gesamte Verbrauch $\bar{r}_{hi}$ pro Leistungseinheit ist dann gegeben durch $\bar{r}_{hi}(x_i) = l_{hi}(x_i) + \dfrac{b_{hi}}{x_i} + m_{hi}$

144 Vgl. z.B. Gutenberg (1983), S. 361 ff.; Heinen (1983), S. 407 ff.; Kilger (1972), S. 94 ff.

145 Vgl. z.B. Gutenberg (1983), S. 361 ff.; Heinen (1983), S. 407 ff.; Kilger (1972), S. 98 ff.

146 Vgl. z.B. Gutenberg (1983), S. 371 ff.; Heinen (1983), S. 414 ff.; Kilger (1972), S. 94 ff.

4.3 Produktions- und Kostentheorie auf der Basis einer limitationalen Produktionsfunktion

- **Die Menge der einzusetzenden Maschinen**

  Verfügt der Betrieb über mehrere funktionsgleiche Maschinen, kann er zusätzlich durch die Anzahl und Auswahl der einzusetzenden Maschinen (quantitative Anpassung[147]) den Faktorverbrauch für eine vorgegebene Produktionsmenge M beeinflussen. Unterscheiden sich die Verbrauchsfunktionen der funktionsgleichen Anlagen, d.h., gelten für die Anlagen jeweils andere Verbrauchsmengen $\bar{r}_{hi}$ für eine bestimmte Intensität, geht die quantitative Anpassung in den Spezialfall der selektiven Anpassung über.

Für den Betrieb stellt sich die Aufgabe, die drei Anpassungsformen optimal einzusetzen. Das bedeutet, das Niveau der Aktionsparameter so zu wählen, daß die verlangte Ausbringung M mit den geringsten Kosten auf dem Betriebsmittelbestand produziert werden kann (Minimalkostenkombination).

In der Abbildung 4-19 sind die eingeführten Größen noch einmal im Zusammenhang dargestellt. Die Angaben in den eckigen Klammern bezeichnen jeweils die Dimensionen, in denen die entsprechenden Größen gemessen werden. Die Pfeile geben an, wie die Größen aufeinander aufbauen. Auf eine explizite Trennung der drei Determinanten „Leistung", „Beschäftigungszeit" und „Produktionsmenge" wird in dieser Abbildung verzichtet.

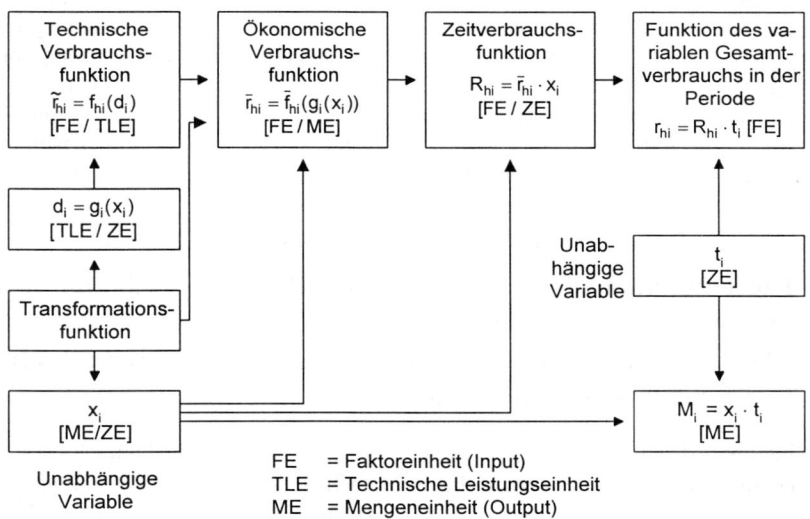

Abbildung 4-19

---

[147] Vgl. Gutenberg (1983), S. 371 ff.; Heinen (1983), S. 418 ff.; Kilger (1972), S. 95 ff.

4.3.1.3 Ansätze für eine Erweiterung der Gutenberg-Produktionsfunktion

Die Gutenberg-Funktion stellt gegenüber dem Ertragsgesetz einen ganz wesentlichen Beitrag zur Entwicklung einer realistischen Produktionstheorie dar. Der entscheidende Vorteil gegenüber dem Ertragsgesetz liegt in der Berücksichtigung technischer Einflußgrößen (Limitationalität, z-Situation), in der aggregatbezogenen Betrachtungsweise des Faktorverbrauchs sowie in der Erfassung der Kosteneinflußgrößen „Leistung", „Beschäftigungszeit" und „Produktionsmenge". Erst damit wird eine detaillierte Analyse der Determinanten des Faktorverbrauchs im Betrieb möglich.

Die unbestreitbaren Vorteile der Gutenberg-Produktionsfunktion dürfen aber nicht darüber hinwegtäuschen, daß auch diese Funktion noch einer Weiterentwicklung bedarf. Die globale Betrachtung der z-Situation müßte aufgegeben werden, insbesondere müßte auch der Einfluß einer gezielten Veränderung der z-Situation auf den Faktorverbrauch untersucht werden. Die Gutenberg-Produktionsfunktion enthält weiterhin keine Einflußgrößen wie Partieoder Fertigungsauftragsgröße oder die Auftragsreihenfolge, die für den Faktorverbrauch in bestimmten Fertigungsformen von Bedeutung sind. Eine Erweiterung sind die Produktionsfunktionen vom Typ C[148] und D[149]. Ein weiterer Nachteil der Gutenberg-Funktion besteht darin, daß diese Funktion rein statisch ist, so daß Einflußgrößen auf den Faktorverbrauch, wie sie z.B. bei Anlauf- und Lernprozessen oder bei der zeitlichen Ablaufplanung auftreten, nicht erfaßt werden können. Ansätze zu einer Dynamisierung liefern die Produktionsfunktionen vom Typ E[150] und F[151], die zeitliche Aspekte des Leistungsvollzuges berücksichtigen. Die Gutenberg-Funktion bezieht ferner keinen Faktorverbrauch in die Betrachtung ein, der durch ökologische Aspekte bedingt ist. Das Konzept ist aber auf umweltbezogene Faktorverbräuche erweiterbar, sofern dieser Verbrauch durch die Intensität oder die Einsatzzeit von Aggregaten beeinflußt werden kann.

4.3.2 Kostenfunktionen auf der Basis limitationaler Produktionsfunktionen für ein einzelnes Aggregat

4.3.2.1 Transformation dynamischer Anpassungsprobleme in äquivalente statische Problemstellungen

In der Gutenberg-Produktionsfunktion existiert für jeden Produktionsfaktor h (h = 1, 2, ..., hn) an jedem Aggregat eine ökonomische Verbrauchsfunktion, die den Verbrauch $\bar{r}_h$ eines Produktionsfaktors h pro Erzeugniseinheit in Abhängigkeit von der Ausbringung x pro Zeiteinheit erfaßt.

---

148 Vgl. Heinen (1983), S. 220 ff.
149 Vgl. Kloock (1969), S. 142 ff.; Schweitzer/Küpper (1997), S. 161 ff.
150 Vgl. Küpper (1977), S. 492 ff.; Steven (1998), S. 219 ff.
151 Vgl. Matthes (1979); Steven (1998), S. 232 ff.

4.3 Produktions- und Kostentheorie auf der Basis einer limitationalen Produktionsfunktion

Durch Bewertung des Verbrauchs $\bar{r}_h$ mit dem Preis p_h des Faktors h entsteht für jeden Faktor eine bewertete Verbrauchsfunktion, die die Kosten k_h eines Faktors in Abhängigkeit von der Leistung x an einem Aggregat angibt.

$$k_h = p_h \cdot \bar{r}_h(x) = k_h(x) \quad \text{für alle } h = 1, 2, \ldots, hn$$

Werden die bewerteten Verbrauchsfunktionen eines Aggregates über alle Faktoren summiert, ergibt sich die Mengen-Kosten-Leistungsfunktion.

$$k(x) = \sum_{h}^{hn} p_h \cdot \bar{r}_h(x) \quad [GE/ME]$$

Die Mengen-Kosten-Leistungsfunktion gibt die Kosten pro Mengeneinheit eines bestimmten Erzeugnisses an, wenn an einem Aggregat mit der Intensität x [ME/ZE] produziert wird.

Für die Art der auf der Mengen-Kosten-Leistungsfunktion basierenden Analyse zur kostenoptimalen Anpassungspolitik sind zwei Merkmale des Planungsproblems bedeutsam:

1. Kann der Betrieb während der Einsatzzeit t des Aggregates die Intensität x laufend wechseln, oder muß, aufgrund technischer Gegebenheiten, mit einer im Zeitablauf gleichbleibenden Intensität gearbeitet werden? Im ersten Fall besteht das Planungsproblem darin, eine Zeitfunktion $x(\tau)$ der Intensität im Planungszeitraum festzulegen, mit der die verlangte Ausbringung M mit minimalen Kosten erreicht wird. Bei gleichbleibender Intensität im Zeitablauf ist keine Zeitfunktion zu optimieren; gesucht ist lediglich das optimale Niveau der Intensität.

2. Hängen die Kosten des Anpassungsproblems ausschließlich von der Intensität ab, mit der zu einem bestimmten Zeitpunkt gearbeitet wird, oder gehen auch vom Zustand des Produktionssystems im Betrachtungszeitpunkt Kostenwirkungen aus? Ein für die Höhe der Kosten bedeutsamer Zustand ist der Lagerbestand in einem Zeitpunkt, der als Folge der Produktions- und Absatzmengen bis zu diesem Zeitpunkt angewachsen ist. Im ersten Fall besteht das Problem allein in der Auswahl der zur Produktion einzusetzenden Intensität. Im zweiten Fall muß die optimale Anpassungspolitik auch die vom Systemzustand abhängigen Kosten erfassen.

Durch Kombination von je zwei Ausprägungen dieser beiden Merkmalsgruppen ist in der Kostentheorie zwischen vier verschiedenen Entscheidungssituationen zu differenzieren.

	Kosten sind abhängig von der	
	Intensität im Zeitpunkt t	Intensität und dem Zustand des Produktionssystems im Zeitpunkt t
gesucht ist das optimale Niveau der im Zeitablauf gleichbleibenden Intensität	1. Situation	2. Situation
gesucht ist die optimale Zeitfunktion der Intensität	3. Situation	4. Situation

Tabelle 4-8

In allen vier Situationen sind für die optimale Kostenpolitik unterschiedliche Planungsmodelle erforderlich.[152]

1. Entscheidungssituation

Sind die Kosten K_T ausschließlich von der Intensität abhängig, und kann die Intensität während der Beschäftigungszeit t des Aggregates nicht gewechselt werden (Einsatz einer noch zu bestimmenden Intensität), kann von einem statischen Modell ausgegangen werden, da es für die Höhe der Kosten in diesem Fall bedeutungslos ist, wann etwaige Stillstandszeiten des Aggregates im Planungszeitraum auftreten. Diese Planungssituation läßt sich durch die Zielfunktion:

$$K_T = k(x) \cdot x \cdot t \rightarrow \min$$

und drei Restriktionen für die Produktionsmengen M und die Grenzen der beiden Variablen x und t abbilden:

$M = x \cdot t$

$x_{min} \leq x \leq x_{max}$

$0 \leq t \leq t_{max}$

2. Entscheidungssituation

Im zweiten Fall sind neben den rein produktionsabhängigen Kosten in der Zielfunktion noch Kosten zu berücksichtigen, die vom Zustand des Produktionssystems (z.B. Lagerbestand) in einem bestimmten Zeitpunkt abhängen. Die gesamten Lagerkosten im Planungszeitraum werden durch die zeitliche Entwicklung des Lagerbestandes bestimmt. Weil im Modell dann die zeitliche Entwicklung des Lagerbestandes abgebildet werden muß, um die Lagerkosten darstellen zu können, läßt sich das Problem nur mit einem dynamischen, den Zeitablauf ab-

---

[152] Vgl. auch Wagner/Papke (1986).

4.3 Produktions- und Kostentheorie auf der Basis einer limitationalen Produktionsfunktion   335

bildenden Modell erfassen, obwohl mit einer noch zu bestimmenden gleichbleibenden Intensität während der Einsatzzeit gearbeitet wird.

Für spezielle Situationen kann ein dem dynamischen Problem äquivalentes statisches Modell entwickelt werden. Äquivalent wird eine statische Modellformulierung genannt, wenn dieses Modell zur gleichen optimalen Lösung führt wie der dynamische Ansatz. Die Überführung in ein statisches Modell ist in dieser zweiten Entscheidungssituation möglich, wenn es dem Betrieb durch die Art der Anpassungspolitik gelingt, Lagerkosten zu vermeiden, wenn also die zeitliche Produktionsentwicklung an die des Absatzes angepaßt wird (Synchronisation) oder wenn die Lagerkosten allein über die Intensität und die Einsatzzeit des Aggregates erklärt werden können.

Der erste Unterfall ist gegeben, wenn der Betrieb bei konstantem Absatz pro ZE das Aggregat nur in 30 von maximal 40 verfügbaren ZE einsetzen muß, um die verlangte Ausbringung zu erreichen. Der Betrieb wird die 10 Leerzeiteinheiten dann so über die Planungsperiode verteilen, daß keine Lagerbestände auftreten, d.h., wenn ein Stück fertiggestellt und verkauft ist, wird der Produktionsprozeß unterbrochen. Die Produktion des nächsten Stückes wird dann so rechtzeitig gestartet, daß es fertiggestellt ist, wenn es abgesetzt werden kann. Die Leerzeiten werden folglich in viele kleine Teilzeiten aufgespalten, um Produktion und Absatz zeitlich aufeinander abzustimmen. Für diesen Fall kann für die optimale Lösung des Anpassungsproblems wieder vom obigen statischen Ansatz (1. Entscheidungssituation) ausgegangen werden. Die bei optimaler Lösung gegebenenfalls auftretenden Leerzeiten sind dann anschließend so über den Planungszeitraum zu verteilen, daß keine Läger entstehen.

Der zweite Unterfall ist gegeben, wenn die gesamte Produktionsmenge des Planungszeitraums am Ende der Planperiode abgesetzt wird. Der Betrieb wird dann bei bekannter Intensität x die Einsatzzeit t an das Ende der Planperiode legen, da dann die geringsten Lagerkosten auftreten (Lagerbestandsentwicklung 0AB in Abbildung 4-20).

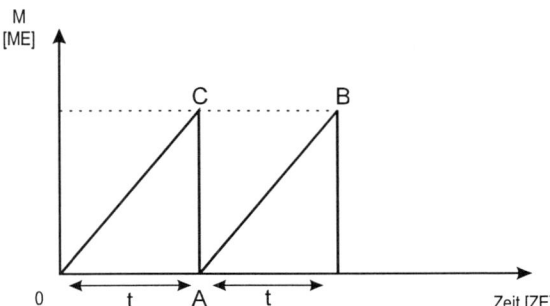

Abbildung 4-20

Würde der Betrieb die Einsatzzeit des Aggregates nach vorne verschieben, stiegen die Lagerkosten bei gleicher Intensität und Einsatzzeit. Wenn im Zeitpunkt 0 mit der Produktion begonnen würde, gilt die Bestandsentwicklung 0CB. Es ist mithin stets vorteilhaft, die Einsatzzeit soweit wie möglich nach hinten zu schieben. Die Lagerkosten im Planungszeitraum lassen sich dann allein über die Intensität und die Einsatzzeit abbilden. Für die Lagerkosten im Planungszeitraum mit Cl als Lagerkostensatz pro ZE und ME gilt dann:

$$K_{TL} = Cl \cdot \frac{M}{2} \cdot t$$

Durchschnittlich ist also die halbe Produktions- bzw. Absatzmenge $M/2 = (x \cdot t)/2$ während der Produktionszeit t auf Lager.

Das Planungsproblem besteht dann darin, die folgende Zielfunktion zu minimieren:[153]

$$K_T = k(x) \cdot x \cdot t + \frac{Cl \cdot x \cdot t^2}{2} \rightarrow \min$$

Dabei sind wiederum die bereits in der ersten Entscheidungssituation beschriebenen Restriktionen einzuhalten.

3. Entscheidungssituation

Im dritten Fall kann die Intensität während der Einsatzzeit des Aggregates verändert werden. Um das in einem Planungsansatz erfassen zu können, ist die Intensität im Modell in Abhängigkeit von der Zeit darzustellen: $x = x(\tau)$. Dabei gibt $x(\tau)$ die im Zeitpunkt τ zu wählende Intensität x an. Soll an einem Aggregat während der maximal verfügbaren Zeit t_{max} die Ausbringung M erreicht werden, müssen die Intensitäten gemäß einer Funktion $x(\tau)$ gewählt werden, die folgender Bedingung genügt:[154]

$$M = \int_0^{t_{max}} x(\tau) \, d\tau$$

$$x_{min} \leq x(\tau) \leq x_{max}$$

Die Ausbringungsmenge M entspricht dem Integral über die Funktion $x(\tau)$ für $\tau = 0$ bis $\tau = t_{max}$. Während der Beschäftigungszeit können nur Intensitäten aus dem Intervall von x_{min} bis x_{max} gewählt werden. Außerhalb der Beschäftigungszeit ist die Intensität gleich null.

Die Kosten für die Ausbringung M hängen bei vorgegebener Mengen-Kosten-Leistungsfunktion k(x) von der Wahl der Funktion $x(\tau)$ ab. Die zu minimierenden Kosten der Planperiode werden durch den Ausdruck definiert:

$$K_T = \int_0^{t_{max}} k(x(\tau)) \cdot x(\tau) \, d\tau \rightarrow \min$$

In der Funktion werden mit $k(x(\tau))$ die Kosten pro Mengeneinheit in Abhängigkeit von der Leistung im Zeitpunkt τ bezeichnet. Durch Multiplikation der Kosten pro Mengeneinheit mit der momentanen Intensität $x(\tau)$ ergeben sich die Kosten im Zeitpunkt τ. Werden die

---

[153] Im Term der Lagerkosten wurde M durch x · t substituiert.
[154] Vgl. Adam (1972a), S. 563; Jacob (1962), S. 210.

4.3 Produktions- und Kostentheorie auf der Basis einer limitationalen Produktionsfunktion 337

momentanen Kosten über alle Zeitpunkte τ aus dem Intervall [0; t_{max}] integriert, ergeben sich die Kosten in der Planperiode. Gesucht ist dann diejenige Zeitfunktion der Intensität, die die Kosten unter der Restriktion für das zulässige Intensitätsniveau minimiert.

Die gesuchte optimale Zeitfunktion der Intensität schließt die zeitliche und intensitätsmäßige Anpassung ein. Bei zeitlicher Anpassung ist das Intensitätsniveau während des Planungszeitraums in bestimmten Zeitabschnitten gleich null, während bei intensitätsmäßiger Anpassung die Zeitfunktion stets ein Niveau größer null besitzt.

Der vorstehende dynamische Ansatz läßt sich in einen äquivalenten statischen Ansatz transformieren. Dies soll beispielhaft an einer s-förmigen Zeit-Kosten-Leistungsfunktion gezeigt werden. Bei einer s-förmigen Zeit-Kosten-Leistungsfunktion kann es in der Planungsperiode maximal einmal sinnvoll sein, das Intensitätsniveau zu ändern. Dies bedeutet, daß die optimale Zeitfunktion x(τ) im Zeitablauf maximal zwei Werte annehmen kann. Dieser Zusammenhang soll mit Hilfe der Abbildung 4-21 erklärt werden.

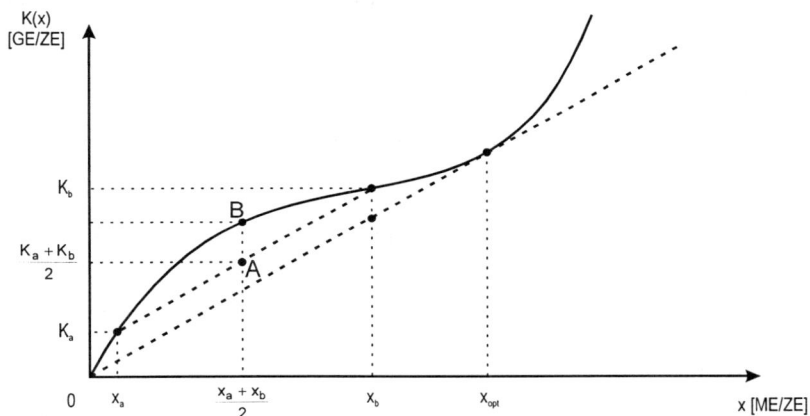

Abbildung 4-21

Bei einer Zeit-Kosten-Leistungsfunktion der Abbildung 4-21 lassen sich für Intensitäten unterhalb von x_{opt} die durch die Kostenfunktion abgebildeten Kosten pro ZE unterbieten, wenn der Betrieb das Aggregat mit einer Linearkombination aus mehreren Intensitäten einsetzt. Arbeitet der Betrieb mit einer Linearkombination der Intensitäten x_a und x_b in Abbildung 4-21 und setzt jede dieser Intensitäten eine halbe ZE ein, realisiert er pro ZE insgesamt eine Ausbringung von

$$\frac{1}{2} x_a + \frac{1}{2} x_b = \frac{x_a + x_b}{2}$$

Für diese Ausbringung pro ZE fällt je die Hälfte der Kostenbeträge K_a und K_b an (vgl. Punkt A in Abbildung 4-21). Dieser Kostenbetrag liegt unter jenem Betrag, der sich für die gleiche Ausbringung pro ZE bei gleichbleibender Intensität im Zeitablauf einstellt (vgl. Punkt B in Abbildung 4-21). Durch beliebige Aufteilung der Zeit auf die beiden Intensitäten kann der

Betrieb jede Ausbringung pro ZE erreichen, die zwischen x_a und x_b liegt. Die zur Linearkombination gehörenden Kosten pro ZE werden durch die Gerade durch den Punkt A in Abbildung 4-21 repräsentiert.

Für den Betrieb stellt sich nun die Aufgabe, jene Linearkombination von Intensitäten zu suchen, bei der die Kostenfunktion möglichst niedrig liegt. Die zu wählende Linearkombination ist davon abhängig, aus welchem Intervall der Betrieb die Intensitäten wählen kann. Kann die minimale Intensität auf null gesetzt werden ($x_{min} = 0$), enthält die Linearkombination, die die Kosten pro ZE minimiert, die Intensität $x_1 = 0$ und die Intensität $x_2 = x_{opt}$ (Fahrstrahl an die Zeit-Kosten-Leistungsfunktion, der die Kostenfunktion berührt).

Jede Linearkombination aus anderen oder einer größeren Anzahl von Intensitäten aus dem Bereich zwischen $x = 0$ und x_{opt} führt zu höheren Kosten pro ZE. Die entsprechenden Kosten pro ZE liegen dann für jede Ausbringung pro ZE oberhalb der durch den Koordinatenursprung laufenden Tangente (Fahrstrahl) in Abbildung 4-21. Für die kostenminimale Linearkombination gibt die folgende Funktion die Kosten pro ZE für die beiden sinnvollerweise einzusetzenden Intensitäten an:

$$K = k(x_1) \cdot x_1 + k(x_2) \cdot x_2$$

Für x_1 bzw. x_2 ergibt sich bei zeitlicher Anpassung die Bedingung:

$$x_1 = 0 \quad \text{und} \quad x_2 = x_{opt}$$

t_1 und t_2 geben die **Anteile** an der Beschäftigungszeit an, in denen mit der Intensität x_1 bzw. x_2 gearbeitet wird. Die Summe dieser Anteile muß gleich eins sein ($t_1 + t_2 = 1$).[155]

Für die durchschnittliche Ausbringung pro ZE x ergibt sich dann die Beziehung:

$$x = x_1 \cdot t_1 + x_2 \cdot t_2$$

Mit dieser Linearkombination ist im Planungszeitraum maximal die Ausbringung von $x_{opt} \cdot t_{max}$ zu erreichen. In diesem Fall entfällt auf die Intensität $x = 0$ eine „Einsatzzeit" von null, d.h., es wird nur mit einer Intensität x_{opt} gearbeitet.

Wenn eine Ausbringungsmenge $M > x_{opt} \cdot t_{max}$ verlangt ist, führt eine Linearkombination aus mehreren Intensitäten zu höheren Kosten als die Wahl nur einer Intensität. Oberhalb von x_{opt} gelingt es nicht mehr, eine Linearkombination zu finden, die geringere Kosten verursacht als der Einsatz einer einzigen Intensität. Dieser Zusammenhang wird anhand der Abbildung 4-22 mit einer beliebigen Linearkombination aus zwei Intensitäten deutlich. Für die Intensität x_{opt} wird der Fahrstrahl aus dem Koordinatenursprung zur Tangente an die Kostenfunktion; x_{opt} ist damit die maximale Intensität, die gerade noch ohne Nachteil als Linearkombination aus zwei Intensitäten erreicht werden kann.

---

[155] Da bei zeitlicher Anpassung $x_1 = 0$ gilt, kann der obige Ansatz auf eine Intensität und Einsatzzeit als Variable verkürzt werden.

4.3 Produktions- und Kostentheorie auf der Basis einer limitationalen Produktionsfunktion

Aus der Tatsache, daß für $x > x_{opt}$ jede Linearkombination zu höheren Kosten pro ZE führt als ein Einsatz nur einer Intensität, folgt, daß es dann auch vorteilhaft ist, sich intensitätsmäßig nur mit einer Intensität anzupassen.

Für den Fall einer Mindestintensität $x_{min} > 0$ ist die kostenoptimale Linearkombination der Abbildung 4-22 unzulässig. Die günstigste Linearkombination für diesen Fall enthält die Intensität x_{min} und jene Intensität, bei der eine Gerade durch $K(x_{min})$ die Zeit-Kosten-Leistungsfunktion tangiert (siehe Abbildung 4-23).

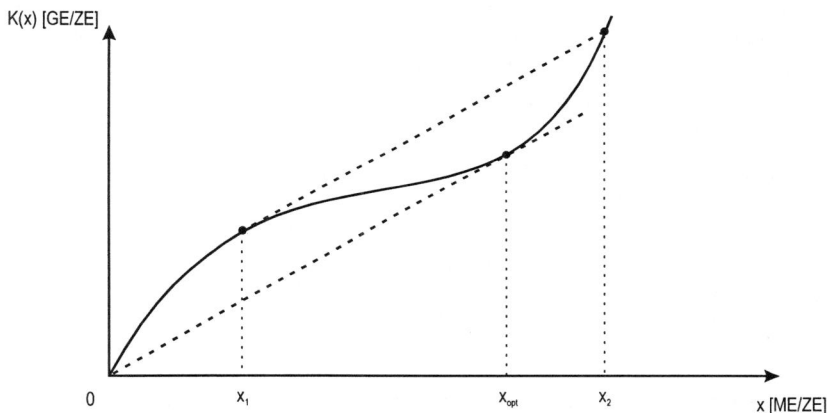

Abbildung 4-22

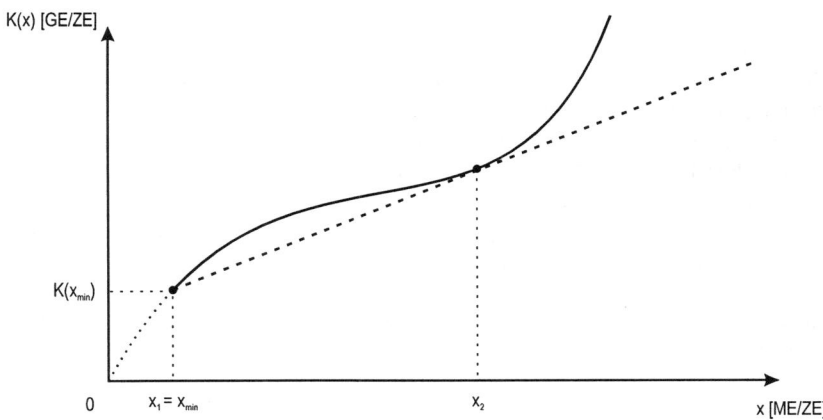

Abbildung 4-23

In diesem Fall setzt der Betrieb für Ausbringungsmengen pro ZE im Intervall $x_{min} \leq x \leq x_2$ zwei Intensitäten mit positivem Niveau ein (Intensitätssplitting). Ausbringungsmengen pro ZE oberhalb von x_2 werden wiederum durch intensitätsmäßige Anpassung mit nur einer Intensität produziert.

4. Entscheidungssituation

Im vierten Fall hängen die Kosten außer von der Intensität im Zeitpunkt τ auch vom Zustand des Produktionssystems in diesem Zeitpunkt ab. Ein Beispiel für zustandsabhängige Kosten kann neben Lagerkosten auch eine Ausschußquote sein, die von der Länge der Betriebszeit eines Aggregates bis zum Betrachtungszeitpunkt abhängig ist. Bei zustandsabhängigen Kosten ist es nicht mehr möglich, das dynamische Anpassungsproblem in ein äquivalentes statisches Modell zu transformieren. Wird in der vierten Entscheidungssituation dennoch mit einem statischen Modell gearbeitet, ist die abgeleitete Politik für das dynamische Problem im allgemeinen nicht optimal.

Dynamische Modelle für die Entscheidungssituation vier finden sich für einfache Problemsituationen – z.B. Absatz in einem Posten am Ende der Planungsperiode – in der Kontrolltheorie.[156] Kontrolltheoretische Ansätze haben sich bislang aber in der Kostentheorie nicht durchgesetzt, da deren rechnerische Auswertung sehr schnell auf unüberwindliche Grenzen stößt. Zudem führen diese Ansätze nur bei sehr hohen Lagerkostensätzen zu Funktionen $x(\tau)$, bei denen die optimale Intensität nennenswerte Veränderungen im Zeitablauf aufweist.[157]

Aus dem dynamischen Fall ergeben sich Politiken des Optimalverhaltens mit nicht gleichbleibender Intensität x im Zeitablauf. Erfolgt der gesamte Absatz einer Periode in einem Posten am Ende einer Periode, ist es optimal, mit einer niedrigen Intensität am Anfang der Periode beginnend, die Intensität kontinuierlich bis zum Ende der Planperiode zu erhöhen. Diese Wirkung auf die Funktion $x(\tau)$ resultiert aus den Lagerkosten, die sich bei einer bestimmten zeitlichen Verteilung der Produktion ergeben. Da eine am Anfang der Periode produzierte Mengeneinheit längere Zeit lagert, als eine am Ende der Periode erzeugte Mengeneinheit, hängen die einer bestimmten Ausbringungseinheit zuzuordnenden Lagerkosten vom Produktionszeitpunkt ab. Die Grenzlagerkosten einer am Anfang der Periode produzierten Mengeneinheit sind damit höher als die entsprechenden Kosten einer am Ende der Periode erstellten Mengeneinheit. Die Funktion $x(\tau)$ muß bei Optimalverhalten so gewählt werden, daß durch zeitliche Umverteilung der Produktion keine Kostensenkung möglich ist, d.h., die Summe aus Grenzproduktionskosten und Grenzlagerkosten muß in jedem Zeitpunkt gleich groß sein. Das ist wegen der im Zeitablauf sinkenden Grenzlagerkosten nur dann zu erreichen, wenn die Grenzproduktionskosten im Zeitablauf ansteigen. Die Gleichheit der Grenzkosten läßt sich folglich nur mit einer Funktion $x(\tau)$ erreichen, bei der die Intensität im Zeitablauf steigt.[158]

---

156 Vgl. z.B. zum Maximierungsprinzip Pontrjagin et al. (1967), S. 15 ff. und S. 228 ff.; Hadley/Kemp (1971).
157 Für einen Lagerkostensatz von null ist es wieder optimal, mit einer Funktion $x(\tau)$ mit gleichbleibender Intensität im Zeitablauf zu arbeiten; denn dann fallen auch keine Lagerkosten an, d.h., der Fall 4 geht in den Fall 3 über.
158 Vgl. Jaggi/Görlitz (1975), S. 84 ff.; Pun (1974), S. 43 ff.

4.3 Produktions- und Kostentheorie auf der Basis einer limitationalen Produktionsfunktion

In den folgenden Kostenanalysen wird in der vierten Entscheidungssituation darauf verzichtet, dynamische Modelle zu entwickeln. Vielmehr werden statische Modelle eingesetzt, die den Einfluß zustandsabhängiger Kosten auf die Politik nicht oder nur vereinfachend erfassen. Die vierte Entscheidungssituation wird somit im folgenden auf die zweite oder dritte Entscheidungssituation zurückgeführt. Als Folge dessen können dann auch nur die „Optimalpolitiken" für gleichbleibende Intensitäten im Zeitablauf entwickelt werden. Gleichbleibende Intensitäten gehören im vierten Fall aber im allgemeinen nicht zur Klasse des Optimalverhaltens. Die statische Betrachtung zeitigt folglich suboptimale Politiken.

4.3.2.2 Intensitätsmäßige und zeitliche Anpassung für ein einzelnes Aggregat

Für die zeitliche und intensitätsmäßige Anpassung auf einem Aggregat läßt sich das Planungsproblem durch die Zielfunktion

$$K_T(x;t) = k(x) \cdot x \cdot t \quad \rightarrow \quad \min$$

und die Restriktion

$$M = x \cdot t$$

beschreiben. Der Planende verfügt mit der Intensität x und der Produktionszeit t über zwei Aktionsparameter, über die er auf die Höhe der Kosten Einfluß nehmen kann.[159]

Für die Variablen des Problems sind zudem die Grenzen

$$x_{min} \leq x \leq x_{max} \quad \text{und}$$
$$0 \leq t \leq t_{max}$$

einzuhalten. Diese Grenzen bleiben für die Analyse allerdings zunächst unberücksichtigt. Eine der beiden Variablen des Problems, z.B. t = M/x, kann mit Hilfe der Nebenbedingung aus dem Ansatz eliminiert werden.

Nach der Substitution von t ist die Kostenfunktion nur noch von der Intensität x abhängig. M ist eine Konstante des Problems und kann in den Grenzen $0 \leq M \leq x_{max} \cdot t_{max}$ in beliebiger Höhe vorgegeben werden.

$$K_T(x) = k(x) \cdot x \cdot \frac{M}{x} = k(x) \cdot M \quad \rightarrow \quad \min$$

Die optimale Intensität zur Produktion von M kann mit Hilfe der ersten Ableitung der Funktion nach der Intensität x bestimmt werden.

---

159 Vgl. auch Kahle (1991), S. 46-65.

In der folgenden Analyse soll an die Stelle der allgemeinen Kostenfunktion $K_T(x;t)$ die folgende spezielle Funktion treten:

$$K_T(x) = (a - bx + cx^2) \cdot M \quad \rightarrow \quad \min$$

Für die erste Ableitung gilt dann:

$$\frac{dK_T}{dx} = (-b + 2cx) \cdot M \overset{!}{=} 0 \qquad \text{[Optimalitätsbedingung]}$$

Optimal ist diejenige Intensität x_{opt}, bei der die erste Ableitung gleich null ist. Die optimale Intensität x_{opt} ist durch den folgenden Ausdruck gekennzeichnet:

$$x_{opt} = \frac{b}{2c}$$

Mit Hilfe der Bedingung $M = x \cdot t$ kann alternativ die optimale Beschäftigungszeit des Aggregates mit

$$t_{opt} = \frac{M}{x_{opt}} = \frac{2cM}{b}$$

bestimmt werden. Aus der Optimalitätsbedingung folgt, daß der Betrieb, gleichgültig welche Menge produziert werden soll, mit der Intensität x_{opt} arbeiten möchte, um die Kosten zu minimieren. In Abhängigkeit vom Niveau der konstant gesetzten Ausbringung M wählt er dann die Einsatzzeit t des Aggregates. Für eine vorgegebene Ausbringung von $M = 0$ ist t_{opt} ebenfalls gleich null. Wird die Ausbringung erhöht, wird die Einsatzzeit t_{opt} heraufgesetzt. Für steigende Ausbringungsmengen paßt sich der Betrieb damit zeitlich mit der Intensität x_{opt} an.

Für die Einsatzzeit t existiert die obere Grenze $t \leq t_{max}$, d.h., t darf das Niveau t_{max} nicht überschreiten. Als Folge dieser zeitlichen Begrenzung ist die mit der optimalen Intensität x_{opt} zu erreichende Ausbringungsmenge M* nach oben durch

$$t_{max} = \frac{2cM^*}{b} \quad \text{bzw.} \quad M^* = \underbrace{\frac{b}{2c}}_{x_{opt}} \cdot t_{max}$$

beschränkt. Will der Betrieb Mengen $M > M^*$ produzieren, kann er dieses nicht mehr mit der optimalen Intensität x_{opt}. Die erreichte Zeitgrenze $t = t_{max}$ zwingt ihn vielmehr, mit einer von x_{opt} abweichenden, höheren Intensität zu arbeiten. Mit dieser höheren Intensität muß dann in der gesamten Zeit t_{max} gearbeitet werden, d.h., der Betrieb muß von Anfang an die höhere Intensität einsetzen. Der Betrieb paßt sich dann intensitätsmäßig an. Das Anpassungsverhalten ist in der Abbildung 4-24 zusammengefaßt.

Diese Abbildung ist folgendermaßen zu interpretieren: Für Ausbringungsmengen von $M = 0$ bis $M = M^*$ arbeitet der Betrieb mit x_{opt} und paßt sich im Intervall $0 \leq t \leq t_{max}$ zeitlich an. Im Punkt A erreicht die Ausbringung das mit x_{opt} maximal erreichbare Niveau

4.3 Produktions- und Kostentheorie auf der Basis einer limitationalen Produktionsfunktion 343

$M^* = x_{opt} \cdot t_{max}$. Für $M > M^*$ geht der Betrieb zur intensitätsmäßigen Anpassung über, d.h., er erhöht bei konstanter Einsatzzeit $t = t_{max}$ die Intensität über x_{opt} hinaus, bis die maximale Menge $M_{max} = x_{max} \cdot t_{max}$ in Punkt C erreicht ist.

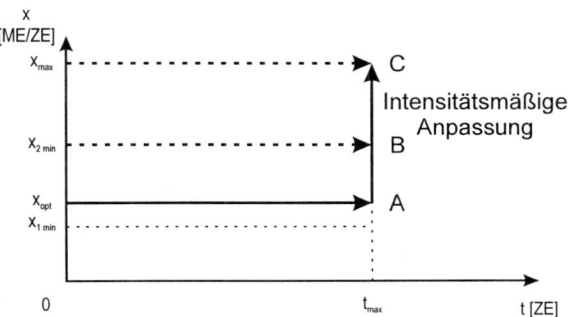

Abbildung 4-24

Für den Anpassungsprozeß ist die minimale Intensität x_{min} ohne Bedeutung, solange $x_{min} < x_{opt}$ gilt. Diese Bedingung ist für die in Abbildung 4-24 eingezeichnete Intensität x_{1min} erfüllt. Ist die minimale Intensität x_{min} jedoch größer als x_{opt}, was zutrifft, wenn in Abbildung 4-24 x_{2min} gilt, dann liegt die optimale Intensität nicht im technisch zulässigen Intensitätsintervall. Der Betrieb kann sich dann zeitlich nicht mit x_{opt} anpassen. Aufgrund des u-förmigen Verlaufs der Mengen-Kosten-Leistungsfunktion ist es dann optimal, zeitliche Anpassung mit der niedrigsten technisch zulässigen Intensität, also mit x_{min} zu betreiben, da für diese Intensität im Definitionsbereich von t die niedrigsten Kosten pro ME (Grenzkosten bei zeitlicher Anpassung) gelten (siehe Abbildung 4-25).

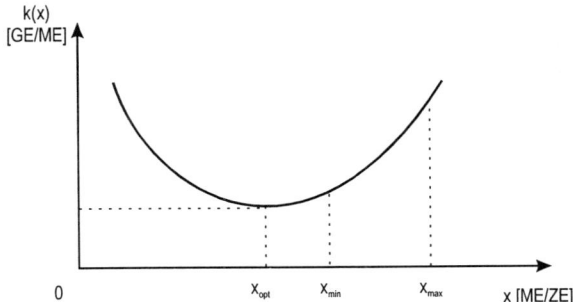

Abbildung 4-25

Für die beiden Intervalle des Anpassungsverhaltens der Abbildung 4-24 existieren jeweils spezifische Grenzkosten in bezug auf die Ausbringung. Um diese Grenzkosten bestimmen zu können, ist nunmehr M die Variable des Problems und jeweils einer der beiden Anpassungsparameter x oder t eine Konstante.

Für die **zeitliche Anpassung** wird die Intensität in der Funktion:

$$K_T(x) = (a - bx + cx^2) \cdot M \rightarrow \min$$

mit x_{opt} vorgegeben. Die Grenzkosten in bezug auf M sind dann aus der Ableitung der Kostenfunktion nach M zu entwickeln.

$$K^Z_T(M) = (a - bx_{opt} + cx^2_{opt}) \cdot M$$

$$\frac{dK^Z_T(M)}{dM} = a - bx_{opt} + cx^2_{opt} = k(x_{opt})$$

Bei **intensitätsmäßiger Anpassung** wird die Einsatzzeit des Aggregates $t = t_{max}$ vorgegeben. Die Variablen des Problems sind dann die Intensität x und die Ausbringung M, wobei die Intensität durch $x = M/t_{max}$ substituiert werden kann. Die Grenzkosten in bezug auf die Ausbringung bei intensitätsmäßiger Anpassung entsprechen der Ableitung der Kostenfunktion nach M:

$$K^I_T(M) = \left[a - \frac{bM}{t_{max}} + c\left(\frac{M}{t_{max}}\right)^2\right] \cdot M$$

$$\frac{dK^I_T(M)}{dM} = a - \frac{2bM}{t_{max}} + \frac{3cM^2}{t^2_{max}}$$

Da bekanntlich $M/t_{max} = x$ gilt, können die von der Ausbringung M abhängigen Grenzkosten bei intensitätsmäßiger Anpassung auch als abhängig von x dargestellt werden.

$$\frac{dK^I_T(M)}{dM} = a - 2bx + 3cx^2$$

Die Grenzkostenfunktionen bei zeitlicher bzw. intensitätsmäßiger Anpassung in Abhängigkeit von x sind in Abbildung 4-26 graphisch dargestellt.

4.3 Produktions- und Kostentheorie auf der Basis einer limitationalen Produktionsfunktion   345

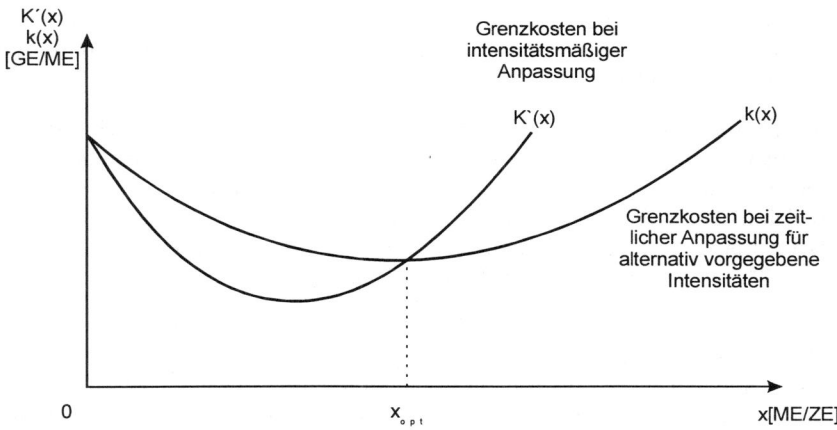

Abbildung 4-26

Werden die Grenzkosten auf die Ausbringung M bezogen, führt das zur Abbildung 4-27.[160]

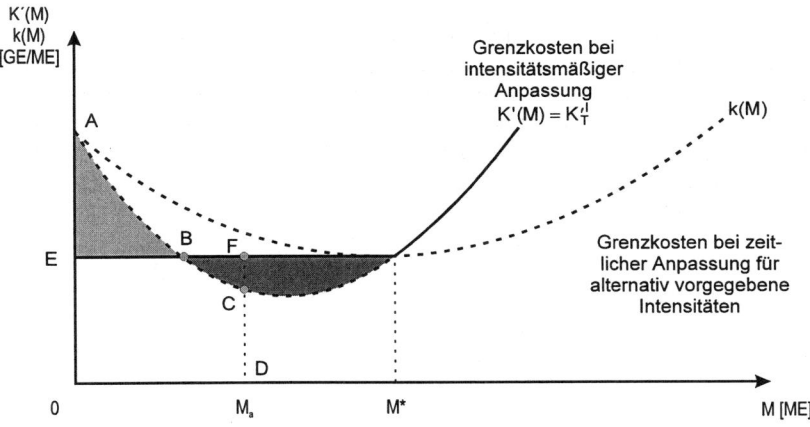

Abbildung 4-27

Aus Abbildung 4-27 wird wieder der Anpassungsprozeß deutlich, wie er in Abbildung 4-24 dargestellt wurde.

Bei Ausbringungsmengen $M \leq M^*$ ist es optimal, sich mit der Optimalintensität zeitlich anzupassen. Soll genau die Menge M^* produziert werden, wird das Aggregat mit seiner maximalen Einsatzzeit und der Optimalintensität eingesetzt. Für Ausbringungen, die über M^* liegen, ist eine intensitätsmäßige Anpassung erforderlich, d.h., das Aggregat arbeitet mit seiner maximalen Einsatzzeit, und die Intensität wird je nach Ausbringungsmenge variiert.

---

160 Diese beiden Grenzkostenfunktionen in Abbildung 4-27 leiten sich aus denen der Abbildung 4-26 ab, indem die Abszisse (x) der Abbildung 4-26 mit der maximalen Einsatzzeit t_{max} multipliziert wird.

Der fett gedruckte Kurvenzug in der Abbildung 4-27 kennzeichnet den Verlauf der Grenzkosten in Abhängigkeit von der Ausbringungsmenge bei Optimalverhalten (Grenzkostenkurve des Optimalverhaltens).

Daß tatsächlich zunächst eine zeitliche Anpassung optimal ist, obwohl die Grenzkosten bei intensitätsmäßiger Anpassung bei der Ausbringungsmenge M_a niedriger sind als die Grenzkosten bei zeitlicher Anpassung, soll kurz verdeutlicht werden. Für das Optimalverhalten sind letztlich nicht die Grenzkosten, sondern die Gesamtkosten entscheidungsrelevant. Die Gesamtkosten bei zeitlicher und intensitätsmäßiger Anpassung ergeben sich jeweils als die Integrale – Flächen – unter den entsprechenden Grenzkostenkurven.

Für die Ausbringungsmenge M_a fallen bei intensitätsmäßiger Anpassung Gesamtkosten an, die der Fläche 0ACD unter der Grenzkostenkurve (AC) entsprechen. Bei zeitlicher Anpassung entstehen lediglich Gesamtkosten in Höhe des Rechtecks 0EFD. Gegenüber der intensitätsmäßigen Anpassung bringt also die zeitliche Anpassung einen Kostenvorteil in Höhe des schraffierten Feldes EAB und einen wesentlich kleineren Kostennachteil BFC. Erst bei der Ausbringungsmenge M^* gleichen sich das Vorteils- und das Nachteilsfeld beider Anpassungsformen aus. Bis zur Ausbringungsmenge M^* ist daher stets eine zeitliche Anpassung vorzuziehen.

Auch eine andere Darstellungsform des Gesamtkostenvergleichs verdeutlicht, daß im Ausbringungsintervall $0 \leq M \leq x_{opt} \cdot t_{max}$ die zeitliche der intensitätsmäßigen Anpassung überlegen ist. Die Kostenkurve K_T bei zeitlicher Anpassung mit der optimalen Intensität x_{opt} (Fahrstrahl (1) in Abbildung 4-28) berührt die s-förmige Kostenfunktion K_T bei intensitätsmäßiger Anpassung bei der Ausbringung $x_{opt} \cdot t_{max} = M^*$. In diesem Punkt sind die Steigungen beider Kostenfunktionen – Grenzkosten – gleich hoch. Der Fahrstrahl (1) ist nur bis zur Ausbringung M^* definiert, da danach $t > t_{max}$ gelten würde.

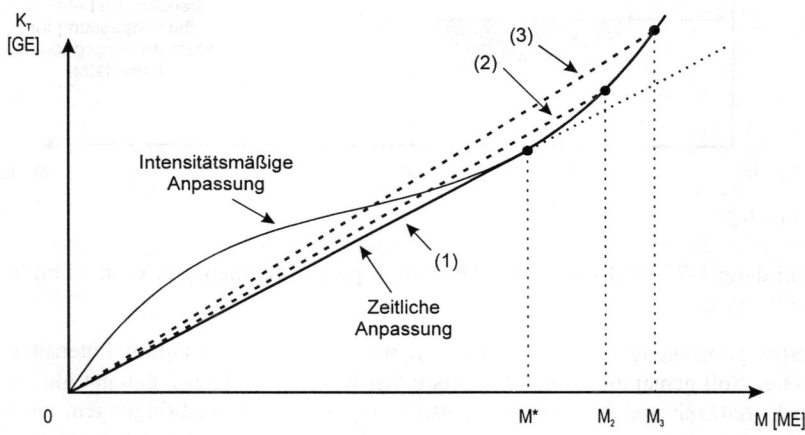

Abbildung 4-28

Aus der Abbildung 4-28 ist ebenfalls ersichtlich, daß zeitliche Anpassung mit einer Intensität $x > x_{opt}$ – Anpassung entlang den Kostenkurven (2) oder (3) – für Ausbringungsmengen

4.3 Produktions- und Kostentheorie auf der Basis einer limitationalen Produktionsfunktion

$M > M^*$ nicht sinnvoll sein kann, da die Kostenkurve (1) immer unterhalb der beiden Kostenkurven (2) bzw. (3) verläuft. Andererseits lassen sich dadurch aber erst Ausbringungsmengen $M > M^*$ (M_2 oder M_3) herstellen. Intensitätsmäßige Anpassung bedeutet also im Grunde zeitliche Anpassung mit Intensitäten $x > x_{opt}$ und $t = t_{max}$. Die Kostenkurve K_T bei intensitätsmäßiger Anpassung wird durch die Endpunkte des sich ergebenden Fahrstrahlenbündels gebildet, und nur diese werden sinnvollerweise realisiert.

Die Gesamtkostenkurve des Optimalverhaltens ist in Abbildung 4-28 stärker eingezeichnet. Diese Kostenkurve ist zunächst mit dem Fahrstrahl (1) (zeitliche Anpassung) identisch und schwenkt dann auf den s-förmigen Verlauf bei intensitätsmäßiger Anpassung ein.

Die Kostenfunktion der Planperiode bei optimaler Wahl der Anpassungsformen – zunächst zeitlich mit x_{opt}, dann intensitätsmäßig – kann allgemein durch die folgende Funktion beschrieben werden:[161]

$$K_T(M) = \begin{cases} \alpha M & ; \quad 0 \leq M \leq M^* \\ aM - \dfrac{bM^2}{t_{max}} + \dfrac{cM^3}{t_{max}^2} & ; \quad M^* \leq M \leq M_{max} \end{cases}$$

In dieser Funktion steht α für die Höhe der Kosten $k(x_{opt})$ pro Stück bei zeitlicher Anpassung, die zugleich den Grenzkosten für diese Anpassungsform entsprechen.[162]

Zur optimalen Gesamtkostenfunktion gehört die Grenzkostenfunktion

$$K'_T(M) = \begin{cases} \alpha & ; \quad 0 \leq M \leq M^* \\ a - \dfrac{2bM}{t_{max}} + \dfrac{3cM^2}{t_{max}^2} & ; \quad M^* \leq M \leq M_{max} \end{cases}$$

4.3.2.3 Wirkung von Preisänderungen auf den Anpassungsprozeß, dargestellt an verschiedenen Varianten zur Arbeitszeitverkürzung[163]

Für zwei an einem Aggregat einzusetzende Produktionsfaktoren gelten die beiden folgenden bewerteten Verbrauchsfunktionen:

$$k_1 = p_1 \left(a_1 - b_1 x + c_1 x^2 \right)$$
$$k_2 = p_2 \left(a_2 - b_2 x + c_2 x^2 \right)$$

---

161 Vgl. Adam (1973a), S. 158.
162 Es gilt $\alpha = k(x_{opt}) = k(b/2c) = a - b2/4c$ (wenn $b/2c \geq x_{min}$) und für $k(x) = a - bx + cx^2$ gesetzt wird.
163 Vgl. auch Pack (1984), S. 842ff., der den Einfluß der Faktorpreise auf die optimale Fahrgeschwindigkeit von Kraftfahrzeugen untersucht.

Aus den beiden Funktionen leitet sich die Mengen-Kosten-Leistungsfunktion ab:

$$k(x) = p_1(a_1 - b_1 x + c_1 x^2) + p_2(a_2 - b_2 x + c_2 x^2)$$

Die Mengen-Kosten-Leistungsfunktion erreicht ihren minimalen Wert dort, wo die erste Ableitung nach x gleich null ist.

$$k'(x) = -(p_1 b_1 + p_2 b_2) + 2(p_1 c_1 + p_2 c_2) \cdot x \stackrel{!}{=} 0$$

Daraus folgt für x_{opt}:

$$x_{opt} = \frac{p_1 b_1 + p_2 b_2}{2(p_1 c_1 + p_2 c_2)}$$

Anhand der Gleichung für x_{opt} sowie der Gleichung k(x) ist die Wirkung von Faktorpreisänderungen zu analysieren:

- Aus der Kostenfunktion k(x) wird deutlich, daß Preiserhöhungen eines Faktors bei gleicher Leistung zu höheren Kosten pro Mengeneinheit des Erzeugnisses führen, was als **direkte Preiswirkung** bezeichnet wird.
- Preisänderungen eines Faktors können aber auch einen Einfluß auf die Lage der kostenoptimalen Intensität x_{opt} haben. Dieser Einfluß wird **indirekte Preiswirkung** genannt.

Im folgenden soll die Wirkung von Preisänderungen am Beispiel einer Verkürzung der wöchentlichen Arbeitszeit von 40 auf 35 Stunden verdeutlicht werden. Hinsichtlich des Charakters der Lohnkosten sind einige zusätzliche Überlegungen erforderlich. Nach heutigen Tarifverträgen und dem Kündigungsschutzgesetz fallen Lohnkosten i.d.R. bei kurzfristiger Betrachtungsweise unabhängig von der Auslastung der übrigen im Produktionsprozeß eingesetzten Faktoren an; sie werden nach Kalenderzeit und nicht nach Produktionszeit t bezahlt. Es sind aber auch Fälle denkbar, in denen die Lohnkosten in bezug auf die Produktionszeit t variabel sind, das gilt z.B. für die Lohnkosten von Leihkräften. Beide Fälle sollen im folgenden betrachtet werden.[164]

Es wird zunächst unterstellt, daß der **Lohn variabel in bezug auf die Produktionszeit t** ist, d.h., der Lohn wird nur bezahlt, wenn auch produziert wird.

Ein nach Kostenminimierung strebender Betrieb möge zur Herstellung eines Produktes drei Produktionsfaktoren benötigen: Energie (1), menschliche Arbeitsleistung (2) und einen Rohstoff (3). Folgende bewertete Verbrauchsfunktionen sind in der Ausgangssituation für ein bestimmtes Aggregat ermittelt worden:

---

164 Vgl. hierzu auch Pack (1984), S. 852 f.

4.3 Produktions- und Kostentheorie auf der Basis einer limitationalen Produktionsfunktion

$k_1(x) = 0,1x^2 - 4x + 42$ $[GE/ME]$ Energie

$k_2(x) = \dfrac{625}{x}$ $[GE/ME]$ menschliche Arbeit

$k_3(x) = 18$ $[GE/ME]$ Rohstoff

Die Intensität kann in den Grenzen $0 \leq x \leq 40$ variiert werden. Aus den bewerteten Verbrauchsfunktionen ist durch Aggregation die Mengen-Kosten-Leistungsfunktion abzuleiten:

$$k(x) = \sum_{h=1}^{3} k_h(x) = 60 - 4x + 0,1x^2 + \frac{625}{x} \quad [GE/ME]$$

Die Zeit-Kosten-Leistungsfunktion lautet dementsprechend:

$$K(x) = 60x - 4x^2 + 0,1x^3 + 625 \quad [GE/ZE]$$

und für die Gesamtkostenfunktion der Planperiode (1 Woche) in Abhängigkeit von der Ausbringungsmenge M gilt:

$$K_T(M) = k(x) \cdot M = K(x) \cdot t = 60M - \frac{4M^2}{t} + \frac{0,1M^3}{t^2} + 625\,t \quad [GE]$$

Für die kostenoptimale Intensität ergibt sich:

$$\frac{dk(x)}{dx} = -4 + 0,2x - \frac{625}{x^2} \stackrel{!}{=} 0$$

Daraus folgt $x_{opt} = 25$.

Für diese Intensität errechnen sich Stückkosten (Grenzkosten bei zeitlicher Anpassung) von

$$k(x_{opt}) = 60 - 4 \cdot 25 + 0,1 \cdot 25^2 + \frac{625}{25} = 47,5 \quad [GE/ME]$$

Bei einer 40-Stunden-Woche mit $0 \leq t \leq 40$ können mit der optimalen Intensität bis zu 1000 ME produziert werden. Bei einer höheren Ausbringungsmenge ist eine intensitätsmäßige Anpassung erforderlich; es wird dann auf jeden Fall 40 Stunden gearbeitet, wobei die Intensität je nach Ausbringungsmenge variiert wird. Maximal können 1600 ME hergestellt werden. Die Gesamtkostenfunktion bei Optimalverhalten lautet bei einer 40-Stunden-Woche:

$$K_T(M) = \begin{cases} 47,5M & ; \quad 0 \leq M \leq 1000 \\ & \quad \text{(zeitliche Anpassung)} \\ 60M - 0,1M^2 + \dfrac{0,1M^3}{1600} + 25000 & ; \quad 1000 \leq M \leq 1600 \\ & \quad \text{(intensitätsmäßige Anpassung)} \end{cases}$$

Diese Kostenfunktion bei intensitätsmäßiger Anpassung ergibt sich, wenn in die Funktion $K_T(M) = K(x) \cdot t$ für $t = 40$ eingesetzt wird.

Im folgenden werden zwei Fälle unterschieden: die 35-Stunden-Woche ohne Lohnausgleich und die 35-Stunden-Woche mit Lohnausgleich.

Bei einer 35-Stunden-Woche **ohne Lohnausgleich** bleibt die Gesamtkostenfunktion $K_T(M) = k(x) \cdot t \cdot x$ erhalten. Die wöchentliche Arbeitszeit beträgt maximal 35 Stunden ($t_{max} = 35$), und für diese Zeit wird auch nur ein Verdienst gewährt.

Eine zeitliche Anpassung ist dann lediglich bis zu einer Ausbringungsmenge von 875 ME = $25 \cdot 35$ ($x_{opt} \cdot t_{max}$) möglich. Bei größeren Ausbringungsmengen ist wieder intensitätsmäßige Anpassung erforderlich. Maximal können allerdings nur noch 1400 ME ($t_{max} = 35$) ausgebracht werden.

Die Gesamtkostenfunktion bei Optimalverhalten lautet nunmehr:

$$K_T(M) = \begin{cases} 47{,}5M & ; \quad 0 \leq M \leq 875 \\ 60M - \dfrac{4M^2}{35} + \dfrac{0{,}1M^3}{1225} + 21875 & ; \quad 875 \leq M \leq 1400 \end{cases}$$

Die Abbildung 4-29 zeigt den Verlauf der Gesamtkostenkurven bei Optimalverhalten im Fall der 35-Stunden-Woche ohne Lohnausgleich und im Fall der 40-Stunden-Woche. Bis zu einer Ausbringungsmenge von 875 ME ergeben sich gleiche Gesamtkosten. Bei größeren Ausbringungsmengen ist die 35-Stunden-Woche teurer, weil schon bei einer niedrigeren Ausbringungsmenge als bei der 40-Stunden-Woche eine intensitätsmäßige Anpassung erforderlich wird.

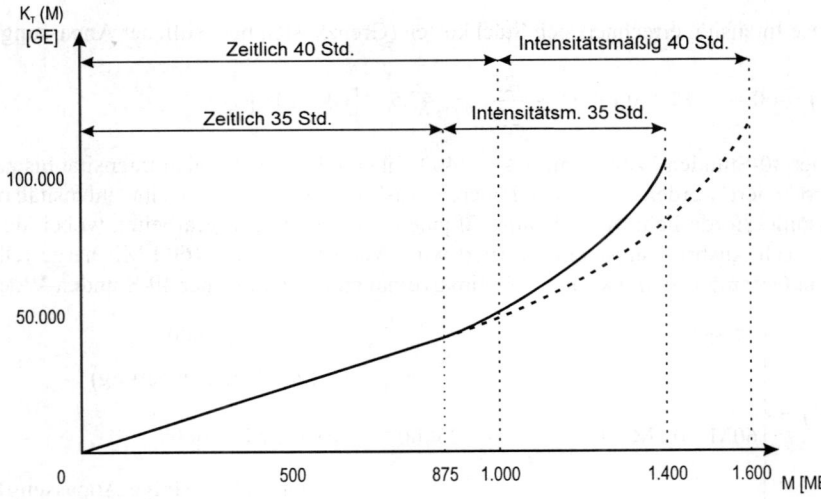

Abbildung 4-29

4.3 Produktions- und Kostentheorie auf der Basis einer limitationalen Produktionsfunktion

Die Verkürzung der Wochenarbeitszeit von 40 auf 35 Stunden **bei vollem Lohnausgleich** bedeutet für die Arbeitnehmer, daß sie bei einer wöchentlichen Arbeitszeit von nur 35 Stunden genauso viel verdienen wie sonst in 40 Stunden. Für das Unternehmen folgt daraus, daß die Lohnkosten je Arbeitsstunde um 14,29 % steigen.[165] Der Lohnkostensatz steigt damit von 625 [GE/ZE] auf 625 · 1,1429 = 714,29 [GE/ZE]. Folglich verliert die bisherige Mengen-Kosten-Leistungsfunktion ihre Gültigkeit. Es ergibt sich folgende neue Mengen-Kosten-Leistungsfunktion:

$$k(x) = 60 - 4x + 0{,}1x^2 + \frac{714{,}29}{x} \quad [GE/ME]$$

Für den Anpassungsprozeß muß daher auch die Optimalintensität neu bestimmt werden. Sie erhöht sich von 25 [ME/ZE] auf 25,495 [ME/ZE]. Die Stückkosten bei x_{opt} steigen von ursprünglich 47,5 [GE/ME] auf nunmehr 51,04 [GE/ME] an.

Der Betrieb wird sich bei Optimalverhalten bis zu einer Ausbringungsmenge von 892 ME = 25,495 · 35 zeitlich mit der Optimalintensität x_{opt} = 25,495 anpassen. Bei Optimalverhalten ergibt sich folgende Gesamtkostenfunktion:

$$K_T(M) = \begin{cases} 51{,}04M & ; \quad 0 \leq M \leq 892 \\ 60M - \dfrac{4M^2}{35} + \dfrac{0{,}1M^3}{1225} + 25000 & ; \quad 892 \leq M \leq 1400 \end{cases}$$

Die Abbildung 4-30 läßt erkennen, daß bei zeitlicher und intensitätsmäßiger Anpassung die Gesamtkosten der 35-Stunden-Woche bei vollem Lohnausgleich immer höher liegen als die Gesamtkosten bei einer 40-Stunden-Woche.

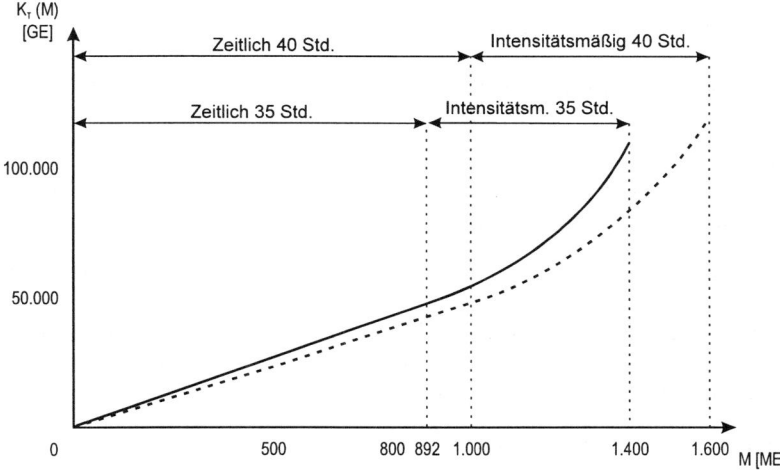

Abbildung 4-30

---

[165] 40/35 = 1,1429.

Im zweiten Fall ist der **Lohn zu den Fixkosten zu rechnen**, d.h., er ist unabhängig von der effektiven Beschäftigungszeit. Damit verändert sich die Ausgangssituation für die 40-Stunden-Woche; denn der Lohn fällt nunmehr unabhängig davon an, ob das Aggregat eingesetzt wird oder nicht. Er muß für die maximale Arbeitszeit gezahlt werden. Es gilt dann die neue Zeit-Kosten-Leistungsfunktion:

$$K(x) = 60x - 4x^2 + 0{,}1x^3 \quad [GE/ZE]$$

Unter Berücksichtigung der fixen Lohnkosten von $625 \cdot t_{max}$ ergibt sich die Gesamtkostenfunktion in Abhängigkeit von der Ausbringungsmenge M:

$$K_T(M) = 60M - \frac{4M^2}{t} + \frac{0{,}1M^3}{t^2} + 625 \cdot t_{max}$$

Bei einer wöchentlichen Arbeitszeit von 40 Stunden ist es optimal, sich zunächst mit der neuen Optimalintensität von 20 [ME/ZE] zeitlich anzupassen.[166] Die Optimalintensität ist in diesem Fall kleiner als bei produktionszeitabhängigem Lohn, da die Lohnkosten nicht mehr entscheidungsrelevant sind. Bis zu einer Ausbringungsmenge von $20 \cdot 40 = 800$ [ME] wird sich der Betrieb zeitlich anpassen. Bei größeren Ausbringungsmengen ist intensitätsmäßige Anpassung erforderlich.

Bei Optimalverhalten gilt die folgende Gesamtkostenfunktion.[167] Die fixen Lohnkosten betragen dabei $625 \cdot 40 = 25000$.

$$K_T(M) = \begin{cases} 20M + 25000 & ; \quad 0 \leq M \leq 800 \\ 60M - 0{,}1M^2 + \dfrac{0{,}1M^3}{1600} + 25000 & ; \quad 800 \leq M \leq 1600 \end{cases}$$

Im folgenden sollen wieder die beiden Unterfälle ohne und mit Lohnausgleich unterschieden werden.

Bei einer Arbeitszeit von 35 Stunden in der Woche **ohne Lohnausgleich** ändert sich die optimale Intensität bei zeitlicher Anpassung gegenüber der 40-Stunden-Woche nicht. Es ändert sich lediglich der Definitionsbereich für die Produktionszeit.

Bis zu einer Ausbringungsmenge von $35 \cdot 20 = 700$ [ME] in der Woche paßt sich der Betrieb mit der Optimalintensität von 20 [ME/ZE] zeitlich an, $k_v(x_{opt})$ beträgt dann 20 [GE/ME]. Bei einer größeren Ausbringungsmenge ist nur eine intensitätsmäßige Anpassung möglich, d.h., das Aggregat arbeitet auf jeden Fall 35 Stunden in der Woche, wobei die Intensität je nach Produktionsmenge variiert wird.

Ohne Lohnausgleich sinken die Lohnkosten auf $625 \cdot 35 = 21875$.

---

166 $dk(x)/dx = -4 + 0{,}2x = 0 \Rightarrow x_{opt} = 20$

167 Die Gesamtkosten bei intensitätsmäßiger Anpassung ergeben sich, wenn in $K_T(M)$ für $t = 40$ eingesetzt wird.

4.3 Produktions- und Kostentheorie auf der Basis einer limitationalen Produktionsfunktion 353

Die Gesamtkostenfunktion bei Optimalverhalten lautet dann:

$$K_T(M) = \begin{cases} 20M + 21875 & ; \quad 0 \leq M \leq 700 \\ 60M - \dfrac{4M^2}{35} + \dfrac{0{,}1M^3}{1225} + 21875 & ; \quad 700 \leq M \leq 1400 \end{cases}$$

Ein Vergleich der Gesamtkosten bei einer 40- und 35-Stunden-Woche ohne Lohnausgleich zeigt, daß bis zu einer Ausbringungsmenge von 934 ME[168] eine wöchentliche Arbeitszeit von 35 Stunden ohne Lohnausgleich kostengünstiger ist als die 40-Stunden-Woche. Bei größeren Ausbringungsmengen ist die Produktion während einer Arbeitszeit von nur 35 Stunden auch ohne Lohnausgleich teurer (siehe Abbildung 4-31).

Auch bei einer 35-Stunden-Woche **mit vollem Lohnausgleich** ändert sich die Optimalintensität nicht. Sie liegt weiterhin bei 20 [ME/ZE], da die Lohnkosten in bezug auf die Beschäftigungszeit t fix sind.

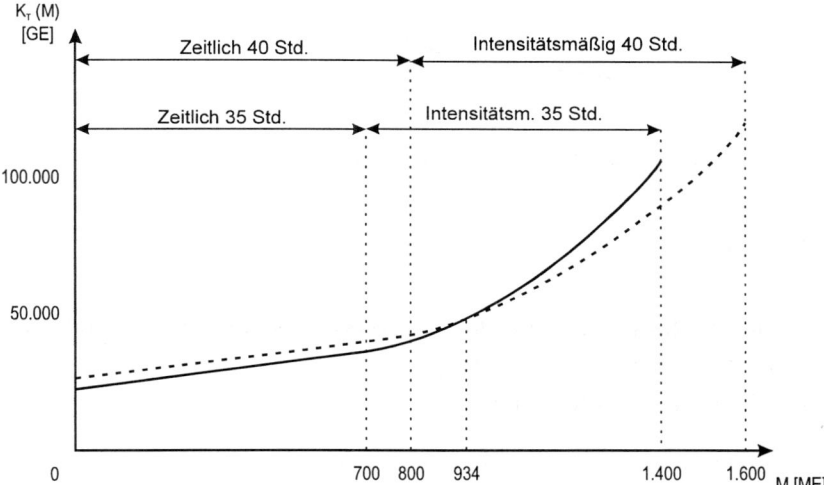

Abbildung 4-31

Die Gesamtkostenfunktion lautet:[169]

$$K_T(M) = \begin{cases} 20M + 25000 & ; \quad 0 \leq M \leq 700 \\ 60M - \dfrac{4M^2}{35} + \dfrac{0{,}1M^3}{1225} + 25000 & ; \quad 700 \leq M \leq 1400 \end{cases}$$

---

168 934 ME entsprechen im Beispiel dem Schnittpunkt der Gesamtkosten für eine 40- sowie für eine 35-Stunden-Woche.

169 Für die Lohnkosten gilt 625 · 1,1429 · 35 = 625 · 40 = 25000.

Die Abbildung 4-32 läßt erkennen, daß sich bis zu einer Ausbringungsmenge von 700 ME die Gesamtkosten pro Woche bei einer 35-Stunden-Woche mit Lohnausgleich und bei einer 40-Stunden-Woche entsprechen. Bei größeren Ausbringungsmengen liegen die Gesamtkosten bei einer 35-Stunden-Woche mit vollem Lohnausgleich über denen der 40-Stunden-Woche.

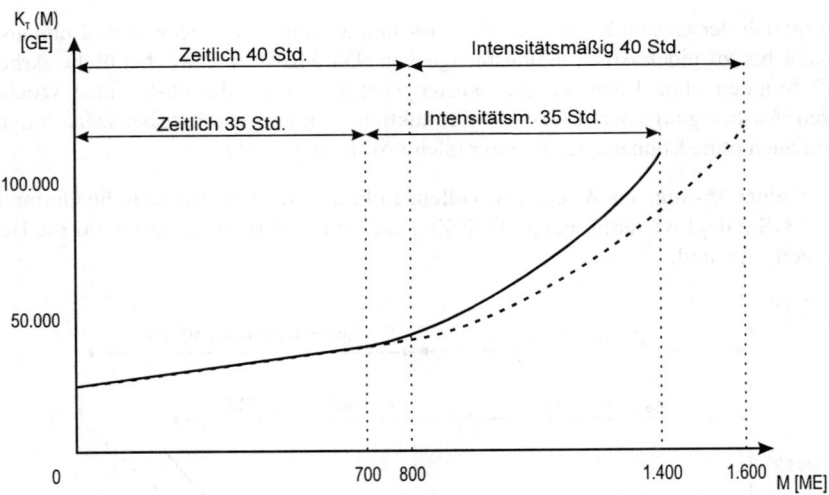

Abbildung 4-32

4.3.2.4 Die Wirkung ökologischer Restriktionen auf die zeitliche und intensitätsmäßige Anpassung

4.3.2.4.1 Emissionsfunktionen

Die Untersuchungen zur Anpassung eines Aggregates gingen bislang von einer klassischen Definition der Produktionsfaktoren aus. Betrachtet wurden Faktoreinsatzmengen wie Rohstoffe, Maschinen und Arbeitskraft. Zudem wurde unterstellt, daß diese Produktionsfaktoren keine Engpässe haben, die die Einsatzmengen limitieren.[170] Im folgenden wird auch der Umweltverbrauch bei der Produktion in Form von Emissionen mit in die Analyse einbezogen, und es wird untersucht, wie sich der Anpassungsprozeß durch Gebühren für Emissionen oder Auflagen für das maximal zulässige Niveau der Emissionen verändert.[171] Die Begrenzung der zulässigen Emissionen durch Auflagen ist dabei formal mit der Problemstellung mit begrenzt verfügbaren Rohstoffmengen identisch.

---

170 Diese Definition des Produktionsfaktors vernachlässigt den Umweltverbrauch durch die Produktion. Vgl. Dyckhoff (1990), S. 13 ff.; Schreiner (1996), S. 17 ff.; Steven (1990), S. 3 f.; Strebel (1980), S. 38 ff.

171 Vgl. dazu Plein (1989).

4.3 Produktions- und Kostentheorie auf der Basis einer limitationalen Produktionsfunktion

Es soll nur der generelle Einfluß von Gebühren und Emissionsgrenzen (Rohstoffgrenzen) auf den Anpassungsprozeß betrachtet werden. Die Untersuchung wird deshalb auf den einfachen Fall eines einzigen Schadstoffes und einer Maschine beschränkt. Es wird angenommen, daß der Einsatz einer Maschine eine Emission verursacht, deren Niveau je produzierter Erzeugniseinheit von der gewählten Intensität abhängig ist. Unterstellt wird ein U-förmiger Verlauf der „Stückemissionsfunktion" in Abhängigkeit von der Intensität. Der Zusammenhang zwischen Intensität und Schadstoffausstoß s(x) je Mengeneinheit bzw. den variablen Stückkosten k(x) und der Intensität ist folgender Zeichnung zu entnehmen.

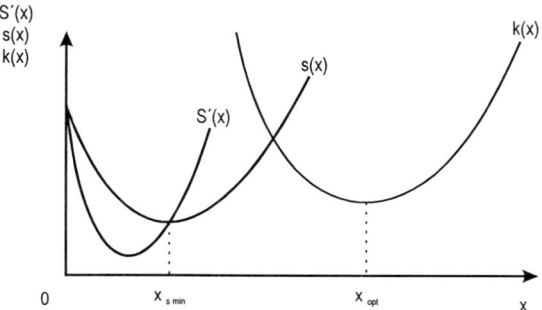

Abbildung 4-33

Für die Kostenfunktion pro Mengeneinheit sowie die Emissionen pro Stück wurden die folgenden funktionalen Zusammenhänge unterstellt.

$$k(x) = a - bx + cx^2$$
$$s(x) = m - px + qx^2$$

Praktische Beispiele für näherungsweise U-förmig verlaufende Stückemissionsfunktionen bieten die Schadstoffemissionen von Kraftfahrzeugen, untersucht in einer Studie des TÜV Rheinland.[172]

Aus der Emissionsfunktion s(x) kann auf den Massenstrom S(x) an Emissionen geschlossen werden, wenn die „Stückemissionsfunktion" mit der Intensität multipliziert wird. Der Massenstrom beschreibt die Emission pro Zeiteinheit. In Abbildung 4-35 sind zusätzlich noch die Kosten K(x) pro Zeiteinheit bei intensitätsmäßiger Anpassung eingetragen.

$$S(x) = mx - px^2 + qx^3 \quad \text{(Zeitemissionsfunktion)}$$
$$K(x) = ax - bx^2 + cx^3 \quad \text{(Zeit-Kosten-Leistungsfunktion)}$$

---

[172] Vgl. TÜV Rheinland (Hrsg.) (1987), S. 90 f.

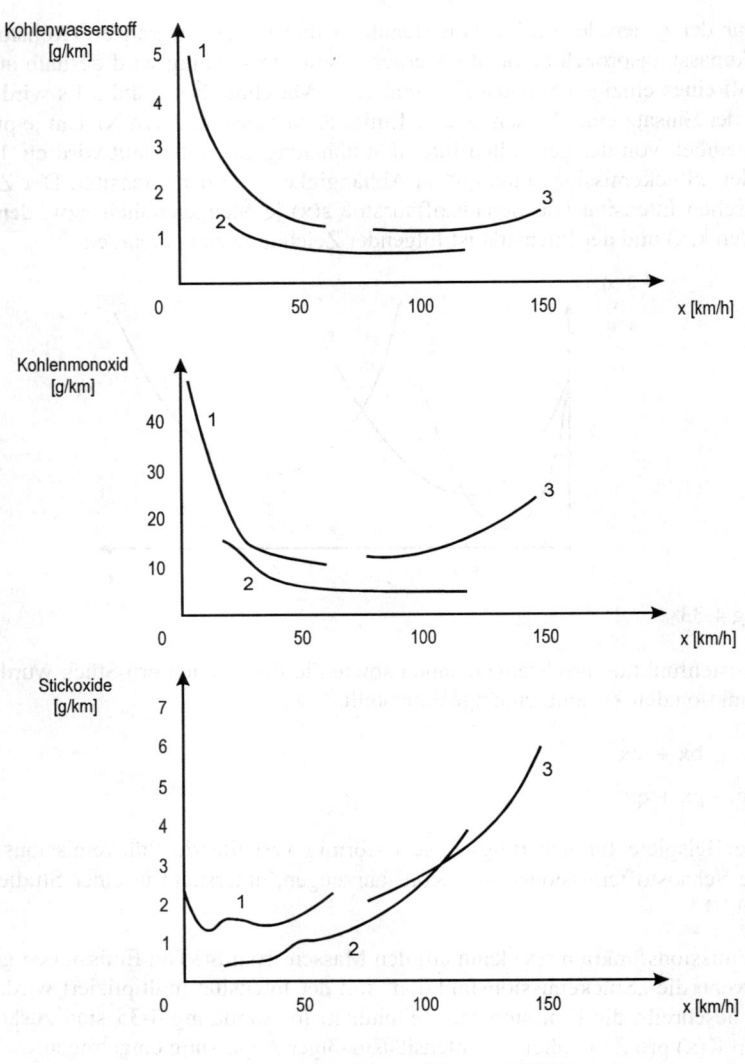

Abbildung 4-34

4.3 Produktions- und Kostentheorie auf der Basis einer limitationalen Produktionsfunktion 357

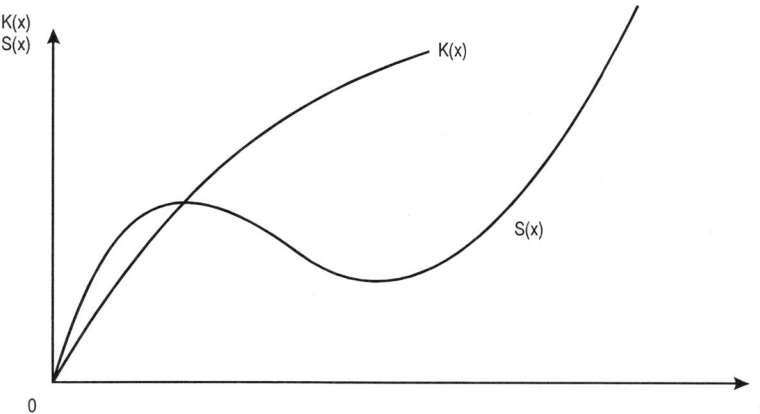

Abbildung 4-35

4.3.2.4.2 Kostenpolitik bei Abgaben

Zunächst wird untersucht, wie sich Abgaben für die Emission auf den Anpassungsprozeß auswirken. Werden die Abgaben auf den Massenstrom erhoben, ist die Stückemissionsfunktion s(x) mit dem Abgabensatz k_s je Emissionseinheit zu multiplizieren. Man erhält auf diese Weise einen weiteren für die Kostenpolitik relevanten, bewerteten Kostenfaktor für Umweltverbrauch. Dieser neue Kostenfaktor ist zur Mengen-Kosten-Leistungsfunktion ohne den Umweltverbrauch zu addieren.

$$k_{alt}(x) = a - bx + cx^2$$
$$k_{neu}(x) = (a + k_s m) - (b + k_s p) \cdot x + (c + k_s q) \cdot x^2$$

Aus der neuen Kostenfunktion lassen sich die um den Umweltverbrauch erweiterte Zeit-Kosten-Leistungsfunktion und die zugehörige Gesamtkostenfunktion herleiten:

$$K_{neu}(x) = (a + k_s m) \cdot x - (b + k_s p) \cdot x^2 + (c + k_s q) \cdot x^3$$
$$K_{T\,neu}(x,t) = (a + k_s m) \cdot xt - (b + k_s p) \cdot x^2 t + (c + k_s q) \cdot x^3 t$$

Die Wirkung des Umweltverbrauchs auf die Lage der für den Anpassungsprozeß relevanten Stückkosten k(x) wird aus der folgenden Abbildung deutlich.

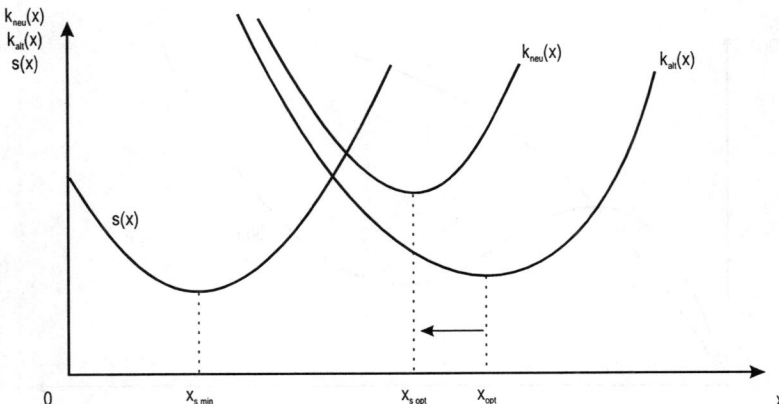

Abbildung 4-36

Der generelle Ablauf der zeitlichen und intensitätsmäßigen Anpassung wird bei einer Erweiterung um den Umweltverbrauch nicht verändert. Lediglich die kostenoptimale Intensität und die Höhe der Kosten ändern sich. Im Beispiel wird die kostenoptimale Intensität kleiner, weil das Minimum der Stückemissionsfunktion links vom Minimum der Stückkosten ohne Umweltverbrauch liegt. Generell verschiebt sich das Minimum der Kostenfunktion in Richtung auf das Minimum der „Stückemissionsfunktion", wobei das Ausmaß der Verschiebung vom Preis des Produktionsfaktors Umwelt abhängig ist. Damit treten im Grunde die gleichen Wirkungen auf, wie sie im letzten Abschnitt für eine Veränderung der Arbeitskosten diskutiert wurden.

Die optimale Intensität ohne Umweltverbrauch beträgt:

$$x_{opt,alt} = \frac{b}{2c}$$

Mit dem Umweltverbrauch ergibt sich folgende, neue optimale Intensität:

$$x_{opt,neu} = \frac{(b + k_s p)}{2(c + k_s q)}$$

Als Folge einer veränderten optimalen Intensität verändert sich dann auch das Mengenintervall für die zeitliche Anpassung.

4.3.2.4.3 Wirkungen von Auflagen auf die Anpassung

Völlig andere Wirkungen für den Anpassungsprozeß ergeben sich, wenn nicht Preise für den Umweltverbrauch in die Kostenfunktionen einzubeziehen sind, sondern wenn die Emissionen durch Auflagen nach oben beschränkt werden. Bei Auflagen sind für die Anpassungspolitik zwei verschiedene Fälle zu unterscheiden:

4.3 Produktions- und Kostentheorie auf der Basis einer limitationalen Produktionsfunktion

- Kontinuierliche Beschränkung des Massenstroms. In diesem Fall dürfen die Emissionsgrenzen zu keinem Zeitpunkt überschritten werden. Es darf dann nur mit ökologisch zulässigen Intensitäten gearbeitet werden.
- Diskontinuierliche Massenstrombegrenzungen. In diesem Fall ist die Gesamtemission in einem Planungszeitraum nach oben begrenzt. Die Umweltbelastung pro Zeiteinheit kann daher kurzzeitig über dem Durchschnittswert liegen.

Im Fall einer kontinuierlichen Begrenzung des Massenstroms sind für die Zeitemissionsfunktion

$$S(x) = mx - px^2 + qx^3$$

obere Grenzen einzuhalten. Bei einer diskontinuierlichen Massenstromrestriktion gilt diese Beschränkung für die Gesamtschadstoffemission im Planungszeitraum

$$S(x,t) = mxt - px^2t + qx^3t$$

Die Auswirkungen einer **kontinuierlichen Massenstrombegrenzung** und die daraus resultierenden Anpassungsmaßnahmen hängen wesentlich vom Verlauf der Zeitemissionsfunktion ab. Denkbar sind zwei typische Verlaufsformen:

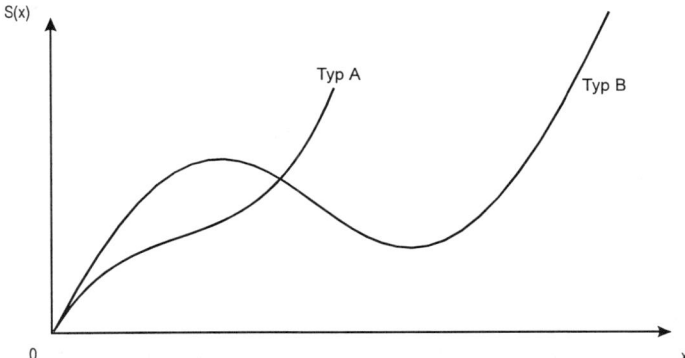

Abbildung 4-37

Beim Typ A steigt die Emission mit wachsender Intensität kontinuierlich an. Im Fall B gibt es Intensitätsbereiche, in denen die Belastung pro Zeiteinheit auch rückläufig ist. Dieser Fall trifft zu, wenn die Umweltbelastung bei geringer Intensität sehr hoch ist und dann mit steigender Intensität zunächst sehr stark absinkt.[173]

---

[173] Ein derartiger Verlauf ist auch bei den Kohlenwasserstoffemissionen für Automobile festzustellen, wie aus der Untersuchung des TÜV Rheinland hervorgeht. Vgl. TÜV Rheinland (Hrsg.) (1987).

Die Wirkungen einer kontinuierlichen Beschränkung des Massenstroms hängen entscheidend von der Lage dieser Restriktion ab. Alle möglichen Begrenzungen haben eine Einschränkung des für die Intensität zulässigen Bereichs zur Folge.

- Im Fall der **Emissionsfunktion A** bewirkt die Restriktion immer eine Beschränkung des Definitionsbereiches der Intensität nach oben. Dies hat zur Folge, daß der klassische Anpassungsprozeß sich seinem Wesen nach nicht verändert; es existiert lediglich neben der bekannten technischen Maximalintensität zusätzlich noch eine ökologische Maximalintensität. Die kleinere der beiden Intensitäten begrenzt den Anpassungsprozeß nach oben.

- Im Fall der **Emissionsfunktion B** sind Fallunterscheidungen nötig, weil sich in Abhängigkeit von der Lage der Restriktion mehrere zulässige Intensitätsintervalle ergeben können. Im Fall der Abbildung 4-38 kommen für die Anpassung nur Intensitäten aus den beiden Intervallen 0 bis x_A bzw. x_B bis x_C in Frage. Von den denkbaren Fällen für die Lage der optimalen Intensität soll nur der Fall betrachtet werden, in dem $x_{opt} \leq x_A$ gilt. Für die intensitätsmäßige Anpassung sind dann vier Intervalle zu unterscheiden.

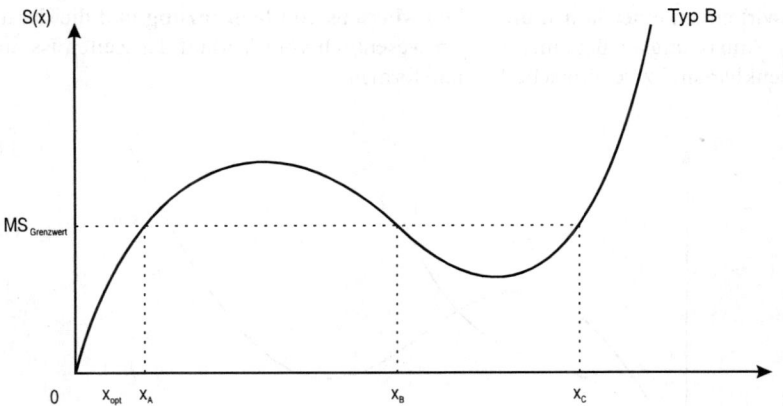

Abbildung 4-38

- 1. Intervall: Zunächst wird zeitliche Anpassung mit der optimalen Intensität betrieben
- 2. Intervall: Intensitätsmäßige Anpassung mit einer Intensität aus dem Intervall $x_{opt} \leq x \leq x_A$ bei maximaler Einsatzzeit $t = t_{max}$
- 3. Intervall: Intensitätssplitting zwischen den ökologisch zulässigen Intensitäten x_A und x_B. Da Intensitäten zwischen x_A und x_B nicht zulässig sind, müssen die über $M = x_A \cdot t_{max}$ liegenden Mengen durch eine Aufteilung der maximalen Einsatzzeit zwischen den Intensitäten x_A und x_B hergestellt werden. Die Verwendung höherer Intensitäten ist ökonomisch nicht sinnvoll, da sie unnötig weit von der kostenminimalen Intensität ohne Beachtung der ökologischen Restriktion entfernt liegen.

4.3 Produktions- und Kostentheorie auf der Basis einer limitationalen Produktionsfunktion

- 4. Intervall: Intensitätsmäßige Anpassung mit Intensitäten aus dem zulässigen Intensitätsbereich $x_B \leq x \leq x_C$. Mit der Intensität x_C und der maximalen Einsatzzeit t_{max} bricht der Anpassungsprozeß dann ab.

Für den Fall einer **diskontinuierlichen Beschränkung des Massenstroms**[174] ist zwischen zwei Lagen der Stückemissionsfunktionen zu unterscheiden. Die eine Stückemissionsfunktion hat ihr Minimum links von der kostenoptimalen Intensität (linke Emission), während das Minimum der zweiten Stückemissionsfunktion rechts von x_{opt} liegt (rechte Emission).

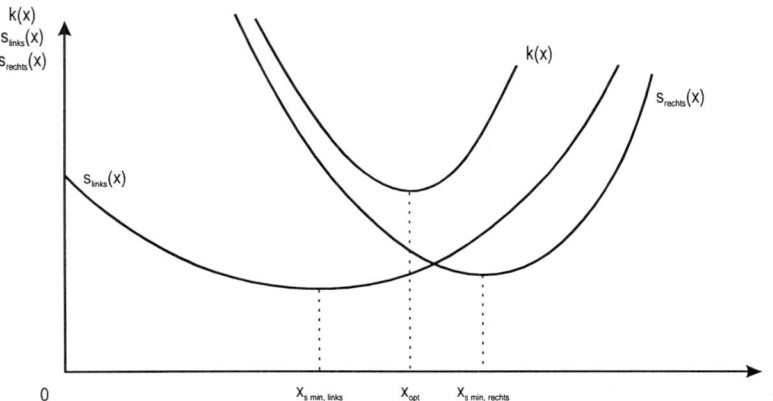

Abbildung 4-39

Als Mengen-Kosten-Leistungsfunktion wird wiederum eine Funktion folgenden Typs unterstellt, die im Gegensatz zur Abgabenlösung keine Kostenkomponente für Umweltschutz enthält:

$$k(x) = a - bx + cx^2$$

Die Lösung des Anpassungsproblems wird in diesem Fall durch die Gesamtschadstoffemission $S(x,t)$ in der Planungsperiode nach oben begrenzt.

$$S_{links}(x,t) = \left(m_1 - p_1 x + q_1 x^2\right) \cdot x \cdot t$$
$$S_{rechts}(x,t) = \left(m_2 - p_2 x + q_2 x^2\right) \cdot x \cdot t$$

Die Auswirkungen einer Emissionsbeschränkung auf den Anpassungprozeß lassen sich einsichtig beschreiben, wenn zunächst die Gesamtemission bei optimaler zeitlicher und intensitätsmäßiger Anpassung ohne die Schadstoffgrenze dargestellt wird. Dieser Schadstoffausstoß wird zunächst für den Faktor dargestellt, bei dem der minimale Emissionswert pro Mengeneinheit links von der optimalen Intensität liegt (Kurvenzug $S_{links}(x,t)$ in der Abbildung 4-40).

---
[174] Vgl. zum folgenden Abschnitt Dinkelbach/Piro (1990).

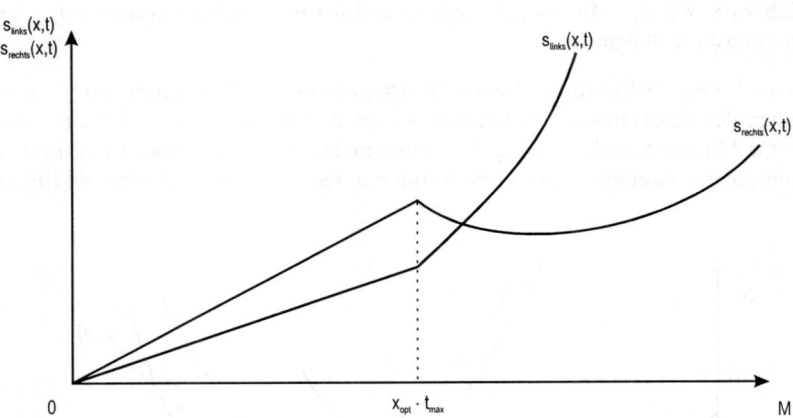

Abbildung 4-40

Bei zeitlicher Anpassung mit der optimalen Intensität steigt die Emission mit wachsender Ausbringung linear an. Wird auf die intensitätsmäßige Anpassung umgeschaltet, ergibt sich eine progressiv ansteigende Gesamtemission. Für die „rechte" Emission gilt die Gesamtemission $S_{rechts}(x,t)$. Bei zeitlicher Anpassung wächst die Emission zunächst auch linear an. Bei intensitätsmäßiger Anpassung gibt es zwei gegensätzliche Wirkungen auf die Gesamtemission:

- Mit steigender Intensität geht die Emission je produzierter Mengeneinheit zurück, solange die gewählte Intensität noch geringer ist als im Minimum der Stückemissionsfunktion.
- Durch die intensitätsmäßige Anpassung wächst jedoch die Produktionsmenge, was zu zusätzlichen Emissionen führt.

In Abhängigkeit von der Stärke beider Effekte kann die Gesamtemission dann zunächst (wie in Abbildung 4-40 angedeutet) rückläufig sein.

Als erstes soll die Wirkung einer Emissionsgrenze für die „**linke**" **Emission** beschrieben werden. Die Wirkung hängt bei diesem Faktor davon ab, ob die Grenze im Intervall zeitlicher oder intensitätsmäßiger Anpassung greift. Wird die Grenze bereits im linearen Teil (zeitliche Anpassung) des Kurvenzuges $S_{links}(x,t)$ wirksam, kann zunächst wie gewohnt zeitliche Anpassung betrieben werden. Die Einsatzzeit läßt sich aber nicht voll ausschöpfen. Ist der Grenzwert für den Schadstoffausstoß erreicht, kann die Emission pro Mengeneinheit reduziert werden, wenn die Intensität unter x_{opt} gesenkt wird. Bei sinkendem x kann dann versucht werden, die Ausbringungsmenge durch gleichzeitig steigende Einsatzzeit zu erhöhen (simultane Anpassung von Intensität und Zeit).

In diesem Anpassungsintervall sind die beiden Variablen x und t so zu bestimmen, daß gleichzeitig zwei Gleichungen erfüllt sind. Die erste Gleichung besagt, daß der Emissionsgrenzwert MS gerade eingehalten sein muß, und die zweite Gleichung definiert die verlangte Ausbringungsmenge.

$S_{links}(x) \cdot x \cdot t = MS$

$x \cdot t = M$

Zulässig sind nur Lösungen mit $x \leq x_{max}$ und $t \leq t_{max}$. Mit steigendem M sinkt dann x, während t steigt. In diesem simultanen Anpassungsintervall liegt kein Optimierungsproblem vor, da es für das bestimmte Gleichungssystem nur eine zulässige Lösung gibt.

Einfacher ist der Anpassungsprozeß, wenn die Emissionsrestriktion erst im Intervall intensitätsmäßiger Anpassung greift. Der Anpassungsprozeß bricht dann bei erreichter Emissionsrestriktion ab, bevor die technische Maximalintensität erreicht wird.

Für die „**rechte**" Emission wird der Anpassungsprozeß auf der Basis der Abbildung 4-41 beschrieben.

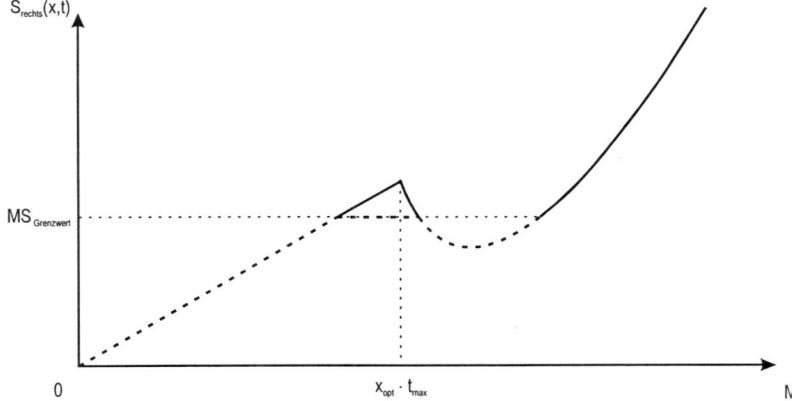

Abbildung 4-41

Interessant ist für die rechte Emission der Fall, daß die Emissionsgrenze im Intervall zeitlicher Anpassung wirkt. Vor der Emissionsgrenze findet die normale zeitliche Anpassung statt. Danach liegt wiederum ein Fall simultaner Anpassung von x und t vor. Bei der „rechten" Emission sinkt die Umweltbelastung je produzierter Mengeneinheit zunächst, wenn die Intensität über x_{opt} erhöht wird. Auch für dieses simultane Anpassungsintervall ist für vorgegebene Produktionsmengen M ein Gleichungssystem der Art zu lösen, wie es für den linken Faktor beschrieben wurde.

An das Intervall simultaner Anpassung schließt sich dann ein Intervall normaler intensitätsmäßiger Anpassung mit Emissionen unterhalb des Grenzwertes an. Der Anpassungsprozeß bricht ab, wenn mit steigender Intensität die Emissionsgrenze erneut erreicht ist.

Es ist auch der Fall denkbar, daß sich nach der intensitätsmäßigen Anpassung jenseits des dritten Schnittpunkts der Emissionsfunktion mit der Restriktion erneut ein Intervall simultaner Anpassung anschließt. Hierzu muß allerdings die Voraussetzung erfüllt sein, daß die Intensität an der Grenze des dritten Intervalls **kleiner** ist als die emissionsminimale Intensität x_{smin}. Eine Erhöhung von x über das im dritten Intervall errechnete Niveau hinaus bei gleichzeitiger Verminderung von t (im dritten Intervall gilt $t=t_{max}$) senkt dann die **Stückemissionen** bei gleichzeitig **konstanter Gesamtemission** und **zunehmender Gesamtausbringung**. Dieser Sachverhalt ist in der Abbildung 4-42 wiedergegeben.

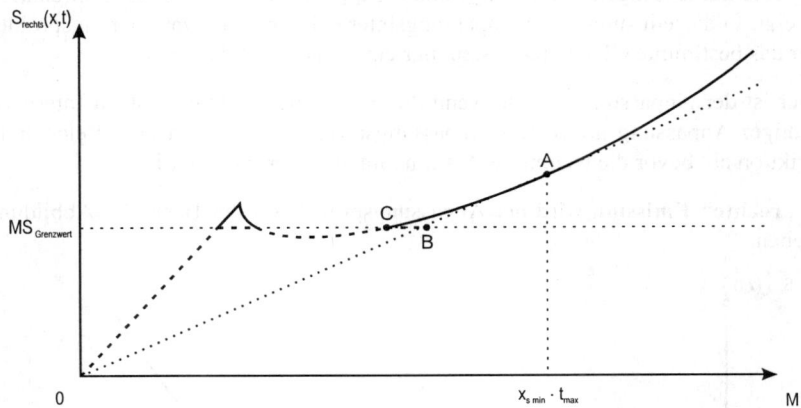

Abbildung 4-42

Das 4. Anpassungsintervall ergibt sich, wenn in die Abbildung 4-42 eine Ursprungsgerade eingetragen wird, die die Emissionsfunktion im Punkt A tangiert. Die Gerade gibt die Emissionen wieder, wenn mit der emissionsminimalen Intensität x_{smin} zeitliche Anpassung betrieben wird. Diese Emissionsfunktion schneidet die Emissionsrestriktion im Punkte B bevor sie die u-förmige Emissionsfunktion bei kostenoptimaler Anpassung berührt. Zwischen den Punkten C und B kann sich das Unternehmen wieder simultan anpassen, indem es x erhöht und t senkt, so daß insgesamt genau der Emissionsgrenzwert eingehalten wird. Die Ausbringung steigt dann in diesem Intervall bei gleichbleibender Emission.

4.3.2.5 Intensitätssplitting bei Einsatz eines Aggregates

Im Abschnitt über die Transformation eines dynamischen in ein äquivalentes statisches Anpassungsmodell wurde bereits beschrieben, daß die Intensität bei einer s-förmigen Zeit-Kosten-Leistungsfunktion bei Optimalverhalten im Zeitablauf maximal zwei Niveaus annehmen kann. In den vorangegangenen Abschnitten wurden Fälle betrachtet, in denen sich ein Unternehmen sowohl zeitlich als auch intensitätsmäßig anpassen kann. Die Voraussetzung zeitlicher Anpassung wird nunmehr aufgehoben. Zudem wird angenommen, daß die technische Mindestintensität $x_{min} > 0$ ist. Ein Betrieb muß dann eine Maschine mit der maximalen Beschäftigungszeit t_{max} einsetzen, wenn das Aggregat überhaupt zur Produktion herangezogen wird. Die Intensität ist aus dem Intervall $[x_{min}; x_{max}]$ zu wählen. Es wird an-

4.3 Produktions- und Kostentheorie auf der Basis einer limitationalen Produktionsfunktion

genommen, daß ein Intensitätswechsel technisch möglich und ein Wechsel der Intensität weder mit Kosten noch mit Umrüstungszeiten verbunden ist.

Für das Aggregat gelte die folgende Zeit-Kosten-Leistungsfunktion:

$$K(x) = \underbrace{ax - bx^2 + cx^3}_{\text{Kosten, die von der Intensität abhängen}} + \underbrace{d}_{\substack{\text{Kosten, die allein} \\ \text{beschäftigungszeit-} \\ \text{abhängig sind}}} \quad [\text{GE}/\text{ZE}]$$

Wird das Aggregat überhaupt zur Produktion herangezogen (quantitative Anpassung), muß es während der Gesamtzeit t_{max} eingesetzt werden. Es ergeben sich dann Kosten in der Planperiode in Höhe von

$$K_T(M) = aM - \frac{bM^2}{t_{max}} + \frac{cM^3}{t^2_{max}} + d \cdot t_{max}$$

Diese Kostenfunktion ist für Ausbringungsmengen $x_{min} \cdot t_{max} \leq M \leq x_{max} \cdot t_{max}$ definiert. Für die Mindestausbringung $M_{min} = x_{min} \cdot t_{max}$ entstehen während der Planperiode sprungfixe Kosten in Höhe von $K_T(M_{min})$, wenn das Aggregat in Betrieb genommen wird.

Aus $K_T(M)$ leiten sich die Grenzkosten in bezug auf die Ausbringung ab:

$$\frac{dK_T(M)}{dM} = a - \frac{2bM}{t_{max}} + \frac{3cM^2}{t^2_{max}}$$

Durch diesen Ausdruck sind die Kostenänderungen beschrieben, wenn das Aggregat intensitätsmäßig angepaßt wird und während der gesamten Beschäftigungszeit mit nur **einer** Intensität arbeitet.

In dem Bereich der Kostenfunktion, in dem die Kosten jeder Linearkombination von x_{min} und einer beliebigen Intensität x^* unterhalb der zu dieser Funktion gehörenden Gesamtkosten bei intensitätsmäßiger Anpassung mit einer Intensität liegen, ist ein Intensitäts-Splitting vorteilhaft.[175] Bei Intensitäts-Splitting arbeitet das Aggregat innerhalb der gegebenen Beschäftigungszeit t_{max}, während der Zeit t_1 mit der technischen Minimalintensität x_{min} und während der restlichen Zeit t_2 mit der Intensität x^*.

Für diese Linearkombination zweier Intensitäten muß gelten:

$$x_{min} \cdot t_1 + x^* \cdot t_2 = M$$
$$t_1 + t_2 = t_{max}$$

Die Intensität x^* ist so zu wählen, daß für eine bestimmte Ausbringung M die Kosten der Linearkombination mit den Intensitäten x_{min} und x^* zum Minimum werden.[176]

---

[175] Vgl. Dellmann/Nastansky (1969), S. 244; Karrenberg/Scheer (1970), S. 691 ff.; Lambrecht (1978), S. 79 ff.; Adam (1973a), S. 6 ff.
[176] Vgl. Adam (1972c), S. 384 ff.

Die kostenoptimale Intensität x für das Splitting wird mit x_{tan} bezeichnet. Wie diese Intensität x_{tan} abzuleiten ist, soll anhand einer Zeichnung demonstriert werden. Will der Betrieb innerhalb der Planperiode die Menge M_1 produzieren, führt das zu Kosten in Höhe von $K_T(M_1) = A$ [GE], wenn während der ganzen Beschäftigungszeit t_{max} mit gleichbleibender Intensität gearbeitet wird.

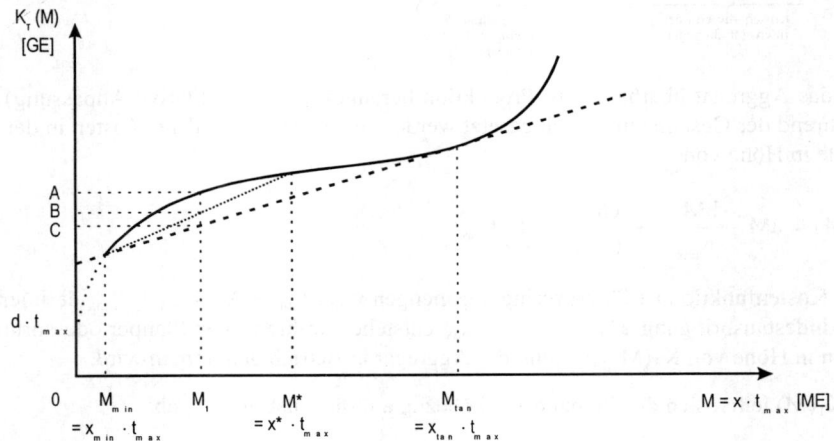

Abbildung 4-43

Setzt der Betrieb hingegen eine Linearkombination von zwei Intensitäten entsprechend dem obigen Gleichungssystem ein, fallen Kosten in Höhe von B [GE] an, wenn ein Intensitätsmix aus x_{min} und x^* gebildet wird. Offenbar lassen sich die Kosten für die Ausbringung M_1 noch senken, wenn x^* vergrößert wird. Die kostenoptimale Intensität x für das Splitting ist in x_{tan} – Ausbringung M_{tan} – erreicht. Die Ausbringung M_{tan} ist dadurch bestimmt, daß die Grenzkostenfunktion an dieser Stelle gleich der durchschnittlichen Kostenänderung im Splittingbereich $M_{min} \leq M \leq M_{tan}$ ist. Es muß mithin für x_{tan} gelten:

$$\underbrace{\frac{K(x^*) \cdot t_{max} - K(x_{min}) \cdot t_{max}}{(x^* - x_{min}) \cdot t_{max}}}_{\text{durchschnittliche Kostenänderung bei Splitting}} = \underbrace{a - 2bx^* + 3cx^{*2}}_{\text{Grenzkosten bei rein intensitätsmäßiger Anpassung}}$$

Ein einfacher Weg, die Intensität x_{tan} zu bestimmen, besteht darin, für die Zeit-Kosten-Leistungsfunktion K(x) den Koordinatenursprung in der Abbildung 4-44 vom Punkt 0 auf A zu verlegen. Auf der Abszisse wird die Variable x dazu durch die Variable z ersetzt. Zwischen x und z besteht die Beziehung:

$$x = z + x_{min}$$

Auf der Ordinate wird K(x) durch $K^*(z)$ substituiert, wobei zwischen K(x) und $K^*(z)$ die Beziehung

4.3 Produktions- und Kostentheorie auf der Basis einer limitationalen Produktionsfunktion

$$K^*(z) = K(x) - K(x_{min})$$

oder

$$K^*(z) = K(z + x_{min}) - K(x_{min})$$

existiert.

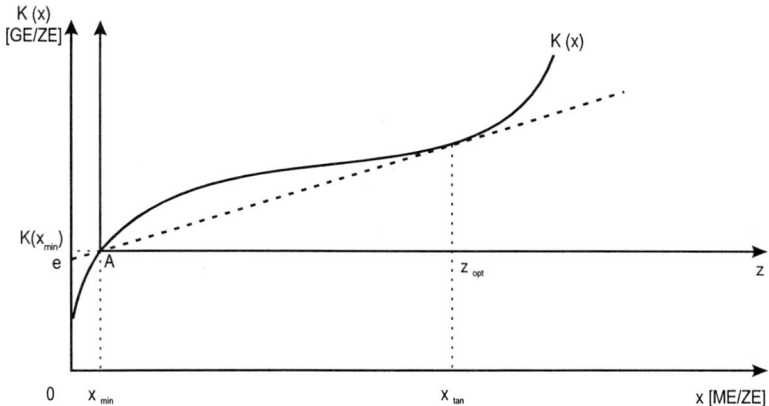

Abbildung 4-44

Wird $K^*(z)$ mit Hilfe der Kostenfunktion $K(x) = ax - bx^2 + cx^3 + d$ vollständig geschrieben und dann daraus das Minimum der Funktion $k^*(z) = K^*(z)/z$ bestimmt, ergibt sich als Wert für z_{opt}:[177]

$$z_{opt} = \frac{b}{2c} - \frac{3}{2} \cdot x_{min}$$

x_{tan} läßt sich aus der Beziehung $x = z + x_{min}$ ableiten:[178]

$$x_{tan} = \frac{b}{2c} - \frac{3}{2} \cdot x_{min} + x_{min} = \frac{b}{2c} - \frac{x_{min}}{2}$$

---

[177] Zu dieser Herleitung von z_{opt} vgl. auch Adam (1972c), S. 384 ff.
[178] Für den Fall $x_{min} = 0$ geht diese Beziehung in

$$x_{tan} = \frac{b}{2c}$$

über. x_{tan} entspricht dann der für die zeitliche Anpassung abgeleiteten optimalen Intensität.

Bei Intensitätssplitting gilt im Intervall $M_{min} \leq M \leq M_{tan}$ die Kostenfunktion:

$$K_T(M) = [e + \alpha x] \cdot t$$

α entspricht den Grenzkosten bei Intensitätssplitting.

$$\alpha = a - \frac{2bM_{tan}}{t_{max}} + \frac{3cM^2_{tan}}{t^2_{max}}$$

Mit e wird das absolute Glied der Kosten pro ZE für Intensitätssplitting bei $x = 0$ bezeichnet (vgl. Abbildung 4-44).[179]

Bei Intensitäten $x > x_{tan}$ ist ein Intensitätssplitting unvorteilhaft. Das Aggregat wird für $x_{tan} \leq x \leq x_{max}$ mit nur **einer** Intensität eingesetzt.

Für die Gesamtkosten $K_T(M)$ eines Aggregates bei optimaler intensitätsmäßiger Anpassung – zunächst Splitting, dann nur eine Intensität – gilt dann:

$$K_T(M) = \begin{cases} e \cdot t_{max} + \alpha M & ; \quad 0 \leq M \leq M_{tan} \\[2ex] aM - \dfrac{bM^2}{t_{max}} + \dfrac{cM^3}{t^2_{max}} + d \cdot t_{max} & ; \quad M_{tan} \leq M \leq M_{max} \end{cases}$$

Entsprechend ergeben sich die Grenzkosten K'(M) in bezug auf die Ausbringung bei optimaler intensitätsmäßiger Anpassung mit

$$K'(M) = \begin{cases} \alpha & ; \quad 0 \leq M \leq M_{tan} \\[2ex] a - \dfrac{2bM}{t_{max}} + \dfrac{3cM^2}{t^2_{max}} & ; \quad M_{tan} \leq M \leq M_{max} \end{cases}$$

Die Gesamtkostenfunktion $K_T(M)$ bei Optimalverhalten hat die Form der stark markierten Kurve in Abbildung 4-45.

---

179 Zur Bestimmung von e wird eine Gerade durch die Punkte $(x_{min}; K(x_{min}))$ und $(x_{tan}; K(x_{tan}))$ gelegt.

4.3 Produktions- und Kostentheorie auf der Basis einer limitationalen Produktionsfunktion 369

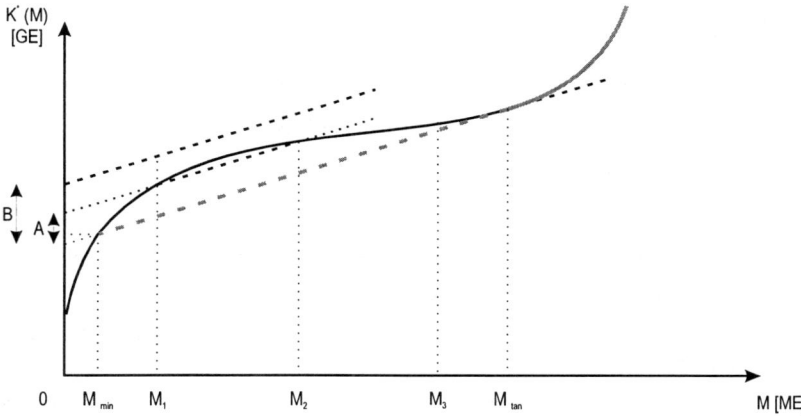

Abbildung 4-45

Der optimale Anpassungsprozeß bei Splitting ist zu modifizieren, wenn mit der Umstellung der Intensität Umrüstungskosten verbunden sind.[180] Die Umrüstungskosten mögen dem Betrag A entsprechen; das bedeutet, die Gesamtkosten bei Splitting liegen um diesen Betrag höher als in der bisherigen Analyse. Die lineare Kostenfunktion bei Splitting muß folglich um den Betrag A parallel nach oben verschoben werden. Als Folge dieser Kostenerhöhung ist ein Splitting mit x_{min} und x_{tan} zwischen $M_{min} \leq M \leq M_1$ und $M_2 \leq M \leq M_{tan}$ nunmehr teurer als der Einsatz nur einer einzigen Intensität. Der bei Splitting sinnvolle Ausbringungsbereich reduziert sich damit auf das Intervall $M_1 \leq M \leq M_2$. In diesem Bereich ist Splitting mit den Intensitäten x_{min} und x_{tan} vorteilhaft.

Ob bei Umrüstungskosten überhaupt ein sinnvoller Splittingbereich existiert, hängt allein von der Höhe dieser Kosten ab. Erfordert die Umrüstung Kosten in Höhe von B in Abbildung 4-45, ist der Splittingbereich leer. Dann ist es für den Betrieb generell vorteilhaft, nur mit einer einzigen Intensität zu arbeiten.

---

180 Vgl. Dellmann/Nastansky (1969), S. 257 ff.

Fragen und Aufgaben zu Kapitel 4

1. Welche Aufgaben erfüllt die Bewertung von Faktorverbräuchen?
2. Erläutern Sie die Gestaltungsaufgabe der Kostenpolitik!
3. Erläutern Sie die Definitionselemente des Kostenbegriffs!
4. Erklären Sie die Leistungsbezogenheit des Kostenbegriffs!
5. Woraus leitet die subjektive Wertlehre den Wert oder Nutzen eines Gutes ab?
6. Was ist unter dem Verkehrswert eines Gutes zu verstehen?
7. Beschreiben Sie die beiden in der Kostentheorie beschrittenen Wege zur Objektivierung der Wertfindung!
8. Inwiefern liegt im Rahmen der wertmäßigen Kostentheorie eine Grenznutzenbetrachtung vor? Welches sind die Bestandteile des Kostenwertes?
9. Wovon hängt es ab, ob es sich bei bestimmten Kosten um „relevante" oder „nicht-relevante" Kosten handelt?
10. Verdeutlichen Sie den Unterschied zwischen fixen und variablen Kosten! Untersuchen Sie, ob fixe Kosten immer nicht-relevante Kosten sind!
11. Welche Grundsätze sind für die Entwicklung von Kostenmodellen zu beachten?
12. Die Kosten K(M) einer Mischanlage gehorchen der Beziehung:
    $K(M) = K(x,t) = K(x) \cdot t = (50+14x-1,3x^2+0,09x^3) \cdot t$

    a) Stellen Sie die Funktion der Grenzkosten in bezug auf die Ausbringung bei zeitlicher Anpassung auf, und berechnen Sie die Höhe dieser Grenzkosten für eine Intensität von $x_c = 10$ [m³/Std.]!

    b) Stellen Sie die Funktion der Grenzkosten in bezug auf die Ausbringung bei intensitätsmäßiger Anpassung auf, und berechnen Sie die Höhe der Grenzkosten für eine Intensität von $x_c = 10$ [m³/Std.]!

13. Was versteht man unter Beschäftigungsdegression, und welche Zusammenhänge existieren zwischen den variablen Stückkosten und den totalen Stückkosten bei allein intensitätsmäßiger Anpassung?
14. Was versteht man unter einer Produktionsfunktion?
15. Nennen Sie Gründe für den Übergang auf eine neue Produktionsfunktion!
16. In welche zwei Klassen lassen sich die Inputfaktoren einer Produktionsfunktion unterteilen? Erläutern Sie die Begriffe!
17. Wie sind Produktivität und Produktionskoeffizient definiert, und welche Beziehung besteht zwischen ihnen?
18. Zeigen Sie die Problematik der Gesamtproduktivitäts- und der Teilproduktivitätsmessung auf!
19. Durch welche Maßnahmen können Produktivitätsbeziehungen verändert werden?

20. Worin unterscheiden sich limitationale und substitutionale Produktionsfunktionen?
21. Zwischen welchen Arten von Limitationalität und Substitutionalität kann differenziert werden?
22. Inwieweit kann im Zwei-Faktoren-Fall nicht zwischen limitationalen und substitutionalen Produktionsfunktionen unterschieden werden?
23. Was versteht man unter einer Niveau-Produktionsfunktion?
24. Was versteht man unter einer linear-homogenen Produktionsfunktion?
25. Bestimmen Sie den Grad der Homogenität folgender Funktionen:

   a) $M = 10 \cdot \sqrt[4]{r_1^2 \cdot r_2^3}$

   b) $M = \dfrac{7 \cdot r_1}{5 \cdot r_2}$

   c) $M = 2 \cdot \dfrac{r_1 \cdot r_2}{r_1 + r_2}$

26. Nennen Sie betriebswirtschaftliche Anforderungen an eine Produktionstheorie!
27. Was ist unter dem Begriff „ökonomisch sinnvoller Substitutionsbereich" zu verstehen?
28. „Eine Produktionsfunktion ist homogen vom Grade t, wenn ..." (Ergänzen Sie den Satz!)
29. Für eine Produktionsfunktion $M = f(r_1, r_2)$ gilt bei partieller Faktorvariation von r_1 und konstantem $\bar{r}_2$ folgende Entwicklung der Ausbringungsmenge M. Für variierende r_2 und ein konstantes $\bar{r}_1$ hat die Ertragsfunktion den gleichen s-förmigen Verlauf.

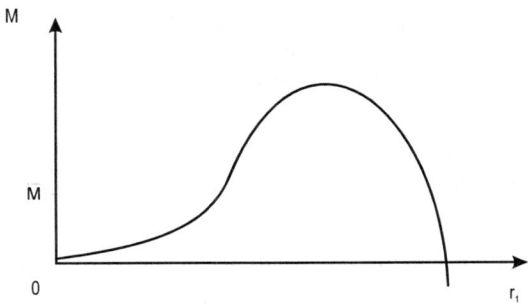

   a) Erläutern und begründen Sie, ob die der Zeichnung zugrundeliegende Produktionsfunktion linear-homogen ist?

   b) Kann für diesen Verlauf dann die folgende Isoquante für $\overline{M}$ gelten? Begründen Sie Ihre Antwort!

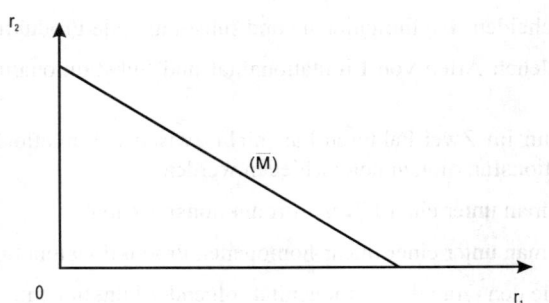

30. Wie läßt sich die Produktionsfunktion vom Typ A geometrisch darstellen, wenn die Produktionsfunktion nur zwei Faktoren – r_1 und r_2, – enthält?

31. Stellen Sie die Produktionsfunktion $M = \dfrac{c \cdot r_1 \cdot r_2}{r_1 + r_2}$ für $c = 2$, $r_2 = \bar{r}_2 = 10$ und $0 \leq r_1 \leq 50$ graphisch dar!

32. Bestimmen Sie analytisch das Isoquantensystem $r_1 = f(r_2)$ auf der Grundlage der Produktionsfunktion der Aufgabe 31! Stellen Sie die Isoquanten für $M = 5$ und $c = 2$ graphisch dar! Leiten Sie die Isoquanten mit dem Niveau $M = 10$ und $M = 15$ graphisch aus der Isoquante für $M = 5$ ab!

33. Was verstehen Sie unter der Grenzrate der Substitution?

34. Bestimmen Sie aufgrund der Produktionsfunktion in Frage 31 die Grenzrate der Substitution dr_1/dr_2 sowie die Grenzertragsfunktionen für die Faktoren r_1 und r_2! Welche Beziehungen bestehen zwischen der Substitutionsgrenzrate und den Grenzerträgen beider Faktoren?

35. Bestimmen Sie für die Produktionsfunktion der Frage 31 mit $c = 5$ die Grenzproduktivität des Faktors 1 an der Stelle $r_1 = 3$ und $r_2 = 2$, und zeigen Sie, in welcher Weise sich die Grenzproduktivität mit der Einsatzmenge des konstanten und des variablen Faktors ändert!

36. Beweisen Sie, daß auf einem Prozeßstrahl die Grenzraten der Substitution für eine homogene Produktionsfunktion unabhängig vom Ertragsniveau stets gleich sind!

37. Gegeben ist die Produktionsfunktion $M = -r_1^3 + 6r_1^2 + 6r_1$:

    a) Ist die Produktionsfunktion homogen? Wenn ja, von welchem Grade?

    b) Leiten Sie die Grenz- und Durchschnittsertragsfunktion ab!

    c) Bestimmen Sie das Gesamt-, Durchschnitts- und Grenzertragsmaximum!

    d) Beweisen Sie, daß im Durchschnittsertragsmaximum der Durchschnittsertrag gleich dem Grenzertrag ist!

    e) Zeichnen Sie die relevanten Ertragsfunktionen, und erläutern Sie die Zusammenhänge zwischen den Ertragsfunktionen!

38. Begründen Sie, ob folgender Isoquantendarstellung eine homogene Produktionsfunktion zugrunde liegen kann!

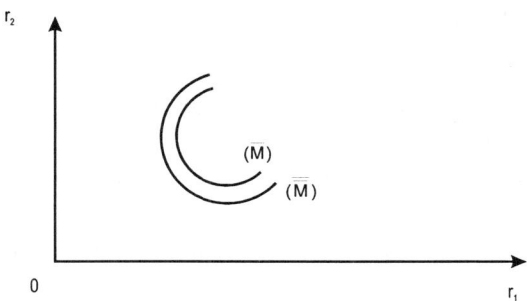

39. Erläutern Sie anhand einer Cobb-Douglas-Funktion, was Sie unter partieller Anpassung verstehen!
40. Wann liegt totale Anpassung vor, und wie läßt sich das optimale Einsatzverhältnis der Faktoren analytisch und graphisch bestimmen?
41. Was ist unter einem „Expansionspfad" zu verstehen?
42. Welche Auswirkungen können Faktorpreisänderungen auf die Lage des Expansionspfades haben?
43. Nennen Sie die Voraussetzungen der Gutenberg-Produktionsfunktion!
44. Werden Variationen der z-Situation von Aggregaten in das Aussagensystem der betriebswirtschaftlichen Produktionstheorie einbezogen?
45. Wie ist der Begriff der Leistung d eines Aggregates definiert?
46. Mit Hilfe welchen begrifflichen Instruments wird der Zusammenhang zwischen Faktoreinsatzmengen und technischer Leistung beschrieben?
47. Skizzieren Sie den dreistufigen Aufbau der Gutenberg-Produktionsfunktion!
48. Erläutern Sie, mit Hilfe welcher Variablen bei der Gutenberg-Produktionsfunktion der Faktorverbrauch und die Ausbringungsmenge gesteuert werden können!
49. Verdeutlichen Sie den Unterschied zwischen einer substitutionalen Produktionsfunktion und der Gutenberg-Produktionsfunktion!
50. Welcher Zusammenhang besteht zwischen der technischen und der ökonomischen Leistung in der Gutenberg-Produktionsfunktion?
51. Skizzieren Sie mögliche Verläufe von ökonomischen Verbrauchsfunktionen!
52. Erläutern Sie den Zusammenhang zwischen den ökonomischen Verbrauchsfunktionen eines Aggregates und der Mengen-Kosten-Leistungsfunktion dieses Aggregates!
53. Diskutieren Sie, ob beschäftigungszeitabhängige Kosten einen Einfluß auf die optimale Intensität x_{opt} einer Mengen-Kosten-Leistungsfunktion haben!

54. Welcher Zusammenhang besteht zwischen der Mengen-Kosten-Leistungsfunktion und der Zeit-Kosten-Leistungsfunktion eines Aggregates?

55. Ermitteln Sie für die Zeit-Kosten-Leistungsfunktion
$$K(x) = 20x - \frac{1}{30}x^2 + \frac{1}{3600}x^3 \quad [GE/ZE]$$
die Grenzkostenfunktionen in bezug auf die Ausbringung M bei zeitlicher und intensitätsmäßiger Anpassung!

56. Welche Typen von Anpassungsprozessen kennen Sie, und wodurch sind diese charakterisiert?

57. Unter welchen Voraussetzungen lassen sich Anpassungsprozesse nur auf Basis von Gesamtkostenvergleichen lösen?

58. Unter welcher Voraussetzung ist Intensitätssplitting vorteilhaft?

59. Leiten Sie die kostenoptimale Intensität x_{tan} des Intensitätssplittings für eine Zeit-Kosten-Leistungsfunktion vom Typ $K(x) = ax - bx^2 + cx^3 + d$ ab!

60. Berechnen Sie für die Zeit-Kosten-Leistungsfunktion
$$K(x) = 2,864\,x - 0,117\,x^2 + 0,0045\,x^3 + 1,764$$
die kostenoptimale Linearkombination für ein Intensitätssplitting mit einer Mindestintensität von $x_{min} = 2$, und stellen Sie die Gesamtkostenfunktion $K(M)$ in bezug auf die Ausbringung für das Intensitätssplitting auf! Gehen Sie von einer Produktionszeit von $t_{max} = 10$ ZE aus!

61. Welche Auswirkungen hat die Berücksichtigung von Emissionen auf den optimalen Anpassungsprozeß, wenn jede Emissionseinheit Abgaben in Höhe von k_s [GE] verursacht?

62. Welche Formen der Massenstrombegrenzung sind zu unterscheiden? Erläutern Sie deren direkte Auswirkungen!

63. Beschreiben Sie den optimalen Anpassungsprozeß für den Fall, daß eine diskontinuierliche Massenstrombegrenzung vorliegt! Gehen Sie davon aus, daß das Minimum der Stückemissionsfunktion links von x_{opt} liegt und daß die Emissionsrestriktion bereits im Bereich der zeitlichen Anpassung greift.

64. Beantworten Sie die Frage 63 für den Fall, daß das Minimum der Stückemissionsfunktion rechts von x_{opt} liegt!

5 Produktionsaufteilungsplanung (Kombinierte Anpassung mehrerer Aggregate)

5.1 Typen von Anpassungsprozessen und deren Besonderheiten

Bei kombinierter Anpassung auf mehreren funktionsgleichen Aggregaten i verfügt ein Betrieb im allgemeinen mit der Intensität x_i und der Einsatzzeit t_i über zwei Anpassungsparameter für jedes Aggregat. Außerdem muß er darüber entscheiden, welche der verfügbaren Aggregate überhaupt zur Produktion herangezogen werden sollen (quantitative Anpassung). Sind die Aggregate kostenverschieden, d.h., gelten für sie unterschiedliche Mengen-Kosten-Leistungsfunktionen, wird statt von quantitativer von selektiver Anpassung gesprochen. Quantitative Anpassung im engeren Sinne liegt mithin nur bei kostengleichen Aggregaten vor.

Das Planungsproblem besteht bei mehreren Aggregaten generell darin, die Kostenfunktion

$$K_T = \sum_i k_i(x_i) \cdot x_i \cdot t_i$$

unter der Bedingung

$$\sum_i x_i \cdot t_i = M$$

zu minimieren.

Je nachdem, ob es sich bei den Größen x_i und t_i um Variable oder Konstante des Problems handelt, lassen sich vier Typen von Anpassungsprozessen unterscheiden.

Nr. des Typs	x_i		t_i		Bezeichnung des Prozesses
	variabel	konstant	variabel	konstant	
1		x	x		zeitlich, quantitativ i. w. S.
2	x		x		zeitlich, intensitätsmäßig, quantitativ i. w. S.
3	x			x	intensitätsmäßig, quantitativ i. w. S.
4		x		x	quantitativ i. w. S.

Tabelle 5-1

Bei den Anpassungstypen 1 und 2 gilt für die Einsatzzeit t die Bedingung

$0 \leq t_i \leq t_{i\,max}$,

und die Intensität kann aus dem Intervall

$x_{i\,min} \leq x_i \leq x_{i\,max}$

vorgegeben (Typ 1) bzw. gewählt werden (Typ 2).

Die Anpassungsformen vom Typ 3 und 4 schließen die zeitliche Anpassung aus, d.h., die Einsatzzeit t_i eines Aggregates i entspricht der maximalen Zeit t_{imax}, sofern dieses Aggregat überhaupt zur Produktion herangezogen wird. In diesem Fall wird für die Modellierung des Problems die Schaltvariable v_i des Aggregates i gleich 1 gesetzt.

$t_i = t_{i\,max} \cdot v_i$

$v_i = \begin{cases} 1, \text{ wenn das Aggregat eingesetzt wird,} \\ 0, \text{ sonst} \end{cases}$

Die Intensität kann wiederum aus dem Intervall $x_{imin} \leq x_i \leq x_{imax}$ gewählt (Typ 3) oder vorgegeben werden (Typ 4).

Für die Anpassung vom Typ 3 (intensitätsmäßig und quantitativ) können eine Vielzahl von Unterformen unterschieden werden. Zunächst ist danach zu differenzieren, ob für die intensitätsmäßige Anpassung die technische Mindestintensität gleich oder größer als null ist. Bei Mindestintensitäten $x_{imin} > 0$ ist danach zu unterscheiden, ob der Betrieb aus technischen Gründen nur eine Intensität einsetzen kann (Typ 3c) oder ob ein Intensitätssplitting technisch möglich ist (Typ 3d). Im Fall des Splitting sind je zwei Intensitäten pro Aggregat und die zugehörigen Einsatzzeiten zu definieren. Aufgrund der Erkenntnisse aus dem Intensitätssplitting nur eines Aggregates kann **bei S-förmigen Zeit-Kosten-Leistungsfunktionen**[1] für die eine der beiden Intensitäten jeweils x_{imin} als Konstante vorgegeben werden. Die zweite Intensität ist aus dem Intervall $x_{itan} \leq x \leq x_{imax}$ zu wählen, wobei x_{itan} im Splittingbereich und $x_i > x_{itan}$ rechts vom Splittingbereich eingesetzt wird.

Für den Anpassungstyp 3 mit $x_{imin} = 0$ lassen sich wiederum zwei Untervarianten unterscheiden. Kriterium für diese weitere Differenzierung ist, ob an einem Aggregat beschäftigungszeitabhängige Kosten auftreten oder nicht. Bei beschäftigungszeitabhängigen Kosten führt die quantitative Anpassung grundsätzlich zu sprungfixen Kosten (Typ 3 b). Liegen keine beschäftigungszeitabhängigen Kosten vor (Typ 3a), kann weiter danach unterschieden werden, ob die Grenzkostenkurve bei intensitätsmäßiger Anpassung einen symmetrischen, rechts- oder linksschiefen Verlauf aufweist. Insgesamt sind damit neun Formen von Anpassungsprozessen zu unterscheiden, bei denen der Anpassungsprozeß aufgrund der Besonderheiten jeweils in anderer Form abläuft.

---

[1] Zur Ermittlung der Splittingintensitäten bei beliebigen Zeit-Kosten-Leistungsfunktionen vgl. z.B. Lambrecht (1978).

Die Abbildung 5-1 faßt die verschiedenen Typen von Anpassungsprozessen und deren Untervarianten zusammen.

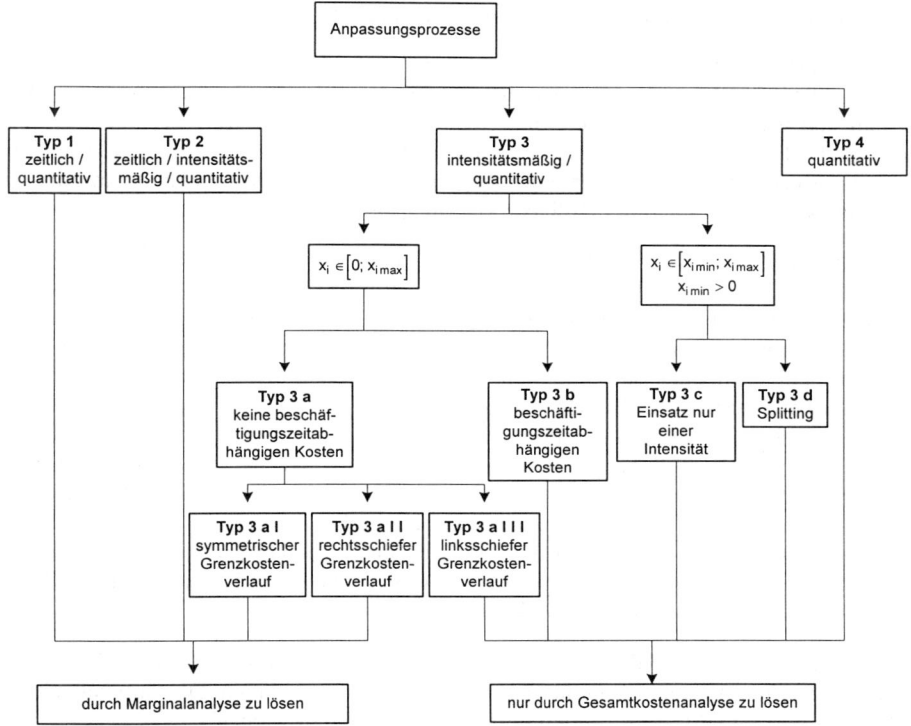

Abbildung 5-1

Für die Analyse dieser Anpassungsformen ist ausschlaggebend, ob es aufgrund der Eigenschaften des jeweiligen Anpassungsproblems möglich ist, mit der Marginalanalyse zu arbeiten, oder ob Gesamtkostenvergleiche durchgeführt werden müssen. Gesamtkostenanalysen sind erforderlich, wenn bei quantitativer oder selektiver Anpassung von Aggregaten sprungfixe Kosten auftreten. Dieser Fall liegt bei den Anpassungsformen 3b, 3c, 3d und 4 vor.

- Beim Typ 3b mit beschäftigungszeitabhängigen Kosten von d_i [GE/ZE] entstehen mit der quantitativen Anpassung sprungfixe Kosten in Höhe von $d_i \cdot t_{imax}$, da die Einsatzzeit des Aggregates von $t_i = 0$ auf $t_i = t_{imax}$ springt.
- Bei den Typen 3c und 3d muß der Betrieb bei quantitativer Anpassung mindestens die Menge $M_i = x_{imin} \cdot t_{imax}$ produzieren. Die sprunghafte Änderung der Ausbringungsmenge M_i von null auf $x_{imin} \cdot t_{imax}$ führt dann zu einem Kostensprung. Die Kostenfunktion des Aggregates ist mithin erst für Ausbringungsmengen $M_i \geq x_{imin} \cdot t_{imax}$ definiert.
- Beim Typ 4 – rein quantitative Anpassung mit gegebener Intensität und Beschäftigungszeit je Aggregat – kann die Produktionsmenge eines Aggregates nur das Niveau null (das

Aggregat wird nicht zur Produktion eingesetzt) oder $M_i = x_i \cdot t_{imax}$ mit x_i = const. annehmen. Das Niveau der aggregatspezifischen Kosten K_{Ti} pro Periode springt dann von null auf K_{Ti} für die Ausbringung $M_i = x_i \cdot t_{imax}$, wenn das Aggregat eingesetzt wird. Mengen zwischen 0 und $x_i \cdot t_{imax}$ lassen sich bei dieser Anpassungsart nicht erreichen.

Bei den Anpassungstypen 1 und 2 treten bei quantitativer Anpassung keine sprungfixen Kosten auf. Für jedes Aggregat beginnen die Gesamtkosten des Optimalverhaltens für $M_i = 0$ bei null und wachsen kontinuierlich mit steigender Ausbringung M_i. Gleichzeitig nehmen die Grenzkosten bei Optimalverhalten an jedem Aggregat nie ab. Die Gesamtkostenkurve bei Optimalverhalten ist somit für jedes Aggregat konvex. In diesen Fällen kann die optimale Anpassung stets allein mit Hilfe der Marginalanalyse ermittelt werden.

Eine Sonderstellung nimmt die Anpassungsform 3a ein. Die Gesamtkostenfunktion bei Optimalverhalten beginnt zwar auch für jedes Aggregat im Koordinatenursprung und ist ebenfalls stetig. Die Grenzkosten nehmen aber zunächst ab. Bis zum Minimum der Grenzkosten ist die Gesamtkostenfunktion somit konkav. Die Marginalanalyse liefert in diesen Fällen lediglich relative Maxima; das Gesamtoptimum kann demzufolge auch an den Rändern des Definitionsbereiches liegen. Bei einer quantitativen Anpassung von zwei Aggregaten heißt dies nichts anderes als: Es kann optimal sein, nur mit einem Aggregat zu arbeiten. Wenn das Optimum auf dem Rand liegen kann, ist i.d.R. ein Gesamtkostenvergleich durchzuführen – die Kosten auf dem Rand müssen mit den Kosten im relativen Minimum verglichen werden. Bei nicht konvexen Gesamtkostenfunktionen der einzelnen Aggregate ist somit i.d.R. ein Gesamtkostenvergleich erforderlich. Es wird sich im folgenden aber zeigen, daß sich die optimale quantitative Anpassung von nur zwei Aggregaten in den Fällen 3aI und 3aII allein mit marginalanalytischen Methoden ermitteln läßt.

Beim Anpassungsprozeß 3aIII wird es sich dagegen als optimal erweisen, im Zuschaltzeitpunkt des zweiten Aggregates sprungfixe Kosten in Kauf zu nehmen. Der Zuschaltzeitpunkt kann daher nur mit Hilfe einer Gesamtkostenanalyse ermittelt werden.

In den folgenden Abschnitten wird für einige der in Abbildung 5-1 aufgeführten Anpassungsarten die Kostenpolitik beschrieben. Von einem Kostensprung wird bei diesen Politiken immer gesprochen, wenn auf einem Aggregat sprungfixe Kosten auftreten, sobald dieses Aggregat eingesetzt wird. Ein Kostensprung bei einem Aggregat führt i.d.R. aber nicht zu sprungfixen Kosten in der bei Optimalverhalten gültigen Gesamtkostenfunktion.

5.2 Zeitliche und quantitative Anpassung (Typ 1)

Für zeitliche und quantitative Anpassung mit einem konstanten Intensitätsniveau der einzusetzenden Anlagen nimmt das allgemeine Planungsproblem die Form an:

$$K_T = \sum_i k_i \cdot x_{i\,const} \cdot t_i \rightarrow \min$$

mit $\sum_i x_{i\,const} \cdot t_i = M$

und $0 \leq t_i \leq t_{i\,max}$ für alle i.

5.3 Zeitliche, intensitätsmäßige und quantitative Anpassung (Typ 2)

Dieser Anpassungsprozeß ist besonders einfach, da für jedes Aggregat ein konstantes, nicht beeinflußbares Grenzkostenniveau k_i existiert. Die Aggregate werden in der Reihenfolge steigender Grenzkosten eingesetzt und zeitlich bis $t_i = t_{imax}$ angepaßt. Wenn ein Aggregat seine maximale Ausbringung $x_{iconst} \cdot t_{imax}$ erreicht hat und das bislang erreichte Niveau kleiner als die verlangte Gesamtausbringung ist, wird das Aggregat mit dem nächsthöheren Grenzkostensatz k_i eingesetzt.

Die Grenzkostenkurve $K_T'(M)$ bei Optimalverhalten ist für diesen Anpassungsprozeß in Abbildung 5-2 eingetragen. Die Sprünge der Grenzkosten beim Ausbringungsniveau M_1 und M_2 kennzeichnen die quantitative Anpassung, d.h. am Ende eines Grenzkostenintervalls erreicht das jeweilige Aggregat seine maximale Ausbringung, während das neu einzusetzende Aggregat noch nichts produziert. Die ebenfalls in der Abbildung 5-2 dargestellte Gesamtkostenkurve $K_T(M)$ bei Optimalverhalten ist innerhalb der Anpassungsintervalle linear. Beim Übergang von einem Anpassungsintervall zum nächsten wird die Steigung der Gesamtkostenfunktion $K_T(M)$ aufgrund der zunehmenden Grenzkosten größer.

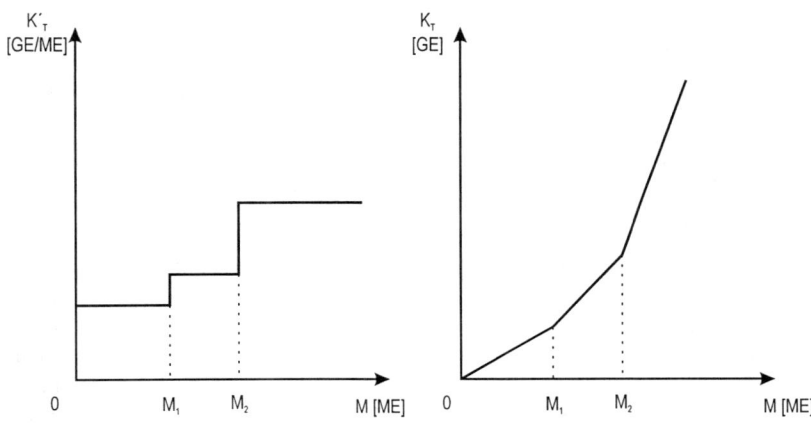

Abbildung 5-2

5.3 Zeitliche, intensitätsmäßige und quantitative Anpassung (Typ 2)

5.3.1 Anpassungsprozeß bei einstufiger Fertigung

Aufgabe der kombinierten zeitlichen, intensitätsmäßigen und quantitativen Anpassung ist es, festzulegen, welche Aggregate mit welchen Intensitäten und Einsatzzeiten zur Produktion einer verlangten Ausbringungsmenge M heranzuziehen sind, wenn die kostenminimale Produktionsaufteilung angestrebt wird. Für die Variablen x_i und t_i können beliebige Werte aus einem vorgegebenen Bereich gewählt werden.

Für diesen Anpassungsprozeß mit mehreren Aggregaten i kann von der **Zielfunktion**

$$K_T = \sum_i k_i(x_i) \cdot x_i \cdot t_i \rightarrow \min$$

ausgegangen werden, die unter den folgenden Restriktionen zu minimieren ist.[2]

Ausbringungsrestriktion:

$$\sum_i x_i \cdot t_i = M$$

Zeitrestriktion:

$0 \leq t_i \leq t_{i\max}$ für alle i.

Intensitätsrestriktion:

$x_{i\min} \leq x_i \leq x_{i\max}$ für alle i.

Die letzten beiden Bedingungen beschreiben die zulässigen Ausprägungen der Einsatzzeit t_i und der Intensität x_i. Der Anpassungsprozeß soll im folgenden für alternative Ausbringungsmengen M zunächst allgemein und dann anhand eines Zahlenbeispiels beschrieben werden. Für jedes Aggregat i ist zunächst die Grenzkostenfunktion für die optimale zeitliche und intensitätsmäßige Anpassung in bezug auf die Ausbringungsmenge M aufzustellen. Die Grenzkostenfunktionen des Optimalverhaltens für zwei Aggregate 1 und 2 sind in Abbildung 5-3 dargestellt.

Der Anpassungsprozeß läßt sich mit Hilfe dieser Grenzkostenfunktion beschreiben:[3] Der Betrieb setzt zunächst das Aggregat mit den niedrigsten Grenzkosten bei zeitlicher Anpassung ein (Aggregat 1) und steigert die Ausbringung, indem er die Beschäftigungszeit dieses Aggregates bis zur Zeitgrenze $t_{1\max}$ erhöht. Das erste Aggregat wird folglich zunächst mit der Intensität x_{1opt} bis zur maximalen Arbeitszeit $t_{1\max}$ eingesetzt. Soll die gesamte Ausbringung des Betriebes die Menge $M = x_{1opt} \cdot t_{1\max}$ überschreiten, wird die Intensität des ersten Aggregates zunächst so lange erhöht, bis die Grenzkosten bei intensitätsmäßiger Anpassung des ersten Aggregates gerade den Grenzkosten des zweiten Aggregates bei zeitlicher Anpassung entsprechen.

---

2 Vgl. Jacob (1962), S. 216 f.; Albach (1962), S. 137 ff.; Lücke (1973); Pack (1966).
3 Vgl. Jacob (1962), S. 218 f.

5.3 Zeitliche, intensitätsmäßige und quantitative Anpassung (Typ 2)

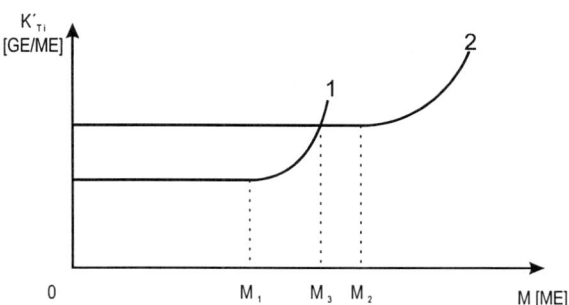

Abbildung 5-3

Die Grenzkosten bei intensitätsmäßiger Anpassung des ersten Aggregates nehmen bei der Intensität x_1^* bzw. der Ausbringung $M_3 = x_1^* \cdot t_{1max}$ die gleiche Höhe an wie die Grenzkosten bei zeitlicher Anpassung des zweiten Aggregates. Der Betrieb dehnt die Produktion folglich von $M_1 = x_{1opt} \cdot t_{1max}$ auf $M_3 = x_1^* \cdot t_{1max}$ durch intensitätsmäßige Anpassung des ersten Aggregates aus.

Für darüber hinausgehende Ausbringungsmengen wird Aggregat 2 mit x_{2opt} in Betrieb gesetzt und zeitlich angepaßt. Die maximal durch zeitliche Anpassung auf dem zweiten Aggregat zu produzierende Menge beträgt $M_2 = x_{2opt} \cdot t_{2max}$.

Am Ende des zeitlichen Anpassungsintervalls der zweiten Anlage werden auf beiden Aggregaten zusammen

$$M = M_3 + M_2 = x_1^* \cdot t_{1max} + x_{2opt} \cdot t_{2max}$$

Mengeneinheiten hergestellt.

Es folgt dann eine intensitätsmäßige Anpassung des ersten und zweiten Aggregates bei Gleichheit der Grenzkosten beider Anlagen. Eine weitere intensitätsmäßige Anpassung beider Aggregate zusammen ist dann nicht mehr möglich, wenn eine der beiden Anlagen ihre technisch maximale Intensität x_{imax} erreicht. In diesem Fall wird nur noch das andere Aggregat intensitätsmäßig angepaßt, bis auch dessen maximale Intensität erreicht ist.

Für den beschriebenen Anpassungsprozeß ergibt sich die in Abbildung 5-4 dargestellte Grenzkostenfunktion in bezug auf die Ausbringung.[4]

---

[4] Vgl. Jacob (1962), S. 219 f.; Adam (1969), S. 44 ff., insb. S. 46.

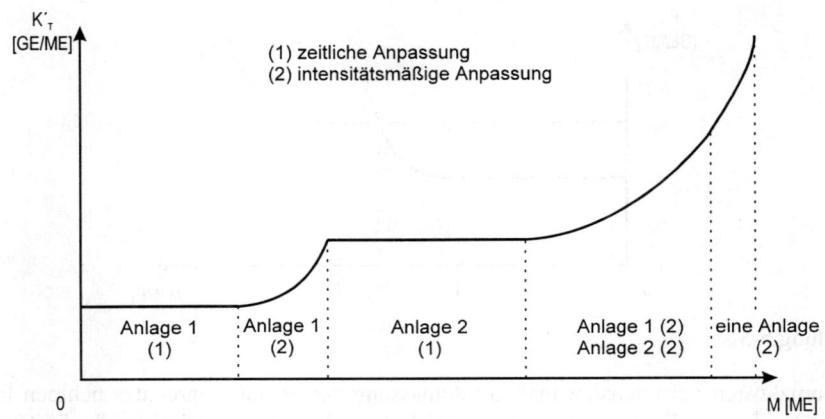

Abbildung 5-4

Numerisches Beispiel:[5]

Ein Betrieb verfüge über zwei Aggregate mit folgenden Zeit-Kosten-Leistungsfunktionen $K_i(x_i)$:

$$K_1(x_1) = 19x_1 - 0{,}4x_1^2 + 0{,}02x_1^3 \quad [GE/ZE]$$
$$K_2(x_2) = 15x_2 - 0{,}4x_2^2 + 0{,}04x_2^3 \quad [GE/ZE]$$

Die zugehörigen Mengen-Kosten-Leistungsfunktionen lauten:

$$k_1(x_1) = \frac{K_1(x_1)}{x_1} = 19 - 0{,}4x_1 + 0{,}02x_1^2 \quad [GE/ME]$$
$$k_2(x_2) = \frac{K_2(x_2)}{x_2} = 15 - 0{,}4x_2 + 0{,}04x_2^2 \quad [GE/ME]$$

Die Minima der Mengen-Kosten-Leistungsfunktionen sind bei $x_{1opt} = 10$ [ME/ZE] bzw. $x_{2opt} = 5$ [ME/ZE] erreicht:

$$k_1'(x_1) = -0{,}4 + 0{,}04x_1 \stackrel{!}{=} 0 \;\Rightarrow\; x_{1opt} = 10$$
$$k_2'(x_2) = -0{,}4 + 0{,}08x_2 \stackrel{!}{=} 0 \;\Rightarrow\; x_{2opt} = 5$$

Für die zeitliche Anpassung gilt dann ein Grenzkostenniveau von

$k_1(x_{1opt} = 10) = 17$ [GE/ME] und $k_2(x_{2opt} = 5) = 14$ [GE/ME].

---

5 Vgl. auch das Zahlenbeispiel bei Jacob (1962), S. 223 ff.

5.3 Zeitliche, intensitätsmäßige und quantitative Anpassung (Typ 2)

Die Grenzkosten bei intensitätsmäßiger Anpassung entsprechen der ersten Ableitung der Zeit-Kosten-Leistungsfunktion nach x_i.

$$K_1'(x_1) = 19 - 0{,}8\,x_1 + 0{,}06\,x_1^2$$
$$K_2'(x_2) = 15 - 0{,}8\,x_2 + 0{,}12\,x_2^2$$

Aus dem Grenzkostenniveau der beiden Aggregate bei zeitlicher Anpassung folgt, daß zunächst das zweite Aggregat mit einem Grenzkostenniveau von 14 Geldeinheiten pro Mengeneinheit zur Produktion herangezogen wird und dann das erste mit einem Niveau von 17 Geldeinheiten pro Mengeneinheit.

Die Intervalle der Variablen x_i und t_i seien mit

$5 \leq x_1 \leq 20 \qquad 4 \leq x_2 \leq 25$
$0 \leq t_1 \leq 10 \qquad 0 \leq t_2 \leq 10$

gegeben. Der Anpassungsprozeß läuft dann in folgenden fünf Anpassungsintervallen ab:

1. Anpassungsintervall: $(0 \leq M \leq 50 \text{ [ME]})$

Zeitliche Anpassung des zweiten Aggregates im Zeitintervall $0 \leq t_2 \leq 10$ mit der Intensität $x_{2opt} = 5$ bei einem Grenzkostenniveau von 14 [GE/ME]. Dieses Intervall wird durch die Ausbringungsmengen $M = 0$ und $M = 5 \cdot 10 = 50$ begrenzt.

2. Anpassungsintervall: $(50 \leq M \leq 86 \text{ [ME]})$

Intensitätsmäßige Anpassung des zweiten Aggregates bis das Niveau der Grenzkosten bei intensitätsmäßiger Anpassung die Grenzkosten des ersten Aggregates bei zeitlicher Anpassung (17 [GE/ME]) erreicht. Diese Intensität ist aus der folgenden Gleichung zu bestimmen.

$$\underbrace{15 - 0{,}8\,x_2 + 0{,}12\,x_2^2}_{\substack{\text{Grenzkosten } K_2'(x_2) \text{ bei} \\ \text{intensitätsmäßiger Anpassung des} \\ \text{2. Aggregates}}} \stackrel{!}{=} \underbrace{17}_{\substack{\text{Grenzkosten } k_1(x_{1opt}) \text{ bei} \\ \text{zeitlicher Anpassung des} \\ \text{1. Aggregates}}}$$

Die gesuchte Intensität x_2^* ergibt sich dann als

$$x_2^* = 10/3 + \sqrt{(10/3)^2 + (50/3)} \approx 8{,}6$$

Das zweite Anpassungsintervall wird demzufolge durch die Ausbringungen $M = 50$ und $M = 86$ begrenzt.

3. Anpassungsintervall: $(86 \leq M \leq 186 \text{ [ME]})$

Zeitliche Anpassung des ersten Aggregates im Zeitintervall $0 \leq t_1 \leq 10$ mit einer Intensität von $x_{1opt} = 10$. Am Ende des dritten Intervalls produziert das erste Aggregat 100 Mengeneinheiten, und beide Aggregate zusammen bringen $(10 + 8{,}6) \cdot 10 = 186$ [ME] aus.

4. Anpassungsintervall: ($186 \leq M \leq 338{,}7$ [ME])

Intensitätsmäßige Anpassung beider Aggregate bei Gleichheit der Grenzkosten bis eines der Aggregate seine maximale Intensität erreicht. Die gemeinsame intensitätsmäßige Anpassung kann nur im Grenzkostenintervall von 17 [GE/ME] bis 27 [GE/ME] betrieben werden, da die erste Anlage bei einem Grenzkostenniveau von 27 [GE/ME] die maximale Intensität von 20 [ME/ZE] erreicht, während die Intensität des zweiten Aggregates bis zum Grenzkostenniveau von 70 [GE/ME] bei $x_{2max} = 25$ [ME/ZE] gesteigert werden kann.

$$K_1'(x_{1max} = 20) = 27 \qquad K_2'(x_{2max} = 25) = 70$$

Bei einem Grenzkostenniveau von 27 erreicht die Intensität des zweiten Aggregates das Niveau $x_2 = 13{,}87$.

$$15 - 0{,}8\,x_2 + 0{,}12\,x_2^2 \stackrel{!}{=} 27$$

$$\Rightarrow x_2^* = 10/3 + \sqrt{(10/3)^2 + 100} \approx 13{,}87$$

Insgesamt werden damit am Ende des vierten Intervalls auf beiden Aggregaten zusammen $(20 + 13{,}87) \cdot 10 = 338{,}7$ [ME] produziert.

5. Anpassungsintervall: ($338{,}7 \leq M \leq 450$ [ME])

Intensitätsmäßige Anpassung des zweiten Aggregates im Grenzkostenintervall von 27 [GE/ME] bis 70 [GE/ME] bei einer Intensität von 13,87 [ME/ZE] bis 25 [ME/ZE]. Am Ende dieses fünften Intervalls produzieren beide Anlagen zusammen $(20 + 25) \cdot 10 = 450$ [ME].

Die Ergebnisse der fünf Intervalle sind in der folgenden Tabelle 5-2 zusammengefaßt.

Intervall	Ausbringung [ME]	Grenzkosten [GE/ME]	Art der Anpassung
1	0 – 50	14	zeitlich 2. Aggregat
2	50 – 86	14 – 17	intensitätsmäßig 2. Aggregat
3	86 – 186	17	zeitlich 1. Aggregat
4	186 – 338,7	17 – 27	intensitätsmäßig 1. und 2. Aggregat
5	338,7 – 450	27 – 70	intensitätsmäßig 2. Aggregat

Tabelle 5-2

5.3 Zeitliche, intensitätsmäßige und quantitative Anpassung (Typ 2)

Beispiel zur Produktionsaufteilung:

Eine Ausbringungsmenge von 126 Mengeneinheiten (3. Anpassungsintervall) ist mit minimalen Kosten zu produzieren, wenn das zweite Aggregat mit einer Intensität $x_2 = 8,6$ während der maximalen Arbeitszeit von 10 Zeiteinheiten eingesetzt wird und innerhalb dieser Zeit 86 Mengeneinheiten produziert. Die zur verlangten Ausbringung von 126 Mengeneinheiten dann noch fehlenden 40 Mengeneinheiten sind auf dem ersten Aggregat durch zeitliche Anpassung mit der Intensität $x_{1opt} = 10$ in vier Beschäftigungszeiteinheiten zu produzieren.

In der beschriebenen Art und Weise läuft der Anpassungsprozeß nur dann ab, wenn der Betrieb die Arbeitsintensität kontinuierlich variieren kann. Bei diskontinuierlicher Variationsmöglichkeit der Intensität ist die Mengen-Kosten-Leistungsfunktion der Aggregate nur punkt- oder intervallweise definiert. Zulässige Intensitäten entsprechen den Punkten oder Intensitätsintervallen der Mengen-Kosten-Leistungsfunktion in Abbildung 5-5.

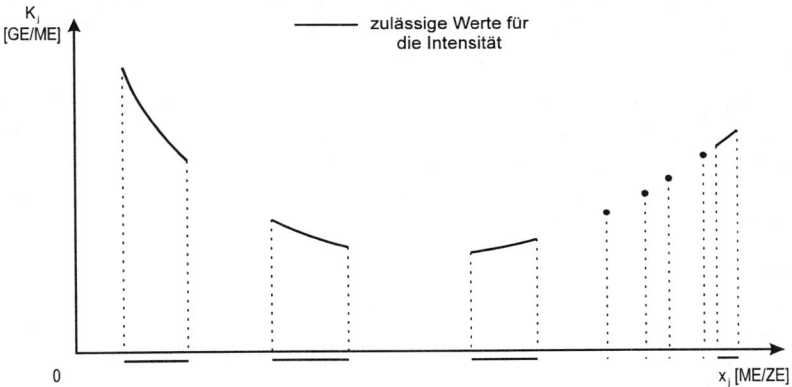

Abbildung 5-5

Wenn der Betrieb während der gesamten Beschäftigungszeit nur eine Intensität einsetzen kann, ein Intensitätssplitting somit nicht möglich ist, führen sprungweise sich ändernde Intensitäten bei zeitlicher und intensitätsmäßiger Anpassung zu sprungfixen Kosten in der Gesamtkostenfunktion K_{Ti} eines Aggregates. In dieser Situation müssen die beschriebenen marginalanalytischen Überlegungen zur Optimierung des Anpassungsprozesses versagen, da die Voraussetzung stetiger Funktionen nicht erfüllt ist. Die Lösung kann nur durch Planungsverfahren erzielt werden, die auf Gesamtkostenvergleichen aufbauen wie z.B. die Dynamische Programmierung, „Branch-and-Bound"-Verfahren[6] etc. Auf diese Verfahren soll hier nicht eingegangen werden.

Ist eine Linearkombination mehrerer Intensitäten (Intensitätssplitting) möglich, entsteht bei Optimalverhalten für jedes Aggregat eine aus linearen Teilstücken zusammengesetzte Ge-

---

6 Vgl. zu diesen Verfahren z.B. Domschke/Drexl (1998), S. 125 ff. und S. 148 ff. sowie Müller-Merbach (1973), S. 336 ff.

samtkostenfunktion. Diese Funktion ist stetig, und die zugehörigen Grenzkosten nehmen nicht ab, d.h., sie ist konvex. In diesem Fall kann der optimale Anpassungsprozeß mit den zuvor beschriebenen marginalanalytischen Überlegungen ermittelt werden.

Ein weiteres Verfahren, das sich für diesen Anpassungsprozeß eignet, ist die lineare Programmierung.[7] Das Anpassungsproblem soll daher im folgenden durch einen Ansatz der linearen Programmierung beschrieben werden.

Aus den zulässigen Intervallen oder Punkten für die Intensität werden alternative Prozesse j (Intensitätsstufen) definiert, die sich durch eine konstante Intensität auszeichnen. Ein Intervall wird dabei in eine beliebige Anzahl von Intensitätspunkten zerlegt. Die Dichte dieser Punkte, d.h. die Anzahl der Punkte innerhalb eines Intervalls, ist ausschlaggebend für den Genauigkeitsgrad der Abbildung des Anpassungsproblems im Modell. Die Definition der Intensitäten als alternative Prozesse hat zur Folge, daß die Intensität keine Variable des Planungsproblems mehr ist; vielmehr nimmt sie den Charakter alternativer Konstanten an. Mit jedem Prozeß j kann der Betrieb zeitliche Anpassung betreiben. Die Aufgabe besteht darin, den kostenminimalen Prozeß oder die kostenminimale Linearkombination mehrerer Prozesse für die gegebene Ausbringung M zu bestimmen.

Für die Lösung dieses Planungsproblems brauchen nur Intensitäten in die Überlegungen einbezogen zu werden, die der Bedingung $x_i \geq x_{iopt}$ genügen. Es kann, wie die marginalanalytischen Überlegungen gezeigt haben, nicht vorteilhaft sein, mit Intensitäten $x_i < x_{iopt}$ zu arbeiten, da die Gesamtkosten bei intensitätsmäßiger Anpassung in diesem Bereich die Kosten bei zeitlicher Anpassung mit x_{iopt} überschreiten.

Jedem Prozeß j (j = 1, 2 ,..., j_n) wird eine konstante Intensität x_j sowie ein Kostenbetrag k_j pro Erzeugniseinheit zugeordnet. Da für jedes Aggregat i derartige Prozesse definiert sind, tragen die Konstanten x und k auch noch einen Maschinenindex i. Variable des Problems sind die Einsatzzeiten t_{ij} der Prozesse j an den Maschinen i. Die Einsatzzeiten t_{ij} aller Prozesse eines Aggregates sind nach unten und nach oben einer Zeitrestriktion unterworfen, d.h., die Einsatzzeiten aller Prozesse j eines Aggregates i dürfen die verfügbare Arbeitszeit t_{imax} eines Aggregates i nicht überschreiten; sie dürfen aber auch nicht negativ werden.

Das Planungsproblem nimmt damit folgende Form an, wobei allein die Einsatzzeiten t_{ij} Variable des Problems sind:

Zielfunktion:

$$K_T(t_{ij}) = \sum_{ij} k_{ij} \cdot x_{ij} \cdot t_{ij} \to \min$$

Ausbringungsrestriktion:

$$\sum_{ij} x_{ij} \cdot t_{ij} = M$$

---

[7] Zur linearen Programmierung sei auf die Standardliteratur verwiesen, z.B.: Dantzig (1966); Domschke/Drexl (1998); Hadley (1972); Hillier/Liebermann (1988).

5.3 Zeitliche, intensitätsmäßige und quantitative Anpassung (Typ 2)

Zeitrestriktion:

$$\sum_j t_{ij} \leq t_{i\,max} \quad \text{für alle i}$$

Nicht-Negativitätsbedingung:

$t_{ij} \geq 0 \quad$ für alle i und j

Der Ausdruck $k_{ij} \cdot x_{ij} \cdot t_{ij}$ gibt die Kosten des Prozesses j am Aggregat i an, wenn dieser während der Zeit t_{ij} im Planungszeitraum eingesetzt wird. Eine Summierung über alle Prozesse j eines Aggregates i führt zu den Gesamtkosten des Aggregates i; eine weitere Summierung über alle Aggregate ergibt die Gesamtkosten K_T der Planungsperiode.

Mit $x_{ij} \cdot t_{ij}$ wird die Ausbringung bezeichnet, die mit dem Prozeß j des Aggregates i in der Zeit t_{ij} erstellt wird. Eine Summierung über alle Prozesse j eines Aggregates i führt zur Gesamtausbringung eines Aggregates. Eine weitere Summierung über alle Aggregate i ergibt die Gesamtausbringung M in der Planperiode.

Die Zeitrestriktion garantiert, daß die Einsatzzeit t_{ij} eines Aggregates dessen Kapazität nicht überschreitet.

Der lineare Programmierungsansatz ist auf den ersten Blick nicht so effektiv wie das marginalanalytische Verfahren. Zudem liefert die lineare Programmierung nur eine Näherungslösung, deren Genauigkeitsgrad von der Anzahl der im Modell erfaßten Intensitätsstufen abhängig ist. Für die Bestimmung der optimalen zeitlichen, intensitätsmäßigen und quantitativen Anpassung ist somit die lineare Programmierung dem rein marginalanalytischen Verfahren unterlegen. Die lineare Programmierung eignet sich aber in hervorragender Weise für komplexere Problemstellungen, in denen das Produktionsaufteilungsproblem nur ein Teilproblem ist. Derartige Problemstellungen liegen bei kombinierter Programmplanung und Produktionsaufteilung vor.

5.3.2 Zeitliche, intensitätsmäßige und quantitative Anpassung mit Kostensprüngen

Die bisherige Analyse der zeitlichen, intensitätsmäßigen und quantitativen Anpassung ging von der Annahme aus, daß mit dem Zuschalten eines Aggregates keine sprungfixen Kosten für die Umstellung und den Produktionsanlauf verbunden sind. Nur unter dieser Annahme kann das Optimalverhalten mit marginalanalytischen Überlegungen gelöst werden. Im folgenden Abschnitt soll der Frage nachgegangen werden, wie sprungfixe Kosten den Anpassungsprozeß verändern.

Existieren keine sprungfixen Kosten, führt das im Abschnitt 5.3.1 beschriebene Optimalverhalten für zwei Aggregate zu einer Gesamtkostenkurve, die in Abbildung 5-6 für die ersten drei Intervalle durch den Kurvenzug AGB beschrieben wird. Zunächst wird das bei zeitlicher Anpassung kostengünstigere Aggregat zeitlich angepaßt (1. Intervall), und die Gesamtkosten steigen linear an. Im 2. Anpassungsintervall wird die Intensität des 1. Aggregates soweit gesteigert, bis Gleichheit der Grenzkosten bei intensitätsmäßiger Anpassung des ersten Aggregates und der Grenzkosten bei zeitlicher Anpassung des zweiten Aggregates besteht – Punkt G in der Abbildung 5-6. Die Gesamtkosten wachsen in diesem Intervall progressiv. Mit der Zuschaltung des 2. Aggregates und dessen zeitlicher Anpassung steigen die Gesamtkosten dann wiederum linear an (3. Intervall).

Schaltet der Betrieb bei Existenz sprungfixer Zuschaltkosten K_{fz} für das zweite Aggregat diese Anlage tatsächlich bei der Ausbringungsmenge M_2 zu, erhöhen sich die Kosten um den Betrag K_{fz}. Die Kosten springen dann vom Niveau G auf das Niveau H und steigen bei zeitlicher Anpassung des zweiten Aggregates wiederum linear an. Die Kostenkurve DHE gibt den Kostenverlauf wieder, wenn das zweite Aggregat im 1. und 2. Intervall mit einer Ausbringung von null mitliefe, die Zuschaltkosten K_{fz} also von Anfang an anfielen. Die Funktion DE entsteht, wenn die ursprüngliche Kostenkurve bei Optimalverhalten (AGB) um den Betrag K_{fz} nach oben verschoben wird. Aus der Abbildung 5-6 wird nun deutlich, daß es nicht vorteilhaft ist, das 2. Aggregat bei M_2 zuzuschalten.

Der Betrieb besitzt zwei Entscheidungsmöglichkeiten, die jeweils unterschiedliche Kostenwirkungen nach sich ziehen:
- Er arbeitet nur mit einem Aggregat, das er zunächst zeitlich und dann intensitätsmäßig anpaßt. Dieses Verhalten führt zur Kostenfunktion AGC in der Abbildung 5-6.
- Er setzt von Anfang an beide Aggregate ein, wobei auf dem zweiten Aggregat bis zur Gesamtausbringung M_2 die Menge null produziert wird. Diese Verhaltensweise zieht bei optimaler Anpassung der beiden Anlagen die Kosten des Kurvenzuges DHE nach sich.

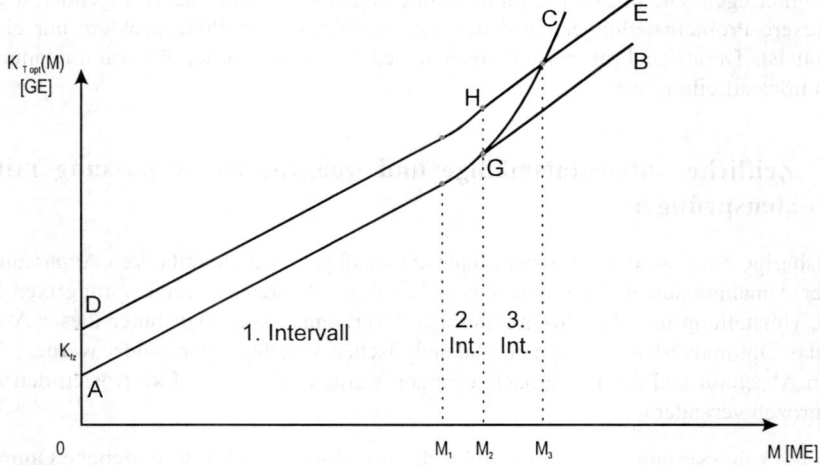

Abbildung 5-6

5.3 Zeitliche, intensitätsmäßige und quantitative Anpassung (Typ 2)

Die Kosten beim Einsatz nur einer Maschine liegen bis zur Ausbringung M_3 unter den Kosten, die bei optimaler Arbeitsweise mit zwei Anlagen auftreten. M_3 ist durch den Schnittpunkt der Kurvenzüge DHE und AGC definiert. Folglich wird der Betrieb auch erst ab der Ausbringung M_3 das zweite Aggregat einsetzen. Für die beiden dann arbeitenden Aggregate ist aber eine Produktionsaufteilung mit der Menge M_3 auf dem ersten und einer Menge von null auf dem zweiten Aggregat nicht optimal, da die Grenzkosten des ersten Aggregates bei intensitätsmäßiger Anpassung über den Grenzkosten bei zeitlicher Anpassung des zweiten Aggregates liegen; für das Planungsproblem werden die sprungfixen Kosten zu sunk costs. Ist das zweite Aggregat zugeschaltet worden, wird der Betrieb deshalb die Ausbringung auf dem ersten Aggregat soweit zurückfahren, bis Gleichheit der **Grenzkosten** auf beiden Anlagen besteht. Das ist im Punkte G bei einer Ausbringung von M_2 auf dem ersten Aggregat der Fall. Der Betrieb schaltet daher das zweite Aggregat nicht mit einer Menge von null zur Produktion zu, sondern produziert auf dieser Anlage sofort die Differenzmenge von M_3 und M_2 und reduziert die Ausbringung des ersten Aggregates entsprechend.

5.3.3 Zeitliche, intensitätsmäßige und quantitative Anpassung bei mehrstufiger Fertigung

Bei einer mehrstufigen Fertigung muß ein Erzeugnis nacheinander an verschiedenen Maschinen bzw. Arbeitsplätzen bearbeitet werden. Je nach der Art des Produktionsdurchlaufs lassen sich lineare und vernetzte Fertigungsstrukturen unterscheiden. Von einer linearen Fertigungsstruktur wird gesprochen, wenn sich der Fertigungsprozeß nicht verzweigt. Ein Erzeugnis durchläuft dann z.B. nacheinander die Produktionsstufen 1, 2 und 3.

Abbildung 5-7

Vernetzte Produktionsstrukturen liegen vor, wenn in einer Produktionsstufe Teile mehrerer vorgelagerter Produktionsstufen montiert werden oder wenn Halbfabrikate einer Stufe in mehreren nachfolgenden Stufen benötigt werden.

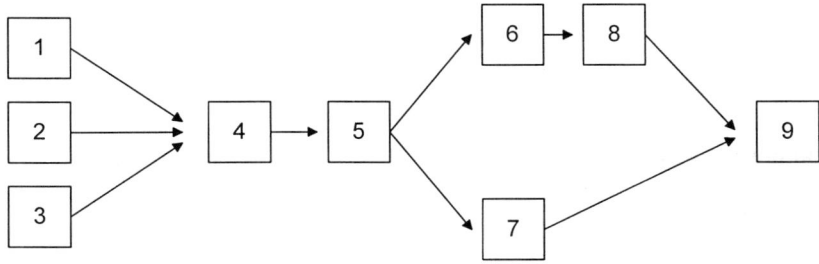

Abbildung 5-8

Im Fertigungsprozeß der Abbildung 5-8 werden die Halberzeugnisse der Stufen 1 bis 3 in der 4. Stufe zu einem Zwischenprodukt vereinigt. Diese in Stufe 5 weiterverarbeiteten Teile werden dann sowohl in der Stufe 6 als auch in der Stufe 7 für die Zwischenerzeugnisse dieser Stufen eingesetzt.

Für jede Produktionsstufe s existiert eine eigene Produktionsfunktion für jedes in dieser Stufe einzusetzende Aggregat i. Aus diesen Produktionsfunktionen sind für jedes Aggregat und jede Stufe Mengen-Kosten-Leistungsfunktionen $k_{is}(x_{sj})$ abzuleiten, die die in der Stufe s pro Mengeneinheit des Zwischenerzeugnisses zusätzlich anfallenden Kosten angeben, wenn das Aggregat i mit der Intensitätsstufe j eingesetzt wird.

Die Planung der kostenoptimalen Politik bei mehrstufiger Fertigung kann mit Hilfe von zwei verschiedenen Modellkonzepten erfolgen:

1. Konzept:[8]

Für die Produktionsmengen jeder Stufe s, jedes Aggregates i und jeder Intensitätsstufe j werden spezielle Variable $M_{ijs} = x_{ijs} \cdot t_{ijs}$ definiert, die die in einer Stufe weiterbearbeiteten oder fertiggestellten Zwischen- oder Enderzeugnisse angeben. In der Zielfunktion des Modells werden diese Mengen mit den aus der jeweiligen Mengen-Kosten-Leistungsfunktion abgeleiteten Stückkosten bewertet, die für die Intensitätsstufe j gelten. Um den Mengenfluß der Zwischenerzeugnisse von Produktionsstufe zu Produktionsstufe abzubilden, werden spezielle Restriktionen (Mengenkontinuitäten) zwischen unmittelbar benachbarten Fertigungsstufen formuliert. Diese Bedingungen garantieren, daß Produkte in der Stufe s+1 nur weiterbearbeitet werden können, wenn zuvor in der Vorstufe s eine entsprechende Menge an Vorprodukten erzeugt wurde.

Für das Modell des 1. Konzepts kann unmittelbar an den entwickelten Planungsansatz einer einstufigen Fertigung angeknüpft werden. Es ist lediglich noch ein weiterer Index s erforderlich. Zielfunktion, Kapazitätsrestriktion und die Bedingung für die Produktionsaufgabe gehen dann in die folgende Form über:

Zielfunktion

$$K_T(t_{sij}) = \sum_{sij} k_{sij} \cdot x_{sij} \cdot t_{sij} \to \min$$

Kapazitätsrestriktion

$$\sum_{sj} t_{sij} \leq t_{i\max} \quad \text{für alle i}$$

Produktionsbedingung

$$\sum_{ij} t_{s_n ij} \cdot x_{s_n ij} = M$$

---

[8] Vgl. Jacob (1962), S. 238 ff.; Adam (1976), S. 149 ff.

5.3 Zeitliche, intensitätsmäßige und quantitative Anpassung (Typ 2)

Die Kapazitätsbedingung sieht vor, daß ein Aggregat in mehreren Stufen eingesetzt werden kann. Es handelt sich mithin um Universalmaschinen. Kann eine Maschine nur in einer Stufe benutzt werden, entfällt in der Kapazitätsbedingung die Summierung über s. Der Index s_n in der Produktionsbedingung deutet an, daß nur in der letzten Produktionsstufe s_n Enderzeugnisse entstehen.

Zusätzlich zu diesen Restriktionen ist es erforderlich, die aufeinanderfolgenden Produktionsstufen durch Mengenkontinuitätsbedingungen miteinander zu verknüpfen. Diese Mengenkontinuitätsbedingungen müssen garantieren, daß die Ausbringungsmenge der Stufe s in der Stufe s+1 weiterverarbeitet wird. Lagerhaltung von Zwischen- und Endprodukten wird vernachlässigt. Die Form dieser Bedingungen hängt davon ab, ob ein linearer Fertigungsprozeß vorliegt oder ob eine Vernetzung gegeben ist. Zunächst soll die **Mengenkontinuität** für einen linearen Prozeß formuliert werden:

$$\underbrace{\sum_{ij} x_{sij} \cdot t_{sij}}_{\text{Output der Stufe s}} = \underbrace{\sum_{ij} x_{s+1ij} \cdot t_{s+1ij}}_{\text{Output der Stufe s+1}} \cdot \underbrace{b_{s+1}}_{\substack{\text{Inputkoeffizient} \\ \text{der Stufe s+1}}} \quad \text{für } s = 1, \ldots, s_{n-1}$$

In der Mengenkontinuität steht auf der linken Seite die gesamte Produktionsmenge der Stufe s an Zwischenerzeugnissen. Sie muß dem Input der Stufe s+1 entsprechen. Der Input der Stufe s+1 wird über den Output dieser Stufe und den Inputkoeffizienten abgebildet. Der Inputkoeffizient gibt an, wieviel Mengeneinheiten des Inputs in Stufe s+1 für eine Mengeneinheit Output dieser Stufe erforderlich sind. Gehen vier Mengeneinheiten der Stufe s in eine Mengeneinheit der Ausbringung der Stufe s+1 ein, gilt: $b_{s+1} = 4$.

Für den Fall vernetzter Prozesse sind die Mengenkontinuitäten abzuwandeln. Verzweigt sich der Materialfluß nach Stufe 5 in Abbildung 5-8, muß der Output der Stufe 5 der Summe des Inputs in der Stufe 6 und 7 entsprechen. Die Mengenkontinuitätsbedingung lautet dann:

$$\underbrace{\sum_{ij} x_{5ij} \cdot t_{5ij}}_{\text{Output Stufe 5}} = \underbrace{\sum_{ij} x_{6ij} \cdot t_{6ij} \cdot b_6}_{\text{Input Stufe 6}} + \underbrace{\sum_{ij} x_{7ij} \cdot t_{7ij} \cdot b_7}_{\text{Input Stufe 7}}$$

Wird der Materialfluß hingegen in einer Stufe zusammengeführt, wie bei der Stufe 4 in Abbildung 5-8, ist je eine Mengenkontinuität zwischen den Stufen 1 und 4, 2 und 4 sowie 3 und 4 zu formulieren. Die zwischen den Stufen 2 und 4 lautet dann:

$$\underbrace{\sum_{ij} x_{2ij} \cdot t_{2ij}}_{\text{Output Stufe 2}} = \underbrace{\sum_{ij} x_{4ij} \cdot t_{4ij}}_{\text{Output Stufe 4}} \cdot \underbrace{b_{42}}_{\substack{\text{Inputkoeffizient} \\ \text{zwischen Stufe 4 und 2}}}$$

Für diese Mengenkontinuitätsbedingungen sind jeweils spezielle Inputkoeffizienten für die Bedingung zwischen Stufe 4 und 1 (b_{41}), Stufe 4 und 2 (b_{42}), sowie Stufe 4 und 3 (b_{43}) zu definieren.

2. Konzept:

Bei diesem auf Kilger[9] zurückgehenden Konzept werden die Mengenbeziehungen zwischen den benachbarten Fertigungsstufen nicht durch ein Gleichungssystem von Mengenkontinuitäten erfaßt; vielmehr ist mit Hilfe einer Teilebedarfsrechnung zu bestimmen, wieviel Mengeneinheiten des in Stufe s produzierten Zwischenerzeugnisses erforderlich sind, um eine Mengeneinheit des Enderzeugnisses herstellen zu können. Für diese Menge an Zwischenerzeugnissen ist dann der Produktionszeitbedarf zu ermitteln, wenn in Stufe s das Aggregat i mit der Intensität j zur Produktion herangezogen wird, und es sind die Kosten abzuleiten. Im zweiten Modellkonzept werden dann nur Variable für die Produktionsmengen der letzten Produktionsstufe definiert, und zwar ist je eine Variable M_v für jedes denkbare Produktionsverfahren v vorzusehen. Ein Produktionsverfahren ist **eine** Möglichkeit, wie das Endprodukt in den einzelnen Stufen produziert werden kann, d.h., für jede Stufe geht jeweils eine Maschine i mit einer Intensitätsstufe j in die Verfahrensdefinition ein. Alle denkbaren Kombinationen entsprechen der Menge möglicher Verfahren v. In der Zielfunktion sind die mit einem Verfahren zu produzierenden Mengen mit der Summe der Kosten in allen Stufen zu bewerten, wenn am Verfahren v in der Stufe s die Maschinen i mit den Intensitäten j beteiligt sind.

Zielfunktion

$$K_T = \sum_{vs} k_{vs} \cdot a_{vs} \cdot M_v = \sum_v M_v \left(\sum_s k_{vs} \cdot a_{vs} \right) \rightarrow \min$$

M_v ist die Menge an Enderzeugnissen, die mit dem Verfahren v produziert werden soll. Mit a_{vs} wird die Menge an Teilen der Stufe s bezeichnet, die bei dem Produktionsverfahren v in Stufe s für eine Mengeneinheit des Enderzeugnisses erforderlich ist. a_{vs} wird mit Hilfe der Teilebedarfsrechnung ermittelt und ist i.d.R. unabhängig vom gewählten Verfahren. Nur wenn der Input oder der Output einer Stufe von der Intensität oder vom Aggregat abhängig ist, ist der Index v erforderlich. Ein solcher Fall liegt bei Ausschußproduktion vor. k_{vs} schließlich definiert die Kosten pro erzeugter Mengeneinheit in der Stufe s, wenn die zum Verfahren v gehörende Einsatzmöglichkeit des Aggregates i in der Intensitätsstufe j zum Zuge kommt. Das Produkt $k_{vs} \cdot a_{vs}$ gibt die Kosten der Stufe s an, die für eine Mengeneinheit des Enderzeugnisses entstehen, wenn das Produktionsverfahren v eingesetzt wird. Die Summe über alle s Stufen $\Sigma_s k_{vs} \cdot a_{vs} \cdot M_v$ entspricht den Kosten für Verfahren v, wenn M_v Mengeneinheiten mit diesem Verfahren produziert werden. Die Summe $\Sigma_s k_{vs} \cdot a_{vs}$ enthält die Kosten pro Mengeneinheit des Enderzeugnisses in allen Stufen s für das Verfahren v. Diese Summe ist konstant und kann daher vorab bestimmt werden.

Kapazitätsbedingung

$$\sum_{v \in J_i} \underbrace{a_{vs} \cdot M_v}_{\substack{\text{Menge an} \\ \text{Zwischen-} \\ \text{erzeugnissen}}} \cdot \underbrace{t_{vs}}_{\substack{\text{Zeitbedarf} \\ \text{pro ME des} \\ \text{Zwischen-} \\ \text{erzeugnisses}}} \leq t_{i\,max} \quad \text{für alle s und } i = 1,\ldots,i_s$$

---

9   Vgl. Kilger (1973), S. 178 ff.

Das Produkt $a_{vs} \cdot M_v$ gibt die Gesamtmenge an Zwischenerzeugnissen für ein Verfahren v an, das, multipliziert mit dem Zeitbedarf t_{vs} pro ME des Zwischenerzeugnisses, zur Kapazitätsbeanspruchung der Stufe s durch ein Verfahren v führt. Über alle Verfahren v darf die Einsatzzeit eines Aggregates i in der Stufe s die Kapazität dieses Aggregates i nicht überschreiten. Um das sicherzustellen, ist in der Kapazitätsrestriktion über alle Verfahren v zu summieren, die ein bestimmtes Aggregat i betreffen, was durch die Indexmenge J_i in der Summierung gekennzeichnet ist.

Produktionsaufgabe

$$\sum_v M_v = M$$

Die Bedingung für die Produktionsaufgabe stellt sicher, daß die Ausbringungsmenge aller Verfahren zusammen der vorgegebenen Produktionsaufgabe M entspricht.

Die Modelle beider Konzepte unterscheiden sich für eine bestimmte Situation (Zahl der Stufen s, Maschinen i und Intensitätsstufen j) durch die Anzahl erforderlicher Variablen und Restriktionen sowie den Arbeitsaufwand, um die erforderlichen Daten des jeweiligen Ansatzes aufzubereiten. Zunächst zur Informationsaufbereitung: Für das zweite Konzept ist es notwendig, für jedes Produktionsverfahren v durch eine retrograde Kalkulation über alle Stufen die variablen Kosten pro Mengeneinheit zu errechnen, die beim Verfahren v in der letzten Stufe ausgebracht wird. In entsprechender Weise ist der Zeitaufwand pro Mengeneinheit der Endausbringung $a_{vs} \cdot t_{vs}$ in Stufe s zu errechnen. Diese Informationsaufbereitung entfällt beim 1. Modellkonzept vollständig, da der mengenmäßige Zusammenhang zwischen unmittelbar benachbarten Stufen über die Mengenkontinuität erfaßt ist. Bei größeren Problemen mit vielen Stufen s, Maschinen i und Zwischenstufen j ist die Zahl der Produktionsverfahren und dementsprechend die Zahl zu definierender Variablen sehr groß. Beim ersten Konzept mit stufenspezifischen Variablen sind dagegen weniger Variable notwendig. Das zweite Konzept erfordert dafür weniger Restriktionen, da die Mengenkontinuitäten entfallen.

Abschließend soll noch ein sehr effizientes Verfahren vorgestellt werden, das einsetzbar ist, wenn nur stufenspezifische Aggregate (keine Universalmaschinen) zur Verfügung stehen und wenn, wie bisher immer unterstellt, kein Ausschuß anfällt. In diesem Fall kann für eine gegebene Produktionsaufgabe mit Hilfe der Teilebedarfsrechnung die erforderliche Produktionsmenge für jede Stufe ermittelt werden. Anschließend kann für jede Produktionsstufe die optimale zeitliche, intensitätsmäßige und quantitative Anpassung isoliert bestimmt werden. Die Produktionsaufgabe der Stufe s besteht darin, den anhand der Teilebedarfsrechnung ermittelten Bedarf an Teilprodukten aus dieser Stufe kostenminimal herzustellen. Dieses Verfahren ist den beiden vorhergehenden Konzepten überlegen, da es ein sehr umfangreiches Modell in mehrere, leicht isoliert lösbare Teilmodelle zerlegt.

5.4 Kombinierte intensitätsmäßige und quantitative Anpassung bei funktionsgleichen Aggregaten (Typ 3)

5.4.1 Die Struktur des Anpassungsproblems

Kann sich ein Unternehmen nur intensitätsmäßig und quantitativ anpassen, wobei eine einmal gewählte Intensität im Planungszeitraum nicht verändert werden darf (kein Splitting), besteht die Planungsaufgabe darin, festzulegen, welche Aggregate mit welcher Intensität zur Produktion herangezogen werden sollen. Die Einsatzzeiten der Aggregate dürfen nur die Werte $t = 0$ oder $t = t_{max}$ annehmen. Da stets $t = t_{max}$ gilt, wenn ein Aggregat zur Produktion eingesetzt wird, ist zeitliche Anpassung ausgeschlossen, d.h., es ist kein „Intensitätssplitting" mit den Intensitäten $x_i = 0$ und x_{iopt} erlaubt. Ein derartiges Splitting wäre identisch mit zeitlicher Anpassung.[10]

Bei quantitativer und intensitätsmäßiger Anpassung mit **einer** gleichbleibenden Intensität in der Planungsperiode geht der allgemeine Planungsansatz über in die spezielle Form:

$$K_T(M) = \sum_{i=1}^{i_n} k_i(x_i) \cdot x_i \cdot t_i \to \min$$

$$t_i = t_{max} \cdot v_i \quad \text{für alle } i = 1, 2, \ldots, i_n$$

$$M = \sum_{i=1}^{i_n} x_i \cdot t_i$$

$$0 \leq x_i \leq x_{imax} \quad \text{für alle } i = 1, 2, \ldots, i_n$$

$$v_i \in \{0 \, ; \, 1\} \quad \text{für alle } i = 1, 2, \ldots, i_n$$

In der Restriktion für die Einsatzzeit t_i ist v_i eine 0/1-Variable, die den Wert 1 annimmt, sobald das Aggregat i zur Produktion herangezogen wird. Durch diese Variable wird $t_i = t_{max}$ gesetzt, wenn ein Aggregat zur Produktion eingesetzt wird.

Die folgende Analyse gilt nur, sofern in der Mengen-Kosten-Leistungsfunktion $k_i(x_i)$ keine beschäftigungszeitabhängigen Kosten enthalten sind. Derartige Kosten würden bei quantitativer Anpassung zu einem Kostensprung führen, der es nicht mehr erlaubt, das Anpassungsproblem auf der Basis von Grenzkostenüberlegungen zu lösen. Im folgenden soll der Anpassungsprozeß für zwei funktions- und kostengleiche Maschinen behandelt werden.[11]

Die Art des Anpassungsprozesses hängt entscheidend davon ab, ob die Grenzkostenfunktion symmetrisch, links- oder rechtsschief verläuft.[12]

---

10 Vgl. auch Botta (1974), S. 89 ff.

11 Für mehr als zwei Aggregate müssen die gleichen Überlegungen wie bei selektiver Anpassung (d.h. kostenverschiedene Aggregate) angestellt werden. Dieser Fall soll daher an dieser Stelle nicht untersucht werden.

12 Da bei rechtsschiefen und symmetrischen Grenzkostenfunktionen die kostenoptimale Politik sowohl mit Gesamtkostenbetrachtungen (Flächenvergleiche) als auch mit Hilfe der Marginalanalyse ermittelt werden kann, werden im folgenden beide Verfahren dargestellt. Bei linksschiefen Grenzkostenfunktionen kann, wie sich zeigen wird, der Übergang von der Produktion mit einem Aggregat auf die Produktion mit zwei Aggregaten nur durch einen Gesamtkostenvergleich gefunden werden.

5.4 Kombinierte intensitätsmäßige und quantitative Anpassung funktionsgleicher Aggregate

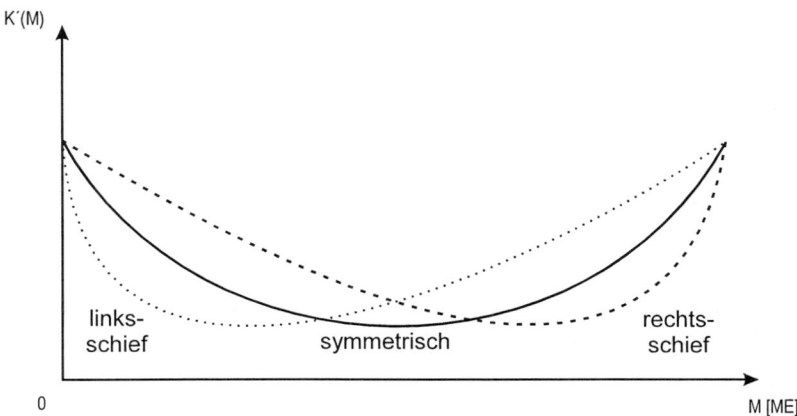

Abbildung 5-9

Der Anpassungsprozeß soll für alle drei Arten von Grenzkostenverläufen dargestellt werden; mit dem rechtsschiefen Fall wird begonnen.[13]

5.4.2 Anpassung bei rechtsschiefer Grenzkostenfunktion (Typ 3aI)

Bei rechtsschiefen Grenzkostenfunktionen steigt die Grenzkostenfunktion rechts vom Minimum stärker als links.

Eine Gesamtkostenfunktion $K_T(M)$ eines Aggregates, die dieser Anforderung Rechnung trägt, ist die Funktion

$$K_T(M) = -\frac{c_1 M}{c_3} - \frac{c_1 c_2 t_{max}}{c_3^2} \cdot \ln\left(c_2 - \frac{c_3 M}{t_{max}}\right) + aM - \frac{bM^2}{2 t_{max}} + \frac{c_1 c_2 t_{max}}{c_3^2} \cdot \ln c_2$$

mit der zugehörigen Grenzkostenfunktion

$$\frac{dK_T(M)}{dM} = K_T'(M) = \frac{c_1 M}{c_2 t_{max} - c_3 M} + a - \frac{bM}{t_{max}}$$

Zu untersuchen ist, ob es bei optimaler Produktionsaufteilung einer bestimmten Ausbringung M vorteilhaft ist, ein Aggregat oder zwei Aggregate einzusetzen und mit welcher Intensität die Aggregate arbeiten sollen. Notwendige Bedingung für den optimalen Einsatz von zwei Aggregaten ist die Gleichheit der Grenzkosten beider Anlagen. Da die Grenzkostenfunktion eines Aggregates ein Minimum besitzt, folgt daraus aber nicht, daß beide Aggregate mit gleichen Intensitäten arbeiten müssen, da es für bestimmte Grenzkosten zwei zugehörige Intensitäten gibt.

---

13 Zu den Anpassungsprozessen vgl. auch Pack (1970), S. 67 ff., Adam (1972c); Wagner/Papke (1986), S. 70 ff.

Für die Produktion der Menge M stehen einem Unternehmen grundsätzlich drei Strategien offen, wenn es über zwei Aggregate verfügt.

(1) Produktion mit einem Aggregat,

(2) Produktion mit zwei Aggregaten bei gleichen Grenzkosten und gleichen Intensitäten,

(3) Produktion mit zwei Aggregaten bei gleichen Grenzkosten und ungleichen Intensitäten.

Nicht bei jeder Ausbringung M kann der Betrieb zwischen diesen drei Strategien wählen. Der Definitionsbereich der Ausbringungsmenge für die dritte Strategie ist aufgrund des asymmetrischen Grenzkostenverlaufs auf das Intervall $M_1 \leq M \leq 2\,M_{min}$ in der nachfolgenden Abbildung beschränkt.

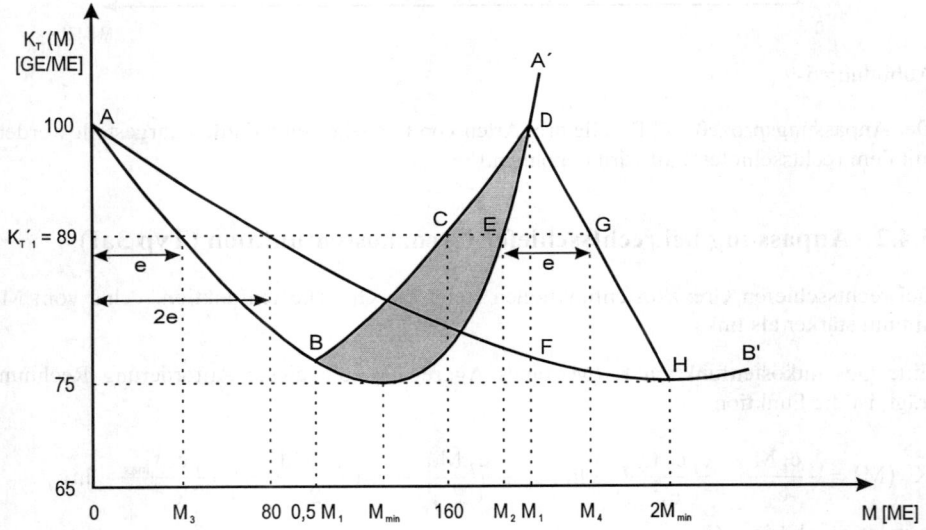

Abbildung 5-10

M_1 ist diejenige Ausbringung, bei der die Grenzkosten des Aggregates (Kurve AA' in der Abbildung) das gleiche Niveau annehmen wie bei M = 0. Arbeitet der Betrieb gemäß Strategie 3 mit Grenzkosten in Höhe von 89, produziert er auf dem ersten Aggregat die Menge M_3, während er auf dem zweiten M_2 hervorbringt. Insgesamt werden $M_2 + M_3 = M_4$ Mengeneinheiten (vgl. Punkt G in Abbildung 5-10) ausgebracht. Die Strategie 3 läßt sich nur für Grenzkosten zwischen 75 und 100 anwenden. Beim Grenzkostenniveau 100 wird auf dem ersten Aggregat die Menge M_1 und auf dem zweiten nichts produziert. Wird das Grenzkostenniveau bis auf 75 abgesenkt, ist die Produktionsmenge beider Aggregate jeweils M_{min} (Minimum der Grenzkostenfunktion), so daß zusammen $2 \cdot M_{min}$ ME produziert werden. Beim Grenzkostenniveau 75 geht die Strategie 3 automatisch in die Strategie 2 über, da nunmehr die Ausbringung auf beiden Aggregaten gleich hoch ist.

5.4 Kombinierte intensitätsmäßige und quantitative Anpassung funktionsgleicher Aggregate

Damit ergeben sich für den Anpassungsprozeß in Abbildung 5-10 drei Mengenintervalle. Im Intervall $0 \leq M \leq M_1$ kann nur zwischen den Strategien 1 und 2 gewählt werden. Diese Alternativen bestehen auch für Mengen $M > 2\, M_{min}$. Zwischen M_1 und $2\, M_{min}$ stehen alle drei Strategien zur Wahl. Zunächst soll das Mengenintervall $0 \leq M \leq M_1$ untersucht werden.

In Abbildung 5-10 gibt die Kurve AA' die Grenzkosten in Abhängigkeit von der Ausbringung an, wenn der Betrieb mit einem Aggregat arbeitet. Die Grenzkostenfunktion AB' hat Gültigkeit, wenn zwei kostengleiche Aggregate mit gleichen Grenzkosten und gleicher Intensität eingesetzt werden. Die Grenzkostenfunktion AB' erreicht demzufolge ein bestimmtes Grenzkostenniveau (z.B. das Niveau $K'_{T1} = 89$) jeweils bei einer Produktionsmenge M, die doppelt so groß ist wie die der Kurve AA' entsprechende Menge.

Es ist vorteilhaft, so lange nur ein Aggregat zur Produktion heranzuziehen, wie die variablen Gesamtkosten eines Aggregates niedriger sind als die entsprechenden Kosten für zwei Aggregate, die jeweils die Hälfte der Ausbringung erzeugen. Die variablen Gesamtkosten der Ausbringung M bei Einsatz eines Aggregates entsprechen der Fläche unter der Kurve AA' in den Grenzen von 0 bis M. Die Fläche unterhalb der Kurve AB' in den Grenzen 0 bis M gibt die Gesamtkosten wieder, wenn der Betrieb die Ausbringung M auf zwei Aggregaten herstellt, wobei jedes Aggregat die Menge M/2 produziert.

Es läßt sich zeigen, daß die Produktion der Ausbringung M_1 mit nur einem Aggregat zu geringeren Kosten führt als die Fertigung der gleichen Menge mit zwei kostengleichen Anlagen, wobei jede Anlage die Menge $0,5 \cdot M_1$ ausbringt. Die Produktionskosten für $0,5 \cdot M_1$ auf dem ersten Aggregat entsprechen der Fläche unter der Kurve AA' von 0 bis $0,5 \cdot M_1$. Für das zweite Aggregat fallen Kosten in gleicher Höhe an. Die Kosten des zweiten Aggregates für $0,5 \cdot M_1$ lassen sich darstellen, indem die Kurve AA' an der Stelle $0,5 \cdot M_1$ nach rechts geklappt wird. Die dadurch entstehende Kurve ABD läßt sich so interpretieren, daß die Ausbringungsmengen der Anlage 1 vom Nullpunkt beginnend auf der Achse für M nach rechts abgetragen werden, während die Ausbringung der zweiten Anlage im Punkt M_1 beginnend nach links dargestellt wird. Für zwei mit gleicher Intensität eingesetzte Aggregate ergeben sich dann Kosten, die durch die Fläche unter der Kurve ABD in den Grenzen 0 und M_1 gegeben sind. Diese Fläche entspricht genau der Fläche unterhalb der Kurve AB' im gleichen Intervall. Ein Vergleich der Flächen für die Produktionsmenge M_1 beim Einsatz eines Aggregates bzw. von zwei Aggregaten mit gleichen Intensitäten läßt erkennen, daß die Kosten um die schraffierte Fläche BCDEB höher sind, wenn zwei Aggregate mit gleichen Intensitäten statt eines Aggregates zur Produktion von M_1 herangezogen werden.

Für $M < M_1$ ergibt sich durch entsprechende Flächenvergleiche grundsätzlich, daß der Einsatz eines Aggregats dem von zwei Aggregaten mit gleichen Intensitäten überlegen ist. Für Mengen $0 \leq M \leq M_1$ ist es folglich optimal, nur mit einem Aggregat zu arbeiten.

Ausbringungsmengen, die M_1 überschreiten, werden mit zwei Aggregaten produziert. Bei der Ausbringung M_1 entsprechen die Grenzkosten des ersten Aggregates im Punkte D gerade den Grenzkosten des zweiten Aggregates bei der Ausbringung 0. Damit ist es für $M > M_1$ vorteilhaft, ein zweites Aggregat zur Produktion heranzuziehen, da die Grenzkosten auf der ersten Anlage für $M > M_1$ höher liegen als die entsprechenden Kosten der zweiten Anlage. Das zweite Aggregat wird also ab M_1 beginnend mit einer Ausbringung von 0 zugeschaltet.

Übersteigt die verlangte Ausbringung M_1, produziert der Betrieb mit der dritten Strategie, d.h. er senkt das Grenzkostenniveau in Abbildung 5-10 unter 100 und reduziert dabei die Ausbringung des ersten Aggregates. Aufgrund des rechtsschiefen Grenzkostenverlaufs steigt aber gleichzeitig die Produktionsmenge des zweiten Aggregates stärker an, als Ausbringung auf dem ersten Aggregat verlorengeht, so daß bei sinkendem Grenzkostenniveau die Gesamtausbringung beider Aggregate zunimmt. Es ist einsichtig, daß Mengen zwischen M_1 und $2\,M_{min}$ somit nicht mit der zweiten Strategie produziert werden.

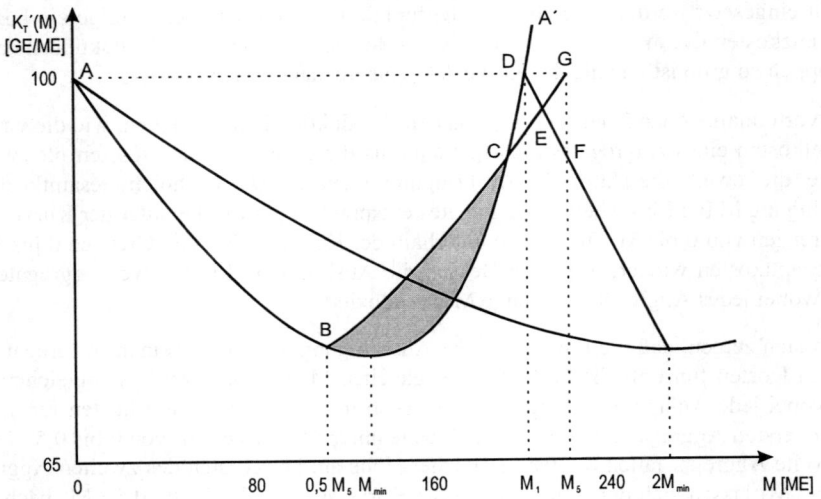

Abbildung 5-11

Wird die Menge M_5 mit gleichen Intensitäten (Strategie 2) auf zwei Aggregaten produziert, repräsentiert die Fläche unter der Kurve ABG in Abbildung 5-11 die Gesamtkosten. Werden die Aggregate mit ungleichen Intensitäten eingesetzt, entsprechen die Gesamtkosten der Fläche unter der Kurve ABCDF. Mit den gleichen Überlegungen wie zuvor zeigt sich, daß diese Fläche gleich der Fläche unter der Kurve ACG ist. Die zweite Strategie führt damit gegenüber der dritten Strategie zu Zusatzkosten, die der schraffierten Fläche entsprechen. Strategie 3 ist der Strategie 2 vorzuziehen. Dieser Vorteil der Strategie 3 gegenüber 2 bleibt bis zur Ausbringung $2\,M_{min}$ in Abbildung 5-11 erhalten, wird aber ständig kleiner. Bei $2\,M_{min}$ geht die Strategie 3 automatisch in die Strategie 2 über, da sich die Intensitäten der beiden Anlagen bei Strategie 3 mit sinkenden Grenzkosten einander ständig annähern und im Minimum der Grenzkosten das gleiche Niveau erreichen.

Produktionsmengen $M > 2\,M_{min}$ lassen sich für $M_{imax} > 2\,M_{min}$ nur mit einem Aggregat oder mit zwei Aggregaten bei gleichen Intensitäten erreichen. Da die Produktion mit einer Anlage bereits für $M_1 \leq M \leq 2\,M_{min}$ der Produktion mit zwei Anlagen unterlegen war, folgt, daß $M > 2\,M_{min}$ optimal nur mit zwei Aggregaten bei gleichen Intensitäten und gleichen Grenzkosten produziert werden kann.

5.4 Kombinierte intensitätsmäßige und quantitative Anpassung funktionsgleicher Aggregate

Bei optimaler Anpassung in allen drei Intervallen hat die Grenzkostenfunktion ABDHB' Gültigkeit, die in Abbildung 5-12 noch einmal gesondert dargestellt wird. Für $0 \leq M \leq M_1$ wird nur ein Aggregat zur Produktion herangezogen. Zwischen M_1 und $2\,M_{min}$ wird mit zwei Aggregaten bei gleichen Grenzkosten aber unterschiedlichen Intensitäten gearbeitet, während für Ausbringungsmengen oberhalb von $2\,M_{min}$ zwei Anlagen mit gleichen Intensitäten einzusetzen sind.

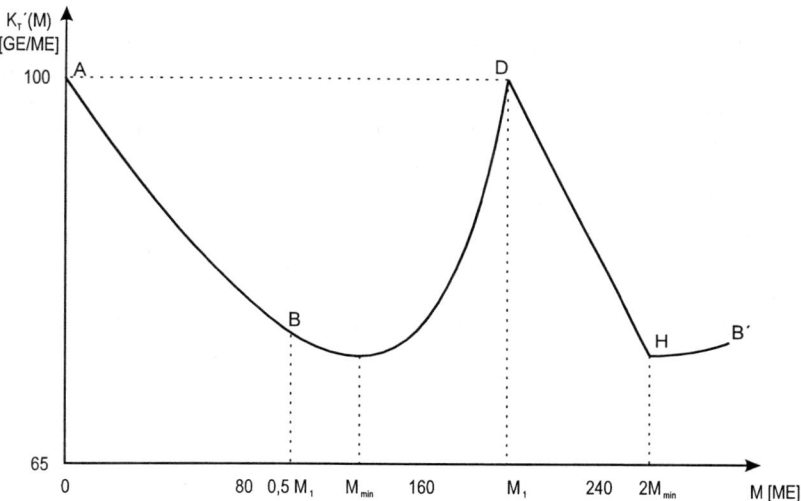

Abbildung 5-12

Die optimale Anpassung läßt sich auch mathematisch bestimmen:

In der zu minimierenden Kostenfunktion

$$K_T(M_I, M_{II}) = K(M_I) + K(M_{II}) \rightarrow \min$$

wird M_{II} (Ausbringung des zweiten Aggregates) durch

$$M_{II} = M - M_I$$

substituiert. M gibt die vorgegebene Gesamtausbringung an.

$$K_T(M_I) = K(M_I) + K(M - M_I) \rightarrow \min$$

Notwendige Bedingung für ein Optimum ist ein Ausgleich der Grenzkosten beider Aggregate; denn dann ist die Ableitung der Gesamtkostenfunktion $K_T(M_I)$ nach M_I gleich null.

$$K_I'(M_I) = K_{II}'(M - M_I)$$

Ein Minimum liegt bei einem Ausgleich der Grenzkosten nur vor, wenn an der Stelle M_{Iopt} (entwickelt aus der vorstehenden Bedingung) die zweite Ableitung der Gesamtkosten K_T nach M_I positiv ist.

$$K_T^{''}(M_{Iopt}) > 0$$
$$K_T^{''}(M_{Iopt}) = K^{''}(M_{Iopt}) + K^{''}(M - M_{Iopt}) > 0$$

Gibt es für ein vorgegebenes M kein zulässiges M_{Iopt}, das $K_T''(M_{Iopt}) > 0$ erfüllt, ist die Politik bei ausgeglichenen Grenzkosten jene mit maximalen Kosten. Das gilt in der Abbildung 5-12 für alle Ausbringungsmengen M mit $0 \leq M \leq M_1$. In diesem Intervall ist das zulässige M_{Iopt} stets gleich M/2. Die Strategie 2 führt folglich zur Politik mit maximalen Kosten. In diesem Fall liegt die optimale Politik auf dem Rande. Das bedeutet, daß $M_{Iopt} = M$ und $M_{IIopt} = 0$ ist bzw. umgekehrt, d.h., es ist nur ein Aggregat zur Produktion heranzuziehen.

Im Intervall $M_1 \leq M \leq 2 M_{min}$ existieren drei zulässige M_{Iopt}, die der notwendigen Bedingung für ein relatives Kostenminimum genügen, und zwar M_{I1opt}, $M_{I2opt} = M/2$ und $M_{I3opt} = M - M_{I1opt}$. Bei M/2 liegt die Strategie 2 vor, während M_{I1opt} bzw. $M - M_{I1opt}$ die Strategie 3 repräsentiert. In diesem Intervall gilt immer $K_T''(M/2) < 0$, so daß Strategie 2 zu einem relativen Kostenmaximum führt. Andererseits ist $K_T''(M_{I1opt}) = K_T''(M - M_{I1opt}) > 0$. Die dritte Strategie führt daher zum Kostenminimum.

Für Ausbringungsmengen ab $2 M_{min}$ existiert als zulässiges M_{Iopt} nur noch M/2. Gleichzeitig gilt nunmehr $K_T''(M/2) > 0$. Die zweite Strategie liefert somit das Kostenminimum.

5.4.3 Anpassung bei symmetrischer Grenzkostenfunktion (Typ 3aII)

Kennzeichnend für eine symmetrische Grenzkostenkurve ist, daß die Grenzkosten links vom Minimum genauso steigen wie rechts, so daß die Grenzkosten an den Stellen M = 0 und $M = 2 M_{min}$ das gleiche Niveau haben. M_{min} entspricht dabei wiederum dem Minimum der Grenzkostenfunktion. Die Symmetrie der Grenzkostenfunktion hat zur Folge, daß Verfahren 3 – Produktion auf zwei Aggregaten bei gleichen Grenzkosten und ungleichen Intensitäten – immer zu einer konstanten Ausbringung $2 M_{min}$ auf beiden Aggregaten zusammen führt, d.h., Strategie 3 ist für den Anpassungsprozeß nunmehr ohne Bedeutung. An der Stelle $2 M_{min}$ existieren lediglich unendlich viele hinsichtlich der Kosten gleichwertige Aufteilungen der Produktionsmenge $2 M_{min}$ auf beide Aggregate.

In der Abbildung 5-13 gibt die Kurve AA' wiederum die Grenzkosten für die Strategie 1 an. Wird die Menge M_1 auf einem Aggregat produziert, entspricht die Fläche unter der Kurve ACDE von 0 bis M_1 den Gesamtkosten der Strategie 1. Produzieren zwei Aggregate jeweils die Ausbringung $0,5 \cdot M_1$, führt jedes Aggregat zu Kosten, die der Fläche unter der Kurve AC im Intervall von 0 bis $0,5 \cdot M_1$ entsprechen. Die Fläche für die Kosten des zweiten Aggregates wird an der Stelle $0,5 \cdot M_1$ nach rechts geklappt, so daß sich für die zweite Strategie insgesamt als Kosten die Fläche der Kurve ACF von 0 bis M_1 einstellt. Die Kosten unter der zweiten Strategie sind damit um die schraffierte Fläche größer als die der ersten. Dieser Zusammenhang gilt für alle Ausbringungsmengen $0 \leq M \leq 2 M_{min}$. Bei $M = 2 M_{min}$ verschwin-

5.4 Kombinierte intensitätsmäßige und quantitative Anpassung funktionsgleicher Aggregate 401

det das Nachteilsfeld der Strategie 2. Ab 2 M_{min} ist es dann vorteilhaft, das zweite Aggregat einzusetzen, da die zusätzlichen Kosten bei steigender Produktion auf dem ersten Aggregat größer sind als die Zusatzkosten für zwei mit gleicher Intensität arbeitende Aggregate. Ab $M = 2\,M_{min}$ wird folglich das zweite Aggregat zugeschaltet. Die Grenzkostenfunktion ADHGB' kennzeichnet das optimale Verhalten.

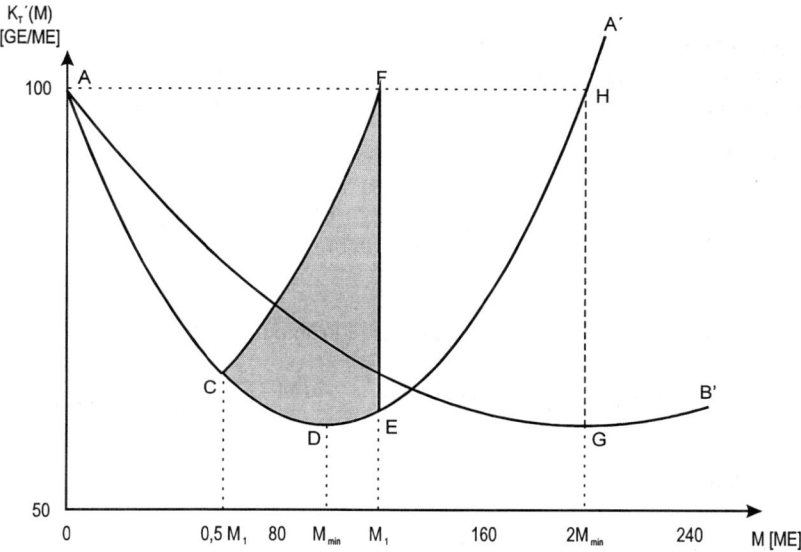

Abbildung 5-13

Die optimale Anpassung führt dann zur Gesamtkostenfunktion ABCD der nachstehenden Abbildung.

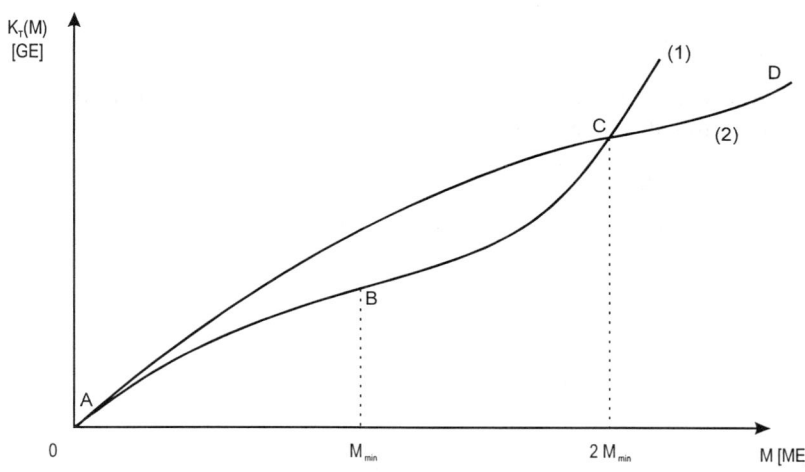

Abbildung 5-14

Auch auf analytischem Wege läßt sich das Problem beschreiben.

Gegeben sei für ein Aggregat die allgemeine Kostenfunktion[14]

$$K_T(M) = aM - \frac{bM^2}{t_{max}} + \frac{cM^3}{t_{max}^2} \quad \text{mit } a,b,c > 0$$

Die ihr zugehörige Grenzkostenfunktion ist symmetrisch. Auf zwei identischen Anlagen sollen insgesamt M Mengeneinheiten hergestellt werden, wobei M_i die auf Anlage i zu produzierende Menge ist (i = I, II).

Das Problem lautet dann:

$$K_T(M_I, M_{II}) = \frac{cM_I^3}{t_{max}^2} - \frac{bM_I^2}{t_{max}} + aM_I + \frac{cM_{II}^3}{t_{max}^2} - \frac{bM_{II}^2}{t_{max}} + aM_{II} \to \min$$

unter der Nebenbedingung $M = M_I + M_{II}$

M_{II} wird durch $M - M_I$ ersetzt, und das äquivalente Problem lautet:

$$K_T(M_I) = \frac{cM_I^3}{t_{max}^2} - \frac{bM_I^2}{t_{max}} + aM_I + \frac{c(M-M_I)^3}{t_{max}^2} - \frac{b(M-M_I)^2}{t_{max}} + a(M-M_I) \to \min$$

Die erste Ableitung dieser Funktion nach M_I ergibt:

$$\frac{dK_T}{dM_I}(M_I) = 2M_I \left(\frac{3cM}{t_{max}^2} - \frac{2b}{t_{max}} \right) - \frac{3cM^2}{t_{max}^2} + \frac{2bM}{t_{max}} \stackrel{!}{=} 0$$

Aus der gleich null gesetzten ersten Ableitung folgt:

$$M_{I opt} = \frac{3cM^2 - 2bMt_{max}}{6cM - 4bt_{max}} = \frac{M}{2}$$

Um eine kostenminimale Lösung handelt es sich nur, wenn an der Stelle $M_{I opt}$ die zweite Ableitung der Kostenfunktion positiv ist.

$$K_T''(M_{I opt}) = 2 \cdot \left(\frac{3cM}{t_{max}^2} - \frac{2b}{t_{max}} \right) > 0$$

---

14 Diese Kostenfunktion entsteht wie folgt: $K_T = (a - bx + cx^2)M$; $x = M/t_{max}$ eingesetzt führt zu $K_T = aM - bM^2/t_{max} + cM^3/t_{max}^2$.

Ein Minimum liegt mithin nur vor, wenn

$$M > \frac{2b}{3c} \cdot t_{max}$$

erfüllt ist.[15] Erfüllt M diese Bedingung nicht, werden bei $M_{Iopt} = M/2$ die Kosten maximiert. Das Kostenminimum liegt dann auf dem Rand; es ist daher optimal, nur mit einer Maschine zu produzieren (Strategie 1).

5.4.4 Anpassung bei linksschiefer Grenzkostenfunktion (Typ 3aIII)

Eine linksschiefe Grenzkostenfunktion ist gegeben, wenn der Anstieg der Kurve der Grenzkosten links von deren Minimum steiler ist als rechts. Als Folge des linksschiefen Verlaufs der Grenzkostenfunktion erreichen die Grenzkosten bei einer Ausbringungsmenge M_1 in Abbildung 5-15 wieder das Niveau K'_{T1} (gleiches Niveau wie bei der Ausbringung M = 0), die mehr als doppelt so groß ist wie die Ausbringung M_{min} im Minimum der Grenzkosten. Dieser Grenzkostenverlauf hat für die dritte Strategie – ungleiche Intensitäten bei gleichen Grenzkosten – sinkende Gesamtausbringungsmengen beider Aggregate zusammen zur Konsequenz, wenn das zweite Aggregat beim Grenzkostenniveau K'_{T1} beginnend zusätzlich zur Produktion herangezogen wird. Sinkt das Grenzkostenniveau unter K'_{T1}, nimmt die Ausbringungsmenge des ersten Aggregates stärker ab als beim zweiten Aggregat zusätzlich produziert wird. Die dritte Strategie ist somit für Ausbringungsmengen M mit $2 M_{min} \leq M \leq M_1$ möglich.

Eine Gesamtkostenfunktion $K_T(M_i)$ eines Aggregates, deren Grenzkostenfunktion linksschief verläuft, ist:

$$K_T(M_i) = 0{,}2 M_i^2 - 100 M_i + 12250 \left[\ln(M_i + 75) - \ln 75 \right]$$

Für die Grenzkosten gilt dann:

$$\frac{dK_T(M_i)}{dM_i} = 0{,}4 M_i - 100 + \frac{12250}{M_i + 75}$$

Aus dieser Grenzkostenfunktion läßt sich M_{min} mit 100 ME und M_1 mit 333 1/3 ME ableiten (vgl. Grenzkostenverlauf AA′ in Abbildung 5-15).

Mit den gleichen Überlegungen wie beim rechtsschiefen bzw. symmetrischen Fall ist es für Ausbringungsmengen, die kleiner als $2 M_{min}$ sind, optimal, mit einem Aggregat zu arbeiten. Die zweite Strategie führt in diesem Fall zum Kostenmaximum. Wegen des linksschiefen Verlaufs der Grenzkostenfunktion ist es im Gegensatz zum Fall rechtsschiefer und symmetrischer Grenzkostenkurven nicht mehr vorteilhaft, die Ausbringung des als erstes eingesetzten Aggregates bis zum Grenzkostenniveau K'_{T1} (gleiche Grenzkosten wie bei M = 0) zu

---

15 Da das Minimum der Grenzkosten M_{min} bei $b/(3c \cdot t_{max})$ liegt, gilt, wie bereits zeichnerisch ermittelt, $2b/(3c \cdot t_{max}) = 2 M_{min}$.

erhöhen, bevor ein zweites Aggregat zur Produktion herangezogen wird. Das soll anhand der Abbildung 5-15 erklärt werden.

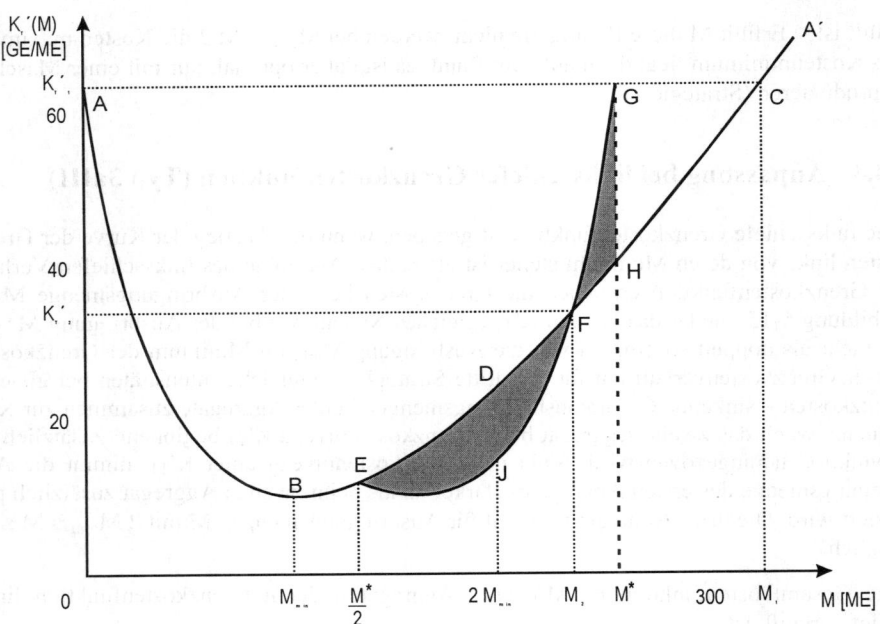

Abbildung 5-15

Für eine Ausbringung von $2\,M_{min} < M^* < M_1$ kann der Betrieb zwischen allen drei Strategien wählen. Setzt er nur ein Aggregat ein, entsprechen die Gesamtkosten der Fläche unter der Kurve ABEDFH in den Grenzen von $M = 0$ bis M^*. Werden zwei Aggregate jeweils mit der Menge $0{,}5 \cdot M^*$ eingesetzt, gelten für jedes der beiden Aggregate Gesamtkosten in Höhe der Fläche unter der Kurve ABE in den Grenzen von $M = 0$ bis $0{,}5 \cdot M^*$. Die Kostenfläche des zweiten Aggregates wird im Punkte $0{,}5 \cdot M^*$ wieder nach rechts umgeklappt. Die Gesamtkosten der zweiten Strategie entsprechen damit der Fläche unter der Kurve ABEJFG in den Grenzen von $M = 0$ bis M^*. Ein Vergleich der Gesamtkosten der ersten und zweiten Strategie zeigt, daß bei M^* bereits die Strategie 2 der ersten Strategie vorzuziehen ist. Die zweite Strategie führt gegenüber der ersten zu geringeren Kosten in Höhe des Feldes EDFJE; gleichzeitig entsteht aber ein Nachteil in Höhe des Feldes FGHF. Das Vorteilsfeld der zweiten Strategie ist aber größer als das Nachteilsfeld.

Die Ausbringung M^* könnte auch mit Hilfe der dritten Strategie (ungleiche Intensitäten bei gleichen Grenzkosten) produziert werden. Beim Grenzkostenniveau K'_{T2} wird dann auf dem ersten Aggregat die Menge M_2 und auf dem zweiten die Restmenge $M^* - M_2$ produziert. Das erste Aggregat verursacht dann Kosten in Höhe der Fläche unter der Kurve ABEDF in

5.4 Kombinierte intensitätsmäßige und quantitative Anpassung funktionsgleicher Aggregate

den Grenzen von $M = 0$ bis M_2. Die Kosten des zweiten Verfahrens entsprechen der Fläche unter der Kurve FG in den Grenzen von M_2 bis M^*. Ein Vergleich der Gesamtkosten der ersten und dritten Strategie führt dann für die dritte Strategie zu Kosten, die um die waagerecht schraffierte Fläche größer sind als die der ersten Strategie. Die Strategie 3 führt zur absolut ungünstigsten Produktionsaufteilung; es gibt keine Produktionsaufteilung, deren Kosten noch höher sind. Die Strategie 3 kann damit bei linksschiefen Grenzkostenverläufen generell aus den Überlegungen zur Kostenpolitik ausgeklammert werden.

Die verfahrenskritische Ausbringungsmenge, ab der es vorteilhaft ist, ein zweites Aggregat zusätzlich zur Produktion heranzuziehen, läßt sich nur mit Hilfe eines Gesamtkostenvergleichs bestimmen. Grenzkostenanalysen müssen versagen, da bei der kritischen Menge M_{krit} das zweite Aggregat sofort mit der Ausbringung $M_{II} = 0{,}5 \cdot M_{krit}$ eingesetzt und die Ausbringung des ersten Aggregates von $M_I = M_{krit}$ auf $M_{II} = 0{,}5 \cdot M_{krit}$ reduziert wird. Bei quantitativer Anpassung entsteht damit bei Zuschaltung der zweiten Anlage ein Kostensprung.

Wo die Ausbringung M_{krit} in Abbildung 5-15 liegt, läßt sich mit Hilfe der beiden waagerecht bzw. senkrecht schraffierten Felder bestimmen. Wird die Ausbringung von M^* aus verkleinert, wird das waagerecht schraffierte Feld ständig größer, während das senkrecht schraffierte Feld entsprechend kleiner wird. Die kritische Menge M_{krit} liegt dort, wo beide Felder flächengleich sind. Rechnerisch ist die verfahrenskritische Menge durch folgenden Gesamtkostenvergleich zu bestimmen:

$$\underbrace{K_T(M_{krit})}_{\substack{\text{Kosten eines Aggregates,} \\ \text{auf dem die Gesamtmenge} \\ \text{bearbeitet wird}}} = \underbrace{K_T\left(\frac{M_{krit}}{2}\right) + K_T\left(\frac{M_{krit}}{2}\right)}_{\substack{\text{Kosten für zwei Aggregate, die jeweils die} \\ \text{Hälfte der verfahrenskritischen Menge} \\ \text{produzieren}}}$$

Damit existieren bei linksschiefen Grenzkostenkurven nur zwei Anpassungsintervalle. Für $0 \leq M \leq M_{krit}$ wird nur ein Aggregat eingesetzt, während für $M > M_{krit}$ mit zwei Aggregaten bei gleichen Intensitäten gearbeitet wird.

In Abbildung 5-16 werden die Gesamtkosten alternativer Produktionsmengen in Abhängigkeit von der Ausbringungsmenge M_I des ersten Aggregates bzw. einer beliebigen Produktionsaufteilung auf beide Anlagen dargestellt. Die Zeichnung geht von der oben angegebenen Kostenfunktion aus, für die sich ein M_{krit} von 242,9 ME errechnet.

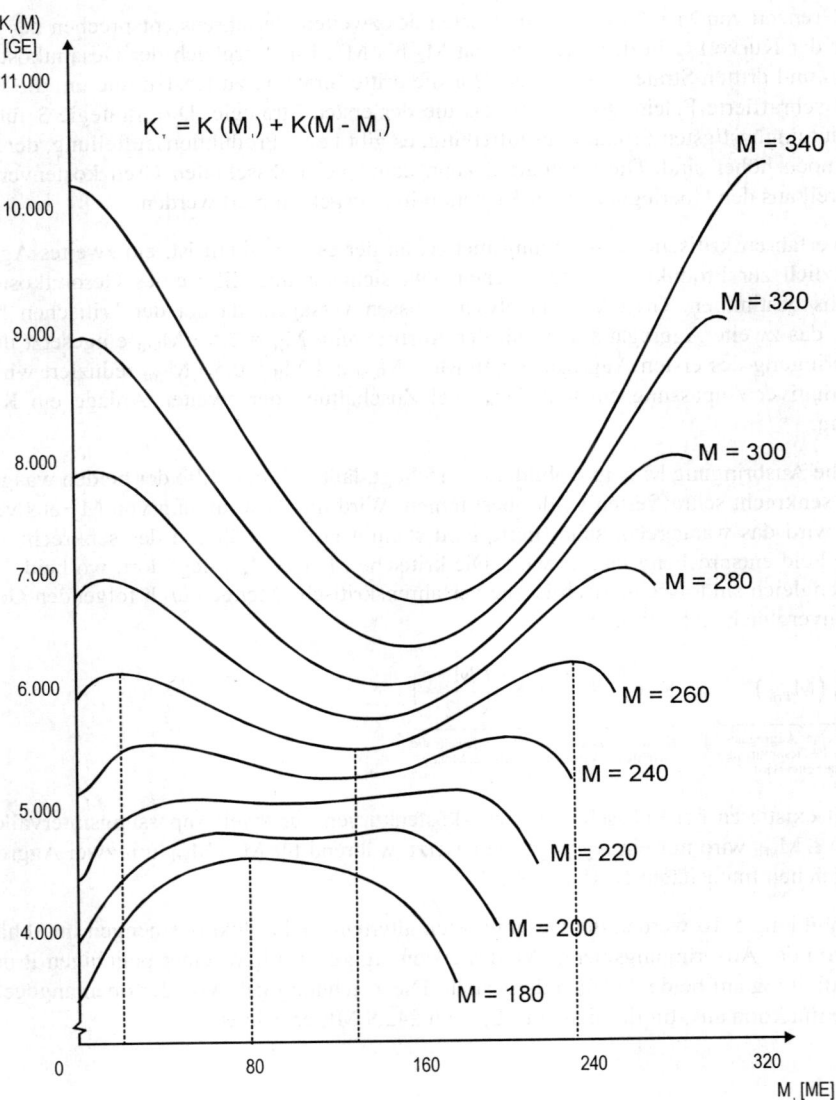

Abbildung 5-16

Aus der Abbildung ist zu entnehmen, daß es optimal ist, eine Gesamtausbringung $M = 180$ nur mit einem Aggregat zu produzieren. Die Politik, zwei Aggregate mit einer Ausbringung von jeweils $M = 90$ ME einzusetzen (Strategie 2), führt in diesem Fall zu maximalen Kosten. Eine Ausbringung von $M = 260$ ist mit minimalen Kosten zu produzieren, wenn auf jedem Aggregat $M = 130$ ME gefertigt werden. Die höchsten Kosten entstehen für diese

Ausbringung bei der Strategie 3, bei der M = 23 ME auf dem einen und M = 237 ME auf dem zweiten Aggregat ausgebracht werden.

5.4.5 Quantitative und intensitätsmäßige Anpassung bei einer Mindestintensität größer null (Typ 3c)

Es wird, wie bisher, von zwei funktions- und kostengleichen Aggregaten ausgegangen. Die Grenzkosten dieser Aggregate mögen einen rechtsschiefen Verlauf aufweisen. Für beide Aggregate gilt eine Mindestintensität $x_{imin} > 0$. Damit treten bei quantitativer Anpassung Kostensprünge auf, da jedes Aggregat mindestens die Menge $M_{imin} = x_{imin} \cdot t_{imax}$ produziert, wenn es zur Produktion herangezogen wird. Als Folge dieser sprungfixen Kosten läßt sich der Anpassungsprozeß nicht mehr auf Basis von Grenzkosten analysieren; vielmehr sind Gesamtkostenvergleiche erforderlich, um die Ausbringungsmenge bestimmen zu können, bei der quantitative Anpassung erfolgt.[16]

Die positive Mindestausbringungsmenge eines Aggregates hat zur Folge, daß der Definitionsbereich der bisher untersuchten drei Strategien eingeengt wird. Strategie 1 (Einsatz nur eines Aggregates) ist nur für $M \geq M_{min}$ zulässig.

Für Strategie 2 (zwei Aggregate mit gleicher Intensität) gilt entsprechend eine untere Grenze der Ausbringung von $M = 2 M_{min}$. Für die dritte Strategie (zwei Aggregate bei gleichen Grenzkosten aber ungleichen Intensitäten) entfallen alle Kombinationen, die mit Grenzkosten verbunden sind, welche höher sind als bei M_{min}.

Für den Fall einer Mindestintensität von null ist die dritte Strategie für Ausbringungsmengen $M_1 \leq M \leq M_3$ (vgl. Abbildung 5-17) optimal. Im Fall einer Mindestausbringung $M_{min} > 0$ ist bei der Strategie 1 aber die Grenzkostenkurve zwischen 0 und A nicht definiert, woraus folgt, daß auch für die Strategie 3 die Grenzkostenkurve zwischen B und C nicht existiert, da hier **ein** Aggregat mit einer Ausbringung $M < M_{min}$ arbeiten müßte. Der Definitionsbereich der dritten Strategie verkürzt sich damit auf das Mengenintervall $M_2 \leq M \leq M_3$. Der verkürzte Definitionsbereich der Strategie 3 hat eine vierte sinnvolle Strategie für den Anpassungsprozeß zur Folge. In einem bestimmten Mengenbereich ist es zweckmäßig, zwei Aggregate einzusetzen, und zwar eines davon mit der minimalen Ausbringungsmenge. Steigende Ausbringungsmengen werden dann durch intensitätsmäßige Anpassung des zweiten Aggregates erreicht.

---

16 Vgl. auch Altrogge (1972), S. 545 ff.

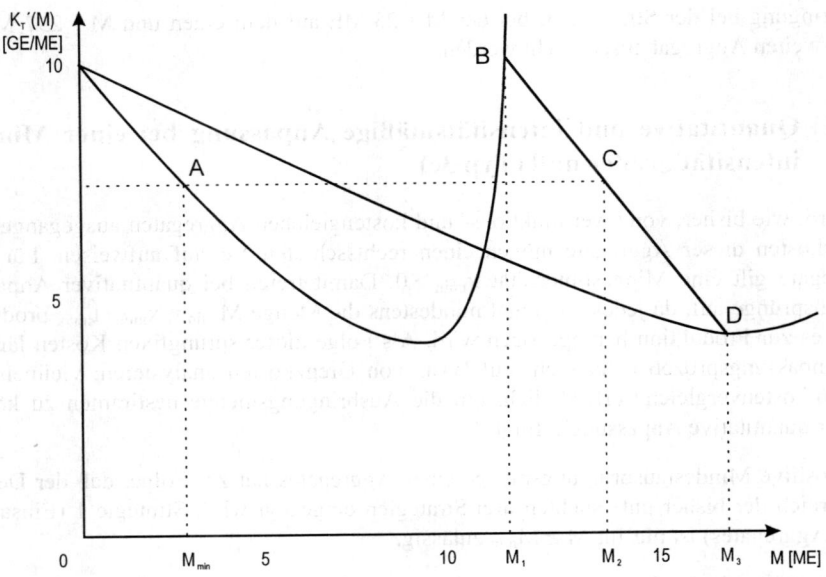

Abbildung 5-17

Nachfolgende Abbildung zeigt die Gesamtkostenkurven für alle vier Strategien.

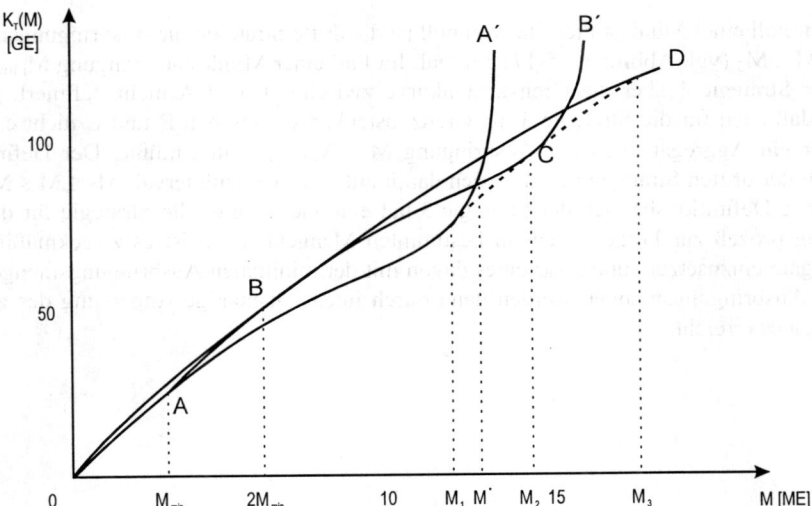

Abbildung 5-18

Bei Strategie 1 gilt die Funktion AA'; sie beginnt bei M_{min}. Die Strategie 2 (Kurve BD) fängt bei $2 M_{min}$ an. Die Strategie 3, die bei $M_{min} = 0$ zwischen den Ausbringungsmengen

5.4 Kombinierte intensitätsmäßige und quantitative Anpassung funktionsgleicher Aggregate

$M_1 \leq M \leq M_3$ definiert wäre, wird bei $M_{min} > 0$ auf den Definitionsbereich $M_2 \leq M \leq M_3$ (Gesamtkosten CD) verkürzt. Die vierte Strategie beginnt wie die zweite bei $M = 2\,M_{min}$. Die zur Strategie 4 gehörende Gesamtkostenkurve BB' ergibt sich aus der der ersten Strategie, wenn zur Ausbringung des einen Aggregates immer M_{min} und zu den Kosten entsprechend die Kosten $K_T(M_{min})$ addiert werden.

Aus der Abbildung 5-18 wird durch Vergleich der vier Verfahren das optimale Verhalten deutlich. Im Intervall $M_{min} \leq M \leq M^*$ führt Strategie 1 zu den geringsten Kosten. Im Vergleich zur Situation $M_{min} = 0$ wird der Optimalbereich dieser Strategie damit ausgedehnt. Für $M_{min} = 0$ würde die obere Intervallgrenze bei M_1 liegen. Für das Intervall $M^* \leq M \leq M_2$ ist die Strategie 4 am vorteilhaftesten. Bei M_2 ist die Ausbringung des zweiten Aggregates so weit erhöht, daß bei unterschiedlichen Intensitäten Gleichheit der Grenzkosten auf beiden Aggregaten gilt. Im Intervall $M_2 \leq M \leq M_3$ führt die dritte Strategie zur optimalen Verhaltensweise, und für Mengen $M > M_3$ wird Strategie 2 (gleiche Intensitäten) eingesetzt. Die verfahrenskritischen Mengen M_2 und M_3 können wie bisher allein mit Hilfe von Grenzkostenüberlegungen ermittelt werden. Der verfahrenskritische Punkt M^* (quantitative Anpassung) ist aber nur durch den folgenden Gesamtkostenvergleich zu berechnen:

$$\underbrace{K_T(M^*)}_{\text{Kosten beim Einsatz nur eines Verfahrens}} = \underbrace{K_T(M^* - M_{min}) + K_T(M_{min})}_{\text{Gesamtkosten für zwei Aggregate, wobei eines mit } M_{min} \text{ arbeitet}}$$

5.4.6 Intensitätsmäßige und quantitative Anpassung bei Intensitätssplitting (Typ 3d)

Im folgenden wird davon ausgegangen, daß es technisch möglich ist, die Intensität eines Aggregates im Planungszeitraum zu wechseln (Splitting). Jedes dem Anpassungprozeß zugrundeliegende Aggregat hat eine technische Mindestintensität $x_{imin} > 0$. Quantitative und intensitätsmäßige Anpassung mit Intensitätssplitting zeichnet sich dann dadurch aus, daß die Ausbringung eines Aggregates **nicht** von null ausgehend wachsen kann. Die kleinste Ausbringungsmenge, die eine in Betrieb genommene Anlage zu produzieren vermag, entspricht der Mindestintensität x_{imin} dieser Anlage multipliziert mit der konstanten Einsatzzeit t_{max}. Die Ausbringung eines Aggregates weist damit einen Sprung von 0 auf M_{imin} auf, wenn das Aggregat zur Produktion herangezogen wird. Dieser Sprung in der Ausbringung hat einen Kostensprung zur Folge.

Bei Kostensprüngen kann die optimale Aufteilung einer gegebenen Produktionsmenge auf mehrere funktionsgleiche, kostenverschiedene[17] Aggregate nur durch Verfahrensvergleiche auf der Basis von Gesamtkosten bestimmt werden. Für die Beantwortung der Frage, bei welcher verfahrenskritischen Ausbringungsmenge ein weiteres Aggregat in Betrieb zu nehmen ist, müssen Grenzkostenüberlegungen wegen des bei quantitativer Anpassung auftretenden Kostensprungs versagen.

---

17 Strenggenommen wird in diesem Abschnitt somit selektiv angepaßt. Da die Vorgehensweisen in diesem Fall bei quantitativer und selektiver Anpassung identisch sind, soll an dieser Stelle die umfassendere selektive Anpassung behandelt werden.

Der Anpassungsprozeß wird im folgenden für zwei kostenverschiedene Aggregate beschrieben. Zur Produktion der Ausbringungsmenge M stehen dem Betrieb drei Strategien offen:

1. Einsatz nur des ersten Aggregates,

2. Einsatz nur des zweiten Aggregates,

3. ständiger Einsatz beider Aggregate.

Mit Hilfe einer ersten Voroptimierung ist für die beiden ersten Verfahren (Einsatz nur eines Aggregates) eine Kostenfunktion $K_{Ti}(M_i)$ des Optimalverhaltens (zunächst Intensitätssplitting, dann nur eine Intensität) abzuleiten. Eine zweite Voroptimierung hat zum Ziel, eine Kostenfunktion des Optimalverhaltens für den Einsatz von zwei Aggregaten (Strategie 3) zu entwickeln. Im Rahmen der Hauptoptimierung sind sodann die zwei voroptimierten Kostenfunktionen für alternative Ausbringungsmengen M miteinander zu vergleichen, um die verfahrenskritischen Ausbringungsmengen bestimmen zu können.

Um den Anpassungsprozeß beschreiben zu können, ist es zunächst erforderlich, für jedes der beiden Aggregate die Kostenfunktion optimaler intensitätsmäßiger Anpassung (zunächst Splitting, dann nur eine Intensität) zu ermitteln. Diese Analyse wurde bereits weiter oben (Anpassung eines einzelnen Aggregates) durchgeführt. Auf die dort gewonnenen Ergebnisse – zunächst Linearkombination mit den Intensitäten x_{imin} und x_{itan}, und ab x_{itan} eine gleichbleibende Intensität – wird im folgenden zurückgegriffen.

Zunächst soll die Kostenkurve des Optimalverhaltens für Strategie 3 entwickelt werden.

Setzt ein Betrieb **immer** gleichzeitig beide Aggregate zur Produktion ein, ist für den kombinierten Einsatz eine Kostenfunktion $K_T(M)$ bei optimaler intensitätsmäßiger Anpassung beider Aggregate aufzustellen. Diese Kostenfunktion des Optimalverhaltens kann auf der Basis von Grenzkostenüberlegungen abgeleitet werden. Grenz- statt Gesamtkosten können dabei herangezogen werden, da bei Strategie 3 von Anfang an mit beiden Aggregaten gearbeitet wird, so daß bei einer Variation der Ausbringung M im Intervall $\Sigma M_{imin} \leq M \leq \Sigma M_{imax}$ keine Kostensprünge auftreten.[18]

Der Betrieb wird sich zunächst mit dem Aggregat intensitätsmäßig anpassen, das die niedrigsten Grenzkosten im Splittingbereich aufweist (Anlage 1 in Abbildung 5-19). Für Ausbringungsmengen $M = M_1 + M_{2min}$ mit $x_{1min} \leq x_1 \leq x_{1tan}$ und $M_1 = x_1 \cdot t_{max}$ wird der Betrieb die Ausbringung M erhöhen, indem er die Einsatzzeit der Minimalintensität x_{1min} reduziert und die Einsatzzeit der Intensität x_{1tan} entsprechend erhöht. Für Ausbringungsmengen M, die die Summe aus M_{1tan} und M_{2min} übersteigen, ist bei minimaler Ausbringung auf dem zweiten Aggregat die Intensität des ersten Aggregates zunächst so lange zu erhöhen, bis die Grenzkosten $K'_1(x_1)$ des ersten Aggregates bei intensitätsmäßiger Anpassung die des zweiten Aggregates im Splittingbereich erreichen. Das ist bei der Intensität x_g des ersten Aggregates (vgl. Abbildung 5-19) der Fall.

---

18 Vgl. zum folgenden Anpassungsprozeß die Analogie zur zeitlichen, intensitätsmäßigen und quantitativen Anpassung.

5.4 Kombinierte intensitätsmäßige und quantitative Anpassung funktionsgleicher Aggregate 411

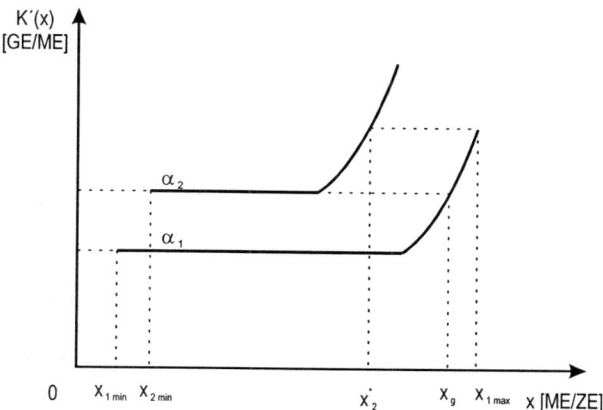

Abbildung 5-19

Bei Ausbringungsmengen M, die die Ausbringungsmenge $M_{2min} + M_g$ übersteigen ($M_g = x_g \cdot t_{max}$), wird die Intensität des ersten Aggregates zunächst auf dem Niveau x_g gehalten und die des zweiten Aggregates im Splittingbereich erhöht. Auf beiden Aggregaten herrscht dann Gleichheit der Grenzkosten. Die Intensität des ersten Aggregates bleibt so lange auf dem Niveau x_g, wie steigende Ausbringungsmengen durch Splitting bei konstanten Grenzkosten α_2 des zweiten Aggregates erzielt werden können, d.h., bis $M = M_g + M_{2tan}$ ist. Bei dieser Ausbringungsmenge wird auf dem zweiten Aggregat während der gesamten Einsatzzeit mit der Intensität x_{2tan} gearbeitet. Ausbringungsmengen, die $M_g + M_{2tan}$ noch übersteigen, lassen sich kostenminimal nur herstellen, indem beide Aggregate bei Gleichheit der Grenzkosten intensitätsmäßig angepaßt werden.

Die Ausbringungsmenge kann bei Gleichheit der Grenzkosten erhöht werden bis auf einem Aggregat die maximale Ausbringung erreicht ist. In Abbildung 5-19 ist dies bei einer Ausbringung von $M = M_{1max} + M_2^*$ mit $M_{1max} = x_{1max} \cdot t_{max}$ und $M_2^* = x_2^* \cdot t_{max}$ der Fall. Noch höhere Ausbringungsmengen werden gefertigt, indem auf dem ersten Aggregat die maximale Ausbringungsmenge hergestellt wird und auf dem zweiten Aggregat die restliche Menge mit intensitätsmäßiger Anpassung produziert wird.

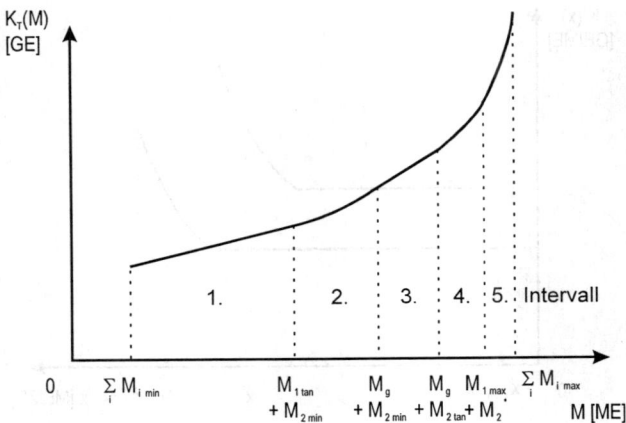

Abbildung 5-20

Bei gleichzeitigem Einsatz beider Aggregate ergibt sich bei Optimalverhalten die aus fünf Anpassungsintervallen bestehende Kostenfunktion $K_T(M)$ der Abbildung 5-20.

Als nächstes ist zu bestimmen, welches Aggregat zur Produktion herangezogen werden soll, wenn jeweils nur eines der beiden Aggregate zur Produktion eingesetzt wird. Je nach der Art der Kostenverläufe bei optimaler intensitätsmäßiger Anpassung eines Aggregates sind drei Grundsituationen denkbar, die noch über die Lage der Minimal- und Maximalausbringungsmengen auf den beiden Anlagen modifiziert werden können.

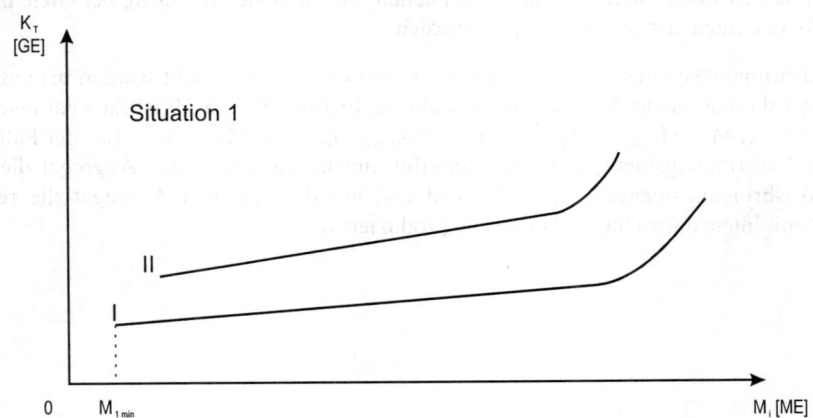

Abbildung 5-21

5.4 Kombinierte intensitätsmäßige und quantitative Anpassung funktionsgleicher Aggregate   413

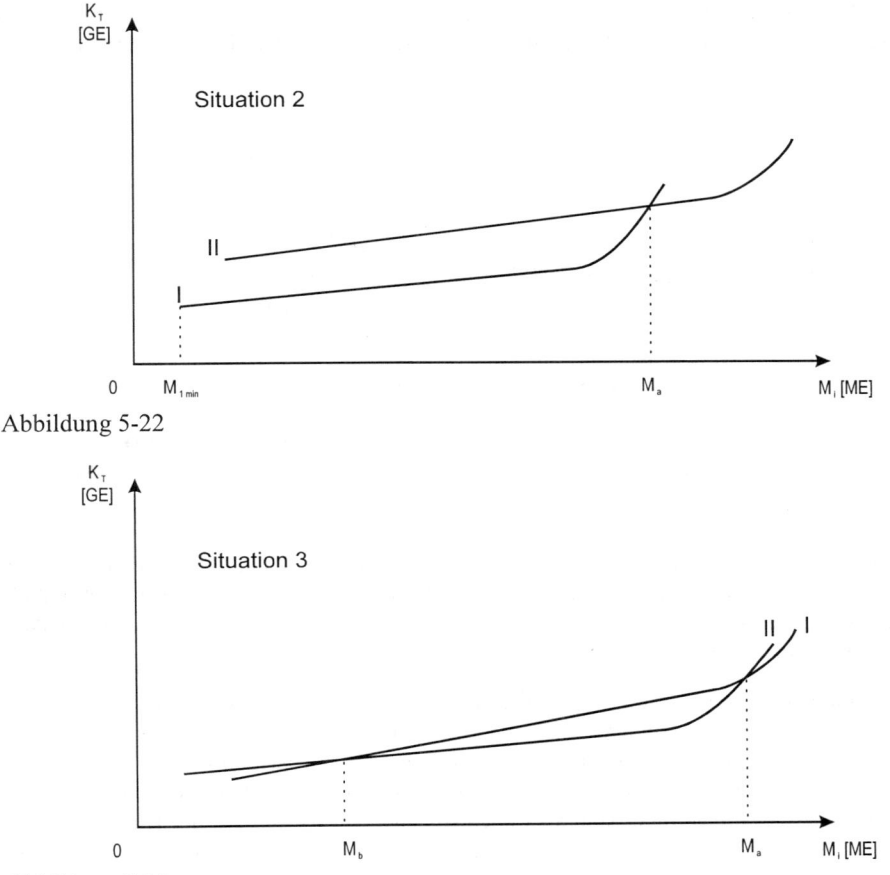

Abbildung 5-22

Abbildung 5-23

In der Situation 1 sind die Gesamtkosten des ersten Verfahrens generell niedriger als die des zweiten Aggregates. Bei Situation 2 wird das erste Aggregat eingesetzt, solange Ausbringungsmengen aus dem Intervall $M_{1min} \leq M \leq M_a$ verlangt sind. Übersteigt die Ausbringung M_a, wird das Aggregat 1 wieder stillgelegt und Aggregat 2 zur Produktion herangezogen. Für die Situation 3 ist das Aggregat 2 im Intervall $M_b \leq M \leq M_a$ vorteilhaft, während in den übrigen Bereichen, die von der Mindest- und Maximalausbringung der Aggregate begrenzt werden, das erste Aggregat zum Kostenminimum führt.

Für die folgende Hauptoptimierung soll von der einfachen Situation 1 ausgegangen werden. Die Hauptoptimierung besteht dann darin, die Kostenfunktion des Aggregates 1 mit der Kostenkurve beim ständigen optimalen Einsatz beider Aggregate (dritte Strategie) zu vergleichen. Bei diesem Vergleich gibt es aufgrund der Beziehungen zwischen beiden Kostenfunktionen trivialerweise nur einen Schnittpunkt. In Abhängigkeit von Form und Lage der beiden Funktionen kann die verfahrenskritische Menge allerdings in einem der ersten vier Intervalle der Kostenfunktion der Strategie 3 liegen. Im folgenden soll der Anpassungsprozeß beispielhaft für den Fall eines Schnittpunktes im dritten Intervall beschrieben werden.

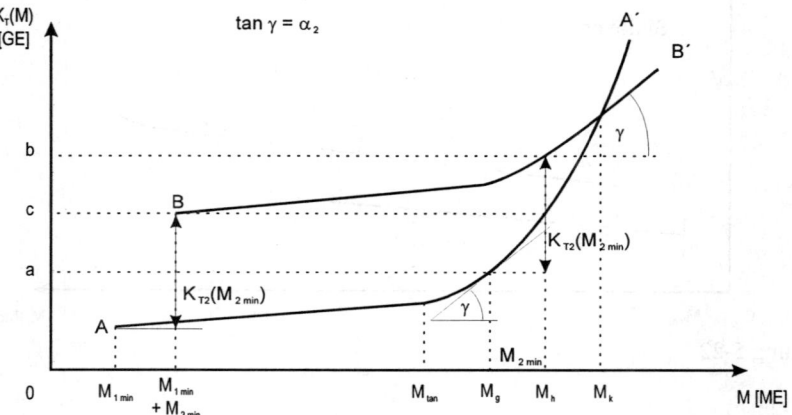

Abbildung 5-24

Die Kostenkurve AA' in Abbildung 5-24 hat Gültigkeit, wenn sich das Unternehmen an Änderungen der Ausbringungsmenge allein intensitätsmäßig mit dem ersten Aggregat anpaßt. Der Kostenkurve BB' liegt der Fall zugrunde, daß der Betrieb immer mit beiden Aggregaten arbeitet und beide optimal intensitätsmäßig anpaßt (Strategie 3).

Das Optimalverhalten besteht darin, für die verlangte Ausbringung M die jeweils günstigste der beiden durch die Kostenkurve AA' und BB' repräsentierten Anpassungsmöglichkeiten auszuwählen. Der Abbildung ist zu entnehmen, daß es zunächst optimal ist, die Ausbringung des ersten Aggregates bis auf $M_1 = M_k$ anwachsen zu lassen, da die Gesamtkosten vor $M_1 = M_k$ für Anlage 1 geringer sind als die entsprechenden Kosten auf der Kurve BB'. Die Grenzkosten $K'_{T1}(M_1)$ für $M_1 = M_k$ sind dann höher als die Grenzkosten α_2 bei Intensitätssplitting auf der zweiten Anlage.

Bis $M_1 = M_k$ paßt sich das Unternehmen folglich mit dem ersten Aggregat intensitätsmäßig an. Dann erfolgt quantitative Anpassung mit der zweiten Anlage. Die zweite Anlage wird im Beispiel der Abbildung 5-24 sofort im Bereich des Intensitäts-Splitting mit einer durchschnittlichen Intensität $x_2 > x_{2min}$ eingesetzt.

Für die Produktion der verfahrenskritischen Menge M_k bestehen zwei kostengleiche Aufteilungsmöglichkeiten.

1. Alleinige Produktion der Menge M_k auf der Anlage 1 ($M_1 = M_k$), während auf dem zweiten Aggregat nichts produziert wird ($M_2 = 0$).

2. Produktion der Menge $M_1 = M_g$ auf dem ersten Aggregat, während auf dem zweiten Aggregat die Menge $M_2 = M_k - M_g$ ausgebracht wird. Die Ausbringungsmenge des Aggregates 1 wird dann so weit reduziert, bis Gleichheit der Grenzkosten auf beiden Aggre-

gaten existiert. Bei M_g gelten folglich die Grenzkosten α_2 im Splittingbereich der zweiten Anlage.

In einer allgemeinen Schreibweise läßt sich das Anpassungsproblem bei quantitativer und intensitätsmäßiger Anpassung für eine verlangte Ausbringung M des gesamten Betriebes in folgende mathematische Form bringen:

$$K_T(M_i) = \sum_i K_{Ti}(M_i)$$

$$M_{i\,min} \cdot v_i \leq M_i \leq M_{i\,max} \cdot v_i \quad \text{für alle } i = 1, 2, \ldots, i_n$$

$$\sum_i M_i = M$$

$$v_i = \begin{cases} 0, \text{falls } M_i = 0 \\ 1, \text{falls } M_i > 0 \end{cases} \quad \text{für alle } i = 1, 2, \ldots, i_n$$

M_i und v_i sind in dem Ansatz die Variablen, wobei M_i die Ausbringung des Aggregates i angibt. v_i sind ganzzahlige Variable der Aggregate mit den Werten 0 oder 1. Den Wert 0 nimmt v_i dann an, wenn ein Aggregat nicht zur Produktion eingesetzt wird.

In der Zielfunktion gibt $K_{Ti}(M_i)$ die Kosten des Aggregates i bei optimaler intensitätsmäßiger Anpassung (zunächst Splitting, dann nur eine Intensität) an.

Die erste Restriktion erzwingt, daß die Ausbringung M_i größer als M_{imin}, aber kleiner als M_{imax} sein muß, wenn das Aggregat i zur Produktion eingesetzt wird, wenn also $v_i = 1$ ist. Die zweite Restriktion besagt, daß die Summe der Ausbringungsmengen aller Aggregate gleich der insgesamt verlangten Ausbringung M ist.

Das obige Optimierungsproblem läßt sich am einfachsten mit Hilfe der dynamischen Programmierung lösen.[19]

5.5 Spezialprobleme bei Anpassungsprozessen auf Basis der Gutenberg-Produktionsfunktion

5.5.1 Faktorverbrauch als Funktion der technischen Leistung und technischer Einflußgrößen

Die Gutenberg-Produktionsfunktion setzt für jedes Aggregat technische Verbrauchsfunktionen voraus, die jeder technischen Leistung d [TLE/ZE] genau eine Verbrauchsmenge $\tilde{r}_h$ eines Faktors zuordnen.

$$\tilde{r}_h = f_h(d) \quad [FE / TLE]$$

Bei der Entwicklung der technischen Verbrauchsfunktionen ergeben sich immer dann Probleme, wenn eine bestimmte technische Leistung d mit unterschiedlichen Kombinationen

---

19 Vgl. Pack (1970), S. 79 ff.

technischer Einflußgrößen erreicht werden kann und der Faktorverbrauch auch von diesen Kombinationen abhängt. Dieser Fall liegt bei Spritzgußmaschinen für Kunststoffe vor. Als technische Leistung d wird die verarbeitete Spritzgußmasse in Gramm pro Zeiteinheit definiert. Jede technische Leistung kann mit verschiedenen Konstellationen der technischen Einflußgrößen Druck (D) und Wärme (W) der Spritzmasse erreicht werden, wobei für jede dieser Konstellationen ein anderer Energieverbrauch pro technischer Leistungseinheit existiert.

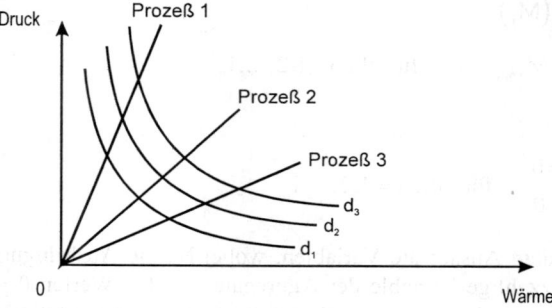

Abbildung 5-25

Der Faktorverbrauch für eine bestimmte Leistung d läßt sich in diesem Fall nur angeben, wenn bekannt ist, mit welcher Kombination (D, W) diese Leistung erbracht wird.

Die technische Verbrauchsfunktion für Energie hat dann die Form:

$$\tilde{r}_h = f_h\big(d(D;W)\big)$$

Eine bestimmte Kombination von Druck und Wärme determiniert somit die Leistung d und den Faktorverbrauch $\tilde{r}_h$. Die technischen Einflußgrößen W und D können bei gegebener Leistung gegeneinander „substituiert" werden, d.h., für jede technische Leistung d besteht eine „Isoquante" der technischen Einflußgrößen. Werden bestimmte Konstellationen der technischen Einflußgrößen Druck und Wärme als „Prozeß p" bezeichnet (Ursprungsgeraden in Abbildung 5-25), gelten für eine bestimmte Leistung d_1 in Abhängigkeit vom eingesetzten Prozeß p unterschiedliche Einsatzmengen $\tilde{r}_{hp}$ an Energie (Abbildung 5-26).

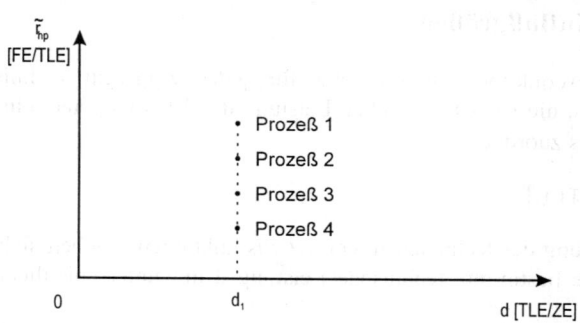

Abbildung 5-26

5.5 Spezialprobleme bei Anpassungsprozessen auf Basis der Gutenberg-Produktionsfunktion 417

Je nachdem, welchen Verlauf die Funktion des Faktorverbrauchs $\tilde{r}_{hp}(d)$ für einen bestimmten Prozeß bei unterschiedlicher technischer Leistung d aufweist, lassen sich zwei Situationen unterscheiden.

1. Es existiert genau ein Prozeß. Das ist der von Gutenberg unterstellte Fall, bei dem sich technische Verbrauchsfunktionen der Art $\tilde{r}_h = f_h(d)$ ermitteln lassen, die jeder technischen Leistung d genau eine Einsatzmenge $\tilde{r}_{hp}$ eines Faktors zuordnen.

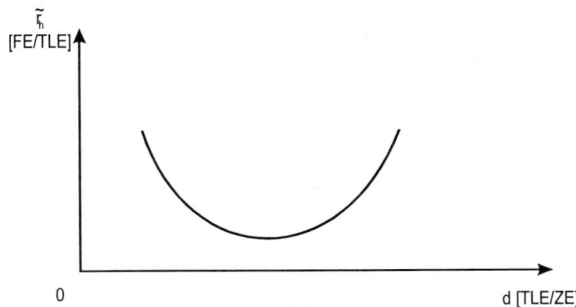

Abbildung 5-27

2. Jede technische Leistung läßt sich mit verschiedenen Prozessen p erreichen. Für jeden Prozeß p existiert eine spezifische technische Verbrauchsfunktion $\tilde{r}_{hp} = f_{hp}(d)$

Aus der Menge der technisch möglichen Prozesse ist jener auszusuchen, der bei einer bestimmten Leistung zum geringsten Verbrauch bzw. zu den geringsten Kosten führt. In diesem Fall lassen sich zwei Untervarianten unterscheiden.

a) Es existiert **ein** Prozeß, der bei allen technisch erreichbaren Leistungen d zum geringsten Verbrauch führt. Dieser Prozeß dominiert alle übrigen Prozesse; nur dieser Prozeß ist effizient.

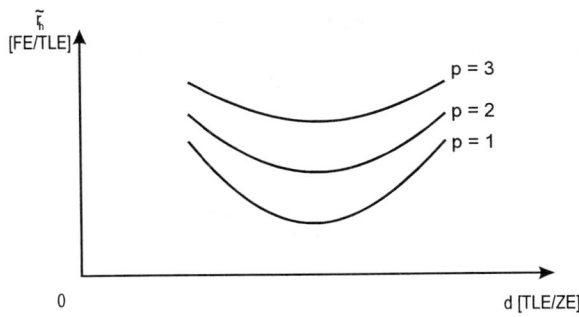

Abbildung 5-28

Der effiziente Prozeß ordnet jeder Leistung d einen eindeutigen Faktorverbrauch $\tilde{r}_h$ zu, und nur dieser Prozeß ist für die ökonomische Verbrauchsfunktion sowie die hierauf aufbauenden Anpassungsprozesse relevant.

b) Es existiert kein Prozeß, der bei allen möglichen Intensitäten die übrigen Prozesse dominiert. In diesem Fall schneiden sich die technischen Verbrauchsfunktionen unterschiedlicher Prozesse.

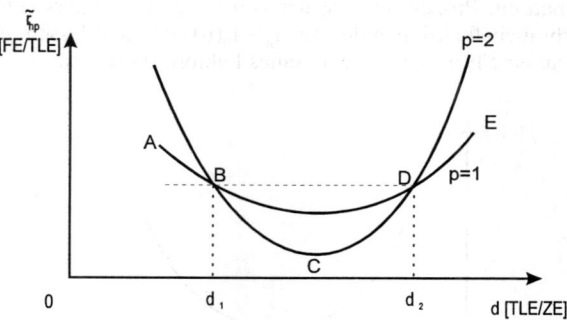

Abbildung 5-29

Der Prozeß 2 führt in Abbildung 5-29 bei Intensitäten $d_1 \le d \le d_2$ zum geringsten Faktorverbrauch, während im übrigen Leistungsbereich Prozeß 1 vorzuziehen ist. Für die einzelnen Leistungsbereiche ist dann der ökonomischen Verbrauchsfunktion jeweils ein anderer Prozeß zugrunde zu legen, oder es sind alternative Verbrauchsfunktionen für die Anpassung mit den Prozessen p zu definieren.

Im zweiten Fall ist in den Anpassungsprozessen außer der Intensität und der Einsatzzeit eines Aggregates auch der einzusetzende Prozeß zu planen.

Für die der Anpassung zugrundeliegende Mengen-Kosten-Leistungsfunktion läßt sich der günstigste Prozeß für einzelne Leistungsintervalle allerdings nur dann auf der Basis technischer Verbrauchsfunktionen bestimmen, wenn ein Prozeß den Verbrauch $\tilde{r}_{hp}$ nur eines Faktors determiniert. Die Vorauswahl des günstigsten Prozesses auf der Basis von technischen Überlegungen scheitert, wenn der Prozeß den Verbrauch mehrerer Faktoren beeinflußt. Eine Prozeßauswahl ist dann nur möglich, wenn der Verbrauch bewertet und alle Verbrauchsmengen zu einer Mengen-Kosten-Leistungsfunktion für einen Prozeß verdichtet werden.

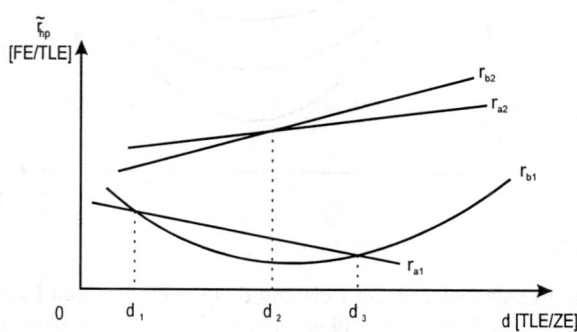

Abbildung 5-30

5.5 Spezialprobleme bei Anpassungsprozessen auf Basis der Gutenberg-Produktionsfunktion   419

In Abbildung 5-30 gelten für die beiden einzelnen Faktoren 1 und 2 beim Prozeß a die technischen Verbrauchsfunktionen r_{a1} und r_{a2}. Bei Prozeßwechsel (Prozeß b) gehorcht der Verbrauch den Funktionen r_{b1} und r_{b2}. Für beide Produktionsfaktoren ergeben sich dann unterschiedliche Intensitätsintervalle, für die die beiden Prozesse zu minimalen Verbrauchsmengen führen. Während für den Faktor 1 im Intervall $d_1 \leq d \leq d_3$ Prozeß b verbrauchsminimal ist, ist aus der Sicht des zweiten Faktors der Prozeß a erst für $d \geq d_2$ heranzuziehen. Nur Kostenüberlegungen sind in diesem Fall für die Prozeßauswahl geeignet. Deshalb sind für die Prozesse a und b zwei Mengen-Kosten-Leistungsfunktionen $k_p(x)$ zu entwickeln (vgl. Abbildung 5-31).

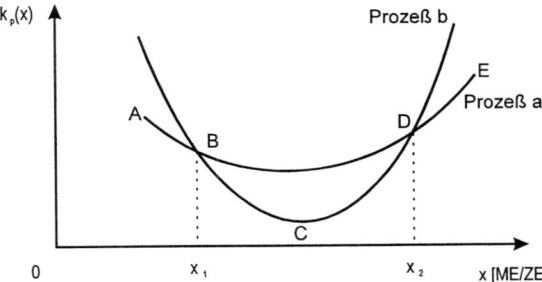

Abbildung 5-31

Ein Vergleich der beiden Mengen-Kosten-Leistungsfunktionen (Abbildung 5-31) läßt erkennen, daß für $x_1 \leq x \leq x_2$ der Prozeß b zu den geringsten Kosten führt. Den Überlegungen zur Anpassungspolitik ist dann der Kurvenverlauf ABCDE zugrunde zu legen. Soll keine derartige Voroptimierung für die Prozesse erfolgen, ist im Planungsansatz von alternativen Mengen-Kosten-Leistungsfunktionen für ein Aggregat auszugehen.

5.5.2 Nicht in t linear-homogene Produktionsfunktionen

Die bisherigen Analysen zur Gutenberg-Produktionsfunktion gingen von Produktions- und Verbrauchsfunktionen aus, die in t linear-homogen waren. Diese Funktionen führten zur Verdopplung der Ausbringung und des Faktoreinsatzes, wenn bei konstanter Intensität die Einsatzzeit der Aggregate verdoppelt wurde. Es sind aber auch Funktionen des Faktorverbrauchs denkbar, bei denen eine verdoppelte Einsatzzeit zwar die Ausbringung auf das Zweifache ansteigen läßt, bei denen sich aber der Verbrauch einzelner Faktoren nicht in entsprechender Weise ändert.

Eine derartige Situation kann sich für einen nutzungszeitabhängigen Maschinenverzehr (Abschreibungen) einstellen. Arbeitet ein Betrieb mit einer bestimmten Intensität, hängt die den Verschleiß der Maschine mitbestimmende Betriebstemperatur des Aggregates u.U. von der Länge der Beschäftigungszeit pro Tag (Planperiode) ab. Die Temperatur steigt u.U. so stark an, daß das Gerät zur Abkühlung abgeschaltet werden muß, um den vorzeitigen Ausfall des Aggregates zu vermeiden.[20] Der nach einer Einsatzzeit von t ZE auftretende momentane Verschleiß r'(t) könnte der folgenden, in Abbildung 5-32 dargestellten Funktion gehorchen.

$$r'(t) = s \cdot t$$

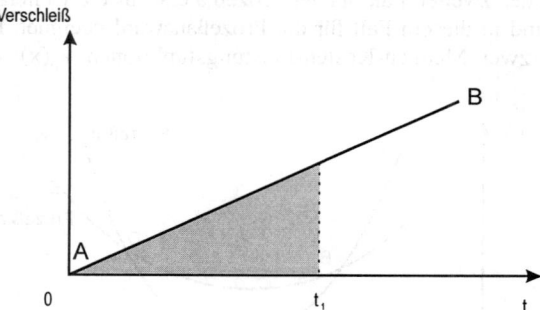

Abbildung 5-32

Wird ein Aggregat bis zum Zeitpunkt t eingesetzt, entspricht der gesamte Verschleiß dem Integral über der Funktion r'(t) = s·t in den Grenzen von 0 bis t (schraffierte Fläche in Abbildung 5-32). Für den Gesamtverschleiß r bis t gilt dann:

$$r(t) = \frac{s \cdot t^2}{2}$$

Ist der Maschinenverschleiß neben der Nutzungszeit t auch von der Intensität abhängig, könnte für die nutzungsbedingten Abschreibungen in der Planperiode der Term

$$A \cdot x^p \cdot t^q$$

gelten.[21] Im obigen Beispiel gilt für die Exponenten dann p = 0 und q = 2.

Der Term nutzungsbedingter Abschreibungen hat gravierende Konsequenzen für die Art der kostenminimalen Anpassung. Das Anpassungsproblem besteht dann darin, durch geeignete Wahl von x und t die folgende Kostenfunktion pro Tag – Länge der Planperiode T – zu minimieren:[22]

$$K_T(x,t) = \underbrace{\left(cx^2 - bx + a\right)}_{\substack{\text{Mengen–Kosten–}\\\text{Leistungsfunktion}\\\text{ohne Abschreibung}}} \cdot \underbrace{x \cdot t}_{\text{Menge}} + \underbrace{A \cdot x^p \cdot t^q}_{\substack{\text{Abschreibungen}\\\text{in der Planperiode}}} \rightarrow \min$$

---

20 Eine derartige Situation besteht bei einigen Computer-Tomographen, deren Röhrentemperatur gegen Mittag die erlaubte Betriebstemperatur übersteigt.
21 Vgl. Koch (1980), S. 957 ff.; Adam (1981b), S. 405 ff.; Altrogge (1981), S. 413 ff.
22 Im folgenden wird unterstellt, daß ein Intensitätswechsel nicht möglich ist. Eine nach dem Einschalten des Aggregates einmal gewählte Intensität muß beibehalten werden.

5.5 Spezialprobleme bei Anpassungsprozessen auf Basis der Gutenberg-Produktionsfunktion

Es gelten die folgenden Restriktionen:

$x \cdot t = M$

$0 \leq t \leq t_{max}$

$x_{min} \leq x \leq x_{max}$

Die Restriktionen für die Einsatzzeit und Intensität bleiben zunächst unberücksichtigt. Um die kostenminimale Intensität bestimmen zu können, wird in der Zielfunktion die Variable t durch M/x substituiert. Die Zielfunktion ist anschließend durch M zu dividieren. Die dann nur noch von x abhängige Mengen-Kosten-Leistungsfunktion ist nach x zu differenzieren was zu folgendem Optimalitätskriterium führt:

$$2cx_{opt} - b + AM^{q-1} x_{opt}^{p-q-1} (p-q) = 0$$

Diese Gleichung kann nur für bestimmte Exponenten p und q nach x_{opt} aufgelöst werden. Gilt p = q, entfällt der dritte auf die Abschreibungen zurückgehende Term, da dann im dritten Term mit (p – q) = 0 multipliziert wird. Als optimal erweist sich dann die Intensität

$$x_{opt} = \frac{b}{2c},$$

mit der bislang stets zeitliche Anpassung betrieben wurde. Für p ≠ q ist die Optimalitätsbedingung nur dann nach x aufzulösen, wenn (p – q) ∈ {-2, -1, 1, 2, 3, 4, 5} ist. Bei anderen Exponentenkonstellationen kann die optimale Politik nur durch Suchverfahren[23] bestimmt werden.

Die folgende Analyse soll beispielhaft für die Exponenten p = 3 und q = 2 durchgeführt werden. In diesem Fall reduziert sich die Funktion des Optimalverhaltens auf:

$$2cx_{opt} - b + A \cdot M \stackrel{!}{=} 0$$

$$x_{opt} = \frac{b - AM}{2c}$$

Die optimale Intensität x_{opt} hängt im Gegensatz zum Fall in t linear-homogener Produktionsfunktionen von der Ausbringungsmenge M ab. Wird M durch M = x · t substituiert, zeigt sich, daß die Intensität im Optimum eine Funktion der Einsatzzeit des Aggregates ist:

$$x_{opt} = \frac{b}{2c + At}$$

Die optimale Einsatzzeit des Aggregates ist über

$$t_{opt} = \frac{M}{x_{opt}} = \frac{b}{Ax_{opt}} - \frac{2c}{A}$$

---

23 Diese Suchverfahren beruhen auf dem Newton-Verfahren, der Regula falsi oder der Intervallhalbierung.

zu bestimmen, d.h., die Einsatzzeit hängt ihrerseits von der Intensität ab. Für eine Ausbringung von M = 0 bei einer Einsatzzeit von t = 0 beläuft sich die optimale Intensität auf x_{opt} = b/2c. Mit steigender Ausbringung M bzw. zunehmender Einsatzzeit t wird x_{opt} immer kleiner. Gleichzeitig steigt mit sinkendem x_{opt} und steigender Ausbringung die Einsatzzeit t_{opt}. Für den Fall b – AM = 0 erreicht x_{opt} das Niveau 0, und t_{opt} wächst gegen unendlich.[24]

Ohne Berücksichtigung der Grenzen für die Einsatzzeit und die Intensität würde der Betrieb daher sein Anpassungsverhalten nach der Kurve AB in Abbildung 5-33 steuern.

Werden die Grenzen der Variablen x bzw. t für den Anpassungsprozeß beachtet, ist die Anpassungskurve AB nur zwischen $x_{min} \le x \le x_{max}$ und $0 \le t \le t_{max}$ definiert. Je nachdem, wo diese Grenzen liegen, bestimmen sie den Anpassungsprozeß in unterschiedlicher Weise. In Abhängigkeit von der Lage der Grenzen sind mehrere Fälle zu unterscheiden. Abbildung 5-33 zeigt einen dieser Fälle. Die Anpassungskurve AB ist nur im Intervall CD zulässig. Bei einer Ausbringung von null beginnt der Anpassungsprozeß dann mit x_{max} und zeitlicher Anpassung. Es folgt (ab Punkt C) die simultane Anpassung von x und t. Ab dem Punkt D wird mit x_{min} erneut zeitliche Anpassung betrieben. Schließlich folgt ab E intensitätsmäßige Anpassung, bis im Punkte F die maximal mögliche Ausbringung erreicht ist.

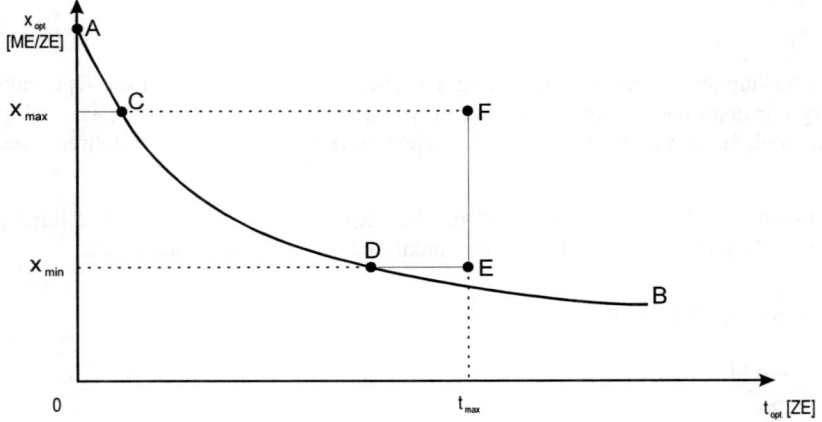

Abbildung 5-33

Der beschriebene Anpassungsprozeß unterscheidet sich von den bisher behandelten in t linear-homogenen Produktionsfunktionen ganz wesentlich. Während bei in t linear-homogenen Funktionen die optimale Intensität grundsätzlich unabhängig von der Ausbringung bzw. der Einsatzzeit ist, gilt dieser Zusammenhang nicht mehr, wenn es sich um nicht in t linear-homogene Funktionen des Faktorverbrauchs handelt. Als Folge dessen ergeben sich auch grundsätzlich keine sukzessiven Anpassungsprozesse mehr (erst zeitliche Anpassung mit konstantem x_{opt} und dann intensitätsmäßige Anpassung); vielmehr werden Einsatzzeit und Intensität so lange simultan verändert, wie es von den Definitionsgrenzen der Variablen her möglich ist.

---

24 Konstellationen b – AM < 0 sind ihrerseits wegen x_{opt} < 0 irrelevant.

5.5 Spezialprobleme bei Anpassungsprozessen auf Basis der Gutenberg-Produktionsfunktion

Als Folge des simultanen Anpassungsprozesses arbeitet der Betrieb bei zeitlicher Anpassung auch nicht mehr mit konstanten Grenzkosten. Sie sind auch in den Anpassungsintervallen nicht konstant, bei denen mit gleichbleibender Intensität gearbeitet wird. Dies ist auf fehlende Linear-Homogenität in t zurückzuführen. Die Abbildung 5-34 zeigt den Verlauf der Grenzkosten, wenn von der Kostenfunktion

$$K_T(x,t) = \left(0{,}5\,x^2 - 10\,x + 80\right) \cdot x \cdot t + 0{,}1\,x^3 \cdot t^2$$

mit $5 \leq x \leq 8$ und
$0 \leq t \leq 20$

ausgegangen wird.

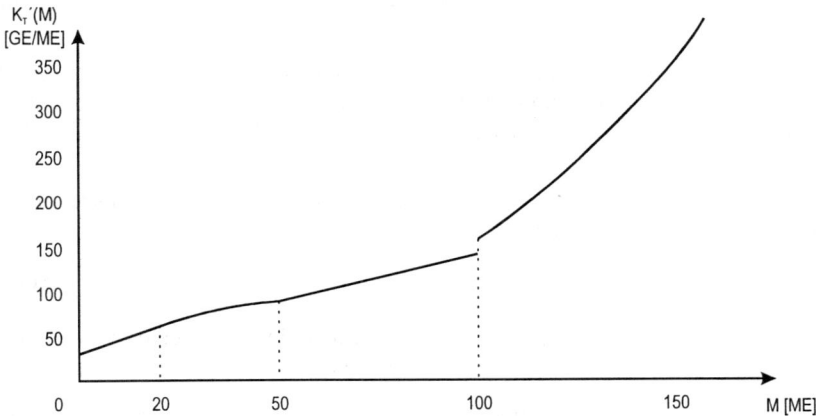

Abbildung 5-34

Für die Grenzkostenfunktion gilt:

$$K'(M) = \begin{cases} 32 + 1{,}6 \cdot M & 0 \leq M \leq 20 \quad \text{mit } x = 8 \\ -0{,}015 \cdot M^2 + 2 \cdot M + 30 & 20 \leq M \leq 50 \quad \text{mit } x = 10 - 0{,}1M \\ 42{,}5 + M & 50 \leq M \leq 100 \quad \text{mit } x = 5 \\ 0{,}01875 \cdot M^2 - M + 80 & 100 \leq M \leq 160 \quad \text{mit } x = M/20 \end{cases}$$

5.5.3 Anpassungsprozesse bei Produktion von Ausschuß
5.5.3.1 Alternative Modellkonzepte zur Behandlung des Ausschusses

In der bisherigen Analyse wurde stets davon ausgegangen, daß die produzierte Menge technisch einwandfrei ist und alle Mengeneinheiten für den Verkauf oder eine Bearbeitung in den folgenden Produktionsstufen freigegeben werden können. In der Regel entsteht bei der Produktion neben technisch einwandfreien Produkten auch Ausschuß. Im folgenden wird untersucht, welchen Einfluß Ausschuß auf den kostenoptimalen Anpassungsprozeß ausübt. Vereinfachend wird unterstellt, daß es sich bei Ausschuß um völlig unbrauchbare Erzeugnisse handelt, die nicht nachgearbeitet werden können, sondern zu vernichten bzw. zu entsorgen sind. Die Vernichtung möge keine zusätzlichen Kosten verursachen.

Je nachdem, von welchen Einflußgrößen der Ausschußanteil an der gesamten Produktion zu einem Zeitpunkt (dynamische Betrachtung) abhängt, sollen vier Grundsituationen unterschieden werden:

- Unabhängig von der Produktionsweise gilt ein konstanter Ausschußanteil.
- Die Höhe des Ausschußanteils an der momentanen Produktion hängt von der Intensität $x(\tau)$ im Zeitpunkt τ ab.
- Der Ausschußanteil an der momentanen Produktion ist von der Länge der Einsatzzeit t eines Aggregates bis zu diesem Zeitpunkt abhängig. Dieser Fall tritt auf, wenn das Bedienungspersonal mit fortschreitender täglicher Arbeitszeit wegen zunehmender Ermüdung mehr Produktionsfehler macht.
- Der Ausschußanteil im Zeitpunkt τ ist sowohl von der momentanen Intensität als auch der Arbeitszeit t bis zu diesem Zeitpunkt abhängig.

Im folgenden soll das Anpassungsproblem zunächst für den allgemeinsten Fall (Situation 4) bei dynamischer Betrachtungsweise entwickelt werden. $x(\tau)$ bezeichnet die Intensität im Zeitpunkt τ. Der Ausschußanteil $AA(\tau)$ in τ hängt dann im allgemeinen von der Intensität und der Laufzeit der Anlage bis zu diesem Zeitpunkt ab.

Für das dynamische Modell zur Anpassung mit Ausschuß gilt folgende Kostenfunktion:

$$K_T = \int_0^{t_{max}} k(x(\tau)) \cdot x(\tau) \, d\tau \quad \to \min$$

Durch die Wahl der Funktion $x(\tau)$ muß die gesamte verlangte Ausbringung M_g in der Planperiode T erreicht werden, wobei die Ausbringungsmenge in Mengeneinheiten guter Qualität angegeben wird, was durch den Index g kenntlich gemacht wird.

$$M_g = \int_0^{t_{max}} \underbrace{(1 - AA(\tau))}_{\substack{\text{Anteil guter Qualität} \\ \text{an der Ausbringung in} \\ \text{einem Zeitpunkt}}} \cdot x(\tau) \, d\tau$$

Die Werte $x(\tau)$ der Zielfunktion können in den Grenzen

$$x_{min} \leq x(\tau) \leq x_{max}$$

gewählt werden. $AA(\tau_{max})$ kann in der Restriktion durch einen durchschnittlichen Ausschußanteil, der bis zum Zeitpunkt τ erreicht ist, ersetzt werden. Um den Ausschußanteil $AA(\tau)$ besser zu verstehen, soll ein einfaches Beispiel eingefügt werden, bei dem der Betrieb mit einer Funktion der Intensität x(τ) arbeitet, die in jedem Zeitpunkt der Beschäftigungszeit des Aggregates das gleiche Niveau x = 100 aufweist.

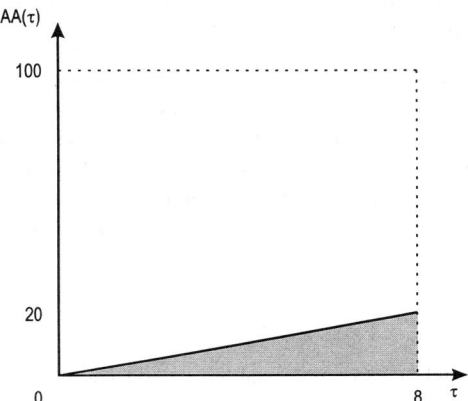

Abbildung 5-35

Der Ausschuß an den 100 pro Stunde produzierten Mengeneinheiten steigt von 0 bei Inbetriebnahme des Aggregates bis auf 20 Stück nach einer Betriebszeit von 8 Stunden. Bei τ = 8 beträgt der momentane Ausschußanteil damit 20 %. Der gesamte bis zum Zeitpunkt τ = 8 angefallene Ausschuß entspricht der schraffierten Fläche in Abbildung 5-35. Diese Fläche hat den Inhalt

$$\int_0^8 \frac{20}{8} \cdot \tau \, d\tau = \frac{20}{16} \tau^2 \Big|_0^8 = \frac{20 \cdot 64}{16} = 80 \text{ ME}$$

Bei einer Produktion von 100 ME pro Stunde, also insgesamt 800 ME in 8 Stunden, errechnet sich damit ein durchschnittlicher Ausschußanteil $AA(\tau_{max})$ von 80/800 = 0,1.

Von den 800 insgesamt bis τ = 8 produzierten Mengeneinheiten sind mithin nur

$$0,9 \cdot 100 \cdot 8 = 720 \text{ ME}$$

von guter Qualität.

Der durchschnittliche Ausschußanteil in τ hängt von der Länge der Einsatzzeit ab. Der obige für eine konstante Funktion x(τ) = 100 geltende Zusammenhang muß für verschiedene x(τ) untersucht werden. Beispielsweise könnte sich in Abbildung 5-35 die Steigung der Funktion des Ausschusses von 20/8 bei x(τ) = 100 mit wachsender Intensität erhöhen.

Die Lösung des dynamischen Modells führt im allgemeinen zu einer nicht stationären Politik, d.h., die Funktion x(τ) nimmt im Zeitablauf keine konstanten Werte an. Weil der Ausschußanteil mit der Betriebszeit des Aggregates bei gleichbleibender Intensität wächst, ist es vorteilhaft, am Anfang der Betriebszeit mit einer höheren Intensität zu arbeiten und die Intensität dann mit zunehmender Betriebsdauer zu senken, was dem bei größerer Betriebszeit steigenden Ausschußanteil entgegenwirkt. Das dynamische Modell kann dann nicht mehr in ein äquivalentes statisches Modell transformiert werden. Nur für einige Spezialfälle ist eine äquivalente Umformung möglich.[25] Das ist insbesondere dann der Fall, wenn der Ausschußanteil unabhängig von der Betriebszeit des Aggregates ist.

Im folgenden wird vereinfachend mit einem statischen Modell gearbeitet. In diesem Modell wird davon ausgegangen, daß das Aggregat entweder stillsteht oder mit einer noch zu bestimmenden, im Zeitablauf gleichbleibenden Intensität x arbeitet. Dieses Modell ist in den Ausschußsituationen mit konstantem oder nur intensitätsabhängigem Ausschußanteil äquivalent zum dynamischen Problem. Bei beschäftigungszeitabhängigem Ausschußanteil kann mit Hilfe dieses Modells nur das Optimum für eine stationäre Politik ermittelt werden, ohne daß diese real optimal sein muß.

Statische Modelle bei Produktion von Ausschuß können auf Basis von zwei Konzepten entwickelt werden:

1. Das erste Konzept besteht darin, die Variablen x und t wie bisher zu definieren. x ist dann die Ausbringung pro ZE, ohne daß gefragt wird, ob es sich um gute Ausbringung oder Ausschuß handelt. x ist folglich Ausbringung mit beliebiger Qualität pro ZE. Die Korrektur für den Ausschuß findet bei diesem Konzept lediglich in der Nebenbedingung statt, die die Produktionsaufgabe beschreibt. Um in dieser Bedingung von Ausbringung beliebiger in Ausbringung guter Qualität umrechnen zu können, wird ein durchschnittlicher, von x und t abhängiger Ausschußanteil $AA(x;t)$ definiert, wie das im Beispiel zur Abbildung 5-35 erfolgt ist.

Dieses Konzept hat den Vorteil, daß die Mengen-Kosten-Leistungsfunktion in der Zielfunktion in bisheriger Form erhalten bleibt, nunmehr aber als Kosten pro ME guter Qualität in Abhängigkeit von der Ausbringung beliebiger Qualität pro ZE zu interpretieren ist.

2. Das zweite Konzept definiert die Intensitäten um. Die Intensität wird bei diesem Konzept als gute Ausbringung pro ZE definiert. Die Ausbringung x beliebiger Qualität pro ZE muß dann mit Hilfe des Ausschußanteils in Ausbringung x_g guter Qualität pro ZE umgerechnet werden. Diese Umrechnung muß in der Zielfunktion auch für die Mengen-Kosten-Leistungsfunktion erfolgen, d.h., die Kosten-Leistungsfunktion muß die Kosten pro ME guter Qualität auf die Intensität, ausgedrückt in guten ME/ZE, beziehen. Hierzu ist eine Umdimensionierung der ursprünglichen Mengen-Kosten-Leistungsfunktion, die die Kosten pro ME beliebiger Qualität in Abhängigkeit von der Ausbringung beliebiger Qualität pro ZE erfaßt, in der Art erforderlich, wie sie für die Transformation der technischen in die ökonomischen Verbrauchsfunktionen vorgeführt wurde.

Das erste Konzept ist die universeller einsetzbare Vorgehensweise, denn es ist auf alle vier Ausschußsituationen anwendbar. Das zweite Konzept bereitet hingegen Probleme, wenn es sich bei der Beziehung zwischen der Intensität x_g – gemessen in guter Ausbringung pro ZE – und der Intensität x – Ausbringung beliebiger Qualität pro ZE – im Definitionsbereich um

---

[25] Äquivalent wird das statische Modell genannt, wenn es zur gleichen optimalen Lösung führt wie das dynamische Modell.

5.5 Spezialprobleme bei Anpassungsprozessen auf Basis der Gutenberg-Produktionsfunktion 427

eine nicht umkehrbare Funktion handelt, d.h., wenn zwar jedem x nur ein x_g zugeordnet werden kann, umgekehrt aber zu jedem x_g mehrere x gehören können (Abbildung 5-36).

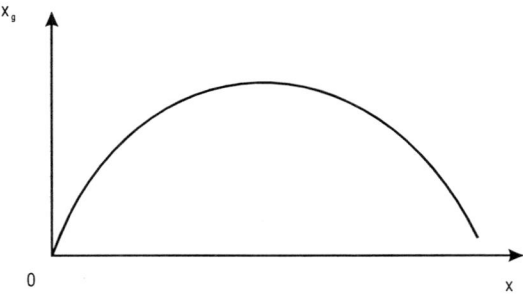

Abbildung 5-36

Derartige Situationen treten bei einem mit der Intensität x steigenden Ausschußanteil auf. Die folgende Analyse stützt sich auf das erste Konzept. Beim ersten Konzept ergibt sich das folgende statische Modell:

$$K_T = k(x) \cdot x \cdot t \quad \rightarrow \quad \min$$

$$M_g = \underbrace{(1 - AA(x,t))}_{\substack{\text{durchschnittlicher} \\ \text{Anteil guter} \\ \text{Qualität}}} \cdot \underbrace{x \cdot t}_{\substack{\text{Ausbringung} \\ \text{beliebiger} \\ \text{Qualität}}}$$

$$0 \leq t \leq t_{max}$$

$$x_{min} \leq x \leq x_{max}$$

Dieses Modell ist bis auf die Bedingung für die gute Ausbringung M_g mit dem bislang für den Fall ohne Ausschuß benutzten Ansatz identisch. Auf der rechten Seite der Restriktion für M_g wird die Ausbringung x·t beliebiger Qualität mit dem bei einer bestimmten Intensität und Einsatzzeit durchschnittlich geltenden Anteil guter Qualität multipliziert, um auf die verlangte gute Ausbringung M_g zu schließen.

5.5.3.2 Anpassung bei einem von Intensität und Einsatzzeit unabhängigen Ausschußanteil

Wenn der Ausschußanteil weder von der Intensität noch von der Einsatzzeit abhängig ist, gilt für AA(x,t):

$$AA(x,t) = d$$

Unabhängig davon, mit welcher Intensität gearbeitet wird und wie lange das Aggregat in Betrieb ist, fallen stets $100 \cdot d$ % Ausschuß an.

Das zu lösende Modell geht dann über in:

$$K_T = k(x) \cdot x \cdot t \rightarrow \min$$
$$M_g = (1-d) \cdot x \cdot t$$

Wird in der Zielfunktion x·t mit Hilfe der ersten Restriktion ersetzt durch x·t = $M_g/(1-d)$, geht dieses Modell über in:

$$K_T = \frac{k(x) \cdot M_g}{1-d} \rightarrow \min$$

$$0 \leq t \leq t_{max}$$
$$x_{min} \leq x \leq x_{max}$$

Gegenüber dem Anpassungsprozeß ohne Ausschuß hat sich nur die Zielfunktion um einen konstanten Faktor verändert, und die gute Ausbringung M_g ist an die Stelle von M getreten.

Der Ausdruck k(x)/(1–d) in der Zielfunktion entspricht den Kosten $k_g(x)$ pro ME guter Qualität in Abhängigkeit von der in beliebiger Qualität gemessenen Intensität x. Wird x durch x_g mit Hilfe der Beziehung

$$x = \frac{x_g}{1-d}$$

substituiert, lautet die Zielfunktion wie folgt:

$$K_T = \underbrace{\frac{1}{1-d} \cdot k\left(\frac{x_g}{1-d}\right)}_{k_g(x_g)} \cdot M_g \rightarrow \min$$

Diese Zielfunktion ist unter den Bedingungen

$$M_g = x_g \cdot t$$
$$0 \leq t \leq t_{max}$$
$$x_{g\,min} \leq x_g \leq x_{g\,max}$$

zu minimieren.

Bei einem Ausschußanteil, der weder von der Intensität noch von der Einsatzzeit abhängt, ergibt sich die gleiche Intensität x_{opt} wie bislang ohne Ausschuß. Diese Intensität kann dann mit Hilfe der Beziehung zwischen x und x_g in die Intensität x_g transformiert werden. Ein Unterschied des Anpassungsprozesses ohne und mit Ausschuß besteht nur insofern, als sich bei Ausschuß andere Geltungsbereiche für die zeitliche und intensitätsmäßige Anpassung einstellen, wenn die Ausbringung in guten Stücken M_g angegeben wird. Ohne Ausschuß gilt bei Optimalverhalten:

5.5 Spezialprobleme bei Anpassungsprozessen auf Basis der Gutenberg-Produktionsfunktion

$$K_T(M) = \begin{cases} k(x_{opt}) \cdot M & \text{für } 0 \leq M \leq x_{opt} \cdot t_{max} \\ k(x) \cdot M \text{ mit } x = \dfrac{M}{t_{max}} & \text{für } x_{opt} \cdot t_{max} \leq M \leq x_{max} \cdot t_{max} \end{cases}$$

Bei Ausschuß wird mit zeitlicher Anpassung maximal eine Ausbringung in Höhe von $M_g = (1 - d) \cdot x_{opt} \cdot t_{max}$ erreicht. Die maximal mögliche gute Ausbringung bei intensitätsmäßiger Anpassung beträgt $M_g = (1 - d) \cdot x_{max} \cdot t_{max}$.

5.5.3.3 Anpassung bei einem nur von der Intensität abhängigen Ausschußanteil

Bei einem Ausschußanteil, der nur von der Intensität x beeinflußt wird, gilt für AA(x;t):

$$AA(x;t) = AA(x).$$

Das zu lösende Planungsproblem läßt sich dann in folgenden Ansatz kleiden:

$$K_T = k(x) \cdot x \cdot t \to \min$$
$$M_g = (1 - AA(x)) \cdot x \cdot t$$
$$0 \leq t \leq t_{max}$$
$$x_{min} \leq x \leq x_{max}$$

In diesem Modell kann t in der Zielfunktion mit Hilfe der Gleichung für M_g substituiert werden. Für t gilt dann:

$$t = \frac{M_g}{(1 - AA(x)) \cdot x}$$

Die Zielfunktion geht über in:

$$K_T = \frac{k(x)}{1 - AA(x)} \cdot M_g$$

Der Ausdruck

$$k_g(x) = \frac{k(x)}{1 - AA(x)}$$

entspricht den Kosten pro guter Mengeneinheit in Abhängigkeit von der Intensität x beliebiger Qualität, während mit k(x) die Kosten pro ME beliebiger Qualität bezeichnet werden. Um die optimale Intensität x bestimmen zu können, ist die Funktion $k_g(x)$ nach x zu differenzieren. Die kostenminimale Intensität liegt dort, wo die Ableitung der Kosten pro ME guter Qualität nach x gleich null ist.

In der folgenden Diskussion wird von einem Ausschußanteil AA(x) ausgegangen, der direkt proportional zur Intensität ist.

$$AA(x) = s \cdot x$$

Je nach der Art der Beziehung zwischen x und x_g, die aus diesem Ausschußanteil in den Definitionsgrenzen von $x_{min} \leq x \leq x_{max}$ folgt, sind für den Anpassungsprozeß zwei Untervarianten zu unterscheiden.

1. Die Funktion $x_g = f(x)$ ist im Definitionsbereich für x umkehrbar, z.B. steigt x_g stetig mit x. Das gilt z.B. bei s = 0,01 und einer maximalen Intensität von 15 in Abbildung 5-37.
2. Die Funktion $x_g = f(x)$ ist nicht umkehrbar. Im Definitionsbereich für x sind bestimmten x_g zwei x zuzuordnen, wie z.B. bei x_{max} = 15 und s = 0,05 ein (vgl. Abbildung 5-38).

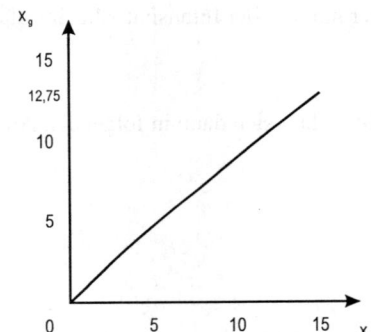

Abbildung 5-37

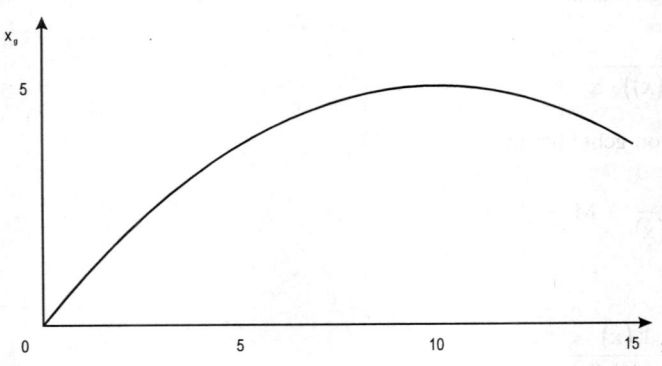

Abbildung 5-38

Zunächst sei der **erste Fall** mit der Mengen-Kosten-Leistungsfunktion

$$k(x) = 0,1x^2 - 2x + 15$$

betrachtet. Die optimale Intensität liegt dort, wo die erste Ableitung der Funktion $k_g(x)$ gleich null ist.

5.5 Spezialprobleme bei Anpassungsprozessen auf Basis der Gutenberg-Produktionsfunktion

$$k_g(x) = \frac{0{,}1x^2 - 2x + 15}{1 - 0{,}01x}$$

$$\frac{dk_g}{dx} = \frac{(0{,}2x - 2)(1 - 0{,}01x) + 0{,}01(0{,}1x^2 - 2x + 15)}{(1 - 0{,}01x)^2} \stackrel{!}{=} 0$$

Hieraus folgt:

$$x_{opt}^2 - 200\,x_{opt} + 1850 = 0$$

$$x_{1,2\,opt} = 100 \pm \sqrt{8150}$$

$$x_{1\,opt} = 9{,}723$$

$$x_{2\,opt} = 190{,}277$$

Die Intensität $x_{2opt} = 190{,}277$ ist aus drei Gründen ökonomisch sinnlos. Einmal liegt sie weit außerhalb des Definitionsbereichs der Intensität; zum zweiten würde an dieser Stelle ein Ausschußanteil von mehr als 100% gelten, und drittens liegt ein relatives Kostenmaximum vor. Sinnvoll ist es folglich nur, mit $x_{1opt} = 9{,}723$ ME/ZE zu arbeiten.

Ohne Ausschuß hätte sich eine Intensität von $x_{opt} = 10$ ME/ZE als optimal erwiesen. Der Ausschuß führt mithin zu einer verringerten Optimalintensität. Ausgedrückt in guten Stücken entspricht der Optimalintensität $x = 9{,}723$ die Intensität $x_g = 8{,}777$:

$$x_g = (1 - 0{,}01 \cdot 9{,}723) \cdot 9{,}723 = 8{,}777$$

An der oberen Grenze des Intervalls zeitlicher Anpassung produziert der Betrieb dann $8{,}777 \cdot t_{max}$ gute Stücke bei Kosten pro ME guter Qualität von

$$k_g(x) = \frac{0{,}1 \cdot 9{,}723^2 - 2 \cdot 9{,}723 + 15}{1 - 0{,}01 \cdot 9{,}723} = 5{,}547$$

Im Bereich intensitätsmäßiger Anpassung sind dann Ausbringungsmengen im Intervall

$$8{,}777 \cdot t_{max} \leq M_g \leq \underbrace{(1 - 0{,}01 \cdot 15) \cdot 15}_{x_{g\,max}} \cdot t_{max}$$

zu erreichen.

Im **zweiten Unterfall** mit der Beziehung

$$x_g = (1 - 0,05x) \cdot x$$

zwischen den beiden Intensitäten führt die Ableitung der Funktion

$$k_g(x) = \frac{0,1x^2 - 2x + 15}{1 - 0,05x}$$

wieder zu zwei optimalen Intensitäten $x_{1opt} = 7,753$ und $x_{2opt} = 32,247$. Die größere dieser beiden Intensitäten ist aus den gleichen Gründen wie im ersten Unterfall ökonomisch sinnlos. Es gilt mithin auch hier nur eine ökonomisch sinnvolle optimale Intensität $x_{opt} = 7,753$ ME/ZE. Dieser Intensität x entspricht eine Intensität x_g in guten Stücken von

$$x_g = (1 - 0,05 \cdot 7,753) \cdot 7,753 = 4,747.$$

Mit dieser Intensität produziert der Betrieb am Ende des Intervalls zeitlicher Anpassung dann $4,747 \cdot t_{max}$ gute Stücke. Aus dem Funktionsverlauf $x_g = (1 - 0,05x)x$ wird deutlich, daß die Intensität x sinnvollerweise nur so lange erhöht wird, wie damit auch die Intensität x_g steigt (vgl. Abbildung 5-38). Daraus folgt, daß es für die intensitätsmäßige Anpassung nicht sinnvoll sein kann, x auf x_{max} zu erhöhen, sofern das Maximum von x_g hinsichtlich x bei $x \leq x_{max}$ erreicht wird. Die intensitätsmäßige Anpassung endet vielmehr bei demjenigen x^*, bei dem x_g zum Maximum wird.

$$\frac{dx_g}{dx} = 1 - 0,1x^* \overset{!}{=} 0$$

$$x^* = 10 \text{ ME} / \text{ZE}$$

Die Intensität x_g erreicht damit ihren maximalen Wert, wenn $x = 10$ ME/ZE gilt. Daraus folgt durch Einsetzen in die Funktion $x_g = f(x)$ ein x_{gmax} von 5 ME/ZE.

Im Intervall intensitätsmäßiger Anpassung sind dann Ausbringungsmengen M_g mit

$$4,747 \cdot t_{max} \leq M_g \leq 5 \cdot t_{max}$$

zu erzielen. Wird die intensitätsmäßige Anpassung über $x = 10$ ME/ZE hinaus betrieben, sinkt die Ausbringung M_g wieder unter das Maximum, während gleichzeitig die Kosten $K_T(M_g)$ ansteigen.

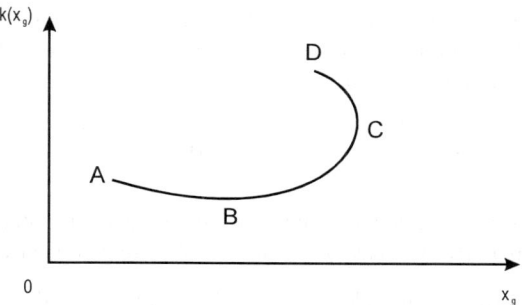

Abbildung 5-39

Dieses unsinnige Anpassungsverhalten hätte dann die Kostenkurve ABCD in Abbildung 5-39 zur Folge. Der Ast CD besteht nur aus ineffizienten Faktorkombinationen.

5.5.3.4 Anpassung bei einem nur von der Einsatzzeit abhängigen Ausschußanteil

Bei einem nur von der Einsatzzeit eines Aggregates abhängigen Ausschußanteil AA(x;t) geht dieser in die Form

$$AA(x,t) = AA(t)$$

über. Um noch eine vergleichsweise einfache Analyse zu gewährleisten, wird von einer linear ansteigenden Funktion des momentanen Ausschusses ausgegangen. Wenn das Aggregat im Zeitpunkt 0 eingeschaltet wurde, gilt zu beliebigen Zeitpunkten τ der folgende Ausschußanteil $AA(\tau)$:

$$AA(\tau) = s \cdot \tau$$

τ gibt in dieser Gleichung die bisherige Einsatzzeit des Aggregates an. Bei einer Intensität von x ME/ZE fallen somit zum Zeitpunkt τ pro ZE $A(x,\tau)$ ME an Ausschuß an.

$$A(x,\tau) = AA(\tau) \cdot x = s \cdot \tau \cdot x$$

Insgesamt sind nach einer Einsatzzeit von t ZE ($\tau = t$) A(x,t) ME an Ausschuß angefallen. Für A(x,t) gilt:

$$A(x,t) = \int_0^t A(x,\tau)\,d\tau = \int_0^t s \cdot \tau \cdot x\, d\tau = \frac{s \cdot x \cdot t^2}{2}$$

Der durchschnittliche Ausschußanteil AA(x,t) bei einer Betriebszeit von t ZE und einer Intensität von x ME/ZE ergibt sich nunmehr, indem der gesamte Ausschuß A(x,t) durch die Ausbringungsmenge x·t dividiert wird.

$$AA(x,t) = \frac{A(x,t)}{x \cdot t} = \frac{s \cdot x \cdot t^2}{2 \cdot x \cdot t} = \frac{s}{2} \cdot t = AA(t)$$

Der durchschnittliche Ausschußanteil ist unabhängig von der Intensität x. Dies war auch zu erwarten, da der momentane Ausschußanteil auch unabhängig von der Intensität ist.

Das dem Anpassungsprozeß zugrunde zu legende Modell hat dann die Form:

$$K_T = k(x) \cdot x \cdot t \rightarrow \min$$

$$M_g = \underbrace{\left(1 - \frac{s \cdot t}{2}\right)}_{\text{durchschnittlicher Anteil guter Qualität}} \cdot x \cdot t$$

$$x_{\min} \leq x \leq x_{\max}$$
$$0 \leq t \leq t_{\max}$$

Da in der Funktion für M_g die Einsatzzeit im Quadrat auftritt, ist es in diesem Fall günstiger, in der Zielfunktion x mit Hilfe der folgenden Gleichung zu substituieren:

$$x = \frac{M_g}{t\left(1 - \frac{s \cdot t}{2}\right)} = \frac{2 M_g}{t(2 - s \cdot t)}$$

Die Zielfunktion geht dann über in die Form

$$K_T = k\left(\frac{2 M_g}{t(2 - s \cdot t)}\right) \cdot \frac{2 M_g}{t(2 - s \cdot t)} \cdot t$$

$$= k\left(\frac{2 M_g}{t(2 - s \cdot t)}\right) \cdot \frac{2 M_g}{2 - s \cdot t} \rightarrow \min$$

Um die optimale Einsatzzeit t_{opt} bestimmen zu können, soll von einer Mengen-Kosten-Leistungsfunktion des Typs

$$k(x) = a - bx + cx^2$$

ausgegangen werden. Die Kosten K_T als Funktion von t gehen dann über in die Form

$$K_T = \frac{2 a M_g}{2 - s \cdot t} - \frac{4 b M_g^2}{t(2 - s \cdot t)^2} + \frac{8 c M_g^3}{t^2 (2 - s \cdot t)^3}$$

5.5 Spezialprobleme bei Anpassungsprozessen auf Basis der Gutenberg-Produktionsfunktion

Die optimale Einsatzzeit t_{opt} ist erreicht, wenn die Funktion K_T nach t differenziert und diese Ableitung gleich null gesetzt wird.

$$\frac{dK_T}{dt} = \frac{2asM_g}{(2-s\cdot t)^2} + \frac{4bM_g^2(2-3s\cdot t)}{t^2(2-s\cdot t)^3} - \frac{8cM_g^3(4-5\cdot s\cdot t)}{t^3(2-s\cdot t)^4} \overset{!}{=} 0$$

Die Gleichung $dK_T/dt = 0$ läßt erkennen, daß die optimale Einsatzzeit t_{opt} von der Ausbringung M_g bzw. von x abhängt. Der Zusammenhang zwischen t_{opt} und x_{opt} wird aus der weiter oben genannten Beziehung $x = 2 M_g/(t(2-s\cdot t))$ deutlich. Bei einem von der Beschäftigungszeit abhängigen Ausschuß ergibt sich damit ein simultaner Anpassungsprozeß. Die notwendige Bedingung $K'_T = 0$ läßt sich allerdings bei zeitabhängigem Ausschuß nicht mehr nach der Variablen – Zeit – auflösen. Der Expansionspfad – die optimale Kombination von Einsatzzeit t und Intensität x – kann deshalb nicht mehr auf analytischem Wege bestimmt werden. Nur für eine vorgegebene Ausbringungsmenge M_g, eine numerisch gegebene Mengen-Kosten-Leistungsfunktion sowie eine bestimmte Ausschußfunktion können die Nullstellen der Funktion dK_T/dt mit Hilfe von Suchverfahren berechnet werden.

Eine geeignete Vorgehensweise zu erkennen, wie die Grenzkostenfunktion dK_T/dt im Definitionsbereich der Variablen x bzw. t verläuft, ist es, den Funktionsverlauf K'_T zu plotten. Dabei kann sich die Grenzkostenfunktion der Abbildung 5-40 mit Nullstellen bei t_1, t_2 und t_3 im zulässigen Definitionsbereich für x und t ergeben. Für den Anpassungsprozeß kommen dann nur t_1 und t_3 in Frage, da bei t_2 eine Politik mit einem relativen Kostenmaximum vorliegt: Die zweite Ableitung K''_T ist an der Stelle t_2 negativ.

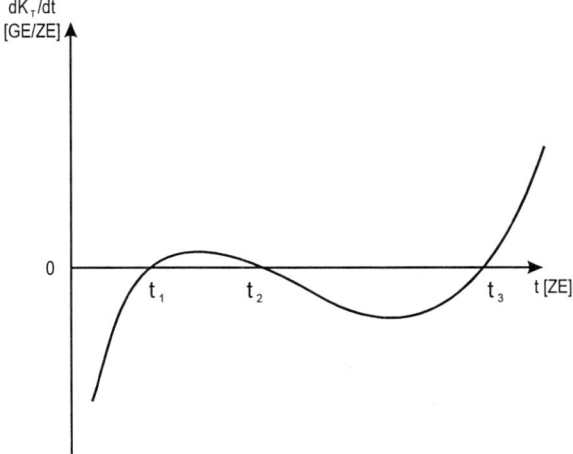

Abbildung 5-40

Grundsätzlich kann die Funktion K'_T im Definitionsbereich der Variablen drei verschiedene, für die Anpassung bedeutsame Verläufe haben:

1. Im Definitionsbereich liegt für das vorgegebene M_g kein Minimum. Die optimale Politik liegt dann auf dem Rande des Definitionsbereichs der Funktion K'_T. Durch einen Gesamtkostenvergleich muß geklärt werden, welcher der beiden Ränder zu geringeren Kosten führt.
2. Im Definitionsbereich der Funktion K'_T existiert nur ein relatives Minimum und kein relatives Maximum. In diesem Fall definiert dieses Minimum die kostenminimale Einsatzzeit, und über die Beziehung $x = 2M_g/(t(2 - st))$ kann die dazu passende optimale Intensität hergeleitet werden.
3. Der Definitionsbereich der Funktion K'_T enthält mehrere relative Minima (vgl. Abbildung 5-40 mit t_1 und t_3). Alle relativen Minima kommen dann für die kostenminimale Produktion von M_g in Frage. Mit Hilfe eines Gesamtkostenvergleichs ist zu klären, ob eines der relativen Minima oder ein Randwert zu den geringsten Kosten führt.

Die Auswahl der optimalen Anpassung von x und t soll im folgenden für die Kosten-Leistungs-Funktion

$$k(x) = 150 - 10x + x^2$$

und die Funktion AA(t)

$$AA(t) = 0,0125t$$

bei einer verlangten Ausbringung $M_g = 100$ ME beispielhaft beschrieben werden.

Als zu minimierende Kostenfunktion ergibt sich:

$$K_T = \frac{30000}{2-0,025t} - \frac{400000}{t(2-0,025t)^2} + \frac{8000000}{t^2(2-0,025t)^3}$$

Die Ableitung dieser Funktion nach t ist:

$$\frac{dK_T}{dt} = \frac{750}{(2-0,025t)^2} + \frac{400000\,(2-0,075t)}{t^2(2-0,025t)^3} - \frac{8000000\,(4-0,125t)}{t^3(2-0,025t)^4}$$

Diese Funktion ist in Abbildung 5-41 dargestellt. Es zeigt sich, daß die Ableitung im Definitionsbereich nur eine Nullstelle aufweist. An dieser Stelle hat die Kostenfunktion ihr absolutes Minimum (Fall 2). Aus der Zeichnung ergibt sich ein t_{opt} von ca. 16 ZE. Zu diesem t_{opt} gehört ein x_{opt} von:

$$x_{opt} = \frac{2M_g}{t_{opt}(2 - s \cdot t_{opt})} = 7,8125$$

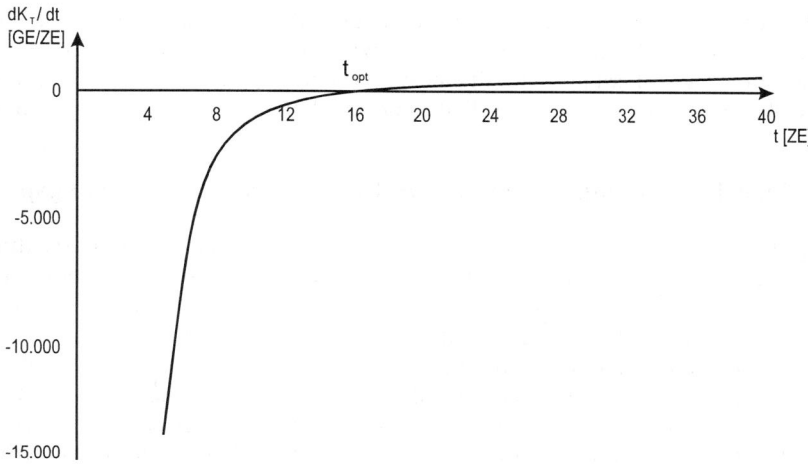

Abbildung 5-41

Wenn sowohl x_{opt} als auch t_{opt} im zulässigen Bereich liegen, ist es bei der vorliegenden Datensituation optimal, die geforderten 100 ME mit einer Intensität von 7,8125 über 16 ZE herzustellen. Dabei werden 125 ME gefertigt, von denen 25 Ausschuß sind.

5.5.3.5 Der Anpassungsprozeß bei beschäftigungszeit- und intensitätsabhängigem Ausschuß

Das in diesem Fall zu lösende Planungsproblem hat die Form

$K_T = k(x) \cdot x \cdot t \rightarrow \min$
$M_g = (1 - AA(x,t)) \cdot x \cdot t$
$x_{min} \leq x \leq x_{max}$
$0 \leq t \leq t_{max}$

Für den Ausschußanteil gelte:

$AA(x,t) = s \cdot x \cdot t$

Mit Hilfe der Bedingung für M_g kann dann eine der beiden Variablen x oder t in der Zielfunktion substituiert werden. Die gleich null gesetzte erste Ableitung der Funktion K_T definiert wiederum die notwendige Bedingung für die optimale Politik. Diese Ableitung ist allerdings im Regelfall nicht mehr nach x oder t aufzulösen, so daß auch hier eine analytische Bestimmung des Expansionspfades scheitert. Wieder gelingt es nur für vorgegebene numerische Werte des Problems, die optimalen Werte für t und x zu entwickeln. Dabei treten die gleichen Probleme auf, wie sie im vorangegangenen Abschnitt beschrieben wurden, so daß an dieser Stelle darauf verzichtet werden soll, die Problematik nochmals herauszuarbeiten.

Es ergibt sich ein Expansionspfad, bei dem x und t simultan angepaßt werden, d.h., das optimale x ist von der verlangten Ausbringung M_g bzw. von der Einsatzzeit t abhängig. Dieser Expansionspfad kann allerdings nur mit einem sehr hohen Rechenaufwand konstruiert werden, so daß darauf verzichtet werden soll, die optimale Politik für ein Beispiel vorzuführen.

5.5.4 Berücksichtigung von Stand- und Rüstzeiten im Anpassungsprozeß

In den bisherigen Analysen der Anpassungsprozesse trat nur eine Art von Beschäftigungszeit t an einem Aggregat auf. Während dieser Zeit wurde grundsätzlich mit einer bestimmten Intensität produziert, und es war möglich, die produktiv genutzte Zeit in den Grenzen $0 \leq t \leq t_{max}$ zu variieren. Die bisherige Analyse abstrahierte damit von Rüstzeiten der Aggregate. Rüstzeiten können auftreten, weil bestimmte Werkzeuge (Drehstähle an Drehbänken) nur eine begrenzte Lebensdauer haben und dann ausgewechselt werden müssen. Die Ursache von Rüstzeiten kann aber auch in einer losweisen Fertigung verschiedener Erzeugnisse begründet sein. Nach jedem Los ist es erforderlich, den Produktionsprozeß zu unterbrechen und die Anlage auf die Erfordernisse des als nächstes zu produzierenden Erzeugnisses umzustellen. Der folgenden Analyse werden nur werkzeugbedingte Rüstzeiten zugrunde gelegt.

Von Rüstzeiten gehen zwei Wirkungen auf den Anpassungsprozeß aus:

1. Während der Rüstzeiten kann nicht produziert werden. Rüstzeiten haben zur Konsequenz, daß die produktiv zu nutzende Zeit nicht mehr bis t_{max} ausgedehnt werden kann; vielmehr darf die Summe aus produktiver Zeit und Rüstzeit die maximal verfügbare Zeit nicht überschreiten. Als Folge dieses Zusammenwirkens ist die bei Rüstzeiten erreichbare maximale Ausbringung stets kleiner als im Fall ohne Rüstzeiten.

2. Die Umrüstung führt zu zusätzlichen Kosten. Einmal fallen während der Rüstzeit rüstzeitproportionale Kosten an, andererseits ist jede Umrüstung mit einem fixen Faktorverbrauch verbunden. Wird die produktive Zeit, die ein Werkzeug maximal benutzt werden kann, als Standzeit bezeichnet, ist nach Ablauf einer Standzeit ein Werkzeugwechsel erforderlich. Der fixe Werkzeugverbrauch pro Standzeit (ein Drehstahl) kann dann als fixer Faktorverbrauch pro Umrüstung interpretiert werden.

Beide Wirkungen, d.h. sowohl der Zeit- als auch der Kosteneinfluß, werden in den folgenden Anpassungsprozessen erfaßt.

Hinsichtlich der Standzeit von Werkzeugen soll zwischen zwei Fällen differenziert werden. Im ersten Fall ist die Standzeit fest vorgegeben und durch die Art der Produktion nicht zu beeinflussen. Erreicht die produktive Zeit die Standzeit, treten obige Zeit- und Kostenwirkungen auf. Das Ausmaß dieser Wirkungen in der Planungsperiode ist allein von der Anzahl erforderlicher Werkzeugwechsel abhängig. Im zweiten Fall kann der Betrieb über die Intensität auf die Standzeiten einwirken; bspw. verkürzt sich die Standzeit, wenn mit größerer Intensität gearbeitet wird, da der Werkzeugverschleiß zunimmt.

In der nachfolgenden Analyse bezeichnet t die Summe aus der produktiven Zeit und der Rüstzeit. t ist damit als gesamte Beschäftigungszeit zu interpretieren. $\tilde{t}$ dagegen beschreibt die reine Produktionszeit. Zusätzlich werden Rüstzeiten tr pro Werkzeugwechsel eingeführt,

5.5 Spezialprobleme bei Anpassungsprozessen auf Basis der Gutenberg-Produktionsfunktion

und die Standzeit eines Werkzeuges wird mit ts bezeichnet. Die Analyse bleibt auf **ein** auszuwechselndes Werkzeug beschränkt, bzw. es gelten für alle auszuwechselnden Werkzeuge grundsätzlich gleiche Standzeiten.

Das um Rüstkosten und -zeiten erweiterte Planungsproblem ist durch folgenden Ansatz zu beschreiben, wenn zunächst von einer nicht zu beeinflussenden Standzeit ausgegangen wird.

$$K_T\left(x, \tilde{t}\right) = k(x) \cdot x \cdot \tilde{t} + Cr \cdot \frac{\tilde{t}}{ts}$$

$$M = x \cdot \tilde{t}$$

$$0 \leq t \leq t_{max}$$

$$x_{min} \leq x \leq x_{max}$$

In der Zielfunktion gibt der erste Term die Produktionskosten an. Da wegen der Rüstzeiten nicht während der gesamten Zeit t produziert wird, muß von der reinen Produktionszeit $\tilde{t}$ ausgegangen werden.

Der zweite Term beschreibt die Rüstkosten. Um diese bestimmen zu können, ist der Kostensatz Cr pro Umrüstung mit der Anzahl der Umrüstungen in der Planperiode zu multiplizieren. Der Umrüstkostensatz Cr kann aus der Summe der fixen Kosten CR_f (Werkzeugkosten) pro Standzeit und den zeitproportionalen Kosten CR_v für die Umrüstungszeiten zusammengesetzt sein. Die zeitproportionalen Kosten sind gleich dem Produkt aus den variablen Rüstkosten pro ZE KR_v und der Umrüstzeit.

$$Cr = \underbrace{CR_f}_{\text{fixe Rüstkosten}} + \underbrace{KR_v \cdot tr}_{\substack{\text{zeitproportionale}\\\text{Rüstkosten } CR_v}}$$

Die Anzahl der Umrüstungen in der Planperiode entspricht dem Quotienten aus der produktiven Zeit $\tilde{t}$ und der Standzeit ts.

Die gesamte Ausbringungsmenge M ist das Produkt aus der Intensität x und der produktiven Zeit $\tilde{t}$.

Mit Hilfe dieser Bedingung kann die produktive Zeit in der Zielfunktion durch

$$\tilde{t} = \frac{M}{x}$$

substituiert werden. Die Zielfunktion nimmt dann die nachstehende Form an:

$$K_T(x) = k(x) \cdot M + Cr \cdot \underbrace{\frac{M}{x \cdot ts}}_{\text{Anzahl der Umrüstungen}} \rightarrow min$$

Interessant ist, daß die Kostenfunktion $K_T(x)$ nicht unmittelbar von der Länge der Rüstzeit tr pro Umrüstung abhängig ist. Dieser Tatbestand ist erklärlich, da die reinen Produktionskosten unabhängig von der Rüstzeit sind und die Umrüstkosten mit der Anzahl der Umrüstungen variieren, wobei tr für die Anzahl bedeutungslos ist. Da tr in der Kostenfunktion K_T nicht mehr enthalten ist, folgt auch, daß die optimale Intensität unabhängig von tr ist. Dennoch ist die Rüstzeit tr für den Anpassungsprozeß nicht bedeutungslos. Von tr sowie der Anzahl der Umrüstungen hängt die in der Planperiode maximal verfügbare produktive Zeit $\tilde{t}$ und damit die bei zeitlicher Anpassung maximal erreichbare Ausbringungsmenge ab. Da zwischen der Gesamtzeit t und der produktiven Zeit $\tilde{t}$ die Beziehung

$$t = \underbrace{\tilde{t}}_{\text{Prod.-zeit}} + \underbrace{tr \cdot \frac{\tilde{t}}{ts}}_{\text{Umrüstzeit}} \quad \text{bzw.}$$

$$\tilde{t} = t \cdot \frac{1}{1 + \frac{tr}{ts}}$$

gilt, beläuft sich die maximal verfügbare produktive Zeit auf

$$\tilde{t}_{max} = t_{max} \cdot \frac{1}{1 + \frac{tr}{ts}}$$

Bei einer zeitlichen Anpassung mit der Intensität x_{opt} sind dann maximal $x_{opt} \cdot \tilde{t}_{max}$ ME zu produzieren. Bei intensitätsmäßiger Anpassung kann diese Menge bis $M_{max} = x_{max} \cdot \tilde{t}_{max}$ gesteigert werden.

Eine kostenminimale Politik hinsichtlich x setzt voraus, daß die erste Ableitung der Funktion $K_T(x)$ nach x gleich null ist.

$$\frac{dK_T}{dx} = k'(x) \cdot M - \frac{Cr \cdot M}{x^2 \cdot ts} \stackrel{!}{=} 0$$

Die Ausbringung M ist für die optimale Politik bedeutungslos, d.h., die optimale Intensität ist unabhängig von der Produktionsmenge bzw. der Einsatzzeit. Im Optimum muß folglich die Bedingung

$$k'(x_{opt}) = \frac{Cr}{x_{opt}^2 \cdot ts}$$

gelten. Für die Mengen-Kosten-Leistungsfunktion

$$k(x) = a - bx + cx^2$$

ergibt sich die für das Optimum gültige Gleichung

$$-b + 2c \cdot x_{opt} = \frac{Cr}{x_{opt}^2 \cdot ts}.$$

5.5 Spezialprobleme bei Anpassungsprozessen auf Basis der Gutenberg-Produktionsfunktion

Diese Bedingung läßt sich mit Hilfe der Cardanischen Formel nach x auflösen. Für x_{opt} gilt:

$$x_{opt} = \frac{b}{6c} + \sqrt[3]{\frac{b^3}{216c^3} + \frac{Cr}{4cts} + \sqrt{\frac{b^3 Cr}{432 c^4 ts} + \frac{Cr^2}{16c^2 ts^2}}}$$

$$+ \sqrt[3]{\frac{b^3}{216c^3} + \frac{Cr}{4cts} - \sqrt{\frac{b^3 Cr}{432 c^4 ts} + \frac{Cr^2}{16c^2 ts^2}}}$$

Die notwendige Bedingung führt nur zu **einer** optimalen Intensität x_{opt}; die beiden übrigen Werte, die die notwendige Bedingung für ein Optimum erfüllen, sind nicht reel, also irrelevant für den Anpassungsprozeß.

Mit der gefundenen Intensität x_{opt} wird zeitliche Anpassung betrieben. Am Ende des Intervalls zeitlicher Anpassung erreicht t den Wert t_{max}, und die Ausbringung beträgt:

$$M_1 = x_{opt} \cdot \tilde{t}_{max} = x_{opt} \cdot t_{max} \cdot \frac{1}{1 + \frac{tr}{ts}}$$

Mit intensitätsmäßiger Anpassung ist höchstens die Menge

$$M_{max} = x_{max} \cdot \tilde{t}_{max} = x_{max} \cdot t_{max} \cdot \frac{1}{1 + \frac{tr}{ts}}$$

zu erreichen.

Auf ähnliche Weise wie bei konstanten Standzeiten kann auch der Fall einer von der Intensität abhängigen Standzeit gelöst werden. Die Standzeit könnte sich z.B. nach der Funktion

$$ts = A - d \cdot x$$

mit der Intensität verkürzen (vgl. Abbildung 5-42).

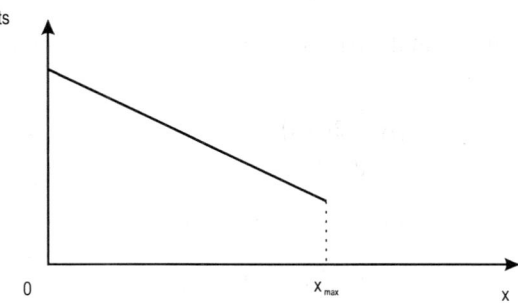

Abbildung 5-42

Als Folge einer derartigen Beziehung zwischen Standzeit und Intensität treten zwei gegensätzliche Tendenzen bei der maximal mit bestimmten Intensitäten erreichbaren Ausbringung auf:

1. Die steigende Intensität beeinflußt die Ausbringung positiv.
2. Da aber mit steigendem x die Standzeit reduziert wird, sinkt bei $t = t_{max}$ die produktive Zeit, weil häufiger umgerüstet werden muß.

Beide Wirkungen zusammen können dann den in Abbildung 5-43 dargestellten Effekt hervorrufen. Mit steigender Intensität wächst zunächst die Ausbringung, da der erste den zweiten Effekt mehr als kompensiert. Ab einer bestimmten Intensität schlägt aber der zweite Effekt stärker durch als der erste, d.h. die Ausbringung erreicht ein Maximum, um dann wieder zu sinken.

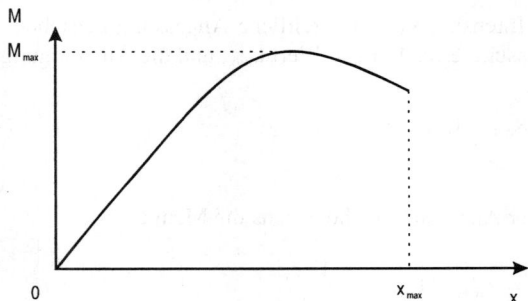

Abbildung 5-43

Im Fall intensitätsabhängiger Standzeiten gilt für ts bspw.:

$$ts = A - dx$$

für die Kostenfunktion K_T gilt dann:

$$K_T(x) = k(x) \cdot M + Cr \cdot M \cdot \frac{1}{x(A - d \cdot x)} \to \min$$

Für eine optimale Politik muß die Ableitung der Funktion $K_T(x)$ nach x gleich null gesetzt werden.

$$\frac{dK_T}{dx} = k'(x) \cdot M - \frac{Cr \cdot M(A - 2d \cdot x)}{x^2(A - d \cdot x)^2} \stackrel{!}{=} 0$$

Daraus leitet sich folgendes Optimalitätskriterium ab:

$$x_{opt}^2 \left(A - d \cdot x_{opt}\right)^2 \cdot k'\left(x_{opt}\right) = Cr \cdot \left(A - 2d \cdot x_{opt}\right)$$

Aus dieser Ableitung wird zweierlei deutlich. Aus der Optimalitätsbedingung kann die Ausbringungsmenge M wieder eliminiert werden; die optimale Intensität ist mithin unabhängig von der Ausbringungsmenge bzw. der Einsatzzeit, so daß sich ein sukzessiver Anpassungsprozeß – zunächst zeitliche Anpassung mit x_{opt} und dann intensitätsmäßige Anpassung – ergibt. Die optimale Intensität ist i.d.R. nicht mehr auf analytischem Wege zu bestimmen, da das Optimalitätskriterium nicht nach x_{opt} aufgelöst werden kann. Sie kann folglich nur durch numerische Suchverfahren hergeleitet werden. Sofern im Definitionsbereich für x mehrere lokale Extrema existieren, kann nur durch einen Gesamtkostenvergleich die günstigste Intensität ausfindig gemacht werden, die dann entweder in einem lokalen Minimum oder auf dem Rand liegt. Existiert im Definitionsbereich von x überhaupt kein lokales Minimum, ist eine Randlösung optimal, wobei zu testen ist, welche dieser Randlösungen zu den geringsten Kosten führt.

5.6 Kritik des derzeitigen Standes der Produktions- und Kostentheorie

Der erreichte Stand der Produktions- und Kostentheorie darf nicht darüber hinwegtäuschen, daß ihr Erklärungswert für die meisten in der Praxis anzutreffenden Entscheidungsprobleme noch unzureichend ist. Die Theorie bedarf dringend einer Erweiterung und Neuorientierung, da bislang lediglich der Einfluß von Produktionsdurchführungsentscheidungen bei gegebenen Produktionsfunktionen auf die Kosten erklärt wird. Die Theorie eignet sich daher nur für die Unterstützung operativer Entscheidungen. Als Folge der marktinduzierten Veränderung der Produktionsbetriebe hin zu Dienstleistungsunternehmen zur Befriedigung von Kundenwünschen, treten aber die reinen fertigungsbedingten, operativ beeinflußbaren Kosten zunehmend in den Hintergrund. Kosten der Vermarktung und der physischen Distribution hingegen gewinnen an Bedeutung. Zudem verlagert sich der Schwerpunkt der produktionsorientierten Kostenpolitik auf die Phase der Produkt- und Verfahrensentwicklung sowie der Gestaltung des Komplexitätsrahmens. Die langfristige produktionsübergreifende Kostengestaltung gewinnt damit an Gewicht. Produktionsorientierte Kostenpolitik besteht dann im Wechsel der Produktionsfunktionen und weniger in der Gestaltung des Faktoreinsatzes im Rahmen einer gegebenen Produktionsfunktion. Der in der Produktions- und Kostentheorie bislang erfaßte Hintergrund für die Kostenverursachung und Kostengestaltung ist damit gemessen an den heute relevanten Gestaltungspotentialen der Kosten zu eng.

Eine weiterentwickelte Kostentheorie muß den Standpunkt überwinden, nur produktnahe Einzelkosten zu erklären, die von Durchführungsentscheidungen über Produktions-, Bestellmengen oder Losgrößen oder von den Durchführungsparametern (Zeiten, Intensitäten) abhängen. Für eine umfassende Erklärung und Gestaltung der Kosten setzt die Produktionstheorie mit der bisherigen Sichtweise viel zu spät im Leistungsprozeß an. Die Kosten sind durch die Art der Entwicklung und Konstruktion der Produkte und Prozesse weitgehend vordisponiert. Während der eigentlichen Produktion können sie kaum noch nachhaltig verändert werden. Relevant sind heute in erster Linie die Gemeinkosten für die Gestaltung und Steuerung der Produktion. Zudem kommt es darauf an, die Einzelkosten durch Konstruktions- und Verfahrensentwicklung zu senken. Diese Gestaltungspotentiale äußern sich in modifizierten Produkten, veränderten Arbeitsplänen, Stücklisten, betrieblichen Abläufen und

Steuerungsverfahren. Durch veränderte Koordinationsmechanismen und prozeßorientierte Managementtechniken lassen sich Kosten nachhaltig verändern, nicht aber durch Ausführungsentscheidungen im Rahmen gegebener Produktionsfunktionen. Hauptsächlich ist heute und künftig zudem die Komplexität der Produkte und Programme für die Kosten, aber auch für die Erlöse von zentraler Bedeutung. Für diese Gestaltungsaufgaben liefert die Kostentheorie derzeit keinen Ansatz. Die relevanten Determinanten der Kostenverursachung müssen daher auf die mehr langfristig wirkenden Faktoren ausgedehnt werden, um bspw. die Frage beantworten zu können, bis zu welcher Anzahl von Varianten ein Produktionsprogramm sinnvoll erweitert werden sollte. Auf diese Frage liefert heute weder die Kostentheorie noch die Kostenrechnung eine brauchbare Antwort. Das gleiche gilt für die Frage der Fertigungstiefe.

Ein zweiter Mangel der Theorie ist in der reinen Produktionsorientierung zu sehen. Andere Funktionen wie Beschaffung, Entwicklung, Vermarktung, Finanzierung, Recycling, Umwelt usw. werden nicht als Kostendeterminanten offengelegt, sondern bestenfalls implizit (in den Bewertungs- oder Zuschlagssätzen) erfaßt. Sieht man sich einmal beispielhaft die Abwicklungszeiten von Autobestellungen an, erfaßt die Produktionstheorie von den ca. 28 Tagen lediglich die zwei Tage für die Fertigung. Weder die bis zum Produktionsbeginn (etwa 14 Tage) noch die in der Zeit zwischen Produktionsende und Auslieferung an den Kunden (12 Tage) entstehenden Kosten werden in der Kostentheorie abgebildet; und auch die erheblichen Kosten für das Recycling von Altfahrzeugen spielen keine Rolle. Für die Kostentheorie kommt es deshalb zusätzlich darauf an, die in der Vor- und Nachproduktionsphase steckenden Gestaltungspotentiale zu erkennen und offenzulegen, um die sich bietenden Rationalisierungspotentiale ausschöpfen zu können.

Dritter Mangel ist die reine Kostenorientierung der Theorie. Es wird so getan, als hätten bestimmte Determinanten nur Kostenwirkungen; tatsächlich wirken viele Faktoren gleichzeitig auch auf die Art, insbesondere die Qualität der Leistungen ein. Variantenzahl und Fertigungstiefe haben bspw. neben Kosten- auch kurz- oder langfristige Erlöswirkungen, die gleichzeitig gesehen werden müssen. Entscheidungen über die Arbeitsintensität können neben der Produktionsmenge pro Zeiteinheit auch auf die Qualität der Leistungen wirken. Die Kostentheorie ist daher in eine Theorie der Leistungsentstehung und -verwertung zu integrieren. Entsprechend muß eine Theorie der Leistungs- und Kostenrechnung entwickelt werden. Die heutige Kosten- und Leistungsrechnung sieht ganz überwiegend nur den Kostenaspekt im Sinne von Kostenverrechnung und -verwaltung; das Wort Leistung kommt darin nur im Sinne von Kostenträger vor. Diese Sicht ist historisch zu erklären, da die Methoden der Kostentheorie und Kostenrechnung in Zeiten entstanden sind, in denen Unternehmen in erster Linie nach Effizienz streben mußten, während Effektivitätsaspekte rein sekundär waren.

Die separate Sicht allein der Kostenwirkungen von Entscheidungen hat in der Vergangenheit mit zur unseligen Spaltung von Produktions- und Marketingsicht beigetragen. Es kommt aber darauf an, gleichzeitig die Markt-, Produktions-, Beschaffungs-, Finanzierungsseite usw. von Entscheidungen zu beurteilen; nur dann kommt es zu einer tragfähigen, funktionsübergreifenden und integrativen Sichtweise der Probleme. Die rein auf die Produktion ausgerichtete Sicht hat immer dann wenig Sinn, wenn die Optimierung der Fertigungsfunk-

5.6 Kritik des derzeitigen Standes der Produktions- und Kostentheorie

tion in anderen Bereichen indirekte negative Kosten- oder Erlöswirkungen zeitigt, die die Kostenvorteile in der Produktion überkompensieren. Gesamtoptimierung und nicht Sicht der funktionalen Einzelinteressen ist zukunftsweisend.

Das vierte Defizit der Theorie ist im statischen Erklärungsansatz zu sehen. Nach diesem Ansatz spielt der Zeitablauf keine Rolle für die Kosten. Damit scheiden Zustandsgrößen eines Systems als Determinanten von Kosten aus. Die klassische Theorie tut sich deshalb schwer, Aspekte wie Kapitalbindungskosten, Lerneffekte, kontinuierliche Prozeßverbesserung in den Erklärungsansatz aufzunehmen. Die Kosten eines Systems hängen aber in der Realität leider zu einem ganz erheblichen Anteil nicht von den aktuellen Entscheidungen, sondern der bislang durchlaufenen Historie des Systems und der künftigen Veränderung des Systems ab. Die Ausdehnung der Theorie auf den Zeitablauf bringt einige sehr komplexe Probleme mit sich. Die Schwierigkeit besteht darin, nicht-lineare, dynamische Systeme zu gestalten. Ausschlaggebend für diese Systeme ist: Die Determinanten für Kosten und Erlöse sowie die Beziehungen zwischen den Determinanten verändern sich im Zeitablauf durch Lernprozesse und adaptives Verhalten. Das eigentliche Problem für die künftige Systemgestaltung besteht dabei in der Prognose, wie sich das Verhalten der Entscheidungsträger – und als Folge die Beziehungen zwischen den Determinanten der Kosten und Erlöse – in der Zukunft bei bestimmten erreichten Zuständen eines Systems verändern wird. Derartige Systeme lassen sich grundsätzlich nur mit geschlossenen Modellkonzepten analysieren, bei denen sich alle Determinanten aus dem System selbst heraus ergeben und erklären.[26] Die Frage ist, wie in derartigen komplexen, dynamischen Systemen sinnvolle Entwicklungspfade identifiziert werden können. Das bisherige Theoriekonzept einer Erklärung der Kosten durch mathematische Funktionen leistet leider für diese Fragestellung kaum einen besonders tragfähigen Beitrag, und die Modelle der Kontrolltheorie, die grundsätzlich den dynamischen Aspekt richtig erfassen, sind viel zu komplex, um in realistischen Entscheidungssituationen noch ausgewertet werden zu können.

Die skizzierte inhaltliche Veränderung der Produktions- und Kostentheorie wird nur zu erreichen sein, wenn auch ein methodischer Umbruch vollzogen wird. Mit den klassischen Instrumenten der Produktions- und Kostentheorie (mathematische Funktionenoptimierung) ist der erweiterte Problemkreis nicht zu lösen. Der heute anzutreffende Vereinfachungsgrad der produktionsorientierten Kostentheorie ist in der Vergangenheit sicher bewußt gewählt worden, weil exakte Instrumente einer sinnvollen Gestaltung komplexer, dynamischer Systeme bei adaptivem Verhalten bislang fehlen. Die „Realitätsnähe" der derzeitigen Kostentheorie ist am Leistungsstand exakter Auswertungstechniken orientiert worden. Die Eignung der mathematischen Methoden ist aber – gemessen an den realen Problemen der Kostengestaltung – eher als schwach zu bezeichnen.

Die real verfügbaren Informationen reichen meistens nicht aus, um eindeutige Kostenfunktionen quantifizieren zu können. Häufig bleibt zur Komplexitätsreduktion der Theorie auch kein anderer Weg, als die Zahl der erklärenden Determinanten künstlich zu beschränken. Die Folgen sind dann Unbestimmtheiten in den aufgestellten Kostenfunktionen. Die Kostenfunktionen können die real anfallenden Kosten nur unzureichend erklären, es kommt zu

---

[26] Adam (1996a), S. 91 ff.

Streuungen des Faktorverbrauchs und der Kosten. Es fragt sich dann, ob es bei Unbestimmtheiten der Determinanten oder der Wirkungszusammenhänge zwischen den Determinanten und dem Faktorverbrauch noch sinnvoll ist, mit scharfen Funktionen und eindeutigen Zusammenhängen zwischen den Kosten und den Determinanten zu arbeiten. Diese Methodik gaukelt einen Bestimmtheitsgrad der Erklärungsmöglichkeit von Kosten vor, der real in den meisten Fällen nicht zu erreichen ist. Kostenabweichungen als Folge zufälliger Einflüsse kommen dementsprechend in der Kostentheorie und Kostenrechnung nicht vor. Die Theorie erklärt gewissermaßen nur den Erwartungswert der Kosten. Dieser Ansatz ist bei einer Massenfertigung homogener Produkte unter weitgehend homogenen Produktionsbedingungen auch völlig hinreichend. Bei auftragsorientierter Einzelfertigung kommt es in der praktischen Kostenpolitik bei Unbestimmtheiten über Daten und Wirkungszusammenhänge aber auch darauf an, das Ausmaß der Streuungen des Ressourceneinsatzes und der Kosten möglichst gering zu halten. Die klassische Kostentheorie verstellt aber den Blick auf die Streuungsproblematik. Nur bei geringer Streuung wird es bei auftragsorientierter Produktion gelingen, das Kostenvolumen für jeden Auftrag und nicht nur im Schnitt aller Aufträge weitgehend zu beherrschen. Die Beherrschung der Kosten je Auftrag ist aber zentral für die Frage, ob die einzelnen Aufträge einen positiven Deckungsbeitrag abwerfen. Der Aspekt der Streuungen wird mit der Individualisierung von Leistungen und dem Trend zu mehr Dienstleistungen mit einem schwächeren Zusammenhang von Determinanten und Kosten immer bedeutender.

Die Erkenntnis über die Unbestimmtheiten der Zusammenhänge zwischen Kosten und den in der Kostentheorie üblichen Determinanten hat meines Erachtens die Japaner bewogen, in ihrem Managementansatz von detaillierten Erklärungsansätzen der Kosten in Form von Produktions- und Kostenfunktionen fast völlig Abstand zu nehmen. Die Kosten und Leistungen hängen meistens zentral von anderen Determinanten als den leicht zu erfassenden Losgrößen, Intensitäten, Arbeitszeiten usw. ab, die sich in den Kostenfunktionen finden. Bei losweiser Fertigung ist bspw. die Frage zentral, wie sich die Höhe der Lagerkosten sowie der Rüstkosten bei gegebener Losgröße reduzieren läßt, bzw. wie sich die Nachteile losweiser Fertigung gegenüber kontinuierlicher Produktion möglichst durch vereinfachte Umrüstung des Produktionsapparates überwinden lassen. Das entspricht der Frage, wie von einer auf eine andere, verbesserte Produktions- bzw. Kostenfunktion übergegangen werden kann. Angesichts dieser Problemsicht kommt der Frage vergleichsweise geringe Bedeutung zu, bei welcher Losgröße Grenzlager- und Grenzumrüstungskosten im Rahmen einer gegebenen Kostenfunktion zum Ausgleich gelangen, welche Losgröße also optimal ist. Die Kostentheorie muß die zentralen Einflußmöglichkeiten auf die Kosten abbilden. In der Vergangenheit wurden häufig relativ triviale Fragestellungen mit nur geringem Gestaltungspotential der Kosten behandelt, weil sich dazu das bekannte Analyseinstrumentarium eignete. Die zentralen Aspekte der Kostengestaltung gerieten dabei häufig aus dem Blickfeld. Das Problem besteht aber darin, daß für die erweiterte Sicht der Kostentheorie nicht auf das Denkmuster und die Analysetechniken der bisherigen Kostentheorie zurückgegriffen werden kann. Nicht durch Optimierung mathematischer Funktionen, sondern durch Veränderung dieser u.U. stochastischen Funktionen werden nachhaltig Rationalisierungsreserven freigesetzt. Hierzu ist aber Kreativität und nicht Funktionenoptimierung erforderlich.

5.6 Kritik des derzeitigen Standes der Produktions- und Kostentheorie

Der Wert der heutigen Produktions- und Kostentheorie liegt hauptsächlich darin, das analytische Denkvermögen von Studierenden zu schärfen. Für dieses „Anwendungsfeld" macht sie Sinn; denn gute analytische Fähigkeiten verbunden mit Kreativität sind allemal notwendig, um die weit komplizierteren Formen der Kostengestaltung in der Praxis bewältigen zu können.

Fragen und Aufgaben zu Kapitel 5

1. Welche Schwierigkeiten ergeben sich für einen Anpassungsprozeß, wenn die Intensität nur diskontinuierlich variiert werden kann?

2. Entwickeln Sie einen allgemeinen Ansatz der linearen Programmierung bei zeitlicher, intensitätsmäßiger und quantitativer Anpassung, um zu ermitteln, welches Aggregat mit welcher Intensität und Einsatzzeit zur Produktion einer gegebenen Ausbringungsmenge M eingesetzt wird!

3. Gegeben seien zwei Aggregate mit folgenden Zeit-Kosten-Leistungsfunktionen:

   $K_1(x_1) = 2x_1^3 - 24x_1^2 + 100x_1$ [GE/ZE]
   $K_2(x_2) = 2{,}5x_2^3 - 25x_2^2 + 104x_2$ [GE/ZE]

   Die Mindestintensität betrage für beide Aggregate 2 [ME/ZE], die Maximalintensität 8 [ME/ZE]. Die maximale Einsatzzeit eines jeden Aggregates betrage 10 [ZE]. Zeitliche Anpassung sei möglich.

   a) Wie lautet die Kostenfunktion $K_{Topt}(M)$ bei Optimalverhalten? Wie und zu welchen Kosten würde eine Ausbringung von M = 70 [ME] erzeugt werden?

   b) Wie verändert sich der Anpassungsprozeß, wenn mit dem Zuschalten des zweiten Aggregates Anlaufkosten in Höhe von 170 [GE] verbunden sind? Wie und zu welchen Kosten würde eine Ausbringung von M = 70 [ME] erzeugt werden?

4. Ein Unternehmen verfügt über zwei funktionsgleiche Anlagen mit folgenden Kosten pro ZE in Abhängigkeit von der Intensität x:

   $K_A(x_A) = 2x_A^3 - 28x_A^2 + 140x_A$ [GE/ZE]
   $K_B(x_B) = 2x_B^3 - 32x_B^2 + 172x_B$ [GE/ZE]

   Auf beiden Anlagen kann die Intensität in den Grenzen von 2 bis 10 [ME/ZE] verändert werden. Die maximale Einsatzzeit jedes Aggregates beträgt 10 [ZE].

   a) Beschreiben Sie den Anpassungsprozeß, d.h., mit welchen Intensitäten und Einsatzzeiten werden alternative Mengen M [ME] erzeugt? Geben Sie die Grenzen der Anpassungsintervalle an!

   b) Bestimmen Sie für die ersten drei Anpassungsintervalle die Kostenfunktion $K_{Topt}(M)$ bei Optimalverhalten! Wie und zu welchen Kosten wird eine Ausbringung von M = 160 [ME] erzeugt?

5. Es sei wiederum der Fall zeitlicher Anpassung betrachtet, aber im Gegensatz zur Aufgabe 4 fallen nun bei Anschaltung eines Aggregates sprungfixe Kosten in Höhe von 90,61 [GE] für Aggregat A und 28,21 [GE] für Aggregat B an. Erläutern Sie, wie sich der Anpassungsprozeß durch diese Kosten verändert! Bestimmen Sie die Ausbringungsmenge, ab der das Unternehmen mit beiden Aggregaten arbeitet!

6. Diskutieren Sie, weshalb bei quantitativer und intensitätsmäßiger Anpassung im allgemeinen Planungsansatz Ganzzahligkeitsvariable des Typs v_i benötigt werden!

Fragen und Aufgaben zu Kapitel 5

7. Leiten Sie aus der Gesamtkostenfunktion des Abschnitts 5.4.2 die zugehörige Grenzkostenfunktion ab!
8. Stellen Sie eine Grenzkostenfunktion $K_T'(M)$ auf, die rechts vom Minimum der Grenzkosten flacher verläuft als links, und bestimmen Sie die dazugehörige Gesamtkostenfunktion $K_T(M)$!
9. Leiten Sie den Verlauf der Grenzkostenfunktion in bezug auf die Ausbringung für den Einsatz von zwei kostengleichen Aggregaten zeichnerisch ab, wenn die Aggregate mit gleichen Grenzkosten, aber unterschiedlichen Intensitäten arbeiten! Gehen Sie dabei von einer symmetrischen Grenzkostenfunktion jedes Aggregates vom Typ

$$K_T'(M) = a - \frac{2bM}{t_{max}} + \frac{3cM^2}{t_{max}^2} \quad \text{aus!}$$

10. Stellen Sie die Bedingung auf, die gelten muß, wenn die Produktion mit einem Aggregat zu den gleichen Kosten führen soll wie die Produktion mit zwei Aggregaten, die mit gleichen Ausbringungsmengen arbeiten. Gehen Sie von symmetrischen Grenzkostenfunktionen aus! Leiten Sie die verfahrenskritische Menge M_k ab!
11. Diskutieren Sie, warum es in Abbildung 5-13 von der Ausbringung $2 M_{min}$ an vorteilhaft ist, ein zweites Aggregat zur Produktion einzusetzen!
12. Leiten Sie den Verlauf der Grenzkostenfunktion $K_T'(M)$ in bezug auf die Ausbringung ab, wenn ein Betrieb zwei Aggregate mit gleichem Grenzkostenniveau einsetzt und auf beiden Anlagen mit unterschiedlichen Intensitäten arbeitet! Gehen Sie von der Grenzkostenfunktion des Abschnitts 5.4.2 sowie von einer technischen Minimalintensität $x_{imin} = 0$ aus!
13. Warum kann eine kombinierte quantitative und intensitätsmäßige Anpassung bei Existenz von beschäftigungszeitabhängigen Kosten nicht auf der Basis von Grenzkostenüberlegungen analysiert werden?
14. Warum kann eine kombinierte quantitative und intensitätsmäßige Anpassung bei Existenz einer technischen Minimalintensität $x_{min} > 0$ nicht auf der Basis von Grenzkosten analysiert werden?
15. Unter welcher Voraussetzung hat die Gesamtkostenfunktion $K_T(M)$ in der Abbildung 5-20 Gültigkeit?
16. Skizzieren Sie den Ablauf des Anpassungsprozesses, wenn die Kostenkurve AA' in Abbildung 5-24 bei intensitätsmäßiger Anpassung eines Aggregates die Kostenkurve BB' bei optimalem Einsatz von zwei Aggregaten im zweiten Anpassungsintervall der Funktion BB' schneidet!
17. Sind die Grenzkosten auf der Kostenkurve AA' (Abbildung 5-24) bei der verfahrenskritischen Menge M_k stets höher als die Grenzkosten des zweiten Aggregates im Bereich des Intensitäts-Splittings?
18. Geben Sie wieder, was es bedeutet, wenn eine Verbrauchsfunktion nicht in t linear-homogen ist, und führen Sie einige Beispiele dafür an!

19. Leiten Sie die Optimalitätsbedingung für die Anpassung nicht in t linear-homogener Produktionsfunktionen her!

20. a) Leiten Sie die am Ende von Abschnitt 5.5.2 angegebene Grenzkostenfunktion her!

    b) Wie ändert sich die Grenzkostenfunktion, wenn für die Einsatzzeit gilt: $0 \leq t \leq 8$?

    c) Wie ändert sich die Grenzkostenfunktion, wenn in a) bzw. b) die Intensität zwischen 5 [ME/ZE] und 20 [ME/ZE] variiert werden kann?

21. Es gilt folgende Mengen-Kosten-Leistungsfunktion:

    $k(x) = 5 x^2 - 100 x + 550$ [GE/ME]   mit $8 \leq x \leq 12$ und $0 \leq t \leq 38,5$.

    a) Wie lautet der Anpassungsprozeß bei einem konstanten Ausschußanteil von 8%, und welches ist der sinnvolle Intensitätsbereich?

    b) Wie hoch ist die kostenminimale Intensität, wenn folgender funktionaler Zusammenhang zwischen der Intensität x und dem Ausschußanteil AA besteht:

    $AA(x) = 0,02 x^2 - 4 x + 2,04$

    Wie lautet dann der sinnvolle Intensitätsbereich?

    c) Gehen Sie davon aus, daß der Ausschußanteil an der momentanen Produktion von der Länge der Einsatzzeit des Aggregates bis zum jetzigen Zeitpunkt τ abhängt. Es gilt folgender linearer Zusammenhang für den momentanen Ausschußanteil:

    $AA(\tau) = s \cdot \tau = 0,025 \cdot \tau$

    Leiten Sie aus diesem Zusammenhang den durchschnittlichen Ausschußanteil her, und bestimmen Sie für eine Ausbringungsmenge von $M_g = 100$ [gute ME] die optimale Konstellation für x und t!

22. Ein metallverarbeitender Betrieb bearbeitet auf einer Drehbank Metallrohlinge. Der bei der Bearbeitung eingesetzte Meißel ist einem hohen Verschleiß ausgesetzt und muß daher regelmäßig ausgewechselt werden. Die Zeit vom Bearbeitungsbeginn mit einem neu geschliffenen Meißel bis zum Ende der Bearbeitung zwecks Meißelwechsel (Standzeit) beläuft sich auf 10 Stunden. Der Zeitbedarf für den Meißelwechsel (Rüstzeit) beträgt 0,25 Stunden.

    a) Welche Wirkungen haben Rüstzeiten auf den Anpassungsprozeß?

    b) Wie lautet der Anpassungsprozeß, wenn kein Ausschuß anfällt und die Kosten pro Meißelwechsel 20 GE betragen? Es gelte die Mengen-Kosten-Leistungsfunktion aus Aufgabe 21.

    c) Wie muß Aufgabe b) beantwortet werden, wenn zusätzlich noch 8% Ausschuß anfallen?

23. Erläutern Sie vor dem Hintergrund des Marktwandels die Eignung der Produktions- und Kostentheorie zur Erklärung der Kostenverursachung und -gestaltung! Um welche Aspekte muß eine moderne Produktions- und Kostentheorie erweitert werden?

6 Langfristige Kostenpolitik

6.1 Problembereiche langfristiger Kostenpolitik

Gegenstand der langfristigen Kostenpolitik sind zwei Problemstellungen:

1. Im Rahmen der ersten Fragestellung wird der Kosteneinfluß von Kapazitätsveränderungen analysiert. Die kurzfristige Politik arbeitet mit gegebenen Produktionsverfahren bei bekannten Kapazitäten. In der langfristigen Kostenpolitik werden die Kapazitäten verändert, oder das Produktionsverfahren wird gewechselt.

2. Bei der zweiten Fragestellung wird davon ausgegangen, daß ein Unternehmen die Kostensituation durch Lerneffekte verbessern kann. Beispielsweise kann das Niveau der variablen Kosten sinken, wenn die kumulierte Ausbringungsmenge wächst. Dieser Lern- oder Erfahrungseffekt kann auch zu veränderter Produktionsweise (andere Ablauforganisation oder verbesserte Verfahren) beitragen und veränderte Fixkosten im Zeitablauf nach sich ziehen. Bei dieser zweiten Fragestellung werden die Stückkosten als Funktion der Zeit bzw. der kumulierten Produktionsmenge analysiert. Es ist mithin eine dynamische Kostenbetrachtung erforderlich.

Grundsätzlich können beide Problemstellungen ineinandergreifen. Beispielsweise kann es als Folge von Lerneffekten sinnvoll sein, die Ablauforganisation und die Produktionsverfahren anzupassen. Der Lerneffekt erzwingt dann einen Verfahrenswechsel. Zudem kann während des Lebenszyklus von Produkten eine veränderte Kapazität erforderlich sein. In der Wachstumsphase wird es sinnvoll sein, die Kapazitäten zu erhöhen, während in der Degenerationsphase ein Kapazitätsabbau vernünftig erscheint. Beide Effekte sollen im folgenden aber getrennt analysiert werden. Zunächst wird der Einfluß von Verfahrensänderungen und Kapazitätsanpassungen auf die Kostensituation betrachtet. Im Abschnitt 6.3 wird dann auf den Erfahrungskurveneffekt eingegangen.

Die Analysen zur langfristigen Kostenpolitik gehen i.d.R. vom Konstrukt eines Einproduktunternehmens aus. In diesem Fall lassen sich die Kostenwirkungen noch leicht als Funktion der Stückkosten in Abhängigkeit von der Produktionsmenge und der Kapazität darstellen. Für ein Mehrproduktunternehmen müssen zusätzlich Verbundeffekte in die Analyse einbezogen werden. Diese Effekte kommen darin zum Ausdruck, daß die Kosten pro Stück außer vom gesamten Beschäftigungsvolumen vom Komplexitätsgrad der Produktion, des Produktions- und Vertriebsprogramms sowie der Kundenstruktur abhängen.[1] Bei gegebenem Gesamtbeschäftigungsvolumen führt eine Verdoppelung der Komplexität – z.B. verdoppelte Variantenzahl – zu einem Anstieg der Stückkosten um 20 bis 30 %.[2] Ursache dafür sind in erster Linie geringere Mengen je Erzeugnis oder Erzeugnisvariante (geringere Auflagendegression), steigender Koordinationsaufwand mit komplexeren Steuerungssystemen und wachsende Kosten für die Individualisierung der Produkte (Entwicklung und Vermarktung). Gerade die für die Komplexität ausschlaggebenden Entscheidungen determinieren in Käu-

---

1 Vgl. dazu Kapitel 1.3.3.2.
2 Vgl. Wildemann (1993), S. 392.

fermärkten mit einer Tendenz zur Marktprofilierung durch kundenindividuelle Varianten die langfristige Kostensituation eines Unternehmens in erheblichem Maße.

Die langfristige Kostenpolitik verlagert damit ihre Sichtweise von reinen Kapazitätsentscheidungen auf Entscheidungen über die Komplexität. Heute kommt den langfristigen Entscheidungen mit dem Ziel reduzierter Komplexität weit größere Bedeutung zu, als die Analyse der langfristigen Kostenwirkungen durch Verfahrensänderungen. Das Grundproblem dieser erweiterten Sicht liegt darin, daß es sich bei den Komplexitätskosten um sprungfixe Gemeinkosten einer Vielzahl von Einzelentscheidungen handelt, die sich den Produkten, Varianten, Kunden und Märkten nicht im kausalen Sinne verursachungsgerecht zuordnen lassen. Eine schleichende Erhöhung der Komplexität führt zu Quantensprüngen der Komplexitätskosten, da Kapazitätsgrenzen im indirekten, steuernden Bereich erreicht werden und neue Steuerungs-, Koordinations-, Informationsbeschaffungs- und -verarbeitungssysteme erzwingen. Diese Quantensprünge sind aber nicht die Wirkung einzelner kleinerer Entscheidungen über eine weitere Variante oder einen weiteren zu beliefernden Kunden. Als Folge einer Vielzahl jeweils kleiner Einzelentscheidungen ist vielmehr ein Quantensprung bei den Informations- und Steuerungssystemen erforderlich, um die Koordination aller betrieblichen Funktionen noch bewältigen zu können.

Komplexitätskostenmanagement muß daher ein Management sein, das alle funktionsübergreifenden langfristigen Kostenwirkungen in einer ganzheitlichen Sichtweise analysiert. Bei dieser Sichtweise ist es nicht sinnvoll, viele kleine Einzelentscheidungen zu treffen, die die Komplexität stetig, aber im Einzelfall unmerklich erhöhen, um dann eines Tages zu erkennen, daß die Koordinationsdefizite ein nicht mehr zu verantwortendes Ausmaß erreicht haben. Eine Vergrößerung der vor dem Zusammenbruch stehenden Steuerungs- und Koordinationskapazitäten ist dann fast unvermeidlich, und der Anstieg der Kosten pro Stück erscheint fast schicksalhaft. Das Management der Komplexitätskosten muß diese Konsequenzen antizipieren, um sie möglichst zu vermeiden oder nur dann zuzulassen, wenn den steigenden Komplexitätskosten ausreichende Zusatzerlöse gegenüberstehen. Management der Komplexitätskosten muß damit proaktiv sein. Ein gutes Komplexitätskostenmanagement vermeidet diese Kosten und versucht nicht nachträglich, die nicht erwarteten Kosten wieder abzubauen oder in der Griff zu bekommen.

Bei marktorientierter Führung von Unternehmen geraten Unternehmen zunehmend als Folge der zeitlich verzögert auftretenden Komplexitätskosten in die Komplexitätsfalle. Die Kostenwirkungen steigender Komplexität werden unterschätzt und die Erlöswirkungen deutlich überschätzt. Der Komplexitätsgrad wird dann gesteigert, weil vordergründig Marktvorteile erwartet werden; tatsächlich verschlechtert sich aber die Erfolgssituation des Unternehmens.[3]

Die langfristige Kostenpolitik greift mit den kapazitäts- und verfahrensabhängigen Kosten, den Kostenwirkungen von Lerneffekten sowie der Komplexität als Determinante der Kosten einige der Kritikpunkte auf, die zum Abschluß des Kapitels zur kurzfristigen Kostenpolitik vorgebracht wurden.

---

3 Vgl. zum Komplexitätsmanagement ausführlich das Kapitel 1.3.4.

6.2 Langfristige Kostenpolitik bei Verfahrenswechsel und Kapazitätsanpassungen

6.2.1 Die Struktur des Planungsproblems

Die Analyse zur Kostenpolitik ging bislang von einem nach Art und Umfang gegebenen Betriebsmittelbestand bzw. gegebener Kapazität aus. Das Planungsproblem bestand darin, die mit der verfügbaren Kapazität zu realisierenden Ausbringungsmengen so auf die vorhandenen Aggregate aufzuteilen und die Intensitäten sowie Arbeitszeiten der einzelnen Aggregate so festzulegen, daß die von den Variablen der Beschäftigungsplanung abhängigen Kosten ihr Minimum erreichen. Kostenpolitische Überlegungen auf der Basis gegebener Kapazitäten sind kurzfristige Kalküle.[4] Für die kurzfristige Beschäftigungspolitik sind bei Kostenminimierung nur die „beschäftigungsabhängigen" Kosten relevant, während die durch die Bereitstellung der Kapazitäten entstehenden Kosten vernachlässigt werden können, da sie unter der Voraussetzung eines gegebenen, nicht zu beeinflussenden Betriebsmittelbestandes zu den fixen, nicht relevanten Kosten zu rechnen sind.[5]

Die von der Kapazität abhängigen Kosten (Kapitaldienst in Form von Abschreibungen und Zinsen) sind in die Planungsüberlegungen einzubeziehen, wenn es auch die Kapazitäten zu planen gilt. In diesem Fall wird von langfristiger Kostenpolitik[6] gesprochen. Die langfristige Kostenpolitik baut auf den Ergebnissen der Investitionspolitik auf. Ziel der Investitionsplanung[7] ist es, diejenigen Anlagen auszuwählen, die unter den gegebenen Finanzierungs- und Absatzmöglichkeiten den Kapitalwert oder das Endvermögen am Planungshorizont maximieren. Investitionsentscheidungen haben außer Kosten- auch Erlöswirkungen. Im folgenden wird die Analyse allein auf Kostenwirkungen beschränkt, d.h., es wird untersucht, welche Anlagen eingesetzt und beschafft werden sollen, wenn eine bestimmte Ausbringung mit dem Minimum beschäftigungsunabhängiger und beschäftigungsabhängiger Kosten produziert werden soll. Damit bleibt ungeklärt, ob bestimmte Ausbringungsmengen überhaupt sinnvoll im Sinne der unternehmerischen Zielsetzung sind, sie demnach einen positiven Beitrag zum Kapitalwert oder zum Endvermögen leisten. Ungeklärt bleibt damit auch die Frage, ob die Finanzierung für die Anlagen sichergestellt ist. Diese Fragen sind nur im Rahmen von Investitionsrechnungen zu beantworten. Eine reine Kosten- oder Ausgabenanalyse kann nur die Frage klären, welches von mehreren Produktionsverfahren am günstigsten ist, wenn eine bestimmte, bereits feststehende Menge produziert werden soll.

Für die Investitionsüberlegungen sind im allgemeinen dynamische, mehrperiodige Planungsansätze erforderlich. Die Analyse zur langfristigen Kostenpolitik geht hingegen i.d.R. von statischen Modellen aus.[8] Derartige Analysen sind nur dann sinnvoll, wenn sich die Be-

---

4 Vgl. Marshall (1920), S. 310.
5 Vgl. Kilger (1972), S. 77 ff.
6 Der Unterschied zwischen kurz- und langfristiger Planung betrifft die Frage, ob die Bestände an Faktorkapazitäten vorgegeben sind – kurzfristige Politik – oder ob noch alle Produktionsfaktoreinsatzmengen variiert werden können – variable Kapazitäten bei langfristiger Kostenpolitik. Im Gegensatz zur Interpretation der Begriffe kurz- und langfristiger Planung in der Praxis ist damit nicht die Länge des Planungszeitraums entscheidend.
7 Zur Investitionsplanung vgl. z.B. Adam (1997a), Hax (1993) oder Schneider (1992).
8 Zu statischen und dynamischen Modellen vgl. Adam (1996a), S. 88 ff.

schäftigung im Zeitablauf nicht ändert. Bei konstanter Beschäftigung im Zeitablauf reicht es, die Kosten einer Periode für mehrere zur Auswahl stehende Produktionsverfahren zu untersuchen, um die kostengünstigste Betriebsmittelausstattung festzulegen. Schwieriger wird es, wenn die Produktions- und Absatzmengen im Zeitablauf Veränderungen unterworfen sind. In diesem Fall sind dynamische Rechnungen erforderlich, die über die gesamten abgezinsten Ausgaben in einem definierten Zeitraum Auskunft geben. Die statische Betrachtungsweise erlaubt daher nur einige Grundaussagen zur langfristigen Kostenpolitik.

Bei langfristiger Kostenpolitik mit Verfahrenswechsel und Kapazitätsanpassungen existieren zwei Problemkreise:[9]

- Wegen der Unteilbarkeit von Potentialfaktoren sind nur diskontinuierliche Betriebsgrößenänderungen denkbar. Die kapazitätsabhängigen Kosten ändern sich folglich ebenfalls diskontinuierlich, d.h. in Sprüngen, wenn ein zusätzliches Aggregat beschafft oder auf ein anderes Verfahren mit höheren kapazitätsabhängigen Kosten übergewechselt wird. Als Folge dieser Kostensprünge existieren verfahrenskritische Mindestausbringungsmengen, ab denen die Verfahren erst wirtschaftlich sind (reiner Wirtschaftlichkeitsvergleich).

  Diskontinuierliche Kapazitätserweiterungen führen zudem zu einer veränderten kurzfristigen Produktionsaufteilung, wenn zusätzliche Kapazitäten beschafft wurden. Wird ein neues, kostengünstigeres Aggregat beschafft und bleibt die Ausbringungsmenge hinter der gesamten Kapazität aller Anlagen zurück, wird die Kapazität des neuen Verfahrens voll ausgelastet und gleichzeitig die Beschäftigung der bisherigen Anlagen reduziert. Durch diese Umverteilung der Produktionsmengen können Kosten eingespart werden. Es ist dann gleichzeitig die Frage zu beantworten, ab welcher Produktionsmenge ein Kostensprung für eine Kapazitätsänderung sinnvoll ist und wie die Produktion bei erweiterter Kapazität kurzfristig anzupassen ist.

- Jede Entscheidung für eine Anlage ist mit einer zeitlichen Bindung an das Betriebsmittel verbunden. Betriebsmittel sind ein Nutzenpotential, das erst im Laufe der Zeit verbraucht wird. Bei technischem Fortschritt ist dann laufend zu überprüfen, ob bereits installierte Aggregate aus dem Betrieb eliminiert und durch neue, verbesserte Verfahren ersetzt werden sollen (Ersatzvergleich). Bei Ersatzvergleichen ist zu klären, ob ein Ersatz sinnvoll ist und zu welchem Zeitpunkt der Ersatz durchgeführt werden soll.

Zunächst soll der Einfluß nicht beliebiger Teilbarkeit von Maschinen auf die langfristige Kostenpolitik für den reinen Wirtschaftlichkeitsvergleich diskutiert werden. Bei einem reinen Wirtschaftlichkeitsvergleich ist keines der zu vergleichenden Verfahren im Betrieb installiert. Es wird von folgendem Fall ausgegangen:

Ein Unternehmen kann zwischen zwei Verfahren wählen, die durch nachstehende Kostenfunktionen K_{Ti} in der Planungsperiode zu kennzeichnen sind:

Verfahren 1 : $\quad K_{T1} = 10.000 + 8\,M\ ;\quad 0 \le M \le 10.000$

Verfahren 2 : $\quad K_{T2} = 16.000 + 5{,}5\,M;\quad 0 \le M \le 20.000$

---

[9] Vgl. Gutenberg (1983), S. 350 ff.; Heinen (1983), S. 539 ff.

6.2 Langfristige Kostenpolitik bei Verfahrenswechsel und Kapazitätsanpassungen

Es handelt sich um technisch neuartige Verfahren, mit denen im Betrieb noch nicht gearbeitet wird. Das Verfahren 1 mit kapazitätsabhängigen Kosten in Höhe von $F_1 = 10.000$ GE hat eine Kapazität von M = 10.000 ME; mit dem Verfahren 2 können bei kapazitätsabhängigen Kosten in Höhe von $F_2 = 16.000$ GE maximal 20.000 ME produziert werden.

Für die Entscheidung über das einzusetzende Verfahren sind neben den beschäftigungsabhängigen Kosten – 8 GE/ME für das Verfahren 1 bzw. 5,5 GE/ME für das Verfahren 2 – auch die kapazitätsabhängigen Kosten in Höhe von 10.000 bzw. 16.000 GE heranzuziehen. Es ist das Verfahren auszuwählen, das es erlaubt, die angestrebte Ausbringung M mit den geringsten Kosten (Summe der kapazitäts- und beschäftigungsabhängigen Kosten) zu produzieren (reiner Wirtschaftlichkeitsvergleich).

Jene Ausbringung, bei der beide Verfahren zu Gesamtkosten K_{Ti} pro Periode in gleicher Höhe führen, wird als kritische Ausbringung M_k bezeichnet. Es gilt:

$$10.000 + 8 M_k = 16.000 + 5,5 M_k$$

oder allgemein:

$$F_1 + k_1 \cdot M_k = F_2 + k_2 \cdot M_k,$$

wobei mit k_i die beschäftigungsabhängigen Kosten pro Stück bei Produktion auf dem Aggregat i (i = 1,2) bezeichnet werden.

Für die kritische Ausbringung M_k gilt im Fall des reinen Wirtschaftlichkeitsvergleichs:

$$M_k = \frac{F_2 - F_1}{k_1 - k_2} = \frac{6.000}{2,5} = 2.400$$

Bei einer Ausbringung von M = 2.400 ME führen beide Verfahren zu Kosten in gleicher Höhe. Für Ausbringungsmengen $M < M_k$ ist das Verfahren 1 mit den geringeren kapazitätsabhängigen Kosten – Abschreibungen und Zinsen – zu realisieren. Der Einsatz des Verfahrens mit den höheren kapazitätsabhängigen Kosten ist für Ausbringungsmengen $M > M_k$ vorteilhaft.

Wäre das Verfahren 2 teilbar, könnte es beispielsweise in zwei gleiche Teile mit kapazitätsabhängigen Kosten von jeweils 8.000 GE bei einer Kapazität von je 10.000 ME zerlegt werden, wäre das verkleinerte Verfahren 2 bereits bei einer Ausbringungsmenge von null dem Verfahren 1 überlegen. Damit bestimmt letztlich das Ausmaß des erforderlichen Fixkostensprungs zur Kapazitätserweiterung, ab wann ein Verfahren günstiger ist. Je kleiner dieser Kostensprung bei gegebener Differenz der variablen Kosten ausfällt, um so geringer ist diese kritische Menge. Aus der nicht beliebigen Teilbarkeit der Verfahren resultiert damit für die langfristige Kostenpolitik das Problem, das in Abhängigkeit von der relevanten Absatzmenge kostenminimale Verfahren zu bestimmen.

Mit der Verfahrenswahl kann sich gleichzeitig das Problem der kurzfristigen Produktionsumverteilung stellen. Angenommen ein Unternehmen verfügt bislang über zwei Anlagen mit variablen Kosten von 15 (Anlage 1) bzw. 12 GE (Anlage 2) pro Mengeneinheit. Mit diesen Anlagen können jeweils maximal 500 ME produziert werden. Der Betrieb könnte ein drittes Verfahren mit zusätzlichen fixen Kosten von 2.000 GE und einer Kapazität von ebenfalls 500 ME beschaffen. Die technisch verbesserte Anlage verursacht nur noch variable Kosten in Höhe von 10 GE pro Stück. Im Beispiel werden die Zusatzkosten von 2.000 GE für die dritte Anlage bereits mehr als ausgeglichen, wenn 1.000 ME auf allen drei Anlagen produziert werden. Wird das neue Verfahren beschafft, übernimmt es die gesamte Produktionsmenge des 1. Aggregates. Diese Umverteilung führt zu Einsparungen in Höhe von 500 · (15-10) = 2.500 GE. Es ist folglich bereits bei Ausbringungsmengen kleiner als 1.000 sinnvoll, die Kapazität zu erweitern, da der Kostensprung von 2.000 GE geringer ist als die Einsparung durch Umverteilung.

Die kritische Ausbringungsmenge x für die Kapazitätserweiterung einschließlich des Umverteilungseffektes läßt sich durch folgende Gleichung bestimmen:

$$2.000 + 10 \cdot 500 + 12\,(x - 500) = 12 \cdot 500 + 15\,(x - 500)$$

Der linke Teil der Gleichung erfaßt die relevanten Kosten der Kapazitätserweiterung und die variablen Kosten bei optimaler Aufteilung der Menge x auf das 3. und 2. Verfahren. Auf dem teureren der beiden Verfahren wird dann nur die Menge x–500 gefertigt. Wird das Produktionsvolumen x mit dem 1. und 2. Verfahren hergestellt, ergeben sich bei optimaler Aufteilung Kosten entsprechend der rechten Seite der Gleichung. Für x errechnen sich 833,33 ME. Bereits bei dieser Menge wird der Kostensprung von DM 2.000 durch die Kosteneinsparung der Produktionsumverteilung voll ausgeglichen. Die Kapazität wird dann in diesem Falle erweitert, obwohl bei 833,33 ME die bestehende Kapazitätsgrenze von 1.000 ME nicht einmal erreicht ist. Diese Überlegung läßt sich in der Abbildung 6-1 veranschaulichen.

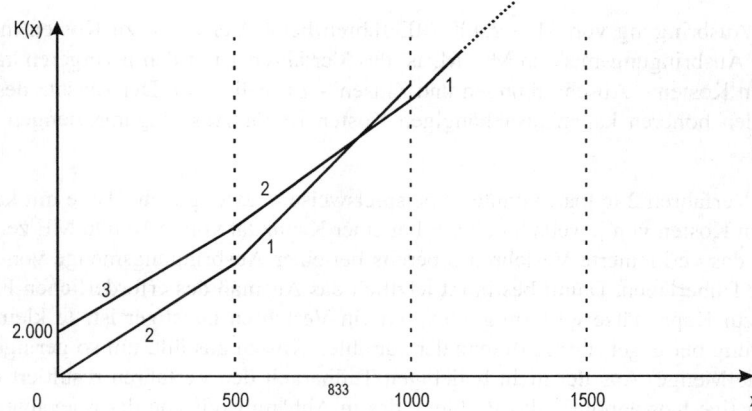

Abbildung 6-1

Kann hingegen die Kosteneinsparung durch Umverteilung der 500 ME von Aggregat 1 auf das neue Aggregat 3 den Kostensprung nicht ausgleichen (kein Schnittpunkt der beiden Kostenkurven bis zu einer Ausbringung von 1.000 ME), ergibt sich ein zusätzliches Problem

6.2 Langfristige Kostenpolitik bei Verfahrenswechsel und Kapazitätsanpassungen

für die Erweiterungsentscheidung. Die Erweiterungsentscheidung wirkt dann nicht nur auf die Kosten, sondern auch auf die Erlöse, da die Summe der Erlöse von den Produktionskapazitäten abhängt. Eine reine Kostenanalyse ist dann für die Frage einer Kapazitätserweiterung unzureichend, da sie die Erlöswirkungen nicht erfaßt.

Diese Situation ist gegeben, wenn die variablen Kosten des obigen Beispiels gelten, der Kostensprung allerdings 4.000 GE beträgt und mit Erlösen von 20 GE/ME zu rechnen ist. In diesem Fall sind zwei Grundstrategien nicht mehr über einen reinen Kostenvergleich, sondern über einen Gewinnvergleich gegeneinander abzuwägen: Zum einen kann auf eine Kapazitätserweiterung verzichtet werden. Bei dieser Strategie beläuft sich die gewinnmaximale Produktions- und Absatzmenge auf 1.000 ME (Kapazitätsgrenze), da bei einem Stückerlös von 20 GE/ME die Deckungsspannen der Verfahren 1 und 2 positiv sind (5 bzw. 8 GE/ME). Eine Produktionsmenge von 1.000 ME ist bei dieser Strategie mit einem Gewinn von $1.000 \cdot 20 - 500 \cdot (15+12) = 6.500$ GE verbunden. Dem ist die Kapazitätserweiterungsstrategie gegenüberzustellen. Der Gewinn dieser Strategie beläuft sich in Abhängigkeit von der gefertigten Menge auf $20 \cdot x - 4.000 - (10+12) \cdot 500 - 15 \cdot (x-1.000)$. Es ist nun zu fragen, auf welche Produktions- und Absatzmenge das Beschäftigungsvolumen anwachsen muß, damit der Gewinn der ersten Strategie (Produktion von 1.000 ME mit Aggregat 1 und 2) genau so hoch ist, wie der Gewinn bei optimaler Produktionsaufteilung mit drei Anlagen. Dazu muß die Gewinnfunktion bei Kapazitätserweiterung mit dem maximalen Gewinn ohne Erweiterung gleichgesetzt werden. Die kritische Produktions- und Absatzmenge beträgt in diesem Fall 1.300 ME (vgl. Abbildung 6-2).

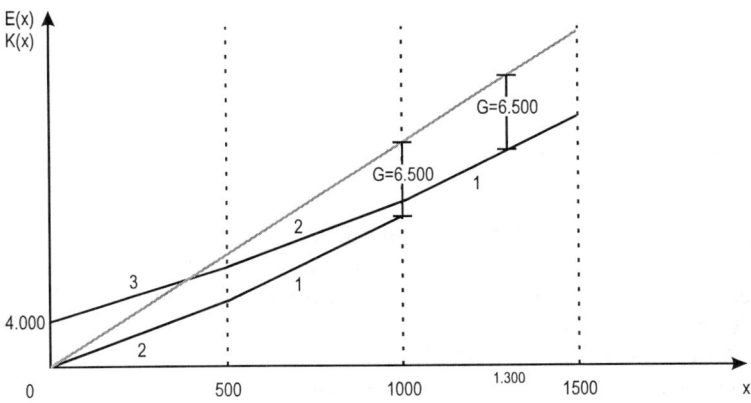

Abbildung 6-2

Das Beispiel macht deutlich, daß Kostenanalysen nur dann ausreichend sind, wenn von der Entscheidung keine Erlöswirkungen ausgehen.

Die Entscheidung für ein bestimmtes Verfahren kann sich nachträglich als Fehlentscheidung erweisen. Das ist beispielsweise der Fall, wenn die tatsächliche Ausbringungs- und Absatzmenge hinter der erwarteten Menge zurückbleibt. Es ist dann zu prüfen, ob der Betrieb auf das noch vorhandene Nutzenpotential des installierten Verfahrens verzichten und auf ein anderes, u.U. technisch verbessertes Verfahren überwechseln sollte (Ersatzvergleich).

Der Betrieb hat sich im ersten Beispiel zum reinen Wirtschaftlichkeitsvergleich bei einer geschätzten Absatzmenge von 1.500 ME für das Verfahren 1 mit Fixkosten von 10.000 GE und variablen Kosten von 8 GE je ME entschieden. Die tatsächliche Absatzmenge beträgt aber im Gegensatz zu den ursprünglichen Erwartungen 3.000 ME. Das Unternehmen hätte sich bei richtiger Einschätzung der Absatzlage sofort für das Verfahren 2 mit 16.000 GE fixer Kosten und variablen Kosten von 5,5 GE/ME ausgesprochen, da diese Menge oberhalb der berechneten verfahrenskritischen Menge von 2.400 ME liegt. Es ist daher zu überprüfen, ob nachträglich ein Verfahrenswechsel bei einer Ausbringung in Höhe von 3.000 ME sinnvoll ist.

Für diese Entscheidung sind die kapazitätsabhängigen Kosten des Verfahrens 1 nicht mehr relevant, wenn davon ausgegangen wird, daß diese Kosten bei einem Verfahrenswechsel nicht abgebaut werden können und der Verkauf der Anlage zu keinen Liquidationserlösen führt. Der Vergleich der relevanten Kosten der Verfahren 1 und 2 reduziert sich damit auf die beschäftigungsabhängigen Kosten des Verfahrens 1 und die beschäftigungs- und kapazitätsabhängigen Kosten des Verfahrens 2.

Für die Berechnung der in dieser Entscheidungssituation verfahrenskritischen Menge M_k gilt die Bedingung

$$k_1 M_k = F_2 + k_2 M_k.$$

Diese Bedingung ist für $M_k = 6.400$ erfüllt:

$$M_k = \frac{F_2}{k_1 - k_2} = \frac{16.000}{2,5} = 6.400$$

Erst ab einer Menge von 6.400 ME ist mithin der Verfahrenswechsel zweckmäßig. Das Verfahren 1 wird bei einer Absatzmenge von 3.000 ME bis zum Ende der Nutzungsdauer im Betrieb belassen, falls bis dahin kein technisch verbessertes Aggregat am Markt angeboten wird. Nach Ablauf der Nutzungsdauer des Verfahrens 1 wird sich der Betrieb dann – gleichbleibende Absatzsituation und gleichbleibende Auswahlsituation bei den Maschinen unterstellt – für den Einsatz des Verfahrens 2 entscheiden.

6.2 Langfristige Kostenpolitik bei Verfahrenswechsel und Kapazitätsanpassungen

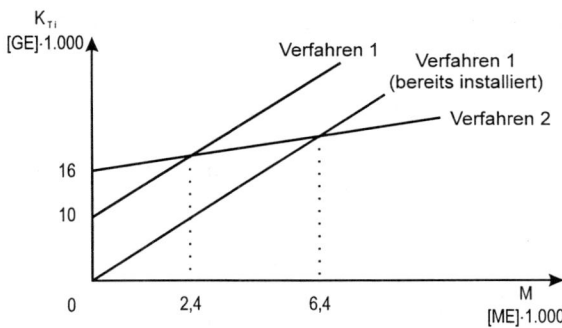

Abbildung 6-3

Sofern Teile der nicht beschäftigungsabhängigen Kosten abgebaut werden können, wenn der Betrieb das Verfahren wechselt, sind diese in den Kostenvergleich mit einzubeziehen, da sie nunmehr relevant sind. Der abbaubare Teil der kapazitätsabhängigen Kosten F_1^* möge 5.000 GE betragen. Die verfahrenskritische Menge ist dann wie folgt zu berechnen:

$$\frac{F_2 - F_1^*}{k_1 - k_2} = \frac{16.000 - 5.000}{2,5} = 4.400$$

Der Abbau von Teilen der beschäftigungsunabhängigen Kosten des bereits installierten Verfahrens 1 läßt damit die verfahrenskritische Menge auf 4.400 sinken.

Der Ersatz einer Anlage durch eine neue Anlage kann sich nach obigem Kalkül zu irgendeinem Zeitpunkt t als vorteilhaft erweisen, da Kosten eingespart werden können. Dennoch kann es sinnvoll sein, den Ersatz weiter aufzuschieben. Wird der Ersatzzeitpunkt hinausgezögert, lassen sich die Vorteile eines Ersatzes u.U. noch vergrößern. Derartige Analysen werden in der Investitionsrechnung für Investitionsketten angestellt.[10] Es wird gefragt, wie sich der Kapitalwert einer Kette von Investitionen bei verlängerter Nutzungsdauer der Kettenglieder verhält. Steigt der Kapitalwert noch mit verlängerter Nutzung, ist die optimale Nutzungsdauer noch nicht erreicht. Die gleiche Struktur weisen Entscheidungen über optimale Ersatzzeitpunkte auf.[11] Nutzungsdauer- und Ersatzzeitpunktentscheidungen sind im allgemeinen nur möglich, wenn neben den Ausgabewirkungen auch die Wirkungen auf die Einnahmen berücksichtigt werden. Kostenkalküle sind, da sie nur die negative Erfolgskomponente erfassen, im allgemeinen überfordert, auf die Frage nach dem für das Unternehmensziel optimalen Ersatzzeitpunkt eine Antwort zu geben. Nur in Sonderfällen (die variablen Kosten sind davon abhängig, in welcher Nutzungsperiode sich Anlagen befinden, und die Liquidationserlöse hängen vom Zeitpunkt des Ersatzes ab) lassen sich um Liquidationserlöse erweiterte Kostenvergleiche dafür heranziehen. Ein Aufschub ist dann solange aus Kostensicht vorteilhaft, wie die Zusatzkosten der alten Anlage noch niedriger ausfallen als die durchschnittlichen Kosten der neuen Anlage bei optimaler Nutzungsdauer.[12]

---

10 Vgl. Adam (1997a), S. 185 ff.
11 Vgl. Adam (1997a), S. 195 ff.
12 Vgl. Adam (1997a), S. 205.

Diese Kalküle beantworten aber nicht zwingend die Frage, welche Nutzungsdauer aus Sicht der Einnahmen und Ausgaben optimal ist, dazu müßte die zeitliche Entwicklung der Einnahmen (Erlöse) während der Nutzungsdauer mit in das Kalkül eingehen. Es müßte also deutlich werden, ob die verlängerte Nutzungsdauer noch einen positiven Einfluß auf das Zielniveau (Kapitalwert, Gewinn) ausübt. Der kostenoptimale Ersatzzeitpunkt weicht dann u.U. vom Ersatzzeitpunkt bei Maximierung des Kapitalwertes bzw. des Gewinns ab.[13] Das ist nur dann nicht der Fall, wenn die Höhe der Einnahmen in den einzelnen Jahren durch die Ersatzentscheidungen nicht verändert werden kann und die Einnahmen (Erlöse) die Ausgaben (Kosten) übersteigen. Sind die Kosten höher als die Erlöse, ist es zwar ausgaben- bzw. kostenminimal, die Anlage zu ersetzen. Durch den Ersatz verringern sich dann die Verluste. Ein völliger Verzicht auf den Ersatz führt aber zu einer weiteren Verbesserung, die aus einem reinen Ausgaben- bzw. Kostenkalkül nicht zu erkennen ist.

6.2.2 Typen von Betriebsgrößenänderungen

Bei einer langfristigen Kostenpolitik verfügt ein Unternehmen über zwei Grundstrategien zur Veränderung der Betriebsgröße. Es könnte einerseits nur identische, kostengleiche Anlagen einsetzen und ausschließlich die Anzahl der Maschinen des Betriebsmittelbestandes verändern (**multiple Betriebsgrößenänderung**).[14] Eine zweite Strategie besteht darin, zwar funktionsgleiche, aber kostenverschiedene Maschinen einzusetzen. In diesem Fall (**mutierende Betriebsgrößenänderung**) können zwei Unterfälle unterschieden werden. Der Betrieb arbeitet entweder nur mit einem Verfahren und bestimmt das wirtschaftlichste Verfahren in Abhängigkeit von der Produktions- und Absatzmenge, oder es werden bei technischem Fortschritt zwar funktionsgleiche, aber kostenverschiedene Verfahren eingesetzt, wenn ein vorzeitiger Ausstieg aus alten Verfahren unwirtschaftlich ist.

Bei multipler Betriebsgrößenänderung werden gleiche Anlagen mit identischen Kostenfunktionen angeschafft. Die Kostenfunktion K_T des Betriebes weist dann bei jeder Betriebsvergrößerung einen gleich großen Sprung F auf (siehe Abbildung 6-4).

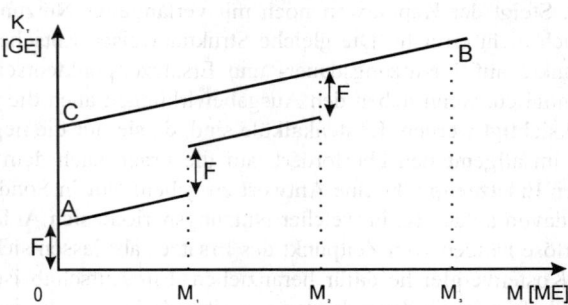

Abbildung 6-4

---

13 In der Argumentation wurde auf den Zinseszinseffekt keine Rücksicht genommen. Die Argumentation gilt daher in dieser Form nur, wenn keine Zeitpräferenzen bestehen. Andernfalls ist der Zinseffekt zusätzlich zu beachten.
14 Vgl. Busse von Colbe (1964), S. 84 ff.; Gutenberg (1983), S. 423 ff.

6.2 Langfristige Kostenpolitik bei Verfahrenswechsel und Kapazitätsanpassungen

Die Kostenfunktion AB gilt nur, wenn der Betrieb bei steigenden Ausbringungsmengen die Kapazität vergrößert. Bei steigender Ausbringung und wachsender Kapazität sind die kapazitätsabhängigen Kosten der noch nicht realisierten Kapazitätserweiterungen noch disponibel. Für eine Anpassung an eine rückläufige Beschäftigung sind die kapazitätsabhängigen Kosten nicht relevant, wenn diese Kosten trotz Abbaus der Kapazität nicht verringert werden können. Bei rückläufiger Ausbringung gilt dann die Kostenkurve CB. Die Tatsache, daß die Kosten bei wachsender Betriebsgröße einen anderen Verlauf nehmen als bei rückläufiger Beschäftigung, wird als Kostenremanenz[15] bezeichnet. Gelingt es, bei einer Kapazitätsverringerung zumindest Teile der kapazitätsabhängigen Kosten abzubauen, liegt die Kostenfunktion bei rückläufiger Beschäftigung für $M \leq [0;M_2]$ unterhalb der Kurve CB, aber oberhalb der Kurve AB in Abbildung 6-4.

Der Betrieb kann zur Erweiterung der Kapazität bisher nicht eingesetzte, produktivere Verfahren mit einer anderen Struktur der kapazitäts- und beschäftigungsabhängigen Kosten beschaffen (mutierende Betriebsgrößenänderung).[16] Der Betriebsmittelbestand setzt sich dann aus Maschinen mit unterschiedlichen Produktions- und Kostenfunktionen zusammen. Verfahrensänderungen, die zu einer mutativen Betriebsgrößenveränderung führen, können auf zwei Gründe zurückgeführt werden:[17]

- Der technische Fortschritt führt zu neuen Produktionsverfahren, bei denen Produktionsfaktoren anderer Qualität als bislang eingesetzt werden. Häufig sind dies spezialisiertere Verfahren mit einem effizienteren Einsatz der Faktoren. Meistens handelt es sich um Verfahren, bei denen die erforderlichen Produktionszeiten zurückgehen. Dieser Spezialisierungseffekt hat sinkende variable Stückkosten, gleichzeitig aber häufig auch eine verringerte Anpassungsfähigkeit der Verfahren an Marktänderungen zur Folge.

- Mit der Veränderung der Produktionsverfahren ist meist gleichzeitig eine Veränderung der Kapazitäten der Verfahren verbunden. In der Regel besitzen neuere Technologien eine größere Kapazität als bisherige. Die erweiterte Kapazität geht aber üblicherweise nicht mit einer entsprechenden Vergrößerung der beschäftigungsunabhängigen Kosten einher. Nach der „0,6-Regel" steigen die Investitionsausgaben bei einer Verdoppelung der Kapazitäten nur mit der Potenz 0,6 bis 0,7.[18]

Diese beiden Effekte bei den variablen und den beschäftigungsunabhängigen Kosten haben Veränderungen in den betrieblichen Kostenrelationen zur Folge. Absolut steigen zwar die beschäftigungsunabhängigen Kosten; ihr relativer Anteil an den Stückkosten bei voller Kapazitätsauslastung der Verfahren muß aber nicht zwingend wachsen. Denkbar ist auch ein sinkender Anteil an den Stückkosten. Wie sich die Relation innerhalb der Stückkosten verändert, hängt vom Ausmaß der beiden beschriebenen Ursachen für eine mutative Betriebsgrößenveränderung ab.

---

15 Vgl. Lücke (1973), S. 118 ff.
16 Vgl. Busse von Colbe (1964), S. 95 ff.; Gutenberg (1983), S. 428 ff.
17 Vgl. Busse von Colbe/Laßmann (1991), S. 294.
18 Vgl. Chilton (1950), S. 112 f.; Moore (1959), S. 232 ff.

6.2.3 Kostenanalysen bei mutierender Betriebsgrößenveränderung

Eine mutierende Betriebsgrößenänderung führt, sofern die bisherigen Verfahren nicht aus dem Betriebsmittelbestand eliminiert werden, zu einem aus funktionsgleichen Aggregaten zusammengesetzten, hinsichtlich der beschäftigungs- und der kapazitätsabhängigen Kosten aber Unterschiede aufweisenden Bestand an Betriebsmitteln. Ein derartig strukturierter Betriebsmittelbestand liegt der selektiven Anpassung im Rahmen der kurzfristigen Kostenpolitik zugrunde.

Bei mutierender Betriebsgrößenänderung wird eine gegebene Produktionsaufgabe M nach jeder Kapazitätserweiterung, die nicht voll ausgeschöpft werden kann, im Rahmen der kurzfristigen Kostenpolitik zu einer veränderten Produktionsaufteilung auf die vorhandenen Maschinen führen, wie folgendes Beispiel belegt.

Ein Betrieb verfügt bislang über Maschinen mit einer Kapazität von 10.000 ME. Diese Kapazität ist voll ausgelastet. Der Betrieb möchte die Kapazität erweitern, da er 14.000 ME am Markt absetzen kann. Durch Beschaffung eines Verfahrens, das geringere beschäftigungsabhängige Kosten pro ME aufweist als die bislang installierten Verfahren, wird die Kapazität um 5.000 ME erhöht. Von der Absatzmenge M = 14.000 ME werden dann bei Rationalverhalten mit dem neuen Verfahren 5.000 ME produziert, während mit den alten Verfahren nur noch 9.000 ME hergestellt werden. Das alte Verfahren ist nach der Kapazitätserweiterung nicht mehr voll beschäftigt, da Teile seiner bisherigen Ausbringungsmenge auf das neue, kostengünstigere Verfahren umverteilt werden.

Bedingt durch diese nach jeder Kapazitätserweiterung erforderlichen Umstrukturierung der Produktionsaufgabe, sind für die mutierende Betriebsgrößenänderung keine eindeutigen Kostenkurven abzuleiten. Im Beispiel tritt zwar bei einer Ausbringung von 10.000 ME durch die Erweiterung ein Kostensprung auf. Es ist aber nicht vorteilhaft, die Kapazität auszubauen, wenn bspw. nur 10.005 ME abgesetzt werden können. Der zusätzliche Deckungsbeitrag für 5 ME wird den Kostensprung nicht ausgleichen. Die Erweiterung findet mithin erst dann statt, wenn die Deckungsbeiträge der Zusatzproduktion gerade dem Kostensprung bei erweiterter Kapazität entsprechen. Die Kapazitätserweiterung ist dann u.U. erst bei einer zusätzlichen Menge von 1.000 ME zweckmäßig. Wenn dann die Erweiterung bei 11.000 ME durchgeführt wird und sich die Verteilung der Produktion auf die dann bestehenden Anlagen verändert, gelten bspw. für eine Ausbringung von 10.000 ME andere Kosten als vor der Erweiterung. Die im Zuge der Erweiterung sinnvolle Umverteilung führt mithin zu nicht eindeutigen Kostenfunktionen, da sich die Kosten einer bestimmten Ausbringungsmenge vor und nach der Erweiterung voneinander unterscheiden.

Bei der Ableitung der langfristigen Kostenkurve[19] wird im folgenden unterstellt, daß ein Betrieb noch keine Investitionsentscheidungen getroffen hat und es daher vorteilhaft ist, für alternative Produktionsmengen jeweils das Verfahren einzusetzen, bei dem die Gesamtkosten, bestehend aus den beschäftigungsunabhängigen und den beschäftigungsabhängigen Kosten (Kriterium des reinen Wirtschaftlichkeitsvergleichs), am geringsten sind. Mithin

---

19 Vgl. Lücke (1962), S. 329 ff.

6.2 Langfristige Kostenpolitik bei Verfahrenswechsel und Kapazitätsanpassungen

liegt der langfristigen Kostenkurve die Hypothese vollständiger Planelastizität zugrunde. Die unterstellte Möglichkeit des jederzeitigen Verfahrenswechsels ist allerdings unrealistisch, da sich die kapazitätsabhängigen Kosten nie voll abbauen lassen. Der Betrieb wird vielmehr bestrebt sein, auch dann an einem Verfahren festzuhalten, wenn dies nach dem Kriterium des reinen Wirtschaftlichkeitsvergleichs nicht angezeigt erscheint. Die langfristige Kostenkurve sieht somit davon ab, daß es für einen Betrieb wegen der nicht abbaufähigen kapazitätsbedingten Kosten vorhandener Aggregate u.U. vorteilhaft ist, eine installierte Anlage nicht gegen eine andere auszutauschen (Ersatzsituation).

Für die Art der langfristigen Kostenkurve ist es ausschlaggebend, ob sich die Kostenfunktionen der unterschiedlichen Verfahren schneiden.

Existieren keine Schnittpunkte der Kostenkurven, läßt sich eine langfristige Kostenfunktion im eigentlichen Sinne nicht ableiten. In diesem Fall dominiert ein Verfahren die übrigen. Zu einem Verfahrenswechsel kann es nur kommen, wenn sich die Kapazitäten der Verfahren unterscheiden und das für kleine Produktionsmengen günstigste Verfahren 1 in Abbildung 6-5 die geringste Kapazität aufweist.

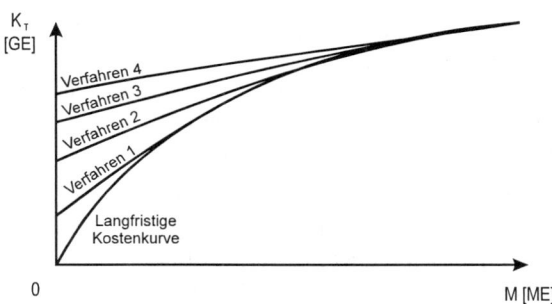

Abbildung 6-5

Als langfristige Kostenkurve könnte in diesem Fall die Verbindungslinie der Endpunkte der Kostenfunktionen der einzelnen Produktionsverfahren bezeichnet werden.

Bei sich schneidenden Kostenkurven gibt es für die einzelnen Verfahren verfahrenskritische Punkte, wie sie in Abbildung 6-6 dargestellt sind. Der Einsatz eines Verfahrens ist dann nur zwischen zwei kritischen Mengen optimal. Die langfristige Kostenkurve bei mutierender Betriebsgrößenänderung ist in diesem Fall die Verbindungslinie (Umhüllungskurve) jener Abschnitte der Verfahrenskostenkurven I bis IV in Abbildung 6-6, bei denen die einzelnen Verfahren die niedrigsten Kosten für eine bestimmte Ausbringung aufweisen. Sie setzt sich aus den Abschnitten der Kurven I bis IV zwischen den Punkten A, B, C, D und E zusammen. Diese Kostenfunktion geht davon aus, daß jeweils nur ein Produktionsverfahren eingesetzt wird, so daß Umverteilungseffekte, wie sie früher beschrieben wurden, nicht existieren.

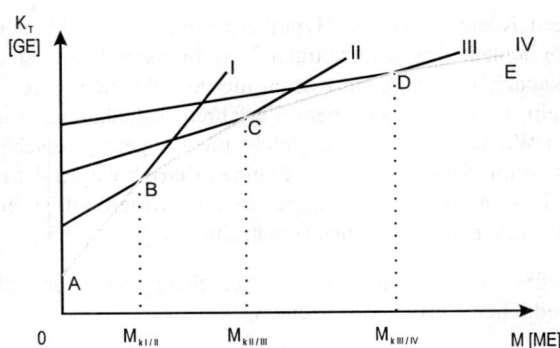

Abbildung 6-6

Werden die Gesamtkosten der langfristigen Kostenkurve auf die Ausbringungsmenge umgelegt, ergeben sich mit steigender Betriebsgröße sinkende Kosten pro Stück. Dieser Effekt wird als **Größendegression** bezeichnet.[20]

Die langfristige Kostenkurve der Abbildung 6-6 unterstellt für die kurzfristige Anpassung der Aggregate an Beschäftigungsänderungen eine Veränderung der Einsatzzeiten der Aggregate (zeitliche Anpassung). Bei multipler Betriebsgrößenänderung und kombinierter zeitlicher und intensitätsmäßiger Anpassung der Aggregate ist die langfristige Kostenkurve durch die Verbindungslinie der Punkte A, B, C, D, E, F und G in Abbildung 6-7 gegeben.

Im Intervall $M_0 \leq M \leq M_2$ arbeitet der Betrieb mit einem Aggregat, das er im Intervall $M_0 \leq M \leq M_1$ mit der Intensität x_{1opt} zeitlich und für $M_1 \leq M \leq M_2$ intensitätsmäßig anpaßt. Bei der Ausbringung M_2 entsprechen die Kosten für den Einsatz eines Aggregates mit intensitätsmäßiger Anpassung den Gesamtkosten von zwei kostengleichen Aggregaten, die zeitlich angepaßt werden. Bei M_2 wird folglich ein zweites Aggregat beschafft und zeitlich angepaßt. Die Intensität des ersten Aggregates wird bei einer Ausbringung von M_2 wieder auf die optimale Leistung reduziert.

---

20 Vgl. Mellerowicz (1973), S. 398, 414 ff.

6.2 Langfristige Kostenpolitik bei Verfahrenswechsel und Kapazitätsanpassungen

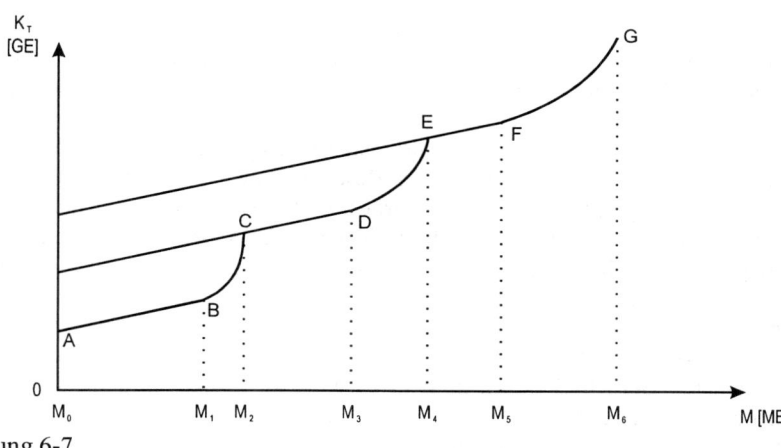

Abbildung 6-7

Für $M_2 \leq M \leq M_3$ paßt sich der Betrieb mit den ersten beiden Aggregaten zeitlich und im Intervall $[M_3;M_4]$ intensitätsmäßig bei Gleichheit der Grenzkosten an. Bei M_4 wird zusätzlich ein drittes Aggregat eingesetzt. Auch in diesem Falle wird die Intensität der beiden bereits vorhandenen Anlagen auf die Leistung im Minimum der Mengen-Kosten-Leistungsfunktion reduziert. Im Intervall $[M_4;M_5]$ findet zeitliche Anpassung aller Aggregate statt; im Intervall $[M_5;M_6]$ erfolgt eine intensitätsmäßige Anpassung aller Aggregate.

Die langfristige Kostenkurve bei multipler Betriebsgrößenänderung degeneriert zur Kurve AB in Abbildung 6-4, wenn die einzelnen Aggregate nur zeitlich, nicht aber auch intensitätsmäßig angepaßt werden können.

6.2.4 Vorteile und Nachteile größerer Betriebseinheiten

6.2.4.1 Betriebsgrößenänderungen und ihre Wirkung auf die Kostenstruktur

Für die Errichtung größerer Betriebseinheiten können bei mutierender Betriebsgrößenänderung kostengünstigere Produktionsverfahren mit größeren Kapazitäten eingesetzt werden als bei kleineren Betrieben. Infolgedessen sinken die totalen Stückkosten mit wachsender Betriebsgröße und Vollauslastung.[21] Mit dieser Senkung der Stückkosten geht zugleich eine Änderung der Gesamtkostenstruktur (Verhältnis zwischen kapazitäts- und beschäftigungsabhängigen Kosten pro Periode bei einer bestimmten Produktionsmenge) einher. Der Anteil kapazitätsabhängiger Kosten an den Gesamtkosten einer bestimmten Ausbringung steigt, während der Anteil der beschäftigungsabhängigen Kosten sinkt. Die Kostenstruktur wird folglich immer fixkostenintensiver.

Mit dieser Veränderung der Kostenstruktur bei gegebener Ausbringung ist bei größer werdenden Produktionsmengen eine Senkung der totalen Stückkosten (**Beschäftigungs-**

---

21 Vgl. Mellerowicz (1973), S. 320 ff.

degression) verbunden. Die veränderte Kostenstruktur führt aber zugleich zu einer größeren Empfindlichkeit des Unternehmens gegen Beschäftigungsänderungen. Da bei rückläufiger Beschäftigung kurzfristig nur die beschäftigungsabhängigen, nicht aber auch die kapazitätsabhängigen Kosten abgebaut werden können, steigen die totalen Stückkosten bei rückläufiger Beschäftigung; die Belastung jeder Ausbringungseinheit mit nicht abzubauenden, kapazitätsabhängigen Kosten nimmt bei sinkender Beschäftigung zu. Beschäftigungseinbrüche führen bei Anwendung fixkostenintensiver, größerer Betriebseinheiten zu einem höheren Anstieg der Stückkosten als bei kleineren Kapazitäten, da bei größeren Kapazitäten ein großes Volumen kapazitätsabhängiger Kosten besteht. Die Belastung jeder ME mit Fixkosten nimmt bei größeren Kapazitäten und rückläufiger Beschäftigung deshalb stärker zu als bei kleinen Kapazitäten (Beschäftigungsdegressionseffekt).[22] Die Errichtung größerer Betriebseinheiten birgt folglich ein höheres Risiko bei rückläufiger Beschäftigung im Vergleich zu kleineren Betriebseinheiten in sich.[23] Der Kostenstruktur kommt sogar zielsetzungsprägende Bedeutung zu. Größere Betriebseinheiten mit einer fixkostenintensiven Kostenstruktur richten ihre Unternehmenspolitik in erster Linie auf eine Sicherung der Vollauslastung der Kapazitäten aus, da der Gewinn mit wachsender Ausbringung steigt, wenn eine lineare Gesamtkostenfunktion und eine lineare Erlösfunktion unterstellt werden.

Die bisherige Analyse der langfristigen Kosten erfaßt nur die Produktionskosten. Zusätzlich zu berücksichtigen sind auch die Kosten für eine bei steigender Betriebsgröße schwieriger werdende Vermarktung der Produkte. Der regionale Aktionsradius des Unternehmens wächst, was steigende durchschnittliche Transportkosten pro ME zur Folge haben kann. Bei gegebener Marktausdehnung muß ein Unternehmen verstärkte Marketingaktivitäten (z.B. Werbung) ergreifen, um die gestiegenen Mengen vermarkten zu können. In diesem Falle steigen dann u.U. auch die durchschnittlichen Werbekosten pro ME. Größere Betriebseinheiten sind auch schwerer zu steuern und zu koordinieren, d.h., es sind zusätzliche, häufig bürokratische Verwaltungseinrichtungen erforderlich, die zu einem Anstieg der durchschnittlichen Gemeinkosten je ME für Verwaltung und Koordination führen. Größere Betriebseinheiten haben folglich Komplexitätskosten zur Folge. Von bestimmten Betriebsgrößen an stehen der in der langfristigen Kostenkurve aufgezeigten Tendenz zu sinkenden Produktionsstückkosten kostensteigernde Effekte im Vertriebs- und Koordinationsbereich gegenüber. Betriebsgrößenänderungen führen dann zumindest ab einer bestimmten Betriebsgröße zu gegensätzlichen Effekten bei den Stückkosten, die zum Ausgleich zu bringen sind.

Von einer optimalen Betriebsgröße ist zu sprechen, wenn die Produktionskostenvorteile bei wachsender Kapazität durch die Kostennachteile für Vertrieb und Verwaltung ausgeglichen werden. Nur wenn es derartige gegenläufige Effekte gibt, ist die Existenz vieler kleiner Anbieter mit kleinen Produktionskapazitäten in der Realität zu erklären. Bislang sind die empirischen Belege für eine optimale Betriebsgröße eher schwach. Belegt werden kann zwar mit den langfristigen Kostenkurven, daß die reinen Produktionskosten pro Stück mit steigender Betriebsgröße und wachsender Produktionsmenge eines Erzeugnisses sinken; die Kostenwirkungen, die von der Vertriebs- und Verwaltungsseite ausgehen, konnten hingegen nicht

---

22 Vgl. Mellerowicz (1973), S. 325 ff.
23 Vgl. Riebel (1954), S. 155 ff.

6.2 Langfristige Kostenpolitik bei Verfahrenswechsel und Kapazitätsanpassungen   467

hinreichend empirisch abgestützt werden,[24] so daß sich folglich keine eindeutigen Kostenfunktionen für Vertrieb und Koordination in bezug auf die Produktionsmenge bzw. Betriebsgröße quantifizieren lassen und eine optimale Betriebsgröße nicht formal zu bestimmen ist.

Die Diskussion zum Lean Management zeigt zwar insbesondere für den indirekten Bereich (Steuerung und Koordination) erhebliche Kostenunterschiede zwischen Unternehmen, die traditionell oder nach dem Lean-Konzept geführt werden.[25] Diese Kostenunterschiede sind aber die Folge zweier Effekte. Zum einen kann sich der Komplexitätsgrad der Fertigung (Variantenzahl, Fertigungstiefe usw.) nachhaltig unterscheiden, andererseits können auch Betriebsgrößenunterschiede auftreten. Der Einfluß beider Effekte läßt sich aber nicht separieren. Das aber bedeutet, daß Betriebsgrößenentscheidungen als Teil komplexitätsbegründender Maßnahmen nicht isoliert von den übrigen Entscheidungen zum Komplexitätsphänomen gesehen werden können.

6.2.4.2 Wirkung einer Harmonisierung des Betriebsmittelbestandes auf die Kosten

In mehrstufigen Betrieben besteht bei nicht beliebig teilbaren Kapazitäten das Problem, die Kapazitäten der einzelnen Produktionsstufen zu harmonisieren. Ein Betriebsmittelbestand wird „harmonisch" genannt, wenn in allen Produktionsstufen gleich hohe Kapazitäten vorhanden sind. Jede verbesserte Abstimmung der Kapazitäten schlägt sich in sinkenden totalen Stückkosten[26] nieder. Ein Beispiel möge diesen Zusammenhang verdeutlichen:

Ein Betrieb produziert in drei aufeinanderfolgenden Produktionsstufen. In der Stufe 1 werden Aggregate mit einer Kapazität von 100 ME und kapazitätsbedingten Kosten je Aggregat von 200 GE eingesetzt. Die Kapazitäten der Maschinen der Stufe 2 (3) belaufen sich jeweils auf 500 (1.500) ME bei kapazitätsabhängigen Kosten von 1.500 (4.500) GE je Periode. In den einzelnen Stufen kann nur multiple Kapazitätserweiterung betrieben werden.

---

24 Vgl. Busse von Colbe/Laßmann (1991), S. 300 f.; Mellerowicz (1973), S. 414 ff.; Gutenberg (1956), S. 36 ff.
25 Vgl. Womack/Jones/Roos (1994), S. 165.
26 Dabei wird Vollauslastung des „harmonisierten" Betriebsmittelbestandes unterstellt.

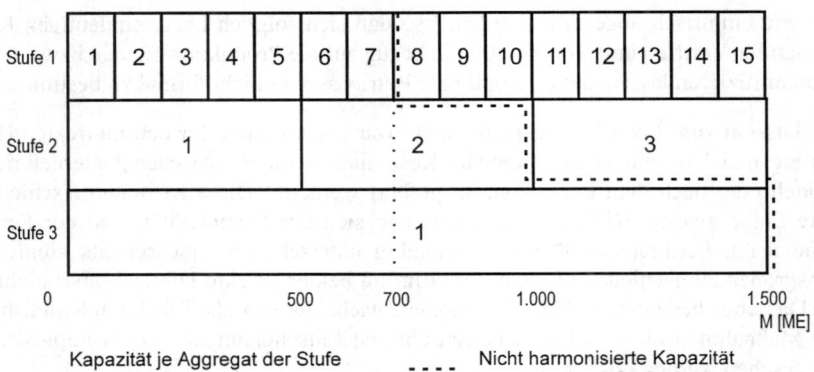

Abbildung 6-8

Für eine Ausbringung von 700 ME benötigt der Betrieb in der Stufe 1 sieben Aggregate, in der Stufe 2 zwei Aggregate und in der Stufe 3 ein Aggregat. Es stehen damit in der Stufe 1 eine Kapazität von 700 ME, in der Stufe 2 von 1.000 ME und in der Stufe 3 von 1.500 ME zur Verfügung. Die Kapazitäten der drei Stufen sind folglich nicht aufeinander abgestimmt. Produziert der Betrieb 700 ME, wird in der Stufe 2 (Stufe 3) eine Kapazität von 300 ME (800 ME) nicht genutzt. Allein die Stufe 1 ist voll beschäftigt.

Die gesamten bei einer Ausbringung von 700 ME anfallenden kapazitätsabhängigen Kosten betragen 8.900 Geldeinheiten (vgl. Tabelle 6-1); die kapazitätsabhängigen Kosten je ME belaufen sich entsprechend auf 12,71 GE.

Stufe	Anzahl der Maschinen	Kapazität (ME)	Kapazitätsabhängige Kosten	
			je Maschine und Periode (GE)	je Periode (GE)
(1)	(2)	(3)	(4)	(5) = (2) · (4)
1	7	700	200	1400
2	2	1000	1500	3000
3	1	1500	4500	4500
Σ	-	-	-	8900

Tabelle 6-1

Für einen vollständig harmonisierten Betriebsmittelbestand mit einer Kapazität von 1.500 ME in jeder Produktionsstufe sinken die anteiligen kapazitätsabhängigen Kosten pro ME auf 8 GE bei Vollbeschäftigung, da die kapazitätsabhängigen Kosten aller drei Stufen von nunmehr 12.000 GE (vgl. Tabelle 6-2) auf eine Ausbringung von 1.500 ME umzurechnen sind.

Stufe	Anzahl der Maschinen	Kapazität (ME)	Kapazitätsabhängige Kosten	
			je Maschine und Periode (GE)	je Periode (GE)
(1)	(2)	(3)	(4)	(5) = (2) · (4)
1	15	1500	200	3000
2	3	1500	1500	4500
3	1	1500	4500	4500
Σ	-	-	-	12000

Tabelle 6-2

Auch an diesem Beispiel eines mehrstufigen Betriebes kann die Empfindlichkeit größerer Betriebseinheiten gegenüber Beschäftigungseinbrüchen gezeigt werden. Für einen harmonisierten Betriebsmittelbestand (1.500 ME Kapazität in jeder Stufe) betragen die kapazitätsabhängigen Kosten pro ME 17,14 GE, wenn mit dem harmonisierten Betriebsmittelbestand nur 700 ME produziert werden. Für die Ausbringung von 700 ME entstehen pro ME hingegen nur 12,71 GE kapazitätsabhängige Kosten, wenn ein nicht harmonisierter Betriebsmittelbestand mit 700 ME aufgebaut wird. Die nicht harmonisierte Betriebseinheit mit 700 ME Kapazität führt dann zu geringeren Stückkosten als die harmonisierte, aber unterausgelastete Betriebseinheit mit einer Kapazität von 1.500 ME.

6.3 Lernkurveneffekt und langfristige Kostenkurve

Die langfristige Kostenbetrachtung analysiert die Stückkosten als Funktion steigender Kapazitäten und Produktionsmengen in der Planungsperiode. Diese Art der Kostenbetrachtung vernachlässigt einen zweiten in der Praxis zu beobachtenden Effekt, der zu reduzierten Stückkosten führen kann. Die Kosten hängen nicht nur vom Ausbringungsniveau pro Periode, sondern zusätzlich noch vom Ausmaß der bislang bei der Produktion gewonnenen Erfahrungen ab. Mit steigender Erfahrung wird die Arbeit effizienter; durch Übung sinken die erforderlichen Produktionszeiten; Arbeitsabläufe können wirkungsvoller und damit kostengünstiger gestaltet werden, und u.U. wird auch die Produktionstechnologie modifiziert.

Ein möglicher Maßstab für die seit dem Produktionsstart eines Erzeugnisses gewonnene Erfahrung ist die über die Zeit kumulierte Ausbringungsmenge M. Die Stückkostenentwicklung in Abhängigkeit von der bislang erreichten kumulierten Produktionsmenge wird als Erfahrungskurve bezeichnet.

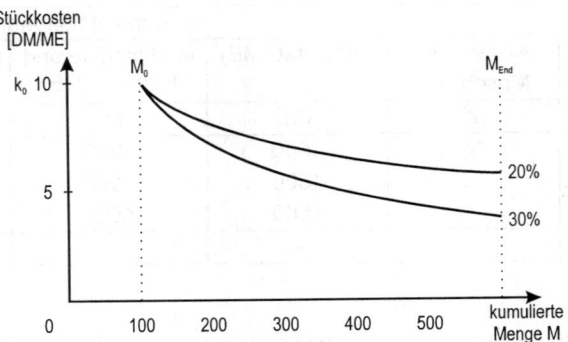

Abbildung 6-9

Empirische Untersuchungen haben in einer Reihe von Industriezweigen diesen Zusammenhang bestätigt.[27] Insbesondere wenn die Untersuchung auf die Kosten der Wertschöpfung eines Unternehmens eingeschränkt wird (Materialkosten und Kosten für Zulieferteile gehören dann nicht dazu), kann der Erfahrungskurveneffekt zu Stückkostensenkungen von 20 bis 30 % bei jeweils verdoppelter kumulierter Ausbringung führen. Der Erfahrungskurveneffekt (mit x·100 % als Erfahrungsprozentsatz, z.B. x = 0,2 bzw. x = 0,3 in der Abbildung 6-9) kann durch eine Funktion des Typs

$$k(M) = k_0 \cdot (1-x)^{\log_2(M/M_0)} + k_e$$
$$= k_0 \cdot (1-x)^{\frac{\ln M - \ln M_0}{\ln 2}} + k_e$$
$$= k_0 \cdot M_0^{-\frac{\ln(1-x)}{\ln 2}} \cdot M^{\frac{\ln(1-x)}{\ln 2}} + k_e$$

abgebildet werden. Diese Formel besteht aus zwei Bestandteilen. Nur der erste Summand bezieht sich auf die durch den Lerneffekt beeinflußbaren Kosten, während der zweite Term k_e für die übrigen, durch den Lerneffekt nicht berührten Kosten steht (z.B. Kosten für Zukaufteile). In Abbildung 6-9 sind nur die Kosten des ersten Terms eingetragen. Mit k_0 wird der Betrag der Stückkosten bezeichnet, der sich auf die Kosten der Wertschöpfung – insbesondere Löhne – in der Ausgangssituation bezieht. M_0 steht für die (kumulierte) Ausbringungsmenge im ersten Produktionsjahr. Betragen die anfänglichen Stückkosten (k_0) 10 GE/ME bei $M_0 = 100$, sinken sie – unterstellt sei ein Erfahrungskurvensatz von x = 0,2 – bei einer Verdopplung der kumulierten Menge auf 200 ME bzw. einer abermaligen Verdoppelung auf 400 ME auf 8 GE/ME bzw. 6,4 GE/ME. Die erste Verdoppelung bringt somit absolut eine größere Kostensenkung als die zweite.

Der Lernkurveneffekt beschreibt lediglich Kostensenkungspotentiale, d.h., die beschriebenen Kostensenkungen treten nicht automatisch ein, sondern der Betrieb muß spezielle Maßnahmen ergreifen, wenn die Stückkosten auch tatsächlich mit steigender Erfahrung abnehmen sollen. Die Kostensenkungspotentiale haben unterschiedliche Ursachen bzw. sind auf

---

27 Vgl. z.B. Henderson (1972).

6.3 Lernkurveneffekt und langfristige Kostenkurve

unterschiedliche Maßnahmen zurückzuführen. Bei Produktion größerer Stückzahlen sind über verstärkte innerbetriebliche Arbeitsteilung, verbesserte Produktionsverfahren und Übungseffekte bei den Arbeitskräften Produktivitätsfortschritte erreichbar. Zum Teil beruht dieser Effekt aber auch auf einer Verteilung fixer Kosten (Abschreibungen) auf eine steigende Produktionsmenge pro Jahr. Der Einfluß einer solchen Beschäftigungsdegression auf die Stückkosten müßte eigentlich aus der Betrachtung des Lerneffektes ausgeblendet werden, da sonst zwei Effekte mit unterschiedlichen Ursachen vermischt werden. Das läßt sich grundsätzlich nicht mit einer kosten-, sondern nur mit einer ausgabenorientierten Interpretation des Erfahrungskurveneffektes erreichen.[28]

Nachteil einer kostenorientierten Rechnung ist es, die Investitionsausgaben für die Produktion zeitlich verteilen zu müssen. Diese Ausgaben gehen über Abschreibungen in die Kostenrechnung ein. Die kostenorientierte Betrachtung des Lernkurveneffektes erfaßt deshalb auch immer Fixkostenelemente, d.h., die Zusatzkosten bei steigender kumulierter Menge setzen sich aus periodenfixen und variablen Bestandteilen zusammen. Steigt daher von einem zum nächsten Jahr die Jahresproduktionsmenge, führt allein dieser Effekt über die Beschäftigungsdegression zu sinkenden Stückkosten, selbst wenn gar kein Lerneffekt vorliegen sollte. Die Vermengung von Beschäftigungsdegression und Lerneffekt kann bei ausgabenorientierter Rechnung vermieden werden. Eine ausgabenbezogene Rechnung würde die Investitionsausgaben im Zeitpunkt der Investitionsentscheidung erfassen und den Lerneffekt allein auf die jährlichen Betriebsausgaben beziehen.

Die Betriebsausgaben sollten dabei nach variablen stückabhängigen und fixen Bestandteilen (Gehälter, Löhne) differenziert werden. Kann durch Erfahrungseffekte die Zahl benötigter Arbeitskräfte reduziert werden, läßt sich diese Wirkung von Lerneffekten isolieren, die sich allein auf variable Ausgaben (z.B. Material- und Energieersparnisse) je ME beziehen.

Ein zweiter Nachteil einer kostenorientierten Betrachtung des Lernkurveneffektes ist darin zu sehen, daß die unterschiedliche zeitliche Struktur von Ausgaben und Kosten (Zinseszinseffekt) nicht in der Rechnung erfaßt wird. Sollen bspw. Eigenfertigung mit Lerneffekten und Fremdbezug verglichen werden, fällt bei Eigenfertigung ein erheblicher Anteil der Ausgaben im Zeitpunkt der Investition in eigene Anlagen an, während bei Fremdbezug die laufenden jährlichen Ausgaben höher sind als bei Eigenfertigung. Diese strukturellen Unterschiede lassen sich nicht mit einer kosten-, sondern nur mit einer zahlungsorientierten Rechnung abbilden, in der Zeitpräferenzen erfaßt werden.

Der durch die Erfahrungskurve beschriebenen Kostenentwicklung kommt insbesondere in der strategischen Planung Bedeutung für die Wahl der Fertigungstiefe sowie Entscheidungen zur Grundausrichtung der Marktstrategie – insbesondere bei angestrebter Kostenführerschaft – zu.[29] Die Strategie der Kostenführerschaft geht davon aus, daß durch den Erfahrungskurveneffekt die Marktposition eines Unternehmens gegenüber den Konkurrenten verbessert werden kann. Das ist nur dann der Fall, wenn die durch Erfahrung zu erreichenden Kostensenkungen zumindest zum Teil über sinkende Absatzpreise an die Kunden weiterge-

---

28 Eine zahlungsorientierte Interpretation liegt den Rechnungen im Abschnitt 3.4.4 zugrunde.
29 Zur Planung der Fertigungstiefe vgl. Kapitel 3.4.

geben werden und wenn die eigenen Preise deshalb gegenüber denen der Konkurrenz niedriger sind. Diese zwar verbesserte Marktstellung muß jedoch nicht auch mit einer Verbesserung der Gewinnsituation einhergehen. Verfallen die Preise auf einem Markt schneller, als Kostensenkungen durch Erfahrungen erzielt werden (siehe die Situation auf dem Markt der Massenspeicher in der Computerindustrie Ende der 80er Jahre), verschlechtert sich die Erfolgslage trotz des Lerneffektes.

Fragen und Aufgaben zu Kapitel 6

1. Wann sind die von der Kapazität abhängigen Kosten mit in die Planungsüberlegungen einzubeziehen?
2. Woraus resultieren die Probleme langfristiger Kostenpolitik?
3. Welche Auswirkungen haben Komplexitätsaspekte auf die langfristige Kostenpolitik?
4. Wie lassen sich Komplexitätskosten im Rahmen der langfristigen Kostenpolitik handhaben?
5. Für eine Unternehmung stehen zwei Verfahren mit folgenden Kostenfunktionen zur Wahl:

    Verfahren 1: $K_{T1} = 9.000 + 4\,M$ für $M \in [0;\ 8.000]$

    Verfahren 2: $K_{T2} = 11.000 + 3,6\,M$ für $M \in [0;\ 12.000]$

    a) Bestimmen Sie die kritische Ausbringung M_k für den Fall, daß beide Verfahren noch nicht im Betrieb installiert sind!

    b) Verfahren 1 sei bereits installiert. Soll es durch Verfahren 2 ersetzt werden, wenn in den folgenden Perioden mit einer Nachfrage von je 6000 ME gerechnet wird und sich 3000 DM der beschäftigungsunabhängigen Kosten beim Verfahrenswechsel abbauen lassen?

6. Was wird unter einer multiplen und was unter einer mutierenden Betriebsgrößenänderung verstanden?
7. Mit welchen Problemen sind Kostenkalküle bei Betriebsgrößenentscheidungen verbunden?
8. Welche Hypothese liegt der langfristigen Kostenkurve zugrunde, und wie ist diese zu beurteilen?
9. Wie beeinflußt die Errichtung größerer Betriebseinheiten nach dem Prinzip multipler bzw. mutierender Betriebsgrößenänderung die Kostenstruktur, wenn von Vollauslastung der Kapazitäten ausgegangen werden kann?
10. Wie wirken sich größere Betriebseinheiten im Vergleich zu kleineren Betriebseinheiten bei rückläufiger Beschäftigung auf die Kosten aus?
11. Diskutieren Sie die Wirkung einer Harmonisierung des Betriebsmittelbestandes auf die totalen Stückkosten bei

    a) Vollauslastung des Betriebes

    b) sinkender Beschäftigung!
12. Worin sind Kostenunterschiede zwischen traditionell geführten Unternehmen und solchen, die nach Gesichtspunkten des Lean Management gesteuert werden, begründet?

13. Beschreiben Sie den Lernkurveneffekt! Leiten Sie dabei auch die allgemeine Formel der Erfahrungskurve her!

14. Setzen Sie sich kritisch mit den Prämissen der Erfahrungskurve auseinander. Aus welchen Gründen ist bei der praktischen Anwendung des Lernkurvenkonzeptes Vorsicht geboten?

7 Die Auftragsgrößenplanung
7.1 Die beiden Ausprägungen des Problems der Auftragsgrößenplanung

Um die Bestimmung kostenminimaler Auftragsgrößen geht es in zwei von der Struktur ähnlichen Planungsaufgaben:
- In der Bestellpolitik für Rohstoffe und Bauteile sind die Mengen je Bestellung festzulegen.
- In der Produktionsdurchführungsplanung muß die Fertigungsmenge festgelegt werden, die zwischen zwei Umrüstungen einer Anlage von einer Sorte hergestellt werden soll (Losgrößenpolitik).

Ziel der Bestellmengenplanung ist es, einen im Planungszeitraum gegebenen Bedarf an Rohstoffen oder Zulieferteilen in die Anzahl von Bestellungen aufzuspalten, welche die Summe der Lagerkosten und der bestellfixen Kosten im Planungszeitraum minimiert.[1] Bestellfixe Kosten fallen bei jeder Bestellung unabhängig von der Höhe der Bestellmenge an. In bezug auf die Anzahl der Bestellungen in der Planperiode sind diese Kosten aber variabel, d.h., die bestellfixen Kosten wachsen im Planungszeitraum mit der Anzahl der Bestellungen. Je häufiger bestellt wird, um so kleiner ist die Bestellmenge. Kleine Bestellmengen haben folglich kleine Lagerbestände, mithin niedrige Lagerkosten im Planungszeitraum zur Folge. Mit sinkender Anzahl von Bestellungen, also steigenden Mengen je Bestellung, nehmen die Lagermengen und -kosten im Planungszeitraum zu, während die gesamten bestellfixen Kosten rückläufig sind. Das Problem der Bestellmengenplanung resultiert aus der gegenläufigen Entwicklung der Lager- und bestellfixen Kosten bei zunehmender (abnehmender) Bestellmenge.

Ein ähnlich strukturiertes Problem tritt bei der Planung innerbetrieblicher Aufträge (Lose) auf.[2] Für jedes Erzeugnis (Sorte), das auf ein und derselben Produktionsanlage hergestellt wird, ist festzulegen, in wie viele Lose welcher Größe die bekannte Produktionsmenge des Planungszeitraums aufzuspalten ist. Ziel der Losgrößenplanung ist es, jene Losgröße bzw. jene Anzahl von Losen jeder Sorte zu bestimmen, bei der die Summe der Umrüstungs- und Lagerkosten im Planungszeitraum zum Minimum wird. Dem entspricht es bei gegebener Produktionsmenge, die Umrüstungs- und Lagerkosten je Mengeneinheit zu minimieren.

Umrüstungskosten entstehen bei jeder Umrüstung der Produktionsanlagen auf die Erfordernisse einer neu aufzulegenden Sorte; ihre Höhe ist unabhängig von der Losgröße. Die gesamten Rüstkosten im Planungszeitraum sind von der Anzahl der durchzuführenden Umrüstungen abhängig. Wie bei der Bestellmengenplanung führen auch bei der Losgrößenplanung große Aufträge zu großen Lagerbeständen und hohen Lagerkosten, so daß auch hier das Planungsproblem darin besteht, zwei gegensätzliche Kostenentwicklungen auszugleichen.

---

1 Vgl. zur Bestellmengenplanung Adam/Berens (1982a); Berens (1982); Busse von Colbe (1990), S. 595 ff.; Reichwald/Dietel (1991), S. 491 ff.; Churchman/Ackoff/Arnoff (1971), S. 180 ff.; Hadley/Whitin (1963), S. 29 ff. und S. 159 ff.; Kosiol (1958a), S. 286 ff.; Pack (1963), S. 465 ff.; Vazsonyi (1962), S. 263 ff.
2 Vgl. Adam (1959), S. 177 f.; Adam (1969), S. 51 ff.; Adam (1990), S. 842 ff.; Pack (1963), S. 465 ff.

Trotz dieser Ähnlichkeit weisen beide Ausprägungen der Auftragsgrößenplanung dennoch einen wesentlichen Unterschied auf: Die Losgrößenplanung muß zu einem realisierbaren Maschinenbelegungsplan führen, d.h., die Maschine darf zu einem Termin nur für die Produktion einer Sorte eingeplant werden. Ein derartiges Maschinenbelegungsproblem existiert bei der Bestellmengenpolitik nicht.

Voraussetzung der Auftragsgrößenplanung ist, daß der Betrieb die Bedarfsmengen an Rohstoffen oder Teilen (Bestellpolitik) bzw. Enderzeugnissen (Losgrößenplanung) kennt und auch über die zeitliche Struktur des Bedarfs informiert ist. Einfache Modelle zur Auftragsgrößenplanung gehen von einem im Zeitablauf gleichbleibenden Bedarf aus, während realitätsnähere Modelle auch Bedarfsschwankungen im Zeitablauf erfassen. Im folgenden werden nur Modelle bei konstanten Bedarfsraten je Zeiteinheit behandelt. Diese Modelle können auch bei schwankendem Bedarf für Näherungslösungen angewendet werden, wenn der Analyse die mittlere Bedarfsrate zugrunde gelegt wird.

7.2 Auftragsgrößenplanung am Beispiel der Losgrößenplanung[3]

7.2.1 Optimierungsprobleme bei Sortenfertigung

Das Problem der Losgrößenplanung tritt bei Sortenfertigung auf. Sortenfertigung ist gegeben, wenn produktions- und i.d.R. auch absatzverwandte Erzeugnisse (Sorten) in größeren Mengen als geschlossener Posten (Los) nacheinander auf derselben Produktionsanlage hergestellt werden. Bei jedem Sortenwechsel muß der Fertigungsprozeß unterbrochen und die Produktionsanlage auf die Erfordernisse der neu aufzulegenden Sorte umgestellt werden. Bei Sortenfertigung wird angestrebt, in allen Sorten zu jeder Zeit lieferfähig zu sein, obwohl die Produktion der einzelnen Sorten in Losen zusammengefaßt nur zu bestimmten Zeiten erfolgt. Die Losgrößenplanung erstreckt sich auf drei Teilplanungsprobleme:

- Das Losgrößenproblem

  Über die Losgröße bzw. die Anzahl der Lose einer Sorte in der Planungsperiode kann der Betrieb sowohl den durchschnittlichen Lagerbestand und die Lagerkosten als auch die Anzahl der Umrüstungen und damit die Höhe der Umrüstungskosten und -zeiten im Planungszeitraum beeinflussen. Das Ziel der Losgrößenplanung besteht darin, diejenige Losgröße einer Sorte zu bestimmen, bei der die gegebenen Bedarfsmengen des Planungszeitraums mit minimalen Kosten produziert werden.

  Hinsichtlich der Kapazitätssituation sind dabei zwei unterschiedliche Fragestellungen zu unterscheiden:

  1. Die gesamte für Produktion und Umrüstung erforderliche Zeit ist nicht knapp. Bei nicht knapper Kapazität kann die Losgröße jeder Sorte isoliert festgelegt werden.

  2. Eine simultane Planung der Losgrößen aller Sorten ist erforderlich, wenn die für Produktions- und Umrüstungsarbeiten benötigte Zeit die verfügbare Kapazität überschrei-

---

3   Vgl. zu diesem Abschnitt Adam (1990), S. 842 ff; Adam (1969), S. 51 ff.

tet. Über die Aufteilung der knappen Kapazität auf die einzelnen Sorten bestehen dann zwischen den einzelnen Sorten Interdependenzen.

Bei knapper Kapazität tritt das Losgrößenproblem in zwei speziellen Varianten auf:

1. Die Produktionszeiten aller Sorten sind kleiner als die verfügbare Kapazität. Die Kapazität reicht jedoch nicht aus, diejenigen Lose zu realisieren, die sich bei isolierter Planung für die einzelnen Sorten als optimal erweisen. In diesem Fall besteht das Problem darin, die knappe Zeit für Umrüstung – Kapazität abzüglich der gesamten Fertigungszeit – optimal auf die einzelnen Sorten aufzuteilen.

2. Reicht bereits die Kapazität für die reine Fertigungszeit der Sorten nicht aus, lassen sich die vorgesehenen Mengen der Sorten nicht produzieren. In diesem Fall müssen Programmplanung und Losgrößenplanung simultan durchgeführt werden. Diese erweiterte Planungsaufgabe läßt sich nur mit Hilfe einer gewinnorientierten Zielsetzung lösen.

- Das Lossequenzproblem[4]

Aufgabe der Lossequenzplanung ist es, über die Losgrößenplanung zeitlich durchsetzbare Maschinenbelegungspläne anzustreben. Für alle Sorten, die auf einer Produktionsanlage hergestellt werden, müssen die Auflagezeitpunkte der Lose der einzelnen Sorten so aufeinander abgestimmt sein, daß ständige Lieferbereitschaft für jede Sorte garantiert ist und die Anlage zu keinem Zeitpunkt für die Produktion mehrerer Sorten beansprucht wird.

- Das Sortenreihenfolgeproblem[5]

Das Sortenreihenfolgeproblem ist immer dann in das Losdimensionierungsproblem einzubeziehen, wenn der Arbeitsaufwand für die Umrüstung der Anlage von der Reihenfolge abhängt, in der die Sorten bearbeitet werden. Der Arbeitsumfang einer Umrüstung ist dann von beiden aufeinanderfolgenden Sorten abhängig. Gesucht wird diejenige Produktionsreihenfolge der Sorten, bei der die Umrüstungskosten oder -zeiten für alle zu produzierenden Sorten das Minimum erreichen.

Lossequenz- und Sortenreihenfolgeproblem werden bei der Analyse des Losgrößenproblems im folgenden vernachlässigt. Werden ferner im Zeitablauf konstante Daten unterstellt, ist grundsätzlich eine stationäre Losgrößenpolitik – gleich große Lose im Zeitablauf – optimal. Dem klassischen Ansatz zur Losgrößenplanung liegt daher ein zeitablaufunabhängiges Modell zugrunde.

7.2.2 Die Wirkung der Losgröße auf die Kosten
7.2.2.1 Auflagenfixe Kosten

Die beim Sortenwechsel durch die Umstellung des Aggregates entstehenden Kosten sind in Umrüstungskosten und in Anlaufkosten zu differenzieren.[6] Das Kriterium für diese Unter-

---

4 Vgl. Adam (1969), S. 84 ff.
5 Vgl. Adam (1969), S. 117 ff.
6 Vgl. Siepert (1958), S. 58 ff.

teilung ist der Zeitraum der Kostenverursachung. Während Umrüstungskosten für die erforderlichen Umstellungsarbeiten der Produktionsanlage bis zum Fertigungsbeginn des neuen Loses entstanden sind, fallen Anlaufkosten erst während der Einarbeitungsphase auf eine Sorte, also erst nach Fertigungsbeginn an.

Die Umrüstungskosten umfassen jeden bewerteten Faktoreinsatz, der für die Umstellung der Produktionsanlage auf die Erfordernisse der neu aufzulegenden Sorte notwendig ist. Dazu sind Lohn-, Material-, Werkzeug- und Energiekosten zu rechnen, soweit sie durch die Umrüstungsarbeiten verursacht werden.[7] Die Umrüstungskosten sind von der Größe des aufzulegenden Loses unabhängig; lediglich über die Anzahl der Umrüstungen kann die Höhe dieser Kosten im Planungszeitraum beeinflußt werden.

Zu den Anlaufkosten zählen die Mehrkosten für die Ausbringung der Anlaufphase einer Sorte im Vergleich zur gleichen Ausbringung bei „eingespielter" Produktion. Derartige Zusatzkosten haben ihre Ursache in höherem Ausschuß oder einer längeren Produktionszeit je Mengeneinheit.

Zwischen den Umrüstungskosten und den Anlaufkosten ist hinsichtlich ihrer Behandlung bei der Losdimensionierung zu differenzieren, wenn das kostenminimale Los innerhalb der Anlaufphase einer Sorte erreicht wird. Die Höhe der Anlaufkosten eines Loses ist bis zum Abschluß der Anlaufphase eine Funktion der Losgröße. Ist das Los größer als die Produktionsmenge innerhalb der Anlaufphase, können die Anlaufkosten als unabhängig von der Losgröße betrachtet und den Umrüstungskosten zugeschlagen werden. Dieser Zusammenhang wird aus Abbildung 7-1 deutlich. Die Funktion B(y) zeigt den Verlauf der Anlaufkosten einer Sorte. Für Losgrößen $y < y_1$ steigen die Anlaufkosten B mit zunehmender Losgröße; bei der Losgröße y_1 ist die Anlaufphase beendet, und die Anlaufkosten haben ihre maximale Höhe B erreicht.

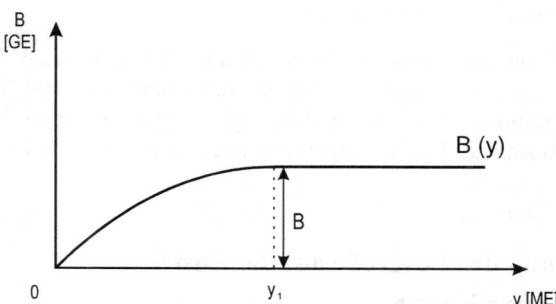

Abbildung 7-1

---

[7] Werden die Umrüstungen bspw. von einem Arbeiter durchgeführt, der einen festen Monatslohn bekommt, so sind die Lohnkosten **nicht** entscheidungsrelevant, da der Lohn unabhängig von der Anzahl der Umrüsten bezahlt wird. Ist dieser Arbeiter allerdings ein Engpaßfaktor, so sind aus Opportunitätsgründen Lohnkosten im Sinne eines Lenkpreises anzusetzen.

In der weiteren Behandlung des Losgrößenproblems wird nicht mehr zwischen Umrüstungs- und Anlaufkosten unterschieden. Es wird angenommen, daß die Anlaufkosten losgrößenunabhängig sind und dem Umrüstungskostensatz Cr zugeschlagen wurden.

Bei Umrüstungskosten Cr pro Los nimmt die Belastung jeder Mengeneinheit des Loses y mit Umrüstungskosten mit steigender Losgröße ab. Dieser Effekt wird als Auflagendegression bezeichnet.[8]

7.2.2.2 Lagerkosten

Bestimmungsgrößen der Lagerkosten k_L je Mengeneinheit sind der durchschnittliche Lagerbestand, die Lagerdauer eines Loses und der Lagerkostensatz Cl je Mengeneinheit und Zeiteinheit.

Der Lagerkostensatz Cl umfaßt die Zinsen für das im Lager gebundene Kapital und die **bestandsabhängigen** Kosten für Wartung sowie Pflege der Lagerbestände.[9]

Der durchschnittliche Lagerbestand ist abhängig von

- der Losgröße y,
- dem Lagerabgang pro Zeiteinheit (V),
- dem Lagerzugang pro Zeiteinheit (x),
- der Zeitspanne zwischen Produktions- und Absatzbeginn eines Loses und
- dem Wiederauflagerhythmus der Sorten.

Hinsichtlich der Zeitspanne zwischen Produktions- und Absatzbeginn eines Loses (Verkaufspolitik) wird im folgenden zwischen zwei Fällen unterschieden:

- Produktions- und Absatzbeginn eines Loses einer Sorte sind identisch. Teile der produzierten Mengen eines Loses werden bereits während der Produktionszeit eines Loses verkauft.
- Produktionsendzeitpunkt und Absatzbeginn sind identisch. In diesem Fall beginnt der Absatz eines Loses erst, nachdem das ganze Los fertiggestellt ist.

Die Ableitung der Lagerbestände und Lagerkosten geht im folgenden davon aus, daß die Lieferfähigkeit des Betriebes für jede Sorte jederzeit gewährleistet ist. Das ist nur dann sichergestellt, wenn der Betrieb bei Identität von Produktions- und Absatzbeginn ein neues Los einer Sorte genau dann auflegt (Wiederauflageregel), wenn die Lagerbestände des vorhergehenden Loses dieser Sorte erschöpft sind. Es liegen dann immer nur Mengen eines Loses auf Lager. Bei Identität von Produktionsendzeitpunkt und Absatzbeginn muß zur Sicherung der Lieferbereitschaft ein neues Los einer Sorte immer dann fertiggestellt sein, wenn die letzte Mengeneinheit des vorhergehenden Loses dieser Sorte verkauft ist.

---

8 Vgl. Gutenberg (1983), S. 201 ff.; Mellerowicz (1981), S. 502 ff.
9 Kosten für ein unternehmenseigenes Lager sind demzufolge nur in Engpaßsituationen anzusetzen.

Diese klassische Wiederauflageregel einer Sorte bewirkt, daß der durchschnittliche Lagerbestand allein als Funktion der Losgröße y darzustellen ist und für die Planung ein statisches, den Zeitablauf nicht abbildendes Modell eingesetzt werden kann. Mit der klassischen Losauflageregel werden allerdings bestimmte in der Realität mögliche Lagerbestandsentwicklungen aus der Analyse ausgeklammert. Unter Berücksichtigung des Maschinenbelegungsproblems könnte es durchaus sinnvoll sein, ein neues Los einer Sorte bereits aufzulegen, obwohl noch Mengen des letzten Loses dieser Sorte auf Lager liegen (Zeitpunkt t_1 in Abbildung 7-2).

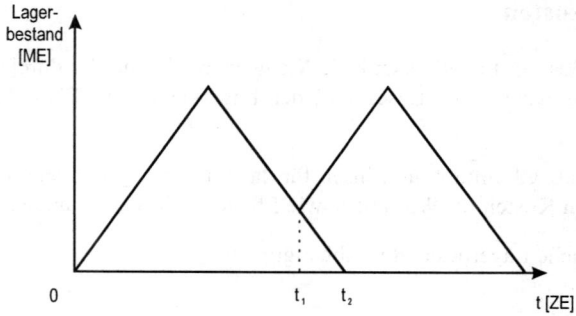

Abbildung 7-2

Bei derartigen Lagerbestandsentwicklungen ist der durchschnittliche Lagerbestand außer von der Losgröße auch von der Zeitdifferenz $t_2 - t_1$ in Abbildung 7-2 abhängig. Derartige Bestandsentwicklungen lassen sich nur im Rahmen einer dynamischen Losgrößentheorie behandeln, die auch zu einer evolutorischen Lospolitik führt.[10] Trotz im Zeitablauf konstanter Daten ist es bei dynamischer Sicht optimal, im Zeitablauf mit Losgrößen unterschiedlicher Größe zu arbeiten. Bestandsentwicklungen, wie sie in Abbildung 7-2 dargestellt sind, können allerdings nur optimal sein, wenn beim Losgrößenproblem auch das Maschinenbelegungsproblem berücksichtigt wird. Diese mögliche Erweiterung des Planungsproblems soll im folgenden nicht vorgenommen werden. Für das eingeschränkte Problem ist dann die klassische Wiederauflageregel stets optimal. Von den fünf Determinanten der Lagerkosten werden daher im folgenden nur die ersten vier berücksichtigt.

Im Fall der Identität von Produktions- und Absatzbeginn setzt der Betrieb während der Produktionszeit y/x eines Loses y bereits die Teilmenge y/x · V ab. Am Ende der Produktionszeit eines Loses liegt folglich nur die Losgröße, vermindert um die bereits abgesetzte Teilmenge y/x · V, auf Lager (siehe Abbildung 7-3).[11]

---

10 Vgl. Oßwald (1979).
11 Vgl. Adam (1990), S. 853 f.

7.2 Auftragsgrößenplanung am Beispiel der Losgrößenplanung

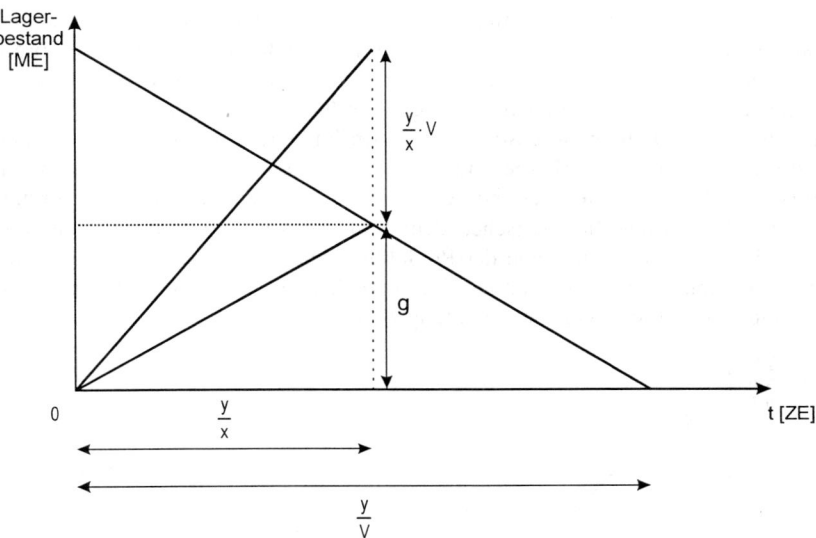

Abbildung 7-3

$$g = y - \frac{y}{x} \cdot V = y\left(1 - \frac{V}{x}\right)$$

Von dieser Menge g ist während der Verkaufszeit des Loses bzw. während der gesamten Planungsperiode T durchschnittlich die Hälfte auf Lager.[12]

Die Lagerkosten im Planungszeitraum T belaufen sich somit auf

$$K_{TL} = \underbrace{\frac{y}{2}\left(1 - \frac{V}{x}\right)}_{\text{durchschnittlicher Bestand}} \cdot \underbrace{T}_{\text{Lagerzeit}} \cdot \underbrace{Cl}_{\substack{\text{Lagerkostensatz} \\ \text{je ME und ZE}}}$$

Werden diese Lagerkosten durch die Nachfrage im Planungszeitraum $V \cdot T$ dividiert, ergeben sich die Lagerkosten pro Stück.

$$k_L = \frac{K_{TL}}{VT} = \frac{y}{2V}\left(1 - \frac{V}{x}\right) \cdot Cl$$

Sind Produktionsendzeitpunkt und Verkaufsbeginn eines Loses identisch,[13] wird ein neues Los aufgelegt, wenn von dem vorhergehenden Los einer Sorte noch Bestände vorhanden sind, die gerade ausreichen, um die Lieferbereitschaft während der Produktionszeit des neu-

---

12 Der Planungszeitraum T entspricht der Verkaufszeit eines Loses y/V multipliziert mit der Zahl der Lose im Planungszeitraum y/V · R/y = R/V = T.

13 Vgl. Adam (1990), S. 854 f.

en Loses zu sichern. Der Lagerbestand bei erneuter Auflage einer Sorte muß somit dem Produkt aus der Produktionszeit des neuen Loses y/x und der Verkaufsmenge V pro Zeiteinheit entsprechen. Während der Produktionszeit des neuen Loses verringert sich das Verkaufslager je Zeiteinheit um V Mengeneinheiten, während das Produktionslager um x Mengeneinheiten pro Zeiteinheit aufgestockt wird. Am Ende der Produktionszeit des neuen Loses sind die Bestände des vorhergehenden Loses erschöpft, und das neue Los y wird dem Verkaufslager zugeführt. Der Bestand des Produktions- und Verkaufslagers verändert sich in diesem Fall kontinuierlich zwischen dem Mindestniveau y/x·V bei Produktionsbeginn und dem Höchstniveau y am Ende der Produktionszeit eines Loses. Der durchschnittliche Lagerbestand entspricht dem Mindestniveau zuzüglich der halben Differenz zwischen Höchst- und Mindestniveau (siehe Abbildung 7-4).

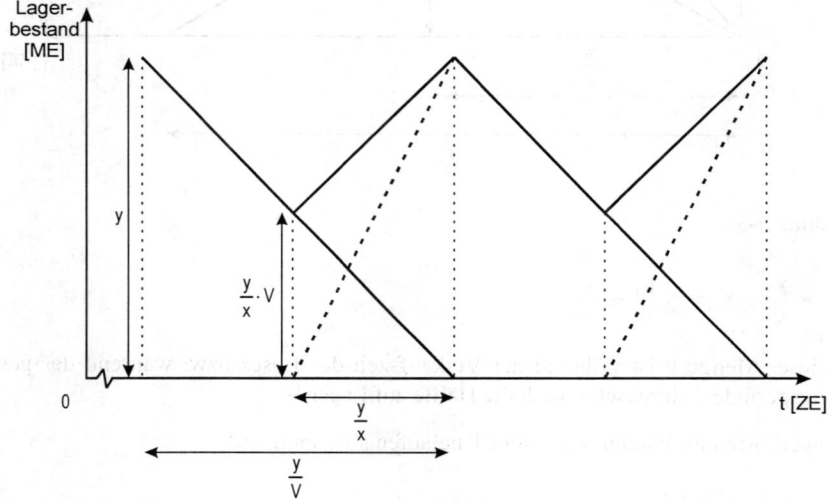

Abbildung 7-4

Dieser durchschnittliche Bestand liegt wiederum während der Planungsperiode T auf Lager, so daß sich folgende Lagerkosten in der Planperiode bzw. pro Stück ergeben:

$$K_{TL} = \frac{y}{2}\left(1 + \frac{V}{x}\right) \cdot T \cdot Cl$$

$$k_L = \frac{K_{TL}}{VT} = \frac{y}{2V}\left(1 + \frac{V}{x}\right) \cdot Cl$$

Aus der Formel für k_L folgt:

- Die Lagerkosten pro Stück steigen unabhängig von der Annahme über die Zeitspanne zwischen Produktions- und Absatzbeginn mit wachsender Losgröße linear an.

7.2 Auftragsgrößenplanung am Beispiel der Losgrößenplanung

- Die Lagerkosten pro Stück sind bei gegebener Losgröße y bei Identität von Produktionsendzeitpunkt und Absatzbeginn wegen des größeren durchschnittlichen Lagerbestandes höher als bei Identität von Produktions- und Absatzbeginn.

7.2.3 Herleitung der klassischen Losgrößenformel

Das Ziel der Losgrößenplanung besteht darin, jene Losgröße y zu bestimmen, bei der die Summe aus Lagerkosten und Umrüstungskosten pro Stück oder pro Periode minimiert wird. Eine Stück- bzw. Periodenrechnung führt zum gleichen Ergebnis, da die Periodenrechnung der mit einer Konstanten (V·T) multiplizierten Stückrechnung entspricht und eine Multiplikation mit einer Konstanten die Lage des Optimums nicht beeinflußt. Statt der Kosten im Planungszeitraum können auch die Kosten pro ZE minimiert werden, da beide Kosten sich nur um den konstanten Faktor T unterscheiden.

Identität von Produktions- und Absatzbeginn unterstellt, gilt es, die folgende Stückkostenfunktion zu minimieren:

$$k(y) = \underbrace{\frac{Cr}{y}}_{\text{Umrüstungskosten}} + \underbrace{\frac{y}{2V}\left(1 - \frac{V}{x}\right)Cl}_{\text{Lagerkosten}} \rightarrow \min$$

Diese Kostenfunktion ist zur Berechnung der kostenminimalen Losgröße nach y zu differenzieren. Die Funktion hat dort ihr Minimum, wo die erste Ableitung gleich null ist.

$$\frac{dk(y)}{dy} = -\frac{Cr}{y^2} + \frac{\left(1 - \frac{V}{x}\right)Cl}{2V} \stackrel{!}{=} 0$$

Wird die gleich null gesetzte Ableitung nach y aufgelöst, ergibt sich für die stückkostenminimale Losgröße der als „klassische Losgrößenformel" oder „Andler'sche Losgrößenformel" bekannte Ausdruck.

$$y_{opt} = \sqrt{\frac{2\,V\,Cr}{\left(1 - \frac{V}{x}\right)Cl}}$$

Graphisch kann die optimale Losgröße als Schnittpunkt der Umrüstungs- und Lagerkosten je Stück bestimmt werden.[14] In diesem Punkt entspricht der Zuwachs der Lagerkosten gerade dem negativen Zuwachs der Umrüstungskosten, d.h., es herrscht Gleichheit der Grenzlager- und der Grenzumrüstungskosten (Winkel α in Abbildung 7-5).[15]

---

14 Es wird dabei unterstellt, daß keine relevanten, nicht mengenabhängigen Lagerkosten entstehen.
15 Vgl. Pack (1963), S. 471-475.

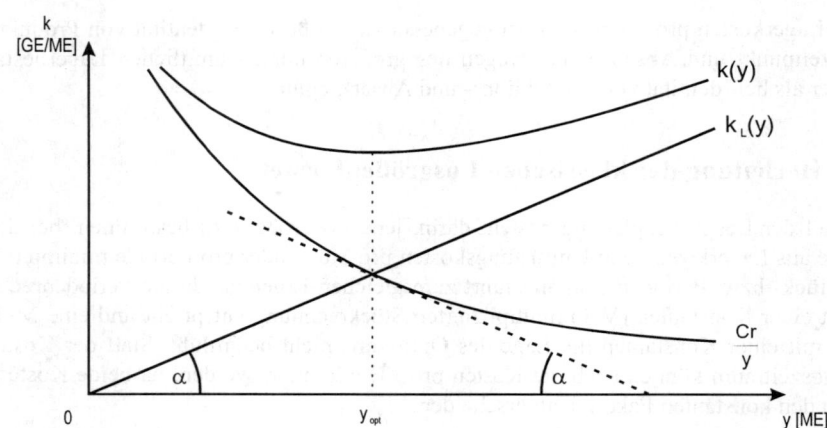

Abbildung 7-5

Gleichzeitig mit der Planung der Losgröße y wird die Anzahl der Lose bestimmt, in die die Bedarfsmenge $R = V \cdot T$ des Planungszeitraums T bei Losen des Umfangs y_{opt} zerlegt wird. Die optimale Auflagenzahl h_{opt} entspricht dem Quotienten aus der Bedarfsmenge R und der optimalen Losgröße y_{opt}:

$$h_{opt} = \frac{R}{y_{opt}}$$

Die optimale Auflagenzahl h_{opt} kann auch direkt bestimmt werden, wenn die Variable y in der Kostenfunktion durch die Variable $h = R/y$ ersetzt wird.

Die Losgrößenplanung soll im folgenden anhand eines Beispiels demonstriert werden.

Die Produktionsmenge x pro Tag beträgt 100 Mengeneinheiten. Im gleichen Zeitraum sind $V = 50$ Mengeneinheiten abzusetzen. Produktion und Verkauf des Loses beginnen im gleichen Zeitpunkt. Es entstehen pro Tag Lagerkosten Cl in Höhe von 0,2 Geldeinheiten je Mengeneinheit. Eine Umrüstung der Produktionsanlage auf die Erfordernisse der neuen Sorte verursacht Umrüstungs- und Anlaufkosten in Höhe von 250 Geldeinheiten.

Die kostenminimale Losgröße y_{opt} wird aus der Losgrößenformel zu 500 ME berechnet.

$$Y_{opt} = \sqrt{\frac{2\,V\,Cr}{\left(1 - \frac{V}{x}\right) Cl}} = \sqrt{\frac{2 \cdot 50 \cdot 250}{\left(1 - \frac{50}{100}\right) \cdot 0{,}2}}$$

$$= \sqrt{250000} = 500 \text{ ME}$$

Die klassische Losgrößenformel liefert nur dann optimale Ergebnisse, wenn folgende Voraussetzungen erfüllt sind:

7.2 Auftragsgrößenplanung am Beispiel der Losgrößenplanung   485

- Die Umrüstungskosten Cr aller Sorten sind in ihrer Höhe unabhängig von der Reihenfolge, in der die Sorten bearbeitet werden. Der Lagerkostensatz ist während des gesamten Betrachtungszeitraums konstant.
- Die Produktionsmengen x pro Zeiteinheit sowie die Verkaufsmengen V pro Zeiteinheit sind im Zeitablauf ebenfalls konstant.
- Unterstellt wird eine einstufige Produktion, so daß keine Zwischenlagerkosten anfallen.
- Der Betriebsmittelbestand besteht aus nur einer Produktionsanlage, auf der alle Sorten gefertigt werden. Sofern mehrere parallel einzusetzende Anlagen vorhanden sind, muß bereits vor der Losgrößenplanung festliegen, welche Sorte auf welcher Anlage zu produzieren ist. Wenn eine Sorte gleichzeitig auf mehreren Maschinen produziert werden kann, ist die obige Lagerkostenberechnung falsch, da der Durchschnittsbestand dann von den Losgrößen und der zeitlichen Lage der Produktionsmengen auf den Maschinen abhängig ist.
- Es darf kein Maschinenbelegungsproblem existieren, bzw. es muß möglich sein, die berechneten Lose in dem durch die klassische Losauflageregel definierten Rhythmus ohne Doppelbelegung der Maschine zeitlich durchzusetzen.
- Die gesamte Umrüstungszeit aller Sorten zuzüglich der gegebenen Fertigungszeit zur Produktion der Bedarfsmengen R aller Sorten darf die verfügbare Fertigungskapazität nicht überschreiten.
- Der Lagerraumbedarf für alle Sorten darf die zur Verfügung stehende Lagerkapazität nicht übersteigen.

7.2.4 Losgrößenpolitik bei knapper Fertigungskapazität

Die isoliert für jede Sorte ermittelten kostenminimalen Lose sind nur dann eine sinnvolle Lösung des Losgrößenproblems, wenn – abgesehen vom Maschinenbelegungsproblem – keine Beschränkungen existieren, die den Losumfang in irgendeiner Weise begrenzen. Derartige Restriktionen können im Finanz-, Lager- oder Produktionsbereich auftreten. Es ist in diesen Fällen eine simultane Losgrößenplanung aller Sorten erforderlich.

Die Situation knapper Fertigungskapazität ist gegeben, wenn die Rüstzeiten aller Sorten z zusammen bei Verwendung der isoliert bestimmten kostenminimalen Lose y_{zmin} größer sind als die Differenz zwischen der verfügbaren Kapazität T und der reinen Produktionszeit P aller Sorten z.

Für die Produktion zweier Sorten gelten folgende Daten:

Sorte z	Produktionsmenge pro ZE x_z	Absatzmenge pro ZE V_z	Lagerkosten pro ME und ZE Cl_z	Kosten pro Umrüstung Cr_z	Zeit pro Umrüstung tr_z
1	100	20	1	32	0,8
2	200	50	2	37,5	0,4

Tabelle 7-1

Der Planungszeitraum umfasse T = 100 Tage. Bei isolierter Planung ergeben sich nach der klassischen Losgrößenformel bei Identität von Produktions- und Absatzbeginn die kostenminimalen Lose y_{1min} = 40 und y_{2min} = 50.

Zur Überprüfung der Kapazitätssituation ist der Zeitbedarf ZB für Produktion und Umrüstung zu bestimmen, der bei Losen dieser Größe im Planungszeitraum erforderlich ist.

$$ZB = \sum_z \left(\underbrace{\frac{R_z}{x_z}}_{\text{Produktions-zeit}} + \underbrace{tr_z \cdot \frac{R_z}{y_{z_{min}}}}_{\text{Rüstzeit}} \right)$$

Mit den Daten des Beispiels errechnet sich ein Gesamtzeitbedarf von 125 Tagen. Sollen die vorgegebenen Mengen der beiden Sorten produziert werden, stehen bei reiner Fertigungszeit von 45 Tagen maximal 55 Rüsttage zur Verfügung. Bei isolierter Planung der Sorten sind jedoch 80 Rüsttage erforderlich.

Sorte z	Produktionszeit	Rüstzeit	Produktions- und Rüstzeit
1	20	40	60
2	25	40	65
			Σ 125

Tabelle 7-2

Im Fall eines nach Art und Menge gegebenen Produktionsprogramms und somit nicht beeinflußbarer Produktionszeit P muß durch eine Vergrößerung der Lose die Anzahl der Umrüstungen und damit der Rüstzeitbedarf auf das Niveau T − P = 55 reduziert werden.

Die Lösung des Planungsproblems besteht darin, die Lose der Sorten so über das Niveau y_{zmin} hinaus zu vergrößern, daß einmal die Grenzkosten je Umrüstungszeiteinheit für alle Sorten gleich hoch sind und zweitens der Zeitbedarf für Umrüstungsarbeiten gerade der insgesamt verfügbaren maximalen Rüstzeit T − P = 55 entspricht.

Um die Grenzkosten je Umrüstungszeiteinheit einer Sorte z ermitteln zu können, sind die Lager- und Umrüstungskosten in der Planperiode $K_T(y_z)$

$$K_T(y_z) = \left[\frac{Cr_z}{y_z} + \frac{y_z}{2 V_z} \cdot \left(1 - \frac{V_z}{x_z}\right) \cdot Cl_z \right] \cdot R_z$$

nach der Umrüstungszeit Fr_z, die für eine Sorte bereitgestellt wird, zu differenzieren. Die Rüstzeit Fr_z ist in der Kostenfunktion $K_T(y_z)$ aber zunächst nicht enthalten. Da aber bei gegebenem Periodenbedarf R_z und bekannter Rüstzeit tr_z je Los einer Sorte zu jeder Losgröße y_z eine ganz bestimmte Umrüstungszeit Fr_z gehört, kann die Variable y_z in der Kostenfunktion $K_T(y_z)$ durch die Variable Fr_z ersetzt werden. Zwischen y_z und Fr_z besteht die Beziehung:

7.2 Auftragsgrößenplanung am Beispiel der Losgrößenplanung

$$tr_z \cdot \frac{R_z}{y_z} = Fr_z \quad \text{oder} \quad y_z = \frac{tr_z \cdot R_z}{Fr_z}$$

Durch Austausch der Variablen geht $K_T(y_z)$ dann über in $K_T(Fr_z)$

$$K_T(Fr_z) = \left[\frac{Cr_z \cdot Fr_z}{tr_z \cdot R_z} + \frac{tr_z \cdot R_z}{2V_z \cdot Fr_z} \cdot \left(1 - \frac{V_z}{x_z}\right) \cdot Cl_z \right] \cdot R_z$$

Daraus folgt die Grenzkostenfunktion je ZE $K'_T(Fr_z)$

$$\frac{dK_T(Fr_z)}{dFr_z} = K'_T(Fr_z) = \frac{Cr_z}{tr_z} - \frac{tr_z \cdot R_z^2}{2V_z \cdot Fr_z^2} \cdot \left(1 - \frac{V_z}{x_z}\right) \cdot Cl_z$$

Die Grenzkostenfunktion je Umrüstungszeiteinheit kann durch erneute Variablensubstitution als Funktion der Losgröße y_z dargestellt werden. Hierzu wird der 2. Term der Grenzkostenfunktion $K'_T(Fr_z)$ zunächst mit tr_z erweitert. Für den dann im 2. Term stehenden Ausdruck

$$\frac{tr^2 \cdot R_z^2}{Fr_z^2} = y_z^2$$

kann y_z^2 geschrieben werden. Die Grenzkosten pro Zeiteinheit, als Funktion von y_z ausgedrückt lauten dann:

$$K'_T(y_z) = \frac{Cr_z - \frac{y_z^2}{2V_z} \cdot \left(1 - \frac{V_z}{x_z}\right) \cdot Cl_z}{tr_z}$$

Die Grenzkosten K'_T entsprechen der Differenz aus Rüst- und Lagerkosten pro Los, dividiert durch die erforderliche Rüstzeit pro Los. Sie sind gleich null, wenn die Lagerkosten je Los den Umrüstungskosten entsprechen. Das ist bei der isoliert für jede Sorte bestimmten Losgröße y_{min} der Fall. Für $y < y_{min}$ sind die Grenzkosten $K'_T(y_z)$ größer als null, da die Rüstkosten die Lagerkosten je Los überschreiten. Negativ sind sie hingegen für $y > y_{min}$.

Durch Erhöhung der Losgrößen über das bei isolierter Losplanung kostenminimale Niveau hinaus muß soviel Rüstzeit eingespart werden, daß die Summe der Rüstzeiten der maximal verfügbaren Umrüstungszeit von T – P entspricht. Die Losgrößen sind dabei so festzusetzen, daß die Grenzkosten $K'_T(y_z)$ beider Erzeugnisse gleich groß sind, also eine verringerte Umrüstungszeit bei jeder Sorte pro Zeiteinheit zu den gleichen Kostensteigerungen führt.

Die optimale Politik für den Fall von zwei Sorten ist somit durch das folgende Gleichungssystem determiniert:

I. $K'_T(Fr_1) = K'_T(Fr_2)$

II. $Fr_1 + Fr_2 = T - P$

Für das Zahlenbeispiel gelten folgende Gleichungen:

I. $\underbrace{40 - 0{,}025y^2_1}_{\text{Grenzkosten pro ZE der 1. Sorte}} = \underbrace{93{,}75 - 0{,}0375y^2_2}_{\text{Grenzkosten pro ZE der 2. Sorte}}$

II. $\dfrac{1600}{y_1} + \dfrac{2000}{y_2} = 55$

Bei Optimalverhalten ergeben sich Rüstzeiten von 25,48 ZE für Sorte 1 und 29,52 ZE für Sorte 2, wobei die Losgrößen auf $y_{1opt} = 62{,}80$ ME und $y_{2opt} = 67{,}74$ ME festgesetzt werden. Die Grenzkosten je Umrüstungszeit betragen bei dieser Politik $K'_T(Fr_1) = K'_T(Fr_2) = 78{,}33$ GE, d.h., würde für die gleichen Absatzmengen eine ZE mehr Kapazität zur Verfügung stehen, kann die Summe der Lager- und Umrüstungskosten durch sinkende Lose um 78,33 GE reduziert werden.

7.2.5 Losgrößenpolitik bei knapper Lagerkapazität

Bei knapper Lagerkapazität führt die isolierte Berechnung kostenminimaler Lose für alle Sorten zu undurchsetzbaren Lösungen, da diese Lose eine zu große Lagerkapazität beanspruchen. Bei knappem Lagerraum ist zwischen zwei Planungssituationen zu unterscheiden:

- Der Betrieb hat einzelnen Sorten spezielle Lagerflächen zugeordnet. Dieser Fall wird als systematische Lagerhaltung bezeichnet. Liegen die Lagerflächen der einzelnen Sorten fest, ist das Planungsproblem sehr einfach zu lösen. Überschreitet der Lagerkapazitätsbedarf der kostenmimimalen Losgröße einer Sorte deren Kapazität, determiniert die Lagerfläche die maximale Losgröße. Das eigentliche Planungsproblem besteht in diesem Fall darin, die gesamte Lagerkapazität sinnvoll auf die einzelnen Sorten aufzuteilen.

- Der Betrieb lagert die Sorten chaotisch ein. Für die einzelnen Sorten existieren keine speziell zugeordneten Lagerflächen. In diesem Fall bestehen über die gemeinsame und knappe Lagerkapazität Interdependenzen zwischen den Sorten, die einen simultanen Ansatz erzwingen. Bei allen Sorten ist dann eine Reduzierung der isoliert geplanten Lose unumgänglich. Die Verkleinerung der Lose muß entsprechend dem Marginalprinzip so durchgeführt werden, daß die Kostenänderungen je Lagerkapazitätseinheit bei Variation der Lose für alle Sorten gleich groß sind. Die Losgrößen der einzelnen Sorten sind folglich solange zu senken, bis die Lagerkapazität bei Ausgleich der Grenzkosten je Kapazitätseinheit gerade nicht mehr überschritten wird.

7.2 Auftragsgrößenplanung am Beispiel der Losgrößenplanung

In statischen Modellen lassen sich gemeinsame Lagerkapazitätsrestriktionen nur unzureichend erfassen. Die Beanspruchung des Lagers hängt real nicht nur von der Losgröße, sondern auch von der zeitlichen Abfolge ab, in der die Lose bzw. Sorten produziert werden. Dieser dynamische Aspekt ist in statischen Modellen aber nicht abzubilden. Wird dennoch auf statische Modelle zurückgegriffen, muß von vereinfachenden Prämissen ausgegangen werden. Vereinfachend kann die beanspruchte Lagerkapazität dann als Funktion des durchschnittlichen Lagerbestandes dargestellt werden.

Wird mit dem Verkauf eines Loses begonnen, sobald das erste Stück des Loses fertig ist, beläuft sich der durchschnittliche Lagerbestand einer Sorte auf $y/2 \cdot (1 - V/x)$. Die bei der simultanen Losplanung zu berücksichtigende Lagernebenbedingung auf Basis des Durchschnittsbestandes jeder Sorte soll garantieren, daß der Lagerbedarf für alle Sorten die Lagerkapazität LK nicht überschreitet. Wird der Lagerbedarf pro Mengeneinheit mit lb_z bezeichnet, gilt die folgende Nebenbedingung:

$$\sum_z \frac{y_z}{2} \cdot \left(1 - \frac{V_z}{x_z}\right) \cdot lb_z \leq LK$$

Die Planungsaufgabe besteht darin, die Lager- und Rüstkosten im Planungszeitraum für alle Sorten unter der Lagerkapazitätsbedingung zu minimieren:

$$K_T(y_z) = \sum_z \left[\frac{R_z}{y_z} \cdot Cr_z + \frac{y_z}{2} \cdot \left(1 - \frac{V_z}{x_z}\right) \cdot T \cdot Cl_z \right] \rightarrow \min!$$

$$\sum_z \frac{y_z}{2} \cdot \left(1 - \frac{V_z}{x_z}\right) \cdot lb_z \leq LK$$

Diese Aufgabe läßt sich mit Hilfe des Verfahrens Lagrangescher Multiplikatoren[16] lösen. Überschreiten die isoliert errechneten Lose der einzelnen Sorten die Lagerkapazität, wird die Lagerbedingung als Gleichung geschrieben und nach null aufgelöst, dann mit λ multipliziert und zur Kostengleichung addiert. Durch partielles Differenzieren nach den Losgrößen y_z aller Sorten und dem Lagrangeschen Multiplikator λ entsteht ein Gleichungssystem, das durch Auflösung nach den Unbekannten ausgerechnet werden kann.

Bei Minimierung der Gesamtkosten in der Planungsperiode gilt für die optimale Politik dann der Ausdruck:

$$y_{zopt} = \sqrt{\frac{2 V_z Cr_z}{Cl_z \left(1 - \frac{V_z}{x_z}\right) + \lambda lb_z \frac{1}{T} \left(1 - \frac{V_z}{x_z}\right)}}$$

Die Variable λ ist als Grenzkostensatz pro Kapazitätseinheit des Lagers (Dimension GE/LKE) für die Planperiode zu interpretieren. Äquivalent mit der Minimierung der Kosten

---

16 Vgl. zur Lagrangemethode z.B. Kallsichnigg/Kockelkorn/Dinge (1998), S. 112 ff.

der Planperiode ist es, die Kosten pro ZE – z.B. pro Tag – zu minimieren. Für die optimale Politik gilt dann:

$$y_{zopt} = \sqrt{\frac{2 V_z Cr_z}{Cl_z \left(1 - \frac{V_z}{x_z}\right) + \lambda lb_z \left(1 - \frac{V_z}{x_z}\right)}}$$

λ besitzt nunmehr die Dimension GE/(LKE·ZE). Der Unterschied beider Vorgehensweisen liegt mithin in der Größe λ. Während λ bei Minimierung der Kosten pro Planperiode als Grenzkostensatz im Planungszeitraum zu interpretieren ist, gibt λ bei Minimierung der Kosten pro ZE die Grenzkosten pro ZE wieder.

λ ist gleich null, wenn die Lagerkapazität nicht knapp ist. Für knappe Lagerkapazitäten nimmt λ stets einen positiven Wert an. Ist der Lagerraum daher knapp, läßt sich aus den Formeln für y_{zopt} erkennen, daß die optimale Losgröße stets kleiner ist als bei nicht knappen Lagerkapazitäten.

Die Wirkung der Lagerrestriktion soll an einem Beispiel demonstriert werden:

Es sind zwei Erzeugnisse in Sortenfertigung herzustellen. Für die Erzeugnisse gelten folgende Daten:

Sorte z	Produktions-menge pro ZE x_z	Absatzmenge pro ZE V_z	Lagerkosten pro ME und ZE Cl_z	Kosten pro Umrüstung Cr_z	Lagerbedarf pro ME lb_z
1	100	20	1	32	10
2	200	50	2	37,5	20

Tabelle 7-3

Der Betrieb verfügt über eine Lagerkapazität von 400 Einheiten. Es wird Identität von Produktions- und Absatzbeginn unterstellt.

Die isolierte Losgrößenberechnung führt zu kostenminimalen Losen von $y_{1min} = 40$ und $y_{2min} = 50$. Wird der durchschnittliche Lagerbestand beider Sorten zugrunde gelegt, errechnet sich als Lagerbedarf:

$$\sum_z \frac{y_z}{2}\left(1 - \frac{V_z}{x_z}\right) \cdot lb_z = 160 + 375 = 535 \text{ Einheiten}$$

Der Lagerbedarf ist größer als die verfügbare Lagerkapazität von 400 Einheiten. Die isoliert bestimmten Losgrößen sind folglich nicht durchsetzbar. Unter Berücksichtigung der knappen Lagerkapazität errechnen sich aus obigen Formeln kostenminimale Lose von:

$y_{1opt} = 29,91$ ME

$y_{2opt} = 37,38$ ME

Der Preis λ für die knappe Lagerkapazität beläuft sich auf 0,0789 [GE/(LKE·ZE)] pro Tag bzw. 0,0789 · T in der Planperiode.

Ein Modell auf der Basis des durchschnittlichen Lagerbestandes kann dazu führen, daß die Lagerrestriktion verletzt sein kann. Das liegt daran, daß der effektive Lagerbestand meistens vom Durchschnittsbestand der Sorten abweicht und sich die Kapazitätsanforderungen von über- und unterdurchschnittlichen Lagerbeständen verschiedener Sorten nicht ausgleichen müssen. Modelle auf der Basis von Durchschnittsbeständen sind folglich nur als Näherungslösungen zu interpretieren.

7.3 Neue Erscheinungsformen des Losgrößenproblems

7.3.1 Manipulierte Auflagendegression[17]

Die bisherigen Untersuchungen gingen von der Annahme gegebener Umrüstungskosten und -zeiten aus. Sind die Rüstzeiten relativ lang, lohnt es sich darüber nachzudenken, ob durch den Einsatz von Hilfsmitteln die Höhe der Rüstkosten verändert, manipuliert werden kann. Die Beschaffung derartiger rüstkostenmindernder Hilfsmittel ist mit zusätzlichen Kosten für den Kapitaldienst der Hilfsmittel verbunden. Das erweiterte Losgrößenproblem bezieht sich dann auf drei Kostenkomponenten: auf die vom Umfang der Investitionen abhängigen Rüstkosten, auf die Lagerkosten und den Kapitaldienst als Folge der Rüstkostenmanipulation. Dieser Erweiterung des Losgrößenproblems kommt heute eine weit größere Bedeutung zu, da das Potential der Kostenbeeinflussung ungleich größer ist.

Für derartige Planungsüberlegungen sind zwei Entscheidungssituationen zu unterscheiden:

- Die Investitionen in Hilfsmittel beziehen sich auf eine einzige Sorte. In diesem Fall sind nur die Kosten einer einzigen Sorte betroffen, und die Planung kann wahlweise auf der Basis der Stück- oder Gesamtkosten dieser Sorte vorgenommen werden. Für jede Sorte, für die derartige Hilfsmittel existieren, ist dann ein isoliertes Modell aufzustellen.
- Die Investitionen erleichtern die Umrüstung aller auf einer Produktionsanlage herzustellenden Sorten. Für die Planung sind die Kosten des Kapitaldienstes dann Gemeinkosten für alle Sorten. In einem derartigen Fall muß die Wirkung der Auflagenmanipulation simultan für alle Sorten des Programms durchgeführt werden. In diesem Fall führt dann nur eine Minimierung der Gesamtkosten im Planungszeitraum zum gewünschten Ergebnis.

Zunächst sei der Fall nur einer betroffenen Sorte untersucht. Es wird davon ausgegangen, daß bei einer Investition in Höhe von p die Rüstkosten für eine Sorte gemäß der Funktion Cr(p) sinken. Der Einfachheit halber sei unterstellt, daß die Funktion Cr(p) eine mit p nicht linear fallende, stetige Funktion ist, d.h., die erste Ableitung dieser Funktion nach p ist negativ. Eine spezielle Rüstkostenfunktion mit dieser Eigenschaft ist:

$$Cr(p) = 15 + \frac{800}{80 + p}$$

---

17 Vgl. zu diesem Kapitel Adam (1990), S. 906 ff.

Für eine Investition von p = 0 gelten dann Rüstkosten in Höhe von 25 GE und für p = 80 sinken sie auf 20 GE.

Der Kapitaldienst für das Hilfsgerät wird vereinfachend durch die folgende Formel dargestellt:

$$KD(p) = \underbrace{\frac{p}{n}}_{\text{Abschreibung}} + \underbrace{i \cdot \frac{p}{2} \cdot \frac{n+1}{n}}_{\text{Zins}}$$

In dieser Formel gibt n die Nutzungsdauer des Hilfsgerätes und i den Kalkulationszins wieder.

Die bekannte Losgrößenformel auf der Basis von Stückkosten ist dann um den Kapitaldienst pro Mengeneinheit zu erweitern, und die Umrüstungskosten Cr sind durch die Funktion Cr(p) zu ersetzen.

Beginnen Produktion und Verkauf des Loses gleichzeitig, gilt für die zu minimierenden Stückkosten:

$$k(y;p) = \underbrace{\frac{Cr(p)}{y}}_{\text{Rüstkosten}} + \underbrace{\frac{y}{2V}\left(1 - \frac{V}{x}\right)Cl}_{\text{Lagerkosten}} + \underbrace{\frac{KD(p)}{R}}_{\text{Kapitaldienst}}$$

In dieser Formel sind y und p die Variablen, R ist die Nachfrage eines Jahres. Die optimale Politik kann mit Hilfe der partiellen Ableitungen nach y bzw. p bestimmt werden. Die partielle Ableitung nach y zeigt die bekannte Losgrößenformel, in der der Kapitaldienst nicht enthalten ist, da die Höhe des Kapitaldienstes pro Stück nicht von der Losgröße abhängt.

$$\frac{\partial k(y;p)}{\partial y} = -\frac{Cr(p)}{y^2} + \frac{Cl}{2V}\left(1 - \frac{V}{x}\right) \overset{!}{=} 0$$

$$y_{opt} = \sqrt{\frac{2\,Cr(p)\,V}{Cl\left(1 - \frac{V}{x}\right)}}$$

Die optimale Losgröße hängt damit nicht vom Kapitaldienst, wohl aber über die Rüstkosten von der Entscheidung über die Investitionshöhe p ab.

Die partielle Ableitung der Stückkosten nach der Investitionshöhe p führt zum Ergebnis:

$$\frac{\partial k(y;p)}{\partial p} = \frac{1}{y}\frac{dCr(p)}{dp} + \underbrace{\frac{d\,KD(p)}{dp}}_{\text{KDF}} \cdot \frac{1}{R} \overset{!}{=} 0$$

7.3 Neue Erscheinungsformen des Losgrößenproblems

Die Ableitung der Kapitaldienstformel nach der Investitionshöhe p ist im vorliegenden Fall eine konstante, nicht von p abhängige Größe:

$$\frac{d\,KD(p)}{dp} = \frac{1}{n} + i \cdot \frac{1}{2} \cdot \frac{n+1}{n} = KDF$$

Der Kapitaldienstfaktor KDF gibt die durch eine Erhöhung der Investitionssumme um eine GE verursachten Kapitaldienstkosten wieder und kann insofern als Grenzkapitaldienst interpretiert werden. Als Optimalitätskriterium erhält man dann aus der partiellen Ableitung der Stückkostenfunktion nach p:

$$-\frac{dCr(p)}{dp} = \frac{KDF}{R} \cdot y$$

Bei optimaler Investitionshöhe muß damit die Ableitung der Rüstkostenfunktion nach p dem Grenzkapitaldienst pro Los – Produkt aus Grenzkapitaldienstkosten pro Stück und der optimalen Losgröße y – entsprechen. Diese zweite Bedingung sorgt dafür, daß die Senkung der Rüstkosten im Hinblick auf den Kapitaldienst pro Los nicht zu teuer erkauft wird. Im Optimum muß mithin die Rüstkostensenkung pro Los dem durch die Investition verursachten Kapitaldienst pro Los entsprechen.

Schwieriger ist die Analyse für den gemeinsamen Kapitaldienst eines Hilfsgerätes, das sich für alle Sorten einsetzen läßt. In diesem Fall ist eine Gesamtkostenfunktion über alle Produkte aufzustellen. Für den Fall von zwei Sorten gilt folgende zu minimierende Funktion:

$$K(y_A; y_B; p) = \underbrace{Cr_A(p) \cdot \frac{R_A}{y_A} + Cr_B(p) \cdot \frac{R_B}{y_B}}_{\text{Rüstkosten beider Sorten}}$$

$$+ \underbrace{\frac{y_A}{2}\left(1 - \frac{V_A}{x_A}\right) Cl_A \cdot T + \frac{y_B}{2}\left(1 - \frac{V_B}{x_B}\right) Cl_B \cdot T}_{\text{Lagerkosten beider Sorten}} + \underbrace{\left(\frac{1}{n} + \frac{i}{2} \cdot \frac{n+1}{n}\right) \cdot p}_{\text{gemeinsamer Kapitaldienst}}$$

Die drei partiellen Ableitungen zeitigen das Ergebnis:

$$\frac{\partial K}{\partial y_A} = -\frac{Cr_A(p) \cdot R_A}{y_A^2} + \frac{Cl_A \cdot T}{2}\left(1 - \frac{V_A}{x_A}\right) \overset{!}{=} 0$$

$$\frac{\partial K}{\partial y_B} = -\frac{Cr_B(p) \cdot R_B}{y_B^2} + \frac{Cl_B \cdot T}{2}\left(1 - \frac{V_B}{x_B}\right) \overset{!}{=} 0$$

$$\frac{\partial K}{\partial p} = \underbrace{\underbrace{\frac{d\,Cr_A(p)}{dp}}_{\text{Grenzrüstkosten}} \cdot \underbrace{\frac{R_A}{y_A}}_{\text{Rüsthäufigkeit}}}_{\substack{\text{Rüstkostensenkung}\\\text{bei A je Periode}}} + \underbrace{\frac{d\,Cr_B(p)}{dp} \cdot \frac{R_B}{y_B}}_{\substack{\text{Rüstkostensenkung}\\\text{bei B je Periode}}} + \underbrace{KDF}_{\text{Kapitaldienstfaktor}} \overset{!}{=} 0$$

Genau wie bei speziellen Hilfsgeräten für einzelne Sorten sind die Losgrößen wiederum unabhängig vom Kapitaldienst. Die Höhe der Investition p beeinflußt aber über die Rüstkosten beide Losgrößen. In der Bedingung für die Wahl der Investitionshöhe p geben die Terme R/y die Häufigkeiten der Umrüstungen für die beiden Sorten an. Die Ableitung der Rüstkosten nach der Investitionssumme p ist als Grenzkostensatz pro Umrüstung zu interpretieren. Werden die Grenzkosten pro Umrüstung mit der Rüsthäufigkeit multipliziert, ergeben sich die mit der Investition einzusparenden Rüstkosten einer Sorte im Planungszeitraum. Im Optimum für p muß nun gelten, daß die Summe der bei den Sorten A und B in der Periode eingesparten Rüstkosten gerade der Höhe des Grenzkapitaldienstes für die Investition entspricht.

7.3.2 Losbildung für Teilefamilien

Bei flexiblen Fertigungssystemen stellt sich häufig ein neuartiges Losgrößenproblem. Angenommen ein Bearbeitungszentrum verfügt über sechs Schlitze zur Aufnahme unterschiedlicher Werkzeuge. Je nach Bestückung des Magazins mit Werkzeugen sind auf dem Bearbeitungszentrum 4 Erzeugnisse zu erstellen, für die insgesamt 10 unterschiedliche Werkzeuge erforderlich sind. In der folgenden Tabelle zeigt das „x" jeweils an, welches Werkzeug für welches Produkt eingesetzt werden muß.

Produkt	1	2	3	4	5	6	7	8	9	10
A	x	x	x	x		x				
B		x	x	x	x	x				
C				x			x	x	x	x
D			x	x			x	x		x

Tabelle 7-4

Die Magazinierung[18] kann in diesem Fall so erfolgen, daß spezielle Werkzeugmagazine für jede Produktart zusammengestellt werden. Der Betrieb kann die Produkte A und B zu einer Teilefamilie und die Produkte C und D zu einer zweiten Teilefamilie zusammenfassen und die Erzeugnisse jeweils einer Familie mit einem gemeinsamen Magazin bearbeiten. Das gemeinsame Magazin hat den Vorteil, daß zwischen den Sorten A und B (C und D) ohne Rüstzeiten umgestellt werden kann. Im Gegensatz zur Politik mit vier Werkzeugmagazinen existieren folglich nicht 4 sondern nur noch zwei Umrüstungskostensätze. Damit stellt sich ein kombiniertes Teilefamilien- und Losplanungsproblem. Der Betrieb kann im Beispiel zwischen zwei alternativen Strategien wählen.

- Es werden vier Familien mit jeweils einem Produkt und isolierten Umrüstungskostensätzen gebildet. Die Rüstkosten sind dann Einzelkosten in bezug auf die jeweilige Sorte, und die Losgrößen der vier Erzeugnisse sind isoliert zu bestimmen.

- Der Betrieb bündelt die Erzeugnisse zu Teilefamilien. In diesem Fall fallen für alle Produkte einer Teilefamilie gemeinsame Rüstkosten an. Über diese gemeinsamen Rüstkosten

---

18 Vgl. Köhler (1988), S. 54 ff.

7.3 Neue Erscheinungsformen des Losgrößenproblems

existieren zwischen den Produkten einer Familie Interdependenzen, d.h., die Losgrößen einer Teilefamilie ist simultan zu planen.

Beide Politiken haben unterschiedliche Konsequenzen für die Höhe der Kosten; zudem ist die Politik mit Teilefamilien anpassungsfähiger, da rüstkostenfrei zwischen den Produkten einer Teilefamilie umgestellt werden kann. Um zu entscheiden, welche der Alternativen die günstigere ist, sind die Kosten für unterschiedliche Möglichkeiten der Familienbildung bei jeweils optimaler Lospolitik festzustellen und miteinander zu vergleichen. Im Beispiel ist das Problem noch einfach zu lösen, da es nur vier Gestaltungsformen des Magazins gibt:

1. vier Magazine,
2. drei Magazine (A und B gemeinsames; C und D isolierte Magazine),
3. drei Magazine (C und D gemeinsames; A und B isolierte Magazine) bzw.
4. zwei Magazine mit zwei Teilefamilien.

Insgesamt müssen damit vier Kostenwerte berechnet werden, um die günstigste Teilefamilienbildung identifizieren zu können.

In der Praxis gestaltet sich das Problem durch die Vielzahl möglicher Zusammenfassungen von Produkten zu Familien bzw. die Vielzahl von Varianten zur Magazinierung weit komplizierter. Letztlich sind alle Kombinationen zur Teilefamilienbildung auf ihre Kostenkonsequenzen zu hinterfragen, wenn mit Sicherheit die günstigste Lösung gefunden werden soll. In der Regel dürfte es bei großer Anzahl von Werkzeugschlitzen nicht gelingen, alle Kombinationen zu testen.

Die optimale Losgröße für eine Teilefamilie der Erzeugnisse A und B läßt sich durch den folgenden Ansatz bestimmen:

$$K = Cr \cdot h + \frac{R_A}{2h}\left(1 - \frac{V_A}{x_A}\right) Cl_A \cdot T + \frac{R_B}{2h}\left(1 - \frac{V_B}{x_B}\right) Cl_B \cdot T \to \min!$$

In diesem Ansatz wird vereinfachend davon ausgegangen, daß jedes Produkt einer Familie im Planungszeitraum gleich häufig aufgelegt wird. In diesem Fall besteht zwischen der Auflagenhäufigkeit h einer Teilefamilie und der Bedarfsmenge R der beiden Sorten A und B der ersten Teilefamilie folgende Beziehung, die für die zu minimierende Zielfunktion ausgenutzt wurde.

$$h = \frac{R_A}{y_A} = \frac{R_B}{y_B}$$

Das Problem besteht darin, die optimale Auflagenhäufigkeit h für eine gebildete Teilefamilie zu bestimmen und die Kosten je Periode für diese Lösung zu ermitteln.

$$\frac{dK}{dh} = Cr - \frac{R_A}{2h^2}\left(1 - \frac{V_A}{x_A}\right) Cl_A \cdot T - \frac{R_B}{2h^2}\left(1 - \frac{V_B}{x_B}\right) \cdot Cl_B \cdot T \stackrel{!}{=} 0$$

$$h_{opt} = \sqrt{\frac{R_A\left(1 - \frac{V_A}{x_A}\right) Cl_A \cdot T + R_B\left(1 - \frac{V_B}{x_B}\right) Cl_B \cdot T}{2 Cr}}$$

Aus der Ableitung der Gesamtkosten einer Teilefamilie in der Planungsperiode geht hervor: Im Optimum sind die Rüstkosten pro Teilefamilienlos gleich den Lagerkosten in der Planungsperiode für beide Produkte der Familie, dividiert durch die Auflagenhäufigkeit, d.h., im Optimum herrscht wiederum Gleichheit zwischen den Rüstkosten pro Los und den entsprechenden Lagerkosten aller Teile der Familie.

Ob eine Zusammenfassung der Erzeugnisse A und B zu einer Teilefamilie sinnvoll ist, läßt sich durch einen Vergleich der gesamten Kosten bei gemeinsamem bzw. getrennten Magazinen für A und B feststellen.

7.4 Auftragsgrößenplanung am Beispiel der Bestellmengenplanung

Als Abschluß zum Problem der Auftragsgrößenplanung soll noch gezeigt werden, wie die klassische Losgrößenformel zur Lösung des Bestellmengenproblems bei konstanter Nachfrage im Zeitablauf zu modifizieren ist.

Mit Cr werden in diesem Fall die fixen Kosten je ausgelöster Bestellung bezeichnet. Darunter sind z.B. Transportkosten zu verstehen, sofern diese nicht von der Transportmenge abhängen. Zu diesen Kosten zählen aber auch die Kosten für eine stichprobenweise Überprüfung der Produktqualität. Wie bei der Losgrößenplanung wird mit einem konstanten Lagerabgang in Höhe von V [ME/ZE] gearbeitet. Im Gegensatz zur Losgrößenplanung gehen bei der Bestellmengenpolitik die bestellten Mengen als geschlossene Posten auf Lager, während bei der Losdimensionierung unterstellt wurde, daß die Produktionsmengen kontinuierlich während der gesamten Produktionsdauer dem Lager zugeführt werden. Der durchschnittliche Lagerbestand beträgt in diesem Fall y/2 Mengeneinheiten. Die Lagerkosten im Planungszeitraum belaufen sich auf:

$$K_{TL} = \underbrace{\frac{y}{2}}_{\varnothing \text{ Lagerbestand}} \cdot \underbrace{T}_{\text{Lagerzeit}} \cdot \underbrace{Cl}_{\text{Lagerkosten}}$$

Daraus leiten sich Lagerkosten pro Stück ab in Höhe von:

$$k_L = \frac{K_{TL}}{VT} = \frac{y}{2V} \cdot Cl$$

7.4 Auftragsgrößenplanung am Beispiel der Bestellmengenplanung

Die Summe der bestellfixen Kosten sowie der Lagerkosten im Planungszeitraum beträgt in diesem Fall:

$$K_T = \underbrace{\frac{Cr \cdot VT}{y}}_{\substack{\text{bestellfixe} \\ \text{Kosten im Planungs-} \\ \text{zeitraum}}} + \underbrace{\frac{y}{2} \cdot T \cdot Cl}_{\substack{\text{Lagerkosten im} \\ \text{Planungszeitraum}}} \rightarrow \min$$

Wird diese Gleichung nach y differenziert, die erste Ableitung gleich null gesetzt und nach y aufgelöst, ergibt sich die optimale Bestellmenge:[19]

$$y_{opt} = \sqrt{\frac{2\,V\,Cr}{Cl}}$$

Diese Bestellformel gilt wiederum nur unter der Voraussetzung konstanter Daten im Zeitablauf. Zudem darf es keine Lagerbegrenzungen geben. Für den Fall knapper Lagerkapazitäten ist analog vorzugehen wie im entsprechenden Kapitel zur Losgrößenplanung.

Aus der Bestellformel bzw. den entsprechenden Formeln zur optimalen Losgröße ist ein wesentliches Merkmal statischer Modelle zu erkennen. Die optimale Lösung der Probleme hängt nicht von der Länge des der Betrachtung zugrunde liegenden Planungszeitraums ab. Der Planungszeitraum kann folglich in statischen Modellen beliebig gewählt werden. Bei dynamischen Modellen ist die Länge der Planungsperiode hingegen mitbestimmend für das Planungsergebnis, d.h., wird in einem dynamischen Modell der Planungszeitraum von 50 auf 100 Tage ausgedehnt, führt das Modell mit 100 Tagen für die ersten 50 Tage u.U. zu einem anderen optimalen Plan als ein Modell mit nur 50 Tagen Planungshorizont.

Für die Bestellpolitik kann sich ein der Teilefamilienbildung verwandtes Problem ergeben, wenn mehrere Produkte gemeinsam bestellt und transportiert werden. In diesem Fall gibt es für alle gemeinsam bestellten Produkte wiederum gemeinsame fixe Kosten, und es ist ein Simultanansatz für alle Produkte einer Bestellung aufzustellen. Das hierfür geeignete Modell hat die gleiche Struktur wie bei den Teilefamilienlosen; lediglich die Lagerkosten sind zu vereinfachen, da der Durchschnittsbestand y/2 beträgt.

Diese gemeinsame Disposition kann durch begrenzte Transportkapazitäten erschwert werden. Die Lose der gemeinsam zu bestellenden Teile sind dann so zu bilden, daß die Ladefläche oder das Ladegewicht des geplanten Transportmittels nicht überschritten wird. Formal hat diese Erweiterung die gleiche Struktur wie die Losbildung bei knappen Lagerkapazitäten. Die Transportrestriktion darf jedoch nicht von der durchschnittlichen Lagerbestandshöhe ausgehen, sondern muß sich auf das effektive Transportgewicht beziehen. Dieses Gewicht ist aus den Bestellmengen der Waren und dem Gewicht je Mengeneinheit abzuleiten.

---

[19] Vgl. Hadley/Whitin (1963), S. 35; Whitin (1957), S. 32 f.

7.5 Bedarfsplanung
7.5.1 Die Struktur des Materialdispositionsproblems

Die Auftragsgrößenplanung in der Form der Bestellpolitik hat bekannte Bedarfsmengen der Rohstoffe und Teile in der Planungsperiode zur Voraussetzung. Die Mengen werden in der Bedarfsplanung bestimmt. Die Bedarfsplanung hat zwei Aufgaben zu bewältigen. Es müssen die Gesamtbedarfsmengen von Teilen oder Rohstoffen in der Planungsperiode abgeleitet werden, und dieser Gesamtbedarf ist auf die Planungsperiode zu verteilen (Terminierung). Für die erste Aufgabe existieren programmgesteuerte und verbrauchsgesteuerte Verfahren zur Materialbedarfsermittlung. In der Regel wird ein Betrieb für unterschiedliche Komponenten bzw. Teile auf beide Verfahren zurückgreifen.[20]

Bei verbrauchsgesteuerten Verfahren wird aus effektiven Verbrauchsmengen in der Vergangenheit auf den Bedarf der nächsten Periode geschlossen. Im einfachsten Fall wird der mittlere, in der Vergangenheit beobachtete Verbrauch als Bedarfswert der nächsten Periode angesetzt. Durch diese Art des Vorgehens wird mit den Bedarfsmengen gleichzeitig auch der Bedarf terminiert.

Programmgesteuerte Verfahren schließen von einem vorgegebenen Produktionsprogramm mit Hilfe einer Teilebedarfsrechnung auf den Bedarf in der Planungsperiode. Bei diesen Verfahren sind die Bedarfszeitpunkte zusätzlich zu terminieren. Diese Terminierung erfolgt meistens im Anschluß an die Mengenplanung, indem von den gesetzten Lieferzeitpunkten die mittlere Durchlaufzeit (DLZ) abgezogen wird. Dieses zweistufige Vorgehen (erst Mengenplanung und dann Terminierung) mit festen Vorlaufzeiten ist nur sinnvoll, wenn zwei Bedingungen erfüllt sind:

- Die Vorlaufzeiten müssen vor der Planung bekannt sein, und sie dürfen für die verschiedenen Aufträge des Produktionsprogramms keine nennenswerte Streuung aufweisen. Existieren stärkere Streuungen, führt die Disposition auf Basis von Mittelwerten zu Fehlern bei den Bedarfszeitpunkten.

- Die Vorlaufzeit darf nicht von der Wahl der innerbetrieblichen Auftragsgröße abhängig sein. Diese Bedingung ist grundsätzlich nur erfüllt, wenn Aufträge vorab definierter Größe abzuwickeln sind. Legt der Betrieb erst auf der Basis des Periodengesamtbedarfes die optimale Losgröße fest, hängen die Durchlaufzeit und somit auch die Länge der erforderlichen Vorlaufzeiten von der Losplanung ab. Bei großen Losen nehmen die Lagerzeiten und damit die Durchlaufzeit zu. In diesem Fall sind Losplanung und Terminierung interdependent. Eine Lösung des Problems kann so aussehen, daß zunächst auf der Basis der Jahresbedarfsmengen innerbetriebliche Aufträge festgelegt werden. Für die Auftragsgrößenplanung wird vereinfachend von einer konstanten Bedarfsmenge im Zeitablauf ausgegangen. Die auf Basis dieser Vereinfachung abgeleiteten Lose werden dann terminiert. Diese Art des Vorgehens hat einen Nachteil: Die Losplanung ist nicht optimal, weil effektiv nach der Terminierung auftretende Bedarfsschwankungen nicht in der Planung berücksichtigt sind.

---

20 Vgl. z.B. Eisele et al. (1985), S. 2; Kurbel/Meynert (1991), S. 65.

7.5.2 Die programmgesteuerte Materialdisposition
7.5.2.1 Ablauf und Einsatzvoraussetzungen der programmgesteuerten Materialdisposition

Bei den programmgesteuerten Verfahren zur Materialdisposition werden die Bedarfsmengen der eigengefertigten sowie der fremdbezogenen Komponenten, sog. Sekundärbedarfe, auf der Basis eines bekannten Primärbedarfs ermittelt.[21] Der Primärbedarf umfaßt sämtliche Kundenaufträge einer Planperiode. Die Verfahren können aber auch für die Berechnung des Sekundärbedarfs einzelner Aufträge eingesetzt werden. Zentrales Hilfsmittel zur Bedarfsermittlung sind Stücklisten, in denen sämtliche Produktionskoeffizienten sowie die Strukturen der Endprodukte gespeichert sind. Mit Hilfe der Stücklisten wird zunächst der Bruttobedarf bestimmt. Anschließend ist dieser Bruttobedarf mit den für die Teile existierenden Lagern abzugleichen, um auf die Nettobedarfsmengen zu schließen.[22]

Um eine programmgesteuerte Materialdisposition durchführen zu können, müssen folgende Voraussetzungen erfüllt sein:

- Im Zeitpunkt der Bedarfsermittlung muß das Auftragsprogramm gegeben sein.
- Die kompletten Erzeugnisstrukturen müssen zu Beginn der Materialbedarfsermittlung feststehen, d.h., für die Endprodukte müssen vollständige Stücklisten existieren. Da die Konstruktion in der industriellen Einzelfertigung oftmals fertigungsbegleitend erfolgt, liegen im Zeitpunkt der Bedarfsermittlung häufig nur Rumpfstücklisten vor, die lediglich einen Teil der Produktstruktur wiedergeben. Eine programmgesteuerte Bedarfsermittlung ist dann nur für die in den Rumpfstücklisten enthaltenen Komponenten möglich.
- Sämtliche Produktionskoeffizienten müssen eindeutig feststehen. Häufig sind diese Koeffizienten von der gewählten Produktionsintensität oder dem eingesetzten Aggregat abhängig. In diesen Fällen muß für die Materialdisposition bereits feststehen, welche Maschinen bzw. Intensitäten für einen Auftrag eingesetzt werden.
- Die vom Zeitpunkt der Bedarfsermittlung bis zum Bedarfszeitpunkt verfügbare Zeit muß ausreichend lang sein, um die benötigten Komponenten beschaffen bzw. fertigen zu können.
- Für die Terminierung des Bedarfs ist von fest vorgegebenen Zeiten zwischen Produktionsbeginn in einer Fertigungsstufe und der Fertigstellung des Endproduktes (Vorlaufzeit) auszugehen.
- Es muß ein signifikanter Zusammenhang zwischen Primär- und Sekundärbedarf vorliegen. Das gilt z.B. nicht für den Heizölbedarf. Der Ölbedarf hängt von der Witterung und nicht in erster Linie von der Art und Menge der Kundenaufträge ab.

---

21 Vgl. Glaser (1986), S. 486.
22 Vgl. z.B. Hoitsch (1993), S. 370 ff.; Kurbel/Meynert (1991), S. 66.

7.5.2.2 Stücklisten als Hilfsmittel zur programmgesteuerten Materialdisposition

Die Stückliste ist ein Verzeichnis aller Rohstoffe, Teile und Baugruppen, die für die Fertigung einer Einheit eines Erzeugnisses erforderlich sind.[23] In der Literatur werden drei Grundformen der Stückliste unterschieden, die sich hinsichtlich Informationsgehalt, Speicherplatzbedarf und Änderungsaufwand unterscheiden:[24]

- Die Mengenübersichtsstückliste stellt ein Verzeichnis sämtlicher in einem Produkt enthaltenen Komponenten dar. Die Mengenangaben in der Stückliste beziehen sich auf eine Einheit des Endprodukts. Diese Stücklistenart enthält keine Informationen über die Produktionsstruktur und damit den Bedarfsort der Komponenten.
- In der Strukturstückliste sind alle in ein Produkt eingehenden Komponenten strukturerhaltend erfaßt. Aus ihnen ist zu erkennen, in welche Baugruppen die Teile eingehen.[25]
- Die Baukastenstückliste ist eine einstufige Stückliste, in der alle direkt in eine Baugruppe eingehenden Komponenten aufgeführt sind. Die Mengenangaben beziehen sich nicht auf das Endprodukt, sondern auf die betrachtete Baugruppe. Um über Baukastenstücklisten auf die Stückliste des Endproduktes schließen zu können, sind mehrere Baukastenstücklisten nach dem Prinzip der Adressverkettung miteinander zu verknüpfen.

Der Aufbau der drei beschriebenen Stücklistenformen wird anhand eines Beispiels (Abbildung 7-6) dargestellt.[26] Die Zahlen an den Kanten des Erzeugnisbaumes geben die jeweiligen Produktionskoeffizienten an.

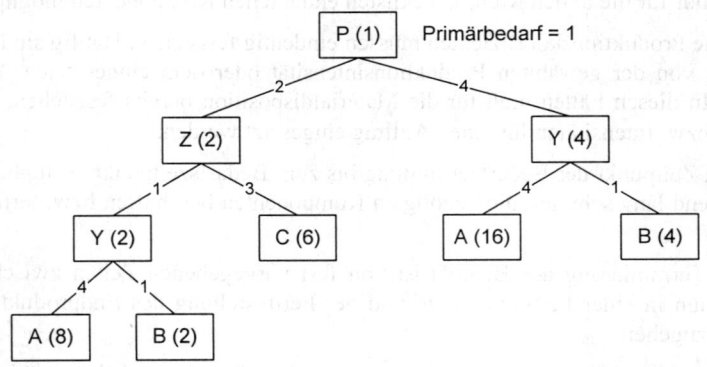

Abbildung 7-6

Ausgehend vom Primärbedarf kann dann mit Hilfe der Produktionskoeffizienten auf den Teilebedarf geschlossen werden. Für einen Primärbedarf von P = 1 sind von Z 2 ME erfor-

---

23 Vgl. Schulte (1995), S. 210.
24 Vgl. z.B. Dinius (1983), S. 11 f.; Grupp (1991), S. 50 ff.; Hartmann (1997), S. 239 ff.; Mertens (1997), S. 140 ff.
25 Vgl. z.B. Franken (1984), S. 44; Grochla (1992), S. 43; Hartmann (1997), S. 246 f.
26 Das Beispiel ist entnommen aus Utzel (1992), S. 70 ff.

7.5 Bedarfsplanung

derlich, während von Y 4 ME benötigt werden. Bei fortschreitender Rückwärtsrechnung ergeben sich die Bedarfsmengen, die jeweils neben der Teileart in Klammern stehen. So werden 2 weitere ME der Baugruppe Y zu Fertigung der erforderlichen Menge Z benötigt.

In der Abbildung 7-7 sind die drei Formen der Stückliste für die Produktstruktur der Abbildung 7-6 dargestellt.

Mengenübersichts-stückliste für P	
Komponente	Menge
A	24
B	6
C	6
Y	6
Z	2

Strukturstückliste für P		
Komponente	Auflösungsstufe	Menge
Z	1	2/2
Y	2	1/2
A	3	4/8
B	3	1/2
C	2	3/6
Y	1	4/4
A	2	4/16
B	2	1/4

Baukastenstückliste für P

Baugruppe P	
Komponente	Menge
Z	2
Y	4

Baugruppe Z	
Komponente	Menge
Y	1
C	3

Baugruppe Y	
Komponente	Menge
A	4
B	1

Abbildung 7-7

Die **Mengenübersichtsstückliste** faßt den gesamten Bedarf der Teile in den einzelnen Ästen der Produktionsstruktur zusammen. Von dem Teil A werden daher in beiden Hauptästen zusammen 24 ME benötigt. Aus dieser Art der Stückliste ist nicht zu erkennen, für welche Baugruppen der Bedarf entsteht. Diese Information ist allerdings aus der Strukturstückliste zu gewinnen.

Die **Strukturstückliste** ist nach Auflösungsstufen organisiert. Wird der linke Ast der Abbildung 7-6 betrachtet, ist als erstes der Bedarf von Z (1. Stufe) zu ermitteln. Ist dieser Bedarf bekannt, schließt sich die Berechnung für Y und C an (2. Auflösungsstufe). Schließlich folgen A und B auf der dritten Stufe innerhalb dieses Astes. Für den rechten Hauptast sind lediglich 2 Stufen aufzulösen. Die erste Angabe in der Spalte „Menge" der Strukturstückliste entspricht dem Produktionskoeffizienten, während die zweite Angabe die Bedarfsmenge enthält, die insgesamt über den betrachteten Ast in das Endprodukt eingeht.

In der **Baugruppenstückliste** ist die Produktstruktur in drei Baugruppen zerlegt. Für die Baugruppe P sind die Komponenten Y und Z erforderlich. Die Baugruppe Y umfaßt die Teile A und B, und die Baugruppe Z erfordert die Teile Y und C. Vorteil dieser Stückliste ist es, daß die Gruppe Y, die sowohl im linken wie im rechten Ast der Produktstruktur enthalten ist, nur einmal aufgelöst werden muß. Mit steigender Anzahl standardisierter Baugruppen, die mehrfach über verschiedene Fertigungsäste in ein Produkt oder gar in unterschiedlichen Endprodukte eingehen, verursachen Strukturstücklisten gegenüber den Baukastenstücklisten erheblichen Mehraufwand. Weil die einzelnen Baugruppen in der Strukturstückliste bei jeder Verwendung komplett mit all ihren Bestandteilen abgebildet werden, führt dies zu Redundanzen bei der Erfassung, Pflege und Speicherung der Stücklisten. Aufgrund des modulartigen, redundanzarmen Aufbaus bietet die Baukastenstückliste Vorteile für die kundenindividuelle Einzelfertigung. Die Baukastenstücklisten aller standardisierten Baugruppen werden auftragsneutral gespeichert.[27] Erst durch die Auswahl bestimmter Baugruppen und deren Verkettung werden von der Konstruktion in kurzer Zeit auftragsindividuelle Stücklisten aufgebaut. In Abhängigkeit vom konkreten Anforderungsprofil eines Auftrages sind ggf. einzelne Baugruppen zu modifizieren, neue auftragsindividuelle Baugruppen zu erstellen oder bestimmte Baugruppenvarianten aus den Baukastenstücklisten auszuwählen.[28]

Graphentheoretische Verfahren sind eine Alternative zu den bisher diskutierten Stücklisten. Bei ihnen werden die Beziehungen zwischen Rohstoffen, Zwischen- und Endprodukten nicht mehr in tabellarischer Form, sondern mit Hilfe des von Vazsonyi[29] entwickelten Gozinto-Graphen veranschaulicht. Dieses Verfahren eignet sich insbesondere, um die Beziehungen zwischen den Produkten leichter darzustellen. An einem Beispiel soll die Funktionsweise des Verfahrens gezeigt werden.

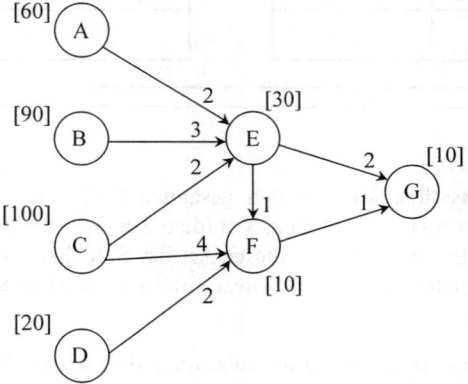

Abbildung 7-8

---

27 Vgl. Eisele et al. (1985), S. 36 ff.; Grupp (1989), S. 166 ff.
28 Vgl. Schönsleben (1988), S. 37 ff.
29 Vgl. Vazsonyi (1962).

7.5 Bedarfsplanung

Aus den vier Rohstoffen A, B, C und D werden die Zwischenprodukte E und F gefertigt. Aus den beiden Halbfabrikaten entsteht das Endprodukt G.

Die Elemente des Gozinto-Graphen sind folgendermaßen zu interpretieren: Die Rohstoffe A, B, C und D stehen in Kreisen, von denen ausschließlich Pfeile ausgehen. Diese Produkte werden nicht selbst gefertigt, sondern von außen bezogen. Fertigerzeugnisse – G – werden durch Kreise dargestellt, in die nur Pfeile einmünden. In Kreise der Zwischenerzeugnisse – E und F – münden Pfeile ein, und es gehen auch Pfeile davon aus. Pfeile mit positiver Bewertung geben die Menge des Rohstoffes bzw. Zwischenfabrikates an, die erforderlich sind, um eine Mengeneinheit des Zwischen- bzw. Endproduktes herstellen zu können, auf das die Pfeilspitze zeigt. Für eine Einheit von G werden bspw. 2 Einheiten von E und 1 Einheit von F benötigt. Pfeile mit negativer Bewertung – sie treten im Beispiel nicht auf – bedeuten, daß gleichzeitig mit einem Halb- oder Fertigfabrikat ein nicht benötigtes oder gar unerwünschtes Produkt anfällt.

Die Zahlen in den eckigen Klammern stehen für den Bedarf an Rohstoffen und Zwischenprodukten, wenn ein bestimmter Primärbedarf für das Endprodukt G zu befriedigen ist. Für 10 ME des Endproduktes G sind $10 \cdot 1 = 10$ Einheiten von F erforderlich. Zwischenprodukt E geht mit einem Produktionskoeffizienten von 1 sowohl in das Zwischenprodukt F als auch in das Endprodukt G ein. Für 10 ME von F sind somit $10 \cdot 1 = 10$ Einheiten von E erforderlich und zusätzlich, aufgrund der direkten Beziehung zwischen E und G, werden noch einmal $10 \cdot 2 = 20$ Einheiten benötigt. Insgesamt sind somit für 10 Einheiten von G 30 Einheiten des Zwischenproduktes E nötig. Durch retrograde Auswertung des Graphen können letztendlich die Bedarfsmengen der Rohstoffe berechnet werden. Um 30 ME des Zwischenproduktes E herstellen zu können, sind $30 \cdot 2 = 60$ Einheiten von A und $30 \cdot 3 = 90$ Einheiten von B einzusetzen. Zu beachten ist, daß der Rohstoff C in beide Zwischenprodukte E und F eingeht, der Bedarf beläuft sich folglich auf $30 \cdot 2 + 10 \cdot 4 = 100$ ME. Rohstoff D wird nur für das Zwischenprodukt F eingesetzt. Der Bedarf von D beläuft sich auf $10 \cdot 2 = 20$ ME.

Das Beispiel soll um einige Aspekte innerbetrieblichen Recyclings erweitert werden. Gleichzeitig mit dem erwünschten Endprodukt fällt ein unerwünschtes Kuppelprodukt H an, und zwar entstehen gleichzeitig mit 10 ME von G 5 ME des nicht erwünschten Produktes H. Die „Bedarfsmenge" von H stellt sich damit auf -5 ME, was durch die negative Pfeilbewertung zum Ausdruck gebracht wird. Die negativen Zahlen sagen aus: Produkt H wird nicht zur Herstellung von G benötigt, sondern fällt automatisch mit G an. H ist damit wie eine negative Rohstoffmenge zu interpretieren.

Das Unternehmen möge das Kuppelprodukt H aufbereiten und dadurch Recyclate gewinnen, die an Stelle eines Rohstoffes oder eines Zwischenproduktes in den Fertigungsprozeß eingesetzt werden können. Wird dieser Weg des innerbetrieblichen Recyclings nicht beschritten, muß H außerbetrieblich recycelt oder entsorgt werden. Im Beispiel wird davon ausgegangen: Das aus dem Kuppelprodukt H gewonnene Recyclat kann den Rohstoff D substituieren. Wird diese Option ausgeübt, sinkt der Bedarf des originären Rohstoffs D. Der Gozinto-Graph muß dann um eine unechte Rückkopplung ergänzt werden. Eine unechte Rückkopplung liegt vor, wenn ein Erzeugnis höherer Produktionsreife in ein Erzeugnis geringerer Produktionsreife eingehen **kann**, aber nicht muß. Zur Darstellung dieser unechten Rückkopplung wird der Hilfsknoten H' eingeführt (Abbildung 7-10).

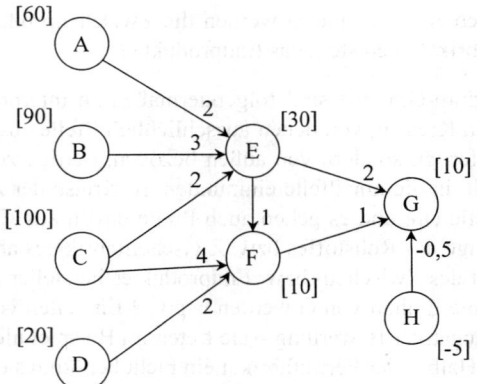

Abbildung 7-9

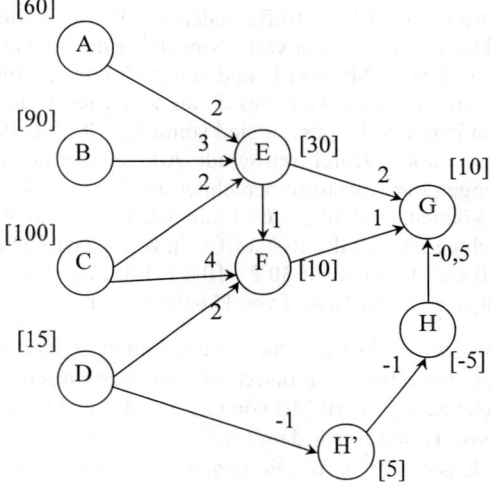

Abbildung 7-10

H' ist als Sekundärrohstoff zu interpretieren. Die Kennzahl des Pfeiles von H' nach H sagt aus, daß durch den Wiederaufbereitungsprozeß aus einer Mengeneinheit des Kuppelproduktes H eine Einheit H' gewonnen wird. Der Pfeil zwischen H und H' entspricht der Recyclingquote, die im Beispiel 100% beträgt. Die Kennziffer des Pfeiles von D nach H' beschreibt die Substitution von D durch H'. Im Beispiel werden durch die Aufbereitung 5 ME von H' gewonnen, durch die 5 Einheiten von D eingespart werden können. Der Bedarf des Rohstoffes D sinkt daher auf 20 − 5 = 15 Einheiten.

Die Abbildung des Recycling über den Hilfsknoten erscheint im ersten Augenblick unnötig kompliziert. Man könnte versucht sein, den Zusammenhang ohne den Hilfsknoten durch

7.5 Bedarfsplanung

einen Pfeil von D nach H mit der Kennzahl 1 abzubilden. In diesem Fall ergibt sich aber eine ungewollte, falsche Interpretation. Der Pfeil von D auf H würde bedeuten, daß für die Produktion von H zwingend eine Mengeneinheit von D erforderlich ist, d.h., der Bedarf an D würde steigen und nicht sinken. Auch ein direkter Pfeil von H nach D mit der Kennziffer -1 spiegelt den Sachverhalt nicht zutreffend wider. H ginge dann mit der Menge $-5 \cdot (-1) = 5$ in die Fertigung von D ein, d.h., die Bedarfsmenge von D würde sich unsinnigerweise erhöhen. Soll der Recyclingfall mit den aus dem Gozinto-Graphen gewohnten Symbolen treffend abgebildet werden, bleibt nur der Weg über den Hilfsknoten.

In einer zweiten Modifikation des Ausgangsbeispiels soll gezeigt werden, wie vorzugehen ist, wenn aus dem Kuppelprodukt durch Aufbereitung ein Zwischenerzeugnis gewonnen wird, das für die Produktion von F zwingend erforderlich ist. Ein Erzeugnis höherer Produktionsreife muß in diesem Fall in ein Erzeugnis geringerer Produktionsreife eingehen. In diesem Fall liegt eine echte Rückkopplung vor. Sind für 1 Einheit F bspw. 0,1 ME des aufbereiteten Erzeugnisses notwendig, ist das im Graphen durch einen mit 0,1 bewerteten Pfeil von H auf F zu beschreiben (Abbildung 7-11).

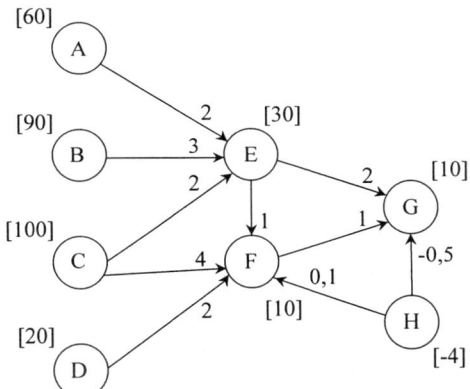

Abbildung 7-11

Für die Produktion der 10 Einheiten von F ist dann $10 \cdot 0,1 = 1$ Einheit von H erforderlich. Von den ursprünglich 5 unerwünschten Einheiten von H wird dann eine in den Produktionsprozeß zurückgeführt. Damit verbleiben 4 ME des unerwünschten Kuppelproduktes. Aus dem Graphen ist dann allerdings die Aufbereitung der 1 ME von H nicht unmittelbar zu erkennen. Dazu wäre wieder ein Hilfsknoten von H auf H' allerdings mit einer positiven Bewertung erforderlich.

7.5.2.3 Instrumente zur programmgesteuerten Bedarfsermittlung

Mit der analytischen und der synthetischen Methode sowie der Gozinto-Methode existieren drei Instrumente zur programmgesteuerten Materialdisposition.

- Beim analytischen Verfahren wird der Bruttobedarf ausgehend vom Endprodukt errechnet. Sind alle Fertigungsstufen aufgelöst, ist der Bedarf für sämtliche Zwischenerzeugnisse und Fremdbezugsteile bekannt. Eine analytische Stückliste beantwortet somit die Frage, welche Mengen an Baugruppen und Teilen für die Produktion eines Enderzeugnisses insgesamt erforderlich sind. Zusätzlich kann ggf. die Frage nach dem Bedarfsort der Teile beantwortet werden (Struktur- bzw. Baugruppenstücklisten).

- Im Gegensatz zur analytischen Methode geht die synthetische Methode vom einzelnen Teil bzw. einzelnen Baugruppen aus. Anhand des Teileverwendungsnachweises (synthetische Stückliste) wird für jedes Teil und jede Baugruppe überprüft, auf welcher Fertigungsstufe die Komponente in welches Enderzeugnis eingeht. Der Sekundärbedarf kann durch Multiplikation der Einsatzkoeffizienten mit den entsprechenden Primärbedarfen ermittelt werden.

- Mit Hilfe der Gozinto-Methode kann die Produktstruktur in ein Gleichungssystem transformiert werden. Variable des Systems sind die Rohstoffe bzw. Zwischenerzeugnisse. Für jede Mengenbeziehung zwischen benachbarten Erzeugnissen im Gozinto-Graphen ist eine Gleichung zu formulieren. Der Bedarf für das Bauteil Z aus Abbildung 7-6 entspricht bspw. dem Zweifachen des Primärbedarfs P. Für das gesamte Produktnetz aus Abbildung 7-6 gilt folgendes Gleichungssystem:

$$Z = 2 \cdot P$$
$$C = 3 \cdot Z$$
$$Y = 4 \cdot P + 1 \cdot Z$$
$$A = 4 \cdot Y$$
$$B = 1 \cdot Y$$

- Das Gleichungssystem umfaßt 5 Variable (A;B;C;Y;Z). Für P ist der gegebene Primärbedarf, also z.B. 1, anzusetzen.

- Die Bedarfsermittlung für alle Komponenten erfolgt simultan auf der Basis einer Matrixinversion. Das hat zur Folge, daß eine Aufteilung der Sekundärbedarfe in einzelne Teilmengen, die in unterschiedlichen Fertigungsstufen benötigt werden, unmöglich ist.[30] Die Vorgehensweise leistet insoweit weniger als das Dispositionsstufenverfahren, bei dem alle Teile, die mehrfach eingesetzt werden, auf die unterste Verwendungsstufe (Dispositionsstufe) gezogen und dort gemeinsam erfaßt werden.[31]

Die Methoden zur Bedarfsermittlung sind danach zu differenzieren, ob sie auf den Bruttobedarf oder den Nettobedarf schließen. Bei einer Bruttobedarfsrechnung gehen bestehende Lagerbestände von Teilen nicht in die Berechnungen ein. In einer Nettorechnung wird der errechnete Bruttobedarf um die verfügbaren Lagerbestände reduziert. Zusätzlich ist zu berücksichtigen, daß durch diese Bestände auch der Bedarf an Vorprodukten sinkt (indirekte Wirkung der Lager).

---

30 Vgl. Hoitsch (1993), S. 367 f.
31 Vgl. Tempelmeier (1995), S. 125 ff.

7.5 Bedarfsplanung

Eine Brutto-/Nettobedarfsrechnung für das Beispiel der Abbildung 7-6 führt zu folgendem Ergebnis:

Bedarfsart	Komponenten				
	Z	Y	C	A	B
Bruttobedarf	2	6	6	24	6
Lagerbestand		2		4	
indirekte Wirkung des Lagers				8	2
Nettobedarf	2	4	6	12	4

Tabelle 7-5

Von den Komponenten Y (A) möge das Unternehmen über einen Bestand von 2 ME (4 ME) verfügen. Als Folge des Bestandes von A reduziert sich der Bedarf für dieses Teil auf zunächst 20 ME, während von Y nur noch 2 ME benötigt werden. Da im Bestand von Y auch ME der beiden Komponenten A und B enthalten sind, muß von diesen Komponenten weniger produziert werden. Wegen der Rückwirkungen des Lagerbestands für Y sinkt der Bedarf von A bspw. um 4 ME für jede von Y verfügbare ME. Der Nettobedarf unter Berücksichtigung der direkten und indirekten Bedarfswirkungen der Lagerbestände ist der vorstehenden Tabelle zu entnehmen.

Wegen des großen Datenvolumens erfolgt die Stücklistenauflösung in der Praxis gewöhnlich mit Hilfe der EDV.[32] Die in den Stücklisten enthaltenen Informationen werden in getrennten **Teile- und Strukturstammdateien** gespeichert. Durch die Verkettung bestimmter Teile- und Strukturstammsätze werden die Baukastenstücklisten einzelner Baugruppen aufgebaut, die wiederum zu übergeordneten Baugruppen verknüpft werden usw. Die einzelnen Stammsätze der Teilestamm- und Strukturstammdateien bestehen jeweils aus einem **Systemteil** und einem **Anwendungsteil**.[33] Der Systemteil der Teilestammsätze enthält die aktuelle Satzadresse sowie die Adresse des jeweils ersten Satzes in der Strukturstammdatei. Im Anwendungsteil sind sämtliche Eigenschaften des bezeichneten Teils gespeichert. Der Systemteil der Strukturstammsätze enthält neben der Struktursatzadresse sämtliche Strukturinformationen der jeweiligen Baugruppen, die zur analytischen bzw. synthetischen Bedarfsermittlung benötigt werden. Für die analytische Bedarfsermittlung sind dies die Teilestammsatzadresse der ersten zur Fertigung der betrachteten Baugruppe benötigten Komponente und die Strukturstammsatzadresse zum Auffinden der nächsten benötigten Komponente. Sind alle Komponenten einer Baugruppe miteinander verkettet, ist die Baukastenstückliste vollständig, und dieses Feld enthält eine Endmarke. Der Anwendungsteil der Strukturstammsätze enthält den aktuellen Produktionskoeffizienten und ggf. zur Montage benötigte Informationen.[34]

---

32 Vgl. Mertens (1997), S. 139 ff. und die dort angegebene Literatur.
33 Vgl. Scheer (1997), S. 190 ff.
34 Mitunter sind in dieser Spalte komplette Arbeitsgangbeschreibungen gespeichert.

Die Arbeitsweise des Stücklistenprozessors wird für das in Abbildung 7-6 dargestellte Produkt beschrieben. Zum besseren Verständnis ist die Erzeugnisstruktur des Produkts P nochmals in Abbildung 7-12 wiedergegeben, wobei zusätzlich die Teilestammsatzadressen der Komponenten („SAT") sowie, an den Kanten des Baumes, die Satzadressen der Strukturstammsätze angegeben sind. Zur Rekonstruktion der analytischen Baukastenstückliste des Produkts P wird im zugehörigen Teilestammsatz Nr. 17 auf die Strukturstammsatzadresse Nr. 112 verwiesen, der folgende Informationen zu entnehmen sind: Die erste zur Fertigung von Baugruppe P benötigte Komponente ist Baugruppe Y mit der Teilestammsatzadresse 20. Der Produktionskoeffizient beträgt vier ME je Einheit des Produkts P. Darüber hinaus wird auf die Strukturstammsatzadresse 113 verwiesen, in der sich Informationen über die nächste Komponente der Baugruppe P befinden. Dies ist die Baugruppe Z mit der Teilestammsatzadresse 21, von der jeweils zwei Mengeneinheiten benötigt werden. Die Endmarke * deutet an, daß mit diesem Schritt die Auflösung der Baugruppe P abgeschlossen ist.

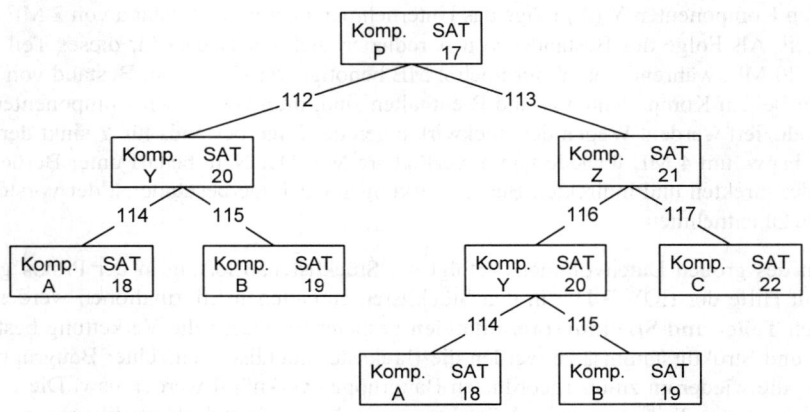

Abbildung 7-12

7.5 Bedarfsplanung

Teilestammdatei				
	Systemteil		Anwendungsteil	
SAT	erste SAS bei anal. Bed.-erm.	erste SAS bei synth. Bed.-erm.	Komponenten-bezeichnung	sonstige Komponenten-eigenschaften
⋮	⋮	⋮	⋮	
17	112	*	P	
18	-	114	A	
19	-	115	B	
20	114	112	Y	
21	116	113	Z	
22	-	117	C	
⋮	⋮	⋮	⋮	

Strukturstammdatei						
	Systemteil				Anwendungsteil	
SAS	anal. Bed.-erm.		Synth. Bed.-erm.		PK	Sonstiges
	SAT	folgende SAS	SAT	folgende SAS		
⋮	⋮	⋮	⋮	⋮		
112	20	113	17	116	4	
113	21	*	17	*	2	
114	18	115	20	*	4	
115	19	*	20	*	1	
116	20	117	21	*	1	
117	22	*	21	*	3	
⋮	⋮	⋮	⋮	⋮		

SAT : Satzadresse im Teilestamm
SAS : Satzadresse im Strukturstamm
PK : Produktionskoeffizient
* : Endmarke

Tabelle 7-6[35]

7.5.3 Die verbrauchsgesteuerte Materialdisposition

7.5.3.1 Einsatzvoraussetzungen und Ablauf der verbrauchsgesteuerten Materialdisposition

Bei den verbrauchsgesteuerten Verfahren zur Bedarfsermittlung wird vom Materialverbrauch vergangener Perioden auf den künftigen Verbrauch geschlossen. Dabei handelt es sich um statistische Prognoseverfahren, die eine Vorratshaltung zum Ausgleich stochastisch

---
35 Tabelle aus Utzel (1992), S. 80.

auftretender Bedarfsschwankungen voraussetzen. Im Gegensatz zur programmgesteuerten Disposition erfolgen Mengen- und Zeitplanung in einem kombinierten Planungsschritt; mit der Bedarfsprognose sind sowohl Menge als auch Zeitpunkt des künftigen Bedarfs disponiert. Die verbrauchsgesteuerte Bedarfsermittlung kann nur bei Komponenten eingesetzt werden, für die in der Vergangenheit regelmäßig Bedarfe aufgetreten sind.

Grundlage für die verbrauchsgesteuerte Bedarfsermittlung ist die Verbrauchszeitreihe, d.h. die chronologische Folge der vergangenen Periodenverbräuche des jeweiligen Materials.[36] Eines der Grundprobleme verbrauchsgesteuerter Verfahren besteht darin, bei der Prognose künftiger Materialbedarfe die „richtige" Verbrauchszeitreihe zugrunde zu legen. Voraussetzung dafür ist eine geschlossene Aufzeichnung der Materialentnahmen. Bevor eine Prognose künftiger Materialbedarfe erfolgen kann, ist zunächst die Zeitreihe vergangener Entnahmen in eine Zeitreihe vergangener Periodenbedarfe zu transformieren. Diese Transformation erfolgt in zwei Schritten:[37]

- Transformation der Entnahmezeitreihe in eine Verbrauchszeitreihe,
- Transformation der Verbrauchszeitreihe in eine Zeitreihe vergangener Periodenbedarfe.

Im ersten Transformationsschritt sind aus den Entnahmen der Vergangenheit die tatsächlich in der Fertigung verbrauchten Mengen abzuleiten. Rückgaben fehlerhafter oder nicht benötigter Materialien sind zu registrieren und von den Entnahmen der Ausgabeperiode abzuziehen. Desgleichen sind Lagerabgänge infolge von Diebstahl, Beschädigung bzw. Zerstörung von Teilen nicht als Materialverbrauch zu erfassen, da diese Teile nicht zur Produktion eingesetzt wurden.

Ist der Materialverbrauch der Vergangenheit nicht mit den Bedarfen vergangener Perioden identisch, muß die Verbrauchszeitreihe in einem zweiten Transformationsschritt in eine Zeitreihe vergangener Periodenbedarfe überführt werden. Folgende Umstände führen zu einer Diskrepanz zwischen Verbrauch und Bedarf:

- Aufgrund von Fehlmengen können geplante Materialentnahmen nicht realisiert werden, so daß der Verbrauch in dieser Periode kleiner ist als der Bedarf. Wird der Prognose die effektive Verbrauchsmenge zugrunde gelegt, bleibt der tatsächliche Materialbedarf unberücksichtigt. Aus diesem Grunde ist die Verbrauchszeitreihe um den unbefriedigten Bedarf zu ergänzen.

- Wird bei Knappheit einer Materialart ein Ersatzmaterial eingesetzt, verschieben sich die Verbrauchszahlen zwischen den Materialarten, was wiederum zu einem Auseinanderklaffen von Verbrauchs- und Bedarfszahlen führt. Während der künftige Bedarf des substituierten Materials wegen der Fehlmengen unterschätzt wird, liegt der prognostizierte Bedarf des Substituts aufgrund des Mehrverbrauchs zu hoch.

- Kann aufgrund eines Materialengpasses eine Materialentnahme erst später als geplant erfolgen, ist der Materialverbrauch nicht der tatsächlichen, sondern der Engpaßperiode als Bedarf zuzurechnen.

---

36 Zum Zeitreihenbegriff vgl. z.B. Leiner (1991), S. 2.
37 Vgl. Utzel (1992), S. 85 ff.

7.5 Bedarfsplanung

- Existiert ein mehrstufiges Lagersystem, bestehend aus einem Hauptlager und mehreren nachgeordneten Nebenlagern in der Fertigung, stimmen buchmäßiger Abgang im Hauptlager und realer Verbrauch in der Fertigung zeitlich nicht überein. Weil die Werkstattmeister häufig dazu neigen, umfangreichere Materialreserven anzulegen, um eventuellen Produktionsstörungen infolge von Materialengpässen vorzubeugen, ist der Verbrauch anhand der Materialentnahmen aus den Nebenlagern zu erfassen.

- Um realistische Verbrauchsprognosen zu erstellen, reicht die alleinige Analyse von Vergangenheitsdaten nicht aus, wenn sich die Struktur des Bedarfs künftig verändert. Führt ein Unternehmen z.B. eine Wärmerückgewinnungsanlage ein, sagt der vergangene Energieverbrauch wenig über den künftigen Verbrauch aus. Die durch den Strukturbruch hervorgerufenen Bedarfsänderungen sind abzuschätzen und ebenfalls in die Prognose einzubeziehen.

Auf Basis der korrigierten Verbrauchszeitreihe ist in drei Schritten ein Prognosemodell zu entwickeln, mit dem der Bedarf der nächsten Periode geschätzt werden kann:

1. In einem ersten Schritt sind die Determinanten der Verbrauchsreihe zu identifizieren. Es ist zu analysieren, ob die Zeitreihe einen Trend aufweist oder einen Saisonzyklus besitzt.

2. Im zweiten Schritt ist entsprechend den Ergebnissen bei der Zeitreihenanalyse ein geeignetes Prognosemodell auszuwählen, das die spezifischen Determinanten des Verbrauchs berücksichtigt.

3. Anhand der Verbrauchszeitreihe sind die Parameter des ausgewählten Modells in einem dritten Schritt zu schätzen und periodisch fortzuschreiben.

Bei der Zeitreihenanalyse werden üblicherweise vier unterschiedliche Komponenten unterschieden, aus denen sich die Zeitreihe entweder multiplikativ oder additiv zusammensetzt:[38] Der Trend (T) gibt die Wachstumsrate einer Zeitreihe an. Konjunkturzyklen (C) verursachen längerfristige Oszillationen der Zeitreihe. Kürzere Schwingungen mit einer Frequenz von bis zu einem Jahr sind auf saisonale Einflüsse (S) zurückzuführen. Alle unvorhersehbaren Einflüsse auf die Zeitreihe werden in einer irregulären, zufälligen Komponente (I) abgebildet. Da die langfristigen Komponenten T und C in der Praxis nur schwer zu trennen sind, werden sie oft zu einer sogenannten glatten Komponente TC zusammengefaßt.

Um Aussagen über den Verlauf der einzelnen Komponenten im Zeitablauf zu erhalten, ist die Zeitreihe zu zerlegen. Die Dekomposition der in Tabelle 7-7 angegebenen und in der Abbildung 7-13 dargestellten Zeitreihe sei im folgenden exemplarisch mit Hilfe der Ratio-to-Moving-Average-Methode durchgeführt,[39] dem wohl am häufigsten eingesetzten Verfahren zur Zeitreihendekomposition.[40] Unterstellt wird eine multiplikative Verknüpfung der Zeitreihenkomponenten.

---

38 Vgl. Silver/Peterson (1985), S. 93 ff.; Meffert/Steffenhagen (1977), S. 61 ff.; Wheelwright/Makridakis (1978), S. 14 ff.
39 Vgl. Hamburg (1983), S. 563 ff.
40 Das Beispiel ist entnommen aus Utzel (1992), S. 90 ff.

t	h	TCSI = V_t	TC	S	I	Prognosewert
1	1	50	-	0,8936	-	49,1
2	2	80	-	1,1050	-	64,9
3	3	60	62,500	1,1306	0,8491	70,705
4	4	55	65,000	0,8709	0,9716	57,77
5	1	60	70,625	0,8936	0,9507	62,667
6	2	90	75,625	1,1050	1,0770	81,687
7	3	95	78,750	1,1306	1,0670	87,87
8	4	60	83,750	0,8709	0,8227	70,992
9	1	80	86,875	0,8936	1,0305	76,234
10	2	110	90,625	1,1050	1,0985	98,463
11	3	100	94,375	1,1306	0,9372	105,036
12	4	85	95,000	0,8709	1,0274	84,213
13	1	85	98,750	0,8936	0,9632	89,801
14	2	110	104,375	1,1050	0,9538	115,24
15	3	130	107,500	1,1306	1,0696	122,2
16	4	100	108,750	0,8709	1,0559	97,437
17	1	95	109,375	0,8936	0,9720	103,368
18	2	110	111,875	1,1050	0,8898	132,016
19	3	135	116,875	1,1306	1,0217	139,366
20	4	115	123,750	0,8709	1,0671	110,659
21	1	120	130,625	0,8936	1,0281	116,935
22	2	140	136,875	1,1050	0,9256	148,793
23	3	160	-	1,1306	-	156,531
24	4	140	-	0,8709	-	123,881

Tabelle 7-7

Die Extrahierung der einzelnen Zeitreihenkomponenten erfolgt sequentiell, wobei zunächst die glatte Komponente TC und anschließend die Komponenten S und I aus der Zeitreihe herausgerechnet werden. Der in Abbildung 7-13 dargestellte Verlauf der originären Zeitreihe V_t = $TCSI_t$ weist auf eine kontinuierliche Steigerung des Verbrauchs und somit auf einen positiven Trend hin. Darüber hinaus läßt das regelmäßige Auftreten von Extremwerten auf ein im Zeitablauf stabiles Saisonmuster mit einem Saisonzyklus von vier Perioden, d.h. vier Saisonabschnitten, schließen.

Die Extrahierung der glatten Komponente TC erfolgt mit Hilfe einer Zeitreihe aus zentrierten, gleitenden Mittelwerten, deren Stützbereich sich über die Länge eines kompletten geschlossenen Saisonzyklus erstreckt. Auf diese Weise werden die saisonalen Schwankungen

7.5 Bedarfsplanung

ebenso wie die irreguläre Komponente aus der Zeitreihe eliminiert. Für das Beispiel mit vier Saisonabschnitten gilt die folgende Formel für die gleitenden Mittelwerte TC_t:

$$TC_t = \frac{(0{,}5 \cdot V_{t-2} + V_{t-1} + V_t + V_{t+1} + 0{,}5 \cdot V_{t+2})}{4}$$

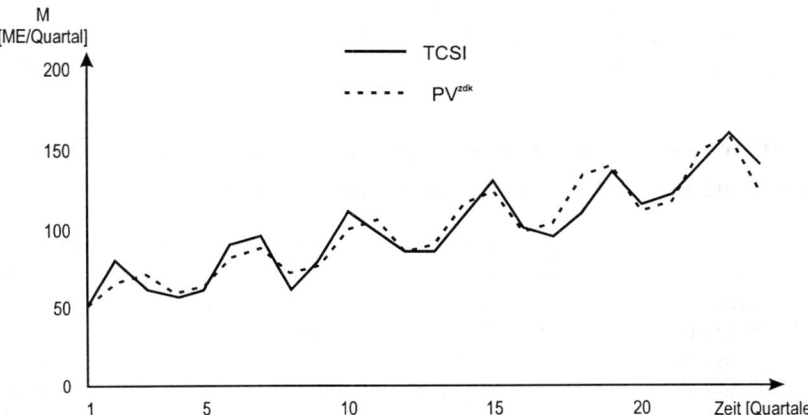

Abbildung 7-13

Für die in Tabelle 7-7 angegebene Verbrauchszeitreihe errechnet sich der Wert für die dritte Periode der glatten Zeitreihenkomponente TC_3 wie folgt:

$$TC_3 = \frac{(0{,}5 \cdot 50 + 80 + 60 + 55 + 0{,}5 \cdot 60)}{4} = 62{,}5$$

Um im nächsten Schritt die Komponente S zu isolieren, ist die glatte Komponente aus der originären Zeitreihe herauszurechnen. Dies geschieht im multiplikativen Modell durch Division der originären Zeitreihe TCSI durch die Komponente TC. Der Quotient SI stellt das noch durch die irreguläre Komponente I überlagerte Saisonmuster dar:

$$\frac{TSCI_t}{TC_t} = SI_t$$

Für t=3 (t=7) errechnet sich dann ein SI_3 (SI_7) von 60/62,5 = 0,96 (95/78,750 = 1,206). Die Dekomposition der SI-Zeitreihe in die Komponenten S und I erfolgt durch Mittelwertbildung. Für jeden Saisonabschnitt wird das arithmetische Mittel über die zugehörigen SI_t-Werte berechnet. Diese mittleren SI-Werte für die einzelnen Saisonphasen eines Saisonzyklus werden als Saisonfaktoren bezeichnet. Zur Berechnung des dritten Saisonfaktors ist bspw. das arithmetische Mittel folgender SI-Werte zu bilden: SI_3; SI_7; SI_{11}; SI_{15}; SI_{19}; SI_{23}

Im letzten Schritt kann die irreguläre Komponente durch Division der Zeitreihe TCSI durch das Produkt der beiden bereits isolierten Komponenten TC und S ermittelt werden. Es gilt die Beziehung:

$$\frac{TCSI_t}{(TC_t \cdot S_t)} = I_t$$

Die irreguläre Komponente ist folglich eine Residualgröße, die weder durch die glatte Komponente TC noch durch Saisoneinflüsse erklärt werden kann. Die in Tabelle 7-7 eingetragenen, geschätzten Verbrauchswerte ergeben sich aus dem Produkt der glatten Komponente und dem periodenspezifischen Saisonfaktor. Der Prognosewert der glatten Komponente ist aus der Trendgleichung herzuleiten, die sich aus den Daten der Zeitreihe TC ergibt.[41]

7.5.3.2 Instrumente zur verbrauchsgesteuerten Materialdisposition
7.5.3.2.1 Prognoseverfahren bei konstantem Bedarfsverlauf

Die Auswahl einer geeigneten Prognosemethode muß sich an den Bedingungen der zugrunde liegenden Zeitreihe (Trend und/oder Saisonzyklen) orientieren. Weist eine Zeitreihe weder einen Trend noch ein Saisonmuster auf, handelt es sich um einen im Zeitablauf konstanten Bedarfsverlauf. In diesem Fall läßt sich der künftige Bedarf auf der Basis von Mittelwerten prognostizieren. Die drei gängigsten Prognoseverfahren für einen konstanten Bedarfsverlauf sind das arithmetische Mittel, der gleitende Mittelwert und die exponentielle Glättung erster Ordnung. Die Verfahren unterscheiden sich hinsichtlich der Anzahl der in die Prognose eingehenden Vergangenheitswerte und deren Gewichtung. Der prognostizierte Verbrauch für die Periode t bei Einsatz des Prognoseverfahrens i wird durch die Variable PV^i ausgedrückt.

- Das arithmetische Mittel (^{am}):

Als Prognosewert für die Periode t+1 wird das arithmetische Mittel über alle t Verbrauchswerte (V_t) angesetzt. Der für den Zeitpunkt t berechnete Mittelwert ist der Prognosewert für die nächste Periode.

$$\frac{1}{t} \cdot \sum_{e=1}^{t} V_e = PV^{am}_{t+1}$$

Der Vorteil bei der Prognose mit Hilfe des arithmetischen Mittels liegt in der einfachen Handhabung des Verfahrens. Diesem Vorteil stehen jedoch folgende Nachteile gegenüber:

- Dem Verfahren unterliegt die implizite Prämisse, daß alle Schwankungen um den Mittelwert zufälliger Natur sind und deshalb durch die irreguläre Komponente abgebildet werden.

- Sämtliche Daten der Zeitreihe gehen mit dem gleichen Gewicht in die Prognose ein, wobei die Gewichtung der Verbrauchswerte der einzelnen Perioden mit wachsender

---

41 Am Ende des Abschnittes 7.5.3.2.2 wird gezeigt, daß für den Trend die Gleichung PVTCt+e = 51,1509 + 3,7956·(t+e) gilt, wenn die Daten der Zeitreihe TCI von t=3 bis t=22 zugrunde gelegt werden. Wird unterstellt, daß diese Gleichung für den gesamten Zeitraum von t=1 bis t=24 gilt, ergibt sich für t=1 ein Prognosewert von (51,1509 + 3,7956)·0,8936 = 49,1.

7.5 Bedarfsplanung

Länge der Zeitreihe abnimmt. Strukturelle Veränderungen der Zeitreihe (Strukturbrüche) werden zu spät erkannt. Dieser Mangel ist durch den Einsatz gleitender Mittelwerte zum Teil zu beseitigen.

- Der gleitende Mittelwert (^{gm}):

Der gleitende Mittelwert (PV^{gm}_t) ist das arithmetische Mittel der letzten f Periodenverbräuche einer Zeitreihe. Während die letzten f Verbrauchswerte jeweils mit dem Gewicht 1/f in die Prognose eingehen, sind die Gewichte der übrigen Verbrauchswerte gleich null. Der Prognosewert errechnet sich wie folgt:

$$\frac{1}{f} \cdot \sum_{e=1}^{f} V_{t-f+e} = PV^{gm}_{t+1}$$

Da in die Berechnung des gleitenden Mittelwertes nur die jüngsten f Verbrauchswerte eingehen, können Strukturbrüche schneller in der Prognose berücksichtigt werden, wobei das Ausmaß der Reaktionsfähigkeit des Prognosemodells auf Strukturbrüche von der Gliederzahl f abhängt.

- Die exponentielle Glättung erster Ordnung ($^{(1)}$):

Das Verfahren der exponentiellen Glättung erster Ordnung wurde in den fünfziger Jahren von R. G. Brown entwickelt.[42] Dem Verfahren liegt die Überlegung zugrunde, daß das Gewicht, mit dem die Verbrauchswerte der Zeitreihe in die Prognose eingehen, mit zunehmendem Alter der Werte abnehmen soll.[43] Der geglättete Prognosewert der Periode t+1 ($V^{(1)}_{t+1}$)[44] ist gleich der Summe aus dem mit α gewichteten effektiven Verbrauchswert der Periode t und dem mit $1-\alpha$ gewichteten Prognosewert der Periode t, wobei der Parameter α aus dem Bereich von 0 bis 1 zu wählen ist.

$$PV^{(1)}_{t+1} = \alpha \cdot \underbrace{V_t}_{\text{Verbrauch in t}} + (1-\alpha) \cdot \underbrace{PV^{(1)}_t}_{\substack{\text{Prognosewert} \\ \text{in t}}}$$

Durch rekursives Einsetzen der Summenausdrücke für die geglätteten Werte im letzten Summanden läßt sich zeigen, daß die exponentielle Glättung erster Ordnung einen Spezialfall des gewogenen arithmetischen Mittelwertes darstellt, wobei der jüngste Verbrauchswert mit dem Faktor α, der vorletzte mit $\alpha \cdot (1-\alpha)$, der drittletzte mit $\alpha \cdot (1-\alpha)^2$ usw. gewichtet wird.[45]

---

42 Vgl. Brown/Meyer (1961), S. 673 ff.
43 Vgl. Hansmann (1983), S. 28.
44 Im folgenden sind exponentiell geglättete Werte durch den Hochindex (x) gekennzeichnet, wobei der Buchstabe x die Ordnungszahl der Glättung angibt.
45 Beweis:

$$PV^{(1)}_{t+1} = \alpha V_t + (1-\alpha) \cdot PV^{(1)}_t$$

mit $PV^{(1)}_t = \alpha V_{t-1} + (1-\alpha) \cdot PV^{(1)}_{t-1}$ folgt:

$$PV^{(1)}_{t+1} = \alpha V_t + (1-\alpha) \left[\alpha V_{t-1} + (1-\alpha) PV^{(1)}_{t-1} \right]$$
$$= \alpha V_t + (1-\alpha) \alpha V_{t-1} + (1-\alpha)^2 PV^{(1)}_{t-1}$$
...

Entscheidend beeinflußt wird die Qualität der Prognose durch die Wahl des Glättungsparameters α. Mit wachsendem α steigt das Gewicht der aktuellen Bedarfswerte. Dadurch reagiert das Verfahren einerseits zwar schneller auf Strukturbrüche, andererseits besteht die Gefahr, daß irreguläre Schwankungen auf die Prognose wirken. Geeignete Werte für α können in der Praxis anhand von Simulationen ermittelt werden. Gute Erfahrungen wurden mit Werten zwischen 0,1 und 0,3 gemacht.[46]

7.5.3.2.2 Prognoseverfahren bei Trend- und Saisoneinflüssen

Folgt die Zeitreihe der Verbrauchswerte einem Trend, führen die mittelwertorientierten Modelle zu systematischen Prognosefehlern, da die Trendkomponente nicht im Prognosemodell abgebildet wird. Mit der Regressionsanalyse und der exponentiellen Glättung zweiter Ordnung existieren zwei Verfahren, mit denen trendförmige Veränderungen des Verbrauchs in der Prognose berücksichtigt werden können. Die Regressionsanalyse ist aber vergleichsweise sehr rechenintensiv und hat sich in der Praxis nicht für Bedarfsprognosen durchgesetzt. Deshalb soll nur kurz auf die exponentielle Glättung zweiter Ordnung[47] eingegangen werden. Analog zur Regressionsanalyse basiert das Verfahren auf einer Trendgeraden, deren Koeffizienten – Ordinatenabschnitt und Steigung – mit Hilfe der exponentiellen Glättung ermittelt werden.[48] Die geglätteten Verbräuche zweiter Ordnung werden ermittelt, indem das Prinzip der exponentiellen Glättung nochmals auf die bereits geglätteten Werte erster Ordnung angewendet wird:[49]

$$PV_t^{(2)} = \alpha \cdot \underbrace{PV_t^{(1)}}_{\substack{\text{geglätteter Verbrauch}\\\text{1.Ordnung für Periode t}}} + (1-\alpha) \cdot \underbrace{PV_{t-1}^{(2)}}_{\substack{\text{geglätteter Verbrauch}\\\text{2.Ordnung in Periode t-1}}}$$

Nach unendlich vielen Schritten ergibt sich folgender Ausdruck:
$$PV_{t+1}^{(1)} = \alpha V_t + \alpha(1-\alpha)V_{t-1} + \alpha(1-\alpha)V_{t-2} + ...$$
$$\Leftrightarrow PV_{t+1}^{(1)} = \alpha \sum_{e=0}^{\infty}(1-\alpha)^e V_{t-e}$$
Mit Hilfe der Reihenrechnung kann gezeigt werden, daß die Summe der Gewichtungsfaktoren genau eins ist. Auf den Beweis soll an dieser Stelle verzichtet werden. Vgl. z.B. die Beweisführung bei Adam (1993), S. 49.

46 Vgl. Tempelmeier (1995), S. 51.
47 Die geglätteten Werte zweiter Ordnung sind durch den Hochindex (2) gekennzeichnet.
48 Für den Ordinatenabschnitt a_t und die Steigung b_t gelten im Zeitpunkt t folgende Grundgleichungen:
$$a_t = 2 \cdot PV_t^{(1)} - PV_t^{(2)}$$
$$b_t = PV_t^{(2)} - PV_{t-1}^{(2)}$$
Der Prognosewert $PV_{t+1}^{(2)}$ läßt sich sodann wie folgt berechnen:
$$PV^{(2)}_{t+1} = a_t + b_t \cdot 1$$
Nach Substitution von a_t und b_t folgt:
$$PV_{t+1}^{(2)} = 2 \cdot PV_t^{(1)} - PV_t^{(2)} + PV_t^{(2)} - PV_{t-1}^{(2)}$$
$$= 2 \cdot PV_t^{(1)} - PV_{t-1}^{(2)}$$
49 Vgl. u.a. Brown/Meyer (1961), S. 678 f.

7.5 Bedarfsplanung

Der Hauptvorteil der exponentiellen Glättung zweiter Ordnung liegt in der einfachen Berechnung der Prognosewerte und im geringen Speicherbedarf.

Weist die Zeitreihe der Vergangenheitsverbräuche ein Saisonmuster auf, versagen die bislang vorgestellten Prognoseverfahren, da die saisonalen Schwankungen stets der irregulären Komponente zugerechnet werden. Mit der Prognose auf Basis der Zeitreihendekomposition, wie sie bereits beschrieben wurde, existiert ein relativ einfaches Verfahren, um auch Saisoneinflüsse zu erfassen. Aufbauend auf der Zeitreihenzerlegung lassen sich in zwei Schritten Verbrauchsprognosen durchführen:[50]

- Im ersten Schritt ist ein Prognosemodell für die um die Saisonkomponente bereinigte Zeitreihe TCI auszuwählen. Die Prognose der glatten Komponente TC kann bspw. mit Hilfe der Regressionsanalyse erfolgen. Für das bei der Zeitreihendekomposition vorgestellte Zahlenbeispiel mit positivem Trend gilt im Zeitpunkt t = 24 die Regressionsfunktion:

$$PV^{TC}_{t+e} = 51{,}1509 + 3{,}7956 \cdot (t+e)$$

- Die Regressionsfunktion gibt den Prognosewert der glatten Komponente (TC) für den Zeitpunkt t+e an.

- Anschließend ist dieser Prognosewert in einem zweiten Schritt um den Einfluß der Saisonkomponente zu ergänzen. Dazu wird der Prognosewert PV^{TC}_{t+e} bei multiplikativer Verknüpfung der Zeitreihenkomponenten mit dem für die Prognoseperiode t+e gültigen Saisonfaktor S multipliziert. Für die 25. bis 28. Teilperiode des Beispiels gelten die folgenden Prognosewerte:

PV^{zdk}_{24+e} =	PV^{TC}_{24+e} ·	S_h		
PV_{25}	= (51,1509 + 3,7956 · 25)	· 0,8936	=	130,502
PV_{26}	= (51,1509 + 3,7956 · 26)	· 1,1050	=	165,569
PV_{27}	= (51,1509 + 3,7956 · 27)	· 1,1306	=	173,696
PV_{28}	= (51,1509 + 3,7956 · 28)	· 0,8709	=	137,104

Tabelle 7-8

Das beschriebene Verfahren zur Zeitreihendekomposition führt nur unter der Prämisse eines im Zeitablauf stabilen Saisonmusters zu guten Prognoseergebnissen. Da sich die Saisonfaktoren jeweils als arithmetisches Mittel der vergangenen Saisonfaktoren eines Saisonabschnitts errechnen, reagiert das Verfahren sehr langsam auf Veränderungen der Saisonkomponente.

---

50 Vgl. Wheelwright/Makridakis (1978), S. 207 ff.

Fragen und Aufgaben zu Kapitel 7

1. Erläutern Sie die beiden Ausprägungen des Problems der Auftragsgrößenplanung!
2. Worin besteht der Unterschied zwischen den beiden Ausprägungen des Planungsproblems?
3. Welche Planungsprobleme existieren bei der Losdimensionierung?
4. Worin besteht das Ziel bei der Losgrößenplanung?
5. Wie ist bei der Losgrößenplanung zu verfahren, wenn die Kapazität der Produktionsanlage knapp ist?
6. Erläutern Sie das Lossequenzproblem und das Sortenreihenfolgeproblem!
7. Erläutern Sie den Unterschied zwischen Umrüstungs- und Anlaufkosten!
8. Stellen Sie die Lagerentwicklung dar, wenn gilt:
   a) Produktionsbeginn = Absatzbeginn,
   b) Produktionsende = Absatzbeginn eines Loses!
9. Leiten Sie die klassische Losgrößenformel ab!
10. Nennen Sie ihre Prämissen!
11. Ein Unternehmen produziert die beiden Erzeugnisse E_1 und E_2 in Sortenfertigung. Zur Planung stehen folgende Informationen zur Verfügung:

Sorte	x	V	Cl	Cr
E1	320	160	0,2	50,-
E2	600	200	0,6	250,-

    a) Bestimmen Sie die kostenminimale Losgröße für jede Sorte mit Hilfe der klassischen Losgrößenformel (mengenabhängige Lagerkosten: Zeitraum zwischen Produktions- und Verkaufsbeginn ist vernachlässigbar gering)! Wählen Sie als Variable einmal die Losgröße (y), zum anderen die Auflagezahl (h) der Lose!

    b) Wie wirken sich Veränderungen von x, V, Cl, Cr auf die optimale Losgröße aus?

    c) Wie verändert sich die kostenminimale Losgröße, wenn der Verkauf eines Loses erst nach Fertigstellung des ganzen Loses beginnen kann?

12. Verdeutlichen Sie, inwieweit die klassische Losgrößenformel zur Planung der optimalen Bestellmenge geeignet ist!
13. Erläutern Sie die Probleme der Losgrößenplanung, wenn die Möglichkeit besteht, rüstkostensenkende Hilfsmittel zu kaufen!
14. Interpretieren Sie die Optimalitätsbedingungen bei manipulierter Auflagendegression!
15. Beschreiben Sie die Interdependenzen zwischen Magazinierungsplanung und Teilefamilienbildung!

Fragen und Aufgaben zu Kapitel 7

16. Formulieren Sie einen allgemeinen Ansatz zur Lösung des Losgrößenproblems innerhalb einer Teilefamilie, die zwei Sorten umfaßt!
17. Formulieren Sie ein Modell zur Bestellpolitik mehrerer Artikel, die gemeinsam transportiert werden, wobei die Transportkapazität in Tonnen begrenzt ist!
18. Welches sind die beiden Teilaufgaben der Bedarfsplanung?
19. Beschreiben Sie die Einsatzvoraussetzungen und Vorgehensweisen bei programmgesteuerter Bedarfsermittlung! Gehen Sie dabei insbesondere auf die Unterschiede zwischen analytischer und synthetischer Bedarfsermittlung sowie der Gozinto-Methode ein!
20. Welche Vorteile bieten strukturerhaltende Stücklisten bei Ermittlung des Nettobedarfs?
21. Ermitteln Sie anhand der unten angegebenen synthetischen Stückliste den Erzeugnisbaum des Produkts X sowie die fehlenden Informationen für die analytische Bedarfsermittlung! Wie groß ist der Gesamtbedarf des Teils d, wenn von Produkt X 12 ME produziert werden sollen?

Teilestammdatei			
SAT	erste SAS bei analytischer Bedarfsermittlung	erste SAS bei synthetischer Bedarfsermittlung	Komponentenbezeichnung
⋮	⋮	⋮	⋮
23	?	*	X
24	?	120	d
25	?	118	V
26	?	121	W
27	?	119	e
28	?	123	f
⋮	⋮	⋮	⋮

	Strukturstammdatei				
SAS	analytische Bedarfsermittlung		synthetische Bedarfsermittlung		PK
	SAT	folgende SAS	SAT	folgende SAS	
⋮	⋮	⋮	⋮	⋮	
118	?	?	23	*	2
119	?	?	25	*	3
120	?	?	23	122	4
121	?	?	23	*	1
122	?	?	25	124	3
123	?	?	26	*	4
124	?	?	26	*	1
⋮	⋮	⋮	⋮	⋮	

SAT : Satzadresse im Teilestamm
SAS : Satzadresse im Strukturstamm
PK : Produktionskoeffizient
* : Endmarke

22. Welche Probleme existieren bei verbrauchsgesteuerter Bedarfsermittlung, wenn die Prognose künftiger Materialbedarfe allein auf Basis der in den vergangenen Perioden entnommenen Mengen erfolgt?

23. In den vergangenen 12 Perioden wurden für das Teil f folgende Periodenbedarfe ermittelt:

Periode	1	2	3	4	5	6	7	8	9	10	11	12
Bedarf	90	90	93	90	65	67	70	65	40	45	50	47

Zerlegen Sie die Zeitreihe mit Hilfe der Ratio-to-Moving-Average-Methode in ihre Komponenten – glatte Komponente, Saisonkomponente und irreguläre Komponente –, und erstellen Sie anhand dieser Ergebnisse eine Prognose für die 13. Periode! Unterstellen Sie dabei, daß ein Saisonzyklus 4 Perioden umfaßt!

8 Die zeitliche Verteilung der Produktion[1]
8.1 Die Struktur des Planungsproblems

Bei den Überlegungen zur Kostenpolitik ging es bislang darum, eine für den Planungszeitraum gegebene Ausbringungsmenge mit minimalen Kosten zu erzeugen. Für diese Analyse wurden statische Modelle eingesetzt, die den Zeitablauf nicht abbildeten. Für die Überlegungen war es folglich unerheblich, wann die Produktion innerhalb des Planungszeitraums erfolgte, ob sie sich auf bestimmte Zeiträume konzentrierte oder ob sie über die gesamte Planungsperiode zu verteilen war. In der statischen Analyse wird die zeitliche Dimension des Planungsproblems völlig vernachlässigt, d.h., die Planungsperiode wird als Zeitpunkt interpretiert.

Diese statische Betrachtungsweise wird im folgenden aufgegeben und die Planungsperiode als Zeitraum betrachtet. Das Problem der Kostenpolitik wird damit um die zeitliche Produktionsverteilung erweitert.[2] Als Folge dieser erweiterten Betrachtungsweise ist für die kostenpolitischen Überlegungen nicht nur die gesamte Ausbringungsmenge relevant, von Bedeutung ist vielmehr die zeitliche Struktur von Absatz und Produktion. Weichen beide Strukturen voneinander ab, eilt die Produktion etwa dem Absatz voraus, entstehen Läger. Im anderen Fall treten zeitweilig Fehl- oder Verzugsmengen auf. Für die Planungsüberlegungen sind dann neben den Produktionskosten zusätzlich die Lagerkosten bzw. Fehlmengenkosten relevant. Entscheidungen über die zeitliche Verteilung der Produktion haben damit neben direkten Wirkungen auf die Produktionskosten zusätzlich indirekte Wirkungen auf Lager- oder Fehlmengenkosten, da sie den Systemzustand (Lagerbestände oder zeitweilige Fehlmengen) zu bestimmten Zeitpunkten beeinflussen.

Für eine dynamische Analyse des Planungsproblems kann von zwei verschiedenen Modellkonzepten ausgegangen werden. Beim ersten Konzept wird mit kontinuierlichen Zeitfunktionen gearbeitet, die die Absatzmengen sowie die Produktionsmengen im Zeitablauf und den Zustand des Produktionssystems (Läger) in jedem Zeitpunkt des Planungszeitraums abbilden.

Beim zweiten Konzept wird der Planungszeitraum in eine beliebige Anzahl von Teilperioden unterteilt. Für jede Teilperiode wird eine zu erreichende Absatzmenge vorgegeben, und es wird untersucht, ob diese Mengen in der gleichen oder einer früheren Teilperiode produziert werden sollen. Das zweite Modellkonzept erlaubt es nicht, die genaue zeitliche Entwicklung des Produktionssystems darzustellen; vielmehr wird der Systemzustand jeweils nur zum Ende einer Teilperiode berechnet. Die zeitliche Entwicklung von Produktion und Lägern während einer Teilperiode kann hingegen nicht abgebildet werden. Jede der Teilperioden wird damit als Zeitpunkt angesehen. Im Gegensatz zur bisherigen statischen Vorgehensweise werden beim zweiten Modellkonzept mehrere statische Planungszeitabschnitte hintereinandergereiht, wobei die einzelnen Teilperioden über Zustandsbedingungen – Läger – miteinander verknüpft werden (zeitübergreifende Restriktionen). Als Folge der nur be-

---

[1] Vgl. zu diesem Abschnitt Adam (1990), S. 684 ff.
[2] Vgl. Schneider (1938), S. 99 ff.

schränkt möglichen Darstellung der zeitlichen Entwicklung ergeben sich beim zweiten Modellkonzept u.U. Probleme bei der Abbildung von Lagerkosten. Diese Probleme treten auf, wenn die Lagerkosten nicht nur vom Zustand (Lagerbestand) des Systems am Ende einer Teilperiode abhängen, sondern wenn auch die Bestandsentwicklung zwischen zwei untersuchten Zeitpunkten Einfluß auf die Kosten nimmt. Probleme bei der Abbildungsgenauigkeit der Lagerkosten treten auf, wenn nicht die Gesamtzeit einer Teilperiode für die Produktion genutzt wird – zeitliche Anpassung – oder wenn innerhalb der Teilperiode mit mehr als einer Intensität – Intensitätssplitting – gearbeitet wird. Für die zeitliche Entwicklung der Lagerbestände ist es dann von Bedeutung, wann innerhalb einer Teilperiode die Anlagen stillstehen bzw. wann mit welcher Intensität gearbeitet wird.

Das zweite Modellkonzept bildet das Produktionssystem ungenauer ab als das erste, wobei der Genauigkeitsgrad über die Zahl zu bildender Teilperioden beeinflußt werden kann. Mit steigender Zahl von Teilperioden nähert sich das Planungsergebnis des zweiten Modellkonzeptes den Ergebnissen der ersten Konzeption an. Modelle nach dem ersten Konzept sind aber so komplex, daß sie sich mit den heute verfügbaren mathematischen Instrumenten nur für Spezialfälle lösen lassen.[3] Um das Planungsproblem zumindest näherungsweise in den Griff zu bekommen, wird im folgenden vom zweiten Modellkonzept ausgegangen.

In der um zeitablaufbezogene Aspekte modifizierten Problemstellung der Kostenpolitik ist zu entscheiden, ob die Produktionsmenge M_q der Teilperiode q genau der Absatzmenge A_q dieser Teilperiode entsprechen soll (Synchronisation) oder ob die Produktionsentwicklung von der des Absatzes abgehoben werden soll (Emanzipation). Sofern Verzugs- oder Fehlmengen vermieden werden sollen, ist zu fordern, daß die Summe der Produktionsmengen M_q bis zur betrachteten Teilperiode q mindestens so groß sein muß wie die Summe der Absatzmengen A_q. Eine derartige Bedingung ist für jede Teilperiode aufzustellen.[4]

Voraussetzung für eine Emanzipation der Produktions- von der Absatzentwicklung sind lagerfähige Erzeugnisse und ausreichende Lagerkapazitäten. Kostenpolitisch existiert das Problem der zeitlichen Verteilung der Produktion allerdings nur, wenn eine der drei folgenden Situationen vorliegt:

- Das Planungsproblem tritt einmal auf, wenn sich die Absatzmengen in den einzelnen Teilperioden als Folge von saisonalen Einflüssen voneinander unterscheiden. Ein im Zeitablauf schwankender Absatz hat bei zeitlich synchron verlaufender Produktion eine ungleichmäßige Beanspruchung der Betriebsmittel und der Arbeitskräfte im Zeitablauf zur Folge. Werden die Absatzschwankungen in den Produktionsbereich übertragen, wird der Betrieb zu kostspieligen Anpassungen des Leistungsniveaus gezwungen. Das Problem der zeitlichen Verteilung der Produktion stellt sich in diesem Falle, wenn die Produktionskosten pro ME vom erreichten Produktionsniveau abhängig sind. Dieser Fall ist bei intensitätsmäßiger Anpassung gegeben. Das Problem stellt sich z.B. auch für die seit 1990 geltenden Stromtarife. Bei diesen Tarifen hängen die Stromkosten nicht allein von den bezogenen Kilowattstunden ab; vielmehr ist mit dem Bereitstellungspreis eine zweite

---

3 Zur Kontrolltheorie vgl. Feichtinger/Hartl (1986).
4 Vgl. Koch (1961), S. 52 f.; Wray (1958), S. 44 ff.; Elsner (1968), S. 46 ff.; Reichmann (1968), S. 26-28.

8.1 Die Struktur des Planungsproblems

Berechnungskomponente vorhanden, deren Höhe von der maximalen Leistung (Kilowatt/Stunde) abhängt, die in einem Betrieb innerhalb eines Jahres auftritt.

- Das Planungsproblem tritt zweitens auf, wenn sich die Produktionskosten pro ME in einzelnen Teilperioden voneinander unterscheiden. Dieser Fall kann gegeben sein, wenn die Materialkosten sich im Zeitablauf verändern. In Teilperioden mit niedrigen Produktionskosten wird dann tendenziell mehr produziert als abgesetzt werden kann. Ein Problem der zeitlichen Verteilung der Produktionsmengen ergibt sich in diesem Fall unabhängig davon, ob saisonale Absatzschwankungen bestehen.

- Das Planungsproblem stellt sich drittens auch dann, wenn eine gegebene Produktionsmenge eines Planungszeitraums kostengünstiger hergestellt werden kann, wenn abwechselnd mit hohen und niedrigen Intensitäten gearbeitet wird. Dieser Fall liegt bei Intensitätssplitting vor; denn bei einem s-förmigen Kostenverlauf mit einem konkaven Bereich am Anfang führt eine einheitliche Intensität zu höheren Kosten als ein Wechsel zwischen zwei Intensitäten.[5] In einer derartigen Situation kann es sinnvoll sein, Intensitätssplitting über die einzelnen Teilperioden des Planungszeitraums zu betreiben und in benachbarten Teilperioden bei gleichen Absatzmengen die Intensität zu wechseln.

Im folgenden wird schwerpunktmäßig nur der erste Fall behandelt. Das Planungsproblem besteht dann darin, zu entscheiden, ob die Produktionsmenge zeitlich an den schwankenden Absatz angepaßt werden soll oder ob es günstiger ist, die Produktion vom Absatz abzuheben.

In Abbildung 8-1 sind zwei mögliche Lösungen der Planungsaufgabe dargestellt:

- die totale Emanzipation – gleiche Produktionsmenge M_q in allen Teilperioden – und
- die Synchronisation – in jeder Teilperiode sind Produktions- und Absatzmenge gleich groß.

Neben diesen beiden Extremlösungen kann sich das Unternehmen für eine partielle Emanzipation – tendenzielle Anpassung der Produktions- an die Absatzmengen – entscheiden.[6] Die partielle Emanzipation wird auch als Stufenprinzip bezeichnet.

Bei vorgegebener zeitlicher Verteilung des Absatzes besteht die Planungsaufgabe der zeitlichen Produktionsverteilung darin, die kostengünstigste zeitliche Verteilung der Produktionsmengen auf die Teilperioden des Planungszeitraums festzulegen. Darin eingeschlossen ist das bereits bekannte Problem, die Produktionsmengen der einzelnen Teilperioden auf die vorhandenen Aggregate zu verteilen und die Intensitäten sowie die Arbeitszeiten der Aggregate zu bestimmen.

---

5   Vgl. Adam (1972c) und (1990), S. 695 f. sowie Hoffmann (1985), S. 18 ff.
6   Vgl. zur partiellen Emanzipation Beste (1938), S. 345 ff.

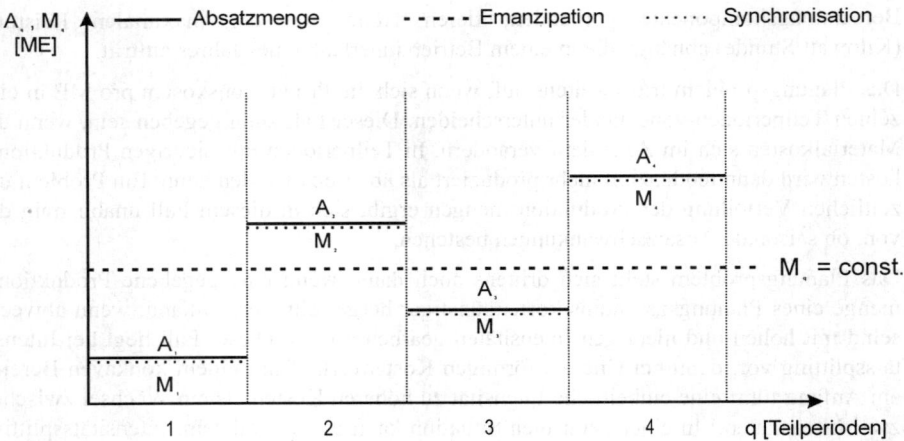

Abbildung 8-1

Für die Lösung der Planungsaufgabe sind neben den Produktionskosten zusätzlich auch Lagerkosten zu berücksichtigen; denn bei einer der Absatzentwicklung vorauseilenden Produktion werden Bestände an Fertigerzeugnissen aufgebaut, die erst in späteren Perioden verkauft werden. Diese Lagerbestände binden Kapital, verlangen Pflege und Wartung; sie sind mithin die Ursache zusätzlicher Kosten.[7] Die Produktionsmengen sind – bei gegebener zeitlicher Verteilung der Absatzmengen – so auf die einzelnen Teilperioden zu verteilen, daß über die gesamte Planungsperiode hinweg die Summe der Produktions- und Lagerkosten das Minimum erreicht. Für die Analyse dieses Problems wird im folgenden unterstellt, daß die Absatzmengen geliefert werden müssen. Fehlmengenkosten bei zeitweiligem Lieferverzug werden damit aus der Betrachtung ausgeschlossen.

Die Problemstellung ist zu erweitern, wenn

- die Produktionskapazität im Planungszeitraum nicht vorgegeben, sondern noch zu planen ist. In dieser Situation sind zusätzlich die von der Kapazitätsausstattung abhängigen beschäftigungsabhängigen Kosten mit in die Analyse einzubeziehen.

- die Produktionsmenge des gesamten Planungszeitraums nicht vorgegeben ist und die maximal absetzbare Menge einzelner Teilperioden unterschritten werden kann. In diesem Fall hat die Lösung des Planungsproblems neben Kosten- auch Erlöswirkungen, so daß an die Stelle der Kostenminimierung das Ziel „Gewinnmaximierung" treten muß.

- durch absatzpolitische Instrumente auf die Absatzmengen Einfluß genommen werden kann. Es gehören dann auch die absatzpolitischen Entscheidungen und die auf sie zurückgehenden Kosten- und Erlöswirkungen zu den Determinanten der zeitlichen Verteilung der Produktion.

---

7   Vgl. zur Aufschlüsselung der Lagerkosten Brunner (1962), S. 20 ff.; Hentzel (1950), S. 104 ff.

8.2 Die Wirkung der zeitlichen Verteilung der Produktion auf die Kosten
8.2.1 Produktionskosten

Ein Kostenminimierungsproblem existiert bei der zeitlichen Produktionsverteilung nur, wenn die variablen Produktionskosten je Erzeugniseinheit entweder

- vom Beschäftigungsniveau des gesamten Betriebes oder
- von der Leistung eines Aggregates

abhängig sind. Hängen diese Kosten pro ME weder vom Beschäftigungsniveau des Betriebes noch von der Leistung eines Aggregates ab, hat die zeitliche Verteilung der Produktionsmengen auf die einzelnen Teilperioden keinen Einfluß auf die Höhe der Produktionskosten in der Planungsperiode, da dann ein vorgegebener Kostensatz pro ME mit einer im ganzen Planungszeitraum gegebenen Produktionsmenge multipliziert wird. Die Produktionskosten in der gesamten Planungsperiode sind dann fixe, durch die zeitliche Produktionsverteilung nicht zu beeinflussende Kosten. Kostenminimal ist dann grundsätzlich die Politik, bei der auch keine Lagerkosten entstehen; die Produktion wird folglich an die Entwicklung des Absatzes voll angepaßt, sofern die verfügbare Kapazität das zuläßt.

Von der Beschäftigung abhängige Kosten pro ME ergeben sich in drei Fällen:

- Die variablen Kosten je Erzeugniseinheit sind bei Optimalverhalten vom Beschäftigungsniveau des ganzen Betriebes abhängig, wenn sich im Betriebsmittelbestand funktionsgleiche, hinsichtlich der Kosten aber unterschiedliche Aggregate befinden, die zeitlich und quantitativ angepaßt werden können. Bei geringeren Ausbringungsmengen werden zunächst die kostengünstigeren Aggregate mit niedrigeren Kosten pro ME eingesetzt. Bei höheren Ausbringungsmengen kommen auch die ungünstigeren Verfahren zum Einsatz und erhöhen damit die Durchschnittskosten pro ME.

- Von der Leistung eines Aggregates hängen die variablen Kosten pro ME ab, wenn die Aggregate intensitätsmäßig und zeitlich an Beschäftigungsschwankungen angepaßt werden können. Bei einem die kostenminimale Leistung x_{opt} überschreitenden Leistungsniveau wachsen die Kosten pro ME bei u-förmig nach oben geöffneten Kosten-Leistungsfunktionen an.

- Nach den neuen Stromtarifen hängen die Stromkosten als Teil der Produktionskosten auch vom maximalen Beschäftigungsniveau des Gesamtbetriebes in der Planperiode ab. Die gesamten Stromkosten teilen sich in zwei Komponenten: Einen ersten Teil – Arbeitspreis – der sich proportional zur Stromabnahme in der Planperiode verhält und ein Bereitstellungspreis, der sich nach der im Laufe des Jahres erreichten Leistungsspitze errechnet. Um die nachgefragte Leistungsspitze festzustellen, messen die Kraftwerke in den Betrieben mit 96-Stunden-Zählern den Verbrauch in einem Zeitintervall von 96 Stunden. Die bei allen Messungen innerhalb eines Jahres aufgetretene Leistungsspitze muß dann während des gesamten Jahres bezahlt werden. Die zweite Komponente der Stromkosten soll jene Kosten des Kraftwerkes abdecken, die durch die vorgehaltene Stromkapazität entstehen. Der Durchschnittspreis je Kilowattstunde hängt damit von der Leistungsspitze ab. Je höher diese Spitze ausfällt, um so höher ist der Kilowattpreis im Durchschnitt.

Bei variablen Kosten, die vom Beschäftigungsniveau bzw. von der Intensität abhängen, ist zu überprüfen, ob die Kosten im Planungszeitraum für einen im Zeitablauf schwankenden Absatz bei Emanzipation oder bei Synchronisation höher sind. Die Antwort auf diese Frage hängt allein von der Form der Kostenfunktion ab. Zunächst wird ein Fall diskutiert, bei dem gleichbleibende Produktion im Zeitablauf vorteilhaft ist.

Der Betrieb verfügt über ein Aggregat mit folgender Mengen-Kosten-Leistungsfunktion:

$$k(x) = 17{,}4 - \frac{6}{5}x + \frac{1}{30}x^2$$

Nach dieser Funktion steigen die Kosten pro ME von 6,6 GE/ME auf 8,233 GE/ME an, wenn von der Leistung $x = 18$ auf $x = 25$ übergegangen wird. Das Aggregat kann in vier Teilperioden des Planungszeitraums jeweils 100 Betriebsstunden eingesetzt werden. Der Betrieb hat die Möglichkeit, im Planungszeitraum insgesamt 8800 ME abzusetzen; davon entfallen auf die erste bis vierte Teilperiode 1800, 2500, 2200 und 2300 Einheiten.

Für eine synchronisierte Produktion ist intensitätsmäßige Anpassung in den Teilperioden erforderlich. Die Intensität wird so gesteuert, daß sich Produktions- und Absatzmenge jeder Teilperiode entsprechen. Für diesen Fall gelten die variablen Stückkosten sowie die Gesamtkosten der Tabelle 8-1. Insgesamt entstehen bei synchronisierter Produktion in allen vier Teilperioden zusammen Kosten in Höhe von 65.253,33 GE.

Die emanzipierte Produktion sieht eine gleichmäßige Produktion von je 2200 ME in allen vier Teilperioden vor. In diesem Fall wird in allen vier Teilperioden mit einer Intensität von 22 ME/ZE bei variablen Kosten pro ME von 7,13 GE gearbeitet. In jeder Teilperiode entstehen demzufolge Kosten in Höhe von 15.693,33 GE. Die gesamten variablen Produktionskosten im Planungszeitraum belaufen sich dann auf 62.733,33 GE, was einer Kosteneinsparung von 2480 GE gegenüber der synchronisierten Fertigung entspricht.

			Synchronisation				Emanzipation		
Absatz-menge (ME)	Be-triebs-std. (ZE)	Inten-sität (ME/ZE)	Produk-tions-menge (ME)	variable Kosten pro Stück (GE/ME)	Gesamt-Produk-tionskosten (GE)	Inten-sität (ME/ZE)	Produk-tions-menge (ME)	variable Kosten pro Stück (GE/ME)	Gesamt-Produk-tionskosten (GE)
(1)	(2)	(3)	(4)=(3)·(2)	(5)	(6)=(4)·(5)	(7)	(8)=(7)·(2)	(9)	(10)=(8)·(9)
Teilperiode 1: 1800	100	18	1800	6,6	11800,0	22	2200	7,13	15693,33
Teilperiode 2: 2500	100	25	2500	8,23	20583,33	22	2200	7,13	15693,33
Teilperiode 3: 2200	100	22	2200	7,13	15693,33	22	2200	7,13	15693,33
Teilperiode 4: 2300	100	23	2300	7,43	17096,66	22	2200	7,13	15693,33
Σ 8800	-	-	8800	-	65253,33	-	8800	-	62773,33
Kostenersparnis bei emanzipierter Fertigung					./. 2480,00	GE			

Tabelle 8-1

8.2 Die Wirkung der zeitlichen Verteilung der Produktion auf die Kosten

Generell ist zu fragen, ob durch Produktion mit gleichbleibender Ausbringungsmenge pro Teilperiode gegenüber der Produktion mit ungleicher Ausbringungsmenge pro Teilperiode Produktionskosten eingespart werden können. Dies hängt allein vom Funktionstyp der Kostenfunktion ab. Wenn die Funktion der Produktionskosten je Teilperiode in Abhängigkeit von der Ausbringungsmenge M je Teilperiode einen konkaven Bereich besitzt, ist es selbst bei gleichbleibendem Absatz in den Teilperioden sinnvoll, die Produktionsmengen von Teilperiode zu Teilperiode zu variieren. Das folgende Beispiel möge diesen Zusammenhang verdeutlichen.

Eine Unternehmung verfügt über ein Aggregat mit der Kostenfunktion aus Abbildung 8-2.

Bei einer Absatzmenge je Teilperiode von $M^*/2$ ist es für die Unternehmung vorteilhaft, in der ersten Teilperiode M^* und in der zweiten Teilperiode nichts zu produzieren. Bei dieser Produktionsweise wird die Nachfrage voll befriedigt, und es fallen durchschnittlich je Teilperiode Kosten in Höhe von

$$\frac{K(M^*) + K(0)}{2} = \frac{K(M^*)}{2}$$

an. Diese Kosten sind im Vergleich zu jenen bei Produktion von $M^*/2$ ME in jeder Teilperiode niedriger.

$$\frac{K(M^*)}{2} < K\left(\frac{M^*}{2}\right)$$

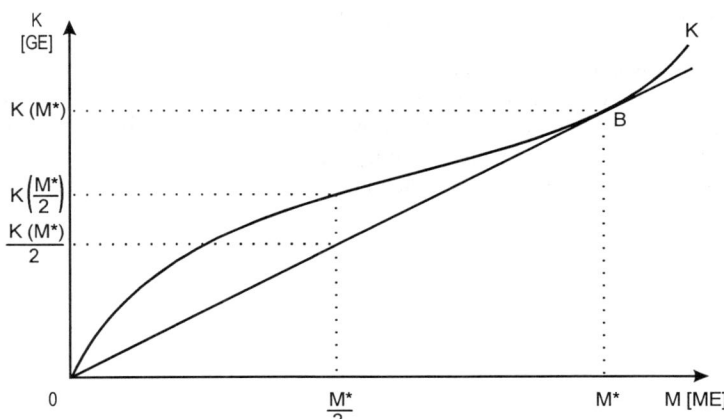

Abbildung 8-2

Der Bereich von Absatzmengen je Teilperiode, in dem wechselnde Produktionsmengen im Zeitablauf zu Kosteneinsparungen führen, verläuft in Abbildung 8-2 von 0 bis M^*.

8.2.2 Lagerkosten

Durch eine emanzipierte Fertigung werden neben den Produktionskosten zusätzlich Lagerkosten verursacht, da für die in den Teilperioden produzierten, aber noch nicht abgesetzten Erzeugnisse Läger einzurichten sind. Bei synchronisierter Fertigung entfallen Lagerkosten, da in diesem Fall die Produktions- und Absatzmengen in jeder Teilperiode identisch sind.

Die Höhe der Lagerkosten einer Teilperiode wird im zweiten Modellkonzept auf der Basis des durchschnittlichen Lagerbestandes berechnet. Unter der Voraussetzung eines konstanten Lagerzugangs und -abgangs pro ZE entspricht der durchschnittliche Lagerbestand dy_q in der Teilperiode q der Hälfte der Summe aus dem Anfangsbestand (=Endbestand y_{q-1} der vorhergehenden Teilperiode) und dem Endbestand y_q dieser Teilperiode. Es gilt:

$$dy_q = \frac{y_{q-1} + y_q}{2}$$

Für den Endbestand y_q kann auch geschrieben werden:

$$y_q = y_{q-1} + M_q - A_q$$

wobei mit M_q die Produktionsmenge und mit A_q die Absatzmenge der Teilperiode q bezeichnet wird. Die Gleichung des durchschnittlichen Lagerbestandes geht in die folgende Form über, wenn y_q durch die rechte Seite der Gleichung des Endbestandes ersetzt wird:

$$dy_q = y_{q-1} + \frac{M_q - A_q}{2}$$

Die Lagerkosten einer Teilperiode ergeben sich, wenn der Durchschnittsbestand mit dem Lagerkostensatz Cl pro ME und Teilperiode multipliziert wird.

Für die Absatzentwicklung des Beispiels der Tabelle 8-1 gilt die Lagerbestandsentwicklung in Spalte (5) der Tabelle 8-2, wenn eine emanzipierte Fertigung von jeweils 2200 ME in jeder der vier Teilperioden zugrunde gelegt wird. Die durchschnittlichen Lagerbestände in den vier Teilperioden sind in Spalte (6) angegeben. Bei einem Lagerkostensatz Cl in Höhe von 3 GE/ME in jeder Teilperiode entstehen insgesamt Lagerkosten in Höhe von 1800 GE.

8.2 Die Wirkung der zeitlichen Verteilung der Produktion auf die Kosten

Teil-periode q	Anfangs-lagerbe-stand y_{q-1} (ME)	Produk-tions-menge M_q (ME)	Absatz-menge A_q (ME)	Endlager-bestand y_q (ME)	⌀ Lager-bestand dy_q (ME)	Lagerkosten-satz pro Teil-periode Cl (GE/ME)	Lager-kosten pro Teil-periode (GE)
(1)	(2)	(3)	(4)	(5)	(6)	(7)	(8)
1	0	2200	1800	400	200	3	600
2	400	2200	2500	100	250	3	750
3	100	2200	2200	100	100	3	300
4	100	2200	2300	0	50	3	150
Σ	600	8800	8800	600	600	-	1800

Tabelle 8-2

Die Produktionskostenersparnis in Höhe von 2480 GE bei emanzipierter Fertigung ist um die in diesem Fall entstehenden Lagerkosten zu vermindern. Insgesamt beträgt der Kostenvorteil der Emanzipation damit 680 GE. Für dieses Beispiel ist auch unter Berücksichtigung der Lagerkosten die totale Emanzipation der Synchronisation überlegen. Zu prüfen ist allerdings, ob sich das erreichte Kostenniveau durch partielle Emanzipation senken läßt. Dafür ist allerdings einer der später zu formulierenden Modellansätze heranzuziehen.

Weitergehende Überlegungen zur Abbildung der Lagerkosten sind beim Modellkonzept mit diskreter Zeiteinteilung anzustellen, wenn

- die zeitliche Anpassung optimal ist. In diesem Fall wird nicht während der gesamten Länge einer Teilperiode produziert. Der durchschnittliche Bestand einer Teilperiode entspricht dann nicht mehr der halben Summe aus Anfangs- und Endbestand. Entsprechendes gilt für Splitting.

- mehrere Produkte auf einem Aggregat hergestellt werden. Da die Lagerkosten aller Produkte dann i.d.R. von der Produktionsreihenfolge abhängig sind, ist in dieser Situation gleichzeitig mit der zeitlichen Produktionsverteilung auch die Produktionsreihenfolge festzulegen.

8.2.3 Kapazitätsabhängige Kosten

In die Überlegungen zur zeitlichen Verteilung der Produktion müssen die kapazitätsabhängigen Kosten neben den Produktions- und Lagerkosten mit einbezogen werden, wenn die Kapazität des Betriebes noch zu bestimmen ist. Gesucht sind dann die zeitliche Produktionsverteilung und die Kapazität, bei der die Gesamtkosten, die sich aus den Produktions-, den Lager- und den kapazitätsabhängigen Kosten zusammensetzen, für eine gegebene zeitliche Verteilung des Absatzes zum Minimum werden. Die kapazitätsabhängigen Kosten sind dabei zu den sprungfixen Kosten zu rechnen. Deren Höhe hängt davon ab, wie viele Maschinen erforderlich sind, um die Spitzenproduktionsmenge aller Teilperioden herstellen zu können.

Das Ausmaß der erforderlichen Kapazität und der kapazitätsabhängigen Kosten richtet sich danach, ob sich der Betrieb für das Synchronisations- oder das Emanzipationsprinzip entscheidet. Bei synchronisierter Fertigung müssen, um die Spitzennachfrage befriedigen zu können, größere Fertigungskapazitäten aufgebaut werden als bei emanzipierter Fertigung.

Ein Betrieb sieht sich der in Abbildung 8-3 gegebenen Zeit-Nachfragefunktion gegenüber. Die Nachfragemengen in den vier Teilperioden schwanken zwischen 50 und 400 ME.

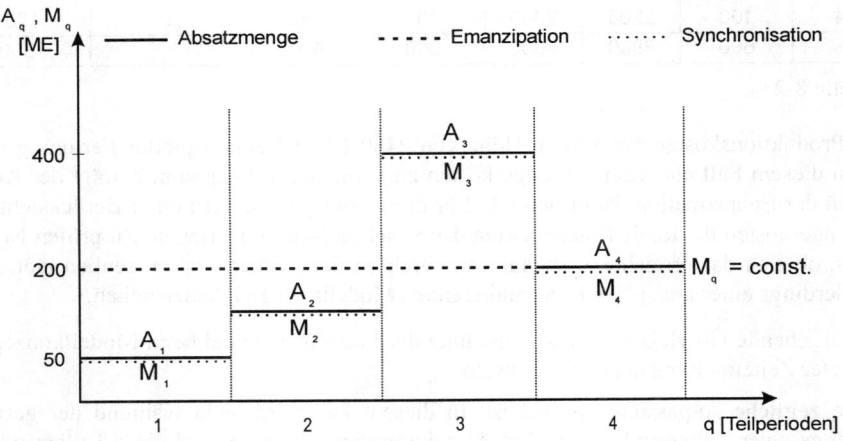

Abbildung 8-3

Bei Synchronisation muß – bedingt durch die Nachfrage in der dritten Teilperiode – eine Kapazität von 400 ME aufgebaut werden, die nur in dieser Teilperiode voll ausgelastet werden kann. Die durchschnittliche Kapazitätsauslastung in den vier Teilperioden beträgt bei einer Kapazität von 1600 ME und einer Produktions- und Absatzmenge von insgesamt 800 ME nur 50%. Bei total emanzipierter Fertigung kann die Kapazität pro Teilperiode auf 200 ME reduziert werden. Der Auslastungsgrad beträgt in diesem Fall 100%.

In dem Beispiel wurde vereinfachend unterstellt, daß aus der Unteilbarkeit der Anlagen keine Probleme resultieren. Das ist der Fall, wenn Maschinen mit einer Kapazität von jeweils 100 ME verfügbar sind. Es müssen dann einmal vier und im zweiten Falle zwei Maschinen beschafft werden. Kann der Betrieb nur Maschinen mit einer Kapazität von 400 ME einsetzen, ist bei beiden Produktionsweisen eine Kapazität von 400 erforderlich.

Bestehen keine Unteilbarkeitsprobleme, ist die bei Synchronisation von Produktion und Absatz erforderliche Kapazität[8] wesentlich höher als bei emanzipierter Fertigung. Für die Beschaffung der Betriebsmittel wird demzufolge bei Emanzipation weniger Kapital benötigt als bei Synchronisation. Das Synchronisationsprinzip führt daher bei gegebener Gesamtausbringung zu höheren kapazitätsabhängigen Kosten und einer höheren durchschnittlichen

---

8 Vgl. Gutenberg (1983), S. 382.

8.3 Ein Ansatz zur Lösung des Problems der zeitlichen Produktionsverteilung

Kapitalbindung im Anlagevermögen als eine emanzipierte Fertigung. Der durchschnittlich höheren Kapitalbindung im Anlagevermögen bei synchronisierter Fertigung im Vergleich zur emanzipierten Fertigung steht aber bei emanzipierter Fertigung, bedingt durch die erforderlichen Fertigfabrikateläger, eine höhere Kapitalbindung im Umlaufvermögen gegenüber.[9]

8.3 Ein Ansatz zur Lösung des Problems der zeitlichen Produktionsverteilung

Im einfachsten Fall besteht das Planungsproblem darin, die zeitliche Produktionsverteilung zu bestimmen, die zum Minimum an Produktions- und Lagerkosten führt. Es kommt dann darauf an, die bei zunehmendem Grad an Emanzipation gegenläufigen Entwicklungen von Lager- und Produktionskosten auszugleichen.

Zur Lösung dieses Problems[10] kann auf den im Rahmen der statischen Kostenpolitik konzipierten LP-Ansatz zurückgegriffen werden.[11] Dieser Ansatz ist zu dynamisieren, d.h., für jede Teilperiode q ist eine spezielle Variable t_q zu definieren, durch die die Beschäftigungszeit einer Teilperiode beschrieben wird. Für die Formulierung des Ansatzes werden gegebene Kapazitäten unterstellt; die kapazitätsabhängigen Kosten sind daher nicht zu berücksichtigen. Der Betrieb stellt nur ein Erzeugnis her und kann sich an Änderungen der Beschäftigung zeitlich, intensitätsmäßig sowie quantitativ anpassen. Zur Berechnung des durchschnittlichen Lagerbestandes einer Teilperiode wird von einer konstanten Lagerzugangs- und -abgangsgeschwindigkeit ausgegangen, d.h., es wird von den Problemen abstrahiert, die bei zeitlicher Anpassung für die Abbildung der Bestandsentwicklung auftreten.

Die Gesamtkosten in der Planungsperiode werden durch die folgende zu minimierende Zielfunktion beschrieben:

Zielfunktion:

$$K_T\left(t_{ijq}, y_q\right) = \underbrace{\sum_q \sum_i \sum_j k_{ij} \cdot x_{ij} \cdot t_{ijq}}_{\text{Produktionskosten}} + \underbrace{\sum_q \frac{y_{q-1} + y_q}{2} \cdot Cl}_{\text{Lagerkosten}} \rightarrow \min!$$

Die Gesamtkosten K_T setzen sich aus Produktions- und Lagerkosten zusammen.

Die Produktionskosten des Aggregates i für die Intensitätsstufe j in der Teilperiode q sind das Produkt der variablen Kosten k_{ij} je Erzeugniseinheit, die auf dem Aggregat i mit der Intensitätsstufe j hergestellt wird, der Leistung x_{ij} des Aggregates i in der Intensitätsstufe j und der Einsatzzeit t_{ijq} (Prozeßniveau) des Aggregates i mit der Intensitätsstufe j in der Teilperiode q. Der Ausdruck $k_{ij} \cdot x_{ij} \cdot t_{ijq}$ gibt daher die Kosten des Prozesses j auf Aggregat i in der Teilperiode q an, wenn der Prozeß mit dem Niveau t_{ijq} betrieben wird. Eine Summierung

---

9 Vgl. Adam (1990), S. 705 f.
10 Vgl. Adam (1990), S. 708 ff.; weitere Lösungsvorschläge u.a. bei Gass (1958), S. 158 ff.; Vazsonyi (1962), S. 86 ff.
11 Siehe Kapitel 5.3.1.

dieser Kosten über alle Prozesse j, Aggregate i und Teilperioden q führt zu den gesamten Produktionskosten in der Planperiode T.

Die Lagerkosten je Teilperiode ergeben sich durch Multiplikation des durchschnittlichen Lagerbestandes der Teilperiode q mit dem Lagerkostensatz Cl je Erzeugniseinheit und Teilperiode. Die Summierung der Lagerkosten je Teilperiode über alle Teilperioden q führt zu den gesamten Lagerkosten im Planungszeitraum.

In der Zielfunktion sind die Beschäftigungszeiten t_{ijq} und die Lagerbestände y_q die Variablen, über die die Höhe der Kosten im Planungszeitraum beeinflußt werden kann. Die Zielfunktion ist unter dem folgenden Satz von Restriktionen zu minimieren:

Kapazitätsbedingung:

$$\sum_j t_{ijq} \leq T_{iq} \qquad \text{für alle i und alle q}$$

Die Kapazitätsbedingung stellt sicher, daß die Produktionszeiten aller Prozesse j (Intensitätsstufen) eines Aggregates i in jeder Teilperiode q die auf diesem Aggregat in der Teilperiode q maximal verfügbare Beschäftigungszeit T_{iq} nicht überschreitet. Eine derartige Kapazitätsbedingung existiert für jedes Aggregat i in jeder Teilperiode q.

Lagerbestandsgleichung:

$$y_q = y_{q-1} + \sum_i \sum_j x_{ij} \cdot t_{ijq} - A_q \qquad \text{für alle q}$$

Die Lagerbedingung definiert den Lagerendbestand y_q der Teilperiode q als Anfangsbestand y_{q-1} (gleich dem Endbestand der vorherigen Teilperiode) zuzüglich der Produktionsmenge aller Maschinen und Intensitätsstufen abzüglich der vorgegebenen Absatzmenge A_q.

Zusätzlich muß für die Variablen die **Nicht-Negativitätsbedingung** gelten:

$$t_{ijq} \geq 0 \qquad \text{für alle i, j, q}$$
$$y_q \geq 0 \qquad \text{für alle q mit } y_0 = \text{konst.}$$

Die Nicht-Negativitätsbedingungen gewährleisten, daß weder das Prozeßniveau t_{ijq} noch die Endbestände des Lagers y_q negativ werden. Zugleich ist damit die bis zur Teilperiode q kumulierte Produktionsmenge größer oder gleich den entsprechenden Absatzmengen, da andernfalls der Lagerbestand y_q negativ wäre.

Der beschriebene Ansatz liefert immer dann Lösungen, die dem realen Problem weitgehend entsprechen, wenn keine zeitliche Anpassung vorteilhaft ist. Bei zeitlicher Anpassung existieren Ungenauigkeiten in der Abbildung der Lagerkosten, da die effektiven Lagerkosten bei sinnvoller Anordnung der Stillstandszeiten der Aggregate niedriger sind als die in der Zielfunktion erfaßten Lagerkosten.

Der Ansatz läßt sich auch auf das Problem eines von der Leistungsspitze abhängigen Strompreises erweitern. In diesem Falle geht der Arbeitspreis pro Kilowattstunde in den Kosten-

8.3 Ein Ansatz zur Lösung des Problems der zeitlichen Produktionsverteilung

satz k ein, und für den Bereitstellungspreis ist eine dritte Zielfunktionskomponente zu definieren. Diese dritte Komponente hängt vom Niveau der Variablen V ab. V definiert die bei der zeitlichen Produktionsverteilung auftretende Leistungsspitze des Stromverbrauchs. Die Variable V ist mit dem Preis P pro Leistungseinheit und Jahr zu multiplizieren, und das Produkt P·V ist der Zielfunktion hinzuzufügen.

$$K_T(t_{ijq}, y_q) = \underbrace{\sum_q \sum_i \sum_j k_{ij} \cdot x_{ij} \cdot t_{ijq}}_{\text{Produktionskosten}} + \underbrace{\sum_q \frac{y_{q-1} + y_q}{2} \cdot Cl}_{\text{Lagerkosten}} + P \cdot V \to \min!$$

Die Variable V ist durch eine besondere Stromnebenbedingung zu steuern. Eine derartige Stromnebenbedingung ist für jede Teilperiode zu bilden.

Stromnebenbedingung:

$$V \geq \sum_i \sum_j m_{ij} \cdot x_{ij} \cdot t_{ijq} \qquad \text{für alle q}$$

Die Konstante m_{ij} definiert den Stromverbrauch pro erzeugter ME, wenn mit der Intensität j am Aggregat i gearbeitet wird. Der Stromverbrauch einer Teilperiode ergibt sich durch Multiplikation mit den von allen Maschinen i und Intensitätsstufen j produzierten Mengen. Die Variable V muß größer oder gleich dem Stromverbrauch aller betrachteten Teilperioden sein. Durch die zu minimierende Zielfunktion wird von allen zulässigen Werten von V dann der kleinste Wert gewählt, der alle Strombedingungen erfüllt. Dieser kleinste zulässige Wert von V ist mit dem maximalen Stromverbrauch über alle Teilperioden identisch.

Um die zwei Komponenten der Stromkosten exakt abbilden zu können, müßte der Planungszeitraum in sehr viele kleine Teilperioden von jeweils 96 Stunden zerlegt werden.[12] Wird auf diese starke Unterteilung der Zeit verzichtet, erfaßt der dritte Term der Zielfunktion die Bereitstellungskomponente der Stromkosten nur näherungsweise.

---

12 Beim derzeit angewendeten Meßverfahren liegt eine Unterteilung in 96-Stunden-Intervalle vor.

Fragen und Aufgaben zu Kapitel 8

1. Worin besteht der Unterschied der Kostenpolitik bei statischer und dynamischer Betrachtungsweise?
2. Erläutern Sie die Begriffe „Synchronisation", „partielle Emanzipation" und „totale Emanzipation"!
3. Welche Kostenkomponenten sind bei der Planung der zeitlichen Verteilung der Produktionsmengen zu berücksichtigen?
4. Erläutern Sie, inwiefern die variablen Produktionskosten je Erzeugniseinheit vom Beschäftigungsniveau des ganzen Betriebes bzw. von der Leistung eines Aggregates abhängen können!
5. Gehen Sie von der Kostenfunktion

    $k(x) = 17{,}4 - 6/5\ x + 1/30\ x^2$

    aus. Berechnen Sie den Produktionskostenvorteil der Emanzipation gegenüber der Synchronisation, wenn der Betrieb bei 50 Betriebsstunden pro Teilperiode nur intensitätsmäßig anpassen kann und folgende Absatzmengen gegeben sind:

A_1	A_2	A_3	A_4	A_5
700	1450	1500	1350	1250

6. Zeigen Sie an einem Beispiel mit gleichen Absatzmengen in allen Teilperioden, daß eine Politik mit unterschiedlichen Produktionsmengen in aufeinanderfolgenden Teilperioden zu geringeren Produktionskosten führen kann als eine Politik mit gleichbleibenden Produktionsmengen im Zeitablauf!
7. Warum entstehen bei emanzipierter Fertigung Läger?
8. Berechnen Sie – ausgehend von den Daten der Aufgabe 5 – die Lagerkosten bei emanzipierter Fertigung! Der Lagerkostensatz sei Cl = 2 GE/ME.
9. Wann müssen kapazitätsabhängige Kosten mit in die Überlegungen zur zeitlichen Verteilung der Produktion aufgenommen werden?
10. Erläutern Sie, wann bei der Planung der zeitlichen Produktionsverteilung ein Kostenminimierungsproblem besteht!
11. Formulieren Sie einen LP-Ansatzes zur Lösung des Planungsproblems! Berücksichtigen Sie dabei Stromkosten, die zu einem Teil aus nachfrageabhängigen Arbeitskosten, zu einem anderen Teil aus Bereitstellungskosten bestehen. Die Bereitstellungskosten hängen von der Leistungsspitze in der Planperiode ab. Erläutern Sie den Ansatz!
12. Welchen Einfluß haben die von der Leistungsspitze abhängigen Bereitstellungskosten für Strom auf das Ausmaß der Emanzipation der Produktionsmengen von den Absatzmengen? Nimmt das Ausmaß der Lagerbestände mit steigendem Bereitstellungspreis pro Kilowattstunde zu oder ab?

9 Ablaufplanung und Fertigungssteuerung
9.1 Die Struktur des Ablaufproblems
9.1.1 Gegenstand und Parameter der Ablaufplanung

Gegenstand der Ablaufplanung ist es, die Produktionstermine der Fertigungsaufträge in den einzelnen Produktionsstufen festzulegen.[1] Aus der Sicht der Aufträge sollte die Terminierung möglichst keine Lagerzeiten in der Fertigung (Zwischenläger) und auch keine Endlagerzeiten vor dem Absatz aufweisen, da derartige Läger mit zusätzlichen Kosten verbunden sind. Anzustreben ist möglichst eine Terminierung nach dem Just-in-time-Prinzip. Demzufolge sollte der Produktionsendtermin auf den zugesagten Absatztermin gut abgestimmt sein, und auch die Produktion in den einzelnen Fertigungsstufen sollte terminlich so koordiniert sein, daß Wartezeiten der Aufträge vor den Fertigungsstufen vermieden werden. Zur Just-in-time-Konzeption gehört ebenfalls eine terminliche Koordination der Materialbereitstellung. Fremdbezogene Materialien sollten erst dann der Fabrik zugehen, wenn diese auch zur Produktion benötigt werden.

Aus der Sichtweise der Maschinen kommt es darauf an, eine zulässige Terminierung der Aufträge zu finden, bei der die Maschinen oder Arbeitsplätze möglichst kontinuierlich arbeiten können, ohne auf Aufträge warten zu müssen. Ablaufprobleme haben daher immer zwei Sichtweisen (Auftrags- und Arbeitsplatzsicht), und die Ablaufplanung muß eine Lösung finden, die beiden Gesichtspunkten gerecht wird. Ein Kernproblem der Ablaufplanung bei Werkstattfertigung besteht darin, daß eine Lösung, die aus der Sicht der Maschinen bzw. Arbeitsplätze günstig ist, nicht auch zwingend aus der Sicht der Aufträge vorteilhaft sein muß (Dilemma der Ablaufplanung)[2]. Für eine ausgetaktete Fließfertigung existiert das Dilemma grundsätzlich nicht, da bei diesem Fertigungstyp eine Wartezeit eines Auftrages in einer Fertigungsstufe gleichzeitig auch eine Leerzeit für die Arbeitsstation ist.

Die operative Ablaufplanung sollte sich aus der Sicht der Aufträge stets mit dem gesamten Zeitraum zwischen Auftragserteilung und dem Liefertermin beschäftigen und eine Terminierung anstreben, die diesen Zeitbedarf gering hält. Nur bei kurzen Gesamtabwicklungsdauern von Aufträgen kann ein Unternehmen schnell und flexibel am Markt agieren. Die Modelle zur kurzfristigen Ablaufplanung machen aber häufig den Fehler, mit der Abwicklungsdauer der Aufträge in der reinen Fertigung nur einen Teilzeitraum der gesamten Auftragsabwicklungsdauer zu betrachten. Reduzierte Abwicklungszeiten in der Fertigung müssen ökonomisch nicht zwingend vorteilhaft sein. Führt eine „verbesserte" Ablaufplanung zu einer sinkenden Abwicklungsdauer in der Fertigung, weil Zwischenlagerzeiten reduziert werden können, ist das aus reiner Fertigungssicht sicherlich zu begrüßen. Führt diese „verbesserte" Ablaufplanung aber lediglich dazu, einen Auftrag in der Fertigung terminlich vorzuziehen, ohne daß der Kunde bereit ist, den Auftrag früher abzunehmen, werden billigere Zwischenlagerzeiten durch teurere Endlagerzeiten substituiert. Das Ablaufproblem darf

---

1 Vgl. zu diesem Abschnitt Adam (1990), S. 725 ff.; Bowman (1959), S. 621 ff.; Bulkin/Colley/Steinhoff (1966), S. 29 ff.; Churchman/Ackoff/Arnoff (1971), S. 409 ff.; Conway/Maxwell/Miller (1967); Kern (1967).
2 Vgl. Gutenberg (1983), S. 216 f.; Liedl (1984), S. 18 ff.; Mensch (1972).

daher nicht isoliert aus Fertigungssicht betrachtet werden; vielmehr ist eine integrierte Sicht aller Funktionen zwischen Auftragsannahme und Auslieferung eines Auftrags an den Kunden anzustreben.

Für die Lösung des Ablaufproblems stehen dem Betrieb unterschiedliche Parameter zur Verfügung, mit denen er auf die Qualität der Lösung Einfluß nehmen kann. Mit Hilfe welcher Parameter auf die Ziele der Ablaufplanung eingewirkt werden kann, hängt davon ab, ob eine kurz- oder langfristige Sichtweise des Ablaufproblems vorliegt. Bei kurzfristiger, operativer Sicht des Problems sind die Rahmenbedingungen der Fertigung, der Auftragsannahme und Konstruktion sowie der physischen Distribution gegeben und nicht beeinflußbar. Von diesen Rahmenbedingungen hängt es aber nachhaltig ab, ob die operative Ablaufplanung befriedigende Lösungen erzielt. Zu diesen Rahmenbedingungen gehört bspw. die Kapazitätssituation, die in einem Betrieb vorliegt. Bei stark ausgeprägten Engpässen wird die Lösung des kurzfristigen Ablaufproblems erheblich behindert, und es kommt aus der Sicht der Aufträge zu unbefriedigenden Lösungen mit langen Wartezeiten der Aufträge vor den einzelnen Arbeitsstationen. Im folgenden werden zunächst die Parameter der kurzfristigen Ablaufplanung diskutiert, soweit sie sich auf den reinen Fertigungsbereich beziehen. Die langfristig für die Ablaufplanung relevanten Rahmenbedingungen werden im Abschnitt 9.1.2 aufgegriffen.

Mit Hilfe der kurzfristigen Parameter kann ein Betrieb Einfluß auf die Lagerzeiten der Aufträge nehmen (Zwischen- und Endläger) und auf die Wartezeiten der Maschinen (ablaufbedingte Stillstandszeiten) bzw. die Leistung des Produktionssystems, d.h. die Anzahl in der Planungsperiode abzuwickelnder Aufträge, einwirken. Die Rückwirkungen auf den Umfang der Aufträge macht deutlich, daß von der Lösung von Ablaufproblemen nicht nur Kostenwirkungen ausgehen; vielmehr können über die Leistung auch die Erlöse beeinflußt werden.

Zu den Parametern der kurzfristigen Ablaufplanung gehören:

- Entscheidungen über die Reihenfolge, in der Aufträge abgewickelt werden,
- Entscheidungen darüber, wann Aufträge für die Fertigung freigegeben werden,
- Entscheidungen über das kurzfristige Kapazitätsangebot in einzelnen Fertigungsstufen,
- Entscheidungen über die innerbetriebliche Auftragsgröße.

Zentraler Parameter zur Beeinflussung der Abwicklungsdauern von Aufträgen in der Fertigung ist die **Reihenfolgeplanung** der Aufträge. Der Einfluß der Reihenfolgeplanung soll an einem Beispiel gezeigt werden. Ein Betrieb muß die Aufträge A, B und C hintereinander auf zwei Produktionsstufen bearbeiten. Die erste Produktionsstufe ist noch bis zum Beginn des 8. Tages mit anderen Aufträgen belegt. Für die Aufträge gelten folgende Daten:

9.1 Die Struktur des Ablaufproblems

Auftrag	Ankunftszeit vor 1. Stufe	Zeitbedarf für die Produktion in Tagen	
		Stufe 1	Stufe 2
A	0	3	4
B	3	1	1
C	6	2	3

Tabelle 9-1

Untersucht werden die Wirkungen der Reihenfolgen A/B/C sowie B/C/A. Für die beiden Reihenfolgen ergeben sich folgende Auftragsdiagramme, aus denen die Abwicklungszeiten der Aufträge (Tabelle 9-2) entnommen werden können.

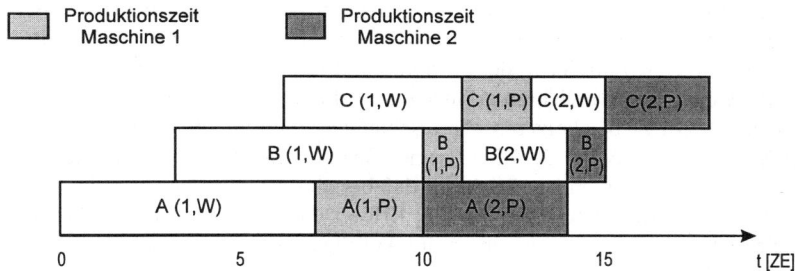

Abbildung 9-1

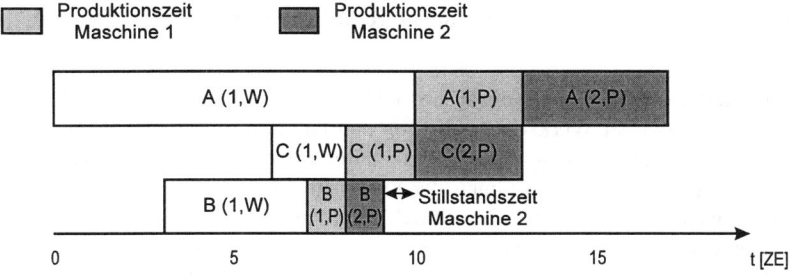

Abbildung 9-2

Auftrag	Reihenfolge	
	A/B/C	B/C/A
A	14 ZE	17 ZE
B	12 ZE	6 ZE
C	12 ZE	7 ZE
Summe	38 ZE	30 ZE

Tabelle 9-2

Die mittlere Abwicklungsdauer der drei Aufträge sinkt also von 38/3 = 12,67 Tage auf 10 Tage, wenn statt der Reihenfolge A/B/C die Folge B/C/A gewählt wird.

Ob von der Reihenfolgeplanung der Aufträge nachhaltige Wirkungen auf die mittlere Abwicklungsdauer in der Fertigung ausgehen, hängt vom Umfang der Werkstattbestände ab. Tendenziell sinkt der Einfluß der Reihenfolgeplanung mit sinkendem Bestand an wartenden Aufträgen.

Die Höhe der Werkstattbestände kann der Betrieb über das **Freigabeverhalten** für die Aufträge regulieren. Über das Freigabeverhalten wird insbesondere die Anzahl der in der Werkstatt wartenden Aufträge beeinflußt, was Rückwirkungen auf die Zahl möglicher Auftragsreihenfolgen und die mittlere Abwicklungszeit hat.

In die Reihenfolgeplanung der Aufträge gehen grundsätzlich nur die für die Bearbeitung freigegebenen Aufträge ein. Werden Aufträge sehr frühzeitig für die Produktion freigegeben, erhöht sich die Anzahl der in der Fertigung auf Bearbeitung wartenden Aufträge. Tendenziell steigt dann die Abwicklungsdauer der Aufträge in der Fertigung, da die mittlere Wartezeit der Aufträge bei längeren Warteschlangen zunimmt. Erfolgt die Freigabe eines Auftrages immer erst kurz vor dem Start seiner Bearbeitung, sinken die Abwicklungsdauern in der Fertigung. Zu beachten ist allerdings, daß bei dieser Sichtweise nur die Abwicklungszeiten in der Produktion betrachtet werden. Erfolgt die Freigabe der Aufträge immer erst kurz vor Produktionsbeginn, dann warten die Aufträge vor den Werkstätten, d.h., eine späte Freigabe läßt die Wartezeiten der Aufträge vor der Produktion u.U. ansteigen. Sinkende Auftragsbestände in der Fertigung müssen daher nicht zwingend auch zu einer Verkürzung der Zeit zwischen Auftragserteilung und dem Lieferzeitpunkt führen. Insoweit ist der Freigabeparameter bei integrierter, funktionsübergreifender Sicht des Ablaufproblems sehr kritisch zu sehen.

Dritter Parameter, über den die Auftragsabwicklungszeiten beeinflußt werden können, sind die Abfertigungsraten der Werkstätten, die von den **Kapazitäten** in den Werkstätten abhängen. Je höher das Kapazitätsangebot der Werkstätten ist, um so schneller passieren die Aufträge die Fertigungsstufen. Im Rahmen der kurzfristigen Ablaufbetrachtung sind zwar die Maschinenkapazitäten gegeben, aber durch Veränderung der Arbeitszeiten pro Tag (Überstunden), der Arbeitsintensität oder auch durch Leiharbeitskräfte kann die tägliche Abfertigungsrate in Zeiten großer Belastung in der Fertigung erhöht werden. Bei Kapazitätsengpässen ist es auch denkbar, kurzfristig Teile der Fertigung fremd zu vergeben, um längeren Warteschlangen der Aufträge entgegenzuwirken. Bei Werkstattfertigung kann insbesondere durch eine geschickte Personaleinsatzplanung die Kapazität einzelner Werkstätten an den Bedarf angepaßt werden, wenn das Personal die Fähigkeiten besitzt, Arbeit in verschiedenen Werkstätten zu verrichten. Treten in einer Werkstatt Engpässe auf, während in anderen Werkstätten Beschäftigungsmangel herrscht, führt eine Umsetzung des Personals zu einer steigenden Abfertigungsrate im Engpaß und reduziert damit die Abwicklungszeiten der Aufträge.[3]

---

3   Vgl. Fischer (1990), S. 177 ff.

Bei Sortenfertigung ist die **innerbetriebliche Auftragsgröße** ein vierter Parameter zur Beeinflussung der Abwicklungsdauer. Ein Zusammenhang zwischen Auftragsgröße und Abwicklungsdauer besteht, wenn die Lose zwischen den einzelnen Fertigungsstufen als geschlossener Posten transportiert werden. Bearbeitet ein Betrieb in einer Stufe ein Los mit einem Umfang von 5000 Teilen, wofür vier Arbeitstage benötigt werden, rückt das Los erst nach vier Tagen vor die nächste Fertigungsstufe. Bei einem Los mit nur 2500 Teilen könnte die zweite Bearbeitungsstufe bereits nach zwei Tagen mit der Bearbeitung fortfahren. Werden immer nur ganze Lose zwischen den Werkstätten transportiert, arbeiten alle für einen Auftrag erforderlichen Produktionsstufen sequentiell an einem Auftrag. Der Einfluß der Losgröße auf die Abwicklungsdauer der Aufträge kann gemildert werden, indem nicht ganze Lose als Transporteinheit behandelt werden. Teilt der Betrieb ein Fertigungslos in zwei Transportlose, können sich die Produktionszeiten eines Auftrages in benachbarten Produktionsstufen teilweise überlagern. Die zweite Stufe kann dann im Beispiel bereits nach zwei Tagen die Produktion aufnehmen.

9.1.2 Rahmenbedingungen der Ablaufplanung

Der Gestaltungsspielraum und die Qualität der in der operativen Ablaufplanung zu erreichenden Lösung werden wesentlich durch mittel- oder langfristig zu beeinflussende Parameter vorgegeben. Bei schlechten Rahmenbedingungen nutzen die intelligentesten Modelle zur Ablaufplanung nichts, da mit ihrer Hilfe etwaige Gestaltungsmängel bei den Rahmenbedingungen nicht ausgeglichen werden können. Verfügt ein Betrieb in den einzelnen Fertigungsstufen bspw. über ausreichend Kapazitäten, existiert das Dilemma der Ablaufplanung praktisch nicht, und die operative Ablaufplanung wird wesentlich einfacher. Der Gestaltung der Rahmenbedingungen wird in vielen Betrieben heute noch zu wenig Aufmerksamkeit geschenkt. Die Betriebe investieren vielfach in teure EDV-Anlagen zur Fertigungssteuerung, ohne ihre Ablaufprobleme auf diesem Weg nachhaltig beseitigen zu können.

Auch bei den langfristigen Parametern ist wiederum eine integrierte Sicht aller an der Abwicklung der Aufträge beteiligten Funktionen anzustreben. Es dürfen mithin nicht lediglich die Gestaltungspotentiale in der Fertigung analysiert werden. Häufig ist der rein fertigungsbedingte Zeitanteil an der Auftragsabwicklung vergleichsweise gering. In der Automobilindustrie entfallen derzeit von den ca. 28 Tagen Auftragsabwicklung nur zwei Tage auf die Fertigung, während die größten Zeitanteile auf die Bearbeitungsgänge vor und nach der Produktion entfallen. Eine Beschleunigung der Aufträge läßt sich dann in erster Linie durch strukturelle Veränderungen in der Auftragsvorbereitung und der physischen Distribution erreichen.

Zu den langfristigen Parametern der Ablaufplanung in der Fertigung sind zu rechnen:

- Gestaltung der Arbeitspläne für die Aufträge,
- Überlegungen zum Routing verschiedener Aufträge durch die Fertigung,
- Planung des Materialflusses (Transport) zwischen den Fertigungsstufen,

- räumliche Anordnung der Werkstätten und der Arbeitsplätze innerhalb der Werkstätten (Layout),
- Auslegung der Maschinenkapazitäten und Abstimmung der Leistungsquerschnitte aufeinanderfolgender Produktionsstufen.

Die Auswirkungen dieser fünf Bereiche dürfen nicht isoliert gesehen werden, da Entscheidungen in einem Bereich Konsequenzen für andere Bereiche haben. Beispielsweise bewirken die Kapazitätsplanung und die Abstimmung der Leistungsquerschnitte der Produktionsstufen gemeinsam einen glatten Materialfluß. Die Bedeutung der fünf Entscheidungsbereiche auf die operative Ablaufplanung soll kurz aufgezeigt werden.

In den **Arbeitsplänen** der Aufträge wird festgelegt, in welche Bearbeitungsoperationen ein Auftrag zerlegt wird, in welchen Werkstätten oder auch Arbeitsplätzen bestimmte Arbeitsoperationen auszuführen sind und wie die chronologische Abfolge der Arbeitsoperationen gestaltet werden soll. In der Regel gibt es für einen Auftrag mehrere Gestaltungsmöglichkeiten des Arbeitsplanes mit unterschiedlichen Auswirkungen auf die Fertigung. Beispielsweise können alle Arbeitsoperationen zeitlich hintereinander angeordnet werden. In diesem Fall wird von einer linearen Fertigung gesprochen. Vielfach ist es aber auch möglich, Teile der Arbeitsoperationen zeitlich parallel ablaufen zu lassen. Dann liegt der Fall einer vernetzten Fertigung vor. Beide Gestaltungsformen haben unterschiedliche Konsequenzen für die Abwicklungsdauer eines Auftrages.

Auf die Ablaufplanung kann die Arbeitsplangestaltung insbesondere dann nachhaltig einwirken, wenn es gelingt, für ein komplexes Erzeugnis einzelne Baugruppen zu bilden, deren Produktion in spezielle Werkstätten ausgelagert wird. Auf diesem Wege entstehen vernetzte Arbeitspläne mit z.T. zeitlich paralleler Fertigung der Komponenten. Durch Vernetzung kann die Abwicklungszeit der Aufträge in der Fertigung reduziert werden; allerdings erfordert die Vernetzung eine gute zeitliche Koordination der Teilzweige des Netzes an den Montageknotenpunkten der Bauteile.

Gelingt es, die Arbeitspläne verschiedener Erzeugnisse so zu gestalten, daß für alle Aufträge die gleiche oder doch eine sehr ähnliche Fertigungsabfolge erreicht wird, erleichtert das die Ablaufplanung nachhaltig. Bei **Identical Routing** aller Aufträge gibt es ein standardisiertes Materialflußschema der Aufträge durch die Fabrik, der Werksverkehr läuft gewissermaßen wie auf Einbahnstraßen ab. Die Anordnungsbeziehungen der einzelnen Fertigungsstufen sind in diesem Fall eindeutig geregelt, d.h., eine Fertigungsstufe ist generell Vorgänger einer anderen Stufe. Bei dieser Art der Anordnungsbeziehungen lassen sich die Kapazitäten aufeinanderfolgender Fertigungsstufen leichter aufeinander abstimmen, zumindest gibt es kaum wechselnde Engpässe in der Fertigung, wenn sich die Zusammensetzung des Programms ändert.

Haben die Aufträge unterschiedliche Fertigungsabfolgen, sind die Anordnungsbeziehungen der Stufen mithin auftragsabhängig, ergeben sich für den Materialfluß Komplikationen, da die Aufträge teilweise im Gegenstromprinzip durch die Fabrik laufen. In diesem Fall gibt es nicht mehr die Möglichkeit, das Layout nach der Materialflußrichtung zu gestalten. Eine Stufe ist dann für einen Auftrag Vorgänger einer anderen Stufe, während bei einem zweiten

9.1 Die Struktur des Ablaufproblems

Auftrag genau das Gegenteil gilt. Bei diesem **Different Routing** der Aufträge ist die Lösung des Ablaufproblems wesentlich schwieriger, da sich die Materialströme der Aufträge gegenseitig behindern; insbesondere kommt es in dieser Situation je nach Zusammensetzung des Auftragsprogramms zu wechselnden Fertigungsengpässen.

Die **Materialflußplanung**, d.h. die Organisation des Teiletransportes zwischen den Fertigungsstufen, kann die Abwicklungszeiten in ähnlicher Weise beeinflussen wie die Arbeitspläne. Ein Beispiel möge das verdeutlichen.

Ein Unternehmen produziert Rolltore und benötigt dafür einen Tragrahmen (Türstockrahmen) aus gekantetem Stahlblech.

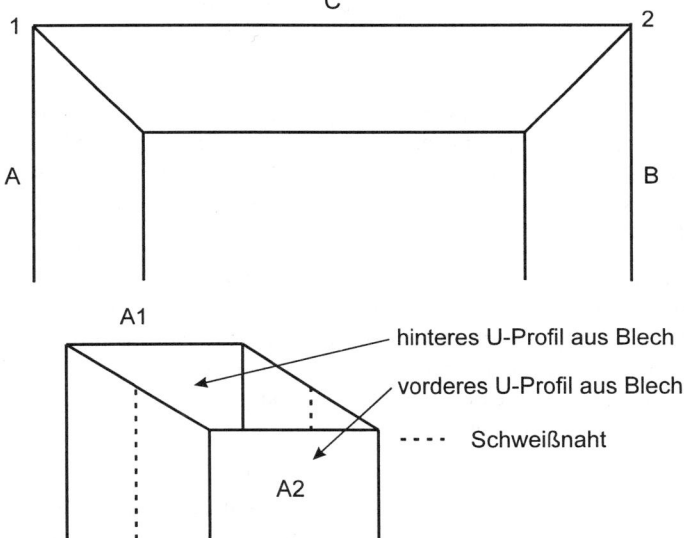

Abbildung 9-3

Der Rahmen besteht aus drei Baugruppen A, B und C. Diese Baugruppen werden aus Stahlblech gefertigt, die zu einem U – A1 und A2 in der Zeichnung – verformt und zusammengeschweißt werden. Für die Fertigung sind fünf verschiedene Arten von Arbeitsoperationen mit folgenden Arbeitszeiten erforderlich.

Arbeitsoperationen	Menge	Zeitbedarf pro ME in Min.
1. Blechschneiden	6	10
2. Blechkanten	6	10
3. Teile ABC schweißen	3	10
4. Gehrungen schneiden	3	10
5. Endmontage der drei Teile	1	10

Tabelle 9-3

Die nachfolgende Abbildung gibt die logische Abfolge der Arbeitsgänge an.

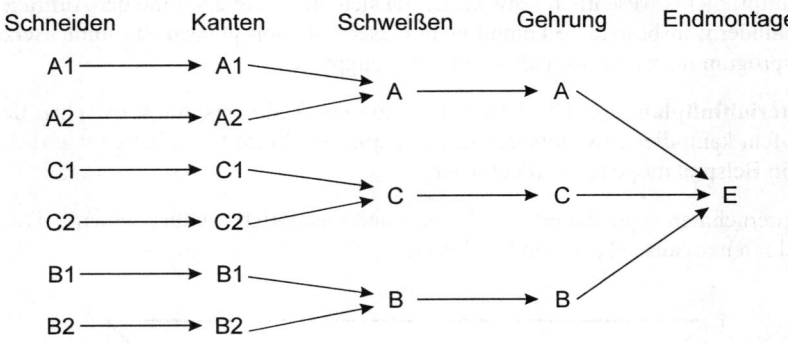

Abbildung 9-4

Diese Abbildung ist folgendermaßen zu interpretieren. Das Bauteil A1 muß zunächst aus dem Blech herausgeschnitten und dann gekantet werden. Erst wenn beide U-Profile A1 und A2 fertig sind, können sie verschweißt werden. An den verschweißten Bauteilen A, B und C kann dann die 45 Grad Gehrung angebracht werden. Die Endmontage ist erst möglich, wenn die Teile A, B und C mit Gehrung vorliegen.

Die Arbeitsoperationen werden an fünf verschiedenen Arbeitsplätzen durchgeführt, wobei an jedem Arbeitsplatz nur eine Arbeitskraft verfügbar ist. Der Materialfluß zwischen den Arbeitsplätzen sei so organisiert, daß immer nur alle Teile eines Auftrages gemeinsam vor die nächste Stufe transportiert werden. Der Zuschneider muß erst mit einem Zeitbedarf von 60 Minuten die 6 Bleche schneiden, und anschließend geht der Auftrag an die Kantbank, wo er wiederum 60 Minuten benötigt usw.

Erfordert der Transport keine Zeit und können die Teile in einer Fertigungsstufe ohne Wartezeiten produziert werden, kommt es zu einer Abwicklungszeit für einen Rahmen von 190 Minuten. Die Arbeitsplanung ist in diesem Fall so organisiert, daß alle 19 für den Auftrag erforderlichen Arbeitsoperationen zeitlich nacheinander ablaufen.

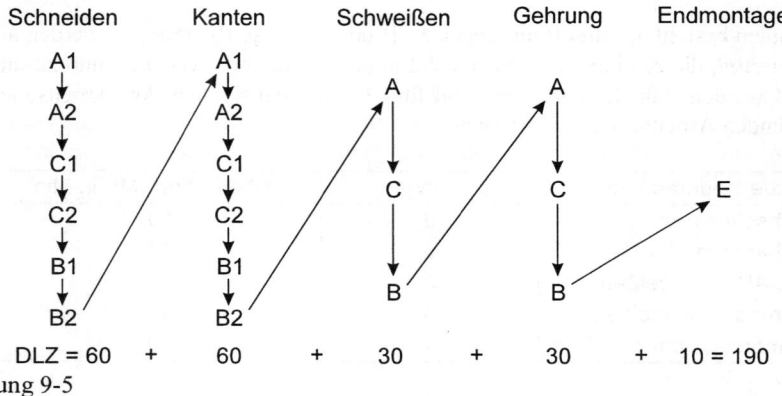

Abbildung 9-5

9.1 Die Struktur des Ablaufproblems

Eine zweite Planung des Arbeitsablaufes möge eine partielle zeitliche Überlagerung der Produktionszeiten benachbarter Fertigungsstufen vorsehen. Wenn das erste Blech A1 abgeschnitten ist, wird es vor die Kantbank gebracht, und während die Kantbank A1 bearbeitet, wird gleichzeitig in der ersten Stufe das Blech für A2 zugeschnitten. In diesem Fall hat jede Stufe gegenüber der Folgestufe eine Verschiebung der Startzeiten des Auftrages von zehn Minuten. Durch partielles Parallelschalten der Arbeiten sinkt die Abwicklungszeit auf 100 Minuten.

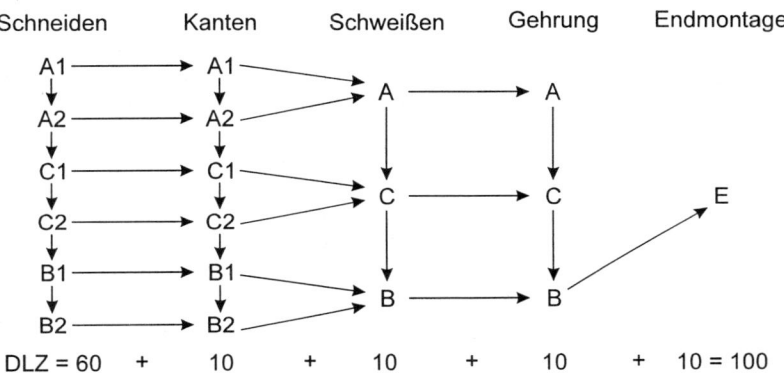

Abbildung 9-6

In engem Zusammenhang mit der Materialflußplanung steht die **Layout-Planung**. Ob in einem Betrieb ein übersichtlicher Materialfluß herrscht, hängt nicht allein vom Routing der Aufträge, sondern auch von der Anordnung der Arbeitsplätze und Maschinen ab. Die Anordnung sollte weitgehend dem Materialfluß folgen, d.h., im Materialfluß benachbarte Arbeitsplätze sollten auch räumlich nebeneinander liegen, um möglichst übersichtliche und kurze Transportwege zu erreichen. Das Layout vieler Betriebe mit Werkstattfertigung wird dieser Forderung nicht gerecht, weil seit der letzten räumlichen Neugestaltung der Arbeitsplätze starke Veränderungen im Produktionsprogramm aufgetreten sind. Als Folge von Programmänderungen sind dann in der Abfolge benachbarte Arbeitsplätze räumlich getrennt voneinander angeordnet. Das Layout veraltet als Folge von Programmänderungen und führt zu Behinderungen für den Materialfluß und die Ablaufplanung.

Nachhaltige Bedeutung für die operative Ablaufplanung kommt auch der **Kapazitätsausstattung** der Fertigungsstufen und der **Abstimmung der Kapazitäten** aufeinanderfolgender Produktionsstufen zu. Hat die Arbeitsplangestaltung für einen Auftrag in zwei benachbarten Fertigungsstufen zu einem Zeitbedarf von 40 ZE in der ersten Stufe und 90 ZE in der zweiten Stufe geführt, ergibt sich für den Auftrag ein sehr diskontinuierlicher Materialfluß. Tritt dieses Verhältnis der Bearbeitungszeiten bei allen Aufträgen auf, die über diese beiden Fertigungsstufen laufen, stauen sich die Aufträge vor der zweiten Stufe.

Durch zwei Maßnahmen könnte ein derartiger Stau und die damit einhergehenden Lagerzeiten der Aufträge reduziert werden:

- Die Kapazität der zweiten Stufe ist zu erhöhen, um eine Harmonisierung des Zeitbedarfs der Aufträge in den beiden aufeinanderfolgenden Stufen zu erreichen.
- Der Arbeitsplan sieht – falls möglich – eine andere Aufteilung der Arbeitsinhalte auf die beiden Stufen vor. Teile der Arbeitsinhalte der zweiten Stufe sind auf die erste Stufe umzuverteilen.

Die Harmonisierung der Stufenkapazitäten ist insbesondere bei unterschiedlichem Routing der Aufträge eine kaum zu bewältigende Aufgabe, da die Kapazitätsbeanspruchung in den Fertigungsstufen dann nachhaltig von der Programmzusammensetzung abhängig ist. Für eine bestimmte Relation der Aufträge zueinander gibt es u.U. kaum Engpässe; sobald sich die Relationen aber verändern, kommt es zu im Zeitablauf nicht stabilen Engpässen.

Insbesondere den langfristigen Parametern zur Gestaltung des Fertigungsablaufes kommt heute in der Praxis zentrale Bedeutung zu. Die langfristigen Gestaltungspotentiale müssen genutzt werden, um den Komplexitätsgrad in der Produktion und damit den Koordinationsbedarf der Ablaufplanung deutlich zu verringern. Durch die Rahmenbedingungen müssen die Voraussetzungen geschaffen werden, um mit einfachen Instrumenten erfolgreich operative Ablaufplanung betreiben zu können. Diese Sichtweise kommt im Kanban-Prinzip zum Tragen. Die operative Auftragssteuerung ist dann ein triviales Problem, das völlig dezentral zu bewältigen ist. Das Kernproblem liegt darin, die Rahmenbedingungen der Fertigung so zu gestalten, daß die Produktion „kanbanfähig" wird.

9.1.3 Statische und dynamische Sicht des Ablaufproblems

Das Ablaufproblem wird in der Literatur in zwei verschiedenen Sichtweisen analysiert:

- Bei der ersten – älteren – Betrachtungsweise ist das Produktions- und Auftragsprogramm einer Planungsperiode gegeben, und das Ablaufproblem besteht darin, die nach Zahl und Umfang gegebenen Aufträge in eine günstige Bearbeitungsreihenfolge zu bringen und die Fertigungstermine festzulegen. Bei dieser Betrachtungsweise ist die Ablaufplanung der Programmplanung nachgeschaltet, d.h., die Interdependenzen zwischen Programm- und Ablaufplanung gehen nicht in die Analyse ein. Diese Betrachtungsweise der Ablaufplanung wird auch als **statisch** bezeichnet, da alle Aufträge der Planungsperiode zum Zeitpunkt der Ablaufplanung bekannt sind und zu einem Termin die Auftragsfolge für den gesamten Planungszeitraum festzulegen ist.

    Diese Sichtweise geht von einem **geschlossenen Entscheidungsfeld**[4] mit einer wohldefinierten Anzahl von Aufträgen und möglichen Auftragsreihenfolgen aus. In der klassischen betriebswirtschaftlichen Literatur zur Ablaufplanung ist diese Sichtweise des Problems vorherrschend. Auf der Basis der geschlossenen Entscheidungsfelder existiert dann für ein bestimmtes Entscheidungskriterium – z.B. minimale ablaufbedingte Stillstands-

---

4   Vgl. Adam (1996a), S. 7 ff. und 91 ff.

zeiten der Anlagen – eine optimale Lösung des Problems. Allerdings läßt sich das Optimum nur für triviale Fälle in vertretbarer Rechenzeit finden. Aufgrund der mathematisch schwachen Struktur von Reihenfolgeproblemen ist die optimale Lösung im allgemeinen nur durch vollständige Enumeration aller Reihenfolgen zu bestimmen, was für Probleme realistischer Größenordnung scheitert.

- Die zweite, **dynamische** Betrachtungsweise der Ablaufplanung geht nicht von einem gegebenen Auftragsprogramm der Planungsperiode aus. Zum Planungszeitpunkt liegen zwar bestimmte Aufträge vor, für die der Ablauf zu planen ist; während der Planungsperiode treten aber ständig neue, zusätzliche Aufträge auf, für die Termine in der Fertigung bereitzustellen sind. Ablaufplanung ist deshalb nicht wie bei der ersten Sichtweise ein einmaliger Planungsvorgang am Anfang der Periode; vielmehr muß nach Ablauf eines bestimmten Teils des Planungszeitraums erneut geplant werden. Diese Planung erstreckt sich auf jene Aufträge, die seit der letzten Ablaufplanung neu angenommen wurden und auf den Altbestand an Aufträgen, der bislang noch nicht oder nur z.T. abgewickelt wurde. In diesem Fall liegt ein **offenes Entscheidungsfeld**[5] vor. Bei offenen Entscheidungsfeldern werden die Planungsergebnisse beim Hinzutreten neuer Aufträge angepaßt. Liegen bei der ersten Planungsrunde fünf Aufträge vor, deren Reihenfolge festgelegt wird, realisiert der Betrieb von dieser Reihenfolge u.U. nur die erste Position. Falls bis zum Produktionsstart des zweiten Auftrages der geplanten Reihenfolge ein weiterer Auftrag eintrifft, wird erneut über die Reihenfolge des veränderten Programms entschieden.

Beide Sichtweisen des Ablaufproblems haben ausschlaggebende Bedeutung für die Zielsetzung der Ablaufplanung. Bei der ersten Betrachtungsweise mit gegebenen Aufträgen sind die Erlöse des Planungszeitraums durch die Ablaufplanung nicht zu beeinflussen, sofern ein Ablaufplan gefunden werden kann, der es erlaubt, alle Aufträge im Betrachtungszeitraum abzuwickeln. Ziel der Ablaufplanung ist es dann, jene Bearbeitungsreihenfolge der Aufträge zu suchen, bei der die Summe der ablaufbedingten Zwischenlager- und Maschinenstillstandskosten minimiert wird. Die Betrachtung kann auf die Zwischenlagerkosten reduziert werden, wenn durch die Wartezeiten der Maschinen keine über die Bearbeitungsreihenfolge der Aufträge zu beeinflussenden Kosten entstehen. In diesem Fall ist es das Ziel der Ablaufplanung, die Zwischenlagerkosten der Aufträge unter Berücksichtigung der Absatztermine zu minimieren.

Bei einem offenen Entscheidungsfeld läßt sich streng genommen überhaupt keine optimale Lösung des Ablaufproblems mehr angeben. In jedem einzelnen Planungsschritt wird letztlich nur über ein eingeschränktes Entscheidungsfeld entschieden, und diese Lösung wird auch nur z.T. realisiert. Der ständige Neuaufwurf der Ablaufplanung bei Ergänzungen des Auftragsprogramms kann damit die Interdependenzen zu den Aufträgen, die noch nicht bekannt sind, nicht erfassen. Gleichwohl haben die auf der Basis des beschränkten Entscheidungsfeldes getroffenen Ablaufentscheidungen Auswirkungen auf künftige Ablaufentscheidungen. Angenommen, die gegenwärtige Beschäftigungslage des Betriebes ist schlecht, dann kann sich der Betrieb dafür aussprechen, die Arbeit zu strecken. Er „verschenkt" dann

---

[5] Vgl. Adam (1996a), S. 7 ff., 16 ff. und 91 ff.

durch diese Politik Kapazitätspotentiale. Verbessert sich die Auftragslage anschließend wieder, fehlen dem Betrieb u.U. Teile der durch das Strecken verlorengegangenen Kapazitäten, d.h., er kann künftig weniger Aufträge abwickeln, als es ihm ohne das Strecken möglich wäre. Zum Zeitpunkt der Entscheidung über die Streckung fehlt dem Betrieb aber die Information über die künftige Auftragslage und damit den künftigen Kapazitätsbedarf.

Wie das Beispiel zeigt, geht damit bei dynamischer Sichtweise des Ablaufproblems von der Ablaufentscheidung auch ein Einfluß auf die Erlöse aus. Wählt der Betrieb eine Ablaufalternative mit möglichst geringen ablaufbedingten Maschinenstillstandszeiten, kann er bei guter Auftragslage in einem bestimmten Zeitraum mehr Aufträge abwickeln. Bei offenen Entscheidungsfeldern kann zwar für jedes eingeschränkte Entscheidungsfeld eine optimale Lösung angestrebt werden; das gesamte Problem aller aufeinander folgenden Ablaufentscheidungen ist damit aber nicht optimal gelöst. Da bei offenen Entscheidungsfeldern Optimallösungen letztlich unmöglich sind, wird bei dieser Sichtweise des Ablaufproblems auch gar nicht versucht, ein Optimum im mathematischen Sinne zu realisieren. Ablaufplanung erfolgt bei dieser Sichtweise auf der Basis heuristischer Prinzipien. Mit Hilfe von Prioritätsregeln werden Ablaufentscheidungen gefällt, und es wird durch Simulationsstudien analysiert, zu welchen Auswirkungen die gewählten Regeln führen. Die dynamische Sichtweise des Ablaufproblems liegt den Methoden zur Fertigungssteuerung zugrunde.[6]

Außer in der statischen und der dynamischen Sichtweise des Ablaufproblems unterscheidet sich die Ablaufproblematik in der klassischen betriebswirtschaftlichen Ablaufplanung und den Systemen zur Produktionsplanung und -steuerung (PPS-Systeme) ferner durch den analysierten Zeitraum zwischen Auftragsannahme und Liefertermin. Die meisten Untersuchungen zur betriebswirtschaftlichen Ablaufplanung beziehen sich nur auf den Zeitraum zwischen Produktionsbeginn und Fertigstellung der Aufträge. Die Zeit zwischen Fertigungsende und Lieferzeitraum bleibt vielfach unberücksichtigt. Die Systeme zur Produktionsplanung und -steuerung streben aber auch eine gute Anpassung der Produktionstermine an die Liefertermine an; insoweit definieren sie das Planungsproblem umfassender. Die PPS-Systeme betrachten aber auch nicht die gesamte Abwicklungsdauer von Aufträgen. Sie analysieren im allgemeinen nur die Zeitspanne zwischen Freigabe der Aufträge und Liefertermin. Bei gesättigten Märkten und variantenreicher Produktion kommt den Konstruktionszeiten und den Zeiten für die Arbeitsvorbereitung für kundenindividuelle Produkte steigende Bedeutung zu. PPS-Systeme müssen daher künftig auch diese Teilzeiten mit abdecken, wenn durch sie die Gesamtabwicklungsdauer der Aufträge positiv beeinflußt werden soll.

9.2 Grundlagen der Ablaufplanung[7]
9.2.1 Grundbegriffe zum Materialfluß der Aufträge

Der Schwierigkeitsgrad des Ablaufproblems hängt von den konkreten Fertigungsbedingungen ab. Zwei Teilaspekte des Materialflusses sind in diesem Zusammenhang wesentlich.

---

6 Vgl. Adam (1990), S. 801 ff.
7 Vgl. zu diesem Abschnitt Adam (1990), S. 725 ff.

9.2 Grundlagen der Ablaufplanung

- Die zeitliche Abfolge der Arbeitsoperationen eines Auftrages,
- das Routing verschiedener Aufträge durch das Produktionssystem.

Die operative Ablaufplanung setzt die Reihenfolge der für einen Auftrag notwendigen Arbeitsoperationen i.d.R. als gegeben voraus. Denkbar sind aber auch Situationen mit einer noch variablen Anordnung der Arbeitsoperationen. In derartigen Fällen kann in der Fertigung entschieden werden, ob die Arbeitsoperation A vor B ausgeführt wird oder ob die entgegengesetzte Reihenfolge gelten soll. Derartige Situationen mit noch variabler Abfolge können auftreten, wenn ein Unternehmen flexible Fertigungssysteme mit Durchlauffreiheit einsetzt. Die Abfolge der Arbeitsoperationen wird dann bspw. nach der Belastungssituation einzelner Maschinen entschieden. Bei Durchlauffreiheit hat ein Unternehmen folglich größere Gestaltungspotentiale für den Ablauf, was zu kürzeren Durchlaufzeiten, aber auch zu einer besseren Auslastung der Maschinen beitragen kann.

Bei der **Reihenfolgeplanung von Arbeitsoperationen** müssen die für Arbeitsoperationen geltenden technischen Vorrangbeziehungen beachtet werden. Für die Ablaufplanung ist es wesentlich, ob Arbeitsoperationen im Rahmen der durch die Vorrangbeziehungen möglichen Spielräume zeitlich parallel oder sequentiell angeordnet werden können. Bei sequentieller Anordnung sind alle zu einem Auftrag gehörenden Arbeitsgänge zeitlich nacheinander durchzuführen; es liegt dann ein **linearer Fertigungsprozeß** vor. Im Fall teilweise paralleler Anordnung der Arbeitsoperationen wird von **vernetzter Fertigung** gesprochen.

Der zweite für die Ablaufplanung wesentliche Aspekt betrifft die Frage, ob alle Erzeugnisse die Produktionsabteilungen bzw. Maschinen in der gleichen Weise durchlaufen oder ob ein erzeugnisspezifisches Routing besteht. Hinsichtlich des Routings der Aufträge lassen sich drei Formen unterscheiden:

- **Identical Routing**: Für alle Aufträge gilt die gleiche Reihenfolge des Maschineneinsatzes.

Auftrag	Einsatzfolge der Maschinen		
1	A	B	C
2	A	B	C

Tabelle 9-4

- **Identical Routing Passing**: Für alle Aufträge werden die Maschinen in der gleichen Reihenfolge eingesetzt; einzelne Aufträge überspringen aber einige Maschinen.

Auftrag	Einsatzfolge der Maschinen		
1	A	B	C
2	A	-	C

Tabelle 9-5

- **Different Routing**: Die Maschinen werden für die Aufträge in einer anderen Reihenfolge eingesetzt.

Auftrag	Einsatzfolge der Maschinen
1	A C B
2	C A B

Tabelle 9-6

Die meisten Modelle zur Ablaufplanung und Fertigungssteuerung gehen von relativ einfachen Formen des Materialflusses aus. Vorherrschend sind Ansätze, die lineare Fertigung und identisches Routing voraussetzen. Aber selbst für Probleme mit dieser einfachen Struktur lassen sich bei gegebenem Auftragsprogramm – statische Sicht des Ablaufproblems – in der Regel keine im Hinblick auf ein bestimmtes Ziel optimalen Ablaufpläne generieren, es sei denn, es wird eine vollständige Enumeration aller denkbaren Reihenfolgen durchgeführt.

9.2.2 Ziele der Ablaufplanung[8]

Die bei der Ablaufplanung zu verfolgenden Ziele müssen grundsätzlich zum obersten Unternehmensziel beitragen. Wird es als langfristiges Ziel einer Unternehmung angesehen, mit dem verfügbaren Kapital dauerhaft Gewinne zu erwirtschaften, müssen die Erlös- und Kostenwirkungen der Ablaufentscheidungen erfaßt werden. Erlöswirkungen treten auf, wenn durch die Ablaufplanung kurzfristig auf den Umfang der in der Planungsperiode abzuwickelnden Aufträge eingewirkt werden kann. Langfristige Erlöswirkungen ergeben sich aus den Goodwill-Wirkungen eingehaltener Liefertermine. Kosteneinflüsse der Ablaufplanung resultieren aus den Zwischen- und Endlägern sowie aus dem Ausmaß erforderlicher Rohstofflager. Zudem sollen durch die Reihenfolgeplanung Konventionalstrafen bei überschrittenen Lieferterminen vermieden werden.

Die Erlös- und Kostenwirkungen der Ablaufplanung sind oft nur schwer – z.T. auch gar nicht – exakt zu bestimmen. Beispielsweise bereitet die Bewertung des Goodwills bei verbesserter Termintreue unüberwindliche Quantifizierungsprobleme. Auch die Zwischenlagerkosten lassen sich schlecht ermitteln, weil die Höhe des in den Lägern gebundenen Kapitals nicht zweifelsfrei zu bestimmen ist. An die Stelle der primären ökonomischen Ziele treten daher häufig abgeleitete (derivative) zeit- oder auch mengenbezogene Zielgrößen, bei denen die Quantifizierungsprobleme entfallen. Man unterstellt damit, daß die Ersatzziele positiv auf die originären Zielgrößen wirken. Angestrebt werden insbesondere Ersatzziele wie:

- Sinkende Durchlaufzeiten der Aufträge,
- Abbau ablaufbedingter Stillstandszeiten von Arbeitskräften und Maschinen,
- gleichmäßige Auslastung der Maschinen im Zeitablauf,
- reduzierte Lagerzeiten bzw. -bestände für Rohstoffe, Teile, Halb- und Fertigfabrikate,

---

8   Vgl. Adam (1990), S. 725 f.; Liedl (1984), S. 17 ff.; Paulik (1984), S. 92.

- koordinierte Produktionsend- und Liefertermine (Just-in-time-Produktion), um Verzugszeiten zu vermeiden.

Die Ersatzziele der Ablaufplanung wirken in unterschiedlicher Weise auf die eigentliche Zielgröße, den Gewinn. Während durch eine Just-in-time-Produktion die langfristigen Absatz- und Umsatzchancen positiv beeinflußt werden, steigen die Erlöse bereits kurzfristig, wenn ablaufbedingte Stillstandszeiten der Potentialfaktoren abgebaut werden und freigesetzte Zeiten zur Abwicklung zusätzlicher Aufträge genutzt werden können. Reduzierte Durchlaufzeiten bzw. sinkende Bestände verringern hingegen über eine sinkende Kapitalbindung sowie eine reduzierte Kapitalbindungsdauer die Zinsbelastung der Betriebe.

Bezogen auf die derivativen Ziele der Ablaufplanung existiert bei Werkstattfertigung i.d.R. eine Zielkonfliktsituation,[9] d.h., eine bestimmte Lösung des Ablaufproblems kann eine Zielgröße positiv beeinflussen, während das Niveau einer zweiten Zielgröße verschlechtert wird – **Dilemma der Ablaufplanung**.[10] Beispielsweise sinkt die Durchlaufzeit, während gleichzeitig die Endlagerzeiten und die ablaufbedingten Stillstandszeiten anwachsen. Weil eine einheitliche ökonomische Bewertung der Ersatzzielgrößen i.d.R. scheitert, kann diese Konfliktsituation nicht durch ein übergeordnetes Ziel aufgelöst werden. Für praktische Entscheidungen muß vielmehr die Wirkung verschiedener Auftragsreihenfolgen auf die einzelnen Zielgrößen transparent gemacht werden, um dann im Einzelfall je nach der wirtschaftlichen Situation des Unternehmens zu entscheiden, welchen Zielgrößen in dieser Situation dominierende Bedeutung zukommt.

9.2.3 Zykluszeit und Durchlaufzeit
9.2.3.1 Abgrenzung von Zyklus- und Durchlaufzeit

Mit der Durchlaufzeit und der Zykluszeit existieren zwei Begriffe, die häufig miteinander verwechselt werden. Die **Durchlaufzeit** eines Auftrages umfaßt die Zeitspanne zwischen dem Produktionsbeginn und der Fertigstellung **eines Auftrages**. Bei ihr handelt es sich um den Zeitraum, der für die Produktion eines Auftrages insgesamt benötigt wird. Die Zykluszeit ist hingegen als Zeitspanne zwischen dem Produktionsbeginn eines vorgegebenen Auftragsprogramms in der ersten Produktionsstufe und dem Produktionsende in der letzten Produktionsstufe definiert. Bei der **Zykluszeit** handelt es sich mithin um die Durchlaufzeit eines aus **mehreren Aufträgen** zusammengesetzten Programmes. Die Zykluszeit spielt nur bei statischer Sichtweise des Ablaufproblems eine Rolle. Für diese Sichtweise des Ablaufproblems gibt es Modellansätze, die eine Minimierung der Zykluszeit anstreben.[11]

---

9 Bei einer ausgetakteten Fließfertigung besteht eine derartige Konfliktsituation nicht, da die Wartezeit einer Fließbandstation immer einer Zwischenlagerzeit der Erzeugnisse entspricht.
10 Vgl. Gutenberg (1983), S. 216.
11 Vgl. Johnson (1954), S. 61 ff.; Bellman (1955).

Die Begriffe Zykluszeit und Durchlaufzeit sollen anhand eines Beispiels mit zwei Aufträgen (1 und 2) und drei Produktionsstufen sowie zwei aneinander anschließenden Programmen (A und B) verdeutlicht werden.

U_{as}: Stillstandszeit einer Produktionsstufe s vor Beginn des Programms

U_{bs}: Stillstandszeit einer Produktionsstufe s nach Abschluß des Programms

U_{zs}: Stillstandszeit einer Produktionsstufe s nach Bearbeitung des Auftrags Z

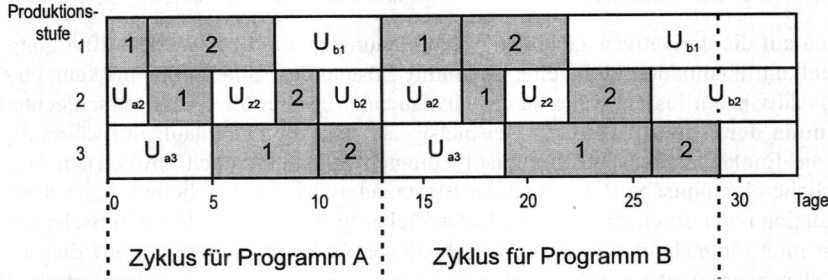

Abbildung 9-7

Die Zykluszeit für Programm A (B) beträgt 13 (16) Tage. Die Durchlaufzeit des Auftrages 1 im Programm A beläuft sich auf 10 ZE. Aus der Zeichnung wird deutlich, daß die Minimierung von Zykluszeiten bei dynamischer Sicht des Ablaufproblems wenig sinnvoll ist, da die Stillstandszeiten zwischen beiden Auftragsprogrammen real nicht auftreten werden.

9.2.3.2 Arten von Durchlaufzeiten

Der Begriff „Durchlaufzeit" ist in der Literatur nicht einheitlich definiert.[12] Es lassen sich nach drei Definitionsmerkmalen unterschiedliche Durchlaufzeiten unterscheiden:

- Der Zeitraum, auf den sich die Durchlaufzeit bezieht,
- Durchlaufzeiten für einzelne Arbeitsstationen und für Aufträge in Bezug auf das ganze Produktionssystem,
- individuelle Durchlaufzeiten für Aufträge und mittlere Durchlaufzeiten für alle Aufträge oder Aufträge gleicher Art, wobei für die Mittelwertbildung unterschiedliche Berechnungsvorschriften eingesetzt werden können.

Die Durchlaufzeit eines Auftrages umfaßt grundsätzlich die Zeitspanne zwischen Produktionsbeginn und Produktionsende eines Auftrages. Allerdings ist sich die Literatur weder darüber einig, welches Ereignis als Produktionsbeginn, noch welches als Produktionsende zu werten ist. Als Folge dessen gibt es eine Vielzahl unterschiedlicher Definitionen der

---

12 Vgl. Adam (1990), S. 743 ff.

9.2 Grundlagen der Ablaufplanung

Durchlaufzeit. Die Durchlaufzeit kann sich dabei einmal auf Arbeitsgänge der eigentlichen Produktion beziehen, oder „Bearbeitungsgänge" vor und nach der Fertigung können darin eingeschlossen sein.

Bei rein fertigungsorientierter Sicht kommen als Zeitpunkte für den **Produktionsbeginn** in Frage:[13]

- Freigabe der Aufträge für die Werkstatt. Das ist der Zeitpunkt, zu dem der Werkstatt die Arbeitspapiere übergeben werden;
- Zeitpunkt der Bereitstellung von Rohstoffen oder Teilen für die Produktion der Aufträge;
- Zeitpunkt, zu dem die Fertigung tatsächlich aufgenommen wird.

Als Zeitpunkte für die **Fertigstellung** der Aufträge können gelten:

- Zeitpunkt, zu dem die letzte Fertigungsoperation eines Auftrages beendet ist;
- Zeitpunkt, zu dem der Auftrag an das Auslieferungslager übergeben wird;
- Zeitpunkt, zu dem der Versand erfolgt.

Mitunter werden auch noch Versandzeiten zum Kunden und Montagezeiten beim Kunden mit in die Durchlaufzeit einbezogen oder auch Konstruktionszeiten und Zeiten für die Auftragsbearbeitung vor der Produktion mit betrachtet. Bei dieser weiten, funktionsübergreifenden Sicht entsprechen sich dann Durchlaufzeiten und Auftragsabwicklungszeiten. In der Betriebswirtschaftslehre ist die Durchlaufzeit i.d.R. als Zeitdifferenz zwischen dem effektiven Produktionsbeginn und dem Fertigungsende eines Auftrages definiert. Es liegt damit eine sehr enge Sicht der Durchlaufzeit vor. In der ingenieurwissenschaftlichen Literatur gilt dagegen häufig die Zeitspanne zwischen der Freigabe eines Auftrages und dem Fertigungsende als Durchlaufzeit. Beide Sichtweisen der Durchlaufzeit sind für eine integrierte Sicht aller Gestaltungspotentiale innerhalb der gesamten Wertschöpfungskette eines Unternehmens viel zu eng. Die rein fertigungsorientierte Betrachtung muß dazu durch eine funktionsübergreifende Sicht abgelöst werden. Ausschlaggebend ist nicht die Durchlaufzeit durch die Fertigung, sondern die Gesamtabwicklungszeit eines Auftrags vom Zeitpunkt der Erteilung bis zur Befriedigung des Kundenbedürfnisses.

Die Durchlaufzeit eines Auftrages ist für lineare und vernetzte Fertigungsprozesse grundsätzlich unterschiedlich zu bestimmen. Bei einem **linearen Fertigungsprozeß** sind sämtliche für einen Auftrag durchzuführenden Arbeitsoperationen hintereinander angeordnet. Die Durchlaufzeit entspricht der Summe der Durchlaufzeiten aller durch diesen Auftrag tangierten Arbeitsstationen. Bei vernetzter Produktion sind die Arbeitsgänge eines Auftrages z.T. zeitlich parallel angeordnet. Bei **vernetzter Produktion** existieren von dem Startpunkt bis zum Endpunkt der Produktion viele Wege durch das Produktionsnetz. Die Durchlaufzeit wird durch den Zeitbedarf auf dem längsten Weg durch das Produktionsnetz definiert. Um die Durchlaufzeit zu bestimmen, dürfen dann nur die Durchlaufzeiten der Arbeitsstationen addiert werden, die auf dem kritischen, d.h. längsten Weg liegen.

---

13 Vgl. Liedl (1984), S. 54.

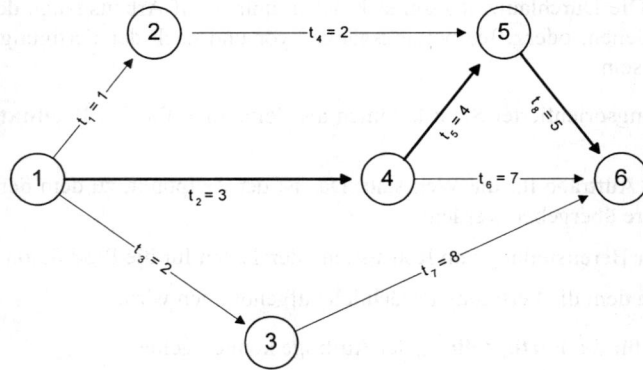

Abbildung 9-8

Durchlaufzeiten können danach unterschieden werden, ob sie sich auf bestimmte Arbeitsstationen beziehen oder die Durchlaufzeiten aller Arbeitsstationen eines Auftrages addiert werden. Bezogen auf eine einzelne Arbeitsstation setzt sich die Durchlaufzeit aus folgenden Bestandteilen zusammen:

- Transportzeit zur Arbeitsstation,
- Vorliegezeit (Lagerzeit),
- Rüstzeit (nur dann, wenn der Auftrag zur Umrüstung und Einstellung der Maschinen bereits in der Arbeitsstation sein muß),
- Fertigungszeit,
- technisch bedingte Reifezeit (Aushärtungs- oder Trocknungszeiten),
- Nachliegezeit nach der technischen Reifezeit.

Diese Definition der Komponenten der **Durchlaufzeit einer Arbeitstation** geht davon aus, daß der Meßpunkt zur Erfassung des Fertigungsfortschrittes einer Arbeitsstation dort angeordnet ist, wo der Transport zu einer Bearbeitungsstufe beginnt. Je nach Lage dieses Meßpunktes kann der Zeitschnitt zwischen benachbarten Arbeitsstationen auch an anderer Stelle liegen. Erfolgt die Kontrolle des Fertigungsfortschrittes mit dem Fertigungsbeginn in einer Station n, gehören die Transportzeit von n–1 zu n und die Vorliegezeit vor n zur Durchlaufzeit der Station n–1, während die Transportzeit zur folgenden Arbeitsstation n+1 und die Vorliegezeit bei n+1 der Durchlaufzeit von n zuzurechnen sind.

Bei **auftragsbezogenen Durchlaufzeiten** werden die arbeitsstationsbezogenen Durchlaufzeiten je nach Art des Materialflusses – lineare oder vernetzte Fertigung – summiert.

Die Durchlaufzeiten von Arbeitsstationen oder Aufträgen lassen sich ferner danach differenzieren, ob **auftragsindividuelle Zeiten** betrachtet werden oder ob mittlere Durchlaufzeiten bestimmt werden. Hinsichtlich der Art der Verdichtung zu mittleren Durchlaufzeiten kann zwischen zwei Prinzipien, der einfachen und der gewichteten Mittelwertbildung, unterschie-

9.2 Grundlagen der Ablaufplanung

den werden. Bei einer einfachen, arithmetischen mittleren Durchlaufzeit einer Arbeitsstation wird die Summe der Durchlaufzeiten aller Aufträge durch die Anzahl der Aufträge dividiert. Eine denkbare Form gewichteter Mittelwerte multipliziert die Durchlaufzeiten aller Aufträge einer Arbeitsstation mit der Summe aus Produktions- und Rüstzeiten der Aufträge in dieser Station und dividiert diese Summe durch die Arbeitsbelastung, die von diesen Aufträgen insgesamt an dieser Arbeitsstation ausgehen. Diese in der Belastungsorientierten Auftragsfreigabe angewendete Durchlaufzeit bringt den mittleren Zeitbedarf für eine Arbeitszeiteinheit in einer Arbeitsstation zum Ausdruck.

Bei gewichteten Mittelwerten wird die Summe aus Transport-, Lager- und Fertigungszeiten einer Arbeitsstation mit der relativen Arbeitsbelastung der Station durch den Auftrag multipliziert. Sinn der Gewichtung ist es, die unterschiedliche Bedeutung kleiner und großer Aufträge in der Durchschnittsbildung zum Ausdruck zu bringen. Aus ökonomischer Sicht ist die Multiplikation der Lager- und Transportzeiten mit der Belastung allerdings wenig einsichtig. Dieses Gewicht erfaßt die unterschiedliche Wirkung kleinerer und größerer Aufträge auf die Kosten der Kapitalbindung nur sehr unvollkommen, da zwischen den Gewichten und den Kostenwirkungen keine proportionale Beziehung besteht.

Beide Formen durchschnittlicher Durchlaufzeiten werden an einem Beispiel verdeutlicht:

In einem bestimmten Zeitraum mögen fünf Aufträge eine Arbeitsstation s durchlaufen haben. Für sie wurden folgende Zeiten ermittelt:

Auftrag	q_{zs} Transportzeit	l_{zs} Lagerzeit	t_{zs} Operationszeit
1	2	32	4
2	1	48	6
3	1	24	3
4	3	55	7
5	2	42	5

Tabelle 9-7

Für die einzelnen Aufträge ergeben sich folgende Durchlaufzeiten an der Station s:

$DLZ_{1s} = 2 + 32 + 4 = 38$
$DLZ_{2s} = 1 + 48 + 6 = 55$
$DLZ_{3s} = 1 + 24 + 3 = 28$
$DLZ_{4s} = 3 + 55 + 7 = 65$
$DLZ_{5s} = 2 + 42 + 5 = 49$

Die mittlere (ungewichtete) Durchlaufzeit der Arbeitsstation s ergibt sich für den betrachteten Zeitraum mit:

$$DSM_s = \frac{(38 + 55 + 28 + 65 + 49)}{5} = 47$$

Als mittlere gewichtete Durchlaufzeit der Arbeitsstation für den betrachteten Zeitraum errechnet sich:

$$DSG_S = \frac{38 \cdot 4 + 55 \cdot 6 + 28 \cdot 3 + 65 \cdot 7 + 49 \cdot 5}{4 + 6 + 3 + 7 + 5} = \frac{1266}{25} = 50,64$$

Die **mittlere Durchlaufzeit der Aufträge** kann auf zwei Wegen bestimmt werden:

- Zunächst werden in jeder Arbeitsstation die mittleren Durchlaufzeiten aller abgewickelten Aufträge bestimmt, und anschließend wird die Summe der Durchlaufzeiten aller tangierten Arbeitsstationen gebildet.
- Für jeden Auftrag wird zunächst die individuelle Durchlaufzeit durch alle Arbeitsstationen bestimmt, und dann werden diese Zeiten zum Mittelwert zusammengefaßt.

Sofern der Betrieb mit ungewichteten Durchlaufzeiten arbeitet, können beide Berechnungswege benutzt werden. Der zweite Weg wirft aber Probleme auf, wenn gewichtete Durchlaufzeiten bestimmt werden sollen; denn die Gewichtung bei den arbeitsstationsbezogenen Durchlaufzeiten führt hinsichtlich der mittleren Auftragsdurchlaufzeit zu einem anderen Berechnungsergebnis als die Gewichtung der gesamten Durchlaufzeit eines Auftrages mit der Summe der Belastungen in allen tangierten Arbeitsstationen.

Eine Verdichtung zu einer einheitlichen mittleren Durchlaufzeit für alle Aufträge eines Programms ist grundsätzlich nur sinnvoll, wenn alle Aufträge die gleichen Arbeitsstationen tangieren. Besteht das Produktionsprogramm aus Aufträgen, die nur Teile der Produktionsanlagen gemeinsam nutzen, müssen Klassen gleichartiger Aufträge gebildet werden, wenn die mittleren Durchlaufzeiten aussagefähig sein sollen. Für jede Auftragsklasse ist eine eigene mittlere Durchlaufzeit zu berechnen.

Die Berechnung ungewichteter und gewichteter Durchlaufzeiten soll wiederum an einem Beispiel erläutert werden:

In einem bestimmten Zeitraum mögen fünf Aufträge die Fertigung durchlaufen. Es gibt vier Arbeitsstationen. Es wurden für die Aufträge folgende Durchlaufzeiten DLZ_{zs} und Operationszeiten t_{zs} an den einzelnen Arbeitsstationen ermittelt:

Auftrag	Station 1		Station 2		Station 3		Station 4	
z	DLZ_{z1}	t_{z1}	DLZ_{z2}	t_{z2}	DLZ_{z3}	t_{z3}	DLZ_{z4}	t_{z4}
1	18	2	23	3	26	2	-	-
2	20	3	37	5	39	4	-	-
3	-	-	43	6	16	1	38	5
4	-	-	28	4	22	3	41	5
5	-	-	24	3	35	5	46	6

Tabelle 9-8

Damit ergeben sich für die einzelnen Aufträge folgende Durchlaufzeiten DLZ_z:

9.2 Grundlagen der Ablaufplanung

$DLZ_1 = 18 + 23 + 26 = 67$

$DLZ_2 = 20 + 37 + 39 = 96$

$DLZ_3 = 43 + 16 + 38 = 97$

$DLZ_4 = 28 + 22 + 41 = 91$

$DLZ_5 = 24 + 35 + 46 = 105$

Für die Berechnung der einfachen und gewichteten Auftragsdurchlaufzeit sind zunächst für die vier Arbeitsstationen die einfache mittlere und die gewichtete mittlere Durchlaufzeit zu bestimmen.

Arithmetische Mittelwerte:

$$DSM_1 = \frac{18+20}{2} = 19$$

$$DSM_2 = \frac{23+37+43+28+24}{5} = 31$$

$$DSM_3 = \frac{26+39+16+22+35}{5} = 27{,}6$$

$$DSM_4 = \frac{38+41+46}{3} = 41{,}67$$

Gewichtete Mittelwerte:

$$DSG_1 = \frac{18 \cdot 2 + 20 \cdot 3}{2+3} = 19{,}2$$

$$DSG_2 = \frac{23 \cdot 3 + 37 \cdot 5 + 43 \cdot 6 + 28 \cdot 4 + 24 \cdot 3}{3+5+6+4+3} = 33{,}14$$

$$DSG_3 = \frac{26 \cdot 2 + 39 \cdot 4 + 16 \cdot 1 + 22 \cdot 3 + 35 \cdot 5}{2+4+1+3+5} = 31$$

$$DSG_4 = \frac{38 \cdot 5 + 41 \cdot 5 + 46 \cdot 6}{5+5+6} = 41{,}94$$

Im Beispiel sind zwei Auftragsgruppen zu bilden, die Aufträge 1 und 2 durchlaufen die Stationen 1, 2, 3, die Aufträge 3, 4, 5 gehen über die Stationen 2, 3, 4.

Für die Auftragsgruppe mit den Aufträgen 1 und 2 ergibt sich folgende einfache mittlere Durchlaufzeit DAM und gewichtete mittlere Durchlaufzeit DAG:

$DAM = 19 + 31 + 27{,}6 = 77{,}6$

und

$DAG = 19{,}2 + 33{,}14 + 31 = 83{,}34$

Für die Auftragsgruppe mit den Aufträgen 3, 4 und 5 gilt:

DAM = 31 + 27,6 + 41,67 = 100,27

und

DAG = 33,14 + 31 + 41,94 = 106,08

Die beiden Arten der Mittelwertbildung führen grundsätzlich nur zu verschiedenen Ergebnissen, wenn die Aufträge unterschiedlich große Arbeitsbelastungen in den Arbeitsstationen mit sich bringen.

9.2.4 Visualisierungstechniken zur Ablaufplanung

Zur Unterstützung der Ablaufplanung existieren eine Reihe von Visualisierungstechniken. Derartige Techniken werden für die Ablaufplanung benutzt,

- um die Strukturen von Arbeitsabläufen für einzelne Aufträge abzubilden. Zu dieser Klasse gehören Arbeitspläne und Vorlaufdiagramme;
- um die Ergebnisse der Ablaufplanung darzustellen. Gantt-Diagramme und Durchlaufdiagramme gehören dieser Kategorie an.

Ein **Arbeitsplan** erfaßt in einem Produktnetz die für die Produktion eines Auftrages vorgesehene logische Abfolge der Arbeitsoperationen in den einzelnen Bearbeitungsstationen. Er gibt an, welche Arbeitsoperationen zwingend abgeschlossen sein müssen, bevor nachfolgende Arbeitsschritte beginnen können. Beispielsweise kann die Vormontage im folgenden Arbeitsplan erst beginnen, wenn die geschweißten Ständer und Rahmen sowie die Antriebswelle vorliegen. Dem Arbeitsplan kann zusätzlich auch entnommen werden, an welchen Bearbeitungsstationen die Arbeiten auszuführen sind, d.h., jede Arbeitsart ist einer Abteilung oder Steuereinheit zugeordnet. Diese Zuordnung kann im Arbeitsplan aber auch fehlen, wenn bestimmte Arbeitsoperationen wahlweise an mehreren Arbeitsstationen ausgeführt werden können; dann ist z.B. je nach Belastungssituation zu entscheiden, welcher Station eine Arbeitsoperation zugeordnet wird. Diese Situation kann bspw. bei flexiblen Fertigungssystemen mit Durchlauffreiheit auftreten.

9.2 Grundlagen der Ablaufplanung

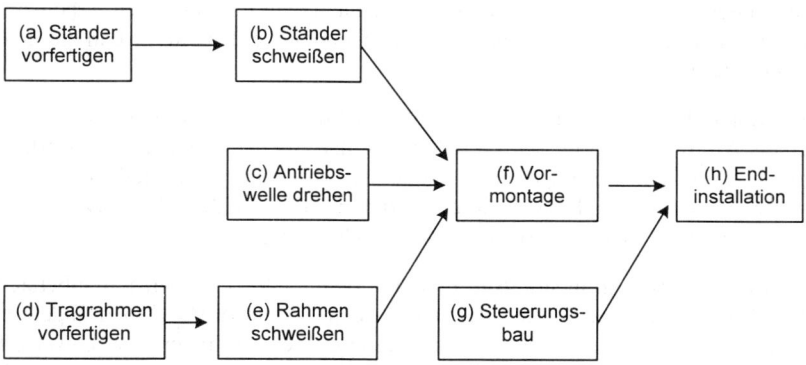

Abbildung 9-9

Neben der logischen Produktionsstruktur kann ein Arbeitsplan auch noch die Anzahl benötigter Zwischenerzeugnisse angeben, die in der nächsten Produktionsabteilung pro Mengeneinheit des Zwischenerzeugnisses höherer Produktionsreife erforderlich sind. In diesem Fall sind an die gerichteten Kanten des Planes die Produktionskoeffizienten einzutragen. Der Arbeitsplan nimmt dann die Form eines Gozinto-Graphen an und kann zusätzlich zur Teilebedarfsrechnung benutzt werden, indem – ausgehend von einem bestimmten Primärbedarf des Enderzeugnisses – auf den Bedarf an Teilen und Vorprodukten geschlossen wird.

Für jede Klasse von Aufträgen mit unterschiedlichen Arbeitsoperationen oder unterschiedlicher Anordnung identischer Arbeitsoperationen ist ein eigener Arbeitsplan erforderlich. Beim Identical Routing gilt hingegen ein Arbeitsplan für alle Aufträge.

Ein **Vorlaufzeitplan**[14] bringt die zeitliche Produktionsstruktur eines Auftrages in unterschiedlichen Produktionsabteilungen zum Ausdruck. Vorlaufzeitpläne arbeiten mit einer festen Zeitspanne – Übergangszeit – von einer zur nachfolgenden Fertigungsabteilung. Unter der Voraussetzung fester Übergangszeiten lassen sich aus dem Lieferzeitpunkt eines Auftrages retrograd die Produktionstermine der Zwischenerzeugnisse in den einzelnen Fertigungsabteilungen ableiten.

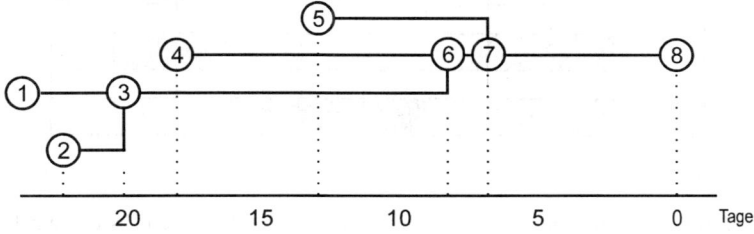

Abbildung 9-10

---

14 Vgl. Vazsonyi (1962).

Aus dem vorstehenden Vorlaufzeitplan ist zu erkennen, daß mit der ersten Arbeitsoperation 24 Tage vor Fertigstellung des Erzeugnisses (8) begonnen werden muß, wenn dieser Auftrag termingerecht fertiggestellt werden soll.

In einem **Gantt-Diagramm** (nach H.L. Gantt)[15] wird die Belegungsdauer einer Maschine durch einen Auftrag in Form eines Zeitbalkens dargestellt. Je nachdem, ob das Gantt-Diagramm aus der Sichtweise der Aufträge oder der Maschinen aufgestellt wird, lassen sich ein Maschinendiagramm und ein Auftragsdiagramm unterscheiden. Beide Diagramme sind nur unterschiedliche Ausdrucksformen für das gleiche Planungsergebnis.

Auf den **Maschinenbelegungsdiagrammen** (Abbildung 9-11) können in übersichtlicher Weise die Produktions- und Stillstandszeiten an den einzelnen Maschinen abgelesen werden, während sich die Arbeitsfortschritte an den einzelnen Aufträgen nur schwer erkennen lassen. Wird bei der Ablaufplanung vor allem Wert darauf gelegt, die Durchlaufzeiten der einzelnen Aufträge transparent zu machen, ist auf das **Auftragsdiagramm** (Abbildung 9-12) zurückzugreifen. Aus ihm können die Bearbeitungs- und Wartezeiten für jeden Auftrag abgelesen werden.

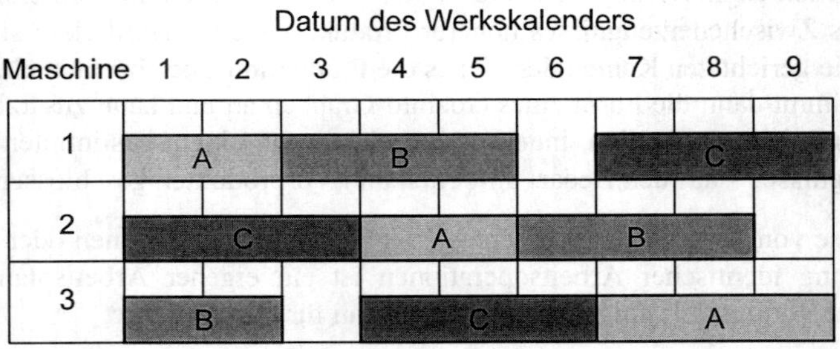

Abbildung 9-11

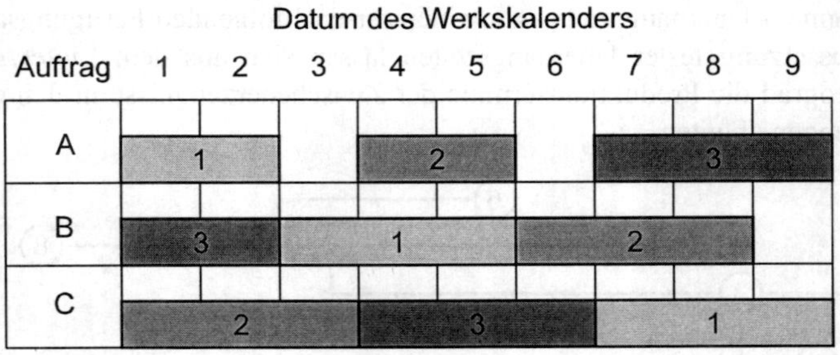

Abbildung 9-12

Ein Gantt-Diagramm kann um den Kontrollaspekt erweitert werden. In diesem Fall enthält das Diagramm neben den Sollbelegungszeiten auch die Istbelegungen, dargestellt durch ei-

---

15 Vgl. Adam (1990), S. 761 ff.

9.2 Grundlagen der Ablaufplanung

nen zweiten Balken. Im Planungsstadium werden zunächst nur die Planbalken für alle Aufträge und Maschinen eingezeichnet. Die effektiven Arbeitsfortschritte werden an jedem Tag durch Verlängerung der Planbalken markiert. Am Ende des sechsten Tages des Betriebskalenders hat das Gantt-Diagramm dann das in Abbildung 9-13 gezeigte Aussehen.

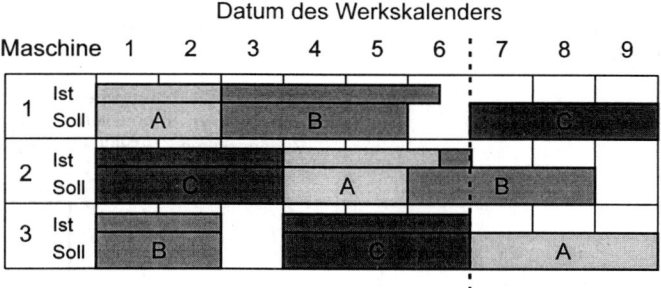

Abbildung 9-13

Der Gantt'sche Planungsbogen ist nur ein optisches Hilfsmittel, um erkennen zu können, ob jeder Auftrag nur einer Maschine zugewiesen und ob Maschinen an den einzelnen Tagen des Betriebskalenders auch nur einmal belegt worden sind. Das Balkendiagramm ist damit ein reiner Zeitübersichtsplan. Ein Zeitübersichtsplan als alleiniges Instrument der Ablaufplanung weist einige wesentliche Nachteile auf:

- Er kann die logischen und technischen Zusammenhänge zwischen den einzelnen Arbeitsoperationen (Aktivitäten) eines Auftrages nicht erfassen. Diese Übersicht über die Struktur des Fertigungsprozesses (Arbeitsplan) ist für den Planenden aber wichtig, um die zeitlichen Belastungspläne der Produktionsfaktoren entsprechend der logischen Fertigungsstruktur der Arbeitspläne aufstellen zu können. Um diese Verknüpfung der Aktivitäten im Balkendiagramm sichtbar zu machen, können an den Balken zwar Verknüpfungssymbole eingetragen werden, diese Art der Markierung erlaubt aber keinen klaren Überblick über die Prozeßstruktur unterschiedlicher, im Gantt-Diagramm erfaßter Aufträge.

- Aus einem Balkendiagramm ist nicht zu entnehmen, daß den einzelnen Aktivitäten unterschiedliche Bedeutung im Hinblick auf die Gesamtausführungszeit der Aufträge zukommt. Bei einer vernetzten Fertigungsstruktur wird die Durchlaufzeit eines Auftrages nur durch die Aktivitäten auf dem kritischen Weg bestimmt. Jede Terminüberschreitung bei diesen Aktivitäten wirkt sich sofort in einer Verlängerung der gesamten Auftragsdurchlaufzeit aus. Bei anderen Aktivitäten können Terminverschiebungen unerheblich für die gesamte Abwicklungszeit eines Vorhabens sein.

Der Nachteil des Gantt-Diagramms ist somit darin zu sehen, daß aus ihm die Bedeutung der einzelnen Aktivitäten für die Durchlaufzeit ebensowenig ersichtlich wird wie technische und organisatorische Verflechtungen zwischen den Aktivitäten. Setzt sich das Auftragsprogramm aus vielen, stark vernetzten Aktivitäten zusammen, geht die Planungsübersicht hinsichtlich der Prozeßstruktur und der Relevanz der Aktivitäten für die Durchlaufzeit des Gesamtvorhabens im Gantt-Diagramm sehr schnell verloren.

Ein **Durchlaufdiagramm**[16] erfaßt die einer Arbeitsstation zugehenden und abgehenden Aufträge. Die zugehenden Aufträge einer Arbeitsstation werden in einem Zugangsstrom abgebildet, der die von diesen Aufträgen ausgehende Arbeitsbelastung darstellt. Die bearbeiteten Aufträge werden in einem Abgangsstrom erfaßt, der den Umfang erledigter Arbeiten aufzeigt. Das Durchlaufdiagramm erfaßt den Zugang bzw. Abgang in kumulierter Form, d.h., es wird im Zugangsstrom ersichtlich, zu welchem Zeitpunkt ein Auftrag mit welcher Arbeitsbelastung hinzutritt.

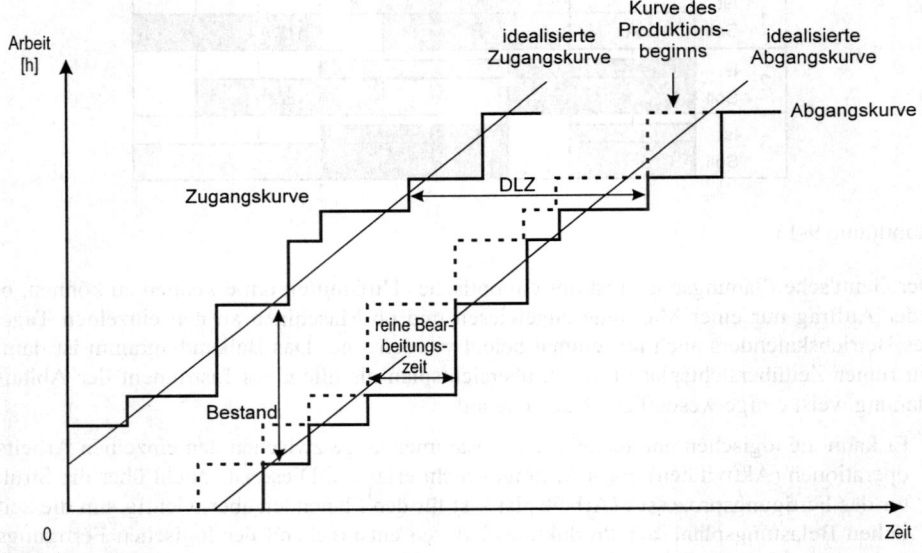

Abbildung 9-14

Unter der Voraussetzung, daß die Aufträge in der gleichen Reihenfolge bearbeitet werden, wie sie der Steuereinheit zufließen, verlaufen die Funktionen mit einer Zeitverschiebung parallel. Die stufenförmigen Zugangs- und Abgangsfunktionen können durch Geraden approximiert werden, wenn von der idealtypischen Vorstellung eines kontinuierlichen Zugangs unendlich kleiner Fertigungsaufträge ausgegangen wird. Bei harmonisierten Kapazitäten aufeinanderfolgender Steuereinheiten verlaufen die idealisierten Funktionen näherungsweise parallel.

Folgende, für die Steuerung wichtige Größen, können dem Durchlaufdiagramm entnommen werden:

- Der zu einem Zeitpunkt t vor einer Steuereinheit wartende Auftragsbestand wird durch den vertikalen Abstand zwischen Zugangs- und Abgangskurve zu diesem Zeitpunkt ab-

---

16 Vgl. Schmitz (1961); zur empirischen Fundierung: Erdlenbruch (1984), S. 97 ff.; zur Einsetzbarkeit: Wiendahl (1988).

9.2 Grundlagen der Ablaufplanung

gebildet. Verlaufen beide Funktionen parallel zueinander, ist der Werkstattbestand im Zeitablauf konstant.

- Die mittlere Leistung der Steuereinheit – Ausbringung pro Zeiteinheit – entspricht der Steigung der Abgangsfunktion:

$$\text{Leistung} = \frac{\text{Arbeitsvolumen im Bezugszeitraum}}{\text{Bezugszeitraum}}$$

- Die Durchlaufzeit als Verhältnis von Bestand zu Leistung entspricht dem horizontalen Abstand von Zugangs- und Abgangskurve. Sie kann in die Vorliegezeit (Lagerzeit der Aufträge) und die Bearbeitungszeit aufgespalten werden, wenn in das Durchlaufdiagramm eine weitere Kurve für den Produktionsbeginn der Aufträge eingetragen wird.

Durchlaufdiagramme lassen sich zu einem wirksamen Kontrollinstrument für den Fertigungsfortschritt ausbauen, mit dessen Hilfe Planabweichungen gezielt analysiert werden können. Dazu ist es erforderlich, für den Zugang, den Arbeitsbeginn und den Abgang jeweils eine Kurve für die Soll- und Istgrößen in das Durchlaufdiagramm einzuzeichnen.

- Kontrolle der Durchlaufzeit (DLZ):

  Die Soll-DLZ entspricht dem horizontalen Abstand zwischen Soll-Abgangs- und Soll-Zugangskurve. Wird die Soll-DLZ mit der Ist-DLZ verglichen (horizontaler Abstand zwischen Ist-Abgangs- und Ist-Zugangskurve), ergibt sich die DLZ-Abweichung.

- Kontrolle der Leistung:

  Werden Soll-Abgangskurve und Ist-Abgangskurve miteinander verglichen, können Leistungsverluste der Steuereinheit deutlich gemacht werden.

- Kontrolle der Liefertreue vor- und nachgelagerter Steuereinheiten:

  Die Kontrolle der Liefersituation einer Steuereinheit läßt sich auf der Zugangsseite durch einen Vergleich von Ist- und Soll-Zugangskurve durchführen. Differenzen beider Kurven zeigen auf, ob die Vorstufe hinter dem Plan zurückbleibt oder ihm vorauseilt. In der entsprechenden Weise ist auf der Abgangsseite die Differenz zwischen Ist-Abgangskurve und Soll-Liefertermin an die Nachfolgeeinheit zu analysieren.

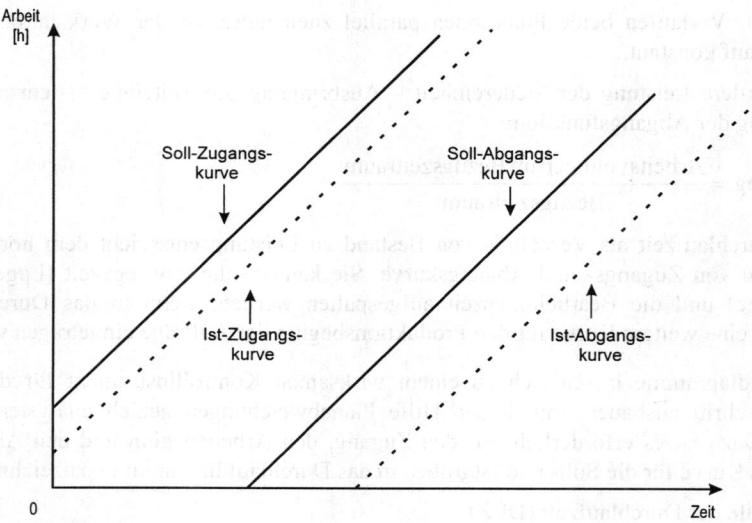

Abbildung 9-15

Eine Variante des Durchlaufdiagramms wird im Fortschrittskennzahlensystem eingesetzt. Das Diagramm bringt dabei zum Ausdruck, wie viele Produkte bis zu einem bestimmten Zeitpunkt einer Abteilung zugegangen sein sollen, bzw. wie viele bearbeitete Mengeneinheiten diese Abteilung bis zu einem bestimmten Zeitpunkt verlassen haben sollen. Der Unterschied zum Durchlaufdiagramm besteht nur in der Dimension, in der die Arbeitsbelastung einer Abteilung gemessen wird. Während beim Durchlaufdiagramm die Belastung in erforderlichen Bearbeitungszeiteinheiten dargestellt wird, arbeitet die Variante des Diagramms mit Mengeneinheiten (z.B. Anzahl von Autos). Die Variante kann dementsprechend nur dann eingesetzt werden, wenn in einer Abteilung homogene Artikel gefertigt werden, so daß eine Analyse des Fertigungsfortschritts über Stückzahlen sinnvoll ist.

9.2.5 Verfahren der Ablaufplanung
9.2.5.1 Verfahren für Werkstattfertigung
9.2.5.1.1 Optimierende Verfahren

Bei Werkstattfertigung in mehrstufiger Fertigung besteht das Ablaufproblem darin, eine vorgegebene Anzahl von Aufträgen in den einzelnen Fertigungsstufen in eine Fertigungsreihenfolge zu bringen. Die Lösung des Reihenfolgeproblems soll bestimmte Ziele (geringe Zykluszeit, geringe Lagerzeiten usw.) erreichen. Selbst für den einfachsten Fall – lineare Fertigung und Identical Routing – hat dieses Problem eine mathematisch so schwache Struktur, daß im allgemeinen die optimale Lösung nur im Wege einer Vollenumeration aller Reihenfolgen gefunden werden kann. Dieser Weg ist für Probleme mit einer realistischen Grö-

9.2 Grundlagen der Ablaufplanung

ßenordnung von Aufträgen nicht praktikabel, da der Berechnungsaufwand sehr groß wird.[17] Optimierende Methoden zur Ablaufplanung haben sich aus diesem Grunde in der Praxis nicht durchsetzen können. Probleme mit realistischer Größenordnung lassen sich nur mit Hilfe heuristischer Prinzipien lösen. Aus diesem Grunde sollen im folgenden die optimierenden Methoden nur am Rande behandelt werden; im Vordergrund stehen Prioritätsregeln.

Lediglich für zwei Fälle mit Identical Routing existieren praktikable Optimierungsmethoden. Diese Entscheidungssituation ist besonders einfach, da es optimal ist, in jeder Produktionsstufe die gleiche Auftragsreihenfolge anzuwenden. Beim ersten Fall durchlaufen beliebig viele Aufträge nur zwei Produktionsstufen in gleicher Reihenfolge. In dieser Situation kann mit einem auf Johnson und Bellmann zurückgehenden Verfahren das Auftragsprogramm mit minimaler Zykluszeit bestimmt werden.[18] Nach der Entscheidungsregel von Johnson und Bellmann muß aus der Gesamtheit der Teilbearbeitungszeiten t_{zs} aller Aufträge z in den beiden Stufen s der Auftrag mit der kürzesten Teilzeit bestimmt werden. Findet sich diese Teilzeit in der ersten Stufe, wird der Auftrag an die erste Stelle der Bearbeitungsreihenfolge gesetzt. An letzter Stelle der Reihenfolge ist der Auftrag einzuordnen, wenn sich die geringste Teilzeit in der zweiten Produktionsstufe befindet. Sind die Zeiten in beiden Stufen gleich, ist es belanglos, ob der Auftrag an erster oder letzter Stelle eingereiht wird. Ist der erste Auftrag in der Reihenfolge plaziert, wird das gleiche Auswahlkriterium für die noch freien Plätze der Reihenfolge nacheinander auf alle noch nicht eingereihten Aufträge angewendet.

Ein Beispiel mit fünf Aufträgen möge dieses Vorgehen verdeutlichen:

Auftrag	Produktionszeit t_{zs}	
z	s = 1	s = 2
1	2	5
2	6	1
3	3	6
4	4	2
5	7	4

Tabelle 9-9

Die kleinste Produktionszeit findet sich bei Auftrag z=2 in der Stufe s=2. Folglich wird dieser Auftrag an die 5. Position der Rangfolge gestellt. Die nach der Einreihung von z=2 verbleibende geringste Produktionszeit ist t_{zs}= 2 für z=1 und z=4. Auftrag 1 wird daher auf Platz eins und Auftrag 4 auf den Rangplatz 4 eingeordnet. Es ergibt sich dann die Reihenfolge 1, 3, 5, 4, 2.

Das bei diesem Verfahren angewendete Zielkriterium ist nur bei statischer Sicht des Ablaufproblems und nicht knappen Kapazitäten sinnvoll. Bei einer Engpaßsituation können nach

---

[17] So lassen sich auch Ansätze der Linearen Programmierung aufgrund der hohen Zahl von Binärvariablen nur für Problemstellungen mit sehr wenigen Aufträgen lösen. Vgl. Manne (1960); Adam (1987), S. 47 f.
[18] Vgl. Johnson (1954); Bellman (1955).

diesem Verfahren im Engpaß ablaufbedingte Stillstandszeiten auftreten, die sich bei einer anderen Reihenfolge vermeiden ließen.[19]

Ein zweites Verfahren, das sich für Identical Routing einer größeren Anzahl von Aufträgen und Fertigungsstufen eignet, ist die **Branch-and-Bound-Methode**. Branch and Bound ist ein Verfahren der begrenzten Enumeration. Die Menge aller möglichen Reihenfolgen wird in disjunkte Teilmengen aufgespalten. Diese Aufspaltung – Branching – erfolgt so, daß Teilmengen von Reihenfolgen gebildet werden, bei denen jeweils ein anderer Auftrag an erster Stelle der Bearbeitungsfolge steht. Jede dieser Teilmengen wird durch einen „Lower Bound" bewertet. Der Bound, der mit Hilfe eines Schätzverfahrens bestimmt wird, gibt einen Lösungswert (z.B. Zykluszeit) an, der durch keinen vollständigen Ablaufplan aus der jeweiligen Teilmenge unterschritten werden kann. Die Lösungsmenge, mit dem geringsten Bound wird dann weiter in disjunkte Teilmengen aufgespalten, indem alle noch verbleibenden Aufträge alternativ an die zweite Position der Reihenfolge gesetzt werden. Auch diese Teilmengen werden wieder bewertet. Von allen Teilmengen wird wiederum die mit dem geringsten Bound aufgespalten. Dieses Verfahren wird fortgesetzt, bis eine Teilmenge nur noch eine Lösung – eine vollständige Reihenfolge – enthält, deren Zielwert kleiner ist als der Lower Bound aller übrigen Teilmengen mit noch unvollständigen Reihenfolgen.

Für vier Aufträge und drei Produktionsstufen soll dieses Verfahren für folgende Produktionszeiten erläutert werden. Gesucht ist die Reihenfolge, mit der **geringsten Zykluszeit**.

Maschine \ Auftrag	1	2	3	4	Σ
1	5	8	4	4	21
2	4	3	9	10	26
3	7	1	3	6	17

Tabelle 9-10

An erster Stelle der Bearbeitungsreihenfolge können alternativ die Aufträge 1, 2, 3 oder 4 stehen. Demzufolge werden im ersten Schritt 4 Teilmengen unterschieden. Zur Berechnung des Lower Bound jeder Teilmenge wird für jede der drei Produktionsstufen folgende Summe an Teilzeiten bestimmt:

- Zeitbedarf für die Produktion aller Aufträge in dieser Stufe,
- Zeit bis zum frühesten Produktionsbeginn in der betrachteten Stufe,
- Zeit, die in nachfolgenden Produktionsstufen mindestens noch vergeht, bis das gesamte Programm bearbeitet ist.

Der höchste für die drei Stufen auf diesem Wege ermittelte Wert dient dann als untere Schranke (Lower Bound).

---

[19] Für einen Spezialfall läßt sich die Methode auch auf eine dreistufige Fertigung ausdehnen.

9.2 Grundlagen der Ablaufplanung

Für die Teilmenge, bei der Auftrag 1 an der ersten Bearbeitungsstelle steht, ergibt sich dann folgender Bound:

Maschine 1 benötigt für alle Aufträge 21 ZE und kann sofort mit dem ersten Auftrag beginnen. Nach Bearbeitung aller Aufträge auf Maschine 1 müssen die folgenden beiden Maschinen mindestens noch den Auftrag bearbeiten, der in den letzten beiden Produktionsstufen den geringsten Zeitbedarf aufweist. Im Beispiel ist das der Auftrag 2 mit insgesamt 4 ZE auf beiden Maschinen. Aus der Sicht der 1. Maschine kann das Programm damit frühestens nach 21 + 4 = 25 ZE abgewickelt sein.

Maschine 2 kann frühestens nach 5 ZE mit der Produktion beginnen, wenn der Auftrag 1 auf der 1. Maschine fertig ist und benötigt dann 26 ZE für alle 4 Aufträge. Maschine 3 muß nach Produktionsende auf Maschine 2 noch einen Auftrag fertigstellen. Im günstigsten Fall ist dies Auftrag 2 mit einem Zeitbedarf von 1 ZE. Aus der Sicht der 2. Maschine beträgt die Zykluszeit damit mindestens 5 + 26 + 1 = 32 ZE.

Für **Maschine 3** berechnet sich nach diesem Schema eine Mindestzeit von 26 ZE.

Aus der Sicht aller drei Maschinen zusammen kann es damit keine Zykluszeit unterhalb von 32 ZE geben. Der Lower Bound für die Teilmenge an Reihenfolgen, die mit dem ersten Auftrag beginnt, beträgt somit 32 ZE. (vgl. Zahlenangabe im nachfolgenden Entscheidungsbaum bei der Teilmenge 1)

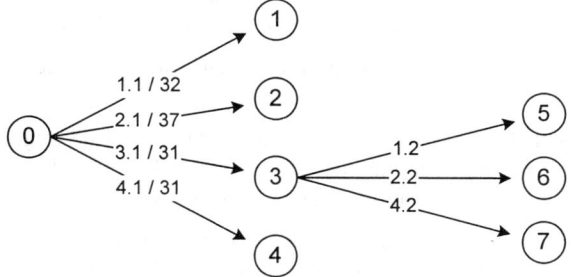

Abbildung 9-16

Auf die gleiche Weise werden die Bounds für die drei übrigen Teilmengen berechnet, die im Alternativenbaum neben den mit 2, 3 und 4 bezeichneten Knoten angegeben sind. Der niedrigste Bound gilt für die Teilmenge, bei der die Reihenfolge mit dem dritten oder vierten Auftrag beginnt. Im nächsten Schritt soll eine dieser beiden Teilmengen, und zwar Nr. 3, in drei Untermengen aufgespalten werden. Bei Teilmenge 5 steht dann der Auftrag 3 an erster und Auftrag 1 an zweiter Stelle. Bei 6 (7) nimmt der Auftrag 2 (4) die zweite Position ein. Für die neuen Untermengen mit jeweils zwei gesetzten Aufträgen für die 1. und 2. Position kann dann wieder in der beschriebenen Weise der Lower Bound bestimmt werden. Das Verfahren endet, wenn eine vollständige Lösung – vier gesetzte Positionen in der Reihenfolge – bekannt ist und wenn deren effektive Zykluszeit gleich oder kleiner einem Bound einer noch unvollständigen Reihenfolge (Untermenge) ist.

Der Vorteil des Branch and Bound besteht darin, nicht alle denkbaren Reihenfolgen berechnen zu müssen. Damit sinkt der Rechenaufwand gegenüber einer Vollenumeration. Die Effizienz des Verfahrens hängt entscheidend von der Methode zur Abschätzung der Bounds ab. Die Methode ist generell offen für unterschiedliche Schätzverfahren. Je schneller es mit einem Schätzverfahren gelingt, die Bounds für weitere Untermengen ansteigen zu lassen, um so schneller wird die optimale Lösung identifiziert.

9.2.5.1.2 Prioritätsregeln zur Lösung des Ablaufproblems

Die Entscheidung, welcher von mehreren vor einer Maschine wartenden Aufträge als nächster bearbeitet werden soll, wenn die Maschine wieder frei wird, kann auch mit Hilfe von Prioritätsregeln getroffen werden. Aufbauend auf den zum Dispositionszeitpunkt bekannten Daten wird nach bestimmten Regeln jedem vor einer Arbeitsstation wartenden Auftrag eine Prioritätsziffer zugeordnet. Der Auftrag mit der höchsten Priorität wird dann als nächster bearbeitet.

Prioritätsregeln können nach den verschiedensten Kriterien gebildet werden.[20] Nachfolgend wird eine Auswahl vorgestellt:

- **Wartezeit-Regel**: Vorrang hat der Auftrag mit der längsten Wartezeit vor der betreffenden Arbeitsstation (**First-Come-First-Served-Regel**).
- **Kürzeste-Operationszeit-Regel**: Höchste Priorität gebührt dem Auftrag, der die geringste Fertigungszeit auf der zu belegenden Maschine benötigt (KOZ-Regel).
- **Liefertermin-Regel**: Höchste Priorität kommt dem Auftrag mit dem frühesten Liefertermin zu.
- **Schlupfzeit-Regel**: Es wird dem Auftrag die höchste Priorität zugewiesen, für den die verbleibende Zeit bis zum vereinbarten Liefertermin abzüglich der reinen Bearbeitungszeit in allen folgenden Bearbeitungsstufen am geringsten ist.
- **Kürzeste (Größte)-Fertigungsrestzeit-Regel**: Dem Auftrag mit der geringsten (größten) kumulierten Bearbeitungszeit in allen noch nicht durchlaufenen Produktionsstufen wird die höchste Priorität eingeräumt.
- **Dynamische Wertregel**: Höchste Priorität in einer Warteschlange hat der Auftrag mit den höchsten bis zur betrachteten Produktionsstufe angefallenen Kosten.
- **Früheste Ankunftsregel**: Dem Auftrag mit der frühesten Ankunft im Betrieb wird die höchste Priorität zugeordnet.
- **Kleinste (Größte)-Restarbeitsganganzahl-Regel**: Höchste Priorität erhält der Auftrag mit der kleinsten (größten) Anzahl noch zu durchlaufender Arbeitsstationen.

Prioritätsziffern können danach unterschieden werden, ob sich die Priorität allein aus lokalen Informationen ableitet oder ob auch übergreifende Informationen in die Prioritäten ein-

---

20 Vgl. Haupt (1989).

9.2 Grundlagen der Ablaufplanung

gehen. Typische Vertreter ausschließlich lokaler Informationen sind die Wartezeitregel und die Kürzeste-Operationszeit-Regel (KOZ). Diese Priorität richtet sich ausschließlich nach der Wartezeit oder der Produktionszeit eines Auftrages in der betrachteten Produktionsstufe. Übergreifende Informationen werden dagegen bei der Kürzeste-Fertigungsrestzeit-Regel benutzt. In diesem Fall richtet sich die Priorität eines Auftrages vor einer Maschine nach der Fertigungszeit auf allen Maschinen, die der Auftrag noch durchlaufen muß. Alle Kriterien außer den beiden ersten in der vorstehenden Aufzählung gehören in diese Klasse.

Eine zweite Unterscheidung stellt darauf ab, ob es sich um einfache oder kombinierte Regeln handelt. Bei einfachen Regeln wird nur ein Kriterium – z.B. die kürzeste Operationszeit – zur Ableitung der Priorität benutzt. Kombinierte Regeln erstrecken sich auf mindestens zwei Kriterien. Durch die Kombination der Kriterien soll sich die Effizienz der Prioritätsregeln erhöhen. So hat eine Kombination der KOZ-Regel mit der dynamischen Wertregel zur Folge, daß die Wartezeiten hochwertiger Aufträge gegenüber der alleinigen Anwendung der KOZ-Regel verkürzt werden.

Kombinationsregeln lassen sich nach zwei Prinzipien bilden:

- Zwei einfache Prioritätskriterien werden gewichtet. Beispielsweise werden die Operationszeiten der Aufträge in einer Fertigungsstufe mit 0,3 und die Schlupfzeit mit 0,7 gewichtet. Nachteil dieses Vorgehens ist, daß der Disponent die Bedeutung der Einzelkriterien und deren Gewicht auf das Ergebnis der Ablaufplanung kaum abschätzen kann. Kombinierte Regeln, wie sie bspw. beim PPS-System CAPOSS-E benutzt werden, sind zu unübersichtlich.[21] Der Disponent weiß nicht, wie er die Gewichte verändern soll, wenn die Ergebnisse – Durchlaufzeit, Liefertreue usw. – einer Prioritätsregel unbefriedigend sind. Folglich ist es unmöglich, gezielte Veränderungen bei den Prioritäten vorzunehmen, um z.B. eine bessere Termineinhaltung, geringere Stillstandszeiten oder kürzere Zwischenlagerzeiten zu erreichen. Die Wirkung der Gewichte könnte nur durch Simulationsstudien ergründet werden. Das ist jedoch bei diesen Systemen wegen der viel zu langen Laufzeiten unmöglich.

- Eine Kombination von Prioritätskriterien ist auch möglich, indem vor einer Maschine zwei Warteschlangen nach unterschiedlichen Kriterien gebildet werden. Die erste Schlange umfaßt Aufträge, die bereits mehr als x Zeiteinheiten vor der Maschine gewartet haben. Eine zweite Schlange wird aus den Aufträgen gebildet, deren Wartezeit noch geringer als x ist. Aus der ersten Schlange werden die Aufträge dann u.U. nach dem KOZ-Kriterium abgerufen. In diesem Fall müssen die Zugehörigkeiten der Aufträge zu den beiden Schlangen jeweils neu bestimmt werden, wenn eine Maschine wieder frei wird. Sinn einer derartigen Kombination von Prioritätskriterien ist es, Aufträgen mit langen Produktionszeiten nach einer bestimmten Wartezeit eine verbesserte Chance zu geben, abgefertigt zu werden.

---

21 Vgl. Pabst (1985), S. 118 ff.

Die Ablaufplanung mit Hilfe von Prioritätsregeln wirft zwei Probleme auf:

- Bei der Zuordnung eines Auftrages auf eine Maschine werden die Termininterdependenzen zu allen nachfolgenden Produktionsstufen nicht erfaßt. Das gelingt auch bei der Verwendung von Regeln mit übergreifenden Informationen nur sehr unzureichend. Folge dieser vernachlässigten Beziehungen sind vermeidbare Zwischenlagerzeiten von Aufträgen vor den Produktionsstufen und u.U. schlecht auf die Liefertermine abgestimmte Produktionsendtermine. Die Zwischenlagerproblematik ergibt sich insbesondere bei vernetzter Produktion, da es allein mit Prioritätsregeln nicht gelingt, die parallelen Produktionszweige terminlich aufeinander abzustimmen.

- Der Disponent steht vor dem Problem, ein für bestimmte Teilziele der Ablaufplanung – geringe Durchlaufzeiten, Termintreue, hohe Leistung usw. – geeignetes Prioritätskriterium auszuwählen. Dazu muß er über die Auswirkungen der Kriterien auf die Teilziele informiert sein. Leider läßt sich kein Kriterium angeben, das bei einer bestimmten Teilzielsetzung in allen denkbaren Entscheidungssituationen die beste Lösung verspricht. Änderungen der qualitativen Zusammensetzung des Auftragsprogrammes, Unterschiede im gesamten Beschäftigungsvolumen des Betriebes, Unterschiede in den Fertigungszeiten der einzelnen Aufträge oder unterschiedliche Längen der Schlangen vor den Produktionsstufen lassen mal die eine mal die andere Regel als vorteilhaft erscheinen.

Ein Weg, um Wirkungsinformationen von Prioritätsregeln zu gewinnen, ist die Simulationstechnik. Für eine Vielzahl möglichst gleichartiger Entscheidungssituationen werden verschiedene Kriterien auf ihre Zielwirkungen getestet, und aus den Mittelwerten und Streuungen der Durchlaufzeit, der Termintreue usw. bei unterschiedlichen Kriterien werden dann Erkenntnisse für eine gezielte Auswahl von Prioritätsregeln abgeleitet.

Von Conway et al.[22] durchgeführte Simulationen haben gezeigt, daß die KOZ-Regel ein recht günstiges Kriterium ist. Von allen getesteten Regeln führt sie zum geringsten Erwartungswert der Durchlaufzeit. Je nach Datensituation stellt sich z.T. gleichzeitig auch die geringste Standardabweichung der Durchlaufzeit ein. Die letzte Aussage trifft allerdings nicht für Auftragsprogramme mit sehr unterschiedlichen Produktionszeiten der Aufträge zu. Das KOZ-Kriterium benachteiligt bei der Abwicklung Aufträge mit sehr langer Produktionsdauer je Fertigungsstufe. Für diese Aufträge ergeben sich teils erhebliche Überschreitungen der durchschnittlichen Durchlaufzeit, was zu einer hohen Standardabweichung führen kann. Die Abweichungen vom Erwartungswert der Durchlaufzeit werden dann bei Prioritätsregeln, die Aufträge mit langen Produktionsdauern bevorteilen, geringer ausfallen, während gleichzeitig ein höherer Erwartungswert der Durchlaufzeit eintritt. Auch die FCFS-Regel führt regelmäßig zu recht geringer Streuung der Durchlaufzeiten.[23] Häufig ist bei der KOZ-Regel auch der Mittelwert der Auftragsverspätung gering. Die Standardabweichung der Verspätung für Aufträge ist allerdings bei Prioritätsregeln kleiner, die die Liefertermine der Aufträge berücksichtigen.

---

22 Vgl. Conway/Johnson/Maxwell (1960).
23 Vgl. Wiendahl (1987), S. 261.

9.2 Grundlagen der Ablaufplanung

Die Tauglichkeit von Prioritätsregeln zur Reihenfolgeplanung wurde in zahlreichen Arbeiten analysiert. Während dem Einsatz solcher Regeln zunächst große Bedeutung zugemessen wurde, sind neuere Untersuchungen der Ansicht, daß sie angeblich überhaupt keine Wirkung auf die Ziele der Ablaufplanung haben.[24] Unstrittig ist, daß sich die ungewichtete mittlere Durchlaufzeit der Aufträge durch Prioritätsregeln beeinflussen läßt. Ob deren Wirkung allerdings groß ist, hängt ausschlaggebend vom Umfang der Werkstattbestände ab. Bei geringen Beständen ist die Wirkung naturgemäß kleiner als bei langen Warteschlangen, da die Zahl möglicher Reihenfolgen geringer ist. Für gewichtete Durchlaufzeiten wird hingegen in der Literatur behauptet, daß Prioritätsregeln überhaupt keinen Einfluß auf diese Art von Durchlaufzeiten haben.[25]

Zwar ist es generell korrekt, daß bei Analyse einer einzelnen Arbeitsstation mit extern definierten Zugangszeitpunkten der Aufträge jede Prioritätsregel zur gleichen gewichteten Durchlaufzeit führt. Diese Aussage läßt sich aber nicht auf eine mehrstufige Produktion verallgemeinern. Bei mehrstufiger Produktion hängen die Zugangstermine der Aufträge in nachfolgenden Bearbeitungsstationen über die Bearbeitungsreihenfolge in den Vorstufen von den dort angewendeten Prioritätsregeln ab, d.h., die Prioritätsregel kann den Bearbeitungsbeginn in der nachfolgenden Stufe beeinflussen. Immer wenn ein derartiger Einfluß vorhanden ist, ergeben sich für verschiedene Prioritätskriterien auch unterschiedliche gewichtete Durchlaufzeiten.

Um diesen Zusammenhang zu verdeutlichen, wird auf ein Beispiel aus der Literatur zurückgegriffen. In der Originalquelle[26] handelt es sich um den Fall einer isoliert betrachteten, einzelnen Arbeitsstation. Das Beispiel wird um eine zweite Produktionsstufe erweitert, und für die Abfertigungsregeln FCFS und KOZ wird deren Einfluß auf die gewichtete und ungewichtete Durchlaufzeit aufgezeigt.

Es sollen drei Aufträge A, B und C auf den Maschinen 1 und 2 bearbeitet werden. Folgende Daten mögen gelten:

Auftrag	Produktionszeit auf Maschine 1	=	Belastung in Stunden	Produktionszeit auf Maschine 2	=	Belastung in Stunden	Zugangszeitpunkt der Aufträge vor Maschine1
A	3 Tage		15 Std.	4 Tage		20 Std.	0
B	1 Tag		5 Std.	1 Tag		5 Std.	3
C	2 Tage		10 Std.	3 Tage		15 Std.	6

Tabelle 9-11

Beide Maschinen sind noch bis zum Zeitpunkt 7 belegt und können erst dann für die drei Aufträge eingesetzt werden. Für die FCFS-Regel gilt entsprechend der Reihenfolge der Zu-

---

24 Vgl. Borges (1994), S. 25 ff., Haupt (1989) und Haupt/Schilling (1993).
25 Vgl. Wiendahl (1987), S. 257.
26 Wiendahl (1987), S. 257 ff.

gangstermine der Aufträge die Bearbeitungsreihenfolge A, B und C. Bei der KOZ-Regel wird hingegen erst B, danach C und zuletzt A bearbeitet.

Bei Anwendung der FCFS-Regel ergibt sich folgendes Gantt-Diagramm:

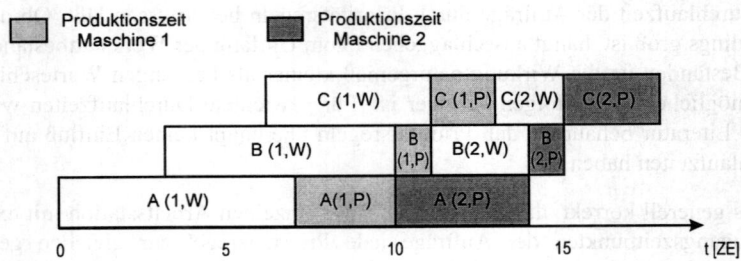

Abbildung 9-17

Aus diesen Belegungsplänen leiten sich für die FCFS-Regel folgende Durchlaufzeiten durch die beiden Arbeitsstationen ab:

Auftrag	Durchlaufzeit Maschine 1 in Tagen	Durchlaufzeit Maschine 2 in Tagen
A	10	4
B	8	4
C	7	5

Tabelle 9-12

Damit gelten folgende einfachen bzw. gewichteten mittleren Durchlaufzeiten für beide Maschinen bzw. die gesamten Aufträge:

	Maschine 1	Maschine 2	Summe
einfache DLZ	8,33	4,33	12,67
gewichtete DLZ	8,67	4,375	13,04

Tabelle 9-13

Für die KOZ-Regel ergibt sich das Auftragsdiagramm der Abbildung 9-18, aus dem die folgenden Durchlaufzeiten (Tabelle 9-14) bestimmt werden können:

9.2 Grundlagen der Ablaufplanung

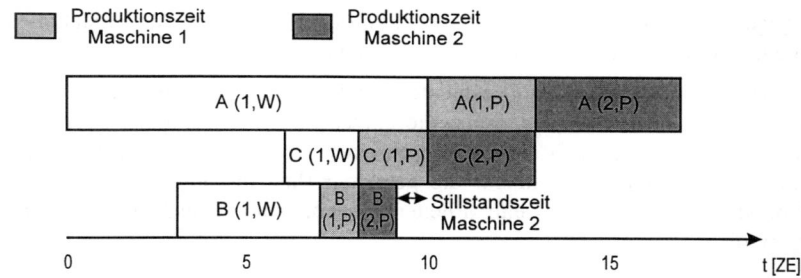

Abbildung 9-18

Auftrag	Durchlaufzeit Maschine 1 in Tagen	Durchlaufzeit Maschine 2 in Tagen
A	13	4
B	5	1
C	4	3

Tabelle 9-14

Diese Durchlaufzeiten können wiederum zu einfachen und gewichteten mittleren Durchlaufzeiten aller Aufträge verdichtet werden:

	Maschine 1	Maschine 2	Summe
einfache DLZ	7,33	2,67	10
gewichtete DLZ	8,67	3,25	11,92

Tabelle 9-15

Trotz geänderter Prioritätsregel ist damit die gewichtete Durchlaufzeit der 1. Stufe konstant 8,67 Tage. Hieraus zieht Wiendahl den irrigen Schluß, daß die gewichtete DLZ unabhängig von der Prioritätsregel ist. Das auf eine zweite Stufe erweiterte Beispiel zeigt aber, daß die gewichtete Durchlaufzeit der 2. Stufe von der Prioritätsregel abhängt. Während bei KOZ eine gewichtete Durchlaufzeit über beide Stufen von 11,92 gilt, steigt die gewichtete Durchlaufzeit bei der FCFS-Regel auf 13,04 Tage an. Das hat seinen Grund darin, daß die Abfertigungsregel der 1. Stufe die Zugangstermine der Aufträge in der 2. Stufe determiniert und darüber dann auch Einfluß auf die gesamte Durchlaufzeit nimmt.

9.2.5.2 Methoden der Ablaufplanung bei Fließfertigung

Bei Fließfertigung ergeben sich im Rahmen der Ablaufplanung zwei Fragestellungen:
- Die einzelnen Arbeitsgänge (Arbeitsoperationen) für ein Erzeugnis müssen den verschiedenen Stationen eines Fließbandes zugeordnet werden. Ziel dieser Zuordnung ist es, bei

einer gegebenen Taktzeit des Fließbandes mit möglichst wenigen Arbeitsstationen auszukommen, weil dann auch die Durchlaufzeit minimal ist.

- Fällt eine Arbeitsstation eines Fließbandes zufällig durch Störungen aus, muß das gesamte Band angehalten werden, wenn die einzelnen Arbeitsstationen starr miteinander gekoppelt sind. Es stellt sich die Frage nach einer Entkopplung von Teilen des Bandes. Bei einer Entkopplung müssen nur die gestörten Bandabschnitte zeitweilig stillgelegt werden, während die übrigen weiter arbeiten können, wenn deren Materialversorgung gesichert wird.

Für das erste Problem soll eine einfache Planungsmethode für den Fall einer vorgegebenen Taktzeit eines Bandes vorgestellt werden. Bei der Zuordnung der Arbeitsoperationen zu Bandstationen sind zwei Aspekte zu beachten:

- Für die Ausführung der Arbeitsoperationen bestehen i.d.R. technische Vorrangbeziehungen, die bei der Zuordnung der Arbeiten auf Bandstationen zu beachten sind.

- Jede Arbeitsoperation erfordert bei gegebener Ausstattung mit Produktionsfaktoren eine bestimmte Ausführungszeit. Einer Bandstation dürfen Arbeitsoperationen höchstens in einem Umfang zugewiesen werden, der innerhalb der vorgegebenen Taktzeit zu bewältigen ist. Um die Zuordnung aller Arbeitsoperationen mit möglichst wenigen Bandstationen zu erreichen, ist einer Station möglichst genau soviel an Arbeitsinhalt zuzuweisen, daß die Taktzeit voll ausgeschöpft ist und keine Bandabstimmungsverluste auftreten.

Die Zuordnung soll mit Hilfe eines Beispiels erläutert werden. Für die Produktion eines Erzeugnisses sind insgesamt 8 Arbeitsoperationen auszuführen, für die folgende technische Vorrangbeziehungen existieren.

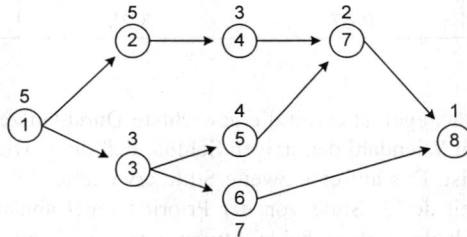

Abbildung 9-19

Die Kreise symbolisieren die Arbeitsoperationen, und die Zahlen neben den Arbeitsoperationen bezeichnen die erforderliche Produktionszeit. Die Taktzeit ist mit zehn Zeiteinheiten festgelegt worden.

Alle technisch möglichen Reihenfolgen der Arbeitsoperationen lassen sich mit Hilfe eines Entscheidungsbaumes darstellen. Bei der Konstruktion der Reihenfolgen ist zu prüfen, welche alternativen Belegungen der acht Plätze der Reihenfolge aufgrund des Vorranggraphen möglich sind. Die folgende Abbildung verdeutlicht das Konstruktionsprinzip der Reihenfolgen.

9.2 Grundlagen der Ablaufplanung

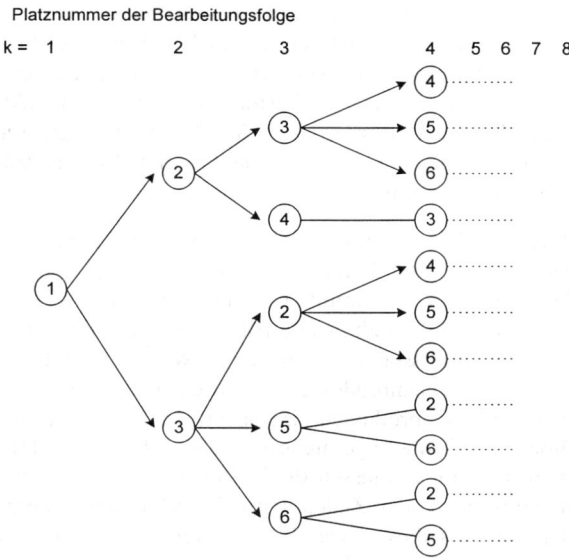

Abbildung 9-20

Wird der Entscheidungsbaum vollständig aufgestellt, ergeben sich im Beispiel 26 verschiedene, zulässige Reihenfolgen. Einige dieser Reihenfolgen zeigt die folgende Tabelle.

Alternative	Reihenfolge der Arbeitsoperationen							
A	1	2	3	4	5	6	7	8
B	1	3	2	5	6	4	7	8
C	1	3	2	4	6	5	7	8
D	1	3	2	6	5	4	7	8

Tabelle 9-16

Eine für das Bandabstimmungsproblem geeignete Vorgehensweise ist die begrenzte Enumeration. Bei diesem Verfahren wird zunächst die Zahl erforderlicher Bandstationen für eine der 26 Möglichkeiten bestimmt. Wählt der Betrieb die Reihenfolge B, kommt er für die Arbeitsoperationen mit vier Bandstationen aus. Die Arbeiten 1 und 3 werden der Bandstation 1 zugeordnet. Bandstation 2 erhält die Arbeiten 2 und 5, während auf die Station 3 die Arbeiten 4 und 6 entfallen. Die beiden letzten Arbeitsoperationen 7 und 8 werden der Station 4 zugewiesen. Mit dieser vollständigen Reihenfolge kennt der Betrieb für den Aufbau weiterer Reihenfolgen eine Enumerationsgrenze für die Durchlaufzeit, im Beispiel 4·10 = 40 ZE. Weitere Reihenfolgen brauchen nur solange aufgebaut zu werden, wie die Durchlaufzeiten der noch unvollständigen Reihenfolge hinter der Enumerationsgrenze zurückbleiben. Ist A die zweite gefundene Reihenfolge, sinkt die Enumerationsgrenze für etwaige weitere Berechnungen auf 30 ZE, da bei dieser Reihenfolge nur drei Bandstationen erforderlich sind. Station 1 erhält dann die Arbeiten 1 und 2, in der Station 2 werden 3, 4, und 5 ausgeführt, und die dritte Station beschäftigt sich mit den Operationen 6, 7 und 8. Mit der zweiten gefundenen Reihenfolge liegt auch bereits die optimale Lösung des Problems fest, denn es kann keine Lösung des Problems mit weniger als drei Stationen geben. Für die gesamte Ausführung aller acht Arbeiten sind 30 ZE erforderlich. Bei einer Taktzeit von 10 ZE sind dazu mindestens drei Stationen erforderlich. Wie schnell das Verfahren zur optimalen Lösung führt, hängt ganz entscheidend davon ab, ob eine erste Lösung mit möglichst niedriger Enumerationsgrenze gefunden wird.

Für das zweite skizzierte Ablaufproblem ist die Simulationstechnik eine geeignete Vorgehensweise. Bei der Simulation wird eine bestimmte Strategie festgelegt, und es werden die Konsequenzen dieser Strategie bestimmt. Beispielsweise kann ein aus zwölf Arbeitsstationen bestehendes Band in drei entkoppelte Blöcke von jeweils vier Stationen aufgetrennt werden. Nach jeweils 4 Arbeitsstationen wird eine Zwischenlagermöglichkeit (Pufferlager) für die entsprechenden Zwischenprodukte geschaffen, und in dieses Lager wird eine bestimmte Anzahl von Zwischenprodukten eingelagert. Eine Strategie ist dann durch die Art und Anzahl der Blöcke sowie die Lagermengen in den Pufferlägern definiert. Für die einzelnen Arbeitsstationen der Blöcke müssen die Verteilungsfunktionen für den Zeitraum zwischen zwei Störungen bekannt sein. Zudem wird eine Verteilungsfunktion für die Länge der Störungszeiten benötigt. Aus diesen Verteilungen werden dann Realisationen für die Störungen und deren Dauer gezogen, und es wird in einem Berechnungsexperiment im Zeitablauf nachgehalten, zu welchen Konsequenzen die Strategie führt. Fällt eine Arbeitstation in einem Block aus, müssen alle Stationen des gleichen Blocks abgeschaltet werden. Die vor diesem Block plazierten Blöcke arbeiten hingegen weiter und lagern ihre Zwischenerzeugnisse vor dem ausgefallenen Block zeitweilig in das Pufferlager ein. Die hinter dem ausgefallenen Block angeordneten Blöcke werden aus dem Zwischenlager nach dem gestörten Block versorgt.

Auswertungskriterien können z.B. die Ausfallzeiten der einzelnen Blöcke sein, die dadurch entstehen, daß eine Vorstufe gestört ist und die Materialversorgung aus den Pufferlägern nicht ausreicht, die Stördauer zu überbrücken. Ein zweites Kriterium kann die Höhe der Kapitalbindung in den Pufferlägern sein. Durch Veränderung der Strategie – Zahl der Blöcke und Größe der Läger – kann die Ausfallzeit und die Kapitalbindung beeinflußt werden. Durch Test alternativer Strategien kann so eine gute Lösung des Problems generiert werden.

9.2.5.3 Netzplantechnik für einzelne Projekte
9.2.5.3.1 Einordnung der Netzplantechnik (NPT) in die Ablaufplanung

Gegenstand der Netzplantechnik ist die Planung und Überwachung des zeitlichen Fortschritts komplexer Projekte (Bauprojekte, Reparatur von Großmaschinen, Umstellung auf EDV-Anlagen etc.).[27] Komplexe Projekte bestehen aus einer Vielzahl von Bearbeitungsgängen (Aktivitäten), die in einem logischen und zeitlichen Zusammenhang zueinander stehen,

---

27 Vgl. Küpper/Lüder/Streitferdt (1975), S. 12 ff.; Altrogge (1996), S. 1 ff.; Schwarze (1994), S. 11 ff.

9.2 Grundlagen der Ablaufplanung

d.h., einzelne Bearbeitungsgänge können nicht begonnen werden, bevor nicht andere ganz oder z.T. abgeschlossen sind.

Für die zeitliche Ablaufplanung komplexer Projekte sind unabhängig von den eingesetzten Verfahren der NPT generell drei Fragen zu beantworten:

- Welcher Zeitraum ist unter Berücksichtigung der geschätzten Arbeitszeiten der einzelnen Arbeitsgänge für die Fertigstellung des gesamten Projektes erforderlich?
- Welche Arbeitsgänge bestimmen die gesamte Zeitdauer der Projektabwicklung?
- Welche Termine müssen für den Beginn der einzelnen Arbeitsgänge vorgegeben werden, wenn die ermittelte Projektzeit nicht überschritten werden soll?

Der Katalog der durch NPT zu lösenden Aufgaben kann im Einzelfall auch umfangreicher sein. Aus ökonomischer Sicht sind insbesondere folgende zusätzlichen Fragestellungen von Interesse:

- Lassen sich die Ausführungszeiten der einzelnen Arbeitsgänge verkürzen, und welche Wirkung hat das auf die Dauer und die Kosten des Gesamtprojektes?
- Der Bedarf für die einzelnen Produktionsfaktoren ist während der gesamten Projektabwicklung u.U. erheblichen Schwankungen unterworfen. Welche Möglichkeiten zu einer Glättung des Faktorbedarfs bestehen, und wie wirkt sich eine Glättung auf die Terminplanung der einzelnen Bearbeitungsgänge aus?
- Existieren für einzelne Produktionsfaktoren Kapazitätsengpässe, die bei der Terminplanung beachtet werden müssen?

Die Methoden der Netzplantechnik sind für Ablaufprobleme mit folgenden Merkmalen entwickelt worden:

- Eine der wesentlichsten Voraussetzungen für die Anwendbarkeit der Netzplantechnik ist die Unabhängigkeit von Projekten (Einprojektanalyse), d.h., die Projekte dürfen nicht gleichzeitig auf die gleichen Betriebsmittel und Arbeitskräfte zugreifen. Sind mehrere Projekte gleichzeitig zu realisieren, werden die zwischen den Projekten bestehenden Interdependenzen aufgelöst. Zu diesem Zweck ist eine Präferenzordnung der Projekte aufzustellen, und die Produktionsfaktoren sind den einzelnen Projekten entsprechend zuzuteilen.
- Es sind aber auch Versuche unternommen worden, die einschränkende Voraussetzung einer Einprojektanalyse zu überwinden und mehrere Projekte simultan zu planen (z.B. RAMPS)[28]. Diese Versuche sind allerdings nicht sehr weit gediehen. Die bekannten Verfahren gestatten es nicht, optimale Lösungen zu finden; vielmehr beschränken sie sich darauf, im Wege intelligenter Probierstrategien eine gute, zeitlich durchsetzbare Lösung zu suchen. Für die zeitliche Ablaufplanung bei Werkstattfertigung ist die NPT damit nicht anwendbar. Bei gemeinsamer Fertigung existieren zwischen den Projekten (Aufträgen) eine große Anzahl von Verflechtungen, die eine simultane Analyse verlangen.

---

28 RAMPS = Resource Allocation and Multi-Project Scheduling; vgl. Falkenhausen (1968), S. 32 ff.

- Die ersten Verfahren der NPT (CPM, PERT)[29] gehen vom Ziel der Zeitminimierung aus, d.h., es wird der Ablaufplan mit der geringsten Durchlaufzeit für das Gesamtprojekt angestrebt. Probleme der Kostengestaltung bleiben bei diesem Ziel unberücksichtigt. Ökonomisch ist es häufig aber nicht vertretbar, den Zeitaspekt derart in den Vordergrund zu stellen. Letztlich kommt es beim Wirtschaften nicht darauf an, eine Arbeit schnell, sondern kostengünstig zu erledigen. Da die Kriterien der Zeit- und Kostenminimierung zu unterschiedlichen Lösungen bei der Terminplanung führen können, tragen einige Verfahren der NPT (CPM-Cost, Fulkerson-Algorithmus) dem Rechnung und setzen an die Stelle des Zeitkriteriums die Kostenminimierung.

In der Zeit vor der Entwicklung der Netzplantechnik wurden die Ablaufprobleme komplexer Projekte mit Hilfe von Balkendiagrammen (Gantt-Diagrammen) durchgeführt. Grundsätzlich ist es möglich, mit Balkendiagrammen gleich gute Planungsergebnisse zu erzielen wie durch die Netzplantechnik. Balkendiagramme haben aber die bereits diskutierten Nachteile:

- Sie lassen die sachliche Verknüpfung der einzelnen Arbeitsgänge eines Projektes nicht erkennen.
- Es ist nicht ohne weiteres zu erkennen, welche Arbeitsgänge terminlich verschoben werden können, ohne daß es zu einer Verlängerung der gesamten Projektdauer kommt.
- Der Planungsprozeß ist unübersichtlich, da die Konsequenzen von Zeitänderungen bei einzelnen Arbeitsgängen auf das Gesamtprojekt nicht überschaubar sind.

Die Netzplantechnik erhöht die Transparenz des Planungsprozesses ganz entscheidend und gelangt dadurch in aller Regel zu einer effizienteren Lösung. Eine erhöhte Planungseffizienz ist mit der NPT insbesondere dann zu erreichen, wenn ein Projektnetz nicht nur einmal zur Planung berechnet wird. NPT bietet die Möglichkeit, das Netz während der Projektabwicklung zur Kontrolle des Arbeitsfortschritts und zur laufenden Verbesserung der Planung für die noch nicht abgewickelten Projektteile periodisch neu zu berechnen. NPT ist damit nicht nur ein Planungs-, sondern auch ein Kontrollinstrument.

9.2.5.3.2 Die Elemente eines Netzes in der Methode CPM

Ein Netzplan besteht aus drei Elementen: den Ereignissen, den Aktivitäten sowie den Nebenbedingungen zur logischen Verknüpfung der Ereignisse.[30] **Ereignisse** (Termine) kennzeichnen den Abschluß eines Arbeitsganges und den Zeitpunkt, zu dem ein neuer Arbeitsgang beginnen kann. Ereignisse skizzieren einen bestimmten Zustand eines Projektes. Sie werden im Netz als Knoten dargestellt.[31] Zur Identifizierung wird jeder Knoten numeriert.

Die Knoten im Netzplan sind durch gerichtete Strecken (Pfeile, Kanten) verbunden. Ein Pfeil entspricht einem **Arbeitsgang** (Aktivität, Job). Die Verbindung zweier Knoten durch

---

29 CPM = Critical Path Method, PERT = Project Evaluation and Review Technique.
30 Vgl. Wille/Gewald/Weber (1972), S. 35 ff.; Falkenhausen (1968), S. 10 ff.
31 Im folgenden werden zunächst Zustandsknotennetze behandelt.

einen Pfeil gibt die sachliche Verknüpfung der Zustände eines Projektes an, wobei die Pfeilrichtung die zeitliche Abfolge der Ereignisse anzeigt. Die Länge eines Pfeiles ist frei wählbar und sagt nichts über die zeitliche Ausdehnung eines Arbeitsganges aus. Bezeichnung sowie Dauer eines Arbeitsganges werden neben den Pfeilen im Netz eingetragen.

Bei **Scheinaktivitäten** (Nebenbedingungen, Dummies) handelt es sich um Reihenfolgebedingungen. Sie werden im Netzplan als unterbrochene Pfeile dargestellt und haben die Zeitdauer null. Scheinaktivitäten sind im Netzplan erforderlich, wenn mehrere Arbeitsgänge parallel zueinander ablaufen und alle Arbeitsgänge beendet sein müssen, bevor der folgende Arbeitsgang angeschlossen werden kann (Beispiel: Für ein neues Erzeugnis werden gleichzeitig die Versuchsprodukte und der Markenname entwickelt; der anschließende Markttest kann oder soll erst beginnen, wenn beide Arbeiten beendet sind.)

Beim Knüpfen eines Netzes müssen einige Regeln beachtet werden:
1. Jedes Netz besitzt einen Anfangs- und einen Endknoten, die den Arbeitsbeginn bzw. die Fertigstellung des Projektes anzeigen.
2. Zwei Knoten eines Netzes dürfen grundsätzlich nur durch einen Pfeil direkt miteinander verbunden werden.
3. Da die Pfeilrichtung die zeitliche Abfolge der Erzeugnisse in einem Netz angibt, darf es keine Zirkel geben. Unzulässig wäre daher eine Verknüpfung in folgender Form:

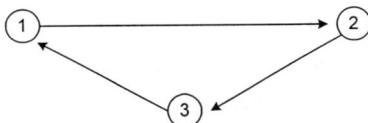

Abbildung 9-21

In diesem Fall folgt Ereignis 2 auf 1, und Ereignis 3 folgt auf 2. Das aber schließt logisch aus, daß Ereignis 1 auf 3 folgt. Eine Verknüpfung von drei Ereignissen ist daher nur in der folgenden Art möglich:

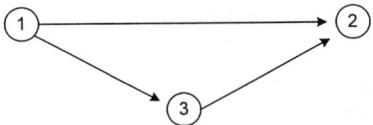

Abbildung 9-22

9.2.5.3.3 Ausgewählte Methoden der NPT
9.2.5.3.3.1 Ausgangsbeispiel

Die folgenden Ausführungen zur NPT sollen auf einem gemeinsamen Beispiel aufbauen. Um die Darstellung nicht zu unübersichtlich werden zu lassen, wird ein Fall mit nur wenigen Aktivitäten gewählt. Für die Entwicklung eines neuen Erzeugnisses sind die in der folgenden Übersicht (Tabelle 9-17) zusammengestellten Arbeitsgänge erforderlich.

In einem Netzplan werden diese Arbeitsgänge einander so zugeordnet, daß eine durchführbare Prozeßfolge für das Projekt garantiert ist. Für das Knüpfen eines Netzes existieren i.d.R. mehrere organisatorisch zulässige Lösungen, und zwar lassen sich immer dann mehrere Netze knüpfen, wenn folgende Bedingungen erfüllt sind:

- Die Anzahl der Arbeitsgänge liegt technisch bedingt fest; die Reihenfolge ihrer Ausführung ist aber beeinflußbar.
- Die Zahl der Arbeitsgänge läßt sich durch Arbeitszusammenfassung bzw. Arbeitsteilung verändern.[32]

Arbeits-gang	Bezeichnung	Dauer in ZE	Vorgänger	Zahl der Arbeitskräfte
A	Entwicklung der Anbietungsform und Verpackung	4	–	6
B	Rezepturaufbau	3	–	4
C	Entwicklung des Markennamens	2	–	2
D	Versuchsproduktion	4	A, B	8
E	Markttest	7	C, D	10
F	endgültige Produktentwicklung	7	E	4
G	Anlagenplanung und Beschaffung	14	E	8
H	Produktionsplanung	3	E	6
J	Produktion von Displaymaterial	6	F	2
K	Initialproduktion	4	G, H, J	10
L	Versand des Displaymaterials	5	G, H, J	extern
M	Einführung in den Handel	2	K	extern
N	Produktion und Verteilung der Werbemittel	5	F	extern
O	Verbraucherwerbung vor Einführung des Produktes	3	N	extern

Tabelle 9-17

Kann die Reihenfolge der Arbeitsgänge in gewissen Grenzen verändert werden, gibt es für jede Reihenfolge einen anderen Netzplan mit z.T. anderen Konsequenzen für die Dauer und die Kosten eines Projektes. Die NPT vermag aber nicht von vornherein zu bestimmen, wel-

---

[32] So könnte der gemeinsame Markttest (Aktivität E) für das Produkt, die Verpackung sowie den Markennamen z.B. in drei isolierte Tests aufgespalten werden.

9.2 Grundlagen der Ablaufplanung

che Netzstruktur am günstigsten ist. Vielmehr geht sie von einem bestimmten Netz aus und zeigt die Konsequenzen dieses Netzes für die Abwicklungszeit bzw. die Kosten auf. Soll die günstigste Form des Netzes selbst bestimmt werden, hat der Planende keine andere Wahl, als mehrere Netze für das gleiche Projekt zu knüpfen und sie hinsichtlich der Projektdauer und der Höhe der Kosten miteinander zu vergleichen. Die NPT vermag somit nicht simultan die optimale Verknüpfung der Arbeitsgänge zu einem Netz und die Terminplanung innerhalb eines Netzes zu lösen. Darin ist zweifellos eine gewisse Schwäche zu sehen.

Eine mögliche Form des Netzplanes für die Produktentwicklung ist in der folgenden Abbildung angegeben.

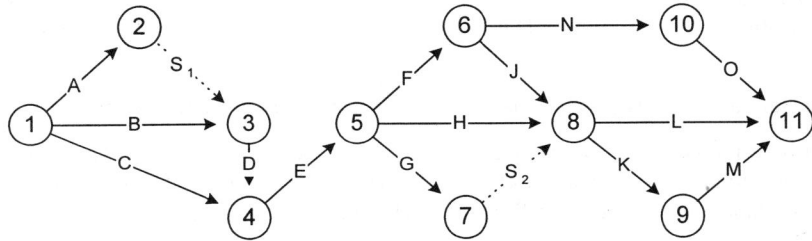

Abbildung 9-23

Im Anschluß an die Aufschlüsselung des Projektes in einzelne Arbeitsgänge sind die Ausführungszeiten der Aktivitäten festzulegen. Die Zeitdauer für einen Arbeitsgang hängt von

- der Bereitstellung von Arbeitskräften und Maschinen für den Arbeitsgang und
- der Arbeitsintensität der Arbeitskräfte bzw. Betriebsmittel

ab. Wird für eine Aktivität eine bestimmte Bearbeitungsdauer festgelegt, gilt diese Zeit nur für eine bestimmte Ausstattung mit Produktionsfaktoren und eine fixierte Leistung der Produktionsfaktoren pro ZE. Wird eine dieser beiden Größen geändert, kann das über die veränderte Bearbeitungsdauer eines Arbeitsganges Rückwirkungen auf die Gesamtausführungsdauer des Projektes haben.

Handelt es sich um Arbeitsgänge, die in gleicher oder ähnlicher Form in der Vergangenheit bereits häufiger durchgeführt worden sind, können weitgehend sichere Zeitschätzungen vorgenommen werden. Die Methode CPM, die im folgenden betrachtet wird, unterstellt derartige deterministische Zeitangaben. Bei erstmalig durchzuführenden Aktivitäten, insbesondere im geistig schöpferischen Bereich (Forschung) sind die Zeitschätzungen hingegen mit erheblichen Unsicherheiten behaftet. In diesem Fall geht die NPT von mehreren Zeitschätzungen aus (PERT).

9.2.5.3.3.2 Auswertung eines Netzplanes nach CPM

In der Auswertung sind zwei Fragen zu beantworten:[33]

- Welche Aktivitäten determinieren die Abwicklungsdauer eines Projektes (kritische Aktivitäten)?
- Welche Pufferzeiten existieren für nichtkritische Aktivitäten?

Der kritische Weg ist der längste Weg durch das Netzwerk. Die Summe der Bearbeitungszeiten der auf dem kritischen Weg liegenden Aktivitäten bestimmt den frühest möglichen Zeitpunkt, zu dem das Projekt abgeschlossen sein kann. Um den kritischen Weg berechnen zu können, sind für jedes Ereignis (Knoten) der frühest mögliche sowie der spätest erlaubte Eintrittszeitpunkt zu bestimmen. Die Berechnungsmethode basiert auf folgenden Definitionen:

d(i,j): Dauer des Arbeitsganges zwischen den Knoten i und j in Zeiteinheiten.

Tf(i): Frühester Zeitpunkt, zu dem alle beim Knoten i endenden Arbeitsgänge abgeschlossen sein können: Das entspricht dem frühest möglichen Eintritt des Ereignisses i oder der maximalen Länge aller Wege vom Nullpunkt zum Knoten i.

Beispiel für Tf(i=3):

Zum Knoten i = 3 der Abbildung 9-23 führen zwei Wege und zwar über die Knoten:

1) 1 2 3

2) 1 3

Der Zeitbedarf für die Ausführung der Arbeiten auf diesen Wegen beträgt:

1)   4 ZE + 0 ZE = 4 ZE

2)   3 ZE   = 3 ZE

Der frühest mögliche Zeitpunkt, zu dem alle bei i = 3 endenden Arbeitsgänge abgeschlossen sein können, ist somit der Zeitpunkt 4.

Die Berechnung der frühest möglichen Zeitpunkte der Ereignisse kann dabei jeweils auf den entsprechenden Zeitpunkten der dem Knoten i vorgelagerten Knoten aufbauen.

Beispiel für Tf(i=4):

Dem Knoten 4 sind die Knoten 1 und 3 vorgelagert.

Zum Knoten 4 führen somit zwei Wege

1)   Tf(i=3) + d(3,4) = 4 + 4 = 8

---

[33] Vgl. Wille/Gewald/Weber (1972), S. 35 ff.

9.2 Grundlagen der Ablaufplanung

2) $Tf(i=1) + d(1,4) = 0 + 2 = 2$

Der frühest mögliche Zeitpunkt für den Eintritt von Ereignis 4 liegt daher 8 ZE nach dem Projektstart.

Ts(i): Spätester Zeitpunkt, zu dem mindestens ein vom Knoten i ausgehender Arbeitsgang beginnen muß, damit der frühest mögliche Zeitpunkt für den Eintritt des Endknotens eingehalten werden kann. Für die Berechnung des spätesten Eintritts des Ereignisses i muß vom frühest möglichen Zeitpunkt für den Eintritt des Endknotens (der der Länge des kritischen Weges entspricht) der längste Weg vom Endknoten zum Knoten i abgezogen werden.

Beispiel für Ts(i=8):

Der frühest mögliche Zeitpunkt für den Endknoten Tf(i=11) berechnet sich zu 35. Vom Endknoten 11 führen zwei Wege zum Knoten 8:

1) $Tf(i=11) - d(8,11) = 35 - 5 = 30$

2) $Tf(i=11) - (d(9,11) + d(8,9)) = 35 - 6 = 29$

Spätestens zum Zeitpunkt 29 muß also eine vom Knoten 8 ausgehende Arbeit beginnen, wenn Tf(i=11) = 35 eingehalten werden soll.

Die Berechnung der Ts(i) kann wiederum auf den festgelegten spätesten Zeitpunkten der nachgelagerten Knoten aufbauen. Für Ts(i=5) gilt z.B.:

1) $Ts(i=8) - d(5,8) = 29 - 3 = 26$

2) $Ts(i=6) - d(5,6) = 23 - 7 = 16$

3) $Ts(i=7) - d(5,7) = 29 - 14 = 15$

Spätestens zum Zeitpunkt 15 muß eine vom Knoten 5 ausgehende Arbeit aufgenommen werden, wenn die Abwicklung des Gesamtprojektes nicht über den frühest möglichen Zeitpunkt für das Projektende hinaus verzögert werden soll.

In der nachfolgenden Tabelle sind für alle Knoten die frühesten und spätesten Eintrittstermine zusammengestellt.

Ereignis	Knotentermine	
i	Tf (i)	Ts(i)
1	0	0
2	4	4
3	4	4
4	8	8
5	15	15
6	22	23
7	29	29
8	29	29
9	33	33
10	27	32
11	35	35

Tabelle 9-18

Der kritische Weg, d.h. der Weg, der die Abwicklungszeit des Projektes bestimmt, läuft über die Knoten, bei denen der früheste und späteste Termin zusammenfallen. Für die Knoten des kritischen Weges gilt mithin Tf(i) = Ts(i).

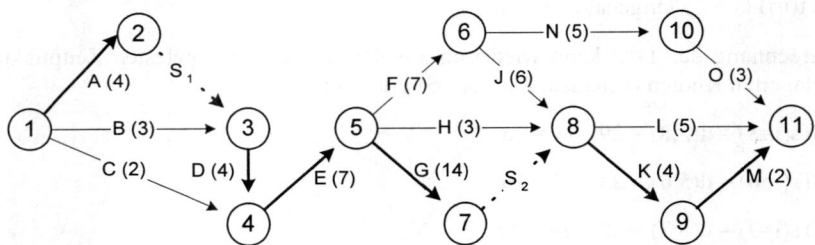

Abbildung 9-24

Im Beispiel läuft der kritische Weg über die Aktivitäten A-S1-D-E-G-S2-K-M und beansprucht 35 ZE.

Pufferzeiten treten für alle Aktivitäten auf, die nicht auf dem kritischen Weg liegen. Die Ausführungszeiten dieser Aktivitäten nehmen auf die gesamte Dauer des Projektes keinen direkten Einfluß. Die Termine, zu denen die Arbeiten an nicht kritischen Aktivitäten aufgenommen werden müssen, liegen nicht eindeutig fest; sie lassen sich vielmehr innerhalb bestimmter Zeitgrenzen verschieben, ohne daß dadurch die Entwicklungsdauer des Gesamtprojektes tangiert wird. Für nichtkritische Aktivitäten existieren somit Pufferzeiten.

Bei CPM werden vier verschiedene Pufferzeiten unterschieden:

pm(i,j): maximale Pufferzeit. pm(i,j) ist der Zeitraum, der für die Verzögerung des Arbeitsbeginnes einer Aktivität äußerstenfalls zur Verfügung steht, wenn der früheste

9.2 Grundlagen der Ablaufplanung

Zeitpunkt des Anfangsknotens dieser Aktivität – Tf(i) – und der späteste Zeitpunkt des Endknotens dieser Aktivität – Ts(j) – eingehalten werden sollen.

$$pm(i,j) = Ts(j) - Tf(i) - d(i,j)$$

Es handelt sich um eine nicht aktivitätsspezifische Pufferzeit. Liegen in einer Masche[34] des Netzes bspw. zwei Aktivitäten hintereinander, wird die maximale Pufferzeit für jede der beiden Aktivitäten berechnet; sie kann aber insgesamt nur einmal genutzt werden, bei der 1. oder 2. Aktivität, oder die Pufferzeit wird auf beide aufgeteilt. Die maximale Pufferzeit ist damit eine Maschen-Pufferzeit für den nicht zeitkritischen Weg der Masche.

pf(i,j): **freie Pufferzeit**. Um diese Zeit kann ein Arbeitsgang (i,j) verschoben werden, wenn der frühest mögliche Eintritt des Endknotens dieser Aktivität eingehalten werden soll. Eine freie Pufferzeit kann folglich nur existieren, wenn bei j mindestens zwei Arbeitsgänge abgeschlossen werden und der früheste Eintrittstermin von j nicht über den zu analysierenden Arbeitsgang bestimmt wird. Die freie Pufferzeit tritt damit für eine von zwei Endaktivitäten einer Masche innerhalb des Netzes auf.

$$pf(i,j) = Tf(j) - Tf(i) - d(i,j)$$

Liegt j auf dem kritischen Weg, dann ist die freie Pufferzeit gleich der maximalen Pufferzeit, da Tf(j) = Ts(j) gilt.

pb(i,j): **bedingt verfügbare Pufferzeit**. Bei der bedingt verfügbaren Pufferzeit handelt es sich um die Differenz der maximalen und der freien Pufferzeit einer Aktivität.

$$pb(i,j) = pm(i,j) - pf(i,j) = Ts(j) - Tf(j)$$

Die bedingte Pufferzeit wird allein durch die Zeitdifferenz zwischen dem frühesten und dem spätesten Eintritt eines Knotens determiniert. Hierbei handelt es sich um eine reine Knotenpufferzeit. Bedingt verfügbare Pufferzeit kann entweder durch die Aktivität vor oder die Aktivität nach einem Knoten – insgesamt also nur einmal – genutzt werden. Die Pufferzeit läßt sich auch anteilig auf Vorgänger und Nachfolger aufteilen.

Beispiel:

Zwischen den Knoten 5 und 6 bzw. 6 und 8 sind die Aktivitäten F bzw. J auszuführen. Die beiden Termine für den Knoten 6 berechnen sich mit Tf(6) = 22 und Ts(6) = 23. Für Ts(8) ergibt sich der Zeitpunkt 29.

---

[34] Eine Masche besteht aus dem kritischen Weg zwischen Ereignissen und einem alternativen nichtkritischen Weg.

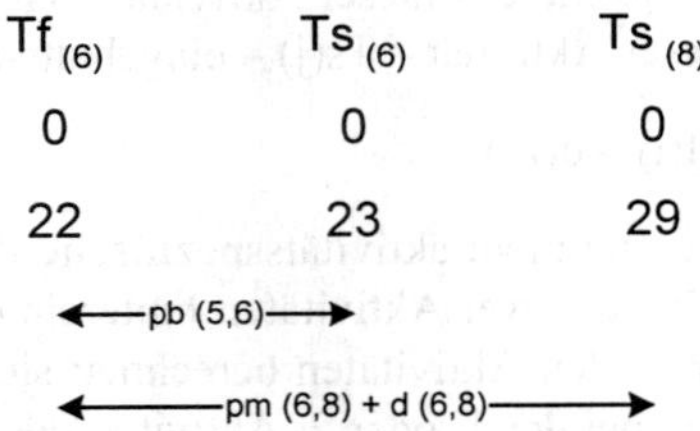

```
          Tf (6)        Ts (6)       Ts (8)
            0             0            0
           22            23           29
              ◄── pb (5,6) ──►
         ◄────── pm (6,8) + d (6,8) ──────►
```

Abbildung 9-25

Für die Aktivität F resultiert daraus eine bedingte Pufferzeit von 1 ZE. Die maximale Pufferzeit der Aktivität J stellt sich bei d(6,8) = 6 auf ebenfalls 1 ZE. Wird nun die bedingte Pufferzeit pb(5,6) = 1 ZE für Aktivität F voll beansprucht, verliert die folgende Aktivität J ihre Pufferzeit, da das Ereignis 6 dann erst zum Zeitpunkt 23 eintritt.

pu(i,j): **unabhängige Pufferzeit.** Die unabhängige Pufferzeit bezeichnet den Zeitraum, in dem sich der Arbeitsgang (i,j) verschieben läßt, wenn das Ereignis i so spät wie möglich und das Ereignis j so früh wie möglich eintreten. Bei der unabhängigen Pufferzeit handelt es sich daher um einen Puffer, der nur für die analysierte Aktivität zur Verfügung steht. Wird sie bei dieser Aktivität nicht genutzt, geht sie verloren. Unabhängige Pufferzeit ist also im Gegensatz zur bedingten Pufferzeit nicht auf andere Aktivitäten übertragbar.

Errechnet sich eine negative unabhängige Pufferzeit, darf also mit dem Arbeitsbeginn für die Aktivität (i,j) nicht bis Ts(i) gewartet werden, wird pu(i,j) auf null gesetzt.

pu(i,j) = max {0; Tf(j) − Ts(i) − d(i,j)}

Die vier Pufferzeiten sollen anhand der Abbildung 9-26 verdeutlicht werden. In dieser Zeichnung wird vom allgemeinen Fall ausgegangen. Es wird unterstellt, daß für den Anfangsknoten einer Aktivität und für den Endknoten jeweils zwei unterschiedliche Zeitpunkte für den frühesten und spätesten Eintrittstermin gelten. Wird diese Prämisse aufgehoben und wird für die einzelnen Zustände ein gleicher Zeitpunkt für den frühesten und spätesten Eintrittstermin unterstellt, lassen sich bis zu vier Unterfälle unterscheiden.

9.2 Grundlagen der Ablaufplanung

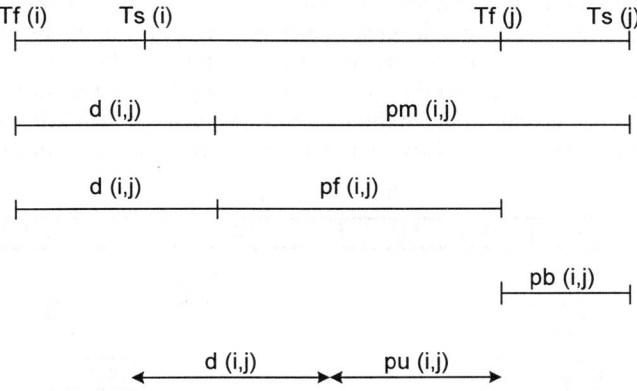

Abbildung 9-26

Im Fall der Abbildung 9-26 können vier voneinander abweichende Pufferzeiten auftreten. Für die übrigen denkbaren Unterfälle besteht teilweise Identität für einzelne Pufferzeiten.

In der folgenden Tabelle sind alle Termine und Pufferzeiten für das behandelte Projekt zusammengestellt.

Arbeitsgang	i	j	Dauer	Termine der Anfangs- und Endknoten				Pufferzeiten			
			d(i, j)	Tf(i)	Ts(i)	Tf(j)	Ts(j)	pm	pf	pb	pu
A	1	2	4	0	0	4	4	0	0	0	0
B	1	3	3	0	0	4	4	1	1	0	1
C	1	4	2	0	0	8	8	6	6	0	6
D	3	4	4	4	4	8	8	0	0	0	0
E	4	5	7	8	8	15	15	0	0	0	0
F	5	6	7	15	15	22	23	1	0	1	0
G	5	7	14	15	15	29	29	0	0	0	0
H	5	8	3	15	15	29	29	11	11	0	11
J	6	8	6	22	23	29	29	1	1	0	0
K	8	9	4	29	29	33	33	0	0	0	0
L	8	11	5	29	29	35	35	1	1	0	1
M	9	11	2	33	33	35	35	0	0	0	0
N	6	10	5	22	23	27	32	5	0	5	0
O	10	11	3	27	32	35	35	5	5	0	0

Tabelle 9-19

Das Ergebnis der Netzauswertung läßt sich auch in die Form eines Gantt-Diagramms kleiden. Jede Aktivität wird dabei durch einen Balken mit der Länge ihrer Ausführungszeit dargestellt. In diesem Balkendiagramm liegen nur die Termine der kritischen Aktivitäten eindeutig fest, während sich die Termine der nichtkritischen Aktivitäten im Rahmen der Pufferzeiten verschieben lassen. In der Abbildung 9-27 wurden die nichtkritischen Aktivitäten einmal zum frühest möglichen und zweitens zum spätest erlaubten Termin eingeplant.

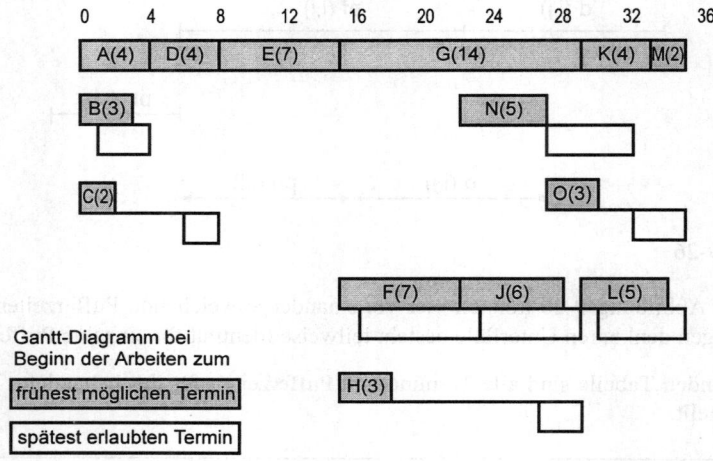

Abbildung 9-27

Aus dem Balkendiagramm läßt sich ein Arbeitsbelastungsprofil ableiten. Für jede Aktivität muß der Betrieb eine bestimmte Anzahl von Arbeitskräften oder Betriebsmitteln bereitstellen. Tabelle 9-17 enthält die Anzahl der erforderlichen Arbeitskräfte. Vereinfachend soll davon ausgegangen werden, daß alle Arbeitskräfte qualitativ homogen sind; jede Arbeitskraft kann damit für jede Aktivität eingesetzt werden. Diese Prämisse gestattet es, im weiteren von nur einem Belastungsprofil auszugehen.[35] Wie das Balkendiagramm zeigt, liegt lediglich der Arbeitskräftebedarf der kritischen Aktivitäten terminlich unverrückbar fest. Hingegen kann der Bedarf an Arbeitskräften für die nichtkritischen Aktivitäten wiederum in den Grenzen der Pufferzeiten verschoben werden. Die Abbildung 9-28 gibt die beiden Extremfälle für die Arbeitsbelastung wieder.

---

35 Muß der Betrieb für die einzelnen Aktivitäten Arbeitskräfte mit unterschiedlichen Fähigkeiten einsetzen, so ist für jede Faktorqualitätsgruppe ein eigener Belastungsplan aufzustellen.

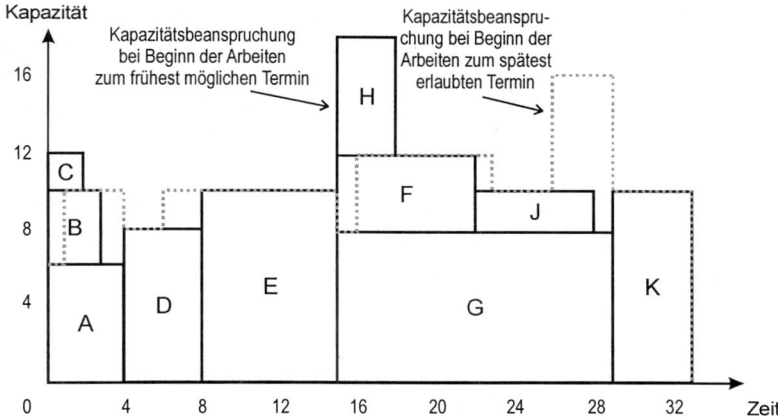

Abbildung 9-28

9.2.5.3.3.3 Projektbeschleunigung mit CPM-Cost

Ein Betrieb kann die Ausführungszeiten der einzelnen Aktivitäten eines Projektes häufig in gewissen Grenzen beeinflussen, indem er für die Ausführung mehr Arbeitskräfte bzw. Maschinen zur Verfügung stellt. Eine verkürzte Ausführungszeit einer Aktivität führt i.d.R. zu steigenden Kosten dieser Aktivität (direkte Kosten). Gelingt es, das Gesamtprojekt zu beschleunigen, sinken die gesamtprojektbezogenen Kosten. Gesucht wird die kostenminimale Projektdauer.[36] CPM-Cost geht von einer linearen Beziehung zwischen den Kosten und der Ausführungszeit einer Aktivität aus.

Für das Projekt des Ausgangsbeispiels werden veränderliche Ausführungsdauern bei sich dann ändernden Kosten unterstellt. Die Spalten in der Tabelle 9-20 haben folgende Bedeutung:

dn(i,j): Dauer der Aktivität unter normalen Bedingungen

ds(i,j): Dauer der Aktivität bei äußerster Beschleunigung

cn(i,j): Direkte Kosten bei Normalausführungsdauer

cs(i,j): Direkte Kosten bei äußerster Beschleunigung

K: Kostenveränderung bei Beschleunigung einer Aktivität um eine Zeiteinheit

Kann die Projektdauer verringert werden, sinken die indirekten, das gesamte Projekt betreffenden variablen Kosten. Diese Kosten hängen von der Gesamtzeit des Projektes und nicht von den Ausführungszeiten spezieller Aktivitäten ab. Zu den indirekten Kosten zählen z.B.

---

36 Vgl. Küpper/Lüder/Streitferdt (1975), S. 210 ff.; Altrogge (1996), S. 215 ff.

Mieten und Löhne für Betriebsmittel bzw. Arbeitskräfte, die während der gesamten Projektzeit erforderlich sind oder Konventionalstrafen für das Überschreiten vertraglich vereinbarter Fertigstellungstermine für das Projekt. Unter die indirekten Kosten können aber auch Gewinneinbußen durch verspätete Einführung eines neuen Produktes subsumiert werden.

Arbeitsgang	i	j	dn (i, j) [ZE]	ds (i, j) [ZE]	cn (i, j) [GE]	cs (i, j) [GE]	K [GE]
A	1	2	4	2	10	12	1
B	1	3	3	3	30	30	-
C	1	4	2	2	5	5	-
D	3	4	4	3	15	25	10
E	4	5	7	4	30	45	5
F	5	6	7	5	35	43	4
G	5	7	14	7	50	71	3
H	5	8	3	2	20	27	7
J	6	8	6	4	10	16	3
K	8	9	4	2	8	12	2
L	8	11	5	4	25	31	6
M	9	11	2	1	6	8	2
N	6	10	5	5	10	10	-
O	10	11	3	3	5	5	-
Summe					259	340	

Tabelle 9-20

Um das günstigste Ausmaß für die Beschleunigung der einzelnen Aktivitäten und des Gesamtprojektes festzulegen, sind zwei gegenläufige Kostentendenzen zum Ausgleich zu bringen:

- Mit der Beschleunigung einer Aktivität nehmen die direkten Kosten der Aktivität und damit des gesamten Projektes zu.
- Führt die Beschleunigung einer Aktivität zu einer verkürzten Gesamtdauer des Projektes, sinken die indirekten Kosten.

Soll die kostenoptimale Projektzeit bestimmt werden, müssen die direkten Kosten für das gesamte Projekt den indirekten Kosten gegenübergestellt werden. Von mehreren möglichen Projektzeiten ist diejenige mit den niedrigsten Gesamtkosten auszuwählen. Ein Gesamtkostenvergleich läßt sich aber erst durchführen, wenn die direkten Kosten zunächst in Abhängigkeit von der Gesamtzeit des Projektes dargestellt werden. Für jede mögliche Projektdauer ist daher diejenige Kombination der Ausführungszeiten der einzelnen Aktivitäten zu ermitteln, die zum Minimum der direkten Kosten aller Aktivitäten führt. Gesucht sind mithin die direkten Kosten des Projektes bei Optimalverhalten.

9.2 Grundlagen der Ablaufplanung

Die gesamten direkten Kosten des Projektes bei Optimalverhalten lassen sich wie folgt bestimmen:

1. Die Rechnung beginnt mit der maximalen zeitlichen Ausdehnung des Projektes – im Beispiel 35 ZE – und nähert sich schrittweise der maximalen Beschleunigung des Projektes.

2. Aus den Kosten- und Zeitwerten der Tabelle 9-20 wird berechnet, um welchen Betrag die direkten Kosten bei den einzelnen Aktivitäten steigen, wenn die Ausführungszeit der Aktivitäten um eine ZE verkürzt wird. Eine Beschleunigung einer Aktivität führt jedoch nur dann zu einer kürzeren Projektzeit, wenn die Bearbeitungszeit einer kritischen Aktivität verringert wird. Da die Beschleunigung des Projektes mit dem Minimum an zusätzlichen Kosten verwirklicht werden soll, ist folglich die Bearbeitungszeit derjenigen kritischen Aktivität mit den geringsten Zusatzkosten zu verkürzen – im Beispiel zunächst die Aktivität A. Bei einer Reduzierung der Projektdauer von 35 ZE auf 34 ZE steigen die direkten Kosten somit von 259 GE auf 260 GE an (vgl. Tabelle 9-21).

3. Ist eine Beschleunigung des Projektes um eine Zeiteinheit vollzogen, ist zu prüfen, ob die veränderte Ausführungszeit der Aktivität A einen Einfluß auf den Verlauf des kritischen Weges hat. Im Beispiel zeigt sich, daß es zu einer Gabelung des kritischen Weges kommt. Er läuft nun gleichzeitig vom Knoten 1 über die Aktivitäten A und S1 sowie über B zum Knoten 3. Eine weitere Beschleunigung zwischen den Knoten 1 und 3 ist nur möglich, wenn beide Wege vom Knoten 1 zum Knoten 3, also die Aktivitäten A und B, gemeinsam beschleunigt werden.

4. Eine weitere Beschleunigung des Projektes auf 33 ZE muß von diesem neuen kritischen Weg ausgehen, d.h., verändert werden darf nur die Ausführungszeit einer Aktivität bzw. mehrerer paralleler kritischer Aktivitäten, die bei einer Ausführungszeit von 34 ZE auf dem kritischen Weg liegen.

Die folgende Tabelle 9-21 enthält die optimalen direkten Kosten des Projektes bei unterschiedlichen Ausführungszeiten. Aus der letzten Spalte ist zu entnehmen, daß sich der kritische Weg bei zunehmender Projektverkürzung immer weiter aufgabelt, d.h., es verschwinden zunehmend die nichtkritischen Aktivitäten. Der kritische Weg bei maximaler Projektbeschleunigung ist in Abbildung 9-29 wiedergegeben.

Beschleunigte Aktivität	Kosten der beschleunigten Aktivitäten je ZE	Projektdauer in ZE	Direkte Kosten für das Projekt in GE	kritische Aktivitäten
-	-	35	259	A, S1, D, E, G, S2, K, M
A	1	34	260	A, B, S1, D, E, G, S2, K, M
M	2	33	262	A, B, S1, D, E, G, S2, K, L, M
G	3	32	265	A, B, S1, D, E, F, G, S2, J, K, L, M
E	5	31	270	dto.
E	5	30	275	dto.
E	5	29	280	dto.
J G	3 = 6 3	28	286	dto.
J G	3 = 6 3	27	292	dto.
F G	4 = 7 3	26	299	dto.
F G	4 = 7 3	25	306	dto.
L K	6 = 8 2	24	314	A, B, S1, D, E, F, G, S2, J, K, L, M, N, O
D	10	23	324	dto.

Tabelle 9-21

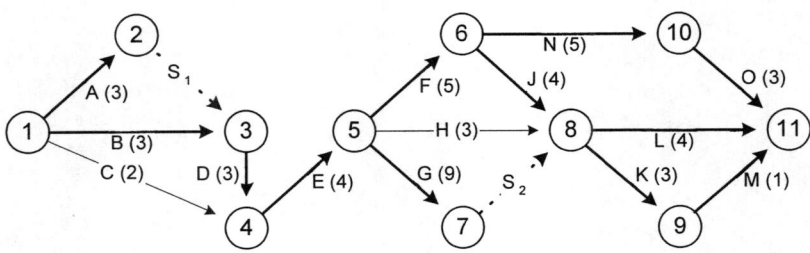

Abbildung 9-29

9.2 Grundlagen der Ablaufplanung

In der Tabelle 9-22 sind die direkten sowie die indirekten Kosten des Projektes bei Ausführungszeiten zwischen 35 ZE und 23 ZE zusammengestellt. Für die indirekten Kosten wurde unterstellt, daß sie bei einer Projektbeschleunigung von 1 ZE um 4 GE sinken. Die kostenoptimale Projektzeit ist bei 32 ZE mit 370 GE erreicht.

Gesamtzeit für das Projekt in ZE	Direkte Kosten des Projektes in GE	Indirekte Kosten des Projektes in GE	Gesamtkosten des Projektes in GE
35	259	117	376
34	260	113	373
33	262	109	371
32	**265**	**105**	**370**
31	270	101	371
30	275	97	372
29	280	93	373
28	286	89	375
27	292	85	377
26	299	81	380
25	306	77	383
24	314	73	387
23	324	69	393

Tabelle 9-22

9.2.5.3.3.4 Die PERT-Methode

PERT geht davon aus, daß die Arbeitsdauer einer Aktivität eine zufällige Größe ist.[37] Die Tätigkeitsdauer liegt innerhalb eines Intervalls $t_{min} = a$ und $t_{max} = b$ und hat den wahrscheinlichsten Wert $t = m$. Aus diesen Angaben errechnet die PERT-Methode die erwartete Tätigkeitsdauer d sowie die Streuung der Tätigkeitsdauer σ^2. Die Methode unterstellt unabhängige Wahrscheinlichkeitsverteilungen für die Tätigkeitsdauern der einzelnen Arbeitsgänge. Ein unerwartet hoher Zeitbedarf für eine Aktivität bedingt also nicht automatisch eine erhöhte Arbeitsdauer für andere Arbeitsgänge.

Über die Form der Wahrscheinlichkeitsverteilung für die Arbeitszeiten wird eine willkürliche Annahme gemacht: Es wird ein spezieller Typ einer linksschiefen ß-Verteilung unterstellt, für die sich der Erwartungswert d der Tätigkeitsdauer nach der Formel

$$d = \frac{a + 4m + b}{6}$$

---

[37] Vgl. Wille/Gewald/Weber (1972), S. 48 ff.; Falkenhausen (1968), S. 27 ff.

bestimmt und deren Standardabweichung 1/6 der Abweichung zwischen der optimistischen und pessimistischen Zeitschätzung entspricht:

$$\sigma = \frac{a-b}{6} \quad ; \quad \sigma^2 = \frac{(a-b)^2}{36}$$

Für das Ausgangsbeispiel und drei Zeitschätzungen je Aktivität ergeben sich die folgenden Mittelwerte (d) und Varianzen (σ^2) für die Tätigkeitsdauern der Aktivitäten:

Arbeits-gang	i	j	optimistische Dauer a (i, j)	wahrschein-lichste Dauer m (i, j)	pessimisti-sche Dauer b (i, j)	Mittel-wert d	Varianz σ^2
A	1	2	2	4	7	25/6	25/36
B	1	3	2	3	6	20/6	16/36
C	1	4	1	2	4	13/6	9/36
D	3	4	3	4	6	25/6	9/36
E	4	5	4	7	11	43/6	49/36
F	5	6	5	7	10	43/6	25/36
G	5	7	10	14	19	85/6	81/36
H	5	8	2	3	5	19/6	9/36
J	6	8	4	6	9	37/6	25/36
K	8	9	1	4	8	25/6	49/36
L	8	11	4	5	7	31/6	9/36
M	9	11	1	2	5	14/6	16/36
N	6	10	4	5	7	31/6	9/36
O	10	11	2	3	5	19/6	9/36

Tabelle 9-23

Die PERT-Methode geht bei der Auswertung des Netzes nur noch von den Mittelwerten d und Varianzen σ^2 aus. Die Auswertung des Netzes erfolgt im Prinzip genau wie bei der CPM-Methode. An die Stelle der deterministischen Ausführungszeiten tritt lediglich der Erwartungswert d. Die erwarteten frühesten Zeitpunkte für den Eintritt eines Ereignisses entsprechen also dem längsten Weg bis zu diesem Ereignis, berechnet auf der Basis der Erwartungswerte d. Zusätzlich wird für jedes Ereignis eine Varianz des Eintrittstermins bestimmt, die der Summe der Varianzen jener Aktivitäten entspricht, die auf dem längsten Weg bis zum Knoten i liegen. Diese Summenbildung von Erwartungswerten und Varianzen ist nur unter der Voraussetzung statistisch unabhängiger Verteilungsfunktionen für die Ausführungsdauern der einzelnen Aktivitäten korrekt.

Der erwartete früheste Endtermin für das gesamte Projekt von 217/6 Zeiteinheiten bestimmt sich also durch Addition der mittleren Ausführungszeiten der kritischen Aktivitäten. Entsprechend ergibt sich die Varianz für das Projektende aus der Summe der Varianzen des

9.2 Grundlagen der Ablaufplanung

kritischen Weges. Die frühesten Eintrittstermine aller Knoten sind der nachfolgenden Tabelle zu entnehmen.

Knoten i	erwarteter frühester Ereigniszeitpunkt Te (i)	σ^2 (Te)	erwarteter spätester Ereigniszeitpunkt Tl (i)	σ^2 (Tl)	Knotenpufferzeit pk
1	0	0	0	229/36	0
2	25/6	25/36	25/6	204/36	0
3	25/6	25/36	25/6	204/36	0
4	50/6	34/36	50/6	195/36	0
5	93/6	83/36	93/6	146/36	0
6	136/6	108/36	141/6	90/36	5/6
7	178/6	164/36	178/6	65/36	0
8	178/6	164/36	178/6	65/36	0
9	203/6	213/36	203/6	16/36	0
10	167/6	117/36	198/6	9/36	31/6
11	217/6 = 36,17	229/36	217/6	0	0

Tabelle 9-24

Bei einer zufallsabhängigen Dauer eines Arbeitsganges ist auch die Gesamtausführungsdauer des Projektes eine Zufallsvariable, deren Verteilung aber nicht bekannt ist. Der zentrale Grenzwertsatz der Statistik besagt, daß die Summe aus n Zufallsvariablen mit beliebigen Verteilungen und endlicher Varianz bei wachsendem n näherungsweise normalverteilt ist. Legt man daher der weiteren Betrachtung eine Normalverteilung für den Endtermin des Projektes mit bekanntem Erwartungswert (36,17 ZE) und ebenfalls bekannter Standardabweichung (σ = 2,52 ZE) zugrunde, läßt sich eine Aussage über den Sicherheitsgrad für die Fertigstellung des Projektes bis zu einem bestimmten Termin machen.

Beispielsweise kann bestimmt werden, mit welcher Wahrscheinlichkeit das Projekt bis zum Zeitpunkt 40,3 fertiggestellt ist bzw. mit welcher Wahrscheinlichkeit das Projekt erst später fertig wird. Bei dieser Fragestellung ist die Ausführungszeit gegeben und die zugehörige Wahrscheinlichkeit gesucht. In einer zweiten Variante der gleichen Aufgabe kann die Wahrscheinlichkeit für die Fertigstellung des Projektes mit bspw. 95 % vorgegeben sein und gefragt werden, bei welcher Ausführungszeit des Projektes dieser Sicherheitsprozentsatz eingehalten wird. Um diese Aufgabenstellung zu verdeutlichen, soll noch eine graphische Formulierung des Problems gegeben werden.

Die glockenförmige Kurve gibt die Wahrscheinlichkeitsverteilung der Ausführungszeiten des Projektes mit dem bekannten Erwartungswert sowie der ebenfalls bekannten Standardabweichung wieder.

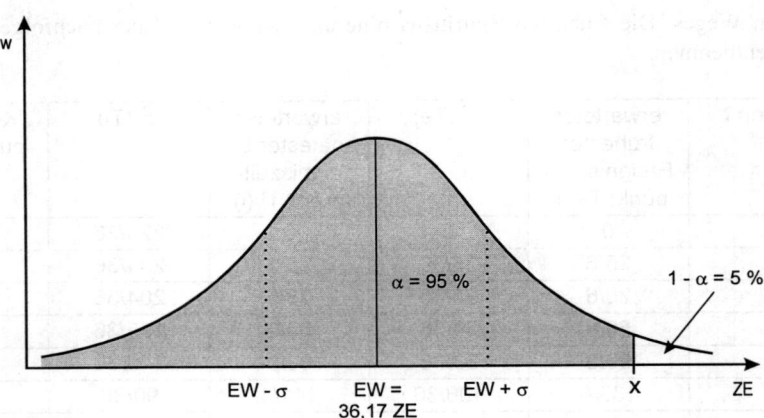

Abbildung 9-30

Gesucht ist dann der Zeitwert x, bei dem die schraffierte Fläche 95 % der Gesamtfläche unterhalb der Wahrscheinlichkeitsverteilung ausmacht. In der Statistik werden Aufgaben dieser Art als Berechnung einseitiger Wahrscheinlichkeitsbereiche (Vermutungsbereiche) bezeichnet. Für die Lösung dieser Aufgabe wird auf die Werte einer normierten Wahrscheinlichkeitsverteilung zurückgegriffen.[38]

Die Aufgabe lautet dann:

$x = EW + t_\alpha \cdot \sigma_{EW}$

mit:

x: gesuchter Zeitwert, bis zu dem das Projekt abgewickelt sein soll;

EW: Erwartungswert (217/6 = 36,17 ZE) für die Projektzeit;

t_α: Wert der standardisierten Normalverteilung bei einem Sicherheitsniveau von α % für das Eintreten des Ereignisses;

σ_{EW}: Standardabweichung von 2,52 ZE im Beispiel.

---

[38] Das bedeutet, es wird von einer standardisierten Normalverteilung mit EW = 0 und σ = 1 ausgegangen.

9.2 Grundlagen der Ablaufplanung

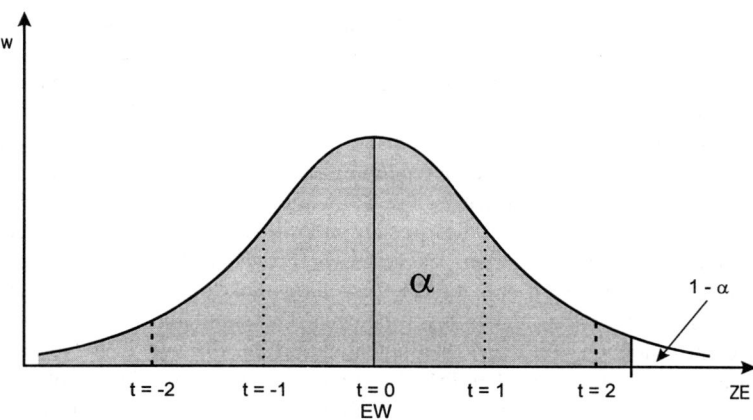

Abbildung 9-31

Für einen Sicherheitsgrad von α = 95 % berechnet sich der Zeitpunkt, bis zu dem das Projekt abgeschlossen ist, folgendermaßen: Der Wert der Normalverteilung bei α = 95 % ist aus der Tabelle der Normalverteilung mit $t_{\alpha=95}$ = 1,64 zu entnehmen. Damit gilt die folgende Formel:

$$x = 36{,}17 + t_\alpha \cdot 2{,}52 = 36{,}17 + 1{,}64 \cdot 2{,}52 = 40{,}30 \text{ ZE}$$

Mit einer Sicherheit von 95 % ist das Projektende demzufolge bis 40,30 ZE nach dem Entwicklungsbeginn erreicht. Das Risiko für einen späteren Projektabschluß beläuft sich auf 5 %. Die folgende Tabelle enthält die Zeitwerte für unterschiedlich hohe Sicherheitsprozentsätze.

1-α % Risiko	F(t_α) Sicherheitsniveau	t_α	$t_\alpha \cdot \sigma_{EW}$	EW + $t_\alpha \cdot \sigma_{EW}$
50	50	0,00	0,00	36,17 + 0,00 = 36,17
40	60	0,25	0,63	36,17 + 0,63 = 36,80
30	70	0,52	1,31	36,17 + 1,31 = 37,48
20	80	0,84	2,12	36,17 + 2,12 = 38,29
10	90	1,28	3,23	36,17 + 3,23 = 39,40
5	95	1,64	4,13	36,17 + 4,13 = 40,30
1	99	2,33	5,87	36,17 + 5,87 = 42,04

Tabelle 9-25

Mit Hilfe dieser Risikoabschätzung für das Einhalten bestimmter Endtermine hat der Unternehmer ein Instrument, um rational zu entscheiden, für welchen Termin er das Projekt kontrahiert, wenn er bereit ist, ein bestimmtes Risiko einzugehen.

Diese Methode der Risikoabschätzung hat allerdings einen erheblichen Mangel. Das Risiko, das auf diese Weise errechnet wird, ist abhängig vom kritischen Weg. Wird bei einer der kritischen Aktivitäten die erwartete Zeit d nicht eingehalten, ergibt sich u.U. ein anderer kritischer Weg mit einem anderen Erwartungswert und einer anderen Streuung. Treten aber Änderungen des kritischen Weges auf, muß die Risikoabschätzung dem angepaßt werden. Dabei kann es u.U. zu sehr stark divergierenden Ergebnissen kommen. Ein bei wechselndem kritischen Weg geeignetes Verfahren ist die Simulation. Für eine bestimmte Ziehung der Aktivitätszeiten wird in diesem Fall die zugehörige Projektzeit bestimmt. Werden bspw. für 1000 Ziehungen der Aktivitätszeiten des gesamten Projektes die Ausführungsdauern bestimmt, kann aus dieser Stichprobe auf die Verteilungsfunktion der Ausführungsdauer des Projektes geschlossen werden. Erfahrungen belegen: Die simulativ bestimmte Verteilungsfunktion weicht erheblich von der Verteilungsfunktion ab, die von PERT bestimmt wird. PERT geht daher von unrealistischen Prämissen aus, und es kommt demzufolge zu erheblichen Fehleinschätzungen des Risikos, wenn zufallsbedingt starke Veränderungen des kritischen Weges auftreten.

9.2.5.3.3.5 Stochastische Methoden der Netzplantechnik

Die bislang diskutierten Methoden der Netzplantechnik gehen von einem deterministischen Netz aus. Die erforderlichen Arbeitsgänge eines Projektes sind bei Start des Projektes vollständig bekannt, und alle definierten Aktivitäten müssen ausgeführt werden. Im Rahmen von Forschungs- und Entwicklungsprojekten ist aber der Ablauf eines Projektes häufig nicht genau vorauszusehen. Erst während der Entwicklungsdauer ist zu erkennen, welche von mehreren Möglichkeiten beschritten werden soll. Der Ablauf ist damit noch nicht eindeutig determiniert; es sind vielmehr immer wieder Weichenstellungen im Ablauf des Projektes erforderlich, die durch „decision boxes" symbolisiert werden. Bei jeder decision box eines stochastischen Netzes ist eine Entscheidung darüber zu fällen, welcher von mehreren möglichen Wegen eingeschlagen werden soll. Ob eine Aktivität auszuführen ist, hängt u.U. davon ab, ob vorherige Aktivitäten erfolgreich waren. Beispielsweise werden für den Entwurf eines neuen Produktes ein erstes Produktkonzept entworfen und ein Prototyp erstellt. Erfüllt dieser Prototyp die früher fixierten Qualitätsanforderungen an das Produkt, kann mit den Arbeiten zur Projektierung der Produktionsprozesse begonnen werden. Ist der 1. Entwurf aber noch unzureichend, schließen sich zusätzliche Entwurfsarbeiten an.

Erreicht ein Projekt den Zustand 2 der folgenden Abbildung, bestehen für die Fortführung zwei Alternativen, die durch zwei aus dem Knoten heraustretende Pfeile angezeigt werden. Im Gegensatz zur CPM-Methode wird aber nur eine dieser beiden Aktivitäten durchgeführt.

Bei stochastischen Netzen[39] sind die Entscheidungsknoten vorab festzulegen, und für jede Alternative an einem Entscheidungsknoten ist anzugeben, mit welcher Wahrscheinlichkeit die Wege auszuführen sind. Bei bekannten Wahrscheinlichkeiten lassen sich für die alternativen Wege durch das Netz wieder Gesamtzeiten und zugehörige Wahrscheinlichkeiten be-

---

[39] Vgl. Neumann (1975), S. 320 ff.; Küpper/Lüder/Streitferdt (1975), S. 298 ff.

9.3 Produktionsplanung und Steuerung auf der Basis der MRP/MRP II-Logik

stimmen. Die zu einem Weg gehörige Wahrscheinlichkeit entspricht dabei dem Produkt aller Wahrscheinlichkeiten an den Entscheidungsknoten, die für den betrachteten Weg gelten.

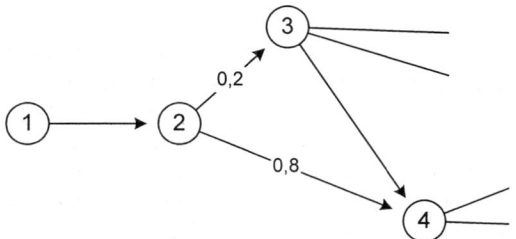

Abbildung 9-32

Der stochastische Netzwerk-Ansatz muß in zweifacher Hinsicht auf Skepsis stoßen. Einmal kann nicht erklärt werden, wie die Wahrscheinlichkeiten an den Entscheidungsknoten sinnvoll zu bestimmen sind. Zudem ist es bei Entwicklungsprojekten häufig auch nicht möglich, vorab alle Verzweigungen oder potentiellen Aktivitäten zu definieren. Erst im Zuge der fortschreitenden Entwicklung ergeben sich u.U. neue, vorher unbekannte Wege. Nachteil stochastischer Netze ist daher, daß dieses System von einem vollständigen Informationsstand über denkbare Wege zur Projektabwicklung ausgeht. Insbesondere bei F&E-Projekten ist aber der Informationsstand am Anfang häufig zu gering, um abschließend alle möglichen stochastischen Wege zur Projektrealisation beschreiben zu können. Der Netzplan wird sich dann mit fortschreitender Projektentwicklung und verbessertem Informationsstand laufend verändern.wicklung und verbessertem Informationsstand laufend verändern.

9.3 Produktionsplanung und Steuerung auf der Basis der MRP/MRP II-Logik[40]

9.3.1 Aufbau klassischer PPS-Systeme

Die Systeme zur Produktionsplanung und Steuerung (PPS-Systeme) behandeln Problemstellungen, die in der betriebswirtschaftlichen Planung zu folgenden Gebieten gerechnet werden:[41]

- Programmplanung
- Produktionsdurchführungsplanung
  - Losgrößenplanung

---

[40] MRP (Material Requirement Planning) ist die Grundidee für PPS-Systeme, MRP II (Manufacturing Ressource Planning) die Erweiterung; vgl. Reichwald/Dietel (1991), S. 602 ff. und Glaser/Geiger/Rohde (1992), S. 2 ff. Da beide Konzepte auf derselben Grundidee aufbauen, wird im folgenden nur noch von MRP gesprochen.

[41] Vgl. Gutenberg (1983), S. 147 ff.

- zeitliche Verteilung der Produktion
- Ablaufplanung (Maschinenbelegung, Auftragsreihenfolgeplanung)
- Produktionsaufteilung der Produkte auf funktionsgleiche Anlagen
- Bereitstellungsplanung

Zwischen diesen Planungsbereichen bestehen vielfältige Kopplungen und durch das Unternehmensziel bedingte Interdependenzen,[42] d.h., die Planungen können nicht isoliert, sondern nur im Gesamtzusammenhang gesehen und zielsetzungsgerecht gelöst werden. Der Komplexitätsgrad einer derartigen simultanen Produktionsplanung übersteigt aber planungstechnisch beherrschbare Größenordnungen. Die Fertigungssteuerung wendet sich daher von dem in der Betriebswirtschaftslehre lange verfolgten Konzept einer Simultanplanung ab und versucht, durch ein Stufenkonzept eine möglichst gute und durchsetzbare Lösung zu erreichen. Bei einer Stufenplanung wird das gesamte Planungsproblem in aufeinanderfolgende Hierarchieebenen aufgeteilt.[43] Üblich sind mit der Mengenplanung, der Termingrob- und der Terminfeinplanung drei Hierarchieebenen. Das von klassischen PPS-Systemen eingesetzte Hierarchisierungskonzept ist an der Fristigkeit der Planungsprobleme orientiert. In der ersten Ebene werden Produktionsmengen- und u.U. Auftragsgrößenprobleme mit einem Planungshorizont von einem Jahr behandelt. In den späteren Hierarchieebenen wird der Planungshorizont immer kürzer. Mit der Hierarchisierung nach Fristigkeit geht eine Verkleinerung des Zeitrasters einher. Während in der ersten Stufe eine Mengenplanung ohne Unterteilung des Planungszeitraums in Teilzeiträume erfolgt, wird der Planungszeitraum in der zweiten Stufe, der „Grobterminplanung", in Zeiträume wie Dekaden untergliedert. In der dritten Stufe, der „Feinterminierung", wird mit einem noch engeren Zeitraster – Minuten – gearbeitet.

Einen Überblick über das Stufenkonzept der klassischen, auf MRP basierenden PPS-Systeme ist der folgenden Abbildung 9-33 zu entnehmen.

Bei einer Stufenplanung benötigt eine Stufe i.d.R. Informationen, die erst durch nachfolgende Stufen erzeugt werden. Diese Situation ist typisch für Planungsprobleme mit Interdependenzen. Beispielsweise werden die Durchlaufzeiten von Aufträgen erst durch die Maschinenbelegungsplanung (vgl. die dritte Hierarchieebene in der Abbildung 9-33) determiniert. Informationen über die Durchlaufzeit werden aber bereits in der Durchlaufterminierung (zweite Hierarchieebene) benötigt. Um diese Interdependenzen bei den Informationen zu durchbrechen, arbeiten Stufenkonzepte mit Annahmen über die erst später verfügbaren Informationen, d.h., in der Durchlaufterminierung wird mit Solldurchlaufzeiten gearbeitet. Die Maschinenbelegungsplanung kann dann zu Durchlaufzeiten führen, die von den zunächst unterstellten Solldurchlaufzeiten abweichen.

---

42 Vgl. Adam (1996a), S. 166 ff.
43 Vgl. Corsten (1994), S. 14 und Hackstein (1989), S. 4 f. Eine andere Art der Hierarchisierung liegt den Systemen der Hierarchischen Produktionsplanung und -steuerung (HPPS) zugrunde, die auf einem Ansatz von Hax und Meal zurückgehen. Vgl. dazu Stadtler (1988); Steven (1994). Eine erweiterte Aufgabensicht der PPS im Sinne der gesamten technischen Auftragsabwicklung kommt im Aachener PPS-Modell zum tragen. Vgl. dazu Schotten (1998).

9.3 Produktionsplanung und Steuerung auf der Basis der MRP/MRP II-Logik

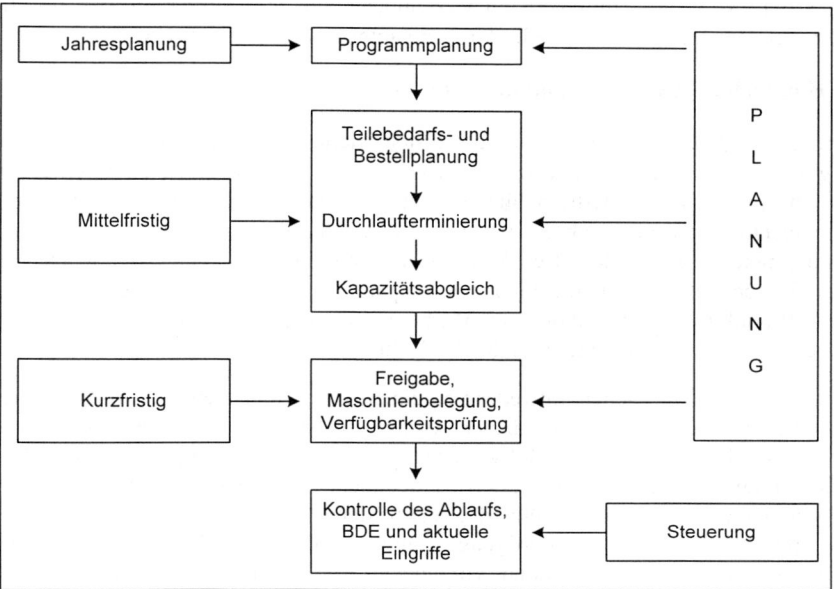

Abbildung 9-33

Stufenkonzepte der Planung können nun danach unterschieden werden, ob sie diese Diskrepanz zwischen den Informationen zum Anlaß nehmen, die Planungsergebnisse vorgelagerter Hierarchieebenen wieder in Frage zu stellen. In diesem Fall liegt eine rückgekoppelte Stufenplanung vor. Bei rückgekoppelten Systemen werden die einzelnen Hierarchieebenen mehrfach durchlaufen. Treten die beschriebenen Differenzen in der Informationslage auf, wird ein Planungsproblem in eine vorgelagerte Stufe zurückverwiesen, und mit verbesserten Informationen wird ein erneuter Planungslauf durchgeführt. Klassische PPS-Systeme verzichten auf diese Rückkopplung und durchlaufen alle Hierarchieebenen genau einmal. Ein derartiges lineares Vorgehen ist vernünftig, wenn die Diskrepanzen in den Informationen nur gering sind. In diesem Fall wäre eine rückgekoppelte Stufenplanung zu aufwendig, denn sie würde nur zu geringfügig verbesserten Planungsergebnissen führen.

Das Stufenkonzept klassischer PPS-Systeme umfaßt vier Haupthierarchieebenen:[44]

- Programmplanung,
- Teilebedarfsrechnung und Grobterminierung,
- Feinterminierung,
- Steuerung und Kontrolle der Abläufe.

---

[44] Das MRP-Konzept sieht eigentlich nur drei Planungsstufen vor. Um solche Systeme aber einsetzen zu können, benötigt man aber eine Steuerungsebene; vgl. Abbildung 9-33. Zu den einzelnen Funktionen vgl. Hackstein (1989), S. 9 ff.

Realisierte PPS-Systeme umfassen nicht zwingend alle vier Hierarchieebenen. Mitunter wird die Feinterminierung nicht mehr durch sie unterstützt (z.B. COPICS).[45]

Erste Hierarchieebene: Programmplanung

Die Programmplanung ist Gegenstand der ersten Hierarchieebene. Für diese Stufe der Planung gilt gewöhnlich ein Planungszeitraum von einem Jahr. Die erste Hierarchieebene hat zusätzlich die Aufgabe, innerbetriebliche Aufträge abzuleiten. Für die erste Stufe muß danach unterschieden werden, ob es sich um eine Auftragsfertigung oder eine Fertigung für den anonymen Markt handelt. Bei Auftragsfertigung sind die innerbetrieblichen Aufträge mit den Kundenaufträgen häufig identisch, so daß eine spezielle Auftragsplanung entfällt. Für eine Produktion für den anonymen Markt sind die geplanten Jahresmengen der Enderzeugnisse noch in einzelne innerbetriebliche Aufträge zu zerlegen.

Die Steuerungssysteme gehen entweder von einem genau umrissenen Fertigungsprogramm mit definierten Mengen oder gegebener Anzahl an Aufträgen mit bekannten Lieferzeitpunkten aus, oder es wird ein vorläufiges Programm zugrunde gelegt, das im Zuge der nachfolgenden Planungsstufen noch korrigiert werden kann. Die Programmplanung wird von den PPS-Systemen i.d.R. nicht unterstützt, d.h., die Systeme geben dem Disponenten keine Hilfe für die optimale Auslegung des Fertigungsprogramms an die Hand. Die Aufträge bzw. Produktionsmengen müssen dem System vorgegeben werden; das System verwaltet lediglich die Auftragsdaten. Einige Systeme bieten allerdings für die Planung der innerbetrieblichen Auftragsgrößen Entscheidungshilfen. Der Disponent kann bestimmte Berechnungsalgorithmen zur Losgrößenplanung aufrufen.

Zweite Hierarchieebene: Mengen- und Grobterminplanung

Aufbauend auf dem Auftragsprogramm erfolgen in der zweiten Hierarchieebene die Teilebedarfsrechnung und Grobterminplanung. Am Ende dieser Stufe liegt der Bereitstellungsplan für die in der Produktion einzusetzenden Bauteile und Materialien sowie eine grobe Terminierung der Aufträge (nach Dekaden) vor. Diese Planungsüberlegungen erstrecken sich i.d.R. nicht auf alle innerbetrieblichen Aufträge eines Jahres, da der Planungszeitraum meistens verkürzt wird (z.B. auf ein halbes Jahr).

Erster Teilschritt innerhalb der zweiten Stufe ist die **Mengenplanung** für Rohstoffe und Teile, die zugekauft oder selbst hergestellt werden. Ausgehend von den bekannten innerbetrieblichen Aufträgen (Primärbedarfe) werden auf der Basis von Stücklisten die erforderlichen Sekundärbedarfe an Teilen und Rohstoffen berechnet.

Im zweiten Teilschritt werden für die Aufträge **grobe Termine** geplant. Dazu wird zunächst für jeden Auftrag isoliert eine **Durchlaufterminierung** auf der Basis von Solldurchlaufzeiten durchgeführt. Die Durchlaufterminierung legt fest, wann ein Auftrag in welcher Produktionsstufe bearbeitet werden soll, um spätestens bis zum geplanten Liefertermin fertiggestellt zu sein. Aus diesen groben Produktionsterminen werden die Bereitstellungstermine für

---

45 COPICS (Communication Oriented Production Information and Control System), IBM Deutschland GmbH.

9.3 Produktionsplanung und Steuerung auf der Basis der MRP/MRP II-Logik

die ermittelten Sekundärbedarfsmengen bestimmt. Die Grobterminierung arbeitet mit festen Durchlaufzeiten der Aufträge von einer Produktionsstufe bis zum Zeitpunkt der Fertigstellung eines Produktes in seiner letzten Bearbeitungsstufe, bzw. es wird mit festen Zeiten für die Vorlaufverschiebung zwischen den Stufen operiert. Der Produktionstermin in einer Stufe leitet sich dann aus dem Liefertermin abzüglich der Zeit für die Vorlaufverschiebung ab (Rückwärtsterminierung).

Die Durchlaufterminierung basiert auf zwei sehr einschneidenden Voraussetzungen:

- Die Terminierung erfolgt für jeden Auftrag isoliert. Durch die isolierte Betrachtungsweise ist es nicht möglich, auftretende Kapazitätsengpässe in den Fertigungsstufen zu berücksichtigen. Es kann daher nach der Durchlaufterminierung der Fall auftreten, daß die für einen bestimmten Zeitabschnitt in einer Produktionsstufe vorgesehenen Aufträge mit den verfügbaren Kapazitäten nicht bewältigt werden können. Die Durchlaufterminierung berücksichtigt damit eine etwaige Konkurrenzsituation der Aufträge um Kapazitäten nicht.

- Die Durchlaufterminierung geht für alle Aufträge mit gleichem Arbeitsplan von einer festen Durchlaufzeit bzw. festen Vorlaufverschiebung aus. In der Realität auftretende Streuungen der Durchlaufzeiten werden nicht berücksichtigt. Der Ansatz einer mittleren Durchlaufzeit führt immer dann zu einer unrealistischen Grobterminierung, wenn die Durchlaufzeiten der Aufträge erheblich streuen. In diesem Fall sind auch die abgeleiteten Bedarfszeitpunkte für die Rohstoffe und Teile unrealistisch.

Neben der Rückwärtsterminierung, die für die Faktoren späteste Bedarfstermine festlegt, wird in einigen PPS-Systemen zusätzlich eine Vorwärtsterminierung durchgeführt. In der Vorwärtsterminierung wird ausgehend vom Planungszeitpunkt isoliert für jeden Auftrag festgelegt, wann die Faktoren für die Aufträge frühestens verfügbar sein sollten, wenn sofort mit der Produktion eines Auftrages begonnen wird.

Die Vorwärts- und Rückwärtsterminierung legt damit früheste und späteste Bedarfszeitpunkte für Rohstoffe, Teile, Arbeitskräfte und Maschinen bei isolierter Terminplanung für jeden Auftrag fest.

Die Ergebnisse der Durchlaufterminierung werden für zwei Arten von Überlegungen benutzt:

- Auf der Basis der spätesten Bedarfstermine werden für fremdbezogene bzw. eigenerstellte Teile „kostenoptimale" Bestellmengen (Losgrößen) sowie Bestellzeitpunkte (Produktionstermine) fixiert. Für die Los- und Bestellplanung finden meistens Modelle der Bestellpolitik bei im Zeitablauf schwankender Nachfrage Anwendung. PPS-Systeme wenden für die Bestellpolitik allerdings nur sehr einfache, häufig wenig effiziente heuristische Regeln wie das Stückkostenverfahren[46] an. Geeignetere Heuristiken wie das Silver-Meal-Verfahren oder die Cost-Balancing-Methode oder gar optimierende Verfahren wie der Wagner-Whitin-Algorithmus kommen nicht zum Einsatz.[47] Die Bestellrech-

---

46 Vgl. Hartmann (1997), S. 371 ff.
47 Vgl. Wagner/Whitin (1958), S. 89 ff.; Ohse (1970), S. 83 ff.; Silver/Meal (1973), S. 64 ff.; Mendoza (1968), S. 39 ff.

nungen gehen zudem von der falschen Annahme aus, daß die Bedarfstermine aus der Durchlaufterminierung realistisch sind. Ergeben sich im Zuge späterer Planungskorrekturen – z.B. bei der Maschinenbelegungsplanung – andere Bedarfszeitpunkte, kann die Bereitstellungsplanung nicht garantieren, daß die benötigten Materialien oder Teile auch rechtzeitig verfügbar sind. Aus diesem Grunde wird dann später in der Feinterminierung eine Verfügbarkeitsprüfung für die Materialien durchgeführt.

- Liegt der früheste Starttermin eines Auftrages vor dem spätesten Termin, zeigt die Differenz beider Termine den Zeitraum an, um den der Starttermin eines Auftrages bei Gültigkeit der Solldurchlaufzeiten zeitlich verschoben werden kann, ohne den Liefertermin zu gefährden (Pufferzeit). Liegt der früheste aber bereits hinter dem spätesten Starttermin – (negativer Puffer) -, kann der Liefertermin mit den Solldurchlaufzeiten nicht eingehalten werden, und es werden Maßnahmen zur Reduzierung der Solldurchlaufzeiten erforderlich. Für eine etwaige Durchlaufzeitverkürzung dieser Aufträge existieren drei Ansatzpunkte.[48] Die PPS-Systeme bieten jedoch i.d.R. keine Unterstützung bei der Entscheidung, welche dieser Möglichkeiten am sinnvollsten ist:

 - Verkürzung der Übergangszeiten zwischen den Produktionsstufen. Hierbei werden die in späteren Planungsstufen noch beeinflußbaren Teile der Durchlaufzeit (z.B. Lagerzeiten) für die Aufträge mit potentieller Verspätung verkürzt. Die Frage, welche Verkürzungsfaktoren für das anstehende Auftragsprogramm realisierbar sind, wird von den PPS-Systemen aber nicht beantwortet. Insbesondere wird nicht berücksichtigt, daß bei gegebenen mittleren Solldurchlaufzeiten Verkürzungen bei einigen Aufträgen zwingend Verlängerungen bei anderen Aufträgen erfordern, d.h., der Gesamtzusammenhang der Aufträge über die mittlere Solldurchlaufzeit wird nicht beachtet.

 - Aufspaltung der Aufträge in Teillose, die in einer Fertigungsstufe u.U. parallel auf funktionsgleichen Maschinen bearbeitet werden. Die Durchlaufzeit verkürzt sich dann bei geschlossener Fertigung, weil die Bearbeitungszeit eines Teilloses geringer ist, als die des Gesamtloses. Das Lossplitting führt aber zu zusätzlichen Aufträgen, so daß das Steuerungsproblem komplexer wird.

 - Überlappung der Durchlaufzeiten eines Loses in aufeinanderfolgenden Bearbeitungsstationen. In diesem Fall wird vom Prinzip geschlossener Fertigung, von der die Durchlaufterminierung üblicherweise ausgeht, abgerückt, und es werden bereits Teile des Loses vor die nächste Stufe transportiert, wobei davon ausgegangen wird, daß sie dort auch sofort bearbeitet werden können (offene Produktion)[49].

Nach der Durchlaufterminierung liegt bei isolierter Betrachtung der einzelnen Aufträge ein Mengen- und Terminplan vor, der bei Gültigkeit der Solldurchlaufzeiten – eventuell nach Verkürzung – die Einhaltung der Liefertermine „sichert", sofern keine Kapazitätsengpässe existieren.

---

48 Zu diesen Maßnahmen zählen: Veränderung des Kapazitätsangebotes, Veränderung der Kapazitätsnachfrage und eine Kombination beider Maßnahmen.
49 Zur offenen Produktion vgl. Günther (1992).

9.3 Produktionsplanung und Steuerung auf der Basis der MRP/MRP II-Logik

Um die Kapazitätsbeanspruchung der einzelnen Produktionsstufen bestimmen zu können, werden die Grobterminpläne in Belastungsprofile der einzelnen Bearbeitungsstationen umgesetzt. Für diese Rechnung wird angenommen, daß der Kapazitätsbedarf eines Auftrags in einer Fertigungsstufe eindeutig bekannt ist, d.h., es wird ein bekannter Produktionskoeffizient bzw. ein konstanter Zeitbedarf pro Auftrag unterstellt. Diese Vorgehensweise berücksichtigt damit nicht, daß der erforderliche Zeitbedarf auch von der Personalzuordnung beeinflußt wird. Ein effizienter Mitarbeiter erledigt eine bestimmte Aufgabe u.U. in kürzerer Zeit als ein ungeübter Mitarbeiter.

Das Kapazitätsbedarfsprofil einer Fertigungsstufe faßt den in bestimmten Zeitintervallen bestehenden Bedarf der einzelnen Aufträge zusammen. Für jede Arbeitsstation existiert dann eine Funktion der Belastung im Zeitablauf, wenn vom frühesten oder vom spätesten Starttermin der Aufträge ausgegangen wird. Durch diese Profile ist bei gegebenen Vorlaufverschiebungen aufeinanderfolgender Stufen ein zeitlicher Gesamtzusammenhang zwischen allen Aufträgen und Produktionsstufen gegeben. Die Belastungsprofile jeder Arbeitsstation werden dann der Kapazität gegenübergestellt (**Kapazitätsabgleich**). Sofern die Belastung in einigen Zeitpunkten die verfügbare Kapazität überschreitet, führt die Durchlaufterminierung zu einem unzulässigen Belegungsplan.

In den PPS-Systemen schließen sich dann Überlegungen zur Anpassung von Belastung und Kapazität an, wobei allerdings nur einige Systeme EDV-Unterstützung (z.B. CAPOSS-E[50]) anbieten, während der Planer bei anderen Systemen (z.B. COPICS) von Hand eingreifen muß. Im folgenden werden nur die Grundzüge des Abgleichs beschrieben. Auf eine Darstellung der vielen existierenden Heuristiken soll verzichtet werden, da sich in den meisten Fällen nicht belegen läßt, daß diese Regeln zu einer betriebswirtschaftlich zweckmäßigen Steuerung führen.

Die Überlegungen setzen entweder an der Kapazitätsfunktion oder an der Belastungsfunktion oder an beiden Funktionen gleichwertig an:

- Bei einer Veränderung des **Kapazitätsangebotes** wird angestrebt, die Engpässe durch Überstunden, Umsetzung von Arbeitskräften, Fremdvergabe von Auftragsteilen usw. zu überwinden, so daß die in der Durchlaufterminierung geplanten Belegungstermine der Aufträge erhalten bleiben. Die Überlegungen zur Kapazitätsanpassung gehen von der irrigen Annahme aus, daß im realen Fertigungsablauf die Belastungen zu den Zeiten auftreten, die in der Durchlaufterminierung ermittelt worden sind. Praktische Erfahrungen zeigen aber, daß die Durchlaufterminierung den tatsächlichen Fertigungsablauf eines Auftrages bei erheblichen Streuungen der Durchlaufzeiten nur sehr unvollkommen abbildet. Eilaufträge, Maschinenausfälle, Personalausfall oder falsch geschätzte Bearbeitungs- und Übergangszeiten führen zu erheblichen zeitlichen Abweichungen in der Belegung, so daß die Belastungsprofile wenig realistisch sind. Die Kapazitätsanpassung läuft folglich ins Leere, d.h., Zusatzkapazitäten werden u.U. in Zeiten bereitgestellt, in denen tatsächlich keine Überbeanspruchung existiert. Diese in der Praxis immer wieder auftretende Erscheinung hat das Vertrauen in die Zweckmäßigkeit eines Kapazitätsabgleichs auf der

---

50 Vgl. Pabst (1985).

Basis der Belastungsprofile weitgehend schwinden lassen. Aus diesem Grund wird auf diese Stufe von PPS-Systemen häufig auch verzichtet.

- Setzt der Kapazitätsabgleich an der **Belastungsfunktion** (Kapazitätsnachfrage) an, sind zwei Aspekte zu beachten:
  - Bei einer zeitlichen Verschiebung von Belastungsspitzen in Zeiten mit unzureichender Kapazitätsauslastung können die Liefertermine bei einer Durchlaufterminierung nach dem spätesten erlaubten Termin nur gehalten werden – Konstanz der Durchlaufzeiten sei unterstellt –, wenn die Belastung in frühere Termine vorverlagert wird. Werden Belastungsspitzen in die Zukunft verschoben, kommt es bei Gültigkeit der unterstellten Durchlaufzeiten zu Lieferzeitüberschreitungen.
  - Werden Belastungen in einer Produktionsstufe verschoben, hat das indirekte Wirkungen auf vor- und nachgelagerte Produktionsstufen. Eine Verschiebung der Belastung in der dritten Produktionsstufe in Richtung auf die Heute-Linie ist nur zu realisieren, wenn die entsprechenden verlagerten Aufträge in der vorgelagerten zweiten Stufe auch früher fertiggestellt werden. Eine Belastungsänderung in einer Stufe zieht somit Belastungsänderungen in Vor- und Nachstufen nach sich. Die Verfolgung dieser indirekten Wirkungen ist außerordentlich rechenintensiv und unterbleibt deshalb in den PPS-Systemen häufig. Werden allerdings nur die Termine in unmittelbar überlasteten Stationen verschoben, geht damit die in der Durchlaufterminierung erreichte zeitliche Koordination der Bearbeitungszeitpunkte der Aufträge in den aufeinanderfolgenden Bearbeitungsstufen verloren. Als Folge dessen sind dann auch die festgelegten Bedarfszeitpunkte für Bauteile und Rohstoffe unrealistisch.

Nach dem Kapazitätsabgleich gelten die Aufträge terminlich als grob abgestimmt.

Dritte Hierarchieebene: Feinterminierung

Die dritte Hierarchieebene der PPS-Systeme bezieht sich nur auf die Teile des Auftragsprogramms, die bereits in die Produktion gegeben werden müssen, um die Liefertermine halten zu können. Die nächsten Schritte erstrecken sich mithin nur auf den dringlichen Teil des Programms. Dazu gehören jene Aufträge, deren spätester Starttermin innerhalb eines bestimmten vorzugebenden Zeitraums liegt. Die kurzfristigen Schritte der PPS-Systeme werden nach dem Prinzip rollierender Planung nach Ablauf eines vorgegebenen Zeitraums (z.B. wöchentlich) wiederholt, wobei das dringliche Auftragsvolumen entsprechend fortgeschrieben wird und die erledigten Aufträge ausgebucht werden.

Die kurzfristigen Feinterminierungsschritte umfassen:

- Verfügbarkeitsprüfung,
- Freigabe bzw. Produktionsveranlassung der Aufträge,
- Kapazitätsterminierung bzw. Maschinenbelegungsplanung.

9.3 Produktionsplanung und Steuerung auf der Basis der MRP/MRP II-Logik 605

In der **Verfügbarkeitsprüfung** wird kontrolliert, ob die erforderlichen Teile und Rohstoffe für freizugebende Aufträge in den Werkstätten vorhanden sind. Die Bestände werden ggf. für bestimmte Aufträge reserviert. Aufträge werden nur dann zur Produktion freigegeben, wenn das benötigte Material vorliegt, andernfalls müssen diese Aufträge bis zu einem späteren Lauf der dritten Hierarchieebene zurückgestellt werden. Diese Vorgehensweise birgt für dringliche, wegen fehlender Materialien nicht freigegebene Aufträge die Gefahr von Verzugszeiten in sich.

Die Verfügbarkeitsprüfung ist erforderlich, da die ursprünglich an die Durchlaufterminierung anknüpfende Bestellpolitik davon ausgeht, daß die Bedarfszeitpunkte für die Teile mit jenen aus der Durchlaufterminierung übereinstimmen, was nach einer Belastungsverschiebung im Kapazitätsabgleich nicht mehr der Fall sein muß. Als Folge der Belastungsverschiebung kann es zeitweilig zu Materialengpässen kommen.

Für die **Auftragsfreigabe** können statische oder dynamische Vorgehensweisen gewählt werden.[51] Bei statischem Vorgehen müssen zum Zeitpunkt der Freigabe alle Materialien für alle Produktionsstufen eines Auftrages verfügbar sein, was insbesondere bei langen Durchlaufzeiten ökonomisch wenig sinnvoll ist. Eine dynamische Freigabe berücksichtigt, daß vom Freigabezeitpunkt bis zum Eintreffen eines Auftrages in einer bestimmten Fertigungsstufe noch Zeit vergeht. Es reicht dann aus, wenn das Material nicht zum Freigabezeitpunkt, sondern erst dann verfügbar ist, wenn es auch benötigt wird.

Aufträge, deren Materialversorgung gesichert erscheint, werden zur Produktion freigegeben, die Arbeitspapiere werden erstellt, und sie werden den Werkstätten zur Fertigung übermittelt.

Gegenstand der **Kapazitätsterminierung** ist die Maschinenbelegungsplanung. Dieser Planungsschritt umfaßt zwei Aufgaben:

- Sofern für eine Arbeitsoperation eines Auftrages mehrere funktionsgleiche Arbeitsstationen existieren, ist der Auftrag einer dieser Stationen zuzuordnen (Produktionsaufteilungsplanung).
- Für jede Arbeitsstation ist eine Reihenfolge festzulegen, in der die vor dieser Station wartenden Aufträge abgearbeitet werden. Bei diesem auch als Ablaufplanung bezeichneten Planungsschritt sind verschiedene auftrags- und maschinenbezogene Zielkriterien zu berücksichtigen. Die Planung soll einerseits zu geringen Durchlaufzeiten führen. Andererseits sollen die Produktionsendtermine möglichst gut auf die vorgegebenen Liefertermine abgestimmt sein, um Endlagerzeiten oder Verzugszeiten zu vermeiden. Schließlich sollen auch möglichst geringe ablaufbedingte Stillstandszeiten der Maschinen erreicht werden.[52] Zwischen diesen Teilzielen existiert i.d.R. eine Konfliktsituation, die als Dilemma der Ablaufplanung bezeichnet wird.

---

51 Vgl. Scheer (1997), S. 284 ff.
52 Vgl. Adam (1987), S. 46.

PPS-Systeme gehen bei der Kapazitätsterminierung davon aus, daß ein Produktionsaufteilungsproblem nicht besteht.[53] Die Systeme erlauben damit keine Unterstützung für eine gezielte Zuordnung von Aufträgen zu bestimmten Arbeitsstationen, was betriebswirtschaftlich dann problematisch ist, wenn parallele Arbeitsstationen nennenswerte Kosten- oder auch Produktivitätsunterschiede aufweisen.

Die zeitliche Ablaufplanung erfolgt in der Feinterminierung auf der Basis von Prioritätsregeln. Die einzusetzende Auswahlregel soll dabei möglichst positive Wirkungen auf alle Teilziele der Ablaufplanung ausüben.[54] PPS-Systeme arbeiten entweder mit einfachen Prioritätsregeln (z.B. Auswahl nach der kürzesten Operationszeit oder Schlupfzeit = Liefertermin abzüglich der Summe der Operationszeiten aller noch zu durchlaufenden Arbeitsstationen), oder es werden kombinierte Regeln eingesetzt, die sich aus gewichteten einfachen Prioritätsregeln zusammensetzen. Die für die Kapazitätsterminierung üblicherweise eingesetzten Prioritätsregeln sind mit gravierenden Nachteilen behaftet:

- Die kombinierten Regeln, wie sie beim System CAPOSS-E benutzt werden, sind zu unübersichtlich.[55] Der Planende vermag nicht abzuschätzen, wie eine Veränderung der Gewichte auf die Ziele der Ablaufplanung wirkt. Folglich ist es unmöglich, gezielte Veränderungen bei den Prioritäten vorzunehmen, um eine bessere Termineinhaltung, geringere Stillstandszeiten oder kürzere Zwischenlagerzeiten zu erreichen.

- Es gibt generell keine Prioritätsregel, die in jeder Planungssituation „optimal" ist. Eine in einer Situation – geringes Beschäftigungsvolumen und nicht so enge Liefertermine – befriedigende Prioritätsregel versagt u.U. bei veränderter Ausgangssituation völlig. Dieser Nachteil von Prioritätsregeln führt dazu, daß der Planende nicht zu beurteilen vermag, wie er die Prioritätsregel ändern soll, um in der neuen Entscheidungssituation befriedigende Ergebnisse zu erzielen.

- Prioritätsregeln erlauben i.d.R. keine hinreichende Abstimmung der Produktionsend- und Liefertermine. Trotz Feinterminierung kommt es zu hohen Endlager- bzw. Verzugszeiten. Das hat folgende Ursache: Der nach einer bestimmten Prioritätsregel für einen Auftrag in einer Bearbeitungsstation festgelegte Bearbeitungstermin kann bei einer mehrstufigen Fertigung die Terminwirkungen in nachfolgenden Bearbeitungsstationen nicht erfassen. Prioritätsregeln vernachlässigen mithin die Interdependenz der Termine aller Aufträge. Bei vernetzter Produktion gelingt es aus dem gleichen Grunde nicht, die parallelen Teilzweige des Arbeitsplans terminlich ausreichend zu koordinieren.

PPS-Systeme erzeugen in der Kapazitätsterminierung häufig minutengenaue Maschinenbelegungspläne, die den Werkstätten vorgegeben werden. Praktische Erfahrungen mit minutengenauen Vorgaben haben große Unzulänglichkeiten dieser Pläne ergeben,[56] da diese

---

53 Für einen Auftrag ist entweder nur eine Maschine verfügbar, oder es wird unterstellt, daß bei mehreren parallelen Arbeitsstationen eine gemeinsame Warteschlange existiert, aus der die Aufträge nach heuristischen Kriterien abgerufen werden.
54 Vgl. auch Haupt (1987), S. 123 ff.
55 Vgl. dazu Pabst (1985), S. 21 ff. und S. 68 ff.
56 Vgl. Pabst (1985), S. 73 f.

Planung von der Annahme vollkommener Informationen über Kapazitäten, Bearbeitungszeiten usw. ausgeht. Vielfach hat sich gezeigt, daß die Pläne mit der realen Betriebssituation wenig gemeinsam haben, weil der Informationsstand in der Planung zumeist nur unzureichend ist. Die Mängel haben dazu geführt, daß Betriebe die Feinterminierung völlig unterlassen, da es trotz intensiver Planung nicht gelingt, die Solltermine mit den Istterminen in Einklang zu bringen. Die Feinterminpläne veralten jeweils nach kurzer Zeit und müßten mit hohem Rechenaufwand angepaßt werden. Dieses Veralten hat folgende Gründe:

- Bei der Kapazitätsterminierung ist unbekannt, zu welchen Zeitpunkten Maschinenstörungen oder krankheitsbedingte Ausfallzeiten des Personals auftreten. In der Terminierung können nur mittlere Ausfallzeiten berücksichtigt werden, indem die wöchentlichen Sollarbeitszeiten um mittlere Ausfallzeiten korrigiert werden. Die zeitliche Verteilung der Ausfallzeiten ist nicht vorhersehbar.

- Bei vielen Produktionsprozessen ist der genaue Arbeitszeitbedarf für einen Auftrag in einer Arbeitsstation nur ungenau zu schätzen, weil bei Variantenfertigung bzw. Einzelfertigung entsprechende Erfahrungswerte fehlen oder weil der Produktionsprozeß nur z.T. beherrschbar ist (z.B. weichen die erforderlichen Färbezeiten von Textilien gleicher Farbe z.T. erheblich voneinander ab).

- Die Terminfeinplanung geht stets von einem gegebenen Auftragsprogramm aus, das terminlich einzuplanen ist. In der Praxis ändert sich das Auftragsprogramm durch sogenannte Schnellschüsse. Bei vielen Betrieben mit Variantenfertigung kennt die Arbeitsvorbereitung 10 – 30 % der in der nächsten Woche zu erledigenden Aufträge zum Zeitpunkt der Terminfeinplanung noch nicht. Die Terminkonsequenzen der Schnellschüsse für den Auftragsaltbestand können nur mit einer Neuplanung der Kapazitätsterminierung erfaßt werden.

Die ständige Anpassung der Feinterminierung läßt sich in der betrieblichen Praxis überhaupt nicht bewältigen, so daß die Vorgabe minutengenauer Terminpläne sinnlos ist. Auch ein weiterer Grund spricht gegen minutengenaue Terminpläne: Die Arbeitskräfte in den Werkstätten werden durch eine zentrale Planung und Vorgabe der Termine demotiviert. Die Pläne erwecken den Eindruck, als seien die Fähigkeiten der Bedienungsmannschaft für die terminliche Koordination nicht erforderlich, obwohl gerade diese Arbeitskräfte die besten Informationen über den Arbeitsfortschritt besitzen. Die Arbeitskräfte sind folglich nicht motiviert, mögliche Beschleunigungspotentiale zu nutzen.

Vierte Hierarchieebene: Steuerung und Kontrolle der Abläufe

Die vierte Hierarchieebene befaßt sich mit kurzfristigen, aktuellen Eingriffen in den laufenden Fertigungsprozeß, wenn Abweichungen des Istzustands vom Planzustand auftreten. Zu dieser Ebene gehören die kurzfristige Steuerung der Arbeitsgänge auf den NC-Werkzeugmaschinen sowie die computergestützte Steuerung des Materialflusses. Weiterhin wird in dieser Ebene der effektive Arbeitsfortschritt mit Hilfe eines Betriebsdaten-Erfassungssystems (BDE) festgestellt, um über den aktuellen Zustand der Fertigung informiert zu sein.

9.3.2 Die Eignung der PPS-Systeme auf der Basis der MRP-Logik für unterschiedliche Fertigungssituationen

Das Stufenkonzept der klassischen PPS-Systeme funktioniert dann zufriedenstellend, wenn folgende **Voraussetzungen** erfüllt sind:

- Die Durchlaufzeiten müssen relativ sicher prognostizierbar sein, insbesondere dürfen die Durchlaufzeiten nur geringfügig um den Mittelwert streuen. Nur unter diesen Bedingungen werden in der Durchlaufterminierung realistische Zeitpläne aufgestellt. Werden die Aufträge zu den Terminen der Durchlaufterminierung gestartet, können die Liefertermine bei größeren Streuungen der Durchlaufzeit nur im Durchschnitt eingehalten werden. Streuungen der Durchlaufzeit führen auch zu unrealistischen Bedarfszeitpunkten für die Materialbereitstellung.

- Es dürfen keine Produktionsengpässe auftreten, oder existierende Engpässe müssen sich durch Kapazitätsanpassungen überwinden lassen. Bei zeitweiligen Engpässen führt ein Kapazitätsabgleich, der nur die Kapazitäten der unmittelbar betroffenen Produktionsstufen, nicht aber auch die indirekten Ausstrahlungseffekte auf vor- und nachgelagerte Stufen erfaßt, wiederum zu unrealistischen Terminplänen.

- Die Operationszeiten der Aufträge müssen mit großer Sicherheit feststehen. Nur in diesem Fall können die Belastungsprofile für die einzelnen Produktionsstufen bestimmt werden. Diese Situation ist nur dann gegeben, wenn die Bearbeitungszeiten der Aufträge in den Produktionsstufen nicht von der Art der Personalzuordnung abhängen.

- Die verfügbaren Kapazitäten müssen sich relativ genau prognostizieren lassen, was nur der Fall ist, wenn die zufälligen Ausfallzeiten (Krankheit und Maschinenstörungen) der Potentialfaktoren (Mensch und Maschine) vergleichsweise gering sind.

- Das Produktionsprogramm muß mit ausreichendem zeitlichen Vorlauf bekannt sein; damit darf das Ausmaß an Schnellschüssen nur gering sein. Bei Schnellschüssen veralten die Maschinenbelegungspläne sehr schnell, und es wird eine ständige Neuplanung erforderlich.

Diese Voraussetzungen sind am ehesten bei der Massenfertigung oder Großserienfertigung überwiegend standardisierter Produkte erfüllt, wenn das Produktionsprogramm im Zeitablauf eine weitgehend stabile Zusammensetzung aufweist. Je größer die Zahl kundenspezifischer Aufträge bei wechselnden Produktionsengpässen ist, je stärker die Durchlaufzeiten streuen, um so weniger eignet sich das Stufenkonzept zur Produktionssteuerung. Zwar gelingt in diesen Fällen meistens noch eine befriedigende Mengenplanung (Stücklistenauflösung); die Terminkoordination auf der Basis mittlerer Durchlaufzeiten führt aber zu unbefriedigenden Ergebnissen.[57]

Die unbefriedigenden Steuerungsergebnisse bei variantenreicher Fertigung haben zusammenfassend folgende **Ursachen**:

---

57 Vgl. Zäpfel/Missbauer (1988b), S. 65 ff.

9.3 Produktionsplanung und Steuerung auf der Basis der MRP/MRP II-Logik

- Das Stufenkonzept mit Durchlaufterminierung, Bereitstellungsplanung, Kapazitätsabgleich und Feinterminierung wird, insbesondere bei Varianten- und Einzelfertigung, den in der Form der Werkstattfertigung existierenden Interdependenzen zwischen den Aufträgen nicht gerecht. Die Leistungsfähigkeit der Stufenkonzepte hängt ausschlaggebend von der Richtigkeit der Annahmen ab, unter denen in den einzelnen Stufen Eckdaten für nachfolgende Planungsstufen gesetzt werden. Grundmangel ist die Verwendung mittlerer Solldurchlaufzeiten für die Grobterminierung sowie die Vernachlässigung von Engpässen in den ersten Planungsstufen. Diese Annahmen führen für die Bereitstellungsplanung und einen etwaigen Kapazitätsabgleich zu unrealistischen Bedarfszeitpunkten für Rohstoffe, Teile, Arbeitskräfte und Maschinen. Das gilt selbst dann, wenn Faktorengpässe nicht existieren, aber die mittlere Ist- von der mittleren Solldurchlaufzeit nennenswert abweicht. Eine Terminplanung mit einer für alle Aufträge einheitlichen Solldurchlaufzeit durch eine Arbeitsstation vernachlässigt die in der Praxis z.T. auftretenden außerordentlich starken Abweichungen der Auftragsdurchlaufzeiten vom Durchschnitt. Die geplanten Bedarfszeitpunkte der Faktoren weichen dann bei größerer Streuung der Durchlaufzeit von den effektiven Bedarfszeitpunkten ganz erheblich ab.

  Erschwert wird die Terminkoordination durch die notwendige Vorgabe einer für die Durchlaufterminierung sinnvollen, auf die Produktionssituation des anstehenden Programms zugeschnittenen Solldurchlaufzeit. Die effektive Durchlaufzeit für ein Programm ist letztlich erst nach der Feinterminierung bekannt. In der Durchlaufterminierung muß dieses Endergebnis vorweggenommen werden. Gelingt die Vorgabe einer realistischen Solldurchlaufzeit nicht, ist die Terminplanung wenig zweckmäßig. Die PPS-Systeme bieten dem Disponenten keine Unterstützung bei der Wahl sinnvoller Solldurchlaufzeiten. Sollwerte an die Istwerte anzulehnen ist bei geringer Stabilität des Programms im Zeitablauf wenig erfolgversprechend.

- Ein zweiter Mangel des Konzepts besteht darin, daß zunächst mit der Vorstellung engpaßfreier Produktion ein Mengen- und Termingerüst für einzelne Aufträge erarbeitet wird. Für jeden Auftrag erfolgt eine isolierte Planung unter idealisierenden Annahmen hinsichtlich der Übergangszeiten. Eine Summation isolierter Pläne einzelner Aufträge kann bei Engpässen zu keinem koordinierten Plan aller Aufträge führen. Dieses Vorgehen wird den zeitlichen Interdependenzen zwischen den Aufträgen nicht gerecht. Etwaige, beim Kapazitätsabgleich auftretende Engpässe erzwingen dann eine Korrektur der isoliert für die einzelnen Aufträge fixierten Bedarfszeitpunkte für Kapazitäten. Durch den Kapazitätsabgleich wird das ursprünglich bei der Durchlaufterminierung erzeugte Zeitgerüst für den Ablauf der Aufträge wieder zerstört. Die aus der Durchlaufterminierung hergeleiteten Bedarfszeitpunkte weichen dann von den Bedarfszeitpunkten nach dem Kapazitätsabgleich ab und werden dann durch die Maschinenbelegungsplanung nochmals verändert. Die Bereitstellungsplanung geht damit letztlich nicht von den effektiven Bedarfszeitpunkten aus. Koordinationsmängel für die Rohstoff- und Teileversorgung der Produktion sind die zwangsläufige Folge.

- Obwohl die Starttermine der Aufträge im Kapazitätsabgleich u.U. korrigiert werden, sind auch diese Termine unrealistisch, da der Kapazitätsabgleich wiederum von einer Verschiebung um mittlere Durchlaufzeiten zur Beseitigung von Engpässen ausgeht. Die für den Abgleich benutzten Übergangszeiten sind folglich nicht auf die für das Programm im realen Ablauf tatsächlich erforderlichen Übergangszeiten abgestimmt. Daraus ergibt sich die Konsequenz: Trotz eines Abgleichs treten dennoch zeitweilige Engpässe auf.

- Die beschriebenen Koordinationsmängel bei der Terminplanung führen die Betriebe häufig in die sogenannte Durchlaufzeitenfalle, die auch als **Durchlaufzeitensyndrom** bezeichnet wird.[58] Hierunter wird folgendes Phänomen verstanden: Trotz intensiver Terminplanung auf der Basis mittlerer Durchlaufzeiten und Freigabeplanung werden viele Aufträge verspätet fertig. Die Termintreue ist demzufolge unzureichend. Hieraus wird der Schluß gezogen, daß die Ursache der Verspätung in einer zu späten Freigabe der Aufträge zu suchen sei. Wird der Freigabezeitpunkt zeitlich vorgezogen, erhöhen sich die Werkstattbestände. Als Folge wachsender Warteschlangen der Aufträge vor den Bearbeitungsstufen nehmen die Lager- und damit die Durchlaufzeiten zu (Stauphänomen). Bei einer hohen Kapazitätsauslastung kann die Durchlaufzeit u.U. stärker zunehmen als die zeitliche Vorverlagerung des Freigabezeitpunktes. Es werden dann noch weniger Aufträge rechtzeitig fertig als vor der früheren Freigabe. Wird dann der Freigabezeitpunkt abermals vorgezogen, wachsen die Durchlaufzeiten bei gleichzeitig verschlechterter Termintreue weiter an.

- Im wesentlichen fassen die PPS-Systeme die einzelnen Stufen als linearen, nicht rückgekoppelten Planungsprozeß auf, d.h., es erfolgt keine Revision der gesetzten Prämissen für eine Planungsstufe, wenn die nächsten Stufen zeigen, daß die gesetzten Annahmen unrealistisch sind. Dieser lineare und nicht rückgekoppelte Planungsprozeß wird den zwischen den Teilproblemen existierenden Kopplungen nicht gerecht.

- Die PPS-Systeme können den Disponenten bei der Vereinbarung sinnvoller, vom Auftragsbestand in der Produktion her haltbarer Liefertermine nicht unterstützen. Werden die Liefertermine nicht auf die Produktionsmöglichkeiten ausgerichtet, wird die Produktion in ein Terminchaos gestürzt, so daß in der Produktion improvisiert werden muß, um die Termine zumindest für die wichtig erscheinenden Aufträge zu halten. Die Improvisation erlaubt es nicht, die Rückwirkungen bestimmter Maßnahmen auf die übrigen Aufträge hinreichend abzuschätzen.

- PPS-Systeme erfassen für die Aufträge nur den Zeitraum der Auftragsabwicklung in den Werkstätten. Vorgelagerte Zeiten für Konstruktion oder kundenspezifische Anpassung von Normprodukten werden nicht beachtet, obwohl gerade diesen Zeiten eine ständig wachsende Bedeutung zukommt. Eine sinnvolle Auftragssteuerung muß den Gesamtzeitraum zwischen Auftragserteilung und Liefertermin in angemessener Weise umfassen, wenn eine zweckmäßige zeitliche Koordination erreicht werden soll. Außerdem müßte der Zeitraum zwischen Fertigstellung und Anlieferung beim Kunden mit in die Steuerung einbezogen werden.

- Die einzelnen Planungsstufen von PPS-Systemen sind zudem nicht hinreichend auf das übergeordnete Unternehmensziel abgestimmt. Den meisten Planungsstufen fehlt jegliche Orientierung an ökonomischen Zielen. Damit ist es letztlich unmöglich, gezielt Ergebnisse anzustreben, die sich positiv auf Kosten und Erlöse auswirken. Eine an ökonomischen

---

[58] Vgl. Kettner/Bechte (1981), S. 459 ff.; Zäpfel/Missbauer (1988b), S. 77 ff.

Kriterien ausgerichtete Planung findet lediglich in der Bereitstellungsplanung (Bestellmengenmodelle) statt. Diese „Optimierungen" gehen aber meistens von unrealistischen Bedarfszeitpunkten aus, so daß ihr Wert in Frage zu stellen ist. In allen übrigen Stufen erfolgt die Planung lediglich auf der Basis von Zeitkriterien, ohne daß die Wirkungen von bestimmten Maßnahmen auf Termintreue, Durchlaufzeiten, Bestände und Kapazitätsauslastung transparent gemacht werden können.

Die Anbieter von PPS-Systemen greifen mittlerweile einige der Kritikpunkte auf und streben eine verbesserte Leistungsfähigkeit ihrer Systeme an. Im wesentlichen bleibt die Grundstruktur der PPS-Systeme aber erhalten. Es werden lediglich bestimmte Module ausgewechselt oder bestimmte Planungsstufen zusammengelegt. Für COPICS wurde z.B. ein Modul entwickelt, welches die Lieferterminplanung besser zu unterstützen vermag und bei vernetzter Fertigung die Planung aufeinander abgestimmter Freigabe- und Fertigstellungstermine benachbarter Werkstätten unter Berücksichtigung von Kapazitätsengpässen ermöglichen soll. Zu diesen Erweiterungen klassischer PPS-Systeme gehört auch die Belastungsorientierte Auftragsfreigabe[59], die auf die Feinterminierungsstufe verzichtet und über eine Bestandssteuerung dem Durchlaufzeitensyndrom entgegenwirken will. Es ist zweifelhaft, ob mit derartigen „Reparaturen" der PPS-Systeme eine grundlegende Verbesserung ihrer Leistungsfähigkeit bei zunehmender Kleinserien- und Variantenfertigung zu erreichen ist. Die strukturbedingten Mängel der Systeme werden durch diese Reparaturen nicht überwunden. Für eine variantenreiche Produktion mit geringer zeitlicher Stabilität des Produktionsprogramms ist vielmehr ein neues Design für PPS-Systeme erforderlich.

9.3.3 Forderungen für ein neues Design von PPS-Systemen

Die Anforderungen an ein neues Design für PPS-Systeme sind heute erst in Umrissen erkennbar. Es werden nur einige wesentlich erscheinende Forderungen zusammengetragen. Diese Forderungen beziehen sich auf Produktionsverhältnisse bei Werkstattfertigung mit starker Streuung der Durchlaufzeiten, variantenreicher Fertigung mit geringer Stabilität des Programms im Zeitablauf, diskontinuierlichem Materialfluß mit größeren Arbeitsinhalten je Auftrag und Produktionsstufe. Diese Form der Produktion wird aufgrund des Wandels der Absatzmärkte hin zu einer Individualisierung der Produkte nach kundenspezifischen Anforderungen künftig an Bedeutung gewinnen, während Massen- und Großserienfertigung, für die die MRP-Logik gedacht war, zunehmend an Bedeutung verlieren werden. Die MRP-Logik wird nur dann künftig für die Steuerung der Produktion geeignet sein, wenn Industrieunternehmen der Philosophie der Einfachheit[60] folgend ihre Sortimente stark straffen und die Prozesse vereinfachen bzw. verschlanken, um auf diesem Wege eher die Einsatzvoraussetzungen für die MRP-Steuerung zu erreichen. Aber auch in diesem Fall ist die Effizienz der MRP-Steuerung kritisch zu sehen. Auch bei Vereinfachung werden die Programme und Prozesse komplexer sein als bei klassischer Massenfertigung. Eine zentrale Steuerung nach der MRP-Logik müßte dann um dezentrale Elemente erweitert werden. Es er-

---

59 Vgl. Bechte (1984); Wiendahl (1987).
60 Vgl. Rommel et al. (1993).

scheint deshalb sinnvoll, bestenfalls die Grobsteuerung zentral vorzunehmen, die Feinsteuerung zu dezentralisieren und die Mitarbeiter vor Ort in die Ablaufsteuerung mit einzubeziehen.

Bei neuen Systemen zur Fertigungssteuerung für die skizzierte Produktionssituation kann es sich grundsätzlich auch nur um ein Stufenkonzept handeln, da eine simultane Planung zu komplex ist. Es muß aber eine Stufung gefunden werden, die es besser als bislang erlaubt, den zeitlichen Interdependenzen zwischen den Aufträgen Rechnung zu tragen. Gerade die terminliche Koordination der Aufträge funktioniert in der Termingrobplanung bisheriger Systeme unzureichend. Die zeitliche Koordination kann nur verbessert werden, wenn ein neues Design folgende Grundforderungen beachtet:

- Für Werkstattfertigung mit wechselnden Produktionsengpässen und wechselnder Länge der Warteschlangen von Aufträgen vor den Bearbeitungsstationen ist eine isolierte Zeitplanung für einzelne Aufträge, wie sie in der Durchlaufterminierung bisheriger Systeme erfolgt, unzweckmäßig. Dieses Vorgehen wird den Termininterdependenzen der Aufträge nicht gerecht. Es erscheint nicht sinnvoll, die isoliert ermittelten Grobterminpläne einzelner Aufträge nachträglich durch Maßnahmen zum Kapazitätsabgleich zu „reparieren"; vielmehr ist diesen Interdependenzen bereits beim ersten Entwurf eines Terminplans Rechnung zu tragen, wenn ein in sich stimmiges Zeitgerüst der Aufträge entstehen soll. Die Interdependenzen lassen sich nur dann erfassen, wenn die Konsequenzen von Auftragsreihenfolgen zumindest grob berücksichtigt werden.

- Angesichts erheblicher Streuungen der Durchlaufzeiten bei Werkstattfertigung ist auch eine Terminplanung auf der Basis mittlerer, noch dazu geschätzter Durchlaufzeiten unzureichend, da diese Terminpläne selbst bei exakt prognostizierten, mittleren Zeiten aufgrund der Streuung zu falschen Bedarfszeitpunkten für die Produktionsfaktoren führen und keine ausreichende Termintreue garantieren.

- Die Grobterminplanung muß für die Werkstätten zu realistischen Belastungsfunktionen im Zeitablauf führen, die als Basis für eine sinnvolle Kapazitätsanpassung dienen können. Da in der Werkstattfertigung die Kapazitäten i.d.R. nicht durch die Maschinen, sondern durch das Personal determiniert sind, ist die Personalzuordnung in die Fertigungssteuerung zu integrieren.

Diesen Forderungen kann nur entsprochen werden, wenn in einem Steuerungssystem bereits in der Grobplanung Überlegungen zur Auftragsreihenfolgeplanung einfließen. Allerdings kann es sich hierbei nicht um eine detaillierte Reihenfolgeplanung im Sinne der Feinplanungsstufe gegenwärtiger PPS-Systeme handeln. Vielmehr muß in der Grobplanung mit einem höheren Abstraktionsniveau gearbeitet werden, um den Komplexitätsgrad des Planungsproblems zu reduzieren. Für eine Komplexitätsreduktion bieten sich zwei Ansatzpunkte:

- Erster Ansatzpunkt ist der organisatorische Detaillierungsgrad, mit dem die Produktion für die Steuerung abgebildet wird.[61] Organisatorische Einheiten des Steuerungskonzepts

---

[61] Vgl. hierzu auch Scheer (1987), S. 153 ff.

9.3 Produktionsplanung und Steuerung auf der Basis der MRP/MRP II-Logik

in der Grobplanung sollten nicht einzelne Arbeitsplätze bzw. Maschinen sein; vielmehr sind größere organisatorische Einheiten mit ähnlichen Maschinen bzw. Arbeitsplätzen zu einer Steuereinheit zusammenzufassen. Auch Arbeitsplätze, die im Ablauf unmittelbar hintereinander liegen und von allen Produkten in gleicher Abfolge zu durchlaufen sind, lassen sich zusammenfassen. Soll die Reihenfolgeplanung der Aufträge lediglich nach Steuereinheiten und nicht nach Arbeitsplätzen erfolgen, sind die Kapazitäten der zu einer Steuereinheit zusammengefaßten Arbeitsplätze zu bündeln. Weiterhin ist festzulegen, wieviel Aufträge maximal zur gleichen Zeit in einer Werkstatt bearbeitet werden dürfen. Das Modell bildet dann nicht ab, auf welchen Maschinen bzw. an welchen Arbeitsplätzen ein Auftrag bearbeitet wird.

- Die Reihenfolgeplanung legt den Kapazitätsbedarf für die gebildeten Organisationseinheiten nur in einem groben Zeitraster fest. Es werden also keine minutengenauen Belegungspläne für die Steuereinheiten bestimmt, sondern es wird mit einem Zeitraster von einem Tag oder gar einer Woche gearbeitet.

Lediglich für die Grobplanung wird ein zentrales, EDV-gestütztes System eingesetzt. Auf eine zentrale Feinplanung wird völlig verzichtet. Der Termingrobplan liefert für die Werkstätten koordinierte Ecktermine der Aufträge, die durch dezentrale Feinplanung möglichst einzuhalten sind. Dezentral ist dann zu entscheiden, welche der einer Steuereinheit zugeordneten Arbeitskräfte welchen Auftrag erledigen sollen und in welcher Reihenfolge die wartenden Aufträge zu bearbeiten sind.

An die Art der Reihenfolgeplanung in der Grobplanung sind einige Forderungen zu stellen, um die Konfliktsituationen zwischen den Teilzielen der Ablaufplanung herausarbeiten zu können:

- Die Reihenfolgeplanung auf der Basis von Prioritätsziffern gewährleistet eine nur unzureichende Abstimmung der Produktionsendtermine auf die Liefertermine. Da zusätzlich auch bei der zeitlichen Koordination von parallelen Teilzweigen eines Arbeitsplans an den Montagepunkten Probleme auftreten, sollten die Ergebnisse der Reihenfolgeplanung nachträglich noch verändert werden können. Ergeben sich aus der Belegungsplanung für einen Auftrag Endlagerzeiten, ist die Belegungsplanung daraufhin zu überprüfen, ob eine Verschiebung an den Liefertermin möglich ist. Die Belegungsplanung sollte daher neben der Prioritätensteuerung zusätzlich heuristische Planungsüberlegungen zur Verbesserung der Terminpläne umfassen.

- Die Reihenfolgeplanung ist um einen zusätzlichen Parameter zu erweitern, der über den Freigabezeitpunkt der Aufträge einen weiteren gezielten Einfluß auf die Durchlaufzeiten, die Endlager- sowie Verzugszeiten erlaubt. Durch Variation der Freigabezeitpunkte der Aufträge ist eine Analyse des Konfliktes zwischen den Teilzielen der Ablaufplanung möglich. Eine Veränderung des Freigabeverhaltens könnte in Abhängigkeit vom Kapazitätsauslastungsgrad erfolgen. In Zeiten schwacher Auslastung ist der Freigabezeitpunkt dichter an den Liefertermin heranzurücken. Die Werkstattbestände werden dann kleiner, so daß prinzipiell eine kürzere Durchlaufzeit zu erreichen ist.

- Das Steuerungskonzept muß dem Disponenten Simulationsunterstützung bieten. Der Disponent muß durch das System in die Lage versetzt werden, die Konsequenzen bestimmter

Steuerungsmaßnahmen, wie die Wahl des Prioritätskriteriums, die Wahl der Heuristik zur Anpassung der Belegungstermine an den Liefertermin, die Variation der Auftragsfreigabe, die Veränderung projektierter Liefertermine usw., für die Ziele der Steuerung studieren zu können, indem er alternative Parameterkonstellationen testen kann. Für die Zukunft ist insbesondere eine Erweiterung der Steuerung um Expertensysteme anzustreben. Aus der Wissensbasis soll der Computer dem Disponenten Vorschläge unterbreiten, welche Strategien zur Veränderung der Steuerungsparameter Erfolgschancen versprechen, wenn die bisherige Steuerung bestimmte Teilziele noch unbefriedigend erreicht.

Die traditionellen PPS-Systeme orientieren sich in erster Linie an technischen Zielen. Aus diesem Grund erlauben Sie es nicht, die ökonomischen Wirkungen bestimmter Steuerungen zu verdeutlichen. In künftigen Steuerungskonzepten muß eine Orientierung an den ökonomischen Wirkungen erfolgen, d.h., derartige Systeme müssen die Möglichkeit eröffnen, den Einfluß einer Steuerung auf die Kosten und Erlöse und die Kapitalbindung zu analysieren. Erst diese ökonomische Bewertung schafft die Voraussetzungen, um die Fertigungssteuerung mit den Unternehmenszielen rückzukoppeln. Gesucht ist dann nicht mehr eine Steuerung mit hoher Termintreue und kurzen Durchlaufzeiten; es wird vielmehr ein Steuerungsergebnis angestrebt, bei dem die Termintreue mit geringen Kosten zu realisieren ist. Durchlaufzeit- und Kostenkalküle sind keinesfalls stets identisch, da eine veränderte Durchlaufzeit durchaus zu steigenden, aber auch sinkenden Kosten führen kann.

9.4 Spezielle Verfahren zur Fertigungssteuerung
9.4.1 Überblick über die Grundlagen einiger Konzepte
9.4.1.1 Zentrale und dezentrale Konzepte

Konzepte zur Fertigungssteuerung lassen sich dahingehend unterscheiden, ob die unmittelbar für den Ablauf relevanten Entscheidungen zentral oder dezentral getroffen werden. Eine dezentrale Organisation zeichnet sich dadurch aus, daß die Entscheidungen zur Ablaufplanung und Fertigungssteuerung „vor Ort" an den Arbeitsstationen durch den Werkstattmeister getroffen werden. Entscheidungen sind zentral angesiedelt, wenn eine übergeordnete, zentrale Planungs- und Koordinationsstelle – die Arbeitsvorbereitung oder die Abteilung „Produktionsplanung" – diese Entscheidungen trifft. Viele Konzepte der Fertigungssteuerung enthalten gleichzeitig dezentrale und zentrale Entscheidungselemente. Von einer partiellen Zentralisation soll dann gesprochen werden, wenn eine zentrale Abteilung zwar die grundlegenden Ablaufentscheidungen fällt, Detailentscheidungen aber auf die Werkstattebene verlagert werden.

Bei **rein dezentralen Konzepten** zur Fertigungssteuerung werden alle Entscheidungen zur Werkstattsteuerung – Reihenfolge der Aufträge, detaillierter Produktionsablauf eines Auftrags sowie die Maschinenbelegung – durch die Meister in den Werkstätten getroffen. Die übergelagerte Planungsstelle setzt lediglich die Rahmenbedingungen für den Ablauf fest, indem sie entscheidet,

- welche Fertigungsaufträge in welcher Art und Größe zu bilden sind,

9.4 Spezielle Verfahren zur Fertigungssteuerung

- wann diese Aufträge für die Produktion freigegeben werden oder wann sie für den Verkauf bereitstehen müssen und
- mit welchen Kapazitäten die Werkstätten auszustatten sind.

Um diese Entscheidungen sinnvoll treffen zu können, benötigt die zentrale Planungsstelle Informationen über die Wirkungen ihrer vorgelagerten Entscheidungen auf die nachgelagerten Detailabläufe.[62] Sie muß bspw. den Zusammenhang zwischen der Auftragsgröße und der Durchlaufzeit kennen, um eine zweckmäßige Entscheidung für die Auftragsgröße fällen zu können. Weiterhin muß sie darüber informiert sein, welche Bedeutung die Abfertigungsraten (Kapazität pro ZE) der Werkstätten für die Durchlaufzeit besitzen und wie sich unterschiedliche Freigabezeitpunkte und Auftragsbestände in den Werkstätten auf die Leistung des Produktionssystems sowie auf die Durchlaufzeiten auswirken. Fehlt die Kenntnis derartiger Zusammenhänge, werden u.U. Rahmenbedingungen gesetzt, auf deren Basis es in der dezentralen Steuerung der Arbeitsabläufe zu unbefriedigenden Ergebnissen kommt.

Ein rein dezentrales Konzept der Fertigungssteuerung hat Vor- und Nachteile. Einer der wesentlichen Nachteile besteht darin, daß bei den Ablaufentscheidungen in einer Produktionsstufe die Auswirkungen dieser Entscheidungen auf nachgelagerte Produktionsstufen nicht oder nur indirekt erfaßt werden. Die Fertigungstermine eines Auftrages in aufeinanderfolgenden Produktionsstufen sind dann u.U. nicht zeitlich koordiniert. Lagerzeiten der Aufträge vor Produktionsstufen sowie unzureichend aufeinander abgestimmte Produktionsend- und Liefertermine können die Folge sein. Einer der wesentlichen Vorteile dieses Konzeptes ist in der Nutzung des Informationsvorsprungs der Werkstätten gegenüber den zentralen Stellen zu sehen. Die Werkstätten kennen die Ist-Situation der Fertigung; sie sind über Maschinen- und Personalausfälle unmittelbar informiert und können folglich direkt darauf reagieren, während die Reaktion bei zentraler Steuerung durch den Datentransfer zur Zentrale nur verzögert erfolgen kann. Ein zweiter Vorteil dezentraler Steuerung besteht darin, daß die Mitarbeiter in die Verantwortung für den Arbeitsablauf einbezogen und durch eigenständig wahrzunehmende Entscheidungskompetenzen motiviert werden, die Abläufe zu verbessern.

Steuerungskonzepte mit rein dezentraler Werkstattsteuerung sind das **KANBAN-Prinzip** und die **Prioritätensteuerung** von Aufträgen. Bei einer KANBAN-Steuerung erhält lediglich die letzte Produktionsstufe zentrale Vorgaben, wann welche Aufträge fertig sein müssen. Die Versorgung der einzelnen Produktionsstufen mit Vormaterialien erfolgt dezentral, indem nachgelagerte Produktionsstufen bei vorgelagerten Stufen Fertigungsaufträge definierter Größe auslösen.[63] Bei KANBAN erfolgt mithin eine Steuerung entgegen dem Materialfluß. Dieses System vermeidet die für eine dezentrale Steuerung beschriebenen Nachteile, indem der Materialfluß weitgehend kontinuierlich gestaltet wird, so daß die Abstimmungsdefizite schon durch die Rahmenbedingungen der Produktion vermieden werden.

Eine prioritätische Steuerung erfolgt mit dem Materialfluß. Aus der Menge der vor einer Werkstatt wartenden Aufträge wird dezentral auf der Basis eines vorgegebenen Kriteriums

---

62 Vgl. Zäpfel/Missbauer (1987), S. 882 ff.
63 Vgl. Wildemann (1988), S. 36.

eine Auswahl des als nächstes zu bearbeitenden Auftrages vorgenommen.[64] Fertige Aufträge reihen sich in die Warteschlange vor der nächsten Bearbeitungsstation ein. Diese Steuerung über Prioritäten kann zu Stauungen im Materialfluß und einer mangelnden Abstimmung des Produktionsend- und Liefertermins führen.

Bei **partiell zentralen Konzepten** werden durch die zentralen Abteilungen über die Rahmenbedingungen für den Ablauf hinaus auch noch die Eckwerte für den Arbeitsablauf der Aufträge in den Werkstätten vorgegeben. Intention der zentralen Planungskomponente ist es, die aus einer unkoordinierten, dezentralen Planung resultierenden Probleme bei der Termineinhaltung und der zeitlichen Abstimmung des Materialflusses weitgehend zu vermeiden, ohne die Mitarbeiter in den Werkstätten durch Vorgabe von Detailplänen zu demotivieren.

Beispiele für eine Kombination zentraler und dezentraler Elemente in der Steuerung des Ablaufs sind die Retrograde Terminierung und das System OPT.

- Kern der **RT (Retrograde Terminierung)** ist die zentrale Planung eines groben Eckterminrasters für sämtliche Steuereinheiten bzw. Arbeitsstationen. Die zentrale Komponente der Steuerung legt damit Rahmentermine für den Arbeitsfortschritt der Aufträge fest. Es verbleibt ein Freiraum für dezentrale Entscheidungen über die konkrete Reihenfolgen der Aufträge, die Belegungstermine der Arbeitsstationen für bestimmte Aufträge und die Zuordnung von Arbeitskräften zu Aufträgen.

- Ausgangspunkt der zentralen Planung des Systems **OPT (Optimized Production Technology)** sind die den Materialfluß begrenzenden Fertigungsengpässe. Für diese Engpässe wird die Maschinenbelegung zentral geplant. Die Belegung der nicht zeitkritischen Arbeitsstationen kann in OPT dezentral erfolgen, weil in den nichtkritischen Bearbeitungsstationen für die Bearbeitung von Aufträgen zeitliche Puffer existieren; es bleibt ein Spielraum für dezentrale, kurzfristige Umdispositionen.[65]

Bei **rein zentralen Konzepten** werden sämtliche Entscheidungen der Fertigungssteuerung zentral geplant. Ein solcher Plan legt detailliert – u.U. minutengenau – fest, wann welcher Auftrag auf welcher Maschine bearbeitet wird. Den Arbeitsstationen obliegt ausschließlich die Ausführung des zentralen Planes. Ein Planungskonzept dieser Art erfordert einen hohen Informations- und Planungsaufwand, da sämtliche Detailinformationen über den Istzustand der Fertigung sowie den Rüst- und Arbeitszeitbedarf des Auftragsprogramms zentral vorgehalten und verarbeitet werden müssen. Gerade die Informationsproblematik bei sich schnell verändernden Zuständen (neue Aufträge, Ausfallzeiten von Potentialfaktoren, Verfügbarkeit von Materialien usw.) lassen dieses Konzept nur bei voll durchgeplanten, beherrschten Produktionsprozessen (Serienfertigung mit geringen Produktionsstörungen und geringen sto-

---

64 Zu Beispielen für Prioritätsregeln vgl. z.B. Witte (1988), S. 109 f.
65 Obwohl z.B. auch Zäpfel/Missbauer OPT unter die „bereichsweise zentralen" PPS-Systeme einordnen, werden letztlich genau einzuhaltende Maschinenbelegungspläne nicht nur für die Engpaß-, sondern durch das Modul OPT-SERVE auch für die Nicht-Engpaßstationen zentral geplant, so daß zwar in den Nicht-Engpaßstationen eine dezentrale Disposition möglich wäre, dies aber vom Konzept scheinbar nicht vorgesehen ist. OPT könnte deshalb auch zu den rein zentralen Systemen gerechnet werden. Vgl. Zäpfel/Missbauer (1987), S. 884 f.

9.4 Spezielle Verfahren zur Fertigungssteuerung   617

chastischen Veränderungen der erforderlichen Bearbeitungszeiten der Aufträge) sinnvoll erscheinen. Beispiel für eine zentrale Steuerung ist das MRP-System[66] mit zentraler Feinplanung der Abläufe.

9.4.1.2 Konzepte mit unterschiedlichen Steuerungsparametern

Die Steuerungsverfahren lassen sich weiterhin danach unterscheiden, welche der generell beeinflußbaren, kurzfristigen Determinanten in die Steuerungsüberlegungen einbezogen werden.

Kurzfristige Determinanten der Steuerung sind:

- Die Zuordnung verfügbarer Kapazitäten – insbesondere des Personals – zu Werkstätten oder Steuereinheiten.
- Die Planung der innerbetrieblichen Auftragsgrößen.
- Die Festlegung der Auftragsreihenfolgen.
- Die Beeinflussung der Werkstattbestände über das Freigabeverhalten der Aufträge.

Zu differenzieren ist in diesem Zusammenhang zwischen Konzepten, die möglichst alle kurzfristigen Determinanten im Steuerungskonzept erfassen und jenen, die sich auf einige dieser Determinanten beschränken. Systeme, die viele dieser Determinanten berücksichtigen, verursachen in aller Regel einen höheren Informations- und Planungsaufwand. Ob eine Beschränkung der in der Steuerung berücksichtigten Determinanten sinnvoll ist, hängt ganz entscheidend von den konkreten Fertigungsbedingungen und dem Ausmaß der Wirkungen der Determinanten auf die Ziele der Ablaufplanung ab. Ist der Einfluß bestimmter Determinanten in konkreten Fällen gering, ist es sinnvoll, sie im Steuerungsmodell nicht abzubilden. Auf diese Parameter kann auch dann verzichtet werden, wenn mit einem einfachen Modell ähnlich gute Ergebnisse erzielt werden können wie mit einem genaueren Modell, das einen höheren Informationsbedarf aufweist und einen größeren Planungsaufwand verursacht.

Eine Modellklasse, die die erfaßten Determinanten bewußt beschränkt, sind die **bestandsregelnden Verfahren**. Sie erfassen ausschließlich die Wirkungen des Freigabeverhaltens auf die Ziele der Steuerung. Ein Verfahren, welches im Extremfall alle vier Determinanten im Steuerungsmodell abbilden kann, ist die **Retrograde Terminierung**. Die Eignung dieser Konzepte für die Steuerung hängt ganz wesentlich von den speziellen Bedingungen der Fertigung ab. Eine grobe Orientierung darüber, welchen Detaillierungsgrad das Steuerungsmodell aufweisen sollte, ist aus der Art des Materialflusses, dem Arbeitszeitbedarf der Aufträge in den einzelnen Fertigungsstufen sowie aus dem Anteil gleichartiger Aufträge im Auftragsprogramm zu gewinnen.

Bei Einzel- bis Variantenfertigung von Aufträgen mit großen Arbeitsinhalten (Arbeitszeiten) je Arbeitsstation und vernetzter Fertigung (Maschinenbau) ist ein Modell mit möglichst al-

---

66 Vgl. Glaser/Geiger/Rohde (1992), S. 2 ff.

len kurzfristigen Determinanten vorzuziehen, da in diesem Fall nicht nur das Freigabeverhalten, sondern auch die Auftragsreihenfolge und die Kapazitätszuordnung nachhaltig auf die Ziele der Steuerung wirken. Bei einer Serienfertigung ohne Montagevorgänge mit definierten innerbetrieblichen Aufträgen und kleinen Arbeitsinhalten je Arbeitsstation sowie weitgehend abgestimmten Kapazitäten aufeinanderfolgender Produktionsstufen sinkt die Bedeutung von Auftragsreihenfolgen für die Zielerreichung, so daß eine reine Bestandssteuerung befriedigende Ergebnisse zeitigen kann.

Bestandsregelnde Verfahren[67] basieren auf der Erkenntnis, daß die Durchlaufzeiten der Aufträge durch eine Arbeitsstation bei gegebener Kapazität von der Höhe der Auftragsbestände vor der Arbeitsstation abhängen. Über das Freigabeverhalten von Aufträgen versuchen diese Systeme, die Kapazitätsnachfrage auf das -angebot abzustimmen. In bestandsregelnden Verfahren kommt der zentralen Planung daher die Aufgabe zu, die Höhe der Halbfabrikatebestände vor den Arbeitsstationen durch die Freigabeplanung auf einem Niveau zu halten, durch welches bei guter Kapazitätsauslastung kurze Durchlaufzeiten erreicht werden. Bestandsregelnde Verfahren suchen daher über das Freigabeverhalten positive Wirkungen auf die Durchlaufzeiten zu erreichen. Je kleiner das freigegebene Arbeitsvolumen ist, desto geringer sind bei konstanter Kapazität die Durchlaufzeiten der Aufträge. Bei bestandsregelnden Verfahren erfolgt die Maschinenbelegungsplanung dezentral auf Meister- oder Disponentenebene.

Unter dem Ziel kurzer Durchlaufzeiten sind niedrige Werkstattbestände anzustreben. Vom Umfang der Werkstattbestände hängt aber auch die Leistung – Anzahl bearbeiteter Aufträge oder abgearbeitetes Arbeitsvolumen – der Arbeitsstationen ab. Sind die Bestände zu gering bemessen, kann es bei ablaufbedingten Störungen in vorgelagerten Arbeitsstationen zu Stockungen im Materialfluß kommen. Eine Arbeitsstation wartet dann auf Anschlußaufträge. Als Folge der ablaufbedingten Stillstandszeiten sinkt die Leistung nachfolgender Stationen. Die Freigabepolitik muß daher dem Aspekt niedriger Durchlaufzeiten bei gleichzeitig hoher Leistung Rechnung tragen. Ein sinnvolles Bestandsniveau liegt in einem Bereich, in dem eine Erhöhung der Bestände nur ein Ansteigen der Durchlaufzeiten, aber keine wesentliche Verbesserung der Leistung zur Folge hat.

Theoretische Grundlage der Bestandsregelung ist die Kenntnis des funktionalen Zusammenhangs zwischen mittlerem Bestand, mittlerer Durchlaufzeit und Kapazitätsauslastung (Leistung). Dieser Zusammenhang muß grundsätzlich unabhängig von der konkreten Auftragszusammensetzung in einem bestimmten Zeitpunkt sein, d.h., die Art der Zusammensetzung des jeweiligen Programms darf keinen Einfluß auf die Durchlaufzeit besitzen. Diese Voraussetzung ist nur dann erfüllt, wenn sich der jeweilige Bestand aus Aufträgen mit relativ geringem Arbeitsinhalt – im Idealfall Losgröße 1 – zusammensetzt. Unter dieser Voraussetzung erreichen ständig neue Aufträge die Arbeitsstation, und es stellt sich ein kontinuierlicher Materialfluß ein. Bestandsregelnde Verfahren gehen von der Vorstellung eines kontinuierlichen, im Gleichgewicht befindlichen Materialflusses aus, und sie analysieren die Veränderung des Gleichgewichtszustandes – Durchlaufzeit, Leistung – bei veränderten Werk-

---

67 Vgl. zu diesem Abschnitt Adam (1990), S. 816 f.

9.4 Spezielle Verfahren zur Fertigungssteuerung

stattbeständen. Für eine Gleichgewichtsanalyse ist es nicht erforderlich, den Zeitablauf in die Modellformulierung mit einzubeziehen, da davon ausgegangen wird, daß dieser Zustand zu jedem Zeitpunkt existiert.

Bei kontinuierlichem Materialfluß läßt sich eine Arbeitsstation bildlich als Trichter mit einem Zugangsstrom, einem wartendem Auftragsbestand und einem Abgangsstrom darstellen. Dabei werden die Zugangs-, Abgangs- und Bestandsgrößen in Arbeitsstunden gemessen. Wird der real diskontinuierliche Materialfluß (Treppenfunktion im Durchlaufdiagramm) unter den idealisierten Bedingungen eines kontinuierlichen Materialflusses als steigende Gerade dargestellt, ergeben sich folgende Zusammenhänge:[68]

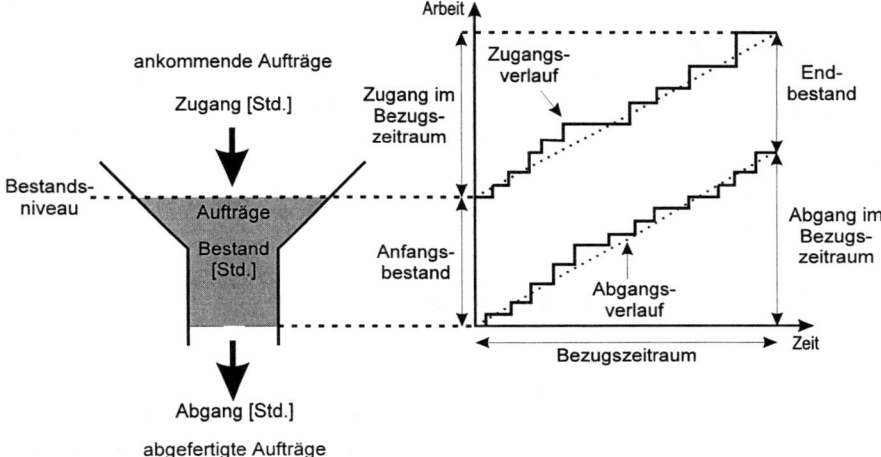

Abbildung 9-34

Die mittlere Leistung des Arbeitssystems ist definiert als:

$$\text{Leistung} = \frac{\text{Abgang im Bezugszeitraum}}{\text{Bezugszeitraum}}$$

Sie entspricht dem Tangens des Winkels zwischen Abgangsgerade und Abszisse. Die Leistung ist eine mittlere, vergangenheitsorientierte Größe, in der die mittleren Stillstandszeiten (ablauf- und/oder störungsbedingt) zum Ausdruck kommen.

Ist die Leistung des Systems mit dem Zugangsverlauf abgestimmt, verlaufen Zugangs- und Abgangsgerade parallel. Der Bestand an wartenden Aufträgen – Summe aus Rüst- und Bearbeitungszeiten – ist dann im Zeitablauf konstant und entspricht dem vertikalen Abstand zwischen Zugangs- und Abgangsgerade.

---

[68] Abbildung in Anlehnung an Wiendahl (1987), S. 101.

Für die mittlere Durchlaufzeit (DLZ), definiert als Bestand dividiert durch Leistung, gilt demnach folgender, auch als **Trichterformel** bekannte Ausdruck:

$$\text{mittlere DLZ} = \frac{\text{Bestand}(\text{Rüst- und Fertigungszeiteinheiten})}{\text{Leistung}}$$

Die mittlere Durchlaufzeit eines Auftrags durch das gesamte Produktionssystem entspricht der Summe der mittleren DLZ der Arbeitsstationen, durch die dieser Auftrag läuft.

Warten vor einer Arbeitsstation nur wenige große Aufträge und muß erst der ganze Auftrag in einer Arbeitsstation bearbeitet sein, bevor er vor die nächste Arbeitsstation gelangt, ist der beim Konzept der Bestandsregelung unterstellte, auftrags- und zeitunabhängige Zusammenhang zwischen Bestand, Durchlaufzeit und Kapazitätsauslastung nicht mehr realistisch. Bei großen Arbeitsinhalten je Auftrag haben die Zugangs- und Abgangsverläufe im Durchlaufdiagramm große Treppen, so daß der Systemzustand nicht mehr zeitunabhängig ist. Eine Bestandsregelung auf der Basis geglätteter Zugangs- und Abgangsverläufe verliert dann ihren Sinn. In diesem Fall haben auch die übrigen kurzfristigen Steuerungsparameter nachhaltigen Einfluß auf die Ziele der Steuerung und dürfen deshalb nicht aus der Modellbildung ausgeklammert werden.

9.4.1.3 PPS-Bausteine und umfassende PPS-Systeme

PPS-Software kann danach unterschieden werden, ob es sich um umfassende Systeme oder um spezielle Bausteine für umfassendere Systeme handelt. Beispielsweise ist das Modul PP des Systems R/3 von SAP[69] ein aus vielen Bausteinen zusammensetzbares, umfassendes Steuerungssystem auf der Basis der MRP-Logik. Die Belastungsorientierte Auftragsfreigabe oder die Retrograde Terminierung sind spezielle Bausteine, die in umfassendere Systeme integriert werden können, wenn für die Datenübergabe entsprechende Schnittstellen geschaffen werden. Beispielsweise ist die Belastungsorientierte Auftragsfreigabe bereits optional in das SAP-System integriert,[70] so daß auf die übliche Feinterminplanung der Aufträge auf der Basis von Prioritätsregeln zugunsten einer Bestandsregelung verzichtet werden kann.

Durch den Austausch spezieller Bausteine kann ein generelles Steuerungssystem besser an die individuellen Produktionsbedingungen angepaßt werden. Voraussetzung für eine Anpassung sind ein modularer Aufbau der umfassenden Steuerungssysteme und eine Datenbasis in Form einer gemeinsamen Datenbank, die auch die Informationen bereitstellt, die für die speziellen Bausteine erforderlich sind. Eine Integration des SAP-Systems und der Retrograden Terminierung gelingt deshalb z.B. nur dann, wenn in der SAP-Datenbank auch die für die RT benötigten Personaldaten erfaßt werden.

---

69 Vgl. SAP (1990).
70 Vgl. SAP (1990), S. 110 f.

Erfolgversprechend dürfte insbesondere eine Integration von umfassenden PPS-Systemen und speziellen Zeitwirtschaftsbausteinen sein. Je nach Produktionssituation können dann Bausteine mit unterschiedlichen Steuerungsparametern zum Einsatz kommen und der Detaillierungsgrad der Steuerung auf die Bedeutung der Parameter für die Ziele der Ablaufplanung abgestimmt werden.

9.4.2 Belastungsorientierte Auftragsfreigabe (BoA)

Die BoA ist ein Konzept zur Bestandsregelung.[71] Es wurde am Institut für Fabrikanlagen (IFA) in Hannover seit Ende der siebziger Jahre von Kettner und Bechte entwickelt.[72]

Das Verfahren basiert auf dem funktionalen Zusammenhang zwischen Beständen, Durchlaufzeit und Leistung in der Produktion (Trichterformel), der in Abschnitt 9.4.1.2 dargestellt wurde. Dieser Zusammenhang wurde bereits 1961 von P.-G. Schmitz, einem Mitarbeiter der Carl Zeiß Jena Werke, erkannt und geometrisch abgeleitet.[73]

Dem Konzept der BoA liegt die idealisierende Vorstellung eines kontinuierlichen, sich im Gleichgewicht befindlichen Materialflusses zugrunde. Diese Vorstellung bildet die Realität dann gut ab, wenn folgende Bedingungen erfüllt sind:[74]

- Die Arbeitsinhalte der einzelnen Aufträge sind klein.
- Zugangs- und Abgangsverlauf der Aufträge in einer Arbeitsstation verlaufen parallel. Diese Bedingung ist dann gegeben, wenn die Kapazitäten aufeinanderfolgender Arbeitsstationen harmonisiert sind und die Zusammensetzung des Produktionsprogramms sich im Zeitablauf nicht nennenswert verändert, so daß der Materialfluß zwischen den verschiedenen Bearbeitungsstationen im Zeitablauf auf gleichem Niveau bleibt.

Unter diesen Voraussetzungen läßt sich ein Produktionssystem als System von Trichtern darstellen, die über Zugangs- und Abgangsströme miteinander verbunden sind (siehe Abbildung 9-35)[75].

Der Auftragsstrom durch dieses System muß sich im Gleichgewicht befinden, d.h., der Zustand des Systems (Bestände, Leistung, Durchlaufzeiten) darf nicht vom Betrachtungszeitpunkt abhängen. Der BoA liegt daher eine **statische Betrachtung (Gleichgewichtsanalyse)** zugrunde. Das System sorgt durch eine zentrale Planung der Auftragsfreigabe für ausreichende Werkstattbestände. Die Maschinenbelegung erfolgt dezentral, wobei unterstellt wird, daß die Aufträge nach dem FCFS-Prinzip abgearbeitet werden, da bei dieser Prioritätsregel eine geringe Streuung der Durchlaufzeiten auftritt.

---

71 Zu den Ausführungen dieses Abschnitts vgl. Adam (1990), S. 818 ff.
72 Vgl. Kettner/Bechte (1981), S. 459 ff.; Wiendahl (1987), S. 208.
73 Vgl. Wiendahl (1987), S. 97; Schmitz (1961).
74 Vgl. Wiendahl (1989), S. 290 ff.
75 Abbildung aus Kettner/Bechte (1981), S. 459 ff.

Das System arbeitet mit gewichteten Durchlaufzeiten. Die mittlere Durchlaufzeit einer Arbeitsstation errechnet sich, indem zunächst die Durchlaufzeiten der Aufträge einer Station mit dem Arbeitsinhalt multipliziert werden. Anschließend ist die Summe dieser gewichteten Zeiten durch die Summe der Arbeitsinhalte der abgewickelten Aufträge zu dividieren. Die gewichtete Durchlaufzeit kann als jene Zeit interpretiert werden, die eine Arbeitszeiteinheit im Mittel benötigt, um die betrachtete Arbeitsstation zu durchlaufen. Gewichtete und ungewichtete Durchlaufzeiten weichen allerdings nur dann voneinander ab, wenn die Arbeitsinhalte der Aufträge unterschiedlich groß sind. Bei kleinen Arbeitsinhalten, die Voraussetzung für gute Ergebnisse einer Bestandssteuerung sind, ergeben sich kaum nennenswerte Unterschiede.

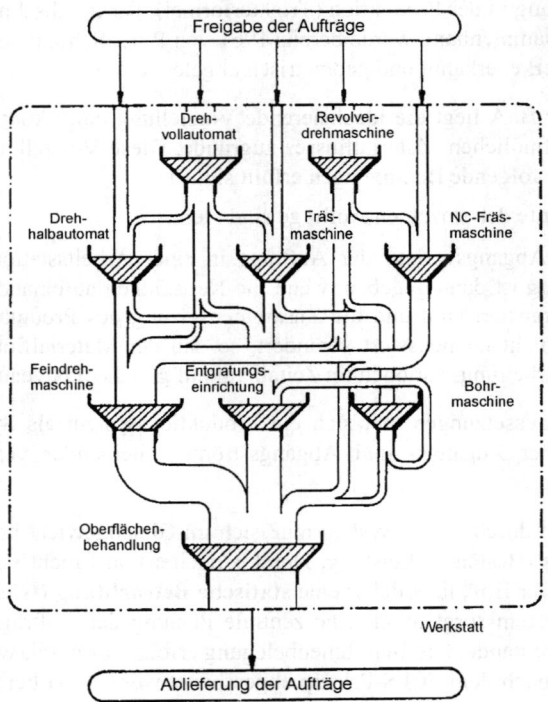

Abbildung 9-35

Das System der BoA arbeitet mit folgenden Regeln:

Die **Auftragsfreigabe (Beauftragung)** wird periodisch (z.B. im Wochenrhythmus) durchgeführt. Jeder dieser Freigabeläufe besteht aus zwei Stufen:

9.4 Spezielle Verfahren zur Fertigungssteuerung

- Sinn der ersten Stufe ist es, die Anzahl der Aufträge für die zweite Stufe auf dringliche Aufträge zu beschränken und eine Reihenfolge der Aufträge vorzugeben, in der die Einlastung der Aufträge in der zweiten Stufe versucht wird. Die Einlastung wird in der zweiten Stufe in der Reihenfolge der spätesten Starttermine der Aufträge durchgeführt. In der ersten Stufe wird deshalb für jeden noch nicht freigegebenen Auftrag der späteste Starttermin bestimmt. Er errechnet sich, indem vom Liefertermin die Plandurchlaufzeit eines Auftrags abgezogen wird, die sich aufgrund der in der zweiten Stufe erfolgenden Beauftragung (Werkstattbestände) im Mittel ergibt. Für die erste Stufe müssen damit die aus der zweiten Stufe resultierenden Durchlaufzeiten bekannt sein, und für alternativ hohe Werkstattbestände müßte mit unterschiedlichen Durchlaufzeiten in der ersten Stufe gearbeitet werden.[76] Mit der BoA werden aber keine Aussagen darüber gemacht, wie die in der ersten Stufe benötigten Plandurchlaufzeiten zu gewinnen sind.

  Alle Aufträge, deren spätester Starttermin vor einer festgesetzten **Terminschranke** – also innerhalb des Vorgriffshorizontes (VH) – liegt, werden als dringlich eingestuft. Sie gelangen in die zweite Planungsstufe, sofern die für sie erforderlichen Teile und Materialien verfügbar sind. Nicht dringliche Aufträge und Aufträge, für die Material fehlt, werden für einen späteren, erneuten Freigabelauf zurückgestellt.

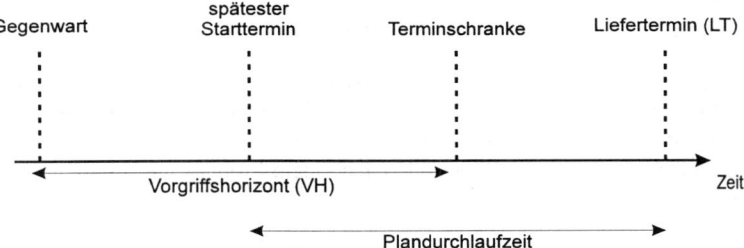

Abbildung 9-36

  Ziel der ersten Stufe ist es, durch Auswahl der dringlichen Aufträge dafür zu sorgen, daß die Verzugszeiten der Aufträge möglichst gering sind. Dieses Ziel wird allerdings nur dann erreicht, wenn die tatsächlichen Durchlaufzeiten wenig streuen und die Plandurchlaufzeit mit der tatsächlichen mittleren Durchlaufzeit näherungsweise übereinstimmt. In diesem Fall ist die effektive Durchlaufzeit weitgehend sicher zu prognostizieren, und die Aufträge werden rechtzeitig genug in die Fertigung eingesteuert, sofern in der zweiten Stufe dann auch alle dringlichen Aufträge freigegeben werden.

- In der zweiten Stufe werden in der Reihenfolge der spätesten Starttermine solange weitere Aufträge freigegeben, bis der gewünschte Sollbestand an Arbeitsvorrat durch den nächsten freigegebenen Auftrag gerade überschritten wird. Zum Ausgleich von Störungen

---

[76] Unterschiedlich hohe Durchlaufzeiten bei verschieden hoher Beauftragung in der zweiten Stufe haben nur geringen Einfluß auf die Ziele der Steuerung. Durch sie kann zwar der späteste Starttermin der Aufträge verändert werden, die Reihenfolge der Aufträge für die zweite Stufe verändert sich jedoch nur, wenn die Aufträge nicht sämtlich durch die gleichen Fertigungsstufen laufen. Auf die Frage, welche Aufträge in der zweiten Stufe dann tatsächlich freigegeben werden, hat das nur marginale Wirkung.

und Schwankungen im Materialfluß wird für jede Arbeitsstation ein **maximaler Bestand (Belastung)** festgelegt, der größer ist als deren Leistung zwischen zwei Freigabeläufen. Das Verhältnis von maximaler Belastung und Planleistung wird Einlastungsprozentsatz (EP) genannt. Ein Einlastungsprozentsatz von 200 % bedeutet also, daß eine Belastung in Höhe der doppelten Leistung angestrebt wird. Um die jeweilige Belastung der Arbeitsstationen nachhalten zu können, wird für jede Arbeitsstation ein Belastungskonto geführt, von dem die Belastung (Bearbeitungs- und Rüstzeiten) freigegebener Aufträge abgebucht wird. Arbeitsstationen, deren maximale Belastung durch Freigaben gerade überschritten ist, scheiden für weitere Freigabeversuche im gleichen Freigabelauf aus. Dringliche Aufträge, die nach dieser Regel nicht freigegeben werden können, werden bis zum nächsten Freigabelauf zurückgestellt. Für zurückgestellte, dringliche Aufträge ist dann allerdings die durch die erste Stufe angestrebte Termineinhaltung nicht mehr zu garantieren.

Die BoA verfügt über **drei Steuerungsparameter**, über die das Systemverhalten (Durchlaufzeit, Leistung und Bestände) beeinflußt werden kann:

- Den Vorgriffshorizont (Zeit zwischen der Gegenwart und der Terminschranke).
- Den Einlastungsprozentsatz zur Beeinflussung der maximalen Belastung bzw. der Durchlaufzeit.
- Den Zeitraum zwischen zwei Freigabeläufen.

Im folgenden soll auf eine verfahrensspezifische Besonderheit der zweiten Stufe der BoA, auf die **Abwertung** von Arbeitsinhalten näher eingegangen werden. Die Idee dieser Abwertung basiert auf der Vorstellung eines kontinuierlichen Materialflusses und fußt auf der Annahme, daß die gesetzten Sollbestände nach einem Freigabelauf in allen Arbeitsstationen genau erreicht werden.

Die Belastung jeder Arbeitsstation setzt sich aus der direkten und der indirekten Belastung zusammen. Die **direkte Belastung** entspricht dem unmittelbar vor einer Arbeitsstation wartenden Bestand an Aufträgen. Unter **indirekter Belastung** werden freigegebene Aufträge verstanden, die noch in vorgelagerten Arbeitsstationen liegen oder bearbeitet werden, die jeweils betrachtete Arbeitsstation aber noch nicht erreicht haben.

Die beiden Arten der Belastung werden in der Belastungsrechnung in unterschiedlicher Form behandelt. Die direkte Belastung geht mit der gesamten Arbeits- und Rüstzeit in die Rechnung ein, während die indirekte Belastung abgewertet wird. Durch diese Abwertung soll zum Ausdruck gebracht werden, daß nicht jeder freigegebene Auftrag bis zum nächsten Freigabelauf in einer bestimmten Arbeitsstation ankommen muß, also noch bis zum nächsten Freigabelauf zu direkter Belastung wird. Die indirekte Belastung wird daher mit der Wahrscheinlichkeit multipliziert, mit der Aufträge bis zum nächsten Freigabelauf bis zu einer bestimmten Arbeitsstation vorrücken werden. Nur die abgewertete Belastung wird dann auf dem Belastungskonto verbucht.

Der Abwertungsprozentsatz (Wahrscheinlichkeit p_i) hängt von dem Einlastungsprozentsatz und der Anzahl Arbeitsstationen ab, die der Auftrag durchlaufen muß, bevor er vor der Arbeitsstation i ankommt. Für eine Leistung zwischen zwei Planungsläufen von 40 ZE, einer

Direktbelastung von ebenfalls 40 ZE und einem Einlastungsprozentsatz von 200 % (also einer maximalen Belastung von 80 Arbeitszeiteinheiten) wird in der Zeit zwischen zwei Planungsläufen die Hälfte der Belastung abgearbeitet. Vor der zweiten Arbeitsstation kommt daher 50 % der Belastung der vorgelagerten ersten Arbeitsstation an. Da bei gleichen Daten wie für die zweite Arbeitsstation das gleiche für die dritte Station gilt, ist die Wahrscheinlichkeit dafür, daß Bestände vor der ersten Station im Zeitraum bis zum nächsten Freigabelauf vor der dritten Station ankommen, gleich 25 %.

Allgemein läßt sich der Abwertungsprozentsatz p_i durch die Formel

$$p_i = \left(\frac{100}{EP}\right)^{i-1}$$

mit EP als Einlastungsprozentsatz und i als laufender Nummer der betrachteten Arbeitsstation berechnen.

Bleibt die effektive Belastung einer Arbeitsstation nach der Einlastung hinter dem Einlastungsprozentsatz zurück, weil aus der ersten Stufe der BoA nicht genügend dringliche Aufträge vorliegen, ist die nach obiger Formel berechnete Wahrscheinlichkeit falsch. Tatsächlich gelangen in diesem Fall mehr Aufträge durch eine derartige Stufe als es dem gewollten, aber nicht erreichten Einlastungsprozentsatz entspricht. Die Abwertung unterschätzt dann die Belastung nachfolgender Arbeitsstationen. Diskontinuitäten im Materialfluß führen hingegen zu einer Überschätzung der Wahrscheinlichkeit. Bei einer Leistung von 40 ZE zwischen zwei Planungsläufen und einem Einlastungsprozentsatz von 200 % erreichen nicht 50 % der Einlastungen die zweite Stufe, wenn der erste (zweite) Auftrag einen Arbeitsinhalt von 30 ZE (20 ZE) aufweist. Bis zum nächsten Freigabelauf ist dann lediglich der erste Auftrag vor der zweiten Bearbeitungsstation angekommen, was einem Anteil von 30/80 = 0,375 entspricht.

Um den zweiten Steuerungsparameter der BoA – den Einlastungsprozentsatz – sinnvoll festlegen zu können, benötigt die zentrale Planungsstelle ein **Wirkungsmodell über den Zusammenhang zwischen Durchlaufzeit und Einlastungsprozentsatz**. Unter den Idealbedingungen des Flußmodells ergibt sich die Durchlaufzeit einer Arbeitsstation, wenn der Bestand (direkte Belastung) durch die Leistung pro Zeiteinheit dividiert wird. Die direkte Belastung entspricht der Gesamtbelastung ($EP/100 \cdot L \cdot P$) abzüglich der Arbeitsmenge $P \cdot L$, die im Zeitraum P abgearbeitet werden kann. L steht für die Leistung pro Zeiteinheit und P für die Zeit zwischen zwei Planungsläufen.[77] Für die Durchlaufzeit DLZ an einer Arbeitsstation ergibt sich dann der Wirkungszusammenhang:

$$DLZ = \frac{(EP/100 \cdot L \cdot P) - L \cdot P}{L} = \frac{(EP - 100) \cdot P}{100}$$

Diese Durchlaufzeit je Arbeitsstation ist mit der Zahl der Arbeitsstationen zu multiplizieren, die von einem Auftrag hintereinander zu durchlaufen sind, wenn die gesamte Plandurchlauf-

---

77 Das Produkt L·P entspricht damit dem im Zeitraum P zu erledigenden mittleren Arbeitsvolumen.

zeit bestimmt werden soll. Aus obiger Formel wird deutlich, **daß nach der Theorie der BoA bei gleichem Einlastungsprozentsatz die Durchlaufzeit aller Arbeitsstationen gleich hoch sein muß**. Weiterhin soll die Durchlaufzeit linear von EP und P abhängen.

Die Aussagen des Wirkungsmodells sind anzuzweifeln. Wird der Zeitraum P zwischen zwei Freigabeläufen auf null reduziert, beeinflußt das die Durchlaufzeit real überhaupt nicht, obwohl im Wirkungsmodell die Durchlaufzeit auf null sinkt. Simulationsstudien belegen zudem, daß real auch keine lineare Abhängigkeit der Durchlaufzeit vom Einlastungsprozentsatz EP existiert; vielmehr ergibt sich mit steigendem Bestand bzw. wachsendem Einlastungsprozentsatz ein progressiver Verlauf der Durchlaufzeit. Gleichzeitig gilt ein degressiver Verlauf der Leistung einer Arbeitsstation.[78]

Es ist auch irrig zu unterstellen, die Durchlaufzeit durch eine Arbeitsstation sinkt auf null, wenn von einem Einlastungsprozentsatz EP von 100 ausgegangen wird. Die Durchlaufzeit entspricht real immer mindestens der reinen Bearbeitungszeit in einer Arbeitsstation. Auch sind die Durchlaufzeiten aufeinanderfolgender Arbeitsstationen in der Realität nur selten gleich hoch.

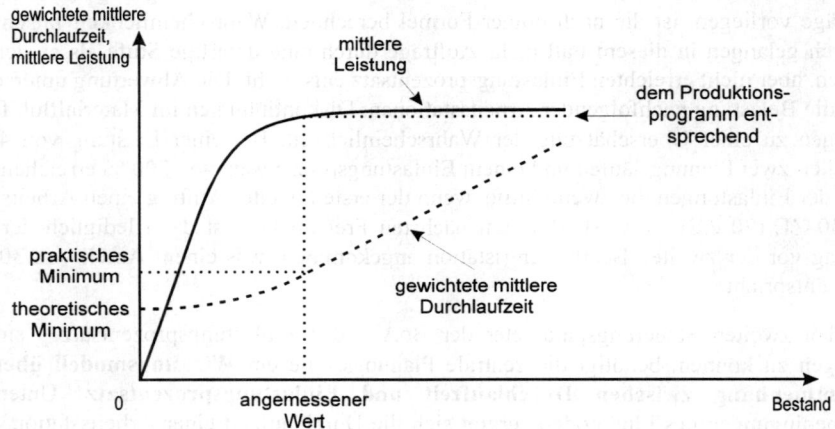

Abbildung 9-37

Das Wirkungsmodell bildet damit bei gegebener Zeit P zwischen zwei Planungsläufen den Einfluß der Bestände auf die Durchlaufzeit höchst unvollkommen ab.

Ob die vereinfachenden Annahmen der BoA dennoch zu befriedigenden Steuerungsergebnissen führen, hängt ganz entscheidend davon ab, ob ein Betrieb die Einsatzvoraussetzungen des Trichtermodells in der Realität näherungsweise schaffen kann. Das Trichtermodell stellt dann eine gute Annäherung an die Realität dar, wenn folgende Voraussetzungen erfüllt sind:[79]

---

78 Vgl. Wiendahl (1987), S. 207.
79 Vgl. Adam (1990), S. 820 f.

- In jeder Arbeitsstation gilt das gleiche Verhältnis von Belastung und mittlerer Leistung, d.h., die Kapazitäten aufeinanderfolgender Arbeitsstationen sind harmonisiert, so daß Zugangs- und Abgangskurve der Belastung für jede Steuereinheit parallel verlaufen. Nur dann sind die Durchlaufzeiten aufeinanderfolgender Arbeitsstationen weitgehend gleich hoch.

- Die Fertigungs- und Rüstzeiten der einzelnen Aufträge sind klein, und sie unterscheiden sich demzufolge von Auftrag zu Auftrag kaum. In diesem Fall ist der Materialfluß sehr kontinuierlich, und die Bearbeitungszeiten haben einen vernachlässigbaren Anteil an der Durchlaufzeit. Die Durchlaufzeit entspricht dann weitgehend der Wartezeit vor einer Station, und diese Wartezeit hängt vom Einlastungsprozentsatz ab.

- In den Arbeitsstationen findet keine Reihenfolgevertauschung der Aufträge statt, d.h., die Bearbeitung erfolgt entsprechend dem FCFS-Prinzip. In diesem Fall hat die Zugangskurve einer Arbeitsstation bei leicht diskontinuierlichem Materialfluß die gleiche Form wie die Abgangskurve. Beide Kurven sind bei identischer Form nur gegeneinander zeitversetzt.

- Es liegt für alle Aufträge ein linearer Fertigungsprozeß vor, Montageprozesse mit parallelen Teilzweigen treten nicht auf, und es gibt kein Problem einer Koordination des Materialflusses an Knotenpunkten.

- Soweit für Aufträge ein unterschiedliches Routing durch das Produktions- bzw. Trichtersystem gilt, darf sich die Zusammensetzung des Produktionsprogramms im Zeitablauf nicht wesentlich verändern, da bei nicht stabilem Programm eine Harmonisierung der Kapazitäten aufeinanderfolgender Stufen nicht gelingt bzw. die Stärke des Materialflusses im Zeitablauf mit Programmveränderungen variiert. Dann sind die Zugangs- und Abgangskurven zeitabhängig und verlaufen folglich nicht mehr parallel. In diesem Fall gibt es keinen Gleichgewichtszustand mehr, und das statische Modellkonzept versagt.

Sind die Kapazitäten aufeinanderfolgender Arbeitsstationen nicht harmonisiert, gibt es also Engpässe, kann ein Produktionssystem nicht in den von der BoA angenommenen Gleichgewichtszustand gebracht werden. Die direkte Belastung der Nichtengpaßstationen sinkt dann unter das mit dem Einlastungsprozentsatz gesetzte Niveau. Zeitweilig wird vor diesen Stationen überhaupt kein Bestand existieren; dann müssen die Maschinen auf Aufträge warten, so daß die mittlere Leistung sinkt. Gleichzeitig überschreitet der Bestand vor Engpaßstationen die erwartete Bestandshöhe. Dieser höhere Bestand hat seine Ursache darin, daß die Abwertung des indirekten Bestandes in dieser Situation nicht mehr stimmt. Die Durchlaufzeiten der Nichtengpaßstationen sind vielmehr geringer als erwartet, die Aufträge erreichen die Engpässe ohne Wartezeiten schneller und führen zum Auftragsstau. In diesem Fall gilt auch die Voraussetzung gleich langer Durchlaufzeiten durch alle Bearbeitungsstationen nicht mehr.

Große Auftragszeiten führen ebenfalls dazu, daß der Abwertungsmechanismus nicht mehr stimmig ist. Setzt sich ein Auftragsbestand von insgesamt 80 Zeiteinheiten aus drei Aufträgen von 50, 20 bzw. 10 ZE zusammen, kommt bis zum nächsten Planungslauf nach 40 ZE vor der nachfolgenden Station überhaupt kein Auftrag an. Auf jeden Fall stimmt die theoretische Übergangswahrscheinlichkeit in diesem Fall nicht mehr. Es ergibt sich folglich kein kontinuierlicher Materialfluß mehr.

Die erste Stufe des Verfahrens geht von einem linearen Fertigungsprozeß der Produkte aus; alle Arbeitsoperationen eines Auftrages sind hintereinander angeordnet. Paralleles Arbeiten – vernetzte Produktion – ist nicht vorgesehen. Wird die Durchlaufterminierung auf den Vernetzungsfall erweitert,[80] gelingt die zeitliche Koordination der einzelnen Teilzweige des Netzes an den Montagepunkten nicht. Vor diesen Stationen kommt es zu zusätzlichen Zwischenlägern, wenn die anderen Montageteile noch nicht verfügbar sind. Montageprozesse haben somit weitere Diskontinuitäten und Störungen des Materialflusses zur Folge, die mit den Vorstellungen von einem kontinuierlichen, im Gleichgewicht befindlichen Materialfluß nicht vereinbar sind.

Bei einem Auftragsprogramm mit unterschiedlichem Routing der Aufträge ergeben sich zusätzliche Probleme, wenn sich die Materialströme im Zeitablauf als Folge einer variablen Programmzusammensetzung in ihrer Mächtigkeit verändern. Laufen an einer Arbeitsstation unterschiedliche Materialströme zusammen, ist also je nach Auftrag eine andere Arbeitsstation die Vorgängerstufe, muß dafür gesorgt werden, daß die gesamte Zugangsrate der Aufträge – ankommende Arbeitsmengen pro ZE – im Zeitablauf näherungsweise konstant ist. Veränderungen in der Zusammensetzung des Programms können aber Anlaß dafür sein, daß die Stärke der einzelnen zusammenlaufenden Materialströme im Zeitablauf schwankt, was dann auch Veränderungen der Zugangsrate im Zeitablauf nach sich zieht. Bei schwankenden Zugangsraten existiert kein Gleichgewichtszustand mehr. Ein vom Zeitablauf abstrahierendes Modell kann die Realität in diesem Fall nur ungenügend erklären und unzureichend gestalten.

9.4.3 Das KANBAN-Prinzip

Das KANBAN-Konzept wurde in den siebziger Jahren in Japan entwickelt[81] und gelangte über die Vereinigten Staaten auch nach Deutschland. In Japan erkannte man bereits sehr früh, daß aufgrund erhöhter Marktdynamik sowie steigender Flexibilitätsanforderungen niedrige Bestände, hohe Liefertreue und niedrige Durchlaufzeiten vorrangige Ziele der Fertigungssteuerung sind. Das KANBAN-Konzept versucht durch eine Bestandssenkung positiv auf diese Ziele Einfluß zu nehmen. Im Gegensatz zur BoA soll die Bestandssenkung aber nicht über eine zentrale Steuerung der Werkstattbestände erreicht werden. KANBAN fußt vielmehr im Grunde auf einem dezentralen Steuerungskonzept und bindet die Mitarbeiter der Fertigung in die Steuerung des Ablaufs ein.

Bei einer Steuerung nach dem KANBAN-Prinzip wird der letzten Fertigungsstufe von der zentralen Produktionssteuerung vorgegeben, wann welche Mengen in der Produktion fertig sein sollen. Ausgangspunkt für die dezentrale Steuerung der einzelnen Produktionsstufen ist dieser terminierte Produktionsplan der letzten Fertigungsstufe. Die letzte Fertigungsstufe

---

80 Die BoA ist allerdings nicht für Montageprozesse ausgelegt.
81 Vgl. Monden (1983).

9.4 Spezielle Verfahren zur Fertigungssteuerung

entnimmt aus einem Behälter Teile und schickt den geleerten Behälter mit der anhängenden KANBAN-Karte als Produktionsauftrag an die Vorstufe. Um diesen Auftrag produzieren zu können, sind dort abermals Vorprodukte aus einem kleinen Pufferlager erforderlich. Durch die Entnahme aus dem Pufferlager löst die vorletzte Stufe bei ihrem Vorgänger einen Auftrag aus. Auf diese Weise setzt sich der von der letzten Stufe ausgehende Produktionsimpuls über alle Produktionsstufen bis zur Beschaffung fort. Der Informationsfluß und die Steuerung erfolgen bei KANBAN folglich entgegen der Produktionsrichtung (Hol-Prinzip), d.h., die vorgelagerten Stufen erhalten ihre Produktionsimpulse dezentral von der jeweils nachgeordneten Stufe. Jeweils zwei im Produktionsfluß benachbarte Produktionsabteilungen bilden **selbststeuernde Regelkreise**. Die Produktionsstufen eines Regelkreises werden durch ein Pufferlager miteinander verbunden. Eine Vorstufe darf grundsätzlich erst dann mit der Produktion von Teilen beginnen, wenn die nachfolgende Produktionsstufe den Materialbedarf anmeldet. Durch dieses Grundprinzip soll erreicht werden, daß zwischen zwei Produktionsstufen nur Lagerbestände existieren, die gerade ausreichen, um den Materialfluß zwischen den beiden Produktionsstufen eines Regelkreises aufrecht zu erhalten.

Das Konzept wird durch folgende Abbildung verdeutlicht:[82]

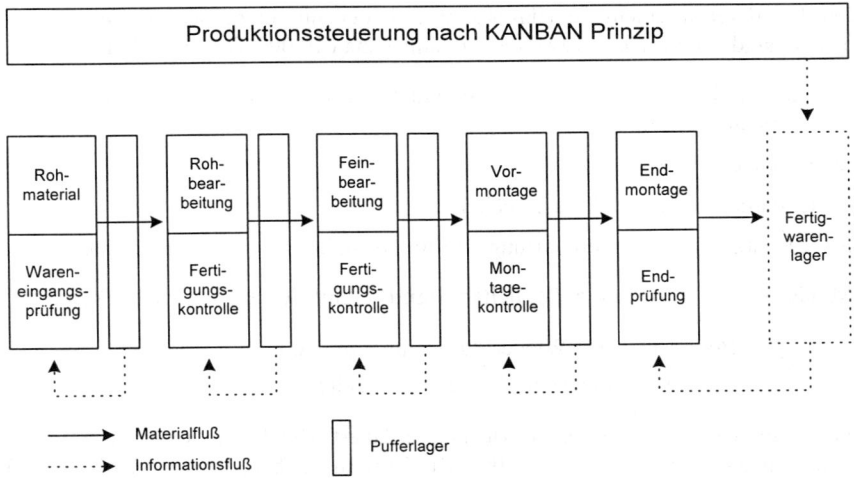

Abbildung 9-38

Informationsträger zwischen einer verbrauchenden Stelle, der Materialsenke und der liefernden Stelle, der Materialquelle, ist die KANBAN-Karte (KANBAN = japanische Bezeichnung für Schild, Beleg)[83]. Jede KANBAN-Karte ist genau einem standardisierten Transportbehälter mit feststehender Füllmenge an Teilen zugeordnet und zirkuliert zwischen der Produktionseinheit und dem dahinterliegenden Pufferlager. Die Füllmenge eines Behäl-

---

82 Abbildung in Anlehnung an Wildemann (1989), S. 61.
83 Vgl. Wernicke (1977), S. 98.

ters reicht dabei immer nur für einen Bruchteil der Tagesproduktionsmenge einer Produktionsabteilung aus. Bei Toyota faßt ein Standardbehälter 10 % der Tagesproduktion, d.h., pro Tag sind zehn Standardbehälter zu füllen.[84] Die Zahl der KANBAN-Karten bzw. Behälter für einen Regelkreis ist vorgegeben und so zu dimensionieren, daß der Materialfluß innerhalb des Regelkreises gerade aufrechterhalten bleibt.

Die KANBAN-Karte enthält folgende Informationen:[85]

- Teilenummer und Name des Teils
- Behälterart
- Standardfüllmenge je Behälter
- Herkunft der Teile (Quelle)
- Adresse der Teile (Senke)
- Registriernummer der Karte

Der Fertigungsfortschritt – Zahl verbrauchter oder produzierter Teile – in einer Produktionsabteilung kann durch die Zahl der Kartenumläufe an bestimmten Meßpunkten überwacht werden. Existieren in einem Regelkreis zehn Behälter mit einem Fassungsvermögen von je 500 Teilen, sind nach Ende des zweiten Umlaufs genau 10.000 Teile verarbeitet.

Die Anzahl der KANBAN-Karten bzw. Behälter, die sich innerhalb eines Regelkreises befinden, ist abhängig von:

- dem Teilebedarf je Tag,
- der Standardanzahl der Teile je Behälter,
- der (geschätzten) Wiederbeschaffungszeit für Herstellung und Transport eines Loses.

Der Mindestbedarf an Behältern (**Arbeitsbestand**) ergibt sich aus folgender Formel:

$$\text{KANBANS} = \frac{\text{Bedarf je Tag} \cdot \text{Wiederbeschaffungszeit je Los}}{\text{Standardanzahl der Teile je Behälter}}$$

Dieser Zusammenhang sei an einem Beispiel erläutert: Der Bedarf eines bestimmten Teils wird von der Materialsenke mit 15.000 [ME/Tag] angegeben. Ein standardisierter Transportbehälter faßt 500 [ME] (Losgröße). Die Wiederbeschaffungszeit (Zeitspanne zwischen Entnahme eines Behälters und Wiedereintreffen eines vollen Behälters im Pufferlager) beträgt einen halben Tag. Die Mindestzahl an KANBAN-Karten, beläuft sich damit auf 15.000·0,5/500 = 15 Karten.

---

[84] Die Losgröße entspricht i.d.R. genau einer Standardfüllmenge. Falls trotz rüstzeitverkürzender Maßnahmen die Produktion derart kleiner Lose nicht wirtschaftlich erscheint, ist eine Zusammenfassung mehrerer Standardbehälter zu einem Los denkbar, wenn auch nicht üblich.

[85] Vgl. Wildemann (1988), S. 37.

Hinzu kommt ein Sicherheitsbestand, d.h. eine bestimmte zusätzliche Menge an gefüllten Behältern. Sinn des Sicherheitslagers ist es, auch bei zufälligen Schwankungen der Wiederbeschaffungszeit die Materialversorgung in der nachfolgenden Arbeitsstation zu sichern.[86] Das Ausmaß an Sicherheitsbeständen hängt von den zufälligen Schwankungen der Wiederauffüllzeit ab. Gelingt es, die Produktion so zu organisieren, daß praktisch stabile Wiederauffüllzeiten gelten, ist ein geringes Sicherheitslager notwendig. Treten aber nennenswerte Schwankungen der Wiederauffüllzeiten aufgrund fehlender Arbeitskräfte oder durch Maschinenausfall auf, müssen die Sicherheitsläger entsprechend heraufgesetzt werden.

Ziel des KANBAN-Systems ist es, die Anzahl der in den einzelnen Regelkreisen befindlichen KANBAN-Karten bzw. Standardbehälter zu minimieren. Die Produktion muß dazu so organisiert werden, daß möglichst geringe Wiederauffüllzeiten und geringe Streuungen dieser Zeiten erreicht werden. Nach der Einführungsphase des KANBAN-Systems – in der die Produktionsprozesse der Regelkreise noch nicht voll eingespielt sind – werden deshalb den Regelkreisen sukzessiv so lange KANBAN-Karten entzogen, bis eine reibungslose Materialversorgung gerade noch möglich ist. Auf diese Weise werden dem System überflüssige Behälter entzogen und die Lagerbestände reduziert. Mit der verringerten Behälterzahl in einem Regelkreis sinkt gleichzeitig die Durchlaufzeit. Gelingt es, auch die Streuung der Wiederauffüllzeiten zu reduzieren, wirkt sich das positiv auf die Streuung der Durchlaufzeit aus.

Um einen Produktionsablauf mit geringen Beständen, kurzen und sicheren Durchlaufzeiten zu gewährleisten, sind bei der KANBAN-Steuerung folgende Regeln einzuhalten:

- Die Materialsenke darf niemals
  - mehr Material anfordern als sie benötigt,
  - vorzeitig Material anfordern.
- Die Materialquelle darf niemals
  - mehr Teile als angefordert herstellen,
  - Teile vor Eingang der Bestellung herstellen,
  - fehlerhafte Teile abliefern, d.h., es ist eine umfassende Qualitätskontrolle durchzuführen.
- Die Steuerung soll
  - für eine gleichmäßige Kapazitätsauslastung der einzelnen Produktionsstufen sorgen,
  - nicht mehr KANBAN-Karten ausgeben als unbedingt nötig sind.

Das eigentliche Problem bei KANBAN besteht folglich nicht in der Steuerung des Produktionsprozesses, sondern darin, die nötigen Einsatzvoraussetzungen für das System zu schaffen. Häufig können die notwendigen Bedingungen nur für bestimmte Teilbereiche der Produktion hergestellt werden.[87] KANBAN eignet sich dann auch nur partiell für die Steuerung.

---

86 Vgl. Koffler (1987), S. 37.
87 Vgl. Arnreich (1988), S. 124 ff.

Grundsätzlich sind folgende Maßnahmen für einen erfolgreichen Einsatz des Systems erforderlich:

- Verstetigung des Materialflusses,
- Maßnahmen zur Sicherung einer kurzen Wiederauffüllzeit ohne nennenswerte Streuungen,
- Qualitätssicherung.

Das KANBAN-System mit den dezentralen Regelkreisen funktioniert nur bei einem **verstetigten Materialfluß**; die Materialintensität – Materialbedarf pro Zeiteinheit – darf im Zeitablauf keine oder nur geringfügige Veränderungen aufweisen. Kommt es zu nennenswerten Schwankungen der Materialintensität, reichen die dezentralen Pufferläger zwischen benachbarten Produktionsstufen nicht aus, um die Materialversorgung zu garantieren. Kleinere zufallsbedingte Veränderungen des Materialbedarfs pro Zeiteinheit lassen sich noch durch zusätzliche Sicherheitsläger in den einzelnen Regelkreisen abfangen. Kommt es aber zu systematischen Schwankungen in der Produktion (saisonale Absatzveränderungen, Strukturveränderungen im Programm, zeitliche Schwankungen der Kapazität), kann dem nicht Rechnung getragen werden. Die geringen Lagerreichweiten führen dann dazu, daß in den einzelnen Regelkreisen nicht genug Vorprodukte vorhanden sind, so daß die Materialversorgung abreißt.

Für eine Verstetigung des Materialflusses sind zwei Grundbedingungen einzuhalten:

- Für die letzte Produktionsstufe muß ein Produktionsplan mit konstanter Menge pro Zeiteinheit existieren (z.B. konstante Absatzintensität).
- Die Kapazitäten der Fertigungsabteilungen müssen aufeinander abgestimmt sein (keine Engpässe), und das Kapazitätsangebot darf im Zeitablauf keine nennenswerten Schwankungen aufweisen.

Die Bedingung **gleicher Absatzintensität** ist am ehesten bei der Großserien- oder Massenfertigung gegeben. Absatzschwankungen müssen u.U. durch Endläger abgepuffert oder in absatzschwachen Zeiten durch verstärkte Verkaufsbemühungen ausgeglichen werden. Für eine Variantenfertigung ist das KANBAN-Prinzip nur dann geeignet, wenn in starkem Maße auf genormte Teile zurückgegriffen werden kann oder wenn es bei flexibler Fertigung möglich ist, ähnliche Teile auf einer Produktionsanlage ohne lange Rüstzeiten zu produzieren. Die Absatzintensität der einzelnen Produkte ist dann zwar u.U. nicht konstant, die Verwendung genormter oder ähnlicher Teile führt ggf. dennoch zu einer konstanten Materialintensität in den Fertigungsstufen.

Um einen reibungslosen Materialfluß zu gewährleisten, dürfen **keine Produktionsengpässe** auftreten. Bei Engpässen kann eine Steuerung nur dann erfolgreich sein, wenn sie simultan das ganze Produktionssystem erfaßt. Eine dezentrale Steuerung einzelner Regelkreise führt nicht zu einer auf den Engpaß abgestimmten Stärke des Materialflusses. Bei einer Fertigung nach KANBAN-Prinzipien sind daher die Kapazitäten sämtlicher Stufen zu harmonisieren.

Auch bei harmonisierten Maschinenkapazitäten treten **zufällige Schwankungen der verfügbaren Kapazität** auf (Maschinenausfälle, Personalausfälle). Schwankungen im Kapazitätsangebot durch zufällige Maschinenausfälle kann entgegengewirkt werden, indem in jeder Produktionsstufe ausreichende Kapazitätsreserven vorgehalten werden, um die bei Produktionsstörungen oder Schwankungen in der Stärke des Materialstroms abgebauten Sicherheitsbestände in den Pufferlägern möglichst schnell wieder aufbauen zu können. Die durch die Reservekapazitäten zusätzlich verursachten Kosten werden beim KANBAN-System bewußt in Kauf genommen, um einen ungestörten Materialfluß zu garantieren. Eine weitere Maßnahme, die zu einer Verstetigung des Materialflusses führt, stellt die vorsorgliche Wartung und Instandsetzung von Maschinen dar, um mit geringen zufallsabhängigen Ausfallzeiten arbeiten zu können. Zudem ist ein hohes Ausbildungsniveau des Wartungs- und Instandhaltungspersonals anzustreben, um die wartungsbedingten Stillstandszeiten der Maschinen gering zu halten.

Störungen im Produktionsprozeß oder kurzfristige Änderungen der Materialintensität können i.d.R. nur aufgefangen werden, wenn die **Arbeitskräfte flexibel** sind und schnell an Stellen eingesetzt werden können, an denen der Materialfluß abzureißen droht. Einer verbesserten Personalflexibilität kommt daher bei KANBAN große Bedeutung zu. Hierzu zählen folgende Maßnahmen:

- Motivierung des Personals, bei Bedarf Überstunden zu leisten (teilflexible Kapazitäten). Die Personalkapazität kann zusätzlich durch Leih- oder Saisonarbeiter mit befristeten Arbeitsverträgen flexibilisiert werden.
- Durch Job-Rotation werden Mitarbeiter für mehrere Tätigkeiten ausgebildet, um bei Bedarf an anderen Arbeitsplätzen aushelfen zu können.
- Einsatz von „Springern", die bei Bedarf umgesetzt werden können.

Werden in einer Fertigungsabteilung auf den Anlagen unterschiedliche Produkte gefertigt, lassen sich **kurze und sichere Wiederauffüllzeiten** nur garantieren, wenn das Kapazitätsangebot im Zeitablauf konstant ist und wenn sich die Anlagen schnell auf neue Produkte umstellen lassen, so daß in kleinen Losen produziert werden kann. Um sicherzustellen, daß die Maschinen einer Produktionsstufe auch dann für die Produktion eines neuen Loses zur Verfügung stehen, wenn das Material von der nachfolgenden Stelle nachgefragt wird, sind flexible Fertigungssysteme erforderlich, die eine fast rüstzeitfreie Umstellung auf ähnliche, mit einem Werkzeugmagazin herzustellende Produkte gestatten.

Bei einer Fertigung nach dem KANBAN-Prinzip sollen die Betriebsmittel zudem nach dem Materialfluß angeordnet werden, um eine übersichtliche Produktion mit geringen Transportzeiten zu erreichen. Geringe Transportzeiten helfen auch, die Wiederauffüllzeiten abzubauen.

Ein harmonisierter Materialfluß zwischen den Produktionsstufen ist zudem nur zu erreichen, wenn **kein Ausschuß** anfällt. Schwankungen der Qualität im Zeitablauf belasten die Sicherheitsläger zusätzlich. Fehlerhafte Teile führen zu Störungen in der nachgelagerten Stufe; die Versorgungskette mit Vorprodukten reißt u.U. ab, und eine termingerechte Fertigstellung der Aufträge ist gefährdet. Beim KANBAN-System wird deshalb von jeder Produktionsstufe 100 %-ige Qualität gefordert. Durch ein leistungsfähiges Qualitätssicherungssystem ist zu garantieren, daß keine fehlerhaften Teile an nachgelagerte Stufen weitergegeben werden. Im technischen Bereich ist eine hohe Qualitätssicherheit durch automatische Prozeßüberwachung sicherzustellen. Weiterhin ist ein hohes Qualitätsbewußtsein durch Selbstkontrolle der Mitarbeiter und Quality-Circles anzustreben. Motivationsförderung durch verstärkte Eigenverantwortung, materielle (Prämien) und immaterielle (Auszeichnungen, Lob) Belohnungen sind weitere Instrumente, um das Qualitätsbewußtsein zu fördern.

Ein zusätzliches Problem ergibt sich beim KANBAN-Konzept, wenn auch Zulieferteile in den Steuerungskreis einbezogen werden sollen. Werden Zulieferteile in das System integriert, werden die Rohstoff- und Teileläger durch eine Just-in-time-Anlieferung reduziert. Vielfach handelt es sich hierbei aber nur um eine Verschiebung der Lagerfunktion auf den Zulieferer. Beim Zulieferer entstehen immer dann Läger, wenn er über kein flexibles Maschinenkonzept verfügt und in großen Losen produzieren muß, um wirtschaftlich zu sein. Ob Zulieferteile in das System sinnvoll einzubinden sind, hängt auch von den Standortbedingungen (Entfernungen und Transportzeiten) und einem schnellen Informationsaustausch mit dem Zulieferer ab. Große Entfernungen bringen bei der heutigen Verkehrssituation eine hohe Unsicherheit über die tatsächlichen Transportzeiten mit sich. Zudem ist bei hohen fixen Transportkosten je Fahrt ein häufiger Versand kleiner Mengen unwirtschaftlich. Eine Just-in-time(JIT)-Anlieferung setzt zudem Datenfernübertragung und eine vereinheitlichte Software voraus, um die Bedarfsimpulse dem Zulieferer schnell und direkt übermitteln zu können.

Können die Einsatzvoraussetzungen für das KANBAN-System geschaffen werden, sind geringere Zwischenlagerbestände bei kurzen Durchlaufzeiten und somit geringe Kapitalbindungskosten im Umlaufvermögen zu erreichen. Diesen Vorteilen steht beim Einsatz flexibler Fertigungssysteme eine höhere Kapitalbindung im Anlagevermögen gegenüber. Bei konventionellen Systemen entsteht eine hohe Kapitalbindung für die vorzuhaltenden Reservekapazitäten. Häufig sind auch die Rüstkosten durch ökonomisch zu kleine Lose überhöht. Bedenklich ist das System zudem durch die ökologischen Belastungen bei einer JIT-Anlieferung durch Zulieferer. Um diese aus dem Transport resultierenden Belastungen zu reduzieren, wird sich insbesondere die Speditionsbranche in Zukunft intelligente Logistiksysteme einfallen lassen müssen, die bei gleichen Transportmengen das Transportaufkommen durch bessere Auslastung der Transportkapazitäten abbauen.

9.4.4 Steuerung durch Fortschrittskennzahlen

Fortschrittskennzahlen wurden bereits in den sechziger Jahren zur Verbesserung der Fertigungsorganisation und insbesondere des Materialflusses in der Automobilindustrie entwickelt. Das System wird zur Zeit u.a. von Daimler-Benz eingesetzt.[88]

Beim Fortschrittszahlenkonzept handelt es sich um eine **zentrale** Planungsmethode „klassischer" retrograder Durchlaufterminierung auf der Basis mittlerer Durchlaufzeiten bzw. mittlerer Übergangszeiten zwischen benachbarten Produktionsabteilungen. Das System leitet – ausgehend vom Montageplan der Enderzeugnisse – ab, bis wann welche Mengen in

---

88 Vgl. Heinemeyer (1988), S. 14 ff.

9.4 Spezielle Verfahren zur Fertigungssteuerung

den einzelnen Fertigungsabteilungen (Fertigungsblöcken oder Kontrollblöcken) fertiggestellt sein müssen, um die vereinbarten Liefertermine der Enderzeugnisse zu halten.[89] Retrograd von den Lieferterminen der Enderzeugnisse wird unter Berücksichtigung der Blockverschiebezeiten auf die Produktionsstarttermine in den einzelnen Blöcken geschlossen.

Das System besitzt eine formale Ähnlichkeit mit den Durchlaufdiagrammen der BoA, da für jeden Kontrollblock eine kumulierte Zugangs- und eine Abgangskurve der Aufträge abgeleitet wird. Zusätzlich verbindet das System Abgangs- und Zugangskurve aufeinanderfolgender Fertigungsblöcke in einem Fortschrittsdiagramm. Die Abgangskurve eines Blockes entspricht dabei mit einer vorgegebenen Vorlaufverschiebungszeit – Übergangszeit zwischen den Blöcken – der Zugangskurve des folgenden Blocks. Primäres Ziel des Konzepts ist es, durch montagegerechte „Liefertermine", die Lagerbestände an Rohstoffen sowie Bauteilen möglichst niedrig zu halten.

Das Konzept setzt voraus, daß sich der Produktionsprozeß in hierarchisch voneinander abhängige Produktionsbereiche und Zulieferbereiche (Blöcke) aufteilen läßt. Die einzelnen Bereiche sind organisatorisch, kapazitätsmäßig und hinsichtlich des Materialflusses klar gegeneinander abzugrenzen.[90]

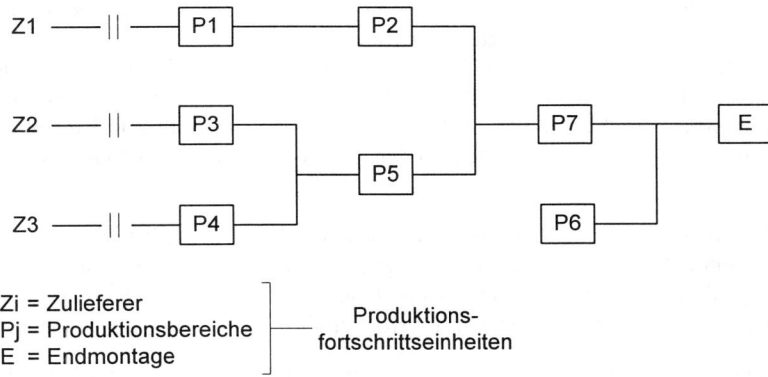

Abbildung 9-39

Für zwei benachbarte Blöcke (z.B. P7 und E) ist ein Fortschrittsdiagramm aufzustellen.

---

89 Das System besitzt von der Fragestellung und der grundsätzlichen Methodik her eine Ähnlichkeit mit der Line of Balance Technique, vgl. Kern (1967), S. 147 ff. und die dort zitierte Literatur.
90 Vgl. Heinemeyer (1988), S. 9.

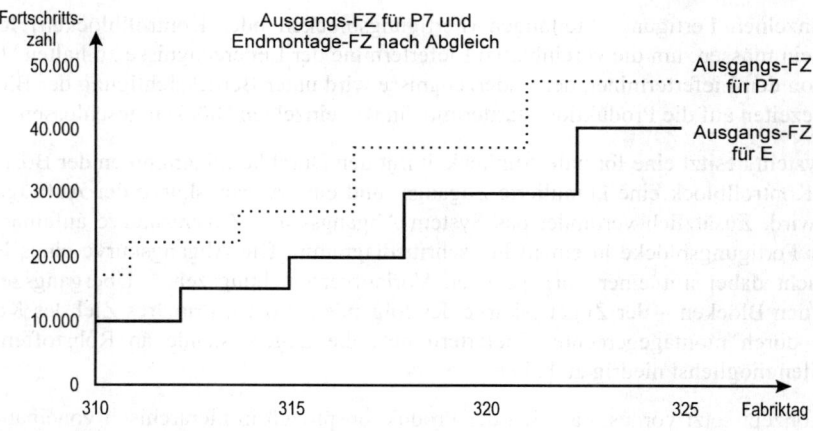

Abbildung 9-40

Ausgehend von einem gegebenen Montageplan werden anhand von Stücklisten und Arbeitsplänen die Bedarfe an untergeordneten Baugruppen (z.B. für P7) ermittelt. Aus den Bedarfsmengen nachgelagerter Blöcke werden die Fortschrittszahlen vorgelagerter Blöcke abgeleitet, wobei der terminliche Vorlauf der Blöcke zu beachten ist. Ein solcher Fortschrittsplan wird auch für die Zulieferer (z.B. Z1) aufgestellt. Z1 enthält dann für jeden Tag des Betriebskalenders eine Fortschrittszahl, die den kumulierten Output eines bestimmten Zwischenerzeugnisses angibt, der bis zu diesem Tag an die nachfolgende Einheit abgeliefert werden muß, damit die geplanten Mengen des Endproduktes termingerecht gefertigt werden können.

Die zentral vorgegebenen Soll-Fortschrittszahlen werden den tatsächlich in den einzelnen Blöcken produzierten/beschafften Mengen gegenübergestellt. Die Differenz der Soll- und Ist-FZ zeigt die Unterdeckungen, d.h. Fehlbestände auf. Diese Abweichungen zeigen auf, ob steuernd auf den Materialfluß eingewirkt werden muß.

Das Fortschrittszahlenkonzept ist kein System zur Ermittlung optimaler Ablaufpläne. Vielmehr handelt es sich um ein Informationssystem, mit dem sich die Daten aus Stücklisten, Arbeitsplänen und Produktions- bzw. Montageprogrammen für die einzelnen Produktionsblöcke sinnvoll aufbereiten und die Materialströme überwachen lassen. Um jederzeit einen reibungslosen Materialfluß zu gewährleisten, können Abweichungen von Soll- und Ist-FZ der einzelnen Produktionsblöcke frühzeitig durch geeignete Kapazitätsanpassungsmaßnahmen aufgefangen werden, so daß ein weitgehend reibungsloser Ablauf der Produktion gesichert werden kann. Die zentrale Planung und Koordination der Materialströme erfordert aber eine sehr aktuelle Rückmeldung der Ist-Produktionsmengen der einzelnen Produktionsblöcke, um schnell auf Störungen reagieren zu können. Schnelle Rückmeldungen sind mit Hilfe eines leistungsfähigen BDE-Systems zu erreichen.

9.4 Spezielle Verfahren zur Fertigungssteuerung

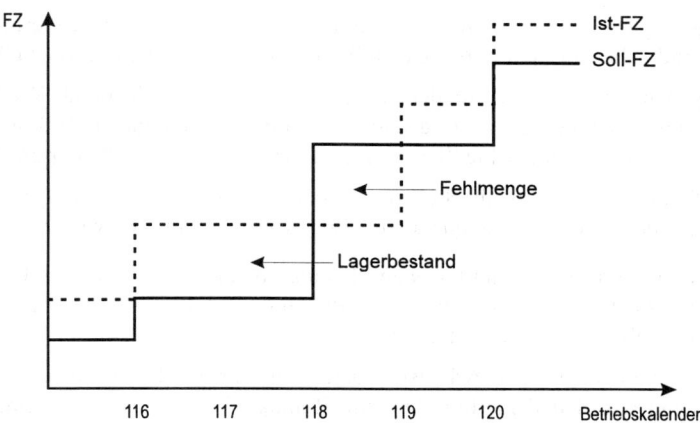

Abbildung 9-41

Durch das FZ-Konzept können die Bestände an Zwischen- und Endlagerprodukten auf niedrigem Niveau synchronisiert werden, wenn folgende Voraussetzungen für eine hohe Planungssicherheit erfüllt sind:

- Mittel- bis Großserienfertigung weitgehend gleichartiger Produkte in der Form einer Fließfertigung.
- Weitgehend beherrschter, störungsfreier Produktionsprozeß.
- Bekannte mittlere Durchlaufzeiten durch die einzelnen Produktionsblöcke mit geringer Streuung.
- Ein auf hohe Transportfrequenzen ausgelegtes Transportsystem, um die Teile den einzelnen Produktionsblöcken bedarfssynchron zur Verfügung zu stellen.
- Längerfristige Rahmenverträge mit den Zulieferern und Abruf der Zuliefermengen nach aktuellem Produktionsstand.

9.4.5 Das System OPT (Optimized Production Technology)

Das OPT-System geht von einer neuen Philosophie zur Produktionsplanung und -steuerung aus.[91] Das System basiert auf folgenden Erkenntnissen:

- Das wesentlichste Ziel der Produktionsplanung und -steuerung ist es, einen reibungslosen Materialfluß durch die Fertigung zu sichern.
- Ausgangspunkt der Produktionsplanung und der Programmplanung müssen die Engpaßabteilungen sein, da der Materialfluß durch deren Kapazität begrenzt wird.

---

[91] Vgl. Zimmermann (1987).

- Fertigungsengpässe sind optimal zu nutzen. Losgrößenplanung und Feinterminierung der Aufträge sind daher für die Engpässe detailliert durchzuführen und genau zu überwachen.
- Nichtengpaßabteilungen sind für den Materialfluß nicht entscheidend. Weil Rüstzeiten bei Überkapazitäten weniger wichtig sind als bei Engpässen, können für dasselbe Produkt bzw. dasselbe Teil an unterschiedlichen Aggregaten andere Losgrößen optimal sein.
- Durchlaufzeiten können für die Steuerung nicht vorweg bestimmt werden, da sie durch das Ergebnis der Belegungsplanung an den Engpässen determiniert werden.

Der auf diesen Grundaussagen aufbauende Planungsablauf von OPT ist aus kommerziellen Gründen nicht vollständig veröffentlicht. Die Planung erfolgt periodisch, z.B. wöchentlich, wobei prinzipiell folgende Schritte durchlaufen werden:

- Anhand von Stücklisten- und Arbeitsplandaten wird der Produktionsprozeß aller Aufträge, ausgehend vom Kundenauftrag bis zum Rohmaterial, vollständig in einem Produkt-Netzwerk (Arbeitsplan) abgebildet.
- Im zweiten Schritt werden Engpässe lokalisiert. Ausgehend vom geplanten Fertigstellungstermin der Aufträge wird durch Rückwärtsterminierung die zu erwartende Kapazitätsbelastung für jede Produktionsabteilung und jeden Zeitabschnitt des Betriebskalenders zunächst ohne Rücksicht auf Kapazitätsgrenzen ermittelt. Diese Rückwärtsrechnung geht von einem festen Kapazitätsbedarf der Aufträge in den einzelnen Produktionsabteilungen und von bekannten Mindestübergangszeiten zwischen den Abteilungen aus. Bei der Abteilung mit der höchsten Überlastung wird die Belastung auf 100 % beschränkt. Anschließend wird dieser Schritt mit dem reduzierten Programm ein zweites Mal durchlaufen, um festzustellen, ob weitere Engpässe vorliegen.

Welche Abteilung in diesem Schritt zur Engpaßabteilung wird, hängt vom gewählten Zeitraster ab. Bei einer im Zeitablauf schwankenden Belastung kann eine Abteilung bei einem Zeitraster von einer Woche keine Engpaßabteilung sein, weil sich eine hohe Belastung am Wochenanfang mit einer niedrigen Belastung am Wochenende kompensiert, während die Abteilung bei einem Tagesraster zur Klasse der Engpässe zählt.

Nach der Identifikation der Engpässe wird das Produktnetzwerk in einen kritischen Bereich und einen unkritischen Bereich geteilt. Der kritische Bereich umfaßt die Engpässe sowie alle im Materialfluß nachgelagerten Aggregate, während der unkritische Bereich die den Engpässen vorgelagerten Aggregate umfaßt. Das Konzept geht davon aus, daß auf einem linearen Teil des Produktionsnetzwerkes keine zwei Engpässe hintereinander auftreten (vgl. Abbildung 9-42). Nur in diesem einzig möglichen Engpaß kann es zu Lagerzeiten des Auftrags kommen. Zwischen allen übrigen aufeinanderfolgenden Produktionsstufen sind die Übergangszeiten gleich der Summe aus Transportzeiten und technisch bedingten Wartezeiten (Kühlzeiten, Aushärtezeiten). Zudem wird davon ausgegangen, daß diese Engpässe langfristig stabil sind, was nur bei einer im Zeitablauf weitgehend stabilen Programmzusammensetzung möglich ist.

9.4 Spezielle Verfahren zur Fertigungssteuerung

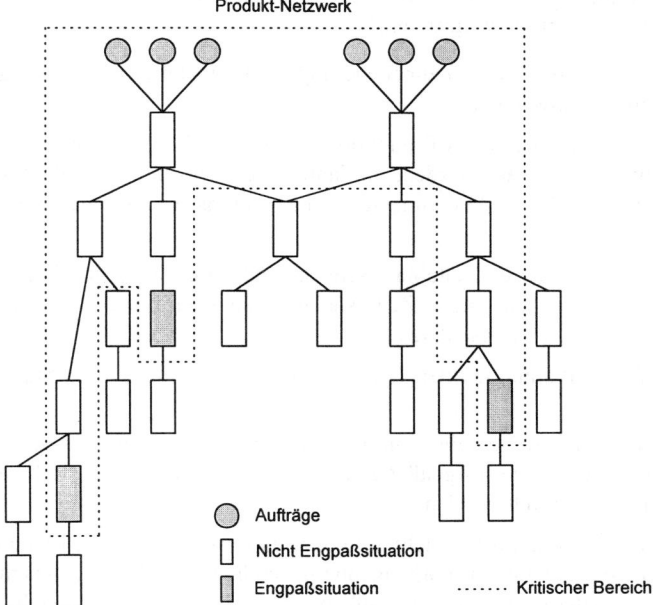

Abbildung 9-42[92]

- Kern des Verfahrens ist die Belegungsplanung der Aggregate des kritischen Bereichs mit Hilfe des OPT-BRAIN-Moduls, dessen genaue Arbeitsweise nicht veröffentlicht ist.[93] Bei dem von M.E. Goldratt entwickelten Algorithmus werden zunächst die Engpässe in einem simultanen Modell detailliert geplant. Dabei werden sowohl die Bearbeitungslose als auch die exakten Bearbeitungstermine festgelegt. Durch eine von den Engpässen ausgehende Vorwärtsterminierung werden anschließend die den Engpässen nachgeschalteten Aggregate eingeplant. Dabei ist zu beachten, daß das OPT-System zwischen Transport- und Bearbeitungslosen differenziert. Durch die kleineren Transportlose soll der Materialfluß beschleunigt werden (Prinzip der offenen Produktion).

  Ergebnis dieser Vorwärtsterminierung sind Durchlaufzeiten im kritischen Bereich und Fertigstellungstermine für die Aufträge. Können geplante Liefertermine eventuell nicht eingehalten werden, ist dieser Planungsschritt mit geänderten Kapazitäten (Überstunden) erneut zu durchlaufen. Auf diesem Weg läßt sich iterativ eine zufriedenstellende Lösung entwickeln.

- Als letztes wird die Materialversorgung der Engpässe durch die nicht kritischen Aggregate des Produktnetzwerks mit Hilfe des OPT-SERVE-Moduls geplant. Die Terminierung der Nicht-Engpaßabteilungen wird durch eine von den Engpässen ausgehende

---

92 Vgl. Goldratt (1988), S. 450, Jacobs (1984), S. 34.
93 Vgl. Goldratt (1988), S. 450 ff.

Rückwärtsterminierung erreicht. Bei dieser Rückwärtsrechnung können Kapazitätsprobleme im Prinzip nicht mehr auftreten.[94]

Grundsätzlich ist das OPT-System zur Steuerung bei Werkstattfertigung geeignet.[95] Das System hat aber einige Schwächen:

- An qualitative Änderungen des Produktionsprogramms kann das System nur mit relativ großem Aufwand angepaßt werden, da dann jeweils ein neues Produktnetzwerk zu erstellen ist. Zudem können Änderungen des Programms wechselnde Engpässe zur Folge haben.
- Engpässe lassen sich bei im Zeitablauf schwankender Belastung nur dann eindeutig identifizieren, wenn mit einem engen Zeitraster gearbeitet wird. Mit einem engen Zeitraster steigt allerdings der Planungsaufwand.
- Wegen der festen Planungszyklen (z.B. wöchentlich) ist die Flexibilität für Eilaufträge beschränkt.
- Da es sich um eine größtenteils zentrale Planung handelt, muß gewährleistet sein, daß insbesondere die Daten der Engpaßaggregate zeitnah (online) durch BDE-Systeme an die Planungsstelle übermittelt werden.
- Störungen in Engpässen dürfen nicht auftreten, da sonst die gesamte Planung hinfällig ist. Durch geeignete Maßnahmen (vorbeugende Instandhaltung, Reservekapazitäten) ist daher sicherzustellen, daß die geplante Engpaßkapazität voll zur Verfügung steht.
- Das System stellt hohe Anforderungen an die Qualität der Arbeitsplan- und Stücklistendaten. Stimmen diese Daten nicht mit der Realität überein, weil die Arbeitspläne nicht vollständig zum Zeitpunkt der Planung festliegen, sind die Belegungspläne an den Engpässen u.U. nicht durchsetzbar.

Durch die iterative Abstimmung von Programmplanung, Losgrößen- und Belegungsplanung mit den Kapazitäten unterscheidet sich das OPT-System vom klassischen Stufenverfahren der MRP-Logik. Der für ein Simultanmodell zu erwartende hohe Rechenaufwand wird aber in Grenzen gehalten, da sich die Simultanplanung nur auf den kritischen Bereich des Produktnetzwerks erstreckt. Wie alle Simultanmodelle reagiert das OPT-System sehr empfindlich auf Datenänderungen (z.B. neue Aufträge bzw. fehlerhafte Daten). Aus diesem Grunde ist eine aufwendige Datenpflege unerläßlich. Die Planungen müssen bei neuen Aufträgen angepaßt werden, wenn ein Veralten der Pläne vermieden werden soll.

Für die Funktionsfähigkeit von OPT ist es von entscheidender Bedeutung, die Belegungspläne der Engpässe exakt einzuhalten, da es sonst für nachfolgende Aufträge zu Terminüberschreitungen kommt. Durch die zentrale Planung beim OPT-System wird der Entscheidungsspielraum der Mitarbeiter in der Fertigung eliminiert, was zu Frustration und zur Ablehnung der Ergebnisse des Verfahrens führen kann. Hinzu kommt, daß die Mitarbeiter

---

94 Probleme können aber dennoch in Abhängigkeit von der Wahl des Zeitrasters für die Planung auftreten. Bei im Zeitablauf schwankender Belastung treten nur bei einem sehr engen Zeitraster keine Kapazitätsprobleme auf.
95 Vgl. Adam (1990), S. 833 f.

9.4 Spezielle Verfahren zur Fertigungssteuerung

den Planungsprozeß wegen der Komplexität des Verfahrens nicht durchschauen und somit die Gefahr besteht, daß sie die Belegungspläne unterlaufen.

9.4.6 Retrograde Terminierung (RT)[96]
9.4.6.1 Das duale Steuerungskonzept der RT

Bei der RT handelt es sich um eine Steuerungsphilosophie mit DV-gestützter, zentraler Grobsteuerung für Einzel- bzw. Variantenfertigung und dezentraler Feinsteuerung. Die Grobsteuerung ist als Zeitwirtschaftsbaustein für ein umfassenderes PPS-System konzipiert. Die zentrale Grobsteuerung ist die Konsequenz des bei Einzel- und Variantenfertigung meistens anzutreffenden, unvollkommenen Informationsstandes der Arbeitsvorbereitung (AV). Die AV kennt sowohl das kurzfristige Kapazitätsangebot als auch die Kapazitätsnachfrage nur ungenau und ist auch nur grob über den Arbeitsablauf der Varianten informiert. Informationsdefizite zwingen daher zu einer arbeitsteiligen Steuerung zwischen AV und Fertigungsstellen.

Die zentrale Komponente legt auf der Basis von Prioritäten an die Soll-Liefertermine der Aufträge angepaßte Fertigungstermine fest und generiert einen Rahmenplan für den Fertigungsfortschritt. Sie ordnet den Steuereinheiten bedarfsorientiert Kapazitäten (Personal) zu und gibt die Aufträge für die Fertigung frei; zudem unterbreitet sie Vorschläge für die Fertigungsreihenfolge der Aufträge. Innerhalb der Ecktermine des Rahmenplans müssen die Ablaufentscheidungen dezentral konkretisiert werden. Die dezentralen Entscheidungsspielräume resultieren im Kern aus den Informationsdefiziten der AV. Dezentral ist zu bestimmen, welche der einer Steuereinheit zugeordneten Kapazitäten an einem Tag an einem Auftrag arbeiten sollen und welche Arbeitsplätze der Steuereinheit zu besetzen sind. Vom zentralen Vorschlag für die Reihenfolge der Aufträge können die dezentralen Einheiten abweichen, wenn sie dadurch z.B. Rüstzeiten einsparen können und damit die Kapazitätsnachfrage verringern.[97] Abweichen können die Werkstattmeister auch dann von den Vorschlägen der zentralen Steuerung, wenn ihnen Informationen vorliegen, die der zentralen Steuerung unbekannt waren – z.B. kurzfristiger Ausfall von Maschinen oder Arbeitskräften, Fehlen von Bauteilen usw.

Ein derartiges duales Steuerungskonzept delegiert Ablaufentscheidungen in die Werkstätten und bindet die Mitarbeiter in den Entscheidungsprozeß ein. Die dezentralen Einheiten tragen damit für den Ablauf und die Termineinhaltung mit Verantwortung. Aufgabe der zentralen Steuerung ist es, die Entscheidungen der dezentralen Einheiten auf die gesamtbetrieblichen Ziele abzustimmen. Um diese Koordination zu erreichen, werden Ecktermine für den Fertigungsfortschritt festgelegt, die zu möglichst guter Kapazitätsauslastung, geringen Abwicklungszeiten der Aufträge und zu hoher Termintreue beitragen. Diese übergreifenden Aspekte lassen sich durch ein rein dezentrales Steuerungskonzept, das jeweils die Belange der ein-

---

[96] Interessenten können auf Anfrage am IKB der Universität Münster, Fachbereich 4, Universitätsstr. 14-16, 48143 Münster eine Demonstrationsversion der RT einschließlich einer kurzen Programmbeschreibung beziehen.
[97] Zu dieser partiell zentralen Steuerungsphilosophie der RT vgl. Fischer (1990), S. 97 f. und Sibbel (1998), S. 20 f.

zelnen Steuerungseinheiten in den Mittelpunkt stellt, nicht in den Griff bekommen. Die zentrale Steuerung ist damit im Kern ein Grobkoordinationsinstrument für die dezentralen Steuerungsentscheidungen. Ziel der zentralen Komponente des Verfahrens ist es im einzelnen, durch Grobkoordination der Fertigungstermine die

- Durchlaufzeit,
- Bestände an Rohstoffen, Teilen und Enderzeugnissen,
- Auslastung der Kapazitäten und
- Liefertreue

positiv im Sinne der unternehmerischen Zielsetzung zu beeinflussen.

Die zentrale Komponente des Verfahrens berücksichtigt sämtliche kurzfristig zu beeinflussenden Determinanten der Ablaufplanung. Der Disponent hat demzufolge über spezielle Steuerparameter die Möglichkeit, die Auftragsreihenfolge zu planen; er kann das Freigabeverhalten für die Aufträge verändern und so die Werkstattbestände beeinflussen. Bei größeren, aus mehreren Teilen bestehenden Aufträgen kann er die Aufträge spalten und damit die innerbetriebliche Auftragsgröße festlegen. Zudem ist es durch die Integration des Personaleinsatzproblems in die Fertigungssteuerung möglich, die Kapazität der Steuereinheiten kurzfristig zu verändern und dem Kapazitätsbedarf anzupassen. Weiterhin erhält der Disponent durch das System die Möglichkeit, für Anfragen oder projektierte Aufträge Probeeinlastungen durchzuführen, um aus dem System Informationen darüber abzuleiten, ob vorgeschlagene Liefertermine gehalten werden können oder welche Konsequenzen derartige Aufträge für die Fertigung bereits angenommener Aufträge haben. Zudem kann durch Probeeinlastungen analysiert werden, wie sich alternative Arbeitspläne der Aufträge auf den Fertigungsablauf auswirken.

9.4.6.2 Rahmenbedingungen der RT
9.4.6.2.1 Produktionsverhältnisse

Die RT wurde für Werkstattfertigung mit stark diskontinuierlichem Materialfluß (Aufträge mit großen und stark unterschiedlichen Arbeitsinhalten je Fertigungsstufe oder Steuereinheit) und vernetzter Produktionsstruktur (Vorfertigung von Baugruppen und Montagefertigung) entwickelt, wie sie bspw. im Maschinenbau vorliegt. Bei diesen Produktionsbedingungen erreichen bestandsregelnde Verfahren nur unzureichend die Ziele der Steuerung, da diese Konzepte von der Voraussetzung kleiner Arbeitsinhalte und harmonisierter Kapazitäten der Fertigungsstufen ausgehen. Rein bestandssteuernde Verfahren vernachlässigen die Zielwirkungen alternativer Auftragsreihenfolgen. Sie koordinieren die Teilzweige der Produktnetze an Montagepunkten zeitlich nur unzureichend bzw. gehen von rein sequentiellen Arbeitsabläufen ohne Montagevorgänge aus. Zudem lassen diese Verfahren die Probleme der kurzfristigen Kapazitätsplanung, wie sie bei flexibler Personalzuordnung auftreten, völlig unberücksichtigt.

9.4 Spezielle Verfahren zur Fertigungssteuerung

Produktionen mit diskontinuierlichem Materialfluß zeichnen sich in der Praxis durch stark schwankende Durchlaufzeiten der Aufträge aus. Die Verteilung der Durchlaufzeit besitzt daher eine große Streuung. Deswegen ist eine Terminierung auf der Basis mittlerer Durchlaufzeiten ungeeignet, da sie von der Streuung abstrahiert und zu wenig realistischen Terminvorgaben führt. Ungeeignet ist auch eine isolierte Grobplanung für die einzelnen Aufträge wie im MRP-II-Konzept, da sie die Reihenfolgebeziehungen der Aufträge nicht erfaßt und auch Kapazitätsengpässe zunächst unberücksichtigt läßt. Die Grobplanung der RT erfolgt für alle Aufträge gleichzeitig und beachtet die generellen Wirkungen der Auftragsabfolge und der Personalzuordnung. Sie nimmt zudem unmittelbar auf Kapazitätsengpässe Rücksicht. Die Grobsteuerung beruht auf einem Prioritätenkonzept. Allerdings sind übliche Prioritätsregeln – etwa die KOZ-Regel oder die FCFS-Regel – in diesem Fall ungeeignet. Sie erlauben bei vernetzten Arbeitsplänen keine terminliche Koordination der parallelen Teilzweige des Arbeitsplans, und es kommt zu einer ungenügenden Abstimmung von Produktionsend- und Lieferterminen.

Eines der Kernprobleme der Fertigungssteuerung bei kundenindividueller Variantenfertigung besteht in den Informationsdefiziten der zentralen Steuerung. Meistens sind bei dieser Art der Fertigung die Vorgabezeiten für einzelne Arbeitsoperationen nur recht ungenau zu quantifizieren. Im Pilotunternehmen für die RT werden bspw. kleinere Arbeitsinhalte regelmäßig zeitlich unterschätzt, während Arbeiten mit langer Dauer erheblich überschätzt werden. Die Vorgabezeiten werden zudem auf der Basis von Ähnlichkeitsdaten aus früheren Aufträgen abgeleitet, was zwangsläufig zu Unsicherheiten über den erforderlichen Zeitbedarf für neue Aufträge führt. Zudem sind der zentralen Steuerung die Kapazitäten nur unzureichend bekannt. Maschinen bzw. Arbeitskräfte können kurzfristig unvorhergesehen ausfallen, zudem sind die Effizienzen der Arbeitskräfte – wieviel ihrer Arbeitszeit benötigen sie, um eine Zeiteinheit der Vorgabezeit abzuarbeiten? – nur grob zu bestimmen. Häufig besteht auch unzureichende Kenntnis, für welche Arbeiten sich bestimmte Arbeitskräfte überhaupt eignen bzw. wie flexibel sie sind, andere als die angestammten Aufgaben zu übernehmen. Zentral sind damit Kapazitätsnachfrage und Kapazitätsangebot nur unzureichend zu quantifizieren und folglich auch nur grob zu koordinieren.

Häufig ist der zentralen Steuerung auch der genaue Arbeitsablauf der Aufträge nicht im einzelnen bekannt. Es existiert z.B. für viele gleichartige Varianten nur ein gemeinsamer Arbeitsplan, von dem aber vor Ort im Einzelfall abgewichen wird, um spezielle Bauteile zu montieren oder kundenindividuelle Sonderwünsche zu erfüllen. Gewisse Probleme ergeben sich auch, weil der Arbeitsablauf u.U. nicht deterministisch ist. Bei Variantenfertigung ist es in der Praxis häufig nicht üblich, die Erzeugnisse ganz durchzukonstruieren. So wird bspw. im Pilotunternehmen nicht festgelegt, wie Elektro- oder Druckleitungen genau zu plazieren sind. Im Verlauf der Fertigung ergeben sich dann u.U. Installationsengpässe, die in der Vormontage dazu führen, bestimmte Leitungsstränge noch einmal zu verlegen. Aufträge müssen dazu ungeplant in bereits durchlaufene Steuereinheiten rückverwiesen werden. Fallweise entsteht dann ungeplante Doppelarbeit, oder an einem Auftrag erübrigen sich u.U. auch spezielle im Arbeitsplan vorgesehene Tätigkeiten.

Der Informationsstand der zentralen Steuerung reicht daher bestenfalls für eine Grobkoordination des Fertigungsfortschritts aus. Aus diesen Informationsdefiziten werden für das Steuerungskonzept der RT Konsequenzen gezogen für

- den Detaillierungsgrad bei der Zerlegung der Werkstätten in Steuereinheiten,
- den Detaillierungsgrad der Arbeitspläne,
- die Wahl des Zeitrasters,
- die Wahl des Planungshorizonts,
- den Planungsmodus und
- das Zusammenspiel von Disponent und EDV.

9.4.6.2.2 Organisatorische Grobgliederung

Für die RT sind die Werkstätten in Steuereinheiten zu zerlegen, wobei eine Steuereinheit eine Gruppe gleicher, verwandter oder zusammengehöriger Arbeitsplätze oder Maschinen umfaßt. Eine Steuereinheit entspricht folglich nicht einem Arbeitsplatz oder einer Maschine wie das bei der Ablaufplanung üblicherweise der Fall ist; sie besteht vielmehr immer aus mehreren ähnlichen oder zusammengehörigen Arbeitsplätzen. Im Pilotunternehmen wurde bspw. die Gliederung der Werkstätten nach Kostenstellen als Basis für die Einteilung der Steuereinheiten benutzt.

Über die Zerlegung der Werkstätten in Steuereinheiten und die Bildung von Arbeitsplänen für die Abfolge der Arbeitsoperationen der Aufträge wird der Detaillierungsgrad der zentralen Steuerung bestimmt. Die Bildung von Steuereinheiten und der Detaillierungsgrad der Arbeitspläne sind dabei aufeinander abzustimmen. Werden bspw. drei Arbeitsoperationen in einer Steuereinheit durchgeführt, dann ist es nicht erforderlich, zwischen diesen Arbeitsoperationen im Arbeitsplan zu unterscheiden. Ein Grobkonzept bei den Steuereinheiten zieht mithin grobe Arbeitspläne nach sich. Dieser nur geringe Detaillierungsgrad hat dann zur Konsequenz, daß einzelne recht ähnliche Varianten durchaus Unterschiede im Arbeitsablauf aufweisen, die aber im zentralen Steuerungskonzept vernachlässigt werden.

Je feiner eine Werkstatt in Steuereinheiten gegliedert wird und je detaillierter die Arbeitspläne sind, um so größer sind der Steuerungsaufwand, der Informationsbedarf und der Detaillierungsgrad der Ergebnisse. Mit zunehmender Anzahl von Steuereinheiten wächst der Umfang der einzelnen Arbeitspläne, und die Zahl der Arbeitspläne erhöht sich, da Unterschiede der Varianten im Ablauf abgebildet werden müssen. Weil die RT als Rahmenplanungskonzept konzipiert ist, kommt es darauf an, eine organisatorische Zerlegung der Werkstatt zu finden, bei der nur die prinzipiellen Reihenfolgewirkungen der Aufträge und deren Einflüsse auf die Zielgrößen der Steuerung abgebildet werden. Für die Zwecke der Steuerung reicht es daher aus, mit groben Arbeitsplänen (aggregierte Arbeitsoperationen) zu arbeiten und Steuereinheiten zu bilden, in denen mehrere gleichartige oder mehrere unmittelbar aufeinanderfolgende Arbeitsplätze bzw. Arbeitsinhalte zusammengefaßt werden. Die Gliederung in Steuereinheiten und die Arbeitspläne müssen es lediglich erlauben, die Reihenfolge der zu durchlaufenden Steuereinheiten und den generellen zeitlichen Bezug – Arbeiten können parallel oder nacheinander durchgeführt werden – deutlich zu machen.

Für die Zerlegung einer Werkstatt in Steuereinheiten sind u.U. auch Aspekte der Personalzuordnung zu beachten. Angenommen Abschneiden, Abkanten und Nippeln von Blechen sind drei aufeinanderfolgende Arbeitsoperationen in der Blechverarbeitung, dann ist es unzweckmäßig, alle drei zu einer Steuereinheit zusammenzufassen, wenn einige Arbeitskräfte alle drei Arbeitsgänge beherrschen, andere aber nicht in der Lage sind, die Abkantbank und die Nippelmaschine zu steuern, wohl aber Bleche schneiden können. Um in der zentralen Steuerung eine sinnvolle Personalzuordnung zu erreichen, ist es dann erforderlich, alle Arbeitsplätze mit Blechscheren zu einer Steuereinheit zusammenzufassen und alle Arbeitsplätze mit Abkantbänken und Nippelvorrichtungen in einer zweiten Steuereinheit zu vereinen. Es gibt dann Personal, das wahlweise in beiden Steuereinheiten eingesetzt werden kann – sie beherrschen alle drei Arbeitsoperationen – während sich bestimmte Arbeitskräfte nur für den Schneidvorgang eignen. Werden alle drei Arbeitsvorgänge zu einer Steuereinheit vereinigt, ergeben sich unrealistische Personalzuordnungen, da dann auch Arbeitskräfte, die nur schneiden können dieser Steuereinheit zugeordnet werden, obwohl sie für zwei Tätigkeiten dieser Steuereinheit ungeeignet sind; oder Arbeitskräfte, die nur Bleche schneiden können, sind als generell ungeeignet für die Aufgaben der einheitlichen Steuereinheit zu deklarieren.

Beherrschen alle Arbeitskräfte alle Arbeitsvorgänge, resultiert daraus nur ein geringer Zerlegungsgrad nach Steuereinheiten. Bei starker Spezialisierung der Arbeitskräfte muß bei der Zerlegung in Steuereinheiten eine größere Detaillierung beachtet werden, um eine sinnvolle Personalzuordnung zu erreichen, was zu einer größeren Anzahl erforderlicher Steuereinheiten führt.

9.4.6.2.3 Zeitraster

Für die Wahl des Zeitrasters sind wegen der Informationsdefizite zwei Teilaspekte von Bedeutung:

- Unterteilung der Planungsperiode in Teilperioden und
- Wahl der Maßeinheit für die Vorgabezeit.

Bei Variantenfertigung nach Kundenauftrag handelt es sich i.d.R. um Fälle mit Durchlaufzeiten von mehreren Wochen. Für diese Aufträge sind die Vorgabezeiten nur ungenau zu bestimmen, und der Fertigungsfortschritt verläuft sehr diskontinuierlich, d.h., ein Auftrag verbleibt meistens für längere Zeit in einer Steuereinheit, bevor er vor die nächste rückt. Um diese Situation hinreichend abzubilden, reicht ein grobes Zeitraster. Es ist nicht erforderlich, minuten- oder stundengenau den Zustand eines Produktionssystems darzustellen. Für derartige Analysen reichen die verfügbaren Informationen zumeist auch nicht. Die RT arbeitet daher im allgemeinen mit einem Raster von einem Arbeitstag. Die Planungsergebnisse der zentralen Steuerung sind damit immer nur tagesgenau. Es kann aber in Abhängigkeit vom Informationsstand auch sinnvoll sein, dieses Zeitraster noch zu vergröbern. Das ist bspw. dann erforderlich, wenn das System zur Steuerung von Entwicklungsprozessen eingesetzt werden soll. Es reicht dann u.U. ein Wochenraster.

Das Zeitraster legt fest, wann ein in einer Steuereinheit fertiger Auftrag frühestens in der nächsten Steuereinheit weiterbearbeitet werden kann. Die RT unterstellt, daß die Bearbeitung in einer nachfolgenden Steuereinheit frühestens am nächsten Tag beginnt. Liegen die Vorgabezeiten der Aufträge in den Steuereinheiten in einem konkreten Fall deutlich unter einem Tag, kann sich der Disponent auch dafür entscheiden, fertige Aufträge mehrfach täglich in die nächste Steuereinheit vorrücken zu lassen. Das kann zu einer realistischeren Abbildung des Fertigungsablaufs beitragen. Das grobe Zeitraster hat dezentrale Entscheidungsspielräume zur Folge, da ein Auftrag konkret auch untertägig vor die nächste Steuereinheit rücken kann und damit früher dort eintrifft als geplant.

Ziel der RT ist es nicht, minutengenaue Belegungspläne zu generieren. Bei Aufträgen mit langen Bearbeitungsdauern – Tage oder gar Wochen je Arbeitsstation – ist eine Reihenfolgeplanung mit Vorgabezeiten im Minutenbereich ohnehin sinnlos. Vorgabezeiten sind deshalb in einem gröberen Raster anzugeben. Ursprünglich wurde in der RT mit Vorgabezeiten im 15-Minuten-Raster gearbeitet. Dieses Raster erweist sich aber im praktischen Einsatz als viel zu engmaschig. Da lediglich eine grobe Terminabstimmung gewollt ist und die Vorgabezeiten bei kundenindividueller Variantenfertigung häufig nicht einmal tagesgenau prognostiziert werden können, reicht ein viel gröberes Zeitraster völlig aus. Es kann sich bspw. anbieten, das Zeitraster auf die kleinste Vorgabezeit eines Auftrages in einer Steuereinheit abzustimmen. Im Pilotunternehmen ist dies die Lackiererei mit Lackierdauern von mindestens 2 Stunden je Auftrag. Vorgabezeiten werden dann immer nur in vollen Doppelstunden im System erfaßt. Das grobe Zeitraster trägt dann auch wieder zu dezentralen Entscheidungsspielräumen bei, da die effektive Produktionszeit vom 2-Stunden-Raster abweichen wird.

9.4.6.2.4 Planungsmodus

Die RT arbeitet mit keinem vordefinierten Planungshorizont bestimmter Länge. Vielmehr erstreckt sich die Planung auf alle erteilten Aufträge und Anfragen; sie wird nicht wie in anderen Verfahren zur Fertigungssteuerung am Ende eines willkürlichen Planungszeitraums abgebrochen. Das Verfahren geht von einem umfassenden Planungshorizont aus, dessen jeweilige Länge durch den Auftrag mit dem spätesten Liefertermin definiert wird. Bei einem eingeschränkten Planungshorizont können mittel- und langfristig erforderliche Maßnahmen wie Kapazitätsanpassungen, Fremdvergabe von Teilaufträgen, Beschaffung von Bauteilen mit längeren Lieferzeiten usw. nicht oder erst zu spät in der Planung erkannt werden, was dann häufig Ursache für Terminüberschreitungen ist. Der umfassende Planungshorizont trägt dazu bei, die zeitlich vertikalen Interdependenzen zwischen den Aufträgen in der Steuerung zu erfassen.

Als Folge der zu jedem Planungszeitpunkt existierenden Informationsdefizite arbeitet die RT mit einem rollierenden Planungsmodus. Im zeitlichen Abstand von bspw. drei Tagen oder einer Woche wird auf Basis des effektiven Arbeitsfortschritts und etwaiger in der Zwischenzeit neu erteilter Aufträge oder verbesserter Informationen erneut geplant, so daß alle aktuellen, für die Steuerung relevanten Daten in die Planung eingearbeitet werden können. Der gewählte rollierende Planungsmodus hat zwar den „Nachteil", daß von den Planungsergebnissen nur der sich auf die unmittelbare Zukunft erstreckende Teil realisiert wird, wäh-

9.4 Spezielle Verfahren zur Fertigungssteuerung

rend die übrigen Ergebnisse durch diese periodisch wiederkehrende Neuplanung überarbeitet werden. Gerade hierin liegt aber der entscheidende Informationsvorteil dieser Vorgehensweise, da die Planung an ein geändertes Umfeld und aktualisierte Daten angepaßt werden kann. Zukünftige Engpässe werden auf diese Weise rechtzeitig erkannt und vermieden. Der Nachteil eines erhöhten Planungsaufwandes bei einer wiederholten Planung für identische Teilzeiträume verliert in Zeiten zunehmender Leistungsfähigkeit von Rechnern fast völlig an Gewicht. Die Informationsvorteile sprechen eindeutig für eine rollierende Planung mit umfassendem Planungshorizont. Der rollierende Planungsmodus ist geeignet, Teile der Informationsunsicherheiten zu absorbieren, und trägt durch ständiges Fortschreiben des Auftragsprogramms dazu bei, die zeitlich vertikalen Interdependenzen zwischen den heutigen Aufträgen und den künftig hinzutretenden zu berücksichtigen.

Im rollierenden Planungsmodus können die bereits in früherer Zeit geplanten Termine von Altaufträgen auch festgeschrieben werden. Beispielsweise werden die Termine aller Aufträge, die sich bereits in der Fertigung befinden, festgesetzt, und Terminveränderungen können sich nur auf jene Teile der Aufträge beziehen, die noch vor einer Werkstatt oder einer Steuereinheit auf Bearbeitung warten. Um die Terminänderungen in der Fertigung gering zu halten, können auch alle Termine der nächsten 14 Tage unverändert bleiben. Der nur teilweise Neuaufwurf der Termine für Altaufträge schränkt allerdings die Flexibilität des Systems ein und verhindert erforderliche Maßnahmen, um in Gefahr geratene Liefertermine doch noch halten zu können. Der nur teilweise Neuaufwurf sorgt allerdings dafür, daß in der Fertigung nicht ständig Terminänderungen vorgenommen werden müssen.

Ein Neuaufwurf der Planung für alle noch nicht in den Werkstätten angefangenen Arbeitsoperationen ist die Normaleinstellung der RT. Dieses Vorgehen bietet den größten Spielraum für die Anpassung an veränderte Informationen.

Ein sinnvolles Instrument zur Fertigungssteuerung sollte dem Disponenten stets Simulationsunterstützung geben, um ihn in die Lage zu versetzen, die Wirkung unterschiedlicher Einstellungen der kurzfristigen Steuerungsparameter auf die Ziele zu studieren. Die RT ist deshalb als Mensch-Maschine-System konzipiert, d.h., für eine gegebene Personalausstattung und bekannte oder geplante Liefertermine werden die Konsequenzen einer bestimmten Einstellung der Steuerparameter auf die Termineinhaltung, die Durchlaufzeit und die Auslastung sowie die Bestände ermittelt. Ist der Disponent mit den Ergebnissen dieser Steuerung nicht zufrieden, bietet das System die Möglichkeit, über sechs Typen von Steuerungsparametern die Ziele der Fertigungssteuerung gezielt zu beeinflussen:

- Veränderung der Parameter zur Personaleinsatzplanung,
- Variation der Liefertermine bei Probeeinlastungen von Aufträgen,
- Veränderung des Parameters für die Freigabe der Aufträge,
- Veränderung der innerbetrieblichen Auftragsgröße,
- Wahl von zeitlichen Sicherheitszuschlägen gegen Störungen,
- Zahl der Rückkopplungsschleifen zwischen den Stufen der RT, die in jedem Planungslauf zu durchlaufen sind.

Mit Hilfe dieser Parameter lassen sich unterschiedliche Ablaufpläne simulieren, an denen die Beziehungen zwischen den z.T. konfliktären Zielen studiert werden können. Das System soll den Disponenten damit bei der Herleitung von Gestaltungsalternativen unterstützen. Aufgrund des Laufzeitverhaltens des DV-Programms ist es ohne großen Zeitaufwand möglich, mehrere Parametereinstellungen auf ihre Wirkungen hin zu testen. Im Pilotunternehmen können innerhalb einer Viertelstunde Rechenzeit gut 20 Konstellationen auf ihre Wirkungen hin getestet werden.

9.4.6.3 Die Grundidee der Retrograden Terminierung

Aus didaktischen Gründen wird die Grundidee der RT unter vereinfachenden Voraussetzungen vorgestellt. Zunächst wird vom Personalzuordnungsproblem abstrahiert. In diesem Fall sind die Kapazitäten der Steuereinheiten pro Tag fest vorgegeben, und die Bearbeitungszeiten der Aufträge sind nicht von der Personalzuordnung abhängig. Vereinfachend wird auch davon ausgegangen, daß in einer Steuereinheit immer nur an einem Auftrag bzw. einer Arbeitsoperation eines Auftrages gearbeitet wird. Damit sind geplante Bearbeitungsdauer und Vorgabezeit der Aufträge bzw. Arbeitsgänge identisch. Ein Arbeitsgang mit 5 Stunden Vorgabezeit wird dann auch in 5 Zeitstunden abgewickelt.

Die RT besteht aus drei Stufen:
- Wunschterminierung,
- Aufstellung eines ersten zulässigen Maschinenbelegungsplans,
- Modifikation des vorläufigen Belegungsplans.

Innerhalb der Stufen können unterschiedliche Heuristiken zum Einsatz kommen. Durch eine entsprechende Auswahl der Heuristiken läßt sich die RT an die unterschiedlichsten Formen des Produktionsablaufs anpassen. Zunächst wird die generelle Funktionsweise des dreistufigen Konzeptes beschrieben.

1. Stufe: Wunschterminierung

Die 1. Stufe der RT – Wunschterminierung – geht vom Gedanken einer Just-in-time-Fertigung aus. Für jeden Auftrag wird isoliert, ausgehend vom Liefertermin, retrograd festgestellt, wann die Arbeitsoperationen in den einzelnen Steuereinheiten bearbeitet werden müssen, wenn Endlager-, Verzugs- und Zwischenlagerzeiten völlig vermieden werden sollen. Diese Terminierung geht von den Vorgabezeiten – nicht den Durchlaufzeiten – für die Arbeitsgänge eines Auftrags aus und berücksichtigt etwaige technisch zwingende Übergangszeiten zwischen den Steuereinheiten (z.B. Transportzeiten oder Trocknungszeiten). In den meisten Fällen ergibt sich in der ersten Stufe kein zulässiger Belegungsplan, da die Wunschterminierung von Kapazitätsengpässen abstrahiert.

Die Wunschtermine der Aufträge in den einzelnen Bearbeitungsstufen dienen in der 2. Stufe der RT lediglich als Prioritätszahl. Die 1. Stufe legt damit eine provisorische Bearbeitungsreihenfolge der Aufträge fest. Provisorisch ist diese Reihenfolge, da sie durch den rollierenden Planungsmodus durch später neu hinzutretende Aufträge noch verändert werden kann.

9.4 Spezielle Verfahren zur Fertigungssteuerung

Außerdem führt auch die 3. Stufe der RT noch zu veränderten Reihenfolgen, wenn das positiv auf die Ziele wirkt.

2. Stufe: Aufstellen eines ersten zulässigen Belegungsplanes

Es fragt sich zunächst, welches Organisationsprinzip bei der Terminplanung in der 2. Stufe anzuwenden ist, ob der Terminplan mit oder gegen die Zeit aufgebaut werden kann. Das hängt ganz entscheidend vom Routing der Aufträge ab. Bei Identical Routing ist grundsätzlich in allen Produktionsstufen die gleiche Reihenfolge der Aufträge sinnvoll. In diesem Fall könnte zunächst ausgehend von den Lieferterminen für die letzte Produktionsstufe eine Terminierung für alle Aufträge erfolgen, bevor sich die Terminplanung in der jeweiligen Vorstufe anschließt. Die Terminierung wäre dann retrograd nach Produktionsstufen zu organisieren.

Bei unterschiedlichen Werkstattfolgen der Aufträge – Different Routing – ist dieses Konstruktionsprinzip für einen Terminplan nicht generell anwendbar. Die Hierarchisierung der Terminplanung nach Produktionsstufen ist bei Different Routing unmöglich, weil für jeden Auftrag eine andere Maschinenfolge gilt bzw. in jeder Stufe eine andere Auftragsreihenfolge gelten kann. Eine Möglichkeit der Terminplanung besteht dann darin, vor jeder Maschine eine Warteschlange für Aufträge einzurichten und die Belegungsplanung mit dem Zeitablauf nach einem Prioritätskriterium durchzuführen. Von diesem universeller einsetzbaren Organisationsprinzip für die Terminierung wird im weiteren ausgegangen.

In der zweiten Planungsstufe der RT wird ein erster, für die Kapazitätssituation zulässiger Belegungsplan der Steuereinheiten erzeugt. Dabei werden die Wunschtermine der 1. Planungsstufe benötigt, um die Reihenfolge festzulegen, in der die Aufträge im Fall knapper Kapazitäten in einer Steuereinheit gefertigt werden. Statt einer Prioritätsordnung nach Wunschstartterminen kann aber wahlweise auch eine Ordnung nach anderen Prioritätskriterien wie bspw. der KOZ-Regel oder der FCFS-Regel angewendet werden.

Bei der Terminplanung mit der Zeit wird eine Steuereinheit grundsätzlich dann erneut belegt, wenn sie frei geworden ist und vor dieser Steuereinheit mindestens ein Auftrag wartet. Existiert eine Warteschlange, wird der Auftrag mit dem frühesten Wunschbelegungstermin aus der 1. Planungsstufe präferiert und belegt diese Stufe für die Dauer der Vorgabezeit. Diese Vorgehensweise führt zu einem sehr dichten Belegungsplan (geringe ablaufbedingte Stillstandszeiten); die Belegungstermine sind aber noch vergleichsweise schlecht an die Lieferterminen angepaßt (die Aufträge sind u.U. wesentlich vor ihrem Liefertermin fertig), auch die terminliche Koordination der Teilzweige einer vernetzten Fertigung ist nur zufällig gewährleistet. Bei der RT sind damit der Auslastungsgrad des Systems – Leistung – und die Durchlaufzeit der Aufträge Resultat der Planung. Die Durchlaufzeit dient also nicht wie bei der MRP-Logik als Datum, um Grobbelegungspläne zu generieren. Hierin ist ein zentraler Unterschied der Steuerungssysteme zu sehen.

Bei dieser Art der Planung können nach der 2. Stufe der RT vermeidbare Zwischen- und Endlagerzeiten auftreten. Diese Koordinationsdefizite rühren daher, daß der Wunschtermin und der Termin der 2. Planungsstufe nicht identisch sind. Bei geringem Bestand vor einer Steuereinheit wartender Aufträge wird ein Auftrag u.U. vor dem Wunschtermin eingeplant, was dann Zwischenlagerzeiten, insbesondere aber Endlagerzeiten, bedingen kann. Treten zeitweilige Kapazitätsengpässe ein, kann der Wunschtermin auch überschritten werden, was Verzugszeiten der Aufträge zur Folge haben wird. Um die terminliche Koordination der Aufträge zu verbessern, durchläuft die Planung daher die 3. Stufe.

Werden in der RT Aufträge erheblich vor dem Liefertermin fertig, kann diesem Effekt durch die Auftragsfreigabe entgegengewirkt werden. Zeigt sich im Planungsergebnis häufig, daß die Wunschtermine nennenswert hinter den von der RT geplanten Terminen liegen, sind die Aufträge wahrscheinlich zu früh für die Fertigung freigegeben. Es ist dann sinnvoll, die Freigabe zu verzögern, um zu verhindern, daß zeitweilig Kapazitäten durch Aufträge blockiert werden, die viel zu früh in die Fertigung eingesteuert wurden.

3. Stufe: Modifikation des vorläufigen Belegungsplanes

In einer 3. Planungsstufe wird die provisorische Belegung der 2. Stufe modifiziert. Bei der Planung mit dem Zeitablauf ergibt sich in der 2. Stufe ein Plan mit geringen Stillstandszeiten, aber mit vermeidbaren Zwischen- und Endlagerzeiten. Deshalb wird in der 3. Stufe aus der Sicht der Kapazitäten eine Entzerrung bzw. Streckung des sehr dichten Belegungsplans angestrebt. Die Belegungstermine werden gegen den Zeitablauf an die Liefertermine und die Montagetermine angepaßt. Die Stillstandszeiten werden folglich zunehmen, gleichzeitig sinken aber die End- und Zwischenlagerzeiten. Vom Ausmaß der Anpassung der Belegungstermine an die Liefertermine hängt es dann ab, wie sich das Verhältnis von Stillstands- zu Durchlauf- bzw. Endlagerzeiten entwickelt.

Die Rechtsverschiebung der Aufträge erfolgt in der 3. Stufe gegen die Zeit. Es wird also zunächst die Arbeitsoperation mit dem spätesten Endtermin gesucht und mit dem Liefertermin verglichen. Diese Arbeitsoperation wird dann an den Liefertermin herangerückt, wenn dazu die erforderliche freie Kapazität in der Steuereinheit vorhanden ist. Entsprechend wird sequentiell mit den übrigen Arbeitsoperationen verfahren, wobei die jeweils spätesten Produktionsendtermine aus der 2. Stufe als Priorität für die Reihenfolge dienen, in der versucht wird, Verschiebungen durchzuführen.

Rückkopplung der 2. und 3. Stufe

Das ursprünglich rein dreistufige Konzept der RT ist im Laufe der Zeit zu einem rückgekoppelten System weiterentwickelt worden. Die 2. und die 3. Stufe der RT können vom Disponenten mehrfach durchlaufen werden. Bei einer Planung mit dem Zeitablauf und guter Auftragslage können nach erstmaligem Durchlauf durch alle Stufen Aufträge mit Verzugszeiten vorhanden sein, die sich in der 3. Stufe deshalb nicht in Richtung Zukunft verschieben lassen. Durch die Rechtsverschiebung von Aufträgen, die nach der 2. Stufe des ersten Planungslaufs noch vor den Lieferterminen fertig wurden, entstehen zusätzliche Stillstandszeiten der Kapazitäten. Diese durch die 3. Stufe des ersten Durchlaufs erzeugten Stillstandszeiten können u.U. im nächsten Durchlauf durch die 2. Stufe für die Aufträge genutzt werden, die zunächst zu spät fertig werden. Durch den mehrfachen Durchlauf aller Stufen wird versucht, verspätete Aufträge nach links in Richtung Gegenwart zu verschieben. Der mehrfache Durchlauf kann damit die Anzahl verspäteter Aufträge reduzieren helfen. Mit jeder

9.4 Spezielle Verfahren zur Fertigungssteuerung

weiteren Runde durch die 2. und 3. Stufe wird der Zusatzerfolg aber geringer ausfallen, da die Spielräume bei den Stillstandszeiten immer kleiner werden.

Das Zusammenspiel zwischen der 2. und der 3. Stufe ist so organisiert, daß nach dem ersten Durchlauf der 2. Stufe alle Termine wieder freigegeben werden, die zu verspäteten Aufträgen gehören. Durch diese Rückbuchung der Kapazitäten wird das noch ungenutzte Kapazitätspotential vergrößert. Der erste Durchlauf der 3. Stufe bezieht sich daher nur auf Aufträge, die rechtzeitig oder früher fertig werden. Deren Termine werden dann nach diesem Durchlauf der 3. Stufe festgeschrieben. Im zweiten Durchlauf der 2. Stufe der RT wird versucht, die im ersten Durchlauf nicht rechtzeitig fertig werdenden Aufträge in die Belegungslücken zu plazieren. In der zweiten Runde der 3. Stufe wird dann wieder für die neuen, rechtzeitig fertigen Aufträge versucht, eine Rechtsverschiebung zu erreichen. Lediglich im letzten Durchlauf der 3. Stufe werden auch die Termine der immer noch nicht termingerecht fertigen Aufträge festgeschrieben.

Praktische Erfahrungen haben gezeigt, daß das dreistufige Konzept der RT mit den Rückkopplungsschleifen recht erfolgreich ist. Dennoch kann es einen Nachteil aufweisen. Es berücksichtigt die Verflechtungen der Terminplanung zwischen dem heutigen Auftragsbestand und den künftig neu hinzutretenden Aufträgen nicht immer in erwünschtem Maße. Es kann sich folgende „unschöne" Situation ergeben: Im Planungslauf zum Zeitpunkt t_1 warten vor einer Steuereinheit nur Aufträge, deren Wunschtermine weit nach dem aktuellen Termin liegen. Diese Aufträge können, bezogen auf das Gesamtprogramm, zudem relativ unwichtig sein, d.h., es können Aufträge sein, bei denen der Kunde nur geringes Gewicht auf die Termineinhaltung legt. In der 2. Stufe wird diesen unwichtigen, nicht dringlichen Aufträgen dann verfrüht Kapazitäten zugeordnet. Kommen dann anschließend in t_2 noch zuvor unbekannte, wichtige Aufträge bis zum nächsten Planungslauf hinzu, blockieren die unwichtigen Aufträge Kapazitäten, die für die wichtigen dringend benötigt werden. Die dynamische Veränderung des Auftragsprogramms, die in t_1 nicht vorhergesehen werden kann – offenes Entscheidungsfeld –, führt dann für die wichtigen Aufträge u.U. zu Terminüberschreitungen. Später hinzutretende, aber wichtige Aufträge werden dann durch die Rückkopplung zwischen 2. und 3. Stufe bei der Kapazitätszuteilung benachteiligt. Die Rückkopplung verbessert zwar insgesamt die Termineinhaltung; aber ausgerechnet für wichtige Aufträge kann das zu einer verschlechterten Termineinhaltung führen. Um dem entgegenzuwirken, kann die RT um eine weitere Stufenhierarchie nach Wichtigkeit der Aufträge erweitert werden.

Beispielsweise bildet der Disponent 3 Auftragsklassen. In der ersten Klasse werden nur Aufträge mit Konventionalstrafen eingeordnet. Klasse zwei umfaßt Aufträge von Stammkunden, bei denen bei zu geringer Termintreue Rückwirkungen auf das Wiederkaufverhalten erwartet werden. Alle übrigen Aufträge werden in Klasse drei eingestuft. Der beschriebene dreistufige Aufbau der RT mit Wunschterminierung, provisorischer Terminierung und Rechtsverschiebung bezieht sich dann zunächst nur auf die erste Auftragsklasse. Ist die Terminierung dieser Aufträge nach mehrfacher Rückkopplung zwischen 2. und 3. Stufe beendet, werden die Aufträge der zweiten Klasse in die Belegungslücken eingeplant, d.h., für diese Aufträge werden wieder in rückgekoppelter Form die drei Planungsstufen durchlaufen. Es folgt dann im letzten Durchgang die Klasse der relativ unwichtigen Aufträge. Durch dieses Stufenkonzept nach Auftragsklassen werden die wichtigen Aufträge vorrangig mit Kapazitäten versorgt, und deren Termineinhaltung verbessert sich zu Lasten der unwichtigeren Aufträge.

Der Aspekt der Auftragsklassen könnte auch allein bei der Rückkopplung zwischen 2. und 3. Stufe berücksichtigt werden. Es bleibt dann bei dem dreistufigen Konzept der RT; aber in der 3. Stufe werden zunächst nur Termine verschoben, die zur Klasse der wichtigen Aufträge gehören. Erst wenn die Verschiebepotentiale für diese Auftragsklasse genutzt wurden, wird versucht, noch Termine der zweiten Auftragsklasse nach rechts zu verlagern. Nachteil dieser Vorgehensweise gegenüber dem zuvor beschriebenen Auftragsklassenkonzept ist es, daß sich die Termine vorzeitig fertig werdender, aber unwichtiger Aufträge mangels freier Kapazitäten u.U. nicht mehr nach rechts verschieben lassen. Diese Aufträge werden dann vorzeitig fertig, blockieren aber Termine, die für wichtige verspätete Aufträge sinnvoller eingesetzt wären.

9.4.6.4 Retrograde Terminierung mit festen Kapazitäten

Das dreistufige Konzept der RT soll für den einfachen Fall fest vorgegebener Kapazitäten an einem Beispiel näher beschrieben werden. Die Liefertermine der Aufträge sind bekannt. In einer Steuereinheit werden nie gleichzeitig mehrere Aufträge bearbeitet. Auch die Steuerungsparameter (z.B. Freigabeverhalten) bleiben zunächst in der Darstellung unberücksichtigt. Vereinfachend wird zudem von Transportzeiten und etwaigen Mindestübergangszeiten zwischen den Bearbeitungsstationen abgesehen.

Ein Unternehmen möge die Aufträge A und B zu bearbeiten haben. Für jeden Auftrag sind acht Arbeitsoperationen (a bis h) auszuführen. Die Abbildung 9-43 zeigt die Abfolge der Arbeiten.

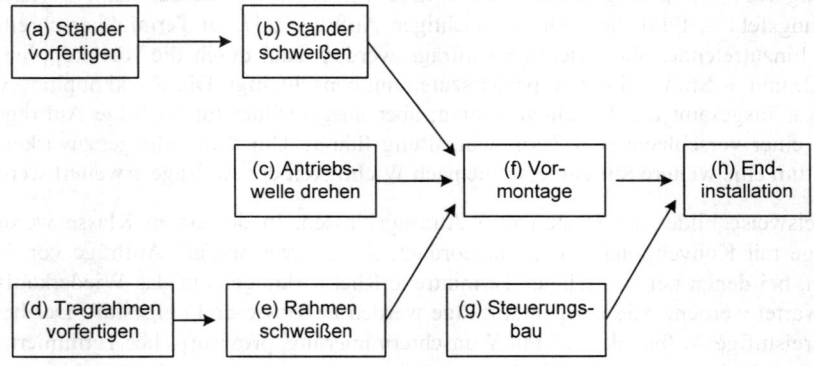

Abbildung 9-43

Der Tabelle 9-26 ist zu entnehmen, welchen Arbeitsstationen (1 bis 6) die Arbeitsoperationen a bis h zugeordnet sind und welche Fertigungszeiten benötigt werden. Der Auftrag A

9.4 Spezielle Verfahren zur Fertigungssteuerung

(B) soll zum Zeitpunkt 18 (17) ausgeliefert werden. Die Angabe des Zeitpunktes bezieht sich immer auf das Ende des entsprechenden Kalendertages.

Die 6 Arbeitsstationen sind noch durch einen Altbestand an Aufträgen entsprechend Abbildung 9-44 blockiert und stehen erst danach für die Produktion der beiden Aufträge zur Verfügung.

Arbeitsoperationen	Arbeits-stationen	Auftrag A		Auftrag B	
		Ferti-gungszeit	Wunsch-belegung	Ferti-gungszeit	Wunsch-belegung
a) Ständer vorfertigen	1	2	13 – 14	3	10 – 12
b) Ständer schweißen	2	1	15	3	13 – 15
c) Welle drehen	3	1	15	2	14 – 15
d) Rahmen vorfertigen	1	1	11	3	11 – 13
e) Rahmen schweißen	2	4	12 – 15	2	14 – 15
f) Vormontage	4	2	16 – 17	1	16
g) Steuerungsbau	5	5	13 – 17	8	9 – 16
h) Endinstallation	6	1	18	1	17

Tabelle 9-26

In der 1. Stufe der RT werden für die jeweils 8 Arbeitsoperationen der Aufträge Wunschzeiträume für die Belegung der sechs Arbeitsstationen bestimmt. Ausgehend vom Soll-Liefertermin als letztem Produktionstag eines Auftrags wird isoliert für jeden Auftrag das Produktnetz rückwärts ohne Kapazitätsgrenzen terminiert, was zu den Wunschbelegungszeiten der Tabelle 9-26 führt.

In der 2. Stufe der RT ist aus den Startterminen der Wunschterminierung und der jeweiligen Belegungssituation der 6 Arbeitsstationen für die 16 Arbeitsoperationen eine provisorische Belegung abzuleiten, die zu einem möglichst dichten Maschinenbelegungsplan führt (geringe ablaufbedingte Stillstandszeiten). Dazu werden die 16 Arbeitsoperationen mit dem Zeitablauf terminiert. Die Heuristik für die provisorische Belegungsplanung arbeitet nach der folgenden dreistufigen Regel:

- Wird eine Steuereinheit frei, können nur erreichbare Arbeitsoperationen eingeplant werden. An einem bestimmten Zeitpunkt ist eine Arbeitsoperation erreichbar, wenn sie keinen Vorgänger hat oder alle vor ihr liegenden Operationen vollständig bearbeitet sind. Erreichbar sind Arbeitsoperationen grundsätzlich dann, wenn die Aufträge vor einer Steuereinheit auf Bearbeitung warten.

- Steht in der Warteschlange einer Steuereinheit mehr als ein Auftrag, wird jener mit dem frühesten Wunschtermin (Stufe 1) eingeplant.

- Sollten dann noch mehrere Aufträge gleichwertig sein, wird die KOZ-Regel benutzt, um einen Auftrag auszuwählen.

Zu Beginn der zweiten Planungsstufe der RT sind vom Produktnetz her nur die Arbeitsoperationen a, c, d und g der beiden Aufträge erreichbar, da sie keinen Vorgänger haben. Durch sie werden die Arbeitsstationen 1, 3 und 5 tangiert, die durch den Altbestand bis zu den Zeitpunkten 2, 3 bzw. 1 belegt sind. Der Tabelle 9-27 ist die Ausgangssituation für die provisorische Terminierung der ersten Arbeitsoperationen zu entnehmen.

Arbeitsstation	Station belegt bis [Kalendertag]	erreichbare Arbeitsgänge	Wunschstarttermin [Kalendertag]	Operationszeit [Tage]	Belegung [Kalendertag]	Schritt
1	2	Aa	13	2		2.
		Ad	11	1		
	(5)	Ba	10	3	3 – 5	
		Bd	11	3		
3	3	Ac	15	1	4 – 5	3.
	(5)	Bc	14	2		
5	1	Ag	13	5		
	(9)	Bg	9	8	2 – 9	1.

Tabelle 9-27

Zeitlich am frühesten ist die Station 5 – Zeitpunkt 1 – zu belegen. Zu diesem Zeitpunkt warten vor dieser Station mit Ag und Bg zwei Arbeitsoperationen. Bg besitzt den früheren Wunschstarttermin. Diese Operation wird deshalb von 2 bis 9 provisorisch auf Arbeitsstation 5 eingeplant. Die Arbeitsoperation Bg wird dann in der Tabelle 9-27 gestrichen, und die Station ist vom Zeitpunkt 1 bis zum Zeitpunkt 9 – also Kalendertag 2 bis 9 – belegt. Die nächste Arbeitsoperation kann zum Zeitpunkt 2 (Station 1 wird frei) eingeplant werden. Zu diesem Zeitpunkt warten vor der Arbeitsstation 1 vier Arbeitsoperationen. Den frühesten Wunschstarttermin besitzt Ba (Betriebskalendertag 10). Folglich wird Ba von 3 bis 5 auf Arbeitsstation 1 eingeplant. Ba ist dann aus der Liste der erreichbaren Operationen zu streichen, und die Belegung der Station 1 wird vom Zeitpunkt 2 auf den Zeitpunkt 5 korrigiert. Zum Zeitpunkt 3 wird die Station 3 frei und kann aus der Menge der vor ihr wartenden Aufträge neu belegt werden. Werden alle 16 Arbeitsoperationen in chronologischer Reihenfolge in der beschriebenen Art terminiert, kommt es zum provisorischen, zulässigen Belegungsplan der Abbildung 9-44.

Dieser Belegungsplan ist vergleichsweise sehr kompakt; es entstehen geringe ablaufbedingte Stillstandszeiten. Der Belegungsplan der Abbildung 9-44 hat aber den entscheidenden Nachteil einer nur sehr schwachen Anpassung der Belegung an die Soll-Liefertermine. Deshalb wird in der 3. Stufe der RT versucht, die Belegungstermine an die Soll-Liefertermine bzw. die ermittelten Wunschbelegungszeiträume anzupassen.

Beginnend mit der Arbeitsoperation Ah, die in der provisorischen Belegung den spätesten Endtermin besitzt, wird überprüft, ob sich diese besser an den Soll-Liefertermin anpassen läßt. Für Operation Ah ist das nicht möglich, da das Produktionsende im provisorischen Belegungsplan bereits mit dem Liefertermin übereinstimmt. Entsprechend wird dann die

9.4 Spezielle Verfahren zur Fertigungssteuerung

Operation mit dem zweitspätesten Endtermin in Abbildung 9-44 überprüft. Da Af nicht näher an Ah herangeschoben werden kann, wird als nächstes die Operation Bh überprüft. Bh kann um eine Einheit nach rechts an den Liefertermin herangeschoben werden. Am Ende der dritten Planungsstufe der RT liegt dann der Belegungsplan der Abbildung 9-45 vor.

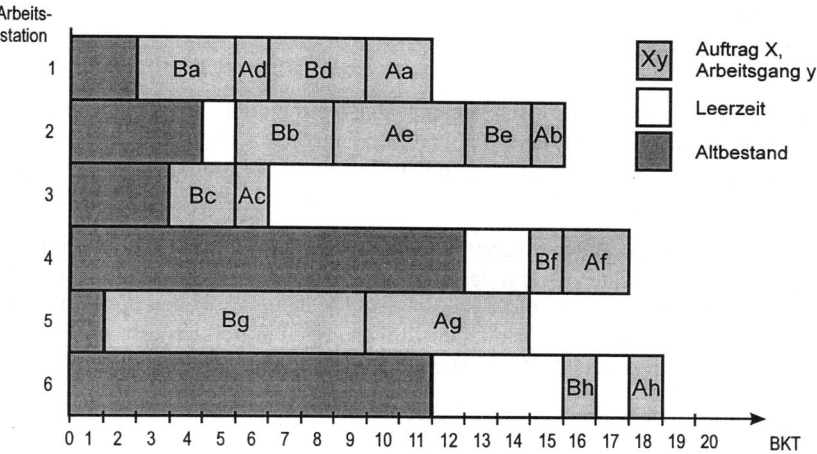

Abbildung 9-44

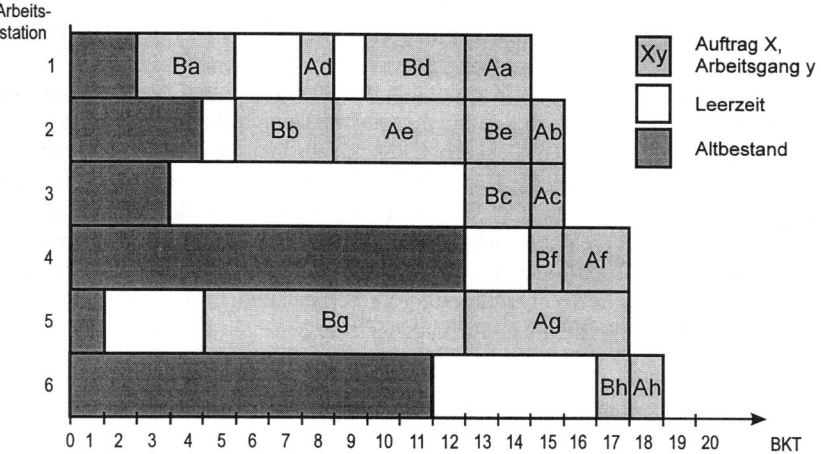

Abbildung 9-45

Ein Vergleich der beiden Belegungspläne hinsichtlich der Zwischen- und Endläger sowie der ablaufbedingten Stillstandszeiten führt zu folgendem Ergebnis:

Vergleich	Stufe 2 Abb. 9-44	Stufe 3 Abb. 9-45	
Endlagerzeiten	1	0	
Zwischenlagerzeit	44	14	
ablaufbedingter Stillstand	1	3	← Zielkonflikt !

Tabelle 9-28

Die 3. Planungsstufe lockert den Belegungsplan also prinzipiell auf, d.h., die Auslastung der Arbeitsstationen wird geringer, und es können Endlagerzeiten abgebaut werden. Im Beispiel sinken auch die Zwischenlagerzeiten, da die Teilzweige des Produktnetzes vor den Arbeitsstationen f – Vormontage – und h – Endmontage – terminlich besser koordiniert sind.

Ohne die Anpassung der Belegungszeiten an die Liefertermine führt die beschriebene Heuristik zu einem sehr dichten Belegungsplan, d.h. zu geringen ablaufbedingten Stillstandszeiten der Steuereinheiten. Durch die Anpassung der Belegungszeiten an die Liefertermine kommt es zu zusätzlichen ablaufbedingten Stillstandszeiten bei verbesserter Endlager- und ggf. auch Zwischenlagersituation – Dilemma der Ablaufplanung.

Dieses Demonstrationsbeispiel für eine Belegungsplanung mit dem Zeitablauf zeigt nur das Grundkonzept der RT auf. Im folgenden soll die realisierte DV-Version mit Personaleinsatzplanung beschrieben werden.

9.4.6.5 Die Retrograde Terminierung einschließlich Personalzuordnung

Bei Werkstattfertigung werden die Kapazitäten der Steuereinheiten bzw. Arbeitsplätze häufig nicht durch die Maschinen determiniert, sondern hängen davon ab, wie viele Arbeitskräfte mit welcher Effizienz den Steuereinheiten zugeordnet werden. Durch eine veränderte Personalzuordnung kann daher die Kapazität der Steuereinheiten im Zeitablauf an den Kapazitätsbedarf angepaßt werden. Für Werkstattfertigung ist es auch unrealistisch, zu unterstellen, daß in einer Steuereinheit nicht gleichzeitig an mehreren Aufträgen gearbeitet werden kann. Zudem existieren in der Realität Mindestübergangszeiten – bspw. zwischen zwei Lackiervorgängen – die in der Terminierung zu berücksichtigen sind. Für den praktischen Einsatz in einem Pilotunternehmen wurde daher eine erweiterte Variante der RT programmiert.[98]

Der Ausbau der RT zu einer in der Praxis lauffähigen DV-Version führte auch für die beschriebenen drei Stufen der RT zu Änderungen. Existiert ein Personalzuordnungsproblem, muß zwischen der Vorgabezeit für die Aufträge in den einzelnen Steuereinheiten, dem persönlichen Zeitbedarf einer Arbeitskraft bestimmter Qualifikation und der Kalenderzeit unterschieden werden, die erforderlich ist, um einen Auftrag von einer Person oder auch mehreren Arbeitskräften bearbeiten zu lassen.

---

98 Interessenten können am IKB der Universität Münster, Fachbereich 4, Universitätsstr. 14 – 16, 48143 Münster, eine Demoversion der RT mit einer kurzen Programmbeschreibung beziehen.

9.4 Spezielle Verfahren zur Fertigungssteuerung

In der 1. Stufe werden im Betriebskalender retrograd vom Liefertermin ausgehend für jeden Auftrag isoliert Termine in den Steuereinheiten nach dem Just-in-time-Gedanken festgelegt. Die Wunschterminierung basiert auf den technisch bedingten Mindestübergangszeiten zwischen den Steuereinheiten (SE), den mittleren Arbeitszeiten der Stammbelegschaft[99] der SE und den Vorgabezeiten. Die Vorgabezeiten werden mit Hilfe der in einer SE für einen Auftrag maximal einzusetzenden Anzahl von Arbeitskräften und der mittleren Tagesarbeitszeit sowie der mittleren Effizienz der Stammbelegschaft der SE in mittlere Fertigungszeiten je Auftrag und Steuereinheit umgerechnet. Bei den Wunschterminen handelt es sich damit um idealisierte Termine. Diese Idealtermine weisen zwei Mängel auf:

- Die Fertigungszeiten, mit denen in der Wunschterminierung gearbeitet wird, gehen von mittleren Arbeitszeiten pro Tag und mittleren Effizienzen aus. Tatsächlich können aber Arbeitskräfte mit anderer Effizienz eingesetzt werden, was real zu kürzeren, aber auch zu längeren Produktionszeiten führen kann. Zudem kann durch Fehlzeiten bedingt die effektive Arbeitszeit einer Arbeitskraft an einem Tag von der mittleren Zeit abweichen. Die Wunschtermine basieren demzufolge auf recht unsicheren Informationen und sind folglich nur bedingt realistisch.

- Die Wunschterminierung legt die in einer SE an einem Auftrag maximal einsetzbare Anzahl von Arbeitskräften zugrunde. Wird einem Auftrag später in der Personalzuteilung eine geringere Anzahl von Arbeitskräften zugeordnet, steigt die erforderliche Produktionsdauer entsprechend an. Auch das führt zu wenig realistischen Terminen.

Diese Effekte führen dazu, daß die Wunschtermine mit Vorsicht zu betrachten sind. Sie geben nur einen ersten Anhaltspunkt für die Reihenfolge der Aufträge. Simulationsstudien belegen aber, daß die Wunschtermine auf Basis der idealisierten Personalzuordnung besser für die Prioritätensteuerung geeignet sind als übliche Regeln wie KOZ oder Schlupfzeit.[100] Das DV-Programm ist aber modular aufgebaut, so daß die Steuerung über Wunschtermine gegen eine Steuerung durch andere Regeln – z.B. FCFS, KOZ – ausgetauscht werden kann.

Im folgenden soll die Berechnung der Wunschtermine an einem Beispiel beschrieben werden. Für die Wunschterminierung wird ein Auftrag – Liefertermin[101] ist der 24.2.98 (55. Tag des Betriebskalenders) – betrachtet. An dem Auftrag sind in 5 SE (A bis E) insgesamt 6 Arbeitsoperationen auszuführen. Für den Auftrag gilt der Arbeitsplan der Abbildung 9-46.

---

99 Jede Arbeitskraft wird einer Steuereinheit als Stammbelegschaft zugeordnet, in deren Berechnung der mittleren Effizienz sie dann eingeht.
100 Vgl. auch Tabelle 9-32 und Dikow (1993).
101 Als Liefertermin wird der geplante Tag der Auslieferung aus der Werkstatt bezeichnet.

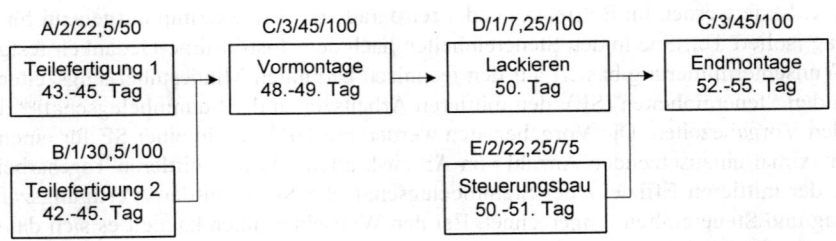

Abbildung 9-46

Die Angaben (../../../..) oberhalb der Kästchen, die die Arbeitsoperationen symbolisieren, sind folgendermaßen zu interpretieren:

1. Stelle: betroffene SE – Vor- und Endmontage werden in der SE C durchgeführt –
2. Stelle: maximale Anzahl gleichzeitig an dem Auftrag einsetzbarer Arbeitskräfte
3. Stelle: Vorgabezeit in Stunden (Zeitbedarf bei einer Effizienz von 100 %)
4. Stelle: mittlere Effizienz der Stammbelegschaft in %

Die Tabelle 9-29 zeigt den relevanten Ausschnitt des Betriebskalenders und die bei einer 38,5-Stundenwoche üblichen Arbeitszeiten je Arbeitskraft, mit der in der Wunschterminierung gerechnet wird. Dabei wird davon ausgegangen, daß zwischen dem Lackiervorgang und der Endmontage 1 Tag Übergangszeit zur Trocknung eingehalten werden muß.

	7. Woche							8. Woche							9. Woche		
	Mo	Di	Mi	Do	Fr	Sa	So	Mo	Di	Mi	Do	Fr	Sa	So	Mo	Di	Mi
Tag Nr.	41	42	43	44	45	46	47	48	49	50	51	52	53	54	55	56	57
Soll-Arbeitszeit	7,7	7,7	7,7	7,7	7,7	-	-	7,7	7,7	7,7	7,7	7,7	-	-	7,7	7,7	7,7
Wunsch-belegung		A B	A B	A B	A B	-	-	C	C E	D E		C	-	-	C	LT	

Tabelle 9-29

Wenn der Auftrag am 55. Tag fertig sein soll und in der Steuereinheit C mit drei Arbeitskräften 100 %iger Effizienz die Vorgabezeit von 45 Stunden abgearbeitet wird, sind dazu 45/3 = 15 Stunden Kalenderzeit erforderlich. Die Endmontage wird damit für den 52. und 55. Tag terminiert (Eintragung unten in den Kästchen des Arbeitsplans). Die Steuerungsteile sollen am Morgen des 52. Tages vorliegen. Deren Bau erfordert bei 22,25 Stunden Vorgabezeit, zwei gleichzeitig eingesetzten Arbeitskräften und einer mittleren Effizienz von 75 % 14,8 Stunden (22,25/(2·0,75)) und ist damit für den 50. und 51. Betriebstag in der SE E vorzusehen. Der Lackierer benötigt für den Auftrag 7,25 Stunden. Nach dem Lackiervorgang kann der nächste Arbeitsgang – die Endmontage – erst mit einem Tag Verzögerung durchgeführt werden, so daß die Lackierung am 50. Tag eingeplant werden kann. Werden auf diese Weise alle Arbeitsoperationen retrograd durchgeplant, muß die Teileproduktion am 42.

9.4 Spezielle Verfahren zur Fertigungssteuerung

bzw. 43. Tag beginnen. Damit liegen die Wunschtermine bzw. die Prioritäten fest, mit der der Auftrag in der 2. Stufe eingeplant wird.

In der 2. Stufe werden eine erste, von der Stammzuordnung u.U. abweichende Personalzuordnung für die SE und ein erster Belegungsplan der SE generiert. Diese Planung nimmt im Gegensatz zur 1. Stufe auf Kapazitätsengpässe Rücksicht. Die Personalzuteilung erfolgt für jeden Tag des Planungszeitraums in chronologischer Folge und richtet sich nach dem Kapazitätsbedarf der an einem Tag in einer SE wartenden Aufträge. Wird eine SE frei, ist derjenige Auftrag mit der höchsten Priorität (frühester Wunschtermin oder eine Modifikation des Wunschtermins) als erster einzulasten.

Die Personalzuordnung läuft in der 2. Stufe der RT chronologisch im Tagesrhythmus in drei Hauptschritten ab:

- Bestimmung der Kapazitätsnachfrage je SE am aktuellen Tag des Planungslaufes
- Planung des Kapazitätsangebotes je SE für diesen Tag
- Berechnung des Sollarbeitsfortschritts der Aufträge durch Zuordnung von Kapazitäten zu Aufträgen.

Sind diese Hauptschritte für einen Tag durchgeführt, wird zum nächsten Planungstag vorgerückt, bis schließlich der Planungshorizont erreicht ist. Die drei Hauptschritte arbeiten wie folgt:

Die Kapazitätsnachfrage einer SE an einem Tag hängt vom aktuell vorhandenen Werkstattbestand – Aufträge in Arbeit und wartende Aufträge vor der SE – ab. Die Kapazitätsnachfrage entspricht der Summe der Vorgabezeiten in dieser Stufe für alle wartenden Aufträge. Der Algorithmus arbeitet aber bei der Zuteilung von Kapazitäten nicht mit der Summe der Vorgabezeiten der Aufträge, sondern es wird eine gewichtete Nachfrage berechnet.[102] Dazu werden die Arbeitsgänge nach ihrer Dringlichkeit in drei Klassen unterteilt:

Klasse 1: Kritische Arbeitsgänge, die am betrachteten Tag um mehr als 14 Tage hinter dem Wunschtermin zurückliegen;

Klasse 2: Dringliche Arbeitsgänge, die gegenüber dem Wunschtermin bis zu 14 Tagen zurückliegen;

Klasse 3: Nicht dringliche Aufträge, d.h. Aufträge mit einem Wunschstarttermin nach dem betrachteten Tag.

Für die Berechnung der gewichteten Nachfrage werden die Vorgabezeiten der ersten Klasse mit 1, die der zweiten mit 0,7 und die der dritten mit 0,1 gewichtet. Diese Gewichte wurden durch Simulationsstudien für die konkreten Betriebsdaten im Pilotunternehmen als besonders geeignet identifiziert. Sinn dieser Gewichtung ist es, die SE mit größerer dringlicher Nachfrage vorrangig mit Kapazitäten zu versorgen. Am Ende des ersten Schritts liegt für jede SE die gewichtete Kapazitätsnachfrage für den betrachteten Tag fest.

---

102 Vgl. Fischer (1990), S. 192 ff.

Die Planung des Kapazitätsangebotes verläuft in drei Unterschritten:

- Unabhängig von der gewichteten Nachfrage werden den SE zunächst die fest zugeordneten Mitarbeiter zugeteilt. Zum Beispiel wird der einzig vorhandene Lackierer zugeordnet bzw. werden die Bereichsmeister und die ihnen nach Lehrplan an bestimmten Tagen des Betriebskalenders zugeordneten Lehrlinge vorab zugeteilt. Durch diese feste Zuordnung erhalten die SE erste Kapazitätszuweisungen, gemessen in Vorgabestunden. Dazu werden die an einem Tag verfügbaren persönlichen Arbeitszeiten mit Hilfe der Effizienzen in Vorgabezeiten umgerechnet, die in den persönlichen Arbeitszeiten bewältigt werden können.

- Solange in mindestens einer SE noch ungewichtete Nachfrage und freie Arbeitsplätze existieren und mindestens eine Arbeitskraft nicht zugeordnet ist, wird die Bedürftigkeit der SE ermittelt. Die Bedürftigkeit wird durch das Verhältnis von bereits zugeteilter Kapazität zu gewichteter Nachfrage der SE bestimmt. Die SE, bei der dieser Quotient am kleinsten ist, bekommt den nächsten Mitarbeiter zugewiesen. Ausgewählt wird derjenige Mitarbeiter, der von allen noch freien Mitarbeitern in dieser SE die höchste Priorität hat. Priorität bedeutet, daß für einen an mehreren Arbeitsplätzen einsetzbaren Arbeiter angegeben werden muß, an welchem Platz er vorrangig einzusetzen ist. Bei Arbeitskräften mit gleichen Prioritäten wird derjenige ausgewählt, der aufgrund seiner Effizienz und der persönlichen Arbeitszeit die größte Vorgabezeit an einem Tag abarbeiten kann. Nach jeder Personalzuordnung wird die Bedürftigkeit der SE erneut bestimmt und eine weitere Zuordnung nach der gleichen Regel vorgenommen.

- Sollten nach dem zweiten Unterschritt an einem Tag noch freie Mitarbeiter vorhanden sein, werden diese der sogenannten Sammel-SE zugeordnet, in die für jeden Tag die Arbeitskräfte eingestellt werden, die in der 2. Stufe noch nicht zugeordnet wurden. Die Sammel-Steuereinheit erfaßt also die für die 3. Stufe der RT und die Rückkopplung zwischen 2. und 3. Stufe nutzbaren, noch vollständig freien Kapazitäten je Planungstag.

Nach dem zweiten Hauptschritt der Personalzuordnung stehen die Kapazitäten der SE an einem Tag fest. Im 3. Hauptschritt werden die Kapazitäten den Aufträgen zugeordnet, um den Sollfertigungsfortschritt-Rahmenplan für die Aufträge – festzulegen. Hierbei stellt sich die Frage nach der Reihenfolge, in der die Aufträge mit Kapazitäten bedient werden. Diese Reihenfolge wird durch zwei Größen determiniert:

1. den Wunschstarttermin aus der ersten Stufe der RT,

2. die Prioritätsklasse des Auftrages.

Der Betrieb kann seine Aufträge nach der Bedeutung der Kunden in unterschiedliche Klassen einteilen – das Pilotunternehmen arbeitet derzeit mit vier Auftragsklassen. Die Grundeinstellung bei der Reihenfolgeplanung sieht vor, zunächst die Arbeitsoperationen der höchsten Prioritätsklasse – Klasse 4 – in der Reihenfolge der Wunschstarttermine mit Kapazität zu bedienen, bevor die 3. Auftragsklasse zum Zuge kommt. Dieses lexikographische Vorgehen kann zu Schwierigkeiten führen. Besitzt eine Arbeitsoperation eines Auftrages für einen bedeutenden Kunden einen späten Wunschtermin, während eine Arbeitsoperation eines nachrangigen Auftrages einen früheren Wunschtermin aufweist, wird der weniger wichtige Auftrag u.U. zeitlich zu früh eingeplant und blockiert Kapazitäten, die für den nachrangigen

9.4 Spezielle Verfahren zur Fertigungssteuerung

Auftrag erforderlich wären. Beim nachrangigen Auftrag führt das u.U. zu Lieferverzögerungen. Im schlimmsten Fall kann diese Situation auch nicht durch die 3. Stufe der RT beseitigt werden, wenn sich die Arbeitsoperationen gegenseitig blockieren und nicht verschoben werden können.

Um dieses Phänomen zu verhindern, wurde ein Steuerungsparameter „Prioritätengewichtung" eingeführt. Er führt bei der Reihenfolgeentscheidung in der 2. Stufe zu einem Mix aus Auftragspriorität und Wunschstarttermin. Eine Prioritätengewichtung von $G = 10$ Tagen bewirkt, daß der manipulierte Wunschstarttermin eines Arbeitsganges der unwichtigeren Auftragsklasse 2 um $10 \cdot 2 = 20$ Tage vor den der 1. Stufe der RT berechneten Wunschstarttermin verlegt wird, während der Starttermin der wichtigeren Klasse 3 um $3 \cdot 10$ vorgezogen wird. Die Reihenfolge der Kapazitätszuteilung richtet sich ausschließlich nach diesen manipulierten Startterminen.

Bei einem hohen Gewicht G liegt die lexikographische Ordnung der Reihenfolge nach Prioritätsklassen vor, bei niedrigem Gewicht $G = 0$ kommt die Prioritätensteuerung nach den Wunschterminen der 1. Stufe voll zum Einsatz. Durch geeignete Wahl von G kann im Beispiel die Arbeitsoperation des wichtigen Auftrags mit spätem Liefertermin damit zeitlich vor den des unwichtigen Auftrages mit früherem Liefertermin gelegt werden. Vernünftige Werte für die Gewichtung G lassen sich durch Simulationsstudien herausfinden. Im Pilotunternehmen hat sich gezeigt, daß die Auftragsverspätungszeiten bei einer „vernünftigen" Wahl von G um bis zu 10 % sinken. Durch den manipulierten Starttermin lassen sich ähnliche Wirkungen erzielen, wie sie bei der Diskussion des Grundkonzeptes der RT mit dem Stufenkonzept nach Auftragsklassen beschrieben wurden.

Die Zuordnung der Kapazitäten zu den Aufträgen erfolgt entsprechend den manipulierten Wunschstartterminen. Dabei werden zunächst die am betrachteten Tag in Arbeit befindlichen Aufträge mit Kapazität versorgt, um Arbeitsunterbrechungen zu vermeiden. Ist diese Warteschlange abgearbeitet, kommen die wartenden Aufträge zum Zuge. Bei der Kapazitätszuordnung muß insbesondere beachtet werden, daß nur eine begrenzte Anzahl von Mitarbeitern gleichzeitig an einem Auftrag arbeiten kann. Gelingt es bei dieser Verteilung nicht, die ganze Kapazität einer SE zu verteilen, werden die Kapazitätsreste in einer speziellen Liste zwischengespeichert oder ggf. in die Sammel-SE zurückgebucht, um diese Reste in der 3. Stufe der RT zu nutzen.

In der 3. Stufe wird für jeden zu verschiebenden Arbeitsgang zunächst der angestrebte Produktionsendtermin aus dem Liefertermin bzw. den Produktionsstartterminen aller nachfolgenden Arbeitsgänge unter Berücksichtigung der Puffer- bzw. Übergangszeiten bestimmt. Anschließend werden alle bislang für den Arbeitsgang in der 2. Stufe reservierten Kapazitäten als freie Kapazitäten zurückgebucht. Beginnend mit dem angestrebten Produktionsendtermin wird der Arbeitsgang retrograd an der Steuereinheit neu eingeplant.

Die Personalzuordnung der 3. Stufe erfolgt seit einiger Zeit nach den für die 2. Stufe beschriebenen Prinzipien.[103] Die verfügbare freie Kapazität setzt sich jeweils aus den an der Steuereinheit vermerkten, freien Restkapazitäten der bereits zugeordneten Arbeitskräfte und den in der Sammelsteuereinheit befindlichen, bislang nicht zugeordneten Arbeitskräften zusammen. Für die Verschiebung der Arbeitsoperationen werden als erstes die Restkapazitäten der Steuereinheiten verwendet, ehe auf Kapazitäten der Sammelsteuereinheit zugegriffen wird. Diese Kapazitäten werden nach dem für die 2. Stufe beschriebenen Prinzip verteilt, d.h., es wird nach der freien Arbeitskraft gesucht, die für diese Arbeiten die höchste Zuordnungspriorität besitzt.[104]

9.4.6.6 Die Steuerparameter der Retrograden Terminierung

Durch spezielle Parameter wird dem Disponenten die Möglichkeit gegeben, gestaltend auf die Steuerung einzuwirken, d.h., durch unterschiedliche Einstellungen der Parameter wird simulationsgestützt die Wirkung auf die Ziele der Steuerung überprüft. Die Abbildung 9-47 gibt einen Überblick über die Eingriffsmöglichkeiten.

---

103 Ursprünglich war die Personalzuordnung der 3. Stufe nach einem anderen Prinzip organisiert – gesucht wurde die Arbeitskraft, deren Kapazität möglichst genau mit dem Bedarf übereinstimmt –, was im praktischen Einsatz aber zu Schwierigkeiten führte, da gegen die Zuordnungsprinzipien der 2. Stufe verstoßen werden konnte. Fest zugeordnete Mitarbeiter wurden u.U. als variabel behandelt, und auch die Zuordnungsprioritäten der Mitarbeiter wurden teilweise verletzt. Die Personalzuordnung wurde daher im praktischen Einsatz häufig von den Mitarbeitern abgelehnt, was zu einer Verfahrensänderung zwang.

104 Die alte Heuristik der 3. Stufe hatte den Vorteil, daß es in der 3. Stufe immer zu einem zeitlich zulässigen Terminplan kam; wenn eine Verschiebung eines Arbeitsganges aus Kapazitätsgründen scheiterte, stand immer wieder das Personal in der Sammelsteuereinheit zur Verfügung, das für diesen Arbeitsgang in der 2. Stufe ursprünglich bereitgestellt worden war. Schlimmstenfalls endet der Arbeitsgang nach der „Verschiebung" auf dem gleichen Termin wie in der 2. Stufe. Werden die Zuordnungsprinzipien der 2. Stufe auch in der 3. angewendet, kann einem Arbeitsgang ineffizienteres Personal zugeordnet werden. Der Arbeitsgang dauert dann in der 3. Stufe länger als in der zweiten. Es kann dann sein, daß ein nach rechts verschobener Arbeitsgang zeitlich noch früher beginnen muß als in der 2. Stufe. In Ausnahmefällen kann das dazu führen, daß Arbeitsgänge in der Vergangenheit starten müssen, was unsinnig ist. Dieser Fall wird aber durch eine Sonderabfrage im Programm unterdrückt, so daß die neue Zuordnungsheuristik immer zu einem zulässigen Plan führt, der aber in absoluten Ausnahmefällen gegen die Zuordnungsprinzipien verstößt.

9.4 Spezielle Verfahren zur Fertigungssteuerung

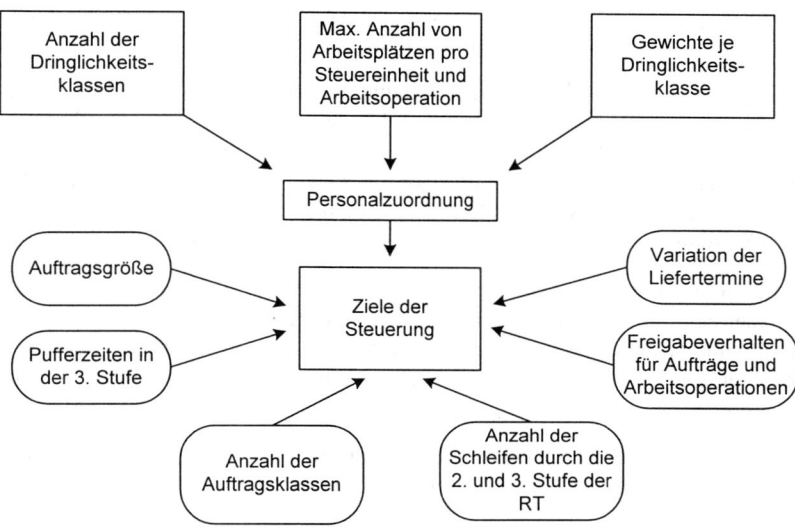

Abbildung 9-47

Die Bedeutung der für die Personalzuordnung relevanten Parameter wurde bereits im vorherigen Abschnitt besprochen.

Aus den bestandssteuernden Verfahren bzw. der MRP-II-Logik wurde das Prinzip der Auftragsfreigabe übernommen. Über einen Freigabeparameter kann der Disponent steuern, wann die erste Arbeitsoperation eines Auftrages oder eines Teilzweiges im Arbeitsplan frühestens in die Warteschlange vor der jeweiligen SE eingestellt wird. Erst von diesem Zeitpunkt an verursacht ein Auftrag Kapazitätsnachfrage für die Personalzuordnung. Durch diesen Parameter kann der Disponent den Umfang der Warteschlangen vor einer Steuereinheit regulieren. Im Gegensatz zu den bestandssteuernden Verfahren handelt es sich nicht um einen Freigabetermin für den kompletten Auftrag. Beginnt der Auftrag mit drei parallelen Produktionszweigen, existieren drei derartige Termine, die allerdings über einen gemeinsamen Parameter gesteuert werden.

Ist absehbar, daß bestimmte Zulieferteile für den Produktionsprozeß erst ab einem bestimmten Zeitpunkt verfügbar sein werden, kann der Disponent zusätzlich die zugehörigen Arbeitsoperationen bis zu diesem Zeitpunkt sperren. Durch die zeitliche Rechtsverschiebung der Arbeitsoperationen in der 3. Stufe der RT wird dann erreicht, daß die übrigen Zweige des Arbeitsplans möglichst auf diesen Termin hin koordiniert werden. Das Zusammenspiel von Freigabeterminen und manipulierten Wunschterminen verhindert, daß es zu Auftragsreihenfolgen mit unerwünschten Konsequenzen für die Ziele kommt.

Über den Parameter Anzahl der Schleifen der 2. und 3. Stufe kann die erforderliche Rechenzeit, aber auch der Grad der zeitlichen Koordination der Aufträge beeinflußt werden. Je größer die Zahl der Planungsrunden ist, um so geringer werden die Verspätungszeiten. Allerdings verringert sich bei häufigen Durchläufen die Verspätungszeit meist nur noch marginal.

Die Zeitvorgaben sind bei Einzel- und Variantenfertigung relativ unsicher, insbesondere weil unvorhergesehene Nacharbeiten auftreten können. Es ist deshalb u.U. unvorteilhaft, in der 3. Stufe der RT eine Anpassung der Termine bis genau an den Liefertermin vorzunehmen. Pufferzeiten für Unvorhersehbares erweisen sich als sinnvoll. Durch einen Parameter kann gesteuert werden, wie viele Puffertage vor dem Liefertermin eingehalten werden sollen. Die Pufferzeiten beschränken allerdings das Verschiebepotential der 3. Stufe.

Im Pilotunternehmen sind die Größen und Arbeitsinhalte der Aufträge sehr unterschiedlich. Es kann daher sein, daß einige Großaufträge den Fertigungsfluß von Aufträgen mit kleinerem Arbeitsvolumen blockieren. In diesem Fall können die Großaufträge aufgespalten werden. Das bietet sich insbesondere an, wenn z.B. zu einer Kommissionsnummer mehrere Maschinen gehören.

Für die Probeeinlastungen von projektierten Aufträgen kann der Disponent den Liefertermin verändern, um die Konsequenzen bestimmter Termine auf das Verhalten des Produktionssystems zu testen.

Das Programmpaket kann auch dazu genutzt werden, die Wirkungsweise anderer Einstellungen zu testen, obwohl für sie kein eigener Steuerungsparameter vorgesehen ist. Beispielsweise kann der Disponent für einen Auftrag mehrere Arbeitspläne vorgeben und durch Alternativrechnungen analysieren, ob sich durch eine veränderte organisatorische Anordnung der Arbeitsgänge positive Wirkungen auf die Durchlaufzeit oder die Termineinhaltung erreichen lassen.

Bei offenen Entscheidungsfeldern[105] ist es zudem interessant, die Wirkung der Länge der Planungsperiode auf das Planungsergebnis zu studieren. Bei offenen Entscheidungsfeldern – es treten ständig neue Aufträge im Zeitablauf auf, die auch eingeplant werden müssen – stellt sich die Frage, ob die gegenwärtig bekannten Aufträge schnell, mit einem dichten Maschinenbelegungsplan ohne große Stillstandszeiten abgearbeitet werden sollen oder ob der gegenwärtige Auftragsbestand gestreckt werden soll. Bei niedrigen Auftragsbeständen erscheint es vordergründig sinnvoll, die Arbeit zu strecken. Es treten dann vergleichsweise viele Leerzeiten auf, d.h., es gehen Kapazitäten verloren. Verbessert sich dann später die Auftragslage, ist das Unternehmen u.U. immer noch mit den Arbeiten für Aufträge aus der schlechten Auftragslage beschäftigt. Die Politik der verzögerten Abwicklung blockiert dann später Kapazitäten, die für die Zusatzaufträge benötigt werden. Die Politik verzögerter Abwicklung senkt folglich die Leistung – Zahl der abzuwickelnden Aufträge – des Produktionssystems innerhalb einer bestimmten Kalenderperiode. Im Programm der RT kann eine verzögerte Politik simuliert werden, wenn mit den echten Lieferterminen gearbeitet wird. Eine Tendenz zur beschleunigten Abwicklung wird erreicht, wenn die Liefertermine der am weitesten in die Zukunft ragenden Aufträge künstlich vorgezogen werden. Die Verkürzung wirkt damit im Sinne einer Beschränkung der Planungsperiode; sie begrenzt das Verschie-

---

105 Vgl. Adam (1996a), S. 16 ff.

bepotential der 3. Stufe nach hinten. Durch unterschiedlich starke Verkürzung der Planungsperiode kann damit mehr oder weniger Druck zu einer beschleunigten Auftragsabwicklung ausgeübt werden. Das Systemverhalten bei unterschiedlichem Druck kann dann durch eine mehr oder weniger stark verkürzte Planungsperiode studiert werden. Dadurch ist zu erkennen, wie die Beschränkung der Periodenlänge das Ausmaß an Verspätungszeiten und unausgelasteten Kapazitäten verändert.

Es ist bei der Konzeption des DV-Programms bewußt davon abgesehen worden, für die beiden letzten Fälle – alternative Arbeitspläne, Druck – spezielle Steuerungsparameter vorzusehen. Der praktische Einsatz des Programmpakets hat deutlich werden lassen, daß bereits der gegenwärtige Umfang der Steuerungsparameter die Disponenten überfordert, da sie i.d.R. keine Ablaufspezialisten sind, die die Zusammenhänge voll durchschauen. Es ist daher im praktischen Einsatz sehr schwer, dem Disponenten Einsicht in die Funktionsweisen und Wirkungen bestimmter Steuerungsparameter zu vermitteln. Die Parameter überfordern ihn leicht, was zwei nachteilige Reaktionen zur Folge haben kann. Einmal spielt er an den Einstellungen ohne Erkenntnisgewinn herum und verschlechtert damit u.U. Einstellungen, ohne zu erkennen, woran das liegt; oder er wird parameterscheu. Da die Wirkungsweisen nicht durchschaut werden, wird die Parametereinstellung eingefroren. Durch die Simulationsunterstützung generell mögliche Verbesserungspotentiale für die Arbeitsabläufe bleiben dann ungenutzt.

Die vorliegenden Einsatzerfahrungen lassen es daher als dringlich erscheinen, das System zu automatisieren. Ein übergelagertes Expertensystem sollte den Disponenten unterstützen und ihm Vorschläge unterbreiten, in welche Richtung eine Veränderung der Steuerparameter Erfolg für bestimmte Zielgrößen verspricht. Die Anforderungen an die Qualifikation des Disponenten könnten auf diese Weise reduziert werden.

9.4.6.7 Informationskreislauf der RT und praktische Erfahrungen

Die RT ist in einen Informationsfluß zwischen Arbeitsvorbereitung (AV) und den Steuereinheiten (SE) und umgekehrt eingebunden. Die SE erhalten von der AV drei Arten von Informationen:

- Jede SE erhält für die Aufträge, deren Arbeitspapiere bereits in die Werkstatt gegeben wurden, einen terminierten Arbeitsplan, aus dem die Ecktermine des Sollfertigungsfortschritts in allen SE hervorgehen. Diese Vorgaben sollen die Meister durch ihre dezentralen Ablaufentscheidungen einhalten oder bei Aufträgen mit Verspätungen möglichst unterbieten. Zudem sehen sie die Terminzusammenhänge eines Auftrages in allen SE.

- Jede SE wird mit einer Liste versorgt, aus der die Personalzuordnung an den einzelnen Tagen hervorgeht. Diese Liste weist den SE – nicht aber den Aufträgen – Personal zu, obwohl zentral eine auftragsspezifische Zuordnung bei der Planung des Soll-Arbeitsfortschritts vorgenommen wurde. Die Personalzuweisung zu Aufträgen erfolgt vor Ort erneut nach den am jeweiligen Tag geltenden Bedingungen. Die Personalzuordnung wird zudem nur für einen begrenzten Zeitraum – z.B. zwei Wochen – mitgeteilt, weil sie sich im

Grobplanungskonzept für spätere Zeiten ohnehin ändert und die Mitarbeiter vor Ort mit diesen Veränderungen nicht behelligt werden sollen.

- Jeder SE wird eine Liste der in der nächsten Zeit abzuarbeitenden Aufträge zugeleitet. Diese Liste ordnet die Aufträge in der von der RT geplanten Arbeitsfolge. Die Meister können von diesem Vorschlag abweichen. Dies ist bspw. der Fall, wenn unvorhergesehen Teile fehlen oder durch eine andere Auftragsfolge Rüstzeiten eingespart werden können oder unvorhergesehen mehr oder auch weniger Personal verfügbar ist. Weichen sie von den Terminvorschlägen ab, sollen sich die Meister der aufeinanderfolgenden Arbeitsstationen absprechen, um ein koordiniertes Vorgehen für einen Auftrag zu erreichen.

Zusätzlich kann sich der Disponent beim Test der Parametereinstellungen eine verdichtete Übersicht ausgeben lassen, die die Anzahl verfrühter bzw. verspäteter Aufträge, die mittlere Auftragsdurchlaufzeit sowie die mittleren und gesamten Verspätungszeiten bzw. Endlagerzeiten anzeigt. Zusätzlich können die entsprechenden Streuungen bestimmt werden.

Ferner liegt ein Instrument zur graphischen Aufbereitung der Planungsergebnisse der RT vor, mit dessen Hilfe der Disponent detaillierte Analysen über die Gesamtsituation in der Fertigung oder einzelner Aufträge vornehmen kann.[106] In Balken- oder Gantt-Diagrammen lassen sich die Kapazitätsnachfrage und das Kapazitätsangebot je Steuereinheit oder Auftrag darstellen. Zusätzlich gibt das Liefertermindiagramm die Gesamtsituation in der Fertigung und die terminliche Struktur aller Aufträge wieder. Dadurch wird der Disponent in die Lage versetzt, Entscheidungen über das Kapazitätsangebot, Liefertermvereinbarungen, Parametereinstellungen usw. schnell und umfassend treffen zu können.

Es zeigt sich aber leider, daß selbst bei intensiver graphischer Aufbereitung das Verständnis der Beteiligten für die Zusammenhänge der Produktionsabläufe nur wenig verbessert wird. Das liegt daran, daß durch die Visualisierung die Komplexität der Zusammenhänge nicht verringert wird. Die Komplexität überfordert den Disponenten trotz der graphischen Aufbereitung, so daß die nötigen Entscheidungen häufig dennoch nicht getroffen werden.

Die zentrale Grobplanung der RT kann nur dann funktionieren, wenn die AV über den erzielten Arbeitsfortschritt informiert ist. Sie braucht aus einem BDE-System stimmige und aktuelle Informationen über den erreichten Fertigungsfortschritt. Im Rahmen der BDE müssen die SE täglich melden, welcher Mann wieviel Zeit für welchen Auftrag eingesetzt hat. Die AV berechnet daraus den Arbeitsfortschritt gemessen in Vorgabezeit und bucht diese Zeiten vom Sollzeitkonto der Aufträge ab. Zusätzlich müssen die SE melden, ob die Bearbeitung eines Auftrags in dieser SE abgeschlossen ist. Diese Angabe ist wegen der unsicheren Zeitschätzungen erforderlich. Ist ein Auftrag in einer SE fertig, wird das entsprechende Zeitkonto auf null gestellt. Läuft das Zeitkonto auf null, ohne daß diese Meldung vorliegt, wurde die Vorgabezeit unterschätzt, und der noch erforderliche Zeitbedarf muß nachgeschätzt werden.

Probleme treten derzeit in beiden Informationssträngen – AV zu den SE und umgekehrt – auf, weil das Belegwesen nicht automatisiert arbeitet und weil die Qualität der Daten in der

---

106 Vgl. Sibbel (1998), S. 85 ff.

9.4 Spezielle Verfahren zur Fertigungssteuerung

AV sehr unzureichend ist.[107] Insbesondere die von den Arbeitskräften täglich auszufüllenden Arbeitszettel bereiten Probleme. Die Zettel werden z.T. unvollständig, falsch und nicht zeitnah ausgefüllt. Eine unvollkommene Dokumentation des Ist-Arbeitsfortschritts ist die Folge. Diesen Mängeln wurde z.T. durch organisatorische Maßnahmen und Schulung entgegengewirkt. Die Probleme sind aber dennoch nicht behoben, weil den Mitarbeitern z.T. die Einsicht fehlt, warum diese Informationen nötig sind. Zum Teil fühlen sie sich durch die Aufzeichnungen auch kontrolliert, was sie einfach zu unterlaufen versuchen, indem die Zettel nicht oder unzutreffend ausgefüllt werden. Da diese Verhaltensweise im Pilotunternehmen toleriert wird, ist auch kaum Besserung in Sicht.

Größere Probleme existieren bei den Schätzungen der Vorgabezeiten. Bislang wurden im Pilotunternehmen Ähnlichkeitsdaten nicht systematisch gesammelt und ausgewertet. Es fehlt dementsprechend ein System von Kenngrößen wie Abmessungen, Konstruktionsart usw., das mit den Ausführungsdauern der Arbeitsoperationen hoch korreliert und die Vorgabezeiten erklärt.[108] Gegenwärtig werden die Vorgabezeiten mehr durch Intuition denn durch systematische Analysen bestimmt. In der Tendenz wird der Zeitbedarf deutlich überschätzt, so daß die Solldurchlaufzeiten der RT im Schnitt über den Ist-Durchlaufzeiten liegen. Die RT liefert folglich schlechtere Ergebnisse als die Realität. Die Ergebnisse der RT werden daher als viel zu pessimistisch eingeschätzt.

Zum Teil ist auch der Wartungsgrad der Informationen, mit denen in der RT gearbeitet wird, sehr schlecht. Das Unternehmen hält nicht einmal seine Personalstammdaten in Ordnung, so daß die verfügbaren Kapazitäten – z.B. Leiharbeitskräfte – der zentralen Steuerung nicht bekannt sind. Auch Mitarbeiter, die auf Montage sind, werden in der AV als anwesend in der Fertigung angesehen, da entsprechende Informationen fehlen. Zudem wird z.T. mit völlig unsinnigen Angaben über die Zahl gleichzeitig möglicher Arbeitskräfte pro Arbeitsoperation gearbeitet, weil dem Disponenten Erfahrungen in der Fertigung fehlen und der für alle Aufträge identische Arbeitsplan die tatsächlichen Arbeitsabläufe sehr unvollkommen wiedergibt, da komplexe Anlagen eine weitgehend andere Arbeitsfolge besitzen als einfache Maschinen. Da das Unternehmen keine ernsthaften Investitionen in Informationsverbesserungen unternimmt, bildet die RT damit das Produktionssystem nur sehr unvollkommen ab.

Die Akzeptanz der Ergebnisse der RT ist daher auch als schlecht einzustufen. Das Unternehmen verzichtet daher weitgehend darauf, die Ergebnisse den Mitarbeitern in der Fertigung mitzuteilen, da offenbar befürchtet wird, dadurch eher zu einer Verlangsamung der Produktion beizutragen. Bekanntgegeben wird lediglich die Personalzuordnung, während die Ecktermine vorenthalten werden. Die Steuerungsresultate werden nur zentral, z.B. zur Dokumentation des Fertigungsfortschritts, und damit sehr unvollkommen genutzt. Durch dieses Informationsverhalten wird der Sinn einer kombinierten zentralen und dezentralen Steuerung bereits im Kern verfehlt. Simulationsläufe für die Einstellung der Steuerungs-

---

107 Zu den praktischen Einsatzerfahrungen mit der RT vgl. Sibbel (1998), S. 98 ff.
108 Mit Hilfe neuronaler Netze wird derzeit ein verbesserter Ansatz zur Schätzung der Vorgabezeiten erarbeitet und getestet.

parameter werden überhaupt nicht selbständig durchgeführt. Die Parameter werden vielmehr auf Vorschlag meines Institutes gewählt.

Diese Erfahrungen belegen, daß die Datenperipherie für die Steuerung von zentraler Bedeutung ist. Die Steuerung kann grundsätzlich nicht besser sein als die Qualität der Daten. Dafür fehlt in der Praxis aber häufig genug die Einsicht, oder das Geld reicht nicht aus, um Abhilfe zu schaffen. Die skizzierten Schwierigkeiten bei der Steuerung werden dann vielfach dem Steuerungskonzept, nicht aber der Datenqualität zugeschrieben. Die Erfahrungen zeigen, daß das Pilotunternehmen erst einmal im Kern reorganisiert werden muß, um sinnvoll mit irgendeinem Steuerungskonzept arbeiten zu können.

Die skizzierten Probleme in der Informationsbasis sind für mittelständische Betriebe mit unzureichender Kapitalbasis und unbefriedigender Ertragslage leider typisch, was wenig Hoffnung zuläßt, daß sich diese Unternehmen in einem dynamischen Markt bei zunehmender Komplexität halten können. Sie haben den Komplexitätsgrad ihrer Produktion im Laufe der Zeit deutlich erhöht, um Kundenwünschen zu entsprechen. Sie sehen sich aber in der Fertigung wegen der unzureichenden Informationsbasis und grober Mängel in der Organisation des Informationsflusses nicht in der Lage, diese Komplexität zu beherrschen. Die Folge sind enttäuschte Kunden, schlechte Termineinhaltung und trotz Steuerung hohe Konventionalstrafen.

Aus dieser Situation ziehen die Unternehmen dann völlig falsche Schlüsse. Sie wollen nicht erkennen, daß die Unzufriedenheit der Kunden und die rückläufigen Aufträge z.T. in einer nicht beherrschten Produktion begründet liegen. Das Pilotunternehmen unternimmt bspw. erhebliche Anstrengungen, sein Marketing zu verbessern, um lukrative Aufträge zu erhalten. Nicht zur Kenntnis genommen wird allerdings die Tatsache, daß die Maschinen des Unternehmens zunehmend als Zukaufteile von logistischen Systemlieferanten eingesetzt werden. In diesem Geschäftssektor sind aber Qualität und Liefertreue ausschlaggebend, um im Geschäft zu bleiben.

9.4.6.8 Ergebnisse der RT

Die für das Pilotprojekt implementierte Fassung der RT ist in Turbo Pascal programmiert und läuft derzeit auf einem 80486er Rechner unter dem Betriebssystem MS-DOS. Das Programm umfaßt etwa 21.000 Zeilen, von denen 6.000 Zeilen die eigentliche RT betreffen. Der Rest versorgt eine Schnittstelle zu einer dBase-III-Datenbank, in der die Daten vorgehalten werden und schafft eine Windows-ähnliche Umgebung, in der die Stammdaten verwaltet und BDE-Zeiten erfaßt werden.

Die Daten beziehen sich zur Zeit auf 13 Steuereinheiten, 6 Arbeitspläne mit etwa je 12 Arbeitsoperationen – von denen allerdings nur einer vom Unternehmen implementiert ist –, 38 Mitarbeiter und gut 60 Aufträge je Planungslauf. Die Rechenzeit eines Durchlaufs mit 64 Aufträgen und einem Planungszeitraum von ca. einem dreiviertel Jahr beläuft sich bei zwei Schleifen durch die 2. und 3. Stufe und einer Taktfrequenz von 66 MHz auf insgesamt 37,5 Sekunden. Davon werden 8 Sekunden für das Einlesen und Prüfen der Daten aus der Datenbank und 17 Sekunden für das Speichern der Ergebnisse benötigt.

9.4 Spezielle Verfahren zur Fertigungssteuerung

Das Programm ist damit schnell genug, um den Disponenten in Zeitabständen von 1 bis 2 Wochen mühelos in die Lage zu versetzen, eine große Anzahl von Parametereinstellungen zur Verbesserung der Steuerung durchzutesten. In der Realität wird dieses Potential aber höchst unzureichend genutzt, da der Disponent mit anderen Aufgaben überlastet ist und zudem die Zusammenhänge der Ablaufplanung nur z.T. kennt.

Nachfolgend sollen die Ergebnisse von Planungsläufen mit konkreten Betriebsdaten des Pilotunternehmens im Überblick wiedergegeben werden. Dabei wird zuerst der Gewichtungsfaktor G variiert, um den Effekt verschiedener Prioritätspolitiken zu zeigen. Dann werden die Ergebnisse für eine steigende Zahl von Schleifen durch die Stufen zwei und drei beschrieben, wobei als Vergleich auch die Ergebnisse nach der 2. Stufe aufgeführt sind, um so die Wirkung der 3. Stufe deutlich zu machen. Abschließend wird gezeigt, welche Auswirkungen sich ergeben, wenn in der 2. Stufe statt des modifizierten Wunschtermins die klassischen Prioritätsregeln FCFS (First-come-first-serve) und KOZ (Kürzeste Operationszeit) benutzt werden.

Der simulierte Auftragsbestand des Pilotunternehmens aus dem Jahre 1993 zeichnet sich durch viele nicht termingerechte Aufträge aus. Dreißig Prozent der Aufträge sind schon so verspätet, daß sie selbst bei günstigsten Bedingungen – zwischenlagerfreie Fertigung – nicht mehr rechtzeitig fertiggestellt werden können. Bei fünfzehn Prozent der Aufträge liegt sogar der Liefertermin, bezogen auf den Planungstag, in der Vergangenheit. Es existiert also ein Berg unerledigter Arbeit, der abgebaut werden muß. Insgesamt sind die Personalkapazitäten für den Auftragsbestand zu knapp bemessen, so daß Verspätungen auch bei intelligenter Steuerung unvermeidbar sind, da die Abfertigungsrate des Systems unter der Zugangsrate zum System liegt.

Rechnet man mit zwei Durchläufen für die 2. und 3. Stufe und variiert gleichzeitig den Gewichtungsfaktor G zur Prioritätensteuerung, ergeben sich die Resultate der Tabelle 9-30.

Gewichtungsfaktor G	0	6	48	999
Anzahl der Aufträge	64	64	64	64
Anzahl verspäteter Aufträge	54	54	**42**	44
Summe der Verspätungszeiten	873	**847**	882	903
Anzahl pünktlicher Aufträge	10	10	22	20
Summe der Endlagerzeiten	13	13	9	21
durchschnittliche Durchlaufzeit aller Aufträge	59,6	**59,4**	60,4	60,8

Tabelle 9-30

Ein Gewichtungsfaktor von 0 entspricht einer Prioritätensteuerung nach den Wunschterminen, ein Gewichtungsfaktor von 999 einer Steuerung nach Prioritätenklassen der Aufträge. Für G = 6 werden die Anzahl der Verspätungstage und die durchschnittlichen Durchlaufzeiten minimiert, für G = 48 die Anzahl der verspäteten Aufträge.

Für G = 48 soll in Tabelle 9-31 demonstriert werden, wie durch die Mehrfachschleife durch die 2. und 3. Stufe das Ergebnis verbessert werden kann.

Nach dem ersten Durchlauf der 2. Stufe haben die Endlager- und Verspätungszeiten in etwa dieselbe Größenordnung. Dieses ändert sich mit der 3. Stufe, in der die Endlagerzeiten kleiner werden, zusätzlich sinken die Durchlaufzeiten. Wird die 2. und 3. Stufe der RT mehrfach durchlaufen, steigen die Durchlaufzeiten der verspäteten Aufträge geringfügig, während die Durchlaufzeiten der pünktlichen sinken. Gleichzeitig sinkt die Anzahl verspäteter Aufträge von 43 auf 42 und die durchschnittlichen Verspätungszeiten reduzieren sich von 21,6 auf 21,0 Tage. Zudem verbessert sich auch die Abstimmung der Produktionsend- und Liefertermine. Die mittlere Endlagerzeit sinkt von 1 auf 0,4 Tage, und die Zwischenlagerzeiten nehmen ab.

	1. Durchlauf der 2. Stufe	RT mit 1 Durchlauf durch die 2. und 3. Stufe	RT mit 2 Durchläufen durch die 2. und 3. Stufe	RT mit 3 Durchläufen durch die 2. und 3. Stufe
Anzahl der Aufträge	64	64	64	64
verspätete Aufträge	43	43	42	42
Summe Verspätungszeit	929	929	882	882
Durchschnitt	21,6	21,6	21,0	21,0
Standardabweichung	14,5	14,5	13,6	13,6
Pünktliche Aufträge	21	21	22	22
Summe Endlagerzeiten	268	22	9	9
Durchschnitt	12,8	1,0	0,4	0,4
Standardabweichung	15,5	2,0	1,4	1,4
Durchlaufzeit gesamt	63,1	61,2	60,4	60,1
verspätete Aufträge	69,0	68,2	68,4	68,4
pünktliche Aufträge	50,9	46,8	45,0	44,2
Zwischenlager-zeit	5997	4677	4527	4508

Tabelle 9-31

Der Abbau der gesamten mittleren Durchlaufzeit von 63,1 Tagen nach dem ersten Durchlauf der 2. Stufe auf 60,1 Tage nach drei Durchläufen ist im wesentlichen auf die bessere Koordination der Knoten des Materialflusses zurückzuführen. Die Mehrfachschleife durch die 2. und 3. Stufe der RT erzielt im Beispiel keine überwältigenden Wirkungen. Das liegt an dem im Vergleich zur Personalkapazität a.o. hohen Auftragsbestand, der Lücken im Belegungsplan der 2. Stufe der RT kaum zuläßt. Die Wirksamkeit der Mehrfachschleife nimmt erheblich zu, wenn die Relation zwischen Auftragsbestand und Kapazität günstiger ist.

Die Tabelle 9-32 zeigt die Wirkungen, wenn in der 2. Stufe der RT die Prioritätssteuerung nach manipulierten Wunschterminen durch eine Steuerung nach der FCFS- oder KOZ-Regel ersetzt wird. Die Spalten 1 bis 3 zeigen die Ergebnisse, wenn nur die Stufe 2 einschließlich der Personalzuordnung durchlaufen wird. Aus den Spalten 4 bis 6 sind die Resultate bei ma-

9.4 Spezielle Verfahren zur Fertigungssteuerung

nipulierten Wunschterminen, KOZ und FCFS für 2 Durchläufe der 2. und 3. Stufe zu entnehmen. Für FCFS und KOZ werden dann auch die Termine in der 3. Stufe der RT verschoben, so daß die Ergebnisse besser sind als bei reiner Anwendung dieser Prioritätsregeln.

	(1) FCFS nur 2.Stufe	(2) KOZ nur 2.Stufe	(3) RT, G=6 nur 2.Stufe	(4) RT,FCFS 2 Durchläufe	(5) RT,KOZ 2 Durchläufe	(6) RT, G=6 2 Durchäufe
Anzahl der Aufträge	64	64	64	64	64	64
Verspätete Aufträge	43	41	54	39	37	54
Summe der Verspätungszeiten	1371	961	846	1261	895	847
Verspätung Mittelwert	31,9	23,4	15,7	32,3	24,2	15,7
Verspätung Standardabweichung	22,1	14,5	11,5	20,1	13,7	11,5
Pünktliche Aufträge	21	23	10	25	27	10
Summe der Endlagerzeiten	394	414	225	12	14	13
Endlager Mittelwert	18,8	18,0	22,5	0,5	0,5	1,3
Endlager Standardabweichung	14,4	15,4	15,5	0,9	1,3	2,6
Durchlaufzeit Mittelwert	68,8	61,7	61,6	66,5	60,6	59,4
Durchlaufzeit Standardabweichung	34,5	27,8	27,3	35,0	30,0	30,1
Zwischenlagerzeiten	7294	6255	5734	5502	4703	4561
Verspätungsklassen						
1 – 10 Tage	4	7	18	3	5	18
11 – 20 Tage	14	14	23	9	12	23
21 – 30 Tage	6	9	9	8	11	9
31 – 40 Tage	3	5	1	6	3	1
41 – 50 Tage	10	3	2	9	3	2
> 50 Tage	6	3	1	4	3	1
maximale Verspätung	108	58	58	98	53	58

Tabelle 9-32

Ein Vergleich der Ergebnisse in Spalte 1 bis 3 mit Spalte 4 bis 6 zeigt, daß sich bei zwei Programmschleifen auch die Ergebnisse bei KOZ und FCFS verbessern. Bis auf die Zahl verspäteter Aufträge sind die Ergebnisse der RT den beiden anderen Prioritätsregeln aber überlegen. Besonders schlecht schneidet die FCFS-Regel ab (große Verspätung, längste mittlere DLZ und größte DLZ-Streuung bei gleichzeitig längster maximaler Terminüberschreitung). Die RT mit G = 6 ist der RT mit KOZ-Steuerung nur schwach überlegen; Verspätungszeiten, Endlagerzeiten, Durchlaufzeiten und die Streuung der Verspätungszeiten sind geringfügig besser. Gleichzeitig ist die Zeitstruktur verspäteter Aufträge günstiger. Da die KOZ-Regel Aufträge mit langen Produktionszeiten benachteiligt, sind die Klassen mit hohen Verspätungszeiten stärker besetzt als bei der reinen RT, bei der sich die verspäteten Aufträge in den Klassen mit geringen Verspätungszeiten konzentrieren.

Eine detaillierte Analyse der Zielkriterien „Termintreue", „Durchlaufzeit" und „Stillstandszeiten" hat gezeigt, daß vom Stufenkonzept der RT in Kombination mit der Personalzuordnung der größte Einfluß auf den Grad der Zielerreichung ausgeht.[109]

9.4.6.9 Retrograde Terminierung und Fuzzy Sets

Die Theorie der unscharfen Mengen kann in der Fertigungssteuerung[110] dazu dienen, auch nichtlineare Zusammenhänge zwischen verschiedenen, oftmals nur unscharf zu formulierenden Aussagen abzubilden. Ferner erlaubt das Konzept der linguistischen Variablen insbesondere die Verarbeitung regelbasierten, unscharfen Wissens mit Hilfe sogenannter Kriterienhierarchien.[111]

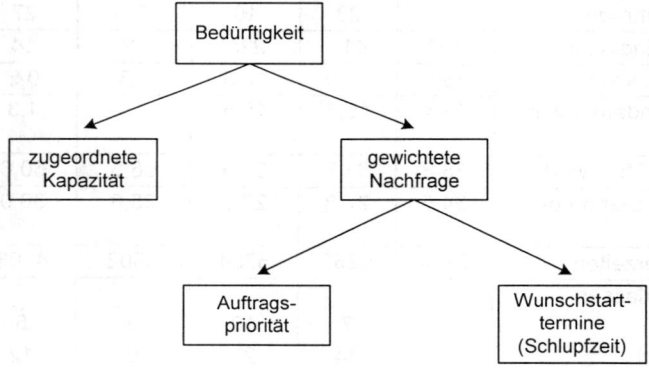

Abbildung 9-48

Innerhalb der RT basieren die verschiedenen Heuristiken zur Personalzuordnung und Reihenfolgeplanung auf derartigen Kriterienhierarchien, in denen Angaben zur zeitlichen Lage eines Arbeitsganges (Wunschstarttermin bzw. Schlupfzeit) mit der Wichtigkeit der Aufträge und dem vorliegenden Kapazitätsangebot an einer SE zu einer Bedürftigkeit der SE für die Personalzuordnung gemäß der obigen Abbildung 9-48 aggregiert werden. Als Prioritätsregel erweisen sich ferner die manipulierten Wunschstarttermine als am besten geeignetes Entscheidungskriterium.

---

109 Vgl. Dikow (1993).
110 Vgl. Nietsch et al. (1993).
111 Vgl. Sibbel (1998), S. 133 ff.

Derartige heuristische Methoden lassen sich durch die Verwendung auf linguistischen Variablen basierender Kriterienhierarchien zu regelbasierten Wissenssystemen ausbauen.[112] Dadurch wird auf der einen Seite die Entscheidungsgrundlage transparenter und plausibler, und das im Regelsystem abgebildete Erfahrungswissen läßt sich jederzeit erweitern bzw. modifizieren. Zum anderen wird der Grad des Informationsgehaltes einzelner Kennzahlen (z.B. Wunschstarttermin) auf Größenordnungen zurückgeführt, die dem Grad der menschlichen Einschätzungsgenauigkeit weitaus näherkommen. Das Entscheidungsfeld wird durch diese Abstraktion und Vergröberung der Informationen überschaubarer.

Die Steuerung der RT kann nachweislich durch die Anwendung unscharfer Aussagen verbessert werden. In einer ganzen Reihe praktischer Entscheidungssituationen führt das unscharfe gegenüber dem scharfen Konzept zu deutlichen Resultatsverbesserungen.[113] Unschön ist, daß diese Ergebnisverbesserungen nicht durchgängig erzielt werden, sondern erst eine Anpassung der Zugehörigkeitsfunktionen an die Datensituation efodern. Die Verknüpfungen der linguistischen Variablen sind situationsspezifisch zu formulieren. Vorab ist aber kaum abzusehen, welche Verknüpfung in welcher Situation zweckmäßig ist. Das Problem liegt folglich darin, zunächst Erkenntnisse darüber zu gewinnen, welche Merkmale einer Planungssituation für welche Verknüpfungsart sprechen. Zwar läßt sich eingrenzen, von welchem Parameter eines regelbasierten Fuzzy-Systems welche grundsätzliche Wirkung ausgeht,[114] aber eine konkrete Einstellung der Operatoren und Zugehörigkeitsfunktionen in Abhängigkeit einer Datensituation ist nur durch ausführliche Simulationsstudien zu bestimmen.

Nachteilig am Konzept unscharfer Mengen ist zudem, daß der Komplexitätsgrad der Steuerung eher zu- als abnimmt, da zusätzlich nach zweckmäßigen Verknüpfungsregeln zu suchen ist. Praktiker mit unzureichender Methodenkenntnis und zudem unzureichendem Überblick über die Wirkungsweisen von Ablaufentscheidungen und Fuzzy Sets dürften daher i.d.R. überfordert sein, sinnvolle unscharfe Erkenntnisse in das Steuerungskonzept zu integrieren. Damit aber steigt der Beratungsbedarf durch Spezialisten.

9.5 Computer Integrated Manufacturing (CIM)

9.5.1 Die Grundidee von CIM

Computer Integrated Manufacturing – CIM – bezeichnet die integrierte Informationsverarbeitung für betriebswirtschaftliche und technische Aufgaben eines Industriebetriebes, d.h. ein Konzept für den umfassenden, alle produktionsbezogenen Unternehmensbereiche integrierenden Rechnereinsatz.[115] Wesentlich für das Konzept ist die Verknüpfung von Verfahren der kaufmännischen Datenverwaltung (Buchhaltung, Kostenrechnung, Auftragsabwicklung usw.) und der Produktionsplanung und -steuerung einerseits mit den technisch orien-

---

112 Vgl. Sibbel (1998), S. 161 ff.
113 Vgl. Sibbel (1998), S. 198 ff.
114 Vgl. Sibbel (1998), S. 187 ff.
115 Vgl. Scheer (1990a), S. 47-68. Zur integrierten Informationsverarbeitung in Industriebetrieben vgl. Mertens (1997).

tierten Verfahren des CAD/CAM/CAQ andererseits durch Zugriff auf eine einheitliche Datenbasis in einer gemeinsamen Datenbank. Als CIM-fähig wird häufig aber auch ein System bezeichnet, welches zwar über keine gemeinsame Datenbank verfügt, aber einen Datenaustausch verschiedener Datenbanken mit Hilfe eines Datenübersetzungsprogramms ermöglicht.

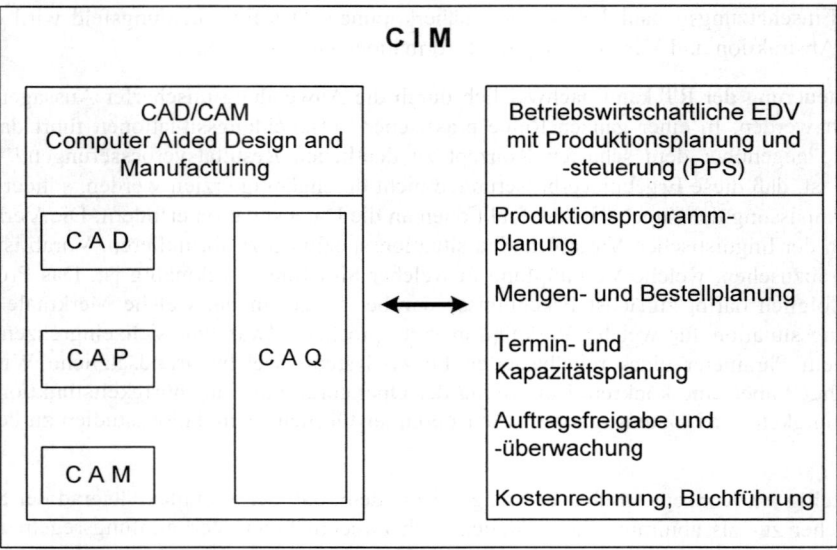

Abbildung 9-49[116]

Bereits in den 60er Jahren wurden rechnergestützte Systeme entwickelt, um Zeichnungen automatisiert erstellen zu können und dadurch die Entwurfstätigkeit zu beschleunigen und flexibler zu gestalten. Vor allem sollten neue Produktvarianten schneller konstruiert werden, indem auf im Computer hinterlegte Zeichnungsbestandteile zurückgegriffen werden kann. CAD (Computer Aided Design) war der Beginn der Entwicklung einer Vielzahl von CA-Techniken für Entwicklung, Fertigungsvorbereitung und Qualitätssicherung.

Die Einführung dieser Systeme zur Unterstützung technischer Funktionen erfolgte weniger mit dem Blick auf ein bereichsübergreifendes Konzept; vielmehr entstanden unverknüpfte Insellösungen. Die unbestreitbaren Vorteile dieser Lösungen wurden aber zunehmend mit Koordinationsproblemen zwischen den Inseln erkauft, da die Datenbestände nicht nach einem einheitlichen Konzept aufgebaut waren. Im technischen Bereich wurde erstmals mit der Übergabe von Konstruktionsdaten an ein System zur Fertigungsvorbereitung (Erstellung von Programmen für numerisch gesteuerte Maschinen) ein Schritt zur Integration zweier CA-Teilbereiche vollzogen. Die Vorteile dieser Integration waren so offensichtlich, daß die

---

116 In Anlehnung an: Ausschuß für Wirtschaftliche Fertigung e.V. (AWF) (1985).

9.5 Computer Integrated Manufacturing (CIM)

Forderung nach einer Integration aller technischen und betriebswirtschaftlichen Datenstränge entstand.

Diese Forderung findet in der engen ablauforganisatorischen Verzahnung betriebswirtschaftlicher und technischer Funktionen bei der Leistungserstellung ihre Begründung. Die Verzahnung erfordert eine ganzheitliche Sicht der Produktion, vom Entwurf über die Herstellung des Produktes bis zum Versand an den Kunden. Computer Integrated Manufacturing (CIM) strebt daher den integrierten EDV-Einsatz in allen mit der Produktion zusammenhängenden Betriebsbereichen an. CIM verlangt daher eine prozeßorientierte Sicht der gesamten Wertschöpfungskette.

Die Integration technischer und betriebswirtschaftlicher Funktionen soll über eine gemeinsame Datenbasis erreicht werden. Argumente für ein CIM-Konzept liegen insbesondere in den Vorteilen einer bereichsübergreifenden Datenintegration. Die wesentlichen Vorteile sind eine beschleunigte Informationsverarbeitung, kürzere Informationsübertragungszeiten und qualitativ verbesserte Informationsinhalte. Zudem gewährleistet eine gemeinsame, redundanzarme Datenbasis konsistente Informationen in allen Unternehmensbereichen: Mehrfacheingaben gleicher Datenbestände werden vermieden, was potentielle Fehlerquellen in den Daten reduzieren hilft und den Aufwand bei der Datenerfassung abbaut.

Mit der Einführung vom CIM verbinden sich die Hoffnungen, über folgende Auswirkungen positive Rückwirkungen auf das Unternehmensziel zu erreichen:

- Zum einen werden direkte Produktivitätssteigerungen erwartet. Diese sollen sich ergeben durch:
  - Rückgriff auf gespeicherte Zeichnungen (CAD) und deren leichtere Anpassungen an die Erfordernisse eines neuen Auftrages,
  - Vermeidung der Mehrfacheingabe von Daten, die für unterschiedliche technische oder ökonomische Fragestellungen benutzt werden,
  - schnelleren Datentransfer.

- Zum anderen wird eine betriebswirtschaftliche Entscheidungsunterstützung z.B. für eine fertigungsgerechte, kostengünstige Konstruktion erwartet. Mit der Konstruktion werden ca. 70 % bis 80 % der späteren Produktions- und Materialkosten fixiert, ohne daß der Konstrukteur derzeit über die Kostenwirkung seiner Konstruktionsentscheidungen informiert ist.[117]

- In der Produktion werden Kostensenkungen durch kürzere Durchlaufzeiten, geringere Lagerbestände und sinkenden Ausschuß erwartet.

- Höhere Flexibilität der Produktion und damit verbesserte Anpassungsfähigkeit des Betriebes an wechselnde Kundenwünsche sind weitere erhoffte CIM-Konsequenzen. Erwartet wird eine bessere quantitative, qualitative und zeitliche Flexibilität. Unter quantitativer Flexibilität wird die Möglichkeit verstanden, den Betrieb an Schwankungen oder

---

117 Dies unterstreicht die Notwendigkeit einer konstruktionsbegleitenden Kalkulation, um so früh wie möglich im Produktentstehungsprozeß eingreifen zu können. Vgl. Becker (1990), S. 353; Gröner (1991); Scheer (1989).

Verschiebungen von Produktionsmengen im Zeitablauf anpassen zu können. Qualitative Flexibilität beschreibt die Anpassungsfähigkeit an neue Produkte oder Werkstoffe, und unter zeitlicher Flexibilität ist die Möglichkeit zur schnellen Umstellung der Produktion auf neue Fertigungsaufgaben zu verstehen.

- CIM soll insbesondere die prozeßorientierte Gestaltung betrieblicher Arbeitsabläufe unterstützen, indem die erforderlichen Daten zur Überwindung von Schnittstellen bedarfsgerecht bereitgestellt werden. CIM wird daher heute als Instrument diskutiert, das die Bemühungen zur schlanken Fabrik durch eine entsprechende Datentechnik zur Koordination der Schnittstellen unterstützt.[118] CIM und Lean Management sind so gesehen keine Gegensätze, sondern beide Instrumente ergänzen sich, da CIM erst die Voraussetzung schafft, durch eine verbesserte Informationsbasis den Koordinationsbedarf zu decken. CIM ist allerdings in der Praxis nur dann erfolgreich, wenn zunächst der Leanphilosophie folgend Prozesse stark vereinfacht werden – mithin Komplexität abgebaut wird. Es ist kein Erfolgskonzept, zu versuchen, Komplexität mit CIM beherrschen zu wollen.[119] CIM führt dann nur zu zusätzlichen Komplexitätskosten, ohne die Koordination verbessern zu können.

9.5.2 Die technischen CIM-Bausteine (CAD, CAP, CAE, CAM, CAQ)

Grundlegende Idee des Computer Aided Design (CAD) ist die Aufgabenteilung zwischen Computer und Konstrukteur. Der Rechner soll die kreative Tätigkeit des Bedieners unterstützen, indem er ihm nichtkreative Aufgaben mit hohem Wiederholfaktor oder zeitintensiver Berechnung abnimmt. Die Vorteile von CAD werden insbesondere bei der Anpassungs- oder Variantenkonstruktion deutlich: Bei der Anpassungskonstruktion wird ein bestehendes Konzept in einzelnen Teilen verändert, und bei der Variantenkonstruktion wird nach dem Baukastenprinzip auf fertige Teilkonstruktionen zurückgegriffen.

CAD soll aber nicht nur die Konstruktion in traditionellen Anwendungsfeldern (z.B. Maschinenbau) beschleunigen; vielmehr eröffnet diese Technologie neue Anwendungsfelder für Produkte, die sich in klassischer Reißbretttechnik gar nicht entwickeln lassen (z.B. Entwurf von Mikrochips).

Entsprechend dem Grundgedanken „Arbeitsteilung zwischen Mensch und Computer" wurden weitere CA-Technologien entwickelt:

- Computer Aided Planning (CAP) für die computergestützte Arbeitsplanung, NC-Maschinen-Programmierung, Prüfplanung etc.,
- Computer Aided Engineering (CAE) für den computergestützten Produktentwurf,
- Computer Aided Manufacturing (CAM) für die computerunterstützte Überwachung und Steuerung von NC-Maschinen in der Fertigung und

---

118 Vgl. Rollberg (1996), S. 124 f.
119 Vgl. Rommel et al. (1993), S. 136 f.

- Computer Aided Quality Control (CAQ) bzw. Computer Aided Quality Assurance für die computerunterstützte Qualitätsplanung, -prüfung und -lenkung bzw. -sicherung.

Wie bei vielen Neuentwicklungen gibt es auch bei den CA-Techniken noch keine völlig vereinheitlichte Terminologie; nicht jeder benutzt für bestimmte Inhalte die gleichen Begriffe. Die begriffliche Zusammenfassung von CAD und CAM zu CAD/CAM besagt i.d.R., daß eine abgestimmte Datenverarbeitung vom Entwurf über die Konstruktion bis zur Fertigung und Qualitätskontrolle eines Produktes für die rein technischen Funktionen der Fertigung vorliegt.

9.5.3 Betriebswirtschaftlicher CIM-Baustein

Kernstück betriebswirtschaftlicher CIM-Bausteine sind Fragen der Fertigungssteuerung und Auftragsabwicklung bis hin zur Dokumentation der Zahlungs- und Erfolgsauswirkungen der Aufträge. Der Aufgabenbereich eines PPS-Systems kann mit den Begriffen Planung, Steuerung und Kontrolle der Produktion in bezug auf Mengen, Termine und Kosten beschrieben werden. Wegen des schon für einen Fertigungsbetrieb kleiner bis mittlerer Größe großen Datenvolumens ist ein nicht computergestütztes PPS-System kaum vorstellbar. Die klassischen Stapelverarbeitungsprogramme zur PPS haben sich wegen der Zufallskomponenten im Produktionsprozeß (Maschinenausfälle, unerwartet auftretende Qualitätsprobleme, Eilaufträge etc.) als zu schwerfällig erwiesen. Heute werden deshalb hauptsächlich dialogorientierte Softwaresysteme angeboten, bei denen dem Benutzer noch Eingriffsmöglichkeiten und Entscheidungsspielräume vorbehalten sind.

Aufbauend auf einer einheitlichen Grunddatenverwaltung umfaßt die Produktionsplanung die Funktionsgruppen Produktionsprogrammplanung, Sekundärmengenplanung sowie die Termin- und Kapazitätsbelegungsplanung. Mit der Auftragsfreigabe (Übergabe der Arbeitspapiere an die Fertigung) und der laufenden Auftragsüberwachung findet dann der Übergang von der Planungs- in die Steuerungsebene statt. Die Auftragsfreigabe ist gleichzeitig eine sinnvolle Schnittstelle für den Übergang von einem mehr planungsorientierten kommerziellen Universalrechner zu einem Prozeßrechner für die Realisierungsphase in der Produktion, wie er für die Fertigungssteuerung und die Betriebsdatenerfassung verwandt wird. Im Rahmen der Betriebsdatenerfassung werden Mengen- und Zeitwerte der Aufträge, Stillstands- und Ausfallzeiten von Betriebsmitteln sowie die Einsatzdaten von Materialien und Werkzeugen erfaßt. Diese laufenden Informationen über den Ist-Zustand des Produktionsprozesses benötigt die Fertigungssteuerung, um bei Abweichungen vom Soll-Zustand schnell reagieren zu können.

9.5.4 Probleme bei der CIM-Implementation

CIM bringt im wesentlichen Probleme in den Bereichen Kommunikation, Datenorganisation und Mitarbeiterqualifikation sowie Investitions- und Kostenrechnungsprobleme mit sich.

Kommunikationsprobleme

Weil CIM in erster Linie eine Integration von Informationen und Methoden aus unterschiedlichen Quellen ist, bildet die Kommunikation zwischen Kaufleuten und Technikern als CIM-Nachfragern das Rückgrat der Integration. Nur wenn beide ein einheitliches Problem- und Sprachverständnis gewinnen, kann CIM zum Erfolg werden. Darüber hinaus ist eine abgestimmte Kommunikation zwischen Angebots- und Nachfrageseite der CIM-Technologie erforderlich, wenn die zu realisierenden CIM-Konzepte den Anforderungen der Nachfrageseite entsprechen sollen.

Von der Angebotsseite der Software her ergibt sich aus der ursprünglichen strikten Trennung technischer und kaufmännischer Datenverarbeitung ein Strukturproblem. Die Hersteller von PPS-Systemen und betriebswirtschaftlicher Software haben die Bedeutung der technisch orientierten Datenverarbeitung erst relativ spät erkannt, und sie haben ihre Systeme erst nachträglich durch Zukauf entsprechender Software aus dem Bereich CAD/CAM angereichert. Durch dieses nachträgliche Aufpfropfen ist die Chance zu einer von vornherein vollzogenen Integration der Datenbasis nicht genutzt worden. Die Anbieter aus dem Bereich CAD/CAM haben ihrerseits ebenfalls nur wenig Beziehungen zu der betriebswirtschaftlich orientierten Datenverarbeitung. Zum Beispiel wird CAD-Software hauptsächlich von spezialisierten Softwarehäusern entwickelt, die wegen ihrer Spezialisierung keine eigene Standardsoftware zu PPS anbieten. CIM erfordert deshalb von der Software-Anbieterseite noch erhebliche Anstrengungen, wenn das Konzept einer einheitlichen Datenbasis und Informationsverarbeitung für alle Produktionsfunktionen erfolgreich umgesetzt werden soll.

Auch auf der Nachfragerseite sind noch erhebliche Anstrengungen erforderlich, um allen Betriebsbereichen die Notwendigkeit zur Integration bewußt zu machen. So werden heute CAD-Systeme oft allein von den Konstruktionsabteilungen ausgewählt, bei deren Bewertung der Funktionsumfang und nicht die Möglichkeit der Hard- und Softwarekopplung zum Planungsbereich dominiert. Auf diese Weise entstehen verschiedene Insellösungen, deren nachträgliche Integration Probleme mit sich bringt. Über die Einsicht zur Integration hinaus muß dann zwischen allen an CIM Beteiligten eine gemeinsame Aufgabendefinition für die zu integrierenden Funktionen erarbeitet werden. Ohne ein derartiges Anforderungsprofil an gemeinsame Daten, Datenstrukturen und Methoden läßt sich CIM nicht erfolgreich umsetzen.

Probleme der Datenorganisation

Für die Handhabung eines CIM-Systems sind Fragen der Datenorganisation sowie Fragen der Verteilung der Daten auf die verschiedenen Rechner des Systems von nachhaltiger Bedeutung.

Eine erfolgreiche Integration setzt einheitliche Prinzipien für die Datenstrukturen aller Bereiche voraus, weil sonst beim Austausch der Daten zwischen den CIM-Teilsystemen Pro-

9.5 Computer Integrated Manufacturing (CIM)

bleme auftreten. Fehlt eine gemeinsame Struktur der Daten, sind an den Schnittstellen zwischen den Teilsystemen Übersetzungsprogramme (Data-Dictionaries) von einer in eine andere Struktur erforderlich, was den Datenaustausch fehleranfällig und langsam macht.[120]

Ein schneller Zugriff auf die Daten hängt zudem von dem zugrunde gelegten Datenbankensystem ab. Da CIM-Systeme stets offen sein müssen für weitere, noch nicht integrierte Problemstellungen und Datenverarbeitungsmethoden (z.B. im Bereich der Planungsunterstützung), sind Datenbanksysteme mit hoher Flexibilität im Datenzugriff zwingend; CIM sollte deshalb auf einem leistungsfähigen relationalen Datenbanksystem aufbauen. Datenbanken mit ausreichender Flexibilität und großen Datenmengen erlauben aber für reale Probleme derzeit noch keine befriedigenden Antwortzeiten.

Die Daten und Methoden werden in CIM-Systemen nicht in einem zentralen Rechner abgelegt sein; vielmehr wird mit verteilten Systemen gearbeitet, wobei die Systeme aus leistungs- und auch herstellerverschiedenen Rechnern bestehen können.[121] Die Leistungsfähigkeit eines derartigen Systems hängt wesentlich davon ab, wie diese Rechner gegenseitig aufeinander zugreifen können und ob Rechner Funktionen anderer Rechner (z.B. bei Ausfall eines Rechners) übernehmen können. Kann jeder Rechner unmittelbar mit jedem anderen in Beziehung treten, sind sehr viele Datenrelationen einzurichten, und der Austausch der Daten muß verwaltet werden. Unter Umständen bietet es sich dann an, die Kommunikation zwischen den Rechnern über einen Zentralrechner zu organisieren. Diese einfachere Organisationsform geht aber zu Lasten der Zugriffs- und Antwortzeiten.

Qualifikationsprobleme der Mitarbeiter

Mit der Einführung von CIM-Technologien wird die Bedeutung der Datenverarbeitung für alle Mitarbeiter der Unternehmen stark erhöht.[122] Als Folge dessen werden sich die Anforderungsprofile an die Mitarbeiter in der Planung, dem Controlling, der Konstruktion, der Fertigung, aber auch in den Meisterbüros usw. erheblich verändern. Nicht allein zusätzliche DV-technische Fähigkeiten der Mitarbeiter werden gefragt sein; vielmehr wird ein Denken in Gesamtzusammenhängen gefordert, d.h., daß z.B. der Konstrukteur die Grundprobleme der Kostenrechnung verstehen muß, wenn er Kostenwirkungen seines Konstruktionsvorschlages beurteilen soll. Entsprechend muß der Kostenrechner die Grundzusammenhänge der Fertigungstechnik beherrschen, wenn die Kostenrechnung für Planung und Steuerung geeignete Informationen bereitstellen soll. Insbesondere bei älteren Arbeitnehmern oder bei jenen, die das Lernen bereits verlernt haben, wird CIM Ängste und organisatorische Widerstände auslösen. CIM wird sich nicht gegen diese Mitarbeiter realisieren lassen. Sie müssen vielmehr in den Prozeß mit einbezogen und intensiv geschult werden.

---

120 Vgl. Mertens (1997), S. 10 f.
121 Vgl. Härder (1989); Kurbel (1991), S. 17; Kurbel/Rautenstrauch (1989).
122 Vgl. Bleicher (1988), S. 150 ff.

Probleme der Investitions- und Kostenrechnung

Die Vorteilhaftigkeit von CIM-Installationen läßt sich nicht mit den traditionellen Methoden der Wirtschaftlichkeitsrechnung (Barwert- oder Endwertkonzepte) beurteilen. Diese Methoden scheitern, da sie zurechenbare Zahlungsströme voraussetzen. Bereits die Quantifizierung der für Systementwurf, Software, Schulung usw. erforderlichen Zeiten und Ausgaben bereitet große Schwierigkeiten. Die künftigen Einnahmen für die Erzeugnisse bei verbesserter Flexibilität gegenüber Kundenwünschen entziehen sich zudem weitgehend einer Messung. Die Beurteilung derartiger Vorhaben wird deshalb nur auf der Basis qualitativer Methoden (Scoring-Modelle oder verwandter Methoden) möglich sein.

CIM wird zudem die Kostenstrukturen in den Betrieben weiter verändern. Der Umfang der variablen Einzelkosten am Gesamtvolumen der Kosten wird weiter sinken. Dafür wird der Anteil fixer Kosten und der Anteil variabler Gemeinkosten weiter zunehmen. Damit gewinnt der Problemkreis einer sinnvollen Schlüsselung der variablen Gemeinkosten für die Kalkulation von Produkten an Bedeutung, die die einzelnen Komponenten des Systems in unterschiedlich starkem Maße benutzen.[123]

Einstellung zur Aufgabe von CIM-Systemen

Unternehmen, die versuchen, ihre bisherigen, am Funktionalprinzip ausgerichteten Arbeitsabläufe durch CIM datentechnisch zu unterstützen, erleiden i.d.R. CIM-Havarien. Es gelingt ihnen trotz intensiven Einsatzes von DV-Technik nicht, die Koordination der betrieblichen Schnittstellen zu verbessern. Vor dem Einsatz von CIM muß daher eine prozeßorientierte Restrukturierung der Organisation erfolgen. CIM darf damit nicht als ein Instrument fehlinterpretiert werden, das es erlaubt, beliebig komplexe Abläufe befriedigend zu koordinieren. CIM ist mithin kein Instrument, Komplexität zu beherrschen. Erst wenn die Komplexität durch neugestaltete Prozesse hinreichend reduziert ist, kann CIM den verbleibenden Koordinationsbedarf effizient decken. CIM ist gerade dann leistungsfähig, wenn es für standardisierte, in gleicher Form sehr häufig ablaufende Prozesse eingesetzt wird. Erst wenn Betriebe diese veränderte Einstellung zu CIM entwickeln, wenn der Zusammenhang von CIM und Organisation gesehen wird, kann das Instrument erfolgreich sein.

Organisatorische Konsequenzen

Die Auswirkungen der CIM-Integration auf die Aufbau- und Ablauforganisation der Produktion sind im CAD/CAM-Sektor bisher am deutlichsten zu erkennen: Der Grad der Arbeitsteilung nimmt ab, während der Anteil rechnergestützter Funktionen der organisatorischen Instanzen steigt.[124] In den anderen Bereichen lassen sich organisatorische Veränderungen erst in Ansätzen erkennen, da häufig die technologische Basis für die Integration noch nicht geschaffen ist. Generell sind aber die folgenden organisatorischen Auswirkungen zu erwarten:

---

123 Vgl. Eversheim/Steinfatt (1990), S. 111 ff.
124 Vgl. Kurbel (1991), S. 19 ff.

9.5 Computer Integrated Manufacturing (CIM)

Mit dem Einsatz von Datenbanksystemen und benutzerfreundlichen Dialogverarbeitungssystemen wachsen die Fähigkeiten des Menschen zur Bewältigung umfassenderer Aufgaben. Damit entfallen z.T. die Gründe, die früher zu einer weitgehenden Arbeitsteilung (starke Spezialisierung zur Senkung der Produktionszeiten) und zu schwerfälligen Organisationsstrukturen geführt haben. Von CIM wird daher eine Tendenz zur Reintegration der Arbeit ausgehen. Das Ausmaß der Arbeitsteilung wird insbesondere in Planung und Verwaltung sinken, was an den einzelnen Arbeitsplätzen zu einer Ausdehnung der Arbeitsinhalte führt. Die Integration von Funktionen an einzelnen Arbeitsplätzen geht dann mit einer Straffung der Ablauforganisation über Einsparung von Schnittstellen im Arbeitsablauf einher (an einer komplexen Aufgabe sind weniger Personen nacheinander beschäftigt). Durch die Verringerung funktionaler Schnittstellen können betriebliche Abläufe beschleunigt werden, da die Übergangszeiten zwischen den eingesparten Schnittstellen entfallen. Zugleich wird durch die geringere Zahl erforderlicher Arbeitsstufen mit angereicherten Arbeitsinhalten das Verständnis der Mitarbeiter für komplexe Zusammenhänge gefördert. Dieses Verständnis ist Voraussetzung für eine dezentrale Koordination der Arbeitsabläufe.

Aus der Umstrukturierung der Ablauforganisation folgt auch eine Veränderung der Strukturorganisation und der Methoden der Betriebsführung. Hierbei wird es zu horizontalen und vertikalen Integrationstendenzen kommen.

Unter horizontaler Integration wird der Abbau der klassischen Funktionenteilung (hohe Spezialisierung, Taylorismus) verstanden. CIM wird die horizontale Reintegration fördern. Zum Beispiel werden Absatz und Konstruktion zusammenwachsen (schon bei Kundenverhandlungen können Konstruktionsdaten abgerufen und kostenmäßige Auswirkungen von Änderungswünschen überprüft werden). Auch zwischen Produktion und Beschaffung wird von Just-in-time-Prinzipien eine Tendenz zur Integration ausgehen.

Unter vertikaler Integration wird die Tendenz zu einer reduzierten Tiefe der Organisationsstruktur (Abbau von Instanzen) verstanden. CIM wird zu flacheren, weniger bürokratischen Organisationsstrukturen beitragen. Die Ursachen dafür sind:

- Durch den höheren Automationsgrad von Routinetätigkeiten werden Planungs- und Entscheidungsfunktionen in den Konstruktions- und Produktionsprozeß integriert.
- Durch zunehmende Vernetzung der Teilsysteme sind Informationen schneller verfügbar, d.h., in den Organisationsstrukturen können Instanzen abgebaut werden, die dem reinen Transfer und der Verdichtung von Informationen dienen.
- Eine höhere Qualifikation des Arbeiters vor Ort wird insbesondere die Aufgaben des „Middle-Management" ausdünnen. Die mittlere Führungsebene verliert Teile der angestammten Aufgaben (z.B. Instruktion von Mitarbeitern nachrangiger Instanzen, Schnittstellen- und Transmitterfunktion zwischen der obersten Führungsebene und den unteren Ebenen der Aufbauorganisation).

Fragen und Aufgaben zu Kapitel 9

1. Erläutern Sie das Ablaufproblem aus der Sicht der Aufträge und der Maschinen!
2. Was versteht man unter dem Dilemma der Ablaufplanung?
3. Welche Prämissen werden im allgemeinen bei der Ablaufplanung gesetzt?
4. Was sollte Ziel der Ablaufplanung sein, was wird in der Literatur häufig als Ziel dargestellt?
5. Erläutern Sie die Begriffe Identical Routing und Different Routing! Welchen Einfluß hat die Wahl des Auftragsflusses auf die Komplexität des Ablaufplanungsproblems?
6. Beschreiben Sie die statische und die dynamische Sichtweise des Ablaufproblems!
7. Erklären Sie den Unterschied zwischen Zykluszeit und Durchlaufzeit!
8. Was versteht man unter der Durchlaufzeit eines Auftrags?
9. Aus welchen Komponenten setzt sich die Durchlaufzeit einer Arbeitsstation zusammen?
10. Grenzen Sie auftragsindividuelle und mittlere Durchlaufzeiten gegeneinander ab! Welche Formen mittlerer Durchlaufzeiten gibt es?
11. Welche Zwecke erfüllen die Visualisierungstechniken zur Ablaufplanung?
12. Zeigen Sie Unterschiede und Gemeinsamkeiten von Arbeitsplan und Vorlaufzeitplan auf!
13. Zeigen Sie am Beispiel der Daten aus der folgenden Tabelle die beiden Darstellungsformen des Gantt-Diagramms auf! Gehen Sie davon aus, daß die Bearbeitungsreihenfolge derjenigen der Abbildung 9-11 entspricht.

Ausführungszeit des Auftrags:	auf Maschine		
	1	2	3
A	3	2	3
B	2	4	3
C	3	1	2

Erläutern Sie, wie das Gantt-Diagramm zum Kontrollinstrument erweitert werden kann!

14. Erläutern Sie anhand einer Skizze, welche Informationen einem Durchlaufdiagramm zu entnehmen sind.
15. Beschreiben Sie allgemein das Vorgehen bei der Lösung von Ablaufproblemen mit Hilfe von Prioritätsregeln!
16. Nennen Sie einige Gründe, die die Anwendung von Prioritätsregeln bei der Maschinenbelegungsplanung nahelegen!
17. Nennen und beschreiben Sie ein Verfahren, das geeignet ist, die Effizienz von Prioritätsregeln zu testen!

18. Für einen zweistufigen Produktionsprozeß ist die Auftragsreihenfolge für ein vorgegebenes Programm von 5 Aufträgen zu planen. Die Aufträge weisen alle die gleiche Bearbeitungsreihenfolge auf (Stufe 1 vor Stufe 2). Die Bearbeitungszeiten der Aufträge betragen:

Auftrag	Bearbeitungszeit	
	Stufe 1	Stufe 2
1	3	6
2	7	2
3	4	7
4	5	3
5	8	5

a) Erläutern Sie die „Kürzeste-Operationszeit-Regel" (KOZ-Regel)!
b) Planen Sie mit Hilfe der „KOZ"-Regel die Maschinenbelegung!
c) Stellen Sie den Maschinenbelegungsplan graphisch dar!

19. Erläutern Sie, welche Ablaufplanungsprobleme sich bei Fließfertigung ergeben!
20. Womit beschäftigt sich die Netzplantechnik?
21. Welche Fragen können im Rahmen der Zeitanalyse für ein Projekt mit Hilfe der Netzplantechnik beantwortet werden?
22. Was versteht man unter dem kritischen Weg, und wie wird er in einem CPM-Netz berechnet?
23. Erläutern Sie die Begriffe „gesamte", „freie", „bedingte" und „unabhängige Pufferzeit"!
24. Erläutern Sie die direkten und indirekten Kostenwirkungen bei der Projektbeschleunigung! Wie ist vorzugehen, wenn die kostenoptimale Projektdauer gesucht wird?
25. Worin unterscheiden sich die Verfahren CPM und PERT?
26. Eignet sich die Netzplantechnik auch zur Ablaufplanung bei Werkstattfertigung?
27. Zeigen Sie die Mängel der Methode PERT auf!
28. Arbeiten Sie die Unterschiede zwischen deterministischen und stochastischen Netzen heraus!
29. Auf welche betrieblichen Planungsbereiche beziehen sich PPS-Systeme?
30. Beschreiben Sie das Stufenkonzept klassischer PPS-Systeme!
31. Auf welchen Voraussetzungen basiert die Durchlaufterminierung in der Grobterminplanung?
32. Welche Möglichkeiten bestehen zur Reduzierung der Durchlaufzeiten?
33. Beschreiben Sie das Vorgehen beim Kapazitätsabgleich!
34. Kennzeichnen Sie die Probleme, die sich bei einer Steuerung mit Prioritätsregeln ergeben!

35. Unter welchen einschränkenden Voraussetzungen funktionieren die PPS-Systeme auf der Basis der MRP-Logik zufriedenstellend?
36. Worin liegen die generellen Mängel klassischer PPS-Systeme für eine Werkstattfertigung?
37. Wie lauten die Grundanforderungen für ein neues Design von PPS-Systemen?
38. Wodurch unterscheiden sich zentrale und dezentrale Konzepte der Fertigungssteuerung? Ordnen Sie bekannte Verfahren der Fertigungssteuerung hinsichtlich ihres Zentralisierungsgrades ein! Kennzeichnen Sie Vor- und Nachteile von zentralen bzw. dezentralen Konzepten!
39. Welche kurzfristigen Determinanten der Fertigungssteuerung kennen Sie? Unter welchen Bedingungen ist eine Beschränkung der in einem Steuerungskonzept erfaßten Determinanten sinnvoll?
40. Erläutern Sie – auch graphisch – die theoretischen Grundlagen der Bestandsregelung!
41. In welchem Verhältnis stehen umfassende PPS-Systeme und spezielle Verfahren der Bestandsregelung bzw. spezielle Zeitwirtschaftsbausteine zueinander?
42. Belastungsorientierte Auftragsfreigabe (BoA)
    a) Skizzieren Sie die Grundidee der BoA!
    b) Beschreiben Sie die zwei Stufen der BoA!
    c) Welches sind die Steuerungsparameter der BoA?
    d) Was versteht man unter direkter Belastung einer Arbeitsstation, und wie erfolgt die Abwertung der indirekten Belastung?
    e) Von welchem Zusammenhang zwischen Durchlaufzeit und Einlastungsprozentsatz geht die BoA aus?
    f) Unter welchen Voraussetzungen stellt das Trichtermodell eine gute Annäherung an die Realität dar, und wie wirken sich Verstöße gegen diese Voraussetzungen aus?
    g) Wann bildet die Vorstellung eines kontinuierlichen Materialflusses die Realität bei Werkstattfertigung gut ab?
43. Erläutern Sie die Ziele des Kanban-Konzeptes!
44. Beschreiben Sie die Grundidee des Kanban-Konzeptes!
45. Zeigen Sie auf, wie der Informationsaustausch für Kanban zwischen den Produktionsstufen erfolgt!
46. Wie erfolgt die Bestandssteuerung bei einer Fertigung nach Kanban-Prinzipien?
47. Nennen Sie die Einsatzvoraussetzungen des Kanban-Konzeptes!
48. Welche Maßnahmen können zur Erreichung dieser Einsatzvoraussetzungen ergriffen werden?
49. Warum stellt eine Fertigung nach Kanban-Prinzipien extrem hohe Anforderungen an die Qualität? Warum verlangt Kanban eine störungsfreie Produktion?

Fragen und Aufgaben zu Kapitel 9

50. Welche Probleme können sich beim Einsatz von Kanban ergeben, wenn die Einsatzvoraussetzungen nur teilweise vorliegen?
51. Beschreiben Sie das Grundprinzip des Fortschrittskennzahlensystems!
52. Unter welchen Voraussetzungen erreicht das Fortschrittskennzahlensystem das Ziel niedriger Bestände?
53. Beschreiben Sie die Planungsphilosophie von OPT!
54. Beschreiben Sie den Planungsablauf des OPT-Systems!
55. Erläutern Sie mögliche Schwächen des OPT-Systems beim Einsatz in der Werkstattfertigung!
56. Welche Annahmen über Engpaßabteilungen macht das OPT-System?
57. Für welche Planungsprobleme ist die Retrograde Terminierung entwickelt worden?
58. Erläutern Sie die Rahmenbedingungen der Retrograden Terminierung!
59. Erklären Sie die zentralen und dezentralen Komponenten der Retrograden Terminierung und deren Zusammenspiel!
60. Wie ist die Retrograde Terminierung aufgebaut, welche Aufgaben erfüllen die einzelnen Stufen?
61. Welche Vorteile bringt die integrierte Personaleinsatzplanung der Retrograden Terminierung, welche Daten sind für diese erforderlich?
62. Welche Absichten sind mit dem mehrfachen Durchlaufen der zweiten und dritten Stufe der Retrograden Terminierung verbunden?
63. Wie kann durch die Retrograde Terminierung das Wechselspiel konfliktärer Ziele analysiert werden?
64. Welche Auswirkungen hat die Wahl der verwendeten Prioritätsregel auf das Ergebnis der Retrograden Terminierung?
65. Welche inhaltlichen Bereiche verbergen sich hinter dem Kürzel CIM (Computer Integrated Manufacturing), und welche Erwartungen werden mit der Einführung von CIM verbunden?
66. Welche technischen CIM-Bausteine werden unterschieden, und warum wird gerade dem Computer Aided Design (CAD) und dem Computer Aided Engineering (CAE) besondere Kostenverantwortung zugemessen?
67. Welche Aufgaben werden durch den betriebswirtschaftlichen CIM-Baustein übernommen?
68. Erläutern Sie mögliche Probleme bei der Implementation von CIM!
69. Welche aufbau- und ablauforganisatorischen Veränderungen bringt CIM mit sich?

Literaturverzeichnis

A

Adam, A. (1959): Losgrößenformel, in: Unternehmensforschung, 1959, S. 177 f.
Adam, D. (1969): Produktionsplanung bei Sortenfertigung, Wiesbaden 1969.
Adam, D. (1970): Entscheidungsorientierte Kostenbewertung, Wiesbaden 1970.
Adam, D. (1972a): Grundlagen der Kostentheorie bei substitutionalen und limitationalen Produktionsfunktionen, in: WISU, 1972, S. 513 ff. und S. 562 ff.
Adam, D. (1972b): Grundzüge der betriebswirtschaftlichen Produktionstheorie, in: WISU, 1972, S. 153 ff., S. 203 ff., S. 255 ff.
Adam, D. (1972c): Quantitative und intensitätsmäßige Anpassung mit Intensitätssplitting bei mehreren funktionsgleichen, kostenverschiedenen Aggregaten, in: ZfB, 1972, S. 381-400.
Adam, D. (1973a): Grundlagen der Kostentheorie bei substitutionalen und limitationalen Produktionsfunktionen, in: WISU, 1973, S. 6 ff.
Adam, D. (1973b): Kostenpolitik im Einproduktunternehmen bei mehrstufiger Fertigung, in: WISU, 1973, S. 512 ff.
Adam, D. (1976): Zeitablaufbezogene Interpretation von Ergebnissen aus zeitablaufabhängigen Modellen, dargestellt am Beispiel eines Produktionsaufteilungsproblems, in: ZfB, 1976, S. 149 – 163.
Adam, D. (1979): Programmplanung bei einem gegebenen Engpaß für Produkte mit Deckungsbeitragssprüngen, in: WISU, 1979, S. 540-544, S. 595-601.
Adam, D. (1981a): Artikel „Produktplanung", in: Albers, W. et al. (Hrsg.), Handwörterbuch der Wirtschaftswissenschaft, Bd. 4, Stuttgart et al. 1981, Sp. 322-335.
Adam, D. (1981b): Zur Berücksichtigung nutzungsabhängiger Abschreibungen in kombinierten Anpassungsprozessen, in: ZfB, 1981, S. 405-411.
Adam, D. (1987): Ansätze zu einem integrierten Konzept der Fertigungssteuerung bei Werkstattfertigung, in: Adam, D. (Hrsg.), Neuere Entwicklungen in der Produktions- und Investitionspolitik, Wiesbaden 1987, S. 17-52.
Adam, D. (1990): Produktionsdurchführungsplanung, in: Jacob, H. (Hrsg.), Industriebetriebslehre, 4. Aufl., Wiesbaden 1990, S. 673-918.
Adam, D. (1996a): Planung und Entscheidung, Modelle – Ziele – Methoden, Fallstudien und Lösungen, 4. Aufl., Wiesbaden 1996.
Adam, D. (1996b): Umweltberichterstattung und Umweltcontrolling, in: Baetge, J., Börner, D., Forster, K.-H., Schruff, L. (Hrsg.), Rechnungslegung, Prüfung und Beratung – Herausforderungen für den Wirtschaftsprüfer – Festschrift für Rainer Ludewig, Düsseldorf 1996, S. 1-19.
Adam, D. (1997a): Investitionscontrolling, 2. Aufl., München; Wien 1997.
Adam, D. (1997b): Die Philosophie der Kostenrechnung, Stuttgart 1997.
Adam, D., Backhaus, K., Bauer, M., Dinge, A., Johannwille, U., Voeth, M., Welker, M. (1998): Koordination betrieblicher Entscheidungen, Berlin et al. 1998.
Adam, D., Berens, W. (1982a): Entscheidungsrelevante Kosten für alternative Typen von Bestellpolitiken – Eine Fallstudie, in: Kostenrechnungs-Praxis, 1982, S. 7-19.
Adam, D., Berens, W. (1982b): Kostenrechnungsprobleme bei der Produktionsplanung einer Textilunternehmung – Eine Fallstudie, in: Kostenrechnungs-Praxis, 1982, S. 215-224.

Adam, D., Brauckschulze, U. (1984): Probleme der Kapitalbudgetierung mit Hilfe der Schnittpunktlösung nach Dean, Veröffentlichung des Instituts für Industrie- und Krankenhausbetriebslehre der Universität Münster, Nr. 7, 1984.
Adam, D., Johannwille, U. (1998): Die Komplexitätsfalle, in: Adam, D. (Hrsg.), Komplexitätsmanagement, SzU, Bd. 61, Wiesbaden 1998, S. 5-28.
Adam, D., Rollberg, R. (1995): Komplexitätskosten, in: DBW, 1995, S. 667-670.
Agthe, K. (1959): Stufenweise Fixkostendeckungsrechnung im System des Direct Costing, in: ZfB, 1959, S. 404-418.
Akermann, J. (1931): Dynamische Wertprobleme, in: ZfN, Bd. 2 (1931), S. 579 ff.
Albach, H. (1962): Zur Verbindung von Produktionstheorie und Investitionstheorie, in: Koch, H. (Hrsg.), Zur Theorie der Unternehmung, Wiesbaden 1962, S. 137 ff.
Albach, H. (1989): Innovationsstrategien zur Verbesserung der Wettbewerbsfähigkeit, in : ZfB, 1989, S. 1338-1351.
Albach, H., Pay, D. de, Rojas, R. (1991): Quellen, Zeiten und Kosten von Innovationen, in: ZfB, 1991, S. 309-324.
Albert, H. (1956): Das Wertproblem im Lichte der logischen Analyse, in: ZfgSt, Bd. 112 (1956), S. 410 ff.
Allen, R.G.D. (1972): Mathematik für Volks- und Betriebswirte, 4. Aufl., Berlin 1972.
Al-Radhi, M., Heuer, J. (1995): Total Productive Maintenance. Konzept, Umsetzung, Erfahrung, München; Wien 1995.
Altrogge, G. (1972): Der Einfluß von Minimal- und Maximalintensitäten auf die kostenoptimale Anpassung von Aggregatgruppen, in: ZfB, 1972, S. 545-566.
Altrogge, G. (1981): Zu Kostenfunktionen bei kombinierter Anpassung, in: ZfB, 1981, S. 413-417.
Altrogge, G. (1996): Netzplantechnik, 3. Aufl., München; Wien 1996.
Anderson, A.R. (1956): The formal Analysis of Normative Concepts, Technical Reports, No. 2, US-Office of Naval Research 1956.
Arnreich, R. (1988): Erfahrungen bei Versuchen mit KANBAN, in: Adam, D. (Hrsg.), Fertigungssteuerung II, SzU, Bd. 39, Wiesbaden 1988, S. 121-129.
Ausschuß für Wirtschaftliche Fertigung e.V. (AWF) (Hrsg.), (1985), Integrierter EDV-Einsatz in der Produktion: CIM – Computer Integrated Manufacturing, Eschborn 1985.

B
Backhaus, K. (1997): Industriegütermarketing, 5. Aufl., München 1997.
Backhaus, K., Gruner, K. (1997): Epidemie des Zeitwettbewerbs, in: Backhaus, K., Bonus, H. (Hrsg.), Die Beschleunigungsfalle oder der Triumph der Schildkröte, 2. Aufl., Stuttgart 1997, S. 19-46.
Backhaus, K., Weiss, P.A. (1988): Integration von betriebswirtschaftlich und technisch orientierten Systemtechnologien in der Fabrik der Zukunft, in: Adam, D. (Hrsg.), Fertigungssteuerung I, SzU, Bd. 38, Wiesbaden 1988, S. 49-72.
Bechte, W. (1984): Steuerung der Durchlaufzeit durch belastungsorientierte Auftragsfreigabe bei Werkstattfertigung, Hannover 1984.
Becker, J. (1990): Entwurfs- und konstruktionsbegleitende Kalkulation, in: krp – Kostenrechnungs-Praxis, 1990, S. 353 ff.

Becker, J. (1992a): Konstruktionsbegleitende Kalkulation als CIM-Baustein, in: Männel, W. (Hrsg.), Handbuch Kostenrechnung, Wiesbaden 1992, S. 552-562.
Becker, J. (1993): Marketing-Konzeption. Grundlagen des strategischen Marketing-Managements, München 1993.
Becker, J., Rosemann, M. (1993): Logistik und CIM, Berlin et al. 1993.
Becker, W. (1992b): Komplexitätskosten, in: Kostenrechnungspraxis, 1992, S. 171-173.
Beitz, W. (1995): Simultaneous Engineering: Eine Antwort auf die Herausforderungen Qualität, Kosten und Zeit, in: ZfB-Ergänzungsheft, 1995, S. 3-11.
Bellman, R. (1955): Mathematical Aspects of Scheduling Theory, RAND Report P-651, Rand Corporation, Santa Monica, 11. April 1955.
Bellman, R.E. (1959): Dynamic Programming, 2. Aufl., Princeton 1957.
Berens, W. (1982): Die Berücksichtigung begrenzten Lieferverzugs im klassischen Bestellmengen-Modell bei zeitunabhängigen Verzugsmengenkosten, in: ZfB, 1982, S. 354-369.
Berens, W. (1984): An Example of the Construction of Three-Dimensional Physical Models for Demonstrating Economic Relationships, in: IIE Transactions, 1984, S. 398 f.
Bergmann, G. (1996): Zukunftsfähige Unternehmensentwicklung, München 1996.
Beste, T. (1938): Die Produktionsplanung, in: ZfhF, 1938, S. 345 ff.
Bitz, M. (1981): Entscheidungstheorie, München 1981.
Bleicher, F. (1990): Effiziente Forschung und Entwicklung – Personelle, organisatorische und führungstechnische Instrumente, Wiesbaden 1990.
Bleicher, S. (1988): Der Mensch im Mittelpunkt einer sozial verträglichen CIM-Entwicklung, in: Adam, D. (Hrsg.), Fertigungssteuerung I, SzU, Bd. 38, Wiesbaden 1988, S. 149-156.
Bliss, C. (1998): Komplexitätsreduktion und Komplexitätsbeherrschung bei der Schmitz-Anhänger Fahrzeugbau-Gesellschaft mbH, in: Adam, D. (Hrsg.), Komplexitätsmanagement, SzU, Bd. 61, Wiesbaden 1998, S. 145-168.
Bloech, J., Bogaschewsky, R., Götze, U., Roland, F. (1998): Einführung in die Produktion, 3. Aufl., Heidelberg 1998.
Bloech, J., Lücke, W. (1982): Produktionswirtschaft, Stuttgart; New York 1982.
Bogaschewsky, R., Rollberg, R. (1998): Prozeßorientiertes Management, Berlin et al. 1998.
Böhm-Bawerk, E. von (1928): Artikel „Wert", in: Elster, L. (Hrsg.), Handwörterbuch der Staatswissenschaften, 4. Aufl., Bd. VIII, Jena 1928.
Borges, P.J. (1994): Tailor made scheduling – Beitrag zur Lösung des Reihenfolgeproblems bei Werkstattfertigung mittels Fuzzy-Logic, Aachen; Mainz 1994.
Bösenberg, D., Metzen, H. (1995): Lean Management, 5. Aufl., Landsberg/Lech 1995.
Botta, U. (1974): Zur Bestimmung von im Zeitablauf optimalen Leistungsschaltungen, in: ZfB, 1974, S. 89 ff.
Bowman, E.H. (1959): The Schedule-Sequencing Problem, in: Operations Research, 7/1959, S. 621 ff.
Braun, C.-F. von (1994): Der Innvovationskrieg: Ziele und Grenzen der industriellen Forschung und Entwicklung, München; Wien 1994.
Brockhoff, K. (1966): Unternehmenswachstum und Sortimentsänderungen, Köln; Opladen 1966.
Brockhoff, K. (1984): Controlling in Forschung und Entwicklung der Unternehmen, in: ZfbF, 1984, S. 608 ff.

Brockhoff, K. (1994): Forschung und Entwicklung – Planung und Kontrolle, 4. Aufl., München; Wien 1994.
Brown, R.-G., Meyer, R.-F. (1961): The fundamental Theorem of exponential smoothing, in: Operations Research, 1961, S. 673-685.
Brunner, F.J. (1989): Die Taguchi-Optimierungsmethoden – ein neuer Weg zur dynamischen Wettbewerbsfähigkeit, in: Qualität und Zuverlässigkeit (QZ), 1989, S. 339-344.
Brunner, M. (1962): Planung in Saisonunternehmen, Köln; Opladen 1962.
Bulkin, M.H., Colley, J.L., Steinhoff, H.W. (1966): Load Forecasting, Priority Sequencing and Simulation in a Job Shop Control System, in: Management Science, 1966, S. 29 ff.
Bullinger, H.-J. (1992): F+E-Bereiche sind durch die Konkurrenz aus Japan massiv unter Druck geraten, in: Handelsblatt, Nr. 182 vom 21.9.1992, S. 20.
Bullinger, H.-J., Ankele, T. (1994): Zwischenbetrieblicher Konstruktionsdatenaustausch mit Hilfe von CAD-Systemen, in: Corsten, H. (Hrsg.), Handbuch Produktionsmanagement, Wiesbaden 1994, S. 661-675.
Bullinger, H.-J., Niemeier, J. (1992): Was kommt nach Lean Production?, in: Scheer, A.-W. (Hrsg.), Rechnungswesen und EDV, Heidelberg 1992, S. 152-172.
Burger, A. (1995): Kostenmanagement, 2. Aufl., München; Wien 1995.
Busse von Colbe, W. (1964): Die Planung der Betriebsgröße, Wiesbaden 1964.
Busse von Colbe, W. (1990): Bereitstellungsplanung, in: Jacob, H. (Hrsg.): Industriebetriebslehre, 4. Aufl., Wiesbaden 1990, S. 595 ff.
Busse von Colbe, W., Laßmann, G. (1991): Betriebswirtschaftstheorie, Bd. 1, Grundlagen, Produktions- und Kostentheorie, 5. Aufl., Berlin et al. 1991.
Buzzell, R.D., Gale, B.T. (1989): Das PIMS-Programm, Strategien und Unternehmenserfolg, Wiesbaden 1989.

C

Cansier, D. (1996): Umweltökonomie, 2. Aufl., Stuttgart 1996.
Castiglioni, E. (1994): Organisatorisches Lernen in Produktionsinnovationsprozessen – Eine empirische Untersuchung, Wiesbaden 1994.
Charnes, A., Cooper, W.W. (1961): Management Models and Industrial Applications of Linear Programming, Vol. I, New York; London 1961.
Chilton, H.C. (1950): „Six Tenth Factor" Applies to Complete Plant Costs, in: Chemical Engineering, 1950, S. 112 ff.
Churchman, C.W. (1961): Prediction and Optimal Decision, Englewood Cliffs/N.J. 1961.
Churchman, C.W., Ackoff, R.I., Arnoff, E.L. (1971): Operations Research, 5. Aufl., München; Wien 1971.
Cobb, C.W., Douglas, P.-H. (1928): A Theory of Production, in: The American Economic Review, 1928, S. 139 ff.
Coenenberg, A.G., Fischer, T.M. (1991): Prozeßkostenrechnung – Strategische Neuorientierung in der Kostenrechnung, in: DBW, 1991, S. 21-38.
Coenenberg, A.G., Fischer, T.M., Schmitz, J. (1994): Target Costing und Product Life Cycle Costing als Instrumente des Kostenmanagements, in: ZP, 1994, S. 1-38.
Conway, R.W., Johnson, B.M., Maxwell, W.L. (1960): An Experimental Investigation of Priority Dispatching, in: Journal of Industrial Engineering, 1960, S. 221 ff.

Conway, R.W., Maxwell, W.L., Miller, L.W., (1967), Theory of Scheduling, Palo Alto; London 1967.

Corsten, H. (1994): Gestaltungsbereiche des Produktionsmanagements, in: Corsten, H. (Hrsg.): Handbuch Produktionsmanagement, Wiesbaden 1994, S. 5-21.

Corsten, H. (1998): Produktionswirtschaft: Einführung in das industrielle Produktionsmanagement, 7. Aufl., München; Wien 1998.

Corsten, H., Reiss, M. (1992): Systemische Integrationsansätze im Produktentstehungsprozeß, in: Hanssen, R.A., Kern, W. (Hrsg.), Integrationsmanagement für neue Produkte, Schmalenbachs ZfbF, Sonderheft Nr. 30, Düsseldorf, Frankfurt am Main 1992, S. 213-231.

Corsten, H., Will, T. (1993): Simultanität von Kostenführerschaft und Differenzierung durch neuere informationstechnologische und arbeitsorganisatorische Produktionskonzepte, in: Corsten, H., Will, T. (Hrsg.), Lean Production, Stuttgart et al. 1993, S. 47-86.

D

Danø, S. (1966): Industrial Production Models, Wien; New York 1966.

Dantzer, U. (1996): Kooperation zwischen Industrie und Handel, in: Beschaffung Aktuell, 1996, Nr. 11, S. 26-27.

Dantzig, G.B. (1966): Lineare Programmierung und Erweiterungen, Berlin, Heidelberg, New York 1966.

Davidson, J.H. (1979): Die sechs Todfeinde neuer Marken, in: Harvard Manager, 1979, S. 46-52.

Dean, J.W., Susman, G.I. (1989): Organizing for Manufacturable Design, in: Harvard Business Review, Januar/Februar 1989, S. 28-36.

Dellmann, K., Nastansky, L. (1969): Kostenminimale Produktionsplanung bei rein intensitätsmäßiger Anpassung mit differenzierten Intensitätsgraden, in: ZfB, 1969, S. 239-268.

Deming, W. E. (1986): Out of the Crisis - Quality, Productivity and Competitive Position, Cambridge, Massachusetts 1986.

Deppe, J. (1992): Quality Circle und Lernstatt – Ein integrativer Ansatz, 3. Aufl., Wiesbaden 1992.

Deutsche Gesellschaft für Qualität e.V. (1985): Qualitätskosten. Rahmenempfehlung zu ihrer Definition, Erfassung und Beurteilung, 5. Aufl., Berlin 1985.

Deutsches Institut für Normung (Hrsg.) (1987): DIN ISO 9004, Ausgabe 1987, Berlin 1987.

Dichtl, E. (1991): Orientierungspunkte für die Festlegung der Fertigungstiefe, in: WiSt, 1991, S. 54 ff.

Dikow, U. (1993): Planung und Steuerung des Auftragsflusses bei nachfrageorientierter Kapazitätsplanung – Ein Anwendungsfall der Retrograden Terminierung, Münster; Hamburg 1993.

Dinius, G. (1983): Stücklistenwesen in Fertigungsbetrieben, in: Planung und Produktion 3/1983, S. 10-13 und 4/1983, S. 11-14.

Dinkelbach, W., Piro, A. (1990): Entsorgung und Recycling in der betriebswirtschaftlichen Poduktions- und Kostentheorie, in: WISU, 1990, S. 640-645 und 700-705.

Domsch, M. (1987): Qualitätszirkel – Baustein einer mitarbeiterorientierten Führung und Zusammenarbeit, in: Rosenstiel, L.v., Einsiedler, H.E., Streich, R.K., Rau, S. (Hrsg.), Motivation durch Mitwirkung, Stuttgart 1987, S. 126-137.

Domsch, M., Gerpott, T.J., Gerpott, H. (1991): Qualität der Schnittstelle zwischen F&E und Marketing: Ergebnisse einer Befragung deutscher Industrieforscher, in: ZfbF, 1991, S. 1048-1069.

Domschke, W., Drexl, A. (1998): Einführung in Operations Research, 4. Aufl., Berlin et al. 1998.

Domschke, W., Scholl, A., Voß, S. (1997): Produktionsplanung – Ablauforganisatorische Aspekte, 2. Aufl., Berlin et al. 1997.

Donabedian, A. (1980): The Definition of Quality and Approaches to its Assessment and Monitoring, Vol. I, Ann Arbor 1980.

Drucker, P.F. (1991): So funktioniert die Fabrik von morgen, in: Harvard Manager, 1991, Nr. 1, S. 9-17.

Dyckhoff, H. (1991): Berücksichtigung des Umweltschutzes in der betriebswirtschaftlichen Produktionstheorie, in: Ordelheide, D., Rudolph, B., Büsselmann, E. (Hrsg.), Betriebswirtschaftslehre und Ökonomische Theorie, Stuttgart 1991.

E

Eisele, K. et al. (1985): Projektträgerschaft Fertigungstechnik, Forschungsbericht KfK-PFT 99, Entwicklung des Produktionsplanungs-, Informations- und Steuerungssystem ORGAM (PIUSS-O), Karlsruhe 1985.

Elsner, H.D. (1968): Mehrstufiger Fertigungsprozeß und zeitliche Verteilung des Fertigungsvolumens in Saisonunternehmungen, in: ZfB 1968, S. 45 ff.

Engelmann, K. (1958): Einwände gegen den pagatorischen Kostenbegriff, in: ZfB, 1958, S. 558 ff.

Engels, W. (1962): Betriebswirtschaftliche Bewertungslehre im Licht der Entscheidungstheorie, Köln; Opladen 1962.

Erdlenbruch, B. (1984): Grundlagen neuer Auftragssteuerungsverfahren für die Werkstattfertigung, Düsseldorf 1984.

Eversheim, W., Steinfatt, E. (1990): Moderne Produktionstechnik – Aufgabe und Herausforderung für die Betriebswirtschaft, in: Adam, D., Backhaus, K., Meffert, H., Wagner, H. (Hrsg.), Integration und Flexibilität, Wiesbaden 1990, S. 97-135.

F

Falkenhausen, H. von (1968): Prinzipien und Rechenverfahren der Netzplantechnik, in: ADL-Schriftenreihe, Bd. 2, 2. Aufl., Kiel 1968.

Fandel, G. (1994): Produktion I, Produktions- und Kostentheorie, 4. Aufl., Berlin et al. 1994.

Fandel, G., Dyckhoff, H., Reese, J. (1994): Industrielle Produktionsentwicklung, 2. Aufl., Berlin et al. 1994.

Fandel, G., François, P. (1989): Just-in-Time-Produktion und -Beschaffung, Funktionsweise, Einsatzvoraussetzungen und Grenzen, in: ZfB, 1989, S. 531-545.

Feichtinger, G., Hartl, R.F. (1986), Optimale Kontrolle ökonomischer Prozesse, Berlin; New York 1986.

Feigenbaum, A.V. (1991): Total Quality Control, 3. Aufl., New York et al. 1991.
Fettel, E. (1959): Ein Beitrag zur Diskussion über den Kostenbegriff, in: ZfB, 1959, S. 567 ff.
Fettel, J. (1954): Marktpreis und Kostenpreis, Schriften zur wirtschaftlichen Forschung, Band 1, Meisenheim am Glan 1954.
Fischer, K. (1990): Retrograde Terminierung. Werkstattsteuerung bei komplexen Fertigungsstrukturen, Wiesbaden 1990.
Fischer, T.M. (1993): Variantenvielfalt und Komplexität als betriebliche Kostenbestimmungsfaktoren?, in: Kostenrechnungspraxis, 1993, Nr. 1, S. 27-31.
Franken, R. (1984): Materialwirtschaft: Planung und Steuerung des betrieblichen Materialflusses, Stuttgart et al. 1984.
Frehr, H.U. (1988): Unternehmensweite Qualitätsverbesserung, in: Masing, W. (Hrsg.), Handbuch der Qualitätssicherung, 2. Aufl., München 1988, S. 797-814.

G

Garvin, D.A. (1984): What does Product Quality Really Mean?, in: Sloan Management Review, Vol. 26 (1984), S. 25-43.
Garvin, D.A. (1988): Managing Quality, The Strategic and Competive Edge, New York 1988.
Gass, S.I. (1958): Linear Programming, New York et al. 1958.
Geiger, W. (1994): Qualitätslehre, Einführung – Systematik – Terminologie, 2. Aufl., Braunschweig; Wiesbaden 1994.
Gell-Mann, M. (1994): Das Quark und der Jaguar, München 1994.
Georg, T. (1993): EDIFACT, Wiesbaden 1993.
Georgescu-Roegen, N. (1974): Was geschieht mit der Materie im Wirtschaftsprozeß?, in: Brennpunkte, 1974, S. 17 ff.
Gerpott, H. (1991): F&E und Produktion – Theoretische und empirische Analysen zu Schnittstellenproblemen im Innovationsprozeß unter besonderer Berücksichtigung personalwirtschaftlicher Aspekte, München 1991.
Glaser, H. (1986): Computergestützte Verfahren der Materialdisposition, in: WISU, 1986, S. 486-492.
Glaser, H., Geiger, W., Rohde, V. (1992): PPS – Produktionsplanung und -steuerung, 2. Aufl., Wiesbaden 1992.
Goldratt, E.M. (1988): Computerized shop floor scheduling, in: International Journal of Production Research, 1988, S. 443-455.
Görgel, U.B. (1991): Computer Integrated Manufacturing und Wettbewerbsstrategie, Wiesbaden 1991.
Graumann, M. (1995): Operatives Controlling in Forschung und Entwicklung, in: WISU, 1995, S. 911-914.
Grochla, E. (1992): Grundlagen der Materialwirtschaft, 3. Aufl., Wiesbaden 1992.
Gröner, L. (1991): Entwicklungsbegleitende Vorkalkulation, Saarbrücken 1991.
Grönroos, C. (1984): A Service Quality Model and its Marketing Implications, in: European Journal of Marketing, 1984, S. 36-44.
Grupp, B. (1989): Stücklisten- und Arbeitsplanorganisation mit Bildschirmeinsatz, 4. Aufl., Wiesbaden 1989.

Grupp, B. (1991): Aufbau einer integrierten Materialwirtschaft: Bildschirmeinsatz in Lagerwirtschaft und Disposition, 2. Aufl., Wiesbaden 1991.
Günther, H.-O. (1992): Netzplanorientierte Auftragsterminierung bei offener Fertigung, in: OR Spektrum, 1993, S. 229-240.
Gutenberg, E. (1956): Der Einfluß der Betriebsgröße auf die Kostengestaltung in Fertigungsbetrieben, in: Schweizerische Zeitschrift für Kaufmännisches Bildungswesen, 1956, S. 36 ff.
Gutenberg, E. (1983): Grundlagen der Betriebswirtschaftslehre, Bd. I, Die Produktion, 24. Aufl., Berlin et al. 1983.
Gutenberg, E. (1984): Grundlagen der Betriebswirtschaftslehre, Bd. II, Der Absatz, 17. Aufl., Berlin et al. 1984.

H

Hackstein, R. (1989): Produktionsplanung und -steuerung (PPS), 2. Auflage, Düsseldorf 1989.
Hadley, G. (1972): Linear Programming, 2nd. ed. Reading et. al. 1972.
Hadley, G. Whitin, T.M. (1963): Analysis of Inventory Systems, Englewood Cliffs/N.J. 1963.
Hadley, G., Kemp, M.C. (1971): Variational Methods in Economics, Amsterdam 1971.
Haedrich, G., Tomczak, T. (1996): Produktpolitik, Stuttgart 1996.
Hahn, D., Laßmann, G. (1990): Produktionswirtschaft – Controlling industrieller Produktion, Bd. 1, 2. Aufl., Heidelberg 1990.
Hamburg, M. (1983): Statistical Analysis for Decision Making, 3. Aufl., New York 1983.
Hansmann, K.-W. (1983): Kurzlehrbuch Prognoseverfahren, Wiesbaden 1983.
Härder, T. (1989): Die Rolle von Datenbanksystemen in CIM, in: CIM Management,1989, S. 4-10.
Hartmann, E.H. (1995): Erfolgreiche Einführung von TPM in nichtjapanischen Unternehmen, Landsberg/Lech 1995.
Hartmann, H. (1997): Materialwirtschaft: Organisation, Planung, Durchführung, Kontrolle, 7. Aufl., Gernsbach 1997.
Haupt, R. (1987): Produktionstheorie und Ablaufmanagement, Stuttgart 1987.
Haupt, R. (1989): A Survey of Priority Rule-Based Scheduling, in: OR Spektrum, 1989, S. 3 ff.
Haupt, R., Schilling, V. (1993): Simulationsgestützte Untersuchung neuerer Ansätze von Prioritätsregeln in der Fertigung, in: WiSt, 1993, S. 611-616.
Hauser, J.R., Clausing, D. (1988): Wenn die Stimme des Kunden bis in die Produktion vordringen soll, in: Harvard Manager, 1988, S. 57-70.
Hax, H. (1993): Investitionstheorie, 5. Aufl., Heidelberg 1993.
Heinemeyer, W. (1988): Die Planung des logistischen Prozesses mit Fortschrittszahlen, in: Adam, D. (Hrsg.), Fertigungssteuerung II, SzU, Bd. 39, Wiesbaden 1988, S. 5-32.
Heinen, E. (1956): Die Kosten. Ihr Begriff und ihr Wesen, Saarbrücken 1956.
Heinen, E. (1983): Betriebswirtschaftliche Kostenlehre, 6. Aufl., Wiesbaden 1983.
Heinen, E. (1988): Produktions- und Kostentheorie, in: Jacob, H. (Hrsg.), Allgemeine Betriebswirtschaftslehre, 5. Aufl., Wiesbaden 1988

Henderson, B.D. (1972): Perspectives on Experience, 3. Aufl., Frankfurt am Main, New York 1972.
Henderson, J.M., Quandt, R.E. (1983): Mikroökonomische Theorie, 5. Aufl., Berlin; Frankfurt a. M. 1983.
Hentzel, F. (1950): Lagerwirtschaft, Essen 1950.
Heydt, A. von der (1998): Efficient Consumer Response (ECR), 3. Aufl., Frankfurt et al. 1998.
Hicks, J.R. (1946): Value and Capital, 2. Aufl., Oxford 1946.
Hilke, W. (1988): Zielorientierte Produktions- und Programmplanung, 3. Aufl., Neuwied 1988.
Hillier, F.S., Liebermann, G.J. (1988): Operations Research, 4. Aufl., München 1988.
Hinterhuber, H.H., Vogel, A.A. (1986): Die strategische Analyse der vertikalen Integration und der Diversifikation, in: ZfB, 1986, S. 52 ff.
Hoffmann, J. (1985): Planung der zeitlichen Produktionsverteilung, Münster 1985.
Hoitsch, H.-J. (1993): Produktionswirtschaft: Grundlagen einer industriellen Betriebswirtschaftslehre, 2. Aufl., München 1993.
Hopfenbeck, W. (1997): Allgemeine Betriebswirtschafts- und Managementlehre, 11. Aufl., Landsberg/Lech 1997.
Horváth, P., Lamla, J., Höfig, M. (1994): Rapid Prototyping, der schnelle Weg zum Produkt, in: Harvard Business Manager, 1994, Nr. 3, S. 42-53.
Horváth, P., Niemand, S., Wolbold, M. (1993): Target Costing – State of the Art, in: Horváth, P. (Hrsg.), Target Costing – Marktorientierte Zielkosten in der deutschen Praxis, Stuttgart 1993, S. 1-27.
Horváth, P., Urban, G. (1990): Qualitätscontrolling, Stuttgart 1990.
Huch, B. (1986): Einführung in die Kostenrechnung, 8. Aufl., Würzburg; Wien 1986.

I

Imai, M. (1994): Kaizen, 6. Aufl., München 1994.
Ishikawa, K. (1985): What is Total Quality Control?, New York 1985.

J

Jacob, H. (1957): Zur neueren Diskussion um das Ertragsgesetz, in: ZfhF, 1957, S. 598 ff.
Jacob, H. (1961): Das Bewertungsproblem in den Steuerbilanzen, Wiesbaden 1961.
Jacob, H. (1962): Produktionsplanung und Kostentheorie, in: Koch, H. (Hrsg.), Zur Theorie der Unternehmung, Festschrift zum 65. Geburtstag von Erich Gutenberg, Wiesbaden 1962, S. 205 ff.
Jacob, H. (1990): Die Planung des Produktions- und Absatzprogramms, in: Jacob, H. (Hrsg.), Industriebetriebslehre, Handbuch für Studium und Prüfung, 4. Aufl., Wiesbaden 1990, S. 401 ff.
Jacobs, R.F. (1984), OPT uncovered: Many Production Planning and Scheduling Concepts Can Be Applied With Or Without The Software, in: Industrial Engineering, 1984, S. 32-41.
Jaggi, B.L., Görlitz, R. (1975): Handbuch der betrieblichen Informationssysteme, München 1975.
Jahnke, B. (1986): Betriebliches Recycling, Wiesbaden 1986.

Johnson, S.M. (1954): Optimal Two- and Three-Stage Production Schedules with Setup Times Included, Naval Research Logistics Quarterly, 1/1954, S. 61 ff.
Juran, J.M. (1988): Quality Control Handbook, 4. Aufl., New York 1988.
Juran, J.M., Gryna, F.M. (Hrsg.) (1988): Juran´s quality control handbook, 4. Aufl., New York 1988.

K

Käfer, K. (1964): Standardkostenrechnung, 2. Aufl., Stuttgart 1964.
Kahle, E. (1991): Produktion: Lehrbuch zur Planung der Produktion und Materialbereitstellung, 3. Aufl., München et al. 1991.
Kallischnigg, G., Kockelkorn, U., Dinge, A. (1998): Mathematik für Volks- und Betriebswirte, 3. Aufl., München; Wien 1998.
Kaltenbach, T. (1991): Qualitätsmanagement im Krankenhaus, Melsungen 1991.
Kalveram, W. (1972): Industriebetriebslehre, 8. Aufl., Wiesbaden 1972.
Kamiske, G. F., Brauer, J.-P. (1995): Qualitätsmanagement von A-Z: Erläuterungen moderner Begriffe des Qualitätsmanagements, 2. Aufl., München; Wien 1995
Karrenberg, R., Scheer, A.W. (1970): Ableitung des kostenminimalen Einsatzes von Aggregaten zur Vorbereitung der Optimierung simultaner Planungssysteme, in: ZfB, 1970, S. 689 ff.
Katz, R., Allen, T. (1982): Investigating the Not Invented Here (NIH) Syndrome: A look at the performance, tenure, and communication patterns of 50 R&D Project Groups, in: R&D Management, 1982, S. 7-19.
Kern, W. (1967): Optimierungsverfahren in der Ablauforganisation, Wiesbaden 1967.
Kern, W. (1988): Der Betrieb als Faktorkombination, in: Jacob, H. (Hrsg.), Allgemeine Betriebswirtschaftslehre, 5. Aufl., Wiesbaden 1988.
Kettner, H., Bechte, W. (1981): Neue Wege der Fertigungssteuerung durch belastungsorientierte Auftragsfreigabe, in: VDI-Zeitschrift, 1981, S. 459 ff.
Kilger, W. (1959): Der theoretische Aufbau der Kostenkontrolle, in: ZfB, 1959, S. 457 ff.
Kilger, W. (1969): Entscheidungskriterien zur Wahl zwischen Eigenerstellung und Fremdbezug, in: Busse von Colbe, W. (Hrsg.), Das Rechnungswesen als Instrument der Unternehmensführung, Bochumer Beiträge zur Unternehmensführung und Unternehmensforschung, Bd. 6, Bochum 1969, S. 75 ff.
Kilger, W. (1972): Produktions- und Kostentheorie, Wiesbaden 1972.
Kilger, W. (1973): Optimale Produktions- und Absatzplanung, Opladen 1973.
Kilger, W. (1987): Einführung in die Kostenrechnung, 3. Aufl., Wiesbaden 1987.
Kilger, W. (1988): Betriebliches Rechnungswesen, in: Jacob. H. (Hrsg.), Allgemeine Betriebswirtschaftslehre, 5. Aufl., Wiesbaden 1988.
Kirsch, W. (1970): Entscheidungsprozesse, 1. Bd., Verhaltenswissenschaftliche Ansätze der Entscheidungstheorie, Wiesbaden 1970.
Kloock, J. (1969): Betriebswirtschaftliche Input-Output-Modelle, Wiesbaden 1969.
Kloock, J. (1993): Produktion, in: Bitz, M., Dellmann, K., Domsch, M., Egner, H. (Hrsg.), Vahlens Kompendium der Betriebswirtschaftslehre, Bd. 1, 3. Aufl., München 1993, S. 263 - 320.
Koch, H. (1958): Zur Diskussion über den Kostenbegriff, in: ZfhF, 1958, S. 355 ff.
Koch, H. (1959): Zur Frage des pagatorischen Kostenbegriffs, in: ZfB, 1959, S. 8 ff.

Koch, H. (1961): Betriebliche Planung, Grundlagen und Grundfragen der Unternehmenspolitik, Wiesbaden 1961.
Koch, H. (1977): Aufbau der Unternehmensplanung, Wiesbaden 1977.
Koch, H. (1980): Zum Verfahren der Analyse von Kostenverläufen, in: ZfB, 1980, S. 957-996.
Koch, H. (1981): Zur Diskussion über die Ableitung von Kostenfunktionen, in ZfB, 1981, S. 418-422.
Koch, H. (1982): Integrierte Unternehmensplanung, Wiesbaden 1982.
Koffler, J.R. (1987): Neuere Systeme zur Produktionsplanung und -steuerung, München 1987.
Köhler, R. (1988): Produktionsplanung für Flexible Fertigungszellen, Münster 1988.
Kosiol, E. (1958a): Die Ermittlung der optimalen Bestellmenge, in: ZfB, 1958, S. 286 ff.
Kosiol, E. (1958b): Kritische Analyse der Wesensmerkmale des Kostenbegriffs, in: Kosiol, E. (Hrsg.), Betriebsökonomisierung, Festschrift für R. Seyffert, Köln; Opladen 1958, S. 7 ff.
Kosiol, E. (1961): Modellanalyse als Grundlage unternehmerischer Entscheidungen, in: ZfhF, 1961, S. 318 ff.
Kosiol, E. (1979): Kosten- und Leistungsrechnung, Berlin; New York 1979.
Kruschwitz, L. (1971): Eigenerzeugung oder Beschaffung? Eigenverwendung oder Absatz? Grundlagen und Praxis der Betriebswirtschaft, Bd. 25, Berlin 1971.
Kruschwitz, L. (1995): Investitionsrechnung, 6. Aufl., Berlin; New York 1995.
Küpper, H.-U. (1977): Das Input-Output-Modell als allgemeiner Ansatz für die Produktionsfunktion der Unternehmung, in: Borchardt, K., Ott, A.E., Strecher, H. (Hrsg.), Jahrbücher für Nationalökonomie und Statistik, Stuttgart, New York 1977, S. 492 ff.
Küpper, W., Lüder, K., Streitferdt, L. (1975): Netzplantechnik, Würzburg; Wien 1975.
Kupsch, P.U., Marr, R. (1991): Personalwirtschaft, in: Heinen, E., Industriebetriebslehre, 9. Aufl., Wiesbaden 1991, S. 729-896.
Kurbel, K. (1991): CA-Techniken und CIM, Arbeitsbericht Nr. 3 des Instituts für Wirtschaftsinformatik der Westfälischen Wilhems-Universität Münster, Münster 1991.
Kurbel, K., Meynert, J. (1991): Materialwirtschaft im Rahmen von PPS, in: Geitner, U. (Hrsg.): CIM-Handbuch, 2. Aufl., Braunschweig 1991, S. 64-74.
Kurbel, K., Rautenstrauch, C. (1989): Ein verteiltes PPS-System auf Arbeitsplatzbasis, in: Paul, M. (Hrsg.), GI – 19. Jahrestagung: Der computergestützte Arbeitsplatz, Berlin et al. 1989, S. 476-490.

L

Lambrecht, H.-W. (1978): Die Optimierung intensitätsmäßiger Anpassungsprozesse, Meisenheim am Glan 1978.
Langnickel, D. (1993): Total Quality Management (TQM) (Qualitätskontrolle und/oder kontinuierliche Qualitätsverbesserung!?), in: Der Frauenarzt, Deutsche Gesellschaft für Gynäkologie und Geburtshilfe und dem Berufsverband der Frauenärzte, 1993, S. 782-790.
Laßmann, G. (1958): Die Produktionsfunktion, Köln; Opladen 1958.
Leiner, B. (1991): Einführung in die Zeitreihenanalyse, 3. Aufl., München; Wien 1991.

Lerner, F. (1988): Geschichte der Qualitätssicherung, in: Masing, W. (Hrsg.), Handbuch der Qualitätssicherung, 2. Aufl., München 1988, S. 19-32.
Liedl, R. (1984): Ablaufplanung bei auftragsorientierter Werkstattfertigung, Münster 1984.
Link, J., Hildebrand, V. (1993): Database Marketing und Computer Aided Selling, München 1993.
Linneweh, K. (1981): Kreatives Denken: Techniken und Organisation produktiver Kreativität, 3. Aufl., Karlsruhe 1981.
Lücke, W. (1962): Das Gesetz der Massenproduktion, in: Koch, H. (Hrsg.), Zur Theorie der Unternehmung, Wiesbaden 1962, S. 313 ff.
Lücke, W. (1973): Produktions- und Kostentheorie, 3. Aufl., Wien; Würzburg 1973.

M

Manne, A.S. (1960): On the Job-Shop Scheduling Problem, in: Operations Research, 8/1960, S. 219 ff.
Männel, W. (1995): Die Wahl zwischen Eigenfertigung und Fremdbezug, Theoretische Grundlagen – Praktische Fälle, 2. Aufl., Lauf a.d. Pregnitz 1995.
Marshall, A. (1920): Principles of Economics, 8. Aufl., London u.a. 1920 (Neudruck 1961).
Matthes, W. (1979): Dynamische Einzelproduktionsfunktionen der Unternehmung (Produktionsfunktion vom Typ F), Betriebswirtschaftliches Arbeitspapier Nr. 2/1979, Universität zu Köln, Wirtschafts- und Sozialwissenschaftliche Fakultät, Seminar für Fertigungswirtschaft, Köln 1979.
Meffert, H. (1994a): Erfolgreiches Marketing in der Rezession, Wien 1994.
Meffert, H. (1994b): Marketing-Management, Wiesbaden 1994.
Meffert, H., Bruhn, M., Schubert, F., Walther, T. (1986): Marketing und Ökologie – Chancen und Risiken umweltorientierter Absatzstrategien der Unternehmungen, in: DBW, 1986, S. 140-159.
Meffert, H., Siefke, A. (1994): Lean Marketing – mehr als ein Schlagwort?, in: Meffert, H., Wagner, H., Backhaus, K. (Hrsg.), Wissenschaftliche Gesellschaft für Marketing und Unternehmensführung e.V., Arbeitspapier Nr. 88, Münster 1994.
Meffert, H., Steffenhagen, H. (1977): Marketing – Prognosemodell; quantitative Grundlagen des Marketing, Stuttgart 1977.
Mellerowicz, K. (1958): Art. „Kosten und Kostenbegriffe", in: Wittmann, W. (Hrsg.), Handwörterbuch der Betriebswirtschaftslehre, Bd. II, 3. Aufl., Stuttgart 1958, Sp. 3364 ff.
Mellerowicz, K. (1973): Kosten und Kostenrechnung, Bd. I, Theorie der Kosten, 5. Aufl., Berlin 1973.
Mellerowicz, K. (1977): Neuzeitliche Kalkulationsverfahren, 6. Aufl., Freiburg i. Br. 1977.
Mellerowicz, K. (1981): Betriebswirtschaftslehre der Industrie, Band I, 7. Aufl., Freiburg 1981.
Mendoza, A.G. (1968): An Economic Lot-Sizing Technique, Mathematical Analysis of the Part-Period Algorithm, in: IBM Systems Journal, 7/1968, S. 39-46.
Menrad, S. (1965): Der Kostenbegriff, in: Betriebswirtschaftliche Schriften, Heft 16, Berlin 1965.
Menrad, S. (1978): Rechnungswesen, Göttingen 1978.
Mensch, G. (1972): Das Trilemma der Ablaufplanung, in: ZfB, 1972, S. 77 ff.

Mertens, P. (1997): Integrierte Informationsverarbeitung, Bd. 1, Administrations- und Dispositionssysteme in der Industrie, 11. Aufl., Wiesbaden 1997.

Meyer, A., Mattmüller, R. (1987): Qualität von Dienstleistungen. Entwurf eines praxisorientierten Qualitätsmodells, in: Marketing – Zeitschrift für Forschung und Praxis, 1987, S. 187-195.

Miller, R.W. (1970): Zeit-Planung und Kostenkontrolle durch PERT, 2. Aufl. 1970, Originaltitel: Schedule, Cost, and Profit Control with PERT (1963), Hamburg 1970.

Missbauer, H. (1986): Optimale Werkstattbeauftragung unter dem Aspekt der Bestandsregelung, Linz 1986.

Monden, Y. (1983): Toyota Production System, in: Practical Approach to Production Management, Atlanta 1983.

Moore, F. (1959): Economies of Scale: Some Statistical Evidence, in: The Quarterly Journal of Economics, 1959, S. 232 ff.

Müller-Berg, M. (1991): EDI mit EDIFACT, in: Office Management, 1991, Nr. 3, S. 48-54.

Müller-Berg, M. (1992): Electronic Data Interchange (EDI), in: Zeitschrift Führung + Organisation, 1992, S. 178-185.

Müller-Merbach, H. (1973): Operations Research, 3. Aufl., München 1973.

Müller-Merbach, H. (1981): Die Konstruktion von Input-Output-Modellen, in: Bergner, H. (Hrsg.), Planung und Rechnungswesen in der Betriebswirtschaftslehre, Berlin 1981.

N

Nakajima, S. (1995): Management der Produktionseinrichtungen (Total Productive Maintenance), Frankfurt a. M.; New York 1995.

Neumann, K. (1975): Operations Research Verfahren, Bd. III, Graphentheorie und Netzplantechnik, München; Wien 1975.

Niemand, S. (1992): Target Costing, in: Fortschrittliche Betriebsführung/Industrial Engineering, 1992, S. 118-123.

Nietsch, T., Rautenstrauch, C., Rehfeldt, M., Rosemann, M., Turowski, K. (1993): Ansätze zur Verbesserung von PPS-Systemen durch Fuzzy-Logik, Arbeitsbericht Nr. 23 des Instituts für Wirtschaftsinformatik der Westfälischen Wilhelms-Universität Münster, Münster 1993.

O

O´Meara, J.T. (1968): Selecting Profitable Products, in: Dirksen, C.J., Kroeger, A., Lockley, L.C. (Hrsg.), Readings in Marketing, Homewood/Ill. 1968.

Oess, A. (1991): Total Quality Management, Praxis des Qualitätsmanagements, 2. Aufl., Wiesbaden 1991. 1993

Ohse, D. (1970): Näherungsverfahren zur Bestimmung der wirtschaftlichen Bestellmenge bei schwankendem Bedarf, in: Elektronische Datenverarbeitung, 2/1970, S. 83-88.

Oßwald, J. (1979): Produktionsplanung bei losweiser Fertigung, Wiesbaden 1979.

P

Pabst, H.J. (1985): Analyse der betriebswirtschaftlichen Effizienz einer computergestützten Fertigungssteuerung mit CAPOSS-E, Frankfurt a.M. et al. 1985.

Pack, L. (1963): Optimale Bestellmenge und optimale Losgröße – Zu einigen Problemen ihrer Ermittlung – 1. Teil, in: ZfB, 1963, S. 465 ff.; 2. Teil, ebenda, S. 573 ff.

Pack, L. (1966): Die Elastizität der Kosten, Wiesbaden 1966.

Pack, L. (1970): Optimale Produktionsplanung als Entscheidungsproblem, in: ZfB, 40. Jg. (1970), S. 67 ff.

Pack, L. (1984): Zum Einfluß der Faktorpreise auf die optimale Fahrgeschwindigkeit von Kraftfahrzeugen, in: ZfB, 1984, S. 842-879.

Paulik, R. (1984): Kostenorientierte Reihenfolgeplanung in der Werkstattfertigung, Stuttgart 1984.

Pausenberger, E. (1962): Wert und Bewertung, Stuttgart 1962.

Perridon, L., Steiner, M. (1995): Finanzwirtschaft der Unternehmung, 8. Aufl., München 1995.

Petrovic, O. (1993): Workgroup Computing – Computergestützte Teamarbeit, Heidelberg 1993.

Picot, A. (1991): Ein neuer Ansatz zur Gestaltung der Leistungstiefe, in: ZfbF, 1991, S. 336 ff.

Picot, A., Neuburger, R., Niggl, J. (1991): Ökonomische Perspektiven eines „Electronic Data Interchange", in: Information Management, 1991, Nr. 2, S. 22-29.

Picot, A., Reichwald, R., Nippa, M. (1988): Zur Bedeutung der Entwicklungsaufgabe für die Entwicklungszeit – Ansätze für die Entwicklungszeitgestaltung, in: ZfbF Sonderheft 23, 1988, S. 112-137.

Picot, A., Reichwald, R., Wiegand, T. (1998): Die grenzenlose Unternehmung, 3. Aufl., Wiesbaden 1998.

Pine, B.J. (1993): Mass customization: The new frontier in Business Competition, Boston 1993.

Plein, P.A. (1989): Umweltschutzorientierte Fertigungsstrategien, Wiesbaden 1989.

Pontrjagin, L.S., Boltjanskij, V.G., Gamkrelidze, R.V., Miscenko, E.F. (1967): Mathematische Theorie optimaler Prozesse, 2. Aufl., München; Wien 1967.

Preßmar, D. B. (1971): Kosten- und Leistungsanalyse im Industriebetrieb, Wiesbaden 1971.

Puke, S. (1996): Investitionsplanung für Prozeßinnovationen – eine Analyse am Beispiel von PAC-Systemen, Wiesbaden 1996.

Pun, L. (1974): Abriß der Optimierungspraxis, München et al. 1974.

R

Reichmann, T. (1968): Die Abstimmung von Produktion und Lager bei saisonalem Absatzverlauf, Köln; Opladen 1968.

Reichwald, R., Dietel, B. (1991): Produktionswirtschaft, in: Heinen, E. (Hrsg.), Industriebetriebslehre, 9. Aufl., Wiesbaden 1991, S. 395-622.

Reinertsen, D.G. (1983): Whodunnit? The Search for New Product Killers, in: Electronic Business, 1983, S. 62-66.

Riebel, P. (1954): Die Elastizität des Betriebes, Köln, Opladen 1954.

Riebel, P. (1955): Die Kuppelproduktion, Köln; Opladen 1955.

Riebel, P. (1963): Industrielle Erzeugungsverfahren in betriebswirtschaftlicher Sicht, Wiesbaden 1963.

Riebel, P. (1994): Einzelkosten- und Deckungsbeitragsrechnung, 7. Aufl., Wiesbaden 1994.

Rieger, W. (1984): Einführung in die Privatwirtschaftslehre, 3. Aufl., Erlangen 1984, unveränderter Nachdruck.
Rieper, B. (1979): Hierarchische betriebliche Systeme, Wiesbaden 1979.
Roever, M. (1994): Fokussierte Produkt- und Programmgestaltung zur Komplexitätsreduzierung. in: Corsten, H. (Hrsg.), Handbuch Produktionsmanagement, Wiesbaden 1994, S. 115-129.
Rollberg, R. (1996): Lean Management und CIM aus Sicht der strategischen Unternehmensführung, Wiesbaden 1996.
Rommel, G., Brück, F., Diederichs, R., Kempis, R.-D., Kaas, H.-W., Fuhry, G. (1995): Qualität gewinnt: Mit Hochleistungskultur und Kundennutzen an die Weltspitze, Stuttgart 1995.
Rommel, G., Brück, F., Diederichs, R., Kempis, R.-D., Kluge, J. (1993): Einfach überlegen: Das Unternehmenskonzept, das die Schlanken schlank und die Schnellen schnell macht, Stuttgart 1993.
Rosemann, M., Wild, R.G. (1993a): Die CIM-orientierte Einbettung von TQM, in: io Management Zeitschrift, 1993, Nr. 5, S. 81-86.
Rosemann, M., Wild, R.G. (1993b): Die Einbeziehung des Total Quality Management in das CIM-Konzept, in: Zeitschrift Führung + Organisation, 1993, S. 34-39.
Rösler, F. (1995): Kundenanforderungen als Determinante des Kostenmanagements komplexer Produkte, in: Kostenrechnungspraxis, 1995, S. 214-219.
Roventa, P. (1981): Portfolio-Analyse und Strategisches Management, München 1979.

S

SAP (1990): System RM, Funktionsbeschreibung, Walldorf 1990.
Schäfer, E. (1980): Die Unternehmung, 10. Aufl., Köln; Opladen 1980.
Scheer, A.-W. (1987): Neue Architektur für EDV-Systeme zur Produktionsplanung und -steuerung, in: Adam, D. (Hrsg.): Neuere Entwicklungen in der Produktions- und Investitionspolitik, Wiesbaden 1987.
Scheer, A.-W. (1989): Information Management bei der Produktentwicklung, in: Information Management, 4/1989, S. 6-11.
Scheer, A.-W. (1990a): CIM – Computer Integrated Manufacturing, in: Kurbel, K., Strunz, H. (Hrsg.), Handbuch Wirtschaftsinformatik, Wiesbaden 1990, S. 47-68.
Scheer, A.-W. (1990b): Computer Integrated Manufacturing: Der computergesteuerte Industriebetrieb, 4. Aufl., Berlin et al. 1990.
Scheer, A.W. (1997): Wirtschaftsinformatik, 7. Aufl., Berlin et al. 1997.
Schmalenbach, E. (1963): Kostenrechnung und Preispolitik, 8. Aufl., Köln; Opladen 1963.
Schmalenbach, E. (1988): Dynamische Bilanz, 13. Aufl., Köln; Opladen 1962, Nachdruck Darmstadt 1988.
Schmidt, S. (1995): Vorwort von Stefan Schmidt, in: Nakajima, S.: Management der Produktionseinrichtungen (Total Productive Maintenance), Frankfurt a. M.; New York 1995.
Schmitz, P. G. (1961): Analytische Beziehungen zwischen Produktionsverlauf, Belastung und unvollendeter Produktion in Maschinenbaubetrieben, Berlin 1961.
Schneeweiß, C. (1974): Dynamisches Programmieren, Würzburg; Wien 1974.
Schneeweiß, C. (1997): Einführung in die Produktionswirtschaft, 6. Aufl., Berlin et al. 1997.

Schneider, D. (1984) Entscheidungsrelevante fixe Kosten, Abschreibungen und Zinsen zur Substanzerhaltung, in: Der Betrieb, 1984, S. 2521 ff.
Schneider, D. (1992): Investition, Finanzierung und Besteuerung, 7. Aufl., Wiesbaden 1992.
Schneider, E. (1938): Absatz, Produktion und Lagerhaltung bei einfacher Produktion, in: Archiv für mathematische Wirtschafts- und Sozialforschung, Bd. 4, 1938, S. 99 ff.
Schneider, E. (1969): Industrielles Rechnungswesen, 5. Aufl., Tübingen 1969.
Schneider, E. (1972): Einführung in die Wirtschaftstheorie, Bd. II, 13. Aufl., Tübingen 1972.
Schnutenhaus, O.R. (1949): Neue Grundlagen der Feste-Kosten-Rechnung, Die Betriebsstrukturkostenrechnung, Berlin 1949.
Scholz, C. (1994): Lean Management, in: WiSt, 1994, S. 180-186.
Schönsleben, P. (1988): Flexibilität in der computergestützten Produktionsplanung und -steuerung, 2. Aufl., Hallbergmoos 1988.
Schotten, M. (1998): Produktionsplanung und -steuerung, Berlin et al. 1998.
Schreiner, M. (1996): Umweltmanagement in 22 Lektionen, 4. Aufl., Wiesbaden 1996.
Schulte, C. (1995): Logistik: Wege zur Optimierung des Material- und Informationsflusses, 2. Aufl., München 1995.
Schumann, J. (1992): Grundzüge der mikroökonomischen Theorie, 6. Aufl., Berlin u.a. 1992.
Schwarze, J. (1994): Netzplantechnik. Eine Einführung in das Projektmanagement, 7. Aufl., Herne, Berlin 1994.
Schwarze, J. (1996): Grundlagen der Netzplantechnik, in: Kern, W., Schröder, H.-H., Weber, J. (Hrsg.), Handwörterbuch der Produktionswirtschaft, 2. Aufl., Stuttgart 1996, Sp. 1275-1290.
Schweitzer, M. (1994): Industrielle Fertigungswirtschaft, S. 573-852, in: Schweitzer, M. (Hrsg.), Industriebetriebslehre, 2. Aufl., München 1994.
Schweitzer, M., Küpper, H.-U. (1997): Produktions- und Kostentheorie, 2.Aufl., Wiesbaden 1997.
Sedran, T. (1991): Wettbewerbsvorteile durch EDI?, in: Information Management, 1991, Nr. 2, S. 16-21.
Seidenschwarz, W. (1991): Target Costing – Ein japanischer Ansatz für das Kostenmanagement, in: Controlling, 1991, S. 198-203.
Seidenschwarz, W. (1993): Target Costing, München 1993.
Seidenschwarz, W. (1994): Target Costing – Wenn der Wandel beginnt, in: Management & Computer, 1994, Nr. 1, S. 33-39.
Seifert, H., Steiner, M. (1995): F&E: Schneller, schneller, schneller, in: Harvard Business Manager, 1995, S. 16-22.
Seischab, H. (1952): Demontage des Gewinns durch unzulässige Ausweitung des Kostenbegriffs, in: ZfB, 1952, S. 19 ff.
Shepard, R.W. (1981): Cost and Production Functions, Reprint, Princeton/N.Y. 1981.
Shields, M.D., Young, S.M. (1991): Managing Product Life Cycle Costs: An Organizational Model, in: Journal of Cost Management, 1991, S. 39-52.
Sibbel, R. (1998): Fuzzy-Logik in der Fertigungssteuerung am Beispiel der Retrograden Terminierung, Münster 1998.

Siepert, H.M. (1958): Der Einfluß der Losgröße auf die Produktionsplanung in Walzwerken, Köln 1958.

Silver, E.A., Meal, H.C. (1973): A Heuristic for Selecting Lot Size Requirements for the Case of Deterministic Time-Varying Demand Rate and Discrete Opportunities for Replenishment, in: Production and Inventory Management, 14/1973, S. 64-74.

Silver, E.A., Peterson, R. (1985): Decision Systems for Inventory Management and Production Planning, 2. Aufl., New York 1985.

Simon, H.A. (1976): Administrative Behaviour, 3. Aufl., New York 1976.

Skinner, W. (1974): The focused Factory, in: Harvard Business Review, 1974, S. 114-121.

Souder, W.E. (1987): Managing new product innovations, Lexington 1987.

Souder, W.E. (1988): Managing relations between R&D and marketing in new product development projects, in: Journal of Product Innovation Management, 1988, S. 6-19.

Specht, G., Schmelzer, H.J. (1991): Qualitätsmanagement in der Produktentwicklung, Stuttgart 1991.

Specht, G., Schmelzer, H.J. (1992): Instrumente des Qualitätsmanagements in der Produktentwicklung, in: Zfbf, 1992, S. 531-547.

Spengler, T. (1998): Industrielles Stoffstrommanagement, Berlin 1998.

Spengler, T., Rentz, O. (1996): Betriebswirtschaftliche Planungsmodelle zur Demontage und zum Recycling komplexer zusammengesetzter Produkte, in: ZfB-Ergänzungsheft 2/1996, S. 79-96.

Stadtler, H. (1988): Hierarchische Produktionsplanung bei losweiser Fertigung, Heidelberg 1988.

Steffen, R. (1973): Analyse industrieller Elementarfaktoren in produktionstheoretischer Sicht, Berlin 1973.

Steven, M. (1990): Umwelt als Produktionsfaktor?, in: ZfB, 1991, S. 509-523.

Steven, M. (1994): Hierarchische Produktionsplanung, 2. Aufl., Heidelberg 1994

Steven, M. (1998): Produktionstheorie, Wiesbaden 1998.

Stigler, G.J. (1966): The Theory of Price, 6. Aufl., New York 1966.

Stock, U. (1990): Das Management von Forschung und Entwicklung, Herrsching 1990.

Strebel, H. (1980): Umwelt und Betriebswirtschaft, Berlin 1980.

Strebel, H. (1984): Gründe und Möglichkeiten betriebswirtschaftlicher Umweltpolitik, in: Staehle, W. H., Stoll, E. (Hrsg.), Betriebswirtschaftslehre und ökonomische Krise – kontroverse Beiträge zur betriebswirtschaftlichen Krisenbewältigung, Wiesbaden 1984, S. 338-352.

Striening, H.-D. (1994): Qualität im indirekten Bereich durch Prozeß-Management, in: Zink, K.J. (Hrsg.), Qualität als Managementaufgabe, 3. Aufl., Landsberg/Lech 1994, S. 153-183.

Strombach, M.E. (1984): Qualitätszirkel und Kleingruppenarbeit in der Bundesrepublik Deutschland, in: Strombach, M. (Hrsg.), Qualitätszirkel und Kleingruppenarbeit als praktische Organisationsentwicklung, Frankfurt a. M. 1984, S. 4-29.

T

Taguchi, G. (1988): Quality Engineering, Minimierung von Verlusten durch Prozeßbeherrschung, München 1988.

Taguchi, G., Clausing, D. (1990): Robust Quality, in: Harvard Business Review, 1990, S. 65-75.

Taylor, F.W. (1911): The Principles of Scientific Management, New York 1911.

Tempelmeier, H. (1995): Material-Logistik: Grundlagen der Bedarfs- und Losgrößenplanung in PPS-Systemen, 3. Aufl., Berlin 1995.

Thünen, J.H. von (1966): Der isolierte Staat in Beziehung auf Landwirtschaft und Nationalökonomie, neu herausgegeben von Braeuer, W., Gerhardt, E., 4. Aufl., Darmstadt 1966.

Töpfer, A. (1994): Zeit-, Kosten- und Qualitätswettbewerb: Ein Paradigmenwechsel in der marktorientierten Unternehmensführung?, in: Blum, U., Greipl, E., Hereth, H., Müller, S. (Hrsg.), Wettbewerb und Unternehmensführung, Stuttgart 1994, S. 223-261.

Türck, R. (1990): Das ökologische Produkt, Ludwigsburg 1990.

Turgot, A.R.J. (1844): Observations sur le mémoire de M. de Saint-Péravy, Oevres de Turgot, Bd. 1, Paris 1844.

TÜV Rheinland (Hrsg.) (1987): Das Abgasemissionsverhalten von Personenkraftwagen in der BRD im Bezugsjahr 1985, Bericht 7/87 des Umweltbundesamtes, Berlin 1987.

U

Utzel, Chr. (1992): Materialdisposition bei auftragsgebundener Einzelfertigung, Münster; Hamburg 1992.

V

Vazsonyi, A. (1962): Die Planungsrechnung in Wirtschaft und Industrie, Wien; München 1962.

VDA (1989): Neue Anstöße für den Strukturwandel in der deutschen Automobilindustrie, Schriften des Verbandes der Automobilindustrie e.V. (VDA), Nr. 59, Frankfurt a. M. 1989.

Vester, F. (1993): Neuland des Denkens – Vom technokratischen zum kybernetischen Zeitalter, 8. Aufl., Stuttgart 1993.

Völzen, H. (1971): Stochastische Netzwerkverfahren und deren Anwendungen, Berlin 1971.

W

Wagner, H., Papke, Th. (1986): Kostentheorie und Kostenpolitik, Teil 1 und 2, Arbeitspapier Nr. 24 des Lehrstuhls für Organisation und elektronische Datenverarbeitung der Westfälischen Wilhelms-Universität Münster, Münster 1986.

Wagner, H.M., Whitin, T.M. (1958): Dynamic Version of the Economic Lot Size Model, in: Management Science, 5/1958, S. 89-96.

Waldmann, J. (1998): Unternehmensübergreifende logistische Konzepte als Ansatz zur Komplexitätsreduktion, in: Adam, D. (Hrsg.), Komplexitätsmanagement, SzU, Bd. 61, Wiesbaden 1998, S. 135-144.

Warnecke, H.-J. (1992): Die Fraktale Fabrik, Berlin et al. 1992.

Warnecke, H.-J., Dangelmaier, W. (1988): Steuerung flexibler Fertigungssysteme, in: Adam, D. (Hrsg.), Fertigungssteuerung I, SzU, Bd. 38, Wiesbaden 1988, S. 73-102.

Weiber, R., Pohl, A. (1996): Leapfrogging-Behavior – Ein adoptionstheoretischer Erklärungsansatz, in: ZfB, 1996, S. 1203-1222.

Weller, Th. (1957): Errechnung der Minimalkostenkombination als Grundlage für unternehmerische Entscheidungen, in: ZfB, 27. Jg. (1957), S. 436 ff.

Wernicke, H. (1977): Japanisch – Deutsches Zeichenlexikon, Leipzig 1977.

Westkämper, E. (1992): CIM und Lean Production, in: VDI-Zeitschrift, 1992, Nr. 10, S. 14-21.

Wheelwright, S.C., Makridakis, S. (1978): Interactive Forecasting: Univariate and multivariate methods, 2. Aufl., San Francisco 1978.

Whitin, T.M. (1957): The Theory of Inventory Management, 2. Aufl., Princeton/N.J. 1957.

Wicke, L. (1993): Umweltökonomie, 4. Aufl., München 1993.

Wiendahl, H.-P. (1987): Belastungsorientierte Fertigungssteuerung, München, Wien 1987.

Wiendahl, H.-P. (1988): Das Durchlaufdiagramm – ein universelles Modell zur Abbildung, Steuerung und Kontrolle logistischer Prozesse, in: wt, 1988, S. 675 ff. und 1989, S. 47-50.

Wiendahl, H.-P. (1989): Grundgesetze der Logistik, in: Fördern und Heben, 4/1989, S. 289 ff.

Wild, R.G. (1995): Integrierte CAD-Prototyping-Systeme in der Schmuckindustrie, Wiesbaden 1995.

Wildemann, H. (1987): Investitionsplanung und Wirtschaftlichkeitsrechnung für flexible Fertigungssysteme, Stuttgart 1987.

Wildemann, H. (1988): Produktionssteuerung nach KANBAN-Prinzipien, in: Adam, D. (Hrsg.), Fertigungssteuerung II, SzU, Bd. 39, Wiesbaden 1988, S. 33-50.

Wildemann, H. (1989): Flexible Werkstattsteuerung nach KANBAN-Prinzipien, in: Wildemann, H. (Hrsg.), Flexible Werkstattsteuerung durch Integration von KANBAN-Prinzipien 2. Aufl., München 1989.

Wildemann, H. (1992a): Organisationsentwicklung in F&E, Produktion und Logistik, in: ZfB, 1992, S. 17-41.

Wildemann, H. (1992b): Kosten- und Leistungsbeurteilung von Qualitätssicherungssystemen, in: ZfB, 1992, S. 761-782.

Wildemann, H. (1993): Fertigungsstrategien – Reorganisationskonzepte für eine schlanke Produktion und Zulieferung, München 1993.

Wildemann, H. (1994a): Die modulare Fabrik: Kundennahe Produktion durch Fertigungssegmentierung, 4. Aufl., München 1994.

Wildemann, H. (1994b): Organisation und Projektabwicklung für das Just-In-Time-Konzept in F&E und Konstruktion (Teil I), in: Zfo, 1994, S. 27-33.

Wildemann, H. (1998): Komplexitätsmanagement durch Prozeß- und Produktgestaltung, in: Adam, D. (Hrsg.), Komplexitätsmanagement, SzU, Bd. 61, Wiesbaden 1998, S. 47-68.

Wille, H., Gewald, K., Weber, H.D. (1972): Netzplantechnik, Bd. 1: Zeitplanung, 3. Aufl., München, Wien 1972.

Williamson, O.E. (1990): Die ökonomischen Institutionen des Kapitalismus. Unternehmen Märkte, Kooperationen, Tübingen 1990.

Winter, G. (1993): Das umweltbewußte Unternehmen, 5. Aufl., München 1993.

Witte, A. (1993): Integrierte Qualitätssteuerung im Total Quality Management, Münster; Hamburg 1993.
Witte, T. (1988): Fallstudie zur Fertigungssteuerung mit Prioritätsregeln, in: Adam, D. (Hrsg.), Fertigungssteuerung II, SzU, Bd. 39, Wiesbaden 1988, S. 107-120.
Wittmann, W. (1985): Betriebswirtschaftslehre, Bd. II, Beschaffung, Produktion, Absatz, Investition, Finanzierung, Tübingen 1985.
Wolfrum, B. (1994): Schnittstellenprobleme zwischen F&E und Marketing im Innovationsmanagement, in: WISU, 1994, S.1016-1022.
Womack, J., Jones, D., Roos, D. (1994): Die zweite Revolution in der Automobilindustrie, 8. Aufl., Frankfurt a. M.; New York 1994.
Wray, M. (1958): Seasonal Demand and Uncertainty in Consumer Goods Industries – Some Case Study Data, in: The Journal of Industrial Economics, 7/1958, S. 44 ff.

Z

Zäpfel, G. (1982): Produktionswirtschaft: Operatives Produktionsmanagement, Berlin, New York 1982.
Zäpfel, G. (1989a): Strategisches Produktions-Management, Berlin; New York 1989.
Zäpfel, G. (1989b): Taktisches Produktions-Management, Berlin; New York 1989.
Zäpfel, G., Missbauer, H. (1987): Produktionsplanung und -steuerung für die Fertigungsindustrie – ein Systemvergleich, in: ZfB, 1987, S. 882 ff.
Zäpfel, G., Missbauer, H. (1988a): Bestandskontrollierte Produktionsplanung und -steuerung, in: Adam, D. (Hrsg.), Fertigungssteuerung I, SzU, Bd. 38, Wiesbaden 1988, S. 23-48.
Zäpfel, G., Missbauer, H. (1988b): Traditionelle Systeme der Produktionsplanung und Steuerung in der Fertigungsindustrie, in: WiST, 1988, S.73-77 und S. 127-131.
Zeithaml, V.A., Parasuraman, A., Berry, L.L. (1992): Qualitätsservice. Was Ihre Kunden erwarten – was Sie leisten müssen, Frankfurt a. M.; New York 1992.
Zimmermann, G. (1987): PPS-Methoden auf dem Prüfstand – was leisten sie, wann versagen sie?, Landsberg/Lech 1987.
Zink, K. J., Schildknecht, R. (1994): Total Quality Konzepte – Entwicklungslinien und Überblick, in: Zink, K.J. (Hrsg.), Qualität als Managementaufgabe, Total Quality Management, 3. Aufl., Landsberg/Lech 1994, S. 73-107.
Zoll, W. (1960): Kostenbegriff und Kostenrechnung, in: ZfB, 1960, S. 15 ff. und S. 96 ff.

Stichwortverzeichnis

A

Abfertigungsrate 538
Abgaben 357 f.
Ablaufplanung 120 ff., **535 ff.**
- Dilemma der 33, 120, 535, 549
- Gegenstand der 535 ff.
- Methoden der 571 ff.
- Parameter der 535
- Rahmenbedingungen der 539 ff.
- Verfahren der 562 ff.
- Ziele der 548 f.

Ablaufproblem
- dynamische Sicht 545
- statische Sicht 544

Absatz-
- entwicklung 166 f.
- intensität 166
- wirtschaftliche Verflechtungen 246 ff.

Abschreibungen 419 ff.
Abwicklungsdauer 538
allgemeine Zusatzkosten 48 f.
alternative Substitution 293
analytisch-synthetische Produktion 14 f.
analytische Produktion 14
Andler-Formel 483 ff.
angewandte Forschung 159
Ankunftsregel, früheste 566
Anlaufkosten 477 f.

Anpassung
- bei Arbeitszeitverkürzung 347 ff.
- bei Ausschußproduktion 423 ff.
- bei beschäftigungszeit- und intensitätsabhängigem Ausschuß 437 f.
- bei einem nur von der Einsatzzeit abhängigem Ausschußanteil 433 ff.
- bei einem nur von der Intensität abhängigem Ausschußanteil 429 ff.
- bei einem von Intensität und Einsatzzeit unabhängigem Ausschußanteil 427 ff.
- bei einer Mindestintensität 407 ff.
- bei einstufiger Fertigung 379 ff.
- bei Intensitätssplitting 409 ff.
- bei linksschiefen Grenzkosten 403 ff.
- bei mehrstufiger Fertigung 389 ff.
- bei nicht in t linear-homogenen Produktionsfunktionen 419 ff.
- bei Produktion von Ausschuß 423 ff.
- bei rechtsschiefen Grenzkosten 395 ff.
- bei Stand- und Rüstzeiten 438 ff.
- bei symmetrischen Grenzkosten 400 ff.
- intensitätsmäßige 330, **341 ff.**, 379
- kombinierte 375 ff., 394 ff.
- mit Kostensprüngen 387
- partielle 311 ff.
- quantitative 331, 375 ff., 378 ff.
- selektive 375 ff.
- simultane 362 ff.
- totale 313 ff.
- zeitliche 330, **341 ff.**, 378 ff.

Anpassungsfunktionen 143

Arbeits-
- gang 576
- plan 540, **556 f.**
- plan, terminierter 665
- operation 546, 571 ff.
- operation, erreichbare 653 f.
- teilung 1, 25, 42, 72
- vorbereitung 665
- zeitverkürzung 347 ff.
- zettel 667

arithmetisches Mittel 514 f.
Aufbereitungskosten 252 f.
Auflagen 105, 358 ff.
Auflagendegression 478
- manipulierte 491 ff.

auflagenfixe Kosten 477

Auftrags-
- diagramm 537, 558 f.
- freigabe 605, 621 ff., 663, 677
- freigabe, belastungsorientierte 621 ff.
- größe, innerbetriebliche 539
- größenplanung 119 ff., **475 ff.**
- klasse 651 f.
- produktion 10 f.
- reihenfolgeplanung 120 ff.

Ausschuß 245, 424, 634
Austaktung 18, 570 ff.

Automatik
- Einfunktions- 7
- Mehrfunktions- 7

Automation 6 ff.
automatische Fertigung 12
Automatisierung 1

B

Bandabstimmungsverlust 572
Baukastenstückliste 500 ff.
BDE, *siehe Betriebsdatenerfassung*
Bearbeitungszentrum 7, 90 f.
Bedarf
- Brutto- 499
- Netto- 499
- Primär- 499

Bedarfs-
- planung 498
- zeitreihe 509

bedingt verfügbare Pufferzeit 583 f.
Bedürftigkeitskoeffizient 660
Belastung 624 ff.
- direkte 625 f.
- indirekte 625 f.

Belastungs-
- funktion 604
- orientierte Auftragsfreigabe 621 ff.
- profil 586 f.

Belegungsplan 648 f.
Bereitstellungsplanung 18, 120 ff.
beschäftigungsabhängige Kosten 459, 525 f.
Beschäftigungsdegression 206, 313, 465 f.
Beschleunigungsfalle 165 ff.
bestandsregelnde Verfahren 617 ff.
Bestandsregelung 618
bestellfixe Kosten 475, 497
Bestellmengenplanung 475 ff., 496 ff.
Betriebsdatenerfassung 607, 636 ff., 666
Betriebsgrößenänderung 460 ff.
- multiple 460
- mutierende 460, **462**

Betriebsmittelbestand 467 ff.
Bewertung von Innovationen 179
Bewertungshypothese 267
Bewertungsproblem 264 ff.
BoA, *siehe Belastungsorientierte Auftragsfreigabe*
Branch-and-Bound 564
Bruttobedarf 499
Bruttodeckungsspanne 269

C

CAD, *siehe Computer Aided Design*
CAE, *siehe Computer Aided Engineering*
CAM, *siehe Computer Aided Manufacturing*
Campagnenfertigung 23 f.
CAP, *siehe Computer Aided Planning*.
CAQ, CAQC, *siehe Computer Aided Quality Control*
CAS, *siehe Computer Aided Selling*
CAx, *siehe Conputer Aided Komponenten*
chaotische Lagerhaltung 488
Chargenfertigung 15, 24
CIM 45, 93 ff., **673 ff.**
CNC-Technologie 12, **91**
Cobb-Douglas-Produktionsfunktion 311
Computer Aided
- Design 93f., 98 f., 674 ff.
- Engineering 93 f., 98 f., 676
- Manufacturing 93 f., 98 f., 674 ff.
- Planning 93 f., 98 f., 674 ff.
- Quality Control 93 f., 98 f., 674 ff.
- Selling 97

Computer Integrated Manufacturing, *siehe CIM*
Controlling-Instrumente 53 ff.
Cost-Balancing-Methode 601
Costumer Satisfaction 81 f.
Cp-Wert 132, 148
CPM, *siehe Critical Path Method*
CPM-Cost 587 ff.
Critical Path Method 580 ff.

D

Database-Marketing 97
Daten-
- integration 676
- organisation 679
- peripherie 667 f.

DBM, *siehe Database-Marketing*
Deckungsbeitrag 226 f.
- zusätzlicher 237

Deckungsbeitrags-
- differenz 223 f.
- rechnung 55
- sprung 233 ff.
- sprünge, negative 234 ff.
- sprünge, positive 234

Deckungsspanne 221 ff.
- Brutto- 296
- relative 225

- relative Brutto- 227 f.
- relative -differenzen 231 ff.

Demontage- 251 ff.
- grad 253 f.
- planung 121 ff.

Denkweise
- ganzheitlich **68**, 10
- linear 107 f
- ökonomisch 69
- Potentialdenken 69
- proaktiv 67
- sensitiv 67
- vernetzt 108

Deponierungskosten 252 f.
Design Review 157, 178 f.
Determinanten der Kosten 261 f.
dezentrale Fertigungssteuerung 614 ff.
Dezentralisation 58
Different Routing 16, 541, 548
Diffusionskurve 163 ff.
Dilemma
- der Ablaufplanung 33, 120, 535, 549
- der wertmäßigen Kosten 271 f.

Dimensionen
- der Komplexität 33 ff.
- der Qualität 141 f.

DIN ISO 9000 ff. 149 f.
direkte
- Belastung 625 f.
- Preiswirkung 348

diskontinuierliche
- Massenstrombegrenzung 361 ff.
- Produktion 15

disponible Kosten 276 f.
dispositionsabhängige Kosten 217
dispositionsunabhängige Kosten 217, 277
Diversifizierungsstrategie 112
DNC-Technologie 12, **91**
durchgängige Produktion 14
Durchlauf-
- diagramm 560 ff.
- terminierung 600 ff.
- zeit 42f., 86, 201, **549 ff.**, 608, 612
- zeit einer Arbeitsstation 552 ff.
- zeit eines Auftrages 550 ff.
- zeit, mittlere 554 ff.
- zeit, mittlere gewichtete 554 ff., 621 f.
- zeitsyndrom 43, 610 f.

durchschnittlicher Lagerbestand 479, 496, 528
Durchschnittsproduktivität 304 ff.
Dynamik 37 f.
dynamische
- Programmierung 241, 415
- Sicht des Ablaufproblems 545
- Wertregel 566

E

ECR, *siehe Efficient Consumer Response*
EDI, *siehe Electronic Data Interchange*
Effektivität 28 f., 190 f.
- Gesamt- 74

Efficient Consumer Response 101 f.
Effizienz 28 f., 190 f.
- ökologische 1
- ökonomische 1
- technische 1

Eigen-
- fertigung 205 ff.
- kapitalrentabilität 201, 203

Einfunktionsautomatik 7
Einlastungsprozentsatz 624 ff.
Einproduktfertigung 9
Einsatzzeit 319 f., 421
Einstoffregel 110
einstufige Produktion 13 f.
Einzelfertigung 10, 22 f.
Elastizität 19,
Electronic Data Interchange 97 f.
Emanzipation 11, 120, 522, **526 ff.**
- partielle 527
- totale 527

Emission 102 ff.
Emissionsfunktion 354 ff.
Engpaß 224 ff.
Entkopplung der Prozesse 61 ff.
Entnahmezeitreihe 510
Entscheidungsbaum 573
Entscheidungsfeld
- geschlossenes 544
- offenes 545

Entsorgungskosten 250
Entwicklung 159

Entwicklungs-
- dauer 164 f.
- kosten 171
- teams 197
- zeit 164 f.

Ereignis 576 f.

Erfahrungs-
- effekt 451
- effekt, umgekehrter 451
- kurve 201, **469 ff.**
- kurveneffekt 205 ff.
- kurveneffekt, umgekehrter 47

Ergebnisqualität 80, 142
Erklärungsaufgabe der Kostentheorie 261
Erlöse, fixe 112
Erlöswirkungen der Komplexität 47 ff.
erreichbare Arbeitsoperation 653 f.
Ersatzvergleich 454

Ertrags-
- funktion 304 ff.
- gebirge 300 f.
- gesetz 293, **300 ff.**

ertragsgesetzliche Produktionsfunktion (Typ A) 300 ff.
erweiterter Qualitätsbegriff 79 f.
Expansionspfad 315
exponentielle Glättung 515 f.
externe Innovation 161
externer Effekt 105

F

F&E 28, **158 ff.**
- Informationssysteme 189 ff.
- Kosten 171
- Kostenrechnungssysteme 192 ff.
- Organisation 184 ff.

Failure Mode and Effects Analysis **152 ff.**, 177
Faktorpreisänderungen 316 f., 347 ff.
Fault Tree Analysis **153 f.**, 177 f.
FCFS, *siehe First Come First Serve*
Fehlerbaumanalyse, *siehe Fault Tree Analysis*
Fehlerfolgekosten 171
Fehlermöglichkeiten- und -einflußanalyse, *siehe Failure Mode and Effects Analysis*
Fehlervermeidung 138 f.
Feinterminierung 604 ff.

Fertigung, *siehe auch Produktion*
- automatische 12
- Campagnen- 23 f.
- Chargen- 15, 24
- Einprodukt- 9
- Eigen- 205 ff.
- Einzel- 10, 22 f.
- Fließ- 15, 16 ff.
- Flowshop- 16
- gemeinsame 9 f.
- geschlossene 602
- Gruppen-16 f.
- handwerkliche 11 f.
- Jobshop- 16
- lineare 15 f., 389, 547, 551
- manuelle 11 f.
- Massen- 21 f.
- mechanische 12
- Mehrprodukt- 9
- Montage- 246
- Partie- 24
- Serien- 23
- Sorten- 23 f.
- teilautomatisierte 12
- Varianten- 10, 22 f.
- vernetzte 15 f., 389 f., 547, 551, 649 f.
- vollautomatische 12
- Werkstatt 5 f., 16 f.

Fertigungs-
- planung 152
- segmentierung 5f., 10, 51, 60
- steuerung 607, 614 ff.
- steuerung, dezentrale 614 ff.
- steuerung, zentrale 614 ff.
- tiefe 117 f., 197 ff., 209 f.
- tiefenplanung 209 f.
- zeitregel 566

FFS, FFZ, FFN, FFL, *siehe Flexibles Fertigungssystem*
Finalprinzip 274
First-Come-First-Serve (FCFS) **566 ff.**, 627
fixe Erlöse 112
Fixkosten 216 ff., 277
Fixkostendeckungsrechnung, stufenweise 55
Flexibilität 29, 90 ff., 113, 202
- qualitative 675 f.
- quantitative 675 f.
- zeitliche 675 f.

flexible Maschinenkonzepte 90 ff.
Flexibles Fertigungssytem 20 f., 91 f.
Fließband 572
Fließbandabstimmung 572 ff.
Fließfertigung 15, 16 ff.
Flowshop-Fertigung 16
FMEA, *siehe Failure Mode Effects Analysis*
Formalziel 188
Forschung
- angewandte 159
- Grundlagen- 158
Forschung und Entwicklung, *siehe F&E*
Fortschritts-
- diagramm 634 f.
- kennzahlen 634 ff.
- zahlenkonzept 634 ff.
Freeze-Point 60
freie Pufferzeit 583
Freigabe-
- planung 615
- verhalten 538
Fremdbezug 231 ff.
früheste Ankunftsregel 566
FTA, *siehe Fault Tree Analysis*
Funktionalismus 26
Funktionalorganisation 184 f.
Fuzzy-Sets 672 f.

G

Gantt-Diagramm 537, **558 ff.**, 570 f, 586
ganzheitliches Denken **68,** 107
Gegenstand der Ablaufplanung 535 ff.
gemeinsame Fertigung 9 f.
Gesamt-
- effektivität 74
- kosten 278 f.
- produktivität 286 f.
geschlossenes Entscheidungsfeld 544
Gestaltungsaufgabe der Kostentheorie 261 f.
Gestaltungsprinzipien, tayloristische 25 ff.
gewichtete Durchlaufzeit 554 ff., 622
Gleichgewichtsanalyse 621
gleitender Mittelwert 513, **515**
Globalisierung 27 f.
Gozinto-
- Graph 502 ff., 557
- Methode 505 f.

Grad der Integration 199
Grenz-
- gewinn 268
- kosten 278 ff., 486 ff.
- kosten bei intensitätsmäßiger Anpassung 280 f., 344 f.
- kosten bei Intensitätssplitting 368
- kosten bei zeitlicher Anpassung 279 f., 344 f.
- kostenfunktion, linksschiefe 403 ff.
- kostenfunktion, rechtsschiefe 395 ff.
- kostenfunktion, symmetrische 400 ff.
- nutzen 268
- produkt 226, 236
- produkt, partielles 308
- produkt, totales 308 f.
- produktivität 295, **304 ff.**
- produktivität, Skalen- 295
- rate der Substitution **304**, 309
- strategie 237 ff.
- verwendungsrichtung 269 ff.
Grobterminplanung 600 ff., 612
Größendegression 464
Größte Fertigungsrestzeit-Regel 566
Größte Restarbeitsganganzahl-Regel 566
Groupware 98
Grundlagenforschung 158
Gruppen-
- arbeit 3
- fertigung 16 f.
Gutenberg-Produktionsfunktion (Typ B) 289 f., **319 ff.**, 415 ff.

H

handwerkliche Fertigung 11 f.
Harmonisierung des Betriebsmittelbestandes 467 ff.
hierarchische Planung 51, 57, 125
Hol-Prinzip 629
Homogenität 284 f., **295 f.**

I

Ideenprofil 181
Identical Routing 16, 540, 547
Identical Routing passing 16
Immission 102 ff.

indirekte
- Belastung 625 f.
- Preiswirkung 348
Information, unvollkommene 39
Informationskreislauf der RT 665 ff.
innerbetriebliche Auftragsgröße 539
Innovation 28, 158 ff., 202
- Bewertung von 179
- externe 161
- interne 161
- Produkt- 159
- Prozeß- 159
Innovations-
- funktion 143
- kosten 160
- prozeß 158 ff.
- rate 160, 165 ff.
- zeit 160
Integration
- durch Verträge 200
- Grad der 199
- horizontale 681
- ökonomische Wirkungen 200
- partielle 200
- Quasi- 200
- Rückwärts- 199
- vertikale **197 ff.**, 681
- volle 199
- Vorwärts- 199
Intensität
- ökonomische 324 ff.
- Linearkombination 337 ff.
intensitätsmäßige Anpassung 330, **341 ff.**, 379 ff.
Intensitätssplitting 340, **364 ff.**, 385
Internalisierung 105
interne Innovation 161
Investitionsrechnung 56, 212, 680
Isoquante 302 ff.

J

JIT, *siehe Just in Time*
Job-Rotation 196 f.
Jobshop-Fertigung 16
Johnson-Bellmann-Algorithmus 563
Just in Time, 85, 87, 121, 205, 628 ff.

K

Kaizen 64 ff.
Kalkulation, konstruktionsbegleitende 193 ff.
Kanban 101, 615, **628 ff.**
- karte 629 f.
Kannibalisierungseffekt 50
Kapazitäts-
- abgleich 603
- abhängige Kosten 456 ff., 529 f.
- angebot 538, 603 f., 659 ff.
- angebotsfunktion 230 f.
- anpassung 453 ff.
- austattung 543 f.
- beanspruchung, absolute 225
- beanspruchung, relative 225, 243
- belastungsfunktion 604
- engpaß 224 ff., 242 ff., 538
- nachfrage 603, 659 ff.
- nachfragefunktion 230 f.
- terminierung 605 f.
Kapital-
- bedarf, 200 f.
- dienstfaktor 492 f.
- struktur 202 ff.
- wertkriterium 213 f.
Kennzeichnungsregel 109
klassische Losgröße 483 ff.
Kleinste Restarbeitsganganzahl-Regel 566
Knappheit
- kumulative 38, 102
- Raten- 102
- Ressourcen- 37
kombinierte Anpassung 375 ff.
Komplexität 30 ff.
- des Fertigungssystems 36 f.
- Dimensionen der 33 ff.
- Erlöswirkungen 47 ff.
- Kostenwirkungen 47 ff.
- Koordinations- 37 ff.
- Kunden- **35 f.**, 62
- Maß der 31 ff.
- Teile- **36 f.**, 59 f.
- Varianten- **35 f.**, 62
- Ziel- **33 f.**, 59
Komplexitäts-
- abbau 52 f.
- beherrschung **52 f.**, 63 ff.
- dimensionen 33 ff.

Stichwortverzeichnis

- falle 49 f.
- grad 2 f., **30 ff.**
- kosten **47 ff.**, 452
- kosten (Arten) 48
- kosten (zeitlicher Anfall) 49
- kosten (Zurechnungsproblematik) 51
- kostenfalle 6
- reduktion 59 ff.

konstruktionsbegleitende Kalkulation 193 ff.
Konstruktionsplanung 151 f.
kontinuierliche
- Massenstrombegrenzung 359 ff.
- Produktion 15
- Verbesserung 64 ff.

Kontroll-
- faktor 156 f.
- theorie 340

Kooperationsprinzip 104
Koordination 30, 37 ff.
Koordinations-
- funktion 143
- komplexität 37 ff.
- probleme 41 ff.
- regeln 125

Kopplungsverhältnis 249
Korrosionsregel 110
Kosten
- allgemeine Zusatz- 48 f.
- Anlauf- 477 f.
- Aufbereitungs- 252 f.
- auflagenfixe 477
- -begriff **263 f.**, 275
- beschäftigungsabhängige 459, 525 f.
- bestellfixe 475, 497
- Deponierungs- 252 f.
- Determinaten der 261 f.
- Dilemma der wertmäßigen 271 f.
- disponible 276 f.
- dispositionsabhängige 217
- dispositionsunabhängige 217, 277
- Entsorgungs- 250
- Entwicklungs 171
- Fehlerfolge- 171
- fixe 216 ff., 277
- -führerschaft 208
- Gesamt- 278 f.
- Grenz-, *siehe Grenzkosten*
- Innovations- 160
- kapazitätsabhängige 456 ff., 529 f.
- -kategorien 276 ff.
- Komplexitäts- **47 ff.**, 452
- Lager- 475, **479 ff.**, 528
- leistungsabhängige 525 f.
- Mengengerüst 272 ff.
- Opportunitäts- 48 f., 270
- pagatorische 265 ff.
- -politik, langfristige 451 ff.
- pro Beschäftigungszeiteinheit 278
- pro Mengeneinheit 278
- pro Zeiteinheit 278
- Qualitäts- 135, 146
- -rechnung, Prozeß- 55 f.
- -remanenz 460 f.
- sprungfixe 378
- sprungfixe Zuschalt- 388
- -struktur 111 f.
- Stück- 278
- -theorie 261 ff.
- -theorie, Erklärungsaufgabe 261
- -theorie, Gestaltungsaufgabe 261 f.
- totale Stück- 282
- Transaktions- 200
- Umrüstungs- 477 f.
- variable 216 ff., 277
- variantenspezifische Zusatz- 48
- verursachungsgerechte Zuordnung 276 ff.
- Wertkomponente 264 ff.
- wertmäßige 265 f., 267 ff.
- -wirkungen der Komplexität 47 ff.

KOZ, *siehe Kürzeste-Operationszeit*
Kreativität 184
Kreislaufwirtschaft 103, 251
Kriterien
- hierarchie 672 f.
- katalog 181

kumulative Knappheit 38, 102
Kunden-
- komplexität **35 f.**, 62
- nutzen 111
- orientierung 29, 35 f., 66, 69, **81 f.**, 140 f., 175

Kuppelprodukt 503 f.
Kuppelproduktion 9, 14, 102, 107, **249 ff.**
Kürzeste-Fertigungsrestzeitregel 566
Kürzeste-Operationszeitregel (KOZ) 566 ff.
kurzfristige Planung 129 f.

L

Lagerbestand, durchschnittlicher 479, 496, 528
Lagerbestandsentwicklung 480 ff.
Lagerkosten 475, **479 ff.**, 528
Lagerhaltung
- chaotische 488
- systematische 488

langfristige
- Kostenpolitik 451 ff.
- Planung 129 f.

Layoutplanung 17, 543
Lean
- Management 64 ff., 95 f., 467
- Production 88 f.

Leap-frogging-behaviour 170
Lebenszyklus 163 ff.
Leerzeiten 120
Leistung, mittlere 619
leistungsabhängige Kosten 525 f.
Leistungs-
- führerschaft 208 f.
- programm 129 ff.

Lenkpreis 270
Lenkungsfunktion 264 f.
Leontief-Produktionsfunktion 289
Lern-
- effekt 451
- kurve 212 ff., **469 ff.**

Leverage-Effekt 203
Lieferantenorientierung 70
Liefertermin-Regel 566
Life-Cycle-Costing 130 f., 135, 159, 172, 194
limitationale Produktionsfunktion 319 ff.
Limitationalität 289 ff.
linear-homogene Produktionsfunktion 309 f.
lineare
- Fertigung 15 f., 389, 547, 551
- Programmierung 243 ff., 386

lineares Denken 107 f
Linearkombination
- von Intensitäten 337 ff.
- von Prozessen 318

linguistische Variable 672 f.
Lohnausgleich 350 ff.
Losgröße
- bei knapper Fertigungskapazität 485 ff.
- bei knapper Lagerkapazität 488 ff.
- klassische 483 ff.

Losgrößenplanung 476 ff.
Lossequenzplanung 477

M

Magazinbelegung 13
Magazinierungsplanung 93
Make-or-Buy 213 ff.
Managementverhalten 82
manipulierte Auflagendegression 491 ff.
manuelle Fertigung 11 f.
Manufacturing Ressource Planning, *siehe MRP2*
Market-Pull 195
Markt-
- eintrittszeitpunkt 160, 164, 172 f., 188
- produktion 10 f.
- wandel 27 ff., 41

Maß der Komplexität 31 ff.
Maschine, Universal- 7
Maschinen-
- belegungsplan 558 f., 649 f.
- belegungsplanung 10, 120 ff., **605 f.**
- konzept, flexibles 90 ff.

Massenfertigung 21 f.
Massenstrom 355
Massenstrombegrenzung
- diskontinuierliche 361 ff.
- kontinuierliche 359 ff.

Material Requirement Planning, *siehe MRP*
Materialbedarfsermittlung, *siehe Materialdisposition*
Materialdisposition
- programmgesteuerte 498, **499 ff.**,
- verbrauchsgesteuerte 498, **509 f.**

Materialfluß 14 ff.
- planung 541

maximale Pufferzeit 582 f.
mechanische Fertigung 12
Mechanisierung 1, 6
Mehrfunktionsautomatik 7
Mehrproduktfertigung 9
mehrstufige Produktion 13 f.
Meilensteintechnik 189
Mengen-
- gerüst 55
- gerüst der Kosten **272 ff.**

- kontinuität 245, 253 f., 390 f.
- Kosten-Leistungsfunktion **333**, 526
- planung 598 ff.
- übersichtsstückliste 500 ff.

Methoden der Ablaufplanung 571 ff.
minimale Zykluszeit 563 f.
Minimalkostenkombination 314
Mitarbeiterorientierung 70, 138 f.
Mittelwert
- arithmetischer 514 f.
- gleitender 513, **515**

mittlere
- Durchlaufzeit 554 ff.
- Leistung 619

Montagefertigung 246
MRP/MRP2 597 ff., 608 ff.
multiple Betriebsgrößenänderung 460
mutierende Betriebsgrößenänderung 460, **462 ff.**

N

Nachfrage, ungewichtete 659
NC-Technologie 12, **91**
negative Deckungsbeitragssprünge 234 ff.
Nettobedarf 499
Netzplantechnik 187, **574 ff.**
Netzwerk, stochastisches 596 f.
Nicht-Additivität 40
Nicht-Linearität 40
Niveau-Produktionsfunktion 293 ff.
Nutzen 264, 267 ff.
- -funktion 219 ff.
- Grenz- 268
- Kunden- 111

O

Objekt-
- gliederung 185
- orientierung 17

offenes Entscheidungsfeld 545
ökologische
- Anforderungen 102 ff.
- Rationalität 109
- Restriktion 354 ff.
- Strategien 107 f.
- Ziele

ökonomische
- Effizienz 1
- Intensität 324 ff.
- Verbrauchsfunktion 320, **324 ff.**, 332

ökonomisches Denken **69**
Operationszeit 608
operative Produktionsprogrammplanung 131, **215 ff.**
operatives Qualitätscontrolling 143 f.
Opportunitätskosten 48 f., 270
OPT 616, **637 ff.**
Optimized Production Technology, *siehe OPT*
Organizational Learning 184
Outsourcing 199

P

pagatorische Kosten 265 ff.
Parallelisierung 71, 86
Parameter der Ablaufplanung 535
Parameterplanung 155 f.
Partialmodell 125, 262 f.
Partiefertigung 15, 24
partielle
- Anpassung 311 ff.
- Emanzipation 527
- Integration 200

partielles Grenzprodukt 308
periphere Substitution 293
Personalzuordnung 656 ff.
PERT 591
PIMS-Studie 209
Planfaktor 155
Planung
- gegen den Zeitablauf 648 ff.
- hierarchische 51, 57, 125
- isolierte 125
- kurzfristige 129 f.
- langfristige 129 f.
- mit dem Zeitablauf 648 ff.
- operative 209
- rollierende 646 f.
- simultane 124 f.
- strategische 209
- taktische 209

Plattformkonzept 59
Poka-Yoke 150, 179
positive Deckungsbeitragssprünge 234

Potential-
- denken 69
- faktor **285**, 320
ppm 132
PPS-System **597 ff.**, 677
- Anforderungen 612 ff.
- Aufbau 597 ff.
- Eignung 608 ff.
Preispolitik
- gewinnmaximale 218 f.
- rentabilitätsmaximale 218
Preiswirkung
- direkte 348
- indirekte 348
Primärbedarf 499
Prioritäten-
- gewichtung 660
- steuerung 615
Prioritätsregel 566 ff., 606
proaktives Denken 67
Produkt
- -bündel 249
- Grenz- 226, 236
- -innovation 159
- -netzwerk 638 f.
Produktion, *siehe auch Fertigung*
Produktion 1 ff.
- analytisch-synthetische 14 f.
- analytische 14
- Auftrags- 10
- diskontinuierliche 15
- divergente 14
- durchgängige 14
- einstufige 13 f.
- kontinuierliche 15
- konvergente 14
- Kuppel-, *siehe Kuppelproduktion*
- Markt- 10 f.
- mehrstufige 13 f.
- offene 602
- stoffneutrale 14
- synthetische 14 f.
- vollautomatische 12 f.
Produktions-
- aufteilungsplanung 118 ff., **375 ff.**
- durchführungsplanung 118 ff., 600 f.
- faktor 283
Produktionsfunktion 282 ff.

- Cobb-Douglas- 311
- ertragsgesetzliche (vom Typ A) 300 ff.
- Gutenberg- (vom Typ B) 289 f., 319 ff., 415 ff.
- homogene 321
- Leontief- 289
- limitationale 319 ff.
- linear-homogene 321
- Niveau- 293 ff.
- substitutionale 300 ff., 311 ff.
- vom Typ A (ertragsgesetzliche) 300 ff.
- vom Typ B (Gutenberg) 289 f., **319 ff.**, 415 ff.
- vom Typ C 332
- vom Typ D 332
- vom Typ E 332
- vom Typ F 332
Produktions-
- koeffizient 287 f.
- planung **117 ff.**, 126 f.
Produktionsprogrammplanung 117 ff., 130 ff., 597 f., 600
- bei Kuppelproduktion 249 ff.
- operativ 131, **215 ff.**
- strategisch 130
- taktisch 130 f.
Produktionstheorie 282 ff.
Produktivität **286 ff.**
- Durchschnitts- 304 ff.
- Gesamt- 286 f.
- Grenz- 295, **304 ff.**
- Skalengrenz- 295
- Steigerung der 675
- Teil- 286 f.
Prognoseverfahren 514 ff.
- bei konstantem Bedarf 514 ff.
- bei Saisoneinflüssen 515 ff.
- bei Trendeinflüssen 515 ff.
programmgesteuerte Materialdisposition 498, **499 ff.**
Programmplanung, *siehe Produktionsprogrammplanung*
Project Evaluation and Revue Technique, *siehe PERT*
Projektbeschleunigung 587 ff.
Prozeß-
- fähigkeit 132, 148, 195 f.
- innovation 159

- kostenrechnung 55 f.
- linearkombination 318
- niveau 293 ff.
- orientierung 70, **82**, 96, 142, 186 f.
- planung 152
- qualität 142 f.
- steuerung, statistische 147 f., 179
- strahl 309 f.

Pufferlager 629 f.
Pufferzeit 582 ff.
- bedingt verfügbare 583 f.
- freie 583
- unabhängige 584 f.

Pull-Prinzip 101

Q

QFD, *siehe Quality Function Deployment*
Qualität 118 ff.
- Dimensionen der 141 f.
- Prozeß- 80, 142 f.
- Struktur- 141 f.

Qualitäts-
- begriff, erweiterter 79 f.
- begriff, umfassender 79 f.
- controlling 142
- controlling, operatives 143 f.
- controlling, strategisches 143 f.
- kontrolle 137 ff.
- kosten 135, 146,
- kostenrechnung **144 ff.**, 194 f.
- management 173 ff.
- maßstäbe 131 f.
- planung 151
- politik 131 ff., 202,
- regelkarte 147
- sicherung, statistische 138
- sicht 131 ff.
- sicht (4 Phasen) 136 ff.
- zirkel 73 f., 139, **148 f.**

Quality Audit 149
Quality Function Deployment **151 ff.**, 175 ff.
quantitative Anpassung 331, 375 ff., 378 ff.
Quasi-Integration 200

R

Rahmenbedingungen der Ablaufplanung 539 ff.

Randsubstitution 293
Ratenknappheit 102
Ratio-to-Moving-Average-Methode 511 ff.
Rauschfaktor 155
Recycling 103, 108 ff., 504
- Regeln 110 f.

regelbasiertes Wissenssystem 673 f.
Regelkreis 629
Regression 517
Reihenfolgeplanung 536 ff., 547 f., 613 f.
reiner Wirtschaftlichkeitsvergleich 454
Reintegration der Arbeit 61, 72, 85 f., 186
relative
- Bruttodeckungsspanne 227 f.
- Deckungsspanne 225
- Deckungsspannendifferenz 231 ff.
- Kapazitätsbeanspruchung 225

Reorganisation 75
Repetierfaktor **285 f.**, 320
Ressourcenknappheit 37
Restkapazität 661 f.
Restriktion, ökologische 354 ff.
Retrograde Terminierung 616, 617, **641 ff.**
- Informationskreislauf 665 ff.
- mit festen Kapazitäten 652 ff.
- mit Personalzuordnung 652 ff.
- Steuerungsparameter 648 ff., 663 ff.

Risiko- 39, 202, 220
- kennzahl 153
- politik 112

ROI-Schema 203
Routing
- Different 16, 541, 548
- Identical 16, 541, 548
- Identical passing 16, 547

RT, *siehe Retrograde Terminierung*
Rückkopplung 650 f.
- unechte 503

Rückwärts-
- integration 199
- terminierung 601

Rüstzeit 438

S

Sachziel 188
Sammelsteuereinheit 661
Scheinaktivität 577

Schlupfzeit-Regel 566
Schnittstellenmanagement 195
Scoring-Modell 181 ff.
segmentierte Fertigung, *siehe*
   Fertigungssegmentierung
Sekundärbedarf 499
selektive Anpassung 331, 375 ff.
sensitives Denken 67
Serienfertigung 23
Servicefunktion 143
Signalfaktor 156 f.
Silver-Meal-Verfahren 601 f.
Simulation 574, 596, 664 f.
simultane Anpassung 362 ff.
Simultaneous Engineering 72, 98, 163, 187 ??
Simultan-
- modell 262
- planung 124 f.
Skalengrenzproduktivität 295
Soll-
- Arbeitsfortschritt 659 f.
- Durchlaufzeit 598 ff.
Sorten-
- fertigung 23 f.
- reihenfolgeplanung 477
SPC (Statistic Proces Control), *siehe*
   Statistische Prozeßsteuerung
Spezialisierung 2, 42
Spezialmaschine 7
sprungfixe
- Kosten 378
- Zuschaltkosten 388
Stammzuordnung 659 f.
Standardisierung 1 f., 4 ff., 59
Standardisierungsregel 110
Standzeit 438 f.
statische Sicht des Ablaufproblems 544
statistische
- Prozeßsteuerung 147 f., 179
- Qualitätssicherung 138
- Versuchsplanung (Taguchi) 154 ff., 178
Steuer-
- einheit 644 f.
- parameter 617 ff., 624, 662 ff.
Stillstandszeit 537
stochastisches Netzwerk 596 f.
Stoffbilanz 107
Störstoffregel 110

strategische
- Erfolgsfaktoren 209
- Lücke 210
- Produktionsprogrammplanung 130
strategisches Qualitätscontrolling 143 f.
Struktur-
- qualität 141 f.
- stammdatei 507
Stückkosten 278
- totale 282
Stückliste 499 ff.
- Baukasten- 500 ff.
- Mengenübersichts- 500 ff.
- Rumpf- 499
- Struktur- 500 ff.
Stufenkonzept 598 ff., 609
stufenweise Fixkostendeckungsrechnung 55
Subsidiaritätsprinzip 57
Substitution
- alternative 293
- Grenzrate der **304**, 309
- periphere 293
- Rand- 293
substitutionale Produktionsfunktion 300 ff., 311 ff.
Substitutionalität 291 ff.
Substitutions-
- gewinn 237
- rate 304
Sustainable Development 103 ff.
Synchronisation 11, 120, 522, 526 ff.
synthetische Produktion 14 f.
systematische Lagerhaltung 488

T

Taguchi 132 ff., 146 f., 178
Taguchi-Methode 154 ff.
taktische Produktionsprogrammplanung 130 f.
Taktzeit 572
Target Costing 72 f. 192 f.
Taylorismus 1 ff., **24 ff.**, 63 f., 137
tayloristische Gestaltungsprinzipien 25 ff.
Teamarbeit 3
Tech-Dimension 134 ff., 173 f.
technische
- Effizienz 1
- Verbrauchsfunktion **322 ff.**, 415 f.

technischer Fortschritt 204 ff.
Technology-Push 195
teilautomatische Fertigung 12
Teile-
- familie 13, 93
- familienlose 494 ff.
- familienplanung 13, 93
- komplexität **36 f.**, 59 f.
- planung 151 f.
- stammdatei 507
- verwendungsnachweis 506
Teilproduktivität 286 f.
terminierter Arbeitsplan 665
Terminschranke 623
Toleranz 132 f.
Total Productive Maintenance 74
Total Quality Management, *siehe TQM*
totale
- Anpassung 313 ff.
- Emanzipation 527
- Stückkosten 282
totales Grenzprodukt 308 f.
Touch-Dimension 134 ff., 173 f.
TQM 64 ff., **78 ff.**, 139 f.
- Rahmenbedingungen 81 f.
Transaktionskosten 200
Transformationsbeziehung 324 ff.
Trennungsregel 109
Trichter-
- formel 620
- modell 619 ff.

U

Übergangszeit 86
umfassender Qualitätsbegriff 79 f.
umgekehrter Erfahrungseffekt 451
Umrüstungskosten 475
Umweltmanagement 102
unabhängige Pufferzeit 584 f.
Unbestimmtheit 39 f.
unechte Rückkopplung 503
ungewichtete Nachfrage 659
Universalmaschine 7
unscharfe Mengen 672 f.
Unsicherheit 219 ff.
Unternehmensplanung 125 ff.
unvollkommene Information 39

V

Value Engineering 73
Variable, linguistische 672 f.
Varianten-
- fertigung 10, 22 f.
- komplexität **35 f.**, 62
variantenspezifische Zusatzkosten 48
Veränderungsbereitschaft 71 f., 96
Verantwortungsprinzip 104
Verbesserung, kontinuierliche 64 ff.
Verbrauchsfunktion
- ökonomische 320, **324 ff.**, 332
- technische **322 ff.**, 415 f.
Verbrauchszeitreihe 510
verbrauchsgesteuerte Materialdisposition 498, **509 f.**
Vereinfachung 71
Verfahren der Ablaufplanung 562 ff.
Verfahrenswechsel 453 ff.
Verfügbarkeitsprüfung 605
Vermeidungsstrategie 108 ff.
vernetzte Fertigung 15 f., 389 f., 547, 551
vernetztes Denken 108
Verrichtungsprinzip 17
Verrrechnungsfunktion 264
Versuchsplanung, statistische 154 ff., 178
Verteilung, zeitliche 120
vertikale Integration, *siehe Integration*
Verträge 200
verursachungsgerechte Zuordnung 276 ff.
Verursachungsprinzip 276 ff.
Verwertungsstrategie 108 ff.
vollautomatische Produktion 12 f.
volle Integration 199
Vorgabezeit 658, 667 f.
Vorgriffshorizont 623
Vorlauf-
- diagramm 556 f.
- verschiebung 601
- zeit 601
- zeitplan 557 f.
Vorrangbeziehung 572
Vorwärts-
- integration 199
- terminierung 601

W

Wagner-Whitin-Algorithmus 602
Wartezeitregel 566 f.
Werkstatt-
- bestand 538
- fertigung 5 f., 16 f.
Werkstoffregel 110
Werkzeugmagazin 93
Wertkomponente der Kosten 264 ff.
wertmäßige Kosten 265 f., 267 ff.
- Dilemma der 271 f.
Wertregel, dynamische 566
Wertschöpfung 198
Wertschöpfungsorientierung 70 f., 96
Wieder-
- aufbereitung 504
- auflageregel 479 f.
Wissenssysteme, regelbasierte 673 f.
Wirtschaftlichkeitsvergleich, reiner 454
Wunschterminierung 648 f.

Z

z-Situation 319, **322 ff.**
Zeit-
- Emissionsfunktion 355
- Kosten-Leistungsfunktion 278, 382
- Verbrauchsfunktion 326 ff.
zeitliche
- Anpassung 330, **341 ff.**, 378 ff.
- Verteilung 118 ff.
- Verteilung der Produktion 118 ff., **521 ff.**
Zeit-
- management 183 ff.
- raster 645 ff.
Zeitreihen
- -analyse 511 ff.
- Bedarfs- 509
- -dekomposition 511 f., 517
- Entnahme- 510
- Verbrauchs- 510
zentrale Fertigungssteuerung 614 ff.
Zentralismus 26, 46
Zertifizierung 149 f.
Ziele
- der Ablaufplanung 548 f.
- derivative 548 f.
- originäre 548 f.

Ziel-
- komplexität **33 f.**, 59
- konflikt 33 f.
- system 28 f.
Zuordnung
- feste 659 f.
- mit Priorität 659 f.
- verursachungsgerechte 276 ff.
Zusatzkosten
- allgemeine 48 f.
- variantenspezifische 48
Zusatznutzenregel 110
Zuschlagskalkulation 54 f.
Zwischenlagerzeit 120
Zykluszeit 549 f.
- minimale 563 f.